汇集十年精华
展现裁判思维
促进适法统一

《中国法院年度案例集成丛书》

主　　编　胡田野　国家法官学院副院长

副 主 编　刘　畅　最高人民法院司法案例研究院规划部主任

　　　　　李晓果　最高人民法院司法案例研究院研究部副主任

主编助理　赵文轩　最高人民法院司法案例研究院规划部编辑

编审人员（按姓氏笔画为序）

王晓梅　王　锐　王蓓蓓　王　曦　朱志磊　朱建伟

朱　琳　刘　畅　安慧中　李迎昌　李明桓　李　彦

李　洋　李晓果　李　婧　李　谦　李想成　张智颖

陈佳艺　周丽华　赵文轩　荣学磊　胡田野　胡　岩

姜子佳　姜　丹　费嘉荣　徐万佳　唐世银　唐墨华

唐鑫鑫　梁　欣　程　瑛　焦明静　童启鑫　熊　燕

潘园园

本书编审人员　刘　畅　李明桓　唐鑫鑫

中国法院年度案例集成丛书

物权纠纷

裁判规则
理解与适用

国家法官学院
最高人民法院司法案例研究院
—— 编 ——

中国法制出版社
CHINA LEGAL PUBLISHING HOUSE

序

党的十八大以来，以习近平同志为核心的党中央高度重视依法治国，明确提出全面依法治国，坚持在法治轨道上推进国家治理体系和治理能力现代化。党的二十大报告指出，要坚持走中国特色社会主义法治道路，建设中国特色社会主义法治体系、建设社会主义法治国家，围绕保障和促进社会公平正义，坚持依法治国、依法执政、依法行政共同推进，坚持法治国家、法治政府、法治社会一体建设，全面推进科学立法、严格执法、公正司法、全民守法，全面推进国家各方面工作法治化。人民法院始终坚持以习近平新时代中国特色社会主义思想为指导，深入贯彻落实习近平法治思想，把加强案例指导和研究作为助力推进全面依法治国的重要途径，通过制定司法解释、发布指导性案例、提炼裁判要旨、推行类案检索等系列举措，深入推进法律适用统一，不断提升司法质量、效率和公信力，努力让人民群众在每一个司法案件中感受到公平正义。

“中国法院年度案例丛书”是国家法官学院于2012年开始编辑出版的一套大型案例丛书，每年年初定期出版。截至2022年，已经连续出版11年。2020年起，丛书由国家法官学院和最高人民法院司法案例研究院共同编著。丛书编辑始终坚持以习近平新时代中国特色社会主义思想为指导，深入贯彻落实习近平法治思想，深化成果运用，认真总结案例积累的审判执行经验做法，积极回应人民群众多元司法需求，记录我国司法审判执行工作发展进程，助力丰富司法审判理论，构建中国法治话语体系。该丛书案例涵盖人民法院刑事、民事、商事、行政、知产、环资和执行各业务领域，按照业务领域和案由层级设计分册及纲目，目前汇编案例合计1.2万余篇。丛书严格遵循案例选编要求，突出争议焦点、裁判规则和法律适用分析，追求“好读有用”，已经形成品牌效应。为总结十余年的案例编选和研究经验，在全国各级人民法院的大力支持下，国家法官学院与最高人民法院司法案例研究院经全面梳理丛书的1.2万余篇案例，以新法新规为依据，对于其中“判得好且写得好”的案例进行再次深度加工，编辑出版“中国法院年度案例集成丛书”。

“中国法院年度案例集成丛书”坚决贯彻落实党的二十大报告关于坚持全面依法治国，推进法治中国建设的部署要求，深度挖掘优秀案例在完善裁判规则体系、促进统一法律适用、促进民法典等新法新规正确实施和应用法学研究等方面的法治价值、学术价值和时代价值，探索体系化提炼和编纂裁判规则的新思路，发挥司法案例的规范、指导、评价、引领作用，展现新时代我国法治建设成就，大力弘扬社会主义核心价值观，助推全民法治意识和法治素养提升。

“中国法院年度案例集成丛书”共15个分册：《物权纠纷裁判规则理解与适用》《合同纠纷裁判规则理解与适用》《借款担保纠纷裁判规则理解与适用》《人格权纠纷裁判规则理解与适用》《婚姻家庭与继承纠纷裁判规则理解与适用》《侵权纠纷裁判规则

理解与适用》《道路交通纠纷裁判规则理解与适用》《保险纠纷裁判规则理解与适用》《劳动纠纷裁判规则理解与适用》《公司纠纷裁判规则理解与适用》《金融纠纷裁判规则理解与适用》《知识产权纠纷裁判规则理解与适用》《行政纠纷裁判规则理解与适用》《刑事案例裁判规则理解与适用》《执行纠纷裁判规则理解与适用》。丛书在编辑工作中坚持以下原则：一是突出裁判规则价值。以历年“中国法院年度案例丛书”采用的1.2万余篇案例为精选基础，优中选优，提供给读者十余年积累的多类型、多视角的疑难新型典型性案例，概览人民法院的类型化裁判规则。二是方便读者检索。为体现以读者为本的理念，丛书分卷细化，每卷根据最新的案由、法律适用问题分类编排案例，以裁判规则、裁判思路或案件焦点的核心内容作为主标题，让读者一目了然，迅速找到目标案例。三是注重案例分析的实用性。根据最新的法律法规以及司法解释对原“法官后语”进行完善，高度提炼案例对理解和适用新法新规的参考价值，为新型疑难法律适用问题提供解决方案，为司法工作提供借鉴，为法学研究提供启迪。

中国法制出版社始终全力支持“中国法院年度案例集成丛书”的出版，给了作者和编辑们巨大的鼓励。该丛书还提供了数据库增值服务，内附精美书签，扫描其中二维码，即可免费查阅往年同类案例数据库。我们在此谨表谢忱，并希望通过共同努力，臻于至善，真正探索出一条编辑案例书籍、挖掘案例价值的新路，不断增强丛书案例的代表性、时代性、权威性，丰富案例类型，细化裁判规则，提升分析质量，以更好服务于社会主义法治国家建设、服务于司法审判执行工作、服务于学习研究法律的广大读者。

“中国法院年度案例集成丛书”既是法官、检察官、律师等法律工作者的办案参考和司法人员培训的实用教材，也是社会大众学法用法的经典案例读本，同时是教学科研机构案例研究的良好素材。当然，我们难以一步到位实现初衷，该丛书还存在各种不足甚至错误，欢迎读者批评指正。我们愿听取各方建议，不断拓宽司法案例研究领域，有效发挥类案裁判规则功能，立足新发展阶段，实现中国特色司法案例研究事业的高质量发展。

国家法官学院

最高人民法院司法案例研究院

2023 年 2 月

目 录

Contents

一、物权保护纠纷

（一）物权确认纠纷

（三）排除妨害纠纷

二、所有权纠纷

（一）侵害集体经济组织成员权益纠纷

（二）建筑物区分所有权纠纷

三、用益物权纠纷

（一）土地承包经营权纠纷

1. 土地承包经营权确认纠纷

2. 承包地征收补偿费用分配纠纷

3. 土地承包经营权继承纠纷

（二）居住权纠纷

四、担保物权纠纷

五、占有保护纠纷

六、其他纠纷

一、物权保护纠纷

（一）物权确认纠纷

001 亲属之间一方全额出资购房登记于另一方名下时不动产权属认定

——尹某才诉陈某风等所有权确认案

【案件基本信息】

1. 裁判书字号

辽宁省大连市中级人民法院（2020）辽02民终2736号民事判决书

2. 案由：所有权确认纠纷

3. 当事人

原告（上诉人）：尹某才

被告（被上诉人）：陈某风、尹某华、尹某荣

【基本案情】

涉案房屋登记所有权人为尹某良，尹某良于2017年4月9日死亡。尹某良与陈某风系夫妻关系，二人育有长女尹某荣、次女尹某华、长子尹甲、次子尹某才；尹某良的父亲母亲和尹甲都已经病故。尹某才于2012年5月9日、2013年4月1日先后向尹某华的账户转入30万元、23万元。尹某华于2013年3月18日向尹某良账户转入53.5万元。次日，尹某良将53万元转给付某装饰地

产公司。尹某才自述2012年因尹某华向其借钱，其给付尹某华30万元。在2013年尹某良购买房屋时，尹某才和尹某华达成合意，由尹某华直接向尹某良支付房款以抵顶借款，并视为由尹某才出资。尹某华同意尹某才的上述陈述。

【案件焦点】

尹某才全额出资购房登记于父亲尹某良名下，在尹某良其他继承人存在异议的情况下，能否认定尹某才享有房屋所有权。

【法院裁判要旨】①

辽宁省大连市甘井子区人民法院经审理认为：当事人对于自己的诉求，应当提供证据予以证明，没有证据或者证据不足以证明当事人的事实主张的，由负有举证责任的当事人承担不利后果。尹某良于2013年3月购买涉案房屋，登记所有权人为尹某良。尹某才并未提供其他证据证实其与尹某良对于案涉房屋的所有权达成了合意，由尹某才享有所有权。尹某良育有多位子女，尹某才如确需借名买房，有条件更有必要对房屋所有权进行约定，对于无约定导致的不利后果，应当由尹某才承担；且尹某才和尹某良系父子关系，尹某才资助尹某良购房符合常理，故对于尹某才请求确认房屋所有权的诉请，因证据不足，不予支持。

辽宁省大连市甘井子区人民法院根据《中华人民共和国物权法》第十七条、《最高人民法院关于民事诉讼证据的若干规定》第二条规定，判决如下：

---

① 本书【法院裁判要旨】适用的法律法规等条文均为案件裁判当时有效，下文不再对此进行提示。

驳回尹某才的诉讼请求。

尹某才不服一审判决，提起上诉。辽宁省大连市中级人民法院经审理认为：尹某才主张尹某良购房款项均来自尹某才，但支付购房款尚不能证明尹某才对案涉房屋享有物权。案涉房屋登记的所有权人为尹某良，尹某才系尹某良次子，尹某才主张其借尹某良之名买房，但未能提供其与尹某良签订的关于借名买房的协议。尹某才主张买房时全家人已达成口头协议，认可房屋权属归尹某才所有，但尹某才未能提交证据予以证明，且尹某荣对此不予认可，尹某才应承担举证不能的不利后果。尹某才的上诉请求不能成立，应予驳回；一审判决认定事实清楚，适用法律正确，应予维持。

辽宁省大连市中级人民法院依照《中华人民共和国民事诉讼法》第一百七十条第一款第一项规定，判决如下：

驳回上诉，维持原判。

【法官后语】①

《中华人民共和国民法典》（以下简称《民法典》）第二百零八条规定，不动产物权的设立、变更、转让和消灭，应当依照法律规定登记。我国现行法律规定不动产登记具备公示效力，原则上根据不动产物权登记确定物权人。实践中存在实际所有权人与登记所有权人不一致的情况，应根据是否存在权属争议选择不同的处理方式。不存在争议的，根据《民法典》第二百二十条第一款办理更正登记，即不动产物权人或者登记机关发现登记错误的而进行更正的登记。实践中，借名买房情形时有发生，因房屋价值较大，被借名人否认

---

① 本书【法官后语】对此类法律问题涉及的法律法规等内容进行了时效性更新，下文不再对此进行提示。

借名购房事实的存在并拒绝日后配合办理产权过户手续的案件大量存在。双方对于所有权的归属存在权属争议，应当提起诉讼，对购房出资人和登记所有权人之间的权利义务予以确认。

法院在处理此类纠纷时，应当充分查明案件事实，尊重当事人的意思自治，同时注重维护物权公示原则。首先，应当看双方之间是否存在代持协议，在存在有效代持协议的情况下，尊重当事人真实意思表示，按照代持协议的约定确定双方权利义务。其次，应对购房关系的基础事实进行审查，通过购房合同的签订、购房手续的办理等，确定实际购房人。再次，要全面审查出资情况，一般情况下，实际所有权人交纳首付款并实际偿还贷款。同时，要审查案涉不动产的实际控制情况，即占有使用情况，所有权的确认更为倾向于实际占有使用房屋的主体。最后，结合双方的关系，审查借名买房是否具备合理原因、有无条件达成代持协议、未达成代持协议的原因等情况，综合对所有权进行判断以确定双方的权利义务。

不动产登记是独一无二的公示原则，实际权利人如若对抗不动产登记的公示效力主张不动产所有权，其应当对于物权发生的基础法律关系、出资、占有使用等方面进行举证，同时说明物权登记于他人名下的原因，形成完整证据链条，以明确不动产的真实权利情况。法院根据权利主张人的证据，结合当事人协议约定情况、当事人陈述、不动产占有使用情况、贷款偿还情况等因素，对实际权利人作出综合判断。只有在实际权利人的举证能完全对抗不动产登记的情况下，法院才会突破不动产物权的登记，确认权利的真实状态，作出对实际权利人有利的判决。

应审查当事人之间是否存在所有权归属协议，如果有协议，原则上应当尊重当事人的意思自治，根据代持协议确定所有权的归属，判令登记所有权人按照约定协助实际所有权人办理产权变更登记手续。

难点在于，实践中大多数产生争议的是没有代持协议的，应当按照以下步骤进行分析。

首先，应当审查出资情况。应当由出资人举证其实际出资并参与办理相应购房手续的证据。权利人可能持有出资的证据，包括银行交易流水、刷卡记录、贷款还款记录等。法官在这类案件中，对于出资的认定至关重要，即使能够认定权利主张人对不动产的购置确系投入资金，亦要严格把握资金投入的原因，要排除借贷、赠与、顶账等原因，只有在全额出资且出资目的系为购置不动产支付时才能认定权利主张人出资购房。因系权利人出资购房，其购房的主要目的是实现自己居住使用的目的，故在房屋查验、入住手续办理等方面，出资人应当最大程度参与，相反，登记权利人如若仅是借出名义，其对于房屋的位置、户型、环境等因素并不真正关心，实际权利人应当对于房屋的购买过程进行举证。

其次，审查房屋控制情况。房屋购置的原因系满足实际权利人的占有使用需要，即在正常情况下，房屋应当由实际权利人实际控制。实际控制的考量因素包括装修情况、维修基金及物业费的交纳情况、水电燃气费的支付情况、房屋的维护情况等。即使实际权利人并未实际居住于房屋内，但是无论出租抑或者其他原因未占有使用房屋，权利人亦保持对房屋一定程度的控制和把持。实际权利人应当保留上述控制房屋的证据，法官依据上述证据确定房屋究竟由谁在占有使用，对于房屋实际权利人的判断至关重要。

最后，要审查借名买房的原因。正常情况下，实际权利人将房屋登记于他人名下，应当具备一定合理原因。可能基于限购、减少税费、登记权利人提取公积金等原因，使实际权利人甘愿“自冒风险”将房屋产权登记于他人名下，是否具备合理原因也是法官在处理此类案件的考量因素。

结合本案，首先，不存在代持协议，在登记所有权人尚存在其他子女的情况下，尹某才有条件更有必要在交易发生时，通过订立合同方式，对于产权的实际归属作出约定，未达成约定，尹某才要承担一定风险。关于借名原因，尹某才自述其在外地不便于办理产权手续，故登记于其父亲名下，但是这个理由不能作为借名的合理原因。关于房屋的占有使用情况，案涉房屋一直由登记所有权人居住，尹某才一直在外地工作生活，并未对案涉房屋进行控制。关于出资问题，尹某才有两笔购房出资，其中一笔的给付时间存在偏差，无法认定与购房存在联系，无法认定争议房屋系原告全款出资购买。尹某才与登记所有权人系父子关系，将部分购房款赠与其父亲符合常理，综合房屋的出资、占有等情况，驳回了尹某才的诉讼请求。

法院在处理此类案件中，要从正常交易习惯、保持利益平衡的角度，顺应交易的正常行为模式，严格考察出资情况、出资原因、占有使用情况、未登记于权利主张人名下的原因等因素进行综合把握，不能僵硬地适用不动产登记的公示效力，否认真实权利人的权利主张，亦不能仅凭出资确认不动产的实际权利人。

编写人：辽宁省大连市甘井子区人民法院　张禾

002 非营利性学校出资人对学校财产享有特殊财产权

——周某媛诉某中学等所有权案

【案件基本信息】

1. 裁判书字号

江苏省无锡市中级人民法院（2019）苏02民终5190号民事判决书

2. 案由：所有权纠纷

3. 当事人

原告（被上诉人）：周某媛

被告（上诉人）：某中学、某手套厂、某医疗设备公司

【基本案情】

周某媛向江苏省梁溪区人民法院提出诉讼请求：（1）依法确认周某媛对某中学享有的资产份额。（2）依法分享自2005年至2017年间的合法收益、回报以及后续的收益及回报。

法院审理查明事实：某中学系2005年某市教育局批准设立的一所民办高级中学，由某医疗设备公司、某手套厂共同举办，是非营利性学历教育机构，属于社会公益性事业，办学内容为全日制高中教育。某中学成立后，陈某秋担任首任校长。2013年3月，陈某秋去世。周某媛与陈某秋系夫妻关系，婚后生育了女儿陈某怡、儿子陈某苗。陈某苗、陈某怡作出书面表示：其父亲陈某秋享有的本案权利，由周某媛全部行使并予以主张。周某媛持有的

《聘书》载明，经学校董事会研究决定：聘请陈某秋同志为某中学终身校长。落款为某中学董事会；日期为2008年9月12日。

周某媛持有的《关于某中学举办者的变更申请书》载明，某市教育局：某中学是由某市教育局批准，于2005年4月正式成立的民办普通高中。因陈某秋同志为创办该校的发起人和实际筹办者，经学校董事会同意，原举办者某医疗设备公司（法人）和某手套厂（法人），变更为某医疗设备公司（法人）、某手套厂（法人）和陈某秋同志。请予批准。落款为某中学董事会；日期为2011年4月15日。

周某媛持有的《关于陈某秋同志享有某中学资产份额和收益的承诺》载明：因陈某秋同志为创办该校的发起人和实际筹办者，经共同研究决定：陈某秋同志享有某中学三分之一的资产份额和收益。特此承诺。落款为某中学董事会；日期为2011年6月22日。上述"聘书""申请书""承诺"在落款处均加盖了"某中学董事会"印章。文字均系打印而成。

【案件焦点】

非营利性民办学校的出资人是否有权请求确认其对某中学享有资产份额。

【法院裁判要旨】

江苏省无锡市梁溪区人民法院经审理认为：某中学设立时报备并登记某手套厂、某医疗设备公司为出资人及举办者，后作为出资人的某手套厂、某医疗设备公司对开办的某中学所享有的权利，予以内部划分与确认，并不违反民事法律规范，亦不违反《中华人民共和国民办教育促进法》的相关规定。根据某中学章程，董事会系某中学的内设管理与权力机构，周某媛所持有的承诺书，已加盖了董事会印章，应视为出资人某手套厂、某医疗设备公司对自身权利的处分。陈某秋取得某中学出资份额三分之一及收益权利，仅对某手套厂、某医疗设备公司产生民事权利义务约束力。

江苏省无锡市梁溪区人民法院依照《中华人民共和国民办教育促进法》第十九条、第二十条、第二十二条，《中华人民共和国民办教育促进法实施条例》第四条、第十四条之规定，作出如下判决：

一、确认周某媛为某中学出资权利人，出资份额与某手套厂、某医疗设备公司同为各三分之一，周某媛的出资人权利所对应的权利享有日期自 2011 年 6 月 22 日起算；

二、某中学、某手套厂、某医疗设备公司自判决发生法律效力之日起三个月内负有向有关部门办理周某媛为某中学出资人的备案及变更手续的义务。

某中学、某手套厂、某医疗设备公司不服一审判决，提起上诉。江苏省无锡市中级人民法院经审理认为：非营利性民办学校对投入学校的资产和积累享有独立的法人财产权，出资人对学校财产不享有所有权、共有权或收益权，非营利性民办学校终止时，剩余财产也是继续用于其他非营利性学校办学，出资人对非营利性民办学校不享有类似于公司股东的财产权利。无论是某中学董事会还是某中学出资人（举办者）某手套厂、某医疗设备公司均无权确认由陈某秋享有某中学三分之一的资产份额和收益。民办学校举办者的变更，须由举办者提出，在进行财务清算后，经学校理事会或者董事会同意，报审批机关核准。《关于某中学举办者的变更申请书》是以某中学董事会的名义向某市教育局提出，但未经审批机关核准，且民办学校举办者是与身份紧密相关的权利，体现为身份上的权利，亦不能被继承。周某媛提起本案诉讼所依据的《聘书》《关于某中学举办者的变更申请书》《关于陈某秋同志享有某中学资产份额和收益的承诺》虽然都加盖了某中学董事会印章，但经二审委托鉴定，均盖印形成在前，而打印文字形成在后，且某中学、某手套厂、某医疗设备公司对三份文件的形成过程均提出了异议，三份文件的形成过程存疑，证明力较低，也不足以证明周某媛的诉讼主张。

江苏省无锡市中级人民法院依照《中华人民共和国民事诉讼法》第一百七十条第一款第一项之规定，作出如下判决：

一、撤销一审判决；

二、驳回周某媛的诉讼请求。

【法官后语】

本案的核心问题是，出资人举办非营利性民办学校享有哪些权利，即出资人是否享有出资财产所有权。一般而言，非营利性民办学校出资人具有特别财产权，这种财产权集中在财产性权益方面，主要表现在出资人拥有参与出资财产管理权、出资资金转让权和学校剩余财产奖励权。

非营利性民办学校产权比较特殊，按照《中华人民共和国民法典》（以下简称《民法典》）第九十五条规定，为公益目的成立的非营利法人终止时，不得向出资人、设立人或者会员分配剩余财产。剩余财产应当按照法人章程的规定或者权力机构的决议用于公益目的。《中华人民共和国民办教育促进法》（以下简称《民办教育促进法》）同时规定，民办学校存续期间，出资人不得撤资，不得对办学结余进行分配。从规定的表述来看，出资举办非营利性民办学校不存在产权，类似出资捐赠，自此出资人产权社会化。但结合《民办教育促进法》的其他规定，可以发现并非如此，出资人对非营利民办学校享有一定的财产性权益，只是相对于营利性民办学校而言，这种财产性权益显得特别和有限。

一、非营利性民办学校出资人享有特别财产权

（一）出资非营利民办学校不会导致财产权灭失

出资人举办非营利性民办学校，其虽然不同于以分取利润为目的的投资行为，但也不等于以公益为目的的捐资行为。即使非营利性民办学校以公益为目的，也不能认为较一般出资行为有着完全相悖的法律性质，不能把出资行为和捐资行为混淆起来，不能把出资人出资产权等同于捐资人捐资财产的产权灭失。按照民办教育财产权制度的安排，出资人举办营利性民办学校，视为经济投资行为，具有股东财产权，但该股东财产权受公益目的和教育特殊性限制。

（二）非营利民办学校出资人的财产性权益

根据《民办教育促进法》第十九条第二款、第三十六条、第三十七条第一款、第五十九条第二款规定，非营利性民办学校对投入学校的资产和积累享有独立的法人财产权，出资人不能依照《中华人民共和国公司法》《中华人民共和国城镇集体所有制企业条例》主张股权或所有者权益，在民办学校存续期间，出资人不能收回出资，也不能像公司股东一样按份额分红。非营利性民办学校终止时，剩余财产也是继续用于其他非营利性学校办学，出资人对非营利性民办学校不享有类似于公司股东的财产权利，只享有依法管理和附条件地获得补偿和奖励的权利。

二、非营利民办学校出资人特别财产权的具体权能

根据《民办教育促进法》及其实施条例，并结合民办教育的实

际，非营利民办学校出资人对出资财产的产权主要包括参与出资财产的经营管理权、出资资金转让权、获得学校剩余财产奖励权。

（一）参与出资财产的经营管理权

虽然出资人不享有公司股东分红权，但其对民办学校的出资财产保留着财产性权益，可按出资的份额对法人享有权益。本案中出资人成立某中学董事会，通过法定程序选择学校管理者，对学校法人财产进行监督管理，并通过合法途径对重大问题行使决策权等。由此来看，出资人可通过日常的经营管理行为对学校的办学行为和办学过程产生影响，从而间接地实现对非营利性民办学校出资财产的控制权。

具体到本案，虽然某中学章程规定董事会系某中学的内设管理与权力机构，某手套厂、某医疗设备公司可通过董事会行使经营管理权，但其所作《关于陈某秋同志享有某中学资产份额和收益的承诺》违反了《民办教育促进法》相关规定，应认定为无效。且没有按照《民办教育促进法》第五十四条规定，报审批机关核准民办学校举办者的变更。故对周某媛的诉讼请求不予支持。

（二）出资资金转让权

实践中，非营利性民办学校出资人由于各种原因需要退出、撤回出资资金时，法律也提供了出资人合理合法退出机制。由于非营利民办学校属于公益性组织，出资人撤资和退出受到严格限制。在学校正常运作的情况下，只能允许出资人将其持有的学校份额转让给他人，通过收取转让价金来收回其出资，不得以解散学校、分割学校财产的方式退出。上述退出机制，既可以让出资人平稳退出和新的出资人进入民办教育领域，又能保持学校的持续健康发展。

根据现行法律规定，非营利性民办学校出资人转让出资资金，需要有三方面的限制：一是受让人应当具有政治权利和完全民事行为能力；二是由举办者提出，在进行财务清算后，经学校理事会或者董事会同意，报审批机关批准；三是在某个出资人对民办学校的股权面临转让时，其他出资人享有在同等条件下优先于其他潜在购买人购买的权利，即享有优先购买权。

（三）获得学校剩余财产奖励权

对于剩余财产的处理存在不同意见，笔者认为，非营利性民办学校终止时，需要对民办学校的财产进行依法清算。如果民办学校的全部财产在清偿全部债务和应付账款后还有剩余，出资人可以通过分配学校的剩余财产来收回出资。对于办学积累形成的增值资产，政府将根据出资人的贡献情况和办学业绩，对非营利性民办学校出资人进行奖励。

编写人：江苏省无锡市中级人民法院　缪凌　尹慧

003 婚前一方父母出资购买房屋登记在另一方名下的权属认定

——丁某严、许某林诉马某所有权确认案

【案件基本信息】

1. 裁判书字号

北京市高级人民法院（2021）京民申 962 号民事裁定书

2. 案由：所有权确认纠纷

3. 当事人

原告（反诉被告、上诉人、再审申请人）：丁某严、许某林

被告（反诉原告、被上诉人、再审被申请人）：马某

第三人：丁某

【基本案情】

丁某严与许某林系夫妻关系，二人育有一子丁某。2009 年，马某、许某林与某房地产公司签订《商品房预售合同》，2010 年丁某与马某登记结婚，2012 年，涉案房屋登记在许某林、马某名下，共有情况为按份共有，共有份额为各 50%。马某提供对话录音，证明涉案房屋 50%份额是丁某严与许某林给予其的彩礼。丁某严与许某林提供的银行流水和汇款凭证显示自 2010 年 1 月至 2016 年 2 月 22 日向马某账户汇款、转账，共计 79 万元。

【案件焦点】

一方父母出资购买并登记在另一方名下的婚前房产，是否属于对夫妻双方的赠与。

【法院裁判要旨】

北京市通州区人民法院经审理认为：涉案房屋购买于丁某和马某婚前，并于婚后登记至许某林与马某名下，涉案房屋登记时间处于丁某和马某婚姻关系存续期间。许某林与马某在马某提供的录音中的陈述符合日常婚嫁习俗。结合原被告双方特殊身份关系、涉案房屋登记时间以及许某林关于涉案房屋的表述等，可以认定涉案房屋登记在马某名下的 50%份额系许某林对丁某和马某二人的赠与。

关于马某主张的涉案房屋登记在其名下的 50%份额归其所有的反诉请求，结合上述分析，涉案房屋 50%份额系丁某严与许某林对丁某和马某夫妻二人的共同赠与，二人各享有 25%的份额，结合已

查明的涉案房屋的还贷情况看，涉案房屋的贷款绝大部分由丁某严与许某林偿还，马某与丁某共同还贷的部分，系其接受赠与之后，基于共有权人身份及双方特定身份关系，自愿承担部分还款义务的行为，存在明显的自愿处分特征，不宜认定该行为对双方所有权份额产生影响。

北京市通州区人民法院依据《中华人民共和国民法总则》第三条；《最高人民法院关于适用〈中华人民共和国物权法〉若干问题的解释（一）》第二条；《最高人民法院关于适用〈中华人民共和国婚姻法〉若干问题的解释（二）》；《最高人民法院关于民事诉讼证据的若干规定》第二条之规定，判决如下：

一、丁某严、许某林共同享有涉案房屋50%的份额；

二、马某享有涉案房屋25%的份额；

三、驳回许某林、丁某严的其他诉讼请求；

四、驳回马某的其他反诉请求。

丁某严、许某林不服一审判决，提起上诉。北京市第三中级人民法院同意一审法院裁判意见，判决驳回上诉，维持原判。

丁某严、许某林因不服二审判决，申请再审。北京市高级人民法院同意一审、二审法院裁判意见，裁定驳回丁某严、许某林的再审申请。

【法官后语】

父母出资为子女购房的性质及房产归属关涉各方切身利益，是社会热点话题。《最高人民法院关于适用〈中华人民共和国民法典〉婚姻家庭编的解释（一）》第二十九条是对婚前和婚后父母为双方购置房屋的出资性质和归属的认定，本案的特殊性在于，婚前一方父母出资购房后登记在另一方名下，对于该部分出资，应认定为赠与还是借贷，赠与对象为一方还是夫妻双方，似有进一步讨论的必要。

首先，父母对子女购房出资的性质是借贷还是赠与。实践中，父母出资为子女购房往往没有约定或约定不明确，故该行为的性质是借贷还是赠与，存在争议。基于特定婚姻家庭关系考量，针对父母出资购房的真实意思表示，一般宜认定为赠与。而且，现实中父母对于子女出资即便是赠与性质，也往往没有明确的表示，故在父母实际出资时意思表示不明的情况下，从社会常理出发也更适宜认定该行为性质属于赠与。在父母一方主张为借款的情况下，应当遵循“谁主张，谁举证”的原则，由父母来承担证明责任，这也与一般人的日常生活经验感知一致。

其次，判断父母出资是赠与一方还是赠与双方。根据《最高人民法院关于适用〈中华人民共和国民法典〉婚姻家庭编的解释（一）》，通常，婚前出资是对一方子女的赠与，婚后出资是对双方的赠与。新司法解释巧妙地利用出资时间节点，将这种赠与的真实意思直观地表达出来。若一方父母出资，而房屋产权却登记在另一方名下，有合理原因的，按照日常经验法则看，一般宜认定为对夫妻双方的赠与。不具有合理原因的，则应结合出资人与登记人的法律关系及出资情况进一步认定。从现实社会生活中反映的情况看，父母在子女婚前的房屋出资往往是出于子女结婚之目的，因此，出资的真实意思表示更宜认定为对自己子女的赠与。故对于房产登记在子女配偶另一方名下的情况，基于血亲关系的特殊性，此种情况应认定为是对夫妻双方的赠与。

总之，对于一方父母在子女婚前出资购房后登记在另一方名下的法律关系和产权认定，应当根据查明的案件事实，结合特殊身份关系、涉案房屋登记时间、日常婚嫁习俗等情况综合考量，客观判断父母出资的真实意图，均衡保护婚姻双方及其父母的利益。

编写人：北京市通州区人民法院　刘乙璞　徐晓云

004　确认出资事实的诉求不具有诉的利益应裁定驳回

——仵某如诉仵某旺等所有权确认案

【案件基本信息】

1. 裁判书字号

北京市第三中级人民法院（2020）京03民终11023号民事裁定书

2. 案由：所有权确认纠纷

3. 当事人

原告（上诉人）：仵某如

被告（被上诉人）：仵某旺、仵某军、仵某明

【基本案情】

潘某清与仵某旺系夫妻关系，二人婚后育有三个子女，即长女仵某如（其夫曲某祥，1女曲某），次女仵某军，三女仵某明。潘某清于2019年3月9日去世，其名下原有小轿车一辆，该车于2013年11月26日被置换，重新购买京牌案涉车辆，仍登记在潘某清名下。该车注册日期及发证日期均为2014年1月3日，登记使用性质为非营运，含税11.2万元。仵某如主张其女曲某于2013年11月21日取款15万元用于购买涉案车辆，其夫曲某祥每年以自身名义为涉案车辆购买保险，涉案车辆实际由仵某如实际控制

使用、维护、保养，故诉至法院主张确认登记在被继承人潘某清名下案涉车辆的裸车价值8万元（估算）属于仵某如所有。双方均认可车辆置换时，原轿车的价值为6000元。仵某旺、仵某军认可仵某如提交的保险业专用发票、北京市增值税普通发票、委托维修结算单等证据材料的真实性及证明车辆系仵某如的事实，仵某明则表示曲某名下存折上的存款系由仵某旺汇款形成，认可相关证据材料的真实性，但不认可仵某如主张的证明目的。

【案件焦点】

1. 如何理解和固定仵某如的诉讼请求；2. 本案之诉是否具有诉的利益，事实争议是否能够成为确认之诉的客体。

【法院裁判要旨】

北京市通州区人民法院经审理认为：我国对于机动车权属实行登记管理制度，机动车属于特殊动产，在无明确反证的情况下，应当认定机动车属于登记车主潘某清名下财产。实务中存在大量实际使用人与登记车主、实际车主不一致的情况，本案中即使涉案车辆长期稳定由仵某如实际控制使用等情况属实，也不能由此反推涉案车辆归其所有。结合北京市机动车销售的相关政策，没有被继承人名下京籍号牌指标，仵某如不可能完成机动车购买、更新事宜。故对于其主张的出资事宜其应当另案处理。结合双方就被继承人潘某清遗产分割正在进行诉讼的客观事实，涉案机动车裸车价值认定或裸车实物的处理必然影响到该机动车京籍号牌的归属判定，不宜将登记于被继承人潘某清名下的诉争机动车的裸车价值单独处理。故，仵某如主张的事实和理由不能成立，对其相关诉讼请求不予支持，相关标的物应为被继承人潘某清与仵某旺的夫妻共同财产。

北京市通州区人民法院依据《中华人民共和国民法总则》第三条，《中华人民共和国物权法》第三十三条，《中华人民共和国民事诉讼法》第六十四条、第一百四十四条之规定，判决如下：

驳回仵某如的全部诉讼请求。

仵某如不服一审判决，提起上诉。北京市第三中级人民法院经审理认为：确认之诉是指原告请求法院确认其与被告之间存在或不存在某种法律关系的诉。确认之诉的目的在于消除当事人有关某种法律关系存在或不存在的争议，使当事人之间的法律关系确定化，故而，确认之诉的确认对象应为法律关系，不包括事实和事实关系。仵某如请求确认登记在被继承人潘某清名下的涉案机动车的裸车价值8万元归其所有，该诉求虽从形式上类似于确认之诉，但其实质应为确认其对涉案机动车的出资数额，属于对事实的确认。该事实是在法院确认涉案机动车物权归属或合同纠纷中需要查明的事实之一，即使法院对仵某如出资的事实予以确认，其结果并不会在当事人之间形成确定的法律关系，亦不包含确定性的权利义务内容。仵某如的诉讼请求系单纯的事实确认，不属于确认之诉请求的裁判事项，故应裁定驳回仵某如的起诉。一审法院对仵某如的起诉予以受理并作出实体判决错误，二审依法予以纠正。综上所述，仵某如的上诉请求不成立。

北京市第三中级人民法院依照《最高人民法院关于适用〈中华人民共和国民事诉讼法〉的解释》第三百三十条之规定，裁定如下：

一、撤销一审民事判决；

二、驳回仵某如的起诉。

【法官后语】

一、诉讼请求是实现诉的前提

起诉要有具体的诉讼请求和事实理由，诉讼请求是指原告获得实体法的具体法律效果地位或具体法律效果的诉讼主张，一般认为，这里的诉讼请求指的是当事人所欲达到的具体法律上的效果。原告所提出的诉讼请求一定要具体明确，明确请求给付什么、确认什么或形成什么，同时明确请求多少，比如应明确请求给付金钱或种类物的具体数量。在案件审理中，当事人的诉讼请求将作为主线贯穿于诉讼始终，诉讼请求决定了案件的审理方向，以及最终的审理结果。通过对比两审裁判可以发现一审、二审法官对原告诉讼请求性质的不同理解，导致了一审、二审不同的审判结果。本案原告仵某如提出诉求：请求依法判决确认登记在被继承人潘某清名下京牌案涉车辆裸车价值 8 万元属于仵某如所有。一审法院围绕车辆的归属问题审理，即确认车辆所有权归属；二审法院围绕对事实的确认审理，认为仵某如诉求虽从形式上类似于确认之诉，但其实质应为确认其对涉案机动车的出资数额，属于对事实的确认。司法实务中，当事人提出的诉讼请求有时会出现意思含混不清的情况，此时法官应及时通过发问等方式予以澄清明确。只有将当事人的诉求明确固定下来，才能按照清晰的审判思路和方向进行案件审理，使得争议得以解决。

二、诉的利益是行使诉求的要件

诉的利益是基于原告主张的实体利益现实地陷入危险和不安时而产生的，这种危险与不安源自侵权行为或争议状态，并能直接促成原告请求诉权保护的理由或事实。判断是否具有诉的利益，是确定人民法院民事案件主管的主要依据。它可以将正当的、需要诉讼保护的民事权利或形成中的权利引入审判中予以诉讼救济，进而可能形成新的法律权利。

在民事诉讼中，适用“无利益便无诉权”这一原则是妥当的。对于利用民事诉讼制度而言，都必须具有某种利益或必要性。关于缺少诉的利益后果，在理论界存在一定的争议。有观点认为，诉的利益属于诉权行使的要件，缺乏该要件，法院应驳回原告的起诉。也有观点认为，诉的利益属于诉讼要件，诉的利益应为法院对本案实体问题作出审判的前提要件，只有原告的起诉具备权利保护利益时，法院才能对本案的实体问题作出判决，不具备权利保护利益时，法院必须作出程序上的裁判，以原告的诉不合法为由裁判驳回。

具体到本案，仵某如请求确认登记在被继承人潘某清名下的涉案机动车的裸车价值 8 万元归其所有，具有诉的利益，无论采取哪种观点，法院都应依法审理作出裁判。

三、确认之诉探析

民事诉讼理论根据诉讼请求的不同将民事诉讼法上的诉划分为确认之诉、请求之诉、形成之诉。确认之诉是指一方当事人请求人民法院确认某种民事法律关系存在或者不存在的诉，请求之诉是指一方当事人请求法院判令对方当事人履行一定民事义务的诉，形成之诉是指依据判决使民事法律关系发生变动的诉。其中，确认之诉通过既判力从观念上确定双方当事人之间法律关系是否存在或者存在的状态如何解决纠纷，具有预防事后纠纷发生的机能。确认之诉的特征是：（1）确认之诉的目的是请求法院对当事人之间发生的纠纷进行解决，以确认双方当事人之间是否存在法律关系或者存在法律关系的状态如何；（2）确认之诉的对象是权利或法律关系，即人与人或人与物之间的法律关系；（3）确认之诉源于当事人存在的纠纷，而不能是假设的争议，即确认之诉应具有诉的利益。

作为确认之诉的对象，对于解决纠纷而言必须有效适当。原则上确认的对象必须是现在的权利或法律关系。对抽象的法律问题或者虚拟的法律关系，一般不得提起确认之诉；对事实也不能提起确认之诉，即使该事实是规范的构成要件；对将来的或者过去的法律关系也不能提起确认之诉，除非从过去的法律关系可以推导出当事人之间的法律关系至少有间接影响的法律效果，但可以对附期限或者附条件的法律关系进行确认。

对于现在的纠纷解决而言，明确现在的法律关系最为直接有效，反之，确认过去的法律关系及事实有点舍近求远，而且后来法律关系的变动未必有助于解决现在的纠纷。而确认将来的法律关系也可能会因法律关系的变动而缺乏解决纠纷的实效性。

具体到本案，仵某如请求确认登记在被继承人潘某清名下的涉案机动车的裸车价值 8 万元归其所有，该诉求虽从形式上类似于确认之诉，但其实质应为确认其对涉案机动车的出资数额，属于对事实的确认。该事实是在法院确认涉案机动车物权归属或合同纠纷中需要查明的事实之一，亦不包含确定性的权利义务内容。即使法院对仵某如出资的事实予以确认，其结果并不会在当事人之间形成确定的法律关系，故二审法院认为，仵某如的诉讼请求系单纯的事实确认，不属于确认之诉请求的裁判事项，应裁定驳回仵某如的起诉。

编写人：北京市通州区人民法院　井龙　张苏豫

005 不动产确认纠纷与房屋买卖合同纠纷的区分及裁判思路

——钦某某、苏某某诉十堰某置业公司物权确认案

【案件基本信息】

1. 裁判书字号

湖北省十堰市中级人民法院（2020）鄂03民终1693号民事裁定书

2. 案由：物权确认纠纷

3. 当事人

原告（被上诉人）：钦某某、苏某某

被告：十堰某置业公司

第三人（上诉人）：王某某

【基本案情】

2008年8月30日，钦某某、苏某某与十堰某置业公司签订《商品房销售合同》，购买“某国际大酒店”E区房屋，总价格为1971200元，付款方式为分期支付：（1）签订合同时，支付50万元；（2）房屋交付时支付30万元；（3）余款以十堰某置业公司欠付钦某某、苏某某的设计费、桩基工程费及煤渣款抵付。

2014年10月16日，经钦某某、苏某某与十堰某置业公司对账后确认：钦某某、苏某某以设计费1098177元、煤渣款136210元、桩基款236813元，合计1471200元抵付E区购房款。10月17

日，钦某某、苏某某（乙方）与十堰某置业公司（甲方）签订《交房确认书》，其内容为：甲方于2010年底前已将E区2幢103、203、303、403房屋实际交付乙方使用，甲方在本确认书签署当日将E区1幢301、401房屋交付乙方。待甲方为乙方办理房屋产权证件后一个月内，乙方一次性付清所欠的全部购房款。

自2014年7月29日始，十堰某置业公司法定代表人龚某某开始向王某某借款。钦某某、苏某某后来得知十堰某置业公司将已出售给钦某某、苏某某的房屋销售给王某某，并办理房屋产权登记。

【案件焦点】

1. 当事人之间的争议属于房屋买卖合同纠纷还是物权确认纠纷；2. 钦某某、苏某某要求确认案涉房屋归其所有的诉讼请求能否成立。

【法院裁判要旨】

湖北省丹江口市人民法院经审理认为：虽然诉争房产产权登记在王某某名下，但该产权证记载内容与真实状况不符，应确认该诉争房产归属于钦某某、苏某某所有。钦某某、苏某某在2008年8月30日与十堰某置业公司签订《商品房销售合同》，购买十堰某置业公司E区2幢一楼至四楼。2010年底十堰某置业公司将此房交给钦某某、苏某某使用，一直占有、使用至今，是房屋真实购买物权所有人。十堰某置业公司无力偿还王某某的借款，在以物抵债时明确告知王某某涉案房屋已出售给钦某某、苏某某。王某某为确保自己的债权能够实现，执意迫使十堰某置业公司法定代表人龚某某签订以房抵债协议，该行为应属无效。

湖北省丹江口市人民法院依照《中华人民共和国物权法》第十七条、第二十八条、第三十二条、第三十三条,《最高人民法院关于适用〈中华人民共和国物权法〉若干问题的解释(一)》第二条,《中华人民共和国合同法》第五十一条、第三百九十八条、第四百零四条,《中华人民共和国民事诉讼法》第六十四条第一款,《最高人民法院关于民事诉讼证据的若干规定》第二条的规定,判决如下:

钦某某、苏某某是购买十堰某置业公司 E 区 2 幢 103、203、303、403 号房屋真实物权所有人。

王某某不服一审判决,提起上诉。湖北省十堰市中级人民法院经审理认为:钦某某、苏某某与十堰某置业公司之间不存在物权争议,两者之间的争议本质上是房屋买卖合同纠纷,而非物权纠纷。钦某某、苏某某坚持以物权确认纠纷提起诉讼,其主张的法律关系与人民法院查明的不一致。根据《最高人民法院关于民事诉讼证据的若干规定》第五十三条规定,结合处分原则,原告以什么为法律基础向被告请求什么是原告的权利,人民法院不宜再释明要求当事人变更诉讼请求,应当根据所主张的法律关系作出相应裁判。钦某某、苏某某坚持要求确认案涉房屋归其所有缺乏法律根据,依法应当判决驳回其诉讼请求。但是本案不仅是诉讼请求能否成立的问题,还涉及原告是否为真实权利人的问题。这既是事实问题,更是有无原告主体资格的程序问题。

根据《最高人民法院关于适用〈中华人民共和国物权法〉若干问题的解释(一)》第二条的规定,钦某某、苏某某提起物权确认之诉应当提供证据否定登记簿的证明力,且还要证明其是诉争物权的真实权利人。换言之,即便钦某某、苏某某能够提交证据否定不动产登记簿记载权利人的真实性,也不能必然得出自己就是真实权利人的结论。如果不能证明其为该不动产的真实权利人，那么其起诉就不符合《中华人民共和国民事诉讼法》第一百一十九条关于“原告是与本案有直接利害关系”的规定。

湖北省十堰市中级人民法院依照《中华人民共和国物权法》第三十三条，《最高人民法院关于适用〈中华人民共和国物权法〉若干问题的解释（一）》第二条，《中华人民共和国民事诉讼法》第一百一十九条第一项、第一百七十条第一款第二项，《最高人民法院关于适用〈中华人民共和国民事诉讼法〉的解释》第三百三十条之规定，裁定如下：

一、撤销一审民事判决；

二、驳回钦某某、苏某某的起诉。

【法官后语】

根据《中华人民共和国民法典》第二百三十四条规定，因物权的归属、内容发生争议的，利害关系人可以请求确认权利。这是民法典关于物权确认权利的规定，本文所指的不动产确权之诉不包含应当由行政机关确认的土地所有权争议。不动产确权之诉与房屋买卖合同纠纷是不动产领域两类常见的、不同的案件，其处理结果往往涉及当事人的重大切身利益。司法实践中当事人极易混淆两者，对此法官在审判过程中要探求当事人真实意思表示，分析真实权利义务关系。唯有准确把握案件性质，才能厘清案件基本事实，作出公平公正裁判。以下结合两类案件的特点，归纳二者的区别，梳理不动产确权纠纷的裁判思路。

一、不动产确权纠纷与房屋买卖合同纠纷的区别

（一）案件性质不同

不动产确权纠纷属于物权纠纷范畴，物权系支配权、决定权，具有排他效力、优先效力、追及效力以及物权请求权效力。而房屋买卖合同纠纷属于债权纠纷范畴，债权系请求权、相对权，无上述效力。

（二）诉讼目的不同

就不动产确权纠纷而言，其本质上是一种明确人己之界限，实现定分止争的确权目的。不动产确权纠纷是确认之诉，诉讼目的就是解决物权的归属和内容的争议。而房屋买卖合同纠纷的诉讼目的是解决房屋买卖合同履行过程中产生的争议，具体表现为因合同效力、合同履行、违约责任产生的争议。

（三）请求权基础不同

不动产确权纠纷适用《中华人民共和国民法典》物权编及其相应司法解释。房屋买卖合同纠纷的请求权基础是合同约定的条款以及《中华人民共和国民法典》合同编的相关规定及相关司法解释。

（四）诉讼门槛及证明标准不同

因不动产登记簿对外具有公示效力，本身就是证据，有很强的证明力，如果真实权利人提起诉讼，不仅要提供证据否定不动产登记簿的证明力，还要证明其为真实权利人。而提起房屋买卖合同纠纷没有如此高的证明标准。

二、不动产确权纠纷的类型及裁判思路

（一）不动产确权纠纷的类型

司法实践中，不动产登记簿记载的权利人与真实权利人不一致情形主要有以下几种：(1) 夫妻共有的房屋登记在一方名下；(2) 不

动产物权（遗产）登记在继承人、受遗赠人以外的人名下；（3）借名买房；（4）人民法院生效裁判文书或者仲裁委员会确认的不动产物权与不动产登记簿登记的权利人不一致；（5）其他不一致的情形。

（二）不动产确权纠纷案件的裁判思路

1. 审查请求权基础。认真审查原告的请求权基础，结合相关事实分析双方真实的法律关系。法律基础可以在合同里找到，也可以是单个的法律条文，也可能是多个法律条文的结合，或者合同与法律条文的结合。就法官而言，先做出一个基础评价，即“原告以什么为法律基础向被告请求什么”。再结合相关案件事实以及相关法律规定作出分析，原告与被告之间的真实法律关系是不是不动产确权纠纷。

2. 法官不再行使释明权。司法实践中，原告错把房屋买卖合同纠纷当作不动产确权纠纷提起诉讼的现象普遍存在。当事人主张的法律关系与人民法院认定不一致时，以往系法院主动释明当事人是否变更诉请，但从新修订的《最高人民法院关于民事诉讼证据的若干规定》的相关内容来看，法院应当尊重原告的处分权，即原告有权选择向被告主张何种权利的法律基础，审判权不再干预。

3. 在审查原告主体资格的基础上作出裁判。从《最高人民法院关于适用〈中华人民共和国民法典〉物权编的解释（一）》第二条规定的内容来看，原告除了要证明不动产登记簿记载权利状况不真实外，还应当证明自己对特定不动产享有物权。换言之，即便原告能够提交证据否定不动产登记簿记载权利人的真实性，也不能必然得出自己就是真实权利人的结论。如果不能证明其为该不动产的真实权利人，那么其请求人民法院保护的民事权益就不属于原告。此种情况下，原告实际上与不动产确权纠纷没有直接的利害关系。根据《中华人民共和国民事诉讼法》（2021 修正）第一百二十二条的规定，原告起诉必须符合“原告是与本案有直接利害关系的公民、法人和其他组织”的条件，否则，人民法院应当以原告与该案无直接利害关系为由，裁定驳回其起诉。在司法实践中，此种情况下，也有判例是判决驳回原告的诉讼请求，但笔者认为，不动产确权纠纷的真实权利人是针对登记簿记载的权利人不一致而言的，在否定登记簿记载事项的同时，其还应当证明其通过合法途径取得了物权，即要达到证明其是“真实权利人”的证明标准。从法理上讲，物权保护纠纷应当以享有物权为前提，不动产确权纠纷是物权保护纠纷的一个种类，原告作为真实权利人提起不动产确权纠纷实际上是基于物权的排他效力，源于权利人对不动产的直接支配权，杜绝在同一不动产上设立两个所有权，即所谓的“一物一权主义”。不动产确权纠纷中的“真实权利人”，顾名思义，就是真正享有不动产物权的人，提起不动产确权之诉，就是为了解决物权归属、内容的争议问题。根据《中华人民共和国民法典》第二百一十六条规定，“不动产登记簿是物权归属和内容的根据”。如果原告不是“真实权利人”，是无法与登记簿记载的权利人对抗的，也是与物权归属、内容争议无关的，因此证明其是“真实权利人”也是题中应有之义。物权是绝对权，具有极强的排他性，不动产确权纠纷本身就是为了保护真实权利人的合法权益而设立的案由，该类纠纷有其自身的特性，与普通民事案件存在一定的区别，该类案件的原告应当是不动产真实权利人。因此，如果原告不能证明其是真实权利人，裁定驳回其起诉与法律、法理更为相符。

综上，有关物权归属的争议，实际上是权利主体争议，提起不动产确认之诉的利害关系人可能是权利人，也可能不是。为了防止滥用确认请求权，人民法院应当对利害关系人对不动产物权是否存在确认利益进行审查。如果不存在确认利益，可从程序上裁定驳回原告的起诉，避免增加当事人诉累、浪费司法资源。

编写人：湖北省十堰市中级人民法院　徐恩田

006 擅自流转物业用房土地以建设房屋的权属认定

——某业主委员会诉某置业公司物权保护案

【案件基本信息】

1. 裁判书字号

河南省平顶山市中级人民法院（2021）豫04民再26号民事判决书

2. 案由：物权保护纠纷

3. 当事人

原告（被上诉人、再审被申请人）：某业主委员会

被告（上诉人、再审申请人）：某置业公司

第三人：师某红

【基本案情】

某置业公司系鲁山县某小区的开发商，经鲁山县城市规划委员会批准的该项目规划图显示：18号楼第三层为物业用房，面积为507平方米。某置业公司于2013年9月6日取得商品房预售许可证，开始进行预售。某业主委员会系由案涉小区业主成立的业主管理机构，于2018年1月11日经备案成立。某置业公司未如期交付物业用房，经多次协商无果，小区业主大会经集体讨论，半数以上业主同意授权某业主委员会通过诉讼途径要求某置业公司交付物业用房。

2016年9月9日，某置业公司与师某红签订《购房合同》，将18号楼2号商铺（第三层）以1636585元的价格出售给师某红，师某红以应获得的某置业公司违约金886585元作为该房款予以抵扣，剩余75万元房款未付。某置业公司因无力继续建房，与师某红签订建设协议，由师某红自己出资建设了18号楼的三层房屋（以下称一层、二层为1号商铺、三层为2号商铺），出资建房款和某置业公司欠师某红的其他房屋租赁费一并折抵了2号商铺的购房款，师某红又以现金支付了部分房款。剩余房款支付完毕后，双方在2017年9月27日又重新签订了涉案房屋的《购房合同》，合同中显示面积为509.11平方米。1号商铺现由师某红出租给甲公司使用，2号商铺也曾出租，目前空闲，涉案房屋没有办理房屋所有权证。

【案件焦点】

1. 师某红能否因建设及购房合同行为而直接取得诉争房屋所有权；2. 业委会以师某红建设行为违反经批准的规划为由请求返还案涉房屋应否得到支持。

【法院裁判要旨】

河南省鲁山县人民法院经审理认为：某业主委员会要求某置业公司交付的物业用房有规划图为证，依据《河南省物业管理条例》第十一条、第十二条的规定，某置业公司应当依据规划图的标识交付物业管理用房。某置业公司虽提交了其与其他业主签订的房屋买卖合同，但该合同系当事人之间的约定，仅对合同双方当事人产生约束力，且某小区规划图中注明物业用房的面积为507平方米，该规划图经批准具有较强的约束力，某置业公司提供的合同的效力不能对抗该规划图的效力。

河南省鲁山县人民法院依据《河南省物业管理条例》第十一条、第十二条的规定，判决如下：

一、某置业公司应当依据规划图的指示交付该物业用房（面积为 507 平方米）；

二、驳回原告某业主委员会的其他诉讼请求。

某置业公司不服一审判决，申请再审。河南省鲁山县人民法院经审理认为：某业主委员会经业主大会选举产生，并在政府主管部门办理备案登记，且本次起诉经全体业主过半数同意，故该业主委员会以自己名义提起诉讼符合法律规定。某置业公司违法将 18 号楼列入预售房予以销售并与师某红签订《购房合同》，应属无效。至于师某红的损失，其可以通过合法途径另行主张。原审事实认定清楚，但适用法律不当，应予以纠正。

河南省鲁山县人民法院依照《中华人民共和国民事诉讼法》第二百零七条第一款、《中华人民共和国物权法》第七十三条、第一百零六条第一款，《中华人民共和国合同法》第五十二条，《最高人民法院关于审理建筑物区分所有权纠纷案件具体应用法律若干问题的解释》第十四条第一款，《河南省物业管理条例》第十二条之规定，判决如下：

一、撤销法院作出的原审民事判决；

二、某置业公司、师某红于本判决生效后三十日内向某业主委员会交付案涉小区 18 号楼第三层的物业用房。

某置业公司不服再审判决，提起上诉。河南省平顶山市中级人民法院经审理认为：某小区的规划图中显示的物业用房的性质明确，某置业公司不得改变其使用功能。某置业公司擅自将案涉房产予以销售，违反了法律、行政法规的强制性规定，该购房合同系无效合同。师某红虽然与某置业公司签订了购房合同，并实际进行了建设，但因购房合同无效，师某红至今也未取得涉案房屋所有权证，师某红不符合善意取得的构成要件。至于师某红的损失，其可以另行主张。

河南省平顶山市中级人民法院依照《中华人民共和国民事诉讼法》第一百七十条第一款第一项规定，判决如下：

驳回上诉，维持原判。

【法官后语】

关于本案中师某红能否因购房及后续建设行为直接取得诉争房屋所有权及业委会以师某红建设行为违反经批准的规划为由请求返还案涉房屋应否得到支持，有两种观点：第一种观点认为，建设工程规划属行政管理范畴，业委会不能以此理由否定平等民事主体的房屋买卖及建设行为的效力，因此业委会诉讼请求应予驳回；第二种观点是建设工程规划具有法定性，未经批准修改不得擅自更改，即便师某红系与置业公司签订购房合同并进行后续建设并不当然取得房屋所有权，业委会的诉讼请求应当得到支持。

本案的关键在于对小区物业用房规划的效力的认定。

1. 物业用房作为建设工程规划许可的一部分，面积及坐落不得随意更改。一经建设规划部门批准后，建设工程规划范围内确定为建设物业办公用房的相对应的土地使用权就属于全体业主共有，未经规划变更，就不能改变其权利归属。首先，小区建设规划具有法定性，一旦确定，建设单位必须按规划建设。其次，小区建设规划具有确定性。依据《河南省物业管理条例》第十二条规定，确定物业用房的坐落和建筑面积是商品房小区取得建设工程规划许可证的前提条件。如果未经法定程序将物业用房、用地建设成商品房，即属违法建筑。再次，物业用房位置事关全体业主重大利益。物业用房建成后交由物业公司管理使用，目的是履行物业维护、维修和环境卫生保持等，因此要求其必须位置适当、面积合适，以便实现对整个小区的高效管理。最后，物业服务用房作为建设工程规划许可证确定的物业办公服务设施相对应的土地份额，自规划确定后，就与房地产开发公司在土地使用权上实现了分离，即物业办公用房虽未建设，但相对应的土地使用权已经由全体业主享有，且因其具有在建设工程规划许可证上的确定力而禁止对外再行交易，并具有了公示公信的效力，所以第三人对此应当明知，在此情况下仍签订关于物业用房的买卖协议，不具有善意的信赖保护基础。

2. 本案中师某红不能直接取得相应房屋所有权。不动产所有权取得除司法程序确认外，主要有依登记、继承和建设取得。师某红并非涉案土地的使用权人，也无法取得对应的房屋产权证书。虽然其与某置业公司签订有房屋投资建设协议，表面上看师某红依据土地使用权人即某置业公司的转让行为获得了相应土地使用权，而事实上自建设工程规划批准后，物业办公用房对应的土地权利主体已经变为小区全体业主，某置业公司无权对属于该小区全体业主的土地使用权进行处分，因师某红非属于善意，自然无权取得土地使用权。

3. 某置业公司将案涉物业用房列入预售许可证范围于法无据，师某红对于房屋属无权占有。其一，物业办公用房的性质决定了某置业公司无权进行对外销售。师某红建设案涉房屋后又将其用于商业经营，属于擅自改变房屋用途，亦为法律所禁止。其二，某置业公司与师某红均负有向业主委员会交付房屋的义务。根据《最高人民法院关于审理建筑物区分所有权纠纷案件具体应用法律若干问题的解释》①（2020 年 12 月 29 日通过）第十四条第一款“建设单位或者其他行为人擅自占用、处分业主共有部分、改变其使用功能或者进行经营性活动，权利人请求排除妨害、恢复原状、确认处分行为无效或者赔偿损失的，人民法院应予支持”的规定，某置业公司作为向业主委员会交付房屋的法定义务人、师某红作为无权占有人，均应当履行交付义务。

本案裁判确定了建设单位将经规划批准的物业用房列入预售范围并进行出售以及续建行为因违法而不能由房屋购买及后续建设行为人直接取得房屋所有权，而应依法返还业委会用于物业管理的规则，业委会有权通过诉讼程序取回以保障自身合法权益，对于此类案件具有借鉴和指导意义。

编写人：河南省鲁山县人民法院　刘志强　李川川

---

① 《最高人民法院关于审理建筑物区分所有权纠纷案件具体应用法律若干问题的解释》已于 2020 年 12 月 29 日将名称修改为《最高人民法院关于审理建筑物区分所有权纠纷案件适用法律若干问题的解释》，自 2021 年 1 月 1 日起施行。《最高人民法院关于审理建筑物区分所有权纠纷案件适用法律若干问题的解释》第十四条第一款规定：“建设单位、物业服务企业或者其他管理人等擅自占用、处分业主共有部分、改变其使用功能或者进行经营性活动，权利人请求排除妨害、恢复原状、确认处分行为无效或者赔偿损失的，人民法院应予支持。”

007 夫妻一方处分财产未获追认的法律效力分析

——刘某珍诉于某先、辛某梅物权保护案

【案件基本信息】

1. 裁判书字号

北京市第一中级人民法院（2020）京01民终4935号民事判决书

2. 案由：物权保护纠纷

3. 当事人

原告（被上诉人）：刘某珍

被告（上诉人）：辛某梅

被告：于某先

【基本案情】

刘某珍与于某先于2003年登记结婚，辛某梅系刘某珍聘请照顾于某先的保姆。于某先于婚姻存续期内向辛某梅转账赠与260万元，辛某梅另从于某先账户取现30.2万元。各方确认其中20万元是于某先让辛某梅代为保管，辛某梅称其中6万元是于某先赠与其的购房款，2万元是用于日常开销。刘某珍对辛某梅所述给于某先孙女2万元以及用于补足工资的2000元予以认可，并表示不要求辛某梅返还该两笔款项，仅主张返还268万元。刘某珍与辛某梅均确认于某先赠与款项出自于某先的西城区某房屋出售款。2004年9月25日，于某先购买该房屋，并于2006年1月5日登记为房屋所有权人。2018年，于某先将涉案房屋以560万元价格出售。

【案件焦点】

1. 于某先将夫妻共同财产赠与辛某梅的处分行为是否有效；2. 辛某梅是否应当返还诉争款项；3. 诉争款项返还对象。

【法院裁判要旨】

北京市海淀区人民法院经审理认为：涉案房屋于刘某珍与于某先婚姻存续期间购买，现有证据不足以证明购房款系以于某先婚前个人财产全额出资，故涉案房屋应属二人的夫妻共同财产。于某先在与刘某珍婚姻关系存续期间将夫妻共同财产赠与辛某梅，数额累计268万元，该赠与是对夫妻共同财产的大额处分行为，未经刘某珍同意，应属无效行为。辛某梅取得268万元无法律依据，应当返还刘某珍。

北京市海淀区人民法院依照《中华人民共和国婚姻法》第十七条、《最高人民法院关于适用〈中华人民共和国婚姻法〉若干问题的解释（一）》第十七条、《中华人民共和国民事诉讼法》第一百四十四条之规定，判决如下：

一、确认于某先给辛某梅268万元款项的赠与行为无效；

二、辛某梅于本判决生效后十日内返还刘某珍268万元；

三、驳回刘某珍的其他诉讼请求。

辛某梅不服一审判决，提出上诉。北京市第一中级人民法院经审理认为：首先，刘某珍要求确认的是于某先的物权处分行为无效，而非缔约的债权行为无效，其请求权基础系物权保护请求权，故本案案由应由确认合同无效纠纷变更为物权保护纠纷为宜。其次，现有证据不足以认定涉案房屋为用于某先婚前个人财产全资购买，应认定为于某先与刘某珍的夫妻共同财产，出售的全部款项也应为夫妻共同财产。再次，关于诉争处分行为的效力，根据《中华人民共和国婚姻法》第十七条、《最高人民法院关于适用〈中华人民共和国婚姻法〉若干问题的解释（一）》第十七条以及《中华人民共和国民法总则》第一百四十三条的规定，于某先将夫妻共同财产赠与给辛某梅的物权处分行为违反了婚姻法对于夫妻共同财产应平等协商并取得一致予以处分的强制性规定，侵害了刘某珍的合法权益，在刘某珍对于某先的处分行为不予追认的情况下，一审法院认定于某先处分夫妻共同财产的行为无效并无不当。最后，关于诉争款项的返还对象。诉争款项出自于某先的账户，因诉争处分行为系对夫妻共同财产的无权处分，故该处分行为在被确认为无效后，财产权益应回归至该处分行为发生之前的原有状态。但于某先并未主张返还诉争款项，且坚持要求将诉争款项赠与辛某梅，该意思表示仍具有损害夫妻共同财产权益之虞。本案原告仅为刘某珍一人，故诉争款项应返还给刘某珍，但不改变诉争款项为刘某珍与于某先的夫妻共同财产的属性。

北京市第一中级人民法院依照《中华人民共和国民法总则》第一百四十三条、《中华人民共和国婚姻法》第十七条、《最高人民法院关于适用〈中华人民共和国婚姻法〉若干问题的解释（一）》第十七条、《中华人民共和国民事诉讼法》第一百七十条第一款第一项规定，判决如下：

驳回上诉，维持原判。

【法官后语】

本案能够反映出二审法院对于擅自将夫妻共同财产赠与婚外他人的赠与合同效力与无权处分夫妻共同财产的物权行为效力相互分

离评价的裁判观点。以下结合本案的审理思路进行解析。

一、夫妻共同财产的认定

判断争议处分行为是有权处分行为还是无权处分行为的前提，首先是要确认争议财产是否属于夫妻共同财产。实践中对夫妻共同财产的审查考量因素主要如下：

（一）财产来源及取得时间

首先，涉案房屋购买合同的签订时间、付款时间以及取得房屋产权证的时间均在于某先与刘某珍婚姻存续期内，因此从财产取得时间上看，涉案房屋符合夫妻共同财产的特点。其次，涉案房屋的购房款总金额约为268万元，无充分证据证明涉案购房款项全部来自于某先婚前财产的置换，故亦符合夫妻共同财产的特点。

（二）双方有无夫妻财产内部约定

夫妻财产内部分配有约定应当从约定，无约定应适用法定财产制，故在无明确约定情况下，涉案款项应属于夫妻共同财产。

（三）夫妻共同财产的推定和举证责任

司法实践中，一项财产在婚姻存续期间取得，在无其他相反证据证明为个人所有的情况下，一般推定为夫妻共同财产，由持否定态度一方对事实承担举证义务以及举证不能的不利后果。辛某梅提交的证据仅能体现于某先愿意将涉案款项赠与辛某梅的意思表示，但不足以证明涉案款项全部来自于某先婚前个人财产的置换，故在辛某梅与于某先都无法提供充分证据予以证明的情况下，应推定刘某珍关于涉案款项来自夫妻共同财产的主张成立。

二、擅自赠与婚外他人的认定

“擅自赠与婚外他人”的行为前提，即所赠与的财产不属于《中华人民共和国民法典》（以下简称《民法典》）第一千零六十四条规定的夫妻之间家事代理权范围的财产，如家庭日常生活所需费用或夫妻共同生产经营所需费用，属于家庭中较为重要的大额财产。未经与配偶协商一致，自行决定将上述夫妻共同财产赠与婚外其他第三人，均构成擅自赠与他人的行为。赠与他人一方应就其赠与行为经夫妻共同意思表示一致或事后得到追认的事实负有证明义务。

三、债权行为效力与物权行为效力的区分

于某先与辛某梅的赠与过程包含了两个步骤，首先是形成了愿意赠与与接受赠与的合意，其次是完成了货币财产的所有权转移，前者属于合意设定负担的债权行为，后者是单方行使处分权的物权变动行为。司法实践中，对于擅自将夫妻共同财产通过赠与婚外他人予以处分的情形在法律适用及处理结果上并不完全统一，但多数能够形成共识的是，将债权行为与物权行为相互区分地予以认定。

赠与人的配偶要求确认赠与合同无效的，法院一般审查是否具有法定的无效情形。实践中擅自赠与婚外他人财产发生于婚外恋的情形时有发生，在无证据证明合同存在其他法定无效情形时，法院常见以擅自将夫妻共同财产赠与婚外情人的行为有违公序良俗、损害社会公共利益为由认定此种情形下赠与合同无效。而在接受赠与的主体与赠与人不存在婚外恋关系的情形下，法院对于赠与合同无效的适用则相对更为局限。本案事实赠与不具有合同无效法定情形，应认定为有效合同。

于某先的单方处分行为违反了《民法典》婚姻家庭编对于夫妻共同财产应平等协商并取得一致予以处分的强制性规定，亦违反了《民法典》物权编关于共有物处分的强制性规定，侵害了刘某珍的合法权益，不符合《民法典》规定的有效民事法律行为的法定要件。同时根据共有的一般原理，在婚姻存续期间，夫妻共同财产应作为一个不可分割的整体，夫妻对全部共同财产不分份额地共同享有所有权，夫妻双方无法对共同财产划分个人份额，在没有重大理由时也无权于共有期间请求分割共同财产。夫妻对共同财产享有平等的处理权，并不意味着夫妻各自对共同财产享有一半的处分权。只有在共同共有关系终止时，才可对共同财产进行分割，确定各自份额。因此，夫妻一方擅自将共同财产赠与他人的赠与行为应属全部无效，而非部分无效。[①] 笔者认为，此处的赠与他人行为应理解为与合同效力相区分的物权处分行为，因此，虽然本案中的赠与合同系当事人真实意思表示，亦未违反公序良俗，不具有认定合同无效的法定事由，但不影响赠与人对夫妻共同财产的物权处分行为被依法认定为无效。

《最高人民法院关于适用〈中华人民共和国民法典〉婚姻家庭编的解释（一）》第二十八条第二款规定，夫妻一方擅自处分共同所有的房屋造成另一方损失，离婚时另一方请求赔偿损失的，人民法院应予支持。擅自将夫妻共同财产赠与婚外他人时，夫妻之受损一方可适用上述司法解释条款的规定，在离婚时主张损失赔偿。但在婚姻关系存续期间，受损一方亦可依法基于物权保护主张处分行为无效，要求全部返还赠与财产。

《民法典》第一千零六十二条第二款规定，夫妻对共同财产有平等的处理权，这是法律关于夫妻对共同财产如何行使所有权的规定，夫妻双方对共同财产应当平等行使占有、使用、收益和处分的权利。本案裁判思路的价值在于，在夫妻一方擅自以赠与方式处分共同财

---

① 吴晓芳：《〈婚姻法〉司法解释（三）适用中的疑难问题解析》，载《法律适用》2014年第1期。

产的情况下，在婚姻家庭法律规范内为对方提供一种权利救济路径，引导夫妻双方彼此尊重对于共同财产的平等处理权。

编写人：北京市第一中级人民法院　丁少芃

008 与共有房屋登记所有权人交易的买受人主观善意认定标准

——舒某新诉孙某华、刘某雷物权保护案

【案件基本信息】

1. 裁判书字号

北京市朝阳区人民法院（2019）京0105民再41号民事判决书

2. 案由：物权保护纠纷

3. 当事人

原告：舒某新

被告：孙某华、刘某雷

【基本案情】

舒某新与刘某雷原系夫妻关系，刘某雷于2002年左右购买涉案房屋，二人于2003年5月29日登记结婚，房屋所有权于2006年登记在刘某雷名下。二人先后于2013年4月11日协议离婚、2013年11月11日复婚、2018年7月16日离婚。

舒某新、刘某雷于2013年离婚时签订《离婚协议书》，约定双方离婚后涉案房屋各分一半，但没有办理所有权变更登记，房屋所有权仍登记在刘某雷一人名下。2016年4月27日，刘某雷与孙某华签订《北京市存量房屋买卖合同（经纪成交版）》，约定：刘某雷将涉案房屋出售给孙某华。

合同签订后，孙某华按照合同约定向刘某雷支付了全部购房款。2016 年 7 月 8 日，涉案房屋过户到孙某华名下。孙某华于 2017 年 8 月搬入涉案房屋居住至今。舒某新认为刘某雷与孙某华恶意串通，擅自交易房屋并办理过户，侵害了其对该房屋的合法权益，故诉至法院，要求确认刘某雷与孙某华签订的《北京市存量房屋买卖合同》无效，孙某华向舒某新、刘某雷返还房屋并配合舒某新、刘某雷办理房屋过户手续。

【案件焦点】

孙某华与共有房屋所有权人登记一方交易，是否满足善意取得的主观构成要件。

【法院裁判要旨】

舒某新诉孙某华、刘某雷物权保护案，北京市朝阳区人民法院作出民事判决，孙某华不服判决，提起上诉，北京市第三中级人民法院作出民事判决，已经发生法律效力。后孙建华不服该终审判决，向北京市高级人民法院提出再审申请。北京市高级人民法院作出民事裁定，指令北京市第三中级人民法院再审本案。北京市第三中级人民法院作出民事裁定，撤销北京市第三中级人民法院民事判决及北京市朝阳区人民法院民事判决、本案发回北京市朝阳区人民法院重审。

北京市朝阳区人民法院经审理认为：孙某华是否具有善意，应从其对舒某新的权益受损是否具有故意或重大过失两方面予以分析。

首先，孙某华没有明知房屋存在共有权人但仍签订合同、取得房屋所有权的故意。舒某新未提交直接证据予以证明，但提交了电话录音、微信聊天记录，欲证明刘某雷隐瞒出售房屋一事，进一步证明孙某华与刘某雷有恶意串通、损害舒某新利益的行为。电话录音、微信聊天记录中有刘某雷提出“蒙我媳妇”“替我瞒一年”等词句，可以证明孙某华对刘某雷“蒙”和“瞒”的行为没有提出异议。但是，电话录音、微信聊天记录大部分为刘某雷的陈述，孙某华当时的内心意思，无法证实，故对于“蒙”和“瞒”的原因及目的，上述证据并没有直接证明。亦即孙某华对刘某雷“蒙”和“瞒”不持异议的行为，不能直接推导出其对“舒某新为房屋共有权人”这一事项的明知，孙某华与刘某雷签订买卖合同，并不具有侵夺舒某新房屋的故意，不构成与刘某雷的恶意串通，其仍不失为善意买受人。

其次，孙某华没有应知房屋存在共有权人但未尽审查义务的重大过失。在房屋买卖中，买受人确应对房屋权属状况进行必要的审查，但在审查中只要不存在重大过失，即应视为尽到了审查之责。涉案房屋所有权证记载的权属状况为刘某雷单独所有；孙某华在买房前曾实地看房，确认了刘某雷对房屋享有实际控制权；孙某华通过刘某雷实际受领了涉案房屋；合同约定的房屋价款在合理范围之内。孙某华对房屋权属和刘某雷的处分权进行了“社会一般人”的必要审查，其无法通过审查“应知”房屋还有其他共有权人，故孙某华并无重大过失。

基于上述分析，孙某华在签订买卖合同并取得房屋所有权过程中具有主观善意，不明知或应知舒某新的房屋共有权人身份，其现已支付房价款、合法入住涉案房屋并办理完毕所有权转移登记手续，其对房屋享有的所有权应受法律保护。舒某新基于其对房屋享有的共有权主张孙某华和刘某雷所签房屋买卖合同无效并要求返还房屋的诉讼请求，没有事实和法律依据，法院不予支持。

北京市朝阳区人民法院依照《中华人民共和国物权法》第一百零六条，《中华人民共和国合同法》第四十四条、第五十二条之规定，判决如下：

驳回原告舒某新的诉讼请求。

【法官后语】

夫妻共有房屋，仅登记在夫或妻一方名下，若夫妻一方未经对方同意擅自将共有房屋出售给第三人，另一方知情后，向法院起诉第三人要求追回房屋。该主张能否实现，关键在于买受人在交易过程中是否满足善意取得的构成要件。

不动产以登记作为物权变动的公示手段，即不动产物权登记内容是不动产所有权的对外公示方式，基于不动产物权登记的公信力，受让人只要相信权利公示的正确性，并根据公示状态进行交易，应直接推定其为善意，因而在判断受让人是否为善意时，由真实权利人就受让人受让物权时存在明知或应知转让人无处分权的“非善意”承担举证责任。

关于“明知”的认定标准问题。这里“明知”的内容，是买受人存在知道出卖人无权单独处分财产还继续交易的故意，而非仅知道出卖人有配偶或配偶对处分行为不知情。本案中，舒某新提交的电话录音及微信聊天记录只能证明孙某华存在帮助刘某雷向舒某新隐瞒出售房屋一事的故意，尚未达到推翻其“主观善意”的证明标准。反之，若买受人明知出卖人处分房屋未经其他共有权人同意仍进行交易，则构成与出卖人之间的恶意串通，双方所签房屋买卖合同因损害其他共有人的合法权益而无效，此时，买受人应当向出卖人返还房屋。

关于“应知”的认定标准问题。当共有房屋仅登记在卖方一人名下时，买受人是否负有审查出卖人配偶是否为房屋共有权人的注意义务。笔者认为，在房产交易中，一般买受人只要尽到了“社会一般人之注意义务”对房屋权属状况进行必要的审查，即应视为尽到审查之责。一方面，在有专业房产中介居间促成的房屋交易中，房屋中介机构向买受人出示了配偶签署的同意出售声明书，可视为买受人尽到了审查义务，买受人无须再就签字真实性及房屋是否为夫妻共同财产承担更多的核查义务。另一方面，在无中介服务下达成的房屋买卖交易中，当房屋仅登记在出卖人一方名下时，本文认为审查转让人的实际婚姻情况及房屋共有情况，并非社会一般人会注意的。理由如下：其一，从物权公示效力上看，出卖人有理由相信房产证的登记所有人即为房屋实际所有人；其二，从交易成本上看，要求受让人必须审查转让人真实婚姻状况及配偶意见，加重了受让人的交易成本，也不利于完善我国不动产登记制度；其三，从生活常理上看，普通受让人一般存在夫或妻一方处分不动产就相当于夫妻二人共同处分的朴素认识，因而在受让不动产时不会刻意征求转让人配偶的真实意思；其四，从救济途径上看，《中华人民共和国民法典》第一千零六十六条规定，赋予不知情一方婚内分割夫妻共同财产的权利，在对方不知道的情形下，一方擅自出售夫妻共同财产且出售所得款项不用于夫妻共同生活达到严重损害夫妻共同财产利益的程度时，另一方有权提起分割婚内财产诉讼以获得救济。

当然，受让人对其不知情是否有重大过失还应综合考虑交易的各种因素，如交易的价格、时间、地点、场所、交易当事人之间的关系、交易过程是否符合通常的交易习惯（包括是否实际看房、支付价款情况、房屋交付情况等）、受让人是否为首次购房者等，以确定买受人是否对房屋权属和出卖人的处分权进行了必要审查，是否无法通过审查而“应知”房屋还有其他共有权人。

房屋买受人与共有房屋所有权登记一方以合理价格交易房屋并完成过户后，未登记权利人以售房未经其同意为由要求追回房屋，此时，受让人受让房屋时是否构成善意，常常成为此类案件的争议焦点和审理难点。善意的证明，应从受让人对真实权利人未同意处分房屋是否具有明知的故意和应知而未知的重大过失两方面分析。不动产以登记作为权利归属的公示方式，考虑到交易安全的实现，法律对信赖所有权登记而进行的交易应当进行保护。因此，当交易过程符合交易习惯时，未登记权利人应举证证明受让人明确知晓房屋存在其他未登记的真实权利人，同时，不应赋予受让人在审查房屋是否存在其他未登记权利人上过重的注意义务，否则有违公平交易原则。

编写人：北京市朝阳区人民法院　李戈　李想

009 储物间的物权性质及流转规则

——王某诉曾某等物权保护案

【案件基本信息】

1. 裁判书字号

福建省厦门市中级人民法院（2019）闽 02 民终 3798 号民事裁

定书

2. 案由：物权保护纠纷

3. 当事人

原告（反诉被告、上诉人）：王某

被告（反诉原告、被上诉人）：曾某

被告（被上诉人）：黄某、曾某顺

第三人：刘某、姜某南

【基本案情】

2010年8月23日，王某（卖方）与刘某（买方）签订《厦门市房地产买卖合同》，双方就案涉房屋买卖事宜达成合意。该合同关于案涉房屋的描述为“房屋用途为住宅，建筑面积55.23平方米，其中含附属用房建筑面积/平方米”。2016年5月，曾某与刘某签订《房产买卖居间协议》，后者将案涉房屋出售于曾某。该协议第一条关于案涉房屋的建筑面积及附属用房等细节描述同上。

经法院现场勘验，讼争储物间大门上锁，无法打开，通过窗户缝隙拍照可见内有箱子若干、小型手推车等。关于案涉小区的储物间分配情况，经询小区业主，得知储物间在小区规划建设范围内，每家均配有一间。

王某述称讼争储物间在2017年8月之前系其管理，后曾某、黄某、曾某顺将锁撬开。2017年11月13日，王某于报警当天，把锁撬开又重新上锁，后锁又被曾某、黄某、曾某顺敲坏，导致无法打开。曾某、黄某、曾某顺称其于2017年9月底将讼争储物间锁撬开后只发现一堆报纸，就粉刷上锁了；2017年11月其发现锁换新的了，就再没有碰过。

曾某、黄某、曾某顺一致表示，因曾某系案涉房屋的买受人，故该三人于答辩、反诉及庭审陈述中所涉及的行为即使为黄某、曾某顺所为，亦由曾某指派。

【案件焦点】

储物间的性质认定及归属规则。

【法院裁判要旨】

福建省厦门市海沧区人民法院经审理认为：讼争储物间的使用权应归王某所有。理由如下：其一，王某与刘某的房屋买卖合同约定的房屋面积与案涉房屋的产权登记面积是一致的，均为 55.23 平方米；而交易房屋的附属用房情况，合同中明确以“/”的形式划去，表明双方交易的房屋并不包含讼争储物间。其二，刘某出具的书面答辩意见亦明确表明，其向王某购买案涉房屋时曾口头约定不包含讼争储物间。其三，讼争储物间此后一直由王某及其朋友姜某南使用，刘某从未使用过讼争储物间。综上，足以认定王某出售案涉房屋予刘某时，双方已明确讼争储物间并不随案涉房屋一并转让，仍旧归属于王某。曾某系向刘某购买案涉房屋，刘某并未取得讼争储物间的使用权，故曾某不可能因该房屋买卖交易取得讼争储物间；此外，刘某与曾某的房屋买卖合同中关于案涉房屋的附属用房部分亦以“/”形式划去，结合曾某关于其此前并不知晓案涉房屋配有储物间的陈述，亦可推知其与刘某的案涉房屋交易并不包含讼争储物间；退一步而言，即使曾某与刘某之间关于交易的案涉房屋是否含有讼争储物间存在争议，曾某亦应向刘某主张相应权利，王某并非交易相对方，其对讼争储物间享有的权利不应因此受到侵害。讼争储物间此前一直由王某占有使用，其在曾某等人撬锁之后即已报警并重新换锁，现因门锁已坏，无法打开，曾某等人亦无法占有使用讼争储物间，故王某请求曾某、黄某、曾某顺归还讼争储物间并以每月 200 元标准计算占有使用费，并无事实与法律依据，不予支持；王某可自行除去门锁并使用讼争储物间。另，王某所举证据并不能证明其和姜某南存放于讼争储物间的具体物品及价值，故其主张曾某等人赔偿各项物品损失共计 17788 元证据不足，不予支持。因讼争储物间的使用权归属于王某，曾某关于确认其享有讼争储物间的使用权，并主张王某返还讼争储物间及支付相应的占用使用费无据，不予支持。关于曾某主张的凤凰牌自行车损失 458 元，其所举证据无法证明该物品曾存于讼争储物间，故对曾某的该项主张，亦不予支持。

福建省厦门市海沧区人民法院依照《中华人民共和国物权法》第一百一十五条，《中华人民共和国民事诉讼法》第六十四条第一款、第一百四十四条规定，判决如下：

一、驳回王某的全部诉讼请求；

二、驳回曾某的全部诉讼请求。

王某不服，提起上诉，后申请撤回上诉。福建省厦门市中级人民法院依照《中华人民共和国民事诉讼法》第一百七十三条规定，裁定如下：

准许王某撤回上诉。

【法官后语】

本案系因房屋多次转让引发的房屋附属储物间使用权归属争议。储物间多存在于早期的单位集建小区，一般为弥补房屋使用功能而设，如用于储放自行车、煤球等。

储物间虽为弥补房屋使用功能而设，其性质却应依公示方式的不同而分别认定。一是与配套的房屋登记于同一产权证上，二者构成一个完整的物；在法律上，此类储藏间与房屋并不可分，故不存在主从关系；转让时，储藏间应随房屋一并转让，当事人不可约定排除，此为物权法定性之体现。二是有单独的产权证或独立记载于产权登记簿上，构成物权法意义上独立的物，应独立于房屋而交易或转让。三是未记载于权属证明上，但基于其历史沿革及辅助性功能，一般认定为所配套房屋的从属物。案涉储物间系小区规划时所建，由单位统一分配，基本每套房屋配有一个储藏间，无法办理独立产权，属于案涉房屋的从属物并无争议。

从物的转让规则，法律有明确规定。《中华人民共和国物权法》第一百一十五条规定：主物转让的，从物随主物转让，但是当事人另有约定的除外。《中华人民共和国民法典》施行后，相关规则得以沿用。对该条确立的从物转让规则的适用，有两种理解：一种观点认为，当事人没有明确约定排除从物随主物一并转让的，即应按法定的随主物转让；另一种观点认为，当事人虽没有明确排除，但结合约定内容及交易具体情况，可以推定当事人具有该意思表示的，即应认定为当事人约定排除从属物随主物一并转让。

本案采纳后一种理解。从法条文义出发，虽确立了从物随主物转让的法定规则，但赋予当事人约定排除的权利，实则将从属物的转让主动权交至交易各方，即唯有在当事人未有意思表示或表意无法明确的情况下，才以法定形式确立物之归属。当事人的意思表示，并非只能通过精确的文字或书面意思表达，口头表达及行为均是意思表示的形式之一；而法律解释规则更是确立了对未有表意或表意不明确的当事人的真实意思进行体系化探究的方法。因此，即便在当事人约定并不明确的情况下，从属物是否应随主物一并转让，应依据交易当时的具体情况综合判定。

本案的特殊性在于，涉案房屋被两次转让，原所有权人王某和最终买受人曾某均主张储物间的物权，关键是判断曾某能否依据其与刘某的房屋买卖合同取得储物间的物权。对此，一要审查刘某与曾某的房屋买卖合同中关于储物间流转的约定；二要审查刘某是否根据其与王某的交易取得了储物间的物权。

首先，曾某与刘某的房屋买卖合同并不包含讼争储物间。其次，讼争储物间作为从物，在当事人未另有约定的情形下，应随主物的转移而转移；王某与刘某的房屋买卖合同虽未明确约定排除储物间的转让，但究其约定内容实质，以及储物间事实上一直由王某及其朋友使用的事实，足以表明其交易的房屋并不包含讼争储物间，故应认定刘某并未取得储物间的物权。最后，在刘某作为买受人的前次交易中已排除储物间一并转让的情形下，即便后手交易约定储物间一并转让的，亦不得对抗前手卖方，基于合同相对性，应由后手卖方承担履行不能的违约责任。

编写人：福建省厦门市海沧区人民法院　陈进杰　张玲玲

010　不动产所有权争议中法律裁判规则分析

——魏某诉胡某物权确认案

【案件基本信息】

1. 裁判书字号

黑龙江省哈尔滨市中级人民法院（2019）黑01民终6915号民

事判决书

2. 案由：物权确认纠纷

3. 当事人

原告（被上诉人）：魏某

被告（上诉人）：胡某

第三人：工程公司

【基本案情】

1995年6月6日、7月28日，工程公司与案外人建设公司分别签订《施工协议书》《建设工程施工合同》，建设公司委托工程公司第六分公司（以下简称第六分公司）实施南岗区革新街131号工程。工程完工验收时，建设公司因欠付第六分公司工程款，遂以案涉房屋抵付了部分工程款，并将案涉房屋登记在案外人张某（胡某配偶）名下。后张某死亡，胡某通过继承取得案涉房屋，并办理了不动产权证书。

第六分公司在经营期间独立核算、自负盈亏，经营期限终止后的债权债务由负责人魏某承继。购买案涉房产时的契税发票、案涉房产证原件均在魏某处保管，且魏某一直居住在案涉房屋中。

现魏某以胡某为被告，主张其系案涉房屋的真实权利人。

【案件焦点】

不动产的登记所有权人与实际真正物权人的冲突法律关系。

【法院裁判要旨】

黑龙江省哈尔滨市南岗区人民法院经审理认为：建设公司以案涉房产抵偿了欠付第六分公司的工程款，并将房产登记在张某名下，并非张某现金购房，而是代第六分公司持有案涉房屋。案涉房屋虽然登记在张某名下，且胡某一直主张案涉房屋系张某以现金方式购买，但胡某未能提供交付110万元购房款现金及房屋其他费用的任何证据，也未能提供张某在二十年前具备交付110万元房款的经济实力的证据。据此，上述工程款的债权人即房屋实际产权人应为魏某。综上，魏某的诉讼请求有事实及法律依据，应予以支持。

黑龙江省哈尔滨市南岗区人民法院依照《中华人民共和国民法总则》第一百九十六条，《中华人民共和国物权法》第三十三条，《中华人民共和国民事诉讼法》第六十四条第一款、第一百四十四条规定，作出如下判决：

确认案涉房屋为魏某所有。

胡某不服一审判决，提出上诉。黑龙江省哈尔滨市中级人民法院经审理认为：一审法院确认魏某为案涉房屋实际权利人并无不当，张某只是名义上的合同相对人，双方形成的是委托代持合同权利的法律关系。一审法院根据《最高人民法院关于适用〈中华人民共和国物权法〉若干问题的解释（一）》第二条“当事人有证据证明不动产登记薄的记载与真实权利状态不符、其为该不动产物权的真实权利人，请求确认其享有物权的，应予支持”之规定，直接确认魏某对案涉房屋享有所有权亦无明显不当。

黑龙江省哈尔滨市中级人民法院依照《中华人民共和国民事诉讼法》第一百七十条第一款第一项规定，作出如下判决：

驳回上诉，维持原判。

【法官后语】

随着物价、房价的不断攀升，以房屋为代表的不动产物权纠纷层出不穷，错综复杂。为保护交易安全，《中华人民共和国民法典》沿袭原《中华人民共和国物权法》对不动产物权的设立、转让规则，确立了不动产登记的生效原则，并设计了公示公信制度，即物权的变动必须以一种客观可以认定的方式加以展示，从而获得社会和法律认可的效力。在公示公信制度下，不动产登记簿具有物权权属推定的作用。已经纳入登记的物权，以及由占有表示的物权，即由法定公示方式表征的物权，为法律物权；而真正权利人实际享有的物权，为事实物权。现实生活中，往往存在同一不动产上既有法律物权人又有事实物权人的情况，当二者均对该不动产主张权利时，如何确认产权归属及处理不动产登记所有权人与实际产权所有人之间的法律冲突对审判工作提出了更高的要求。

《中华人民共和国民法典》第二百零九条第一款规定，不动产物权的设立、变更、转让和消灭，经依法登记，发生效力；未经登记，不发生效力，但是法律另有规定的除外。然而，在司法实践中，不动产物权登记仅是确保交易安全的推定依据，不动产权属证书也仅是认定不动产权属的重要证据，而不是作为认定物权权属的唯一判断标准。较之于法律物权人，事实物权人虽然对不动产缺少登记的公示形式，但只要其有证据证明不动产登记簿的记载与真实权利状态不符、其为该不动产物权的真实权利人，就应当确认其享有的物权。当法律物权与事实物权产生争议，需要对讼争房屋的权属进行认定时，法院应当综合审查房屋的各种相关因素以确认物权的最终归属，具体而言，法院应着重考量：(1) 诉争双方在取得不动产时的意思表示，合法真实的意思表示是确定不动产事实物权的主观依据；(2) 不动产的出资，房产的出资来源往往是决定不动产权属的客观依据；(3) 相关财产性质，如对房屋的支配是基于所有权还是基于债权。

本案中，魏某请求对争议房屋物权进行确认，其实质是主张自己是房屋买卖合同的真实权利人，法院应从物权取得基础及合同的实际权利人层面进行审查。张某与魏某双方之间形成的是委托代持合同权利的法律关系，张某只是房屋买卖合同名义上的相对人，在订立合同时，其并没有购买诉争房屋的意思表示，也未实际支付购房款，魏某作为房屋买卖合同的实际权利人，享有随时请求张某协助将诉争房屋合同权益变更至其名下的权利。根据《最高人民法院关于适用〈中华人民共和国民法典〉物权编的解释（一）》第二条“当事人有证据证明不动产登记簿的记载与真实权利状态不符、其为该不动产物权的真实权利人，请求确认其享有物权的，应予支持”之规定，可确认魏某对案涉房屋享有所有权。

综上，当同一不动产上存在法律物权权利人与事实物权权利人争议时，不应唯登记公示论，应通过对不动产物权归属的真实意思表示、对不动产的出资来源与性质进行主客观全面分析，并综合考量引起不动产物权变动的原因行为，在事实物权具备正当条件时，应从法律上确认其真实性。

编写人：黑龙江省哈尔滨市南岗区人民法院　陈静

011 对被拆迁房屋享有份额不是获得相应安置房屋的充分条件

——赵某等诉刘丁所有权确认案

【案件基本信息】

1. 裁判书字号

北京市第三中级人民法院（2019）京 03 民终 15646 号民事判决书

2. 案由：所有权确认纠纷

3. 当事人

原告（上诉人）：赵某、刘某春、刘某秋

被告（被上诉人）：刘丁

第三人：开发公司

【基本案情】

刘某、魏某共有 7 个子女，即长子刘甲（于 2008 年 2 月 18 日去世）、次子刘乙（已故）、三子刘丙、四子刘丁、五子刘戊、长女刘庚、次女刘辛。刘丙自幼过继给其二伯刘小二。赵某系刘甲之妻，刘某春、刘某夏、刘某秋系刘甲子女。刘某、魏某在北京市通州区马驹桥镇张各庄村原有老宅一处，共有北房 6 间，建于 1964 年。1974 年，刘某主持分家，将北房东头 2 间分给刘丁所有，西头 2 间分给刘戊所有，中间 2 间由刘甲、刘乙各分 1 间，二人均未居住。1981 年 5 月 15 日，刘丙将从刘小二处继承的北房

3间半房屋卖给刘戊，刘戊付部分款项并将西头2间北房作价折抵给刘丙，双方换房。1976年，刘丁的岳父母陈某和张某（均已故）迁至张各庄村居住，并在原6间老房东侧建正房2间。1989年初，刘丙、刘丁商议将老宅房屋拆除翻建，刘甲委托刘丙办理，刘乙将自己所有的一间房屋给予刘丁。同年，刘丁、张某以自己的名义取得建房批示，由刘丁、刘丙和刘甲出资出料翻建此房。1989年翻建的6间房屋是在原来的房基地上建成的。

1993年6月23日，原通县人民政府为刘丁颁发集体土地建设用地使用证，将1989年翻建的6间房屋登记在刘丁名下，由刘丁居住管理。赵某、刘某春、刘某秋长期居住于山西省。

2011年，刘丁（被拆迁人，乙方）与开发公司（拆迁人，甲方）签订《房屋拆迁补偿协议》，刘丁及其同住家属五口人作为被拆迁安置人，享有相应的安置面积。2012年10月15日，刘丁与开发公司签订《安置房协议书》，该协议主要内容为：甲方将下列层次及户型的房屋安置给乙方：温馨家园×期A号楼×室（面积83平方米）、×期×号楼×室（面积59.06平方米）、×期B号楼×室（面积91.56平方米）、高层C号楼×室（面积91.56平方米），总建筑面积350.95平方米。

关于老宅份额的分配问题，赵某、刘某春、刘某秋已于本案之前提起过多次诉讼。2018年12月21日，北京市通州区人民法院作出（2018）京0112民再15号民事判决书，确认原坐落在北京市通州区马驹桥镇张各庄村刘丁居住的北房6间中，有赵某、刘某春、刘某秋八分之一的份额。后双方均上诉，2019年3月27日，北京市第三中级人民法院作出（2019）京03民再21号民事判决，判决驳回上诉、维持原判。

【案件焦点】

能否以拥有被拆迁房屋的份额为由，直接请求获得拆迁安置房屋所有权。

【法院裁判要旨】

北京市通州区人民法院经审理认为：赵某、刘某春、刘某秋对被拆迁房屋享有八分之一份额的事实，并不必然导致温馨家园B号楼×房屋归其所有的法律后果。

首先，安置房屋的取得并不以对所拆迁房屋享有面积或份额为唯一依据。通过补偿协议及安置协议可知，购买安置房屋是被安置人的专有权利，具有较强的身份属性，并非任何人均可以优惠价格购买安置房屋。赵某、刘某春、刘某秋均不具有被安置人资格，无权以优惠价格购买安置房屋。

其次，即便按拆迁安置政策计算，赵某、刘某春、刘某秋根据其对被拆迁房屋享有的份额所能享有的安置面积，与其主张的温馨家园B号楼×房屋的面积数存在较大差距。

再次，刘丁具有北京市通州区马驹桥镇张各庄村集体经济组织成员身份，且长期居住于该村，对于诉争院落内所有房屋予以维护并保持其正常使用状态已尽绝大部分义务。且刘丁在被拆迁房屋居住已久，已形成较为稳定的居住习惯、生活方式和情感寄托。反观赵某、刘某春、刘某秋，其并未在被拆迁房屋实际居住，且根本没有与被拆迁房屋产生任何的实际关联，其并不具有必要的居住与情感需求。

最后，安置房屋已由刘丁及其家属居住使用多年，且已装修，由刘丁继续使用可发挥财产的最大效用并保持居住稳定。

综合以上因素，对于赵某、刘某春、刘某秋要求确认温馨家园B号楼×房屋归其所有的诉讼请求，不予支持。关于赵某、刘某春、刘某秋的财产损失，其可另行主张。

北京市通州区人民法院依据《中华人民共和国民法总则》第三条规定，判决如下：

驳回赵某、刘某春、刘某秋的诉讼请求。

赵某、刘某春、刘某秋不服一审判决，提起上诉。北京市第三中级人民法院经审理认为：涉案拆迁房屋的被安置人是刘丁，赵某、刘某春、刘某秋长期居住于山西省，并非张各庄村集体经济组织成员，亦未在被拆迁房屋中居住，在拆迁安置过程中并不具有拆迁安置人资格，无权以优惠价格选购安置房屋。原审法院结合实际被安置人情况、各方居住使用情况、取得的具体份额等认定被拆迁房屋转化而来的安置房屋由刘丁居住使用更符合相关拆迁安置政策。赵某、刘某春、刘某秋的上诉请求不能成立，应予驳回；一审判决并无不当，应予维持。

北京市第三中级人民法院依照《中华人民共和国民事诉讼法》第一百七十条第一款第一项规定，判决如下：

驳回上诉，维持原判。

【法官后语】

本案处理的亮点在于，本案的判决虽作出于《中华人民共和国民法典》（以下简称《民法典》）施行之前，但本案的处理思路遵循了民法领域的利益衡平原则和物尽其用的理念，是《民法典》规定的公平原则和绿色原则的鲜明体现。《民法典》第六条规定："民事主体从事民事活动，应当遵循公平原则，合理确定各方的权利和义务”。第九条规定：“民事主体从事民事活动，应当有利于节约资源、保护生态环境。”本案对于安置房的权属的认定，除以被安置人资格为基本依据外，还应综合考虑安置房面积、被拆迁房屋使用情况和当事人实际居住需求等因素予以确定。

首先，在因拆迁安置引发的所有权确认纠纷中，关于安置房屋的分配规则并无明确的法律规定，司法实践中一般是根据安置协议中的被安置人主体来确定安置房屋的权利归属。拆迁安置房享有土地划拨、规费减免等相关优惠政策，供应对象主要针对集体土地的被拆迁居民家庭，其目的是解决被拆迁人的居住问题，具有社会保障性质。因此，只有被安置人才享有购买安置房的资格。换言之，安置房的购买资格具有专属性。本案中，只有被安置人刘丁及其同住家庭成员才享有安置房的购买资格。刘丁、刘丙和刘甲，虽曾共同对被拆迁房屋的翻建出资出料，但对于被拆迁房屋享有所有权并不当然意味着对安置房享有所有权，因此赵某、刘某春、刘某秋无权要求确认安置房归其所有。

其次，绿色原则作为民法的一项基本原则，在物权法领域主要体现为物权的行使应遵循物尽其用、节约资源的理念。本案中，虽然赵某、刘某春、刘某秋对被拆迁房屋享有利益份额，但是赵某、刘某春、刘某秋长期居住于山西省，在拆迁之前并未在被拆迁房屋中实际居住，赵某、刘某春、刘某秋也非村集体经济组织成员。而反观刘丁及其同住家属，在被拆迁房屋中持续居住，对于由被拆迁房屋转化而来的安置房屋，刘丁已经进行装修使用，因此由其继续居住使用符合物尽其用、减少资源浪费、追求经济效用最大化的绿色原则。

最后，公平原则是公正司法的灵魂，也是法治的目标。在当事人之间存在利益冲突时，运用公平原则全面衡量，合理调整当事人之间的权利义务关系，切实化解当事人之间的利益冲突，是人民法院司法审判工作的题中应有之义。刘丁对被拆迁房屋的管理维护尽到了绝大部分义务，使得被拆迁房屋的价值利益保持最大化，而赵某、刘某春、刘某秋对被拆迁房屋没有履行任何管理维护义务；且刘丁作为村集体经济组织成员和宅基地建设使用权人，除了被拆迁房屋之外没有别处住宅，对于由宅基地利益转化而来的拆迁利益享有当然权利，对安置房屋也具有居住刚需，安置房屋应当归刘丁所有。

综上所述，对被拆迁房屋享有份额不是获得相应安置房屋的充分条件，不具备安置资格的按份所有权人不能基于所有权请求参与安置房的分配。

编写人：北京市通州区人民法院　杨文龙

012　原公房承租人去世，子女房改购房的权属确定

——牛甲诉牛乙所有权确认案

【案件基本信息】

1. 裁判书字号

北京市第三中级人民法院（2019）京 03 民终 5784 号民事判决书

2. 案由：所有权确认纠纷

3. 当事人

原告（被上诉人）：牛甲

被告（上诉人）：牛乙

【基本案情】

牛某某与孙某某系夫妻关系，二人生育子女牛甲和牛乙。孙某某于1997年2月19日去世，牛某某于1999年1月2日去世。

涉案房屋最早是某仪器厂分给牛某某的承租公房。1998年开始房改购房，牛某某作为购房人，使用了牛某某和孙某某的工龄。在房改过程中牛某某去世，某仪器厂允许其子女购买涉案房屋，家属可自行协商由谁购买，但要求先变更承租人才能继续进行房改购房。1999年1月13日，涉案房屋的承租人由牛某某变更为牛乙。1月15日，牛甲和牛乙签订协议，约定由牛乙承租涉案房屋，但涉案房屋属牛甲、牛乙二人所有。1999年12月22日，某仪器厂与牛乙签订房屋买卖契约，将涉案房屋出售给牛乙，购房款及相关税费共计47481元。购买涉案房屋使用了牛乙15年工龄。2000年9月7日，涉案房屋所有权登记在牛乙名下。

牛甲得知牛乙在未与其协商的情况下于2016年2月将涉案房屋出售，已办理了网签，尚未办理产权过户手续，故诉至法院，要求牛乙向牛甲支付涉案房屋50%份额的折价款1906150元。

经牛甲申请，法院委托房地产评估公司对涉案房屋的现价值进行评估。估价结果为总价3812300元。牛甲交纳评估费12000元。

【案件焦点】

公房承租人死亡，由子女协商房改购房的效力认定。

【法院裁判要旨】

北京市朝阳区人民法院经审理认为：考虑到涉案房屋原分配主

体的历史特殊性，牛甲和牛乙双方达成协议的目的是将牛某某的承租公房转化为其二人可以享有所有权的房屋，该协议是双方真实意思表示，不违反法律法规的强制性规定，双方均应遵守。

根据涉案房屋的来源和牛甲、牛乙双方的约定，确认涉案房屋应为牛甲、牛乙共同所有。双方各自所占的份额，依据购房款的出资、使用工龄情况予以酌定。因涉案房屋登记在牛乙名下，牛甲要求牛乙给付相应份额折价款的诉讼请求，予以支持。具体金额参照房地产估价报告对涉案房屋的估价予以酌定。

关于牛乙抗辩的诉讼时效问题。本案案由为所有权确认纠纷，属于物权确认的范畴，不适用诉讼时效的规定，牛乙主张牛甲的诉讼请求已经超过诉讼时效的抗辩理由，于法无据，不予采纳。

综上，北京市朝阳区人民法院依照《中华人民共和国物权法》第三十三条规定，判决如下：

一、牛乙于本判决生效后七日内给付牛甲房屋折价款130万元；

二、驳回牛甲的其他诉讼请求。

牛乙不服一审判决，提起上诉。二审法院经审理同意一审法院裁判意见。判决：

驳回上诉，维持原判。

【法官后语】

福利分房政策是我国改革开放前与计划经济体制相适应的一种住房分配制度。分房标准以工龄、有无住房、婚姻状况、家庭人员结构等因素为依据。根据公房产权单位及管理单位的不同，公房通常分为直管公房和自管公房。

公房承租人对公房享有占有、使用、收益的权利。公房承租权不同于平等主体之间通过租赁合同取得的房屋承租权，是产权单位或管理单位将公房以远低于市场价格的租金永续性地出租给城镇职工以满足其基本住房需求的一种福利制度，具有主体特定性、不设租赁期限和租金低廉的特征。理论和实务界对于公房承租权的性质多有争论。第一种观点认为，公房承租权是一种债权，因为公房承租权基于租赁合同产生，产权单位并未将所有权让渡给承租人。第二种观点认为，公房承租权是一种用益物权。因为公房承租权是承租人享有的长期对公房占有、使用和收益的权利，具有明显的物权特征。第三种观点认为，公房承租权是一种具有一定物权属性的特殊的债权。公房拆迁时，承租人可获得拆迁补偿，因此公房承租权具有一定的经济价值。笔者赞同第三种观点，因为根据物权法定原则，《中华人民共和国民法典》（以下简称《民法典》）和之前的《中华人民共和国物权法》（以下简称《物权法》）一致，并未明确将公房承租权规定为一种用益物权。在司法实践中，妥善处理因公房承租权而引发的纠纷，需要结合国家政策、公房承租权的特征等综合考量。

在司法实践中，公房承租人死亡后引发的争议主要有以下几种情形：一是公房承租人的变更问题；二是公房的居住使用问题；三是在公房承租人未变更的情况下，公房拆迁，拆迁协议如何签订及拆迁利益如何分配的问题；四是在公房承租人未变更的情况下，公房房改，由谁购房，房屋所有权归谁所有的问题。本案即第四种情形。

根据国家的房改政策，产权单位可以将公房通过优惠的形式以成本价或标准价出售给承租人，该承租人即获得房屋的所有权。在房改过程中公房承租人死亡的情况下，因房改尚未完成，承租的公房并不能作为遗产由承租人的继承人继承。为保障职工的权益，公房的产权单位一般会允许承租人的配偶、子女协商，将公房的承租人先变更为其中一人，再以该人名义继续完成房改，购买承租的公房。在不考虑该人系承租人的共居人、户口在公房中，承租人死亡后，该人有权继续履行公房租赁合同的情况下，经已死亡的公房承租人的家庭成员协商，由其中一名家庭成员购买公房，该房屋的权属如何确定，实践中存在以下两种情况：

第一种情况，由公房承租人的配偶购买。该配偶与承租人系同一单位职工，或虽为其他单位职工，但在其他单位未享受过福利分房。在此种情况下，购买公房可使用已死亡配偶一方的工龄折抵房款。依据国家有关政策折算已死亡配偶的工龄而获得的政策性福利是一种财产权益，所购公房应为公房承租人夫妻的共同财产。使用已死亡的该公房承租人的工龄所享受的政策性福利所对应的财产价值的个人部分系该人的遗产，由其继承人继承。

第二种情况，公房承租人的配偶已死亡，由公房承租人的子女协商（不考虑承租人父母健在的情况，子女是公房承租人的法定继承人），由其中一名子女购买。此时判断所购公房的权属，需审查子女间的协议内容。如约定由其中一名子女承租并购买，房屋所有权归全体子女所有，则应认定系子女为取得财产的所有权而达成的约定，所购公房归全体子女所有。在具体分割时，应综合考虑购房款的出资和使用工龄情况，确认各子女应享有的房产份额。如约定由其中一名子女承租并购买，购房款由该子女出资，房屋所有权归该子女所有，则应认定系子女间对该房屋所有权归属达成的约定，所购公房归该子女所有。

本案中，涉案房屋的承租人牛某某在房改过程中去世，只有牛甲、牛乙两位法定继承人。经公房产权单位允许，牛甲、牛乙协议约定将承租人变更为牛乙，但房屋权属归于牛甲、牛乙。目的在于使承租的公房转化为牛甲、牛乙可以享有所有权的房屋，其真实意思并非将所购公房产权确认给牛乙一人所有。该协议不违反法律法规的强制性规定，合法有效。故涉案房屋应为牛甲、牛乙共同所有。同时，因购房时使用了牛乙的工龄，且购房款由牛乙支付，因此在分割涉案房屋时，法院据此酌定牛乙享有较多的份额并应给付牛甲相应产权份额的房屋折价款。

编写人：北京市朝阳区人民法院　陈一铮

013　仅享有拆迁安置面积的被安置人独占使用安置房屋的判定原则与标准

——刘某蕊诉金某庚等所有权确认案

【案件基本信息】

1. 裁判书字号

北京市第三中级人民法院（2019）京03民终10671号民事判决书

2. 案由：所有权确认纠纷

3. 当事人

原告（被上诉人）：刘某蕊

被告（上诉人）：金某庚、金某清、金某

【基本案情】

王家场村A号宅基地登记在金某庚名下。2005年12月27日，王家场村村委会（甲方）与金某庚（乙方）签订了第072号《房屋拆迁安置合同》，合同写明：一、乙方在拆迁范围内宅基地使用面积257.96平方米，房屋建筑面积155.46平方米，正式户口3人，常住人口1人，应安置人口4人，应安置面积200平方米。二、1. 安置房屋为16号楼B号一居室，面积49平方米，折价款68992元；2. 安置房屋为17号楼C号二居室，面积78平方米，折价款84864元；3. 安置房屋为22号楼D号二居室，面积78平方米，折价款114816元……五、以上安置房价款共计268672元，乙方拆迁补偿补助款361725元。其中合同中手写部分为：补差面积1平方米，计400元。甲方退乙方93453元，房屋产权归乙方所有。

2018年12月22日，王家场村村委会出具证明，内容为：王家场村于2005年进行旧村改造，安置给王家场村A号宅基地，户主金某庚4口人，共计200平方米安置房。其中正式户口3人，包括金某庚本人及其妻子刘某蕊和金某庚之子金某，常住人口1人（为金某庚之父金占某或之母金秀某中的其中一人），各50平方米安置房。

《王家场村旧村改造拆迁安置方案》第十条规定，一层楼房预留给60周岁以上老人和生活不能自理下肢严重残疾的户。金秀某在拆迁时已年逾七十。拆迁后，金占某、金秀某一直居住在B号房屋内，之后该房屋由金秀某居住使用直至2017年金秀某烫伤后搬去与金某生同住。后该房屋由其姐妹金某芹、金某凤代金秀某出租，房租由金某生的妻子袁某兰收取用于金秀某的日常生活。

刘某蕊与金某庚已离婚，现刘某蕊要求确认其对B号房屋的排他性使用权。

【案件焦点】

被安置人之一的刘某蕊能否以其享有50平方米的安置面积要求独占使用B号房屋。

【法院裁判要旨】

北京市通州区人民法院经审理认为：刘某蕊确属拆迁被安置人之一，按照村内拆迁政策享受安置面积50平方米，B号房屋为49平方米，综合刘某蕊享有的拆迁安置面积、房屋的实际使用情况，由刘某蕊享有使用权并无不当。

北京市通州区人民法院依据《中华人民共和国民法总则》第三条、《中华人民共和国民事诉讼法》第六十四条第一款之规定，判决如下：

一、确认B号房屋由刘某蕊居住使用；

二、驳回刘某蕊的其他诉讼请求。

金某庚、金某清、金某不服一审判决，提起上诉。北京市第三中级人民法院经审理认为：拆迁时金秀某已年逾七旬，符合安置方案中一层楼房的取得条件，且其作为被安置人口享有50平方米安置面积，其权益应得到保护；2005年拆迁至2017年，金某庚、刘某蕊、金秀某、金某分别使用拆迁所得的3套房屋，可以认定拆迁安置以来双方就房屋的分配、使用状态已经基本稳定。

刘某蕊要求确认B号房屋的排他性使用权的依据是其在拆迁中

享有50平方米的安置面积。但是从拆迁安置补偿面积与安置房屋的关系来看，取得安置房屋仍需支付对应的价款而非无偿取得。本案双方当事人均确认拆迁安置过程中金某庚分得的3套房的购房款系2005年拆迁时直接折抵登记在金某庚名下的王家场村A号院的拆迁补偿补助款而来，刘某蕊自认其婚后并未对A号院中原有房屋进行改建、扩建、翻建。综合以上情况，刘某蕊要求排他性占有、使用原由金秀某居住使用的B号房屋缺乏事实及法律依据。

北京市第三中级人民法院依照《中华人民共和国民法总则》第三条、《中华人民共和国民事诉讼法》第一百七十条第一款第二项规定，判决如下：

一、撤销北京市通州区人民法院（2019）京0112民初4470号民事判决；

二、驳回刘某蕊的全部诉讼请求。

【法官后语】

本案是拆迁安置引发的利益分配中较有代表性的一类，即在安置房屋不能满足被安置人人均享有一套的情况下，仅享有拆迁安置面积的被安置人是否可以享有房屋的排他性使用权或所有权，对此问题司法实践中存在分歧。一种观点认为，只要当事人是被安置人就享有拆迁安置面积，那么就可以将与其享有的拆迁安置面积近似的房屋判归其独占使用；另一种观点认为，享有拆迁安置面积的当事人并不当然能够取得安置房屋的所有权或排他性的使用权，其针对某一特定房屋是否能够享有权益还需要具体酌情分析。本案的裁判认同上述第二种观点。在判断享有拆迁安置面积的被安置人能否取得安置房屋的所有权或排他性使用权时，应综合考虑以下因素：

第一，拆迁安置面积与安置房屋的关系。拆迁安置面积与安置房屋之间既有关联又有区别。一方面，享有拆迁安置面积是取得安置房屋的前提，在拆迁安置项目中，能够取得安置房屋的受众是相对固定的，因为保障被安置人居住是安置房屋的首要功能。另一方面，享有拆迁安置面积并不等于直接取得了安置房屋，通常情况下，安置房屋根据各个拆迁项目不同采取阶梯定价方式，被安置人购买安置房屋时在其享有的拆迁安置面积范围内享有最低价格，超出部分则需支付更高的购房价格，仅享有拆迁安置面积并不等于就取得了安置房屋。以金某庚家为例，其购买的三套安置房屋的面积基本上是四名被安置人获得的拆迁安置面积的总和，多出的50平方米被列为超额面积，需要支付超额面积购房款。

第二，购买安置房屋的资金来源。在大多数案例中，拆迁补偿款是被安置人购买安置房屋的主要资金来源。拆迁补偿款的主要构成是区位补偿价和重置价，主要是针对被拆迁人所有的原宅基地及地上物的补偿。如果安置房屋的购房款全部来自拆迁补偿款，则应认定安置房屋是原有的宅基地及房屋的价值的转化，在转化的过程中原有的宅基地及房屋的所有权人仍享有转化后价值的所有权，其他人员即使被列为被安置人也不当然享有转化后的财产价值及因再次转化而取得的房屋所有权。在有的拆迁项目中，拆迁补偿款甚至不向被拆迁人发放而是直接转化为安置房屋的购房款，本案中金某庚家取得的三套安置房屋就属于这种情况。

第三，安置房屋的居住使用状况。安置房屋的居住使用状况也是需要考虑的重要因素之一。以本案为例，拆迁至本案诉讼发生已时隔13年，双方一致确认2005年拆迁后诉争的B号房屋在金秀某因受伤与二儿子同住之前一直由其居住，另外两套中一套由刘某蕊与金某庚居住，另一套由金某居住。也就是说，在刘某蕊与金某庚婚姻关系发生变化前，金某庚一家就安置房屋的分配、使用状态已经基本稳定。在这种情况下，刘某蕊以其系被安置人享有对安置房屋的居住使用权为由要求排他性地使用原由金秀某居住使用的房屋，实际上是要求通过判决的方式改变原有的、家庭内部已经达成共识的居住方案。刘某蕊主张自己的拆迁安置利益，可以要求将原由其居住使用的房屋一间判归其居住使用，也可以通过经济补偿的方式要求其他被安置人补偿其因不能实际居住使用安置房屋的利益。如果其选择经济补偿方式而放弃安置房屋的居住使用，则其他被安置人将会因使用刘某蕊的拆迁安置面积而受益，应由其他全体被安置人共同向刘某蕊支付经济补偿款。

编写人：北京市第三中级人民法院　周易

014　开发商合围架空层建设的储藏间权属的认定

——业委会诉房地产公司建筑物区分所有权案

【案件基本信息】

1. 裁判书字号

江西省上饶市中级人民法院（2020）赣11民终1167号民事判决书

2. 案由：建筑物区分所有权纠纷

3. 当事人

原告（上诉人）：业委会

被告（被上诉人）：房地产公司

【基本案情】

房地产公司是某小区的开发商。某小区一期工程C1-C11、D7-D10工程于2008年4月19日进行了房屋建筑工程和市政基础设施工程竣工验收备案，建筑面积为商住51090平方米、地下室4780平方米、2.2米以下架空层2940平方米，结构类型为框架、工程用途为商住。一期工程施工过程中，房地产公司按照设计施工图纸中的《架空层平面图》将架空层全部建造为储藏间。某小区二期工程A1-A6、B1-B10、D1-D6及幼儿园工程于2008年4月18日进行房屋建筑工程和市政基础设施工程竣工验收备案，建筑面积为125333平方米，其中地下室9522平方米，结构类型为框架、工程用途为商住。二期工程施工过程中，房地产公司按照设计施工图纸中的《架空层平面图》将涉诉B7、B8、B9号的一单元架空层全部建造为储藏间。

2008年12月26日、2010年12月13日，原上饶县房地产管理局先后出具《商品房综合验收合格证》，分别载明某小区一、二期建筑面积，对上述架空层（储藏间）均未予定性。在商品房销售过程中，房地产公司以签订《某小区储藏间使用权转让协议书》的方式，将涉诉储藏间的使用权有偿转让给部分小区业主。

另，案涉储藏间未计入小区规划时的容积率，亦未纳入业主公摊面积。

业委会请求确认某小区的B区B7、B8、B9栋一单元的架空层（储藏间）共356.94平方米，C区C2、C3、C4、C5、C8、C9、C10、C11栋架空层（储藏间）共2940平方米，归全体业主共同所有。

【案件焦点】

未经行政规划许可，房屋综合验收时也未经行政机关认定，对于开发商按照施工图纸将架空层建设成四周合围的储藏间，法院是否有权直接认定其权利归属。

【法院裁判要旨】

江西省上饶市广信区人民法院经审理认为：建筑物的共用部分在构造、使用上应当具有非独立性，对业主在功能用途上应当具有公共性、非排他使用性。本案双方争议空间在设计施工图纸上名称虽然标注为架空层，但图纸上显示该空间为四周合围，在建设过程中，已按图纸建设成四周合围的储藏间。该空间现已不符合“仅有结构支撑而无外围护结构的开敞空间层”的架空层定义，且已经失去了架空层防潮、通风、降噪的功能，而是变更为具备储藏功能的储藏间。现原、被告均未提供证据证明被告将案涉争议空间由架空层建设成储藏间是否经过了行政规划许可，相关行政机关在房屋综合验收时也未对该争议空间进行定性，而关于争议空间性质的确定属于国家有关行政机关的职责范围，故本案中暂不处理，待有关行政机关对该部分建筑物的性质进行确定后，原告可以另案主张权利。

江西省上饶市广信区人民法院依照《中华人民共和国物权法》第七十三条、第七十六条，《最高人民法院关于审理建筑物区分所有权纠纷案件具体应用法律若干问题的解释》第二条、第三条规定，判决如下：

驳回业委会的诉讼请求。

业委会不服一审判决，提起上诉。江西省上饶市中级人民法院经审理同意一审法院意见，同时认为，案涉储藏间和地下室空间均未计入小区规划时的容积率，亦未纳入业主公摊面积，故上诉人请求案涉的架空层（储藏间）为全体业主共同所有，没有事实和法律依据，不予支持。

江西省上饶市中级人民法院依照《中华人民共和国民事诉讼法》第一百七十条第一款第一项规定，判决如下：

驳回上诉，维持原判。

【法官后语】

与专有部分不同，区分所有建筑物的共有部分在构造、使用上应当具有非独立性，对业主在功能用途上应当具有公共性、非排他使用性。本案中，开发商按照施工图合围架空层建设储藏间，导致架空层事实上已基本丧失了其防潮、通风、降噪的功能，所以合围建设的储藏间已经不是原来意义上的架空层，不宜直接判决归属全体业主所有。

进一步来看，区分所有建筑物权属的认定，首先需要界定区分所有建筑物本身的性质，只有合法建设的区分所有建筑物才能进一步判断属于专有部分还是共有部分，进而明确其权利归属。本案中，对于开发商按照施工图合围架空层建设的储藏间，由于双方当事人均未能提供证据证明是否经过了行政规划许可，且相关行政机关在房屋综合验收时也未对储藏间进行定性，而关于该储藏间性质的确定属于国家有关行政机关的职责范围，对此法院必须予以充分尊重，不能越俎代庖。根据城乡规划法等法律法规的规定，认定建筑物合法与否，是相关行政机关的职权，而这不属于诉讼程序上的事实认定与法律适用问题，司法权对此应保持谦抑立场。

关于原告的诉请，法院明确指出，待有关行政机关对该储藏间的性质进行确定后，原告可以另案主张权利。如果案涉储藏间的建设经过了行政机关的规划许可和认定，且开发商在出售商品房时，申明对储藏间利用权予以保留，并通过合约来许可区分所有权人以外的人使用，则应当认为是合法有效的。反之，则案涉储藏间可能就会被行政机关认定为非法建筑予以拆除，恢复架空层本来面貌，归属全体业主所有。

编写人：江西省高级人民法院　章光园

015　无偿转让集资房指标行为的法律性质

——黄某夏诉黄某秋、黄某春所有权确认案

【案件基本信息】

1. 裁判书字号

广西壮族自治区南宁市中级人民法院（2018）桂01民终1708号民事判决书

2. 案由：所有权确认纠纷

3. 当事人

原告（被上诉人）：黄某夏

被告（上诉人）：黄某秋

被告：黄某春

【基本案情】

黄某春、黄某夏、黄某秋分别为黄甲的长女、次女和儿子。黄甲生前系广西壮族自治区南宁筑路机械厂职工，该厂于2006年筹备集资建房，黄甲分得一个全额集资建房指标。2006年5月9

日，黄甲出具一份《委托书》，载明“关于我厂建屋问题，现住的房子需要重建，职工须办理一切手续，现委托女儿黄某夏全权代理。交费以后使用事宜由黄某夏作决定。得房产证后，所有权即转给黄某夏”。后黄某春、黄某秋分别在该委托书上签字表示同意。黄某夏筹资分四期缴纳了集资房款103112元，并于房屋建成后装修、入住。2010年1月，黄某夏办理了房屋所有权证，所有权人为黄甲，共有情况为单独所有，房屋坐落于广西壮族自治区南宁市西乡塘区衡阳东路某单元102号。按照相关政策规定，集资房在办理产权证5年内不能办理所有权人变更手续。2013年9月6日，黄甲立下代书遗嘱一份，载明将其所有遗产交由黄某秋继承。黄甲于2014年6月26日死亡。黄某秋与黄某夏因讼争房屋归属问题产生纠纷。黄某秋于2014年11月起诉，请求按黄甲所立遗嘱继承讼争房屋，一、二审法院以黄甲所立遗嘱已改变其《委托书》意愿为由，判决房屋由黄某秋继承。黄某夏向广西壮族自治区高级人民法院申诉，该院以一、二审判决对讼争房屋是否为黄甲遗产事实不清为由，裁定撤销一、二审判决，发回重审。黄某夏认为讼争房屋应归其所有，于2017年2月提起本案诉讼，请求确认讼争房屋归其所有。

【案件焦点】

如何认定黄甲生前出具集资房《委托书》的法律性质，《委托书》约定与遗嘱内容冲突的效力认定。

【法院裁判要旨】

广西壮族自治区南宁市西乡塘区人民法院经审理认为：赠与合

同是赠与人将自己的财产无偿给予受赠人，受赠人表示接受赠与的合同。赠与的财产既包括物品、金钱，也包括某种权利。黄甲根据集资房相关政策规定，有权在建设单位同意的情况下，将其享有的集资房指标转让给女儿黄某夏，其出具《委托书》的行为符合赠与的构成要件，《委托书》实为赠与合同。黄某夏按时足额缴纳了集资房款，并装修、入住，以实际履行表示接受了赠与，该赠与合同已履行完毕。故讼争房屋不属于黄甲遗产，权属应归黄某夏所有。

广西壮族自治区南宁市西乡塘区人民法院依照《中华人民共和国合同法》第四十四条第一款、第一百八十五条，《中华人民共和国民事诉讼法》第六十四条第一款，《最高人民法院关于适用〈中华人民共和国民事诉讼法〉的解释》第九十条规定，作出如下判决：

讼争房屋归黄某夏所有。

黄某秋不服一审判决，提起上诉。广西壮族自治区南宁市中级人民法院经审理认为：结合集资房相关法律政策规定、集资房指标的含义及黄甲出具《委托书》的背景等因素分析判断，黄甲出具的《委托书》具有以下特征：第一，所涉事项的背景是黄甲单位筹备集资建房事宜，黄甲对其本人享有的集资建房资格的处分；第二，意思表示由黄甲单方作出，不需要黄某夏负担相应给付的义务，具有单务性、无偿性；第三，办理事务的费用和结果由黄某夏承担；第四，集资建房资格是一种本单位符合条件的职工才享有的购房权利，该权利具有财产性利益，黄甲“委托”黄某夏全权代理其参加集资建房，实际上是将其享有的集资建房指标转让给黄某夏；第五，集资建房指标的接受需要履行一定的义务，即按照单位的要求按时缴纳集资房款。因此，《委托书》的真实意思是由黄某夏以黄甲的名义集资建房。《委托书》不符合委托合同的构成要件，也不符合遗嘱的构成要件，而符合赠与合同的构成要件，故应认定为赠与合同。根据《委托书》安排所发生转移的集资建房指标，即为赠与合同赠与的财产。

赠与合同自当事人双方意思表示一致时成立。黄某夏虽然没有在《委托书》上签署同意接受赠与的意见，但在其缴纳第一笔集资款时，即以实际行动表示其已同意接受赠与。黄某夏接受赠与后，黄甲赠与集资建房指标的义务也同时履行完毕。黄甲为完全民事行为能力人，其出具《委托书》的行为，是其真实意思表示，不违反法律、行政法规的强制性规定，不违背公序良俗，应为合法有效的民事法律行为。因此，黄甲与黄某夏之间的赠与合同成立，合法有效，且已经履行完毕。讼争房屋虽由黄某夏以黄甲的名义集资所建并办理了所有权证书，但集资房指标已赠与黄某夏，集资款由黄某夏缴纳并收房使用，因而黄甲为房屋名义权利人，黄某夏为房屋实际权利人，讼争房屋应归黄某夏所有。

广西壮族自治区南宁市中级人民法院依照《中华人民共和国民事诉讼法》第一百七十条第一款第一项规定，作出如下判决：

驳回上诉，维持原判。

【法官后语】

集资房是单位为了解决内部职工的住房问题，以拥有的划拨土地使用权和部分资金及部分向内部职工筹集的资金建成并以较低的价格转让给内部职工的房产。集资房不同于普通商品房，属于经济适用住房范畴，具有主体特定性、功能保障性、价格经济性、流通受限性等政策性特点。参加单位集资建房的对象，必须限定在本单位住房困难的职工家庭，并以该职工的名义参加集资和办理权属登记，一般在一定期限内（一般为5年）不得上市交易和变更权属登记。集资房因利用单位自用土地建设，政府减免相关税费，价格比普通商品房有较大幅度的优惠。集资房指标是职工由单位批准或分配得到的参加集资建房的资格或权利，即集资房购买权。根据集资房的上述特性，相应地，集资房指标也具有主体特定性、权利财产性、流通受限性等特点。只有本单位符合条件的职工才能享有集资房指标。集资房与普通商品房的价格差体现了集资房指标的财产价值。有的单位不允许集资房指标对外进行交易，但允许在职工家庭成员间进行转移，且只能以单位职工的名义集资报建和办理权属登记。本案所涉单位对集资房指标的管理即属于这一类型。

黄甲出具的《委托书》法律性质是决定讼争房屋产权归属的前提条件。审理中存在三种意见：第一种意见认为属于委托合同。理由是该书状的名称明确是“委托书”，主要目的是委托黄某夏办理集资建房手续，其他事项均属于办理集资建房手续包含的内容。黄某秋持该种意见。第二种意见认为属于遗嘱。理由是黄甲是集资房指标所有人和房屋产权登记人，其在《委托书》中对该房屋所有权的安排是对其生前财产的处分。原一、二审判决持该种意见。第三种意见认为属于赠与合同。黄某夏持该种意见，为本案判决所采纳。

笔者认为，本案中《委托书》实质上属于赠与合同。理由是：第一，委托合同是委托人和受委托人约定，由受委托人处理委托事务的合同，具有双务、委托办理的费用和结果由委托人承担等特点，但本案《委托书》由当事人黄甲单方作出，“委托方”不承担办理委托事务费用、不承担委托结果，因而不属于委托合同。第二，遗嘱是自然人在生前按照法律规定的方式对其遗产及其他事务作出的个人处理，并于立遗嘱人死亡时发生效力的法律行为，具有为继承而设立、于被继承人死亡后才发生效力等特性。但本案《委托书》为办理集资建房事项而设立，且转让建房指标的行为在黄甲生前已经生效和完成，因而也不属于遗嘱。第三，赠与合同是赠与人将自己的财产无偿给予受赠人，受赠人表示接受赠与的合同[①]，具有意思表示的单务性、无偿性和转移标的财产性等特点。本案《委托书》由黄甲为办理集资建房事项和对集资房使用权、所有权等财产性权利的处分而单方作出，不收取任何报酬，黄某夏也以实际履行方式表示接受。《委托书》虽然没有转让集资房指标的明确内容，但因集资房指标具有主体特定性、权利财产性、流通受限性等特性，《委托书》的内容包括了黄甲委托黄某夏全权代理参加集资建房，由黄某夏缴纳集资房款、使用房屋，具备条件后所有权转给黄某夏等意思表示。故《委托书》实质上表达了黄甲将其享有的集资房指标转让给黄某夏的意思，是黄甲将集资房指标赠与黄某夏的赠与合同。

黄甲与黄某夏之间的赠与合同成立，合法有效，且已经履行完毕。讼争房屋虽以黄甲的名义集资建房并办理产权登记，但集资房指标已赠与黄某夏，集资款由黄某夏缴纳，房屋由黄某夏实际使用，故黄甲为房屋名义权利人，黄某夏为房屋实际权利人，讼争房屋应归黄某夏所有[②]。讼争房产不属于黄甲的财产，黄甲后来所立遗嘱对该房产无处分权。集资房是我国计划经济向市场经济转变过程中产生的介乎福利房与普通商品房之间的一种特殊房产类型，正确理解

---

① 这一赠与合同概念原由《中华人民共和国合同法》第一百八十五条规定，《中华人民共和国民法典》第六百五十七条继续沿用这一规定。

② 依据为《最高人民法院关于适用〈中华人民共和国物权法〉若干问题的解释（一）》第二条关于"当事人有证据证明不动产登记簿的记载与真实权利状态不符、其为该不动产物权的真实权利人，请求确认其享有物权的，应予支持"的规定，《最高人民法院关于适用〈中华人民共和国民法典〉物权编的解释（一）》第二条继续沿用这一规定。

集资房、集资房指标等特定财产和财产性权利的含义，对于正确适用法律、准确判断争议性质、妥善解决相关案件具有重要意义。

编写人：广西壮族自治区南宁市中级人民法院　周传明

016 借名买房中借名人行使权利的路径选择

——李甲、周某诉曾某、李乙所有权确认案

【案件基本信息】

1. 裁判书字号

北京市第一中级人民法院（2018）京01民终6766号民事判决书

2. 案由：所有权确认纠纷

3. 当事人

原告（上诉人）：李甲、周某

被告（被上诉人）：曾某、李乙

第三人：贾某

【基本案情】

2009年2月14日，案外人王某与李甲、曾某签订《北京市存量房屋买卖合同》及补充协议，约定李甲、曾某购买涉案房屋，购房总价款105.5万元，定金10万元。2009年2月16日，王某收到曾某与李甲给付的购房定金10万元。2009年4月14日，王某与曾某网签合同。2009年4月22日，曾某、李甲、周某共同在与某银行签订的《个人贷款合同》上签字，借款人是曾某、李甲、周某，抵押人是曾某，此合同附表一显示，借款人为李甲，抵押人为曾某。2014 年 8 月 4 日，某银行出具客户贷款结清通知书，显示涉案房屋的住房按揭贷款已于 2014 年 8 月 1 日清还完毕。现涉案房屋登记在曾某名下，为曾某单独所有。该房屋一直处于出租状态，租金由李甲收取。

李甲、周某、曾某、李乙称，双方之间是借名买房关系，所有款项均是李甲夫妇支付，李甲与周某是夫妻关系，周某是北京户籍，李甲、周某考虑到有买经济适用房的可能性，因此借用曾某名义买房。关于涉案房屋出资、房屋贷款以及税费等李甲夫妇确有支付。李甲、周某、曾某、李乙称，买房时李甲夫妇没有钱，涉案房屋首付共 41 万多元，曾某把积蓄 31 万多元拿出来做首付款，直接转账给卖方，曾某又找朋友借 10 万元，曾某偿还完朋友借款后，本不想让李甲偿还，但是后来李甲有钱后就把曾某的 31 万多元和朋友的借款都偿还给了曾某。在之后庭审中，李甲、周某、曾某、李乙称曾某付首付款是借给李甲和周某，包括曾某自己的 31 万多元以及借款 10 万元。

另，曾某提议将涉案房屋在链家公司发布信息出售，李甲同意将信息挂在链家公司发布。2016 年 7 月 30 日，曾某与贾某签订《北京市存量房屋买卖合同》，约定贾某购买涉案房屋，合同总价款共 420 万元。现该房屋买卖合同尚未履行完毕，在法院另有其他诉讼。李甲、周某、曾某、李乙均称就涉案房屋出售给第三人贾某事宜，曾某、李乙没有与李甲、周某协商，李甲夫妇不知情。

【案件焦点】

1. 借名买房关系是否存在；2. 借名购房中实际出资人是否有权要求直接确认所有权。

【法院裁判要旨】

北京市昌平区人民法院经审理认为：当事人对自己提出的诉讼请求所依据的事实或者反驳对方诉讼请求所依据的事实有责任提供证据加以证明。没有证据或者证据不足以证明当事人的事实主张的，由负有举证责任的当事人承担不利后果。李甲、周某以其与曾某之间存在借名买房关系为由提起诉讼，主张其为涉诉房屋的实际权利人，李甲、周某就其诉讼请求所依据的事实应尽到举证责任。

在本案审理过程中，原告提供证据证明其对涉案房屋的购买确实存在出资关系，但是对于借名买房的主张法院不予支持。第一，在王某与李甲、曾某所签《北京市存量房屋买卖合同》及补充协议中，曾某明确作为购买人，而且顺位始终是在李甲之前。合同中有李甲姓名，但是李甲姓名的颜色、字迹与曾某明显不同，法院确信李甲在购买房屋时确实在该合同上签字，但是结合曾某年龄较大无法贷款的事实，双方签订合同书写李甲姓名不排除考虑为银行贷款这一可能因素。第二，网签合同和房屋所有权证明确写明权利人是曾某，时隔多年，双方至今未变更登记。第三，将涉案房屋出售给第三人贾某前，李甲明确表示知道曾某将涉案房屋出售信息挂在链家公司公布，但是李甲并没有提出曾某无权处分的异议。第四，曾某、李乙称其未经李甲、周某同意擅自将涉案房屋出售给贾某，如果李甲、周某认为其相应权益受到损害，可以另行主张权利。综上所述，依照《中华人民共和国民事诉讼法》第六十四条第一款规定，判决如下：

驳回李甲、周某的诉讼请求。

北京市第一中级人民法院经审理，基本同意一审意见，同时结合李甲、周某与曾某、李乙存在亲属关系的事实认为，即使双方存在借名买房关系，亦属于一种债权债务关系，李甲、周某无权直接要求确认涉案房屋归其所有。李甲、周某上诉请求确认其二人为涉案房屋实际购买人，并要求曾某、李乙协助将涉案房屋变更登记至其名下，超出一审诉讼请求范围，法院不予处理。

综上所述，李甲、周某的上诉请求不能成立，应予驳回；一审判决结果正确，应予维持。依照《中华人民共和国民事诉讼法》第一百七十条第一款第一项、《最高人民法院关于适用〈中华人民共和国民事诉讼法〉的解释》第一百一十七条规定，判决如下：

驳回上诉，维持原判。

【法官后语】

本案两审判驳的主要理由在于原告未能有效举证证明借名关系的存在，然举证问题各案不同，如欲举一反三、为后所鉴，则应关注借名买房中基础关系与物权行为之间的联系。二审判决中有一句判词值得注意，“即使双方存在借名买房关系，亦属于一种债权债务关系，李甲、周某无权直接要求确认涉案房屋归其所有”，那么在借名买房中原告的请求权基础应如何认定呢，即是以合同为基础行使债权请求权还是以实际物权权利归属为基础行使物权请求权。需要注意的是，二者在借名买房中无法同时存在，所以并无请求权竞合的问题。

《中华人民共和国物权法》第十九条[①]规定，“权利人、利害关系人认为不动产登记簿记载的事项错误的，可以申请更正登记……有证据证明登记确有错误的，登记机构应当予以更正”，再观《最高人民法院关于适用〈中华人民共和国物权法〉若干问题的解释

① 对应现行《中华人民共和国民法典》第二百二十条。

（一）》第二条[①]“当事人有证据证明不动产登记簿的记载与真实权利状态不符、其为该不动产物权的真实权利人，请求确认其享有物权的，应予支持”之规定，其表述区别在于“登记事项错误”和“与真实权利不符”，前者一般理解为属于针对真实物权自始至终未曾变动的“误登记”，而后者“真实权利”则有解释空间，依该条上下文判断该权利如果仅仅限定于物权，则《最高人民法院关于适用〈中华人民共和国物权法〉若干问题的解释（一）》第二条“真实权利状态不符”的外延与《中华人民共和国物权法》第十九条“登记事项错误”的外延相一致，然而，《最高人民法院关于适用〈中华人民共和国物权法〉若干问题的解释（一）》第二条显然更换措辞，是对物权法的进一步明确与外延扩大。所以，在我国法律语境下，“真实权利”的解释空间并不仅限于物权。

落实到借名买房案件，关键需要判断借名人对出名人享有的是物权请求权还是债权请求权。其一，物权法定，物权公示方式同样法定，这是物权对世性与交易安全的基础。不动产以不动产登记簿作为最强效力推定，如想推翻只能证明登记错误。借名买房中双方以合同为基础，其关系在不动产登记簿上并无任何显示，借名人仅对出名人享有请求转移所有权登记的债权请求权，即仅能“动摇”不动产登记簿的推定而不能直接从物权上推翻之。2010年施行的《北京市高级人民法院关于审理房屋买卖合同纠纷案件适用法律若干问题的指导意见（试行）》第十五条“……借名人依据合同约定要求登记人（出名人）办理房屋所有权转移登记的，可予支持”亦持

① 对应现行《最高人民法院关于适用〈中华人民共和国民法典〉物权编的解释（一）》第二条。

此观点。其二，“与真实权利不符”在实践中主要存在共有、遗产遗赠、裁判确认、借名买房等几种情况，与前三项相比，借名买房的不同点在于事前明确将自己排除于登记簿外的行为即可解释为实际权利人有明确的将物权置于名义权利人名下的意思表示，无论其动机如何。理论而言，在没有无效或可撤销的情况下，这种将物权变为债权的自我降格属于意思自治，无须干涉；实际而言，借名买房多是为规避政策、贷款限制等，借名人理应承担一定风险。综上可知，借名人对出名人享有的应是债权请求权。

但这是否意味着借名买房不适用《最高人民法院关于适用〈中华人民共和国物权法〉若干问题的解释（一）》第二条呢？答案是不一定。最高人民法院曾将借名买房案例明确列入了本条适用范围，即借名人可直接请求确认物权归其所有。笔者认为，这并非对物权行为的否定，而是某些情况下直接取得的一种表现。可以注意到，该借名买房案例事实上并不涉及第三人，仅为借名人向出名人主张权利，那么在双方关系中物权与债权请求的实际履行并不会发生过大的差异。而以本案为代表的涉及第三人（另行购买房屋者）的借名买房关系中，即使第三人是善意的，但善意取得的终局性使得其认定标准较高，意味着第三人在支付合理价格且变更登记前，借名人可依物权请求直接优位于第三人的债权请求，且此种“优位”是建立在借名人与出名人订立的相对性与私密性较强的合同之上，而非其他“与实际权利不符”情况中或有迹象可查（如共有）或有公权力背书（如裁判确认）。只有证据充足才可否认出名人的物权归属，否则不仅容易助长串通的可能，还会在交易风险分配中给善意第三人造成过大压力。

归根结底，借名买房仅是一种“可容忍”的意思自治行为，在双方关系中或可从操作角度赋予借名人物权请求权，但在三方关系中不宜因保护“可容忍”的意思自治而忽视了对善意购买人的保护。

编写人：北京市昌平区人民法院　陆婧

017　婚姻关系中财产登记在未成年子女名下的权属认定

——郭某诉李某、李某花所有权确认案

【案件基本信息】

1. 裁判书字号

北京市第三中级人民法院（2018）京03民终6854号民事判决书

2. 案由：所有权确认纠纷

3. 当事人

原告（上诉人）：郭某

被告（被上诉人）：李某、李某花

【基本案情】

郭某与李某于1993年9月30日登记结婚，李某系再婚，并带有一女李某花。1993年11月5日，双方购买位于北京市平谷区平谷镇的楼房一处（以下简称涉案房屋）。1998年7月22日，涉案房屋产权登记在李某花名下。1999年4月2日，李某起诉离婚，在答辩状中郭某提到“1998年7月办房产证手续费300元，收据是我的名字，后来我去京上班，李某又去找产管科给改为孩子李某花的名字……”1999年5月27日，法院作出（1999）平民初字第916号民事调解书：1. 李某与郭某离婚；2. 李某花由李某自行抚养……4. 双方婚后共同财产即涉案房屋的东屋归郭某居住，西屋归李某居住，厨房、厕所及阳台归双方共同使用。如一方搬出，该楼房归居住者所有，居住者给付搬迁者楼房折款1万元……该调解书生效后，郭某与李某一直按照调解书确定的内容居住在涉案房屋内。

【案件焦点】

婚姻关系中财产登记在未成年子女名下是否是赠与。

【法院裁判要旨】

北京市平谷区人民法院经审理认为：关于本案是否应依据不动产登记来确定涉案房屋的产权归属的问题。尽管涉案房屋于1998年登记在李某花名下，但不动产登记的法律效力体现为推定力，在不涉及交易关系中的善意第三人保护问题时，若有相反证据证明登记簿上载明的权利人并非实际权利人，则应依法认定实际权利人是不动产物权的享有者。郭某与李某在婚姻关系存续期间购买了涉案房屋，后涉案房屋登记在李某花的名下。在（1999）平民初字第916号卷宗中，郭某与李某均认可涉案房屋属于夫妻共同财产，并就涉案房屋达成调解协议，后双方一直按照调解书的内容履行。李某及李某花对（1999）平民初字第916号民事调解书及此后的履行情况均未提出异议。可见，郭某与李某的真实意思并不是将涉案房屋赠与李某花。因此，涉案房屋的登记行为，不足以认定李某花系涉案房屋的所有权人，对李某花的抗辩意见不予采信。经释明，郭某坚持本案的诉讼请求，不要求李某花协助办理所有权转移登记，故对郭某请求确认涉案房屋归其与李某共有的诉讼请求予以驳回。综上，依照《中华人民共和国物权法》第六条、第七条规定，判决如下：

驳回郭某的诉讼请求。

郭某持原审起诉意见提起上诉。北京市第三中级人民法院经审理认为：关于郭某是否有权要求确认涉案房屋的所有权一节，根据法律规定，因物权的归属、内容发生争议的，利害关系人可以请求确认权利。因不动产物权的归属，以及作为不动产物权登记基础的买卖、赠与、抵押等产生争议，当事人提起民事诉讼的，应当依法受理。当事人有证据证明不动产登记簿的记载与真实权利状态不符、其为该不动产物权的真实权利人，请求确认其享有物权的，应予支持。鉴于涉案房屋所有权登记在李某花名下，且已于2010年重新换发了产权证，现各方当事人对涉案房屋的产权发生争议，郭某起诉要求确认房屋为其与李某共同共有财产，具有请求权基础。

关于涉案房屋是否属于郭某与李某的共同财产一节，涉案房屋系郭某自其原单位所购公房，购房款的计算折算了其工龄，购房协议书、单位出售公有住房房价计算表上购买人原为郭某，虽经涂改更名为李某花，但文件中只有“李某花”的人名章，购房时李某花系无民事行为能力的未成年人，并无法定代理人的相关签字，现无证据表明郭某、李某夫妻关系存续期间，双方将涉案房屋赠与李某花，且在（1999）平民初字第916号卷宗中，郭某与李某均认可涉案房屋属于夫妻共同财产，并就该房屋达成调解协议且实际履行。据此，郭某与李某并未具有将涉案房屋赠与李某花的意思表示。李某花主张享有涉案房屋所有权，缺乏事实依据。故，涉案房屋的登记行为，不足以认定李某花系涉案房屋的所有权人，涉案房屋系郭某与李某的共有财产。一审法院所释明内容超出了当事人诉讼请求范围，并以此为由驳回郭某诉讼请求，显属不当，应予纠正。综上，二审法院改判：

一、撤销北京市平谷区人民法院（2017）京0117民初9919号民事判决；

二、确认涉案房屋为郭某与李某共同共有。

【法官后语】

婚姻关系存续期间，双方用夫妻共同财产购买房屋，产权登记在未成年子女名下，离婚时应如何处理？审判实践中存在两种不同的观点：一种观点认为，根据物权法律规定，不动产权属证书是权利人享有该不动产物权的证明。如果夫妻将购买的房屋登记在未成年子女名下，那就意味着将购买的房屋赠与子女，离婚时应作为子女的财产处理，夫妻双方无权予以分割；另一种观点认为，房产是否属于赠与子女，不能简单地根据登记推定，还应审查夫妻双方的真实意思表示。

从本案的角度出发，第二种观点较为适宜。因不动产物权的登记分为对外效力和对内效力，对外效力是指根据物权公示公信原则，不动产物权经过登记后，善意第三人基于对登记的信赖而与登记权利人发生的不动产交易行为应受法律保护；对内效力是指应根据当事人的真实意思表示确定真正的权利人。因此，在涉及不动产物权归属时，我国司法实务通常根据是否涉及第三人利益而进行区分处理。在不涉及第三人利益，仅涉及登记权利人与真实权利人之间的物权权属争议时，不能赋予不动产登记绝对效力，而是采取实质认定标准，通过审查基础事实或探究当事人的真实意思表示来确定真正权利人。因此，在审查不动产物权登记的对内效力时，要审查当事人的真实意思表示。

依照《中华人民共和国物权法》[①] 的规定，夫妻双方共同财产或者一方个人财产均为公民个人所有财产，所有权人有权依法对其进行处分，共同财产依共同的意思表示进行处分，个人财产依个人的意思表示进行处分。因此，夫妻婚后将夫妻共同财产登记在未成年子女名下必须是依据夫妻双方共同的意思表示进行的处分，如果是其中一方将夫妻共同财产处分给未成年子女，则不构成物权法上的合法的处分行为。实际生活中，夫妻双方共同出资购买房屋后，可能基于各种因素的考虑而将房屋产权登记在未成年子女的名下，但这并不意味着该房屋的真实产权人即为未成年子女，法院应注意审查夫妻双方在购买房屋时的真实意思表示。如果真实意思确实是将购买的房屋赠与未成年子女，离婚时应将该房屋认定为未成年子女的财产，由直接抚养未成年子女的一方暂时管理；如果真实意思并不是将房屋赠与未成年子女，则离婚时将该房屋作为夫妻共同财产处理比较适宜。

编写人：北京市平谷区人民法院　查金枝

---

① 《最高人民法院关于适用〈中华人民共和国民法典〉时间效力的若干规定》第一条第二款规定，民法典施行前的法律事实引起的民事纠纷案件，适用当时的法律、司法解释的规定，但是法律、司法解释另有规定的除外。第二条规定，民法典施行前的法律事实引起的民事纠纷案件，当时的法律、司法解释有规定，适用当时的法律、司法解释的规定，但是适用民法典的规定更有利于保护民事主体合法权益，更有利于维护社会和经济秩序，更有利于弘扬社会主义核心价值观的除外。本案涉及的不动产登记行为发生于民法典实施之前，纠纷亦产生于民法典实施之前，同时《中华人民共和国民法典》物权编删掉了《中华人民共和国物权法》第七条的内容，其第二百零八条的规定与《中华人民共和国物权法》第六条的规定内容相同，均是规定了物权公示原则。故本案应适用《中华人民共和国物权法》的相关规定。

018 相反证据推翻不动产登记簿推定力的司法适用

——电扇厂诉制造公司所有权确认案

【案件基本信息】

1. 裁判书字号

天津市第二中级人民法院（2018）津民申1493号民事判决书

2. 案由：所有权确认纠纷

3. 当事人

原告（被上诉人、再审被申请人）：电扇厂

被告（上诉人、再审申请人）：制造公司

第三人：孙某、许某

【基本案情】

1986年10月，经电扇厂申请，原天津市汉沽区乡村建设办公室同意划拨桥沽村南土地3.21亩给电扇厂用于扩建。同年12月，原天津市汉沽区乡村建设办公室向电扇厂颁发了《建筑施工执照》，由其向施工队支付厂房建设基建款，后电扇厂在争诉厂房内生产经营。1987年2月，经原天津市汉沽区乡镇企业局批准，桥沽压铸件厂与电扇厂进行合并。电扇厂于1987年7月向相关部门申请补办扩建厂房手续。2003年11月17日，天津市工商行政管理局汉沽分局作出行政处罚决定书，依法吊销电扇厂的营业执照。

2003年，天津市滨海农村商业银行茶淀支行（原天津市汉沽区茶淀农村信用合作社，以下简称茶淀支行）诉电扇厂借款合同纠纷一案，经法院作出民事判决确认电扇厂向茶淀支行借款350000元，电扇厂以17台设备设立抵押担保。

2009年1月19日，制造公司注册登记成立，并向工商行政管理部门申领了企业法人营业执照。2009年12月14日，原天津市汉沽区规划局向制造公司颁发了《建设用地规划许可证》。2010年3月22日，原天津市国土资源和房屋管理局汉沽区国土资源分局向制造公司颁发了《建设用地批准书》。2010年3月29日，制造公司取得争诉土地的《集体土地使用证》。2010年6月17日和7月15日原天津市汉沽区规划局分别向制造公司颁发了《建设工程规划许可证》和《建设工程规划验收合格证》。2010年8月27日，原天津市汉沽区房地产管理局向制造公司颁发了争诉房屋的《房屋所有权证》。2010年至2013年，制造公司每年向桥沽村村委会缴纳土地使用费1500元。2011年4月12日，茶淀支行以50000元价格向制造公司出售电扇厂向茶淀支行抵押的设备。

2014年1月20日，电扇厂向法院提起行政诉讼，诉天津市滨海新区规划和国土资源管理局规划行政许可纠纷，列制造公司为第三人。2014年2月25日，法院以电扇厂提起的行政诉讼已超过诉讼时效为由裁定驳回其起诉。

孙某、许某称其系电扇厂出资人，申请参加本案诉讼，法院予以准许。

【案件焦点】

对不动产登记簿的推定效力，利害关系人是否可以向法院提交相反证据予以推翻。

【法院裁判要旨】

天津市滨海新区人民法院经审理认为：依据物权法的规定，国家、集体、私人的物权和其他权利人的物权受法律保护，任何单位和个人不得侵犯。物权的取得和行使，应当遵守法律，尊重社会公德，不得损害公共利益和他人合法权益。制造公司虽登记取得了诉争土地的使用权和诉争房屋的所有权证书，但其取得途径缺乏事实和法律依据，其占有和使用上述诉争房屋、土地不具有合法性。对电扇厂的主张予以支持。但考虑到制造公司在该诉争房屋内尚存有生产设备，缺乏即刻腾空搬离的条件，故应酌情给予其合理的搬迁时间。

天津市滨海新区人民法院依照《中华人民共和国物权法》第四条、第六条、第七条、第十七条、第三十二条、第三十三条、第三十四条、第三十九条等规定，判决如下：

一、诉争房屋归电扇厂所有；上述房屋及院落所占土地 2144 平方米（合 3.21 亩）使用权归电扇厂；

二、制造公司于 2017 年 12 月 1 日前将上述房屋和土地腾空，交付电扇厂。

制造公司不服原审判决，提起上诉。天津市第二中级人民法院经审理认为：电扇厂、制造公司对诉争房屋均主张所有权。对此，根据认定的事实，能够确认涉诉房屋于 1985 年至 1986 年由电扇厂出资建造落成，原天津市汉沽区乡村建设办公室向电扇厂颁发了《建筑施工执照》。在一审期间，法官经现场勘察并对 1991 年间的照片进行比对，房屋主体结构及建筑材料一致，电扇厂提供的证据能够充分证明其原始取得诉争房屋，系涉诉房屋真实权利人。制造公司持涉诉房屋的《房屋所有权证》对诉争房屋主张权利，但在诉争房屋建设时，制造公司尚未成立。制造公司自认以50000元的价格从茶淀支行购买了电扇厂的房屋。但一审法院依法从茶淀支行调取证据，证明茶淀支行以50000元价格向制造公司出售的仅为设备，不含房屋。制造公司主张由生效行政判决确认其取得的相关规划建设手续合法，但生效判决并未对制造公司取得相关手续的合法性予以评判，亦未对涉诉房屋真实权利状态进行认定，根据《最高人民法院关于适用〈中华人民共和国物权法〉若干问题的解释（一）》第二条规定，制造公司并非涉诉房屋真实权利人，故其占有和使用涉诉房屋、土地缺乏合法依据，电扇厂至今尚未被相关主管部门注销，仍具备民事主体资格。因此，一审判决认定事实正确，应予维持。

天津市第二中级人民法院依照《中华人民共和国民事诉讼法》第一百七十条第一款第一项规定，作出如下判决：

驳回上诉，维持原判。

制造公司不服二审判决，向天津市高级人民法院申请再审。该院经审查，同意二审判决意见，认为制造公司申请再审理由不能成立，裁定驳回其再审申请。

【法官后语】

在不动产物权纠纷案件的司法实践中，经常遇到的问题为如何看待不动产登记簿的推定力问题，涉及此方面的法律争议主要在于法院如何审查判断当事人提交的证据是否达到了否定不动产登记簿真实性的证明力程度。对此，2016年颁布实施的《最高人民法院关于适用〈中华人民共和国物权法〉若干问题的解释（一）》第二条规定“当事人有证据证明不动产登记簿的记载与真实权利状态不符、其为该不动产物权的真实权利人，请求确认其享有物权的，应予支持”。2021年《中华人民共和国民法典》颁布实施后，《最高人民法院关于适用〈中华人民共和国民法典〉物权编的解释（一）》第二条保留了该规定。对于上述争议问题并结合该条文，应当如何适用？笔者认为有以下三点：

第一，不动产登记簿是房管部门下发的证书，作为一种公文书证，因国家公权力介入，其具备极强的证明力，当事人一方如欲否定，则必须承担更多的举证证明责任，此时应当以《最高人民法院关于适用〈中华人民共和国民事诉讼法〉的解释》第一百零八条的高度盖然性为准。

第二，当事人提交的证据必须达到认定不动产登记簿的记载与真实权利状态不符，且其为该不动产物权的真实权利人的程度，两者缺一不可。在否定不动产登记簿事宜方面，应当秉持审慎态度，不轻易否定不动产登记簿记载的真实性，即便当事人提交的证据证明了不动产物权归属处于真伪不明情形，仍应当以不动产登记簿记载为准。

第三，本条虽然规定适用范围为不动产物权的确权之诉，但当事人提起要求对方返还原物等给付之诉时，仍然能够援引本条内容来否定不动产登记簿的权利推定效力。因为给付之诉的前提是当事人享有相应物权，也就是说给付之诉包含了相应的确权之诉。

本案中，电扇厂、制造公司对涉诉房屋均主张所有权，但根据在案证据，能够证实涉诉房屋为电扇厂投资建造，制造公司成立于涉诉房屋建成之后，并且其取得的《房屋所有权证》没有法律依据，因此法院确认了电扇厂为涉诉房屋的真实权利人，并支持了电扇厂请求制造公司腾空、返还房屋的诉讼请求。

编写人：天津市滨海新区人民法院　张艳辉

019 第三人不能以占有改定主张适用善意取得

——租赁公司诉徐甲、徐乙物权保护案

【案件基本信息】

1. 裁判书字号

山东省济南市中级人民法院（2018）鲁01民终1277号民事判决书

2. 案由：物权保护纠纷

3. 当事人

原告（上诉人）：租赁公司

被告（被上诉人）：徐甲、徐乙

第三人：王某

【基本案情】

涉案A挂号车登记车主为甲物流公司，实际由王某出资购买。涉案B号重型半挂牵引车登记车主为乙物流公司，实际系王某与徐甲为合伙从事道路运营共同出资购买，该车由王某在租赁公司办理融资租赁，租赁公司作为出租人、王某作为承租人、徐甲作为承租人的担保人于2014年5月21日签订认租同意书，该认租同意书的附件十载明：车辆总价272600元，首付款121440元，贷款额为190820元。同日，王某与租赁公司、徐甲签订租赁合同1份，约定：租赁物为B号牵引车1辆，起租日为2014年5月25日，租赁期限为21个月，每月应付租金为10517.82元，到期日为

2016年2月25日；出租人根据承租人选择和决定与供应商签订租赁物买卖合同，承租人在此确认并同意购买租赁物并且确认出租人享有租赁物的所有权以及其他一切权利并承担付款义务；租赁物所有权，承租人确认出租人是租赁物的唯一所有权人；供应商直接向承租人交付租赁物，承租人应负责租赁物的受领和验收；应出租人要求，承租人应就租金及其他款项和义务，提供连带责任保证或其他令出租人满意的担保；租赁期满且承租人已完全履行本合同的各项约定后，承租人有权将租赁物所有权过户至承租人或承租人指定的第三者名下，出租人将协助办理租赁物过户手续。同日，乙物流公司、甲物流公司（合同甲方、被委托管理方）与租赁公司（合同乙方、出租人）、王某（合同丙方、承租人）签订车辆委托管理协议1份，将B/A挂号车挂靠于乙物流公司、甲物流公司名下运营。徐甲及王某按上述租赁合同约定，全部付清租赁公司租金。

2016年1月7日，王某（出卖人）在徐甲不知情的情况下与租赁公司（买受人）签订租赁物买卖合同1份，约定将B/A挂号车以160000元的价格出卖给租赁公司，租赁公司一次性付清全款且采取自提的方式接收涉案车辆。同日，租赁公司再次与王某签订租赁合同1份，该合同为制式合同，合同的条款、内容与租赁公司与王某于2014年5月21日签订的租赁合同相同，租赁期为2016年1月11日至2017年10月15日，共21个月，每月租金8819.05元。租赁公司已将该车款160000元交付王某。王某履行该租赁合同至2016年6月15日。

B/A挂号车自办理融资租赁之日即2014年5月21日起至2016年7月，由徐甲与王某共同运营，之后由徐甲占有该车辆至今。租赁公司以将涉案车辆租与王某，徐甲、徐乙（二人系夫妻）强行占有为由，要求徐甲、徐乙返还涉案车辆并赔偿损失。徐甲、徐乙以王某私自将双方共有的车辆卖掉侵害其合法权益为由不同意返还，且该车辆自购买之日起由徐甲担任驾驶员。

【案件焦点】

1. 租赁公司主张善意取得涉案车辆，该车是否实际交付给租赁公司；2. 动产善意取得制度的交付是否适用占有改定的交付方式。

【法院裁判要旨】

山东省济南市历城区人民法院经审理认为：徐甲及王某已按2014年5月21日所签租赁合同约定付清租赁公司全部租金，按该租赁合同约定，租赁期满且承租人支付本合同所有款项后，承租人有权将租赁物所有权过户至承租人或承租人指定的第三者名下，徐甲及王某付清租金后就已取得涉案车辆的所有权，成为涉案车辆的所有权人即实际车主。2016年1月7日，王某在徐甲不知情的情况下，与租赁公司签订租赁物买卖合同，将涉案车辆卖与租赁公司，但该涉案车辆一直由徐甲与第三人实际占有使用，并未实际交付原告；原告不知涉案车辆系徐甲与第三人共同出资购买，其与第三人签订该买卖合同无过错；动产善意取得应当以实际交付为要件，但涉案车辆并未实际交付，租赁公司并未取得涉案车辆的物权。租赁公司主张以占有改定方式取得涉案车辆的物权，因涉案车辆未实际交付租赁公司占有使用，即未发生任何实际移转，该物权变动没有任何可以从外部认知的表征，无法达到物权变动公示的效果，作为涉案车辆共有人的徐甲不能知晓涉案车辆发生物权变动，对徐甲、徐乙不产生物权变动的法律效力。租赁公司未取得涉案车辆的物权，现要求被告返还涉案车辆并赔偿损失，没有法律依据，依法不予支持。被告所辩涉案车辆不是租赁公司所有，其作为共有人不存在非法占有行为的理由成立，依法予以采信。

山东省济南市历城区人民法院依照《中华人民共和国物权法》第七条、第二十三条、第三十九条，《中华人民共和国民事诉讼法》第六十四条、第六十八条、第一百四十四条规定，判决如下：

驳回租赁公司的诉讼请求。

租赁公司持原审起诉意见提起上诉。山东省济南市中级人民法院经审理认为：《中华人民共和国物权法》第二十三条规定，动产物权的设立和转让，自交付时发生效力……徐甲、王某按租赁合同的约定付清租赁公司全部租金，已取得涉案车辆的所有权，成为涉案车辆的所有权人即实际车主。2016 年 1 月 7 日，王某在徐甲不知情的情况下，虽与租赁公司签订租赁物买卖合同，将涉案车辆卖与租赁公司，但该涉案车辆一直由徐甲与王某实际占有使用，并未实际交付租赁公司，租赁公司并未取得涉案车辆的所有权。因此，一审法院对租赁公司主张徐甲返还涉案车辆并赔偿损失的诉求不予支持并无不当。

综上所述，租赁公司的上诉请求不能成立，应予驳回；一审判决认定事实清楚，适用法律正确，应予维持。依照《中华人民共和国民事诉讼法》第一百七十条第一款第一项规定，判决如下：

驳回上诉，维持原判。

【法官后语】

善意取得制度的目的在于保护占有的公信力，保护交易安全，维护商品交易的正常秩序，促进市场经济有序发展。占有改定则是为了适应社会经济发展的现实需要，简化了动产物权的转移，是观念交付中最具抽象意义的一种。本案引发的问题是，对以占有改定的方式能否善意取得动产所有权，即第三人能否以占有改定主张所有权已发生变动而适用善意取得制度。

善意取得是指无处分权人将不动产或者动产转让给受让人，受让人是善意的且付出合理的对价，依法取得该不动产或者动产的所有权。根据《中华人民共和国物权法》第一百零六条规定，不动产和动产善意取得应当符合以下三个条件：(1) 受让人受让该不动产或动产时是善意的；(2) 以合理的价格转让；(3) 转让的不动产或动产依照法律规定应当登记的已经登记，不需要登记的已经交付给受让人。《中华人民共和国物权法》第二十三条规定，动产物权的设立和转让，自交付时发生效力，但法律另有规定的除外。该条规定了动产物权的取得一般以交付为其生效要件。占有改定是指让与人与受让人达成动产物权变动协议后，依照当事人之间订立的合同，仍然继续占有该动产使受让人因此取得间接占有，代替现实交付。《中华人民共和国物权法》第二十七条规定，动产物权转让时，双方又约定由出让人继续占有该动产的，物权自该约定生效时发生效力。《中华人民共和国民法典》继续延续了《中华人民共和国物权法》对善意取得制度和动产物权占有改定的规定，《中华人民共和国民法典》第二百二十四条规定，动产物权的设立和转让，自交付时发生效力，但是法律另有规定的除外。第二百二十八条规定，动产物权转让时，双方又约定由出让人继续占有该动产的，物权自该约定生效时发生效力。第三百一十一条规定，无处分权人将不动产或者动产转让给受让人的，所有权人有权追回；除法律另有规定外，符合下列情形的，受让人取得该不动产或者动产的所有权：(1) 受让人受让该不动产或者动产时是善意；(2) 以合理的价格转让；(3) 转让的不动产或者动产依照法律规定应当登记的已经登记，不需要登记的已经交付给受让人。受让人依据前款规定取得不动产或者动产的所有权的，原所有权人有权向无处分权人请求损害赔偿。当事人善意取得其他物权的，参照适用前两款规定。

本案中，2014年5月，徐甲与王某共同合伙出资购买涉案车辆，由王某在租赁公司处办理该车辆融资租赁，二人合伙共同运营涉案车辆，按照融资租赁合同约定付清租金后即取得涉案车辆的所有权，此时徐甲和王某为涉案车辆的所有权人即实际车主。

2016年1月，王某在徐甲不知情的情况下与租赁公司签订租赁物买卖合同及租赁合同，王某作为出卖人及承租人、租赁公司作为买受人、出租人，因涉案车辆由徐甲、王某共同共有，王某未经共有人徐甲的同意擅自处分共有物的行为系无权处分。租赁公司主张，根据其与王某签订的《租赁物买卖合同》约定，标的物的所有权自承租人签订“租赁物受领确认书”后转移给盈汇公司，主张其公司已取得涉案车辆的所有权并由王某继续租赁使用即所谓已通过占有改定的方式进行动产交付；租赁公司与王某之间既有物权转移的协议（租赁物买卖合同），又有王某作为承租人继续占有该动产的占有改定协议（租赁合同），符合物权法关于占有改定的构成要件，但租赁公司是否取得涉案车辆的所有权关键看占有改定能否适用善意取得。

占有改定不应适用善意取得。占有改定是观念交付中最抽象的一种，其公示效力最弱，因其仅仅是一种观念上的交付，并未发生动产的实际交付，即标的物的占有未发生任何实际转移，受让人只是取得对动产的间接占有或观念交付的占有，物权变动没有任何可以从外部认知的表征，社会公众无法从外部认识物权的变动情况，占有改定实际上无法达到物权变动公示的效果，甚至占有人可以以占有改定的方式进行多次交易，其本身就容易产生纠纷。善意取得制度的目的是出于保护善意第三人从而保护交易安全，也在于保护占有的公信力，其成立条件之一“转让的不动产或动产依照法律规定应当登记的已经登记，不需要登记的已经交付给受让人”也是基于物权对外的公示效力，占有的转移应是适用动产善意取得的条件之一，即让与人向受让人实际交付了动产，而受让人实际占有交付的动产，只有通过交付，发生标的物的转移才能发生善意取得效果。如果认定无法对外产生公信力的占有改定适用善意取得，显然对原权利人极为不公平，既不利于所有权安全，也不利于交易安全，同时也不符合动产善意取得制度的立法目的。

案例中，涉案车辆一直由徐甲与王某实际占有使用，并未实际交付给租赁公司占有使用，未发生任何实际转移，徐甲作为涉案车辆共有人不知晓涉案车辆发生物权变动，也没有任何可以从外部认知的表征，涉案车辆并未发生物权变动的法律效力，因此租赁公司主张以占有改定的方式取得涉案车辆的所有权，法院不予支持。

编写人：山东省济南市历城区人民法院　钱虎　马艳

020 重复诉讼判定标准的适用
——李某诉崔某物权保护案

【案件基本信息】

1. 裁判书字号

北京市第一中级人民法院（2018）京01民终8085号民事裁定书

2. 案由：物权保护纠纷

3. 当事人

原告（上诉人）：李某

被告（被上诉人）：崔某

【基本案情】

李某、崔某原系夫妻关系。1997年8月13日，北京市朝阳区人民法院作出（1997）朝民初字第984号民事判决书，判决准予双方离婚，位于石景山区的诉争房屋一套由李某继续租住，其中15平方米住房一间（带阳台）由崔某暂住至有房或再婚。

1998年12月，承租方崔某与出租方某房管所签订公有住宅租赁合同，约定由崔某承租位于崇文区（现西城区）某小区的109号房屋。2002年，被安置人（乙方）崔某与（甲方）案外人某公司就109号房屋签订危改回迁房购房意向书、危旧房改造货币补偿协议书，约定由甲方给予乙方相应补偿用于异地购房。

2010年4月22日，李某以崔某户口所在地危房改造已解决住房为由将崔某诉至法院，要求崔某自诉争房屋中搬出。2010年10

月20日，（2010）石民初字第2748号民事判决书中载明：经核查，崔某户籍所在地109号房屋于2002年已被拆迁。在此次拆迁中，崔某获得一定金额的货币补偿，未进行房屋安置。该判决认定：法院对崔某搬出房屋的条件作出了限定，李某以崔某有房为由，要求崔某腾退房屋，但未提供证据证明崔某已有住房的情况属实，故对李某的诉讼请求不予支持，并判决驳回李某的诉讼请求。

1997年至今，崔某居住于诉争房屋，2011年9月16日，李某取得诉争房屋产权证。李某于2017年1月25日起诉，一审法院于2017年10月12日作出（2017）京0107民初字第2805号民事判决书，判决崔某限期腾退并搬离诉争房屋。崔某不服一审判决，提起上诉。北京市第一中级人民法院于2018年2月2日作出（2018）京01民终23号民事裁定书，以（2017）京0107民初字第2805号判决在未查明基本事实的情况下直接作出实体判决错误为由，撤销一审判决，将该案发回重审。

本案系前述发回重审案件，法院另行组成合议庭进行了审理。在本案庭审过程中，李某述称其提起本次诉讼的主要依据是崔某在双方离婚后已承租了109号房屋且以被安置人身份签订了补偿协议书，已具备腾退条件，故要求崔某搬离涉案房屋。

【案件焦点】

本案是否构成重复起诉。

【法院裁判要旨】

北京市石景山区人民法院经审理认为：关于起诉和受理，《中华人民共和国民事诉讼法》及其司法解释在规定应符合起诉条件的同时，对于不符合起诉和受理条件的情形作了规定。《中华人民共和国民事诉讼法》第一百二十四条第五项规定：对判决、裁定、调解书已经发生法律效力的案件，当事人又起诉的，告知原告申请再审，但人民法院准许撤诉的裁定除外。《最高人民法院关于适用〈中华人民共和国民事诉讼法〉的解释》第二百四十七条进一步明确规定：当事人就已经提起诉讼的事项在诉讼过程中或者裁判生效后再次起诉，同时符合下列条件的，构成重复起诉：（一）后诉与前诉的当事人相同；（二）后诉与前诉的诉讼标的相同；（三）后诉与前诉的诉讼请求相同，或者后诉的诉讼请求实质上否定前诉裁判结果。当事人重复起诉的，裁定不予受理；已经受理的，裁定驳回起诉，但法律、司法解释另有规定的除外。据此，判断后诉与前诉是否重复，应从当事人、诉讼标的、诉讼请求三个方面分析。比较本案与（2010）石民初字第 2748 号民事案件诉讼：第一，前诉与本诉的两次诉讼当事人相同，均为原告李某诉被告崔某。第二，前诉以排除妨害案由起诉，本诉以物权保护案由起诉，而排除妨害作为物权保护的重要方法之一包含于物权保护案由之中，两案均系以崔某侵害李某对诉争房屋享有的物权产生的纠纷，故两案诉讼标的具有同一性。第三，前诉与本诉的诉讼请求内容相同。综合上述三个方面，李某关于崔某腾退诉争房屋的诉讼请求在本案中构成重复起诉。

根据《最高人民法院关于适用〈中华人民共和国民事诉讼法〉的解释》第二百四十八条的规定，裁判发生法律效力后，发生新的事实，当事人再次提起诉讼的，人民法院应当依法受理。据此规定，裁判发生法律效力后，即便构成重复起诉，如果发生新的事实，当事人仍然可以再次提起诉讼，人民法院依法应当受理而不适用一事不再理原则。因发生法律效力的裁判是对特定时点上当事人之间法律关系状态的判断，确定判决仅对裁判生效之前发生的事项具有既判力，故裁判发生法律效力后发生新的事实，并未被生效裁判所确认，亦不在诉讼系属中，不受前诉既判力的拘束，当事人可以再次提起诉讼。这里能够再次提起诉讼的应是生效裁判发生法律效力后客观发生的事实，不是原生效裁判未查明或涉及的事实，亦不是当事人在原审中未提出或原审结束之前就已经存在，当事人应当主张而未主张的事实，现李某要求崔某腾退诉争房屋所依据的事实即崔某已承租109号房屋并签订了补偿协议书、具备腾房条件等均发生在（2010）石民初字第2748号民事判决作出之前，并非该判决发生法律效力之后新发生的事实。故李某提起本案诉讼符合一事不再理的处理原则。李某如认为（2010）石民初字第2748号民事判决存在错误，可依法采取其他途径解决。最终，北京市石景山区人民法院作出裁定：

驳回李某的起诉。

李某不服一审判决，提起上诉。北京市第一中级人民法院经审理后，同意一审法院裁判意见，驳回上诉，维持原裁定。

【法官后语】

《最高人民法院关于适用〈中华人民共和国民事诉讼法〉的解释》第二百四十七条[①]对重复诉讼的判定标准有明确的规定，即采用“当事人相同+诉讼标的相同+诉讼请求相同/后诉请求否定前诉

---

① 《最高人民法院关于适用〈中华人民共和国民事诉讼法〉的解释》于2020年、2022年进行两次修正。最新的《最高人民法院关于适用〈中华人民共和国民事诉讼法〉的解释》（2022年修正）与《最高人民法院关于适用〈中华人民共和国民事诉讼法〉的解释》就第二百四十七条的内容没有变化。

结果”的基本模式。但不能对相关条文机械地理解与适用，笔者结合本案事实分析如下：

1. 关于对相同当事人的判断标准问题

当事人是否相同，相对容易进行判断，但在审判实践中需要把握以下原则：首先，当事人诉讼地位可以不同。当事人相同并不要求当事人在前诉、后诉均是相同的原告、被告。前诉与后诉的原告、被告是可以相反的，即前诉的原告为后诉的被告，前诉的被告为后诉的原告，也属于诉讼主体相同。其次，诉讼担当人可构成当事人相同。诉讼担当人主要包括继受主体、代位主体、破产管理人、诉讼代表人等。最后，增、减当事人或变换当事人诉讼地位时，相同当事人的判断需要特别注意。实践中，有的当事人为规避禁止重复诉讼原则，往往采用以下两种方式：第一，在后诉中增加其他原告、被告、第三人参加诉讼。第二，在后诉中改变前诉当事人的诉讼地位，最为典型的就是将前诉中的第三人变为后诉中的被告。面对上述情况时，判断当事人相同应当坚持实质审查原则。出现第一种情况时，应当作出如下判断：（1）若增加原告，应审查所增加的原告是否与本案有直接利害关系。有利害关系的，则前诉与后诉当事人不同；反之则相同。（2）若增加被告，需审查是否为适格被告。属于适格被告，可能承担责任的，则前诉与后诉当事人不同，反之则相同。（3）若增加第三人，根据民事诉讼法相关规定，在诉状中列明第三人的，视为申请法院追加第三人。因此，若增加的第三人为有独立请求权的第三人，可能承担相应的法律责任，法院依法追加其为第三人参加诉讼，那么前诉与后诉当事人不同。若该第三人属于无独立请求权的第三人，尤其是辅助型第三人，不承担相应的权利义务，法院对其追加仅是为查明案件事实，此时，仍应认定前诉与后诉当事人相同。

2. 关于对相同诉讼标的的判断标准问题

首先，案件事实是否相同。在本案中，原告虽然在前诉中主张排除妨害，在后诉中主张物权保护，但都是源于同一事实。也就是说，在判断诉讼标的相同时，案件事实相同往往会成为先决条件，进而帮助判断诉讼标的是否相同。但是，事实相同并不意味着诉讼标的相同，同一事实可能会引发请求权竞合，请求权竞合的背后，其实质上是代表着不同法律关系的交叉，并直接指向不同诉讼标的。由于在竞合的情况下，当事人会自行选择按照某种诉讼标的提起诉讼，因此在判断诉讼标的时需要格外注意。

其次，当事人拆分债权时的处理。即原告对被告仅存在一个债权，但该债权在数量上是可分的。笔者认为，对债权的拆分系债权人处分自身权利的体现，不能因债权拆分，生搬硬套禁止重复诉讼的理论，限制债权人实现债权。尽管在某些情况下，诉讼请求的具体金额可能相同，但这并不意味着诉讼请求相同。此外，无限制地拆分债权进行诉讼，仍会对司法资源造成浪费，需要从滥诉的角度进行规制。

最后，法律明确规定的例外。《最高人民法院关于确定民事侵权精神损害赔偿责任若干问题的解释》第六条[①]规定：当事人在侵权诉讼中没有提出赔偿精神损害的诉讼请求，诉讼终结后又基于同一侵权事实另行起诉请求赔偿精神损害的，人民法院不予受理。根据前述债权拆分理论，基于同一侵权事实产生的债权，即物质上的损

---

① 《最高人民法院关于确定民事侵权精神损害赔偿责任若干问题的解释》经2020年修正，第六条已经被删除。

失赔偿与精神上的损害赔偿，理应可以拆分诉讼，但司法解释对于此种情况予以禁止，因此可以视为法律明确规定的例外情形。

3. 关于对相同诉讼请求或后诉请求否定前诉结果的判断标准问题

诉讼请求的判断标准实际上是两个，一为相同，二为否定前诉结果，二者是“或”的关系，符合其一，便构成重复诉讼的要件之一。实践中，个别不诚信的当事人往往采取以下两种方式予以规避：第一，当事人通过在后诉中增加或减少同类型诉讼请求，如在都是金钱给付之诉中，增加、减少诉求金额；或变换给付款项名目，如前诉是给付工程款，后诉是给付货款；抑或变换案由，如前诉是合伙纠纷，后诉变为合同纠纷。第二，变换不同类型的诉讼请求，通过以隐藏核心诉求的方式，造成前诉与后诉不同的假象，如确认之诉变为给付之诉。

针对上述第一种情况，应当认定为重复诉讼，而不需要再考虑其他诉求。这样处理不仅便于司法实践的判断，且更符合禁止重复诉讼的目的。同时，要将此种情况与前述的债权拆分理论进行区别，因为增加或减少诉讼请求，与自主拆分债权后提出的诉讼请求，在形式上有着高度一致性，很难从形式上判断当事人是在规避重复诉讼，还是在自主行权。笔者认为，债权拆分理论的基础在于债权人的债权是真实有效的。也就是说，债权人经过拆分的债权，在前诉中得到了法院的支持。正基于此，债权人才能够对自身债权进行拆分，才能体现自身的权利自由，法院也才会对其他后诉不适用禁止重复诉讼规则。而通过增加或减少诉讼请求避开禁止重复诉讼的规制，则是因为在前诉中其债权没有得到支持，也就是说其债权并非真实有效，而是出于某种非诚信的目的，妄图在后诉中推翻前诉之结论，损害司法权威。针对上述第二种情况，前诉与后诉的诉求在形式上明显不同，因此需要判断后诉的诉求是否否定前诉的裁判结果，尤其是在前诉诉求并未被明确列出，且需要法院在审理过程中判明的事项上，更需谨慎。例如，给付之诉往往包含确认之诉，假设原告诉被告确认房屋所有权（确认之诉），后原告败诉，并通过“包装”，另行起诉被告给付房屋（给付之诉），在审理是否应给付房屋时，必然会对房屋进行确权，也就是说原告试图通过后诉的给付之诉，对前诉的确认之诉再次进行审理，此种情况，亦应构成重复诉讼。由此，变更当事人、变更诉讼请求是重复诉讼中常见的现象，需要结合审判实践审慎判断。

4. 新事实的判断标准问题

《最高人民法院关于适用〈中华人民共和国民事诉讼法〉的解释》第二百四十八条①规定，裁判发生法律效力后，发现新事实的案件，当事人再次提起诉讼的，人民法院应当依法受理。从该条文可以看出，案件审理以禁止重复诉讼为原则，以新事实出现为例外。这是因为发生法律效力的裁判是对特定时点上当事人之间法律关系状态的判断，确定判决仅对裁判生效之前发生的事项具有既判力，故裁判发生法律效力后发生新的事实，并未被生效裁判所确认，亦不在诉讼过程中，不受前诉既判力的拘束，当事人可以再次提起诉讼。② 新事实应当是生效裁判发生法律效力后客观发生的事实，不是

---

① 《最高人民法院关于适用〈中华人民共和国民事诉讼法〉的解释》于2020年、2022年进行两次修正。最新的《最高人民法院关于适用〈中华人民共和国民事诉讼法〉的解释》（2022年修正）与《最高人民法院关于适用〈中华人民共和国民事诉讼法〉的解释》就第二百四十七条的内容没有变化。

② 最高人民法院民法典贯彻实施工作领导小组办公室编著：《最高人民法院〈民事诉讼法〉司法解释理解与适用》，人民法院出版社2015年版，第636页。

原生效裁判未查明或涉及的事实，亦不是当事人在原审中未提出的事实。同时，当事人应当主张而未主张的事实，也不属于新的事实。[①] 此外，出现新事实的举证责任，仍应按照“谁主张，谁举证”的原则进行分配。本案中，李某在前诉与后诉中均无法举证证明出现了新事实，进而无法适用“一事不再理”规则的例外规定。

编写人：北京市石景山区人民法院　张某周　车玉龙

021　“一房两权”之权利人物权保护

——胡某诉张某、物业公司物权保护案

【案件基本信息】

1. 裁判书字号

北京市第二中级人民法院（2018）京 02 民终 10547 号民事判决书

2. 案由：物权保护纠纷

3. 当事人

原告（上诉人）：胡某

被告（上诉人）：张某

被告（被上诉人）：物业公司

【基本案情】

坐落于北京市东城区××6 幢 1 层（建筑面积 2.7 平方米）及 7 幢 1 层（建筑面积 7.4 平方米）的房屋原系案外人周某所有的房

① 最高人民法院民法典贯彻实施工作领导小组办公室编著：《最高人民法院〈民事诉讼法〉司法解释理解与适用》，人民法院出版社 2015 年版，第 636 页。

产。2016年5月19日，张某经物业公司居间与周某签订《存量房屋买卖合同》（经纪成交版），约定周某将6幢1层的房屋卖与张某。2016年5月20日，张某取得该房屋的所有权。2016年5月30日，胡某与周某签订《存量房屋买卖合同》（经纪成交版），约定周某将7幢1层的房屋卖与胡某。2016年6月14日，胡某取得该房屋的所有权。

6幢1层及7幢1层房屋相连相通，之间没有隔断墙，6幢1层房屋位于整体房屋（诉争房屋）的北（内）侧，7幢1层房屋位于南（外）侧，诉争房屋的房门位于7幢1层的南侧。胡某在取得7幢1层房屋的所有权后，对6幢1层及7幢1层房屋一并进行了简单装修。2017年4月，张某在诉争房屋的北侧搭建了一座钢结构床架，并在床架周围放置了部分个人物品。7幢1层房屋的西南侧有一扇防盗门。胡某诉至法院，请求确认张某、物业公司侵犯其物权，请求判令张某、物业公司停止侵权，张某拆除侵占其房屋面积的钢结构床架，同时搬走侵占其房屋面积的个人物品，未经其许可不得进入其空间。

另，为进出房门，胡某和张某多次互有撬锁的行为。

【案件焦点】

“一间房屋两个产权”的特殊情况下如何确认房屋权利人的物权保护。

【法院裁判要旨】

北京市东城区人民法院经审理认为：公民的合法权利受法律保护。胡某与张某分别先后购买了周某所有的7幢1层及6幢1层房屋，两房相连相通，之间没有隔断墙，且进出 6 幢 1 层的房屋就必须从 7 幢 1 层的房门进入，两间房屋的结构特点，造成胡某与张某之间生活的不便。应当指出，胡某与张某在购买各自房屋之时均应对诉争房屋的结构有所了解，对今后可能产生的不便有所预见。购买后，作为不动产的相邻权利人应当按照方便生活、团结互助、公平合理的原则，正确处理相邻关系。但胡某与张某在实际生活中，未能妥善处理上述矛盾，反而激化了矛盾。法院对双方相互撬锁进出诉争房屋的行为提出批评。诉讼中，法院曾联系房屋测绘部门对诉争房屋的具体面积（界限）进行测量，但因诉争房屋没有隔断墙，测绘部门无法进行测量。根据法院勘验的结果，结合普通住房的建筑面积与使用面积折算的通用公式（即 1.333 倍）计算，张某搭建的钢结构床架已超出其住房的建筑面积，侵犯了胡某自有房屋的物权。现胡某要求确认张某侵犯胡某的物权，拆除钢结构床架的诉讼请求，理由正当，予以支持。关于胡某要求张某搬走侵占胡某住房面积的个人物品一节，因张某摆放的个人物品无法确定具体位置，不能认定是在胡某所有的房屋范围内还是在张某所有的房屋范围内，故胡某的该项诉讼请求，依据不足，不予支持。关于胡某要求张某未经胡某许可不得进入胡某的空间的诉讼请求，因胡某对张某进出诉争房屋负有提供便利的法定义务，故对胡某的该项诉讼请求，不予支持。关于胡某要求确认物业公司侵犯胡某物权、其停止侵权的诉讼请求，依据不足，亦不予支持。

北京市东城区人民法院作出如下判决：

一、确认张某搭建的钢结构床架侵犯了胡某名下 7 幢 1 层房屋的物权；

二、张某于判决生效后十日内将其在 6 幢 1 层、7 幢 1 层房屋内搭建的钢结构床架（含木质推拉门）予以拆除；

三、驳回胡某的其他诉讼请求。

胡某、张某均不服一审判决，提起上诉。

北京市第二中级人民法院经审理认为：不动产的相邻各方，应当按照方便生活、团结互助、公平合理的原则，正确处理相邻关系。6幢1层及7幢1层房屋相连相通，之间没有隔断墙，且只有一个出入门户，张某与胡某先后购买上述房屋时对上述情况是明知的，对今后生活中可能造成的不便理应有所预见，但双方在实际生活中却未能妥善处理相邻关系，导致双方矛盾激化，造成双方多次相互撬锁进出诉争房屋，法院对双方的这种行为提出严厉批评，双方在今后应避免这种情况的出现。鉴于诉争房屋只有一个出入门户，故胡某负有对张某进出诉争房屋提供便利的法定义务，故对胡某要求张某未经其许可不得进入其空间的诉讼请求，难以支持。关于张某所搭建钢结构床是否侵占胡某房屋面积的问题，根据一审法院测量的数据，经计算发现，张某房屋面积与胡某房屋面积之比明显小于6幢1层房屋北墙至张某搭建钢结构床下的木质推拉门外侧的距离与木质推拉门外侧至7幢1层南墙的距离之比，此足以说明张某搭建的钢结构床架已明显超出其房屋的建筑面积，侵犯了胡某房屋的物权，故胡某要求确认张某侵犯其物权，并要求张某拆除钢结构床架的诉讼请求，依据充分，予以支持。关于胡某要求张某搬走侵占胡某住房面积的个人物品一节，因难以确定张某所摆放个人物品的具体位置，进而难以确定是否侵占了胡某的住房面积，故对胡某的该项请求，不予支持。关于胡某要求确认物业公司侵犯其物权，要求其停止侵权的诉讼请求，缺乏依据，不予支持。

北京市第二中级人民法院依照《中华人民共和国民事诉讼法》

第一百七十条第一款第一项规定，作出如下判决：

驳回上诉，维持原判。

【法官后语】

本案纠纷产生的背景是：诉争房屋为学区房，当事人购买诉争房屋的目的是帮孩子求学落户。本案诉争房屋比较特殊，存在着两个独立产权，但物理空间上是相连相通的，没有隔断墙，且只有一个出入门户，这样的结构势必造成两家人在实际使用房屋时的困境。本案中的两名房屋产权人在先后购买上述房屋时对上述情况是明知的，因此对今后生活中可能造成的不便理应有所预见。

本案基本的处理原则和思路是：两名房屋产权人对房屋享有平等的物权，不因其购买的先后顺序或者房屋面积大小等因素而在其权利上有所差别，互相不得侵犯对方的合法权利，但同时又因客观存在的房屋特殊情况，彼此必须负有一定程度上因对方利用房屋而对自己生活造成不便的容忍义务，双方应当按照方便生活、团结互助、公平合理的原则，正确处理相邻关系。具体到对张某搭建钢结构床架是否构成对胡某物权的侵犯的认定上，在诉争房屋因没有隔断墙，测绘部门无法进行测量的情况下，一审法院结合普通住房的建筑面积与使用面积折算的通用公式（即1.333倍）计算，确认张某搭建的钢结构床架已超出其住房的建筑面积。二审法院根据测量的数据，经计算发现，张某房屋面积与胡某房屋面积之比明显小于6幢1层房屋北墙至张某搭建钢结构床下的木质推拉门外侧的距离与木质推拉门外侧至7幢1层南墙的距离之比，从而判断出张某搭建的钢结构床架已明显超出其房屋的建筑面积。两级法院均认定张某搭建的钢结构床架确实侵犯了胡某的房屋面积，从而判令其拆除。

需要说明的是，法院虽在庭审过程和判决中均对当事人提出了严厉批评，要求其今后不得侵犯对方享有的物权，也向当事人提出了建议，如将房屋整体出租，按面积比例分割租金，但若双方仍不能友好协商，合理解决房屋使用面临的困难，今后仍会出现纠纷，影响两个家庭的日常生活并造成诉累。通过此案，提示广大家长：出于让孩子获取更优质的教育资源的目的而购买经济能力范围内的学区房是人之常情，但对于一般家庭来说购房是一个非常重大的抉择，因此尤其应当保持理性谨慎，在购买前应充分了解相关风险。现实情况是一些学区房在权利上存在瑕疵或者在使用上存在障碍，且落户求学政策也在不断变化中，如因急于购买而忽略了上述风险，很可能会带来房屋今后在使用、处分等方面的诸多不便。

编写人：北京市第二中级人民法院　刁久豹　廖慧

022　“不动产登记簿的记载与真实权利状态不符”之“真实权利”的认定

——王甲诉王乙、姚某物权保护案

【案件基本信息】

1. 裁判书字号

北京市第三中级人民法院（2018）京03民终1706号民事判决书

2. 案由：物权保护纠纷

3. 当事人

原告（上诉人）：王甲

被告（被上诉人）：王乙、姚某

【基本案情】

王甲与王乙系父子关系，王乙与姚某原系夫妻关系。

1995年11月28日，王甲作为乙方与房地产公司作为甲方签订《购买房屋合同书（一次性预付房价款）》，甲方新建小区将于1997年9月28日前竣工交付乙方使用。房价按建筑面积计算，每平方米的成本价为1165元，乙方同意按甲方售房价购买新建小区×号楼15门302号一居室、×号楼15门101号一居室、×号楼9门202号一居室共计三套楼房，建筑面积分别为41.53平方米、38.31平方米、39.41平方米，预付房价款138926.25元，在合同签订之日将购房款一次付清。乙方负责在1995年11月20日以前腾出现住的房屋，并在施工期间自行解决临时周转房的问题。

2013年1月22日，王甲作为委托人与王乙作为被委托人签订委托书，载明"今有王甲出资168万元委托王乙购买朝阳区五里桥二街×号院×号楼1325室房屋一套，房屋产权必须写到王甲名下。特此证明，立字为据"。

2013年1月26日，王乙作为买受人与贾某作为出卖人签订《存量房屋买卖合同（经纪成交版）》，约定由买受人购买1325室房屋，成交价格为60万元。2013年4月9日，1325室过户至王乙名下。2013年12月31日，1325室过户至姚某名下。

2013年2月22日，王甲作为出卖人与高某作为买受人签订《存量房屋买卖合同（经纪成交版）》，约定由买受人购买302室。房屋成交价格为143万元。2013年3月1日，302室过户至高某名下。

2014年1月2日，王乙、姚某于北京市西城区民政局协议离婚，离婚协议约定1325室归姚某所有。

2017年2月10日，姚某作为甲方（出卖方）与范某作为乙方（买受方）、房地产经纪公司作为丙方（居间方）签订《补充协议》，约定由买受人购买1325室。房屋成交价格为320万元。现1325室已过户至范某名下，范某将320万元购房款全部支付给姚某。

王甲主张王乙、姚某伪造产权登记证书欺骗王甲，将1325室登记在王乙名下，侵犯王甲的权益，故要求确认1325室归其所有。王乙对此予以认可，表示王乙、姚某出于私心将1325室登记在王乙名下，但购房款确实全部由王甲支付，故同意王甲的诉讼请求。姚某表示302室虽登记在王甲名下，但实属王乙、姚某夫妻共同财产，1325室购房款系出售302室所得，因此1325室亦为王乙、姚某之夫妻共同财产，王乙在婚姻关系存续期间将1325室过户至姚某名下未侵犯王甲的权益。

【案件焦点】

1325室房屋是否应认定为王甲所有。

【法院裁判要旨】

北京市朝阳区人民法院经审理认为：不动产登记簿是物权归属和内容的根据。不动产权属证书是权利人享有该不动产物权的证明。不动产权属证书记载的事项，应当与不动产登记簿一致；记载不一致的，除有证据证明不动产登记簿确有错误外，以不动产登记簿为准。当事人有证据证明不动产登记簿的记载与真实权利状态不符、其为该不动产物权的真实权利人，请求确认其享有物权的，应予支持。本案中，2013 年 1 月 26 日《存量房屋买卖合同（经纪成交版）》系王乙作为买受人与贾某作为出卖人签订，该合同不违反法律规定，应属合法有效，贾某在收取合理对价后按照合同约定将 1325 室过户至王乙名下并无不当。现王甲仅以王乙违反双方签订的委托购房约定为由，要求确认 1325 室归王甲所有，缺乏物权请求权基础，王甲提交的证据不足以推翻不动产权属证书之效力，故对王甲的诉讼请求不予支持。依照《最高人民法院关于民事诉讼证据的若干规定》第二条、《中华人民共和国物权法》第十七条、《最高人民法院关于适用〈中华人民共和国物权法〉若干问题的解释（一）》第二条规定，判决如下：

驳回王甲的全部诉讼请求。

北京市第三中级人民法院同意一审法院裁判意见。

【法官后语】

物权变动的公示（尤其是不动产物权登记）是物权制度中最为重要的核心内容。实践中常出现当事人以其为房款实际出资人为由，主张不动产登记簿登记错误，据此主张物权的案件争议焦点。

《中华人民共和国民法典》第二百零八条规定，不动产物权的设立、变更、转让和消灭，应当依照法律规定登记；第二百一十六条规定，不动产登记簿是判断物权归属和内容的依据。但现实中确实存在不动产登记簿记载的物权权属和内容与其真实情况不一致的情形。不动产登记簿对不动产物权权属具有推定效力，但此种推定系法律上的权利推定，而非事实推定。因此，《最高人民法院关于适用〈中华人民共和国民法典〉物权编的解释（一）》

第二条规定，当事人有证据证明不动产登记簿的记载与真实权利状态不符、其为该不动产物权的真实权利人，请求确认其享有物权的，应予支持。在理解该条款的含义时，应该注意到，该条款强调不动产登记簿记载有误，当事人又有证据加以证明，可以请求法院确认物权。最常见的案例即为夫妻婚后取得的房产登记为一方名下，而根据婚姻法的相关规定，该房产实际权利人应为夫妻双方，因此未登记方请求法院确认该房屋为夫妻共同共有，法院应予支持。从以上案例可以看出，该司法解释保护的是真实权利人的权益，弥补产权登记这一行政行为的审查瑕疵，而并非为非权利人提供一条便捷通道。

本案中，王甲要求确认1325室归其所有的理由是，王甲与王乙签有购买房屋的委托合同，其中对1325室的房产登记人有明确的约定，但是在签订合同的过程中王乙擅自将1325室房屋登记在自己的名下，之后又过户给姚某，以致形成本案。王甲以其为房款实际出资人为由，主张不动产登记簿登记错误，要求确认1325室归其所有。必须注意到，2013年1月26日《存量房屋买卖合同（经纪成交版）》系王乙作为买受人与贾某作为出卖人签订，该合同不违反法律规定，应属合法有效，贾某在收取合理对价后按照合同约定将1325室过户至王乙名下并无不当。产权登记部门依据买卖合同的约定进行过户登记的行政行为并不存在权利瑕疵，该行政行为并不构成“不动产登记簿的记载与真实权利状态不符”，王乙购买1325室的行为亦不当然认定为无效，且1325室已变更登记两次，王甲要求直接确认1325室归其所有，缺乏事实和法律依据，因此两审法院均驳回了王甲的诉讼请求。关于王甲的救济途径，如王乙确实未按照王甲的委托完成委托事项，以致损害了王甲的合法权益，王甲可依相关法律向王乙主张损害赔偿。

因此，判断案件中是否存在不动产登记簿的记载与真实权利状态不符应当结合具体案情，特别要结合办理房屋登记的依据等情况予以判定。

编写人：北京市朝阳区人民法院　张君斓

023　仅凭出资、代办不能推翻土地使用权登记的效力

——杨甲诉杨某二所有权确认案

【案件基本信息】

1. 裁判书字号

广西壮族自治区崇左市中级人民法院（2018）桂14民终484号民事判决书

2. 案由：所有权确认纠纷

3. 当事人

原告（被上诉人）：杨甲

被告（上诉人）：杨某二

【基本案情】

1983年，杨甲的父亲杨某一出资3660元，委托杨某二（系杨某一的胞弟）代为缴款，并办理使用权人为杨甲的土地使用登记手续。1992年7月，宁明县人民政府向杨甲颁发涉案《国有土地使用证》，当时杨甲因犯罪被判刑，该证件由杨某二保管。1998年，杨某一出资，委托杨某二监督建房，于2002年建成两层楼房。后杨某二一直居住该房屋至今。2007年，杨甲刑满释放，多

次要求杨某二腾退房屋、宅基地和返还涉案土地使用证，均被拒绝。杨某二曾提起行政诉讼，诉请宁明县人民政府撤销涉案《国有土地使用证》，向其颁发土地使用证，崇左市中级人民法院判决驳回起诉。现杨甲向法院起诉，要求杨某二履行腾退义务，赔偿经济损失，以每年 3000 元损失计算，10 年的经济损失为 30000 元。

杨某二则主张：该宅基地是其实际出资购买的，地上的楼房是其 1999 年出资建成的，该宅基地的使用权及楼房的权属争议已经按照我国法律有关土地权属确权的规定向人民政府提出土地确权申请，其没有侵占杨甲的宅基地和楼房。

【案件焦点】

1. 讼争的土地（宅基地）使用权及该地上建造的房屋的所有权属于谁所有；2. 杨某二是否应当赔偿杨甲的经济损失。

【法院裁判要旨】

广西壮族自治区宁明县人民法院经审理认为：关于讼争的土地（宅基地）使用权及该地上建造的房屋的所有权属于谁所有的问题。（一）根据相关法律规定，不动产物权实行统一登记制度，不动产权属证书是记载权利人享有该不动产物权的证明。宁明县人民政府颁发的涉案《国有土地使用证》将讼争宅基地登记在杨甲名下，依照公示、公信原则，应推定杨甲为土地使用权人，杨某二虽提供了购买土地付款的票据，但仅以该票据证实其是该宅基地的使用权人证据不足，不予认定。杨某二于 2017 年向广西壮族自治区崇左市中级人民法院提起诉讼，要求撤销宁明县人民政府颁发的涉案《国有土地使用证》，该院以自颁证行为作出之日至杨某二提起该诉讼已超过二十年的最长起诉期限为由，裁定驳回杨某二的起诉，宁明县人民政府至今亦没有撤销其于 1992 年 10 月 24 日颁发的涉案《国有土地使用证》。在本案当事人因本案讼争土地及地上房屋到行政管理部门信访后，宁明县国土资源局于 2017 年 4 月 10 日出具《宁明县国土资源局关于杨甲信访事项处理意见书》。该意见书认为，杨某二受委托亲自为杨甲办理土地登记手续，取得涉案《国有土地使用证》的事实清楚，办理有效，再一次确认杨某二受委托亲自为杨甲办理本案讼争土地登记手续的事实。根据《中华人民共和国物权法》第十四条的规定，不动产物权的设立、变更、转让和消灭，依照法律规定应当登记的，自记载于不动产登记簿时发生效力，本案讼争的土地（宅基地）从办证之始就登记在杨甲名下，之后没有变更、转让，因此杨甲应为涉案《国有土地使用证》标注的土地（宅基地）的合法使用人，对其要求持有该证的杨某二返还该土地使用证的诉讼请求，予以支持。（二）宁明县人民政府颁发的涉案《国有土地使用证》登记在杨甲名下，宁明县亭亮镇国土规划环保安监所调取的《关于杨甲住宅建设调查报告》《私人住宅建设用地规划审批单存根》、南宁地区农民进城建（购）房乡镇自查自检登记表（2001 年 12 月 28 日）三份证据证实了本案争议的土地（宅基地）上建筑的房屋，系杨甲申报建设，应为杨甲的合法建筑。根据宅基地使用人与房屋建造人相统一的一般原则并综合本案的情况，应认定案涉房屋的所有权人为杨甲。杨某二辩称该宅基地是其实际出资购买的，地上的楼房是其 1999 年出资建成的，土地（宅基地）及地上的房屋应归其所有，理由不成立，不予采纳。公民合法的物权不容侵犯，依法取得的物权受法律保护，杨甲要求杨某二腾退宅基地及房屋，是其依法行使民事权利保护其合法权益的行为，予以支持。考虑到杨某二腾退房屋需要一定的时间，法院酌定30日内腾退为宜。关于杨甲要求杨某二赔偿经济损失30000元的问题。因杨甲不能提交其因杨某二居住本案争议房屋导致其经济损失的相关证据，对杨甲的此项诉讼请求，不予支持。

广西壮族自治区宁明县人民法院依照《中华人民共和国物权法》第十条、第十四条、第十六条，《中华人民共和国民事诉讼法》第一百六十三条，《最高人民法院关于适用〈中华人民共和国民事诉讼法〉的解释》第九十条规定，判决如下：

一、杨某二将涉案《国有土地使用证》返还给杨甲；

二、杨某二将涉案《国有土地使用证》标注的土地（宅基地）及该地上建造的房屋腾退给杨甲；

三、驳回杨甲的其他诉讼请求。

杨某二不服一审判决，提起上诉。广西壮族自治区崇左市中级人民法院经审理认为：是否支持杨甲要求杨某二腾退涉案土地、房屋的请求，应先审查涉案土地使用权、房屋所有权归属问题，故一审法院确定本案案由为所有权确认纠纷并无不当。

关于诉争土地的权利人问题。结合相关证人的询问笔录及宁明县国土资源局出具的《关于杨甲信访事项处理意见书》等证据，再结合《土地登记申请书》申请人签字一栏“杨甲”签字上面注明“叔代”，“杨甲”“叔代”字样上按有手印，以及杨某二从1992年至今一直持有杨甲名下涉案《国有土地使用证》等事实综合分析，杨甲主张杨某二代为申请办理《国有土地使用证》事实的存在具有高度可能性。根据《最高人民法院关于适用〈中华人民共和国民事诉讼法〉的解释》第一百零八条第一款“对负有举证证明责任的当事人提供的证据，人民法院经审查并结合相关事实，确信待证事实的存在具有高度可能性的，应该认定该事实的存在”的规定，确认杨某二代杨甲申请办理涉案《国有土地使用证》。不动产权属证书是权利人享有该不动产物权的证明。宁明县人民政府颁发的涉案《国有土地使用证》载明诉争的土地使用者为杨甲，杨某二于2017年起诉要求撤销该《国有土地使用证》，法院裁定驳回其起诉，宁明县人民政府至今没有撤销该《国有土地使用证》。因此，杨甲为涉案《国有土地使用证》登记土地的权利人。杨某二以购地票据主张该地块为其出资购买，其为土地使用权人，因该证据不足以否定涉案地块登记权利人为杨甲的事实，故不予采纳。

关于诉争土地上建造的房屋权属问题。诉争土地登记在杨甲名下，在案的《关于杨甲住宅建设调查报告》《私人住宅建设用地规划审批单存根》和南宁地区农民进城建（购）房自查自检登记表三份证据证实了争议土地上的房屋系杨甲申报建设，属于合法建筑，根据土地使用权人与房屋所有权人相统一的一般原则，以及综合本案的情况，应认定涉案房屋的所有权人为杨甲。杨某二提供的借条及建房建筑材料、人工费用原始记录不足以证明其是涉案房屋的所有权人。杨甲要求杨某二腾退宅基地及房屋，是其依法行使民事权利保护其合法权益的行为，一审法院予以支持正确，予以维持。杨某二提出一审法院既处理物权纠纷又处理债权纠纷，适用法律错误的意见，不予采纳。

原审法院认定事实清楚，适用法律正确，应予维持。广西壮族自治区崇左市中级人民法院依照《中华人民共和国民事诉讼法》第一百七十条第一款第一项规定，作出如下判决：

驳回上诉，维持原判。

【法官后语】

随着市场经济的发展和城市建设改造步伐加快，国家对农村建设加大引导和支持，我国新农村发展建设速度加快，有关农村房屋权属纠纷案件日益增多，农村房屋权益保护问题越来越引起人们的关注。

本案中，杨某二以购地票据主张该涉案地块为其出资购买，其应为土地使用权人，但这些证据不足以否定杨甲为涉案地块登记权利人的事实，也不能直接证实诉争房屋的出资人为杨某二。出资背后的原因很多，目的各有不同，出资确定的权利也各有不同。特别是亲属之间、家庭成员之间，出资人的意思表示未明时，出资的性质可能是借贷、赠与，或基于赡养、还贷等义务的履行。只有与出资人的某种明确的意思表示结合起来，才能确定出资的法律属性。

《中华人民共和国民法典》第二百零九条第一款规定："不动产物权的设立、变更、转让和消灭，经依法登记，发生效力；未经登记，不发生效力，但是法律另有规定的除外。"我国对不动产物权登记原则上采取的是登记要件模式，即登记为物权生效的法定要件。土地使用权登记作为法定的物权公示手段，具有公信力，即登记的不动产物权的权利人在法律上推定为真正的权利人。不动产权属证书是记载权利人享有该不动产物权的证明。本案中，宁明县人民政府颁发的涉案《国有土地使用证》登记的权利人为杨甲，应推定杨甲为土地使用权人。杨某二受委托为杨甲办理土地登记手续，其行为性质为代办，代办的后果归属于委托人，杨某二不能因代办而取得涉案土地的使用权。

编写人：广西壮族自治区宁明县人民法院　吕思熹

024 抵押权设立在租赁权前，抵押权人实现抵押权发生了所有权变动，买受人能否去除租赁权

——罗甲诉王某物权保护案

【案件基本信息】

1. 裁判书字号

广东省东莞市中级人民法院（2019）粤19民终4185号民事判决书

2. 案由：物权保护纠纷

3. 当事人

原告（上诉人）：罗甲

被告（被上诉人）：王某

第三人：罗乙

【基本案情】

罗乙因无法归还已被生效裁判文书所确认的拖欠罗甲、王某的款项，罗甲、王某均向东莞市第二人民法院申请强制执行。法院在执行过程中依法查封了罗乙名下的位于东莞市沙田镇某处的房屋，并查实某银行于2014年5月12日对上述房产办理了抵押登记手续，抵押金额为460000元，抵押期间为2013年11月6日至2033年11月6日。

法院了解到王某已承租罗乙的上述房产并签订了《物业租赁合约》，双方约定每月租金为2000元，租赁期限为2014年12月1

日至 2024 年 11 月 30 日，共计 120 个月。王某已预交了上述期间内的房屋租金 240000 元。法院对该房屋进行拍卖，并在竞买须知的“产权情况及瑕疵说明”中提示：“该商品房现有一份租赁期限为 2014 年 12 月 1 日至 2024 年 11 月 30 日的租约，且该租约租赁期的租金已经全部支付。”罗甲竞拍下案涉房屋，并办理了房屋的过户手续。

随后罗甲要求王某返还案涉房屋，但王某以“买卖不破租赁”为由拒绝返还。

【案件焦点】

王某与罗乙签订的物业租赁合约是否可对抗罗甲的物权。

【法院裁判要旨】

广东省东莞市第二人民法院经审理认为：法院在查封拍卖涉案房产时已一并公示了租赁情况，罗甲因与罗乙之间存在民间借贷债权而作为申请人申请了执行，对涉案房产的拍卖情况也已知悉，但其并未对该院处分上述房产时已认定存在的租赁关系提出执行异议，且在明知被拍卖的房产存在租赁合同关系的情况下仍参与竞拍，并最终拍卖成交了涉案的房产，可见，罗甲是确认涉案房产在拍卖时就存在王某与罗乙之间的租赁关系的。现其又向法院提起诉讼主张王某与罗乙之间不存在真实的租赁合同关系，显然与法院上述拍卖处分相矛盾。若罗甲认为法院在处分涉案房产时存在错误，应当通过审判监督程序予以纠正，故对罗甲的主张不予采纳。

广东省东莞市第二人民法院依照《中华人民共和国合同法》第八条、《最高人民法院关于人民法院办理执行异议和复议案件若干问题的规定》第三十一条第一款及《中华人民共和国民事诉讼法》第六十四条第一款规定，判决：

驳回罗甲的全部诉讼请求。

罗甲持原审起诉意见提起上诉。广东省东莞市中级人民法院经审理认为:《中华人民共和国物权法》第一百九十条规定:"订立抵押合同前抵押财产已出租的，原租赁关系不受该抵押权的影响。抵押权设立后抵押财产出租的，该租赁关系不得对抗已登记的抵押权。"《最高人民法院关于适用〈中华人民共和国担保法〉若干问题的解释》第六十六条第一款规定:"抵押人将已抵押的财产出租的，抵押权实现后，租赁合同对受让人不具有约束力。"《最高人民法院关于审理城镇房屋租赁合同纠纷案件具体应用法律若干问题的解释》第二十条规定:"租赁房屋在租赁期间发生所有权变动，承租人请求房屋受让人继续履行原租赁合同的，人民法院应予支持。但租赁房屋具有下列情形或者当事人另有约定的除外:（一）房屋在出租前已设立抵押权，因抵押权人实现抵押权发生所有权变动的……"依上述规定，因案涉租赁物先设立抵押权，再设立租赁关系，后因实现抵押权，由罗甲买受。因此，王某与罗乙设立的租赁关系对房屋买受人罗甲没有约束力，罗甲对房屋的物权可排除王某的租赁权。竞买须知没有约定买受人放弃王某租赁期间物权利益，权利放弃须权利人明示，竞买须知不能对抗罗甲的物权。王某应向罗甲返还案涉物业及赔偿占用期间的租金损失。租金损失标准法院酌定按王某与罗乙的租约标准，即每月 2000 元计算，计至王某返还房屋之日止。

广东省东莞市中级人民法院依照《中华人民共和国物权法》第三十四条、第三十七条、第三十九条、第一百九十条，《最高人民法院关于适用〈中华人民共和国担保法〉若干问题的解释》第六十六条第一款，《最高人民法院关于审理城镇房屋租赁合同纠纷案件具体应用法律若干问题的解释》第二十条，《中华人民共和国民事诉讼法》第一百七十条第一款第二项规定，作出如下判决：

一、撤销广东省东莞市第二人民法院（2018）粤1972民初10721号民事判决；

二、本判决生效之日起三十日内，王某将涉案房屋返还给罗甲；

三、王某在返还房屋之日向罗甲赔偿租金损失，每月2000元，自2017年1月26日起计至王某返还房屋之日止；

四、驳回罗甲的其他诉讼请求。

【法官后语】

抵押权与租赁权的关系，对于租赁合同设立并转移占有在前，抵押权设立在后的，适用抵押不破除租赁规则，对于抵押权设立在前，租赁权设立在后，适用抵押破除租赁规则。本案的争议焦点是王某与罗乙签订的租赁合同是否可对抗罗甲的物权。本案的法律事实发生在民法典施行前，实体法应适用施行前的法律、司法解释的规定。从《中华人民共和国物权法》第一百九十条、《最高人民法院关于适用〈中华人民共和国担保法〉若干问题的解释》（法释〔2000〕44号）第六十六条第一款、《最高人民法院关于审理城镇房屋租赁合同纠纷案件具体应用法律若干问题的解释》（法释〔2009〕11号）第二十条的规定可知，房屋租赁前已经存在抵押合同的，抵押权人因实现抵押权而导致房屋所有权变动的，租赁权人不得对抗买受人。案涉房屋的抵押权设立在租赁权前，但抵押权人并非房屋买受人，也并非抵押权人申请拍卖房屋，在此种情况下，有权除去租赁权的主体除了抵押权人外是否包括抵押物的买受人？如何理解这一问题，直接关系到罗甲的诉请能否获得支持。抵押权是物权，案涉不动产抵押权经登记设立，有公示效力，房屋租赁人应当意识到因抵押权实现而无法继续租赁房屋，但是仍然愿意与出租人签订长期租赁合同，应承担因抵押权实现而存在的法律风险。抵押权实现能否对抗租赁权，关乎房产（抵押物）的兑现价值，即关乎抵押权的实现程度，因此，虽然买受人罗甲并非抵押权人，但拍卖该房屋后，优先清偿了抵押权人的全部债权，也即抵押权人实现了抵押权，至于是否由抵押权人拍下案涉房屋，在所不问，买受人有权除去租赁权。

按照《中华人民共和国民法典》实行前的规定，抵押合同成立在租赁权前，抵押权实现时可破除租赁。《中华人民共和国民法典》第四百零五条规定："抵押权设立前，抵押财产已经出租并转移占有的，原租赁关系不受该抵押权的影响。"对于抵押破除租赁的条件，新法作了两点改变，一是租赁权前已经设立了抵押权。若不动产的抵押合同签订在租赁权前，抵押登记办理在租赁权后，则抵押不能破除租赁。二是抵押财产已经出租并转移占有，强调实际占有状态而产生的公示效力，而非仅是签订租赁合同。新法对抵押破除租赁规则作出的改变明确具体，更具操作性，是对司法实践的总结提升。

竞买须知有提示产权瑕疵，并载明了存在租赁合约且租金已经支付的情况，一审法院也正是以此来认定罗甲放弃了相关的利益。虽然法院在拍卖时提示了风险，买受人也知悉了该风险，但并不意味着买受人就须放弃物权利益。二审法院认为权利放弃必须明示，竞买须知未约定买受人须放弃王某租赁期间物权利益，也并无其他证据显示罗甲在竞买时明确同意放弃物权利益，因此认定竞买须知不能对抗罗甲的物权。

编写人：广东省东莞市中级人民法院　杜志强　胡运科

025 房屋原买受人死亡后，他人代替出资购房的能否取得所有权

——于某玲诉于某一等所有权确认案

【案件基本信息】

1. 裁判书字号

北京市第二中级人民法院（2017）京02民终3430号民事判决书

2. 案由：所有权确认纠纷

3. 当事人

原告（上诉人）：于某玲

被告（上诉人）：于某三

被告（被上诉人）：于某一、于某二、于某五、于某六

第三人：电器公司

【基本案情】

于德某、于吕氏系夫妻，分别于1953年、1972年去世，二人共生育六个子女，即于某一、于某二、于某三、于某四（1993年2月去世，未婚）、于某五、于某六。于某玲系于某三之女。

于某四曾在塑料制品厂（1994年3月经批准与电器公司合并，暂时保留塑料制品厂名称）工作，1992年7月4日，于某四与该厂签订《公有住宅租赁合同》并承租201号房屋，后该厂进行房改售房，于某四于1992年12月28日缴纳购房款2000元。

在于某四去世后，于某玲经手办理了201号房屋的买卖合同事宜。该《房屋买卖合同》签订时间为1993年7月13日，卖方为塑料制品厂，买方为于某四。于某玲所持《房屋买卖合同》约定：塑料制品厂将涉案房屋出售给于某四，房价款9921元；实际价：18078元（法院注：该实际价部分为手写附加）；于某四分三次付清房价款：首付款在1992年12月28日付2000元；剩余部分房款分别于1993年、1994年、1995年三年内付清；由塑料制品厂到房地产交易管理所办理立契过户手续。该房屋在北京市丰台区房屋管理局备案的《房屋买卖合同》的内容与前述合同内容基本一致，其上没有手写的实际价部分。

1994年3月14日、1995年2月14日、1996年3月13日及1998年4月22日的四份收据显示，该厂先后收到“于某四”购房款5000元、5000元、6078元及维修基金623元，交款人均为于某玲。1997年8月16日，201号房屋所有权证下发，登记所有权人为于某四。

2013年10月，于某玲诉至法院，以其系于某四养女，对于某四进行了照顾，且缴纳了购房款、维修基金等为由要求确认201号房屋归其所有。于某二、于某五、于某六对此不认可，认为201号房屋应为于某四个人财产，他们亦未放弃继承，当初由于某玲出钱是因为于某玲长期无偿在该房屋居住。于某三认可于某玲陈述。后法院经审理驳回了于某玲的诉讼请求，于某玲提起上诉，二审法院将该案发回重审。

该案重审后，于某玲、于某三及于某二、于某五、于某六均坚持原前述意见。于某一在重审程序中未进行答辩。

诉讼中，法院前往于某四去世前居住地所在的街道办事处社区办、社区及派出所进行走访，街道办事处和社区的工作人员反映，没有听说过于某四曾有养女或养子。社区片警对于于某四的情况不了解。于某玲就于某四与其系养母女关系，未能向法院提交证据予以证明。

于某玲申请法院调取1993年3月至7月的塑料制品厂党政会议纪要以证明其是购房人，法院前往电器公司党群办公室了解相关情况，未果。

关于201号房屋性质，电器公司表示，该房屋原产权为单位，经福利分房由职工承租，后经房改房政策，由职工购买取得产权。但应以职工名义购买，不能给非单位职工，故办理在于某四名下。就涉案房屋的出售对象，电器公司先后表示，因于某四去世，所以塑料制品厂将房屋卖给于某四的家属，可以是于某玲，也可以是其他的家属，具体售房对象和收取房款的意义，因为时间已经过去20年，无法核实；于某四是我单位职工，因其对单位有贡献，故在其去世后，单位未收回涉案房屋，亦未指定将房屋卖给谁，应该是给于某四全部家属的。

【案件焦点】

1. 房屋买受人缴纳了部分房款，但未签订书面房屋买卖合同，其与售房单位之间是否成立买卖合同关系；2. 房屋买受人死亡后，其亲属出面与售房单位签订的买卖合同是否形成新的买卖关系，房屋买受人是否已经变更；3. 房屋买受人与实际出资人之间是否存在借名买房关系。

【法院裁判要旨】

北京市丰台区人民法院重审后认为，本案的争议焦点如下：首先，于某玲是否为于某四的养女。于某玲未提交能够证明存在收养关系的相关证据，法院走访了于某四生前居住地的街道、社区和派出所，均没有人表示于某四生前曾有过养女或办理过收养手续，故法院不能确定于某玲系于某四之养女。其次，出售 201 号房屋行为的法律意义。于某四生前，其单位已经开始落实房改政策，于某四有购房意愿，并缴纳了 2000 元的预付款，于某四与塑料制品厂之间已经就出售 201 号房屋达成了合意，后因于某四去世，其单位考虑到于某四生前购房的情况及其对单位所做的贡献，将房屋卖给于某四的家属，具体对象为谁，电器公司无法确认与核实，但其两份售房合同的买受方均明确为于某四。因单位售房对象仅限于本单位职工，只有于某四符合购房的身份，故合同及收款均以于某四的名义进行。最后，于某玲支付房屋价款的行为并不意味着其当然享有房屋的物权，这不符合借名买卖的情况，没有任何证据显示原产权单位同意将房屋卖给于某玲，因此于某玲应承担举证不利的后果。

北京市丰台区人民法院依照《中华人民共和国民法通则》第五条、《中华人民共和国物权法》第九条、《中华人民共和国民事诉讼法》第一百四十四条之规定，作出判决：

驳回于某玲的诉讼请求。

于某玲、于某三不服一审判决，提起上诉。北京市第二中级人民法院经审理认为：第一，塑料制品厂于 1992 年进行房改售房，于某四于同年 12 月 28 日即已缴纳购房款 2000 元，故此时双方之间的房屋买卖合意已经达成。现于某玲认为其系涉案房屋的实际购买人，但未能提交塑料制品厂将其确定为购买人的证据，且电器公司现表示亦未指定将涉案房屋卖给谁，应该是给于某四的全部家属，故仅凭于某玲的房款给付行为以及缴纳房款的数额情况，法院无法认定涉案房屋归其所有。第二，于某玲未举证证明其系于某四之养女，故在于某四去世后，其缴纳房款的行为不能视为其作为于某四的第一顺序继承人继续履行房屋买卖合同的行为。于某玲亦未举证证明作为继承人的于某二、于某五、于某六等人放弃承继房屋买卖合同项下的权利。于某玲主张其为养女，且其他继承人均已放弃对涉案房屋的权利，无证据支持，法院无法采信。因此，其缴纳房款的行为不构成对涉案房屋权利的承继。第三，本案中无证据证明塑料制品厂已确定于某玲系房屋买卖合同的买方，电器公司亦表示未指定将涉案房屋卖给谁，应该是给于某四的全部家属，且于某玲未举证证明其与于某四之间曾达成借名买房的合意，故于某玲主张其系借名买房，无证据佐证，亦无法支持。

北京市第二中级人民法院依照《中华人民共和国民事诉讼法》第一百七十条第一款第一项之规定，判决：

驳回上诉，维持原判。

【法官后语】

本案当事人诉请同时涉及所有权确认和继承问题，且涉案房屋买卖从达成买卖合意、签订合同到具体履行均具诸多特殊性，如涉及房改售房、购房人仅缴纳部分房款，尚未签约即死亡、购房人的购房合同形成于其死亡之后、购房人亲属中由一人出面签约并缴纳剩余房款等。上述情况导致案件审理中需要认定和处理的法律节点较多，由于认识角度不同，对各节点的界定也容易出现分歧，现仅就案件中的节点问题分析探讨如下：

节点一：本案属于继承纠纷还是物权确认纠纷，原告诉请是否明确。

本案中，原告提出的诉请应系预备合并之诉。预备合并之诉是指在民事诉讼中，原告在一个诉讼程序中同时提出两个或两个以上的具有关联关系且有先后顺序的诉，即主位诉讼请求和备位诉讼请求，主位请求与备位请求相互排斥、不能并存，主位请求获得支持则无须审理备位请求，而只有在主位之诉未获得法院支持的情况下，备位之诉才能得到法院的审理与裁判。

本案中，于某玲以其签订了购房合同、缴纳了房款为依据，要求确认房屋归其所有，除此之外，还主张于某四与其系养母女关系，房屋应由其继承，所以从于某玲起诉的诉由上看，其诉请实际存在两个层次，即主位诉讼请求为所有权确认，备位诉讼请求为遗产继承，也就是于某玲首先要求将房屋所有权确认在其名下，同时为了防止该请求不被承认，预备提出即便房屋所有权人系于某四，基于身份关系，其亦有权通过继承获得房屋所有权。

以往预备合并之诉出现得很少，近来有逐渐增多之势，法律界对预备合并之诉存在不同认识，有的观点认为，在同一诉讼中提出两个或两个以上的诉，属于原告诉讼请求不明确，原告应当择一而诉，否则应被驳回起诉。另一种观点认为，当事人的主位请求和备位请求虽然是互相矛盾的，但是如果各个诉的诉讼要素齐全，符合我国民事诉讼法规定的立案标准，则当事人可以在前一个诉的请求不被支持时，退而选择主张后一个诉的请求，对当事人的主位诉讼请求和备位诉讼请求，法院均应立案受理。本案采后一观点，本案中的所有权确认诉讼和继承诉讼的诉讼要素均齐全，原告诉请明确，故法院予以受理，并在于某玲主位之诉不能得到支持的情况下，对其作为备位之诉的继承请求进行了审理和认定。

节点二：于某四与塑料制品厂之间是否达成了房屋买卖合意。

于某四生前未与塑料制品厂签约，未就房屋总价款进行明确约定，仅支付了部分购房款，在此情况下，是否可以认定于某四与塑料制品厂之间尚未形成房屋买卖合意？答案应当是否定的。社会生活的复杂性决定了法官在适用法律时需要运用社会经验，考虑社会情理，以作出慎重判断。本案中，要做到正确、合理地适用法律，认定合同当事人之间是否达成合意，需要法官审慎地适用经验法则加以判断，不能简单地、公式化地套用法律条文。在我国，单位房改售房对于其职工而言是一项非常重要的福利优惠，由于购买价格不高，职工普遍具有强烈的购买意愿，同时房改售房具有很强的政策性，售房价款的确定亦是按照明确的政策执行，在此情况下，根据于某四已向单位支付购房首付款的行为，可以认定其与塑料制品厂之间已经达成房屋买卖的合意，双方之间存在房屋买卖合同关系，不宜以双方未就房屋总价款进行明确约定为由认定双方未达成房屋买卖合意。

节点三：于某玲以死者于某四的名义签订的合同是否无效，塑料制品厂能否因此不履行售房义务。

本案中，于某玲以于某四名义与塑料制品厂签订合同时，于某四已经死亡。因此，容易使人认为，死者于某四已经丧失民事主体资格，故以其名义签订的合同应属无效，塑料制品厂无须履行该合同。对此，其一，需要强调的是，于某四在生前已与塑料制品厂达成房屋买卖合意，双方之间虽未有书面约定，但确已形成事实上的房屋买卖合同关系。于某四生前与塑料制品厂进行的房屋买卖行为是双方当事人的真实意思表示，不存在法律规定的无效情形，亦未违反法律、法规强制性规定，因此系合法有效。其二，要准确认定于某玲与塑料制品厂签订书面房屋买卖合同行为的法律性质。于某四在生前与塑料制品厂已经达成房屋买卖合意，且于某四已经履行了部分义务。因此，于某玲所签房屋买卖合同可视为对于某四与塑料制品厂之间购房合意进行的书面确认，该购房合意早已达成，故不应简单以书面合同签订时于某四已死亡为由判断该合同无效，且于某四的各法定继承人均未对于某玲出面代理自己补签该书面合同的行为提出异议，该书面合同亦不存在无效情形，因此亦属有效。其三，塑料制品厂应当按照其与于某四达成的合意履行合同义务。如果仅依据书面合同签订时于某四已死亡便认定塑料制品厂无须履行合同，不仅与于某四和塑料制品厂的真实意愿相悖，同时也剥夺了于某四的合法财产，进而影响其继承人的合法权益。

节点四：于某玲代亡者于某四签订房屋买卖合同并缴纳剩余购房款，能否因此确认房屋所有权归其所有。

基于节点二的分析，笔者认为，房屋的购买人应为于某四。取得房屋所有权需具备法定事由，出资人不因其对房屋的出资行为而必然取得房屋的所有权。如果于某玲基于签约和缴纳款项等情况主张其系房屋的购买人，根据“谁主张，谁举证”的原则，其应当对此承担举证责任。现合同载明的房屋购买人系于某四，于某玲虽支付过部分购房款，但其不能举证证明其与塑料制品厂存在房屋买卖合同关系，塑料制品厂亦不认可其与于某玲就涉案房屋形成买卖关系。于某玲称其系于某四养女，并无证据支持，其未能举证证明与于某四之间存在继承、借名购买、合同权利继受等法律关系，在此情况下，于某玲要求确认其对涉案房屋享有所有权没有依据。

综上，本案中，法院对当事人依法提出的预备合并之诉予以受理，在当事人未签订书面合同的情况下，结合社会经验，准确认定于某四在生前已与塑料制品厂达成房屋买卖合意，该合意不因于某玲以亡者于某四名义补签书面合同而无效，因于某玲并非房屋买卖合同的买受人，其以出资为由主张获得房屋所有权没有法律依据，其未能举证系于某四养女，故亦无权作为继承人取得涉案房屋所有权。本案一、二审判决做到了法、理交融，保护了购房人于某四及其继承人的合法权益。

编写人：北京市第二中级人民法院　姚颖

026　借名购买小产权房的裁判规则

——陈连某、杨井某诉刘亚某所有权确认案

【案件基本信息】

1. 裁判书字号

北京市第三中级人民法院（2017）京 03 民终 12522 号民事判决书

2. 案由：所有权确认纠纷

3. 当事人

原告（被上诉人）：陈连某、杨井某

被告（上诉人）：刘亚某

【基本案情】

陈连某、杨井某系夫妻，陈某鹏为二人之子。2010 年 5 月 25 日，宋某莲以 255060 元的价格购得峪口村西区 4 号楼 4 单元×号房(即本案诉争房屋)后，经人介绍又将该房以原价卖给原告。原告将购房款一次性支付给宋某莲，宋某莲将房屋交付给原告。2011 年 9 月，陈某鹏与被告相识并建立恋爱关系。因原告并非峪口村居民，2012 年 11 月 14 日，原告前往峪口村委会将购房款收据、房屋所有权证、购房协议由宋某莲变更登记为被告，原告又向峪口村委会缴纳车棚费、卫生费、维修基金、改装押金、天然气费用等共计 18513 元，随后开始装修。另，本案诉争房屋所使用的土地系峪口村集体土地，峪口村委会仅向峪口村居民出售房屋。2015 年 1 月 30 日，被告与陈某鹏登记结婚，随后共同与原告在诉争房屋居住至今。2017 年年初，被告与陈某鹏夫妻感情产生危机，原、被告对上述诉争房屋的权属发生争议。原告提起本次诉讼，要求确认诉争房屋归其所有。被告辩称诉争楼房系原告以被告愿等待其子陈某鹏五年，且与陈某鹏结婚为条件而赠与被告。

在该案庭审中，原告提交了其所持有的购房协议、购房款收据、房屋买卖协议、楼房费用款收据、购楼费用明细表和购买家具家电票据、购买装修材料收据等证据材料。被告对该部分证据的真实性无异议。

【案件焦点】

1. 原告是否已将诉争房屋赠与被告；2. 借名购买小产权房的权属如何认定。

【法院裁判要旨】

北京市平谷区人民法院经审理认为：首先，房屋所有权证、购房协议及购房款收据始终由原告掌握，其未曾交付给被告，此与赠与的正常表现相矛盾；其次，被告辩称原告以被告等待原告之子陈某鹏五年结婚为前提而将诉争房屋赠与被告，但其并未提交相关证据证实原告曾作出此意思表示；最后，诉争房屋变更登记在被告名下时其与原告之子尚未结婚，如果仅以变更登记在其名下即推定原告有赠与的意思表示，并不符合自然人处分大额财产的行为习惯。因此，鉴于诉争房屋系小产权房，再基于2012年时原、被告之间的关系，原告所称其将诉争房屋从先前购买人宋某莲名下变更到被告名下仅系借名，更符合情理和既定事实。但是，因原告并非峪口村集体经济组织成员，而诉争楼房系小产权房，故法院仅可确认该楼房归其使用；且应明确指出，法院对上述房屋使用的处理不代表对该小产权房合法性的认定，不作为权利人要求登记机关进行物权登记的依据，亦不能以此对抗行政处罚、不能作为产权归属证明或处理拆迁关系的依据。故依照《中华人民共和国民事诉讼法》第六十七条第一款、《最高人民法院关于适用〈中华人民共和国民事诉讼法〉的解释》第九十条第一款之规定，判决如下：

本案诉争房屋归陈连某、杨井某使用。

刘亚某不服，提起上诉。在二审中刘亚某补充提交北京市公安局平谷分局×派出所证明，用以证明刘亚某回家发现房屋买卖协议等资料丢失，便报警称自家房本丢失，之后杨井某承认在她手里，派出所民警以家庭内部矛盾为由未予处理。陈连某、杨井某质证称，派出所证明真实性认可，当时刘亚某报警后杨井某认可房本在其手里，警察就未再处理，且事实上房本一直在其夫妻手中。

北京市第三中级人民法院经审理认为：首先，依查明事实，陈连某、杨井某系自宋某莲处购得诉争房屋，并将诉争房屋登记在刘亚某名下，相应房屋所有权证、购房协议及购房款收据始终由陈连某、杨井某掌握，未曾交付给刘亚某。刘亚某虽提供了派出所证明证实其曾报案称房本丢失，但仅凭该报案记录并不足以证实上述材料曾在刘亚某手中。其次，诉争房屋变更登记在刘亚某名下时其与陈某鹏尚未结婚，仅以诉争房屋变更登记在刘亚某名下无法推定陈连某、杨井某有赠与的意思表示。最后，刘亚某亦举证证实包括诉争房屋在内的峪口村村民住宅楼项目需峪口村本村村民申请并通过审核方允许购买，在此情形下，陈连某、杨井某所主张的其自先前购买人宋某莲处购买诉争房屋并变更到刘亚某名下仅系借名，符合情理，法院予以采信。刘亚某的上诉请求不能成立，应予驳回；一审判决认定事实清楚，适用法律正确，应予维持。依照《中华人民共和国民事诉讼法》第一百七十条第一款第一项之规定，判决如下：

驳回上诉，维持原判。

【法官后语】

1. 何为借名购房

借名购房又称借名登记，是指在房屋买卖过程中，实际出资人（又称借名人）因不能或不便以自己的名义购买房屋，经与他人（又称登记名义人或出名人）协商征得同意后借用他人名义购房并将房屋产权登记在他人名下，由实际出资人享有房屋权益，从而导致房屋的法律权属和事实权属分离的行为。实际出资人借名购房的原因多是出于规避限贷和限购政策、简化手续、减少税费或者享受优惠等目的。借名登记行为造成房屋权属登记失实，导致房屋买卖过程中事实权利和法律权利的断裂，容易引发一系列社会问题，在借名当事人之间引发了大量房屋权属争议。

2. 借名购房的裁判基础现状

(1) 以借名事实为裁判基础

基于出资、使用、房屋登记等事实推定当事人之间具有借名合意，确定房屋的真正权利人。

(2) 以双方之间的法律关系为裁判基础

司法实践中双方当事人的争议主要体现为，实际出资人主张系借名关系，登记名义人则主张双方系借贷关系、委托对方购房形成的委托合同关系或赠与关系（一般发生在亲属之间）等。此种情况一般先从事实审查，确定双方之间的真实的法律关系，进而确定房屋的真正权利人。本案中，基于当事人之间的亲属关系，登记名义人主张系实际出资人将诉争房屋赠与登记名义人，故本案先进行事实审查，确定双方非赠与关系，而是借名购房。因诉争房屋系建于集体土地上的小产权房，而实际购买人并非该农村集体经济组织成员，依现有法律中对农村宅基地使用权流转的限制，本案仅处理双方当事人之间关于权属的争议，且判决直接确认的系实际出资人对该房屋所享有的居住使用权。

(3) 以权利性质为裁判基础

实践中，实际出资人因政策限制不满足购房条件而借用登记名义人的购房资格，双方由此签订借名协议，实际出资人多基于出资、使用、借名协议等事实请求确认自己是房屋的实际所有权人或者请法院判令登记名义人将房屋过户到自己的名下。对此，法院的判决观点不一。一部分人认为可直接认定实际出资人系房屋的真正权利人，最终确认房屋归原告所有，被告协助办理过户手续，即因购置房屋足以产生对抗登记不动产物权的正当权源。基于这种权源，赋予权利人提起确认之诉和给付之诉的权利，包括要求确认房屋权属和要求登记名义人协助办理过户手续等各项权利。另一部分人认为，基于物权效力理论，实际出资人只享有债权请求权而非物权请求权，实际出资人不能直接请求确认房屋归其所有，只有基于借名关系向对方提出协助办理过户手续或者搬出诉争房屋等请求。

3. 借名购房的裁判基础探讨

根据《中华人民共和国民法典》第二百一十五条的规定，不动产物权变动必须是意思主义与登记主义相结合。就借名登记而言，应围绕物权变动的规则来确定裁判规则。我国物权变动有两个原则：一是区分原则，二是有因性原则。区分原则是原因行为和物权变动要区分，登记只是物权变动的要件而不是原因行为的生效要件。但同时原因行为对物权变动的影响体现在有因性原则上，即合法有效的物权变动需要有一个合法有效的原因行为。法院在确认存在借名事实后，可出于对相关因素的考量，对借名事实进行价值判断进而裁判讼争房屋的归属。如果单纯考虑前两个裁判基础，虽然当事人之间存在借名关系，法院对此也应确认实际购房人享有所有权且可依诉请责令登记名义人协助办理过户登记。当然，前提是借名行为与现行有效的经济政策特别是房地产政策不相冲突。

但考虑到第三个裁判基础，实际出资人与登记名义人之间对房屋权属的约定并不能推翻登记的效力。对此要从两个层面进行思考，即物权层面和债权层面。在物权层面，登记名义人已经完成了房屋登记，登记名义人已经享有完整的物权保护，实际出资人不享有直接索要物权的权利。在债权层面，实际出资人可依据与登记名义人的协议行使其债权性质的权利，如可以提起合同之诉，返还其相关的权益。有人认为，依《最高人民法院关于适用〈中华人民共和国民法典〉物权编的解释（一）》第二条“当事人有证据证明不动产登记簿的记载与真实权利状态不符、其为该不动产物权的真实权利人，请求确认其享有物权的，应予支持”之规定，实际出资人有证据证明不动产登记簿与真实状态不符，有权提起诉讼要求确认其对诉争房屋享有物权。对此，笔者认为该条规定的不动产登记簿记载与真实权利状态不符，二者系位于同一纬度，均属于物权状态，借名买房并不当然适用该条规定。实际出资人对登记名义人只享有债权请求权而非物权请求权，实际出资人仅可基于借名关系向对方提出协助办理过户手续而不能直接请求确认房屋归其所有。当然，在不涉及履行障碍情形下，无论基于不动产物权赋予实际出资人提起确认之诉和给付之诉的权利，或者基于债权请求权赋予实际出资人向登记名义人提出协助办理过户手续的权利，从结果意义上，并无不同。但若诉争房屋发生因登记名义人的债权人查封或其他原因依法不能办理转移登记，或者涉及善意交易第三人利益等情形，实际出资人对诉争房屋系享有物权请求权还是债权请求权，则对其产生实质性影响。对此，依照我国《中华人民共和国民法典》相关规定，应当明确，实际出资人因实际出资仅享有合同法上的权益，但其无法享有物权保护，此为借名购房的风险。

编写人：北京市平谷区人民法院　李建伟　韩欣

027 进行现场勘验和细节化询问有利于遏制确权类虚假诉讼

——李某林诉曹某苹等所有权确认案

【案件基本信息】

1. 裁判书字号

北京市第三中级人民法院（2017）京03民终11463号民事判决书

2. 案由：所有权确认纠纷

3. 当事人

原告（上诉人）：李某林

被告（被上诉人）：曹某苹、李甲、李乙

【基本案情】

李某一与张某玉系夫妻关系；李某一为李某中、李某国、李某纲三兄弟之生父；李某一、张某玉、李某国、李某纲先后去世；李某中现年75岁，已经在西安市工作、定居多年。李某国与郑某英系夫妻关系，李某林系二人之独生子。李某纲与曹某苹系夫妻关系，李甲、李乙系二人之女。

1984年1月18日，李某一主持给李某中、李某国、李某纲三兄弟分家并形成分家单，根据分家单记载，李某中未通过此次分家分得财产；李某国分得的宅院坐落于顺义区×村×大街25号（以下简称涉诉宅院）；李某纲分得的宅院坐落于顺义区×村×大街三条

3号（以下简称×大街三条3号）。双方一致确认在此次分家时，李某中对前述分家方案并未提出异议。

李某国在分得涉诉宅院之后，于1984年7月1日获准翻建房屋，对宅院内的房屋进行了翻建，后形成北正房六间、西厢房三间的建筑格局。1993年9月，涉诉宅院的《集体土地建设用地使用证》登记在李某国名下，该《集体土地建设用地使用证》现由李某林持有。郑某英于1996年4月17日在涉诉宅院内因刑事案件遇害身亡。后李某国作为赠与人、李某纲作为受赠人，并在村干部的见证下，签署赠与协议，载明：李某国现在×村有宅基地一所，北房六间，西厢房三间，李某国愿将此房赠与李某纲使用，同时移交宅基地使用证。

在李某国、李某纲签订前述赠与协议之后，涉诉宅院实际交付给李某纲、曹某苹、李甲、李乙家庭居住使用，但未交付涉诉宅院的《集体土地建设用地使用证》原件。李某一、张某玉一同搬入涉诉宅院内居住直至先后去世。李某纲、曹某苹在涉诉宅院内增建了部分房屋，另于1996年12月15日将分家所得的×大街三条3号宅院卖与他人。

就前述赠与协议的形成过程、原因及其履行情况，曹某苹、李甲、李乙解释称：因郑某英在涉诉宅院内遇害身亡，李某国不愿意继续在涉诉宅院内居住生活，欲将涉诉宅院出售，后经李某国、李某纲之父李某一做主，李某国将涉诉宅院出售给李某纲，但因双方系兄弟关系同时为了避税，所以将双方之间就涉诉宅院达成的交易以赠与的形式来表述，并在×村委会干部的见证下签署前述赠与协议，曹某苹、李甲、李乙现已无法就买卖涉诉宅院的细节提交相应证据予以证实，但主张即使按照前述书面协议所记载的赠与来认定，涉诉宅院已经在1996年实际交付给李某纲、曹某苹家庭居住使用多年。李某纲、曹某苹家庭已经在涉诉宅院内增建了大量建筑，李某国生前从未对此提出异议，李某林在李某国去世之后要求确认涉诉宅院归其所有没有事实依据。此外，涉诉宅院的《集体土地建设用地使用证》原件在当年未实际交付的原因是李某国称原件在其搬家时丢失，因而李某一、李某纲均未向李某国追讨。

李某林主张己方至今持有涉诉宅院的《集体土地建设用地使用证》原件，并明确否认己方对李某国、李某纲就涉诉宅院签署赠与协议一事知情，进而主张：即使前述赠与协议真实，因涉诉宅院系李某国、郑某英的夫妻共同财产，并且涉诉宅院内存在由李某林出资翻建的西厢房三间，在郑某英身亡后，涉诉宅院中属于郑某英的遗产份额，李某林作为郑某英之独生子依法享有继承权，据此，李某国在未经李某林知情并同意的情况下将涉诉宅院赠与给李某纲的行为应属无效。

另一，坐落于北京市顺义区×大街一条2号（以下简称×大街一条2号）的宅院实际由×村村民尉某居住使用，其户籍地址登记在该宅院。李某国及李某林与其没有亲属关系，但李某国及李某林的户籍登记地址均为×大街一条2号。曹某苹的户籍登记地址则为×大街25号。

另二，经向村委会干部调查核实，并经关联案件检索后调取李某国生前与其西侧邻居发生的相邻关系案件卷宗，北京市顺义区人民法院查明并认定涉诉宅院实际处置给曹某苹、李某纲夫妇并由其家庭成员长期居住的事实。

另三，2017年6月27日，李某林曾以法定继承为案由将李某中作为被告诉至法院，该案案号为（2017）京0113民初11286号。在该案民事起诉状中，李某林未提及涉诉宅院由曹某苹、李乙等人实际控制的事实，此外，李某林将其要求继承的宅院门牌号码表述为其与李某国户籍登记的地址即×大街一条2号。在办理该案过程中，法院原定于2017年7月5日对涉诉宅院进行现场勘验，因李某林不持有涉诉宅院的钥匙，无法进入涉诉宅院，当天的现场勘验未能进行。后经李某林联系曹某苹及李乙，法院在2017年7月7日对涉诉宅院进行了现场勘验，并询问了曹某苹的意见。曹某苹对李某林将李某中作为被告诉至北京市顺义区人民法院要求确认涉诉宅院归李某林所有提出异议，主张其家庭已经实际购置涉诉宅院并长期占有使用，在涉诉宅院内增建了大量房屋。

2017年7月11日，根据前述核实的情况，法院向李某林释明：李某林仅仅将居住在陕西省西安市且未实际控制涉诉宅院的李某中列为本案被告要求确认涉诉宅院的所有权，如果绕开明确对涉诉宅院提出权利主张的曹某苹及其亲属，明显属于被告主体不适格。后李某林申请撤回起诉。于同日再次提起诉讼，将曹某苹、李乙作为被告诉至法院，即为本案。为了确保被继承人李某纲之第一顺序法定继承人的权益，避免遗漏当事人，法院于2017年7月14日依职权追加李某纲之次女李甲作为本案被告参加诉讼。

在(2017)京0113民初11286号李某林诉李某中法定继承纠

纷一案中，李某林起诉的理由表述为：要求对该宅基地房屋进行法定继承确权。同时，李某中也要求对该房屋确权，由此产生纠纷。在本案庭审中针对法官的询问答复：李某国去世以后，李某中曾经提出涉诉宅院有其财产份额，但在了解到涉诉宅院由李某国翻建后，李某中又表示放弃分割请求。李某林就其陈述未能提交相应的证据予以证实。

【案件焦点】

1. 李某林能否基于其为李某国、郑某英的唯一法定继承人的身份，依据其持有涉诉宅院的《集体土地建设用地使用证》主张继承涉诉宅院；2. 李某林能否基于其所述曾经对涉诉宅院内西厢房翻建出资一节主张李某国与李某纲签订的赠与协议无效。

【法院裁判要旨】

北京市顺义区人民法院经审理认为：根据 1984 年 1 月 18 日李某一主持给李某中、李某国、李某纲三兄弟分家达成的分家单，李某一之长子李某中并未通过此次分家分得财产，并且在该分家单签订之前，李某中已经离开原籍长期在陕西省西安市工作并定居。通过此次分家，李某国分得的宅院坐落于涉诉宅院，李某纲分得的宅院坐落于×大街三条 3 号。分家之后，李某中仍然长年在陕西省西安市生活。其对前述分家方案并未提出异议。没有任何证据证明李某中曾经对涉诉宅院提出过确认权属、分割财产等诉求。应当指出，李某中出生于 1942 年 12 月 11 日，其在 1984 年已认可父亲李某一主持分家的结果，根据基本生活常识，在离开原籍几十年、兄弟分家三十多年、况且其弟李某纲、李某国先后去世之后，断无其在古稀之年回原籍索要涉诉宅院之可能。然而，李某林却于 2017 年 6 月 27 日将长期定居于陕西省西安市且不实际控制涉诉宅院的李某中一人作为被告诉至法院，李某林在该案民事起诉状中对涉诉宅院由曹某苹、李乙等人实际控制的事实只字未提，但在该案审理过程中，从李某林能够与曹某苹、李乙等人取得联系上来看，李某林对涉诉宅院由曹某苹等人实际控制一节显然明知。然而，李某林却刻意隐瞒涉诉宅院的实际控制情况，故意绕开实际控制涉诉宅院的曹某苹及其亲属，恶意编造李某中对涉诉宅院提出确权分割请求的谎言，如果仅仅依据李某林持有的前述分家单、《集体土地建设用地使用证》等证据材料进行形式审查而不对涉诉宅院进行现场勘验和走访调查就直接调解或者判决，必定造成冤假错案。若非法院法官坚持要求进入涉诉宅院进行现场勘验并当面询问涉诉宅院实际控制人的意见，李某林隐瞒实情、假装糊涂、玩弄规则、骗取裁判的不当诉讼目的一旦意外得逞，必将严重损害司法公信力和司法权威。李某林通过编造故事情节制造的虚假诉讼，虽然在遇到障碍后以其自行申请撤诉的方式结案，但是应指出，李某林的前述行为不仅有违诚实信用原则，而且有悖于其所从事职业的职业道德与操守，已经突破为人处世的底线，法院应予以严厉谴责。

本案的争议焦点问题之一为李某林能否基于其为李某国、郑某英的唯一法定继承人的身份，依据其持有涉诉宅院的《集体土地建设用地使用证》原件等证据材料主张继承涉诉宅院。

根据《最高人民法院关于适用〈中华人民共和国民事诉讼法〉的解释》第一百零五条的规定，人民法院应当按照法定程序，全面、客观地审核证据，依照法律规定，运用逻辑推理和日常生活经验法则，对证据有无证明力和证明力大小进行判断，并公开判断的理由和结果。根据《中华人民共和国继承法》第二条的规定，继承从被继承人死亡时开始。本案中，李某林之母郑某英于1996年4月17日亡故，在此后长达二十年的时间内，李某林从未基于郑某英的法定继承人身份提出要求继承分割郑某英对涉诉宅院享有的遗产份额，亦未以郑某英法定继承人的身份对李某国与李某纲就涉诉宅院签订赠与协议提出异议，更未以郑某英法定继承人的身份对李某纲、曹某苹家庭长期控制涉诉宅院并在涉诉宅院内增建大量房屋提出异议，根据《最高人民法院关于贯彻执行〈中华人民共和国继承法〉若干问题的意见》第十八条的规定，自继承开始之日起的第十八年至第二十年期间内，继承人才知道自己的权利被侵犯的，其提起诉讼的权利，应当在继承开始之日起的二十年之内行使，超过二十年的，不得再行提起诉讼。综上所述，李某林基于其为郑某英之法定继承人身份提出的相关权利主张，依法均不应得到支持。

根据本案已查明的事实情节和历史背景足以认定，李某国在其妻子郑某英于涉诉宅院内遇害身亡后将涉诉宅院产权处置给李某纲、曹某苹家庭的意思表示真实、有效。应当指出，李某国、李某纲兄弟二人就涉诉宅院到底是“赠与”关系还是“买卖”关系，因直接当事人均已去世，时过境迁，故实际法律关系已经难以查证。但是，在涉诉宅院自1996年签订赠与协议以来一直由李某纲、曹某苹家庭实际控制并增建大量房屋的历史背景之下，前述实际法律关系查证困难的情节显然已经不能改变、不能否定涉诉宅院产权已经归李某纲、曹某苹家庭所有的事实。

应当指出，当事人行使权利、履行义务应当遵循诚实信用原则。依法成立的合同，对当事人具有法律约束力。当事人应当按照约定履行自己的义务，不得擅自变更或者解除合同。依法成立的合同，受法律保护。当事人应当按照约定全面履行自己的义务。当事人应当遵循诚实信用原则，根据合同的性质、目的和交易习惯履行通知、协助、保密等义务。本案中，按照李某国、李某纲就涉诉宅院签订的赠与协议约定，交付涉诉宅院的《集体土地建设用地使用证》原件本应为李某国应当全面履行的合同义务之一，其未能及时履行交付涉诉宅院的《集体土地建设用地使用证》原件的行为有违诚实信用原则，李某林持有前述《集体土地建设用地使用证》原件显然是李某国生前违背诚实信用原则未能兑现承诺的行为结果，“任何人都不能因为不当行为而获益”是法律适用的基本原则，也是众所周知的基本生活常识。因此，李某林依据己方持有的涉诉宅院《集体土地建设用地使用证》原件主张涉诉宅院应确权归自己所有，于情于理，都不应当得到鼓励和支持。

据此，李某林基于其为李某国、郑某英唯一法定继承人的身份，依据其持有涉诉宅院的《集体土地建设用地使用证》原件等证据材料主张继承涉诉宅院，于法无据，于理不合，不予支持。

本案的争议焦点问题之二为李某林能否基于其所述曾经对涉诉宅院内西厢房翻建出资一节主张李某国与李某纲签订的赠与协议无效。

一审庭审中，李某林改变其在民事起诉状中就涉诉宅院房屋的财产性质所述内容，主张涉诉宅院内的西厢房三间系由其出资翻建，但其并未就此提交相应证据予以证实。现已查明，李某国、李某纲兄弟二人在1996年就涉诉宅院签订赠与协议后，李某一、张某玉随李某纲、曹某苹夫妇一同搬入涉诉宅院居住直至先后去世。况且，李某纲、曹某苹夫妇在入住涉诉宅院后所增建的大量房屋给涉诉宅院建筑格局带来了明显改变。此外，李某林系李某国之独生子，双方长期共同生活，李某林辩称己方对李某国、李某纲签订赠与协议一节不知情明显违背基本生活常识，实难采纳。

根据《中华人民共和国民法通则》第一百三十七条的规定，诉讼时效期间从知道或者应当知道权利被侵害时起计算。但是，从权利受到损害之日起超过二十年的，人民法院不予保护。

综上所述，无论是从没有充分证据证实其前述诉讼主张的角度，还是从即使能够证实而其提出前述诉讼主张也已经明显超过法定最长诉讼时效的角度，李某林基于其单方陈述曾经对涉诉宅院西厢房翻建出资提出的诉讼主张都不能成立。

北京市顺义区人民法院依照《中华人民共和国民法通则》第一百三十七条，《中华人民共和国继承法》第二条，《最高人民法院关于贯彻执行〈中华人民共和国继承法〉若干问题的意见》第十八条，《中华人民共和国民事诉讼法》第十三条、第六十四条，《最高人民法院关于民事诉讼证据的若干规定》第二条，《最高人民法院关于适用〈中华人民共和国民事诉讼法〉的解释》第九十条、第一百零五条之规定，作出如下判决：

驳回李某林的诉讼请求。

李某林不服一审判决，提起上诉。北京市第三中级人民法院认为，本案的争议焦点为涉诉宅院应否归李某林所有。

首先，李某国系将涉诉房屋处分给了李某纲。第一，根据上述赠与协议所载内容，协议处分的并非一般价值较小的财产，而是关乎双方家庭生产生活的极其重要的财产，协议内容并未约定借用期限、归还条件、借用注意事项等内容，在形式要件上与常理相悖；第二，李某国在将涉诉宅院交给李某纲使用的同时，双方在该协议中同时约定李某国应同时移交宅基地使用证，该行为亦无法体现出李某国将涉诉宅院借给李某纲使用，反之可印证李某国确有将涉诉宅院处分给李某纲的真实意思表示；第三，李某国生前从未向李某纲家庭主张过归还涉诉宅院，即使在李某纲去世后近三年的时间内亦从未向李某纲的家人主张过归还涉诉宅院。据此，李某林主张李某国将涉诉宅院借给李某纲使用，明显与事实相悖，缺乏事实与法律依据，难以采信。

其次，李某国有权对其在涉诉宅院的份额予以处分。李某国于1996年在村干部的见证下与李某纲签订赠与协议，李某纲家庭自1996年至今一直控制并使用涉诉宅院，并在涉诉宅院内新建大量房屋，李某林系李某国独子，且双方长期共同生活直至李某国去世，李某国与李某林搬离涉诉宅院二十余年的时间里，李某林从未就李某国将涉诉宅院处置给李某纲家庭一事向李某国及李某纲、曹某苹家庭提出过任何异议。虽然李某林辩解其对签订赠与协议一节不知情，但是该辩解明显与生活常理不符，上述情形足以认定李某林对李某国将涉诉宅院的产权处置给李某纲、曹某苹家庭一事予以认可。现李某林否认上述事实，主张涉诉宅院的所有权，违反诚实信用原则，于法无据，不予支持。

最后，李某林以涉诉宅院西厢房三间系其出资建造为由，主张其应享有三间西厢房的所有权，但并未提供充分证据予以证明，不予采纳。

综上所述，李某林的上诉请求不能成立，应予驳回；一审判决认定事实清楚，适用法律正确，判决如下：

驳回上诉，维持原判。

【法官后语】

法庭不应当成为诉讼技巧的竞技场。民事诉讼应当遵循诚实信用原则。在法官坚持要求进入涉诉宅院进行现场勘验，并当面询问涉诉宅院实际控制人的意见后，李某林编造的虚假诉讼以撤诉方式结案。法官在裁判文书中就认定李某林之前编造虚假诉讼的行为进行了充分的分析论证并予以严厉谴责。法院裁判对诚实守信的社会风尚起到了倡导作用，也为本案进一步论理、论证奠定道义基础。

虚假诉讼的表现形式多种多样，对虚假诉讼的纠错和事后惩戒难以完全弥补对司法公信力和司法权威造成的伤害。本案中被拆穿的虚假诉讼就是难以仅仅依靠坐堂问案、当事人相互举证质证的方式进行甄别和防范的类型。“大前提（法律规定）+小前提（具体案件事实）=具体案件结论”这一“三段论”式的法律逻辑推理，是法律思维的基本模型，提起虚假诉讼谋取不当利益的当事人，为了获得其想要的“具体案件结论”，完全虚构“具体案件事实”，其实只是虚假诉讼的手段之一，比较难以防范的虚假诉讼往往是当事人并未完全虚构“具体案件事实”，而是采用掩盖部分客观事实，刻意圈定特定范围的客观历史事实作为其提出权利主张依据的“具体案件事实”，妄图误导司法裁判。本案中，李某林圈定李某中、李某国、李某纲三兄弟分家并由其父亲李某国分得涉诉宅院的历史事实作为其主张继承权利的“具体案件事实”，刻意掩盖、隐瞒涉诉宅院的实际控制情况，故意绕开实际控制涉诉宅院的曹某苹及其亲属，恶意编造李某中对涉诉宅院提出确权分割请求的谎言。如果仅仅以形式审查将李某林提供的分家单等书面材料作为依据，或只询问离开涉诉宅院多年长期定居于西安市对分家后相关事实不知情的李某中，显然难以发现全部客观事实。占有和使用是物权的重要权能，是权利主体行使物权权利的主要方式，也是确认权利主体的一种证据，在确权类案件中，对标的物的实际控制人以及相关基层组织进行询问、对权利真实状态进行核实，能够有效防范此类虚假诉讼。

细节化询问对于法官主导庭审节奏、查明案件事实具有重要意义，法官应当用细节化询问努力恢复真相，用事实真相有效平息矛盾冲突，将服判息诉工作做到判决之前、庭审之上、程序之中，充分发挥细节化询问在查明案件事实、揭穿与震慑谎言、倡导诚实守信的社会风尚等方面的重要作用。通过询问当事人查明案件事实是法官庭审驾驭能力的集中体现。

在审判系统中进行关联案件检索并依职权调取关联案件卷宗，有利于尽最大可能恢复历史真相，为公正裁判奠定基础。本案办理过程中，充分使用了审判系统的关联案件检索功能，为充分论理打下良好的事实基础。

编写人：北京市顺义区人民法院　涂长江

028　借名购房未实名登记引发权属纠纷

——戴某煌、程甲诉程某明所有权确认案

【案件基本信息】

1. 裁判书字号

江西省萍乡市中级人民法院（2016）赣03民终字第550号民事判决书

2. 案由：所有权确认纠纷

3. 当事人

原告（被上诉人）：戴某煌、程甲

被告（上诉人）：程某明

【基本案情】

戴某煌、程甲系夫妻。1994年11月4日，程甲的胞弟程芳受戴某煌、程甲委托，代理戴某煌、程甲以程某明的名义与房地产公司签订了一份购房合同书，约定以85140元的价格购买该公司位于安源区凤凰街凤凰池居委会沿河路的店面一间（以下简称涉案店面）。签订购房合同时，程芳以程某明的名义向房地产公司支付了5000元购房预订金。1994年12月19日及1995年3月21日，程芳分别以程某明的名义向房地产公司支付了31000元、50000元购房款。以上款项均系戴某煌提供。1995年6月27日，房管部门颁发以程某明为登记权利人的涉案店面的房产证。1995年七八月左右，戴某煌将涉案店面租赁给彭某某使用至2015年八九月左右。彭某某在涉案店面内经营过餐馆、电脑房、书店，并于2011年左右将店铺转让给刘记刻碑店。其间，彭某某一直向戴某煌交纳房租，未曾有第三人向彭某某主张过涉案店面权利。2001年4月26日，戴某煌以证件遗失为由，将房产证登报挂失。2008年1月7日，戴某煌为补办涉案店面的房产证，邀其友文某某到房管部门，并向房管部门提供了一份程某明的虚假身份证，由文某某出面签字办理补办房产证的手续。2008年1月22日，房管部门向戴某煌补发了涉案店面的房产证，一直由戴某煌持有。2015年10月2日，因涉案店面地处南正街棚户区改造范围，戴某煌与萍乡市安源区住房和城乡建设局（以下简称住建局）签订了一份关于被征收人为程某明的房屋征收补偿协议书，约定拆迁款为1250280

元。同月18日，程某明向南正街拆迁办呈送了一份关于请求确认涉案店面产权的报告，主要内容为：程某明在看到公布的补偿名单后，从外地赶回萍乡办理编号为F11-19号店面（即涉案店面）的拆迁补偿事宜，因店铺所有手续及产权证均遗失，故请求拆迁办确认程某明对店铺的所有权，并按规定予以补偿。南正街拆迁办收到该报告后，以涉案店面产权不明为由，暂停对戴某煌、程甲发放拆迁补偿款。2015年12月3日，住建局向安源区政府呈送一份关于对南正街棚户区改造项目F11-19号店面实际权利人作出补偿决定的报告，报请区政府对该店面实际权利人戴某煌作出补偿决定，安源区政府未予准许。戴某煌、程甲遂以所有权确认纠纷起诉程某明，要求确认涉案店面的所有权归戴某煌、程甲所有，并要求程某明赔偿损失。在本案诉讼过程中，程某明就戴某煌、程甲持有的房产证提起行政诉讼，请求法院依法撤销该权利登记证书。

【案件焦点】

1. 程某明是否为本案适格主体；2. 本案不动产权利归属。

【法院裁判要旨】

江西省萍乡市安源区人民法院经审理认为：因物权的归属、内容发生争议的，利害关系人可以请求确认权利。本案戴某煌、程甲与程某明就涉案店面的所有权发生争议。根据戴某煌、程甲提供的证据证明，戴某煌、程甲委托程芳以程某明的名义签订了涉案店面的购房合同、交纳了购房款86000元后，对涉案店面进行了实际管理，并出租给彭某某经营使用长达二十余年，其间未有第三人主张过店面权利。程某明答辩称系其出资50000元由其大舅哥谢某某委托戴某煌购买涉案店面，购房余款由谢某某垫付。程某明该答辩理由因其未提供相应证据予以佐证，不予采纳。程某明另答辩称涉案店面的新房产证系戴某煌使用虚假的身份证件补办。程某明该答辩理由有萍乡市地名办公室出具的证明佐证，并经戴某煌自认，予以采纳。以程某明之身份证号补办的房产证因登记权利人身份系伪造、实际不存在，该房产证上的登记权利人不能推定为涉案店面的实际权利人，故应认定实际出资购买并一直占有管理涉案店面的人为实际权利人。程某明再答辩称涉案店面原房产证的登记权利人为程某明，故涉案店面应归程某明所有。涉案店面的登记权利人为程某明属实，但程某明未能提供其出资购买店面的相应证据，且在长达二十年的时间里，程某明从未向占有涉案店面的戴某煌、程甲主张过涉案店面的相应权利，只因在拆迁补偿名单公告中看到与自己相同的名字，而向拆迁办主张了拆迁补偿款。根据《中华人民共和国物权法》第十七条、第十九条规定，不动产权属证书是权利人享有该不动产物权的证明，但在有证据证明不动产登记确有错误的除外，权利人、利害关系人可以申请更正登记。说明不动产登记权利人在一般情况下可推定为实际权利人，但该不动产物权登记效力不能对抗实际不动产物权人，实际权利人可以申请更正登记。现程某明仅以涉案店面的登记权利人与其姓名一致故而要求确认涉案店面归其所有，其答辩理由缺乏事实、法律依据，不予采纳。程某明以其已向法院提起行政诉讼要求萍乡市不动产登记局撤销房产证为由，向法院申请中止对本案的审理，因其申请不属于《中华人民共和国民事诉讼法》第一百五十条规定的中止案件审理的法定事由，不予准许。戴某煌、程甲有证据证明其出资购买了涉案店面并一直占有管理，只因以程某明的名义签订合同，故房产证办理在程某明名下，现戴某煌、程甲请求确认其为涉案店面的实际权利人之诉讼请求，因有事实、法律依据，予以支持。因涉案店面的登记权利人与程某明的姓名一致，程某明以此向拆迁办主张拆迁补偿权利并未违反法律规定，且导致涉案店面登记权利人错误系戴某煌、程甲的过错，故戴某煌、程甲要求程某明赔偿损失之诉讼请求无事实、法律依据，不予支持。

江西省萍乡市安源区人民法院根据《中华人民共和国物权法》第十七条、第十九条、第三十三条，《最高人民法院关于民事诉讼证据的若干规定》第二条、第六十九条之规定，判决如下：

一、确认安源区凤凰街凤凰池居委会沿河路涉案店面为戴某煌、程甲所有；

二、驳回戴某煌、程甲的其他诉讼请求。

程某明不服一审判决，提起上诉。

江西省萍乡市中级人民法院经审理认为：本案系所有权确认纠纷，根据双方当事人的诉辩意见，并经当事人确认，本案争议的焦点有：一是原审程序是否违法，即本案是否存在中止审理的法定情形，应否中止审理；二是涉案店面所有权归属。关于本案程序问题。程某明已经向安源区人民法院提起行政诉讼，请求判令萍乡市不动产登记局撤销戴某煌持有的颁发给程某明涉案店面的产权证，并在本案一审中申请中止对本案的审理。根据一、二审查明的事实，双方当事人对涉案店面产权证系戴某煌使用虚假的身份证进行补办的事实均无异议，程某明提起行政诉讼要求撤销戴某煌补办的产权证，目的在于将涉案店面的产权恢复至补办前登记所有人为“程某明”的状态，以达到其关于涉案店面为程某明所有的目的。因原始产权登记上仅有“程某明”的名字，没有确切的身份证号码以确认登记产权证上的“程某明”具体为谁，故本案讼争房屋的产权归属不能仅凭产权登记进行确认，还应结合其他证据综合认定，即涉案店面的产权证是否撤销与本案的处理没有法律上的关系，本案的处理并不需要以该行政诉讼案件的审理结果为依据，故本案无应当中止审理的法定情形，一审法院在审理程序上并无不当。关于涉案店面所有权归属问题。虽然涉案店面的产权证上登记的所有权人为“程某明”，但因该“程某明”系戴某煌为补办产权证而虚构伪造的，该“程某明”并不真实存在，故涉案店面的所有权不能按房屋产权证的登记进行确认。涉案店面在补办产权登记前登记的所有权人亦为“程某明”，但因该登记上仅有名字，未注明“程某明”的相关身份信息，且程某明亦未提供证据证明该产权登记上的“程某明”与其系同一人，无法确认该产权登记上的“程某明”与本案上诉人程某明是否系同一人。相反，根据戴某煌、程甲提供的大量证据，涉案店面从购房合同的签订、支付购房款到办理产权登记均系戴某煌完成，涉案店面的购房合同、购房发票均由戴某煌持有，且在长达二十余年的时间里，涉案店面一直是由戴某煌进行占有、使用、收益（包括将房屋出租、收取租金及与住建局签订房屋征收补偿协议），而程某明未提供证据证明涉案店面系由其出资购买，亦未提供证据证明其对涉案店面行使了占有、使用、收益等权利。尽管涉案店面的产权登记所有人为“程某明”对程某明有利，但众所周知，在中国同名同姓的人出现的概率较大，程某明没有提供证据证明涉案店面产权登记上的“程某明”就是其本人。从证据优势的角度来看，戴某煌、程甲提供的证据证明力明显优于程某明，应当认定戴某煌、程甲出资购买涉案店面的法律事实，程某明提供的证据不足以证明其主张，应当承担举证不能的不利法律后果。综上，程某明的上诉请求不能成立，应予驳回；一审判决认定事实清楚，适用法律正确，应予维持。

江西省萍乡市中级人民法院依照《中华人民共和国民事诉讼法》第一百七十条第一款第一项之规定，作出判决如下：

驳回上诉，维持原判。

【法官后语】

1. 本案购房行为发生的背景介绍

2008 年 1 月 22 日，建设部颁布了《房屋登记办法》，该办法第三十三条第一款第二项规定，申请房屋所有权转移登记，应当提交申请人身份证明。同年 5 月 6 日，住房和城乡建设部颁布《房屋登记簿管理试行办法》，该办法第九条第二款规定，房屋登记簿的房屋所有权内容中，应记载房屋所有权人、身份证明号码、户籍所在地、共有情况、房屋所有权取得方式、房屋所有权证书号、补换证情况、房屋性质、《房屋登记办法》第四十一条规定的注销事项等。在此之前，购买房屋未实行实名登记制。本案购房行为发生在 1994 年，当时购房人办理不动产登记不需提交身份证件。

2. 程某明作为本案被告，主体是否适格

对程某明作为本案被告，主体是否适格的问题，审理中出现了两种不同的观点，第一种观点认为程某明作为被告主体不适格，理由如下：因涉案不动产先后存在两份不动产权属证书，不论依据哪份，程某明均不是真正的不动产登记权利人，戴某煌、程甲应以真正的不动产登记权利人为程某明行使所有权确认主张。第二种观点认为程某明作为被告主体适格，理由如下：涉案不动产的原产权证书只有购房人姓名没有身份证明号码，因程某明与该产权证登记权利人姓名一致，且实施了影响戴某煌、程甲对涉案不动产权利的行为，所以程某明可作为适格主体参与诉讼。笔者同意第二种观点。理由如下：

（1）确权之诉的客体为有争议的法律关系。确权之诉是指戴某煌、程甲为消除争议，请求法院查明其与程某明之间是否存在某种民事法律关系的诉讼。因此，戴某煌、程甲对程某明享有主张权，是源于被告的行为使原告的权利或原、被告之间的法律关系不稳定，戴某煌、程甲诉诸法院维护自己的权益不被侵犯。本案中，程某明向拆迁办提交请求确认涉案店面所有权之行为，使戴某煌、程甲的不动产物权被侵犯，拆迁办作出暂不向戴某煌、程甲发放拆迁款的决定，更使涉案不动产的权属在戴某煌、程甲和程某明之间处于不确定状态，故戴某煌、程甲享有对程某明的确权主张权。

（2）争议的法律关系应在法律上与原告、程某明均存在利益关系。即戴某煌、程甲起诉程某明，是需要确认自身诉的利益进而得到保护，且该项诉的利益在原、被告之间通常处于非此即彼之状态，故戴某煌、程甲急需通过诉讼途径对该项利益进行确认。本案中，戴某煌、程甲为确认登记在“程某明”名下的不动产权归属而向程某明提起确认之诉，前提应是程某明与涉案不动产存在法律上的利益关系。涉案不动产原产权证登记权利人为“程某明”，根据惯例，1994 年购买不动产可不提交身份证件，因此该登记权利人“程某明”不排除是本案程某明。在程某明主张权利的情况下，其甚至可被推定为登记权利人“程某明”，从而取得涉案不动产权属，顺利得到拆迁款。故戴某煌、程甲应起诉程某明以确认权利。

（3）因物权的归属、内容发生争议的，利害关系人可以请求确认权利。程某明作为与涉案不动产登记权利人姓名一致的人，可认定为利害关系人。程某明应诉、答辩、举证的行为，促使该起诉讼有效进行，其虽不是登记权利人“程某明”，但其存在本身即是作为程某明最有力的抗辩，戴某煌、程甲因此应提供高度盖然性优势证据才能支持自己的诉讼主张，从该角度来看，本案亦未违反诉、辩平衡原则。通过戴某煌、程甲和程某明相互举证、论证、反驳、辩论，程某明完成了其作为程某明在本案中发挥的诉讼作用，故程某明应为本案适格的被告。

编写人：江西省萍乡市安源区人民法院　邹小蓉

029 提单的法律属性及善意取得的法律效果

——某银行诉物贸公司、钢铁公司第三人撤销之诉案

【案件基本信息】

1. 裁判书字号

北京市第二中级人民法院（2016）京 02 民终字第 2726 号民事判决书

2. 案由：第三人撤销之诉

3. 当事人

原告（上诉人）：某银行

被告（被上诉人）：物贸公司、钢铁公司

【基本案情】

2012 年 9 月 1 日，物贸公司与钢铁公司签订《工业品买卖合同》，双方约定物贸公司向钢铁公司购买矿粉 60000 吨，价格为每吨780元，合同总金额为4680万元；货物数量验收为大连港公司

货场地衡检，钢铁公司交付矿粉66000吨，其中6000吨是销售抵押保证，正常销售回款后，在市场价格不低于钢铁公司销售价格的情况下按销售实际数量退回，若市场价格低于钢铁公司销售价格，钢铁公司需补足价格下跌部分，交货地点为大连港矿石码头货场交货。同月6日，物贸公司以商业承兑汇票方式，支付给钢铁公司货款4680万元。同月24日，钢铁公司开具了5张增值税专用发票，每张价税合计9360000元，总计4680万元。但此后钢铁公司并未交付货物。故物贸公司起诉。

2013年7月，某银行应办公地点在我国香港特别行政区、注册地点在英属维尔京群岛的甲公司的申请，就该公司向办公地点在新加坡的乙公司采购铁矿石货物CFR至中国任一主要港口的国际买卖合同，开具了3套不可撤销跟单信用证，信用证注明按国际商会《跟单信用证统一惯例（2007年修订本）》第600号出版物的规定提交文件。上述3套信用证项下金额分别为1820014.55美元、1365010.9美元、1347808.11美元，对应的货物分别为20000湿公吨、15000湿公吨、14810.96湿公吨，货物的起运港为马普托港，目的港为中国主要港口，货物装运日期为2013年6月4日，承运船为“瓦瑞莎”号，收货人为凭指示，通知行为日联银行。

2013年8月9日，某银行根据日联银行通知，支付信用证下款项1819934.55美元，同年10月28日，某银行再次向日联银行付款2223263美元。两次付款后，某银行取得了信用证条款记载的提单、汇票、商业发票、原产地证明、货物质量证明、重量证明、货物数量证明等其他单据。在质量检验证书、重量证书上，记载的收货人是钢铁公司，到货地点为大连，到货日期为2013年7月5日，卸货完毕时间为2013年7月8日。

2014年1月，物贸公司在北京市丰台区人民法院以钢铁公司为被告提出诉讼，即某银行本次诉讼申请撤销的诉讼。北京市丰台区人民法院于2014年1月13日予以立案，同年4月15日作出（2014）丰民初字第02482号民事判决书，认为物贸公司和钢铁公司签订的买卖合同系当事人真实意思表示，未违反法律的强制性规定，应属合法有效，合同签订后物贸公司按约履行了付款义务，钢铁公司未按约定交付货物的行为属违约，应当承担相应违约责任。关于物贸公司要求确认货品指示函列存放在大连港矿石码头公司仓库内的56117.82吨进口铁矿粉归其所有的主张，认为“该批货物系其按照合同约定向中铁公司交付的货物，钢铁公司已经向大连港矿石码头公司下达了交货的指示，故该批货物的所有权已经发生转移，中铁公司系该批货物的所有权人”。判决结果为：1. 钢铁公司于本判决生效之日起十日内退还物贸公司货款3028100.4元；2. 确认存放在大连港矿石码头公司处的56117.82吨铁矿石归物贸公司所有；3. 钢铁公司于本判决生效后十日内支付物贸公司违约金302810元。2014年4月30日，该判决生效。

另查，钢铁公司因债务负担，自2013年10月之后被人民法院、公安机关等机构以执行诉讼保全措施、前任法定代表人周某涉嫌合同诈骗等事由，查封、冻结了有关财产。某银行主张的本案涉及货物的进口通关手续办理人员为钢铁公司。

【案件焦点】

提单是否属于物权凭证问题以及善意取得的法律效果问题。

【法院裁判要旨】

北京市丰台区人民法院经审理认为：关于本案的准据法适用问题，虽然某银行、物贸公司、钢铁公司没有就本案所涉纠纷处理所适用的准据法进行约定，经厦门市思明区人民法院询问，某银行未作出选择，物贸公司、钢铁公司均选定适用中国内地法律处理本案。对此，因某银行申请撤销的物贸公司、钢铁公司的买卖合同系在中国内地签订、货物在中国内地港口存放、确认涉案货物权属的判决亦在厦门市思明区人民法院作出，与本案有最密切联系的国家的法律应为中国内地法律，故本案实体权利的审理应适用中国内地的相关法律、行政法规的规定。

本案的争议焦点是：1. 某银行持有正本提单是否系享有货物所有权证明，从而因厦门市思明区人民法院（2014）丰民初字第02482号案件的民事判决书损害其民事权利；2. 物贸公司与钢铁公司的买卖合同是否符合法律规定，物贸公司是否取得货物所有权；3. 厦门市思明区人民法院（2014）丰民初字第02482号案件是否属于大连海事法院专属管辖，从而厦门市思明区人民法院无权作出民事判决。

《中华人民共和国海商法》第七十一条规定：提单，是指用以证明海上货物运输合同和货物已经由承运人接收或者装船，以及承运人保证据以交付货物的单证。提单中载明的向记名人交付货物，或者按照指示人的指示交付货物，或者向提单持有人交付货物的条款，构成承运人据以交付货物的保证。第七十八条规定：承运人同收货人、提单持有人之间的权利、义务关系，依据提单的规定确定。表明提单系在海上货物运输领域内，关于承运人、收货人、提单持有人之间权利义务关系的依据，并非货物所有权的凭据。某银行现持有全套正本提单，表明其根据提单记载，享有相关权利，包括对承运人的合同权利、收货人的权利，因该提单系信用证项下开出，其还享有根据信用证记载的相关权利，但并非取得提单项下的货物所有权。因此，某银行欲以持有全套正本提单证明享有货物所有权，不予采信。

涉案货物系从“瓦瑞莎”轮卸下的矿石货物，依据《中华人民共和国物权法》第二十三条“动产物权的设立和转让，自交付时发生效力，但法律另有规定的除外”的规定，矿石类货物没有法律的除外规定，属于无须登记的一般动产，其所有权于交付时发生转移的法律效力。交付，指物的出让人以物权变动为目的，将本人管领的实物让渡给受让人，也包括将对第三人合法占有产生的返还请求权进行让渡。“瓦瑞莎”轮所卸货物系由钢铁公司作为收货人办理通关手续，并办理仓储手续存放在大连港矿石码头公司，钢铁公司具备货物所有权人的全部外观特征。在此情况下，钢铁公司指示大连港矿石码头公司将货物转给物贸公司，并由大连港矿石码头公司为物贸公司出具了库存证明，表明交付已经完成。物贸公司即成为涉案货物的所有权人。

《中华人民共和国物权法》第一百零六条规定：无处分权人将不动产或者动产转让给受让人的，所有权人有权追回；除法律另有规定外，符合下列情形的，受让人取得该不动产或者动产的所有权：（一）受让人受让该不动产或者动产时是善意的；（二）以合理的价格转让；（三）转让的不动产或者动产依照法律规定应当登记的已经登记，不需要登记的已经交付给受让人。受让人依照前款规定取得不动产或者动产的所有权的，原所有权人有权向无处分权人请求赔偿损失。物贸公司与钢铁公司签订了铁矿石买卖合同，物贸公司向钢铁公司支付了货款，且如前所述，钢铁公司向物贸公司交付了货物，物贸公司亦取得了货物所有权，取得是善意的，不受钢铁公司是否向出卖人支付货款的影响，物贸公司的货物所有权理应受到保护。而且在向厦门市思明区人民法院起诉前，某银行已在大连海事法院提起诉讼，要求钢铁公司赔偿其货物损失，选择了救济途径。

虽然物贸公司提出的《财产保全异议申请书》被驳回，但（2013）大海保字第56号民事裁定书明确写明：该案仅是财产保全程序，该院依法不应在该案中对当事人及异议人提供的拟证明货物权属的证据进行质证认证，进而不能对货物的所有权进行实体审理，故对异议人在该案中提出的异议申请予以驳回。告知异议人应当另行提起请求确认货物所有权的相应法律程序来维护其主张的权益。而且，大连海事法院对涉案货物作出的仅是诉前财产保全，适用的是保全程序，并非执行程序，因此，物贸公司依据其与钢铁公司签订的买卖合同提起确权诉讼并无不当，并未违反专属管辖的规定。某银行述称“物贸公司和钢铁公司在明知涉案货物已被查封，且其已在大连海事法院提起维权诉讼的情况下，恶意串通相互配合，未通知某银行就径行在法院进行诉讼的行为，损害了其权利”，但未提供任何证据予以证明，对此不予采信。

综上，某银行要求撤销厦门市思明区人民法院（2014）丰民初字第02482号民事判决书判决主文第二项的诉讼请求，没有依据，不予支持。判决如下：

驳回某银行的诉讼请求。

北京市第二中级人民法院经审理认为：本案在二审审理期间的争议焦点为：（1）某银行是否有资格提起本案第三人撤销之诉；（2）一审法院对物贸公司与钢铁公司买卖合同纠纷一案是否具有管

辖权；（3）物贸公司是否基于善意取得而获得涉案货物的所有权。

关于第一个争议焦点问题。《中华人民共和国民事诉讼法》第五十六条第三款规定，第三人因不能归责于本人的事由未参加诉讼，但有证据证明发生法律效力的判决、裁定、调解书的部分或者全部内容错误，损害其民事权益的，可以自知道或者应当知道其民事权益受到损害之日起六个月内，向作出该判决、裁定、调解书的人民法院提起诉讼。在物贸公司与钢铁公司的买卖合同纠纷诉讼中，物贸公司要求确认存放在大连港"瓦瑞莎"轮货物归其所有，一审法院判决确认上述货物归物贸公司所有，该判决已经发生法律效力。某银行持有上述货物提单，其非因本人事由未能参加该案诉讼，某银行以一审法院生效判决损害其民事权益为由，在法定期限内提起撤销之诉，符合《中华人民共和国民事诉讼法》第五十六条第三款规定的第三人撤销之诉的起诉条件，某银行属于第三人撤销之诉的适格陈某某。

关于第二个争议焦点问题。《最高人民法院关于适用〈中华人民共和国海事诉讼特别程序法〉若干问题的解释》第二十二条规定，利害关系人对海事法院作出的海事请求保全裁定提出异议，经审查认为理由不成立的，应当书面通知利害关系人。第九十七条规定，在中华人民共和国领域内进行海事诉讼，适用海事诉讼特别程序法的规定。海事诉讼特别程序法没有规定的，适用民事诉讼法的有关规定。《中华人民共和国民事诉讼法》第一百零八条规定，当事人对保全或者先予执行的裁定不服的，可以申请复议一次。《最高人民法院关于适用〈中华人民共和国民事诉讼法〉的解释》第一百七十二条规定，利害关系人对保全或者先予执行的裁定不服申请复议的，由作出裁定的人民法院依照民事诉讼法第一百零八条的规定处理。

根据上述法律、司法解释的规定，利害关系人对保全裁定不服的，可以申请复议。物贸公司针对保全裁定向大连海事法院提出异议后，大连海事法院作出《驳回异议通知书》，并告知物贸公司应当另行提起请求确认货物所有权的相应法律程序来维护其主张的权益，据此物贸公司在一审法院提起确权诉讼，符合上述法律及司法解释的规定。某银行依据《中华人民共和国民事诉讼法》第二百二十七条关于案外人执行异议之诉的规定，认为大连海事法院对物贸公司与钢铁公司之间的确权争议享有专属管辖权，缺乏法律依据。此外，第三人撤销之诉所审理范围应当仅包含发生法律效力的判决实体处理内容是否存在错误，原审诉讼在审理程序上是否存在错误不属于第三人撤销之诉的审理范围。综上，某银行对物贸公司与钢铁公司买卖合同纠纷一案法院管辖权问题所提出的上诉意见，不能成立，不予支持。

关于第三个争议焦点问题。物贸公司与钢铁公司对于买卖矿粉达成了合意，物贸公司向钢铁公司支付了对价，在双方没有约定具体交货时间的情况下，涉案货物到港后，钢铁公司办理了货物的进口通关手续，并指示大连港矿石码头公司向物贸公司交付货物，物贸公司亦取得了大连港矿石码头公司存放货物的确认函件。据此，物贸公司作为受让人，其有理由相信钢铁公司是涉案货物的合法所有人，在支付了相应对价并已完成了指示交付后，物贸公司作为善意买受人即取得了涉案货物的所有权。物贸公司上述行为符合善意取得的构成要件，某银行提出提单具有物权属性，其作为提单持有人享有涉案货物所有权的上诉意见，不能对抗物贸公司基于善意取得所取得的货物所有权。某银行主张涉案货物的提取需要出具提单或提货单，亦缺乏证据支持，不予采信。

综上所述，某银行的上诉请求均不能成立，应予驳回；一审法院认定事实清楚，适用法律正确，应予维持。北京市第二中级人民法院依照《中华人民共和国物权法》第二十六条、第一百零六条，《中华人民共和国民事诉讼法》第五十六条第三款、第六十四条第一款、第一百零八条、第一百七十条第一款第一项、第二百二十七条，《最高人民法院关于适用〈中华人民共和国民事诉讼法〉的解释》第一百七十二条，《最高人民法院关于适用〈中华人民共和国海事诉讼特别程序法〉若干问题的解释》第二十二条、第九十七条之规定，判决如下：

驳回上诉，维持原判。

【法官后语】

本案涉及海商法领域提单是否属于物权凭证问题以及善意取得的法律效力问题。

1. 提单的法律性质问题

关于提单的法律性质目前仍无定论。《中华人民共和国海商法》第七十一条对提单进行了规定，但是却规避了对提单法律性质的定性。目前关于该问题的基本理论观点有以下几种：

(1) 物权凭证说。该学说又分为所有权说和占有说。所有权说来自英美法对提单的认识，英美法认为提单是一种“Document of Title”，据此，所有权说认为，提单应被理解为货物的所有权凭证。占有说认为，提单持有人享有凭提单要求承运人交货的权利，是因为提单持有人对货物享有占有权。

(2) 物权凭证否定说。该学说认为把提单说成是物权凭证，既无法律依据，亦不符合国际贸易的实际情况。我国民法及海商法对于什么是物权凭证或者所有权凭证并未作出明确的界定，《中华人民共和国物权法》曾填补了这一空白。现根据《中华人民共和国民法典》第二百一十七条及第二百二十五条的规定，只有不动产和特殊的动产的所有权证书，才是法律认可的物权凭证或所有权凭证。该种凭证是国家授权的行政机关，依据权利人登记申请，经审核后颁发的物权权属证明，提单不具备该种证书产生和存在的任何条件及特点。

(3) 债权关系说。该学说认为提单其实仅体现了债权上的货物交付请求权，所以是一种债权证据，在国际贸易中，提单并无必要成为或强化为物权凭证，持有提单在多数场合可直接占有货物，这是由提单的债权效力予以保证的。

(4) 阶段论说。该学说认为提单的法律性质在不同的经济领域应该是有区别的。在贸易、结算阶段，提单主要体现的是一种物权关系；在运输、结算阶段，提单体现为一种债权关系。

(5) 有价证券说。该学说认为提单不仅是运输合同的证明和货物收据，其更是将提货权证券化的单据，提单表征着提货权，提单是提单持有人行使提货权的依据。

笔者认为，鉴于目前的司法审判情况，物权凭证否定说及阶段论的说法相对更具合理性。因提单不具备我国法律关于所有权证书规定的产生和存在的任何条件及特点，将其直接认定为物权凭证显然不合理；阶段论说的思路因明晰提单相关法律关系进而有助于把握个案中提单相关法律依据的正确运用。

本案在一审过程中，某银行以提单属于物权凭证为由，认为钢铁公司无权处分货物，请求撤销之前作出的关于货物权属的判决。虽然本案一审判决中并未认同提单的物权凭证属性，但是基于提单本身属于海上货物运输中的重要单据，某银行提起诉讼的情况符合法律规定的第三人撤销之诉的起诉条件，故其属于第三人撤销之诉的适格主体。因海商法未对提单的属性作出明确规定，且提单也并非属于我国法律规定的所有权属凭证类型，故一审判决并未对某银行所持提单的物权凭证观点予以确认。

2. 善意取得制度的法律效果

（1）基于善意取得获得所有权

善意取得制度的法律效果在于，就原权利人而言，自无权处分人交付动产占有时起，丧失对动产的所有权，且不得向受让人请求返还；对受让人而言，自占有动产起，取得对动产的所有权，并且可以对抗原权利人要求返还原物的请求。比照善意取得的构成要件，根据本案事实，物贸公司作为受让人，其有理由相信钢铁公司是涉案货物的合法所有人，在支付了相应的对价并已完成指示交付后，物贸公司作为善意买受人已经取得了涉案货物所有权。

（2）善意取得的对抗性

在善意取得制度下，以占有公信力为出发点，法律选择重点保护财产交易的动态安全，而舍弃财产所有权的静态保护。本案中，即使将提单认定为物权凭证，或已经有确定的事实认定某银行是涉案物品的原权利人，因物贸公司的行为满足善意取得的构成要件，某银行也已经丧失对涉案物品的所有权，故物贸公司完全可以基于此对抗原权利人要求返还原物的请求。

3. 本案逻辑分析

综上分析，本案的基本逻辑为：（1）无论提单的法律性质是否为物权凭证，某银行均因提单在海上贸易的重要性而享有提起本案第三人撤销之诉的主体资格；（2）因海商法未对提单的属性作出明确规定，且提单也并非属于我国法律规定的所有权属凭证类型，故一审判决并未对某银行提出的提单的物权凭证观点予以确认，但因物贸公司的行为满足善意取得的构成要件，故某银行的诉讼请求无法得到支持；（3）退一步讲，即使将提单认定为物权凭证，某银行提出的其因提单具有物权属性，其作为提单持有人享有涉案货物所有权的意见仍不能对抗物贸公司基于善意取得所取得的货物所有权。故本案无论基于何种分析，某银行的诉讼请求均无法得到支持。

编写人：北京市丰台区人民法院　张英婷　赵晓蕾

030 按揭房产所有权争议中出资人权利保护辨析

——赵某诉胡某娜所有权确认案

【案件基本信息】

1. 裁判书字号

福建省厦门市中级人民法院（2015）厦民终字第 4716 号民事裁定书

2. 案由：所有权确认纠纷

3. 当事人

原告（上诉人）：赵某

被告（被上诉人）：胡某娜

【基本案情】

2008 年，赵某与胡某娜确定恋爱关系，2013 年双方因故分手。

2008 年 2 月，胡某娜以买受人名义与案外人林某翔在某中介公司签订讼争房产买卖协议，约定房屋总价786116元。中介费由赵某支付。同月19日、28日，案外人林某翔指定的讼争房屋买卖代理人王某分别出具了两份《收据》，载明收到赵某购买讼争房产的购房定金20000元及首付款367819元。2008年3月至2009年12月讼争房产过户前，林某翔按月向还款账户每月存入5116.98元用以偿还银行房屋贷款，该还款卡及还款清单掌握在赵某手中。2009年11月，胡某娜以买受人名义（乙方）与林某翔（甲方）签订正式的《厦门市房地产买卖合同》，约定以按揭付款方式支付讼争房产余款。同年12月，胡某娜与第三人某银行签订《个人购房担保借款合同》一份，约定借款金额为325000元，用于借款人购买讼争房产，借款期限自2009年12月18日起至2019年12月17日止；借款人授权贷款人将全部借款直接划入讼争房产出卖人的账户。2010年1月6日，讼争房产登记在胡某娜名下。自2010年1月起，讼争房产的按揭贷款通过胡某娜名下银行账户偿还，至2013年4月均以现金存入该银行账户，2013年5月起至2015年4月均由赵某转账至胡某娜该银行账户。2015年6月4日，胡某娜更换了偿还按揭贷款的银行账户。讼争房产于2008年由赵某进行装修，并由赵某居住使用，物业管理费用、公共维修基金、水费等相关费用均由赵某缴纳。

【案件焦点】

1. 讼争房产定金及首付款由赵某还是胡某娜支付；2. 讼争房产交易之后至产权证办至胡某娜名下期间，房屋出卖人林某翔名下的银行卡每月5116.98元的按揭贷款谁在偿还；3. 赵某按揭贷款合同支付的月供款，应视为谁对讼争房产的出资额。

【法院裁判要旨】

福建省厦门市海沧区人民法院经审理认为：赵某举证的讼争房产定金、首付款、中介费支付收据均指向购房款支付的事实，已形成较为完整清晰的证据链，因此，认定赵某支付讼争房产的定金20000元及首付款367819元，共387819元。关于讼争房产交易之后至产权证办至胡某娜名下这段时间，林某翔名下银行卡每月5116.98元的按揭贷款谁在偿还这一问题，因赵某持有该张银行卡及个人贷款还款清单原件，可以证实赵某偿还了上述期间的按揭贷款。《个人购房担保借款合同》系胡某娜与某银行所签订，胡某娜是讼争房产抵押借款325000万元的借款人，在贷款发放下来并转到指定的收款人投资担保公司账户之后，讼争房产的价款已经全部支付完毕，该部分数额应认定为胡某娜通过借款的方式对讼争房产进行了出资。之后每月从胡某娜账户中支付的款项只是对某银行的还债，而不是对房价款的继续支付。故赵某请求确认讼争房产系其个人财产，所有权归其所有，胡某娜应协助赵某办理房产过户手续等缺乏依据，不予支持。

福建省厦门市海沧区人民法院依照《中华人民共和国民事诉讼法》第六十四条之规定，作出如下判决：

驳回赵某的诉讼请求。

赵某持原审起诉意见提起上诉，但未在法定期限内预交二审案件受理费，厦门市中级人民法院依照《中华人民共和国民事诉讼法》第一百一十八条第一款，《诉讼费用交纳办法》第二十二条第二款和第四款，《最高人民法院关于适用〈中华人民共和国民事诉讼法〉的解释》第三百二十条之规定，作出如下裁定：

一、本案按上诉人赵某自动撤回上诉处理；

二、双方均按原审判决执行。

【法官后语】

本案处理重点有两个方面，一是不动产产权登记人与实际出资人不一致，也即法律物权与事实物权发生冲突时，产权归属如何界定；二是按揭房产的房屋价款支付完毕时间应以何种标准认定，是以买受人还完银行按揭款之日还是以银行将按揭贷款发放至出卖人账户之日为准。

房屋产权属于物权，是对世权。在不动产物权方面，已经进行登记的物权即经法定公示表征的物权，为法律物权，法律物权的权利主体是登记簿上记载的权利人。未经登记，但为真正权利人（实际出资人）应享有的物权，为事实物权，事实物权的权利主体是真正权利人。根据物权公示公信的原则，法律推定登记簿上的权利人就是正确的权利人。这种推定可能将真正意义上的权利人排除在权利正确性推定之外，明显不符合公平、正义的原则，因而在一定的条件下，法律允许事实权利人行使相关权利以保护自己的利益，除非该物权已被善意第三人合法取得，这便是法律物权与事实物权的冲突。本案即为法律物权与事实物权发生冲突的情形。诉争房屋虽然原登记在胡某娜名下，但根据多方证据可以确认诉争房屋首付款38万余元确系由赵某支付，该部分出资额对应的房产份额应确认为赵某所有。

除首付款外，本案讼争房产余款以向银行按揭贷款的方式支付。在按揭购房时，主要涉及两个法律关系，一是和房屋出卖人的买卖合同关系，二是和银行的借款合同关系。在贷款批下来并转到出卖人账户之后，房屋价款已经全部支付完毕，购房人对出卖人的付款义务即告完成，之后借款人支付的月供款只是对银行的还债，而不是对房价款的继续支付。因此，如果以一方的名义办理贷款，则贷款总额应计入该方的实际出资数额，并以此认定房屋份额，即便月供款实际上由另一方承担，也只能认为该方是替对方承担了银行债务，其依法可以向对方进行追偿，但并不会引起房产共有份额的变化；如果以双方的名义办理贷款，则一般应视为双方在贷款总额内的出资数额相等。具体到本案，虽然现有证据显示自2008年购房时起至2015年期间的月供款大部分由赵某承担，但是与银行签订借款合同的却是胡某娜，故银行发放的贷款总额325000万元应计为胡某娜的实际出资额，赵某所支付的月供款可以另行向胡某娜追偿。

值得注意的是，本案在事实查明阶段明确了赵某、胡某娜各自对讼争房产的出资额，那么，法院对赵某诉请确认讼争房产所有权归其一人所有的请求应如何回应？是按赵某的出资额判决其对讼争房产所享有的对应份额，还是以赵某的诉求无法得到支持为由驳回诉求？这两种裁判方法在司法实务中均存在。本案中，赵某主张的是“所有权保护请求权”，以“所有权归原告一人所有”为要件。倘若按照第一种判决方法，则裁判对象为“共有权确认请求权”，以“讼争标的物归两人共同所有”为要件。显然，这是两种完全不同的诉讼标的。因此，第一种判法以当事人未知的诉讼标的为对象，其范围已偏离了当事人的诉讼请求，将会造成对当事人诉讼标的选择上的裁判突袭。正确的做法应是法官在查明事实后向原告释明是否变更诉求，原告坚持不予变更的，直接驳回诉求。

编写人：福建省厦门市海沧区人民法院　郭碧娥　谭婉群

031 土地承包经营权在农户家庭内部的分配规则

——曹某杰、张某某诉张某等所有权确认案

【案件基本信息】

1. 裁判书字号

北京市第三中级人民法院（2015）三中民终字第 11238 号民事判决书

2. 案由：所有权确认纠纷

3. 当事人：

原告（被上诉人）：曹某杰、张某某

被告（上诉人）：张某、张某田、张某良、张某颖

【基本案情】

曹某杰与张某良于 1994 年登记结婚，婚后于 1994 年生育长女张某颖，于 2007 年生育次女张某某。张某与张某田系张某良之父母。张某成系张某良之祖父，于 2011 年去世。张某为非农业户口。曹某杰、张某某、张某田、张某良、张某颖的户口均在某村 368 号。

2004 年 10 月 1 日，张某与某村委会签订《农村土地承包合同书（确权确地）》，约定张某承包位于某村六斗面积为 16 亩的土地，承包期限自 2005 年 1 月 1 日至 2027 年 12 月 31 日。上述土地于 2005 年开始流转，流转收益均由张某领取。2015 年 1 月 20 日，某村委会出具证明，内容如下：“根据中央的政策，我村于 2005 年1月1日在原来土地承包的基础上实行农村土地确权，根据我村

土地现状人均确权土地3.2亩，不足3.2亩的部分给予一定的经济补偿，超过3.2亩部分交承包费。我村张某家当时确权的总亩数16亩，人口5人，分别是：张某良、张某田、张某成、曹某杰、张某颖”。

张某提交某村委会出具的证明两份。其中2015年7月30日出具的证明内容为“张某某于2007年9月23日出生，自上户口起，村委会按照相关规定已给张某某土地补偿款640元（共计3亩2分），张某某已不再享有流转收益的五分之一，因此不能顶替承包合同中的任何一人”。2015年9月14日出具的证明内容为“根据增人不增地，减人不减地的精神，通过村民代表会议决定，对2005年以后出生的孩子均按3.2亩土地标准，适当给予经济补偿，老人去世后土地仍由家属继续经营，队里不收任何费用。直至2027年土地承包期结束”。法院就上述640元的性质向某村委会进行询问，村支书张某胜、村支委张某亮均称是村民决议确定的，给村里2005年之后的新生儿或从外村迁入但未享有土地流转收益的孩子每人每年一定数额的补偿，是某村给自己村民独有的待遇。

2014年经法院生效判决，曹某杰与张某良离婚，张某某尚未成年，判归曹某杰抚养。后曹某杰、张某某提起本案诉讼，认为张某某作为新生儿，有权享有土地流转收益，张某成享有的土地流转收益在其去世后应由其他家庭成员共同享有，要求判令某村六斗土地16亩流转收益的五分之一归曹某杰所有、五分之一归张某某所有。张某、张某田、张某良、张某颖认为，2004年所签土地承包合同书载明人口五人，即张某良、张某成、张某田、张某颖、曹某杰，当时张某某尚未出生，故张某某不应享有该土地流转收益，而张某成于2011年已经去世，其所享有的土地流转收益份额，在其去世后应依法作为遗产进行继承。

【案件焦点】

1. 张某某作为新生儿并非土地承包合同上所确定的家庭成员，能否享有承包土地的流转收益；2. 张某成去世后，其原享有的土地承包经营收益应如何处理。

【法院裁判要旨】

北京市通州区人民法院经审理认为：我国采用家庭承包的方式经营土地，故以张某名义与某村委会签订的《农村土地承包合同书（确权确地）》中确定的16亩土地承包经营权为全体家庭成员（本集体经济组织成员）共同享有。张某成去世后，便不再享有土地承包经营权，而张某某作为土地确权后新增家庭成员亦应当享有土地承包经营权。现16亩土地均已进行流转，曹某杰、张某某应分别享有流转收益的五分之一。

北京市通州区人民法院依照《中华人民共和国农村土地承包法》第三条第二款之规定，作出如下判决：

一、张某与某村委会签订的《农村土地承包合同书（确权确地）》中16亩土地流转收益的五分之一归曹某杰所有；

二、张某与某村委会签订的《农村土地承包合同书（确权确地）》中16亩土地流转收益的五分之一归张某某所有。

张某、张某田、张某良、张某颖持原审答辩意见提起上诉。北京市第三中级人民法院经审理认为：首先，虽然土地承包经营权的内容由土地承包合同确立，但该合同只是取得土地承包经营权的方式和条件，并不能因此否定土地承包经营权的物权属性。其次，由于土地承包经营权是通过本集体经济组织内部的农户家庭为单位的家庭土地承包经营来实现，强调的是村民人人有份、农村福利性及生活保障性，因此，由土地承包经营权所衍生出的土地流转收益亦应当属于本集体经济组织内一户家庭的全部成员共同享有。本案中张某某作为某村村民，亦属于张某一户新增家庭成员，同样有权享有土地流转的收益。最后，张某成已于 2011 年死亡，其死亡后新取得的土地流转收益不再作为遗产予以继承，而是分摊在其他家庭成员的份额里，由剩余在册人口享有。原审法院认定曹某杰、张某某分别享有土地流转收益的五分之一，是正确的，法院予以维持。

北京市第三中级人民法院依照《中华人民共和国民事诉讼法》第一百七十条第一款第一项之规定，作出如下判决：

驳回上诉，维持原判。

【法官后语】

根据《中华人民共和国民法典》第三百四十条规定："土地经营权人有权在合同约定的期限内占有农村土地，自主开展农业生产经营并取得收益。"这一条是关于土地经营权人权利的规定，沿袭了《中华人民共和国农村土地承包法》第三十七条的内容，新增了这一条款。土地承包经营权流转收益是农户家庭的一项重要收入，农户内家庭成员依法平等享有承包土地的各项权益。在司法实践中，离婚、分家析产、继承等纠纷常常也会涉及土地承包经营收益的分割问题。原本作为一个整体的农村家庭内部关系出现分化破裂，就如何在家庭成员之间分配承包土地流转收益必然产生争议。《中华人民共和国民法典》第一千零八十七条第二款规定:“对夫或者妻在家庭土地承包经营中享有的权益等，应当依法予以保护。”但对于如何在家庭内部进行分配并无具体规定，我国土地政策亦较为复杂，各地方区域色彩浓厚，审理中仍存在一些误区需要澄清。

误区之一，法官通常会囿于合同相对性而存有认识误区，在土地流转收益分配纠纷中过分强调土地承包合同相对性原则，将流转收益分配的受益主体放在土地承包合同中作惯势思维的考察，而忽略了土地承包经营权的物权属性和人人有份的集体经济组织成员权。实际上，为确保农户家庭土地承包经营权的稳定性和确定性，法律赋予了家庭承包足够长的承包期限，而土地承包合同只是取得土地承包经营权的方式和条件，土地承包经营权一旦设定，在具体履行过程中，由于期限漫长，农户家庭成员内部关系的实际变化，往往与签订土地承包经营合同之时差异甚大，如仍将土地承包经营权及其流转收益的权利主体固定在签订承包合同之时的若干人身上，不仅不符合土地承包经营权的物权属性和人人有份的成员权属性，亦与目前我国农村的实际情况不符。

误区之二，由于我国土地政策较为复杂，各级政府下发的文件也较为繁多，审理案件中法官可能局限于对“增人不增地、减人不减地”的理解作出错误的裁判，尤其农村当地的一些习俗惯例或多或少也会影响法官的判断。实际上，从国家到地方各级政府所有的政策并未对农村家庭内部如何进行土地流转收益分配进行过限制。因此，在审理此类案件时，应“内外”有别，充分理解“增人不增地、减人不减地”政策的真正含义，对外而言，在我国人多地少的现状下固定每户农村家庭的土地承包亩数，有利于确保农民承包土地的期限、亩数不因行政手段频繁调整而遭受侵害，一方面约束集体经济组织不能擅自减少农户的土地亩数，另一方面也限制农户因其家庭成员的变化而要求增加土地亩数。这些政策均未干涉农户内部家庭成员之间的利益分配，不影响农户内部成员平等享有土地流转收益的权利。即使农村基层组织单独决议给予后续出生的孩子适当补偿，亦不能因此剥夺孩子作为一户家庭成员及本集体经济组织成员应当享有的土地流转收益。

因此，就本案而言，张某某的出生虽不能再为该农户增加土地，但其作为某村村民，亦属于该户新增家庭成员，与其他家庭成员地位平等，应同样有权利享有土地流转的收益。同时，由于以家庭承包方式取得的承包经营权具有社会保障的功能，当承包的农户中一人或者几人死亡，承包地仍由其他家庭成员继续承包经营，并不发生承包权转移问题。张某成生前承包所得收益可依照《中华人民共和国民法典》继承编的相关法律规定作为遗产继承，但仅以死亡时已经获得或虽尚未取得但已经投入资金、付出劳动即将取得之情形为限，其死亡后新取得的土地流转收益不再作为遗产予以继承，而是分摊在其他家庭成员的份额里共同享有。

编写人：北京市第三中级人民法院　杨夏

032 离婚协议中赠与条款效力认定

——姚某中诉姚某清所有权确认案

【案件基本信息】

1. 裁判书字号

河南省信阳市中级人民法院（2014）信中法民终字第411号民

事判决书

2. 案由：所有权确认纠纷

3. 当事人

原告（上诉人）：姚某中（曾用名姚某文）

被告（被上诉人）：姚某清

【基本案情】

姚某中系徐某与姚某清的婚生子。2004年3月15日，徐某与姚某清在民政部门办理了离婚登记手续，双方签有离婚协议，协议内容为："儿子姚某中归男方抚养，地皮一处归儿子所有，家电、家具归男方所有，未尽事宜，由男女双方协商解决。"同年11月29日，徐某与姚某清调解下，签订"关于姚某清、徐某离婚后有关问题的补充协议（以下简称补充协议）"，补充协议约定有："一、按照离婚协议条款，二人离婚前的共有财产归孩子姚某中所有，主要包括地皮一处、五万元存款。二、1. 现有某银行家属院住房，所有权归某银行，使用权属某银行分配给姚某清使用，但离婚后徐某可陪孩子暂时居住，其居住期间，修缮及水电等辅助费用由徐某自己负责承担。2. 徐某再婚后，徐某及其家人，必须从该房搬出，并由调解人负责监督执行。3. 姚某清、徐某双方如再婚后均不得在该房居住，但为抚养、照顾姚某中生活，可由姚某中决定合适人选居住。4. 如房改物价合适，和徐某协商后买下，房屋产权归姚某中所有，任何人不得占用变卖，由姚某中决定处理。"2004年9月8日，姚某清与尹某萍登记结婚，于同年12月23日离婚，又于2005年7月1日登记结婚。2007年11月7日，姚某清和某银行签订了"房地产处置协议"，姚某清将某银行家属院的住房以8160元价格购买。购房款共缴11160元，缴款凭证上的户名为姚某清。2011年10月21日，息县房地产管理所向姚某清颁发了房屋所有权证书，该证书显示房屋所有人为姚某清，共同共有人为尹某萍。徐某与姚某清签订的离婚协议中“地皮一处”即是面积为235.6平方米、土地使用者为姚某文的宅基地一处。

本案在二审期间，姚某中以对息县人民政府、息县房地产管理所及姚某清、第三人尹某萍房屋行政登记纠纷提起行政诉讼为由申请中止审理。2014年11月20日信阳市中级人民法院作出(2014)信中法行终字第51号行政判决，撤销了息县人民政府于2011年10月21日为姚某清颁发房屋所有权证书。姚某中以该判决证明姚某清违法办证，该房屋应归姚某中所有。姚某清、尹某萍向法庭提交了姚某民的报警登记表、郑某英的证明、派出所询问姚某清的笔录，以证明徐某违反了补充协议，有违约行为，补充协议是无效的。姚某清、尹某萍还向法庭提供了2014年6月30日房屋赠与儿子姚某元的公证书，姚某中质证认为，该房屋是经姚某清与徐某双方协议约定归姚某中所有的。该公证书是非法的，姚某清、尹某萍无权赠与。

【案件焦点】

离婚协议中赠与条款的效力如何认定。

【法院裁判要旨】

河南省信阳市息县人民法院经审理认为，合同约定的当事人应受合同的约束，依照合同行使权利，履行义务。《最高人民法院关于适用〈中华人民共和国婚姻法〉若干问题的解释（二）》第八条规定："离婚协议中关于财产分割的条款或者当事人因离婚就财产分割达成的协议，对男女双方具有法律约束力。"徐某与姚某清离婚时签订的离婚协议及补充协议明确约定，二人离婚前的财产地皮一处及50000元存款归姚某中所有。姚某清辩称地皮系其哥哥的儿子姚某文所有，其无权处分该地皮，赠与行为无效，但其他人未向法院主张权利，姚某清也没有向法院提供证据证明，其辩称没有事实依据，法院不予采信。姚某清还辩称50000元存款归姚某中系其赠与行为，50000元中应有属于自己的25000元存款，其有权撤销赠与。法院认为，50000元存款归姚某中所有并非姚某清的赠与，而是姚某清与徐某离婚协议约定的内容，姚某清与徐某已经离婚，姚某清应履行该约定义务，对其辩称，法院不予采信。姚某清与徐某离婚补充协议中约定的"某银行家属院住房"，2011年10月21日，息县房地产管理所向姚某清颁发了房屋所有权证书，重审时，姚某清及尹某萍向法院出示了该证书，证书显示房屋所有人为姚某清，共同共有人为尹某萍。姚某中要求对该房屋进行所有权确认，但该某银行家属院住房的所有权已由息县房地产管理所确认，法院不再予以确认。姚某中若有异议，可向行政机关主张。

河南省信阳市息县人民法院依照《中华人民共和国婚姻法》第三十九条，《最高人民法院关于适用〈中华人民共和国婚姻法〉若干问题的解释（二）》第八条之规定，作出如下判决：

一、地皮一处、50000元存款及利息的财产所有权归姚某中所有；

二、某银行家属院住房的所有权已由息县房地产管理所颁发房屋所有权证书进行了确认，法院不再予以确认；

三、驳回姚某中的其他诉讼请求。

姚某中不服一审判决，提出上诉。河南省信阳市中级人民法院经审理认为，徐某与姚某清所签订的离婚协议及补充协议不违反法律法规和公序良俗，合法有效，应当受到法律的保护。徐某是两个协议的签订人，其起诉要求协议的相对人按协议约定将诉争房屋确权归姚某中所有，是合格的原告，原审判决中未将其列为原告不当，姚某中的该项上诉理由成立，但原审的该错误未影响姚某中的实体权利。离婚协议及补充协议中关于“地皮一处、50000元存款、某银行家属院住房”的约定，是夫妻将共有财产共同赠与给双方的婚生子姚某中，属夫妻离婚时对家庭财产或财产权利的处分。补充协议中关于“某银行家属院住房”条款是附条件条款，当时双方对住房仅有居住权，没有所有权。协议对所有权问题进行了附条件约定，该条件即是“如房改房价格合适，和徐某协商后买下，房屋产权归姚某中所有。任何人不得占用变卖，由姚某中决定处理”。某银行进行房改时，姚某清于2007年11月7日将“某银行家属院住房”买下，协议中关于“某银行家属院住房”条款中所附条件即成就。姚某清应按协议的约定将“某银行家属院住房”所有权交归姚某中所有。原审因姚某清办理了产权证而未支持姚某中的诉请，现法院行政诉讼终审判决已撤销了争议房屋的房产证，对姚某中的诉请应予支持。姚某清、尹某萍在二审时提交的补充协议与姚某中、徐某在一审时提交的经法庭核对无误的证据相比有增加的内容，其在一审中未提交该证据进行抗辩，因此该证据不是新证据，法院不予认定。姚某清、尹某萍辩称，签订补充协议时，受到徐某的胁迫，不是自己真实意思表示，主张该“补充协议”无效。签订协议时当事人受到胁迫，是协议可撤销的条件，而不是当事人申请协议无效的条件。

从姚某清与徐某签订补充协议到所附条件成就时间来看，时间较长，且所附条件成就与否在姚某清完全掌控下，姚某清从签订协议时起超过一年未申请撤销该补充协议，已丧失撤销权。且姚某清、尹某萍提交的证人证言、公安机关的询问笔录不足以证实姚某清在签订补充协议时受到了胁迫及徐某有违约行为。因此，姚某清、尹某萍以补充协议是受胁迫所签、不是真实意思表示、补充协议应当无效的理由法院不予采信。某银行家属院住房是徐某与姚某清存在夫妻关系时有居住权的房屋，双方在离婚时对其作出了附条件处分，姚某清、尹某萍关于某银行家属院住房是尹某萍与姚某清夫妻的共同财产、姚某清无权处分的理由法院不予采纳。姚某清、尹某萍于2014年6月30日将房屋赠与给儿子姚某元的行为，因房产证被撤销而成为无权赠与。

河南省信阳市中级人民法院经依照《中华人民共和国合同法》第六十条，《中华人民共和国民事诉讼法》第一百七十条第一款第二项之规定，作出如下判决：

一、维持息县人民法院（2013）息民初字第335号民事判决第一项；

二、撤销息县人民法院（2013）息民初字第335号民事判决第二项、第三项；

三、姚某清、徐某签订的《关于姚某清、徐某离婚后有关问题的补充协议》有效，协议约定的某银行家属院住房归姚某中所有。

【法官后语】

本案争议的焦点问题是离婚协议中赠与条款效力问题，当事人在办理离婚手续时，双方自愿达成离婚协议，对夫妻共同财产进行分割，并且部分协议已经履行，对于房屋的附条件的赠与，因签订协议时当事人双方只有房屋的使用权并无所有权，双方约定该房屋的使用权归其婚生子姚某中享有，待该房屋取得所有权时，该房屋所有权归姚某中所有。但在取得房屋所有权时，男方未按离婚协议的约定履行赠与义务，而是将房屋登记在其与再婚妻子名下，受赠人起诉要求确认对该房屋拥有所有权，赠与人认为签订该条款时，对房屋并无所有权，该赠与条款并未生效，即使生效其也享有撤销权，审判实践中如何处理此类问题，存在不同观点，故对其进行法律分析具有一定的理论价值和现实意义。

1. 离婚协议中达成的赠与条款是否可以撤销

一种观点认为，《中华人民共和国民法典》第六百五十八条规定："赠与人在赠与财产的权利转移之前可以撤销赠与。经过公证的赠与合同或者依法不得撤销的具有救灾、扶贫、助残等公益、道德义务性质的赠与合同，不适用前款规定。"第二百零九条规定："不动产物权的设立、变更、转让和消灭，经依法登记，发生效力；未经登记，不发生效力，但法律另有规定的除外。"本案中，诉争房屋的使用权及所有权约定在办理离婚登记时已作出处理。但是赠与条件成就时房屋的物权未发生变动效力，房屋登记在姚某清名下，并未变更到姚某中名下。赠与财产的物权权利未转移，赠与人可以行使撤销的权利。

另一种观点认为，《中华人民共和国民法典》第四百六十四条第二款规定："婚姻、收养、监护等有关身份关系的协议，适用有关该身份关系的法律规定；没有规定的，可以根据其性质参照适用本编规定。"本案中虽涉及房产分割，但这是双方协议离婚所附的一个条件，是离婚协议的一种延续，是属于身份关系的协议，所以不能适用《中华人民共和国民法典》关于撤销赠与的条款，夫妻离婚时，约定将共同房产全部或部分赠与孩子所有，是一种以解除双方身份关系为目的的赠与行为。这种发生在特定身份关系当事人之间的，有目的的赠与，具有一定的道德义务性质，也属于一项诺成性的约定，在双方婚姻关系因离婚协议得以解除，且离婚协议的其他内容已经履行的情况下，应当视为赠与财产的目的已经实现，赠与行为不能随意撤销，而且，夫妻将共有财产赠与子女的行为，有别于普通民事主体之间的赠与，它表面上体现了赠与的"无偿"特性，实际上往往与父母解除婚姻关系及对子女的抚养义务等紧密相连。

笔者同意第二种观点。为防止有些恶意的当事人利用赠与的撤销，达到既离婚又占有财产的目的，给子女或原配造成经济损失和精神伤害，也给社会带来不诚信反而收益的负面影响的状况。笔者认为离婚协议中的房产赠与条款与整个离婚协议是一个整体，不能单独行使任意撤销权。因为很多当事人是在综合考虑各种因素的前提下才同意登记离婚的，也许附加的条件就是把房产无偿赠与子女。男女双方基于离婚事由将夫妻共同财产处分给子女的行为，可视为一种附协议离婚条件的赠与行为，在双方婚姻关系已经解除的前提下，基于诚信原则，也不能允许其任意撤销赠与。

2. 赠与房屋所有权的条款是否成立并生效

《中华人民共和国民法典》第一百四十三条规定："具备下列条件的民事法律行为有效：（一）行为人具有相应的民事行为能力；（二）意思表示真实；（三）不违反法律、行政法规的强制性规定，不违背公序良俗。"第一百五十八条规定："民事法律行为可以附条件，但是根据其性质不得附条件的除外。附生效条件的民事法律行为，自条件成就时生效。"

本案中，当事人具有民事行为能力，双方签订离婚协议系真实意思表示，未有充足的证据证明订立该离婚协议时存在欺诈、胁迫等情形，故该离婚协议成立且生效。至于该协议中约定婚生子姚某中对房屋有使用权，待房屋取得所有权后，所有权亦归姚某中的约定，系附生效条件的赠与条款，该条款中约定的财产是确定的、现有的、特定化的，赠与条款成立，在所附条件成就时即姚某清与徐某取得该房屋的所有权时，该房屋即归姚某中所有，离婚后，姚某中一直与徐某居住、生活在该受赠房屋内，一直行使着该房屋的使用权，可以认为赠与物已交付，离婚协议的内容已经部分履行。姚某清再婚之后取得该房屋的所有权，即赠与条款的生效条件已经成就，姚某清应当履行赠与条款的义务，案涉房屋所有权归属姚某中。

编写人：河南省信阳市中级人民法院　高星

033　公司借员工之名购房登记的产权界定

——旅行社诉井某芬所有权确认案

【案件基本信息】

1. 裁判书字号

天津市第一中级人民法院（2014）一中民终字第0292号民事判决书

2. 案由：所有权确认纠纷

3. 当事人

原告（被上诉人）：旅行社

被告（上诉人）：井某芬

【基本案情】

2004 年 9 月 23 日，井某芬与第三人投资公司签订房屋买卖合同，约定井某芬购买涉案房屋，建筑面积 121.97 平方米，商品房土地来源性质为划拨。房屋总价款为 558623 元。购买房屋时井某芬系旅行社办公室主任，井某芬认可涉案房屋首付款、税费及之后银行还款均为旅行社支付，房屋也实际由旅行社占有使用，但提出双方系借款关系。2013 年 3 月 5 日井某芬为中国银行还款支付 10 万元。现涉案房屋所有权在井某芬名下。

【案件焦点】

单位借员工之“名”，规避政策规定购房的房屋所有权应如何认定。

【法院裁判要旨】

天津市和平区人民法院审理认为：原告仅是名称的变更，不影响债权债务的承继，被告认为原告主体不适格的主张，法院不予认可。《中华人民共和国物权法》规定，因物权的归属、内容发生争议的，利害关系人可以请求确认权利。对于涉案房屋，无论是价款的支付，还是实际的占有使用，均可看出原告出资购买及享有房屋权利的事实，故原告主张其系房屋的实际权利人，法院予以确认。被告主张系借款关系，现原告不予认可，被告亦无相关证据证明，法院不予认可。被告及第三人应配合原告办理过户手续，将房屋登记至实际权利人名下。原告的该项请求法院予以支持，原告自愿负担因此而产生的所有税费及本案诉讼费，法院予以准许。被告为还款支付的 10 万元亦应由原告承担。如被告认为原告行为侵害其权益，可另行解决，本案中不予处理。

天津市和平区人民法院依照《中华人民共和国物权法》第三十三条，《最高人民法院关于民事诉讼证据的若干规定》第二条之规定，作出如下判决：

一、本判决生效后三十日内，井某芬及投资公司到房管部门办理涉案房屋所有权登记手续；

二、本判决第一项执行完毕后十日内，井某芬配合银行办理涉案房屋抵押权注销手续；

三、本判决第二项执行完毕后十日内，井某芬协助旅行社办理过户登记手续，将涉案房屋转移到天津青旅名下；

四、办理上述房屋登记所产生的费用全部由旅行社承担；

五、本判决生效后十日内，旅行社给付井某芬垫付的还款 10 万元；

六、驳回旅行社其他诉讼请求。

井某芬不服，上诉至天津市第一中级人民法院。天津市第一中级人民法院审理认为：因物权的归属、内容发生争议的，利害关系人可以请求确认权利。本案中，涉案房屋的价款系旅行社支付，且一直由旅行社实际占有使用，井某芬认为旅行社的行为致井某芬无法申请限价房，无法享受首套房政策，对井某芬造成损失，属另一法律关系，可另行主张。综上，对井某芬主张享有涉案房屋所有权的请求，法院不予支持。本案为所有权确认纠纷，旅行社在原审中请求确认涉案房屋的所有权，且经法院查明，涉案房屋确系旅行社出资购买并实际占有使用。原审判决遗漏旅行社的该项请求应予纠正。

天津市第一中级人民法院依照《中华人民共和国物权法》第三十三条、《中华人民共和国民事诉讼法》第一百七十条第一款第二项之规定，判决如下：

一、维持天津市和平区人民法院（2013）和民二初字第0524号民事判决第一项至第五项；

二、撤销天津市和平区人民法院（2013）和民二初字第0524号民事判决第六项；

三、确认涉案房屋所有权由被上诉人旅行社享有。

【法官后语】

本案是典型的借名购房案件，旅行社为了规避购房行为发生时国家不允许公司购买商品房的政策，借单位职工的“名”为公司购买房屋。虽然不允许公司购买商品房的政策已经取消，但新的限购政策——“限购令”正在施行，因此本案的审理对当前的商品房买卖纠纷审理仍有一定的借鉴和参考意义。自从2010年国务院下发《关于坚决遏制部分城市房价过快上涨的通知》后，各级政府相应地出台了一系列房产调控政策，2011年，大约有600多个城市出台了房产限购措施（即限购令）[①]。在此背景下，本案的处理，对借名购房引起的纠纷处理具有一定的指导意义。借名购房引发的房屋确权纠纷一般涉及以下问题：一是借名买房合同的效力；二是物权行为理论在司法实践中是否采纳；三是不动产权属证书的证据力。

一、借名购房合同的效力问题

借名购房是指房屋的实际出资人借用他人名义购房，并以他人名义登记所有权的行为。借名购房一般具有以下几种原因：（1）规避法律或政策；（2）享受优惠；（3）转移财产或躲避债务；（4）避

① 2011年3月1日，天津市政府印发了《关于贯彻国务院办公厅文件精神进一步做好我市房地产市场调控工作的实施意见》。

税。本案中旅行社即是为了规避政策限制而实施借名购房。

关于借名购房合同的法律效力，在司法实践中，应根据案件的具体情况分析认定。按照我国法律规定，原《中华人民共和国合同法》第五十二条的规定，以及原《最高人民法院关于适用〈中华人民共和国合同法〉若干问题的解释（二）》第十四条的规定认定合同效力。《中华人民共和国民法典》（以下简称《民法典》）第一百五十三条“违反法律、行政法规的强制性规定的民事法律行为无效。但是，该强制性规定不导致该民事法律行为无效的除外”沿用了合同法中的规定。本案中限制公司购买商品房的政策，在效力位阶上显然不属于法律或行政法规的强制性规定，故不能据此认定借名购房合同无效。对于借名人依据合同约定要求登记人（出名人）办理房屋所有权转移登记的，一般也予以支持。北京市高院更是出台了相关指导意见，表明了对借名人房屋所有权的保护。[①] 但是，若购买房屋系政策性住房或者具有社会保障性质的房屋，则因合同损害国家和社会公共利益，应确认为无效。[②]

二、物权行为理论在我国司法实践中是否采纳

物权行为是指物权之设定或移转直接发生变动之法律事实。[③] 物权的意思表示（包括物权的合意）本身即为物权行为（单独行为及物权契约），登记或交付则为其生效要件，物权行为的分离原则和抽

---

① 《北京市高级人民法院关于审理房屋买卖合同纠纷案件适用法律若干问题的指导意见》第十五条规定：“当事人约定一方以他人名义购买房屋，并将房屋登记在他人名义下，借名人实际享有房屋权益，借名人依据合同约定要求登记人（出名人）办理房屋所有权转移登记的，可予支持。但是，该房屋因登记人的债权人查封或其他原因依法不能办理转移登记，或者涉及善意交易第三人利益的除外。”

② 李德通：《规避限购令之借名购房行为的性质与效力探讨》，载《法治研究》2012年第4期。

③ 王泽鉴：《民法学说与判例研究》（第一册），中国政法大学出版社2005年版，第241页。

象原则[①]是这一理论的两大基石。依据物权行为理论，以本案为例，旅行社虽然支付了购房款，但属于债权行为，不能引起房屋所有权转移，投资公司对交付的房屋属于有权处分，其有转移房屋所有权的意思表示及基于该意思表示作出的办理房屋所有权转移登记的物权行为，依据物权行为理论，井连芬已取得该房屋的所有权。旅行社不能依据所谓的债权行为，来推定物权行为的效力，更不能否定现在的房屋所有权属状态。

但考察我国的立法和司法实践，虽然原《中华人民共和国物权法》第十五条（《民法典》第二百一十五条）将不动产物权变动的原因和结果进行区分，人民法院在司法实践中也已经明确将合同行为与物权变动作了区分，但尚未承认物权行为理论。最高人民法院认为，物权行为理论过分强调了物权行为的公信以保护受让人的权利，但对出让人的权利保护不足，会导致双方当事人权利失衡。[②]根据我国的理论和实践，物权行为并不作为单独行为，其需要以原因行为为基础，本案中，井连芬不能仅仅依据物权登记行为对旅行社的确权请求进行有效抗辩，应综合涉案房屋的首付款支付及银行贷款偿还的情况进行认定。

三、不动产权属证书的证据力

原《中华人民共和国物权法》第十七条（《民法典》第二百一十七条）规定："不动产权属证书是权利人享有该不动产物权的证

① 分离原则，也称区分原则，是指在同一规范体系内，债法效力与物法效力相分离；抽象原则，也称物权行为的无因性，是指物权行为在其效力上不受债权行为效力的影响，物权行为的内容独立于债权行为。

② 最高人民法院物权法研究小组编著：《〈中华人民共和国物权法〉条文理解与适用》，人民法院出版社2007年版，第71页。

明。……”该条实际上明确了不动产权属证书是确认不动产物权的证据，但是其证明力大小需要根据具体案件分析认定。最高人民法院的观点认为，不动产权属证书不具有“绝对”的证据力。[①] 法院可以根据该项证据来推定不动产现有的物权状态，如果异议方有足够的证据推翻不动产权属所记载事项，法院应当依法根据反证认定争议财产的归属。从本案房屋的使用情况分析，旅行社一直实际占有和使用该房屋；从房屋权属取得的基础法律行为——房屋买卖行为分析，该房屋首付款、税费及之后银行还款均为旅行社支付，以上事实足以推翻不动产权属证书记载的内容。

综上，借名购房是国家和地方政府施行的一系列限购政策催生的社会现象，法院在认定借名购房合同的效力时，应当对认定合同无效采取谨慎态度，尽可能尊重当事人意愿；在确认房屋所有权时，应当综合购房合同的实际履行情况、房屋现有状态等因素，准确认定房屋的实际产权人，保障良好的房屋交易秩序。

编写人：天津市第一中级人民法院　刘学荣

034　事实物权与法律物权之冲突

——程某恺、李某福诉程甲、龚某花所有权案

【案件基本信息】

1. 裁判书字号

重庆市大渡口区人民法院（2013）渡法民初字第01631号民事

① 最高人民法院物权法研究小组编著：《〈中华人民共和国物权法〉条文理解与适用》，人民法院出版社2007年版，第96页。

判决书

2. 案由：所有权确认纠纷

3. 当事人

原告：程某恺、李某福

被告：程甲、龚某花

【基本案情】

程甲和程乙系二原告之子，龚某花系程甲的前妻。1999年，二原告出资以程甲的名义按揭贷款购得房屋一套，产权人亦登记为程甲。后二原告与程甲、程乙签订了《申明》一份，约定：二原告购买了讼争房屋，并支付了房屋价款，由于受年龄限制，委托被告程甲办理按揭，房产证暂时登记在程甲名下，但该房屋的所有权归二原告所有。该讼争房屋接房后二原告一直居住在该房内，二被告未与二原告一起居住。由于讼争房屋的房产证遗失，后补发了房产证登记，权利人为二被告。二被告于2011年签订的《离婚协议书》中约定，该讼争房屋的所有权归二被告的女儿所有。

此外，二被告在夫妻关系存续期间，一直向二原告借款做生意。程甲年收入一万余元，也未从工资中缴扣个人购房贷款。龚某花于2009年制造程甲授权其贷款的假委托书与银行签订抵押贷款合同，并以讼争房屋提供担保，后经九龙坡区人民法院认定该抵押贷款合同无效。现二被告尚未偿还该贷款，房产证原件仍在银行处。在庭审中，二被告表示不知晓讼争房屋的购房地点、房屋单价、贷款银行等具体细节，购房的整套原始资料均在二原告处。

【案件焦点】

当房屋的实际出资人与产权登记人不一致时，就出现事实物权与法律物权的冲突，此时应如何认定房屋归属。

【法院裁判要旨】

重庆市大渡口区人民法院认为，对案件的全部证据，应当从各证据与案件事实的关联程度、各证据之间的联系等方面进行综合审查判断。二原告举示的《购房协议书》《商品房预售合同》等配套的购房资料上虽然都是程甲的名字，但从其举示的程甲的《收入证明》《公积金证明》《借条》和《抵押合同》等证据均能证实在购买该房屋时二被告没有出资能力，且若是二被告出资，二被告却不知晓购房地点、房屋单价、贷款银行等具体细节也不符合逻辑，该房屋一直由二原告而非二被告居住更不符合生活常理。此外，二原告与程甲签订的《申明》中明确约定讼争房屋虽登记在程甲名下，但其由二原告出资购买，归二原告所有，该《申明》也间接证明了讼争房屋由二原告出资购买。综上，上述证据已经形成了证据链，故一审法院对该讼争房屋由二原告出资购买的事实予以认可。本案中，二原告与程甲签订的《申明》，系双方真实意思表示，不违反法律、行政法规的强制性规定，合法有效。《申明》中明确约定讼争房屋虽登记在程甲名下，但其由二原告出资购买，应归二原告所有。2008年补发的房产证中虽加上了龚某花的名字，但是系基于房管局行政管理的需要，从形式上确认该房屋为二被告夫妻关系存续期间的共同财产，并不影响此前《申明》的效力，即该房屋虽然登记在二被告名下，但实际上仍然归二原告所有。后二被告于2011年5月30日签订的《离婚协议书》中约定该房屋归二被告的婚生女所有，更是无权处分的行为，且未进行所有权变更登记，对二原告不产生法律效力。综上，虽然该讼争房屋登记在二被告名下，但该房屋由二原告出资，且根据《申明》的约定，该房屋应属于二原告所有，故二原告请求确认该讼争房屋归自己所有的诉讼请求，具有法律和事实依据，一审法院予以支持。程甲的答辩理由成立，法院依法予以支持。龚某花的答辩理由不成立，法院依法不予采纳。依照《中华人民共和国民事诉讼法》第三十九条第二款、第一百三十四条第一款、第一百五十七条第一款，《最高人民法院关于民事诉讼证据的若干规定》第二条、第六十六条规定，判决如下：

讼争房屋属于程某恺和李某福所有。

判决后，双方当事人均未上诉，本判决现已生效。

【法官后语】

本案的争议问题是房屋的实际出资人与产权登记人冲突时物权的归属。物权属于对世权，权利人对物权享有排他的权利。公示公信原则是物权重要的原则之一，经过公示的物权具有公信力，而不动产公示的方式以登记为准。为了保护交易安全，法律上推定登记簿上的权利人和具有所有权外观的占有人就是正确的权利人，但现实生活中由于各种原因，房屋的实际出资人与产权登记人并非同一人，这就是事实物权与法律物权的冲突。房屋所有权证是认定房屋所有权人的有力证据，在没有其他证据的情形下，具有推定房屋所有权人的效力。但根据法院查明的事实，若有充分证据证明登记的权利人与实际出资人不同时，法院会对事实物权加以保护。

值得注意的是，在本案审理时，最高人民法院《关于适用〈中华人民共和国物权法〉若干问题的解释（一）》《中华人民共和国民法典》以及《最高人民法院关于适用〈中华人民共和国民法典〉物权编的解释（一）》均未施行，而上述司法解释第二条均规定："当事人有证据证明不动产登记簿的记载与真实状态不符、其为该不动产物权的真实权利人，请求确认其享有物权的，应予支持"，上述规定均肯定了本案的裁判观点。即本案中，根据二原告举示的整套原始购房资料、二原告对购房过程的详细阐述、二原告与程甲签订的房屋所有权的《申明》、二被告对购房情况的一无所知、二被告购房时的经济状况以及讼争房屋一直由二原告居住的事实，已经形成了证据链，证明讼争房屋的实际出资人为二原告并非二被告。虽然登记簿上记载的权利人为程甲以及后来变更为二被告，但该房屋的实际权利人仍为二原告。只有保护二原告的利益，才符合物权法公示制度的本意和公平正义的原则，所以讼争房屋应当归事实物权人即二原告所有。

在事实物权与法律物权冲突时还应注意保护善意第三人的利益。在存在善意第三人时，事实物权的保护受到限制。物权的公示公信原则旨在保护交易安全，若善意第三人因信赖公示公信原则，通过支付合理对价取得了房屋产权登记，此时的事实物权人不得以房屋实际出资人对抗善意第三人，而只能通过侵权或不当得利等途径保护自己的利益。

编写人：重庆市大渡口区人民法院　何津

035 在屋顶公共平台私建房屋危及邻人房屋安全的救济方式

——秦某诉赵某平、薄某物权保护案

【案件基本信息】

1. 裁判书字号

北京市第一中级人民法院（2013）一中民终字第9526号民事判决书

2. 案由：物权保护纠纷

3. 当事人

原告（被上诉人）：秦某

被告（上诉人）：赵某平、薄某

【基本案情】

秦某与赵某平、薄某系邻居。秦某所有的房屋位于西城区法源寺西里3、4、5号楼3号楼③-×-601；赵某平、薄某所共有的房屋位于西城区法源寺西里3、4、5号楼3号楼③-×-603。赵某平、薄某在位于秦某所有的房屋上方用岩棉、彩钢板搭建自建房一间。经法院现场勘验：自建房位于赵某平、薄某所有房屋的北侧，从室内测量，该自建房南北向约4.3米，东西向约3.4米。赵某平、薄某称其自建房建于2011年9月底，建房前未经过相关部门的审批。秦某在庭审中提交收据1张，用以证明支出其房屋刷墙费用2200元，赵某平、薄某对此表示不清楚。

【案件焦点】

赵某平、薄某搭建房屋的行为是否影响了秦某的权益，秦某能否请求救济。

【法院裁判要旨】

北京市西城区人民法院认为：不动产的相邻各方，应当按照有利生产、方便生活、团结互助、公平合理的精神，正确处理截水、排水、通行、通风、采光等方面的相邻关系。本案中，秦某与赵某平、薄某相邻居住，在日常生活中，应当按照上述原则处理好相邻关系。但赵某平、薄某在秦某房屋的上方搭建自建房一间，且该自建房未经过相关部门的审批，确实对秦某生活及房屋安全等方面造成影响。故秦某要求赵某平、薄某拆除搭建在秦某家厨房和卧室顶上的建筑，恢复屋顶原状，以及为屋顶重做防水层的诉讼请求，法院予以支持。当事人对自己提出的主张，有责任提供证据。秦某虽然提交其室内刷墙费用的收据，但并未提供证据证明该刷墙费用的损失系由赵某平、薄某搭建的自建房所引起，故法院对秦某主张赵某平、薄某承担维修房屋损失的诉讼请求，不予支持。据此，依照《中华人民共和国民法通则》第八十三条，《中华人民共和国民事诉讼法》第六十四条第一款之规定，判决：

一、自本判决生效之日起十五日内，赵某平、薄某将搭建在秦某所有的本区法源寺西里 3、4、5 号楼 3 号楼③-×-601 房屋上方的自建房拆除，恢复楼顶原状，并重做防水层；

二、驳回秦某的其他诉讼请求。

判决后，赵某平、薄某不服一审判决，提起上诉。

北京市第一中级人民法院根据上述事实和证据认为：根据《中华

人民共和国物权法》第三十五条之规定，妨害物权或者可能妨害物权的，权利人可以请求排除妨碍或者消除危险。赵某平、薄某在秦某家厨房和卧室顶上搭建的简易房，已影响到秦某对上述房顶的使用、维修，妨害了秦某的物权，并进而对秦某的房屋安全造成危险。本案中，秦某只要证明简易房的违章搭建及造成的危险，即可依据物权保护请求权请求排除妨害、消除危险。故原审法院判决拆除简易房有法律依据，赵某平、薄某上诉所称举证责任、事实不清的上诉理由，法院不予采纳。赵某平、薄某上诉所称简易房搭建对秦某有利的因素亦不能构成免除其责任的依据，故对该条上诉理由，法院不予采纳。综上所述，一审法院判决认定事实清楚，适用法律正确，应予维持。赵某平、薄某的上诉请求，依据不足，法院不予支持。依据《中华人民共和国民事诉讼法》第一百七十条第一款第一项之规定，判决如下：

驳回上诉，维持原判。

【法官后语】

原审法院以相邻关系纠纷为案由进行审理和适用法律，但是本案却是一起侵害物权、权利人行使物权保护请求权的典型案例。物权保护纠纷与相邻关系纠纷分别属于物权纠纷项下的二级案由和三级案由，两种案由在事实认定和法律适用中都各有偏重。相邻权本质上是权利的延伸或限制，而并非独立的物权，所以相邻权受侵害时，不能产生独立的物权请求权，只能以不动产物权受到侵害或者妨害要求提供救济。具体来说，本案主要涉及以下三个问题：

首先，如何具体区分相邻关系纠纷和物权保护纠纷这两类案由。相邻关系产生于不动产所有人、用益物权人和占有人在行使物权或用益物权时，因用水、排水、通行、通风、采光等合理使用产生了需求，要求邻人提供便利或接受限制。本案双方当事人系相邻人，因建造建筑物引发了邻人不动产的安全问题，是否符合物权法第九十一条的相邻关系纠纷，即因为挖掘土地、建造建筑物、铺设管线以及安装设备等可能危及相邻不动产安全而引发的纠纷。该法条所描述的纠纷产生前提是在自己的不动产上行使权利造成的危害，而非侵占公共用地产生的危害，这一特点使其区别于妨碍相邻人物权的物权保护纠纷。本案中赵某平、薄某在秦某所有的房屋顶部公共楼台处搭建自建房，非为自己出行、通风、采光等需求行使相邻权，而是为增加自己的居住面积，私自在公共部位搭建房屋，破坏楼顶防水、结构，已经对秦某房屋的安全造成隐患，故本案案由不是相邻关系纠纷，而是物权保护纠纷。

其次，物权请求权和侵权请求权的适用区分。物权受到侵害或妨碍的，权利人既可以行使物权保护请求权，也可以行使侵权请求权予以保护。物权保护方式包括：返还原物、排除妨碍、消除危险、恢复原状；侵权责任承担方式包括：停止侵害、排除妨碍、消除危险、返还财产、恢复原状、损害赔偿和赔礼道歉。虽然两种请求权在具体责任承担方式上存在重合，但是仍有较大的差异：(1) 适用范围。物权请求权以物权的存在为基础，为排除施加于物权之上的妨害，恢复物权的圆满状态而设置。侵权请求权属于债权请求权，不仅可以适用于救济被侵害的物权，还适用于救济被侵害的人格权和身体权。(2) 适用条件。物权请求权是一种预防性的法律保护措施，它不以加害行为实际发生为前提，也不以行为人过错为前提。所以行使物权请求权无须证明行为人存在主观过错，也不需证明权利人存在实际损害，更有利于权利人保护其所享有的物权，排除任何施加于物权上的妨碍。而侵权请求权需要证明行为人存在过错、侵权行为、因果关系和损害后果，对于物权人而言加重了其举证负担。(3) 时效。侵权请求权需适用诉讼时效的规定，而物权请求权是否适用诉讼时效，虽理论上有一定争议，但审判实践中掌握的原则是不适用诉讼时效。从上述差异中不难看出，在物权受到侵害的情况下，权利人应当首先采用物权请求权对物权进行保护。

最后，排除妨碍和消除危险两种物权保护方式的适用区分。排除妨碍中的妨碍是指以占有以外的方法，侵害物权或妨碍物权人行使其所有权，并且这种妨碍属于客观上已经现实产生的妨碍；而消除危险则是指未来可能发生的对于物权行使的妨碍。这种危险，依据一般的社会观念或者工程领域普通技术人员的认识可以合理预见，确实现实存在对他人财产造成损害的可能。本案中，赵某平、薄某庭审中主张秦某没有申请鉴定，无以证明其搭建的房屋所造成的具体损害。这种主张是将对物权造成的实际损害作为承担责任的前提，但从一般的社会观念就可以合理预见涉案自建房已经对秦某房屋的安全造成危险，只要存在危险就可以要求消除危险，而不必等到房屋实际发生损害再行救济。因赵某平、薄某还破坏了顶层露台的防水层，对房屋的上下水已经造成了实际损害，故其在承担恢复原状责任的同时，还需承担排除妨害的民事责任。

编写人：北京市第一中级人民法院　王玲芳

036 租赁合同解除后次承租人的腾房义务

——赵某霞、孟某琳诉教育咨询公司物权保护案

【案件基本信息】

1. 裁判书字号

北京市第一中级人民法院（2013）一中民终字第12965号民事判决书

2. 案由：物权保护纠纷

3. 当事人

原告（上诉人）：赵某霞、孟某琳

被告（被上诉人）：教育咨询公司

【基本案情】

2008年7月14日，第三人王某成与房地产公司签订《房屋租赁合同》，合同约定房地产公司将位于天通东苑二区1号楼×门房屋（以下简称诉争房屋）出租给王某成，租赁时间为2008年10月15日至2014年10月14日。

2011年6月14日，王某成与申某甜在第三人房地产经纪公司居间服务下签订《房产租赁居间合同》，约定由申某甜承租诉争房屋，用途为商业；租期为2011年9月9日至2021年9月8日，租金为50000元/月。教育咨询公司成立后对其法定代表人申某甜之前与王某成签订的上述租赁居间合同予以确认，并认可由教育咨询公司实际履行相关合同义务。

2012年7月26日，赵某霞、孟某琳与房地产公司签订《北京

市商品房现房买卖合同》，约定由赵某霞、孟某琳以13112000元的价格购得诉争房屋，付款方式为一次性付款。诉争房屋为赵某霞、孟某琳按份共有，其中赵某霞占70%的份额，孟某琳占30%的份额，房屋所有权证记载的登记时间为2013年3月11日。

2012年8月23日，赵某霞、孟某琳（甲方）与王某成（乙方）签订《房屋租赁合同》，合同主要约定：赵某霞、孟某琳将诉争房屋出租给王某成做商业经营，租赁时间为2012年8月1日至2014年10月14日止。2012年8月1日至10月14日应交租金90444元，2012年10月15日至2014年10月14日止，年租金为440000元。如存在拖欠租金及相关费用，经甲方或物业公司限期30天交纳，仍拒不交纳的；未征得甲方同意，将房屋整体转租、转让或转借第三方的，甲方有权解除合同并收回房屋，该租赁合同自甲方解除合同通知送达之日起自动解除。2012年11月17日，赵某霞向王某成发出《解除合同通知书》，要求解除双方签订的租赁合同。王某成于当日收到《解除合同通知书》，并同意解除双方的租赁合同。

现诉争房屋由教育咨询公司实际控制。

【案件焦点】

次承租人教育咨询公司是否负有腾房义务。

【法院裁判要旨】

北京市昌平区人民法院经审理认为：基于合同关系等产生的占有，有关不动产或者动产的使用、收益、违约责任等，按照合同约定。本案中，教育咨询公司的法定代表人申某甜在教育咨询公司成立之前与第三人王某成签订的租赁合同，教育咨询公司予以了确认，应视为教育咨询公司与第三人王某成之间形成了租赁合同关系。在双方的合同关系尚未处理的情况下，赵某霞、孟某琳要求教育咨询公司腾退诉争房屋并支付房屋使用费的诉讼请求，依据不足，法院无法支持。综上，依据《中华人民共和国物权法》第二百四十一条，《最高人民法院关于适用〈中华人民共和国公司法〉若干问题的规定（三）》第二条第二款，《中华人民共和国民事诉讼法》第六十四条之规定，判决如下：

驳回赵某霞、孟某琳的诉讼请求。

赵某霞、孟某琳持原审起诉意见提起上诉。北京市第一中级人民法院经审理认为：赵某霞、孟某琳依法取得诉争房屋的房屋所有权证，其二人系诉争房屋的所有权人。因赵某霞、孟某琳在取得诉争房屋所有权之前，王某成已与诉争房屋原产权人房地产公司签订了《房屋租赁合同》，依据《中华人民共和国合同法》第二百二十九条之规定："租赁物在租赁期间发生所有权变动的，不影响租赁合同的效力"，赵某霞、孟某琳与王某成于2012年8月23日签订了新的《房屋租赁合同》。在该合同履行过程中，赵某霞于2012年11月17日向王某成发出了《解除合同通知书》，王某成认可于当日收到该通知书并同意解除合同。依据赵某霞、孟某琳与王某成的约定，两方于2012年8月23日签订的《房屋租赁合同》已于《解除合同通知书》送达王某成之日（即2012年11月17日）解除，即赵某霞、孟某琳与王某成之间的租赁关系即时终止。王某成作为承租人应在租赁关系终止时向出租人赵某霞、孟某琳返还租赁物即诉争房屋，这是租赁合同中承租人的一项基本义务。因王某成将诉争房屋转租给申某甜，申某甜利用诉争房屋成立教育咨询公司，并由教育咨询公司实际使用诉争房屋，且教育咨询公司亦确认申某甜与王某成签订的《房屋租赁合同》，故依据《最高人民法院关于适用〈中华人民共和国公司法〉若干问题的规定

（三）》第二条的规定，可以确认王某成将诉争房屋转租给教育咨询公司。教育咨询公司作为次承租人并不承担向赵某霞、孟某琳直接返还诉争房屋的义务，但是由于房屋租赁关系的存在是王某成占有、使用（包括转租）诉争房屋的合法依据，也是教育咨询公司占有、使用诉争房屋的合法依据。就是说，在王某成与赵某霞、孟某琳房屋租赁关系终止的情况下，王某成占有诉争房屋的合法依据就不存在了，所以王某成应当返还诉争房屋。教育咨询公司也不再拥有占有、使用诉争房屋的合法依据，形成了对诉争房屋的无权占有。赵某霞、孟某琳作为诉争房屋的所有权人，依据《中华人民共和国物权法》第三十四条"无权占有不动产的，权利人可以请求返还原物"的规定，上诉请求教育咨询公司返还诉争房屋并腾退，理由充分，法院予以支持。原审法院认为应适用《中华人民共和国物权法》第二百四十一条之规定来处理赵某霞、孟某琳的该项诉讼请求，系因未能准确把握合同关系的权利基础而产生理解上的偏差，法院予以纠正。因王某成未实际占用诉争房屋，且赵某霞、孟某琳在原审法院并未提出该项诉讼请求，法院对于赵某霞、孟某琳要求王某成返还并腾退诉争房屋的上诉请求不予处理。

王某成转租诉争房屋是以王某成租赁权的存在为基础的，当王某成与赵某霞、孟某琳的租赁关系终止时，王某成的转租基础也就不存在了，教育咨询公司作为次承租人继续主张租赁权就没有依据了。此时，教育咨询公司继续占有、使用诉争房屋已经构成了侵权，故应当支付诉争房屋使用费。依据《最高人民法院关于审理城镇房屋租赁合同纠纷案件具体应用法律若干问题的解释》第十八条规定，房屋租赁合同解除后，出租人请求负有腾房义务的次承租人支付占有使用费的，应予支持。赵某霞、孟某琳上诉请求教育咨询公司支付从 2012 年 11

月17日至实际腾退诉争房屋之日的使用费，理由充分，法院予以支持。赵某霞、孟某琳上诉主张按照教育咨询公司与王某成之间的合同标准计算诉争房屋占有使用费，因该标准并未高于当地的房屋租赁市场价格，符合公平原则，法院予以支持。赵某霞、孟某琳上诉要求王某成对房屋使用费承担连带责任，因王某成自其与赵某霞、孟某琳解除租赁合同后并未实际占有使用诉争房屋，且赵某霞、孟某琳在原审法院并未提出该项诉讼请求，法院对该项上诉请求不予处理。

教育咨询公司在原审法院及法院审理过程中，提出的抗辩意见均是以其与王某成之间的租赁关系为事实和法律基础的。因王某成与赵某霞、孟某琳之间的租赁关系已终止，教育咨询公司抗辩主张的相关基础已不存在，故教育咨询公司之抗辩法院均不予采信。但需要指出的是，因王某成对诉争房屋享有的剩余租赁期限只到2014年10月14日，故王某成与教育咨询公司于2011年6月14日签订的《房屋租赁居间合同》中租赁期限超过2014年10月14日部分的约定无效。

依照《中华人民共和国民事诉讼法》第一百七十条第一款第二项，《中华人民共和国合同法》第九十六条、第九十七条、第二百二十九条、第二百三十五条，《中华人民共和国物权法》第三十四条，《最高人民法院关于适用〈中华人民共和国公司法〉若干问题的规定（三）》第二条第二款，《最高人民法院关于审理城镇房屋租赁合同纠纷案件具体应用法律若干问题的解释》第十五条、第十八条之规定，判决如下：

一、撤销北京市昌平区人民法院（2013）昌民初字第3385号民事判决；

二、教育咨询公司于本判决生效后七日内将坐落于北京市昌平区东小口镇天通东苑二区一号楼一至三层×房屋腾空交还赵某霞、孟某琳；

三、教育咨询公司于本判决生效后七日内给付赵某霞、孟某琳自2012年11月17日起至实际腾房之日止的房屋使用费，按照每月五万元的标准计算；

四、驳回赵某霞、孟某琳的其他诉讼请求。

【法官后语】

房屋租赁和转租是市场经济中的普遍现象，但是由于涉及不同的法律关系，出租人、承租人和次承租人之间的利益经常存在一定的争议。[①] 审理本案的核心在于，区分不同的权利性质和合同法律关系之间的本质联系。

（一）审理本案需要把握的基本问题

1. 区分不同的权利性质。房屋租赁权本质上是债权，是相对权；而所有权是物权，是绝对权，具有至高无上的效力和地位，物权能排除债权的效力。因此，根据民法理论，次承租人的租赁权不能对抗出租人的所有权。出租人作为所有权人，能够依其物权直接对次承租人主张权利，即依租赁合同被解除的特定情形而请求次承租人返还租赁物。

2. 区分不同法律关系之间的本质联系。转租是承租人将依租赁合同享有的对租赁物的占有、使用权转而出租给第三人（次承租人）。转租须以租赁合同的存在为前提。具体表现在两个方面：第一，如果租赁合同被撤销、被解除或被宣告无效，则转租亦丧失存在基础；第

① 本案争议的焦点主要有三个：1. 赵某霞、孟某琳是否可以直接向教育咨询公司提出返还诉争房屋的主张；2. 教育咨询公司以其与王某成的房屋租赁合同未到期为由抗辩其继续占有使用诉争房屋是否合法；3. 教育咨询公司是否应当承担诉争房屋的使用费。

二，次承租人的权利受到承租人（转租人）租赁权及出租人所有权的限制，如次承租人对租赁物使用、收益的方法和期限不得超过承租人（转租人）的范围。转租虽然是新的租赁关系，其内容可与原租赁合同不同，但是由于次承租人的租赁权以承租人（转租人）的租赁权为基础，因此在承租人（转租人）的租赁权消灭时，次承租人的租赁权丧失存在基础，不得对出租人主张。因此，当承租人不履行义务致出租人解除合同时，次承租人不得向出租人主张租赁权的存续。

（二）关于本案争议焦点的分析

1. 赵某霞、孟某琳依据其对诉争房屋的所有权，可以直接向教育咨询公司主张返还诉争房屋

基于合同的相对性，出租人与次承租人之间并不存在法律关系，因此原房屋租赁合同关系终止时，次承租人并不承担直接向出租人返还租赁物的义务。但是，另一方面，物权天然的绝对权性质又赋予所有权人对抗任何不特定人的权利，即当物权人的物被他人侵占，物权人有权请求返还原物，使物复归于物权人事实上的支配。

本案中，教育咨询公司作为次承租人，占有、使用诉争房屋的合法依据已不复存在，其对诉争房屋的实际控制行为形成了无权占有。因此，赵某霞、孟某琳作为诉争房屋的所有权人，可以行使物权保护的权利，请求教育咨询公司直接返还诉争房产。

2. 教育咨询公司与王某成的房屋租赁合同关系基础已经丧失，其以房屋租赁合同关系为基础的抗辩缺乏法律依据

本案中，教育咨询公司提出的抗辩理由，均是基于其与王某成之间的《房屋租赁合同》。但是，在赵某霞、孟某琳与王某成之间的原房屋租赁合同解除后，王某成即失去了合法转租诉争房屋的依据，其与教育咨询公司之间转租合同的事实及法律基础遭到了破坏。鉴于此，

教育咨询公司基于房屋转租合同关系向房屋所有人提出的抗辩失去了合法依据，不能得到支持。

同时，教育咨询公司所主张的租赁期限超出赵某霞、孟某琳与王某成之间的租赁期限的部分无效。转租是承租人将依据租赁合同享有的对租赁物的占有、使用权转而出租给第三人，因此转租人必须基于自己的租赁权而为次承租人创设租赁权，即转租合同的内容必须受原租赁合同的限制，且生效依赖于原租赁合同的生效和履行。鉴于此，转租合同约定的租赁期限超出承租人剩余租赁期限的，因租赁合同约定的履行期限届满，承租人转租房屋属于无权处分，应当依法认定超出部分无效。本案中，因王某成对诉争房屋享有的剩余租赁期限只到2014年10月14日，故王某成与教育咨询公司签订的《房屋租赁居间合同》中租赁期限超过2014年10月14日部分的约定无效。

3. 教育咨询公司负有腾房义务，并应支付无权占有期间的房屋使用费

本案中教育咨询公司在王某成丧失租赁权后继续占有、使用诉争房屋已经构成了侵权，并造成了房屋所有权人赵某霞、孟某琳的损失，因此，应当腾房并支付诉争房屋使用费。

综上，本案审理的基本思路如下：（1）出租人与承租人之间的合同解除后，次承租人继续占有使用租赁房屋属于无权占有，出租人有权直接向次承租人主张返还租赁房屋；（2）出租人与承租人解除房屋租赁合同后，承租人与次承租人的房屋租赁合同关系基础业已消失，次承租人以租赁合同未到期进行抗辩缺乏法律依据；（3）次承租人对出租人负有腾房义务，应当支付无权占有、使用租赁房屋期间的使用费用。本案涉及物权保护、房屋租赁及转租，存在多方诉讼当事人，法律关系复杂。法院审理时应准确分析各方当事人之间的法律关系，

依法判断各方当事人的权利义务。同时应恰当理解我国合同法及相关司法解释的价值取向，即在平衡出租人与次承租人之间利益的同时，更注重维护财产的静态安全。

编写人：北京市第一中级人民法院　张磊

037　公房承租权内部约定的法律效力分析

——许某婕诉许景某物权保护案

【案件基本信息】

1. 裁判书字号

北京市第一中级人民法院（2013）一中民终字第01448号民事判决书

2. 案由：物权保护纠纷

3. 当事人

原告（上诉人）：许某婕

被告（上诉人）：许景某

【基本案情】

位于北京市某区平房两间为铁路局公房（以下简称涉案公房），原始承租人为许某（已于1986年去世），许某有子女三人，分别为许景某、许增某和许秀某，许某婕系许增某之女。

1999年12月12日，许秀某作为公证人，许景某与许增某签订《协议书》，双方约定："涉案公房归许景某所有；涉案公房如果拆迁，拆迁所得新房或房费归许景某所有。"

2001 年 5 月 21 日，许增某与铁路局签订《公有住宅租赁合同》，取得涉案房屋承租权，后许增某于 2008 年去世。另，许某婕及其父母自 1999 年至今居住在涉案房屋。

2012 年 2 月 29 日，许某婕因其父已去世，故与铁路局又签订《公有住宅租赁合同》，承租了涉案公房，并于次月对涉案公房进行装修、扩建。

2012 年 4 月 15 日，许景某前往涉案公房现场，双方因争执而报警。同月 22 日，许景某更换涉案公房门锁，并自行入住。许某婕由此诉至法院。

【案件焦点】

公房承租权人及其直系亲属、共居人根据意思自治原则对公房承租使用权益、权能进行协商分配的效力认定，以及此种协议处分行为与公房承租权的法律效力比较。

【法院裁判要旨】

北京市石景山区人民法院经审理认为：案件争议焦点为谁享有涉案公房的优先使用权利。第一，许某婕与房屋管理单位签订《公有住宅租赁合同》时，已经取得了公房承租权，其应是涉案公房的合法权利人。第二，许景某与许增某签订的《协议书》系有效合同。《协议书》中对公有住宅所用“所有”一词，结合当事人对法律用语的理解及认识程度和我国公有房屋的性质，从符合合同目的及诚实信用原则的角度考察，《协议书》的真实意思为：许景某、许增某对其父许某所留公房进行协议分配，涉案公房的相应权利归属于许景某，如涉案公房拆迁，则相应拆迁利益归许景某所有。第三，许某婕已取得公房承租权，其为登记的合法使用权人，具有优先效力。现许景某未经许某婕同意，擅自入住涉案公房的行为，侵犯了许某婕的合法权利，许景某应当予以腾退。许增某与许景某于1999年签订《协议书》的行为性质为家庭内部对公房权利的分配。《协议书》对许增某及其女许某婕具有法律约束力，许增某为许景某设定了对于涉案公房在符合约定条件成就时的期待利益，即许增某及其女许某婕负有条件成立时履行《协议书》的义务，将期待利益给付许景某的法律义务，同时该法律义务亦赋予许景某日后主张期待利益的法律效力。据此，许景某享有涉案公房的相应拆迁利益。

北京市石景山区人民法院依照《中华人民共和国物权法》第三十四条之规定，作出如下判决：

许景某应将涉案公房腾退并交付许某婕。

许某婕、许景某均提起上诉。北京市第一中级人民法院经审理认为：许某婕取得了涉案公房的承租权利，其应享有上述公房的居住使用权。许景某擅自入住该房的行为，侵犯了许某婕的合法占有的权利，其应当予以腾退。另，许增某与许景某于1999年签订的《协议书》系有效合同，该协议为家庭内部对涉案公房权利的分配，对许增某有法律效力，即许增某在涉案公房上为许景某设定了相关权利。在此种情况下，许某婕取得的公房承租权亦应受到原承租人许增某上述约定的约束。因本案为物权保护纠纷，许景某对诉争房屋有何种权利成为是否应当腾退房屋之关键，故一审法院对《协议书》性质和效力的审理与本案的结果有密切相关性，一审法院对上述待决事实的审理并无不当，但是《协议书》是否履行、如何履行，并不在本案的审理范围内。

综上所述，一审判决认定事实清楚，适用法律正确。北京市第一中级人民法院依照《中华人民共和国民事诉讼法》第一百七十条第一款第一项之规定，判决如下：

驳回上诉，维持原判。

【法官后语】

1. 案件争议点

许景某自行占有入住涉案公房的理由主要依据原家庭签订的《协议书》。而许某婕主张权利的主要依据为其持有的《公有住宅租赁合同》。家庭协商处分公房与公房管理单位确定的承租使用权人，二者法律效力在个案中产生冲突，如何在现有公房管理现状和体制下，妥善处理两个法律权利的冲突问题，成为正确处理此案的关键。

2. 公房承租权的法律属性及家庭协商分配的实务分析

本案中，涉案公房的原始取得方式为分配取得，分配的基础为许景某、许增某之父许某系铁路局职工，其中包含了公房承租人与公房出租人之间存在特殊身份关系即劳动关系，公房的分配依据许某履行劳动合同的情况、其家庭人口数量、个人职级待遇等诸多因素。在特定历史背景下，涉案公房具有劳动报酬性质，隐含了一部分劳动价值。同时，因公房实行低租金政策，故公房承租权兼具社会福利和劳动报酬双重属性。从法律角度分析，许某基于上述条件而取得的公房承租权应视为一项具有劳动福利性质的财产权益，是一种私权利，具有可继承性，相关利害关系人可以在不违反公房管理法律、法规或单位规章制度的情况下通过意思自治而进行家庭协议分配。

实践中公房承租无租期限制，公房所有权人或公房管理单位无法定情形不得随意解除或终止租赁合同关系。因此，许某去世后，公房承租权仍然可由其家庭成员继受享有，租赁关系并未因许某的去世而终止，这为许景某、许增某、许秀某家庭内部分配公房承租权提供了现实可能。

综上，公房承租权本质上属于财产性权利，当事人可以通过家庭协商方式对权益予以分配。

3. 本案具体分析

在本案中，原承租人许某去世后，其子女许景某、许增某、许秀某作为法定继承人，签订《协议书》将承租使用权进行协议分配并无不当，是继承父亲所留遗产的行为。

许景某与许增某虽约定涉案公房的权利由许景某享有，但因许增某与铁路局签订《公有住宅租赁合同》的行为，且许增某一直实际占有使用涉案公房，导致双方未能实际履行《协议书》。许某婕作为许增某法定继承人，仍未履行上述《协议书》，并在符合公房承租的条件下，通过办理相关承租手续，与公房产权单位签订了《公有住宅租赁合同》，当然成为承租公房的权利人，实际取得公房权利并享有了对公房使用的优先效力。

本案中法院在处理腾房问题上，认定许某婕为登记的公房承租权人，许景某未经同意而擅自入住的行为侵犯了许某婕的权利，许景某应当将房屋腾退并返还。同时，法院根据上述“可以通过家庭协商方式对公房承租权益予以分配”的分析，从案件的另一角度对许景某与许增某签订的《协议书》进行了诠释，从公平、诚实信用角度对案件作出了妥善处理，维护当事人理应享有的合同权益。法院认为虽然许某婕及其父许增某未能实际履行《协议书》约定，但相关利害关系人可对涉案公房相应权利进行有效处分，判决书据此对《协议书》第二项内容予以肯定，即“铁路局公房两间如果拆迁，拆迁所得新房或房费归许景某所有”。基于此，许增某在未取得公房承租权时，与许景某签订《协议书》约定涉案公房拆迁所得归许景某，应为双方对父亲所留家庭财产权益的分配。此后，许增某与铁路局签订《公有住宅租赁合同》成为登记权利人，其在《协议书》中与许景某作出上述约定的行为性质应为对自己有权处分的公房承租权下的部分财产权益进行让渡。此法律行为属有权处分，法律后果是在涉案公房上为许景某设定了期待权，并对自己享有公房相应权益进行了限制。

许景某与许增某在《协议书》约定“涉案公房如果拆迁，拆迁所得新房或房费归许景某所有”的行为，一方面从权利角度上，属于双方确认许景某享有涉案公房发生拆迁时产生利益的期待权，另一方面从合同履行利益角度上，属于许景某享有的期待利益。期待权是指将来有取得与实现的可能性的权利，期待利益是指当事人在订立合同时期望从合同中获得的各种利益的总和，两者均具有未来性、现实性、不确定性的特点。本案中许增某在承租时对公房如发生拆迁而产生利益的取得权利进行了处分，许某婕作为法定继承人及原承租人许增某的家庭成员，在取得公房承租权后，上述处分效力亦应涉及并约束许某婕，表现为承租权中获得拆迁补偿的期待权及期待利益已经由其父通过《协议书》让渡给许景某。

4. 法律适用

本案事实发生于《中华人民共和国民法典》实施之前，对腾退房屋的请求，适用了《中华人民共和国物权法》第三十四条“无权占有不动产或者动产的，权利人可以请求返还原物”的规定。2021 年 1 月 1 日《中华人民共和国民法典》实施后，在物权编第二百三十五条中对返还原物请求权的规定内容予以延续，新法与旧法内容无异，不影响本案判例的法理分析。

编写人：北京市石景山区人民法院　左文兢

038 商品房集体对外出租中部分所有权人物权保护与限制

——肖某起诉商业公司物权保护案

【案件基本信息】

1. 裁判书字号

北京市第二中级人民法院（2013）二中民终字第4781号民事判决书

2. 案由：物权保护纠纷

3. 当事人

原告（上诉人）：肖某起

被告（被上诉人）：商业公司

【基本案情】

2004年9月，肖某起从第三人置业公司处购买了位于北京市朝阳区××园1号院4号楼（以下简称4号楼）商业2层2052号房屋（以下简称2052号房屋）一套，用途为商业，总金额为254964元。签订合同当日，肖某起与案外人甲商业管理公司签订出租委托合同，委托期限为3年，约定期限届满前甲商业管理公司召集商铺业主成立业主委员会，由业主委员会处理续租问题。合同期限届满后，甲商业管理公司未与肖某起续签合同，退出了4号楼的经营。

2008年6月19日，置业公司与席某民等其他11名商铺业主注册成立了乙商业管理公司。同年12月8日，乙商业管理公司与商贸公司签订《委托合同》，约定由商贸公司将4号楼商业用房屋对外整体出租经营。后因商贸公司经营不善，乙商业管理公司于2010年1月4日与置业公司签订了《委托商场招商租赁协议》，委托置业公司对外统一出租经营，置业公司承诺按照购房款总额不低于5%向小业主发放（年）租金，不足部分由其补足，超出5%据实发放。2010年10月12日，北京市工商行政管理局朝阳分局认定乙商业管理公司未按规定办理年检手续，对其作出吊销营业执照的处罚决定。乙商业管理公司管理期间，肖某起曾收取乙商业管理公司支付的租金。2010年11月1日，置业公司与商业公司签订了《租赁合同》，约定由商业公司承租4号楼第1层局部及第2层、第3层的房屋，建筑面积13907.11平方米，租赁期限为15年，自2011年2月8日起至2026年2月7日止，免租期为90天。合同签订后，商业公司与置业公司均依约履行了合同内容。

另，2009年3月14日，北京市朝阳区房屋管理局向肖某起下发了2052号房屋的所有权证书，但房屋平面图的四至界限记载不清。现肖某起以商业公司、置业公司共同侵犯其房屋所有权为由起诉，要求商业公司、置业公司将2052号房屋腾退返还，并要求商业公司、置业公司按照每日每平方米7元的标准支付自2010年11月1日起至房屋返还之日止的房屋使用费。

【案件焦点】

商品房整体对外出租时，部分所有权人能否依据物权请求权，排除妨害，要求商业公司、置业公司腾退房屋。

【法院裁判要旨】

北京市朝阳区人民法院经审理认为：不动产权属证书系权利人享

有该不动产物权的凭证，所有权人对自己的不动产或者动产，依法享有占有、使用、收益和处分的权利，但物权的行使，应当遵守法律，尊重社会公德，不得损害公共利益和他人合法权益。

本案中，肖某起通过与置业公司签订商品房买卖合同的方式取得了2052号房屋的所有权，其对该房屋享有占有、使用、收益和处分的权利。根据查明的事实，2052号房屋系4号楼商业配套用房中的一部分，该房屋自交付之日即与4号楼的其他商业配套用房一并对外整体出租经营。乙商业管理公司之成立虽未取得肖某起之认可，但毕竟代表了甘露园1号院4号楼多数业主之意见，肖某起亦实际收取了部分租金。现置业公司受乙商业管理公司之委托与商业公司签订租赁合同，商业公司基于该合同占有使用2052号房屋。从4号楼商业配套用房的整体出租角度出发，并考虑置业公司及商业公司已投入了较大的运行费用，法院认为，肖某起现要求商业公司及置业公司腾退返还房屋，不符合经济原则，亦不利于维护商业公司、置业公司及其他业主的合法权益，且2052号房屋与其他房屋的界限不清，无法独立使用，故肖某起要求商业公司及置业公司腾退房屋的诉讼请求，法院不予支持。

关于肖某起主张的房屋使用费的承担主体问题，因置业公司擅自将房屋出租给商业公司且已收取相应租金，故其应当向肖某起支付房屋使用费。商业公司已经向置业公司支付了租金，不宜再由其承担肖某起的房屋使用费。另，关于房屋使用费标准及计算期间问题，根据置业公司与乙商业管理公司签订的《委托商场招商租赁协议》，置业公司承诺按照购房款总额不低于5%向小业主发放租金，不足部分由其补足，超出5%据实发放，目前商业公司向置业公司支付了自2011年8月1日起至2013年4月30日止的租金，此期间的租金标准低于肖某起购房款总额的5%，故应以肖某起购房款总额的5%作为房屋使用费的计算标准，并以商业公司支付租金的期限作为计算期间。

北京市朝阳区人民法院依照《中华人民共和国民法通则》第七条，《中华人民共和国物权法》第七条、第十七条、第三十九条的规定，判决如下：

一、置业公司于本判决生效之日起七日内给付肖某起自2011年8月1日起至2013年4月30日止的房屋使用费22309元；

二、驳回肖某起的其他诉讼请求。

肖某起不服判决，提起上诉。

北京市第二中级人民法院经审理认为：物权的行使，不得损害公共利益和他人的合法权益。肖某起2004年购买了2052号房屋，并于2009年3月14日取得了所有权证书。2052号房屋系4号楼的商业配套用房的组成部分，并无明确四至界限，与其他商业用房之间也无物理空间上的实体分割隔断，有需与其他商业用房共同发挥使用功能的特殊性，不具备独立使用之条件。肖某起购房至今并未自营自用，而是于购房当日即与甲商业管理公司签订《商铺委托租赁经营合同书》，委托甲商业管理公司代理出租，收取相应租金，其对2052号房屋宜与其他商业用房一并整体出租经营以实现收益权能的稳定性与连续性有着明确具体的认知。根据审理查明的事实，甲商业管理公司退出经营后，乙商业管理公司为统一经营招商而设立，其成立虽未获肖某起之认可同意，但现并无证据表明4号楼多数业主反对乙商业管理公司成立及代理业主委托出租之行为，结合肖某起等业主收取租金之情形，可以认为乙商业管理公司能够代表多数业主之意见。置业公司受乙商业管理公司之委托与商业公司签订租赁合同，商业公司系基于租赁合同而占有使用2052号房屋。在置业公司与商业公司已为商业运营投入运行费用之情形下，4号楼商业配套用房亦具有整体出租的必要性，其使用方法及收益方式有着延续性和不宜变更性，现肖某起要求商业公司与置业公司腾退返还2052号房屋，不利于商业公司、置业公司及其他业主合法权益以及公共利益之实现，故腾退2052号房屋尚不具有现实性，原审法院驳回肖某起要求腾退的诉讼请求并无不当，法院予以维持。

关于房屋使用费，法院认为，综合本案全部事实，2052号房屋使用费的支付宜以实际所发生收益为依据。对于支付使用费的主体问题，现商业公司已为使用场地实际支付租金，不应再支付额外使用费用，应由置业公司承担。就使用费的计算标准，鉴于代表业主利益的乙商业管理公司与置业公司所签协议已作明确约定，按购房款总额不低于5%发放租金，不足部分由置业公司补足，超出则据实发放，现租金标准低于肖某起购房款总额的5%，故置业公司应以肖某起购房款总额的5%为标准向其支付使用费，计算期间则以商业公司支付租金的期限为准。故法院对原审法院就支付使用费问题所作判决不持异议。综上，肖某起的上诉请求因依据不足，法院不予支持。依照《中华人民共和国民事诉讼法》第一百七十条第一款第一项之规定，判决如下：

驳回上诉，维持原判。

【法官后语】

排除妨害作为一种基本的物权保护方法，其目的在于保障权利人的物权行使不受妨害，这是物权排他性的具体体现。依据原《中华人民共和国物权法》（以下简称《物权法》）第二条以及现行有效的《中华人民共和国民法典》（以下简称《民法典》）第一百一十四条规定，物权是指权利人依法对于特定的物享有直接支配和排他的权利。原《物权法》第六条以及现行有效的《民法典》第二百零九条亦同时规定，不动产物权的设立、变更、转让和消灭，经依法登记发生效力。因此，在一般情况下，所有权人在所有权受到妨害或可能受到妨害时有权请求排除妨害。然而，所有权的排他性并非没有界限。

所有权受到限制是因为权利的社会化需要，社会成员在社会中获得自我实现，权利就必须受到社会约束。具体到所有权的行使，所有权不仅仅是所有权人获取私人利益的工具，还要承担相应的社会义务。所有权人的义务是权利利用中在满足个人利益的同时也要满足社会整体利益：一是为私人增加财富同时要为社会增加财富；二是为私人增加财富时不得损害社会他人的公众利益，让每一个人都有平等的发展机会。因此，所有权行使不得损害公众利益是社会化的基本要求，实现这一基本要求，必须依靠法律对所有权进行限制，给所有权以负担。原《物权法》第七条规定，物权的取得和行使，应当遵守法律，尊重社会公德，不得损害公共利益和他人合法权益，直接体现了对所有权排他性的特别限制。现行有效的《民法典》第一百三十二条则从更宏观的层面对权利滥用进行限制作出了原则性规定，即民事主体不得滥用民事权利损害国家利益、社会公共利益或者他人合法权益。

那么如何界定民法中的“公共利益”？学者梁慧星对公共利益的表述是：“所谓公共利益，指公共道路交通、公共卫生、灾害防治、科学文化教育事业、环境保护、文物古迹及风景名胜区的保护、公共水源及引水排水用地区域的保护、森林保护事业，以及国家法律规定的其他公共利益。”此种界定是一种列举式的方法。从另一个角度来看，公共利益应当注重社会性，应当具备一定的群体性。因此，在具体个案中涉及公共利益的认识时，应当先从个案中抽象出来看一般意义上的公共利益，然后再回到个案中去。需要指出的是，除了损害公共利益时的限制因素外，物权的行使亦不能损害其他公民或组织的合法权益，这时的所谓合法权益主要表现为个体权益。

回到本案中，肖某起虽然通过置业公司购买了2052号房屋，并办理了权属登记，从物权法的相关规定来看，肖某起确已取得2052号房屋的所有权，但其要求腾退房屋的诉讼请求并未得到法院支持，究其原因，主要在于以下三个方面：首先，2052号房屋不具有空间物理上的独立属性。根据法院查明的事实，2052号房屋系4号楼的商业配套用房的组成部分，并无明确四至界限，与其他商业用房之间也无物理空间上的实体分割隔断，有需与其他商业用房共同发挥使用功能的特殊性，不具备独立使用之条件。其次，4号楼商业配套用房整体对外出租体现了特定的群体利益。肖某起购房至今并未自营自用，而是于购房当日即与甲商业管理公司签订《商铺委托租赁经营合同书》，委托甲商业管理公司代理出租，收取相应租金，其对2052号房屋宜与其他商业用房一并整体出租经营以实现收益权能的稳定性与连续性有着明确具体的认知。甲商业管理公司退出经营后，乙商业管理公司为统一经营招商而设立，其成立虽未获肖某起之认可同意，但现并无证据表明4号楼多数业主反对乙商业管理公司成立及代理业主委托出租之行为，结合肖某起及其他业主收取租金之情形，可以认为乙商业管理公司能够代表多数业主之意见，其代理业主委托出租之行为亦系符合大多数业主共同利益和整体意志。最后，肖某起行使房屋所有权会对商业配套用房全体业主的群体性利益及商业公司、置业公司的合法权益造成损害。根据查明的事实，置业公司与商业公司已为商业运营投入较大数额的运行费用，而4号楼商业配套用房亦具有整体出租的必要性，其使用方法及收益方式有着延续性和不宜变更性，肖某起要求商业公司与置业公司腾退返还2052号房屋，不利于商业公司整体使用商业用房，会对商业公司及置业公司投入的运营费用造成损害，客观上也损害了其他商业用房业主合法权益的实现。换言之，基于2052号房屋客观上的不可独立性，使得肖某起在行使房屋所有权的排他性权利时，会损害商业用房全体业主的群体利益，同时也侵害了实际投入运营费用的商业公司和置业公司的合法权益，故其排他性权利应当得到限制。

编写人：北京市朝阳区人民法院　叶永尧

039 借名购买单位集资建房的物权认定

——梁某华诉梁某茹所有权确认案

【案件基本信息】

1. 裁判书字号

北京市第三中级人民法院（2013）三中民终字第00855号民事判决书

2. 案由：所有权确认纠纷

3. 当事人

原告（被上诉人）：梁某华

被告（上诉人）：梁某茹

【基本案情】

梁某华、梁某茹系姐妹关系。2006年前后，根据梁某茹单位集资建房方案，梁某茹取得集资建房资格。就如何购买该房屋，梁某华、梁某茹有过协商。后梁某茹与住宅合作社签订《北京市住宅合作社集资合作建房协议》，约定住宅合作社为集资款收取方，梁某茹为参加集资方，合作住宅集资款总额为402739元。上述房屋的集资款均由梁某华实际出资，相关税费均由梁某华交纳并持有相关票据。该房屋于2008年4月交付后，由梁某华对房屋进行了装修并居住使用。2010年4月21日该房屋登记在梁某茹名下，房屋性质为经济适用房。

梁某华称自己是借梁某茹之名买房。梁某茹称购房款均是向梁某华借款支付，双方约定房屋由梁某华暂住，待梁某茹还清借款后梁某华将房屋返还给梁某茹。经询，梁某华称其为购房向多位亲朋借款共计39万元。梁某茹称其不清楚梁某华如何筹款，其只向梁某华借，其在2010年、2011年要筹钱还给梁某华，但梁某华不要。

梁某华为证明自己是借名买房，提交了自己与其二姐梁某琴、与其母亲林某、与其大姐梁某英的三份录音证据，录音中均提到：梁某茹觉得梁某华没房，老这搬那搬的，孩子该结婚了，所以就把房子给梁某华了。对该三份录音材料，梁某茹意见：（1）不认可真实性；（2）系偷录，不能作为证据采纳；（3）被录音人不是协商买房的直接参与人，其陈述不应作为定案依据；（4）录音有删节的痕迹，不完整。但是，梁某茹未向法院申请鉴定。梁某华还申请3位证人出庭作证，证人称：2006-2007年，文某勇（梁某华之夫）说他的小姨子有一套经济适用房转给他，向证人借钱买房、装修。梁某茹称证人均未参与梁某华、梁某茹家庭内部协商购房的事宜，无法起到证明作用。

梁某茹为证明自己是借钱买房，申请梁某琴、梁某、梁某英3位证人出庭作证，证人称：2006年梁某茹分得一套经济适用房，为交付房款，向梁某华借钱，前提是由梁某华的儿子住，等梁某茹还钱了梁某华再搬出来。梁某华认为梁某与梁某茹存在利害关系，梁某琴、梁某英的证言与录音陈述相矛盾，不具有真实性。

【案件焦点】

他人向单位职工借名出资购买集资房能否取得房屋所有权。

【法院裁判要旨】

北京市朝阳区人民法院经审理认为：本案争议的焦点是双方是借款买房还是借名买房。梁某茹称其向梁某华借款买房，附条件由梁某华暂住。为此梁某茹申请了证人出庭作证，鉴于梁某英、梁某琴出庭的陈述时间在梁某华提交录音资料中的陈述时间之后，二者内容前后存在矛盾，但二证人欠缺合理解释，缺乏可信度，法院对该二位证人的出庭证言均不予采信。证人梁某与梁某茹存在明显的利害关系，且其陈述内容均来自梁某茹转述，法院对其证言亦不予采信。梁某华就借名买房的主张提供了录音证据三份并申请 3 位证人出庭作证。关于录音证据中的陈述及 3 位证人的证言，因上述陈述及证言均不能体现梁某华、梁某茹就买房达成合意的现场情况，出庭证人的陈述事实有传来的性质，法院难以仅根据上述证据认定借名买房的事实，但考虑到梁某英、梁某琴及林某均系梁某华、梁某茹的近亲属，对双方的协商情况拥有较多的知悉渠道，且三人在录音中的陈述内容在一定程度上可以相互印证，可以作为本案认定事实的重要佐证和参考。

根据查明的事实，法院足以认定如下事实：梁某茹系涉案经济适用房的签约购买人，但相关全部款项均系梁某华实际出资交付；房屋登记在梁某茹名下，但自房屋交付后，由梁某华装修入住使用至今；梁某茹称其向梁某华借款，但购房时梁某华多方筹款，其中部分款项借自双方共同的近亲属；梁某茹称将房屋暂借给梁某华使用，但借住期限不明。如果梁某茹主张的借款购房的事实成立，如下事实将难以用常理解释：梁某华在显无经济实力的情况下，多方筹款出借给梁某茹，其对价仅仅是缺乏期限保证的借住；另外，在家庭关系融洽的情况下通过辗转的方式从双方共同的近亲属处筹集款项，且将全部购房款均纳入借款范畴，即便是为了梁某华暂住，如此操作显然也缺乏合理性及必要性。而如果双方是借名买房关系，上述事实将能得到较好的解释。综上，根据已查明的事实结合日常生活情理，并参考相关录音证据及证人证言，法院对梁某茹所持向梁某华借款买房并交梁某华暂住的主张不予采信，认定梁某华系借梁某茹名义买房，其实质是梁某茹对外买房后将房屋作价转让给梁某华，故双方系房屋买卖合同关系。

因双方买卖的标的房屋是经济适用房，违反了相关政策、法规的规定，应为无效合同，梁某华要求确认所购涉案房屋归其所有，法院不予支持。双方如另有其他争议，可另案解决。综上，依据《中华人民共和国合同法》第五十二条，《最高人民法院关于民事诉讼证据的若干规定》第六十四条规定，判决：

驳回梁某华诉讼请求。

被告不服判决，认为原被告双方不存在房屋买卖合同关系，因而提起上诉。

北京市第三中级人民法院认为：物权的取得和行使，应当遵守法律，尊重社会公德，不得损害公共利益和他人合法权益。买受人出资并不必然导致取得所有权。本案中，梁某华虽系借梁某茹名义出资购买涉案房屋，但该房系单位集资所建的经济适用房，属于梁某茹所在单位为保障本单位职工住房而集资修建的政策性保障住房，而梁某华并非梁某茹所在单位职工，不具备集资建房资格，梁某华借梁某茹名义出资购买该房违反了相关政策和法律规定，故其要求确认涉案房屋归其所有，于法无据，法院不予支持。原审法院据此判决驳回梁某华的全部诉讼请求，并无不当。但原审法院认定梁某茹对外买房后将房屋作价转让给梁某华，双方系房屋买卖合同关系，缺乏事实根据，法院予以纠正。梁某茹称梁某华原审提供的录音证据为非法证据，因该录音证据并不违反法律的禁止性规定，法院对其上述意见不予采信。梁某茹二审中提交了对其母亲林某做的录音资料，但该证据系原审判决后新形成的证据，并不属于二审中新的证据，且录音内容与梁某华此前提交的录音内容相互矛盾，故法院对该证据无法采信。梁某茹称其系向梁某华借款买房，证据不足，法院亦不予采信。

综上，依照《中华人民共和国民事诉讼法》第一百七十条第一款第一项之规定，判决如下：

驳回上诉，维持原判。

【法官后语】

本案争议焦点为他人向单位职工借名购买集资房是否能取得房屋所有权，主要涉及物权的取得。

一种意见认为，出资是取得物权的重要途径，出资人基于出资而实际取得物的所有权。而被借名人分文未出，只是名义上的所有人，仅因为登记而对物享有名义上之所有权，并不具有实际的占有、使用、收益、处分权利。

另一种意见认为，借名人虽出资但并不取得所有权。但就“为什么不能取得所有权”这一问题，司法实践中存在两派观点。占据主流观点，也即一审法院的观点认为，借名买房实为存在双重法律关系，第一重关系是被借名人和卖房单位存在房屋买卖合同关系，第二重关系是借名人与被借名人之间的房屋买卖合同关系。于是，对后一重法律关系进行合同无效的评价，以此否定借名人对房屋的所有权。该观点之所以占据主流，主要基于对“借名”对价的现实考量——因为被借名者往往收取借名者一笔数额不菲的金钱作为出借的对价。这种被广泛用以处理借名买房案件的方法，在本案中却显露出其牵强的弊端。正如被告上诉理由所称，她和原告根本不存在买卖关系，更谈不上合同违反了相关政策、法规的规定，所以合同无效更是无稽之谈。

二审法院依据《中华人民共和国民法典》（以下简称《民法典》）生效之前的《中华人民共和国物权法》（以下简称《物权法》）第七条规定，独辟蹊径直接立论——物权的取得和行使，应当遵守法律，尊重社会公德，不得损害公共利益和他人合法权益。依据该条，物权的取得至少应该从取得资格、取得方法两个方面来评价，因为取得的资格和方法会直接影响到物权是否取得。比如，一个未获行政许可的自然人或法人即使已经向民用爆炸物的卖家支付价款并且已经因卖家的交付而实际占有爆炸物，但因买者未获许可而不具有购买资格，即使是支付了价款并交付了标的物，买者也不能因此而获得爆炸物的所有权①。再如，通过盗抢获取的物，盗抢者不会因为占有而取得该物的所有权。

借助前述法律条文，本案的法律推理得以顺利展开。本案房屋为集资建房，产权性质为经济适用房，在5年内具有禁止流通物的特性，5年以外具有限制流通物的特点。从《经济适用住房管理办法》第二条来看，经济适用住房，是政府提供政策优惠，限定建设

① 《民用爆炸物品安全管理条例》第三条规定，国家对民用爆炸物品的生产、销售、购买、运输和爆破作业实行许可证制度。未经许可，任何单位或者个人不得生产、销售、购买、运输民用爆炸物品，不得从事爆破作业。严禁转让、出借、转借、抵押、赠送、私藏或者非法持有民用爆炸物品。

标准、供应对象和销售价格，面向城市低收入住房困难家庭供应，带有公共利益性质的保障性住房。

首先，就取得资格而言，涉案房屋属于被告所在单位为保障本单位职工住房而集资修建的政策性住房，因而该集资建房的资格专为被告及其单位符合条件的职工享有，原告并非被告所在单位职工，故不具备被告所在单位的集资建房资格。因此，原告借被告名义出资购买该房违反了相关公共政策和法律规定。该论理契合了《民法典》第八条①规定的公序良俗原则。

其次，就取得方法而言，出资并非一种必然导致取得所有权的方法。不论依据原《物权法》，还是《民法典》，本案不动产物权变动需要变更登记于不动产登记簿时方发生物权效力。即除了出资等原因以外还需要办理登记方能产生物权变动之结果。城市房屋作为不动产的一种，需要以房管部门的登记为所有权外观。所有权确认案件，顾名思义，即是在权属发生争议时请求有权机关对其权属在裁判时点进行界定的一类案件，起诉之因主要是权利不安者为消除权属争议时的恐惧与不安或是不自信状态。在本案裁判时点上，原告的所有主张以及证据显然尚不足以推翻房产证上所有权人为被告的权利外观。

因此，原告以出资为由诉请确认其享有房屋所有权，违反公序良俗，法律依据不足。

二审法院的裁判思路，既避免了一审法院双重买卖关系不能自圆其说的困境，也从根源上否定了单位外职工仅依出资和借名就能

① 《民法典》第八条规定：民事主体从事民事活动，不得违反法律，不得违背公序良俗。

取得单位集资建房所有权的可行性。

编写人：北京市第三中级人民法院　申友祥

040　宅基地互换后未变更登记再次转让合同效力的确定

——李某雨诉武某荣物权保护案

【案件基本信息】

1. 裁判书字号

山西省忻州市中级人民法院（2012）忻中民终字第43号民事判决书

2. 案由：物权保护纠纷

3. 当事人

原告（上诉人）：李某雨

被告（被上诉人）：武某荣

第三人（被上诉人）：李某文

【基本案情】

李某雨有祖遗宅院一处，该宅院位于忻府区兰村乡肖家峪村。1992年8月8日李某雨向有关部门申请办理了集体土地建设用地使用权证。2004年，李某雨的宅院与武某荣父母的宅院进行了互换，武某荣的父母在该宅院内修建4间现浇房准备为武某荣结婚成家。2007年11月28日，武某荣父亲向村委交纳了该宅院超占部分的价款460元。2008年1月6日，武某荣与第三人李某文签订了宅基地使用权转让合同，将该宅院及正房4间、崖窑3眼转让给第三人李某文。当日武某荣母亲将李某雨的集体土地建设用地使用权证通过中间人交予第三人并通过中间人接收了第三人给付的40000元。现第三人李某文持有李某雨集体土地建设用地使用权证。李某雨诉至法院，认为武某荣无权处分自己的财产，请求法院确认武某荣与第三人所签宅基地使用权转让合同无效。

【案件焦点】

宅基地使用权互换后未变更登记的法律保护。

【法院裁判要旨】

山西省忻州市忻府区人民法院经审理认为，李某雨的宅基地与武某荣父母的宅基地互换，有出庭作证的武某某等4人的证人证言予以证实，并且宅基地使用权转让合同上有村委会盖章，说明村委会认可该事实，而第三人又提供了对多位证人的调查笔录，证明进行了互换，村委原支部书记武某某也证明武某荣父亲交纳了超占部分的费用，以上证据形成证据链，证明互换成立，第三人完全有理由相信被告有权处分诉争宅基地使用权及房屋，武某荣与第三人李某文所签《宅基地转让合同》有效，第三人的取得系善意取得，法院依法予以支持。李某雨的诉求于法无据，法院不予支持。根据《中华人民共和国合同法》第八条之规定，判决如下：

驳回李某雨的诉讼请求。

李某雨不服一审判决，向山西省忻州市中级人民法院提起上诉。二审法院认为，一审所查明的事实足以证明互换宅基地成立，李某文完全有理由相信武某荣有权处分宅基地使用权及房屋，而且李某文以合理价格购得房屋，为善意取得。且在后来大西铁路客运专线永久用地拆迁清偿核量表上，此块宅院由李某文签名，忻府区兰村乡肖家峪村盖章认可，说明李某文已实际管理此宅院。武某荣与李某文所签《宅基地转让合同》为有效合同。综上，李某雨上诉请求因证据不足，不予支持。原审判决认定事实清楚，适用法律正确。依照《中华人民共和国民事诉讼法》第一百五十三条第一款第一项之规定，判决如下：

驳回上诉，维持原判。

【法官后语】

在我国农村地区，农民基于生产生活便利的需要，互换宅院的行为时有发生。双方多采取签订互换协议，并由村委会或村民进行见证，且双方互相交付产权证书等形式将互换的事实进行确认，但向政府申请变更登记的非常少。本案涉及的主要问题就是农村宅基地使用权自愿互换后，双方未办理变更登记手续的互换行为效力。

首先，宅基地使用权的互换其实是一种双方转让行为。根据现行《中华人民共和国土地管理法》（以下简称《土地管理法》）第二条第三款规定："土地使用权可以依法转让。"（《土地管理法》于2019年最新修正，但前述条文的条款及内容均未作变化）但我国土地管理相关的法律法规，对农村宅基地使用权的转让进行了严格的限制，宅基地使用权转让的对象限于本集体经济组织内部成员，且不能单独转让，须随地上住房一并转让。本案中李某雨与武某荣的父母双方均具有独立的支配处置其宅基地使用权的权利，且为同一集体经济组织成员，院内均有自建房屋，双方自愿签订宅基地使用权互换合同，并且已将标的物即各自的宅院交付对方使用，结合村委会盖章和村民证言的证据链，可以确认宅基地互换合同符合我国

《中华人民共和国民法典》（以下简称《民法典》）合同编规定的合同生效要件，互换事实真实有效。

其次，我国《民法典》第二百零九条第一款规定："不动产物权的设立、变更、转让和消灭，经依法登记，发生效力；未经登记，不发生效力，但法律另有规定的除外"，宅基地使用权作为一种不动产物权，其流转要经过依法登记程序向社会公示。但合同生效和物权变动是两个不同的概念，依法成立的合同只要不存在我国合同法中规定的合同无效或效力待定的情形，该合同即是有效合同，合同条款对当事人具有法律效力。向行政部门履行登记手续并不是合同生效的要件，只是确认物权变动的条件。

最后，宅基地是一种基本的生产、生活资料，其权属的稳定性、流转的安全性，均会对社会秩序及人们的生活产生重大影响。《民法典》第三百六十五条规定："已经登记的宅基地使用权转让或者消灭的，应当及时办理变更登记或者注销登记。"因此本案中互换合同双方当事人应该依法补办变更登记手续，以确认不动产物权的变动，预防和减少纠纷。

总之，本案中李某雨与武某荣父母的宅基地使用权互换虽然尚未履行变更登记手续，但并不影响互换合同的效力。本案第三人李某文亦为该集体组织成员，武某荣与第三人李某文自愿签订《宅基地转让合同》，且武某荣的母亲将李某雨的集体土地建设用地使用证和交纳费用发票通过中间人交予了李某文，李某文根据村委会对李某雨与武某荣父母互换宅基地使用权的认可、当地宅基地使用权互换的习惯和常识，有理由相信上述互换事实成立。武某荣父母与李某雨互换宅院后，双方虽未完成变更登记手续，武某荣父母尚未取得宅基地使用权，但享有转让合同的债权，而债权转让是合同法赋予合同当事人的合法权利之一，武某荣一方将合法取得的债权转让给李某文，并不违反法律的禁止性规定，从维护社会经济秩序稳定和保护守约方合法权益的角度，根据民法法理分析、法条具体规定和诚实信用原则，可认定武某荣与李某文所签《宅基地转让合同》为有效合同。三方仅需补办变更登记手续以进一步确认权利变动的事实。

编写人：山西省忻州市中级人民法院　王军　张婷

041 婚前一方父母出资为子女购买房屋产权归属

——史某诚诉刘某星所有权确认案

【案件基本信息】

1. 裁判书字号

北京市第二中级人民法院（2012）二中民终字第11494号民事判决书

2. 案由：所有权确认纠纷

3. 当事人

原告（被上诉人）：史某诚

被告（上诉人）：刘某星

【基本案情】

2005年8月26日，被告与房地产公司签订《北京市商品房预售合同》。合同约定：被告购买位于东城区景泰西里房屋，房价款共计476816元。此时，原告与被告系恋人关系，原告使用其父史某廷的出资，支付了涉案房屋首付款196816元。房地产公司为被告出具了购房首付款196816元的发票。2005年10月31日，被告与某银行及房地产公司三方签订《个人住房（抵押）借款合同》，约定被告以向房地产公司购买的房屋作为抵押向某银行申请个人住房贷款280000元。2006年10月17日，原、被告登记结婚。婚后二人共同按月偿还贷款。2008年5月7日，被告取得房屋所有权证。2010年11月，为了减轻购房压力，原告之父史某廷先后出资240000元用于提前偿还案涉房屋贷款本息。原告称房屋房价款共计476816元，其出资436816元用于支付首付款及提前偿还贷款，占全部房价款的92%，按月偿还的贷款认可系与被告共同偿还，双方各占4%，故其要求确认案涉房屋归原告史某诚与被告刘某星按份共有，原告史某诚享有96%的份额，被告刘某星享有4%的份额。

被告称涉案房屋系其在与史某诚结婚前个人购买，为其个人财产，所有款项均系其交给原告后，由原告将钱款存入其还贷账户用于偿还贷款。被告称其为购房向父母及亲戚共计借款360000元，但未提供充分证据予以证实。

【案件焦点】

婚前一方父母出资购买房屋的产权归属认定。

【法院裁判要旨】

北京市东城区人民法院经审理认为：根据已查明的事实，可认定原告使用其父史某廷的出资，支付了涉案房屋首付款196816元。史某廷系为原告与被告购置房屋结婚而支出的该款，虽然涉案房屋以被告的名义购买，但该款应属史某廷对原告个人的赠与。被告以自己的名义向银行借款280000元用于支付购房款，但均由原告将现金存入被告的还贷账号用于偿还借款。在偿还借款的过程中，原告之父史某廷出资240000元用于提前偿还贷款本息，该款亦应视为史某廷对原告个人的赠与。

涉案房屋房价款共计476816元，原告支付购房首付款及提前偿还贷款本金共计431246.43元，占全部房价款的90.44%，故应首先认定涉案房屋90.44%的份额归原告所有。至于剩余的9.56%的房屋份额，因被告并未实际偿还借款，现原告主张视为双方共同偿还此部分房屋的借款，每人各占该部分涉案房屋50%的份额，法院准予。

北京市东城区人民法院依照《中华人民共和国物权法》第三十三条的规定，作出如下判决：

一、确认现登记在被告刘某星名下的本市东城区景泰西里房屋归原告史某诚与被告刘某星按份共有，原告史某诚享有95.22%的份额，被告刘某星享有4.78%的份额；

二、驳回原告史某诚其他诉讼请求。

被告刘某星不服一审判决，提出上诉。

北京市第二中级人民法院经审理认为：诉争房产虽由刘某星于婚前签订不动产买卖合同，该房产亦登记于刘某星名下，但从现有证据来看，其并未以个人财产支付首付款。故，刘某星主张诉争房屋系其个人财产，法院不能支持。因诉争房屋系双方婚前所购，并非夫妻关系存续期间所购买，且双方并未对诉争房屋归属有过约定，原审法院就此认定诉争房屋由双方按份共有并无不当。从现有证据来看，诉争房屋首付款196816元及尾款234430.43元为被上诉人史某诚之父亲所支付，因此，就此两部分的房款范围内，可视为史某诚之父亲对史某诚结婚所做的个人赠与，由史某诚按出资份额享有相应的共有份额。同时，考虑到刘某星婚后亦支付了部分购房款，就此部分购房款范围内，刘某星依法享有其按份共有份额。据此，一审判决并无不当。依照《中华人民共和国民事诉讼法》第一百五十三条第一款第一项之规定，判决如下：

驳回上诉，维持原判。

【法官后语】

随着房屋价格的不断上涨，父母为子女出资帮助其购买“婚房”的情形愈加增多。而因有关各方在购房时对此问题并没有予以明确约定，以致子女在离婚时对房屋的处理发生争议，本案即属此类情况。

在《中华人民共和国民法典》颁布实施前，《最高人民法院关于适用〈中华人民共和国婚姻法〉若干问题的解释（二）》（以下简称《婚姻法解释（二）》）第二十二条规定：“当事人结婚前，父母为双方购置房屋出资的，该出资应当认定为对自己子女的个人赠与，但父母明确表示赠与双方的除外。当事人结婚后，父母为双方购置房屋出资的，该出资应当认定为对夫妻双方的赠与，但父母明确表示赠与一方的除外。”《最高人民法院关于适用〈中华人民共和国婚姻法〉若干问题的解释（三）》（以下简称《婚姻法解释（三）》）第七条规定：“婚后由一方父母出资为子女购买的不动产，产权登记在出资人子女名下的，可按照婚姻法第十八条第三项的规定，视为只对自己子女一方的赠与，该不动产应认定为夫妻一方的个人财产。由双方父母出资购买的不动产，产权登记在一方子女名下的，该不动产可认定为双方按照各自父母的出资份额按份共有，但当事人另有约定的除外。”

在《中华人民共和国民法典》颁布实施后，《最高人民法院关于适用〈中华人民共和国民法典〉婚姻家庭编的解释（一）》（以下简称《婚姻家庭编解释（一）》）第二十九条规定："当事人结婚前，父母为双方购置房屋出资的，该出资应当认定为对自己子女个人的赠与，但父母明确表示赠与双方的除外。当事人结婚后，父母为双方购置房屋出资的，依照约定处理；没有约定或者约定不明确的，按照民法典第一千零六十二条第一款第四项规定的原则处理。"《中华人民共和国民法典》第一千零六十二条第一款规定："夫妻在婚姻关系存续期间所得的下列财产，为夫妻的共同财产，归夫妻共同所有：（一）工资、奖金、劳务报酬；（二）生产、经营、投资的收益；（三）知识产权的收益；（四）继承或者受赠的财产，但是本法第一千零六十三条第三项规定的除外；（五）其他应当归共同所有的财产。"第一千零六十三条规定："下列财产为夫妻一方的个人财产：（一）一方的婚前财产；（二）一方因受到人身损害获得的赔偿或者补偿；（三）遗嘱或者赠予合同中确定只归一方的财产；（四）一方专用的生活用品；（五）其他应当归一方的财产。"

本案系发生在《中华人民共和国民法典》颁布实施前。被告在与原告结婚前购买了涉诉房屋，购房的用途应为双方结婚后共同使用。购房合同虽以被告个人名义签订，但应属其与原告合意购房。原告之父史某廷为帮助二人购房，支出了购房首付款。依照《婚姻法解释（二）》的规定，此应属对原告个人的赠与。被告与原告结婚后，虽然购房贷款实际由原告偿还，但因双方对婚后取得的财产并无约定，故应认定为原、被告共同还款。原告之父史某廷为帮助二人提前还清贷款，再次支出240000元交给原告，此亦应属于其对原告个人的赠与，不属《婚姻法解释（三）》第七条所规定的婚后为子女购房的行为。

涉诉房屋虽以被告的名义购买，但在购房及偿还银行贷款的过程中，被告均未实际出资，其关于涉诉房屋归其个人所有的主张，显然不能成立。涉诉房屋系双方在婚前购买，应归双方共有，但双方对该房没有约定按份共有或共同共有，依法应视为按份共有，根据各自的出资比例确定所享有的房产份额。原告支付购房首付款及提前偿还贷款本金共计为431246.43元，占全部房价款476816元的90.44%，故涉诉房屋90.44%的份额首先应确定归原告所有。对于剩余的9.56%的房屋份额，因被告并未实际偿还借款，现原告主张视为双方共同偿还此部分房屋的借款，每人各占该部分涉案房屋50%的份额，并无不当。据此，法院作出如上判决。

本文旨在厘清婚前一方父母出资购买房屋的产权归属。在当事人结婚前以结婚为前提接受赠与取得的财产属于个人婚前财产。从现实社会生活中反映的情况看，父母为子女购买房屋而出资其目的系为子女结婚，其出资的真实意思表示也应是对自己子女的赠与。无论是原《婚姻法解释（二）》，还是现行的《婚姻家庭编解释（一）》均只规定了婚前父母的出资归属，并未涉及所购置房屋的所有权归属。因此，婚前父母出资买房的情形下，该出资认定为对自己子女的个人赠与，自己子女用该赠与资金购买房屋的行为等同于自己子女的个人出资行为，无论事后双方有无婚姻关系抑或该房屋所有权登记在哪一方名下，都视为双方按各自的出资份额共有该房屋的所有权。

随着我国社会经济的发展及人们价值观念的改变，婚前财产约定越来越被人们所接受。本案即因原、被告未对在婚前购买涉诉房屋问题进行约定，以致发生纠纷。鼓励、倡导人们加强契约观念，更好地保护自己的合法权益，是今后全社会均应重视的一个问题。

编写人：北京市东城区人民法院　赵世浩　李颖

042　当事人达成以物抵债协议并非就是流质契约

——洪某禄诉洪某珍、郭某森所有权确认案

【案件基本信息】

1. 裁判书字号

福建省南平市中级人民法院（2011）南民终字第833号民事判决书

2. 案由：所有权确认纠纷

3. 当事人

原告（被上诉人）：洪某禄

被告（上诉人）：洪某珍、郭某森

【基本案情】

1998年1月19日，洪某珍向洪某禄借款65000元，约定每月支付利息970元。2000年7月，因洪某珍未偿还借款，双方在亲友的主持下就归还借款进行协商。2002年7月7日，因洪某珍仍未归还借款，双方又在亲友的调解下经协商达成《房屋抵押欠款协议书》，约定：甲方（洪某禄）只要求归还本金，放弃所有利息；乙方（洪某珍）同意将位于城东路学元巷A号后边房屋一栋（占地面积220.8平方米）以五万元价格抵押给甲方；乙方抵押时间定为2002年12月30日止，如到时未用现金归还，乙方房屋产权就归甲方所有，甲方可自行处理；房屋在抵押期间即2002年8月1日起，由甲方行使所有权利。协议签订后，洪某珍于2002年8月1日将房权证、国有土地使用证交由洪某禄保管，洪某禄亦开始对该抵押房屋进行管业。2002年底，洪某珍归还了洪某禄本金15000元及一年的利息，另50000元及利息未予归还。管业期间，洪某禄多次要求洪某珍、郭某森协助办理房产权、土地使用证过户手续，但洪某珍、郭某森不肯协助。在此期间，洪某禄以自己的名义对该房屋的水电立户，与他人共同建水泥路面，并将该房屋租赁他人。洪某珍、郭某森未提出异议。2011年1月，洪某珍、郭某森以房屋所有权证遗失为由到武夷山市房管处重新办理了房屋所有权证。洪某禄认为洪某珍、郭某森侵害了自己的合法权益，故诉至法院，要求确认双方签订的《房屋抵押欠款协议书》有效，坐落在武夷山市城东学元巷的房屋产权应归其所有。

【案件焦点】

双方于2002年7月7日签订的《房屋抵押欠款协议书》的性质及效力如何判定。

【法院裁判要旨】

福建省武夷山市人民法院经审理认为：原、被告于2002年7月7日订立的《房屋抵押欠款协议书》，虽名为抵押协议，但实质为买卖合同，该合同未违反法律规定，未损害他人利益，合法有效，原告的诉请有理有据，依法应予支持。在目前房屋市场价格暴涨情况下，被告洪某珍、郭某森以《中华人民共和国担保法》第四十条之规定，要求确认合同无效并取回房屋，违反我国《中华人民共和国民法通则》第四条规定的“民事活动应当遵循自愿、公平、等价有偿、诚实信用的原则”，依法不予支持。

故福建省武夷山市人民法院依照《中华人民共和国民法通则》第四条、《中华人民共和国担保法》第三十三条第一款、《中华人民共和国物权法》第十五条和《最高人民法院关于适用〈中华人民共和国婚姻法〉若干问题的解释（一）》第十七条第二项之规定，作出如下判决：

一、原告洪某禄与被告洪某珍于2002年7月7日签订的《房屋抵押欠款协议书》有效；

二、坐落在武夷山市城东学元巷的房屋产权归原告洪某禄所有。

洪某珍、郭某森不服一审判决提出上诉。福建省南平市中级人民法院经审理认为：洪某珍因欠洪某禄的借款到期不能偿还，自愿将其所有的坐落在武夷山市城东学元巷A号房屋作价抵偿给洪某禄，双方于2002年7月7日签订了《房屋抵押欠款协议书》。洪某珍将房屋折价用于偿还债务的行为不违法，双方签订的《房屋抵押欠款协议书》有效。洪某珍所欠债务，亦为其与郭某森夫妻共同的债务，洪某珍将武夷山市城东学元巷房产处分给被上诉人后，洪某禄对该房产管业使用达九年之久，郭某森从未提出异议。现郭某森以武夷山市城东学元巷房产系夫妻共同财产，洪某珍个人无权处分，以及洪某珍认为与洪某禄签订的《房屋抵押欠款协议书》违反相关法律、法规的规定，为无效协议的上诉理由均不成立，法院不予支持。洪某珍、郭某森应履行合同义务，协助将武夷山市城东学元巷房产过户给被上诉人。原判将武夷山市城东学元巷房产直接判归洪某禄所有不当，应予变更。

福建省南平市中级人民法院依照《中华人民共和国民事诉讼法》

第一百五十三条第一款第一项、第二项的规定，作出如下判决：

一、维持武夷山市人民法院（2011）武民初字第628号民事判决第一项，即“原告洪某禄与被告洪某珍于2002年7月7日签订的《房屋抵押欠款协议书》有效”；

二、撤销武夷山市人民法院（2011）武民初字第628号民事判决第二项，即“坐落在武夷山市城东学元巷房屋产权归原告洪某禄所有”；

三、驳回上诉人郭某森要求确认武夷山市城东学元巷房屋产权归其所有的诉讼请求。

【法官后语】

当事人在债务履行期限届满后就债务的清偿达成将房屋以物抵债的协议，并不属于流质契约，该协议可认定有效。但债权人也不能因此而取得抵债房屋的所有权，其只享有请求债务人依协议履行房屋过户办证的权利。

第一，关于流质契约，在《中华人民共和国民法典》（以下简称《民法典》）出台之前，流质契约的禁止仅适用于订立抵押借款合同时。学者们多解释为担保人和担保权人在担保合同中约定，当债务人到期不能清偿债务时，担保物的所有权归担保权人所有。《中华人民共和国担保法》（以下简称《担保法》）第四十条规定：“订立抵押合同时，抵押权人和抵押人在合同中不得约定在债务履行期届满抵押权人未受清偿时，抵押物的所有权转移为债权人所有。”法律之所以要设立禁止流质原则，其目的就是保护抵押人的利益，防止抵押人因一时的窘迫而订立对其不利的合同，因抵押人在借款时处于弱势地位，为了能借到款项容易出现将价值较高的物品为数额较低的借款设定抵押，如允许流质将抵押物品所有权转移给抵押权人，则显失公平。而《民法典》第四百零一条规定："抵押权人在债务履行期限届满前，与抵押人约定债务人不履行到期债务时抵押财产归债权人所有的，只能依法就抵押财产优先受偿。"可见，立法对于流质契约的态度从原先的绝对否定转变为承认其合法性。但《民法典》的该条规定只是为了从相对更公平的角度保护债务人及其他普通债权人的利益，对于法律后果其也只是明确债权人对用于担保的财产享有优先受偿权而非所有权。

无论是《担保法》还是《民法典》，对于债务履行期届满后，债权未获清偿时的流质契约，即事后抵押的效力如何，均未作明确规定。笔者认为，在事后抵押时债务人已经借得所需要的款项，"紧迫"情形已消除，依法律的目的性解释原则，应将事后抵押这一类型排除在禁止流质原则的法律适用范围之外，允许抵押权人与抵押人协商，约定以抵押物折价来实现债权，即以物抵债或代物清偿，但不得损害顺序在后的担保物权人和其他债权人的利益。

第二，原、被告签订的《房屋抵押欠款协议书》实质是以物抵债协议。因为，被告向原告借款65000元是发生在1998年，由于被告未能还款，2000年7月及2002年7月，双方两次在亲友的调解下就还款事宜进行协商，最终达成《房屋抵押欠款协议书》。就该协议书的内容而言，其并不是对1998年借款65000元设定抵押担保，而是被告无法还款，以涉案房屋作价50000元抵偿给原告进行约定，其余的15000元及利息被告则以现金形式完成偿付。

第三，《房屋抵押欠款协议书》亦不符合抵押担保构成要件。依《担保法》第三十三条第一款规定："本法所称抵押，是指债务人或者第三人不转移对本法第三十四条所列财产的占有，将该财产作为债权的担保。债务人不履行债务时，债权人有权依照本法规定以该财产折价或者以拍卖、变卖该财产的价款优先受偿。”《民法典》第三百九十四条规定：“为担保债务的履行，债务人或者第三人不转移财产的占有，将该财产抵押给债权人的，债务人不履行到期债务或者发生当事人约定的实现抵押权的情形，债权人有权就该财产优先受偿。”可见，不论是传统的民法理论还是《民法典》，对于抵押担保都是以不转移财产的占有为构成要件，但本案中，自2002年8月起，原、被告即完成了讼争房屋的转移占有，由原告对房屋进行管业，包括水电立户、修缮、出租并收取租金等，时间长达9年，且双方并未办理房屋的抵押登记。

第四，原告依《房屋抵押欠款协议书》所能获得的是被告履行过户义务的请求权。这与依据房屋买卖合同中买方所能享有的权利是一样的，即购房一方在产权未过户登记之前，其对标的房屋并不享有物权，所能享有的仅是债权请求权，可以要求售房一方依约履行房屋交付及产权过户登记义务。因此，原告主张讼争房屋直接归其所有缺乏法律依据。

综上，关于以物抵债协议，第九次《全国法院民商事审判工作会议纪要》认为，“在认定以物抵债协议的性质和效力时，要根据订立协议时履行期限是否已经届满予以区别对待。”也就是说，在确定以物抵债的性质和效力时，应采用类型化思路，要依据债务履行期限是否届满、债权人是否已实际收到抵债务等方面区别对待。在债务履行期限到期，且债权人已实际收到抵债务，债权人据此获得债权请求权，并有权依据以物抵债协议请求权利人履行房屋过户义务。

编写人：福建省武夷山市人民法院　林璇

043 公房使用权受到侵害的物权保护救济方式

——陈某诉孙某华、何某琴物权保护案

【案件基本信息】

1. 裁判书字号

北京市第一中级人民法院（2011）一中民终字第9688号民事判决书

2. 案由：物权保护纠纷

3. 当事人

原告（被上诉人）：陈某

被告（上诉人）：孙某华、何某琴

【基本案情】

位于石景山区五芳园小区某号楼某单元某号房屋（以下简称涉案房屋）属于北京市公有住宅，产权人为置地公司，置地公司委托物业管理中心对涉案房屋进行管理，并与承租人签订公有住宅租赁合同。该房屋原承租人为孙某华。后孙某华与冯某协商将涉案房屋承租人变更为冯某，用以抵偿孙某华所负对方的债务。

2007年6月18日，冯某与物业管理中心签订北京市公有住宅租赁合同，约定由冯某承租涉案房屋。因孙某华、何某琴未腾房，冯某向法院提起诉讼，要求其腾房。最终法院判决孙某华、何某琴将涉案房屋腾退给冯某。

2009年6月13日，陈某与冯某签订房屋使用权转让协议，并支付冯某定金2万元。同年7月15日，陈某与冯某签订房屋置换协议书，约定双方于2009年6月13日签订房屋置换差额协议，陈某与冯某进行房屋置换，陈某支付冯某房屋差价23万元。协议签订后，陈某通过银行汇款和现金形式共计支付冯某房款15万元。但冯某一直未与陈某共同办理涉案房屋使用权转让手续。陈某遂向法院提起诉讼，要求冯某为其办理涉案房屋使用权变更登记手续。2010年10月20日，法院作出生效判决，判令置地公司、物业管理中心和冯某为陈某办理房屋承租人变更登记手续。

2010年11月17日，陈某与物业管理中心签订北京市公有住宅租赁合同。其中第十四条约定：本合同自签订之日起生效，一式两份，双方各执一份，具有同等效力。原签订的《公有住宅租赁合同》同时废止。同日，置地公司和物业管理中心为陈某核发了涉案房屋北京市公有住宅租赁合同（即房屋使用权利凭证），陈某于次日领取。

另查明：2008年5月14日，冯某向法院申请强制执行，要求孙某华、何某琴将涉案房屋腾退给冯某。法院在执行中查明，被执行人孙某华、何某琴没有其他住所，且申请人冯某就诉争房屋又与他人发生纠纷，故不具备腾退房屋条件。最后裁定本次执行程序终结。

现陈某为要求孙某华、何某琴腾房，诉至法院。

【案件焦点】

公有住房租赁合同的性质及公房使用权能否适用物权进行保护问题。

【法院裁判要旨】

北京市石景山区人民法院经审理认为：原告要求被告腾退诉争房屋并赔偿各项损失费用的主张，其请求权的基础是否能够成立，关键要分析原告请求权的性质以及是否具备实际履行的条件。

首先，诉争房屋系公有住宅，取得公有住宅房屋的使用人在法律许可的范围内，对公有房屋享有占有、使用、收益和有限处分的权利。可见，公有住宅房屋使用权符合用益物权的法律特征，是一种独立的具有用益物权性质的权利。公房住宅使用权利人，对依法取得的公有住宅房屋享有占有、支配以及排除他人侵害和妨害的权利。对妨害公有住宅房屋使用权的，权利人可以请求排除妨害，造成损害的，可以请求损害赔偿。

根据（2010）石民初字第3011号民事判决，诉争房屋产权人华润置地、委托管理人物业管理中心、原承租人冯某，协助陈某办理了房屋承租人变更登记手续。又据陈某与物业管理中心签订的《北京市公有住宅租赁合同》第十四条的约定，诉争房屋原承租人与物业管理中心原签订的《公有住宅租赁合同》已被废止。自2010年11月17日起，陈某依法取得北京市石景山区五芳园小区某号楼某单元某号房屋合法使用权人法律地位，为现诉争房屋合法使用权人，享有对该房屋的占有、支配并排除他人妨害的权利。孙某华、何某琴不享有占有、使用诉争房屋的权利基础，也不具有继续占有诉争房屋的法律依据。因此，对陈某主张孙某华、何某琴腾退位于北京市石景山区五芳园小区某号楼某单元某号房屋的诉讼请求，法院予以支持。对孙某华、何某琴不同意腾退诉争房屋的抗辩意见不予采纳。

其次，陈某依法取得诉争房屋合法使用权后，虽获得对该房屋使用和收益的权利，但同时亦负有履行交纳物业管理、房租、卫生等相关费用的义务，该义务系公房使用人对房屋产权人或委托管理人应尽的义务。陈某向物业管理中心交纳物业费、房租费、卫生费、保安费，属于向公房委托管理人履行义务的行为，该费用系取得公房使用权后必然产生的费用。孙某华、何某琴对陈某上述费用的产生及因此造成的损失不存在过错。因此，对陈某主张孙某华、何某琴赔偿其已交纳物业费、房租费、卫生费、保安费的诉讼请求，因缺乏事实和法律依据，法院不予支持。

最后，陈某在取得对北京市石景山区五芳园小区某号楼某单元某号房屋合法使用权后，享有该房屋使用、收益的权利。孙某华、何某琴在使用权人主张权利后仍居住在诉争房屋内，造成使用权人不能对该房屋进行使用和收益，构成对使用权人陈某合法权益的侵害。因此，对陈某主张孙某华、何某琴赔偿其未能住进北京市石景山区五芳园小区某号楼某单元某号房屋在外租房损失的诉讼请求，法院予以支持。具体数额，法院参照原告租房费用及诉争房屋性质等综合因素，酌定为每月500元。

北京市石景山区人民法院依照《中华人民共和国物权法》第三十四条、第三十五条、第三十七条、第一百一十七条之规定，判决：

一、孙某华、何某琴于本判决生效后十五日内将北京市石景山区五芳园小区某号楼某单元某号房屋腾退给陈某；

二、孙某华、何某琴于本判决生效后十五日内给付陈某未能入住北京市石景山区五芳园小区某号楼某单元某号房屋租房损失费用每月五百元（自2010年11月17日起至实际腾退房屋之日止）；

三、驳回陈某其他诉讼请求。

孙某华、何某琴持原审答辩意见提起上诉。北京市第一中级人民法院经审理认为：公民合法的财产权利受法律保护。根据本案的事实情况，陈某与物业管理中心于2010年11月17日签订了北京市公有住宅租赁合同，该合同系双方当事人的真实意思表示，且不违反法律及行政法规的强制性规定，应属合法、有效。双方均应按照合同的约定全面履行义务并行使权利。现陈某是北京市石景山区五芳园小区某号楼某单元某号房屋的合法承租人，对该房屋享有占有、使用、收益和有限处分的权利。作为权利人的陈某对于妨碍其行使权利的行为，可以请求排除妨害、赔偿损失。根据本案现有的证据情况，孙某华、何某琴不享有占有、使用北京市石景山区五芳园小区某号楼某单元某号房屋的权利，其占有、使用该房屋缺乏合同依据及法律依据。故对陈某要求孙某华、何某琴腾退北京市石景山区五芳园小区某号楼某单元某号房屋的诉讼请求，法院予以支持。陈某在取得对北京市石景山区五芳园小区某号楼某单元某号房屋合法使用权后，享有该房屋的使用、收益等权利。孙某华、何某琴在承租人陈某主张权利后仍居住在上述房屋内，造成承租人陈某不能对该房屋进行使用和收益。故对于陈某要求孙某华、何某琴赔偿其在外租房费用损失的诉讼请求，法院予以支持。一审判决孙某华、何某琴每月给付陈某未能入住北京市石景山区五芳园小区某号楼某单元某号房屋租房损失费500元并无不当，法院予以维持。据此，一审法院判决正确，审判程序合法，法院应予维持。孙某华、何某琴的上诉请求，缺乏充分、有效的证据，法院不予支持。

北京市第一中级人民法院依照《中华人民共和国民事诉讼法》第一百五十三条第一款第一项之规定，判决：

驳回上诉，维持原判。

【法官后语】

本案系公有住房使用权交易引发的纠纷。公有住房是福利性、公共性政策的产物，随着房地产市场的不断发展，涉及公有住房的纠纷占有相当数量。

1. 公有住房类型及概念的厘清

公有住房是政府和国有企业、事业单位投资兴建、销售的住房。在住房未出售之前，住房的产权归国家和单位所有。按照目前房改政策，公有住房可以分为可售公有住房和不可售公有住房。公有住房主要由本地政府建设，面向城市居民出租、出售；由企业建设的住房，则向本单位职工出租、出售。公有住房还包括在京中央和国家机关以及中央在京企事业单位等职工承租和已购公有住房。此外，公有住房还可以分为直管公有住房和自管公有住房。国家房地产管理部门享有所有权的或直接经营管理的房屋，称直管公有住房。管理形式表现为某市某区的某个房产经营管理所，简称房管所。国有企业事业单位、机关团体投资兴建、自行管理的房屋，称自管公有住房。实践中，公有住房的福利性主要表现为三种形态，以公有住房永久低租使用权为基本形态，另有成本价福利购房、公有住房的拆迁补偿款。其中公有住房的拆迁补偿款是公有住房使用权的货币化形态，直观反映出公有住房的使用权价值。

本案中，涉案房屋的产权单位为置地公司，由产权单位委托物业管理中心进行管理，属于承租人以低廉房租成本承租的具有永久使用权的直管公有住房。

2. 公有住房使用权的性质与权能分析

从公房使用权产生的来源看，公房使用权作为公房租赁制度的产物，可以说是一种特殊的租赁权，不同于传统意义上的私有房屋租赁权。公房租赁关系具有浓厚的行政管理色彩，虽名为公房租赁合同，实际上与一般民事租赁关系存在本质区别。公房租赁合同是为实现对公房进行低成本运营而采取的管理手段之一。从先确定公房使用权再签订租赁合同的过程分析，可以说公房租赁合同是对公房承租人与产权单位之间租赁关系的行政确认。而从公有住房使用价值和交换价值角度分析，取得公房使用权的承租人享有对公有住房居住、使用、收益和有限处分的权利。公房使用权交易形式不仅包括公房承租人之间互换公房使用权、公房承租人有偿转让公房使用权，而且包括公房承租人以公房使用权交换住房产权或将公房部分或全部转租给他人使用。由此可见，公有住房承租人不仅享有对公有房屋的居住使用权，而且享有法律许可范围内的有限的处分权。

此外，从物权角度审视公房使用权，公有住房使用权作为一种独立的财产形态，是一种独立性很强的新型的用益物权。公房使用权不仅完全符合用益物权的法律特征，而且其权能接近于所有权，是公房使用者在法律允许的范围内对公有房屋占有、使用、部分收益和有限制处分的权利。首先，公房使用权人对其享有使用权的公有住房享有实际控制和支配的权利，这是产生公房使用权的前提和基础。其次，公房使用权人对其享有使用权的公有住房有合理利用的权利，公有住房使用权可以继承。如根据《北京市人民政府关于城市公有房屋管理的若干规定（1997 年修正）》第十二条规定，“承租者外迁或死亡，原同住者要求继续承租的，须经出租单位同意，并新订租赁合同。”再次，公房使用权人有利用所使用的公有住房获取利益的权利。根据北京市的上述通知规定，公房使用权人可以转租获益，当然，进行商业经营获益的除外。最后，公房使用权人有根据自己的意愿保有、转让或灭失其公房使用权的权利。从上述公房使用权的权能分析和实践做法来看，公房使用权近似于所有权，对侵害公房使用权的行为，发生在《中华人民共和国民法典》（以下简称《民法典》）施行前的，可以援引物权法的相关规定进行保护，发生在《民法典》施行后的，则可以援引《民法典》物权编的相关规定进行保护。

本案中，原告征得产权单位同意后，通过与涉案房屋管理人签订公有住房租赁合同，取得了涉案公有房屋的合法承租人的地位。据此，原告与公房产权人之间并非一种单纯的租赁债权关系，原告享有占有、使用、收益和有限处分的权能，是近似于所有权的权能，可以说完全符合用益物权的法律特征，当这种用益物权遭受侵害时，可通过物权保护的途径寻求司法救济。

3. 侵害公房使用权的物权保护救济方法

公房使用权作为一种独立的具有用益物权性质的权利，权利人不仅依法对取得的公有住宅房屋享有占有、支配并排除他人侵害和妨害的权利，而且，当公房使用权遭受不法侵害时，可借助物权保护的方法寻求救济。对妨害公有住宅房屋使用权的行为，权利人可以请求排除妨害，造成损害的，可以请求损害赔偿。

本案中，原告通过合法途径取得涉案公有住房使用权后，即依法取得涉案公有住房合法使用权人的法律地位，成为诉争房屋的合法使用权人，享有对该房屋的占有、支配并排除他人妨害的权利。因被告不享有占有、使用诉争房屋的权利基础，也不具有继续占有诉争房屋的法律依据，故其行为侵害了原告对涉案房屋的合法使用权。因此，一、二审法院判决被告腾退诉争房屋并支付原告相应使用费是正确的。

编写人：北京市石景山区人民法院　张英周　卢丹

（二）返还原物纠纷

044 夫妻对共同财产不分份额地共同共有及处分行为效力

——李某莲等诉庞某娜、吴某花返还原物案

【案件基本信息】

1. 裁判书字号

河南省平顶山市中级人民法院（2021）豫04民终第1518号民事判决书

2. 案由：返还原物纠纷

3. 当事人

原告（被上诉人）：李某莲、吴某香、吴某飞、吴某泽

被告（上诉人）：庞某娜

被告：吴某花

【基本案情】

李某莲与吴某栓（已故）生育一子两女，长子吴某敏于2017年4月30日生病去世，长女吴某花、次女吴某香。吴某敏生有两子，长子吴某飞、次子吴某泽。庞某娜系吴某花女儿。吴某栓生前在某银行仙台支行存款8万元。庞某娜称因其和吴某花在吴某栓生病期间对吴某栓精心照顾且花费颇多，为补偿庞某娜和吴某花，吴某栓口头将这8万元存款赠与庞某娜和吴某花，并告知二人银行取款密码。后吴某花和庞某娜在吴某栓生病期间将该8万元取走。吴某栓去世后，李某莲得知此事，多次要求庞某娜返还，但庞某娜均以该8万元系吴某栓的赠与为由拒绝返还。

【案件焦点】

1. 吴某栓生前将8万元银行存款赠与庞某娜和吴某花的行为是否有效；2. 吴某栓对夫妻共有财产的处分行为是否有效。

【法院裁判要旨】

河南省叶县人民法院经审理认为：依据《中华人民共和国婚姻法》第十七条的规定，吴某栓生前的银行存款8万元，应属于吴某栓和李某莲的夫妻共同财产，其中的一半应属于李某莲的合法财产，庞某娜取走8万元存款侵犯了李某莲的利益。剩余4万元属于吴某栓的遗产，应由李某莲、吴某香、吴某花及吴某敏的两个儿子平均分割。吴某飞、吴某泽分得1万元。因在庭审中，吴某敏的两个儿子吴某飞、吴某泽自愿将自己应得的一份给予李某莲所有。综上，李某莲应分得6万元。吴某香分得1万元。李某莲主张8万元存款全部归自己所有的请求，不符合法律规定，不予支持。

河南省叶县人民法院依照《中华人民共和国民法总则》第一百二十二条，《中华人民共和国继承法》第十条、第十三条，《中华人民共和国民事诉讼法》第六十四条第一款的规定，判决如下：

一、庞某娜于本判决发生法律效力之日起十日内返还李某莲6万元；

二、庞某娜于本判决发生法律效力之日起十日内返还吴某香1万元；

三、驳回李某莲的其他诉讼请求。

庞某娜不服一审判决，提起上诉。河南省平顶山市中级人民法院经审理认为：庞某娜主张吴某栓将8万元赠与吴某花、庞某娜，须举证证明吴某栓确实有明确的赠与意思表示，且该8万元系吴某栓能够自由处分的个人财产。但庞某娜、吴某花未能提供有效证据证明其主张。退一步讲，即使吴某栓生前确有将该 8 万元存款赠与吴某花、庞某娜作为对其二人补偿的意思表示，该赠与行为也因违反了法律规定而归于无效。根据《中华人民共和国婚姻法》第十七条的规定，涉案 8 万元款项应认定为吴某栓和李某莲的夫妻共同财产，因吴某栓赠与 8 万元的处分行为既非基于日常生活所需，又未经过财产共有人李某莲的同意，应认定吴某栓对该 8 万元夫妻财产的处分行为无效。故本案无论吴某栓是否曾表示将 8 万元赠与吴某花、庞某娜，吴某花、庞某娜均无权独自占有该 8 万元款项。

河南省平顶山市中级人民法院依照《中华人民共和国民事诉讼法》第一百七十条第一款第一项之规定，判决如下：

驳回上诉，维持原判。

【法官后语】

我国以法定共同财产制为标准界定夫妻共同财产，即除有特别约定外，夫妻对婚姻关系存续期间的财产共同共有。但就夫妻对共同财产的共有是否存在比例这一问题，即夫妻对共同财产是不分份额地共同共有还是按份共有，法律尚缺乏明文规定。实际上，回答这一问题至关重要。因为夫妻是否对共同财产按比例共同共有会直接影响到婚姻关系存续期间夫妻一方处分共同财产行为的效力。如果认为夫妻对共同财产不分份额地共同共有，那么夫或妻一方在婚姻关系存续期间非基于共同生活需要而处分共同财产的行为绝对无效。相反，若认为夫妻对共同财产系按比例共同共有（普遍认为是夫和妻各对共同财产享有 50%），那么夫或妻一方在婚姻关系存续期间可以任意处分共同财产中属于自己的比例。本案审理中，关于吴某栓处分案涉8万元存款的行为是否有效这一问题，也面临着这样的观点纷争。一种意见认为，应将夫妻共同财产作为一个整体看待，在婚姻关系存续期间，共有应是指共同财产整体的共有，故夫或妻一方均无权对共同财产的全部或部分进行处分，吴某栓将案涉8万元共同财产赠与吴某花、庞某娜的行为无效；另一种意见认为既然吴某栓和李某莲对8万元系共有，那么其各自对8万元享有一半的权利，因此，吴某栓将其中4万元赠与吴某花、庞某娜的行为有效。

笔者认为，在婚姻关系存续期间，夫妻对全部共同财产应是不分份额地共同享有所有权。非基于共同生活需要或法定事由，夫妻一方不能处分共同财产中的任一部分，擅自处分夫妻共同财产的行为应为全部无效，而非部分无效。

一、夫妻在婚姻关系存续期间对全部共同财产是不分份额地共有

首先，夫妻关系的本质特征决定了婚姻关系存续期间夫妻对共同财产应是不分份额地共同共有。夫妻团体有别于基于工具理性的经济团体，其在更大程度上属于伦理团体，强调夫妻的一体化。而夫妻一体化的主要内容，不仅包括夫妻在精神上的融合，也强调夫妻在经济上的高度合一。显然，不分份额地共同共有比按份共有更能建立稳固、紧密的夫妻经济关系，通过认可夫妻双方在财产使用、管理上的义务，利于凝聚夫妻协力，符合夫妻关系的本质特征，也是婚姻家庭法追求的目标。此外，不分份额地共同共有会限制夫妻一方在婚姻关系存续期间处分夫妻共同财产，利于维护夫妻共同体的利益，从而更利于实现夫妻一体化。

其次，婚姻生活的特殊性决定了夫妻间共同共有难以划分份额。一方面，不同于经济团体，夫妻团体是一种个人情感和分工的结合，

夫妻间的情感关系也决定了构建夫妻共同生活并非完全基于理性的、可量化的行动，因此，夫妻共同财产的获得和增加都应视为夫妻团体的共同贡献。由于婚姻生活事务的琐碎性和繁杂性，夫妻对共同财产的贡献方式不可能一样，贡献价值也不可能全部量化计算，这就导致划分夫妻间的共有份额缺乏计算依据。且实践中，在离婚时分割夫妻共同财产或夫妻基于法定理由请求分割共同财产时，法院也并非均按照夫妻一人一半平均分割，还要结合双方有无过错、各自经济状况及照顾妇女、儿童弱势群体利益等因素确定各自所得份额。[①] 因此，在共同财产分割前，夫、妻对共同财产所占比例尚处于不确定及变动状态。夫妻对共同财产享有平等的处理权并不等于夫妻对共同财产各享有一半的份额，“夫妻一方对共同财产有一半的权利”的观点缺乏现实基础。

最后，我国法律对夫妻对共同财产分割的限制性规定不符合按份共有的基本原理。《中华人民共和国婚姻法》和现行《中华人民共和国民法典》都规定夫妻一方在婚姻关系存续期间原则上不得请求分割夫妻共同财产，仅在共同共有关系终止（即离婚）或存在重大事由（即夫妻一方有隐匿、转移夫妻共同财产或一方死亡）时才可以请求分割夫妻共同财产。[②] 而依据按份共有的基本原理，按份共有人得随时请求分割共有财产。显然，立法者对夫妻共同财产也采

---

① 《中华人民共和国婚姻法》第三十九条现修改为《中华人民共和国民法典》第一千零八十七条：离婚时，夫妻的共同财产由双方协议处理；协议不成的，由人民法院根据财产的具体情况，按照照顾子女、女方和无过错方权益的原则判决。《中华人民共和国婚姻法》第四十二条现修改为《中华人民共和国民法典》第一千零九十条：离婚时，如果一方生活困难，有负担能力的另一方应当给予适当帮助。具体办法由双方协议；协议不成的，由人民法院判决。

② 《最高人民法院关于适用〈中华人民共和国婚姻法〉若干问题的解释（二）的补充规定》现修改为《中华人民共和国民法典》第一千零六十六条，内容没有变化。

取了不分份额共同共有的观点。

二、夫妻一方擅自处分共同财产的行为全部无效

一方面，“夫妻团体是一种情感和伦理的双重结合，夫妻团体行为既不能简单等同为夫或妻的个体行为，也不能等同于夫或妻的个体行为的简单相加。”[①] 据此，夫妻共同财产应视作夫妻团体的成果，而非夫或妻一方的成果或双方成果的总和，夫或妻一方基于团体成员的身份对全部共同财产享有所有权，任一方擅自处分共同财产的行为都构成无权处分，在配偶拒绝追认的情况下，该处分行为应属无效，配偶有权根据物权的追及效力要求非法占有人返还财产。

另一方面，我国司法解释虽然规定了夫妻对共同财产享有平等处理权，但须建立在基于日常生活需要或平等协商且取得一致意见的基础上。[②] 夫妻一方非基于日常生活需要擅自处分共同财产的行为明显违背了夫妻平等处理权，侵犯配偶合法权益，行为自然无效。

再者，强调夫妻在婚姻关系存续期间对共同财产不分份额地共有及夫妻一方擅自处分共同财产行为全部无效，能有效减少因婚外情擅自处分夫妻共同财产的现象，更利于维护夫妻共同体利益，促进优良家风发展，践行诚信、和谐的社会主义核心价值观。

夫妻共同财产是一个不可分割的整体，在共有基础丧失前，任一方均对全部共同财产享有不分份额的所有权，仅在共有关系终止或具备法定事由时，才能对共有财产划分份额。

本案中，因案涉 8 万元存款系吴某栓及李某莲的共同共有财产，

---

① 冉克平：《夫妻团体债务的认定与清偿》，载《中国法学》2017 年第 5 期。

② 《中华人民共和国婚姻法》第十七条第二款现修改为《中华人民共和国民法典》第一千零六十二条第二款，内容无变化。《中华人民共和国民法典》现已删除《最高人民法院关于适用〈中华人民共和国婚姻法若干问题的解释（一）〉》第十七条的规定。

故吴某栓和李某莲均对8万元享有所有权。即便吴某栓生前确实将8万元赠与吴某花、庞某娜，其赠与行为也因李某莲不知情且拒绝追认而构成无权处分，归于无效。李某莲作为配偶，有权要求庞某娜、吴某花返还8万元。

编写人：河南省平顶山市中级人民法院　侯晓宏　秦蔚鸽　吴圆琴

045 预告登记不保障预告登记人物权变动请求权之外其他请求权的实现

——曹某一诉某银行返还原物案

【案件基本信息】

1. 裁判书字号

吉林省高级人民法院（2020）吉民再50号民事判决书

2. 案由：返还原物纠纷

3. 当事人

原告（被上诉人、再审被申请人）：曹某一

被告（上诉人、再审申请人）：某银行

【基本案情】

2015年11月12日，曹某一与某公司签订商品房买卖（预售）合同，购买某庄园1号楼S-01、S-02、S-03共三套房屋，建筑面积分别是220.36平方米、163.34平方米、163.34平方米，总计547.04平方米，曹某一以每平方米12600元支付购房款首付总计3992704元。2015年12月1日，曹某一与中国农业银行某支行签订了《个人购房担保借款合同》，贷款290万元用以支付剩余购房款。曹某一用于抵押贷款的某庄园1号楼S-01、S-02、S-03房屋于2015年12月1日在房屋产权管理中心办理抵押（按揭、在建）备案登记。按照当地不动产产权管理部门规定，案涉房屋的预购商品房预告登记与预购商品房抵押权预告登记在同一流程合并办理。贷款发放后，曹某一依照合同约定向某公司履行了全部付款义务。此后曹某一一直按合同约定偿还贷款。

某银行于2016年9月23日与某公司签订购房协议，购买了位于某庄园1号楼S-01、S-02、S-03、S-04四套房屋，房屋总面积668.84平方米，某银行以每平方米10700元价格一次性交付购房款6525269元。付款后，某公司将上述房屋交付某银行占有使用，占有使用期间的水费、电费、物业费、采暖费等均由某银行交付。截至本案审结时，案涉房屋尚不具备办理所有权登记之条件，亦未办理初始登记。

【案件焦点】

1. 预告登记人是否有权行使返还原物请求权，这一行为是否符合法律规定；2. 预告登记人基于其已办理案涉房屋预告登记的行为，是否享有物权变动之外的其他请求权。

【法院裁判要旨】

吉林省临江市人民法院经审理认为：案涉房屋虽未办理房屋所有权登记，但已经在不动产登记机关办理了预告登记及抵押权预告登记，该登记具有公示和对抗第三人的效力，已经登记的预售房屋产权应归登记的权利人即曹某一所有，曹某一基于买卖行为取得了案涉房屋的物权，因此某银行不能对抗曹某一对该案涉房屋行使物权保护之权利。

吉林省临江市人民法院依照《中华人民共和国物权法》第二十条、第三十四条，《中华人民共和国民事诉讼法》第一百三十四条，《最高人民法院关于适用〈中华人民共和国民事诉讼法〉的解释》第九十条之规定，作出如下判决：

一、某银行于本判决发生法律效力之日起五日内返还曹某一位于临江市某庄园 1 号楼 S-01、S-02、S-03 号房屋；

二、驳回曹某一的其他诉讼请求。

某银行不服一审判决，提起上诉。吉林省白山市中级人民法院同意一审法院的裁判意见，判决驳回上诉，维持原判。

某银行不服二审判决，申请再审。吉林省高级人民法院经审理认为：本案系返还原物纠纷案件，曹某一要求某银行返还案涉房屋，其请求在法律属性上系返还原物请求权。《中华人民共和国物权法》第九条第一款规定："不动产物权的设立、变更、转让和消灭，经依法登记，发生效力；未经登记，不发生效力，但法律另有规定的除外。"结合本案事实，曹某一尚未办理案涉房屋的所有权登记，故其对案涉房屋并不享有物权，亦并不具备行使返还原物请求权之权利基础。曹某一主张其基于已办理案涉房屋预告登记的行为，依照《中华人民共和国物权法》第二十条的有关规定，享有要求某银行返还案涉房屋的权利。预告登记，是为保全一项以将来发生不动产物权变动为目的的请求权的不动产登记。也就是说，预告登记所登记的不是现实的不动产物权，而是将来发生不动产物权变动的请求权，它是在确定的财产权登记条件还不具备时，为了保全将来财产权变动能够顺利进行，而就相关请求权进行的登记。曹某一基于完成对案涉房屋进行预告登记所享有的系预告登记请求权，所保障的系其对案涉房屋将来物权变动能够顺利进行的权益，但该民事权益不具备法律层面上的不动产物权性质。返还原物请求权在法律属性上系一种典型的物权保护请求权，其权利基础是请求权人对物享有物权。因此，在曹某一不享有案涉房屋物权的情形下，其无权要求某银行返还案涉房屋。

吉林省高级人民法院依照《中华人民共和国民事诉讼法》第二百零七条第一款、第一百七十条第一款第二项，《中华人民共和国物权法》第九条第一款之规定，作出如下判决：

一、撤销一审、二审民事判决；

二、驳回曹某一的诉讼请求。

【法官后语】

关于预告登记请求权的效力以及法律保护范围问题，是法律适用的难点。在审判实践中，需要注意的问题是：预告登记使得被登记的不动产请求权具有了物权效力，但并不改变请求权本来的法律关系，预告登记权利人享有的权利本质仍为债权请求权，预告登记只是强化了以实现不动产物权变动为内容的请求权。故债权人不享有物权，如相对人不履行合同约定，则权利人无权依据预告登记直接取得物权，其可通过依法主张继续履行合同的方式，实现不动产物权。

《中华人民共和国物权法》第二十条第一款规定："当事人签订买卖房屋或者其他不动产物权的协议，为保障将来实现物权，按照约定可以向登记机构申请预告登记。预告登记后，未经预告登记的权利人同意，处分该不动产的，不发生物权效力。"该条是关于不动产登记制度中的预告登记的规定，是为保全一项以将来发生不动产物权变动为目的的请求权实现的不动产登记。也就是说，预告登记所登记的不是现实的不动产物权，而是将来发生不动产物权变动的请求权，它是在确定的财产权登记条件还不具备时，为了保全将来财产权变动能够顺利进行，而就相关请求权进行的登记。预告登记的实质作用在于限制现实登记（或依建造行为等法定事由可进行初始登记）的权利人行使处分权，预告登记权利人所享有的是阻却、排斥嗣后所有权变动以及登记簿障碍的权利。预告登记就是为了确保将来发生的物权变动，其之所以具有排他效力，也是为了确保将来债权能够转化为物权，取得权利人所期待的法律结果。关于预告登记的请求权的效力，相关规定只规定了预告登记后的请求权的权利保全效力，以及在特定情况下的顺位效力、破产保护效力和对抗执行效力等。

总之，预告登记制度旨在实现一定的物权秩序，具体而言是旨在保障物权变动按照预告登记制度所欲实现的秩序完成。司法实践中，预告登记所具有的保障将来物权变动的效力，已经得到了普遍的肯定。但是，其并无保障预告登记权利人所有债权实现的功能，或者说，并不保障预告登记权利人物权变动之外的请求权的实现，包括该物权变动请求权的转化形态。

本案中，曹某一基于其与某公司形成的商品房买卖合同关系，所享有的系其对某公司的债权，可依此行使请求交付、配合变更产权登记等债权请求权；其基于完成对案涉房屋进行预告登记所享有的系预告登记请求权，保障其期房买卖债权的实现，具体来说，保障的是案涉房屋将来物权变动能够顺利进行，但上述民事权益均不具备法律层面上的不动产物权性质。因此，在曹某一尚不享有案涉房屋物权的情形下，无论某银行与某公司之间的房屋买卖协议是否合法有效，是否能够实际履行，或某银行对案涉房屋的占有使用行为是否具备合法基础，曹某一均无权要求某银行返还案涉房屋。

另需说明，《中华人民共和国民法典》第二百二十一条基本保留了《中华人民共和国物权法》第二十条的规定，仅将第一款中关于“当事人签订买卖房屋或者其他不动产物权的协议”的表述修改为“当事人签订买卖房屋的协议或者签订其他不动产物权的协议”；第二款中关于申请登记期限“三个月”的表述修改为“九十日”。修改后的法律条文文义更加明确、表达更加规范，但对于预告登记制度的基本内涵和立法本意并未改变。故本案对于《中华人民共和国民法典》施行后的审判实践仍具有参考价值。

编写人：吉林省高级人民法院　杨毅鹏

046　无权处分农村房屋时善意取得的认定

——邹某乙等诉许某某返还原物案

【案件基本信息】

1. 裁判书字号

江苏省无锡市中级人民法院（2020）苏02民终924号民事判决书

2. 案由：返还原物纠纷

3. 当事人

原告（反诉被告、上诉人）：邹某乙、邹某丙、谭某丙

被告（反诉原告、被上诉人）：许某某

【基本案情】

谭某甲与邹某甲系夫妻关系，邹某甲系惠山区寺头村村民。邹某乙、邹某丙、谭某乙系谭某甲与邹某甲的子女。1991年，邹某甲取得《个人土地登记申请书》后，在该土地上建造案涉房屋，但未办理产权证。1995年6月30日，邹某甲去世后，谭某甲与同村村民许某某签订房屋买卖合同，约定由许某某购买谭某甲的案涉房屋，价格为14000元。许某某于签订合同当日付清全部购房款14000元并入住房屋至今。

2004年，许某某向法院提起诉讼，要求判令确认双方上述房屋买卖合同有效，谭某甲协助其办理房屋过户手续。谭某甲称，其只有25%的产权，且卖房未经女儿儿媳同意，故不同意协助过户。2004年12月1日，许某某向法院提出撤诉申请，法院裁定准许其撤诉。

现邹某甲与谭某甲相继去世，邹某乙、邹某丙要求许某某返还上述房屋未果，故诉至法院要求许某某返还案涉房屋。许某某认为其具有购买资格，房屋买卖合同合法有效，谭某甲有权处分案涉房屋，许某某支付房款并实际使用至今，系善意取得。其同时提出反诉，要求邹某乙、邹某丙与谭某丙协助办理案涉房屋过户手续。

【案件焦点】

无权处分不动产时善意取得的认定。

【法院裁判要旨】

江苏省无锡市惠山区人民法院经审理认为：本案的争议焦点为：

（1）诉争房屋是否为谭某甲与邹某甲的夫妻共同财产；（2）谭某甲和许某某之间签订的房屋买卖合同是否成立有效；（3）谭某甲出售诉争房屋是否系无权处分；（4）邹某乙、邹某丙、谭某丙主张返还诉争房屋是否成立；（5）许某某反诉要求邹某乙、邹某丙、谭某丙配合许某某办理房屋过户手续能否成立。

针对争议焦点1，谭某甲在许某某诉讼案件的开庭笔录中陈述案涉房屋系其与邹某甲婚后建造，且涉案房屋已经取得相关审批并依法取得宅基地使用证，故诉争房屋应当认定为邹某甲和谭某甲的夫妻共同财产。

针对争议焦点2，谭某甲与许某某签署的房屋买卖合同虽未经邹某甲签字，但许某某持有并保存了谭某甲签字的合同并已经履行本合同项下的付款义务，谭某甲业已接收房款并履行房屋交付义务，故合同已经成立；且许某某为同村村民，符合建房条件，具备购买本村宅基地及其上所建房屋的资格；诉争房屋买卖系谭某甲和许某某的真实意思表示，故该房屋买卖合同合法有效，法院予以确认。谭某甲未经邹某甲的法定继承人同意擅自处分该房屋，系无权处分，但该无权处分行为并不影响合同效力。

针对争议焦点3、争议焦点4，因诉争房屋为谭某甲和邹某甲在婚后建造，而邹某甲已经去世，故许某某因此认为谭某甲有权处分并与其磋商购房，符合农村交易习惯，并无过错；而农村房屋登记不规范具有普遍性，诉争房屋自建成之日起邹某甲与谭某甲未办理房屋产权证，在出卖给许某某后客观上亦无法办理房屋过户手续，但谭某甲已将该诉争房屋及宅基地使用权证一并交付于许某某，许某某业已实际居住多年，邹某乙、邹某丙、谭某丙主张许某某返还房屋，违反诚信，不予支持。

针对争议焦点5，谭某甲与许某某签署的房屋买卖合同合法有效，许某某已履行付款义务，故许某某反诉要求配合办理房屋过户手续的请求，法院予以支持。

现因案涉房屋已经纳入拆迁范围，因合同对拆迁利益没有约定，故由实际使用人许某某给予适当补偿为宜，额度不超过被拆除房屋评估补偿款的30%。

江苏省无锡市惠山区人民法院依照《中华人民共和国合同法》第六条、第三十七条、第一百三十五条，《最高人民法院关于审理买卖合同纠纷案件适用法律问题的解释》第三条，《中华人民共和国物权法》第二十条、第一百零六条，《最高人民法院关于适用〈中华人民共和国民事诉讼法〉的解释》第九十条之规定，判决如下：

一、驳回邹某乙、邹某丙、谭某丙的本诉请求；

二、邹某乙、邹某丙、谭某丙应于本判决生效后立即配合许某某办理案涉房屋过户手续。

邹某乙、邹某丙、谭某丙不服一审判决，提起上诉。江苏省无锡市中级人民法院经审理认为：谭某甲未经其他法定继承人同意擅自处分该房屋，系无权处分，由于许某某购买房屋后，支付了合理对价并实际居住多年，谭某甲亦已将该房屋及宅基地使用权证一并交付于许某某，故许某某已善意取得涉案房屋，谭某甲的无权处分行为并不影响合同效力。许某某基于房屋买卖合同法律关系，有权要求合同相对人谭某甲履行合同义务，该合同义务实质上系谭某甲因出卖房屋对许某某所负的债务。按照继承法的规定，继承遗产应当清偿被继承人的债务。因谭某甲已经去世，该债务理应由谭某甲的继承人清偿，故一审判定由谭某甲的继承人邹某乙、邹某丙、谭某丙配合办理房屋过户手续，并无不当。

江苏省无锡市中级人民法院依照《中华人民共和国民事诉讼法》第一百七十条第一款第一项的规定，判决如下：

驳回上诉，维持原判。

【法官后语】

本案审理时，适用《中华人民共和国物权法》第一百零六条关于无权处分与善意取得的相关规定，《最高人民法院关于适用〈中华人民共和国物权法〉若干问题的解释》（以下简称《物权法解释》）第十五条至第二十一条进一步对如何认定无权处分及善意取得的构成要件进行详细说明。《中华人民共和国民法典》（以下简称《民法典》）施行后，《民法典》第三百一十一条规定了无权处分的法律后果，明确了善意取得的构成要件。无处分权人将不动产或者动产转让给受让人的，所有权人有权追回。符合以下条件，受让人依据善意取得制度取得该不动产或者动产的所有权：（1）受让人受让该不动产或者动产时是善意的（受让人善意）；（2）以合理的价格转让的（合理价格转让）；（3）转让的不动产或者动产依照法律规定应当登记的已经登记，不需要登记的已经交付给受让人（标的物登记或交付）。《最高人民法院关于适用〈中华人民共和国民法典〉物权编的解释（一）》第十四条至第二十条对前述要件的认定进行了细化。

一、无权处分的认定

认定房屋交易是否无权处分可以从两个角度着手考虑，其一是认定不动产公示或者登记簿登记的权利人为真实权利人，通过查看不动产的公示信息确认物权，在这种情况下物权发生变更，物权的登记人自然有权处分，非权利人对房屋的处分必然是无权处分。其二是推定不动产公示或者登记簿登记的权利人为权利人，但实际权利人可以通过诉讼等方式确认权利。在第二种情况下，如不动产权属登记错误或者没有进行不动产公示登记，真实的权利人可以通过确权诉讼等方式确定真实的权属。当确权诉讼确认真实的权利人与登记权利人不符时，登记权利人也属于无权处分。

二、善意取得的构成要件

1. 受让人善意。受让人的主观具有善意，是善意取得制度的核心要件。受让人受让不动产或者动产时，不知道转让人无处分权，且无重大过失的，应当认定受让人为善意。而且是指受让时为善意，之后受让人知道转让人为无权处分，仍属善意。“受让时”，是指依法完成不动产物权转移登记或者动产交付之时。在判断受让人是否为善意时，采取推定的方法，即推定受让人是善意的，真实权利人主张受让人不构成善意的，应当承担举证证明责任，即由真实权利人对受让人是否“知道”、对“不知道”是否具有重大过失进行举证。真实权利人有证据证明不动产受让人应当知道转让人无处分权的，或者证明受让人受让不动产或者动产时具有重大过失的，比如，交易的对象、场所或者时机等不符合交易习惯的，应当认定受让人非善意。

2. 合理价格转让。判断转让价格是否合理，应当根据转让标的物的性质、数量以及付款方式等具体情况，参考转让时交易地市场价格以及交易习惯等因素综合认定。

3. 标的物登记或交付。标的物登记或交付是判断受让人能否善意取得不动产的关键。标的物的物权变动需要通过法定的公示形式，即不动产应当通过登记办理产权变更，动产应当交付。

无权处分在同时具备上述三个要件时，受让人构成善意取得，转让人不得以无权处分为由请求受让人返还财产。但是，根据《物权法解释》第二十一条规定，转让合同因违反合同法第五十二条规定被认定无效，转让合同因受让人存在欺诈、胁迫或者乘人之危等法定事由被撤销，受让人不能主张善意取得。该规定在《最高人民法院关于适用〈中华人民共和国民法典〉物权编的解释（一）》第二十条中进行修改，转让合同被认定无效或者被撤销的情况下，受让人不能主张善意取得，适用范围进行了扩大。

三、本案对于善意取得制度的适用

本案中，案涉房屋为谭某甲与邹某甲合建，属于夫妻共同财产，邹某甲去世后，谭某甲未经过其他继承人同意出卖房屋，故属于无权处分。许某某是否可以取得房屋所有权，关键在于许某某是否构成善意取得，即许某某应当满足受让时善意、支付合理价格、标的物登记或交付这三个条件。(1) 在邹某甲去世的情况下，谭某甲就属于夫妻共同财产的涉案房屋与许某某协商的过程，符合农村交易习惯；许某某作为村民也符合建造房屋资格，可以购买案涉房屋，所以许某某在协商购买房屋的过程中是善意的。(2) 综合考虑案涉房屋的购买时间、房款金额、房产性质等因素，许某某在签订合同时已经支付了合理对价，属于买卖合同双方协商一致的合理价格转让。(3) 不动产的物权变动一般需要通过法定的公示形式，即登记。但是，从当时的房屋买卖情况考虑，买卖时农村房屋登记不规范具有普遍性，案涉房屋一直未办理房屋产权证，且因为权属等问题，在出卖给许某某后仍无法办理房屋权属变更手续，但谭某甲已将该诉争房屋及宅基地使用权证一并交付于许某某，许某某业已实际居住多年，已经构成了标的物向许某某的交付。

综上，许某某通过买卖合意以及交易习惯，合法购买了案涉房屋，且买卖多年以后，房屋的实际权属人对房屋的权属一直未进行主张，许某某实际上形成了对案涉房屋的善意取得，最终法院判决协助许某某办理房屋过户手续。

编写人：江苏省无锡市惠山区人民法院　平华　沈泽全

047　事实行为引发合同变更的认定

——程丙诉程甲返还原物案

【案件基本信息】

1. 裁判书字号

黑龙江省哈尔滨市中级人民法院（2020）黑 01 民终 7002 号民事判决书

2. 案由：返还原物纠纷

3. 当事人

原告（上诉人）：程丙

被告（被上诉人）：程甲

【基本案情】

程甲（长子）、案外人程乙（次子）、程丙（三子）系兄弟关系，案外人程某公（于 2017 年去世）系三人父亲，案外人杨某绮系三人继母。

1999 年 12 月 19 日，程甲、程丙、程乙、程某公、杨某绮签订家庭协议一份，关于住房分配问题约定如下："1. 小三仍住三屋不变，一切手续和钱款由小三交办，购完房后久住。2. 买的教化新房〈651〉号，和程甲现在住的宣西〈60〉号楼〈132〉号对换，手续、钱款由程甲交办。3. 程甲住的宣西房二层由程乙交款购房，后由父亲和杨姨住到最终，由程乙接收，如中途换好房，仍归程乙。”协议落款处有五人签字。该份家庭协议中的“三屋”原所有权人为程某公，后变更至程丙名下，现由程丙占有使用；家庭协议中的“教化新房〈651〉号”即案涉房屋，该房屋原系程某公名下的公产房，2000 年参加房改由程丙及其爱人韩某梅的工龄加 29016 元买断，现已更名至程丙名下，但由程甲占有使用；家庭协议中的“宣西〈60〉号楼〈132〉号”和“宣西房二层”系指同一处房产，现登记在程甲名下，由程乙占有使用。2000 年，程甲入住案涉房屋，并交纳了 15000 元，关于该 15000 元为何费用，双方有争议，程丙称该笔款项为住户保证金，程甲则称系其为房屋第一次买断的款项。现程丙诉至法院，要求程甲从案涉房屋中迁出。

【案件焦点】

1. 程丙买断案涉房屋的行为是否构成对《家庭协议》的实际变更；2. 程甲对案涉房屋是否为无权占有。

【法院裁判要旨】

黑龙江省哈尔滨市南岗区人民法院经审理认为：本案案由系返还原物纠纷，程丙以其为案涉房屋登记的所有权人为由要求程甲迁出，程甲针对程丙的诉请提出了双方之间存在家庭协议进行抗辩，但程丙称该家庭协议已发生实际变更，程甲现已无权占有案涉房屋。据此，本案的争议焦点为该家庭协议是否真实有效及内容是否发生实际变更。

《家庭协议》在性质上属于分家析产协议，系五方的真实意思表示，内容不违反法律、行政法规的强制性规定，合法有效。虽程丙主张家庭协议签订日期为 1999 年，协议因其 2000 年买断案涉房屋而变更，但该家庭协议的内容涉及了包括案涉房屋在内的共计三套房产的分配及对换，且协议其他各方均依据该协议占有相应的房屋，程丙未能充分举示证据证明协议几方已一致同意对协议内容进行了变更，据此，采纳程甲的抗辩意见，驳回程丙的诉讼请求。

黑龙江省哈尔滨市南岗区人民法院依照《中华人民共和国民事诉讼法》第六十四条、《最高人民法院关于适用〈中华人民共和国民事诉讼法〉的解释》第九十条规定，作出如下判决：

驳回原告程丙的诉讼请求。

程丙不服一审判决，提起上诉。黑龙江省哈尔滨市中级人民法院经审理认为：案涉《家庭协议》系五方的真实意思表示，合法有效。现自各方签订协议后至程丙提起本案诉讼已近 20 年，虽然案涉房产登记至程丙名下，但程丙 20 余年未请求程甲迁出案涉房屋，且程甲、程丙、程乙均依据该协议占有相应的房屋，说明各方一直按《家庭协议》的约定履行，程甲占有案涉房屋系依据各方订立的《家庭协议》，并非无权占有，程丙请求程甲返还案涉房屋无充分的事实和法律依据。

黑龙江省哈尔滨市中级人民法院依照《中华人民共和国民事诉讼法》第一百六十九条、第一百七十条第一款第一项规定，判决如下：

驳回上诉，维持原判。

【法官后语】

合同是各方当事人通过要约、承诺的方式，经协商一致达成的。合同成立后，当事人应当按照合同的约定全面履行合同，但合同的履行是动态的过程，合同当事人时常根据实际需求在履行过程中对合同条款进行变更。合同变更可以基于法律规定、当事人的约定、事实行为等不同原因发生。《中华人民共和国民法典》沿袭原《中华人民共和国合同法》关于合同变更的相关规定，明确了原则上合同从成立时起具有法律约束力，合同变更是以新的合意来变更原来的合同，各方当事人对此应达成一致意见。《中华人民共和国民法典》第五百四十三条规定，当事人协商一致，可以变更合同。由此可知，合同的变更须经各方当事人一致通过明确的意思表示同意方为有效，任何一方合同当事人均不得将自己的意志强加给对方，行为人非依法律规定或者取得相对方同意，不得擅自变更或者解除已经发生法律效力的合同。

实践中，通过事实行为而非明确的意思表示对合同进行变更也常有发生。《中华人民共和国民法典》第四百六十九条规定，当事人订立合同，可以采用书面形式、口头形式或者其他形式。该条中规定的“其他形式”，系指默示形式、事实契约、事实合同、事实行为等。上述形式通常表现为合同当事人以某种表明法律意图的行为间接地表示合同内容，从司法审判的角度来看是一种推定形式，对于该推定形式的界定是判断合同是否发生变更的重要衡量标准。通常情况下，意思表示的成立，须有外部的“表示”，也就是通过一定行为使内心意思被外部认识，但默示形式、事实行为等推定形式对于意思表示来说缺乏明确性，须从表示人作为与不作为的行为去推断出行为人的内在真实心意。在司法实践中，通常会根据法律规定、一般常理和惯例对此类行为进行逻辑判断。

就本案而言，程丙主张其已通过将案涉房屋变更至自己名下的事实行为对《家庭协议》作了实质性变更，但这只是其单方行为，并未得到其余协议当事人明示同意，且协议各方当事人仍按照协议约定占有对应房屋，此继续按协议约定占有相应房屋的行为应视为对程丙所为变更行为的否定。据此，程丙的行为不能直接产生变更《家庭协议》的法律后果。

综上，合同的实际履行是复杂、动态、丰富的过程，因客观因素各方在履行过程中对合同条款进行变更是合同履行的常态，处理合同争议时应注意不唯书面合同论，允许合同当事人以默示形式、事实行为等方式对已生效的合同进行变更，着重探求合同各方当事人的真实意思表示，全面综合评判。值得注意的是，对事实行为引起的合同订立或者变更的法律后果应审慎把握，要充分考虑合同订立及变更的客观条件，综合各方当事人的意思表示及行为去推定是否有订立或者变更合同的合意。

编写人：黑龙江省哈尔滨市南岗区人民法院　陈静

048　出质人返还质物请求权与质权人占有顺位利益的保护

——刘某诉周某返还原物案

【案件基本信息】

1. 裁判书字号

山东省淄博市中级人民法院（2021）鲁03民终239号民事判决书

2. 案由：返还原物纠纷

3. 当事人

原告（上诉人）：刘某

被告（被上诉人）：周某

【基本案情】

2018 年 2 月 9 日，刘某因向周某借款，将车辆 1 部作为质物质押给周某，并已交付，车辆由周某保管、占有。周某向法院起诉，法院作出（2018）鲁 0303 民初 4983 号民事判决书，判决刘某支付周某借款本金 8.7 万元及相应利息，现判决已发生法律效力。因刘某没有款项支付给周某，遂与周某协商将涉案车辆折价 5 万元给案外人项某。2018 年 10 月 31 日，周某收到项某 3 万元款项后反悔，没有交付车辆。涉案车辆有违章行为，交强险无法缴纳，车辆无法上路行驶。刘某起诉要求周某立即返还车辆 1 部，并处理涉案车辆质押期间的交通违章事宜。

【案件焦点】

在周某要求刘某清偿债务的情况下，刘某是否有权请求周某行使质权，以质物偿还债务。

【法院裁判要旨】

山东省淄博市张店区人民法院经审理认为：

1. 涉案纠纷焦点在于当事人双方对案涉车辆享有权利的性质及顺位利益保护问题。刘某系涉案车辆所有权人，享有物权。但涉案车辆因借贷债权，出质人刘某已经质押给周某，质押标的物（即案涉车辆）业已交付，质权成立，周某为质权人。根据《中华人民共和国物权法》（以下简称《物权法》）第二百零八条规定，质押系转移质押财产的占有而产生的担保物权，质权人享有对质押财产的合法占有权，可以对抗所有权人。《物权法》第二百一十九条第一款规定："债务人履行债务或者出质人提前清偿所担保的债权的，质权人应当返还质押财产。"依据该规定，在出质人没有履行债务或者提前清偿债务的情形下，要求质权人返还质物，没有法律依据。同时，质权作为担保物权系主债权的从权利，主债权消灭，从权利消灭。刘某主张周某在2018年7月6日起诉和判决后没有要求处理案涉车辆，已丧失对该车辆的任何权利，包括质权，没有法律依据，不予支持。关于出质人救济途径及方式的选择。债务人不履行到期债务或者发生当事人约定实现质权的情形，质权人可以与出质人协议以质押财产折价，可以就拍卖、变卖质押财产所得的价款优先受偿。《物权法》第二百一十四条规定："质权人在质权存续期间，未经出质人同意，擅自使用、处分质押财产，给出质人造成损害的，应当承担赔偿责任。"第二百二十条规定："出质人可以请求质权人在债务履行期届满后及时行使质权；质权人不行使的，出质人可以请求人民法院拍卖、变卖质押财产。出质人请求质权人及时行使质权，因质权人怠于行使权利造成损害的，由质权人承担赔偿责任。"上述法律明确规定了质权实现的方式方法——协议折价、拍卖、变卖及质权人怠于行使质权与擅自使用、处分质押财产造成损害的责任承担方式——损害赔偿。故，若出质人因案涉质权的实现或质物的使用而产生纠纷，必须按照上述法律规定办理。但刘某要求返还质物，不符合上述法律规定的救济途径及诉求选择。

2. 本案仅就刘某的诉讼请求是否成立依法裁判，至于案涉质物尚存在其他权利负担（如抵押登记等），或在质权实现过程中产生的抵债变现处置纠纷及质押财产价款分配等问题不在本案审理范畴之内，我国法律法规并不禁止担保物的流通转让，相关利害关系人可以根据法律关于担保物权的规定，依法主张权利。刘某以案涉车辆已抵押给案外第三人，不得处分为由，主张返还，法律依据不足，不予支持。

3. 刘某主张案涉车辆已经脱审、没有缴纳交强险等返还车辆理由，法院认为，我国物权法和其他法律对机动车的交易及物权转移、交通事故责任处理都有详细的法律规定，违背该法律规定的，依照该规定处理，但此举不构成返还涉案车辆的正当理由。

至于周某主张的以物抵债、债权转移转押等事实，因不影响对本案的判决，不再理涉。出质人可依法选择其他法律途径、民事制度主张权利。当然，法院也提醒周某必须严格按照法律规定的程序、途径、方式及时行使质权，处置质押财产。若在行使质权过程及质物保管过程中造成出质人损失的，应当赔偿损失。

山东省淄博市张店区人民法院依照《物权法》第二百零八条、第二百一十四条、第二百一十九条、第二百二十条，《中华人民共和国民事诉讼法》第六十四条、第一百一十九条的规定，判决如下：

驳回刘某的诉讼请求。

刘某不服一审判决，提起上诉。山东省淄博市中级人民法院经审理认为：刘某并未清偿其对周某的债务，因此，其请求归还质押的涉案车辆于法无据，对其该项主张，不予支持。关于刘某有关因周某非法转让、使用质押的涉案车辆因而诉求周某返还该车辆的主张，该主张与本案不属于同一法律关系，一审法院未予审理并无不当，对于刘某的该项上诉主张不予支持。

山东省淄博市中级人民法院依照《中华人民共和国民事诉讼法》

第一百七十条第一款第一项规定，判决如下：

驳回上诉，维持原判。

【法官后语】

本案反映的问题实质是出质人的返还原物请求权与质权人的合法占有请求权发生冲突情形下，如何平衡双方的权益。对此应当认为，在出质人没有履行债务或者提前清偿债务的情形下，质权人的合法占有请求权优先于出质人的返还原物请求权，出质人要求质权人返还质物的，不符合《中华人民共和国民法典》（以下简称《民法典》）的相关规定，主要理由有：

一、动产质权系转移质物的占有而产生的担保物权，质权人享有对质物的合法占有权，可以对抗所有权人

动产质权，又称动产质押权，是一种典型的担保物权，是指债务人或者第三人将其动产交付给债权人占有，将该动产作为债务履行的担保，如果债务履行期届满，债务人不履行债务或者发生当事人约定的实现质权情形的，债权人所享有的依照法律规定以该动产折价或者以拍卖、变卖该动产的价款优先受偿的权利。《民法典》第四百二十五条规定："为担保债务的履行，债务人或者第三人将其动产出质给债权人占有的，债务人不履行到期债务或者发生当事人约定的实现质权的情形，债权人有权就该动产优先受偿。前款规定的债务人或者第三人为出质人，债权人为质权人，交付的动产为质押财产。"可见，动产质权的设立须转移质押标的物的占有，动产质权系转移质押财产的占有而产生的担保物权，质权人享有对质押财产的合法占有权。由于动产质权的标的为动产，其流动性较大，权利变动频繁，若出质人不将质物交付于质权人占有即可成立质权，则

质权人对标的物的支配无从实现[①]；质权存续期间，出质人在未清偿到期债务的情况下，无权请求质权人返还质押财产，否则会导致质权在债权未获清偿的情况下灭失。因此，尽管法律未明确规定质权具有优先于所有权的效力，但是从质权制度的功能出发，应当认为质权可以对抗所有权。

二、在出质人没有履行债务或者提前清偿债务的情形下，要求质权人返还质物，没有法律依据

质权的实现，是指债务履行期限届满债务人未履行债务，通过依法处理质押财产而使债权获得清偿。《民法典》第四百三十六条规定，“债务人履行债务或者出质人提前清偿所担保的债权的，质权人应当返还质押财产。债务人不履行到期债务或者发生当事人约定的实现质权的情形，质权人可以与出质人协议以质押财产折价，也可以就拍卖、变卖质押财产所得的价款优先受偿。质押财产折价或者变卖的，应当参照市场价格。”依据该规定，质权人行使动产质权的前提条件是债务人在债务履行期届满时未履行债务，或者发生当事人约定的实现债权的情形。在出质人没有履行债务或者提前清偿债务的情形下，要求质权人返还质物，没有法律依据。同时，质权作为担保物权系主债权的从权利，主债权消灭，从权利随之消灭。本案中，刘某主张周某在2018年7月6日起诉和判决后没有要求处理涉案车辆，已丧失对该车辆的任何权利，包括质权，没有法律依据。质权的实现，是体现质权担保功能最基本的方式，它在本质上属于质权人的权利而非义务，因此，当质权人要求债务人清偿债务时，

---

① 人民法院出版社法信编辑部编：《担保物权纠纷司法观点与办案规范》，人民法院出版社2017年版，第105~106页。

债务人不能以质权人应当先行使质权作为抗辩，也不能强行要求以质押物清偿债务。

三、因质权的实现或质物的使用产生纠纷，出质人应当按照法律规定的救济途径行使权利，而非要求质权人返还质物

债务人不履行到期债务或者发生当事人约定实现质权的情形，质权人可以与出质人协议以质押财产折价，可以就拍卖、变卖质押财产所得的价款优先受偿。《民法典》第四百三十一条规定："质权人在质权存续期间，未经出质人同意，擅自使用、处分质押财产，造成出质人损害的，应当承担赔偿责任。"第四百三十七条规定："出质人可以请求质权人在债务履行期限届满后及时行使质权；质权人不行使的，出质人可以请求人民法院拍卖、变卖质押财产。出质人请求质权人及时行使质权，因质权人怠于行使权利造成出质人损害的，由质权人承担赔偿责任。"上述法律明确规定了质权实现的方式方法——协议折价、拍卖、变卖及质权人怠于行使质权与擅自使用、处分质押财产造成的责任承担方式——损害赔偿。故因案涉质权的实现或质物的使用而产生纠纷，出质人必须按照上述法律规定办理。但其要求返还质物，不符合法律规定的救济途径及诉求选择。

具体到本案中，刘某系涉案车辆的所有权人，案涉车辆由周某保管占有，双方签订质押合同，应当认定涉案车辆因借贷债权，出质人刘某已经质押给周某，质押标的物（即案涉车辆）业已交付，质权成立，周某为质权人。刘某并未清偿其对周某的债务，因此，其请求归还质押的涉案车辆于法无据。本案仅就原告的诉讼请求是否成立依法裁判，至于案涉质物尚存在其他权利负担（如抵押登记等），或在质权实现过程中产生的抵债变现处置纠纷及质押财产价款分配等问题不在本案审理范畴之内，我国法律法规并不禁止担保物

的流通转让，相关利害关系人可以根据《民法典》关于担保物权的规定，依法主张权利。刘某关于案涉车辆已抵押给案外第三人、已经脱审、没有缴纳交强险等返还车辆的理由，均不构成返还涉案车辆的正当理由。关于周某主张的以物抵债、债权转移转押等事实，因不影响对本案的判决，故不再理涉。

当然，虽然质权的实现是质权人的权利，其可以决定何时以何种方式实现质权，但是其在实现质权时应当符合诚信原则的要求，并不得违背相关法律的强制性规定。[①] 周某必须严格按照法律规定的程序、途径、方式及时行使质权，处置质押财产。若在行使质权及质物保管过程中造成出质人损失的，应当依法赔偿损失。

编写人：山东省淄博市张店区人民法院　徐金辉　刘晓辉

049　房改房回购的产权归属

——董某敏诉张某民、牛某敏返还原物案

【案件基本信息】

1. 裁判书字号

北京市第二中级人民法院（2020）京 02 民终 4564 号民事判决书

2. 案由：返还原物纠纷

3. 当事人

原告（被上诉人）：董某敏

---

① 最高人民法院民法典贯彻实施工作领导小组主编：《中华人民共和国民法典物权编理解与适用（下）》，人民法院出版社 2020 年版，第 1214~1215 页。

被告（上诉人）：张某民、牛某敏

第三人（上诉人）：某饭店

第三人：某集团

【基本案情】

1994年1月18日，某饭店作为售房单位按房改售房优惠售房方式以标准价将涉案房屋出售给董某敏（时任某饭店副总经理），由石某明代董某敏向某饭店支付了房款。1994年9月2日，原北京市房地产管理局就涉案房屋颁发房产所有证，产权人记载为“董某敏”，该产权证原件现在某饭店处。1995年董某敏调离某饭店，1996年董某敏将涉案房屋腾空交给某饭店后，某饭店将涉案房屋分配给其职工范某，范某又将涉案房屋交给某饭店上级单位某集团进行换房，2001年某集团将涉案房屋分配给其职工张某民居住。目前张某民及其配偶牛某敏仍居住在涉案房屋。

2015年12月11日，董某敏在房屋登记机关以证书遗失为由就涉案房屋办理补证，12月15日，董某敏在北京市国土资源局西城分局领取了涉案房屋不动产权证。2018年8月28日，某饭店起诉董某敏，要求董某敏履行房屋产权登记书，将涉案房屋变更登记至某饭店名下。北京市西城区人民法院作出（2018）京0102民初41269号民事裁定书，裁定驳回某饭店的起诉。

为证明与董某敏就涉案房屋回购问题达成协议，某饭店提交的房屋产权登记证及房屋回购申请中审验意见处有“同意单位买回”字样，有北京市西城区房屋土地管理局房产交易管理所印章，日期为1997年5月30日。复审意见和审批意见处空白。房屋回购申请内容为：“西城房地产交易所：我店职工董某敏于一九九五年调出。原九二年所购住房由某饭店购回，请交易所办理过户手续（地址，西城区××）。”上述材料在房屋登记机关的涉案房屋档案材料中没有备案，原件由某饭店保存。

【案件焦点】

1. 本案是否属于民事诉讼的受理范围；2. 如何认定涉案房屋房改售房后的产权归属。

【法院裁判要旨】

北京市西城区人民法院经审理认为：关于本案是否属于民事诉讼的受理范围。董某敏依据《中华人民共和国物权法》以所有权人身份，要求张某民、牛某敏腾退涉案房屋，属于公民之间因财产关系提起的民事诉讼，属于民事诉讼的受理范围。关于涉案房屋的所有权归属问题：

1. 董某敏的行为能否证明其就涉案房屋回购与某饭店达成一致意思表示。双方未就涉案房屋的回购达成书面合同，房屋产权登记书中对于涉案房屋价款的给付期限、交付期限、房屋转移期限、违约责任等重要内容均未体现。考虑到一般交易习惯，房产交易双方均负有较高的审慎义务，本案中双方未对上述重要内容进行约定，不符合《中华人民共和国合同法》规定的合同的构成要件，无法认定董某敏与某饭店就涉案房屋回购达成一致的意思表示。

2. 董某敏向某饭店交付涉案房屋及所有权证书、房屋行政管理部门在房屋产权登记书上盖章的行为，是否发生涉案房屋所有权转移的效果。涉案房屋一直登记在董某敏名下，房屋行政管理部门虽在房屋产权登记书的初审意见部分盖章同意，但复审及审批意见部分均未盖章，亦未进行所有权的变更登记。且董某敏向某饭店交付涉案房屋及所有权证的行为也不影响涉案房屋所有权。

3. 张某民、牛某敏是否应当返还涉案房屋。张某民、牛某敏辩称，涉案房屋由某饭店分配给其居住。但涉案房屋的所有权并未转移给某饭店，其与董某敏之间就涉案房屋的使用也没有达成协议，因此某饭店无权将涉案房屋分配给张某民居住，董某敏有权要求张某民、牛某敏返还涉案房屋。

4. 张某民、牛某敏是否应当支付涉案房屋的使用费。董某敏未对该使用费标准举证证明，且未能举证其曾主张该使用费，考虑到历史原因，不支持董某敏要求张某民、牛某敏支付房屋使用费的诉讼请求。

北京市西城区人民法院依照《中华人民共和国民法总则》第一百三十三条、第一百三十四条，《中华人民共和国合同法》第十二条，《中华人民共和国物权法》第九条、第三十四条、第三十九条，《最高人民法院关于适用〈中华人民共和国民事诉讼法〉的解释》第九十条之规定，判决如下：

一、自判决生效之日起三十日内，张某民、牛某敏将北京市西城区××号房屋腾空返还给董某敏；

二、驳回董某敏的其他诉讼请求。

张某民、牛某敏、某饭店不服一审判决，提起上诉。北京市第二中级人民法院同意一审法院的裁判意见，判决：

驳回上诉，维持原判。

【法官后语】

一、新旧法律衔接

对于民事法律行为的认定,《中华人民共和国民法典》（以下简称《民法典》）未对《中华人民共和国民法总则》的规定做修改,可继续参照使用。对于合同的形式,《民法典》的规定与《中华人民共和国合同法》（以下简称《合同法》）基本一致,即以不要式为原则,以要式为例外。同时《民法典》与《合同法》均对于合同的一般条款进行了列举。

二、裁判解析

本案的争议焦点主要有两点:第一,董某敏与某饭店就涉案房屋回购问题是否达成协议;第二,双方是否发生回购行为。具体意见如下。

（一）某饭店提交的证据无法证明回购条款成立

行政部门同意房屋产权变更仅代表涉案房产的“房改房”特殊房产性质可以变更所有权人,而并不能代表当事人之间回购条款的成立。行政部门无权干涉平等民事主体之间订立合同的自由。公司内部制度规定不能认定为与当事人达成合意。对于张某民、牛某敏提供间接证据证明董某敏应当知晓“离职回购”为公司规定,首先,间接证据证明力不足。其次,员工知晓规定并不能认定为与公司达成了合意。某饭店提供了与其他员工签署的回购合同,却并未与董某敏签署,更说明双方未在此事上达成合意。民法中公司与员工为平等民事主体,且一般情况来讲公司更具有强势的地位,在此情形下双方仍未签署相关协议,不能认定双方就回购涉案房产事宜达成合意。

（二）回购事实未发生

本案所涉“回购”约定属于解除权约定的一种，所以当事人必须对于该约定解除权的成就条件达成合意。假设本案双方当事人达成了回购房产的合议，那么回购条款所产生的效果应当是一方重新获得房产所有权，另一方重新获得对应价款。但董某敏并未获得房款，亦未将涉案房屋所有权返还某饭店，由此可以证明涉案回购协议所约定的权利义务并未实际发生。

三、实际意义

房屋回购条款无法定无效情形的，一般认定该条款有效。例如在商品房买卖中，银行出借贷款时一般会在合同中约定房屋回购条款，约定购房人无力偿还贷款时，开发商作为连带责任保证人承担还款责任，并由开发商对商品房进行回购。这样的房屋回购条款同样具有约定解除权的性质，当购房人严重违约时，开发商达到回购条件且发出回购通知，房屋买卖合同解除。

而关于职工签订公有住房买卖合同或取得房屋产权证后调离、辞职、被辞退或除名情况下引起的纠纷，主要集中在单位是否有权要求收回房屋。以职工是否取得房屋产权为标准，分为职工在与单位解除劳动关系时已经取得房屋产权或未取得房屋产权两种情况。

对于购房职工在与单位解除劳动关系时，已取得住房的产权证明的，应当充分保护产权人的合法权益，维护购房职工物权利益。如单位需回购已售房屋，应与购房职工协商一致，并签订房屋回购协议，以减少纠纷的产生。

对于购房职工与单位解除劳动关系时，职工已经交纳了购房款并签署购房协议，但仍未拿到房产证，售房单位要求收回房屋而产生的纠纷，司法实践中有两种不同意见。一种意见认为，如果单位对所售公有住房的售房办法已经过行政部门审批，并确定该购房职工具备购房资格，那么双方签订的买卖公房合同就是合法有效的。另一种意见认为，根据现有法律规定，房屋产权转移时间以办理产权证为准。职工在没有取得产权前，和售房单位解除劳动关系，就丧失了公有住房买卖的资格，因此，公有住房买卖合同在履行中因购买方丧失应具备的主体资格而失效。笔者更倾向于后一种意见，因为单位向职工出售公有住房系以职工与单位之间存在劳动关系为前提，该售房行为不同于一般的商品房买卖行为，因此应当赋予回购条款约定解除权的意义。但随着案件具体情况的不同还有可能产生不同的裁判结果。一般情况下，如果单位对职工的购房条件不仅仅是出台单位规定示明，同时以合同方式在公有房购买合同中详细约定职工的服务年限等，就会大大减少出现纠纷的可能性。

编写人：北京市西城区人民法院　方晓晨　王潇

050　产权式商铺业主能否要求自主经营

——程某、王某诉某超市返还原物案

【案件基本信息】

1. 裁判书字号

四川省巴中市中级人民法院（2019）川 19 民终 445 号民事判决书

2. 案由：返还原物纠纷

3. 当事人

原告（上诉人）：程某、王某

被告（被上诉人）：某超市

【基本案情】

自2002年起，程某等85名业主与建筑公司签订了《商品房买卖合同》，分别购买了位于通江县诺江镇诺江中路红军广场商城内的不同位置、面积的铺面，双方在《商品房买卖合同》中约定：买受人所购铺面的经营用途必须符合商城所规定的功能分区要求，在不影响整个商城经营管理的前提下，如改变其经营用途，须经商城物业管理部门批准。之后，建筑公司又分别与程某等85名业主签订了《银座商城铺面租用合同》，约定将85名业主所购买的铺面予以返租，该合同根据85名业主铺面的面积大小，约定了租赁期限、租金计价方式与分年度的支付方式。后建筑公司与某超市签订《租赁合同》，约定将红军广场商城租赁给邻里超市。2017年5月1日之后，某超市陆续征求红军广场商城铺面业主意见，均同意继续与某超市建立租赁关系，并自愿将其铺面租赁给某超市统一进行经营。红军广场商城铺面业主共计85户，程某系红军广场商城业主委员会成员，先前一直协助某超市与其他业主协商续租事宜，现除程某、王某外的84户业主均重新签订了租赁合同，某超市已再次对该商城及商场内、外全部建筑面积约3600平方米及其一切附属设施设备进行重新装饰、装修升级改造后经营至今。2018年10月8日，程某、王某因与某超市就其铺面的租金等协商无果，以某超市强行占用其铺面构成侵权为由，诉至法院。

【案件焦点】

1. 产权式商铺的所有权人能否要求自主经营；2. 业委会大多数意见是否可以对全体业主产生约束力。

【法院裁判要旨】

四川省通江县人民法院经审理认为：根据《中华人民共和国民法总则》第一百三十二条“民事主体不得滥用民事权利损害国家利益、社会公共利益或者他人合法权益”的规定，包括程某、王某在内的该商城 85 户业主所购铺面具有整体性和不可分割性，所有业主的铺面应当符合统一规划，服从统一的经营管理。故程某、王某在主张自己的民事权利时，不得损害他人合法权益。故对程某、王某的诉讼请求，不予支持。

四川省通江县人民法院依照《中华人民共和国侵权责任法》第二条、《中华人民共和国民事诉讼法》第六十四条、《最高人民法院关于适用〈中华人民共和国民事诉讼法〉的解释》第九十条规定，作出如下判决：

驳回程某、王某的诉讼请求。

程某、王某不服一审判决，提出上诉。四川省巴中市中级人民法院经审理认为：民事主体行使民事权利时必须遵守权利不得滥用原则，这意味着民事主体行使自己的权利时不是绝对地不受制约。首先，从双方签订的《商品房买卖合同补充协议》约定的内容看，程某、王某签订商品房买卖合同时，对该房屋在将来行使使用权应受到一定的限制是知晓的，不能随意行使房屋的使用权。该补充协议意思表示真实，不违反法律规定，程某、王某自应受其约束。其次，通江县建筑集团总公司在 2009 年向通江县房地产管理局报送

《关于成立红军广场银座商城业主委员会登记的报告》中明确，商城自经营以来均是由总公司在代理业主承办招商引资及铺面的出租业务，总公司决定还权于业主，于是报请成立业主委员会。可以看出，当初成立业主委员会的目的之一即为代理业主承办招商引资及铺面的出租业务。现业主委员会成立后，经过业主大会及业主代表会议多次讨论后决定，大多数业主均同意将房屋出租给某超市，依照《中华人民共和国物权法》第七十八条第一款“业主大会或者业主委员会的决定，对业主具有约束力”的规定，程某、王某应当遵守绝大多数业主的共同决定。再次，商城从建立以来，一直采用符合广大业主共同利益的整体经营管理模式，商城其他 84 户业主均同意继续将房屋出租给某超市经营使用，且已与某超市签订了《物业续租协议》，程某、王某如强行收回案涉房屋，将影响商城目前整体经营管理使用状态，不利于商城整体功能的发挥，可能损害其他业主的合法权利。最后，从各业主购买案涉商城时的状态以及商城的现状看，各业主购买的商铺没有明确的空间隔离设施，整个商城是一个开放空间，现任何一业主单独隔离商铺都将会影响整体商城的使用。现某超市租用整体商城亦不存在不支付租金的情形，因此，程某、王某请求返还原物的理由不成立。

四川省巴中市中级人民法院依照《中华人民共和国民事诉讼法》第一百七十条第一款第一项规定，作出如下判决：

驳回上诉，维持原判。

【法官后语】

产权式商铺产生于激烈的市场竞争，开发商获取经济利益，加速资金回笼而创设出的销售模式，但由于法律规定缺位，该模式在实际操作运营中纠纷不断，给人民法院正确适用法律带来了不少困惑和挑战，其中争议较大的颇属产权式商铺的所有权人行使物权是否应当受到限制。本案的争议也属如此。通过对本案的审理，法院结合产权式商铺自身的特性，从权利不得滥用的角度入手，对产权式商铺的所有权人行使其权利划定了边界，维护了大多数业主的利益，发挥了物尽其用的基本原则，符合民法典的立法精神。

产权式商铺，是指房地产开发商为了筹集或迅速回笼建设资金而将整体的商业建筑物分割为若干独立的部分分别销售，各独立销售的面积之间不设物理间隔，业主购买后享有产权但不直接经营，而是由开发商或专门的经营公司负责统一经营管理，业主获取定期、定额回报的房地产销售模式。其因具备高投资回报率、回笼资金快等特点而备受开发商青睐，其实质就是产权、经营权、管理权的分离。目前由于没有专门的法条对产权式商铺法律关系予以规范，加之投资者对产权式商铺的认识定位模糊不清，审判实践中对该类案件的法律适用徘徊左右，裁判标准不尽统一，在一定程度上影响了司法公信力。

1. 产权式商铺所有权行使应当受到特殊的限制

根据《中华人民共和国民法典》第一百三十一条、第一百三十二条规定，民事主体行使权利时，应当履行法律规定的和当事人约定的义务。民事主体不得滥用民事权利损害国家利益、社会公共利益或者他人合法权益。产权式商铺大多无法分割，必须统一经营才能发挥其最大价值，任一业主要求返还商铺均会影响到商城整体功能的发挥，损坏商城其他业主的利益，造成社会财富的浪费，不利于社会经济发展；反之，若业主通过参与整体出租取得租金收益，利于实现其自身权益最大化。因此，对产权式商铺业主物权的行使进行限制，有利于协调、平衡各方利益，也有利于维护全体业主的权益，符合物权法的立法精神。故业主对产权式商铺物权的行使应当受民法“禁止权利滥用”原则的限制，业主请求单独经营其购买的商铺的诉讼请求不应得到支持。

2. 产权式商铺的使用经营应尊重业主集体意志的体现

在审判实践中，有意见认为，业主的所有权是独立的，无须受到集体意志的限制。业主大会及其业委会经过法定程序可以对物业的共有部分作出决议，但不能处分业主商铺专有部分，未经业主本人同意处分其商铺专有部分的，是侵害业主所有权的行为，该决议对业主没有约束力。笔者认为，业主的集体意志是可以对全部业主产生约束的，因为产权式商铺大多为大厅或商城，其结构界限可能并不明确，物理形态上不能构成独立封闭的空间，单个商铺无法单独使用，其对商铺享有的权利不能等同于独立商铺。为有利于商城整体功能的发挥及多数业主的利益，单个业主行使权利必须符合大多数商铺业主的整体意志，该商业模式决定了产权式商铺所有权的行使必须同时兼顾个体项目收益与整体管理的统一。本案中，经过业主大会及业主代表会议多次讨论，大多数业主均同意将房屋出租给某超市，业主委员会的该项决议对全体业主具有约束力，而且该决议符合商业整体使用的利益以及长远发展，并不构成对产权式商铺所有权的侵害。实践中，不乏个别业主因其行使物权与开发商或者经营公司发生合同僵局，导致履行合同的基础动摇，为及时摆脱合同僵局，从维护业主利益、维护物业整体使用效率出发，可参照民法典关于按份共有人转让其份额的规定，由开发商或经营公司或其他业主按市价予以回购，这样不仅维护了单个业主的利益，也维护了其他大多数业主的合法权益，不失为一种双赢的选择。

综上，《中华人民共和国民法典》未对产权式商铺的法律适用问题进行界定，导致人民法院审理该类案件时，既不能认定个别业主自营的铺面没有经营权；也不能认定个别业主擅自隔离铺面是否合法，分割有效，难以关键把握此类商铺的核心性质，即产权与经营权分离，统一管理、整体经营。在现行法律对此类问题未予涉及的情况下，人民法院在审判实践中应当充分注意到产权式商铺与传统独立式商铺的区别，充分尊重业主的整体意志，促进对商铺进行整体利用，最大限度地发挥商城整体功能，提高整体建筑物的使用效率，处理好涉产权式商铺的争议。

编写人：四川省通江县人民法院　马建华

051　基于债权取得的有权占有具有相对性

——陶某诉 B 公司、陈某返还原物案

【案件基本信息】

1. 裁判书字号

重庆市第二中级人民法院（2019）渝 02 民终 1231 号民事判决书

2. 案由：返还原物纠纷

3. 当事人

原告（被上诉人）：陶某

被告（上诉人）：B 公司

被告（被上诉人）：陈某

【基本案情】

A公司于2017年6月购入涉案车辆。2017年8月，A公司又将该车所有权转让给陶某，但该车至今未在车管所登记注册。2018年4月，陶某将涉案车辆交付给陈某。之后陈某又将该车交给B公司做展摆之用，B公司向陈某支付了车辆保证金。现该车存放于B公司的商铺内。陶某要求陈某、B公司返还涉案车辆未果，遂起诉。

【案件焦点】

1. 陶某是否是涉案车辆的所有权人；2. 陶某是否有权要求B公司返还涉案车辆。

【法院裁判要旨】

重庆市云阳县人民法院经审理认为：所有权人对自己的不动产或动产，依法享有占有、使用、收益和处分的权利。无权占有不动产或动产时，权利人可以请求返还原物。涉案车辆属于陶某所有的事实清楚，故陶某对涉案车辆享有完整所有权。现B公司以陈某未退还其保证金为由占有陶某所有的车辆，无法律依据，应当予以返还。陈某虽然没有实际占有涉案车辆，但该车辆系陈某从陶某处取得后交给B公司用于摆展，现陶某主张其予以返还，陈某依约也负有将涉案车辆返还的义务。

重庆市云阳县人民法院依照《中华人民共和国物权法》第三十四条、《中华人民共和国侵权责任法》第十五条、《中华人民共和国民事诉讼法》第一百四十四条规定，判决如下：

陈某、B公司在本判决生效后十五日内向陶某返还斯威轿车一辆。

B 公司不服一审判决，提起上诉。重庆市第二中级人民法院经审理认为：通过陶某与陈某的电话录音内容，可以证明陶某曾将自己所有的车辆出借给陈某作展示车辆，并多次要求陈某返还车辆，然涉案车辆一直未返还，陶某也提交了购车发票、证明、转款凭证等证据，且一审庭审中，B 公司认可涉案车辆属于陶某所有，因此 B 公司主张现有证据不足以认定涉案车辆系陶某所有的上诉理由不能成立，不予支持。《中华人民共和国物权法》第二百四十一条规定，“基于合同关系等产生占有，有关不动产或者动产的使用、收益、违约责任等，按照合同约定；合同没有约定或者约定不明确的，依照有关法律规定。”陈某将涉案车辆交给 B 公司做展摆之用，B 公司向陈某支付了车辆保证金，B 公司基于约定而产生占有，该占有为陈某主张返还时得以抗辩之法定事由，但是基于债权的占有具有相对性，其不具有对世性，不能对抗涉案车辆的所有权人陶某，在未经所有权人陶某许可的情况下，对所有权人陶某而言，B 公司对涉案车辆的占有为无权占有。《中华人民共和国物权法》第三十四条规定：“无权占有不动产或者动产的，权利人可以请求返还原物。”一审法院据此判决 B 公司负有返还义务并无不当。

重庆市第二中级人民法院依照《中华人民共和国民事诉讼法》第一百七十条第一款第一项规定，作出如下判决：

驳回上诉，维持原判。

【法官后语】

1. 债权性占有的对抗效力

基于债权而占有动产或者不动产的现象被称为“债权性占有”[①]。它是一种以债权为权源的占有状态，本质依然为相对性，其特殊性在于将占有与债权相结合，表现出对“物”支配的外观。因此，基于债权而占有债务人之动产、不动产时，债务人无权请求债权人返还，但是基于债权取得的占有具有相对性，不具有对世性，即债权人的有权占有是相对于债务人而言的，若债务人与占有标的的所有权人不同时，在未取得占有标的的所有权人许可的情况下，该债权人对占有标的的占有对所有权人而言属于无权占有。债权性占有的对抗性并非物权效力或“物权化”效力，而是相对人之间债之效力的体现，不宜否定或突破物权债权二元权利体系，这也体现了我国法律体系优先保护物权的价值取向。

2. 债权性占有和物权性占有的效力区别

债权性占有和物权性占有均可否定原物返还请求，但债权性占有否定原物返还请求是债之保持力的结果，物权性占有否定原物返还请求是物权支配力的结果。两者效力差异主要表现在权利来源的不同，债权性占有是债务人基于某种原因许可债权人在自己所有之物或者占有之物上实现占有权利，债权人基于债权关系而持续性受领给付，即占有标的物的效力，此为债之保持力的体现；物权性占有的占有权利来源于法律规定（物权法定原则），物权人对于物的占有依据是法律规定，可以独立地对物行使权利，而不受他人意志的

---

① ［德］鲍尔·施蒂尔纳：《德国物权法》（上册），张双根译，法律出版社2004年版，第107页；王泽鉴：《基于债之关系占有权的相对性及物权化》，载《民法学说与判例研究》（第7册），中国政法大学出版社2005年版，第47~67页。

干涉，此为物权支配力的体现。

本案中，所有权人陶某将涉案车辆出借给陈某作为展示车辆，并未约定期限，双方之间的合同为不定期合同，根据《中华人民共和国民法典》第五百一十一条第四项规定，所有权人陶某可以随时解除合同，在陶某要求陈某返还涉案车辆时，双方的不定期合同解除，此后陈某对涉案车辆的间接占有为无权占有，因此本案并不符合“占有连续”① 的情形。B公司基于与陈某签订的协议而占有涉案车辆，此为基于合同之债而形成的有权占有，该占有为陈某主张返还时得以抗辩之法定事由，但是基于合同之债而形成的债权性占有具有相对性，不具有对世性，不能对抗车辆的所有权人陶某，在陶某与陈某的借用关系已终止的情况下，对所有权人陶某而言，B公司对涉案车辆的占有为无权占有。因此，B公司也负有返还义务。

审判实践中，应当厘清物权人、债务人以及债权人（实际占有人）的关系，判断是否符合“占有连续”，以认定返还原物的义务主体，也应认识到债权性占有否定原物返还请求是债之保持力的结果，其本质依然是相对性，基于债权取得的有权占有具有相对性，不能对抗所有权人。

编写人：重庆市第二中级人民法院　闫东东

① 占有连续（又称占有连锁）有三个要件：(1) 中间人对所有权人构成有权占有；(2) 直接占有人须自中间人处基于一定法律关系取得占有的权利；(3) 中间人有权直接将直接占有转移给他人；也即每一环节的占有均为合法，则物权人无权径直向直接占有人主张返还原物。

052 配偶一方作为非登记权利人是否有权对共有财产设定担保物权

——颜某诉朱甲、朱乙返还原物案

【案件基本信息】

1. 裁判书字号

福建省厦门市中级人民法院（2019）闽 02 民终 3178 号民事判决书

2. 案由：返还原物纠纷

3. 当事人

原告（上诉人）：颜某

被告（被上诉人）：朱甲、朱乙

【基本案情】

2015 年 3 月 11 日，颜某与杨某登记结婚。2017 年 8 月 15 日，×号车辆被购买并登记在颜某名下。2018 年 2 月，杨某与朱乙签订借款抵押合同，约定借款 30 万元，以×号车辆作为抵押。随后，杨某向朱乙交付×号车辆及行驶证。2018 年 11 月 28 日，颜某向朱甲转账支付 23 万元。颜某称朱甲曾承诺只要支付 23 万元就会返还车辆及行驶证，故才向其转账。朱甲对此予以否认，辩称上述转账系用于偿还杨某欠朱甲的借款，与朱乙的借款无关。2018 年 12 月 7 日，颜某向厦门市公安局祥平派出所报警。同月 21 日，颜某起诉要求朱甲、朱乙向颜某返还×号车辆和行驶证。

【案件焦点】

朱乙是否有权占有讼争车辆及行驶证。

【法院裁判要旨】

福建省厦门市翔安区人民法院经审理认为：涉讼车辆及行驶证虽在朱乙控制之下，但朱乙提供了借条、车辆抵押借款合同等证据，拟证明颜某的配偶杨某向朱乙借款 30 万元并以车辆作为抵押。颜某虽对朱乙提供的上述证据中杨某签名的真实性提出异议，但未在指定的期限内提交鉴定申请，依法应当承担举证不能的不利后果。因此，颜某主张朱甲、朱乙无权占有×号车辆及行驶证、应予返还的诉讼请求，证据不足，不予支持。

福建省厦门市翔安区人民法院依照《中华人民共和国物权法》第三十四条、《中华人民共和国民事诉讼法》第六十四条第一款、《最高人民法院关于适用〈中华人民共和国民事诉讼法〉的解释》第九十条规定，作出如下判决：

驳回颜某的诉讼请求。

颜某不服一审判决，提出上诉。福建省厦门市中级人民法院经审理认为：讼争车辆为颜某与杨某婚姻关系存续期间购买。婚姻关系存续期间所得的财产，以夫妻共同所有为基本原则，这种共有关系基于法定产生，即使讼争车辆仅登记于颜某一人名下，也应视为夫妻共有。杨某作为共有权人有权将讼争车辆进行抵押借款。颜某上诉主张因杨某不是车辆的所有权人，故与朱乙签订的抵押合同无效，其理由不能成立。值得注意的是，虽然杨某与朱乙签订的是抵押借款合同，但是双方并未办理抵押登记，杨某是将讼争车辆交付于朱乙作为借款担保，这种行为应视为双方就合同履行达成新的合意，即杨某将车辆质押给朱乙为债务进行担保。车辆抵押与质押皆是为了保障债权人债权的实现而设定的担保物权，但是两者的区分在于是否实际向被担保人交付车辆。本案在评判当事人法律关系时应当以当事人实际履行行为为准。既然杨某将讼争车辆质押给朱乙，在债务清偿前，朱乙作为质权人就有权占有讼争车辆。现颜某主张讼争车辆系其婚前个人财产，朱乙对讼争车辆的占有属于无权占有，既与二审查明的事实相悖，也有违诚实信用原则，不予采纳。

福建省厦门市中级人民法院依照《中华人民共和国民事诉讼法》第一百七十条第一款第一项规定，作出如下判决：

驳回上诉，维持原判。

【法官后语】

本案涉及两个问题：一是非登记权利人的夫妻一方以夫妻共有财产对外提供担保的效力认定；二是担保法律关系的性质认定。

1. 登记权利人的配偶一方（非登记权利人）处分婚后夫妻共有财产的，是否属于家事代理范围，应认定为有权处分还是无权处分

实践中，无论是动产还是不动产，登记在夫妻一方名下的情形均十分普遍，另一方配偶即使未被登记于登记簿上，其根据夫妻共同财产制也可能是实际的共有产权人。因为根据《中华人民共和国民法典》第一千零六十二条规定，夫妻在婚姻关系存续期间所得的财产，以共同共有为原则，这种共有关系基于法定产生，不以登记为取得物权效力的要件。本案中，只要讼争车辆是在夫妻婚姻存续期间所购买，该车辆就是双方的共同财产，杨某即使不是车辆的登记所有人，其亦是车辆的共有权人之一。因此，简单以杨某不是车辆的登记所有人为由认定其无权就讼争车辆设定担保物权，显然有

违法律关于夫妻共同财产的规定。

同时，作为共有权人之一，夫妻一方在讼争车辆上设定担保物权，另一方未在担保合同上签字，不宜认定为无权处分行为。根据《中华人民共和国民法典》第一千零六条关于夫妻双方家事代理权以及第一千零六十四条关于夫妻共同债务的规定，夫妻一方因家庭日常生活需要而实施的民事法律行为，对夫妻双方发生效力；夫妻一方在婚姻关系存续期间以个人名义为家庭日常生活需要所负的债务，属于夫妻共同债务。笔者认为，虽然一般而言，处分共有的不动产或者动产，应当经占份额三分之二以上的按份共有人或者全体共同共有人同意，但是夫或妻一方因日常生活需要，基于家事代理权对共同财产的处分，应视为有权处分行为。夫妻一方以个人名义为家庭日常生活所需对外担保所负债务，也应当按照夫妻共同债务处理。此种债务虽以配偶一方名义所负，但往往与夫妻生产经营、生活消费等密切相关，符合夫妻共同的利益需求，并且直接或间接为夫妻共同财产带来收益，即另一方配偶系该所负债务的共同受益人。因此，本案中夫妻一方为家庭生活需要以共有车辆设定担保所负债务应为夫妻共同债务，夫妻双方均应受到该共同债务以及担保合同的约束。

2. 担保物权的设立应以当事人真实意思表示及实际履行情况为准

本案中，虽然债务人与债权人签订了“车辆抵押合同”，但双方并未办理抵押登记，而是债务人将车辆以及行驶证交付于债权人作为担保。故本案原告主张，即使车辆抵押合同有效，债权人亦无权占有讼争车辆，应当予以返还。

实践中，车辆抵押与质押皆是为了保障债权人债权的实现而设定的担保物权，根据法律关于抵押权和动产质权的规定，二者的区别在于抵押不转移抵押物的占有，而动产质押需要将质物交付给债权人。虽然物权法定原则要求物权的种类和内容均由法律所直接规定，不得由当事人基于自由意志而协商创设或者确定，但普通当事人却未必能对不同担保物权的具体含义做到清楚明确，因此笔者认为，判断当事人设立何种担保物权不能过于形式主义，而应当以其真实意思表示为准。本案中，债务人与债权人虽然签订"抵押借款合同"，约定以债务人自有车辆作为抵押物，但是债务人又将车辆及行驶证交付于债权人，说明双方的真实意思表示是转移车辆的占有为债权提供担保，符合车辆质押的法律内涵。因此，在本案中，债务人与债权人之间实际上已经构成车辆质押的法律关系，债权人基于动产质权对讼争车辆的占有应属于有权占有。倘若债务人在债务清偿前反悔，要求债权人返还车辆，实有违诚实信用原则，故本案驳回其相关诉求。

编写人：福建省厦门市中级人民法院　王小兰　李仁莹

053　侨房部分权利人是否有权行使返还原物请求权

——许甲等诉康甲等返还原物案

【案件基本信息】

1. 裁判书字号

福建省厦门市中级人民法院（2019）闽 02 民终 1049 号民事判决书

2. 案由：返还原物纠纷

3. 当事人

原告（被上诉人）：许甲、许小雪、许乙、许小暑、许大寒、许小寒（以下简称许甲等）

被告（上诉人）：康甲、甘某、康乙

【基本案情】

许某于1980年在菲律宾去世，其留有房屋一幢，该房屋系许某于1948年12月购置，1961年7月进行了所有权登记，登记所有权人为许某。许某生前未留下遗嘱。许甲等系许某的继承人。因许某及其家人和继承人都长期居住国外，无暇回国管理房屋以及特定历史条件等原因，康甲、甘某、康乙自称是许某的亲戚，长期占用讼争房屋至今。许甲等为此委托林某全权处理相关事宜，多次与康甲、甘某、康乙协商要求腾空并交付房屋，但康甲、甘某、康乙置之不理，目前仍居住于该处。

另，许某与其配偶谢某共育有六子（许大雪、许小雪、许大暑、许小暑、许大寒、许小寒）及三女（许立春、许立夏、许立秋）。许某妻女表示放弃继承权利。许大雪及配偶先后于1989年、2003年死亡，无遗嘱，其上述房产份额由许甲继承。许大暑于2004年死亡，其上述房产份额由许乙继承。

【案件焦点】

讼争房产部分权利人是否有权行使返还原物请求权。

【法院裁判要旨】

福建省厦门市海沧区人民法院经审理认为：私人的合法财产受法律保护，任何单位和个人不得侵犯。无权占有不动产或者动产的，权利人可以请求返还原物。讼争房产原系许某所有，其生前并无关于处分讼争房产的相关遗嘱，其死亡后，房产应由其继承人依法继承。依据继承法第十条规定，许某的遗产由其配偶与子女继承，在许某的配偶谢某与女儿均自愿放弃继承的情况下，讼争房产应由许大雪、许小雪、许大暑、许小暑、许大寒、许小寒共同继承。许大雪已于1989年死亡，其生前无遗嘱，其对讼争房产部分份额由许甲继承。许大暑已于2004年死亡，生前无遗嘱，许大暑对讼争房产部分份额由许乙继承。因此，本案原告系讼争房屋的合法继承人。由于历史原因，康甲一家已在讼争房屋内居住多年，但讼争房屋的所有权人有权要求其返还，其应当搬离讼争房屋，将讼争房屋退还给业主。

福建省厦门市海沧区人民法院依照《中华人民共和国物权法》第二十九条、第三十四条、第六十六条，《中华人民共和国继承法》第十条，《中华人民共和国民事诉讼法》第六十四条第一款，《最高人民法院关于民事诉讼证据的若干规定》第十一条规定，判决如下：

康甲、甘某、康乙于本判决生效之日起三十日内将房屋腾空并返还给许甲等。

康甲、甘某、康乙均不服一审判决，提起上诉。福建省厦门市中级人民法院经审理认为：讼争房产的登记所有权人为许某。许某于1980年8月2日死亡，其继承人有许大雪、许小雪、许大暑、许小暑、许大寒、许小寒等。许大雪、许大暑已死亡，许甲系许大雪的合法继承人之一，许乙系许大暑的合法继承人之一。许甲等作为讼争房产的权利人之一，有权行使讼争房产的相关权利。康甲、甘某、康乙二审中提供的证据，均不足以否定许甲等是讼争房产权利人之一的事实。故许甲等要求康甲、甘某、康乙腾空、归还讼争房产是合法的，予以支持。至于康甲、甘某、康乙上诉称其居住部分是自行增建，因讼争房产原系许某所有，即使康甲、甘某、康乙有搭建行为，亦不能改变讼争房产的所有权归属。综上，一审判令康甲、甘某、康乙腾空并归还讼争房产给许甲等，并无不当。

福建省厦门市中级人民法院依照《中华人民共和国民事诉讼法》第一百七十条第一款第一项规定，作出如下判决：

驳回上诉，维持原判。

【法官后语】

本案具有典型性。因讼争房产所在区域面临拆迁问题，原告急于回收，要求住户尽快腾房，而住户在该处长久居住，对讼争房屋进行修缮、改扩建，在面临拆迁时希望能获得补偿，由此引发纠纷。

1. 房产部分权利人的权利

本案的关键事实问题是原告是否对讼争房产享有继承权。因年代久远且多数讼争房产相关权利人移居海外，要确定全部继承人身份较为困难。对此，一审法院根据在案证据认定本案原告许甲等为讼争房产合法继承人，二审法院进一步明确，许甲等系讼争房产的权利人之一，有权行使讼争房产的相关权利。

那么，作为部分继承人的原告是否有权请求返还讼争房产？返还原物请求权，是指权利人对无权占有或侵夺其所有物的人，有权请求其返还原物的权利。返还原物请求权是民法上的古老权利，在罗马法已经出现。《中华人民共和国民法典》第二百三十五条明确规定："无权占有不动产或者动产的，权利人可以请求返还原物。"作为权利人，在其不动产遭受他人无权占有的情况下，有权行使返还原物请求权。本案中，原告须证明其为讼争房产权利人方可行使返还原物请求权。根据《中华人民共和国民法典》继承编相关规定，遗产继承开始至遗产分割之前，遗产作为整体属于继承人共同共有。又依据《中华人民共和国民法典》物权编关于共同共有的规定，共同共有人对共有的不动产或者动产共同享有所有权，即各共有人对全部共有财产平等地享有占有、使用、收益和处分的权利。此外，共有人可以按照约定管理共有的不动产或者动产，没有约定或者约定不明确的，各共有人都有管理的权利和义务。因此，本案中各原告即使作为部分继承人，其对讼争房产同样享有所有权，都具有管理的权利，在其所有的房产遭受他人不法占有的情况下，作为权利人自然有权行使返还原物请求权。另外，作为讼争房产部分权利人，原告出于防止共有物灭失、毁损或权利丧失等目的所采取的管理行为，对于全体共有人都有好处，不会损害其他共有人的利益，无须先经过其他共有人的同意。

据此，法院判决认为讼争房产权利人之一即有权要求无权占有人返还原物，并不需要全体权利人共同主张权利。

2. 域外证据的采信

本案在审理过程中发现一个问题，即经过认证、公证的域外证据仍存在不真实的可能性，法院应当如何采信。

关于当事人向法院提供在域外形成的证据应履行的证明手续问题。因法院对域外形成的证据进行调查核实存在诸多现实障碍，依据来自域外的证据裁判案件存在误断的风险，法律有必要对域外形成的证据规定相应的证明手续，以增强证据的真实性和合法性。为此，《最高人民法院关于民事诉讼证据的若干规定》（法释〔2019〕19号）第十六条规定了域外证据应当履行的证明手续，即提供公文书证，应当经所在国公证机关证明，或者履行中华人民共和国与该所在国订立的有关条约中规定的证明手续；提供涉及身份关系的证据，应当经所在国公证机关证明并经中华人民共和国驻该国使领馆认证，或者履行中华人民共和国与该所在国订立的有关条约中规定的证明手续。

本案中，双方各自提交的同一编号的《继承房屋遗产声明书》《公证书》等证据形成于菲律宾，内容完全不同但均经过公证、认证程序，如何采信该组证据给法院审理工作带来一定的困难。根据“谁主张，谁举证”的证据规则，一审法院认为，在被告提交的证据足以推翻原告所要证明事项的情况下，原告就待证事实负有举证责任，后原告继续提交证据证明查询不一致系归档编号问题所致，不存在伪造文书的情况。一审法院最终确认该组证据真实、合法，予以采信。因此，对于当事人提交的域外形成的证据，应注意证据程序上是否履行了公证、认证等证明手续，对于已履行证明手续但对方足以推翻其真实性时，当事人应继续承担举证责任。

编写人：福建省厦门市海沧区人民法院　陈志强　尹志泉

054　司法拍卖不动产中租赁关系的审查与处理

——李某诉范某、翁某返还原物案

【案件基本信息】

1. 裁判书字号

北京市第三中级人民法院（2019）京03民终6476号民事判决书

2. 案由：返还原物纠纷

3. 当事人

原告（上诉人）：李某

被告（上诉人）：范某

被告（被上诉人）：翁某

【基本案情】

涉案房屋的原产权人是翁某。法院在执行另案翁某财产过程中，于2018年1月10日在京东网依法对翁某所有的涉案房屋进行了拍卖，竞买人李某以19014160元的最高价竞得该房产。2018年1月26日，法院作出（2015）朝执字第14482号执行裁定书，裁定翁某将名下涉案房屋过户至李某名下，同年2月26日，李某取得不动产权证书，涉案房屋的权利人登记在李某名下。但范某主张其与翁某存在长期租赁关系，拒不腾退房屋，故李某向一审法院起诉，请求范某将涉案房屋腾退给李某并按照每日1000元的标准赔偿李某迟延交付房屋的损失。

范某提交2014年7月2日与翁某签订的租赁合同，该合同约定，翁某将涉案房屋出租给范某，租赁期限为2014年7月2日至2034年7月1日，租金265万元于2014年7月2日一次性支付，由范某指定的A公司账户汇入翁某指定的B公司账户，房屋交付日期为2014年7月2日。翁某并签署《承诺书》，内容为：翁某收到范某通过A公司汇入1000万元，其中265万元为翁某名下涉案房屋的租金。范某一并提交查账单，显示2014年7月2日由A公司共支付给B公司两笔款项，每笔金额均为500万元。范某另举出电费、供暖费、物业费缴费收据以及（2017）京0105民初56626号民事生效判决书一份，票据上的缴费人为范某。范某据此欲证实其与翁某之间存在房屋租赁合同关系，范某自租赁开始至今一直使用涉案房屋。

【案件焦点】

范某与翁某之间是否存在真实的租赁关系。

【法院裁判要旨】

北京市朝阳区人民法院经审理认为：李某以19014160元的最高价竞得涉案房产，该房屋的产权已登记至李某名下。李某作为涉案房屋的所有权人，对该房依法享有占有、使用、收益和处分的权利。无权占有不动产或者动产的，权利人可以请求返还原物。现涉案房屋由范某使用，其主张占有房屋的依据是其与翁某就该房签署的为期20年的租赁合同。结合翁某与范某的资金往来及租赁合同履行状况，翁某与范某间并不存在真实的租赁关系，因此范某以其与翁某之间存在租赁合同为由拒绝腾房的辩称，于法无据，不予采信。如范某逾期腾房，则其需向李某支付房屋使用费，具体数额法院按同区域、相仿户型的租金标准依法确定。

北京市朝阳区人民法院依照《中华人民共和国物权法》第三十四条、第三十九条，《中华人民共和国民事诉讼法》第一百四十四条规定，判决如下：

一、范某于判决生效后七日内将涉案房屋腾退，交还李某；

二、如范某未按上述规定期限腾退房屋，则自逾期之日起按照每日八百元的标准向李某支付房屋使用费，至腾退完毕之日止；

三、驳回李某其他诉讼请求。

李某、范某均不服一审判决，提起上诉。北京市第三中级人民法院经审理认为：司法拍卖中对涉案房屋权利负担的公示系执行法院对涉案房屋作初步调查后进行的，对涉案房屋是否存在租赁以及其他权利限制情况仅作形式审查。涉案房屋是否存在权利负担发生争议被诉至法院后，法院应对房屋权利负担情况作实质审查后重新作出认定。

范某在一审法院庭审中陈述其与翁某之间存在资金往来，翁某欠范某 265 万元，翁某与范某协议以房租冲抵之前的欠款。此与范某提交的租赁合同以及翁某《承诺书》中明确的租金支付方式存在矛盾，结合租赁合同内容、租金支付方式、租赁期限、庭审陈述等诸多不合常理之处，一审法院确认范某与翁某之间不存在真实租赁关系，并无不当，予以维持。

北京市第三中级人民法院依照《中华人民共和国民事诉讼法》第一百七十条第一款第一项规定，判决如下：

驳回上诉，维持原判。

【法官后语】

房屋所有人为逃避债务、阻碍执行而与他人恶意串通虚构租赁关系的现象常有发生。房屋所有人与他人充分利用买卖不破租赁制度意图限制买受人的权利，采用倒签合同、混合打款、虚假诉讼等手段形成虚假租赁关系，司法拍卖过程中，此类情况更是层出不穷。

本案所涉及的是租赁问题，案件争议焦点为被执行人翁某与范某就涉案房屋是否存在真实的租赁关系。存在有效租约的现象在不动产司法拍卖中大量存在，按照买卖不破租赁原则，所有权人须承认承租人对房屋的合法占有和使用，这将削弱潜在竞买人的竞买意向。拍卖公告与评估报告中对于所拍卖房屋的描述应当相符，当二者发生冲突时，拍卖公告或者评估报告二者均有可能存在瑕疵。对拍卖标的物进行准确详尽的描述是司法拍卖有序推行的前提，但拍卖公告的瑕疵很难完全避免。基于租约难以查清真伪等原因，部分拍卖公告中对是否存在租赁并不注明。执行法院在形式审查之下难以明确被执行人与他人是否系真实的租赁关系，故有时在拍卖公告中亦难以明确。对涉案房屋是否存在权利负担发生争议诉至法院，法院应对房屋权利负担情况作实质审查后重新作出认定。无论是司法拍卖公告还是房屋评估报告对于房屋现状的租赁描述均不能作为对有无租赁关系的确认依据。法院对被执行人与案外人租赁关系真实性进行实质审查，对于明确拍卖财产是否存在权利负担，防止因拍卖公告存在瑕疵导致拍卖财产受让人或承租人权益得不到有效保障，也可在一定程度上避免债务人与案外人恶意串通，签订虚假租赁合同规避执行，损害买受人的合法权益。如被执行人与案外人就拍卖房屋存在真实租赁关系，承租人享有排除执行法院将房屋移交受让人占有的权利。如双方不存在真实租赁关系，受让人有权要求案外人腾退房屋，实现其对所拍卖房屋占有使用的权利。

对于租赁关系真实性的判断，应当考虑租赁合同内容、租金支付情况、房屋占有状况、租赁期限、出租人与承租人之间关系等因素予以综合判断。

首先，对于租赁合同的内容，真实的租赁合同对双方权利与义务约定得明确具体，而虚假的租赁合同多采用格式化条款，在房屋及附属设施的维护、合同解除、违约责任等方面存有诸多省略，因房屋占有人目的并不在于承租房屋，双方在租赁合同中约定的权利义务并不对等。本案中，翁某与范某之间的租赁合同在房屋的维修期限、合同违约具体情形、违约责任承担等方面，特别是涉及解除合同的具体期限、违约金的赔付标准存在多处省略，与一般房屋租赁情况不符。

其次，就租金支付情况及租赁期限而言，真实租赁关系的承租人与出租人之间一般存在按月付、按季付、按年付三种类型，同时伴有部分押金。普通居住使用的房屋以按月付、按季付最为常见；商业租赁的商铺等房屋因商业价值及成本的考量，多为按年支付租金或分期限交纳租金，极少数存在一次性支付租金的情况。而虚假租赁关系的租金支付方式多采用一次性支付或分次大额支付方式，承租期限亦常约定为较长的租赁期限，多为20年租期，租金标准在承租期内不发生任何变动。但实际上虚假的租赁关系中承租人往往并未实际支付租金，双方多以租赁关系之名行借贷担保之实。本案中，范某提供的翁某承诺书中载明翁某收到范某通过A公司汇入的1000万元，其中265万元为翁某名下涉案房屋的租金，房屋租赁期限20年。按照承诺书，范某所支付的租金与其他资金发生混同，仅凭翁某的承诺书难以证明范某已支付租金的事实。

最后，就承租人与出租人之间的关系而言，虚假的租赁合同双方往往具有较为紧密的联系，双方相互串通以达到逃避债务或规避执行的目的。本案中，范某曾在一审庭审中陈述其与翁某之间存在资金往来，翁某欠范某265万元，翁某与范某协议以房租冲抵之前的欠款。该陈述与租赁合同以及翁某承诺书中明确的租金支付方式存在矛盾，范某虽实际占有房屋，但由于在租赁合同内容、租金支付方式、租赁期限、庭审陈述等存在诸多不合常理或矛盾之处，故确认范某与翁某之间并不存在真实租赁关系。

编写人：北京市第三中级人民法院　万丽丽　李延昭

055 通过合法形式掩盖非法目的的无权占有人应返还原物

——蔡某诉王某返还原物案

【案件基本信息】

1. 裁判书字号

北京市第一中级人民法院（2019）京01民终8962号民事判决书

2. 案由：返还原物纠纷

3. 当事人

原告（上诉人）：蔡某

被告（被上诉人）：王某

【基本案情】

蔡某于2014年5月22日以22.18万元的价格购买了涉案车辆。2015年2月26日，蔡某与周某结婚。

2017年7月24日，周某与蔡某签订《车辆买卖授权委托书》，载明蔡某委托周某出售涉案车辆，委托出售价格为13万元，超出部分归周某所有（后经鉴定《车辆买卖授权委托书》上“蔡某”签名、指印与蔡某本人的签名、指印不一致）。同日，周某与李甲签订《车辆抵押借款合同》，约定周某向李甲借款13万元，周某以其享有所有权的涉案车辆提供担保，如周某未能按期还清借款本息，李甲有权处置抵押物，行使抵押权，并不再另行通知周某。抵押车辆由李甲保管使用，随车手续由李甲保管。后李甲将涉案车辆转让给李乙，李乙又将涉案车辆转让给兰某。

2018年6月30日，王某（乙方）与兰某（甲方）签订《车辆债权债务转让协议》，载明：截至签订本协议之日，车主蔡某拖欠甲方及转押到甲方的债权债务，经多次催收一直未能偿还，甲方视车主为违约。现甲方将车主抵押物轿车一辆（涉案车辆）转让给乙方，转让价格为18.5万元。甲方已告知乙方该车辆的实际情况：车辆为抵押车辆，非正常过户车，不可过户。车辆状态为正常。乙方了解相关情况，并自愿接受债权转让。协议签订后，王某向兰某支付车款18.5万元，兰某出具收条，并向王某交付了涉案车辆及车钥匙、行驶本等。王某收到涉案车辆后对车辆进行了维修并购买了保险，涉案车辆由王某使用。

2018年11月15日，王某将涉案车辆停放在北京市朝阳区某路旁。蔡某发现涉案车辆后报警，要求王某返还涉案车辆，但王某称涉案车辆是其购买所得，拒绝返还。蔡某遂诉至法院，请求法院判令涉案车辆为其所有，王某返还涉案车辆。

【案件焦点】

1. 如何认定涉案车辆所有权归属；2. 王某应否返还涉案车辆。

【法院裁判要旨】

北京市石景山区人民法院经审理认为：涉案车辆登记的所有权人为蔡某，但车辆是一种动产，其物权变动以交付发生效力。现蔡某不是涉案车辆的占有人，仅凭借机动车登记证书的登记主张其权利无法律依据。蔡某、周某系夫妻关系，李甲在签订《车辆抵押借款合同》时有理由相信周某对涉案车辆享有处分权且征得了蔡某的同意。鉴于周某已将涉案车辆实际交付给李甲，李甲享有诉争车辆的质权，对诉争车辆属于合法占有。李甲后将其享有的债权通过转手，王某以 18. 5 万元受让了债权。故蔡某主张王某返还涉案车辆无事实和法律依据，不予支持。

北京市石景山区人民法院依照《中华人民共和国物权法》第二十三条、第三十九条、第二百一十二条规定，作出如下判决：

驳回蔡某的诉讼请求。

蔡某不服一审判决，提出上诉。北京市第一中级人民法院经审理认为：关于车辆所有权问题。双方提交的《机动车登记证书》、机动车销售统一发票等证据均表明涉案车辆由蔡某出资购买，且登记在蔡某名下，王某亦认可蔡某对涉案车辆享有所有权，故对蔡某主张涉案车辆为其所有之诉讼请求，予以支持。

关于涉案车辆应否返还问题。王某表示其与兰某之间系通过债权债务转让的方式买卖涉案车辆，知道车辆无法过户，只是为了使用车牌。结合王某提交的卖方为周某的《购车协议》，可以确定王某为了使用车牌以 18. 5 万元取得了涉案车辆，涉案车辆的占有、转移行为表面上为车辆质押，但实际上为车辆买卖，其目的是在没有北京市小客车指标的情况下通过上述行为实现使用车辆的目的。按照《北京市小客车数量调控暂行规定》及其实施细则的相关规定，在北京市购置车辆，需要有车辆配置指标。王某的上述车辆买卖行为扰乱了北京市关于机动车的公共管理秩序，损害了社会公共利益，属无效行为。另外，即使诚如王某内心真实意思为对涉案车辆享有质权，相关材料亦存在明显冲突，在此情况下，王某既未与蔡某也未与周某核实过情况，难以认定其能够善意取得该质权。因而王某所称其对涉案车辆享有质权的辩解，缺乏事实和法律依据，王某对涉案车辆属无权占有，应将车辆返还给所有人蔡某。

北京市第一中级人民法院依照《中华人民共和国物权法》第三十四条、第一百零六条，《中华人民共和国合同法》第五十二条第一款第四项，《中华人民共和国民事诉讼法》第一百七十条第一款第二项规定，作出如下判决：

一、撤销北京市石景山区人民法院（2018）京0107民初30547号民事判决；

二、确认涉案车辆为蔡某所有；

三、王某于本判决生效后十五日内将涉案车辆返还给蔡某。

【法官后语】

《中华人民共和国民法典》（以下简称《民法典》）第二百二十五条规定，船舶、航空器、机动车等的物权的设立、变更、转让和消灭，未经登记，不得对抗善意第三人。由此可见，对于车辆这类特殊动产而言，公示方法采取登记对抗主义，对于第三人而言，占有并不意味着所有。而且，占有亦有有权占有与无权占有之分，只有有权占有才可能享有所有权，无权占有者必然不能享有动产的所有权。虽然《中华人民共和国物权法》（以下简称《物权法》）第三十四条规定的“无权占有不动产或者动产的，权利人可以请求返还原物”的规定没有被《民法典》吸收；但是《民法典》第四百六十条规定：“不动产或者动产被占有人占有的，权利人可以请求返还原物及孳息；但是，应当支付善意占有人因维护该不动产或者动产支出的必要费用。”据此，权利人可以要求占有人返还原物。

相对于不动产登记的严谨性而言，现实中的动产占有与所有之间经常存在差异，在司法实践中判断动产所有权人不可仅凭占有这一外观现象，而应综合考虑当事人的主客观情况，结合相关证据材料准确认定动产所有权的归属。本案中，购车发票、机动车行驶证等证据能够证明涉案车辆由原告出资购买，并登记在原告名下。涉案车辆虽然由被告占有和使用，且被告主张占有该车辆是以善意取得的方式获得了车辆的质押权，但是综观全案证据，被告在受让涉案车辆时的主观状态难以被认定为善意，其行为并不符合善意取得的构成要件，故其对涉案车辆的占有为无权占有。《民法典》第三百一十一条关于善意取得的规定与《物权法》第一百零六条的规定一致。随着诉讼过程的不断深入，被告在二审期间亦认可原告对涉案车辆享有所有权。故涉案车辆的所有权应归原告所有。

《民法典》第五百零二条第一款规定，依法成立的合同，自成立时生效，当事人理应遵守，法律理应予以维护；第一百四十六条第一款规定，行为人与相对人以虚假的意思表示实施的民事法律行为无效。本案审理时，《民法典》尚未施行，法院依据《合同法》第五十二条第一款第四项，认为双方签署的《车辆债权债务转让协议》损害社会公共利益，从而认定协议无效；虽然《合同法》第五十二条未被《民法典》完整吸收，但是依据《民法典》第一百四十六条第一款之规定，法院仍可以以虚假意思表示实施的民事法律行为无效而认定协议无效。本案中，被告与兰某签订《车辆债权债务转让协议》，从表面上看兰某将相关债权及从属于该债权的质押权、质押车辆转让给被告，被告支付18.5万元的价款。但是结合本案相关证据及证人证言来看，被告的这一意思表示是虚假的；其真实的意思表示是在没有车辆配置指标的情况下，通过车辆买卖来达到获得涉案车辆并使用的目的。根据《北京市小客车数量调控暂行规定》及其实施细则的相关规定，在北京市购置车辆，需要有车辆配置指标。车辆配置指标通过摇号的方式来进行分配，不能私下进行买卖，而被告名为质押、实为买卖的行为正好规避了上述规定，达到了占有、使用涉案车辆的目的。这一行为是对北京市机动车公共管理秩序的挑战，对于其他认真遵守相关规定参与摇号而又迟迟无法获得车辆配置指标的市民而言是极不公平的。因此被告与兰某以虚假的意思表示签订的《车辆债权债务转让协议》应被认定为无效。

随着收入水平的提高和高速公路等基础交通设施的完善，越来越多的家庭购买了私家车以方便出行，而我国的汽车保有量也在逐年上升。北京、上海等一线城市的车辆保有量已经远远超过城市承载能力，交通拥堵、环境污染等问题也随之显现。为此，相关城市采取了机动车数量控制措施。北京市早已于 2011 年 1 月 1 日施行了小客车限购措施，随着购车需求的不断攀升，北京市小客车指标摇号中签难度持续增大，一号难求。在此情况下，不少人“另辟蹊径”，通过租赁、买断、“假”结婚等方式来达到没有取得小客车指标而使用京牌小客车的目的。但是其中蕴含的巨大风险往往被当事人忽略了。例如，在指标租赁情形中，对于购车人而言，自己出资购买的车辆虽然由自己占有和使用，但却登记在指标所有人名下，如果指标所有人因其他纠纷被申请强制执行，则车辆有被查封、扣押甚至拍卖的风险（执行实践过程中此类情形有增多的趋势）；对于指标所有人而言，登记在自己名下的车辆却不受自己控制，一旦发生交通事故或其他状况，自己难以撇清关系，被牵连而承担相关责任的可能性极大。有的行为还可能涉嫌刑事犯罪。因此，笔者希望广大市民遵守相关规定，通过合法、正规的途径获得小客车指标，避免造成不必要的损失。

编写人：北京市石景山区人民法院　刘志凯

056 产权式商铺业主个人的利益需服从业主整体的共同利益

——许某诉商品市场公司、华某返还原物案

【案件基本信息】

1. 裁判书字号

江苏省无锡市中级人民法院（2017）苏02民终379号民事判决书

2. 案由：返还原物纠纷

3. 当事人

原告（上诉人）：许某

被告（被上诉人）：商品市场公司、华某

【基本案情】

2012年4月28日，许某以拍卖形式取得B区某商铺的所有权。2014年6月8日，商品市场公司与业委会签订租赁协议，业委会将A、B、C三区整体租赁给商品市场公司，租期自2014年6月8日起至2020年9月8日止。签订协议时，业委会仅取得97%业主授权，未取得部分业主授权（包括许某）。2014年10月15日，商务局同意设立“某市场”项目。整体商铺已被商品市场公司重新规划建造出各个独立商铺，并进行重新编号，未按当初建造商铺的平面图进行分割规划。

租赁协议签订后，商品市场公司向业委会支付了租金，业委会已将大部分房租付给广大业主，并留足部分资金，供少部分拍卖小业主分配。业委会是按照购买（拍卖）价格的比例来分配租金的，购买价格高的租金多，购买价格低的租金少，不考虑商铺地理位置及面积大小。一是由于该租金分配方式已持续十年之久。二是由于各个商铺无物理分界，当初建造时商铺的标注在瓷砖下方，地表没有分界，整体商铺几经装修改造，有的商铺位置在通道上，有的商铺位置在厕所、办公室等地方。如果按照商铺的地理位置、市场价值来确定租金，部分业主就无法拿到租金。三是由于部分业主是以很便宜的价格取得了商铺，且也接受了此种分配方案，如果参照相近位置的租金给拍卖取得的人分配租金，就会引起部分人的不满。

许某以业委会签订协议未取得其授权为由，要求商品市场公司、华某（经商户）返还商铺并支付占用商铺期间的利息。

【案件焦点】

1. 客观上不具有返还条件的商铺，所有权人如何行使权益；2. 产权式商铺中，个人业主的利益是否需服从整体业主的共同利益。

【法院裁判要旨】

江苏省江阴市人民法院经审理认为：整体商铺已被规划、改造，并重新编号，致使法院无法查明许某所有的商铺的具体位置及实际使用人，许某在审理中也自认华某已不再租用商铺。负有返还商铺的责任主体应为实际占有、使用商铺的经营者，许某无法提供具体使用其商铺的侵权人，对其要求商品市场公司、华某返还商铺使用权的诉讼请求，不予支持。

许某作为所有权人对其所有的商铺，依法享有占有、使用、处分和收益的权利。但产权式商铺的特点为业主的所有权与经营权相分离，即整个市场只有统一规划、统一布局、统一经营、统一管理，单个商铺业主的利益必须服从广大业主的共同利益，接受整个市场规划布局的限制和约束，业主才能获得稳定的投资回报，以实现投资目的。业委会与商品市场公司签订商城整体租赁协议，不仅符合大多数业主的利益，最充分地发挥了物的效用，也使广大业主能够从商铺投资中受益，最大限度地实现其作为所有权人的利益。现行租金分配方案是业委会从商城历史、整体规划、结构改造等多重角度考虑确定的结果，出于对商铺的物尽其用及大多数业主利益考虑，应当认定为并无不当。许某不同意和其他业主同等条件下与商品市场公司签订的商场租赁协议，但是在业委会决定将商城整体出租，绝大多数业主已经同意业委会与商品市场公司签订的商场租赁协议的情况下，从众多业主整体利益出发，许某亦有容忍义务，应尊重并遵守业委会与商品市场公司签订的商场租赁协议。商品市场公司已将商场租金支付给业委会，业委会亦同意支付许某相应的商铺租金，许某可向业委会主张相应权益。故对许某要求商品市场公司、华某支付租金的诉讼请求，不予支持。

江苏省江阴市人民法院依照《中华人民共和国物权法》第三十四条、第三十九条，《中华人民共和国民事诉讼法》第六十四条规定，作出如下判决：

驳回许某的诉讼请求。

许某不服一审判决，提起上诉。江苏省无锡市中级人民法院经审理认为：在产权式商铺经营模式中，考虑到单个业主所购商铺在整个商场中只占很小一部分，其对商铺所享有的权利，不能等同于独立商铺，其行使所有权时，不应影响商场整体功能的发挥。开发商或指定的管理公司对外整体出租过程中，有小部分业主主张未经其同意，要求停止侵害、恢复原状的，从个人利益和整体利益的平衡角度出发，不应予以支持。业委会与商品市场公司签订的商场整体租赁协议，符合业主整体利益，应当继续履行。

江苏省无锡市中级人民法院依照《中华人民共和国民事诉讼法》第一百七十条第一款第一项规定，判决如下：

驳回上诉，维持原判。

【法官后语】

产权式商铺，即所有权与经营权分离的房地产商铺产品模式。开发商将所开发的大型商场分割成若干小面积的单元进行出售，各单元之间无物理空间分割或无永久分割围护结构，业主购买并办理登记后享有产权但不直接经营，集中交由开发商或者管理公司进行统一经营，业主按照房款支付比例或者其他约定获得定期、定额回报，系概念性产权或虚拟性产权。其虚拟性产权特征决定了个人商铺业主只能知晓商铺大致位置，但无法描绘商铺具体四至，商铺无封闭空间。物业公司或者管理公司会根据实际经营所需对商场布局重新进行整合和划分，再统一对外招租，寻找实际商业经营者。

产权式商铺模式在大型综合商场中大量存在，产权式商铺的概念性商铺特征极易引发投资者与管理者的矛盾纠纷。商铺的物理属性决定了个人业主对商铺所享有的物权是不完全性的、受限制的，其物权具有限制性，业主负有容忍义务。业主对其商铺享有的物权类似于按份共有，不能等同于独立商铺，无法实际使用、占有或者以其所有的商铺独立进行租赁、收益等，业主在行使所有权时，不应影响商场整个功能的发挥。若单独支持个别业主的返还商铺请求，就会影响其他业主的利益，造成整体资源的浪费，无法实现物尽其用。此种情况下，个人业主的利益需要服从整体业主的共同利益。

法院在类似案件的处理中，当坚持物权之恰当平衡原则，既要依法尊重并认定商铺业主享有的物权，又要结合客观实际，充分考虑商场现状，从整体利益出发，平衡单个业主与众多业主的权益，从而做到法律效果与社会效果的统一。在判断是否符合整体利益时，应遵循多数业主的意思表示，对此，《中华人民共和国民法典》（以下简称《民法典》）在《中华人民共和国物权法》基础上，对条文内容作出了进一步修订。根据《民法典》第二百七十八条规定①，业主共同决定事项，应当由专有部分面积占比三分之二以上的业主且人数占比三分之二以上的业主参与表决。根据不同的决策事项，须经过参与表决专有部分面积过半数或四分之三的业主且参与表决人数过半数或四分之三的业主同意方可通过。这种份额多数决原则符合产权式商铺中个人意志需服从整体意志、个人利益需服从整体利益的特征，有利于实现物权效用的最大化。

编写人：江苏省江阴市人民法院　高山　郁明明

---

① 《民法典》第二百七十八条规定：下列事项由业主共同决定：（一）制定和修改业主大会议事规则；（二）制定和修改管理规约；（三）选业主委员会或者更换业主委员会成员；（四）选聘和解聘物业服务企业或者其他管理人；（五）使用建筑物及其附属设施的维修资金；（六）筹集建筑物及其附属设施的维修资金；（七）改建、重建建筑物及其附属设施；（八）改变共有部分的用途或者利用共有部分从事经营活动；（九）有关共有和共同管理权利的其他重大事项。业主共同决定事项，应当由专有部分面积占比三分之二以上的业主且人数占比三分之二以上的业主参与表决。决定前款第六项至第八项规定的事项，应当经参与表决专有部分面积四分之三以上的业主且参与表决人数四分之三以上的业主同意。决定前款其他事项，应当经参与表决专有部分面积过半数的业主且参与表决人数过半数的业主同意。

057 对术后脱离人体的器官或组织的定性及处理规则

——金某诉某医院返还原物案

【案件基本信息】

1. 裁判书字号

广东省广州市中级人民法院（2018）粤01民终11254号民事判决书

2. 案由：返还原物纠纷

3. 当事人

原告（上诉人）：金某

被告（被上诉人）：某医院

【基本案情】

2015年5月23日，金某因患子宫内膜癌在某医院进行了腹腔镜下全宫双附件切除术+盆腔淋巴结活检术。术后诊断为子宫内膜癌IA1。术后病理诊断：子宫平滑肌瘤；宫颈粘膜慢性炎。金某在术前术后均要求医院归还其手术中切除的器官、组织，遭到拒绝，引起本案纠纷。

【案件焦点】

1. 金某对系争子宫及附件是否享有物的所有权；2. 金某请求医方予以返还，是否符合我国现行法律、行政法规的规定。

【法院裁判要旨】

广东省广州市越秀区人民法院经审理认为：我国现行法律并没

有对患者在手术诊疗中被切除的人体的组织、器官的归属作出明文规定。因此，根据民法原理，任何脱离人体的器官、组织等都成为与人的身体相独立的客体，具有物的一般属性。金某在手术诊疗中被切除的子宫及附件是金某身体的组成部分，脱离了金某身体就变成了独立的物，该物的所有权由金某原始取得，金某具有处分权和支配权。但该处分权和支配权并不是完全的所有权的处分权和支配权，应受公序良俗等因素限制。参照《医疗废物管理条例》，医疗废物是指医疗卫生机构在医疗、预防、保健以及其他相关活动中产生的具有直接或者间接感染性、毒性以及其他危害性的废物。现金某未能提供证据证明涉案器官不具有直接或者间接感染性、毒性以及其他危害性，金某请求某医院返还在手术中被切除的子宫及附件违反公序良俗，不予支持。

广东省广州市越秀区人民法院依照《最高人民法院关于民事诉讼证据的若干规定》第二条规定，作出如下判决：

驳回金某全部诉讼请求。

金某持原审起诉意见提起上诉。广东省广州市中级人民法院经审理认为：金某以对系争子宫及附件享有所有权而请求医方予以返还，不符合我国现行法律、行政法规的规定，对其上诉请求不予支持。一审判决认定事实清楚，处理结果并无不当，予以维持。

广东省广州市中级人民法院依照《医疗废物管理条例》第二条、第十三条第一款、第十四条第一款，《医疗废物分类目录》，《中华人民共和国民事诉讼法》第一百七十条第一款第一项规定，作出如下判决：

驳回上诉，维持原判。

【法官后语】

本案是新型的返还请求权案件，争议焦点是术后被切除的子宫及附件能否成为一般意义上的物权客体以及能否认为其属于物从而由患者享有所有权，进而请求医疗机构返还。

关于术后脱离器官或组织，此种特殊“物”的性质认定及处理规则不应适用法无禁止即自由原则，亦不应适用类比推理，而应在公共秩序与善良风俗的基础上，采用有限制条件的承认。目前理论界通常认为有关人体器官或组织，若未与人体脱离则应然地不属于物权范围，而术后脱离的器官或组织，因具有物的一般特征，都是存在于人身之外，能为人力所支配和控制、占有一定的空间，且能为人感觉并感知的有体物，符合物权法中关于“物”的标准。

接下来的问题就是是否所有脱离人体的器官或组织都应纳入我国物权法律规范的保护范围？事实上，我国已有针对器官保护的特别规定。例如，2007 年 5 月 1 日起施行的《人体器官移植条例》中列明公民有权捐献或不捐献其人体器官等。上述规定中所指向的人体器官均包含着普遍的生命性、可利用性、有价值性等重要特征，因此仅同时具有普遍的生命性、可利用性、有价值性的脱离器官或组织方能成为保护范畴内的“物”。

本案金某另以涉案器官对其具有重要纪念意义论证其器官的有用性。相应的司法解释规定，当用于满足精神需要的物品具有一定的人格利益时，应当对其予以保护，如过去曾出现过的因损毁纪念品而支付精神抚慰金的判例。但必须明确的是，该精神需要必须是社会一般人普遍予以认可或接受的需求，而某些特殊恋物取向或特别精神需要，则不属于上述情形，不能按照其个人对某物的特别需要而认定其对该物享有人格利益，亦不应将其视为法律意义上的有用性或价值性。故本案中因肿瘤而切除的子宫及附件不应纳入我国物权法律规范的保护范围，亦不能享有我国民法所规定的物权请求权。

需要提示的是，判断某脱离器官是否属于保护范围，应当综合各种因素加以考察，有的案件如待移植器官或因特别需要而冷冻的卵子等很简单就可以认定其属性，有些则不能凭借直觉或者法官的个人感情加以认定，而应该在综合考察的基础上，以社会一般人视角进行认定。对脱离人体组织或器官进行民法保护的泛化将会迷失原有价值取向及公序良俗原则的重要意义，故在个案的审理过程中，应特别问题特别分析，既要考虑到医疗事业的平衡发展，又要考虑到患者个人的合理需求。法官应在审理过程中积极查阅相关法律法规，并进行特定分析，切不可随意类推，原则应是具有普遍的生命性、可利用性、有价值性的脱离器官或组织方具有法律规定的物权，且该物权的行使并非具有绝对的自主性，而应当以遵守公共秩序及善良风俗为前提。

编写人：广东省广州市越秀区人民法院　周梦倩　谢林辉

058　机动车登记并非特殊动产物权变动生效要件

——某律所诉建筑材料公司返还原物案

【案件基本信息】

1. 裁判书字号

北京市第三中级人民法院（2018）京 03 民终 7722 号民事判决书

2. 案由：返还原物纠纷

3. 当事人

原告（上诉人）：某律所

被告（被上诉人）：建筑材料公司

第三人：某驾校

【基本案情】

2008 年 10 月 21 日，某驾校出资 1263808 元购买奥迪越野车一辆。2008 年 10 月 22 日，该车登记在某律所名下。2008 年 10 月 25 日，甲方某驾校与乙方某律所签订《协议书》，约定：根据业务需要在北京购买奥迪越野车一辆，挂在某律所名下。购车款项及各项费用及以后一切责任均属甲方承担，所有权归甲方。乙方不得以任何理由予以处分，办理有关手续乙方积极配合。

2016 年 12 月 27 日，甲方某驾校与乙方张某签订《车辆抵账协议》，双方约定甲方将诉争车辆冲抵甲方应付乙方工程款 550000 元。2017 年 6 月 20 日，甲方（债权人）建筑材料公司与乙方（债务人）张某签订《债务抵偿协议书》，约定：乙方用其享有处分权的诉争车辆抵偿乙方欠甲方货款 300000 元。诉争车辆现由建筑材料公司占有。

某律所起诉建筑材料公司返还其所占有的属于某律所的奥迪越野车。

【案件焦点】

某律所作为机动车登记人是否为涉案车辆的实际所有权人，其是否有权要求返还涉案车辆，机动车登记是否具有物权公示效力。

【法院裁判要旨】

北京市顺义区人民法院经审理认为：无权占有不动产或动产的，权利人可以请求返还原物。为对抗权利人返还原物请求权，占有人应当举证证明其占有不动产或动产并非无权占有。本案的争议焦点为建筑材料公司占有诉争车辆，是否为无权占有。某驾校与某律所协议将诉争车辆“挂在某律所名下”，且诉争车辆由某驾校实际出资购买后占有使用，应认定某驾校就诉争车辆具有处分权。其与张某达成的《车辆抵账协议》以及张某与建筑材料公司达成的《债务抵偿协议书》亦为有效。建筑材料公司就诉争车辆系合法占有。公安机关办理的机动车登记，是准予或者不准予上道路行驶的登记，并不是机动车所有权登记，因此公安机关登记的车主，不宜作为判断机动车所有权的依据。仅依据涉案车辆登记车主为某律所并不能认定机动车的所有权人为某律所，且建筑材料公司占有诉争车辆有法律依据。就某律所的诉讼请求，于法无据，不予支持。判决：

驳回某律所的诉讼请求。

某律所不服一审判决，提起上诉。北京市第三中级人民法院经审理认为：本案的主要审查要点为某律所是否为涉案车辆的所有权人，其是否有权要求返还涉案车辆。国家对机动车实行登记制度是实施行政管理的一种手段，并不产生物权效力。机动车作为特殊动产，其所有权的设立和转移应当依据动产一般规定以交付为生效要件，机动车登记并非设权登记，仅具有对抗效力。涉案车辆虽登记在某律所名下，但某律所与某驾校签订的《协议书》明确约定车辆的所有权归某驾校，该协议不违反法律法规的强制性规定，应为合法有效。车辆亦由某驾校出资并实际控制，故涉案车辆的实际所有权人应为某驾校。某律所并非车辆所有权人，某律所主张涉案车辆登记在其名下，其就是车辆的所有权人，并依据所有权的权能请求返还车辆，不予支持。二审法院判决：

驳回上诉，维持原判。

【法官后语】

为实现小客车数量合理有序增长、缓解交通拥堵状况、减少能源消耗和环境污染，北京市出台了小客车数量调控规定。实践中，由于小客车指标的稀缺性，出现了借名买车情况，一系列法律纠纷由此产生。关于借名买车的合同效力以及借名买车事实下机动车辆所有权的判断问题，司法实务界一直争议不断。

借名买车的合同效力问题。有观点认为，这一行为虽然没有违反法律、行政法规的强制性规定，但其违反了《北京市小客车数量调控暂行规定》，客观上扰乱了地方政府对于小客车数量调控管理的公共秩序，损害了社会公共利益，系属违背公序良俗，合同应为无效。但笔者倾向于合同有效的观点。首先，《中华人民共和国民法典》（以下简称《民法典》）第一百五十三条规定“违反法律、行政法规的强制性规定的民事法律行为无效。但是，该强制性规定不导致该民事法律行为无效的除外。违背公序良俗的民事法律行为无效。”依据上述规定，违法无效的“法”仅限于法律、行政法规，且为“效力性”的强制性规定，违反规章抑或违反法律、行政法规的“管理性”规定的，原则上不影响合同效力。借名买车行为虽然违反了北京市的调控规定，但该规定属于地方政府规章，并未达到法律、行政法规的效力级别，故对合同效力不构成影响。其次，对于借名买车行为是否因违背公序良俗而致无效。笔者认为，民法典用“违背公序良俗”代替了合同法“损害社会公共利益”导致行为无效的表述，概念更为周全。公序良俗包括公共秩序和善良风俗两方面。北京市关于小客车数量管理政策系在北京市范围内实施，违反相应规定的会受到行政处罚，难以认定会造成损害国家和社会公共利益的严重后果。且借名买车行为是当事人双方自主实施的民事法律行为，对于双方以外的第三人而言，车辆登记在谁的名下与其无关，也没有增加实际上路车辆的数量，不会危及不特定的第三人利益；另，该行为亦不会损害与基本法律价值联系的私人利益，如生命利益、健康利益、人身自由利益等，故笔者认为“违背公序良俗”的观点难以成立。

借名买车事实下车辆所有权的判断。有观点认为机动车登记在谁的名下，车辆的所有权就归谁。笔者认为，这是对动产与不动产物权归属判断的错误认识。机动车作为特殊动产，本质上仍然属于动产，其所有权的判断应依据动产的物权变动原则。《民法典》延续了物权法对动产物权变动原则的规定，其中《民法典》第二百二十四条规定“动产物权的设立和转让，自交付时发生效力，但是法律另有规定的除外”；第二百二十五条规定“船舶、航空器和机动车等的物权的设立、变更、转让和消灭，未经登记，不得对抗善意第三人”。根据以上规定，机动车作为特殊动产，其所有权的设立和转移应当依据动产一般规定以交付为生效要件。未经登记只是不能对抗善意第三人，故机动车登记并非该机动车物权变动的生效要件。至于机动车登记的意义，《中华人民共和国道路交通安全法》第八条明确规定“国家对机动车实行登记制度。机动车经公安机关交通管理部门登记后，方可上道路行驶”。《中华人民共和国道路交通安全法实施条例》《机动车登记规定》均对机动车登记管理进行了细化规定。从上述三个法律法规的内容看，国家对机动车实行登记制度是实施行政管理的一种手段，并非如不动产登记一般产生物权公示效力。因此，机动车登记并非设权登记，仅具有对抗效力，这也是区别于不动产登记生效的重要特点。

具体到本案中，某律所与某驾校签订的《协议书》明确约定车辆登记在某律所名下，但车辆的所有权归某驾校，该协议系双方真实意思表示，不违反法律、行政法规的强制性规定，应属合法有效。且车辆系某驾校出资购买，实际由某驾校占有使用，故车辆的所有权应归某驾校所有。某律所仅是车辆登记人，但登记行为并不具有物权公示效力，不能仅凭登记作为判断车辆所有权的依据。故某律所以其为车辆所有权人为由要求返还车辆，无事实和法律依据。

编写人：北京市第三中级人民法院　于洪群

059　民事法律文书是否当然具有引起物权变动之效力

——水泥公司诉林某返还原物案

【案件基本信息】

1. 裁判书字号

福建省厦门市中级人民法院（2018）闽02民终1347号民事判决书

2. 案由：返还原物纠纷

3. 当事人

原告（上诉人）：水泥公司

被告（被上诉人）：林某

【基本案情】

1995 年 8 月 9 日，联合公司成立评房工作小组，组员为马某等人。1997 年 7 月 1 日，联合公司（甲方）与林某（乙方）签订一份《租赁合同》，约定甲方将讼争房屋租给乙方居住，租赁期限自 1997 年 7 月 1 日起至 2010 年 12 月 31 日止，租金根据市政府相关文件规定，每年议定一次；合同期满，乙方若需继续租赁，应提前两个月通知甲方，由甲方与各股东单位协商后再定，协商的结果应在合同期满前一个月通知乙方。林某于 1997 年 7 月 10 日与联合公司签订劳动合同，于 2016 年 10 月 28 日退休。

1998 年 10 月 8 日，福建省三明市中级人民法院作出（1998）三经初字第 68 号民事调解书，确认联合公司自愿以其左右的位于厦门市某地的住宅七套（门牌号分别为 705、706、707、803、804、805、806，其中 806 号为讼争房屋）等财产抵偿水泥公司货款；以上财产应在该调解书生效当日交付，房屋产权变更手续由双方共同到有关部门办理。该民事调解书于 1998 年 10 月 21 日送达双方，已发生法律效力。水泥公司诉至法院，要求林某将 806 号房屋腾空并将其返还给水泥公司。

【案件焦点】

（1998）三经初字第 68 号民事调解书是否具有物权变动的效力。

【法院裁判要旨】

福建省厦门市思明区人民法院经审理认为：民事调解书只有在分割共有不动产或者动产等案件中作出并依法生效改变原有物权关系时才产生物权变动的效力。根据（1998）三经初字第 68 号民事调解书内容，双方约定的权利义务系以物抵债，该调解书只是对当事人之间以物抵债协议的确认，其实质内容是债务人用以物抵债的方式来履行债务，并非对物权权属的变动。因讼争房屋系不动产，该调解书亦约定房屋产权变更手续由双方共同到有关部门办理，故该调解书不能直接产生物权变动的法律效力，讼争房屋的物权变动仍应以房管部门的登记为准。现讼争房屋未办理房屋产权证，水泥公司亦未能证明实际接收该房屋，其非讼争房屋权利人，结合林某因与联合公司的租赁关系长期占有使用讼争房屋的事实，水泥公司要求林某腾空归还讼争房屋的诉求，于法无据，不予支持。

福建省厦门市思明区人民法院依照《中华人民共和国物权法》第九条、《最高人民法院关于适用〈中华人民共和国物权法〉若干问题的解释（一）》第七条、《中华人民共和国民事诉讼法》第六十四条第一款规定，作出如下判决：

驳回水泥公司的诉讼请求。

水泥公司不服一审判决，提起上诉。福建省厦门市中级人民法院经审理认为：福建省三明市中级人民法院（1998）三经初字第68号民事调解书确认联合公司以包括讼争房屋在内的财产抵偿欠水泥公司的货款，房屋产权变更手续由双方共同到有关部门办理，该调解书不属于法律规定的导致物权设立、变更、转让或者消灭的方式，不直接产生物权变动的效力。现讼争房屋的产权未登记在水泥公司名下，水泥公司主张其对讼争房屋享有返还原物请求权或出租人的权利依据不足，不予采纳。水泥公司请求林某腾空并返还讼争房屋不能成立。联合公司与本案并无利害关系，水泥公司主张一审法院未追加联合公司参加诉讼系程序违法缺乏依据，不予采纳。综上所述，水泥公司的上诉请求不能成立，应予驳回。一审判决认定事实清楚，适用法律正确，应予维持。

福建省厦门市中级人民法院依照《中华人民共和国民事诉讼法》第一百七十条第一款第一项规定，作出如下判决：

驳回上诉，维持原判。

【法官后语】

《中华人民共和国民法典》第二百二十九条规定："因人民法院、仲裁机构的法律文书或者人民政府的征收决定等，导致物权设立、变更、转让或者消灭的，自法律文书或者征收决定等生效时发生效力。"法院的法律文书包括民事法律文书、刑事法律文书和行政法律文书。民事法律文书包括民事判决书、民事裁定书以及民事调解书。刑事法律文书包括刑事判决书、刑事裁定书和刑事附带民事调解书。行政法律文书包括行政判决书、行政裁定书与行政调解书。仲裁委员会的法律文书则仅指裁决书。

《中华人民共和国民法典》第二百二十九条要求法律文书必须能够导致不动产物权变动，而裁定书只是法院针对诉讼程序和执行程序中的程序问题及个别实体问题（如民事诉讼中财产保全的裁定）所作出的效力性判定，不可能导致物权变动。因此，《中华人民共和国民法典》第二百二十九条中的法律文书仅限于判决书和调解书，包括：(1) 直接导致物权变动的民事判决书、民事调解书和刑事附带民事调解书；(2) 人民法院作出的没收犯罪分子财产的刑事判决书；(3) 人民法院作出的撤销政府征收决定的行政判决书。

但并非所有的民事调解书都能引起物权变动。依诉的种类不同，法院判决有确认之诉、给付之诉和变更之诉。确认之诉是确认当事人间一定的民事法律关系存在与否的诉讼，不能引起物权变动。变更之诉和给付之诉的生效法律文书才能引起物权变动。法律文书送达时即发生物权变动的只有变更文书。给付文书送达时，仅确定了当事人的给付义务，也不能直接引起物权变动，只有在当事人履行给付义务，对方也接受给付的，物权变动始生效。当事人自愿履行给付的行为，毫无疑问属于法律行为。当事人不愿履行给付而由执行机构强制执行时，客观上属于执行机构的命令直接发生物权变动。因此，直接引起且不以公示为要件的物权变动的法律文书只能是变更文书。

本案中，因民事调解书为双方约定的权利义务系以物抵债，该调解书只是对当事人之间以物抵债协议的确认，其实质内容是债务人用以物抵债的方式来履行债务，并非对物权权属的变动。鉴于讼争房屋系不动产，该调解书亦约定房屋产权变更手续由双方共同到有关部门办理，故该调解书不能直接产生物权变动的法律效力，讼争房屋的物权变动仍应以房管部门的登记为准。

编写人：福建省厦门市思明区人民法院　辛鹏

060 物权取得存在瑕疵，阻碍权利行使

——李某、常某诉王某返还原物案

【案件基本信息】

1. 裁判书字号

北京市第二中级人民法院（2018）京 02 民终 6109 号民事判决书

2. 案由：返还原物纠纷

3. 当事人

原告（上诉人）：李某、常某

被告（被上诉人）：王某

【基本案情】

赵某与王某系夫妻关系，赵某于2017年7月13日去世。案外人赵甲系该二人之女。

2001年8月31日，赵甲（乙方）作为被安置人就北京市原崇文区×楼×单元11-12号房屋与危改单位房地产公司（甲方）签订《危旧房改造公房回迁购房协议书》。协议约定，乙方自愿购买崇文区×号楼1层102号房屋。2002年12月15日，赵甲取得涉案房屋的所有权证，房屋建筑面积137.64平方米。

2017年4月3日，赵某立遗嘱，内容为赵某自2002年一直居住在涉案房屋中，涉案房屋是其与王某共同购买，用于二人养老所用，该房屋中属于赵某的个人份额归王某所有。

2017年9月17日，赵甲与案外人郭某签订《存量房屋买卖合同》，约定赵甲将涉案房屋出售给郭某，房屋成交价格为276万元。该合同未约定房屋的交付事宜。之后，郭某取得涉案房屋的所有权证。

2017年10月26日，李某、常某（乙方）与郭某（甲方）签订《房屋买卖合同》，约定郭某将涉案房屋出售给李某、常某，房屋总价款为650万元整，乙方在合同签订之日起90日内支付给甲方全部房价款。双方应于合同签订生效之日起15日内到东城区房屋管理局服务大厅办理过户手续。2017年12月4日至12月8日，李某通过银行转账的方式共向郭某支付购房款640万元。2017年

11月8日，涉案房屋登记至李某、常某名下。

关于涉案房屋市场价，承办人当庭登录房地产经纪公司的网站查询，与涉案房屋同一小区建筑面积135平方米的房屋，标价1100万元；建筑面积72平方米的房屋，标价650万元。

李某、常某称，李某、常某经朋友介绍购买涉案房屋，已取得涉案房屋的所有权，卖房人郭某未向其交付房屋；故请求判令王某立即将涉案房屋腾空交付给李某、常某。

【案件焦点】

物权存在瑕疵变动的情况下，物权的所有人能否直接请求合法的实际居住人返还原物。

【法院裁判要旨】

北京市东城区人民法院经审理认为：涉案房屋原登记在案外人赵甲名下，王某作为赵甲的母亲居住在涉案房屋。后赵甲将房屋出售给案外人郭某，郭某又将房屋出售给李某、常某。两次房屋转移的过程中，房屋成交价均远低于市场价格。李某、常某从案外人郭某处购买涉案房屋，不仅房价款远低于市场价，而且郭某并未向李某、常某实际交付涉案房屋。因此，李某、常某虽取得涉案房屋的所有权，但该所有权的取得存在瑕疵。从物权角度要求作为实际居住人的王某交付房屋，依据不足。判决：

驳回李某、常某的诉讼请求。

李某、常某不服该判决，上诉至北京市第二中级人民法院。北京市第二中级人民法院经审理认为：涉案房屋原登记在赵甲名下，赵甲的母亲王某自始居住在该房屋，李某、常某知道涉案房屋的居住情况，二人在购买该房屋时对此未提出异议，在购买后主张王某腾空交付该房屋，且王某现不具备腾房条件，故一审法院对李某、常某的诉讼请求未予支持，并无不当，予以维持。综上所述，李某、常某的上诉请求不能成立，应予驳回。

北京市第二中级人民法院依照《中华人民共和国民事诉讼法》第一百七十条第一款第一项规定，判决如下：

驳回上诉，维持原判。

【法官后语】

该案例在涉及物权变动存在瑕疵的情况下，所有人能否直接请求合法的实际居住人腾退房屋的问题。

《中华人民共和国物权法》（以下简称《物权法》）第七条规定，物权的取得和行使，应当遵守法律，尊重社会公德，不得损害公共利益和他人合法权益。该条对物权的取得和行使应遵循的原则作出了规定。《中华人民共和国民法典》（以下简称《民法典》）颁布后，废止了《物权法》，上述条款自然废止，但在《民法典》的总则编增加了第八条，民事主体从事民事活动，不得违反法律，不得违背公序良俗。公序良俗是指公共秩序和善良风俗。公共秩序也称公共利益。善良风俗也称社会公共道德，是全体社会成员普遍认可、遵循的道德准则。也就是说，从事民事活动，首先不违反法律，其次法律没有强制性规定的，则不得违反公序良俗，以弥补法律禁止性规定的不足，实现对民事主体意思资质的必要限制，以弘扬社会公德、维护社会公共秩序，实现民事主体的个体利益和社会公共利益的平衡。

但上述规定比较模糊，没有对权利人权利的取得存在瑕疵的情况下，权利人行使相关权利的限制作出规定，现从不动产物权取得的瑕疵及相关法律制度，阐述物权行使的限制，以保护相关利害关系人，弘扬功德，维护社会公共秩序。

1. 不动产物权取得瑕疵

通常认为不动产的物权取得不存在瑕疵问题，因为不动产的登记制度已经明确表明该不动产的归属者，切不动产登记行为是国家不动产登记机关依行政法程序进行登记的，因此不存在物权变动的瑕疵问题。但实际上，我国实行物权变动的债权形式主义，物权取得有两个因素，一是物权取得成为可能的原权利；二是使债权取得现实化的取得样式。那么物权变动过程中不论是原权利还是取得样式发生瑕疵，都会使物权变动存在瑕疵。本案中，原告取得不动产物权低于市场价存在瑕疵，原权利中因权利人的母亲即被告实际占有使用涉案房屋，且被告与原权利人对涉案房屋权利存在争议，原权利本身也存在瑕疵。

2. 关于物权请求权的行使限制

作为物权保护的一种方式，物权请求权是物权人在其物权的圆满支配状态受到或即将受到侵害时，权利人要求侵害人恢复其圆满状态的权利。具体到返还原物请求权，指的是当物权人的物被他人非法占有时，物权人有请求无权占有人返还该物的权利。行使这一权利的前提应该是侵害人无权占有标的物，《民法典》第二百三十五条规定“无权占有不动产或者动产的，权利人可以请求返还原物”，充分体现了权利人请求返还原物的前提要件为他人无权占有。本案中，王某居住于涉案房屋有一定的历史原因，并未侵害原物权人的权利。基于王某在庭审过程中曾辩称其与原权利人之间存在借名买房的关系，故被告与原权利人之间的基础法律关系尚模糊不清，暂时无法得出被告为无权占有人的结论。在审理案件的整个过程中，综合各种因素可知二原告在取得涉案房屋的过程中对房屋的实际居住情况知情，故其主张返还原物缺乏“他人无权占有”这一明确的事实前提，法院对其主张不予支持。

3. 善意取得制度的适用限制

善意取得制度是指，无权处分人将不动产或动产转让给买受人的，如果买受人在取得该财产时出于善意，就可以依据该制度取得该产权的所有权。善意取得制度是保护善意第三人的制度，为了减少市场交易的谨慎成本，保证整个市场交易的快捷和安全。《民法典》第三百一十一条规定了善意取得制度。根据该条规定，受让人依据该制度取得所有权，受三个条件限制，即受让人受让该不动产时是善意；以合理的价格转让；转让的不动产或动产依照法律规定应当登记的已经登记，不需要登记已经交付给买受人。这里的善意实际上是一种主观心理状态，其本身很难被他人所感知，在司法时间中更难以由当事人加以证明，所以司法实践中往往根据财产的性质、有偿或无偿、价格高低、让与的状态以及买受人的经验等客观情况判断买受人的主观心理状态。本案中，被告实际居住涉案房屋，且与原权利人存在纠纷，原告以远低于市场价购买涉案房屋，不实地勘验即购买，可以推测出原告并非善意，不符合上述善意取得制度。

4. 关于公示公信制度的适用限制

公示公信制度是指基于不动产登记的公示效力，相对人信赖该物权存在从而遵守物权变动行为法律，承认其变动效力的制度。公示公信制度作为物权变动制度的核心原则之一，在现在物权法中具有不可替代的地位，在市场经济的发展过程中，公示公信制度对于促进市场交易、保护交易的安全稳定意义重大。我国《民法典》第二百一十条和第二百一十四条对此作出了规定，不动产登记，由不动产所在地登记机构办理，不动产物权的设立、变更、转让和消灭依照法律规定应当办理登记的，自记载于不动产登记簿时发生法律效力。以登记作为不动产物权变动的公示方法是物权公示原则的要求。但现代法律赋予登记以公信力在于保护善意第三人的利益和交易安全。经过公示的物权可取得公信力，这种公信力是为了降低交易成本、维护交易秩序而进行权利正确性和买受人主观善意的法律推定，这种推定实质上是一种假设，但如果事实证明这种推定与实际状态不符时，在法律上理应按照实际状态处理方不失公平。本案中，涉案房屋的物权在两次转移过程中均存在权利人无视实际居住人即被告的权利，在短时间内以远低于市场价的价格迅速转移物权，最终促使原告达到以物权人的身份要求被告腾退房屋的不当目的。仅从物权的公示公信制度看，原告属于应保护的客观善意第三人，但这显然与客观情况不符，此时应当考虑买受人的主观善意。

善意取得制度和公示公信制度均具有保护第三人的重要功能，一般以公示公信制度为原则，而以善意取得制度为补充构建善意第三人保护的基本规则。善意取得制度与公示公信制度对于决定是否对买受人予以保护，均有要求买受人为善意这一共同条件。然而善意取得制度中的善意标准和公示公信制度中的善意标准却大相径庭。善意取得制度的善意标准为主观标准，公示公信制度的善意标准为客观标准。物权公示的公信力，以权利的正确性推定为出发点，目的在于维护善意买受人的利益，但是，当这种正确性推定确实存在错误时，善意取得制度的主观标准就可以发挥其积极作用。就法律的价值目标而言，公示公信原则是以牺牲公平为代价换取市场的效率和安全，但当买受人明知出卖人权利之瑕疵而恶意利用法律之偏爱谋取私利时，法律就应当由原来保护买受人转而保护真实的权利人。

该案例综合考量了各种因素，基于不动产权取得过程中存在的瑕疵问题，从物权请求权的行使限制、善意取得制度、公示公信制度作为分析的基础，对于不动产物权的权利人通过恶意转移物权，损害他人合法权益的行为作出了否定的评价，本案对促进权利人合法合理、诚实善良地取得物权，规范物权的交易行为，维护社会的稳定，都具有积极的意义。

编写人：北京市东城区人民法院　范欠歌　武景格

061 原占有人行使返还原物请求权不以占有人合法占有原物为前提

——整流器厂诉实业公司返还原物案

【案件基本信息】

1. 裁判书字号

天津市第二中级人民法院（2017）津 02 民终 2656 号民事判决书

2. 案由：返还原物纠纷

3. 当事人

原告（被上诉人）：整流器厂

被告（上诉人）：实业公司

第三人：沈某臣

【基本案情】

涉诉建筑物并无相应的权属登记，其所坐落的地块属于由天津市人民政府划拨的用于建设某居住区后剩余地块，土地使用权人为房地产公司。该公司曾委托天津市河东区东新街道办事处指定的实业公司作为涉诉地块的管理人。2015 年 7 月 9 日，房地产公司与实业公司解除了相应的委托管理关系。

整流器厂系由案外人李某民个人投资设立的个人独资企业，其与实业公司曾系挂靠关系，双方于 2003 年 11 月解除挂靠关系，并签有《解除挂靠关系协议》，协议中约定经资产界定确认，企业用房产权即使用权归实业公司所有，其余经营资产归整流器厂实际投资人李某民所有。在双方解除挂靠关系后另行签订关于涉诉建筑物的租赁协议，约定由整流器厂继续使用涉诉建筑物。2013 年，双方因该租赁纠纷成诉，经法院生效民事判决书判决，李某民向实业公司返还涉诉建筑物并支付欠付的租金。后双方于 2013 年 12 月 31 日另行签订了涉诉建筑物的租赁协议书，约定由整流器厂租赁使用涉诉建筑物，租期为 2014 年 1 月 1 日至 2014 年 12 月 31 日，年租金为 100000 元，其后该协议展期至 2015 年 12 月 31 日。到期后，整流器厂继续占有涉诉建筑物至 2016 年 5 月 17 日，其后针对是否搬出涉诉建筑物的问题，整流器厂、实业公司及沈某臣间发生争执，为此整流器厂曾于 2016 年 5 月 17 日、29 日报警未果，因此成诉。2016 年 5 月 16 日，沈某臣与实业公司签订涉诉建筑物租赁合同，目前涉诉建筑物由沈某臣实际使用。案件审理期间，沈某臣自述对涉诉建筑物进行了一定程度的装修和改建，并要求在对本案作出裁决时考虑其合法权益。

另，整流器厂入驻涉诉建筑物所在地点时，利华工艺品厂正在建设部分涉诉建筑物，整流器厂入驻后继续进行建设并承担了利华工艺品厂欠付的建设施工费用及银行贷款等费用。实业公司曾向整流器厂出具证明，载明：整流器厂自建临时房屋258.7平方米原值94553元临时建筑无产权证明。

【案件焦点】

是否应当恢复整流器厂对涉诉建筑物的占有。

【法院裁判要旨】

天津市河东区人民法院经审理认为：占有的不动产或者动产被侵占的，占有人有权请求返还原物。原告在2013年与被告签订的租房协议书，是双方真实意思的表示，在签订该协议后，原告实际取得了对涉诉建筑物占有、使用的权利，也就是说原告在此时成立对涉诉房屋的占有。该占有一旦成立，就应当受到相应的保护，任何人不能以私力改变占有的现状。原告提供的证据可以证明，其在迁出涉诉建筑物时是非自愿的，那么此时原告要求恢复其对涉诉建筑物的占有，于法有据。

结合案件的实际情况，被告在2015年7月9日后丧失了原有的对涉诉房屋坐落土地的管理权限，那么此时，无论原告是否有权占有涉诉建筑物，向原告主张权利的主体都应当是涉诉建筑物坐落土地的使用权人即房地产公司，被告既非使用权人亦非管理人，此时以私力形式改变占有现状，缺乏事实及法律依据，形成的相应结果不应得到法律的确认，被告虽在庭审中提交了《天津市国有房产使用证》及《天津市使用公房保管自修责任书》，但经法院审查，涉诉房屋没有任何权属登记，则上述证据无法形成充分的证明力以证明被告的主张，则被告所抗辩的其已取得涉诉建筑物合法使用权的主张，法院不予支持。即便对于涉诉建筑物坐落土地的管理问题产生了争议，也应当是使用权人与管理人之间的纠纷，不应成为阻止原告恢复占有的事由。

应当强调的是，设立占有制度的目的之一，是维护物的事实秩序，即维护现有物的占有状态，禁止他人以私力加以破坏，从而维护社会的安宁与和平，占有一旦存在就应当受到保护，任何人不得以私力改变占有现状，这也就是占有保护的功能。本案中原告的占有是否恰当、是否应当腾出涉诉房屋，无论是使用权人还是被告，都应当通过法律途径加以界定与衡量。私自改变占有现状，是不能获得法律承认的。尤为重要的是，被告在案件审理期间与第三人签订租赁合同，客观上加深了原、被告的矛盾与争议，这对于纠纷的解决是没有任何帮助的。

关于目前涉诉房屋已经由第三人实际使用一节，第三人使用涉诉建筑物基于与被告之间的合同，当无法确认被告对涉诉建筑物有处分权利时，同时结合本案的其他实际情况，第三人实际使用的事实不能成为阻却原告行使权利的障碍。第三人与被告所签订的合同是否有效、是否构成相应的违约赔偿的问题，第三人应当通过另案予以处理，本案中不予涉及，但不影响第三人作为实际使用人向原告返还占有物的义务。

天津市河东区人民法院依照《中华人民共和国物权法》第二百四十五条之规定，作出如下判决：

本判决生效后三十日内，实业公司及沈某臣将涉诉建筑物返还整流器厂。

实业公司不服一审判决，提起上诉。天津市第二中级人民法院经审理认为：本案因涉诉建筑物占有问题而成讼。首先，根据《中华人民共和国物权法》第二百四十五条的规定，占有的不动产被侵占的，占有人有权请求返还原物。该规定中占有保护请求权的基础是占有事实。整流器厂从1990年开始至2016年5月，基于与实业公司之间形成的挂靠关系、租赁关系，在长达26年的时间内一直使用涉诉建筑物并进行生产经营，形成了对涉诉建筑物的占有事实状态。本案中，三方当事人因搬离涉诉建筑物问题产生争执、整流器厂报警请求警方保护未果的事实可以表明，实业公司和第三人以私力迫使整流器厂放弃了对涉诉建筑物的占有，违反了有关法律对于占有保护的规定。

其次，实业公司所主张的涉诉建筑物权属状况不能核实，且与其曾向整流器厂出具证明认可部分即涉诉建筑物为整流器厂自建的临时建筑无产权存在矛盾；实业公司和整流器厂均认可房地产公司为涉案地块的土地使用权人，房地产公司已于2015年7月9日解除了实业公司对该地块的管理权，并声明其从未向任何单位核拨过涉案地块的国有土地使用权，保留对涉案地块上的涉诉建筑物行使权利。上述情况表明实业公司认为自己有权要求整流器厂腾退房屋的主张没有充分的事实依据。

再次，整流器厂作为涉诉建筑物的长期占有使用人，还曾投入资金完成了部分涉诉建筑物的施工建设，现其诉诸法律，请求恢复对涉诉建筑物的占有，具有事实和法律依据，房地产公司作为土地使用权人提出维持涉诉建筑物现状的意见，表明其认可整流器厂使用涉诉建筑物，一审法院支持整流器厂的诉讼请求并无不妥。

最后，关于第三人实际使用涉诉建筑物的问题，第三人在明知实业公司与整流器厂就涉诉建筑物使用问题存在争议的情况下，仍然与实业公司签订租赁合同，应承担相应后果。一审法院认为关于第三人与实业公司所签订的租赁合同的效力和违约赔偿问题，第三人可以通过另案解决，但不影响其作为实际使用人向整流器厂返还占有物的义务，该处理意见符合本案实际情况，已考虑到了第三人的权益。

天津市第二中级人民法院依照《中华人民共和国民事诉讼法》第一百七十条第一款第一项之规定，作出如下判决：

驳回上诉，维持原判。

【法官后语】

占有是法律上的一种事实状态，民事主体对物的现实占有状态应当受到保护，其他民事主体不能以私力改变这一现实状态。即便这一实然状态与法律所期待的应然状态相去甚远，也不允许民事主体以私力擅自改变；即便是正当的权利人，也无权任意否定这一现实状态，以避免和平稳定的社会秩序遭到破坏。之所以如此，是因为与合同法上要求维护变动流转的交易安全相反，保护占有的目的在于维护和平稳定的社会秩序，这也正是物权法对占有进行单独保护的制度设计初衷。本案的争议焦点为是否应当恢复整流器厂对涉诉建筑物的占有。可以根据主体分析法，从请求权人、被请求人和第三人三个维度进行分析：

首先，请求权人整流器厂所享有的返还原物请求权，不以其合法占有原物为前提，因为不动产占有人返还原物请求权的核心是被请求权人以被禁止之私力侵夺占有。《中华人民共和国物权法》（以下简称《物权法》）第二百四十五条[①]第一款规定，占有的不动产或者动产被侵占的，占有人有权请求返还原物；对妨害占有的行为，占有人有权请求排除妨害或者消除危险；因侵占或者妨害造成损害的，占有人有权请求损害赔偿。根据这一规定，占有是一种事实状态，而非权利，所以在占有保护纠纷中法院无须查明占有人是否为有权占有。主要应当查明客观上是否存在占有事实，以便对该占有事实予以保护。本案中，根据涉诉地块的合法使用权人房地产公司提交的材料，澄清了涉案地块已不存在任何合法建筑的事实，房地产公司从未向任何单位和个人转让过该地块的国有土地使用权，也从未向实业公司提供该地块的用地审批手续，因此请求权人整流器厂并不具备合法占有原物的前提。但是，整流器厂在2013年与实业公司签订租房协议后，即实际取得了对涉诉建筑物占有、使用的权利，成立了对于涉诉房屋的占有并且持续至纠纷发生时。实业公司在与第三人就涉诉建筑物签订租赁协议后，迫使整流器厂非自愿地从涉诉建筑物迁出，构成了以被禁止之私力侵夺占有，因此应当返还涉诉建筑物给整流器厂。

其次，被请求人不能证明其为不动产所有权人或使用权人，且在不动产所在土地使用权人不反对不动产占有人可以继续占有的情况下，如不动产占有人确系因被侵夺失去对不动产的占有，即使为无权占有，也应支持其返还原物请求权。本案中，涉诉建筑物没有任何权属登记，且实业公司在2015年7月9日后就丧失了原有的对涉诉建筑物坐落土地的管理权限，因此纠纷发生时，无论整流器厂是否有权占有涉诉建筑物，向整流器厂主张权利的主体都应当是涉

① 对应现行《中华人民共和国民法典》第四百六十二条。

诉建筑物坐落土地的使用权人即案外人房地产公司，实业公司既非使用权人亦非管理人，此时以私力形式改变占有现状，缺乏事实及法律依据，形成的相应结果不应得到法律的确认。更何况土地使用权人房地产公司并不反对不动产占有人可以继续占有涉案房屋，因此判决返还具备合理性。

最后，第三人在明知不动产存在占有物返还纠纷的情况下租赁该不动产，不构成善意占有，不能对抗原占有人行使返还原物请求权。善意占有制度的本质特征是赋予占有人在无权占有的情形下仍可取得权利的一项授益性制度，而原物权人却因此丧失了恢复其物权的权利。由此可见，善意占有是由“善意”和“占有”两层意思表示行为结合而构成的一项物权取得制度。设立善意占有制度的目的，在于对原物权人的权利进行合法限制。本案中，沈某臣在明知实业公司与整流器厂就涉诉建筑物使用问题存在争议的情况下，仍然与实业公司签订租赁合同，不构成善意占有，不能阻却原占有人整流器厂行使返还原物请求权，应承担相应的法律后果。但占有纠纷毕竟是以恢复原状为目的的应急措施，只能使物的现实占有人继续保持其原有的占有状态，并不从根本上解决当事人之间实体权益的归属。所以，占有人的占有得到保护后，如另一方认为其对争议物拥有实体权益，可基于本权另行起诉。因此，法院又指出，沈某臣与实业公司所签租赁合同的效力和违约赔偿问题，可以通过另案解决，以尽可能实现各方利益的平衡。

编写人：天津市第三中级人民法院　王飞凡
天津市第二中级人民法院　马凤岗

062 未备案登记的集体土地建设用地使用证效力认定

——孙某庚诉王某富返还原物案

【案件基本信息】

1. 裁判书字号

北京市第一中级人民法院（2017）京01民终9693号民事裁定书

2. 案由：返还原物纠纷

3. 当事人

原告（上诉人）：孙某庚

被告（被上诉人）：王某富

第三人（上诉人）：曹某

【基本案情】

孙某庚系城镇居民，其自述于1995年以5万余元的价格从七间房村委会购得一处宅基地，即涉案宅基地。1995年1月，北京市昌平区政府就涉案地块向其颁发《集体土地建设用地使用证》，后自己长期未在涉案宅基地上居住，2009年7月左右，发现王某富拆除涉案宅基地上原有围墙并建房，后要求王某富返还涉案宅基地，双方沟通无果。2017年5月，孙某庚诉至法院，请求判令王某富立即归还涉案宅基地，并拆除涉案宅基地上的建筑物，恢复原状。

庭审中，曹某向法院提交一份协议书，载明“关于孙某庚在昌平区南口镇七间房村的宅基地和曾某在昌平区南口镇七间房村的宅基地土地使用权相互交换使用事宜（曹某的宅基地土地证现由雷某某持有使用）。经过双方多次友好协商，一致同意双方宅基地土地使用权相互交换使用，即雷某某在孙某庚的宅基地土地证所规划的区域内按规定建房，孙某庚在曹某宅基地土地证所规划的区域内按规定建房。本协议一式两份，双方各执一份，双方签字盖章生效。协议后有孙某庚及雷某某签字，二〇〇九年八月十五日”，曹某以涉案宅基地上的房屋系己方委托雷某某之夫王某富所盖为由，请求作为第三人参加诉讼，要求确认其对诉争宅基地享有使用权。

在本案审理过程中，法院工作人员于2017年7月31日前去北京市国土资源局昌平分局不动产登记中心核查涉案土地使用权证，经查询无该权证登记备案信息，该局工作人员告知可去当地镇政府查询核实。当日法院工作人员又前去北京市昌平区南口镇政府城建科核实查询，经查询，亦无该使用权证的相关登记备案及翻建房屋审批信息。

【案件焦点】

在土地登记机构未进行备案登记的集体土地建设用地使用证效力如何认定。

【法院裁判要旨】

北京市昌平区人民法院经审理认为，《中华人民共和国土地管理法》第十六条第一款规定：“土地所有权和使用权争议，由当事人协商解决；协商不成的，由人民政府处理。”孙某庚为证明其对涉案宅基地享有使用权，向法院提交了《集体土地建设用地使用证》，但经法院去土地管理相关部门调查核实，无涉案地块的登记备案信息，亦无涉案地块上房屋翻建审批信息，且就涉案地块原、被告及第三人均主张各自具有使用权，其纠纷为土地权属纠纷，故本案不属于人民法院受理民事诉讼的范围，双方应寻求土地管理部门解决。北京市昌平区人民法院依照《中华人民共和国土地管理法》第十六条第一款，《中华人民共和国物权法》第六条，《中华人民共和国民事诉讼法》第一百一十九条第一款第四项、第一百二十四条第三款、第一百四十四条之规定，作出如下裁定：

驳回孙某庚的起诉。

孙某庚、曹某不服一审裁定，提起上诉。北京市第一中级人民法院经审理认为：首先，根据《中华人民共和国物权法》第十六条、第十七条的规定，不动产登记簿才是物权归属和内容的根据，当不动产权属证书记载的事项与不动产登记簿不一致时，除有证据证明不动产登记簿确有错误外，应当以不动产登记簿为准。孙某庚所持有的《集体土地建设用地使用证》并未在土地登记机构进行备案登记。因此，仅凭该不动产权属证书，不能确认孙某庚对其诉称的宅基地享有合法的使用权。换言之，孙某庚仅依据上述书证，不足以证明其是与本案有直接利害关系的公民。据此，一审法院裁定驳回孙某庚的起诉并无不当。其次，曹某提交的所谓宅基地互换《协议书》仅属于债权凭证，而非上述法律所规定的物权凭证。据此，曹某关于其对诉争宅基地享有使用权的上诉理由，法院不予采信，其上诉请求不能成立。北京市第一中级人民法院依照《中华人民共和国民事诉讼法》第一百七十条第一款第一项、第一百七十一条的规定，作出如下裁定：

驳回上诉，维持原裁定。

【法官后语】

本案需要探讨三个方面的问题，即未在土地登记机构进行备案登记的集体土地建设用地使用证是否有效、宅基地互换协议是否有效以及王某富在涉案宅基地上的盖房行为效力如何认定。

首先，关于未在土地登记机构进行备案登记的集体土地建设用地使用证是否有效是本案的处理重点和难点。《中华人民共和国民法典》第二百零九条第一款规定，不动产物权的设立、变更、转让和消灭，经依法登记，发生效力；未经登记，不发生效力，但法律另有规定的除外。我国不动产物权采取登记生效原则，登记是物权公示公信原则的必然要求，实践中在保护因信赖物权登记而取得不动产的善意第三人方面具有重要作用。宅基地使用权作为不动产用益物权的一种，使用权人取得权利时也必须由不动产所在地的登记机构进行备案登记，并发给使用权人不动产权属证书即集体土地建设用地使用证。根据《中华人民共和国民法典》第二百一十六条第一款、第二百一十七条的规定，不动产登记簿才是物权归属和内容的根据，当不动产权属证书记载的事项与不动产登记簿不一致时，除有证据证明不动产登记簿确有错误外，应当以不动产登记簿为准。具体到本案，孙某庚所持《集体土地建设用地使用证》经法院调查核实并未在土地登记机构进行备案登记，法院无法核对孙某庚所持有的不动产权属证书的真实性，宅基地使用权未经登记设立，不发生效力。因此，仅凭该不动产权属证书，不能确认孙某庚对其诉称的宅基地享有合法的使用权，换言之，孙某庚仅依据上述书证，不足以证明其是与本案有直接利害关系的公民，故其仅持有未在土地登记机构进行备案登记的集体土地建设用地使用证并不能证明其享有涉案宅基地的使用权。

其次，关于曹某向法院提交的宅基地互换《中华人民共和国协议书》是否有效。因该协议属于债权凭证，而非《中华人民共和国民法典》所规定的物权凭证，其效力如何需要区别对待。《中华人民共和国土地管理法》第六十三条规定："农民集体所有的土地的使用权不得出让、转让或者出租用于非农建设……"农村宅基地使用权具有很强的村民身份性，其流转受到严格的限制，一般来说，同集体经济组织成员之间宅基地使用权流转，并没有损害集体经济组织的权益，可以认定有效；而非同一集体经济组织成员之间宅基地使用权的流转应该是受到限制的，故上述互换宅基地使用权协议在目前是受到法律否定的，另外，宅基地使用权的变更属于物权变动，应当到土地管理部门办理相关变更登记手续才能发生法律效力。本案中，孙某庚与曹某均为城镇居民，均无权在农村购买宅基地，双方基于此购买行为签订的宅基地互换协议也无法获得法律的认可，曹某据此要求确认其对诉争宅基地享有使用权的诉求也无法得到支持。

最后，关于王某富在涉案宅基地上的盖房行为效力如何认定。《中华人民共和国民法典》第三百六十二条规定，宅基地使用权人依法对集体所有的土地享有占有和使用的权利，有权依法利用该土地建造住宅及其附属设施。王某富未能证明其依法取得了对涉案宅基地的使用权，故其在涉案宅基地上的盖房行为是不受法律保护的。综上，双方当事人因涉案宅基地使用权产生的纠纷属于土地权属纠纷，应寻求土地管理部门先行解决，故法院裁定驳回孙某庚的起诉是正确的。

编写人：北京市昌平区人民法院　陈振祥

063 限购背景下车辆名义所有权人是否有权要求实际所有权人返还车辆

——张某霞诉金某某返还原物案

【案件基本信息】

1. 裁判书字号

北京市第三中级人民法院（2016）京03民终字第676号民事判决书

2. 案由：返还原物纠纷

3. 当事人

原告（被上诉人）：张某霞

被告（上诉人）：金某某

【基本案情】

金某某与张某环原系夫妻关系，张某霞系张某环之妹。金某某与张某环婚姻存续期间，金某某以张某霞的名义购买了涉诉车辆。2009年3月31日，张某环与金某某经北京市丰台区人民法院调解离婚，双方协议涉诉车辆归金某某所有。其中，张某霞作为张某环的代理人参与了调解工作。此后，涉诉车辆一直由金某某控制使用。

2013年，金某某曾将张某环、张某霞诉至北京市丰台区人民法院，要求张某霞配合其办理涉诉车辆的过户手续，法院经审理认为，根据北京市人民政府于2010年12月颁布的《〈北京市小客车数量调控暂行规定〉实施细则》规定，因法院判决、裁定、调解发生所有权转移，申请在本市办理小客车转移登记时，现机动车所有人需提交已取得的北京市小客车指标证明文件，因金某某不能提供相应的购车资格证明，涉诉车辆不具备办理过户的条件，故据此驳回了金某某的诉讼请求。

案件审理过程中，北京市朝阳区人民法院应张某霞的申请经北京市高级人民法院随机确定委托资产评估公司对涉诉车辆的市场价格进行评估，资产评估公司经评估认定涉诉车辆的市场价格为44200元。张某霞为此次评估支付鉴定费4000元。

张某霞自愿支付44200元对金某某进行补偿，要求金某某返还涉案车辆。

【案件焦点】

在限购背景下，车辆名义所有权人是否有权要求缺乏资格进行变更登记的车辆实际所有权人返还车辆。

【法院裁判要旨】

北京市朝阳区人民法院经审理认为：根据本案查明的事实，金某某以张某霞的名义购买涉诉车辆时，曾与张某霞就涉诉车辆的权属达成一致，但因金某某在本市不具有购车资格，故涉诉车辆无法办理过户手续，双方所达成的协议亦无法继续履行。现张某霞要求金某某返还涉诉车辆，并同意对金某某予以补偿，张某霞的诉讼请求，有事实和法律依据，予以支持。

北京市朝阳区人民法院依照《中华人民共和国物权法》第三十四条之规定，判决如下：

一、金某某于判决生效之日起七日内将车牌号为京 JL××××的红旗牌轿车返还张某霞；

二、张某霞于判决生效之日起七日内给付金某某折价补偿款44200 元。

金某某不服原审法院判决，提起上诉。北京市第三中级人民法院经审理认为：人民法院出具的确认车辆所有权的法律文书具有法律效力。张某环与金某某经北京市丰台区人民法院调解离婚，离婚调解书确认涉诉车辆归金某某所有，此后，涉诉车辆一直由金某某控制使用，可以认定金某某是涉案车辆的实际所有权人。张某霞作为涉案车辆的名义所有权人，无权向车辆的实际所有权人金某某主张返还车辆。综上，一审判决错误，予以纠正。

北京市第三中级人民法院依照《中华人民共和国民事诉讼法》第一百七十条第一款第二项之规定，判决如下：

一、撤销北京市朝阳区人民法院（2015）朝民初字第 23539 号民事判决第一、二项；

二、驳回张某霞全部诉讼请求。

【法官后语】

《中华人民共和国民法典》已于 2021 年 1 月 1 日实施。根据《最高人民法院关于适用〈中华人民共和国民法典〉时间效力的若干规定》第一条第二款之规定，民法典施行前的法律事实引起的民事纠纷案件，适用当时的法律、司法解释的规定，但是法律、司法解释另有规定的除外。本案事实发生于 2016 年，应适用《中华人民共和国物权法》的相关规定进行裁判。法律规定，动产物权的设立和转让，自交付时发生效力，但法律另有规定的除外。无权占有不动产或者动产的，权利人可以请求返还原物。

在车辆限购背景下，存在借用他人购车资质购车之情形，将自身购车资质出借他人的系车辆名义所有权人，借用他人资质购车的系车辆实际所有权人。在此背景下，车辆名义所有权人是否有权在支付对价的基础上要求实际所有权人返还车辆，存在两种不同观点：

一种观点认为，车辆名义所有权人有权要求车辆实际所有权人返还车辆。理由：第一，金某某不具备成为涉案车辆的登记所有权人的条件。根据北京市人民政府颁布的《〈北京市小客车数量调控暂行规定〉实施细则》的规定，因金某某不能提供相应的购车资格证明，涉诉车辆不具备办理过户的条件，金某某无法成为涉案车辆的名义所有权人。第二，涉案车辆“名不副实”的情形损害了张某霞的利益。北京市人民政府颁布的《〈北京市小客车数量调控暂行规定〉实施细则》规定，住所地在本市的个人，名下没有本市登记的小客车，持有效的机动车驾驶证，可以申请指标。故可以推知在北京申请小客车指标的前提是名下没有在该市登记的小客车。金某某实际占有使用涉诉车辆，使得张某霞既无法进行小客车指标的申请，也无法实际使用其名下的小客车车牌号。第三，张某霞要求金某某返还涉诉车辆，并同意对金某某予以补偿。支持张某霞该主张并不会导致金某某的财产价值发生减损，而金某某享有的车牌号利益本身不属于金某某所有，故可以支持车辆名义所有权人张某霞要求车辆实际所有权人金某某返还车辆的诉讼请求。

另一种观点认为，车辆名义所有权人无权要求车辆实际所有权人返还车辆。第一，人民法院出具的确认车辆所有权的法律文书具有确权效力。判决从生效之日起便会产生相应的法律效力。任何法院都不得在未经法定程序的情况下撤销、改变其判决。张某环与金某某经法院调解离婚，离婚调解书确认涉诉车辆归金某某所有，此后，涉诉车辆一直由金某某控制使用，可以认定金某某是涉案车辆的实际所有权人。第二，通过张某霞对金某某进行财产补偿的方式剥夺金某某对涉案车辆享有的所有权，侵害了实际所有权人金某某的处分权。所有权是指所有人依法对自己的财产享有占有、使用、收益和处分的权利。所有权是物权中最重要、最完全的一种权利，具有绝对性、排他性、永续性。处分权是所有权四项权能的核心，是所有权人最基本的权利，处分权意味着所有权人有权选择是否处分财产，出售的对象以及出售的价格，等等。如果法院判决认定涉案车辆归名义所有权人，对实际所有权人进行一定程度的补偿，该种处理方式则变相侵害了实际所有权人对涉案车辆所享有的处分权，缺乏正当性和合理性。

笔者同意第二种观点。理由：第一，动产物权变动应自交付时发生物权变动效力。虽车辆属于特殊动产，需在公安交通管理局车辆管理所进行备案登记，如本案中，涉案车辆登记在张某霞名下，但根据查明的事实，各方均认可涉诉车辆一直由金某某控制使用，可以认定案涉车辆已完成了实际交付，故车辆物权的变动应自交付时发生了物权变动效力，不能仅以金某某并非登记所有人而否定其对车辆的所有权。本案不存在导致物权发生变动的情形。支持张某霞要求返还车辆这一主张的前提是张某霞对涉案车辆享有所有权或者存在其他导致物权发生变动的情形。张某霞自愿通过补偿的方式获得车辆，仅仅是其单方意思表示，张某霞与金某某之间并未形成转移涉案车辆所有权的合意，故本案中并不存在导致物权发生变动的情形。只有存在导致物权发生变动的情形，张某霞在获得实际所有权后才可以主张车辆的返还。第二，行政管理制度带来的不利影响不应由金某某负担。《〈北京市小客车数量调控暂行规定〉实施细则》是行政类规范性文件，属于行政管理规定，不应该成为民事权利发生变动的依据。通过张某霞对金某某进行财产补偿的方式剥夺金某某对涉案车辆享有的所有权，属于在张某霞和金某某之间进行强制交易的行为，行政管理规定无法赋予该强制交易行为正当性。由于该行政管理规定的生效，张某霞不能申请获得小客车指标，这种情况不是金某某在借用小客车车牌号的时候能够预见的，故该规定产生的不利影响不应该由金某某负担，应属于张某霞出借车牌号后自行承担的风险。第三，相较于小客车车牌号的利益，物权的利益应予优先保护。尽管在限购背景下，小客车车牌号具有极其重要的价值，但也不能因为小客车车牌号的价值而剥夺车辆实际所有权人对车辆所享有的权利。当小客车车牌号与小客车形成一体不可分割的时候，小客车车牌号应该从属于小客车存在。

编写人：北京市第三中级人民法院　陈烁琳　孙京

064 房屋拆除重建是否改变房屋所有权归属

——刘某某诉李甲返还原物案

【案件基本信息】

1. 裁判书字号

云南省楚雄彝族自治州中级人民法院（2016）云23民终字第1111号民事判决书

2. 案由：返还原物纠纷

3. 当事人

原告（被上诉人）：刘某某

被告（上诉人）：李甲

第三人：李丙

【基本案情】

刘某某持有肢体残疾的三级残疾人证。李乙与李甲是亲姐弟关系。刘某某系周某某（李甲、李乙的姑姑）的独子，周某某1993年去世前拥有大姚县金碧镇东街1号、22号（以下简称东街1号、22号房屋）两处房产，房屋所有权和土地使用权都登记在周某某名下，东街1号房屋原为土木结构平房，建筑面积57.89平方米，土地性质为集体。1996年2月1日，刘某某将东街1号房屋的土地使用权证的使用权人变更为其本人，使用期限为长期。1999年年初，在没有相关书面协议的情况下，由李甲出面组织人员对东街1号房屋拆除重建，建成为一栋五层的砖混结构房屋（即争议房屋），并于同年12月26日由李甲、刘某某共同与杜某云签订租房合同，将该房屋整栋出租给杜某云至2005年1月止，杜某云实际租房3年，之后房屋空置，租期内租金每年24000元由李甲收取。

自2004年10月起李甲将争议房屋临街的一层以每年22000元租给李丙从事商店经营，租金逐年递增，到2015年租金为每年44000元，2016年10月以前的租金李丙已经交给李甲；同时，2014年年底李甲将该房屋的二层以每年12000元的租金租给梁某才使用，至2016年的租金李甲已经收取。

2004年，刘某某搬到该房屋的三层居住，2009年4月，李乙将刘某某带到昆明市居住生活至今。2012年9月，李乙以刘某某代理人的身份申请办理东街1号房屋的产权登记，大姚县房产管理所于2014年10月23日进行登记，向刘某某发放了大姚房权证金碧字第201400734号房屋所有权证。李乙作为刘某某的特别授权代理人要求李甲将房屋移交给刘某某，李甲不同意。经李乙申请，2016年2月19日昆明市盘龙区人民法院作出（2016）云0103民特4号民事判决书，判决：一、宣告被申请人刘某某为限制民事行为能力人；二、指定申请人李乙为被申请人刘某某的监护人。2016年5月15日，李乙作为刘某某的监护人，以刘某某的名义向云南省大姚县人民法院提起诉讼，要求李甲及李丙返还刘某某大姚县金碧镇东街1号房屋，由李甲归还该房屋2000年1月1日起至今的房租70万元。本案诉讼过程中，李甲对李乙的监护人资格提出异议，案外人李某伶也提出异议并申请中止审理，2016年9月7日昆明市盘龙区人民法院作出（2016）云0103民特37号民事裁定书，裁定驳回申请人李某伶要求变更刘某某的监护人为李某伶的申请。李甲的辩解意见为李乙无刘某某的监护人资格，周某某死亡前，将刘某某交由其照顾，并将房屋赠与他，且房屋是由其出资组织建盖，房屋的所有权应属于李甲，产权人登记为刘某某是大姚县房产管理所错误登记，坚持不予返还房屋。

【案件焦点】

1. 李乙是否有资格以监护人身份代理刘某某进行诉讼；2. 争议房屋拆除前周某某是否赠与李甲；3. 李甲对房屋拆除重建的行为是否导致房屋的所有权人发生变动。

【法院裁判要旨】

云南省大姚县人民法院经审理认为：（1）关于本案中李乙诉讼主体资格的问题。刘某某是限制民事行为能力人，李乙是其监护人，已由生效的昆明市盘龙区人民法院民事判决书和裁定书所确定，监护人为维护被监护人的合法权益，可以行使被监护人的诉讼权利，本案中李乙以刘某某法定代理人的身份参与诉讼，是适格的。（2）李甲为证明周某某1993年逝世前请求自己照管刘某某、将房屋赠与自己，向法庭提交了2012年任某某等6人书写的证明复印件等证据，李乙对李甲的主张和证据均不认可，李甲提交的证据均是复印件，证据所述内容大部分是听说，属传来证据，且证人均未出庭接受质询，该证据依法不予采信。刘某某当时是具有完全民事行为能力的人，李甲的主张与刘某某于1996年将原为周某某的集体土地使用证的土地使用者变更为刘某某这一事实相悖，且未提交其他合法有效的证据来证实，故李甲关于房屋是周某某赠与的主张不成立，不予采信。（3）关于东街1号房屋是谁建盖的问题。李乙主张房屋是其父亲李某周出资建盖，周某某去世时留有一部分资金参与；李甲认为房屋是其出资并独自主持建盖，房屋的所有权应属于其本人。李乙的主张未提交证据，且李某周已于2006年去世，故对其主张不予支持。李甲提交了建设房屋的施工合同、购料收据、支付工钱等证据，结合建房时刘某某和李甲的家庭情况，对李甲主持着对东街1号房屋拆除重建的主张予以支持。但据此就主张新建盖的房屋由其所有，缺乏事实和法律依据。房屋所有权的取得，要有法定的依据，东街1号房屋拆除重建前房屋的所有权属刘某某，重建时和建好后李甲和刘某某之间均无房屋分配或处置方面的书面协议，更未依照法律规定进行登记，故李甲关于房屋所有权属于自己的主张不予支持，对刘某某的房屋所有权登记证予以采信。（4）关于诉讼请求中要求李甲返还其租金70万元的问题。刘某某法定代理人李乙提出70万元租金的诉讼请求中，经核实包含东街22号房屋的租金，东街22号房屋的所有权未确定，且不在本案审理的范围内，关于返还刘某某东街22号房屋租金的请求不予支持。关于东街1号房屋自2000年1月1日起至今的租金请求，因刘某某在被宣告为限制民事行为能力人以前，属完全民事行为能力人，特别是2009年前在原居住地，其与李甲关于房屋租金的分配处置是否有其他约定均无法查明。2014年10月23日，刘某某依法取得东街1号房屋所有权登记之前，该房屋的所有权还未确定，故对刘某某的法定代理人李乙关于返还该房屋2014年10月23日以前租金的请求不予支持。刘某某属于房屋的所有权人确定之后，李甲无权再占有该房屋，应将该房屋及所产生的孳息返还刘某某。

综上所述，房屋属于不动产，不动产物权的设立、变更、转让和消灭，应当依照法律规定进行登记，自记载于不动产登记簿时发生法律效力。刘某某对东街1号房屋于2014年10月23日进行登记，取得了该房屋的所有权，依法享有占有、使用、收益和处分的权利，李甲自当日起无权占有、使用、收益和处分该房屋，无权将该房屋部分出租给李丙和他人并收取租金。李丙不应再向李甲租赁房屋并交纳租金，李甲已收取的租金作为在该房屋上获得的孳息，应当返还所有权人刘某某，李甲收取李丙2014年10月至2016年10月的租金合计88000元，收取梁某才2015年至2016年两年的租金合计24000元，应返还刘某某。

云南省大姚县人民法院依照《中华人民共和国物权法》第六条、第七条、第十四条、第十六条、第十七条、第三十四条、第一百一十六条、第二百四十三条，《中华人民共和国民事诉讼法》第一百四十四条的规定，作出如下判决：

一、李甲将东街1号房屋返还刘某某，并将自2014年10月23日以后取得的房屋租金合计112000元返还刘某某；

二、李丙不得再向李甲租赁东街1号房屋；

三、驳回刘某某的其他诉讼请求。

李甲持一审答辩意见提起上诉。云南省楚雄彝族自治州中级人民法院经审理认为：根据《最高人民法院关于民事诉讼证据的若干规定》第二条“当事人对自己提出的诉讼请求所依据的事实或者反驳对方诉讼请求所依据的事实有责任提供证据加以证明。没有证据或者证据不足以证明当事人的事实主张的，由负有举证责任的当事人承担举证不利后果”的规定，李甲应对其主张的事实和理由承担举证责任。李甲没有举证证实周某某口头答应老房产归其所有的事实，应由其承担举证不利的后果。李甲关于要求撤销行政机关对争议房产的登记行为，不属于人民法院民事案件受案范围，不予审查。李甲主张争议房产归自己所有与本案房产权属登记不符，不予支持。李甲若有证据证实其在刘某某的土地上重新建盖房产的实际投资价值，可基于添附法律关系另行主张民事权利。一审基于争议房产的登记效力，判决房产归刘某某所有，同时判决李甲返还2014年10月23日以后争议房产租金并无不当。李甲的上诉理由及请求都不成立，不予支持。

云南省楚雄彝族自治州中级人民法院依照《中华人民共和国民事诉讼法》第一百七十条第一款第一项的规定，判决如下：

驳回上诉，维持原判。

【法官后语】

本案是返还原物纠纷。返还原物请求权是指物权人要求无权占有人返还其占有的物的请求权，审理此类纠纷的关键在于对“原物”物权归属的确认，即享有返还原物请求权的主体应为物权权利人，包括失去占有的所有权人、他物权人及其他依法享有权利的人；承担返还原物义务的主体应为现在的无权占有人，包括从占有之始就没有法律根据或者占有之始本来有法律根据，但是后来该根据消灭。物权的取得方式，2021年1月1日起施行的《中华人民共和国民法典》的规定与《中华人民共和国物权法》的规定一脉相承，均要求依法取得。不动产物权的设立、变更、转让和消灭，应当依照法律规定登记。本案中，李甲在没有与刘某某存在相应约定的情况下，主持将刘某某的涉案房屋拆除重建，并占有利用多年，但均未依法办理物权的变更、转让手续，李甲从始至终都不是涉案房屋的所有权人。

首先，刘某某系基于法定继承取得原涉案房屋的所有权，且依法登记为该房屋土地使用权利人，在房屋重建后又对新建房屋取得所有权确认登记，故应认定刘某某系该房屋的所有权人。

其次，李甲以周某某曾口头将原涉案房屋赠与其所有以及其重建涉案房屋为由，主张自己对涉案房屋享有所有权，其应对此主张提供充分的证据，但是，一方面，李甲未能提供证实该赠与或遗赠成立的证据，退一步讲，即使赠与或遗赠的事实存在，因周某某生前与李甲并未办理原涉案房屋的产权变更登记，周某某去世后，李甲也未在其知道受遗赠后六十日内，作出接受的表示，故原涉案房屋的权利人未发生变动，李甲的辩解理由不能成立。另一方面，集体土地使用权除继受取得外，只有集体经济组织成员才有资格申请并经过相关部门审批登记才能取得。涉案房屋的土地使用权登记在刘某某名下，而李甲与刘某某不是同一集体经济组织的成员，因此，李甲也不具备通过原始取得如建房的方式取得涉案房屋土地使用权的资格。同时，李甲无论是出于善意帮助还是其他目的将刘某某的原涉案房屋拆除重建，因其在重建房屋之前并未就房屋的产权变更与刘某某达成协议，其不能证明刘某某同意将新建涉案房屋产权转移给其所有，重建的事实行为不是房屋所有权人发生变更的法定事由。李甲不能仅凭其重建房屋的事实行为就主张对涉案房屋拥有所有权，涉案房屋的权利人并未发生变更。李甲继续占有该房屋并通过出租获取租金属于无权占有，依法应当承担返还责任。

最后，李甲若有证据证实其重建涉案房屋的实际投资数额，可基于添附法律关系另行主张民事权利。

编写人：云南省大姚县人民法院　范继平

065　买卖不破租赁原则的排除适用

——甲商贸公司诉封某晴等返还原物案

【案件基本信息】

1. 裁判书字号

福建省厦门市中级人民法院（2015）厦民终字第1336号民事判决书

2. 案由：返还原物纠纷

3. 当事人

原告（被上诉人）：甲商贸公司

被告（上诉人）：封某晴、集团公司

被告：房地产公司

【基本案情】

黄某毅原系泗水道597号房屋、泗水道595号车位的登记权属人。2011年8月10日，黄某毅与某公司签订一份《厦门市房屋租赁合同》，约定由某公司向黄某毅承租泗水道597号房屋，租赁期限自2011年10月1日至2015年9月30日止。2011年12月23日，某公司与实业公司签订一份《房屋租赁合同》，约定某公司将其承租的上述房屋全部转租给实业公司，租赁期限自2012年1月5日至2015年6月30日止。2012年3月23日，黄某毅与某公司签订一份《厦门市房屋租赁合同之补充协议》，约定黄某毅同意某公司转租上述《厦门市房屋租赁合同》的房屋，并将租赁期限变更至2015年6月30日止。

2012年9月20日，某银行与乙商贸公司签订一份《基本额度授信合同》，约定某银行向乙商贸公司提供授信最高本金额度1950万元，贸易公司、黄某毅、陈某等自愿为乙商贸公司的上述债务承担连带担保责任，且黄某毅还签订《最高额抵押合同》，自愿以其名下泗水道597号房屋及595号车位作为抵押担保，并于2012年9月24日办理了抵押登记手续。后因乙商贸公司无法归还某银行向其发放的1950万元贷款，某银行于2013年6月26日向厦门市中级人民法院提起诉讼。

2013年7月26日，黄某毅将含讼争房屋在内的上述担保物的出售、办理出租、收取租金、办理贷款、办理抵押等相关权益全权授权给封某晴，并于同年7月29日办理了公证手续。同年8月

1日，封某晴持黄某毅出具的公证授权书向某公司出具一份《变更声明》，要求某公司将其承租的房屋租金支付至封某晴个人账户。同年10月1日，某公司与实业公司签订一份《解除房屋租赁合同协议书》，解除了双方于2011年12月23日签订的《房屋租赁合同》。同日，某公司与封某晴亦签订一份《解除房屋租赁合同协议书》，解除了其与黄某毅于2011年8月10日签订的《厦门市房屋租赁合同》及2012年3月23日签订的《厦门市房屋租赁合同之补充协议》。

2013年11月8日，厦门市中级人民法院作出（2013）厦民初字第767号民事判决书，判决某银行有权拍卖、变卖黄某毅提供的上述担保物（即泗水道597号房屋及595号车位）并优先受偿。2014年1月17日，该判决发生法律效力。2014年2月26日，某银行向厦门市中级人民法院申请强制执行，即（2014）厦执行字第170号案件。此后拍卖公司按现状对上述担保物进行拍卖，其对担保物的租约真实性未进行确认，由买受人自行判断。2014年8月15日，甲商贸公司以最高价竞得黄某毅提供的上述担保物。同年9月13日，厦门市中级人民法院作出（2014）厦执行字第170-1号执行裁定书，裁定上述担保物的财产权自裁定送达甲商贸公司之日起转移。同年9月17日，甲商贸公司收到该裁定书。同年10月14日，甲商贸公司取得泗水道597号房屋的登记权属证书。

另查明，封某晴提供了一份落款日期为2011年9月15日的《租赁合同》，一份落款日期为2011年9月20日的《补充协议》，一份日期为2011年11月15日的转账记录，一份2014年11月6

日林某丽出具的款项说明的公证书及黄某毅、陈某沙等人的证言。《租赁合同》和《补充协议》显示黄某毅已将597号房屋及595号车位租赁给封某晴18年，租赁期限自2011年9月15日至2029年9月18日。转账记录和黄某毅证人证言显示封某晴委托林某丽于2011年11月15日向孙某德账户支付了相应的租金1000万元。经查，林某丽当日15时55分11秒转账给孙某德1000万元，15时55分54秒转账给孙某德500万元，孙某德当日16时7分30秒转账给孙某旭1500万元，孙某旭当日16时8分32秒转账给孙某珍1500万元；从林某丽账户上看，林某丽与孙某德、孙某旭、孙某针、封某晴之间还有其他较为频繁的款项往来；而林某丽和孙某针系母女关系，孙某旭和孙某德系父子关系。

此外，封某晴还提供了一份其与集团公司的员工王某青签订的《房屋租赁合同》。该合同显示封某晴将597号903、904、905、906室房屋（共计986.22平方米）租赁给集团公司，合同载明的期限自2012年1月5日至2015年6月30日。王某青称上述合同的落款日期虽为2012年1月5日，但实际签订时间为2013年10月；集团公司于2013年10月1日前将租金直接交给某公司，后因某公司解除合同，封某晴持授权委托合同与其重新签订合同，基于集团公司实际使用的时间，故合同落款至2012年1月5日。

【案件焦点】

本案能否适用买卖不破租赁原则。

【法院裁判要旨】

福建省厦门市湖里区人民法院经审理认为：封某晴提供的日期

为2011年9月15日的《租赁合同》及日期为2011年9月20日的《补充协议》的落款时间虽然早于含租赁房屋在内担保物的抵押登记时间即2012年9月24日，但黄某毅和封某晴并未及时向某银行和某公司披露其双方存在租约的事实，2013年7月29日的公证授权行为明显有悖常理，且封某晴在公证授权之前未实际管理使用租赁标的物（即上述担保物），其关于公证授权之前的租金支付、借款关系等事实的主张足以让人产生合理怀疑，可以认定上述《租赁合同》《补充协议》在租赁标的物抵押登记前并未实际履行，该租赁关系明显为对抗某银行的抵押权实现而设立。根据《最高人民法院关于审理城镇房屋租赁合同纠纷案件具体应用法律若干问题的解释》第二十条规定，“租赁房屋在租赁期间发生所有权变动，承租人请求房屋受让人继续履行原租赁合同的，人民法院应予支持。但租赁房屋具有下列情形或者当事人另有约定的除外：（一）房屋在出租前已设立抵押权，因抵押权人实现抵押权发生所有权变动的；（二）房屋在出租前已被人民法院依法查封的。”故封某晴、集团公司、房地产公司以买卖不破租赁原则主张继续履行现租赁合同依据不足，不予采纳。另因厦门市中级人民法院作出（2014）厦执行字第170-1号执行裁定书裁定甲商贸公司通过拍卖所取得的含讼争房屋在内的担保物的财产权自裁定送达甲商贸公司之日起转移。甲商贸公司于2014年9月17日收到该裁定书，其于该日取得上述担保物的财产权。此后，封某晴继续管理使用讼争房屋并未经甲商贸公司准许，故甲商贸公司请求封某晴停止侵害和赔偿损失，有事实和法律依据，法院予以支持，即封某晴应从讼争房屋内搬出，将讼争房屋交付给甲商贸公司，并偿付甲商贸公司房屋占用费（该占用费可参照其与集团公司签订的租赁合同约定的月租金69035元，自2014年9月17日开始计至讼争房屋交付之日止)。集团公司在2014年9月17日实际使用讼争房屋，理应自其侵权之日起对封某晴的上述行为承担连带责任。至于讼争房屋在侵权期间的物业管理费、水电费理应由相关责任人承担，甲商贸公司可在实际造成其损失后另行主张。而甲商贸公司提供的调查笔录和证明属证人证言，结合其他证据亦不足以证明房地产公司系讼争房屋实际使用人的事实，故其请求房地产公司承担相应的侵权责任，于法无据，法院不予支持。

福建省厦门市湖里区人民法院依照《中华人民共和国侵权责任法》第六条、第八条、第十五条第一款第一和六项、第十九条，《中华人民共和国物权法》第三十四条、第三十七条及《中华人民共和国民事诉讼法》第六十四条第一款之规定，判决如下：

一、集团公司、封某晴应于本判决生效之日起十日内，搬离泗水道597号904、905、906室房屋和903室部分房屋（358.98平方米)，并将上述房屋交还甲商贸公司；

二、封某晴应于本判决生效之日起十日内，支付甲商贸公司房屋占用费（自2014年9月17日起，按月69035元计至上述房屋实际交还之日止)；

三、集团公司对封某晴上述第二项债务承担连带清偿责任；

四、驳回甲商贸公司的其他诉讼请求。

集团公司、封某晴不服一审判决，提起上诉。厦门市中级人民法院经审理认为，本案的焦点在于判断封某晴与黄某毅于2011年9月15日签订的《租赁合同》是否真实并实际履行。首先，封某晴主张，其在讼争房产抵押给某银行之前，已与黄某毅在2011年9月15日签订了《租赁合同》并已实际支付了讼争房产18年租金1000万元。但是，在案证据显示，讼争房产于2011年8月10日经由黄某毅出租给服装公司，2011 年 12 月 23 日服装公司将其转租给东立进公司，该转租行为于 2012 年 3 月 23 日取得黄某毅同意，2012 年 9 月 24 日讼争房产由黄某毅作为抵押物向房管部门办理抵押登记手续，2013 年 6 月 26 日某银行因行使讼争房产抵押优先受偿权向法院提起诉讼，2013 年 8 月 1 日封某晴因接受黄某毅的授权而要求服装公司将其应交租金直接支付至封某晴个人账户。一系列的证据显示，封某晴并非讼争房产的实际承租人。即使封某晴与黄某毅签订的合同属实，也不能证明该合同有实际履行。其次，封某晴举示的林某丽《说明函》等证据，因付款人林某丽的说明与实际情况不一致（交易行为农业银行而非某银行）且其未出庭作证，故该证据除了能证明林某丽于当日向孙某德转款 1000 万元的事实外，与本案的关联性不予采信。故封某晴举示的证据并不足以证明其在 2013 年 8 月 1 日前已基于与黄某毅的租赁合同实际管理使用了讼争房产。原审关于讼争房产的占有使用情况、房租的收取和支付情况的认定并无不当，法院予以维持。甲商贸公司于 2014 年 9 月 17 日通过公开拍卖受让取得讼争房产所有权，其要求封某晴及集团公司搬离讼争房屋并支付相应的房屋占用费，符合法律规定，可予支持。另外，集团公司基于与封某晴的租赁合同占有讼争房屋，没有法律依据，原审判决其对封某晴支付房屋占用费承担连带清偿责任，并无不妥。综上，封某晴和集团公司的上诉请求缺乏事实和法律依据，应予驳回。原审判决认定事实清楚，适用法律正确，应予维持。

福建省厦门市中级人民法院依据《中华人民共和国民事诉讼法》第一百七十条第一款第一项的规定，判决如下：

驳回上诉，维持原判。

【法官后语】

人民法院对债务人的不动产采取强制执行措施过程中，或不动产被拍卖后，常发生承租人基于“买卖不破租赁”原则主张对不动产享有占有使用权的情形，同时司法实践中也发现存在债务人为逃避或阻碍强制执行，利用“买卖不破租赁”原则，与他人串通订立虚假租赁合同的情形。人民法院在审查是否适用“买卖不破租赁”原则时应更加慎重。

1. 买卖不破租赁原则的适用对象

买卖不破租赁，即在租赁关系存续期间，即使所有权人将租赁物让与他人，对租赁关系也不产生任何影响，买受人不能以其已成为租赁物的所有人为由否认原租赁关系的存在并要求承租人返还租赁物。该原则的确立一是为了保护弱势的承租人，如果不动产所有权发生变动就会使承租人丧失租赁权，那么承租人权利的保障便无从谈起；二是为了使缔约成本经济化，即买卖合同的签订即会导致租赁合同解除不符合市场的经济原则。买卖不破租赁原则主要适用于土地、房屋等不动产的租赁，使不动产租赁权物权化。在司法实践中，当事人援引该原则予以抗辩的绝大多数为房屋租赁。

2. 买卖不破租赁原则的排除适用情形

适用“买卖不破租赁”原则须具备一定的条件：其一，存在合法有效的租赁合同；其二，租赁物已经交付承租人使用；其三，出租人将该租赁物所有权出卖给第三人。但，并不是所有的“租赁”均可以对抗“买卖”，存在买卖“破”除租赁的四种情形：（1）适用《最高人民法院关于审理城镇房屋租赁合同纠纷案件具体应用法律若干问题的解释》（2020年修正）第十四条规定，排除“买卖不破租赁”原则的情形包括：房屋在出租前已设立抵押权，因抵押权人实现抵押权发生所有权变动的；房屋在出租前已被人民法院依法查封的。(2) 名为“租赁合同”实为涉案房产的收益分配方案，不能适用“买卖不破租赁”原则。(3)《房屋使用权抵债合同》不同于房屋租赁合同，不能适用“买卖不破租赁”原则。(4) 法院强制拍卖涉案房产不适用“买卖不破租赁”原则。特别在破产财产处理过程中更应限制适用。因为破产企业的房屋建筑作为破产财产，必然要进行拍卖或变卖，所有权肯定会发生变化；以出让或转让方式取得的土地使用权也属于破产财产，其权属同样会发生变化。在破产案件中，对于破产企业以其所有的建筑物或者土地使用权对外签订的租赁合同在破产宣告时尚未履行完毕的，在破产财产处理过程中，一般应限制适用“买卖不破租赁”原则。

3. 本案排除适用情形解析

本案中，法院审理时发现了封某晴提交的2011年签订的《租赁合同》及补充协议，同2011年黄某毅与其他公司签订租赁合同及其他公司占有使用讼争房屋的事实，黄某毅于2013年将讼争房屋的出售、办理出租、收取租金、办理贷款、办理抵押等相关权益全权授权给封某晴的事实，存在不合理或矛盾，进而进一步查明所谓的“租金”支付后的资金去向，从而判断封某晴并未在讼争房屋设立抵押权前就已经和黄某毅存在租赁关系，从而排除了“买卖不破租赁”原则的适用。

编写人：福建省厦门市湖里区人民法院　陈婧怡

066 “赃物”是否适用“善意取得”

——郎某君、蔡某盛诉甲典当行、乙典当行返还原物案

【案件基本信息】

1. 裁判书字号

北京市第一中级人民法院（2012）一中民终字第14495号民事判决书

2. 案由：返还原物纠纷

3. 当事人

原告（上诉人）：郎某君、蔡某盛

被告（被上诉人）：甲典当行、乙典当行

【基本案情】

2009年6月17日，案外人梁某军持金条4根（每根100克、1套，名称为四大发明）到乙典当行进行典当，并向该公司出示了军官证。乙典当行向梁某军出具当票，当票号为：11379800；典当金额：76000元，综合费用：3572元；实付金额：72428元；典当期限：由2009年6月17日起至2009年7月17日止。该当票中加盖了“货已入库”和“现金付讫”的印章。

2009年7月23日，案外人唐某梅（梁某军之妻）与梁某军一同持金条5根（每根100克，共计500克，名称为五牛图）到乙典当行进行典当，并向该公司出示了唐某梅身份证。乙典当行向唐某梅出具当票，当票记载当票号为：11379986；典当金额：100000元，

综合费用：4700 元；实付金额：95300 元；典当期限：由 2009 年 7 月 23 日起至 2009 年 8 月 23 日止。该当票中加盖了“货已入库”和“现金付讫”的印章。

甲典当行、乙典当行为证明上述典当事实的合法性，向法庭提供了该公司在收当时，将当户的个人信息向北京市公安局社会信息采集系统上传相关信息的打印件，还向法庭提供了由北京市公安局特种行业管理部门向法院提供的证明一份。

郎某君、蔡某盛为证明上述物品系其所有，向法庭提供了 2009 年 3 月 30 日购买上述金条的销售商品专用发票 4 张、销货凭证 1 张。

另查，梁某军于 2009 年 8 月 5 日因涉嫌犯诈骗罪被公安机关羁押，同年 9 月 11 日被捕。北京市第一中级人民法院于 2012 年 4 月 20 日依法作出（2011）一中刑初字第 3656 号刑事判决书，判决：1. 被告人梁某军犯诈骗罪，判处有期徒刑十五年，剥夺政治权利三年，并处罚金人民币 15000 元；2. 在案扣押、冻结的款物分别发还、没收、作为证物留存或退回北京市人民检察院第一分院处理（清单附后）。宣判后，梁某军未提起上诉，现该判决已生效。该判决在查明事实部分记载：2009 年 3 月至 7 月间，被告人梁某军冒充军人，虚构其能够帮助承揽海军第三、第六招待所装修工程的事实，骗取被害人郎某君、蔡某盛金条 9 根、购物卡 9 张及人民币 230000 元，上述款物共计价值 486500 元。案发前，梁某军退还被害人 150000 元。法院认定事实的证据中记载了证人张某某证言及乙典当行当票证明。

【案件焦点】

乙典当行取得“赃物”金条的行为是否属于“善意取得”。

【法院裁判要旨】

北京市海淀区人民法院经审理认为：原告诉称的经济损失，系梁某军以介绍工程为名，骗取了原告的金条，后梁某军因犯诈骗罪被判处刑罚后，被扣押、查封的财产不足以弥补原告的经济损失所致，该损失理应由梁某军承担。梁某军骗取原告的金条后，向被告乙典当行进行典当，该公司审查了相应证件，并将相关信息向公安机关社会信息采集系统进行上传，在未有不良信息反馈的情况下签署当票，并支付了相应的典当金额。虽乙典当行称查验了当户的身份证件，并以当户曾多次典当金条，较熟悉当户为由，只询问了当物来源，但未要求当户出示当物来源的证明材料，而梁某军的典当行为已被生效刑事判决认定为存在冒用军人身份，以介绍装修工程为名，骗取原告金条的诈骗行为。因此，乙典当行在典当过程中存在审查不严、疏忽大意的过失，但该公司在收取当物后，已向当户梁某军支付了相应的对价。在当期期满后，梁某军、唐某梅既未续当，也未赎当，为绝当，乙典当行依法有权取得该当物，属善意取得。据此判决：

驳回原告郎某君、蔡某盛的诉讼请求。

郎某君、蔡某盛不服一审判决，提起上诉。

北京市第一中级人民法院经审理认为：乙典当行在典当过程中已依规定审查了梁某军和唐某梅的身份证件并进行了登记。虽诈骗案发后证明，梁某军所持军官证为假，但因军人证件的核实并未纳入社会管理体系，故乙典当行只要尽到了合理的审查义务，即可免责。同时，金条属于动产中之非记名物品，其持有人是否属于合法占有，不属于乙典当行的审查范畴。梁某军在与他人订立合同并取得财物时，是否存有诈骗的意图，亦不属于乙典当行的审查范畴。

乙典当行是依法成立的典当企业，其典当行为的规范与否，以《典当管理办法》为依据。故判断乙典当行是否有过错的依据为其在收取当物时是否明知上述当物为非法所得及其是否支付了合理的对价。现郎某君、蔡某盛未能提出证据证明乙典当行在收取当物时，明知该当物为犯罪所得，且乙典当行已向当户梁某军和唐某梅支付了相应的对价。在当期期满后，梁某军、唐某梅既未续当，也未赎当，当物已为绝当，乙典当行在知晓上述当物为诈骗所得时，已为典当行为发生之后。故乙典当行取得该当物所有权的行为，不违反法律规定及行业规定。乙典当行在无过错的情况下，不负有返还该当物的法律义务，甲典当行作为乙典当行的法人企业，也不具有连带返还义务。另在已生效的（2011）一中刑初字第3656号刑事判决书中，郎某君、蔡某盛已获得被发还案款的权利，其再要求他人返还原物，缺乏法律依据。故郎某君、蔡某盛要求甲典当行、乙典当行承担连带返还金条的诉讼请求，无事实及法律依据，法院不予支持。依照《中华人民共和国民事诉讼法》第一百五十三条第一款第一项之规定，作出如下判决：

驳回上诉，维持原判。

【法官后语】

本案双方当事人对一、二审法院在事实认定与证据采信方面均无异议，其争议焦点为对“赃物”是否适用“善意取得”的法律规定。

“赃物”是否适用“善意取得”，在法律界争议一直较大。在制定《中华人民共和国物权法》（以下简称《物权法》）时，亦未予以明确。《物权法》第一百零六条①规定：“无处分权人将不动产或者动产转让给受让人的，所有权人有权追回；除法律另有规定外，符合下列情形的，受让人取得该不动产或者动产的所有权：（一）受让人受让该不动产或者动产时是善意的；（二）以合理的价格转让；（三）转让的不动产或者动产依照法律规定应当登记的已经登记，不需要登记的已经交付给受让人。受让人依照前款规定取得不动产或者动产的所有权的，原所有权人有权向无处分权人请求赔偿损失。当事人善意取得其他物权的，参照前两款规定。”从该条规定来看，乙典当行的典当行为应当符合善意取得的要件。这也是乙典当行的主要抗辩理由。但该条款的无权处分人是否包含犯罪人员，其所处分的财产是否包含犯罪所得，法律未予明确。

上诉人所持上诉意见为《物权法》第一百零七条②，该条规定：“所有权人或者其他权利人有权追回遗失物。该遗失物通过转让被他人占有的，权利人有权向无处分权人请求损害赔偿，或者自知道或者应当知道受让人之日起二年内向受让人请求返还原物，但受让人通过拍卖或者向具有经营资格的经营者购得该遗失物的，权利人请求返还原物时应当支付受让人所付的费用。权利人向受让人支付所付费用后，有权向无处分权人追偿。”即遗失物尚不适用于善意取得，举轻以明重，“赃物”亦不适用善意取得。

二审合议庭认为，所谓“赃物”实际上应为犯罪人员通过犯罪

① 对应现行《中华人民共和国民法典》第三百一十一条。
② 对应现行《中华人民共和国民法典》第三百一十二条。

直接获取并占有的他人财物。该财物只有在被犯罪人员占有的时段内，可以成为“赃物”，一旦其通过民事行为进行了交易，其“赃物”即演变为其手中所得之“赃款”。其在进行处分财物行为时的身份也仅为民事法律上的无权处分人，而非刑事法律中的犯罪人员。故在市场交易中的相对人，则也应当可能成为《物权法》中的“善意取得”人。之所以说是“可能”，即交易相对人取得动产或不动产的行为，应符合《物权法》第一百零六条的规定。

当然，在类似于本案的情况下，动产的受害人仍可有条件地主张原物的所有权，但应以支付相应的对价为前提，比如支付相应的赎金，其在该过程中的损失，可认定为犯罪人员给其造成的实际损失。而不能通过“请求返还原物”的方式，将损失转嫁给善意的第三人。

同时，在该案的裁判理由中，二审进一步强调两点：一是受害人在刑事判决中已享有被发还案款的权利。从不能获得双重赔偿的角度，其诉讼请求亦无法律依据。二是关于典当行公司分公司的主观过错，一审法院虽然驳回了原告的诉讼请求，但仍认为典当行审查不严，二审法院认为，典当行已尽到了审查义务，更严格的审查义务其客观上无法尽到，法律不应赋予其无法尽到的义务。故二审在补强了该部分说理后，对一审判决予以维持。

编写人：北京市第一中级人民法院　胡沛

067 返还原物案件的处理是否以确认权利人为必要

——赵某建诉王某旺返还原物案

【案件基本信息】

1. 裁判书字号

北京市第一中级人民法院（2012）一中民终字第646号民事裁定书

2. 案由：返还原物纠纷

3. 当事人

原告（上诉人）：赵某建

被告（被上诉人）：王某旺

【基本案情】

1996年4月15日，赵某建与韩某义就位于北京市海淀区××镇××村A300号（原146号）的院落及房屋签订《协议书》，载明房屋四至及出卖事宜。后韩某义收到购房款人民币9.5万元，并交付诉争院落及房屋。王某旺及其家人随即入住至今，并自行负担水费、电费、有线电视安装费等费用。赵某建未入住诉争院落及房屋。

2000年10月，王某旺向北京市海淀区××镇人民政府申请建房，被批准翻建北房4间、东房3间。当年，王某旺将原有的北房4间全部重新铺瓦，安装铝合金门窗，换了暖气，并将原有的北房4间和东房3间全部装修。2005年，王某旺将上述北房及东房重新装修，并新建南房4间。2010年，王某旺在诉争院落内新建西房4间。

庭审中，王某旺为反驳赵某建关于其系买房人的主张，并证明自己系诉争院落及房屋的购买方和权利人，向法院提交买方为王某旺的1996年4月15日的《协议书》一份。王某旺称，该协议书系其于2000年从赵某建公司离职时，从赵某建处取得买方为赵某建的《协议书》并抄写后，以自己作为买方，与韩某义重新签订的。协议除证明人外，其余内容与上述买方为赵某建的《协议书》均一致。

赵某建为证明其系诉争院落及房屋的购买方，申请韩某义出庭作证。韩某义称，赵某建与王某旺提交的两份《协议书》均系其本人签订的，其中，买方为赵某建的《协议书》签订于1996年4月15日，买方为王某旺的《协议书》签订于2000年。

【案件焦点】

1. 存在两份内容相同的卖房合同，其中一份合同的相对人实际居住并对涉诉房屋进行修建时应如何处理；2. 有无必要认定诉争院落的权利人。

【法院裁判要旨】

北京市海淀区人民法院经审理认为：当事人对自己提出的诉讼请求所依据的事实或者反驳对方诉讼请求所依据的事实有责任提供证据加以证明。没有证据或者证据不足以证明当事人的事实主张的，由负有举证责任的当事人承担不利后果。本案中，韩某义以自己为卖方，就位于北京市海淀区××镇××村A300号（原146号）的院落及院内原有的北房4间、东房3间，先后签订买方为赵某建和买方为王某旺的两份《协议书》，故诉争院落及房屋的权属现无法确定；加之，王某旺自1996年4月入住上述院落及房屋后，已对诉争院落内原有的北房进行修缮，对原有的北房和东房进行装修，并新建南房和西房，故赵某建仅依据买方为赵某建的《协议书》，以其系诉争院落及房屋的购买人为由，要求王某旺腾退诉争院落及院内全部房屋的诉讼请求，无事实和法律依据，法院不予支持。

北京市海淀区人民法院依照《最高人民法院关于民事诉讼证据的若干规定》第二条，判决如下：

驳回原告赵某建的全部诉讼请求。

赵某建以一审判决查明的事实不清、适用法律错误为由，提出上诉。在二审的审理过程中，上诉人赵某建申请撤回上诉，北京市第二中级人民法院依法予以准许。

【法官后语】

根据《中华人民共和国民法典》第二百三十五条，无权占有不动产或者动产的，权利人可以请求返还原物。故返还原物纠纷的一般处理要点是：提出返还要求之人对于诉争标的是否具有权利，占有人对诉争标的占有是否系无权占有——此两方面归结为一点即对权利人之确定。

本案中，赵某建的诉讼依据是卖房人韩某义与其签订的卖房合同；而王某旺的抗辩要义则是赵某建系受其委托购房，抗辩依据是一份由韩某义作为卖房人、其作为买房人签字的、与上述合同内容完全一致的卖房合同以及诉争房屋经镇政府批准已发生改变的事实。因此，应如何看待两份卖房合同、如何认定权利人是处理本案的关键。就此，本案在审理中考虑了以下几个方面：

第一，可否对两份合同按照“一房二卖”的思路直接予以认定。对此，笔者的意见是否定的。理由如下：其一，两份卖房合同的标的系位于农村宅基地上的房屋及院落，而国家相关法律法规及政策对这类合同的效力之认定，有严格规定，有效的情形仅限于极为个别的几种情况。而本案案情较为复杂，体现在，一方面，赵某建系城镇户口，王某旺系外省农业户口，且二人户籍均未迁入诉争院落处；另一方面，两份合同一份签订于1999年《中华人民共和国土地管理法》实施之前，一份签订于该法实施之后；此外，王某旺翻建诉争房屋有建房施工许可证，故两份卖房合同均存在无效的因素，也具备一定的有效条件，不宜在本案中直接按“一房二卖”的思路处理两份卖房合同的效力问题。其二，案外人韩某义作为房屋出卖方对于诉争合同的效力享有相应的诉权，出于保护其诉权的考虑，也不宜在本案中直接按“一房二卖”处理。其三，农村房屋买卖合同一旦被确认无效，除返还购房款和腾退房屋外，因原始房屋状况往往已发生重大变化，故存在着房屋院落作价及补偿方面的处理。故考虑到合同无效后的复杂处理后果及对购房人利益的保护，也不宜在本案中直接按“一房二卖”的思路认定两份合同的效力。

第二，如何在案件审理中结合证据和当事人陈述认定法律事实，并使这种认定更接近于客观事实。本案经审理发现，无论采信赵某建的说法认定其是实际购房人，还是采信王某旺的说法认定其是实际购房人，均存在“可疑之处”：其一，出卖人韩某义认可其签订了两份卖房合同，但其只认可与赵某建签订的前一份卖房合同，且将自己持有的该合同提供给赵某建用于本案诉讼，可见其站在赵某建一方；其二，赵某建若系实际购房人，按其所述，其为让王某旺应付北京对外来人口的检查而将自己持有的、自己为买房人的卖房合同交与王某旺，并将诉争房屋无偿提供给王某旺十五年之久且在王某旺离职后仍供给其使用，亦不阻止王某旺对诉争房屋的翻建、装修，这些均与常理不符；其三，王某旺称赵某建系代理购房，但又就如此重大之事无委托手续，且其对9.5万元房款的来源又言说得并不明确。但同时王某旺的建房行为又取得了建房许可。综上种种可推断，形成如此复杂的法律关系和现状，韩某义、赵某建、王某旺之间必有“隐情”。再结合上述第一点考虑，故在经审理查明部分，依据证据客观描述案件事实即可，不宜在本案处理中从正面作出谁系购房人的事实认定。

第三，本案有无必要认定实际购房人。结合诉辩双方各执一份以己为买房人的合同且诉争院落内的房屋已被王某旺翻建、装修的事实，再结合上述几点考虑，笔者认为，就赵某建关于返还原物的主张，只要其证据不足以证明其对诉争房屋及院落享有相应权利，即可作出驳回的判处。这样的处理不仅不会影响相关当事人的权益，也不会对今后关联案件的审理造成不利影响。

综上所述，在本案处理中，避开了“谁系诉争标的的权利人”这一正面事实的认定，直接从赵某建对其主张举证是否充分这一角度，认定客观事实，并进行了判处。

编写人：北京市海淀区人民法院　沙月亮　禹霖华

068 笔迹鉴定为虚假成立的租赁合同不能作为占有房屋的依据

——桥梁公司诉芦某民等返还原物案

【案件基本信息】

1. 裁判书字号

北京铁路运输中级人民法院（2009）京铁中民终字第3号民事判决书

2. 案由：返还原物纠纷

3. 当事人

原告（被上诉人）：桥梁公司

被告（上诉人）：芦某民

被告：芦某、侯某涛

【基本案情】

芦某民原为桥梁公司的房管员，芦某系芦某民之女，侯某涛系芦某民的女婿。北京市丰台区新村二里10号楼1×号房屋现由芦某民居住。芦某民称：该房是单位分配给其使用的，桥梁公司（原桥梁工厂）与其签订过租赁协议，其交纳过租金，并提交了其持有的2005年2月16日桥梁工厂的准入证（即《准住证》），上有“芦某民同志，准住新村二里10号楼1×号1间”字样，并盖有桥梁工厂的公章。

二审期间，芦某民提交了其持有的于2005年2月16日签订的丰房桥字第10-1×号《公有住宅租赁合同》，上有：承租方“芦某民”，住宅坐落“丰台新村二里 10-1×”号，住宅结构“砖混”，总使用面积“21.6” m^2，居室“1”间，自“2005”年“2”月“16”日始，月租金“28.60”元，乙方“芦某民”字样。合同出租方处盖有桥梁工厂住房管理处的公章。

桥梁公司称：双方从未签订租赁协议，芦某民也未交纳过租金。三被告系擅自撬开争议房屋，强行搬入和占用。该公司于2001年以后就再未分配住房，芦某民持有的准入证和租赁合同均是其利用当过公司房管员、有机会接触空白且盖有公章的合同文本和《准住证》的便利条件，私自填写的。故请求法院判令三被告立即腾退涉案房屋。

经桥梁公司申请，二审法院依法对芦某民提供的《公有住宅租赁合同》和《准住证》上的字迹进行鉴定，结论是均为芦某民本人书写。

另查明，桥梁工厂已分给芦某民一套两居室，地址在新村宿舍 36 楼 1×号。

【案件焦点】

被告在二审期间所提交的租赁合同能否证明双方之间存在租赁合同关系。

【法院裁判要旨】

北京市铁路运输法院经审理认为：芦某民提供了自己对争议房屋的准入证，桥梁公司并未提供证据予以否定，可以认定芦某民入住该房屋是有依据的。但芦某民未提交租赁合同和交纳过房租的证据，故双方不存在租赁合同关系，只能视为事实上的无偿借用关系。现桥梁公司要求收回房屋，芦某民有房居住，具备腾房条件，故对桥梁公司的腾房请求，予以支持。桥梁公司未提供证据证实芦某、侯某涛在争议房屋居住，二人不应作为被告。

北京铁路运输法院依照《中华人民共和国民法通则》第一百零六条、第一百三十四条第一款第四项之规定，作出如下判决：

一、被告芦某民于判决生效之日起十日内，将位于北京市丰台区新村二里 10 号楼 1×号房屋腾空，返还给原告桥梁公司；

二、驳回原告桥梁公司的其他诉讼请求。

芦某民持原审答辩意见提起上诉。北京铁路运输中级法院经审理认为：《最高人民法院关于适用〈中华人民共和国民法典〉时间效力的若干规定》第一条第二款规定，“民法典施行前的法律事实引起的民事纠纷案件，适用当时的法律、司法解释的规定，但是法律、司法解释另有规定的除外。”本案法律事实发生在民法典施行前，应适用当时的法律、司法解释的规定。

本案中，经鉴定，芦某民持有的《公有住宅租赁合同》和《准住证》上的字迹均为其本人书写，这与芦某民当庭所述租赁合同办理过程完全不符。芦某民提交的证据，不足以证明其与桥梁公司之间存在真实的租赁合同关系，故芦某民的上诉理由不成立，应予驳回。桥梁公司有权收回该房屋，一审判决并无不当，应予维持。因桥梁公司未提交证据证明芦某、侯某涛在争议房屋居住的事实，故芦某、侯某涛提出其与本案无关的陈述意见应予采纳。

北京铁路运输中级法院依照《中华人民共和国民事诉讼法》第一百五十三条第一款第一项之规定，作出如下判决：

驳回上诉，维持原判。

【法官后语】

本案的争议焦点包括：(1) 法院对于有疏漏和错误的鉴定报告结论能否采纳；(2) 芦某民是否具有合法依据占有涉案房屋。

芦某民对鉴定报告的疏漏和错误以及鉴定结论提出了异议，并申请重新鉴定。法院进行了审查，分述如下：

1. 两位鉴定人的执业证号是相同的。对此，通过鉴定人出庭接受质询，解释是笔误，并以鉴定机构的名义给法院出具函件，纠正了笔误。

2. 鉴定机构确定了第一和第二司法鉴定人，该做法依据的是已作废的规定。通过鉴定人出庭，说明了虽然依据旧的鉴定规则确定了第一、第二鉴定人，但并不影响两个鉴定人分别、单独地作出鉴定结论。

3. 报告第一页样本中没列《公有住宅租赁合同》第四页签名栏芦某民的签名，但报告所附文书特征比对表中却有该样本。该疏漏通过鉴定人出庭和相关函件，已经纠正。

4. 芦某民提出《职工住房情况登记表》不是其所写，不应作为鉴定的样本。该表是桥梁公司申请鉴定后提交法院的，并说明系公司档案材料、字迹为芦某民所写。因芦某民不同意进行笔迹鉴定，亦不提交相应样本，经法院充分释明并询问后，其仍表示不能确定上述《登记表》上的字迹是否为其所写，即并不明确否认。在这种情况下，法院根据《最高人民法院关于民事诉讼证据的若干规定》第八条第二款“对一方当事人陈述的事实，另一方当事人既未表示承认也未否认，经审判人员充分说明并询问后，其仍不明确表示肯定或者否定的，视为对该项事实的承认”的规定，将该《登记表》提交鉴定机构作为样本。但后来芦某民又称该《登记表》上字迹非其本人所写，违反了法律禁反言的原则。并且，法院以询问函询问鉴定机构，如果没有此《登记表》作为样本，鉴定结论为何。鉴定机构以《答复函》对《职工住房情况登记表》在该次鉴定中所起的作用，以及没有此《登记表》作为样本对鉴定结论没有影响等问题作出详细说明。

5. 报告没有写明鉴定依据、样本数不符合规定。通过法院询问司法部司法鉴定管理局，答复称，司法部司法鉴定管理局目前对笔迹鉴定没有作出统一的鉴定依据和应收集样本数量的硬性规定，都是各鉴定机构依据各自的规定、要求来进行鉴定。通过询问北京华夏物证鉴定中心，答复称，其给芦某民所做的笔迹鉴定，依据和援引的是该中心的内部规定，目前司法部没有关于笔迹鉴定的统一规定；进行笔迹鉴定申请人须提交至少五个样本，也是该中心规定的。因此，芦某民提出的此问题不能成为鉴定报告的疏漏或错误。

综上，二审法院认为，本案鉴定报告出现的疏漏和错误不能认定为鉴定程序严重违法或鉴定依据明显不足，不影响法院采纳鉴定结论，应驳回芦某民提出的重新鉴定申请；根据鉴定结论，芦某提交的租赁合同和《准住证》，字迹均为其本人书写，该两份证据为虚假证据，不能作为芦某占有房屋的依据，涉案房屋应予腾退。

实践中，鉴定报告难免有一些诸如笔误等疏漏和错误，鉴定结论对其不利的一方当事人往往会依此向法院申请重新鉴定或提出不应采纳鉴定结论的意见。法院对此应进行严格审查甄别，对于不影响鉴定结论成立的报告，在鉴定机构及时对于疏漏和错误进行了修改和解释后，可以认定鉴定结论。

编写人：北京市第四中级人民法院　高晶

（三）排除妨害纠纷

069 排除妨害案件中的经济效益

——某纺织印染公司诉某针织公司排除妨害案

【案件基本信息】

1. 裁判书字号

江苏省无锡市中级人民法院（2020）苏02民终1717号民事判决书

2. 案由：排除妨害纠纷

3. 当事人

原告（上诉人）：某纺织印染公司

被告（被上诉人）：某针织公司

【基本案情】

2016年，甲公司进入破产重整程序。2016年10月28日，江苏省无锡市中级人民法院作出（2016）苏0282民破7号之三民事裁定书，裁定乙公司为重整计划草案中的投资人，并批准了甲公司的重整计划。后乙公司出资3000万元获得了甲公司的全部股权，获得了甲公司名下的不动产。2016年12月8日，甲公司名称变更为某纺织印染公司，并于2017年办理了不动产权证书（宗地面积41790平方米，范围包括本案争议土地）。在甲公司被裁定破产重整前，某针织公司因环保需要，以200000元价格向甲公司购买了诉争土地使用权，并投入7855300元在其上修建了围墙、污水处理池等设施，并进行了实际占有，但当时未对涉诉地块进行分割，也未进行不动产登记。现某纺织印染公司起诉某针织公司，要求归还涉诉土地使用权。

经法院委托，某测绘地理信息服务公司对诉争土地的现状进行了测绘，确认某针织公司实际占用的土地面积为776.9平方米。

【案件焦点】

1. 如何认定本案诉争土地使用权归属；2. 如所争土地使用权归某纺织印染公司享有，某针织公司是否需要拆除污水设施并返还诉争土地。

【法院裁判要旨】

江苏省宜兴市人民法院经审理认为：诉争土地使用权应属于某纺织印染公司。理由如下：某纺织印染公司是通过法院的破产重整程序依法取得本案诉争土地所有权的，其公司已经支付对价，并重新办理了不动产权证，且某纺织印染公司主观上具有善意，某纺织印染公司事前并不知晓某针织公司购买该土地的事实，某针织公司的购买行为虽然发生在某纺织印染公司购买之前，但不能对抗善意第三人某纺织印染公司，其应当为自己怠于办理变更手续承担不利后果。

某针织公司可继续使用诉争土地，但应支付相应租金，理由如下：某针织公司对于该土地进行了实际占有，并且当时某针织公司以符合市场价的对价进行了购买。某针织公司在新建污水处理设施时投入了大量资金，而且该污水处理设施是某针织公司生产经营的必要设施，拆除损失巨大，某针织公司也将停产。根据处理相邻关系的原则，法院酌情确认土地年租金为 10 元/平方米，某针织公司实际占有面积为 776.9 平方米，故每年应向某纺织印染公司支付土地租金 7769 元。如本案所涉土地具备返还条件时，某针织公司应将本案所涉的土地返还给某纺织印染公司。

江苏省宜兴市人民法院依据《中华人民共和国物权法》第九条、第十七条、第八十四条之规定，判决如下：

一、登记在某纺织印染公司名下的国有建设用地使用权中被某针织公司占有的 776.9 平方米土地的使用权归某纺织印染公司享有；

二、某针织公司自 2019 年 1 月 1 日起每年向某纺织印染公司支付土地租金 7769 元，上述款项于每年的 12 月 31 日前一次性支付；

三、驳回某纺织印染公司的其他诉讼请求。

某纺织印染公司不服一审判决，提起上诉。江苏省无锡市中级人民法院经审理认为：一审认定事实清楚，但适用法律不当，未明确某针织公司使用该土地的期限。

江苏省无锡市中级人民法院依照《中华人民共和国物权法》第二十八条、第三十三条、第三十九条，《中华人民共和国民事诉讼法》第一百七十条第一款第二项的规定，判决如下：

一、维持一审民事判决第一项；

二、撤销一审民事判决第二项、第三项；

三、某针织公司自 2017 年 1 月 1 日起按每年 7769 元的标准向某纺织印染公司支付土地使用费，某针织公司使用诉争土地的期限至 2031 年 3 月 11 日截止。其中 2017 年至 2020 年的土地使用费 31076 元，某针织公司应于本判决发生法律效力之日起十日内向某纺织印染公司支付；自 2021 年起的土地使用费，某针织公司于当年的 1 月 10 日前支付给某纺织印染公司。

【法官后语】

本案需要解决的核心问题是如何在保障排除妨害请求权人利益的基础上减少被请求人的损失。在排除妨害案件中法官应结合具体案情，同时考量裁判结果的经济效益，行使裁量权，妥善处理纠纷。

原《中华人民共和国物权法》（以下简称《物权法》）第九条规定，不动产物权的设立、变更、转让和消灭，经依法登记，发生效力；未经登记，不发生效力，但法律另有规定的除外。《中华人民共和国民法典》（以下简称《民法典》）第二百零九条继承了《物权法》第九条规定，内容未发生任何变动。确定了物权需经登记产生对外效力。在本案中，某针织公司虽在甲公司破产前与其签订合同，受让取得涉案地块的使用权，但是没有进行物权登记，对涉案地块不享有使用权。某纺织印染公司通过拍卖取得了涉案土地，并办理了物权登记，取得涉案土地使用权。

同时《物权法》第八十四条规定，不动产的相邻权利人应当按照有利生产、方便生活、团结互助、公平合理的原则，正确处理相邻关系。《民法典》第二百八十八条继承了《物权法》关于相邻关系处理原则的规定，内容未发生任何变动。该法条的立法宗旨是尽可能确保相邻的不动产权利人之间的和睦关系，解决相邻的两个或者多个不动产所有人或使用人因行使权利而发生的冲突，维护不动产相邻各方利益的平衡。

在实践中，因为地理环境或者历史等因素的影响，相邻的建筑物之间往往呈现一种你中有我，我中有你的状态，有的时候甚至是犬牙交错，如果当事人不能适当容忍相邻权人行权带来的不利影响，势必会引发邻里矛盾，影响社会稳定，阻碍经济发展。法院判决可定分止争，但问题真正解决往往在执行阶段，如果法院机械地运用带有强制性的法律规则处理相关问题，即使是判决明确的情况下，也将会带来执行困难，处理不慎，会进一步激化矛盾，甚至造成极端事件。妥善解决纠纷需要法院灵活运用法律规则与法律原则，平衡各方的合理诉求。

排除妨害请求权是物权请求权的一种，是指当物权的享有和行使受到妨害时，物权人对妨害人享有请求其排除妨害，使自己的权利恢复圆满状态的权利。相邻人享有一定权利的同时还需承担一定程度的容忍义务。排除妨害与相邻关系人的容忍义务两者之间往往是矛盾的，法官在裁判此类案件时，最重要的一个原则就是利益衡量原则，利益衡量原则实质是比例原则的一个具体体现，比例原则是用来衡量相互冲突的利益的原则。在各方利益发生冲突的情况下，需要权衡各方的利益，考虑优先保护哪一种利益。在无明确规定时，法官需要时刻考量双方因此造成的损失大小，应该尽量采取两害相权取其轻标准作出判断。

当然，作为承担容忍义务的物权所有人，自身权利行使必然受限，同时牺牲部分利益，因此容忍义务人取得相应的补偿请求权，排除妨害请求权人应当适当弥补容忍义务人的损失，从而产生容忍义务与补偿请求权对应的局面。同时，在相邻人的权利扩张超出容忍义务的合理限度时，对此给权利人造成的损失，权利人也有权要求赔偿。

本案中，某针织公司因为特殊原因侵占了某纺织印染公司的土地使用权，并且在其上修建了价格不菲的污水处理设施，如果进行拆除，必然会带来极大的浪费，某针织公司原本沉淀在设备中的资本就会付诸东流，同时对某针织公司的生产经营也会造成巨大影响，有违立法初衷。但某针织公司的行为不可避免地会造成某纺织印染公司的损失，使其本应享有的土地使用权不能得到完全的实现，在这种情况下应当进行适当赔偿，以平衡双方的利益损失。本案一审中，承办法官参考本地租金判令某针织公司向某纺织印染公司支付相应的租金，二审中更是对租赁时限进行确定，进一步维护了某纺织印染公司的合法利益。

处理邻里关系的原则，不仅是人们在生产、生活中处理相邻关系应遵从的原则，也是法官审理相邻关系纠纷案件应遵从的原则。特别是在相邻关系的某些类型缺乏明确规定的情况下，需要法官本着经济、善意、和谐等处理邻里关系的一般原则评判是非。

编写人：江苏省宜兴市人民法院　杨立波　钱文卿

070 相邻权人无权因自己的额外需求而要求相邻人排除妨害

——冷某英诉某投资公司排除妨害案

【案件基本信息】

1. 裁判书字号

北京市第二中级人民法院（2020）京02民终8906号民事判决书

2. 案由：排除妨害纠纷

3. 当事人

原告（上诉人）：冷某英

被告（被上诉人）：某投资公司

第三人（被上诉人）：某建筑公司、冯某文

【基本案情】

案涉房屋402室是冷某英的产权房。涉案房屋在原设计施工时，有厨房和卫生间设施位置。某投资公司系该楼宇公租房屋的产权单位，第三人冯某文与他人合租502室。

2018年，某投资公司根据市政府要求，欲对涉案房屋所在楼宇进行抗震节能改造（在外墙增加一个封闭阳台，以保暖节能）。楼宇的同户型卫生间原设计为上排水。改造时，该楼宇住户均希望将卫生间统一设计在新增阳台位置并改造为下排水方式。第三人某建筑公司作为实际施工方，根据住户要求，将卫生间移至新增加的封闭阳台位置，冷某英在某建筑公司提供的图纸上签字确认同意移动卫生间。

2018年底，工程经建委验收合格。冷某英验收后认可工程合格，同意搬回。502室在新增封闭阳台东、西位置新建了两个卫生间。冷某英欲将新增阳台西侧作为厨房使用，认为502室相应位置的排污管道对其造成影响，故诉至法院，请求判令某投资公司与某建筑公司拆除相应排污管道。

【案件焦点】

1. 某投资公司及某建筑公司的建设行为是否合法；2. 502室房屋内新建阳台西侧卫生间的排污管道，是否对冷某荣造成了法律意义上的妨害。

【法院裁判要旨】

北京市西城区人民法院经审理认为：合法的民事权益受法律保护。不动产的相邻权利人应当按照有利生产、方便生活、团结互助、公平合理的原则，正确处理相邻关系。

冷某英提供的产权证面积范围，并不包括抗震节能综合改造的新增阳台面积。因此，涉案房屋新增阳台部分，冷某英并不享有所有权。现有改造征得了冷某英同意。经勘验，涉案房屋所在楼宇与冷某英同户型卫生间改造，均统一设计施工为下排水方式。这种排水方式，楼下必然出现排污下水管线，该管线并不影响冷某英在使用涉案房屋时的通行、通风及采光。冷某英的涉案房屋原本设计有厨房位置，现冷某英欲用新增阳台位置作厨房，系冷某英的自主选择，冷某英无权因自己的额外需求要求他人排除妨害。

北京市西城区人民法院依照《中华人民共和国民法通则》第五条、《中华人民共和国物权法》第八十四条之规定，判决如下：

驳回冷某英的诉讼请求。

冷某英不服一审判决，提起上诉。北京市第二中级人民法院同意一审法院的裁判意见，判决：

驳回上诉，维持原判。

【法官后语】

本案的实质问题是处理相邻纠纷案件时应遵循原则的理解与适用，《中华人民共和国物权法》废止后，其第八十四条规定对应《中华人民共和国民法典》第二百八十八条规定，两法条之间内容未做任何修改，法治精神完全一致。依据该条规定，处理相邻关系应遵循有利生产、方便生活、团结互助、公平合理原则，妥善处理相邻关系。法律设立不动产相邻关系的目的是尽可能确保相邻不动产权利人之间的和睦关系，解决相邻不动产所有人或使用人因行使权利而发生的冲突，维护不动产相邻各方利益的平衡。因此相邻权人无权因自己额外需求而要求相邻人排除妨害，理由如下：

相邻关系不是一种独立的权利类型，而是基于不动产所有权或者使用权产生，相邻关系的本质是相邻不动产权利人行使其权利的延伸或限制，给对方提供必要便利的不动产权利人是权利受到限制的一方，这种延伸是行使所有权和使用权所必需的。在现实生活中行使相邻不动产所有权或者使用权必然会有所冲突，所以彼此之间要有必要的限制和便利。因此在司法实践中，把握处理相邻关系四项原则应注重以下方面：

1. 有利生产原则要求，顾全大局，切忌因小失大；既化解矛盾，又将生产的影响降到最低；尽量减少生产给相邻权利人的利益造成妨碍和损害。

2. 方便生活原则要求，坚持以人为本，尊重便利性，优先保护生存权；合理限制或延伸权利，方便相邻权利人的生活，不得把一方的方便建立在相邻权利人的不便之上。

3. 团结互助原则要求，坚持与邻为善，互利共赢，反对损人利己，以邻为壑；提倡换位思考，力所能及帮助相邻关系人；忍让、克制，即使出现矛盾也要采取妥善办法处理。

4. 公平合理原则要求，坚持权利义务平等；行使权利保持合理限度；尊重历史形成的客观状况和先后顺序；避免或者排除不法妨害，合理赔偿损失。

实践中要从这些原则出发，判断各自权利界限，如果造成损失，应当根据补救原则，及时以停止侵害、排除妨害、赔偿损失等方式恢复受到损害的权利。具体到本案中，涉案楼宇经过改造，新增了阳台面积，并得到全体同户型住户同意将卫生间移至新增阳台并做下排水设计，使上述住户获得产权范围外的权益，实属多赢的局面。

冷某英选择新增阳台作厨房，但该位置上部为上层卫生间下水管道，确实会在卫生方面及使用者心理方面，影响厨房使用。但是，要求拆除楼上排污管道，势必要对贯穿全楼层的排污管道进行整体拆除、移动，工作量必定巨大，会严重违反处理相邻关系四项原则。新增阳台和卫生间移动是原告同意的，享受便利和明显受益的情况下，必须承担相应的义务，即维持现状不做建筑构造上的更改。冷某英不能因自己超出设计使用范围选择的厨房场地出现认识上的障碍或心理上的不适，而要求他人排除妨害，即行为人无权因自己的额外需求而要求他人排除妨害。

编写人：北京市西城区人民法院　王德海　田茂盛

071　合法占有人通过诉讼途径寻求救济后，占有的保护期间认定

——李某诉王某排除妨害案

【案件基本信息】

1. 裁判书字号

江苏省淮安市中级人民法院（2019）苏08民终317号民事判决书

2. 案由：排除妨害纠纷

3. 当事人

原告（被上诉人）：李某

被告（上诉人）：王某

【基本案情】

王某与倪某原为夫妻关系，位于淮安经济技术开发区的涉案房屋为王某、倪某共同出资购置，该房屋登记在其子倪小一名下。房屋由三人共同居住。王某称，为减少百年后房屋过户手续的烦琐，便将房产登记在当时还没有独立生活能力的倪小一的名下。2017 年 4 月 18 日，倪某与王某登记离婚，离婚协议的财产分割部分约定：涉案房屋在未拆迁情况下按现状居住，如被拆迁，按拆迁补偿款总额，三等份分割（男方、女方、儿子），任何一方无权买卖交易。倪小一在该协议上签署“如拆迁，同意将涉案房屋按三等份分割”。2018 年 5 月 19 日，倪小一将房屋出售给李某。2018 年 7 月 4 日，房屋登记为李某单独所有。

王某于 2018 年 7 月 30 日向江苏省淮安市清江浦区人民法院起诉案外人倪小一，要求倪小一返还出售涉案房屋 1/3 房款 120 万元，后该院判决倪小一向王某支付涉案房屋款 781000 元。该判决已生效并在法院强制执行中。王某提供交费票据，证明其在对房屋买卖不知情的情况下，于 2018 年 7 月 18 日向燃气公司交纳燃气初装费 3000 元。李某诉请判令王某立即搬离涉案房屋并将其占有的房屋交付给李某。

【案件焦点】

占有人对房屋的权利另行向出卖人寻求了救济，其继续占有房屋是否具有合法性和正当性。

【法院裁判要旨】

江苏省淮安经济技术开发区人民法院经审理认为：妨害物权或

者可能妨害物权的，权利人可以请求排除妨害或者消除危险。李某与案外人倪小一签订了房屋买卖合同，购买了涉案房屋并依法取得了房屋所有权证，其基于所有权主张王某无权占有房屋，要求王某搬离涉案房屋，于法有据，予以支持。

江苏省淮安经济技术开发区人民法院依照《中华人民共和国物权法》第六条、第三十五条规定，判决如下：

王某于判决生效之日起30日内搬离涉案房屋。

王某不服一审判决，提起上诉。江苏省淮安市中级人民法院经审理认为：根据《中华人民共和国物权法》第三十四条、第三十五条、第二百四十三条规定，妨害物权或者可能妨害物权的，权利人可以请求排除妨害或者消除危险。无权占有不动产的，权利人可以请求返还原物，因此合法占有的权利也受法律保护。李某向案外人倪小一购得涉案房屋，并登记在其名下，其作为房屋所有权人有权请求返还房屋，排除妨害。诉争房屋系王某与其前夫倪某共同购置，并出资对房屋进行扩建，登记在儿子倪小一个人名下，由家人共同居住；同时，离婚协议书载明涉案房屋拆迁时按三等份分割，倪小一也签字同意。因此，王某享有涉案房屋的权利。王某的房产权利被其他共有人倪小一处分，但并无证据证明李某取得涉案房屋违法。王某通过诉讼向倪小一主张财产权利，其权利得到生效判决的确认，另行寻求了权利救济，继续占有涉案房屋失去了合法性和正当性。王某主张对涉案房屋附属设施、树木享有财产权利，不属于本案审理范围；李某表示王某对涉案房屋的可移动物品、树木可以自行处理，故王某可以另行处理或主张。

江苏省淮安市中级人民法院依照《中华人民共和国民事诉讼法》第一百七十条第一款第一项规定，判决如下：

驳回上诉，维持原判。

【法官后语】

处理排除妨害案件，通常要对排除妨害的权利与占有者的权利进行审查判断。

1. 关于房屋有权占有的保护

学理上按照占有是否有本权，将占有区分为有权占有和无权占有。本权是指基于法律上的原因对物占有的权利。有权占有是指有本权的占有，无权占有是指无本权的占有。无权占有又区分为善意占有和恶意占有。恶意占有、善意占有与有权占有的保护价值依次递增，三者承担的责任不同。[①] 有权占有者，因享有对占有物一定范围的使用权、收益权，从而使占有具有类似物权的地位，具有权利性质。有权占有人在其占有的本权依据存续期间，可以据此抗辩权利人的请求。因此，权利人只能向无权占有人提出返还原物的请求，而不能要求有权占有人返还原物。依照《中华人民共和国民法典》第二百三十五条规定，无权占有不动产或者动产的，权利人可以请求返还原物。依照《中华人民共和国民法典》第四百五十九条、第四百六十条、第四百六十一条规定，善意占有人有返还原物及其孳息的义务，若占有物毁损、灭失而获赔，以获赔之替代物返还，不因使用导致占有物损害而负赔偿责任；恶意占有人不应从不法行为中获利，其具有向权利人返还的义务，造成损害的，还应当赔偿。王某享有涉案房屋的权利相对于原共有人而言，系按份共有；相对于现权利人而言，系基于原共有关系而享有的占有、使用、收益的权利。因此，王某享有涉案房屋的权利，其占有房屋系有权占有，

---

① 吴香香：《论侵害占有的损害赔偿》，载《中外法学》2013 年第 3 期。

应予保护；王某在其占有的本权依据存续期间，可以据此抗辩权利人李某的排除妨害请求。

2. 合法占有人通过诉讼途径寻求救济后占有的保护期间认定

王某合法占有涉案房屋期间的权利，应受法律保护。但是，王某的房产权利被倪小一处分，权利被侵害，其通过诉讼主张分得倪小一处分涉案房产所取得的价款，得到生效判决的确认，而是否能以生效判决认定其继续占有涉案房屋不再具有合法性和合理性，值得探讨。

案件审理中，出现过如下两种处理方式的权衡：一种处理方式认为，在王某向倪小一主张的财产权利未实现之前，其拒绝搬出房屋，占有房屋仍具有合法性，可以判令王某于其向案外人倪小一主张的财产权利实现之后搬离涉案房屋。另一种处理方式认为，王某通过诉讼向案外人倪小一主张财产权利，其权利得到生效判决的确认，其另行寻求权利救济，继续占有涉案房屋失去了合法性和正当性，应判令其搬离涉案房屋。前一观点是基于对占有人王某现实处境的考虑：一方面，其母子关系恶化，其也将被迫离开所居住的房屋，居住权利受侵害。如果王某的财产权利未实现，将导致其无居所；另一方面，可以间接地将矛盾转于始作俑者，促使排除妨害权利人依据房屋买卖合同以出卖人履行瑕疵为由，主张违约之诉，其可以在一定程度缓和诉争双方的矛盾。后一观点基于如下考虑：一是权利人基于对房屋产权登记公示的信赖而善意地取得所有权，其所有权保护价值应高于有权占有。二是生效裁判在法律上产生确定力和执行力，其确定的权利不因义务人怠于履行而不存在，也不因是否强制执行到位受到影响。王某诉案外人倪小一案的裁判生效，在法律上其权利救济已确定，因此其继续占有失去了合法性。三是如果裁判生效后，案外人倪小一怠于履行，或者执行不到位，判令王某于其向案外人倪小一主张的财产权利实现之后搬离涉案房屋，将导致权利人李某的利益受损，于其不公平。四是倪小一取得了房款，王某诉案外人倪小一案生效裁判的执行到位具有极大可能性（从后续反馈信息看，执行已到位）。对于上述两种处理方式权衡后，法院选择了后一种方式，即以另案裁判生效时间作为占有人对占有是否仍具有合法性的分界点。

笔者支持裁判的处理结果，同时还认为，其一，王某另案诉讼寻求权利救济，据此可以判断其接受了房屋出卖的事实，以该事实和时间点认定其继续占有涉案房屋是否仍具有合法性，具有裁判的确定性，利于裁判的履行或执行。法院在裁判处理方法的取舍上基于事实和法律，通盘考虑，兼顾其他，力争做到了利益的衡平。其二，比较一、二审法院裁判理由，二审进一步指出和肯定了占有人享有占有权利并明确占有人权利保护的时间节点，维护了占有人合法占有期间的利益。其三，如果王某未向房产的处置者寻求司法救济，则其仍为有权占有，司法裁判可以通过驳回所有权人排除妨害的请求保护占有人的权利。那么，房屋买受人可以以履行瑕疵为由向出卖人主张违约责任，从而迫使出卖人向占有人履行义务后，令占有人搬离房屋。占有人得到救济后仍不主动消除妨害的，则因占有失去合法性而承担排除妨害的责任。

编写人：江苏省淮安市中级人民法院　马作彪

072 未经公示的租赁权不得对抗不特定买受人善意取得的所有权

——张乙诉成某、马甲排除妨害案

【案件基本信息】

1. 裁判书字号

云南省昆明市中级人民法院（2019）云01民终7575号民事判决书

2. 案由：排除妨害纠纷

3. 当事人

原告（被上诉人）：张乙

被告（上诉人）：成某

被告（被上诉人）：马甲

第三人（被上诉人）：张甲、马乙、某公司

【基本案情】

2017年4月12日，马甲向马乙出具《委托书》，委托马乙代为出售案涉房屋及办理相关手续，并办理了委托公证。4月26日，马乙代马甲与张甲签订《二手房买卖合同》将案涉房屋转让于张甲，并办理了公证。6月8日，张甲取得案涉房屋的不动产产权证书。12月6日，张乙与张甲通过房地产中介公司签订《×地产存量房屋买卖合同》，约定张甲将案涉房屋出售给张乙，成交价为174万元，并约定待办理网签后张乙应付首付款98万元，尾款待收到不动产权证时一次性付清。12月7日，张乙与张甲以及房屋共有人田某签订《房屋买卖合同补充协议》，约定双方于2017年12月6日签订的《房屋买卖合同》，实际成交价174万元，虽公证价格为140.6万元，张乙仍按174万元支付给张甲、田某。同日，张乙向田某账户转账98万元；张甲、田某向张乙出具房屋首付款收条载明现已收到张乙预付房款98万元。同日，张乙与张甲、田某签订《二手房买卖合同》将案涉房屋以成交价140.6万元出售给张乙，并办理了公证，张乙将尾款76万元转账到资金监管方昆明市明诚公证处的账户，双方办理了不动产权转移登记手续，张乙取得不动产产权证书。

张乙以马甲、成某非法占有涉案房屋为由，请求判令马甲、成某停止侵权，排除对涉案房屋的妨害。成某辩称，马甲系因拖欠借款，与成某签订《房屋租赁合同》，约定马甲将涉案房屋租给成某使用，租金用于抵充马甲所负债务，租期为20年。张乙取得涉案房屋的所有权时，仍处于租赁期内，根据买卖不破租赁原则，成某有权占有、使用涉案房屋，不存在侵犯张乙权利的行为。

经鉴定，成某提交的署期为“2015年5月13日”的《房屋租赁合同》上“马甲”签名及指印与2017年4月12日的《委托书》上“马甲”签名及指印系同一人书写和按捺；《房屋租赁合同》落款处“马甲”签名及指印的形成时间晚于《委托书》落款处“马甲”签名及指印的形成时间。另，本案产生鉴定费44900元，系张甲预付。

【案件焦点】

本案是否适用“买卖不破租赁”的原则。

【法院裁判要旨】

云南省昆明市西山区人民法院经审理认为：首先，张乙有理由相信张甲对登记于其名下的案涉房屋享有处分权，并支付了相应对价，受让房屋属善意，且已取得案涉房屋不动产权证书，已取得房屋所有权。其次，成某所持租赁合同是债务人以其房屋使用权抵偿欠款的合同之债，与合同法规定的租赁不符，故本案不适用“买卖不破租赁”原则。另外，张乙未举证房屋“原状”为何状态，对其恢复原状的诉请不予支持。张乙并无证据证明马甲侵占其房屋，驳回张乙对马甲的诉请，支持其对成某要求排除妨害的诉请。

云南省昆明市西山区人民法院依照《中华人民共和国物权法》第九条、第十七条、第三十五条、第三十九条，《中华人民共和国合同法》第八条、第九条、第一百三十条、第二百一十二条、第二百二十九条，《中华人民共和国民事诉讼法》第六十四条、第一百一十八条以及《最高人民法院关于适用〈中华人民共和国民事诉讼法〉的解释》第九十条规定，作出如下判决：

一、成某于本判决生效之日立即排除妨害张乙对涉案房屋的使用；

二、成某于判决生效之日起十日内支付张甲鉴定费 44900 元；

三、驳回张乙对马甲的全部诉讼请求；

四、驳回张乙的其他诉讼请求。

成某不服一审判决，提起上诉。云南省昆明市中级人民法院经审理认为：买卖不破租赁是指在租赁关系存续期间，租赁物所有权的变更不影响租赁合同的效力，租赁合同在买受人和承租人之间继续有效。适用买卖不破租赁的原则须符合三个构成要件：首先，买受人已取得租赁物的所有权。张乙受让案涉房屋时为购房的合理需求，且系通过中介发布的售房信息获知房源，在中介的陪同下前往案涉房屋进行了实地查看，看房时房屋无人居住，并与张甲及中介签订《买卖合同》，以合理的价格交易，成某并无证据证明张乙清楚房屋上手的交易情况，其受让案涉房屋属善意，其所有权并不因前手交易的真实与否而受影响，双方办理了不动产权转移登记手续，张乙取得了房屋所有权。其次，所有权发生转移前，租赁合同已成立并生效。成某提交的落款为 2015 年 5 月 13 日的《房屋租赁合同》，经鉴定并非落款日签订，成某所举证据不足以证明租赁合同生效于房屋所有权发生转移前。最后，所有权发生转移前，租赁物已交付承租人使用。租赁权虽为债权范畴，但买卖不破租赁的原则赋予了租赁权对抗不特定买受人的效力，然而对于第三人之对抗效力应建立在权利已进行公示的基础上，对于租赁权来说，最直接、最客观的公示方式应为租赁物交付使用，使得买受人容易得知其所受让的租赁物上存在租赁关系。成某虽持有房屋钥匙，但房屋为空房，其并未使用，不能对抗不特定买受人。综上，本案并不适用买卖不破租赁的原则，张乙有权要求成某排除妨害。成某以马乙、张甲违法放贷一案已被公安机关立案侦查，案涉房屋可能为马乙、张甲违法犯罪所得，本案需以刑事案件处理结果为依据为由提出中止审理本案的申请。如上所述，张乙获得案涉房屋所有权系善意，案涉房屋是否为马乙、张甲违法犯罪所得，并不影响张乙对案涉房屋所拥有的合法所有权，故对成某的中止审理申请不予准许。

云南省昆明市中级人民法院依照《中华人民共和国合同法》第三十二条、第四十四条第一款、第二百一十二条、第二百二十九条，《中华人民共和国物权法》第九条、第一百零六条，《中华人民共和国民事诉讼法》第六十四条第一款、第一百七十条第一款第二项规定，作出如下判决：

一、维持云南省昆明市西山区人民法院（2018）云 0112 民初 1896 号民事判决第一、三、四项；

二、撤销云南省昆明市西山区人民法院（2018）云 0112 民初 1896 号民事判决第二项。

【法官后语】

“买卖不破租赁”指在租赁关系存续期间，租赁物所有权的变更不影响租赁合同的效力，租赁合同在买受人和承租人之间继续有效。该原则主要适用于土地、房屋等不动产的租赁。当然，这里所称的“买卖”不仅仅指钱物交易行为，其他民事法律行为如赠与、遗赠、互易、以物抵债等均可适用“买卖不破租赁”的原则，本文主要以房屋买卖为例进行阐述。

买卖不破租赁的立法目的在于保护承租人的利益，稳定租赁关系，保护交易安全，实现物尽其用。保护承租人的利益固然重要，但司法实践中常出现出卖人与所谓的“承租人”恶意串通，伪造租赁合同并对签约时间进行倒签，以达到干扰买卖标的物交付的效果；也有个别被执行人为了干扰执行与案外人恶意串通，伪造租赁合同及相关证据阻止执行标的物转移占有的情形。故应谨慎适用“买卖不破租赁”的原则，确保在保护租赁交易安全的同时不侵犯善意买受人的合法权益。适用买卖不破租赁原则须同时符合三个构成要件：买受人已取得租赁物的所有权；所有权发生转移前，租赁合同已成立并生效；所有权发生转移前，租赁权已进行有效公示。

1. 买受人是否已取得租赁物的所有权

《中华人民共和国民法典》第二百零八条规定，不动产物权的设立、变更、转让和消灭，应当依照法律规定登记。买卖双方办理了不动产权转移登记手续，买受人依法取得不动产权证书，即取得房屋的所有权。但，需要注意判断买卖双方是否存在恶意串通损害承租人利益的行为，判断标准为：(1) 买受人受让房屋时是否为善意；(2) 是否以合理的价格交易。以本案为例，张乙受让案涉房屋时为合理需求，且系通过中介获知房源并在中介的陪同下实地查看，房屋无人居住，从一般生活经验看，其有理由相信张甲对案涉房屋享有所有权，属善意，且张乙支付了合理的价格。

2. 所有权发生转移前，租赁合同是否已成立并生效

买卖不破租赁系保护在先的租赁权，此是物权的先来后到原则在所有权与租赁权冲突的情况下的应用。审查此条件时需格外谨慎，因为租赁合同容易造假，租赁合同成立、生效的时间不能单凭落款时间予以确定，还应综合承租人提交的其他证据予以判断，如在房管部门或物业公司进行租赁登记备案的凭证，合同公证书，装修的证据，缴纳租金税的凭据，交纳水、电、暖、气、物业费的凭据等，以此佐证租赁合同成立并生效的时间。

3. 所有权发生转移前，租赁权是否进行了有效公示

租赁权虽为债权范畴，但法律赋予了其以对抗不特定买受人的对世效力，即赋予了该债权以物权化的效力，物权的变动必须遵循公示原则，其设立、变更、转让和消灭必须以外部可查知的方式表示出来。法律虽然确定了买卖不破租赁的原则，但并未确定租赁权的公示方式。有人认为应采取登记备案的公示方式，有人认为应遵循占有使用的公示方式。笔者认为，登记备案的法律状态较之实际占有的事实状态虽更易被第三人准确地知悉，但《中华人民共和国城市房地产管理法》第五十四条和《城市房屋租赁管理办法》第十三条规定的仅为房屋租赁合同的登记备案，登记备案在性质上只是

一种行政管理措施，不同于登记对抗制度，也非房屋租赁合同的生效要件，故在实践中登记备案往往不是强制性的，人们对登记备案认知度也不高，大部分城市备案率普遍低下，登记备案的可操作性和合理性不大。由于承租人对租赁物占有使用的现实状态会产生足以为不特定买受人识别和认知的权利外观，买受人通过实地看房即可准确探寻房屋现状，承租人对租赁物的占有使用相对于租赁合同的登记备案更易为人们所接受，买卖交易的安全也更具有可预测性，能够更好地承担房屋买卖不破租赁的公示作用。另外，占有使用还必须是持续状态，承租人未持续占有使用不能起到公示作用。以本案为例，成某虽拥有案涉房屋的钥匙，但在张乙现场看房时却未见房屋具有正在居住使用的痕迹，不具有租赁的权利外观，故本案最终未适用买卖不破租赁的原则进行裁判。

本案例法律事实发生于《中华人民共和国民法典》施行前，应适用当时的法律规定。《中华人民共和国合同法》第二百二十九条规定，租赁物在租赁期间发生所有权变动的，不影响租赁合同的效力。本案例虽然系适用上述条款进行裁判，但对该条款有所突破，编写人认为，“买卖不破租赁”赋予了承租人的租赁权以对抗不特定买受人所有权的对世效力，然而对世效力应建立在权利已进行公示的基础上。承租人对租赁物占有使用的持续状态拥有足以为买受人识别和认知的权利外观，能更好地承担租赁权的公示作用。《中华人民共和国民法典》第七百二十五条规定，租赁物在承租人按照租赁合同占有期限内发生所有权变动的，不影响租赁合同的效力。《中华人民共和国民法典》的上述规定，更强调承租人对租赁物的“占有”，在承租人按照租赁合同占有租赁物期限内，租赁物所有权变动的，不影响租赁合同的效力。《中华人民共和国民法典》第七百二十五条在《中华人民共和国合同法》第二百二十九条的基础上作出的修改，正好印证了本案例裁判的观点，这正是本案例的新颖之处。

编写人：云南省昆明市中级人民法院　何永伦

073　违反农村集体资产交易秩序签订的土地流转合同无效
——吴某实诉戴某良排除妨害案

【案件基本信息】

1. 裁判书字号

江苏省盐城市中级人民法院（2019）苏09民终2971号民事判决书

2. 案由：排除妨害纠纷

3. 当事人

原告（被上诉人）：吴某实

被告（上诉人）：戴某良

第三人：村委会

【基本案情】

村委会与戴某良签订《村级经营租赁承包协议书》，约定将该村四组（村部河东）20亩土地发包给戴某良种植经营，承包期限至2018年12月31日。2018年10月10日，村委会发布《川洋村土地流转承租公告》，就包含涉案土地在内的79亩土地向社会公开招标，涉案土地标段预期价格为480元，保证金为48000元。竞标时采取明底明标，第一轮所有报名者都必须竞价，不允许弃标，最后出价最高者中标（原承包者在同等条件下优先）；报名者须交纳报名费200元，必须将竞标保证金打入村委会账户。随后，戴某良、吴某实在报名期限内均各自向村委会交纳报名费200元和保证金48000元。因仅有吴某实一方在建湖县农村产权交易中心报名竞标，村委会与吴某实于2018年11月20日签订《村级经营承包协议书》，约定村委会将涉案20亩土地发包给吴某实种植，承包期限为自2018年12月31日起至2023年12月31日止，共五年；承包金为每亩每年480元，总承包金为48000元。此后，戴某良拒收村委会欲退回的报名费200元和保证金48000元。2019年1月，吴某实欲耕种涉案土地，被戴某良阻止。目前，涉案土地仍由戴某良实际控制耕种。吴某实遂诉至法院。

【案件焦点】

村委会与吴某实于2018年11月20日签订的《村级经营承包协议书》是否有效。

【法院裁判要旨】

江苏省建湖县人民法院经审理认为：吴某实通过公开竞标的方式获得流转土地承包经营权，且与村集体签订了土地承包经营合同，该承包合同合法有效，依法受法律保护。戴某良未经允许擅自占用吴某实承包的土地进行种植，侵害了吴某实的合法权益，应当停止侵害行为。吴某实另要求戴某良支付麦种及化肥等损失3000元，但未能提供足够的证据加以证明，酌情支持500元。

江苏省建湖县人民法院依据《中华人民共和国农村土地承包法》第三条、第九条、第十条、第三十二条，《中华人民共和国侵权责任法》第十五条及《中华人民共和国民事诉讼法》第一百四十四条规定，判决：

一、戴某良应于2019年6月15日前将其占用的位于村委会四组（村部河东）20亩土地交还吴某实种植，并支付吴某实损失500元；

二、驳回戴某良的其他诉讼请求。

戴某良不服一审判决，提起上诉。

江苏省盐城市中级人民法院经审理认为：《中华人民共和国合同法》第五十二条第四项规定，损害社会公共利益的合同无效。村委会发布的《川洋村土地流转承租公告》对报名事项的不利后果未作规定，且在规定竞价竞标方式的同时，又不当地规定了原承包者在同等条件下优先。在招标过程中，戴某良按期向村委会交纳了报名费和保证金，在没有报名事项不利后果规定的情况下，应认定戴某良本次参与竞标的报名有效。村委会作为发包方和招标公告的发布者负有切实有效地通知各报名者参与竞标的义务，但村委会在本次招标过程中未能切实有效地履行该通知义务，是造成涉案土地未能进行实质性竞标的直接原因，违反了公平竞争的原则，损害了社会公共利益。村委会与吴某实于2018年11月20日签订的《村级经营承包协议书》依法应属于无效合同。

江苏省盐城市中级人民法院依照《中华人民共和国合同法》第五十二条第四项，《中华人民共和国民事诉讼法》第一百七十条第一款第二项至第三项规定，判决：

一、撤销江苏省建湖县人民法院（2019）苏0925民初1516号民事判决；

二、驳回吴某实的诉讼请求。

【法官后语】

为推进农村集体产权制度改革，规范农村集体资产的合法流转，各地均建立了农村集体资产交易平台，试图以集体资产交易项目通过平台公开交易的方式，确保交易事项公开透明，交易程序高效规范，交易结果公平公正。但是在实践中，集体资产交易平台中进行的土地流转行为仍然存在个别不规范的情况。对此，需要通过司法审判对农村集体产权交易行为及其管理进行监督引导。

涉及农村集体产权交易行为的司法审查要点主要包括：

1. 对农村产权交易主体的审查。产权交易主体是指享有或拥有财产所有权或具体享有所有权某一项权能以及享有与所有权有关的财产权利的自然人、法人、其他组织或其代理人。对农村产权交易主体的审查内容，一是审查确定适格的集体经济组织。根据《中华人民共和国民法典》第二百六十二条规定，对集体资产享有所有权的主体包括三类，分别是村（居）民委员会、该村（居）内的村民小组、乡镇集体经济组织。法院应当要求产权人提供产权登记或其他法定凭证，以确定涉案集体资产的权利归属，从而认定当事人能否作为合法权利人参与诉讼。二是审查确定产权交易平台的资质。各地根据农村产权交易管理的需要，对不同层级的交易平台规定了不同数额的交易标的。法院在审理案件时应当了解所在市、县、镇的农村产权交易平台的资质范围，防止出现交易平台超权限超标的从事产权交易活动的违法违规情形。

2. 对农村产权交易客体的审查。产权交易客体是指产权权能所指向的标的，是产权主体可以控制和支配或享有的具有经济价值的物质资料。对农村产权交易客体的司法审查内容，一是审查确定资产的属性。从司法实践来看，集体经济组织对集体资产的管理较为松散和混乱，资产登记账册等档案材料遗漏缺失的情况并不少见，导致部分集体资产的属性无法确定或存在争议。法院加大对资产属性的审查力度，可以有效甄别交易标的中的国有资产或私人合法财产，以保障国家利益和他人合法权益。二是审查资产能否流通。农村集体资产具有一定的社会保障功能，涉及集体经济组织成员的群体利益。有的集体资产禁止流通，有的集体资产可以有条件进行流通。法院应当注意审查交易标的是否属于可以流通的范围，确保农村产权交易行为合法合规。三是要审查资产的性质和用途。以农村土地为例，根据《中华人民共和国土地管理法》第四条第一款“国家实行土地用途管制制度”及第三十七条第二款、第三款“禁止占用耕地建窑、建坟或者擅自在耕地上建房、挖砂、采石、采矿、取土等。禁止占用永久基本农田发展林果业和挖塘养鱼”的规定，国家对农村土地的用途有限制性规定，法院应当通过审查集体资产的性质和用途以确定农村产权交易不存在违反法律、法规强制性规定或公序良俗的情形。

3. 对农村产权交易程序的审查。农村产权交易的基本流程主要包括产权界定、交易方案审批、资产评估、委托交易、发布公告、产权交易、结算交付。根据实施的主体又可以分为集体经济组织的产权交易前程序和产权交易中心的交易程序。对产权交易程序的审查，一是要审查交易前的程序是否完备。比如，《中华人民共和国土地管理法》第六十三条第二款规定，前款规定的集体经营性建设用地出让、出租等，应当经本集体经济组织成员的村民会议三分之二以上成员或者三分之二以上村民代表的同意。法院在审查时就应当注意集体经济组织在进行产权交易前是否召开了村民会议或村民代表会议。又如，对于法律、法规规定需要报请批准的项目或必须通过招投标方式进行交易的项目，集体经济组织是否履行了报批程序或依法委托了招标代理机构。二是要审查产权交易过程中的程序是否合法。目前，对于农村产权交易程序还缺乏详细具体的规定，法院在审查过程中要充分运用法律的基本原则，考察集体资产交易程序是否存在限制当事人平等参与交易、扰乱正常市场交易秩序、损害国家和集体利益等情形，确保当事人在产权交易过程中的正当程序权利。

本案系原承包人与现承包人因农村土地承包经营权流转引发的排除妨碍纠纷。村委会虽然发布了土地流转公告，但是未能切实有效地履行通知报名者参与竞标的义务，导致涉案土地未能进行实质性竞标，有违公平竞争的原则，损害了社会公共利益。二审判决对有违公正的竞标结果作出否定性评价，有效督促集体经济组织依法、依规开展公开招标活动，有利于维护集体资产交易秩序和竞标人平等参与的权利。同时，考虑到建设和运行农村产权交易中心平台是贯彻落实中央关于深化农村改革的重要举措，关乎群众切身利益，江苏省盐城市中级人民法院还依法向建湖县农业农村局发出司法建议，就本案反映出的农村集体土地使用权流转竞标工作的问题予以指出，并从法律规定、政策要求和执法理念等方面提出了针对性的建议，有效发挥了司法审判参与社会治理的功能，展现了司法审判在服务美丽乡村建设、助推乡村振兴战略中的积极作用。

编写人：江苏省盐城市中级人民法院　周和

074 未在申请执行时效内提出执行申请，能否就同一诉争土地再次起诉

——居委会诉齐某来排除妨碍案

【案件基本信息】

1. 裁判书字号

江苏省南京市中级人民法院（2019）苏01民终9658号民事判决书

2. 案由：排除妨碍纠纷

3. 当事人

原告（被上诉人）：居委会

被告（上诉人）：齐某来

【基本案情】

1999年，村委会（后并入居委会）与齐某来订立《土地承包合同》，约定将车站村3.4亩土地交给齐某来从事种植业生产，承包期限为2000年1月1日至2004年11月20日，齐某来每年应交纳承包费442元，交纳期限为每年6月30日前交纳70%，11月30日前付清。如有违约，须赔偿对方损失500元。合同订立后，齐某来共交纳承包费1207元。村委会于2004年12月发出撤苗让地通知书、合同到期通知书各一份，向齐某来催告要求返还土地。

村委会与齐某来农业承包合同案，江苏省南京市浦口区人民法院于2005年2月2日立案受理，2005年3月8日作出（2005）

浦民一初字第262号民事判决书，载明："双方所订合同期限届满，权利、义务自行终止，齐某来有协助村委会将土地收回的义务，但结算条款依然有效，村委会有权收回所发包的土地；根据合同条款，村委会有权要求齐某来支付承包费用，但应扣除已支付的1207元，村委会有权要求齐某来支付因迟延交纳承包费用及所承包土地而给村委会带来的损失，迟延交纳承包费用给村委会造成的损失合同已约定为500元，应予支持，迟延交付土地给村委会带来的损失，村委会没有提供有效证据加以证明，不予支持，村委会可另案起诉"，遂判决："一、齐某来在本判决生效后三十日内将土地3.4亩交回村委会；二、齐某来在本判决生效后十日内支付村委会土地承包费1003元，赔偿村委会的损失500元；三、驳回村委会其他诉讼请求。"

之后，涉案土地仍一直由齐某来占有用于种植树木。居委会未能陈述土地原状情况。居委会诉至法院，要求被告齐某来清空后返还案涉土地。

本案审理过程中，经江苏省南京市浦口区人民法院组织双方调解，齐某来要求将诉争土地转换为责任田由其使用，或者由居委会对齐某来种植的树苗给予一定补偿，在居委会收回土地后再另外为齐某来安排一块责任田。居委会不同意该方案。

【案件焦点】

居委会未在申请执行时效内提出执行申请，能否就同一诉争土地再次起诉。

【法院裁判要旨】

江苏省南京市浦口区人民法院经审理认为：通过法院作出的生效判决，明确了村委会、齐某来之间系承包关系，诉争土地属东葛社区集体所有。齐某来在法院作出生效判决后未自觉履行义务，居委会亦未在申请执行期间内申请执行，导致其相关权利丧失，但其对诉争土地的物权并未丧失。居委会诉请的农业承包合同案与排除妨碍案，虽当事人基本相同，都有返还物权的诉请，但前案系基于承包合同的约定要求返还土地、支付迟延交纳承包费用以及合同约定的损失，系债权请求权；后案是以物权为基础的独立请求，是物权请求权。财产所有权人依法对自己的财产享有占有、使用、收益、处分的权利。居委会基于享有的物权行使物上请求权，有权对造成其权利行使障碍的人主张排除妨碍。本案所诉请排除的妨碍事实，是在法院作出生效判决之后，物权的侵害持续存在的状态。故本案不构成“一事不再理”。集体所有的财产受法律保护，禁止任何组织或者个人侵占。侵占国家、集体财产或者他人财产的，应当返还财产，不能返还财产的，应当折价赔偿。齐某来在法院作出生效判决之后，继续占有诉争土地，于法无据，应予返还。齐某来要求将其在车站村二组家庭承包的 1.7 亩承包地更换成诉争的 3.4 亩土地，不属于本案的审理范围，不予处理。居委会要求齐某来按照 442 元/年的标准给付从 2005 年 1 月 1 日起至齐某来实际返还土地之日止承包费的诉讼请求，因法院生效判决作出后，居委会未在申请执行期间内主张，丧失了相关权利，现其主张排除妨碍，故齐某来应从居委会起诉之日起按照 442 元/年的标准给付承包费至其实际返还土地之日止。对于居委会要求齐某来将诉争土地清空并恢复原状的诉讼请求，齐某来作为占有使用人应当及时将苗木移除，确保土地的返还，但居委会未能举证土地的原状，故对其恢复原状的诉请，不予支持。

江苏省南京市浦口区人民法院依照《中华人民共和国民法通则》第五条、第七十一条、第七十四条、第一百一十七条、第一百三十四条，《中华人民共和国合同法》第九十七条，《中华人民共和国土地管理法》第八条、第十条，《中华人民共和国民事诉讼法》第六十四条第一款，《最高人民法院关于适用〈中华人民共和国民事诉讼法〉的解释》第九十条规定，判决：

一、齐某来于本判决生效后十日内将其与村委会于 1999 年签订的土地承包合同所涉 3.4 亩土地返还给居委会；

二、齐某来于本判决生效后十日内按照 442 元/年的标准从 2019 年 3 月 13 日起至其返还之日止向居委会支付 3.4 亩土地占有使用费；

三、驳回居委会的其他诉讼请求。

齐某来不服一审判决，提起上诉。

江苏省南京市中级人民法院经审理认为：就诉争土地的性质及双方当事人之间就诉争土地形成的法律关系，（2005）浦民一初字第 262 号民事判决已经作出认定。齐某来不持有诉争土地承包经营权证，而以其长期占用诉争土地主张诉争土地为其责任田，没有事实依据。集体所有的财产受法律保护，禁止任何组织或者个人侵占。居委会要求齐某来返还诉争土地，于法有据，应予支持。齐某来辩称本案与（2005）浦民一初字第 262 号民事判决构成重复起诉，理由不能成立。一审法院综合认定齐某来应支付的占有使用费并无不当，予以维持。齐某来上诉请求中超出本案审理范围的部分，不予处理。综上所述，齐某来的上诉请求不能成立，应予驳回。一审判决认定事实清楚，适用法律正确，应予维持。

江苏省南京市中级人民法院依照《中华人民共和国民事诉讼法》第一百七十条第一款第一项规定，判决：

驳回上诉，维持原判。

【法官后语】

本案的焦点问题是重复起诉的认定，集体土地所有权人根据《土地承包合同》起诉承租人返还土地获得生效裁判文书支持，但未在申请执行时效内提出执行申请，现在就同一土地再次主张被告清空后返还，前诉与后诉涉及同一土地，当事人相同，返还土地的诉请亦相同，是否构成重复诉讼？

《最高人民法院关于适用〈中华人民共和国民事诉讼法〉的解释》（2022 年修正）第二百四十七条第一款规定了重复起诉的构成要件："当事人就已经提起诉讼的事项在诉讼过程中或者裁判生效后再次起诉，同时符合下列条件的，构成重复起诉：（一）后诉与前诉的当事人相同；（二）后诉与前诉的诉讼标的相同；（三）后诉与前诉的诉讼请求相同，或者后诉的诉讼请求实质上否定前诉裁判结果。"该条包含了连续式重复起诉和重叠式重复起诉，从诉的要素上明确了重复起诉的认定标准。

前后两诉同一性识别应从当事人、诉讼标的、诉讼请求三个方面共同判断：

1. 当事人同一性。前后两诉的当事人若不同，则两诉一般不具有同一性。当事人相同是相对的，而非绝对的，当事人相同并不要求当事人在两诉中的诉讼地位相同，前诉的原告是后诉的被告、前诉的被告是后诉的原告这样互换诉讼地位的情形，也在重复起诉的范围内。另外，有学者认为，判断当事人同一性时应从既判力主观范围所及的主体这一层面及诉讼担当去考量，既判力主观范围所及之人及诉讼担当人提起后诉，依旧会被认定为重复起诉，如诉讼承继人、代表人诉讼的所有成员。

2. 诉讼标的同一性。诉讼标的同一是构成重复起诉的客体要件。每个诉讼都有特定的标的，一般由原告的诉讼请求决定。诉的标的使诉特定化，以区别不同的诉，所以诉讼标的的一项重要功能就是识别重复起诉。一般应当从不同的诉讼类型出发，结合具体案件的诉讼请求、事实和理由、民事诉讼的目的和原则等，具体确定诉讼标的。前后两诉诉讼标的相同，即诉讼标的具有同一性。

3. 诉讼请求相同或后诉的诉讼请求实质上否定前诉裁判结果。诉讼请求是当事人建立在诉讼标的基础上的实体权利主张，当事人希望审判机关对其请求作出与之相应的确认、给付等具体裁判。这种权益请求是当事人基于自己主观上对法律和事实的理解而产生的认为自己所拥有的权利。构成重复起诉的诉讼请求有两种形态，一种是诉讼请求相同，前后两诉依据的事实和理由相同，自然成立两诉同一性；另一种是诉讼请求相反，后诉否定前诉的结果，两诉虽不同，但基于避免矛盾裁判的司法原则，仍应认定这种情况构成重复起诉。

关于本案是否构成重复起诉，居委会的诉讼请求应否支持，具体分析如下：

1. 虽然本案与村委会诉齐某来农业承包合同案的当事人相同，亦都有要求返还土地的诉请，但是前诉与后诉的标的不同。关于诉讼标的确定，涉及请求权基础的问题，请求权基础一般包括基于合同的请求权、类合同请求权、物权请求权、侵权请求权、不当得利请求权。本案中，居委会先以土地承包合同纠纷为由起诉，法院判决后，居委会未在申请执行时效内提出对租赁土地的执行申请，之后其变更了诉讼请求，以排除妨碍为由起诉。按照请求权分析法，以原告的诉讼请求为基础，寻找请求权基础规范，然后确定该法律规范的构成要件，从而认定该案事实是否符合法律规范的构成要件。通过分析可知，前诉是基于合同的请求权，后诉是基于物权的请求权。

2. 居委会对于生效判决丧失了申请执行权，但是依然享有诉争土地的物权。债权按照合同的约定或者法律规定产生，在当事人之间产生特定的权利和义务关系，债权为财产请求权，具有相对性，在效力上不存在排他性和优先性，为有期限权利；物权是指权利人依法对特定的物享有直接支配和排他的权利，包括所有权、用益物权和担保物权，物权的归属性和排他性集中体现了物权的权利主体与所有不特定人之间的关系，具有排他性、绝对性、对世性，对任何人都具有效力。齐某来在法院作出生效判决后未自觉履行义务，居委会亦未在申请执行期间内申请执行，是对债权强制执行效力的放弃，导致居委会丧失就该债权请求法院强制执行的权利，但其对诉争土地的物权并未丧失。

3. 侵权事实的持续状态。本案所诉请排除的妨碍事实，是在法院作出生效判决之后，齐某来对物权的侵害持续存在的状态。物权所有人依法对自己的财产享有占有、使用、收益和处分的权利。集体所有的财产受法律保护，禁止任何组织或者个人侵占。齐某来未按照生效判决返还土地，居委会作为所有权人，有权基于物权绝对性和排他性，随时向妨碍其权利行使的人主张排除妨碍。

本案原告基于土地所有权行使返还请求权。《中华人民共和国民法典》（以下简称《民法典》）物权编在《中华人民共和国物权法》（以下简称《物权法》）的基础上修改，《民法典》物权编建立了完善的物权保护和救济规则，形成了规范有效的物权保护方式。《民法典》物权编在第二百五十八条、第二百六十五条、第二百七十六条分别明确了国家所有的财产、集体所有的财产及私人所有的合法财产受法律保护，禁止任何组织或者个人侵占、破坏、哄抢。对于物权受到侵害的救济途径，《民法典》物权编第二百三十三条延续《物权法》第三十二条的规定，物权受到侵害的，包括无权占有、物的毁损或者灭失、妨碍物权行使等，物权人可以选择和解、调解、仲裁、诉讼等途径进行救济。对于返还原物请求权，《民法典》物权编第二百三十五条延续了《物权法》第三十四条的规定，无权占有不动产或者动产的，权利人可以请求返还原物。返还原物是物权请求权的一种，物被他人侵占，物权人对物的支配受到侵害时，有权请求返还原物，使物复归于物权人事实上的支配。返还原物请求权是物权追及效力的体现。《民法典》物权编第二百三十六条、第二百三十七条规定了排除妨害请求权、物权复原请求权，妨害物权或者可能妨害物权的，权利人可以请求排除妨害或者消除危险，造成不动产或者动产毁损的，权利人可以依法请求修理、重作、更换或者恢复原状，这两条规定实际也是延续了《物权法》第三十五条、第三十六条的规定，进一步明确为排除妨害请求权、物权复原请求权。如果相对人侵害物权的行为系无权占有或者阻碍物权人对物的占有、使用、收益等，则物权人应当主张返还原物请求权或者排除妨碍请求权，如果相对人损害物的本身，物权人可以主张恢复原状请求权。对于损害赔偿，《民法典》物权编第二百三十八条延续《物权法》第三十七条的规定，明确了物权损害赔偿请求权。

综上，本案与前案所依据的请求权基础规范不同，因此不属于重复诉讼，不适用“一事不再理”原则。居委会未在申请执行时效内提出对租赁土地的执行申请，虽然丧失了基于合同请求权的债权给付强制执行申请权，但是根据基于物权绝对性所享有的物上请求权，对于妨碍其物权行使的持续的侵权状态，可以向侵权人行使排除妨碍之主张。居委会的主张符合物权请求权的构成要件，因此其诉请能够得到法院裁判的支持。

编写人：江苏省南京市浦口区人民法院　汪会中

075　建筑物外墙权属的认定及合理使用原则的适用

——赵某诉王某排除妨害案

【案件基本信息】

1. 裁判书字号

北京市第二中级人民法院（2018）京02民终11180号民事判决书

2. 案由：排除妨害纠纷

3. 当事人

原告（上诉人）：赵某

被告（被上诉人）：王某

【基本案情】

赵某与王某系邻居，赵某住某小区1号楼5层2单元27号房屋，王某住同层同单元28号房屋。王某房屋的南阳台窗户与赵某房屋的南卧室窗户相邻，王某房屋的北面窗户与赵某的房屋不相邻。2015年，王某在其南阳台窗外及北面窗户外均安装了防护栏，防护栏上面有塑料顶棚。2016年，王某将其空调室外机固定安装在南阳台窗外。2016年11月，王某在其房门外的楼道墙上安装了摄像头。经法院现场勘验，王某安装的空调室外机位于赵某南卧室窗户右下方，赵某的两台空调室外机位于其南卧室窗户下方，王某安装的摄像头不能拍摄到赵某房门。王某在其南阳台窗外的护栏上面堆放了一些杂物。

一审诉讼中，赵某提供2016年8月28日其本人的门诊收费票据、2016年8月29日其配偶的门诊收费票据、2016年7月1日其女儿刘某的房屋租赁合同，证明其花费的医疗费及租房费，请求法院判决：1. 王某拆除其安装在赵某主卧室墙外的空调外机；2. 王某拆除其安装在赵某主卧室墙外的大型护栏及护栏上面的板子；3. 王某拆除其安装在楼道里的摄像头；4. 王某赔偿赵某精神损失费、医药费、租房费共计10000元；5. 王某拆除其安装在赵某北面墙体上的护栏；6. 王某将其室内卧室与阳台之间的墙恢复原状。

【案件焦点】

1. 建筑物外墙的权属如何认定；2. 如何适用建筑物外墙的合理使用原则；3. 相邻房屋空调噪声的影响如何判断。

【法院裁判要旨】

北京市丰台区人民法院经审理认为：不动产的相邻权利人应当按照有利生产、方便生活、团结互助、公平合理的原则，正确处理相邻关系。当事人对自己提出的诉讼请求所依据的事实或者反驳对方诉讼请求所依据的事实，应当提供证据加以证明，但法律另有规定的除外。在作出判决前，当事人未能提供证据或者证据不足以证明其事实主张的，由负有举证证明责任的当事人承担举证不利的后果。赵某主张王某空调室外机的噪声影响了其休息，并要求王某拆除空调室外机的诉讼请求，赵某应对此提供证据予以证明。现赵某未提供证据证明王某的空调室外机产生的声音超出法律规定的标准，故认定王某的空调室外机未对赵某的生活构成妨碍，其要求王某拆除空调室外机的诉讼请求，无事实依据，不予支持。赵某认为王某在南阳台窗外安装的护栏影响其通风采光，并给其带来安全隐患，但该护栏系栅栏通透型，护栏与赵某家窗户之间尚有一段距离，且双方的房屋位于 5 层，对赵某的通风采光和安全未造成严重影响，故不拆除该护栏为宜。但王某在该护栏顶部安装有塑料顶棚，雨水或空调滴水溅落在塑料顶棚会产生较大噪声而影响赵某的生活，故对赵某要求王某拆除南阳台窗外护栏顶棚的请求，予以支持。关于赵某要求王某拆除其安装在楼道内的摄像头，经法院现场勘验，该摄像头未能拍摄到赵某的房门位置，故赵某以该摄像头侵犯其隐私为由要求拆除的诉讼请求，缺乏事实依据，不予支持。赵某主张的精神损失费、医药费、租房费 10000 元，缺乏事实和法律依据，不予支持。因王某北面窗户与赵某房屋不相邻，赵某亦未提供证据证明该窗外的护栏对其造成妨害，故其要求王某拆除北面窗外护栏的诉讼请求，不予支持。赵某要求王某将其室内卧室与阳台之间的墙恢复原状的诉讼请求，缺乏事实和法律依据，不予支持。

北京市丰台区人民法院依照《中华人民共和国民法通则》第八十三条、《最高人民法院关于适用〈中华人民共和国民事诉讼法〉的解释》第九十条规定，作出如下判决：

一、王某于判决生效之日起十日内将其安装在某小区1号楼5层2单元28号房屋南阳台窗外护栏上的顶棚拆除；

二、驳回赵某的其他诉讼请求。

赵某不服一审判决，提起上诉。北京市第二中级人民法院经审理认为：当事人对自己提出的诉讼请求所依据的事实或者反驳对方诉讼请求所依据的事实有责任提供证据加以证明。没有证据或者证据不足以证明当事人的事实主张的，由负有举证责任的当事人承担举证不利后果。不动产的相邻权利人应当按照有利生产、方便生活、团结互助、公平合理的原则，正确处理相邻关系。经现场勘验，王某空调室外机的一部分确在赵某卧室的外墙范围内，且距离赵某卧室的窗户较近，空调室外机的噪声等问题对赵某的生活的确会造成不利的影响，故对于赵某主张王某拆除空调室外机的诉讼请求，予以支持。双方确认涉案住宅楼其他单元也存在空调室外机挂在自家阳台上的实际情况，故王某以小区空调都是在这个位置安装、没有其他地方可以安装为由拒绝移走其空调室外机的抗辩理由不能成立。一审判决不当之处依法予以改正。根据法院现场勘验，王某的护栏并未占用赵某外墙，故赵某上诉对王某的护栏所持异议不能成立。王某的摄像头安装在楼道内且王某现场将摄像头调整到靠近其自家的方向，故赵某要求王某拆除摄像头的上诉请求，依据不足，不予支持。应当指出的是，赵某与王某相邻而居，双方均应当本着互谅互让、互帮互助、文明友善、和谐共处的原则，继承发扬中华民族优良文化传统，从每个人做起、从每个家庭做起、从日常生活做起，建立相互尊重、互相关心、和睦友好的正确邻里关系。

北京市第二中级人民法院依照《中华人民共和国民事诉讼法》第一百七十条第一款第二项规定，判决如下：

一、维持北京市丰台区人民法院（2016）京0106民初19243号民事判决第一项；

二、撤销北京市丰台区人民法院（2016）京0106民初19243号民事判决第二项；

三、王某于本判决生效之日起十日内将其安装在某小区1号楼5层2单元27号房屋南卧室外墙的空调室外机拆除；

四、驳回赵某的其他诉讼请求。

【法官后语】

该案以建筑物外墙的权属认定及使用原则、相邻房屋空调噪声影响的判断原则为争议焦点，明确法律适用标准和裁判原则，引导不动产的相邻权利人正确理解建筑物共有部分的权属认定及合理使用原则，正确处理不动产权利人之间的相邻关系，具有积极意义。

1. 建筑物外墙属业主共有

《最高人民法院关于审理建筑物区分所有权纠纷案件具体应用法律若干问题的解释》第三条规定，除法律、行政法规规定的共有部分外，建筑区划内的以下部分，也应当认定为物权法第六章所称的共有部分：（一）建筑物的基础、承重结构、外墙、屋顶等基本结构部分，通道、楼梯、大堂等公共通行部分，消防、公共照明等附属设施、设备，避难层、设备层或者设备间等结构部分……该条款以列举、排除加兜底的方法，定义了共有部分的含义及范围，明确了建筑物外墙属于物权法所称的业主共有部分。在建筑物外墙权属的理解上，业主往往在认识上存在误区，会认为自家外墙的权属归自己，且只有自己有权使用。故在相邻关系纠纷中，应当首先对业主释明外墙权属的相关规定。而且，建筑物任一部分外墙均属于全体业主共有，而不仅是该外墙对应的部分业主所共有；全体业主同意外墙面在商业活动中被无偿使用属于当事人意思自治或“合理使用”的范畴。本案中，案涉的空调安装在相邻他人房屋的外墙面，不是该空调所有者房屋专有部分相对应的外墙面，但该相邻方外墙面及空调所有者房屋外墙面均应属全体业主所共有。

2. 建筑物外墙的使用应遵循合理使用原则

《最高人民法院关于审理建筑物区分所有权纠纷案件具体应用法律若干问题的解释》第四条规定，业主基于对住宅、经营性用房等专有部分特定使用功能的合理需要，无偿利用屋顶以及与其专有部分相对应的外墙面等共有部分的，不应认定为侵权。但违反法律、法规、管理规约，损害他人合法权益的除外。

该条规定明确了建筑物业主对外墙面等共有部分享有合理使用的权利，从文义上可以理解应坚持以下几个使用原则：一是无偿性，业主基于对外墙面共有部分的共有权利，其合理使用无须向全体业主缴纳费用；二是非营利性，业主对外墙面共有部分的使用不得以营利创收为目的，否则侵犯了全体业主的共有利益；三是不得违反法律、规约，业主对外墙面共有部分的使用除应遵守法律法规外，还必须遵守行政管理部门有关对建筑物的管理规约、业主大会或业主委员会有关小区的管理规则，否则涉及侵权或违约；四是不得损害他人合法权益，业主对外墙面共有部分的使用是行使权利的一种体现，行使权利即使是合理、合法的，也不能损害他人的合法权益。

建筑物外墙分为业主专有部分相对应的外墙面及其非专有部分对应的外墙面，二者均属于全体业主所共有，业主均有合理使用的权利。本案中，涉案业主安装空调应当使用自己房屋相对应的外墙，且该使用亦应当坚持合理使用原则，不得损害他人合法权益。现本案中业主将空调外机安装在相邻他方的外墙上，根据“举重以明轻”的原则，一般情况下应当认为已经超出了合理使用的范围，属于侵犯相邻方合法权利的情形。

3. 相邻房屋空调噪声影响的判断原则

当事人对自己提出的诉讼请求所依据的事实或者反驳对方诉讼请求所依据的事实，应当提供证据加以证明，但法律另有规定的除外。对于相邻噪声是否构成侵权的判断，如果业主将空调安装在自己房屋相对应的外墙上，则对该空调安装是否属于合理使用外墙的问题，应当考察涉案空调的噪声是否超过了国家环境噪声标准、是否超过了普通人所能忍受的程度、是否对相邻人的生活造成了妨碍。空调的噪声是否符合国家环境噪声标准，应由相邻权利人即权利主张者承担举证责任，由具备资质的专业检测机构依据国家噪声测量标准或行业标准的规定，出具检测结果。在空调噪声影响明显、损害事实明显又没有噪声检测结果的情况下，法官也可以依生活常识和实际情况进行判断，确定空调噪声是否对相邻业主的生活造成妨碍。本案中，业主将空调外机安装在了相邻人房屋的外墙上，且距离相邻方的窗户较近，基于空调安装位置不当的事实，可以判断该空调安装行为已经超出了对外墙的合理使用范围，属于对相邻人外墙的不合理使用。故法院可以通过现场勘查，结合空调安装位置、房间窗户相邻情况、涉案小区总体现状、日常生活经验、相邻各方的认识及心理感受等因素进行综合判断，确定涉案空调对相邻业主的生活是否造成妨碍，本着物权法规定的有利生产、方便生活、团结互助、公平合理的原则妥善处理相邻关系。

编写人：北京市第二中级人民法院　王平　何海云

076 排除妨害纠纷案件中容忍义务的认定

——物业公司诉包某等排除妨害案

【案件基本信息】

1. 裁判书字号

江苏省无锡市中级人民法院（2017）苏02民终5367号民事判决书

2. 案由：排除妨害纠纷

3. 当事人

原告（上诉人）：物业公司

被告（被上诉人）：包某、黄某、小黄

【基本案情】

江阴市某小区1502室房屋（以下简称1502室房屋）为复式楼（15-16层），进出该房屋的大门位于15层，包某是该房屋所有权人，黄某、小黄为共有人。黄某与包某原系夫妻，婚后生育女儿小黄。2016年10月18日，包某与黄某登记离婚，离婚协议约定：1502室房屋15层一层（包括花园大厅）归黄某所有，16层一层归包某与小黄所有，15层至16层加层暂时归黄某使用，16层进出重新开门。2016年10月20日，包某在16层非承重墙部位另开门户并于次日在楼内将15层、16层隔断。

物业公司与江阴市某小区业主委员会签订了《物业管理服务合同》，合同第二章委托管理服务事项第十五条约定：对业主和物业使用人违反业主公约的行为，针对具体行为并根据情节轻重采取报告规劝、制止等措施。第三章委托管理期限第十七条约定：委托管理期限自2016年1月1日起至2018年12月31日止。第四章双方权利义务第十九条物业公司权利义务约定：对业主和物业使用人违反法规、规章的行为，提请有关部门处理或依照相关法律法规规定的程序处理；按本合同第十五条的约定或相关法律、法规的规定，对业主和物业使用人违反业主公约的行为及时进行处理；对违反规划私搭乱建和擅自改变房屋用途的行为及时劝阻，并报告有关主管部门。

《江阴市某小区业主管理规约》第十三条规定：本物业范围内禁止下列行为：擅自改变房屋设计用途、功能和布局；占用或损坏房屋共用部位、共用设施、公共设施或移装共用设备。

物业公司认为包某、黄某、小黄擅自在16楼电梯旁的公共部位墙面上私开乱凿，违规搭建大门。物业公司发现后即通知进行整改，但至今未恢复原样。包某、黄某、小黄的行为妨碍了物业公司的正常管理秩序，故请求法院判令包某、黄某、小黄立即拆除在江阴市某小区16层公共部位墙面上违规搭建的大门，恢复原状。

【案件焦点】

物业公司对包某的行为是否负有容忍义务。

【法院裁判要旨】

江苏省江阴市人民法院经审理认为：业主应当遵守法律、法规以及管理规约。业主违反物业服务合同或者法律、法规、管理规约，实施妨害物业服务与管理的行为，物业服务企业可以请求业主承担恢复原状、停止侵害、排除妨害等相应民事责任。物业公司作为某小区物业管理服务提供者，对小区负有管理之责，对小区业主违反规定的行为有权予以制止，但物业公司行使物业管理职责负有合理限度内的容忍义务，容忍义务的实质是对权利的限制。不动产所有人的行为，即使给他方造成了侵害或妨碍，只要在正常合理的范围内，他方即负有容忍义务。如何判断是否超出相关主体的忍受限度范围，通常根据所受的妨碍是否逾越了社会一般人的“容忍限度”。从妨碍行为的性质和程度分析，1502 室房屋为复式楼（15-16 层），而与此对应的 15 层、16 层为两户，亦即复式楼的 15 层、16 层在技术上完全可以分割，16 层亦具备开户的条件，不会因为开户而影响房屋的整体安全，而且包某在 16 层非承重墙部位开户，也是因离婚后生活所需，具有必要性，是其维持正常生活秩序的必然要求。因此，虽然包某的行为对物业公司正常物业管理秩序构成了妨害，但该妨害并未逾越社会一般人的“容忍限度”，也是在合理的可以容忍的范围之内，物业公司应当予以容忍。综上，对物业公司的诉讼请求不予支持。

江苏省江阴市人民法院依照《中华人民共和国物权法》第八十三条第一款、《最高人民法院关于审理物业服务纠纷案件具体应用法律若干问题的解释》第四条、《中华人民共和国民事诉讼法》第一百四十四条规定，作出如下判决：

驳回物业公司的诉讼请求。

物业公司不服判决，提起上诉。江苏省无锡市中级人民法院经审理认为：包某在江阴市某小区 16 层公共过道墙面上拆墙改门，不符合物业管理服务合同的约定，但 1502 室房屋为复式楼（15-16

层)，包某在16层非承重墙部位开户，并不影响房屋的整体安全，也未超出使用房屋的合理限度，且包某的行为也是因离婚后生活所需，是其维持正常生活秩序的必然要求。因此，物业公司对包某的行为应当予以容忍。根据离婚协议书，包某、黄某名下另有滨江中路房产，但该房产非住宅房屋，包某并不存在可合理安置的住房，物业公司主张包某在公共部位墙体上开门不具有必然性，事实依据不足，不予采信。物业公司提出即便属生活所需，也应履行相应报批手续的意见，由于相关管理部门就此问题的网上咨询已作出答复，故对物业公司提出向主管部门调查的申请，不予准许。综上所述，物业公司的上诉请求不能成立，应予驳回；一审判决认定事实清楚，适用法律正确，应予维持。

江苏省无锡市中级人民法院依照《中华人民共和国民事诉讼法》第一百七十条第一款第一项规定，作出如下判决：

驳回上诉，维持原判。

【法官后语】

本案是因业主在公共过道墙面上拆墙改门而引发的物业公司诉业主排除妨害纠纷案，其中映射出的法律问题具有一定的典型性，对处理此类排除妨害纠纷案件具有一定的借鉴作用。

一、《中华人民共和国民法典》对相邻关系制度的规定

《中华人民共和国民法典》物权编在所有权分编中专章规定了相邻关系，第二百八十八条完全沿用了《中华人民共和国物权法》第八十四条的表述，未作修改，第二百九十条至第二百九十四条细化了五种相邻关系类型，并多次做出了“提供必要的便利”“不得违反规定”或“不得危及安全”的表述。由此可以看出，物权编从容

忍的范围和他人不得逾越的界限正反两方面，将容忍义务作为相邻关系中权力行使边界的判断标准。

二、本案中容忍义务的提出

一方面，业主违反物业服务合同或者法律、法规、管理规约，实施妨害物业服务与管理的行为，物业服务企业可以请求业主承担恢复原状、停止侵害、排除妨害等相应民事责任。物业服务企业作为小区物业管理服务提供者，对小区负有管理之责，对小区业主违反规定的行为有权予以制止。另一方面，物权制度的目的，在于通过对物权的支配来实现对物的利用。为了充分发挥不动产的效能，有效利用和实现不动产的价值，所有人或使用人在行使不动产权利时，有权根据相邻关系的法律规定，要求他方提供必要的便利。即使是给他方造成了侵害或妨碍，只要这种侵害或妨碍仍然在正常合理的范围内，他方即负有容忍义务。判断是否超出相关主体的忍受限度范围，通常根据所受的妨碍是否逾越了社会一般人的"容忍限度"，妨碍如果逾越社会一般人的忍受限度，即属违法，构成侵害；反之，如果没有逾越社会一般人的忍受限度，受害人则负有容忍义务，即阻却违法，不构成侵害。

三、容忍义务合理限度的司法裁量

如何裁量相关主体容忍义务的合理限度，是审理此类案件的难点。学理上对于容忍义务合理限度的判断标准有实质性损害标准、过错判断标准、利益衡量原则三种主张，《中华人民共和国民法典》继续将有利生产、方便生活、团结互助、公平合理作为处理相邻关系的四项原则，但该原则化的规定在具体案件适用上存在困难，审判实践中于一方有利、方便、合理的，于另一方往往是相反的，面对不同当事人的利益诉求如何寻得平衡，需要法官依据相邻关系的立法本意、法律精神以及妥当性、必要性、紧迫性等因素，就案件事实认定及法律适用事项进行权衡、裁量。需要注意的是，相邻关系最大的特点就是与人民群众生活密切相关，审判实践中要坚持以人为本，充分考虑相邻权利人的生活方便，合理限制或延伸不动产权利人的权利，方便相邻权利人的生活，并采取合理措施，将权利的行使限制在合理的限度内。本案中，包某在公共过道墙面上拆墙改门的根本目的，是满足其离婚后能够与黄某分别独立使用1502室的上、下层，该目的具有正当性、合理性和必要性，在房屋拆改行为不影响公共安全的前提下，业主基于所有权而产生的对房屋正当、合理、现实的使用需求与物业管理秩序相衡量，应优先保护业主对房屋的有效利用之需求。因此，物业公司本着方便生活、团结互助的原则，对包某的行为应当予以容忍。

编写人：江苏省江阴市人民法院　沈金锋　顾成竹

077　对未经析产的拆迁安置房屋要求确认排他性居住使用权利的应否支持

——马立秋、顾秋分诉马立春等排除妨害案

【案件基本信息】

1. 裁判书字号

北京市第二中级人民法院（2018）京02民终2755号民事判决书

2. 案由：排除妨害纠纷

3. 当事人

原告（上诉人）：马立秋、顾秋分

被告（被上诉人）：马立春、方某、马夏至、马立夏、李某

【基本案情】

马立春与方某系夫妻关系，马立夏、马立秋分别系二人子女。马立夏与李某系夫妻关系，马夏至系二人之女。顾某与马立秋系夫妻关系，婚后育有一女顾秋分。

2010 年，方某与政华公司、北京市丰台区花乡郭公庄村村民委员会就位于丰台区郭公庄村×号院拆迁事宜签订《安置协议》，被安置人口包括：顾某、马立秋、顾秋分、马立春、方某、马立夏、李某、马夏至。其中第六条约定“回迁安置人口 8 人，优惠购楼指标每人 46 平方米，回购楼单价每平方米 5000 元，购楼款合计 1840000 元”。签订上述协议后，方某认购丰台区某小区 6 号楼 3 单元 201 号房屋（83.69 平方米）、202 号房屋（64.75 平方米）、403 号房屋（64.75 平方米）、404 号房屋（83.83 平方米）。

2014 年 11 月 10 日，马立秋、顾秋分、方某、马立春、顾某、马夏至、李某出具《授权委托书》，受托人为马立夏。委托事项为：“授权受托人代表委托人办理北京市丰台区回迁安置房选房过程中与委托人相关的全部选房（含车位）手续，包括选定回迁安置房房号；签订《回迁房认购确认单》《回迁房认购协议书》……”当日，方某与政华公司签订《回迁房认购协议书》（以下简称《认购协议书》），其中第二条约定：“现房认购情况……1. 马立秋、顾秋分，201 号房屋……”现 201 号房屋尚未取得房屋所有权证书。

经询问，马立夏、李某、马夏至、马立春否认曾经委托方某

对安置房屋进行分配，亦否认曾经就安置房屋的分配问题达成协议。马立秋、顾秋分以201号房屋应由其二人排他性地居住使用为由，提出诉讼请求：1. 方某等被告将201号房屋腾空并返还；2. 方某等被告给付占有使用费，按照每月4000元的标准，自2015年6月1日起至返还房屋之日止。

【案件焦点】

1. 农村宅基地拆迁补偿中，未经析产确认拆迁利益（房屋）归属，是否能支持当事人对安置房屋的排他性居住使用权利；2. 安置房购房认购协议书由被拆迁人签字确认，能否作为所有被安置人口析产确认的依据。

【法院裁判要旨】

北京市丰台区人民法院经审理认为：妨害是指以非法的、不正当的行为，对权利人的物或物权造成侵害或者妨碍，现实地阻碍了特定的物的权利人行使权利。相对人的妨害，须以非法或不正当为前提。因双方均认可马立夏、李某、马夏至并未占有201号房屋，故对马立秋、顾秋分要求上述三人腾退房屋、给付占有使用费，不予支持。

马立春、方某自2014年12月占有201号房屋，关于二人是否应当腾退房屋、给付占有使用费，认定如下：首先，截至法庭辩论终结时，马立秋等原告并未取得201号房屋所有权；其次，依据安置政策，被安置人口每人有46平方米安置指标，基于上述指标所购买的安置房在析产前权利应当属于全体被安置人口；再次，虽然方某与政华公司签订了《认购协议书》，但依照《授权委托书》全部被安置人口并未委托方某进行选房，亦没有证据证明被安置人口已经就安置房的分配达成协议；最后，依照每人46平方米的安置指标，方某等八人应得368平方米购房指标，大于四套安置房屋总面积，即不能直接认定201号房屋未包含方某等被告的指标。因此，在现有证据下，无法认定马立秋等原告对201号房屋享有排他的居住使用权。现阶段，《安置协议》中列明的全体被安置人口对201号房屋均有权居住、使用。综上，因马立春、方某亦对201号房屋有权居住、使用，故对马立秋等原告要求二人腾退房屋不予支持。同时，对马立秋等原告基于其二人对201号房屋的排他性居住、使用权，马立春、方某无权占有201号房屋所主张的占有使用费，亦不予支持。

北京市丰台区人民法院依照《中华人民共和国物权法》第三十五条规定，判决：

驳回马立秋、顾秋分的诉讼请求。

马立秋、顾秋分不服一审判决，提起上诉。北京市第二中级人民法院经审理认为：马立秋、顾秋分主张依据《认购协议书》，201号房屋应由其二人排他性地居住使用，故要求马立春、方某、马立夏、李某、马夏至腾退房屋并给付占有使用费。首先，现马立秋、顾秋分并未取得201号房屋所有权，双方当事人对该房屋产权的归属亦存在争议。另，依据安置政策，被安置人口每人有46平方米安置指标，基于上述指标所购买的安置房在析产前权利应当属于全体被安置人口。因现没有充分证据证明被安置人口已经就安置房的分配达成协议，故不能在本案中直接认定201号房屋未包含马立春、方某、马立夏、李某、马夏至的指标，亦无法认定马立秋、顾秋分对201号房屋享有排他的居住使用权。故马立秋、顾秋分以其享有排他的居住权为由要求马立春等人腾退房屋并给付占有使用费的请求缺乏充分法律依据，不予支持。原审法院根据查明的事实及法律规定所作判决正确，应予维持。

北京市第二中级人民法院依照《中华人民共和国民事诉讼法》第一百七十条第一款第一项规定，判决：

驳回上诉，维持原判。

【法官后语】

农村宅基地涉及拆迁时，通常有三种补偿方式：一是货币安置，二是货币加安置房安置，三是安置房安置。本案中，方某就被拆迁院落与拆迁公司、村委会签订的安置协议，采取的是货币加安置房的补偿方式，具体为给予货币补偿以及每位安置人口46平方米的优惠购房指标。通过上述的优惠购房指标，双方当事人共认购4套楼房，其中201号的认购协议书确认为马立秋、顾秋分，双方当事人就房屋价值无法协商确定，因房屋尚未取得房产证书，在不能通过评估来确定房屋价值时，马立秋、顾秋分以自身享有排他性居住使用的权利主张马立春等人腾退房屋并给付房屋使用费，不能得到法院支持。理由如下：

第一，农村宅基地腾退补偿协议中的全部被安置人口，对本次拆迁中所获得全部利益享有权利，在未进行析产之前，上述拆迁利益属于共有物，当事人需经过协议处理或者提请诉讼处理确认每人享有哪些权利。本案中，依照拆迁政策，每人经本次拆迁所获得的优惠购楼指标虽然一致，但是在货币补偿方面，因户口、年龄等多方面因素的不同，每人所取得的货币补偿是不同的；选房时，会将购楼款折抵货币补偿后，发还给被安置人，同时安置房屋面积大小及批次期限也有所不同，致使未经过详细计算就无法确认各个当事人所享有的权利。未经过评估作价或者当事人不能协商一致致使无法计算出房屋确权后的折价金额，故现阶段不具备房屋确权的条件。无房屋确权的条件，就无法确认马立秋、顾秋分排他性的居住权利，更遑论马立秋、顾秋分跳过析产确认之诉直接起诉要求腾退房屋及给付房屋使用费。

第二，认购单不能作为确认拆迁安置房屋权属的证明。马立秋、顾秋分、方某、马立春、顾某、马夏至、李某出具《授权委托书》，受托人为马立夏，委托马立夏签订认购协议书，然而实际签订认购协议书的是方某，而非马立夏。即使认定马立秋、顾秋分以提起诉讼的形式对方某受托选定201号房屋作出追认的意思表示，其他六位被安置人也未对委托方某进行选房一事进行确认。同时，四套安置房的面积总和，低于八人的优惠购房面积，以后有进一步进行房屋安置的可能性，在新的安置房确定前，以现有安置房面积及货币补偿相互折算并加以析产似有不妥，不具备计算房屋价值进行折价补偿的客观条件。

编写人：北京市丰台区人民法院　辛明明　高原

078 以雇主欠劳务报酬为由占有雇主房产不属于合法自力救济

——张某、李某诉冯某、司某排除妨害案

【案件基本信息】

1. 裁判书字号

山东省淄博市中级人民法院（2017）鲁 03 民终 3013 号民事判决书

2. 案由：排除妨害纠纷

3. 当事人

原告（被上诉人）：张某、李某

被告（上诉人）：冯某、司某

【基本案情】

张某与李某系夫妻关系。坐落于淄博市周村区萌山水库西首的产权证为周村区字第×号、第××号两处房产归张某、李某共同所有。自 1998 年起，张某雇用冯某、司某到前述两处房产内看家。一审庭审中，张某称已与冯某、司某解除了劳务关系，而冯某、司某称因张某未支付劳务报酬且双方未解除劳务关系，故二人继续在前述房产内进行看家。从张某、李某提交的照片可以看出，上述两处房产中标有“小码头”的一处大门被上锁并用钢丝缠住，一卷帘门处堆放有门板等杂物，一窗户处堆积着三块废旧床板。张某、李某起诉，请求判令冯某、司某排除对涉案两处房产的妨害并赔偿经济损失10000元。冯某、司某辩称截至2015年12月31日张某、李某共拖欠冯某、司某劳务报酬563005元，双方劳务关系一直未解除且张某、李某一直拖欠劳务报酬，冯某、司某才继续在涉案房产为对方看家。

冯某、司某在二审期间表示其与张某、李某双方未约定在劳务费未支付的情况下其就可以占有涉案房屋；关于张某、李某欠其劳务费的问题，冯某、司某均已另案诉讼。

【案件焦点】

冯某、司某以张某、李某欠其看家劳务费为由占有对方房产是否属于合法的自力救济。

【法院裁判要旨】

山东省淄博市周村区人民法院经审理认为：无权占有不动产或者动产的，权利人可以请求返还原物。张某、李某系位于淄博市周村区萌山水库西首的产权证为周村区字第×号、第××号两处房产的所有权人。张某、李某在诉状及庭审中陈述已与冯某、司某解除劳务关系，冯某、司某继续占有、使用张某、李某的房屋，没有合法的依据，属于无权占有。故张某、李某要求冯某、司某返还占有使用的上述两处房产的诉讼请求，于法有据，予以支持。至于冯某、司某辩称张某未足额支付劳务报酬的意见，系另外一种民事法律关系，其引起的纠纷可通过其他合法途径解决，其通过占有使用张某、李某房产的方式为法律所不允许，故对其上述意见不予采信。张某、李某要求冯某、司某支付经济损失10000元的诉讼请求，因其未提交任何证据予以佐证，依法不予支持。据此，依照《中华人民共和国物权法》第三十四条、《中华人民共和国民事诉讼法》第六十四条规定，判决：

一、冯某、司某于判决生效之日起十日内将其占有使用的周村区字第×号、第××号两处房产返还给张某、李某；

二、驳回张某、李某的其他诉讼请求。

冯某、司某不服一审判决，提起上诉。山东省淄博市中级人民法院经审理认为：张某、李某作为涉案房产的所有权人有权对涉案房产请求排除妨害。张某、李某虽曾雇用冯某、司某在涉案房产内看家，但张某、李某作为涉案房产的所有权人，其有权不再要求冯某、司某看家。张某、李某在本案中主张其已与冯某、司某解除劳务关系，即表示其已不再要求冯某、司某看家，故在此情况下，冯某、司某继续占有、使用张某、李某所有的涉案房产已无合法依据。冯某、司某主张张某、李某拖欠其劳务费至今未付，但双方并未约定在劳务费未支付的情况下其就可以占有涉案房屋，且拖欠劳务费问题系另一法律关系，冯某、司某对此也已另案起诉主张权利。故冯某、司某以此为据认为其占有涉案房产系有权占有的上诉理由，无事实和法律依据，依法不予采信。据此，二审判决：

驳回上诉，维持原判。

【法官后语】

本案主要涉及对自力救济的正确认定问题，具体而言就是看房人以雇主欠其看房的劳务报酬为由占有雇主房产是否属于合法的自力救济，其是否属于有权占有。

根据《中华人民共和国物权法》第二条第三款规定，本法所称物权，是指权利人依法对特定的物享有直接支配和排他的权利，包括所有权、用益物权和担保物权。[①]《中华人民共和国物权法》第三十九条则规定，所有权人对自己的不动产或者动产，依法享有占有、使用、收益和处分的权利。[②] 涉案两处房产的所有权人为张某、李某。而根据《中华人民共和国物权法》第三十五条规定，妨害物权或者可能妨害物权的，权利人可以请求排除妨害或者消除危险。[③] 据此，张某、李某作为涉案两处房产的所有权人有权对该两处房产请求排除妨害。故张某、李某虽曾雇用冯某、司某在涉案房产内看家，但张某、李某作为涉案房产的所有权人，其有权不再要求冯某、司某看家。然而本案中容易引发争议和值得探讨的问题在于，张某、李某确实欠冯某、司某看家的劳务费，双方并未约定在劳务费未支付的情况下冯某、司某可以占有张某、李某所有的涉案房屋，故冯某、司某占有涉案房屋并无合同法上的依据，但冯某、司某以张某、李某欠其劳务费为由主张其住在涉案房屋中系自力救济而属于有权占有。因此，要对本案作出正确的认定和处理，需要对自力救济问题予以正确理解和把握。

自力救济又称私力救济，是指纠纷主体在没有中立的第三者介入的情形下，依靠自己的力量捍卫自己权利的行为。自力救济具有悠久的历史传统，是普遍采取的一种社会纠纷解决方式。作为一种社会纠纷解决方式，自力救济自身存在许多难以克服的弊端，很容易导致社会混乱。因此，由国家提供公力救济，以代替私力救济，

---

① 现为《中华人民共和国民法典》第一百一十四条第二款："物权是权利人依法对特定的物享有直接支配和排他的权利，包括所有权、用益物权和担保物权。"

② 现为《中华人民共和国民法典》第二百四十条："所有权人对自己的不动产或者动产，依法享有占有、使用、收益和处分的权利。"

③ 现为《中华人民共和国民法典》第二百三十六条："妨害物权或者可能妨害物权的，权利人可以请求排除妨害或者消除危险。"

逐渐成为一切文明国家普遍采取的社会治理方式。随着国家公力救济的不断深化、普遍化，自力救济开始逐步退出物权保护的历史舞台。但应看到，自力救济作为一种权利保护方式具有救济及时、维权成本低等显著优势，这恰好弥补了公力救济在这些方面的不足。直至今日，自力救济在法律制度中仍是现代法治社会的一种重要而有益的补充。[①] 从目前我国的法律制度和司法实践来看，自力救济的合法措施主要包括正当防卫[②]、紧急避险[③]和自助行为[④]三种。本案中，冯某、司某占有涉案房屋显然不是正当防卫或紧急避险。至于自助行为，在本案发生之时我国法律尚无明文规定，但理论和实践对此均予认可。且目前已经实施的《中华人民共和国民法典》第一千一百七十七条对自助行为也已明确规定。自助行为是指在紧急情况下，为了保护自己的权利，避免或减轻损害，对他人的自由或财产施以拘束、扣押或毁损的行为。自助行为的条件相对严格，从《中华人民共和国民法典》第一千一百七十七条的规定内容来看，自助行为应同时具备以下四个条件：一是为保护自己的权利，二是情

---

① 汤勇：《试论和谐社会视野下物权私力救济的内在底蕴》，载《福建论坛（社科教育版）》2008 年第 6 期。

② 《中华人民共和国民法典》第一百八十一条规定："因正当防卫造成损害的，不承担民事责任。正当防卫超过必要的限度，造成不应有的损害的，正当防卫人应当承担适当的民事责任。"

③ 《中华人民共和国民法典》第一百八十二条规定："因紧急避险造成损害的，由引起险情发生的人承担民事责任。危险由自然原因引起的，紧急避险人不承担民事责任，可以给予适当补偿。紧急避险采取措施不当或者超过必要的限度，造成不应有的损害的，紧急避险人应当承担适当的民事责任。"

④ 《中华人民共和国民法典》第一千一百七十七条规定："合法权益受到侵害，情况紧迫且不能及时获得国家机关保护，不立即采取措施将使其合法权益受到难以弥补的损害的，受害人可以在保护自己合法权益的必要范围内采取扣留侵权人的财物等合理措施；但是，应当立即请求有关国家机关处理。受害人采取的措施不当造成他人损害的，应当承担侵权责任。"

势紧迫来不及请求公力救济，三是采取的手段适当，四是事后及时请求有关国家机关处理。冯某、司某占有涉案房屋貌似自助行为，但就张某、李某欠冯某、司某看家劳务费这一原因而言，其显然不能算是情况紧迫，即其并不属于情势紧迫而来不及请求公力救济，故其并不符合自助行为的构成要件。因此，在张某、李某拖欠冯某、司某的劳务费的情况下，冯某、司某以此为由占有涉案房产，该行为显然不属于合法的自力救济行为。而且拖欠劳务费本身属于另一法律关系，冯某、司某对此完全可以依法提起民事诉讼来向张某、李某主张债权请求权，事实上二审中冯某、司某对此已另案诉讼。因此，冯某、司某在本案中主张其住在涉案房屋中属于有权占有依法不能成立。

透过本案不难看出，审判实践中对于自力救济应当严格依法把握。尤其是在《中华人民共和国民法典》对于自助行为予以明确规定后，对于被告以其行为系自助行为予以抗辩的，人民法院应当根据《中华人民共和国民法典》第一千一百七十七条所规定的自助行为的条件要求来对被告的自助行为抗辩加以识别判断。其中应特别注意只有在合法权益受损但确实情势紧迫来不及请求公力救济的情况下，自助行为才具备合法前提。而像本案这种明显不属于情势紧迫的情况，被告主张自助行为抗辩显然不能成立，人民法院对此依法不应予以支持。

编写人：山东省淄博市中级人民法院　荣明潇

079 民事诉讼中法官对来源于相关刑事案件的鉴定报告具有自由裁量权

——张某诉陶某等财产损害赔偿案

【案件基本信息】

1. 裁判书字号

北京市第三中级人民法院（2018）京 03 民终 15068 号民事判决书

2. 案由：财产损害赔偿纠纷

3. 当事人

原告（上诉人）：张某

被告（上诉人）：王某

被告（被上诉人）：陶某

被告：村委会、镇政府

【基本案情】

2016 年 4 月 8 日，陶某在北京市密云区溪翁庄镇某自然村内，未经行政主管部门批准，在一级防火区内燃烧杂草、树叶等，引发森林火灾。陶某持有中国残疾人联合会颁发的智力三级残疾证，王某系其监护人。

2017 年 4 月 13 日，资产评估公司出具鉴定意见，对过火林木价值进行评估，其中第八条有关说明中第二项记载，因该案件的鉴定时间点是2016年4月8日，截至意见出具日，涉案现场已灭失，故对涉案过火林木的株数、产量、径阶树高等数据的确认是依据北京市密云区果树技术开发中心出具的《涉案果树产量鉴定意见书》及溪翁庄镇林业站的《证明》作出的。该鉴定意见中涉及张某的部分包括栗子树396棵（估值73920元）、柿子树150棵（估值31500元）、花椒树10棵（估值100元），林木总价值105520元。

2017年9月29日，资产评估公司出具鉴定意见，对过火被损坏财产价值进行评估，其中涉及张某的部分包括彩钢板房屋195.08平方米（估值4097元）、木门、钢窗8个（估值480元）、砖木房屋36.48平方米（估值1824元），被损坏财产总价值6401元。

2017年12月29日，北京市西城区人民法院出具（2017）京0102刑初748号刑事判决书，认定陶某犯失火罪，判处有期徒刑二年六个月，缓刑三年。民事部分未涉及。

张某请求根据鉴定报告的鉴定数额，由王某、村委会、镇政府赔偿果树及财产损失111921元。

2018年10月19日，法院组织双方进行现场勘查，经双方现场及在庭审中确认，过火林木中部分树木存活并已结出果实。

【案件焦点】

在被鉴定为损失的树木有部分仍存活时，鉴定报告如何适用。

【法院裁判要旨】

北京市密云区人民法院经审理认为：侵害他人财产应当依法承担赔偿责任。限制民事行为能力人造成他人损害的，由监护人承担侵权责任，监护人尽到监护责任的，可以减轻其侵权责任。有财产的限制民事行为能力人造成他人损害的，从本人财产中支付赔偿费用，不足部分，由监护人赔偿。陶某燃烧杂草、树叶引发森林火灾，造成张某财产损失，应承担赔偿责任，财产不足部分，应由其监护人王某负责赔偿。王某未举证证明其已尽到了监护责任，故对张某要求陶某、王某赔偿其林木及房屋等损失请求的合理部分，予以支持，对过高部分，不予支持。具体数额，结合烧毁、烧伤树木的数量、种类、直径、生长状况及房屋损毁等情况，并参考评估价格综合予以酌定。陶某、王某所作辩解，缺乏事实和法律依据，不予采纳。关于张某要求村委会及镇政府承担连带责任一节，张某的财产损失是由陶某燃烧杂草、树叶引发森林火灾造成的，与村委会及镇政府不存在因果关系，故对张某要求其承担连带责任的诉讼请求，不予支持。综上，依据《中华人民共和国侵权责任法》第二条、第十五条、第三十二条规定，判决如下：

一、陶某、王某于本判决生效之日起七日内赔偿张某财产损失59161元；

二、驳回张某其他诉讼请求。

张某、王某不服一审判决，均提起上诉。二审法院经审理同意一审法院裁判意见。

【法官后语】

民事审判中的自由裁量权是指在民事诉讼过程中，法官在法律规则的限度内，或者是在没有既定的法律规则可供适用的情况下，根据案件的具体情形，运用自身的法律知识，对案件进行衡量并作出公正合理的裁判的权利。自由裁量权是法官对法律不能根据具体情况而进行适用的补救措施，在克服制定法的局限性，实现个案公正方面具有重大意义。

为防止自由裁量权的滥用，自由裁量权只有在以下情形方可适用：法律没有规定；法律不明确；规定明显不合时宜；法律和司法解释有规定或合同有约定，但表述为“酌情考虑”“根据实际情况处理”类；法律、司法解释直接规定或者合同直接约定可以适用自由裁量权并规定了适用范围。在具体适用过程中应遵循合法性、合理性、公开性的原则。

根据《最高人民法院关于民事诉讼证据的若干规定》第八十五条，《最高人民法院关于适用〈中华人民共和国民事诉讼法〉的解释》第一百零五条规定，法官在处理案件时应依法独立审查证据。在涉及证据采信或证明力判断中，民事自由裁量权最直接的体现就是自由心证原则，即以“心证”视之，强调达到“内心确信”而非绝对“自由”。就本案而言，在陶某犯失火罪的刑事案件案卷材料中，相关鉴定意见提及张某的林木总价值105520元。在开庭审理过程中，承办法官仔细询问了涉案树木的具体位置、过火面积、种植密度等情况，并于庭后在当事人的见证下进行了现场勘查，双方均确认了现场过火面积及现场部分树木存活并结果的情况。故在已被鉴定为损失的树木仍有部分存活并结出果实，鉴定人员并未进行实际现场勘查，而是依据有关部门出具的意见作出价格鉴定的情况下，如果按刑事案件中的鉴定报告作为损失赔偿的依据，会显失公平，故该鉴定报告证明力有待商榷，需要法官行使自由裁量权酌情确定。法官行使自由裁量权不能完全基于个人的道德情感或生活阅历等纯粹私人主观因素，心证确信的判断过程必须遵循法定规则，遵循事实认定的客观证明标准。自由裁量是客观见之于主观，需经历实践认识、再实践再认识的过程，不断反复，确保事实认定具有高度可能性。于是，庭后承办法官又通过向林业部门咨询并查阅了相关文件，详细了解涉案果树的种植密度、结果及盛果期、过火后的存活能力及对结果的影响等情况，得知果树过火后，即使部分树木能够存活并结果，但是对结果量也会造成较大影响。承办法官又结合在案的《房前果树租赁协议》了解到陶某家过火树木所在土地的位置及租赁时的果树种类、数量、租赁期等情况。在此情况下，承办法官在参考树木种植密度指导性意见，并结合现场勘查中树木过火面积、枯死的树木数量、砍伐后的树根情况、树木的现状、生长规律等因素后，结合租赁协议中宜林地数量，承办法官运用自由裁量权，以合法、合理、公开的原则，从立法目的和公平公正角度出发，从保护双方当事人合法权益的角度综合衡量，对刑事案件的鉴定报告关于树木损失的鉴定意见酌情进行了采用。

编写人：北京市密云区人民法院　李娜

080 当事人对土地权属持异议并起诉拆除违法建筑物法院如何处理

——范大某等诉范某一等排除妨害案

【案件基本信息】

1. 裁判书字号

广东省云浮市中级人民法院（2017）粤53民终782号民事裁定书

2. 案由：排除妨害纠纷

3. 当事人

原告（上诉人）：范大某、范小甲、范小乙、范小丙

被告（被上诉人）：范某一、范某二、范某三、范某四

【基本案情】

范大某、范小甲、范小乙、范小丙（范大某是范小甲、范小乙、范小丙的父亲，以下简称范大某等四人）与范某一、范某二、范某三、范某四（胞兄弟关系，以下简称范某一等四人）均是郁南县河口镇会龙村委留塘村人。范大某等四人要求拆除的三道围墙位于留塘村14号房屋前，范某一等四人陈述留塘村14号房屋为其祖屋。该房屋及前面部分用地于1987年11月27日由范某一等四人申领了土地使用证（用地总面积为641平方米）。位于留塘村14号房屋坐向前右侧几十年前建有泥砖墙，后毁坏，范某一等四人于2004年5月将原倒塌围墙进行重建，并建一个行门（约1.2米宽），即第一道围墙；另外范某一等四人于2004年在留塘村14号房屋坐向前左侧建了一道围墙，在围墙里预留了约1.2米宽的通道，即第二道围墙；在留塘村14号房屋坐向左侧另有一间房屋，在该房屋的坐向左侧范某一等四人在2004年建了一道围墙，在围墙里预留了约1.2米宽的通道，即第三道围墙。范某一等四人认为三道围墙均在其所持土地使用证记载的土地范围内，并提交了土地使用证予以证实。

范大某的房屋位于留塘村14号房屋左侧几十米处，范大某等四人除在留塘村14号房屋前面通过外，另外在其房屋的左侧可通行。范大某等四人认为范某一等四人所修建的三道围墙和行门妨碍交通要道，限制了4米宽的历史通行道路，且第一道围墙不在范

某一等四人的土地使用权范围内，属违建并占用集体土地。双方因此产生纠纷，经河口镇政府及河口会龙村委调处未果。范大某等四人向法院起诉，请求判令范某一等四人拆除位于留塘村14号房屋前违法新建的三道围墙，并恢复该地块3米宽的道路保证通行，排除妨碍。

【案件焦点】

范大某等四人以范某一等四人修建的围墙属违法建筑为由主张拆除，法院是否可直接受理并作出实体判决。

【法院裁判要旨】

广东省云浮市郁南县人民法院经审理认为：范某一等四人对范大某等四人提出涉案土地的使用权归其，并提交了土地使用证予以证实，另外村委出具的情况说明也反映了旧屋（即留塘村14号房屋）前的围墙在范某一等四人的土地使用证记载的土地范围内。范大某等四人要求拆除该部分围墙，实质涉及土地使用权问题。根据《中华人民共和国土地管理法》第十六条“土地所有权和使用权争议，由当事人协商解决；协商不成的，由人民政府处理……”的规定，双方当事人对于土地使用权的争议可先行通过协商的方式解决，如协商不成，由人民政府处理。

另外，对于范大某等四人要求拆除另一道围墙，范某一等四人在建围墙时已预留通道，能保障行人的正常通行，且范大某等四人回家另外有道路可以通行，其又未能提交围墙所占土地的权属情况。范大某等四人要求拆除围墙留3米通行道路，理据不足，不予采纳。

广东省云浮市郁南县人民法院依照《中华人民共和国土地管理

法》第十六条,《中华人民共和国民事诉讼法》第六十四条第一款、第一百四十二条,《最高人民法院关于适用〈中华人民共和国民事诉讼法〉的解释》第九十条的规定,作出如下判决:

驳回范大某等四人的诉讼请求。

范大某等四人持原审起诉意见提起上诉。广东省云浮市中级人民法院经审理认为:范大某等四人请求范某一等四人拆除并恢复3米宽的道路涉及的围墙共有三道。范大某等四人认为第一道围墙侵占了集体土地,属于违建,而范某一等四人提交了土地使用证,认为第一道围墙内的土地在其土地使用证记载的土地范围内,且该土地使用证在第一道围墙的位置处也没有标明有通巷或行人道等内容。可见,范大某等四人要求拆除的第一道围墙,实质涉及土地使用权问题。根据《中华人民共和国土地管理法》第十六条以及《中华人民共和国民事诉讼法》第一百二十四条“人民法院对下列起诉,分别情形,予以处理……(三)依照法律规定,应当由其他机关处理的争议,告知原告向有关机关申请解决……”的规定,范大某等四人与范某一等四人对于土地使用权的争议应先申请人民政府处理,法院在人民政府未有处理结果前,对范大某等四人主张拆除第一道围墙,依法应不予受理。因第一道围墙在本案未能处理,即使在本案中处理第二道、第三道围墙,也并不能实现排除妨害的目的,故应待第一道围墙使用的土地权属争议解决后,再行一并处理。对范大某等四人的起诉,在一审法院已经受理的情况下,二审法院依法予以驳回。

广东省云浮市中级人民法院依照《中华人民共和国民事诉讼法》第一百二十四条、第一百七十条第一款第二项,《最高人民法院关于适用〈中华人民共和国民事诉讼法〉的解释》第二百零八条第三款的规定，作出如下裁定：

一、撤销广东省云浮市郁南县人民法院（2016）粤 5322 民初 921 号民事判决；

二、驳回范大某等四人的起诉。

【法官后语】

法院受理的排除妨碍纠纷案件中，很大一部分是因土地使用权属存在争议引起的。本案涉及两个方面的问题：一是范大某等四人对第一道围墙所在土地的权属提出异议，认为围墙占用了村集体的土地，而范某一等四人则认为围墙是在其土地使用权范围内，其争议的实质属土地权属的争议；二是范大某等四人认为第一道围墙属于侵占村集体土地的违法建筑，请求法院对该违法建筑进行拆除，这就涉及非土地权属人向法院直接诉请拆除违法建筑物的主管问题。

1. 关于土地权属争议的处理

土地所有权和使用权争议一般是指与土地所有权和使用权相关的争议，如土地权属争议、侵犯土地所有权和使用权的争议、相邻关系争议等。关于土地所有权和使用权，从法律上来讲应当非常明确，但是由于地界不清、土地权属紊乱和因政策、体制变更造成的历史遗留问题，便产生权属争议。对此，《中华人民共和国土地管理法》第十六条规定了三种解决办法：一是争议发生后先由当事人之间进行协商解决。所谓协商，就是指土地所有者或者使用者在权属发生争议后，在自愿互谅的基础上直接进行磋商，自行解决。二是当事人协商不成由人民政府处理，单位之间争议由县级以上人民政府处理，个人之间、个人与单位之间发生争议由乡级人民政府或者县级人民政府处理。人民政府收到争议案件后，一般先进行调解，调解不成再进行行政裁决。三是当事人对有关人民政府处理决定不服，可以自接到处理决定通知之日起三十日内向人民法院起诉。其中，如果有关当事人的土地所有权或者使用权的归属需要先由有关人民政府确认的，人民政府的处理是提起有关诉讼的前置程序，否则，法院不予受理。本案中，从范某一等四人的土地使用证看，第一道围墙不一定在其土地使用证范围内，但未经政府部门确认，也不能否定在其土地使用证范围外。因为土地使用证对于此处画有虚线，既不能确定是否与第一道围墙完成重合，又没有写明是围墙，所以应由政府就该土地使用权确认归属，之后法院才能就双方的争议作出实体处理。

2. 关于违法建筑的处理

《中华人民共和国土地管理法》第七十六条规定："……非法占用土地的，由县级以上人民政府土地行政主管部门责令退还非法占用的土地，对违反土地利用总体规划擅自将农用地改为建设用地的，限期拆除在非法占用的土地上新建的建筑物和其他设施，恢复土地原状……"本条规定的违法行为，主要表现为未经批准或者采取欺骗手段骗取批准而占用土地，包括个人未经用地审批或者采取欺骗手段骗取批准而占用土地等情况。《中华人民共和国行政强制法》第四十四条规定："对违法的建筑物、构筑物、设施等需要强制拆除的，应当由行政机关予以公告，限期当事人自行拆除。当事人在法定期限内不申请行政复议或者提起行政诉讼，又不拆除的，行政机关可以依法强制拆除。"范大某等四人并没有对第一道围墙所在的土地获得土地使用权证，即其不是土地权属人，其以他人建造的构筑物是违法建筑为由进行维权，依据上述规定应先向县级以上人民政府土地行政主管部门申请拆除，其直接向法院申请拆除主体并不适格，法院没有职权对该围墙是否是违法建筑物进行认定并予以强制拆除。

编写人：广东省云浮市中级人民法院　陈容

081　土地所有权与经营权适度分离产生的土地权属争议应由政府先行处理

——建设公司诉王某静排除妨害案

【案件基本信息】

1. 裁判书字号

江苏省淮安市中级人民法院（2017）苏08民终322号民事裁定书

2. 案由：排除妨害纠纷

3. 当事人

原告（被上诉人）：建设公司

被告（上诉人）：王某静

【基本案情】

2011年3月19日，江苏省人民政府办公厅作出《关于白马湖退圩（围）还湖规划》，基本同意白马湖水域退圩还湖方案及规划。2011年8月31日，淮安市人民政府市长办公会发布《关于协调白马湖退圩（围）还湖清淤积土工程有关问题的会议纪要》，载明白马湖退圩（围）还湖清淤积土工程由经济发展公司、保护与开发公司等三家公司对外招标。2011年10月8日，经济发展公司委托其子公司建设公司实施白马湖退圩还湖项目，权利包括且不限于白马湖退圩还湖项目工程勘察、设计、施工、湖区及弃土区全区域管理、利用等。2013年1月10日，建设公司与水利公司签订《淮安市白马湖退圩还湖及清淤工程积土土地管理协议书》，委托水利公司对清淤积土填筑土地进行管理。后某村村民翟某飞等人对白马湖退圩还湖清淤工程积土土地的权属性质进行信访，原洪泽县仁和镇人民政府、洪泽县人民政府、淮安市农业委员会、淮安市国土局、淮安市人民政府答复白马湖属国有水域，某村范围鱼塘不属集体或个人，在退圩还湖前由村集体名义组织对外分包，退圩还湖后的鱼塘管理与使用属淮安市人民政府，鱼塘的有关补偿费归村集体，补偿费已由仁和镇补偿至某村集体，村集体与鱼塘承包户解除相关协议，并予以补偿。2015年6月17日，水利公司分别与某村村民王某静等人签订《土地租赁合同》，将位于退圩还湖弃土区5号地块租赁给王某静等人使用，王某静种植面积为123.5亩，租期为2015年6月20日至2015年11月20日，后延至2016年11月20日。2016年9月15日，淮安市白马湖保护与开发工程指挥部通知收回白马湖退圩还湖及清淤工程二标段(5号地块范围内)，进行综合开发利用。2016年9月28日，建设公司向王某静等种植户发送告知书，告知收回5号地块，不得再种植农作物。

争议地块是和尚圩插花地的一部分，1965年1月21日，江苏省人民委员会出具苏民字第49号文件，同意洪泽县与金湖县在白马湖地区插花地等纠纷问题的协议，协议约定国营宝应湖农场在洪泽县仁和、岔河人民公社陆上的插花地及和尚圩已经多年没有经营，为便于生产，现交给洪泽县有关社队经营。洪泽县仁和、岔河人民公社在宝应湖农场四百丈的柴滩，也交给宝应湖农场经营。后和尚圩插花地改为七一圩，某村通过加固形成鱼塘，分包给某村村民进行经营。

【案件焦点】

1. 建设公司是否享有排除妨害的权利；2. 涉案土地为国家所有还是村集体经济组织所有。

【法院裁判要旨】

江苏省淮安市洪泽区人民法院经审理认为：《中华人民共和国物权法》第四十六条规定，矿藏、水流、海域属于国家所有；第四十八条规定，森林、山岭、草原、荒地、滩涂等自然资源，属于国家所有，但法律规定属于集体所有的除外。涉案土地即白马湖退圩还湖项目的5号地块土地属于白马湖水域，系国家所有，并且江苏省人民委员会49号文件载明原插花地及和尚圩是国家所有，曾经交由社队经营，某村集体并不享有所有权。对于王某静主张某村集体对涉案土地享有所有权的辩论意见，法院不予采纳。

国有财产由国务院代表国家行使所有权，涉案土地经由江苏省人民政府办公厅批准同意，淮安市人民政府启动白马湖退圩还湖项目，经法定程序并经经济发展公司授权由原告实施。故原告有权收回土地进行开发使用。合法的物权受法律保护，妨害物权或者可能妨害物权的，权利人可以请求排除妨害或者消除危险。王某静等人在租赁期限届满后，原告通知其不得再行种植仍然进行种植，并阻碍原告施工，妨害了原告对涉案土地的使用。原告可以对被告妨害物权的行为请求排除妨害。原告要求排除妨害的诉讼请求，有事实和法律依据，应予以支持。江苏省淮安市洪泽区人民法院依照《中华人民共和国民法通则》第七十三条，《中华人民共和国物权法》第三十五条、第四十五条、第四十六条、第四十八条的规定，作出如下判决：

王某静于判决生效之日起三日内清除农作物，并不得妨碍建设公司白马湖退圩还湖项目的5号地块。

王某静持原审答辩意见提起上诉。江苏省淮安市中级人民法院经审理认为：建设公司主张诉争地块为国有，而王某静则认为属于村集体所有，但双方提供的证据均不能证明各自的主张。根据《中华人民共和国土地管理法》第十六条的规定，双方争议的权属问题应由当地人民政府先行处理，当事人对处理结果不服的，可向人民法院提起行政诉讼。本案不属于人民法院民事受理案件范围，建设公司的起诉应予驳回。

江苏省淮安市中级人民法院依照《最高人民法院关于适用〈中华人民共和国民事诉讼法〉的解释》第三百三十条的规定，裁定如下：

一、撤销淮安市洪泽区人民法院（2016）苏0829民初2574号民事判决；

二、驳回建设公司的起诉。

【法官后语】

本案争议涉及对白马湖水域退圩还湖的重点环保工程项目，在退圩还湖拆迁中，出现涉案土地权属争议，一方认为涉争地块为国有土地；另一方则认为是集体所有土地。对该案的处理，主要涉及土地所有权与经营权适度分离后土地权属争议法律关系性质的判断及解决争议的程序选择。鉴于本案判决在《中华人民共和国民法典》生效前，案涉《中华人民共和国民法通则》第七十三条，《中华人民共和国物权法》第三十五条、第四十五条、第四十六条、第四十八条等法律条文，均为《中华人民共和国民法典》第二百三十六条、第二百四十六条、第二百四十七条、第二百五十条全文吸收，未作修改。为便于讨论案件，下文均以《中华人民共和国民法典》所涉法律条款释法析理。

1. 涉案土地权属争议的缘起

本案中涉及的土地最早是1965年1月21日经江苏省人民委员会协调并确认，将原属国营宝应湖农场交给原洪泽县有关社队即现在的某村经营的土地，关键是对“经营”的理解。这里的“经营”属于物权法上的占用、使用等用益物权，其所有权并不因设立用益物权而改变。因此，根据宝应湖农场的国有性质，其附属的土地等应当属于国有。

2. 建设公司关于涉案土地系国有土地的主张

建设公司依据《中华人民共和国民法典》第二百三十六条的规定请求排除妨害，法理是其拥有合法物权，那么其将对此事实和权利进行举证证明。从一审、二审对事实和证据的认定情况来看，其提供了原洪泽县仁和镇人民政府、洪泽县人民政府、淮安市农业委员会、淮安市国土局等信访答复意见书，淮安市人民政府答复白马湖属国有水域，在该区域堆填的积土所形成的地块属于国有土地性质，加之白马湖水域在淮安市辖区内，按照属地管辖原则，淮安市人民政府有权对其管理，且白马湖水域退圩还湖项目经过江苏省人民政府批准，对白马湖水域的治理正是淮安市人民政府代表国务院行使所有权的积极作为。淮安市人民政府经招投标，选任经济发展公司对涉争地块施工，授权建设公司具体实施。其已经完成了举证责任。

3. 王某静关于涉案土地系集体所有土地的抗辩

王某静是涉案争议土地发包方某村集体经济组织成员，其在一审中提供了相关证据，其中一份是1965年1月21日江苏省人民委员会确认，将原属宝应湖农场的土地交给原洪泽县有关社队也即现在某村经营。根据民事诉讼的证据盖然性原则，涉争土地为国有土地性质明显优于集体土地性质，据此一审法院判决王某静败诉。在二审中，王某静提供了新证据，其中两份便是1984年4月王某贵、翟某李的土地使用证和2015年6月15日吴某年、孙某宝的土地承包经营权证书，建设公司对此证据真实性无异议。从这两份新证据来看，相关机关对与诉争地块性质相同的土地确权为集体土地并发包给集体经济组织的村民承包，那么据此可以认定涉争土地为集体土地性质。

4. 处理结果评析

关于涉争土地性质出现了两种截然相反的证据，使得案件事实查明存在不确定性，且《中华人民共和国土地管理法》第十六条第一款明确规定，土地所有权和使用权争议，由当事人协商解决；协商不成的，由人民政府处理。据此，二审法院以双方存有争议的土地权属问题应由当地政府先行处理，不属于法院民事受理案件范围为由，驳回建设公司的起诉。

编写人：江苏省淮安市洪泽区人民法院　鲁海军

082 同一宅基地房屋分属不同权利人的，是否适用建筑物区分所有权规则

——王某才诉张某、王某六排除妨害案

【案件基本信息】

1. 裁判书字号

湖北省宜昌市中级人民法院（2016）鄂05民终字第1306号民事判决书

2. 案由：排除妨害纠纷案

3. 当事人

原告（上诉人）：王某才

被告（被上诉人）：张某、王某六

【基本案情】

坐落于秭归县沙镇溪镇大岭村二组（现为沙镇溪镇三星路131号）的砖混结构房屋（即案涉房屋）系王某才自建于村集体土地上的三层住宅，原为王某才所有。2001年，因债务纠纷经法院强制执行［执行依据为（2001）秭执字第300-2号民事裁定书］，将该房屋的第二、三层抵偿给其债权人，后张某、王某六分别通过继承和支付对价的方式获得该房屋相应部分的占有、使用权，并在此长期居住，形成了现在王某才、张某、王某六三方共同居住使用该房屋的格局，即一楼由王某才所有，二楼靠北的两间正房、两间附属房以及三楼所有房屋均由王某六占有、使用，

二楼靠南的四间正房和三间附属房由张某占有、使用。王某才、张某、王某六以及其家人均在该栋房屋居住生活。案涉房屋位于沙镇溪镇三星大道旁，一楼地面低于三星大道路面，二楼楼面高于三星大道路面，经数级台阶，三星大道路面与二楼房屋楼面相通。房屋东北角的室内有一楼梯，从一楼至楼顶，并与二楼、三楼阳台相通。一楼北边紧靠三星大道开有一通道，使一楼房屋与外界相通。2001 年 8 月，王某才将案涉房屋抵偿债务后，用废旧柜子、沙发封堵了一楼至二楼的楼梯。同年 10 月，王某六将二楼阳台用铝合金及玻璃封闭，改成厨房。2003 年 3 月，王某六在二楼将楼梯封堵，利用楼梯空间改建成卫生间。同时，将靠北边的临街部分台阶修改为小斜坡，用以推行摩托车出入自己的房间。2013 年张某将二楼临街靠南边的空闲地用铝合金、玻璃封闭成房间。王某才认为张某、王某六的改造、封堵行为改变了房屋结构，影响了其居住和出行，侵犯了其权利，诉至法院，请求判令张某、王某六排除妨害、恢复原状。

另查明：1999 年 12 月 22 日，法院对案涉房屋依法进行查封，而王某才于同月 30 日擅自将房屋过户至其子王某名下，法院于 2001 年 8 月 15 日作出裁定，认定王某才与王某之间的房屋过户行为无效。案涉房屋至今未办理集体土地使用权变更登记手续，房屋的土地使用权依然登记在王某名下。

【案件焦点】

张某、王某六改建阳台、楼梯间的行为是否侵犯了王某才的房屋所有权以及对公用设施的使用权。

【法院裁判要旨】

湖北省秭归县人民法院经审理认为：关于二楼、三楼阳台利用问题。第一，从（2001）秭执字第300-2号民事裁定书“在本案执行过程中，除该房第一层由被执行人（即王某才）及其家人享有居住外，经申请执行人王某鼎等四债权人（即王某才的债权人）同意用被执行人的第二、三层房屋清偿债务，不足部分自愿放弃”的表述看，王某才只享有第一层房屋所有权，王某鼎等债权人享有第二、三层房屋所有权与王某六的抗辩主张相符。第二，从房屋结构看，二楼、三楼的阳台除与楼梯相通外，只与王某六、张某的房间相通，且王某六与张某的二楼阳台已做了隔断，相互独立。第三，从阳台功能看，以房抵债前，王某才可通过二楼某一房间经过阳台到二楼其他房间、经过阳台走楼梯下一楼、上三楼及楼顶，此时的阳台具有通行功能。以房抵债后，二楼房间全部归属于他人，王某才无法通过二楼下一楼、上三楼及楼顶，阳台具有独立性、专用性，不再具有通行功能，阳台及二楼以上楼梯对王某六、张某以外的人利用价值不大。相反，一楼住户若随意到二楼、三楼阳台，会增加二楼、三楼住户的不安全感。第四，从王某才早期行为看，在以房抵债后，王某才即用废旧柜子、沙发封堵了一楼至二楼的楼梯，用自己的行为表明，楼梯及阳台对其利用价值不大，放弃了对阳台、楼梯的利用。同时，一楼北边紧靠三星大道开有一通道，方便一楼住户出入。因此，二楼、三楼阳台及二楼以上楼梯，在当时尚无“业主的建筑物区分所有权”法律制度的情况下，王某六、张某独自占有、使用，不违反当时的法律规定，亦不影响王某才的合法权益。为方便生活，王某六将二楼楼梯封堵，改成卫生间，将二楼阳台用铝合金、玻璃封闭，改成厨房，对一楼住户王某才无明显影响，且王某才未提供证据证明，其改造后对房屋结构造成危害。

关于台阶改为小斜坡问题。王某六为方便摩托车出入自己房间，将案涉房屋二楼自己房间门口临街的部分台阶改为小斜坡，系对自己通行道路的合理利用，而对房屋整体结构无影响。王某才认为将台阶改为小斜坡后，推行摩托车对一楼房屋结构造成影响，未提供证据证明，其主张不予支持。

关于楼顶炮楼（注：高出主体屋面部分的建筑，用于晾晒粮食作物、储物、屋顶防漏雨等）归属问题。（2001）秭执字第300-2号民事裁定书载明案涉房屋除第一层由王某才所有外，将第二、三层及相连的附属房抵偿给三位债权人，并明确到人。其中楼顶附属房归属清楚，即王某六辩称其楼顶炮楼等附属房由王某六占有、使用，有事实根据，予以支持。

关于张某在空闲处修建房屋问题。张某将自己进出房间的必经通道、空闲地，用质地较轻的铝合金、玻璃封闭成房间，对王某才的生活及其一楼并无影响，且王某才未提供证据证明该房间建成后对一楼房屋造成危害。至于张某未经批准擅自搭建房屋，系另一法律关系，与本案无关。

综上所述，案涉房屋楼顶炮楼使用权归属于王某六，王某六封堵二楼楼梯修建卫生间、封闭阳台修建厨房、将部分台阶改成小斜坡以及张某擅自将二楼空闲地封闭成房间，未妨碍王某才的生活及其合理利用一楼，王某才亦未提供证据证明王某六、张某的改建行为对房屋造成了危害，王某才要求王某六、张某排除妨害、恢复原状的诉讼请求，无事实根据，难以支持。

需要指出的是，本案虽然定性为排除妨害纠纷，实则是同一楼房上下邻居之间的相邻关系问题。同住一栋楼，各方当事人本应该坚持有利生产、方便生活、和睦友善、互谅互让、充分协商、公平合理、和平相处等原则处理相互关系，在合理利用空间、通行、给排水、排污、防漏等方面，既要考虑自己的现实需要，实现利益最大化，又要顾及相邻各方的感受，既要尊重历史成因，还要依照法律法规办事。

根据《中华人民共和国物权法》第二十八条、第二十九条、第三十条、第三十五条，《中华人民共和国民事诉讼法》第六十四条规定，判决：

驳回王某才的诉讼请求。

王某才不服一审判决，提出上诉。

宜昌市中级人民法院以与一审相同的裁判理由认为，原审认定事实清楚，适用法律正确，王某才的上诉理由均不能成立。依照《中华人民共和国民事诉讼法》第一百七十条第一款第一项规定，判决如下：

驳回上诉，维持原判。

【法官后语】

本案初审系从建筑物区分所有权的角度认定争议房屋的楼梯为王某才和王某六、张某共有部分，阳台为王某六专有部分，判决王某六将占用楼梯空间改建的卫生间拆除，恢复楼梯原状，但该判决被上级法院发回重审。重审后法院认为本案属于相邻关系问题，故从相邻关系的角度分析了王某六的改建行为对王某才的房屋并未造成明显影响及妨害，是对建筑物空间的合理利用，实现了利益最大化，故判决驳回了王某才的全部诉讼请求。因此，本案所讨论的是建筑物区分所有关系的认定以及宅基地房屋是否适用建筑物区分所有权规则的问题。

1. 建筑物区分所有权认定及适用

《中华人民共和国民法典》第二百七十一条规定，业主对建筑物内的住宅、经营性用房等专有部分享有所有权，对专有部分以外的共有部分享有共有和共同管理的权利，该条即对建筑物区分所有权的法律认定。如何认定建筑物区分所有权，简单的理解就是同一建筑物上能成立结构上、功能上独立的空间，且能分属不同的所有人，则能成立建筑物区分所有权，若不能成立独立空间或不能分属不同的所有人，则不能成立。同时，《最高人民法院关于审理建筑物区分所有权纠纷案件适用法律若干问题的解释》第一条、第二条、第三条分别对“业主、专有部分、共有部分”作了解释。

（1）业主。依法登记取得或者依据民法典第二百二十九条至第二百三十一条规定取得建筑物专有部分所有权的人，即可认定为业主。

（2）专有部分。建筑区划内符合下列条件的房屋，以及车位、摊位等特定空间，应当认定为民法典第二编第六章所称的专有部分：具有构造上的独立性，能够明确区分；具有利用上的独立性，可以排他使用；能够登记成为特定业主所有权的客体。

（3）共有部分。建筑物的基础、承重结构、外墙、屋顶等基本结构部分，通道、楼梯、大堂等公共通行部分，消防、公共照明等附属设施、设备，避难层、设备层或者设备间等结构部分；其他不属于业主专有部分，也不属于市政公用部分或者其他权利人所有的场所及设施等。

具体到本案，案涉房屋为王某才在自己宅基地上所建的房屋，各层房屋、楼梯、阳台的功能实际都只供王某才家庭所用，可以认为只是单独一个结构独立、功能独立的空间，各层结构、功能上不具有相互完整的独立性，二、三楼没有修建卫生间、厨房，居住生活功能并不完整，在张某、王某六对楼梯及阳台改建后才具有了功能上的独立性，及区分所有权的基础性条件。同时按现行的法律规定，根据房地一体原则，利用农村集体宅基地所建的房屋转让是有严格限制的，其一就是转让人与受让人须为同一集体经济组织内部的成员，禁止城镇居民在农村购置宅基地。本案中，王某才和张某、王某六分属不同村集体经济组织，张某、王某六虽然分别取得了案涉房屋二、三层的使用权，但不能取得所有权，所以本案不适用建筑物区分所有权的相关规定。

2. 农村宅基地房屋能否适用建筑物区分所有权的规定

笔者认为，对同一农村宅基地房屋分属不同权利人的，如在已建多层多户的小产权房中，建筑物区分所有权规则能否适用要以权利人能否取得房屋所有权为前提。只要权利人未取得房屋所有权，就不能适用建筑物区分所有权的相关规定。买受人对买得的房屋仅有使用权，对建筑物中应当划为共有部分的通道、楼梯、屋顶等部分也仅享有使用权，无共有权，这部分建筑的所有权归房屋的实际所有人所有，不能确定房屋所有权人的归集体经济组织所有。

因此，农村宅基地房屋的所有权人或集体经济组织有权利对房屋及建筑共用部分的楼梯、通道、楼顶等进行改建或进行其他建设，不需要其他使用权人的同意。但使用权人对使用居住的房屋改建需要征得所有权人或集体经济组织的同意，无权对共用部分进行改建，如使用权人出于生产生活的必需，拟进行改建的，房屋所有权人或集体经济组织应当给予便利，允许其进行改建。同时不论是所有权人还是使用权人在进行改建时都应当遵守相邻关系准则的相关内容，按照有利生产、方便生活、团结互助、公平合理的原则，正确处理相邻关系。

编写人：湖北省秭归县人民法院　谭旭

083 建筑物区分所有权中共有部分的范围及使用权的行使

——置业公司诉某酒楼、吴某排除妨害案

【案件基本信息】

1. 裁判书字号

江苏省宿迁市中级人民法院（2015）宿中民终字第02461号民事判决书

2. 案由：排除妨害纠纷

3. 当事人

原告（上诉人）：置业公司

被告（被上诉人）：某酒楼、吴某

【基本案情】

2011年3月8日，吴某采用分期付款方式与置业公司签订了购房预售协议，购买置业公司开发的商业用房，建筑面积651.46平方米，并交纳了首次房款。后吴某开始对某酒楼进行装修，烟道和广告牌以及室内装修相继完工，置业公司、市容管理和环境保护相关部门未予制止。吴某于2012年2月22日登记注册了某酒楼并正式营业。2013年2月27日，吴某与置业公司订立了房屋买卖合同。后吴某将酒店出租给朱某志经营。2014年年底，置业公司使用自己开发的三楼从事餐饮业务。2015年7月，置业公司以某酒楼、吴某经营的酒楼烟道及“某酒店”广告牌影响六层阁楼办公、烟道超出使用范围，侵害了置业公司权利为由提起排除妨害诉讼。

另查：置业公司对于其开发建设的涉案楼栋商业用房第五层整层及阁楼享有所有权，某酒楼的广告牌悬挂在涉案楼栋商业用房第五层及阁楼的外墙上。

【案件焦点】

1. 某酒楼、吴某是否有权在涉案楼房的楼顶平台布置排烟管道；2. 某酒楼、吴某是否有权在涉案楼房的第五层及阁楼外墙上悬挂广告字牌。

【法院裁判要旨】

江苏省沭阳县人民法院经审理认为：首先，吴某购买置业公司商业用房从事酒店经营，其装饰墙外烟道及广告牌的过程不是一天完成的，置业公司未予制止，应认定是明知和认可的，置业公司称某酒楼、吴某擅自搭建广告牌和烟道与事实不符。广告牌和烟道是非动态的，油烟排放于楼房上层空间，置业公司在庭审中出示的证据不能证明置业公司受到了损害以及存在损害后果，且烟道和广告牌也没有影响置业公司对该房屋的使用。其次，根据《中华人民共和国物权法》的规定，室外墙体和楼顶上部空间非置业公司私有空间，某酒店作为共有人，有权使用室外墙体和楼顶上部空间。置业公司要求某酒楼、吴某拆除烟道和广告牌于法无据。最后，置业公司未能提供五层以上阁楼合法性相关证据。且某酒楼的广告牌并未悬挂在置业公司的阁楼墙体上。综上，置业公司的诉讼请求无事实和法律依据，不予支持。

江苏省沭阳县人民法院依照《中华人民共和国物权法》第七十条、第八十四条、第九十一条、第九十二条，《中华人民共和国民法通则》第一百三十四条第一款第一项、第二项，《中华人民共和国民事诉讼法》第六十四条、第一百四十二条之规定，作出如下判决：

驳回置业公司的诉讼请求。

置业公司不服一审判决，提起上诉。江苏省宿迁市中级人民法院经审理认为：根据《最高人民法院关于审理建筑物区分所有权纠纷案件具体应用法律若干问题的解释》第四条规定，业主基于对住宅、经营性用房等专有部分特定使用功能的合理需要，无偿利用屋顶以及与其专有部分相对应的外墙面等共有部分的，不应认定为侵权。本案中，某酒楼、吴某基于对其所有的经营性用房用于经营酒店而布置烟道的合理需要，无偿利用屋顶，不应认定为侵权。置业公司主张烟道安装不符合相关的技术规范，但未提供证据证明，故不予支持。某酒楼、吴某将广告牌悬挂在置业公司专有部分相对应的外墙面上，侵害了置业公司享有的无偿利用其专有部分相对应的外墙面的合法权益。置业公司亦不同意某酒楼、吴某有偿使用，故置业公司对某酒楼、吴某擅自占用置业公司专有部分相对应的外墙面进行经营性活动，有权请求排除妨害。

江苏省宿迁市中级人民法院依据《最高人民法院关于审理建筑物区分所有权纠纷案件具体应用法律若干问题的解释》第三条第一款第一项、第四条、第十四条第一款，《中华人民共和国民事诉讼法》第一百七十条第一款第二项的规定，作出如下判决：

一、撤销沭阳县人民法院（2015）沭民初字第 02672 号民事判决；

二、某酒楼、吴某于本判决生效之日起十日内拆除悬挂在商业用房第五层和阁楼外墙上的“某酒店”广告字牌；

三、驳回置业公司的其他诉讼请求。

【法官后语】

本案涉及的主要问题是：作为区分所有建筑物共有权人的业主对建筑物共有部分的使用权的认定及行使。

在我国，建筑物区分所有权是不动产所有权的一种，我国原《中华人民共和国物权法》（以下简称《物权法》）和现行的《中华人民共和国民法典》（以下简称《民法典》）均用专章进行了规定并且现行《民法典》对此基本采纳、吸收了原《物权法》的规定。建筑物区分所有权的内容主要包括区分所有建筑物专有部分的单独所有权、共有部分的共有权和因区分所有权人的共同关系所产生的成员权（或者称管理权）。其中，共有权是指以区分所有建筑物的共用部分为标的物，全体业主共同享有的不可分割的共同共有权。本案的争议焦点问题之一便是某酒楼和吴某对楼房外墙及楼顶平台共有部分是否享有使用权。

要回答上述问题，首先需要明确共有部分的范围。根据我国原《物权法》和《最高人民法院关于审理建筑物区分所有权纠纷案件具体应用法律若干问题的解释（2009）》（以下简称《建筑物区分所有权司法解释（2009）》）的规定，共有部分的范围笼统地讲是专有部分以外的建筑物的其他部分。原《物权法》第七十二条第一款规定："业主对建筑物专有部分以外的共有部分，享有权利，承担义务；不得以放弃权利不履行义务。"业主对共有部分享有的权利包括：使用权、收益共享权、处分权、物上追及权等；业主对共有部分负有的义务包括：维护现状的义务、不得侵占的义务、按照共用部分的用途使用的义务、费用负担义务等。其中，业主对共有部分的使用权是指业主有权按照共有部分的种类、性质、构造、用途，使用共有部分，其他业主不得限制和干涉。至于如何使用，应当依照共有部分的性质而定，也可以依照约定来处理，或者为共同使用，或者为轮流使用。违反使用用途的为不当使用，应当按照规约处理，停止不当使用，造成损失的应当赔偿。对此，现行《民法典》在第二百七十三条沿用了原《物权法》的规定，仅仅在条文表述上进行了完善。同时，《建筑物区分所有权司法解释（2009）》第四条也规定："业主基于对住宅、经营性用房等专有部分特定使用功能的合理需要，无偿利用屋顶以及与其专有部分相对应的外墙面等共有部分，不应认定为侵权。但违反法律、法规、管理规约，损害他人合法权益的除外。"虽然，最高人民法院于2020年12月23日根据该院审判委员会第1823次会议通过的《最高人民法院关于修改〈最高人民法院关于在民事审判工作中适用《中华人民共和国工会法》若干问题的解释〉等二十七件民事类司法解释的决定》对《建筑物区分所有权司法解释（2009）》进行了修正，但修正后的解释承继了《建筑物区分所有权司法解释（2009）》第四条的规定，在条文上先后没有变化。

本案中，吴某购买了置业公司商业用房，与置业公司均为涉案楼房的共有权人，对该楼房的共有部分均享有使用权和收益权。吴某将其购买的商业用房出租给某酒楼，某酒楼基于租赁关系，也就享有了该楼房共有部分的使用权。屋顶是该楼房的共有部分，某酒楼和吴某对于该楼房的屋顶享有无偿利用的权利。因此，某酒楼、吴某基于对其所有的经营性用房用于经营酒店需布置烟道的合理需要，无偿利用屋顶，不应认定为侵权。但是，某酒楼、吴某在该栋楼房的第五层和阁楼没有相对应的专有部分，其对于该栋楼房的第五层和阁楼的外墙面不享有无偿利用权。因此，某酒楼、吴某将"某酒店"广告字牌悬挂在置业公司专有部分相对应的外墙面上，侵害了置业公司享有的无偿利用其专有部分相对应的外墙面的合法权益。置业公司亦不同意某酒楼、吴某有偿使用，故置业公司对某酒楼、吴某擅自占用置业公司专有部分相对应的外墙面进行经营性活动，有权请求排除妨害。

编写人：新疆生产建设兵团第八师中级人民法院　王德顺

江苏省宿迁市中级人民法院　刘宗强

084　《集体土地建设用地使用证》在宅基地纠纷中的证明效力

——李某枝诉张某排除妨害案

【案件基本信息】

1. 裁判书字号

北京市第一中级人民法院（2015）一中民终字第 09534 号民事判决书

2. 案由：排除妨害纠纷

3. 当事人

原告（被上诉人）：李某枝

被告（上诉人）：张某

【基本案情】

李某枝与张某均系延庆区刘斌堡乡刘斌堡村村民，李某枝家院北原为刘某英家，刘某英家院北是张某家。1982 年张某购买了刘某英北房三间，此后将其自家老房和刘某英家房屋拆除后新建房屋及院墙。现李某枝与张某相邻而居，李某枝家居南，张某家居北。李某枝家的北房归其与丈夫刘某珍（已故）所有，建成已有50年，始终没有变化。经法院现场勘查，李某枝院落南北长11.5米，其北房后4米土地范围均在张某院中。张某在李某枝北房后4米范围内的西侧建有厕所，东侧搭建了养鸡棚，并在中间种植蔬菜，菜地的最南侧与李某枝家北房相距1米。2014年6月10日李某枝诉至法院，以其北房后4米范围为自家宅基地为由，请求法院判令张某将其北房后4米范围内的厕所、鸡舍、蔬菜等地上物全部清走。法院于2014年12月18日作出（2014）延民初字第03775号民事裁定书，以李某枝与张某之间的争议属于土地使用权争议，应由人民政府解决为由裁定驳回李某枝起诉。李某枝不服裁定，上诉至北京市第一中级人民法院，该院经审理后作出（2015）一中民终字第01883号民事裁定书，裁定撤销延庆区人民法院（2014）延民初字第03775号民事裁定，指令延庆区人民法院审理。

在诉讼中，李某枝提交1986年6月26日盖有延庆区刘斌堡人民公社刘斌堡大队管理委员会公章的批单一张，记载："刘××在下列地段建筑房屋：坐落城里头，东西16.5米，南北15.5米，东至墙根、西至外墙皮、南至墙根、北至关道，经办人：康××、卫××"；1994年政府颁发的集体土地建设用地使用证，其上记载："土地使用者：刘某珍，东西为16.5米，南北为15.5米……北至房后4米处"。张某均不认可上述两份证据的效力。据查，李某枝提交的1986年公社批单将诉争4米宅基地使用权批给了李某枝建房，但据原村干部证实，此批单是公社不知道刘某英已经把房屋卖给张某的情形下作出的。

张某提交1982年签订的买卖契约1张，其上记载："张某买刘某英北瓦房三间，南北15.5米，东西16.7米……南至×珍滴水"。对此，李某枝认为大队在1986年把诉争的4米土地调给了自己，并且政府在1994年颁发的集体土地建设用地使用证已经对此进行了确认。

另查，张某因不服延庆区人民政府土地行政登记，向法院提起行政诉讼，其认为延庆区政府未查明财产来源，将宅基地使用权错误地登记在刘某珍名下，侵犯其合法权益。延庆区人民法院审查后发现被诉具体行政行为自作出之日起至起诉人提起诉讼之时已超过20年，故裁定对张某的起诉不予受理。张某不服提出上诉，北京市第一中级人民法院驳回其上诉，维持一审裁定。

【案件焦点】

《集体土地建设用地使用证》在涉及农村宅基地纠纷案件中的证明效力问题。

【法院裁判要旨】

北京市延庆区人民法院认为，本案中，李某枝起诉要求张某腾退其北房后4米范围内的地上物，张某亦对诉争土地主张合法使用权，本案双方当事人争议的实质是要求明确宅基地使用范围，为物权请求权纠纷，物权请求权纠纷不适用诉讼时效，且该案原本经过延庆区人民法院以及北京市第一中级人民法院审理，故对张某认为李某枝的起诉超过诉讼时效期间的抗辩理由不予采纳。

当事人对自己提出的诉讼请求所依据的事实或者反驳对方诉讼请求所依据的事实有责任提供证据加以证明，没有证据或者证据不足以证明当事人的事实主张的，由负有举证责任的当事人承担不利后果。本案中，张某与刘某英签订的买房契约是在1982年，契约上载明“南至×珍滴水”，且有李某枝丈夫刘某珍签字确认，由此可知，李某枝是知道且认可诉争的4米宅基地使用权归张某使用。虽然李某枝提交的1986年公社批单将诉争4米宅基地使用权批给李某枝建房，但据原村干部证实，此批单是公社不知道刘某英已经把房屋卖给张某的情形下作出的；另李某枝提交的1994年集体土地建设用地使用证虽载明诉争4米宅基地使用权归李某枝使用，但是在登记时并没有作为邻居的张某签字认可。因此，集体土地建设用地使用证不能作为土地确权的唯一依据。

李某枝与张某使用房屋宅基地应当尊重历史、照顾现实。被告在1982年买房后就实际使用诉争4米宅基地至今，其间陆续建造起厕所、鸡舍并种植蔬菜等，且张某买房时，李某枝的丈夫在协议中签字认可张某家房屋四至南至李某枝家北房滴水。妨害物权或者可能妨害物权的，权利人可以请求排除妨害。但无法证明存在妨害事实的，主张权利的人应当承担败诉责任。李某枝以《集体土地建设用地使用证》为主要依据，认为张某侵占了李某枝的宅基地，但综合考虑李某枝和张某陈述以及相关证据，法院认为该证据证明力不足以支持李某枝的诉讼请求。

北京市延庆区人民法院依据《中华人民共和国民事诉讼法》第六十四条，《最高人民法院关于民事诉讼证据的若干规定》第二条之规定，判决如下：

驳回李某枝的诉讼请求。

李某枝提起上诉。北京市第一中级人民法院认为，现行《中华人民共和国土地管理法》于1986年6月25日第六届全国人民代表大会常务委员会第十六次会议通过，而本案中的房屋买卖契约签订于1982年10月31日。基于上述事实，因本案中房屋买卖契约签订之时，《中华人民共和国土地管理法》尚未颁行，而在房屋买卖契约订立时，李某枝的丈夫刘某珍作为房屋买卖契约的证明人，足见刘某珍对房屋买卖契约中约定的事实并无异议，而在房屋买卖契约中，明确载明了买卖后房屋的四至，虽集体土地使用权证书上载明的房屋四至与买卖契约中的约定并不一致，但造成该事实出现的责任，并不在张某一方，尽管李某枝在二审期间提交了北京市国土资源局延庆分局出具的证据与李某枝的证人证言，但基于上述理由，加之李某枝提交的集体土地使用权证书在办理过程中并没有经过四邻的签字确认，故原审法院基于在《中华人民共和国土地管理法》颁行之前，在集体土地使用权证书形成之前的房屋买卖契约作出判决，尊重历史，尊重当事人的意思自治，符合社会之公序良俗，对本案的处理结果适当，法院对原审判决结果予以维持。

北京市第一中级人民法院依据《中华人民共和国民事诉讼法》第一百七十条第一款第一项之规定，判决如下：

驳回上诉，维持原判。

【法官后语】

1986年颁布的《中华人民共和国土地管理法》第十一条规定："土地的所有权和使用权受法律保护，任何单位和个人不得侵犯。"1994年我国县级土地管理部门开始为农村集体经济组织成员颁发《集体土地建设用地使用证》（以下简称土地证），此证记载了集体经济组织成员宅基地的四至及面积，长期被作为确认集体经济组织成员宅基地范围的最权威的证明。人民法院在审理涉及宅基地纠纷的案件中亦十分认可此证的证明效力，但是长期的审判实践已经证明了此证的证明力值得商榷。例如，此证当初颁发的初衷是否系集体经济组织成员宅基地的确权依据，即是否系效力性行为？此证在颁发的过程中普遍存在的严重不规范的问题，那么存在严重瑕疵的土地证是否可以作为证据使用？此证系1994年由人民政府颁发，距今已超过20年，如若当事人针对此证提起行政诉讼则会因超过时效而被裁定不予受理，那么如果因不可归责于当事人的原因无法在起诉期间内针对侵害自身权益的土地证提起行政诉讼，对于该当事人是否公平？

本案争议的焦点在于张某与李某枝婆婆刘某英之间签订的涉及宅基地使用权的买卖契约之效力能否对抗李某枝持有的土地证之效力。从本案案情可以看出，张某取得4米宅基地使用权在前，且有李某枝丈夫刘某珍证明，李某枝必定知晓这一事实。而后，村大队在不知情的情况下作出了错误的批示，政府颁发的土地证亦出现错误，既未为张某颁发土地证，亦将4米的宅基地划归给了李某枝家，且在四邻确认一栏无张某签字。故应认为此土地证存在严重瑕疵，其关于此4米宅基地使用权归属的证明力亦值得商榷。另外，当初政府颁发土地证究竟系效力性行为还是管理性行为？对此应当结合政府颁证的目的、程序等综合认定。政府在颁发土地证之前并未进行明确的确权，颁发过程中亦存在严重的不规范问题，故政府颁发此证的初衷只是为了更好地管理，并不是对土地进行确权。本案还出现一个今后法官在审理此类纠纷中必将面对的一个问题：若一方当事人无土地证，另一方当事人私下持有土地证且土地证登记的面积包括了对方宅基地的面积，现持有土地证的当事人依据此证主张权利，那么即使双方之间的土地现状自颁证之前至今未发生变化，无证一方当事人亦会因超过时效，而无法通过行政诉讼撤销对方当事人的土地证。如果此时仍认定土地证的证明力则会严重侵害无证当事人的权利。

综上，在审理农村集体经济组织成员之间涉及宅基地纠纷的案件中不应奉土地证为圭臬，而应综合考虑双方之间的约定，尊重土地使用的历史、现状等因素综合考量，唯此才能以事实为依据，公正地保护当事人的合法权利。

编写人：北京市延庆区人民法院　唐晓韬

085　有无实质损害对能否适用排除妨害请求权的影响

——广告公司诉钟某禄、陈某文排除妨害请求权案

【案件基本信息】

1. 裁判书字号

黑龙江省哈尔滨市中级人民法院（2014）哈民一民终字第141号民事判决书

2. 案由：排除妨害请求权纠纷

3. 当事人

原告（被上诉人）：广告公司

被告（上诉人）：钟某禄、陈某文

【基本案情】

2013年6月15日，广告公司与谷物公司签订协议书，协议约定，广告公司取得谷物公司南侧路边广告牌位置和企业展厅北大墙墙面广告位置的使用权，广告公司必须在2013年7月5日前完成广告牌的安装，否则将承担违约责任。广告公司在6月20日安

装广告牌的过程中受到钟某禄、陈某文的阻拦，在9月10日再次安装的过程中又受到二被告的阻拦，致使安装无法完成。二被告认为安装的广告牌的位置处于谷物公司与被告土地使用权的交界处，构成相邻关系，且部分广告牌的钢柱安装在了被告的土地上，妨碍了被告的经营和房屋及人员的安全。

【案件焦点】

1. 原告是否具有诉讼主体资格；2. 原告安装广告牌的行为是否对被告造成实质损害。

【法院裁判要旨】

黑龙江省五常市人民法院经审理认为，原告与谷物公司签订制作并无偿转让广告牌使用权的协议有效，应受法律保护，原告对阻止其安装的被告具有诉讼主体资格。被告以原告安装广告牌未经相关部门批准而不具合法性，并自行阻拦原告安装的行为已构成侵权，应停止侵权行为，故原告要求排除妨碍，被告停止阻止安装广告牌行为的诉求，符合法律规定，法院予以支持；被告认为广告牌侵害其权益，拦阻原告安装广告牌，但被告未提交广告牌给其造成实质损害的充分有力的证据，其辩解不予支持。若广告牌安装完毕后确给被告造成相应损害，被告可依法主张权利。

黑龙江省五常市人民法院依据《中华人民共和国民法通则》第五条，《中华人民共和国侵权责任法》第六条第一款、第十五条第一款一、二项之规定，作出如下判决：

钟某禄、陈某文于本判决书生效后立即停止阻止广告公司安装广告牌的行为。

钟某禄、陈某文持原审起诉意见提起上诉。哈尔滨市中级人民法院经审理认为：广告公司依据广告牌使用权协议安装广告牌，是其正常的民事行为。在其安装广告牌期间，受到钟某禄、陈某文的阻拦，使其合法的民事行为无法实现，故其具备诉讼主体资格，一审判决对此认定正确。广告公司举示的证据可以证明其安装的广告牌已经得到政府有关部门的同意，故应认定广告公司安装广告牌的行为具有合法性。钟某禄、陈某文主张自行阻拦广告公司安装广告的行为是防止广告公司对自己侵权，理由不能成立。由于广告公司安装的广告具有合法性，所以钟某禄、陈某文阻拦广告公司安装广告的行为，已构成侵权，故广告公司要求排除妨碍的诉讼请求，符合法律规定，应予支持，一审判决对此认定并无不当。广告公司安装广告牌的行为并没有构成对钟某禄、陈某文的实质损害。驳回钟某禄、陈某文关于一审判决认定广告公司安装广告的行为不具有合法性以及认定广告公司安装广告的行为是侵权行为的上诉主张。

广告公司安装广告的行为是基于其与谷物公司签订的制作并无偿转让广告牌的使用权的协议，根据《中华人民共和国物权法》第一百一十七条关于"用益物权人对他人所有的不动产或者动产，依法享有占有、使用和收益的权利"的规定，广告公司已经取得涉案争议安装广告土地的用益物权，依法享有占有、使用的权利，钟某禄、陈某文在广告公司安装广告的过程中，实行阻拦，侵害了广告公司的合法权益，根据《中华人民共和国侵权责任法》第六条关于"行为人因过错侵害他人民事权益，应当承担侵权责任"的规定，钟某禄、陈某文应当停止侵权行为。一审判决引用《中华人民共和国民法通则》第五条以及《中华人民共和国侵权责任法》第六条、第十五条的规定，并无不当。

综上，一审判决认定事实清楚，适用法律正确。依照《中华人民共和国民事诉讼法》第一百六十九条、第一百七十条第一款第一项之规定，判决如下：

驳回上诉，维持原判。

【法官后语】

本案处理重点主要在于对诉讼主体资格和实质损害的理解，根据《中华人民共和国民法典》第三百二十三条关于“用益物权人对他人所有的不动产或者动产，依法享有占有、使用和收益的权利”的规定，可以确定广告公司享有争议广告土地的用益物权，具有诉讼主体资格，在此不再详加论述。

本案的核心是对排除妨害中的实质损害的理解，即广告公司安装广告牌的行为是否给钟某禄、陈某文带来实质损害。排除妨害，是指妨害他人行使民事权利或者享有民事权益的被侵权人有权请求侵权人排除妨害。排除妨害请求权的构成要件有二：一是存在妨害状态；二是妨害状态具有不正当性。其中，其妨害状态应已对被侵权人造成了实质损害，即已对被侵权人的人身、财产或生产、生活产生了不可忽略的不利影响。只有当不正当的妨害状态对被侵权人产生了这种实质的不利影响时，才构成实质损害，行使排除妨害请求权才有了事实上的依据。《中华人民共和国民法典》第二百三十六条规定，“妨害物权或者可能妨害物权的，权利人可以请求排除妨害或者消除危险。”据此，所谓妨害，可能是已经实际发生的，也可能是具有发生的现实可能性。

本案中，广告公司安装广告牌的位置的确与钟某禄、陈某文的土地存在相邻关系。钟某禄、陈某文主张，广告公司安装的广告牌从长度上、高度上都非常大，因广告牌幅面过大，使得他人无法清楚看到或识别其自家的牌匾标识和广告宣传牌，给自己的经营造成很大影响。同时该广告牌一旦倾倒，将对自己的房屋及人员的安全产生威胁。但实际情况是，广告公司安装的广告牌尚未制作完毕，对钟某禄、陈某文的牌匾及广告实际遮挡尚未形成，且钟某禄、陈某文未举证证明两处广告面积、高度及所处位置具有遮挡的必然性，故不能确定广告公司安装的广告牌对钟某禄、陈某文的牌匾及广告的使用造成不可忽略的不利影响，即物权妨害状态尚未形成时，不能认定实质损害已经构成。同时，双方争议发生时，是在广告公司安装广告牌的初始阶段，在广告牌尚未制作完毕的情况下，无论是广告牌倾倒的偶然性还是必然性都无评价的基础，钟某禄、陈某文只从为了避免广告倾倒从而防止广告公司对自己造成侵权的角度出发，即要求广告公司停止施工，其事实依据过于牵强，即这种物权妨害的可能性尚不成立，更不能认定实质损害已经构成。因此，钟某禄、陈某文并未对广告牌“遮挡”或“倒塌”的实际发生或具有发生的现实可能性提供证据，法院无法对其主张的妨害可能性进行认定，其依此主张广告公司排除妨害的理由不能成立。

当然，若钟某禄、陈某文日后能够证明广告公司安装的广告牌对其造成了实质损害，则其有权依法请求广告公司排除妨害。

编写人：黑龙江省五常市人民法院　王忠良

086 商铺包租到期后小业主之间权利冲突的处理原则

——林某等诉投资公司排除妨害案

【案件基本信息】

1. 裁判书字号

上海市第二中级人民法院（2013）沪二中民二（民）终字第50号民事判决书

2. 案由：排除妨害纠纷

3. 当事人

原告（上诉人）：林某、胡某章、胡某铃、苏某娣（以下简称林某等4人）

被告（被上诉人）：投资公司

【基本案情】

2004年10月，商业公司通过招拍挂形式获得宝山区高境镇殷高西路北侧64054平方米商业用地开发权，开发建设“商贸中心”项目，总建筑面积98545平方米。商贸中心由殷高西路333号和555号两幢大楼组成。林某等4人于2008年1月9日向商业公司购买了殷高西路333号2377室商铺，价格289773元，建筑面积18.21平方米，并经登记为产权人。购房同时，林某等4人与购物中心公司签订商铺委托经营合同，委托经营期限自商贸中心开业起三年，最迟至2011年10月28日止。商贸中心开业后，一直经营不佳。2011年9~10月，投资公司向广大业主发函并提供格式化的委托经营管理合同，表示因购物中心公司对商场经营管理不善，委托经营合同期限已届满，故商业公司另行委托投资公司对整个商场重新进行整体规划、招商经营，希望广大小业主与投资公司签订10年期的委托经营管理合同。该合同主要内容：小业主将商铺委托给投资公司经营，投资公司可完全自主决定经营并对商铺进行装修、宣传等，投资公司按照小业主初次购买商铺合同金额的一定比例向小业主支付回报，前三年为每年4%，此后数年逐步递增至每年9%。2011年11月，投资公司将整个商场清空，安排保安进行管理，不允许闲杂人员进出，业主出入需办登记，并在商场沿街一侧搭建隔离板。目前殷高西路333号商场外立面改建已基本完成，555号商场外立面改建正在进行。

另查明，商贸中心项目竣工后，商业公司将该项目两幢大楼一、二层的41300平方米，共1798个独立商铺销售给1277户业主，林某等4人系其中一户业主。两幢大楼的其余楼层均归商业公司所有。截至2012年11月，分割销售的商铺中，已有1605套对应1000余户产权人与投资公司签订了委托经营管理合同，尚余193套商铺对应100余户产权人未签订合同。投资公司已经对签约业主支付回报款。

林某等4人因认为投资公司给予的回报率太低，未与投资公司签署合同，并认为投资公司擅自封锁商场造成业主无法实现对商铺的管理、使用、收益和处分的权利，故起诉要求投资公司撤除对殷高西路333号商场外围的隔离板等搭建物，并按照每月1500元标准赔偿2011年11月至排除妨害日止的租金损失。

投资公司辩称其系根据商场90%以上业主的委托对商场进行

管理，并制作了商场的整体改造、重新招商经营的规划。对商场外围设置防护板、配备保安、实行业主登记出入制度均系基于安全考虑，并未限制业主进出商铺，未对业主使用商铺造成实际影响，且该商场因管理不善，早已无法实际经营，林某等4人所述租金损失等均无事实依据。

【案件焦点】

如何处理商铺包租到期后众多业主专有权之间的权利冲突，以及专有权和共有权之间的权利冲突。

【法院裁判要旨】

上海市宝山区人民法院经审理认为，《中华人民共和国物权法》（以下简称《物权法》）第七十六条规定，改建、重建建筑物及其附属设施的应当经专有部分占建筑物总面积三分之二以上的业主且占总人数三分之二以上的业主同意，决定有关共有和共同管理权利的其他重大事项的，应当经专有部分占建筑物总面积过半数的业主且占总人数过半数的业主同意。本案所涉商贸中心的绝大部分业主已经以签订委托经营管理合同的方式一致同意由投资公司对商场进行管理并实施必要的装修、改建行为，以便更好地开展经营活动获取相关收益，因此可以认定投资公司有权对商场进行管理、装修。本案中投资公司根据绝大多数业主的授权所实施之管理行为，不构成对林某等4人的不法侵害，另外，鉴于该商贸中心原先的经营困境及无物业管理单位等客观情况，投资公司实施一定的管理行为具有合理性和必要性。故法院对林某等4人要求投资公司排除妨碍、赔偿损失等诉讼请求，不予支持。

上海市宝山区人民法院依照《物权法》第七十六条之规定，判决如下：

林某等4人要求投资公司排除妨碍、撤除对殷高西路333号商场外围的隔离板等搭建物，并按照每月1500元标准赔偿2011年11月至排除妨害日止的租金损失等诉讼请求，不予支持。

一审判决后，原告提出上诉。上海市第二中级人民法院审理后认为，原审法院根据相关证据和法律认定投资公司有权对案涉商场进行管理、装修的意见，法院赞同。因林某等4人与购物中心公司签订的商铺委托经营合同期限已于2011年10月届满，商铺承租户均已离场，现客观上商场不具备整体开业经营的条件，投资公司依据绝大部分业主的授权对商场实施管理及必要的装修、改建行为，符合商场整体规划利用的需要，并未构成对林某等4人的侵权，林某等4人主张租金损失缺乏依据。签约业主取得投资公司支付的租金系根据合同约定将其商铺交由投资公司统一经营管理而取得的合同对价，林某等4人现并未签约，其据此主张租金损失亦缺乏依据。且林某等4人未提供证据证明因投资公司的管理活动致林某等4人客观存在租金损失的事实。综上所述，原审认定事实清楚，判决并无不当。

上海市第二中级人民法院依照《中华人民共和国民事诉讼法》第一百七十条第一款第一项之规定，判决如下：

驳回上诉，维持原判。

【法官后语】

1. 投资公司对商场的管理是否具备合法性

《物权法》第七十条规定（现为《中华人民共和国民法典》（以

下简称《民法典》）第二百七十一条)，业主对建筑物内的住宅、经营性用房等专有部分享有所有权，对专有部分以外的共有部分享有共有和共同管理的权利。第七十六条规定，改建、重建建筑物及其附属设施的应当经专有部分占建筑物总面积三分之二以上的业主且占总人数三分之二以上的业主同意，决定其他重大事项的，应当经过半数的业主同意（现改为《民法典》第二百七十八条，业主比例为：经参与表决专有部分面积四分之三以上的业主且参与表决人数四分之三以上的业主同意)。目前，投资公司已经与绝大多数业主签订委托经营管理合同（符合目前《民法典》的比例要求)，符合法律规定的对建筑物进行管理或改建的相关规定，故应当认定该公司对商场的管理具有合法性。从客观现实来看，购物中心公司撤离后，整个商场基本停业，没有实际管理者，众多小业主也不可能自发组织进行管理，不论投资公司有何营利目的，仅仅就安全角度而言，该公司在商场停业期间对商场进行管理也具备充分的合理性和必要性，林某等业主认为该公司无权管理商场，显然不能采信。

2. 少数业主权利冲突处理的基本原则

《物权法》第七十一条规定（现改为《民法典》第二百七十二条)，业主对其建筑物专有部分享有占有、使用、收益和处分的权利。业主行使权利不得危及建筑物的安全，不得损害其他业主的合法权益。林某等人作为商场中某一商铺的专属所有人，理论上享有所有权的一切权能，但事实上不同专有权人之间的权利及专有权和建筑物整体权利之间都是相对独立又高度统一的辩证关系。只有建筑物整体权利得以实现，充分发挥整体效益的情况下，专有人的专有权才能真正得到实现。林某等 4 人作为众多业主中的少数，应当充分理解和尊重大多数业主及投资公司为实现商场整体效能而付出的诸多努力。另外，参照《中华人民共和国民法通则》（以下简称《民法通则》）第八十三条（现改为《民法典》第二百八十条、第二百九十条、第二百九十一条、第二百九十二条等条款）关于相邻关系的相关规定，林某等4人对于绝大多数业主赞同的经营管理方案，应提供必要协助之便利，亦应适当容忍对己之不利。当然，整体效能的实现或部分专有人所有权的实现，不能以牺牲或侵害其他专有权人的利益为代价。

3. 本案裁判的合理性剖析

本案中，林某等少数业主拒绝委托投资公司对商场进行统一经营管理，其实质是不同业主之间权利冲突难以调和。商业项目中众多业主之间权利冲突与居住小区中业主之间权利冲突既有相同点又有不同之处。商业项目中业主分散程度较高，利益诉求更加多样化，难以参照居住小区成立业委会或管委会进行管理。宝山法院认为，本案审理首先可以参照《民法通则》第八十三条关于相邻权的相关规定，要求林某等少数业主对于绝大多数业主赞同的经营管理方案，应提供必要协助之便利，不得阻碍其他业主具体实施商场的经营管理活动。其次，林某等少数业主在购买商铺时已经明知该商场必须经统一经营管理才能发挥其实际效益，故其在商铺的实际经营中应适当容忍对己之不利，不得阻碍大部分业主一致同意的经营管理方案之实施。最后，如果林某等少数业主所作出的忍让超过必要范围遭受损失的，可依法主张损害赔偿。根据本案已经查明的事实，商场不具备整体开业经营的条件，投资公司依据绝大部分业主的授权对商场实施管理及必要的装修等，符合商场整体规划利用的需要，并未对林某等少数业主造成实质影响，相反，经过重新规划、装修后的商场整体商业价值可能大幅提升，所有业主均有可能获益，故林某等4人主张赔偿损失，依据不足，不能支持。

4. 本案的现实意义

随着社会的发展，建筑物区分所有已经成为当今社会中所有权的一种常见形式，在这种情形下，建筑物的整体效用如何发挥成为必须面对的法律问题。本案中，通过对法理的剖析，充分论述了建筑物区分所有权情况下处理不同业主之间权利冲突的基本原则，依法维护了相关当事人的合法权利。

编写人：上海市宝山区人民法院　王力

087　未经业主同意在屋顶安装冷却塔行为的性质如何认定
——烟草公司诉集团公司排除妨害案

【案件基本信息】

1. 裁判书字号

福建省厦门市中级人民法院（2011）厦民终字第2477号民事判决书

2. 案由：排除妨害纠纷

3. 当事人

原告（上诉人）：烟草公司

被告（被上诉人）：集团公司

【基本案情】

2008年9月12日，烟草公司向集团公司购买由集团公司开发建设的中心商铺1#1层1F04、1F05、1F06，2层2F04、2F05，2跃3层2F06、2F07、2F08共计8套店面，烟草公司如约一次性支付了全部购房款，集团公司也于2009年年底交付了上述商铺。2010年4月，集团公司按规划设计施工图纸在一期A1地块商铺1的S1－T轴—S1－V轴屋面即烟草公司购买的2跃3层2F06、2F07、2F08商铺屋顶安装两台冷却塔设备。同年5月4日，烟草公司就集团公司安装冷却塔向其发出律师函。双方代表于同月6日进行协商未果。另查，2007年6月30日，厦门市环境保护局关于中心建设项目环境影响报告表批复：该项目符合厦门市城市总体规划、厦门市环境功能区划，从环境管理角度，同意该项目建设。厦门市规划局翔安分局对汇景新城中心工程施工设计图予以核准，该施工设计图上注明了安装冷却塔的位置，即在烟草公司所购商铺的上面。该冷却塔的安装主要用于地下商场的使用。

【案件焦点】

1. 冷却塔安装的安全性及是否影响原告的正常使用；2. 被告安装冷却塔的行为是否侵犯了原告的合法权益。

【法院裁判要旨】

福建省厦门市翔安区人民法院经审理认为：（一）关于焦点一。1. 冷却塔的安装在厦门市规划局翔安分局对汇景新城中心的工程施工设计图中已经予以核准，该施工设计图上注明了安装冷却塔的位置，即在原告所购商铺的上面，说明被告系依照经审批的建筑施工图纸进行施工，该工程在建筑结构上已通过相关部门的验收；2. 设计单位出具的证明，证明了冷却塔的结构主体能满足结构安全的要求，且从现场勘查，亦没有发现对结构具有损坏的现象；3. 原告认为冷却塔的安装对其使用商铺存在安全隐患，但未能提供相应证据予以证明，也未就其主张向法院申请鉴定；4. 原告提出冷却塔对在商铺工作的原告员工的人身安全和健康存在巨大威胁和安全隐患，但因危害事实尚未发生，实际是否具有危害性，原告亦没有证据加以证明，也未就冷却塔的使用过程会造成危害的事项申请进行检测或鉴定。故原告关于冷却塔存在巨大安全隐患的主张，缺乏依据，法院不予采纳。（二）关于焦点二。1. 根据《最高人民法院关于审理建筑物区分所有权纠纷案件具体应用法律若干问题的解释》第二条规定，建筑区划内符合下列条件的房屋，以及车位、摊位等特定空间，应当认定为物权法第六章所称的专有部分：（1）具有构造上的独立性，能够明确区分；（2）具有利用上的独立性，可以排他使用。从本案现场勘查，原告所购商铺顶层应为整栋建筑物的公共部分，不存在相对独立性，也不具备原告专属使用条件，所以安装冷却塔的顶层空间应为共有空间，为小区全体业主共有，不属原告专有。冷却塔的安装应为整个小区的工程配套，与其他建筑构成整体，且经设计单位所设计。2. 原告购买上述商铺，主要在于商铺的使用，被告安装冷却塔的行为，并未影响原告所购商铺的正常使用，即没有侵犯原告的合法权益。故原告关于集团公司安装冷却塔的行为侵犯了其合法权益的主张，缺乏依据，法院不予采纳。

福建省厦门市翔安区人民法院依照《中华人民共和国民事诉讼法》第六十四条之规定，判决如下：

驳回原告烟草公司的诉讼请求。

烟草公司不服，提起上诉。福建省厦门市中级人民法院经审理认为：集团公司在开发汇景新城中心商品房项目安装冷却塔之前已进行安装设计，工程施工设计图经厦门市规划局翔安分局审批。厦门市环境保护局关于汇景新城中心建设项目的环境影响报告亦批复同意该项目建设。厦门市规划局翔安分局对汇景新城中心工程施工设计图予以核准，该施工设计图上注明了安装冷却塔的位置，即在烟草公司所购商铺的屋面。该冷却塔的安装用于地下商场的配套使用，冷却塔属项目的附属设备，包含在整个项目中，因此，集团公司主张其安装冷却塔已事先进行设计审批有相应的依据。本案讼争的是涉及商品房项目有关冷却塔的安装问题，烟草公司依据《GB50157-2003 地铁设计规范》的规定，主张集团公司冷却塔的安装不符合设计规范规定的控制距离等理由不能成立。集团公司出售商品房时是否告知烟草公司其购买房产屋面上已有安装冷却塔设计，属房屋买卖签约时买方是否详细了解所购商品房与汇景新城中心项目整体的配套设施等情况，以及卖方是否充分介绍其出售该商品房项目建设配套设施的争议，烟草公司以集团公司未告知为由，要求集团公司拆除设计安装的冷却塔缺乏事实和法律依据，法院不予采纳。烟草公司所购商铺的屋顶为整栋建筑物的公共部分，不存在相对独立性，也不具备烟草公司专属使用条件，且安装的冷却塔是汇景新城中心商品房项目地下商场使用的配套设施，已事先进行了设计，有利于营造地下商场具备良好的使用环境和充分合理的使用，烟草公司没有证据证明集团公司安装的冷却塔影响其所购房屋的正常使用，其主张集团公司侵犯其财产权的依据不足，法院不予采纳。烟草公司也未提交相关的证据证明集团公司安装的冷却塔存在安全隐患、噪声污染及无法防患或整改、应当予以拆除等相关证据，故原审判决驳回烟草公司的诉讼请求并无不当。综上，原审判决正确，依法应予维持。

福建省厦门市中级人民法院依照《中华人民共和国民事诉讼法》第一百五十三条第一款第一项的规定，判决如下：

驳回烟草公司的上诉，维持原判。

【法官后语】

随着房地产的开发，涉及房地产业主与开发商、业主与物业公司之间纠纷的案件不断增加，如何更好地处理这些案件是法院在审判实践中的一项重要内容。就本案的审理，合议庭认为需要从以下几个方面考虑。

1. 本案讼争屋顶的权属性质，是属于共有部分还是专有部分

“买顶楼就送楼顶花园”是开发商常用的一个营销策略，但是根据《最高人民法院关于审理建筑物区分所有权纠纷案件具体应用法律若干问题的解释》第三条①之规定：除法律、行政法规规定的共有部分外，建筑区划内的以下部分，也应当认定为物权法第六章所称的共有部分：（一）建筑物的基础、承重结构、外墙、屋顶等基本结构部分，通道、楼梯、大堂等公共通行部分，消防、公共照明等附属设施、设备，避难层、设备层或者设备间等结构部分……因此，开发商的这种做法显然与法律规定相违背。本案中，讼争屋顶应属于所有业主共有，原告以本案讼争屋顶是其专有部分，被告未告知原告并经原告同意即在原告所购房产的屋顶安装冷却塔的行为侵犯了原告的专有部分使用权为由，要求被告拆除该冷却塔，不符合法律规定，依法不予支持。

2. 本案开发商在屋顶安装冷却塔是否属于对区分建筑物共有部分的专用使用权；开发商的安装行为对原告是否构成侵权

专有使用权是由全体业主根据实际情况及需要共同约定而设立的，其设定的方式一般有两种：一是根据现行《物业管理条例》之

---

① 对应现行《最高人民法院关于审理建筑物区分所有权纠纷案件适用法律若干问题的解释》第三条。

规定，由全体业主经业主大会程序在公约或特定事项的决定中设定，如在屋顶或楼面设立广告牌，收益归全体业主所有；二是开发商在出售房屋时在预售（买卖）合同中约定，顶层业主对于屋顶的专有使用权。但是，对于这两种设定方式均需以不损及业主专有部分功用为前提。本案中，无论是开发商还是全体业主大会均未在讼争屋顶部分设置专有使用权，因此，原告并未拥有该屋顶的专有使用权。

对于开发商，其是否有权在讼争屋顶安装冷却塔？笔者知道，建筑物区分所有权之间的相邻关系，包括专有部分之间的相邻，也包括专有部分与共有部分的相邻，无论是对共有部分的使用还是对专有部分的使用都不得侵害其相邻部分的合法权益。若对特定业主的物权造成妨害，权利人有权要求其承担排除妨害、赔偿损失等法律责任。本案中，原告关于被告在屋顶安装冷却塔侵犯了其权利，具有极大安全隐患的主张能否成立？首先，被告在原告所购商铺上面安装冷却塔，在安装上对该商铺的建筑结构未造成实际损害，被告亦举证证明该冷却塔的安装系小区配套需要，已经规划部门在设计图纸上确认许可，且小区已经厦门市环境保护局关于汇景新城中心建设项目环境影响报告批复同意，冷却塔的安装没有违反法律规定。其次，原告在内的所有业主在购买商铺时，对于该设计应该是知情的，但在购买时并未提出异议，虽然根据法律的规定，在购买或租赁过程中明知危害的存在，在履行过程中产生的危害超过其预知的程度，可以解除相关的合同。但是，在本案审理过程中，原告并未就该冷却塔对其存在安全隐患或危害向法院提供有利的证据予以证明，也未申请相关鉴定，应承担举证不能的后果。因此，原告的诉求没有事实与法律依据，法院依法予以驳回。

编写人：福建省厦门市翔安区人民法院　曾国量

088 侵害土地承包经营权行为的认定与承担责任方式的选择

——王某某诉龙某甲、龙某乙排除妨害案

【案件基本信息】

1. 裁判书字号

四川省达州市中级人民法院（2010）达中民终字第434号民事判决书

2. 案由：排除妨害纠纷

3. 当事人

原告（被上诉人）：王某某

被告（上诉人）：龙某甲、龙某乙

【基本案情】

1992年，四川省宣汉县某乡人民政府为发展农村经济，决定在该乡一村四社即现L村第四村民小组兴建果园。该乡一村四社于1992年10月15日、1993年10月21日分两次将龙某甲、龙某乙之母罗某在该果园内的土地予以调换，并在本社其他地点为罗某补足了土地。后该果园土地属该乡一村四社集体所有。1992年10月1日，该乡一村四社与本乡六村八社村民袁某某签订《承包合同》，约定由袁某某承包经营该果园10年。合同到期后，袁某某于2001年10月30日又与该社签订承包该果园合同，期限5年，至2006年10月30日止。在承包经营期间，袁某某修建了猪圈一间。承包经营期满，袁某某未与现L村第四村民小组续签合同。2006年10月31日，王某某与L村第四村民小组签订《租用地协议》，协议约定由王某某承包该果园发展移植根雕花卉和其他用途，承包期限为50年。

2009年9月，龙某甲、龙某乙未经国土资源局及住房和城乡规划建设局审批，强行在果园靠近袁某某修建的猪圈处打地基，与王某某发生纠纷。同月22日，该乡人民政府组织双方召开当事人座谈会。会后，该乡人民政府的《会议纪要》载明："一、土地性质是属于集体，应由农业社发包给本经济组织成员经营，经过村民大会或村民代表讨论同意，也可发包、出租给本经济组织以外的成员经营。L村第四村民小组同王某某签订的土地租用协议应当有效。二、为了切实保护耕地，任何单位和个人未经批准，擅自改变土地用途都是违法行为，必须立即纠正，将该果地打成屋基自建或变卖的行为，必须立即停止。三、凡个人申请在争议地批地基自建房屋，必须把纠纷调解妥当，否则不予以审批。四、责成L村村委会对果地争议进行认真调处，达成一致意见。纠纷调处前，该地块必须保持原貌，如不听劝阻，擅自改变妥当用途，将对当事人按土地管理法相关法规给予从严处罚。"2009年9月27日，王某某起诉至人民法院，要求龙某甲、龙某乙立即停止对其承包果园土地使用权的侵害并排除妨害、恢复原状。

【案件焦点】

1. 龙某甲、龙某乙未经许可强行开挖地基的行为是否构成对王某某土地承包经营权的妨害；2. 龙某甲、龙某乙应承担何种责任。

【法院裁判要旨】

四川省宣汉县人民法院认为：原告王某某与L村第四村民小组签有《租用地协议》，并按协议约定给付了租金，可以认定该协议是一份租赁经营合同，应受《中华人民共和国合同法》的调整。故被告龙某甲、龙某乙以原告王某某非本集体经济组织成员，无权承包该果园且本案应适用《中华人民共和国农村土地承包法》（以下简称《农村土地承包法》）的反驳主张不成立。原一村四社在兴建果园时，对案外人罗某在该果园范围内的承包土地予以了调整，在该社其他地点给案外人罗某补足了因兴建果园所占用的承包土地。此后，案外人罗某在该果园所辖范围内再无承包土地，故该争议果园的土地应归L村第四村民小组集体所有。被告龙某甲、龙某乙未经许可，强行在原告王某某租赁经营的果园开挖地基，侵犯了原告王某某的经营管理权。因此，本案的实际侵权人应为龙某甲、龙某乙。

一审法院依法作出如下判决：被告龙某甲、龙某乙立即停止对原告王某某租赁经营的果园的土地使用权的侵害并排除妨碍，恢复原状。

龙某甲、龙某乙不服一审判决，提起上诉。四川省达州市中级人民法院经审理确认了一审法院认定的事实和证据，但考虑到龙某甲、龙某乙已开挖之处并未实际形成建房地基，仍可栽植树木、花卉等，恢复原状无实质性意义，故改判上诉人龙某甲、龙某乙立即停止对被上诉人王某某租赁经营的果园的租赁经营权和土地使用权的侵害并排除妨碍。

【法官后语】

本案虽是一起普通的民事案件却具有典型意义。由于种种原因，在我国广大农村地区确实存在着大量类似于本案的情况。据新闻媒体报道，目前我国存在非法占用农业用地的情况，加之相关法律法规对农村土地流转的态度几经变换，使得一些不法分子利用各种手段规避法律。《中华人民共和国农村土地承包法》（以下简称《农村土地承包法》）允许农民将集体所有的土地承包给本组织之外的单位或个人。[①] 2004年，国务院颁布《关于深化改革严格土地管理的决定》，其中有关于“农民集体所有建设用地使用权可以依法流转”的规定，强调“在符合规划的前提下，村庄、集镇、建制镇中的农民集体所有建设用地使用权可以依法流转”。随后2005年3月15日，《农村土地承包经营权流转管理办法》[②] 细化了农村土地流转的具体操作方法。但是在各地具体实施过程中，却存在着大量违法违规用地的现象。如有些地方以各种名义把耕地非法转换为建设用地，甚至利用“以罚代批”的形式变相地非法在耕地上大兴土木。因此，如何处理好允许农村土地流转与保护农业用地不被变相挤占的关系显得尤为重要。《中华人民共和国民法典》（以下简称《民法典》）给出了农村的土地集体所有权、农户的承包权、土地的经营权分置并行，最大化利用土地的解决答案，既明确严格保护承包权，维护好承包农户使用、流转承包地的各项权益，又加快放活土地经营权，赋予新的经营主体更大的土地经营权。《民法典》第三百三十九条规

① 《农村土地承包法》第五十二条规定：发包方将农村土地发包给本集体经济组织以外的单位或者个人承包，应当事先经本集体经济组织成员的村民会议三分之二以上成员或者三分之二以上村民代表的同意，并报乡（镇）人民政府批准。由本集体经济组织以外的单位或者个人承包的，应当对承包方的资信情况和经营能力进行审查后，再签订承包合同。

② 《农村土地承包经营权流转管理办法》现行失效，由《农村土地经营权流转管理办法》代替。

定："土地承包经营权人可以自主决定依法采取出租、入股或者其他方式向他人流转土地经营权。"第三百四十条规定："土地经营权人有权在合同约定的期限内占有农村土地，自主开展农业生产经营并取得收益。"第三百四十一条规定："流转期限为五年以上的土地经营权，自流转合同生效时设立。当事人可以向登记机构申请土地经营权登记；未经登记，不得对抗善意第三人。"

本案中，王某某承包L村第四村民小组土地从事种植业，双方签订了合同，约定承包期限为50年，符合《中华人民共和国土地管理法》第十三条①的规定。因为该条规定，农民集体经济组织之外的单位或个人承包经营农民集体所有土地的，承包经营的期限由承包合同约定，不受最长30年的限制。因为这类承包人往往是有一定经济实力的经营者，并从事经营期限较长的农、副业，而这类经营项目的经营期限一般都较长，比如种植松树、柏树等树种，作为木材出卖，如果承包期限限定在30年之内，在树木还未成材时，承包期限已到，则承包人的期待利益处于不稳定状态。实际中，农民集体经济组织一般也不会把本集体的土地全部发包给本集体所有成员，而是往往留一小部分机动用地，向本集体组织以外的人发包，承包款项作为农民集体经济组织的经费。

另外，本案在一审时判决二被告对已开挖土地恢复原状存在不妥。因为龙某甲、龙某乙开挖土地的行为并未实际形成建房地基，

---

① 《中华人民共和国土地管理法》第十三条规定：农民集体所有和国家所有依法由农民集体使用的耕地、林地、草地，以及其他依法用于农业的土地，采取农村集体经济组织内部的家庭承包方式承包，不宜采取家庭承包方式的荒山、荒沟、荒丘、荒滩等，可以采取招标、拍卖、公开协商等方式承包，从事种植业、林业、畜牧业、渔业生产。家庭承包的耕地的承包期为三十年，草地的承包期为三十年至五十年，林地的承包期为三十年至七十年；耕地承包期届满后再延长三十年，草地、林地承包期届满后依法相应延长。

对王某某继续租赁经营该土地并未形成严重到必须恢复原状地步的实质性影响，恢复原状无实质意义。况且，与停止侵害、排除妨碍相比，恢复原状的具体操作性很难把握。因为双方当事人本已陷入纠纷，再要求侵害人去实施并不必要的恢复原状，似乎带有惩罚性，于情于理于法都显得很牵强，侵害人内心也会觉得法院判决有失公允，难以主动执行。二审法院经审理后进行改判，为将来的执行清理了隐患，更加符合实际情况，也更有利于和谐社会的建设。

编写人：四川省达州市宣汉县人民法院　路晓刚

（四）财产损害赔偿纠纷

089　业主与物业公司均应对室内公共管道尽到维护义务

——苗某诉张某娟、某能源科技公司财产损害赔偿案

【案件基本信息】

1. 裁判书字号

北京市第一中级人民法院（2020）京01民终6304号民事判决书

2. 案由：财产损害赔偿纠纷

3. 当事人

原告（被上诉人）：苗某

被告（上诉人）：张某娟、某能源科技公司

【基本案情】

涉案房屋登记在苗某和王某梅名下并由其共同居住使用。张某娟为涉案房屋楼上房屋业主。某能源科技公司为涉案小区供暖服务提供商。2018年11月15日，苗某所居住涉案房屋房顶出现洇水，某能源科技公司入户检修后发现系楼上积水导致涉案房屋漏水。经联系，张某娟于当日返回。某能源科技公司现场认定张某娟家暖气穿墙立管破裂导致漏水，要求拆除该立管，张某娟未同意，后离开现场，导致漏水状况持续至第二天。某能源科技公司当日对涉案房屋区域进行了停暖处理，后更改管线绕过张某娟家后恢复全楼供暖。后经张某娟申请，某能源科技公司对张某娟家房屋内暖气管道进行了开凿维修，切割取出穿墙立管，更换新的管道。某能源科技公司试水后又发现张某娟家二层散热片下方有漏水孔。因三方对漏水原因产生争议，后苗某起诉至法院要求张某娟和某能源科技公司赔偿各项经济损失16万余元。张某娟到庭主张穿墙立管属于公共管道，漏水应由某能源科技公司负责，散热片下方漏水孔系某能源科技公司安装过程中造成，并不是此次漏水的原因。经法庭当庭询问和双方陈述，三方均认可漏水原因仅有可能是张某娟家一层与二层之间的穿墙立管漏水或二层散热片漏水，不存在其他漏水原因。

【案件焦点】

1. 如何界定业主自用设施和公用设施之间的界限；2. 业主家内部公用设施的维护义务应由谁承担。

【法院裁判要旨】

北京市昌平区人民法院经审理认为：在旧件丢弃无法进行鉴定的前提下，法院依据现有证据和双方陈述，认为不存在其他漏水原因情况下，张某娟家一层与二层之间的暖气穿墙立管漏水和二层散热片漏水均无法排除合理怀疑，故依法认定一层与二层之间的暖气穿墙立管漏水和二层散热片漏水均为张某娟家漏水原因。区分共用供暖设备和自用供暖设备，应当主要考虑其使用功能上的作用。穿墙立管虽安装在张某娟室内，但从其功能上分析，穿墙立管应当是为了连通和保障全楼的供暖设备，应属于全楼供暖主管道的一部分，因该管道维修会导致全楼该组供暖设备停暖，故张某娟家一层与二层之间暖气穿墙立管应为共用供暖设备。某能源科技公司为该小区供暖公司，故应由其负责共用供暖设备的更换和维护，某能源科技公司未定期巡查发现隐患并设法排除。现共用供暖设备即穿墙立管漏水，造成苗某家大面积洇水，对苗某的损失应由某能源科技公司按照其过错程度承担赔偿责任。张某娟并未积极妥善协助某能源科技公司在事发第一时间对穿墙立管进行维护维修，导致房屋漏水严重致使楼下业主房屋内设施大面积受损，故张某娟应对损失扩大部分承担赔偿责任。最后，张某娟家一层与二层之间的暖气穿墙立管因装修被石膏板包裹，客观上造成某能源科技公司定期检查和维护的困难，且某能源科技公司在事发第一时间进行了抢修，故应当降低某能源科技公司的赔偿比例。法院认定，苗某因漏水导致的各项损失，应由张某娟承担80%的赔偿责任，由某能源科技公司承担20%的赔偿责任。

北京市昌平区人民法院依照《中华人民共和国侵权责任法》第六条，《中华人民共和国民事诉讼法》第六十四条第一款之规定，作出如下判决：

一、张某娟赔偿苗某各项损失共计 72311.84 元，于本判决生效后七日内付清；

二、某能源科技公司赔偿苗某各项损失共计 18077.96 元，于本判决生效后七日内付清；

三、驳回苗某的其他诉讼请求。

张某娟、某能源科技公司不服一审判决，提出上诉。北京市第一中级人民法院同意一审法院的裁判意见，判决：

驳回上诉，维持原判。

【法官后语】

新型小区公寓楼有很多是复式结构，一般分为上下两层，各种管道包括供暖管道、上下水管道、供气管道和烟道等需穿过二层楼板。但对于穿过业主家内部的该部分设施归属应当如何认定以及维修责任由谁负担，均没有明确的法律规定。笔者认为，业主与物业公司均应对室内公共管道尽到维护义务。现就该部分设施的认定和维护作以下分析：

一、自用设施和共用设施的区别

业主家自用设施一般指管道入户后户分表以内电器及管线（包括户分电表）、分户水表及电表前一闸阀或开关算起、卫生器具和相关的下水管道。以北京为例，目前大部分业主家并不具备分户供暖表，供暖收费大部分仍然按照面积收费。所以不能简单地以“位置区分说”来定义穿墙立管的归属，即因为穿墙立管位于业主家室内，所以穿墙立管应当属于业主自用设施。笔者认为应当采用“功能区分说”，即该设施是否具有构造上的独立性，是否具有利用上的独立性。比如，该设施的开启和停用其他业主是否受到影响，若有影响，那么影响范围的广度决定了共有人群。如果单元楼均受影响即属于单元共用设施。本案中的穿墙立管是整栋楼的供暖回水管道，它的漏水修复过程导致了整个单元一侧房屋均不能进行供暖，且物业公司为了快速恢复供暖直接采取了在涉案房屋楼下新建回水管道的做法，显然该供暖设施属于多家业主共有，不具有利用上的独立性，则该穿墙立管应属于该单元的共用设施。

自用设施的维修、维护责任和费用应由业主自行负责和承担，共有设施的维修、维护责任和费用应由全体小区业主共同负责和承担。由于物业公司是接受全体业主委托的小区共有设施的实际管理人，那么物业公司理应对该供暖设施具有维修和维护义务。

二、业主家内部的共用设施的使用和维护应当如何进行

《中华人民共和国民法典》第二百七十二条和第二百七十三条分别规定了区分所有建筑物专有部分管理和共有部分管理的义务。上述两条款存在明显差别，业主对自用设施享有占有、使用、收益和处分的权利，因此业主可以对自用设施直接更换。业主不仅对共有部分享有权利，还负有相应的注意义务和履行义务，同时业主不得以放弃权利为由，拒不履行义务。实践中，业主为了室内美观，常会对供暖、供水和供气管道进行包管处理，或者用石膏板吊顶遮挡，具有装饰效果，但是对于管道的维修维护而言，极大影响了后期的检查和更换。笔者认为，业主家内部的共用设施需要业主和物业公司承担共同的维修和维护义务。物业公司需要定期上门巡查并提供合理化建议，尽到监督和检查的义务；业主应当对管道预留检查口，方便物业公司和其自身查看管道，尽到合理的保管义务。

编写人：北京市昌平区人民法院　李戍环　赵财华

090 翻建人恶意拆除作为遗产的农村房屋无法恢复原状时应承担损害赔偿责任

——王某兰诉刘某友财产损害赔偿案

【案件基本信息】

1. 裁判书字号

北京市第二中级人民法院（2020）京02民终145号民事判决书

2. 案由：财产损害赔偿纠纷

3. 当事人

原告（上诉人）：王某兰

被告（上诉人）：刘某友

【基本案情】

王某兰系赵某芹与王某清之女，刘某友系赵某芹与刘某之子，王某兰与刘某友系同母异父关系。

1995年2月，赵某芹、王某兰及其他子女以共同翻建的房屋被刘某友占有为由，诉至法院要求析产继承等。北京市房山区人民法院于1995年12月作出判决：一、北房西侧一间归赵某芹所有，其余房屋归刘某友所有；二、刘某友给付王某兰房屋折价款500元；三、驳回赵某芹、王某兰等人的继承之请求。判决后，赵某芹、王某兰不服，上诉至北京市第一中级人民法院。北京市第一中级人民法院于1996年作出（1996）一中民终字第1596号判决：一、撤销北京市房山区人民法院（1995）房民初字第695号民事判决；二、双方争执的东房二间归赵某芹所有，北房西侧一间归王某兰所有、其余房屋归刘某友所有，刘某友于本判决生效后十日内给付王某兰房屋折价款900元；三、驳回赵某芹、王某兰等人要求继承之请求。

2018年，王某兰以排除妨害为由，诉至法院要求判决刘某友立即腾退24号院内两间东房、一间北房西侧房屋；诉讼费由被告承担。法院于2018年12月21日作出（2018）京0111民初18341号判决：一、刘某友于本判决生效后十日内腾退北房西侧一间的房屋；二、驳回王某兰的其他诉讼请求。刘某友不服判决，上诉至北京市第二中级人民法院，后于2019年4月18日撤回上诉。

2019年3月9日，刘某友将诉争全部房屋拆除并翻盖。

经现场勘验，现诉争院内建有一栋二层小楼（西房），每一层有三大间房屋，一层最北侧一大间自西向东包含厨房、厕所和卧室，一层中间一大间为客厅，一层最南侧一大间自西向东包含卧室、厕所和卧室；二层最北侧一大间自西向东包含卧室、厕所和卧室，二层中间一大间自西向东包含储藏间和客厅，二层最南一大间自西向东包含卧室、厕所和卧室。

【案件焦点】

农村房屋被翻建人恶意拆除，导致房屋灭失后，原权利人的权利如何保障。

【法院裁判要旨】

北京市房山区人民法院经审理认为：刘某友未经王某兰同意，且在（2019）京02民终5204号案件的审理过程中，将属于王某兰的北房西侧一间房屋擅自拆除并翻盖新屋，属于严重藐视法律、妨碍民事诉讼的行为，王某兰主张将刘某友新建的西房北侧房屋拆除并恢复原状，按照法律规定刘某友理应恢复，但经现场勘验，考虑到恢复原状刘某友确实损失过大，所以对王某兰该项诉讼请求，法院难以支持。

虽法院对王某兰恢复原状的诉讼请求未予支持，但并非赞同或许可刘某友的行为合法。刘某友擅自拆房盖房的行为，确实已严重侵害了王某兰的合法权益，理应承担相应的法律责任。经法院释明王某兰可向刘某友主张赔偿，但王某兰坚持要求恢复原状，结合本案的案情，对于刘某友承担责任的方式，法院酌情认定为以赔偿款的方式由刘某友给付王某兰，理由如下：

首先，经生效判决已确认北房西侧一间房屋属于王某兰，但因其与刘某友之间矛盾较深，王某兰至今未曾在上述房屋内实际居住；其次，双方积怨已久，不适合再共同居住生活；最后，考虑到对诉争财产王某兰曾多次提起诉讼，在其所在村庄影响较大，虽王某兰坚持主张恢复原状，但为减少当事人的诉累，也为最大限度地保障程序公正和实体公正所带来的法律效果和社会效果，故法院决定采取赔偿款的方式。刘某友擅自拆房盖房的行为，确实已经剥夺了王某兰在涉案房屋的居住以及合理使用宅基地的权利，故考虑到王某兰以后合理的住房租金、涉案房屋的区位补偿价等情形，法院酌情予以确定赔偿的数额。

对于王某兰主张刘某友返还其宅基地（南北 8 米，东西 3.66 米）的诉讼请求，其并未提交充分、有效的证据予以证明，刘某友当庭予以否认，故对此法院不予支持。对于王某兰主张精神损害赔偿金的诉讼请求，无事实和法律依据，法院亦难以支持。对于王某兰主张刘某友支付房屋租金的诉讼请求，于法有据，法院予以支持，具体赔付的租金标准和租期长短，法院结合原告的诉讼请求和本案案情予以酌定。

北京市房山区人民法院依照《中华人民共和国物权法》第三十七条，《中华人民共和国民事诉讼法》第六十四条，《最高人民法院关于民事诉讼证据的若干规定》第二条规定，判决如下：

一、被告刘某友于本判决生效后十日内支付原告王某兰房屋赔偿款 238800 元；

二、被告刘某友于本判决生效后十日内支付原告王某兰租房费 2100 元；

三、驳回原告王某兰的其他诉讼请求。

王某兰、刘某友均不服一审判决，提出上诉。北京市第二中级人民法院经审理认为：本案的争议焦点有二，一是一审法院确认刘某友以给付赔偿款的方式承担侵权责任是否适当；二是如上述责任承担方式适当，则一审法院对损害赔偿数额的认定是否适当。

根据生效判决书，北房西侧一间房屋归王某兰所有。后王某兰以排除妨害为由起诉刘某友腾退该房屋，生效判决认定刘某友腾退该房屋。在上述诉讼期间，刘某友未经王某兰同意便将其所有房屋拆除并翻建，其行为侵害了王某兰的合法权益，应当承担相应的侵权责任。

刘某友主张该房屋并非王某兰所有缺乏依据，法院不予采信。

关于刘某友承担侵权责任的方式问题，王某兰虽坚持要求刘某友将其原有房屋恢复原状，但一审法院考虑到涉案房屋恢复原状的成本、王某兰一直未在涉案房屋实际居住及双方确实不宜共同居住等情况，本着诉讼经济原则及最大程度实现法律效果和社会效果的统一，认定刘某友以给付赔偿款方式承担侵权责任符合双方利益，法院予以确认。

关于刘某友给付赔偿款的数额，归王某兰所有的原北房西侧一间房屋为宅基地上房屋，应考虑该房屋灭失所产生的租金损失及其他可期待利益，一审法院综合王某兰以后住房租金、涉案房屋的区位补偿价等情形确定房屋赔偿款238800元符合实际情况，法院予以确认。王某兰主张的房屋租金损失于法有据，一审法院结合王某兰的诉讼请求和本案实际情况认定王某兰租房费2100元亦无不妥，法院予以确认。刘某友主张涉案房屋年久失修，不宜居住，故不应考虑租金损失和区位补偿缺乏事实和法律依据，法院不予支持。

王某兰主张刘某友返还其宅基地（南北8米，东西3.66米）及精神损害赔偿金均依据不足，法院不予支持。

综上所述，王某兰、刘某友的上诉请求均无事实依据，不予支持。一审法院认定事实清楚，适用法律正确，法院予以维持。

北京市第二中级人民法院依照《中华人民共和国民事诉讼法》第一百七十条第一款第一项规定，判决如下：

驳回上诉，维持原判。

【法官后语】

本案争议的焦点是农村房屋被恶意灭失后的侵权责任如何承担的问题。

一、承担民事责任方式的条件

本案涉及两种承担民事责任的方式：恢复原状与赔偿损失。

恢复原状是指行为人通过修理等手段使受到损坏的财产恢复到损坏发生前的状况的一种责任方式。赔偿损失是指行为人向受害人支付一定数额的金钱以弥补其损失的责任方式。需要指出的是，我国赔偿损失的民事责任承担方式采取补偿性原则，即使受到损害的权利得以救济，使受案人能恢复到未受损害前的状态，而非通过赔偿行为额外受益。赔偿损失是运用较为广泛的一种承担民事责任的方式。而恢复原状的运用则有条件："其一，受到损坏的财产仍然存在且有恢复原状的可能性。受到损坏的财产不存在或者恢复原状不可能的，受害人可以请求选择其他责任方式，如赔偿损失。其二，恢复原状有必要，即受害人认为恢复原状是必要的且具有经济上的合理性。恢复原状若没有经济上的合理性，就不适宜适用该责任方式。"①

具体到本案中，案件审理核心即涉案房屋能否适用恢复原状的承担民事责任的方式。翻建人刘某友未经王某兰的同意，且在另案的审理过程中，将属于王某兰的房屋擅自拆除并整院翻盖新屋，重新建造了独立的、不可分割的建筑物。尽管王某兰主张恢复原状，但本案并不具备适用恢复原状的条件：其一，原有房屋已经灭失，不具有恢复原房屋的可能性。现有科技无法满足王某兰主张恢复原状的要求。其二，若对新翻盖的、独立的建筑物进行分割，在经济上不具有合理性，势必会对刘某友合法享有的权利造成侵害，极易引起多重纠纷。综上，涉案房屋的处置无法适用恢复原状的承担民事责任的方式。

尽管涉案房屋无法适用恢复原状的承担民事责任的方式，但是法律并未否定刘某友应当以其他方式承担相应民事责任。翻建人刘

① 石宏主编：《中华人民共和国民法总则条文说明、立法理由及相关规定》，北京大学出版社2017年版，第419页。

某友的行为属于严重藐视法律、妨碍民事诉讼的行为。法律上否定未经原所有人同意擅自拆除原属于其房屋的行为，并且着重强调拆除翻建的行为人主观为恶意。整院重新建房使得王某兰无法再行使涉案宅基地的相应权利。翻建人刘某友的行为构成对王某兰宅基地使用权的侵害，应当承担赔偿责任。

二、原有房屋无法恢复原状时，财产损害赔偿的民事责任的确定标准

原有房屋无法恢复原状时，应当明确财产损害赔偿的范围。翻建人恶意拆除旧房屋并再建新房屋，房屋原所有人与翻建人应当视为对新盖房屋形成了新的共有关系。原房屋所有权人与翻建人对新盖房屋的份额应当根据实际情况予以分割。分割房屋应当考量新旧房屋面积、房屋位置、区位影响等因素。

若翻建人与原房屋所有人矛盾较深，确实不适于共同居住在同一个院落内，可以采用赔偿款的方式补偿原房屋所有人。赔偿款应当包括因翻建人侵权行为造成的直接损失，具体而言，应当包括原房屋所有人因无法使用涉案地块及原有房屋而另行租赁房屋居住产生的租金费用，以及涉案房屋所在区位的价值。在案件审理过程中，应当向当事人释明，可以对因无法使用涉案地块及原有房屋而另行租赁房屋居住产生的租金费用，以及涉案房屋所在区位的价值进行评估鉴定，从而确定赔偿金额。

本案中，经法院释明，王某兰可向刘某友主张赔偿，但王某兰坚持要求恢复原状，为减少当事人的诉累，也为最大限度地实现程序公正和实体公正所带来的法律效果和社会效果，故法院确定采取赔偿款的方式。赔偿款的确定标准如下：一部分是王某兰今后的租房费用，结合当地具体情形确定租金标准，考虑当地人民平均最高

年龄等因素确定租期，由刘某友给付相应租金。另一部分是考虑宅基地的区位补偿款，因为以赔偿款的方式让刘某友承担侵权责任后，就等同于剥夺了王某兰及其继承人涉案房屋居住、使用的权利，所以刘某友理应给付王某兰一定的区位补偿款，法院根据涉案房屋周边宅院拆迁的区位补偿价、涉案宅基地的面积、所涉及的被继承人共同确定王某兰应付的区位补偿款。

三、农村房屋作为遗产被恶意灭失后的处理思路

当今社会，因宅基地上共建房屋分割以及遗产分割发生纠纷的此类案件，一般发生在家庭、亲属之间。因宅基地使用权价值凸显，在司法实践中，出现较多的是翻建人恶意将有争议的宅院房屋全部推倒重建、从而想达到占有宅基地使用权的结果，导致其他所有人、共有人或继承人直接丧失了对原有房屋及院落的共有、继承和使用。此案也意在探索该种行为发生后的法律评价以及民事责任承担方式。

王某兰与刘某友之间的纠纷，不仅仅限于刘某友将原本属于王某兰的房屋拆除，因刘某友将所有院落整院拆除，同时导致原本属于其母亲的房产亦被拆除，其母亲已死亡，其在该院落中的遗产亦被刘某友恶意灭失。对此，王某兰另案起诉了继承纠纷。

在司法实践中，对于遗产已经灭失的案件，往往难以再进行分割，具体到若因农村宅院被恶意灭失而导致遗产灭失无法分割，则会严重侵害到其他继承人的合法权益，有失公允，故应对恶意翻建人的行为做出否定评价并应由其承担相应的民事责任。故本案适用《中华人民共和国物权法》和《中华人民共和国民法总则》对该种行为进行了定分止争，而《中华人民共和国民法典》（以下简称

《民法典》）施行后，其关于民事责任的承担方式[①]和侵害物权的民事责任竞合[②]规定在总则编，《民法典》是对原单行法进行深度梳理和全面整合，从而构建一个层次分明、脉络清晰、逻辑规范的法典体系，满足了现阶段当事人对于权利保护的需求。

综上所述，对于翻建人有意隐瞒事实，其他人因居住在外地等因素，不知道翻建事实的情况下，则翻建人的行为构成侵权。但在分割房屋份额时，原共有人与翻建人应当视为形成新的共有关系，可对新房屋进行分割。若原共有人与翻建人矛盾冲突较大，不宜居住在同一院落的，即可采用赔偿款的方式用于确定原共有人的损失。

编写人：北京市房山区人民法院　韩玉

091 相互所负为松散义务的非连续性多个独立保管行为法律关系性质及责任划分

——张某良诉刘某才财产损害赔偿案

【案件基本信息】

1. 裁判书字号

河南省鲁山县人民法院（2020）豫0423民初3527号民事判决书

---

① 《中华人民共和国民法典》第一百七十九条规定，承担民事责任的方式主要有：（一）停止侵害；（二）排除妨害；（三）消除危险；（四）返还财产；（五）恢复原状；（六）修理、重作、更换；（七）继续履行；（八）赔偿损失；（九）支付违约金；（十）消除影响、恢复名誉；（十一）赔偿道歉。法律规定惩罚性赔偿的，依照其规定。本条规定的承担民事责任的方式，可以单独适用，也可以合并适用。

② 《中华人民共和国民法典》第二百三十八条规定，侵害物权，造成权利人损害的，权利人可以依法请求损害赔偿，也可以依法请求承担其他民事责任。

2. 案由：财产损害赔偿纠纷

3. 当事人

原告：张某良

被告：刘某才

【基本案情】

原告张某良与被告刘某才为同村村民。2020年6月底，原、被告一起在羊场各买两只绵羊，价值均为4300元。后原告又在他人处购买绵羊三只，价值4900元。因二人放羊地点重合，有时候二人的羊会混在一起，羊圈中会出现对方的羊，双方对此已习以为常。2020年7月11日上午，两人在同一地方放羊，后原告买的上述五只绵羊跑到被告的羊圈中。原告张某良未向被告刘某才索要，被告刘某才也未向原告张某良送还。2020年7月11日下午，被告赶羊出门上山放羊的时候，上述七只绵羊丢失。被告向原告告知情况后，二人寻找多日无果。2020年7月16日被告亲属就此情况向派出所报案，派出所的处理意见为帮助寻找。后经多方寻找依然无果，原、被告二人就此事也未达成一致意见，遂引起原告诉讼。

【案件焦点】

本案所涉保管行为是否有偿以及责任如何承担。

【法院裁判要旨】

河南省鲁山县人民法院经审理认为：在原告的羊混入被告的羊圈时，原告未及时将羊牵回，被告也未及时将羊送还，且双方之间并未签订任何契约，被告也并未取得任何报酬，结合案件的实际情况及生活习惯，该行为应视为二人之间的一种约定俗成，即不管谁家的羊混入对方羊圈都应好意看管至下次共同放牧，是一种相互的好意保管行为。在此相互的好意保管行为过程中，双方均未预料到会出现风险，也未约定出现风险之后的民事责任承担问题，因此应视双方的行为均系对风险承担的默示。在这种情形下，原告的五只羊混入被告的羊圈，被告虽然没有从原告处获得利益，但根据双方的约定，被告实质上具有了暂时保管人的身份，仍负有保障财物（羊）在下次放牧时安全返还给原告的义务，在出现羊丢失的情况后，其应对原告所受的损害承担赔偿义务。结合本案情况，法院酌定被告按 50% 的比例承担赔偿责任，即赔偿原告张某良损失 4400 元。

河南省鲁山县人民法院依照《中华人民共和国侵权责任法》第二十四条规定，判决如下：

一、被告刘某才于本判决生效之日起十日内赔偿原告张某良损失 4400 元；

二、驳回原告张某良的其他诉讼请求。

判决后，双方当事人均未上诉，本判决现已生效。

【法官后语】

本案应当从合同的构成要件即要约承诺进行分析，在综合考察本案所涉保管行为是否有偿的基础上判定责任承担，下面分析如下。

第一层次：《中华人民共和国民法典》（以下简称《民法典》）关于标的物交付的规定。《民法典》第八百八十八条规定，保管合同是保管人保管寄存人交付的保管物，并返还该物的合同。寄存人到保管人处从事购物、就餐、住宿等活动，将物品存放在指定场所的，视为保管，但是当事人另有约定或者另有交易习惯的除外。由此观之，在保管合同法律关系中，保管人负有亲自保管标的物即妥善维持其相当价值的义务。亲自保管保管物的义务要求寄存人向保管人交付保管物，保管人需实际控制保管物。民法中，存在五种动产的交付方式，即现实交付、简单交付、占有改定、指示交付和拟制交付。根据上述五种交付方式的规定以及结合保管合同的基本性质，应当将保管合同中的交付方式限定为现实交付。在本案中，原、被告双方的保管关系由一系列相互独立、可分的保管行为构成。结合上述关于保管合同的分析，在相互所负为松散义务的非连续性多个独立保管行为中，保管物的实际交付时点应为自家羊群脱离本人的控制，而进入对方的控制范围内为实际交付时间。此时，保管人才得以对保管物进行保管、看护。

第二层次：案涉保管合同成立的要件分析。在本案中，连续相互帮助保管的行为中，当对方在自己的财物需要保管时，有充分的理由相信对方也会给予看管，因此种信赖是基于良好善良的风俗引致的，是基于之前代对方妥善尽责看管之对等的期待，当然这也不仅仅是纯粹的心理上的期待，而是具有双方一致意定基础上的信赖。所以其已经由道义上的偶然的好意施惠行为上升到了民事法律关系中具有规范法上确定意义的保管义务。只要这种信赖具有充分合理的基础，便自一方的羊进入对方羊群，并持续地放任这种状态，便形成了一方对相对方发出的保管合同的要约。除非对方当场明确地予以反对，否则便可以认定以默示行为就对方发出订立保管合同的要约而作出承诺的意思表示，至此合同便告成立，当然这种保管行为，同样应当赋予另一方随时的解除权，即只要另一方在任何时候提出异议，并妥善将羊还给对方，便产生解除合同的效果。

《民法典》第八百九十七条规定，保管期间，因保管人保管不善造成保管物毁损、灭失的，保管人应当承担赔偿责任。但是，无偿保管人证明自己没有故意或者重大过失的，不承担赔偿责任。从长期看，在连续相互帮助保管的行为中保管人和寄存人之间存在利益交互。因此，在保管人保管不善造成保管物毁损、灭失的，保管人应当承担赔偿责任。

第三层次：保管行为是否有偿的分析。某一法律行为是否有偿，在有书面约定或者合同附随义务的情况下，不难判断。比如，在停车场、商场或者宾馆等相应场所提供附加服务的情况下，根据其提供服务所延伸或扩展的范畴便可以判明，更不论明确约定保管费用的书面保管合同等情况下，而较难判断的就是本案所涉的口头协议或者双方在一定习惯之下形成默契的情况。基于此，本案中从相互代为放羊的行为，与目前的民商事法律关系最为接近的有两个：一是好意施惠行为；二是保管合同法律关系。而从上述原、被告代为看管对方的羊，且没有书面或是口头约定来看，是一种默认的代为保管的、松散的，在放羊过程中反复出现的非连续性的行为。从主观上来讲，既有基于善良风俗和良好邻里互助精神的好意施惠而共同受益的结果，即以提供无偿帮助为手段，以融洽邻里关系为目标的助人为乐行为；同时客观上又具有基于相互间信赖关系的保管合同法律关系。而该保管合同又是由一系列相互独立、可分的，以案涉的羊回到对方羊群（进入对方控制之下，下同）为完成时，并由另一方的羊进入对方羊群为起点的保管合同，即呈现出反复性、非连续性和松散性的特征。这就决定了该保管行为从单个的可分割行为去考察，均是一个自觉自愿的好意施惠行为抑或无偿的代为保管行为。但是如果从连续多个行为进行综合分析，可以得出如下推论：

一是原、被告共同放养相互关系较好，形成了基本的信任和信赖关系，且双方对自己的羊进入对方的羊群或家里，视为一种正常情况。二是对方对进入自己家或羊群的羊，一直以来都是同等看待，对方也有充分理由推测另一方会给予同等看护。三是一方对另一方放羊的看管行为，无须每次都达成书面或者口头的一致，而视为一种默认的“交易习惯”。四是一方是以双方长期以来形成的默契或者既得利益，而代为照管看护对方的羊，这种从单个来看表面上是好意施惠或者无偿代为看管的行为，实际上仍然存在着利益交互和对等内容的。正是基于双方相互信赖的原因，才会无差别地看管对方当事人的财物，以期基于自己的善良行为获得对方的对等帮助。所以，该种保管行为虽属于有偿保管，但当事人所获利益较小甚至是无足轻重，此时，如果对保管责任人要求过于严苛，甚至放大到其就全部保管物的完全责任，将会从根本上导致该相帮互助的良好传统丧失社会基础，进而不利于传统的善良乡村风俗的保持。因此，从权利和义务相对等的角度来看，不宜对保管人强加过多的注意义务。承担赔偿责任亦应当与通常情况下的保管合同有所区别，即形成了具有互助特征之非连续性多个保管合同的集合体。对于该保管合同集以一方已有证据的形式，明确表示不再为对方进行保管为合同解除的标志，否则该保管合同便会以一方羊群混入对方羊群或家中并受对方管领照管而成立一个新的保管合同关系。基于上述认识，遂作出判决。

本案裁判创造性地对邻里之间连续发生的具有相帮互助性质的行为课以互负保管之义务，并基于此判令对在代为保管过程中存在过错导致保管物损失的行为进行一定赔偿，既能实现法益分配上的衡平，又避免了直接否定基于农村善良风俗下的邻里守望相助的好传统，对此类案件具有一定的参考意义。

编写人：河南省鲁山县人民法院　李华　王清青　刘志强

092　老年人捡拾“垃圾”变卖导致财产损害的责任认定

——健康管理服务中心诉潘某某财产损害赔偿案

【案件基本信息】

1. 裁判书字号

北京市西城区人民法院（2020）京0102民初4469号民事判决书

2. 案由：财产损害赔偿纠纷

3. 当事人

原告：健康管理服务中心

被告：潘某某

【基本案情】

原告健康管理服务中心从事美容美肤服务行业。2019年11月24日，快递公司将原告购买的一箱化妆品放置于原告封闭的楼道公共区域内，在原告准备取回房内时发现丢失，便向派出所报案，经调取门口监控显示，被被告潘某某（71岁）取走，被告在电梯间还打开箱子，检查了箱内的化妆品，后被告将化妆品丢弃，派出所民警传唤被告且进行了询问，认为不构成刑事、行政立案条件，建议通过民事诉讼向被告主张损害赔偿。原告认为被告为了谋取私利，擅自将原告所购商品丢弃，给原告造成经济损失为17837.5元，原告多次向被告追偿均被拒绝。为了维护自身合法权益，原告向法院提起诉讼，请求法院判决被告赔偿化妆品损失费及律师费共计 22837.5 元。被告潘某某不同意原告的全部诉讼请求。

【案件焦点】

1. 损害结果的认定，即原告货物损失的数量和价值如何确定；2. 侵权责任的划分，即被告是否应当承担全部的赔偿金额。

【法院裁判要旨】

北京市西城区人民法院经审理认为：首先，原告提交了出库单、发票、电子银行转账回单予以证明其遭受的货物损失价值，被告对此不予认可，并从货物的价值、数量、重量等方面提出相应的抗辩意见，但均未提交有效的证据予以证明。并且原告出示的出库单所显示的货物名称及数量与发票记载的内容一致，发票显示的金额与电子银行转账回单显示金额一致，三份证据所记载的日期亦与本案事实紧密关联，由此相互印证，形成了完整的证据链条，足以证明原告购买货物的实际价值。虽然被告认为原告主张的损失与实际不符，但在上述原告已证明购买货物实际价值的情况下，被告作为主动行为的侵权人应对其将快递纸箱拖走时该纸箱内实际货物数量或价值发生变化进行充分举证，而不能再苛责原告对此进行举证。现被告未提供充分证据证明其主张，故法院对原告主张的货物损失金额为 17837.5 元予以确认，对被告认为原告主张损失的货物数量和价值过高，与实际不符的抗辩意见不予采信。

其次，根据原告职工谢某某在派出所的陈述和原告当庭陈述，原告的职工将装有价值贵重货物的快递签收后，直接放置于门口公共楼道内长达数小时，其本身对贵重货物未尽到谨慎防范义务，故原告对货物损失的结果存在一定过错，可以减轻被告的赔偿责任。但鉴于货物放置的公共楼道内亦属于小区居民楼内相对封闭空间，而被告在此情况下将置于相对封闭空间内的非其所属物品擅自处理，故其对损害结果承担较大责任。法院依照公平公正原则，综合考虑各当事人的过错程度，根据本案的具体案情，酌定由被告承担60%的赔偿责任为宜。

最后，由于律师费并非被告侵权行为所必然产生的损失，且律师费的数额完全是原告和其委托诉讼代理人之间内部的协商结果，被告并未参与律师费的协商过程，原告与其律师关于律师费的约定不能突破债之相对性原理对被告产生约束力，故原告要求被告承担律师费的诉讼请求，于法无据，法院不予支持。

北京市西城区人民法院依照《中华人民共和国侵权责任法》第六条、第二十六条，《中华人民共和国民事诉讼法》第六十四条规定，判决如下：

一、被告潘某某于本判决生效之日起七日内赔偿原告健康管理服务中心化妆品损失10702.5元；

二、驳回原告健康管理服务中心的其他诉讼请求。

判决后，双方当事人均未上诉，本判决现已生效。

【法官后语】

本案可谓是老年人基于主观认识错误，由于疏忽大意导致财产损害赔偿的典型案例。随着社会的经济发展和人民生活方式的不断变化，网络购物成为社会大众普遍常见和使用的便利交易形式。当商品快递送达遇到收货人不在场的情形时，一般快递人员会经收货人的允许将快递商品放置于送达地址附近，如收货地址为住所的，物品会放置于住所门前。对于未拆封的快递货物而言，人们一般不会将其作为废品对待，否则私自拿走或损坏则有“盗窃”或“故意损害公私财物”之嫌。但如果快递被拆封，快递箱内物品杂乱摆放，则容易被老年人当作遗弃的物品看待，从而捡拾变卖。老年人因疏忽大意导致他人财产损害，主要是由老年人的日常生活习惯与新兴的购物方式之间的认识误差所导致。本案的处理引起了社会的广泛关注和探讨，对老年人和快递收货人具有很好的警示教育意义。

一、损害结果认定的举证责任分配

本案为财产损害赔偿纠纷，属于侵权责任纠纷的一种，应当以存在损害结果为前提。对于财产侵权案件，损害结果主要体现为受损害财产的具体价值，从而确定侵权人的具体赔偿责任即表现为应当支付多少赔偿金。而本案的争议焦点之一就是双方对损害结果的认识不一。原因在于原告收货后对快递进行了拆封验货，然后将打开的快递纸箱放置于住所门前。这一过程存在一个货物数量和价值减少的合理怀疑。被告亦基于此对化妆品损失数量和价值提出了质疑。由于损害结果系案件的客观事实，故依据“谁主张、谁举证”的原则，应当由原告承担证明损害结果认定的举证责任。现原告已经就损害结果提供了化妆品销售商开具的发票、出库单和交易的银行转账记录，并且这些证据已前后衔接印证了损失物品的数量和价值，足以说明原告已经完成了相应的举证责任。此时，若要求原告继续就货物损失价值和数量未发生变动进行举证，势必会过于苛责而加重原告的举证责任，不合理亦不公平。因此，法院有必要对举证责任进行公平合理的分配。被告应当就其对化妆品的数量和价值的质疑与反驳进行相应的举证。然而被告未能对其主张的事实进行充分合理的举证，不足以推翻原告提出的证据，因此法院未能采信其答辩意见，从而采纳了原告的损失主张，认定本案化妆品的损失价值为发票所载明的金额。

二、赔偿责任的合理划分

《中华人民共和国民法典》（以下简称《民法典》）沿用了原《中华人民共和国侵权责任法》（以下简称《侵权责任法》）的规定，行为人因过错侵害他人民事权益，应当承担侵权责任。侵权责任的成立必须具备违法行为、损害事实、因果关系和主观过错四个要件，四者缺一则不能构成侵权责任。被告潘某某将原告的快递纸箱及纸箱内物品错误地当成废品进行处置，导致原告遭受了财产损失，其行为与损害结果具有必然的因果关系。虽然公安机关并未对被告进行刑事立案，但并不妨碍法院依据现有证据认定被告应承担的民事责任。被告潘某某作为成年人，在处置纸箱和纸箱内物品的过程中，应当根据纸箱和物品的包装情况对其是否属于他人抛弃的废品进行合理判断。被告想当然地将纸箱和物品作为废品处置，其主观应当或能够预见自己行为的损害结果，由于疏忽大意没有预见，符合侵权法律规定的主观过错要件。因此，被告潘某某应当赔偿原告已遭受的财产损失。

但本案在赔偿责任认定方面又存在特殊之处。首先，被告潘某某年逾七旬，年龄较大，且文化层次较低，又来自偏远省份的县城农村，其本身对化妆品的认知与年轻人相比存有较大差距。如果直接“一刀切”地认定被告承担全部赔偿责任，则有违民事法律的公平原则，处理结果亦不公正。其次，原告在明知自己所购货物为贵重物品的前提下，将所购物品放置在相对封闭的楼道公共区域内，且时间长达近数小时，有违常理，其对本案的损害结果亦存有一定程度的过失。根据“过失相抵减责”规则，即被侵权人对损害的发生也有过错的，可以减轻侵权人的责任。对于该规则，我国《民法典》在原《侵权责任法》的基础上，不再专章设立，而是将该规则编入侵权责任编的一般规定之中，进一步细化为被侵权人对同一损害或者扩大有过错的，可以减轻侵权人的责任。从更为严谨的角度避免了受害人因对自己遭受损害的发生与扩大有过失而将产生之损害转嫁于他人的情形，体现了责任的公平分担。相较于原《侵权责任法》，《民法典》将过失相抵规则的适用规定得更为全面，一方面适用于除被侵权人对损害发生之外还包括损害之扩大的发生有过错的情形；另一方面“被侵权人也有过错”改为“被侵权人有过错”明确显示出该规则的适用既包括过错责任情形也包括无过错责任情形。最终，法院认定原告对本案损害结果的发生亦具有一定过错，故酌情确定由被告潘某某承担60%的赔偿责任较为合理，同时该处理结果也得到了双方当事人的一致认同，体现了社会效果和法律效果的统一。

编写人：北京市西城区人民法院　马德天

093　台风引发电力线路火灾导致的采脂损失责任承担

——林产公司诉某县供电分公司财产损害赔偿案

【案件基本信息】

1. 裁判书字号

江西省吉安市中级人民法院（2020）赣08民终1727号民事判决书

2. 案由：财产损害赔偿纠纷

3. 当事人

原告（上诉人）：林产公司

被告（上诉人）：某县供电分公司

【基本案情】

2015年10月30日林产公司与林场签订《租赁松树采脂合同》，约定林场提供自主林权采脂山场，合同期限为三年，自2016年1月1日起至2018年12月31日止，租赁费按当年实际采脂株数结算。2016年9月28日3时50分左右，另一山场发生森林火灾，导致林产公司租赁的山场森林烧毁，已挂包未收割松脂全部烧毁，采脂工人被迫停工，同时由于松树被烧，林产公司在2017年、2018年无法采脂。林业工作站填写并上报的《森林火灾基本信息采集表》和派出所调查材料得知火灾起火是松树压断高压线引起。火灾发生后被告对高压线下的树木进行了砍伐作业，倒下的松树高度约15米。经万安县人民法院委托司法鉴定中心鉴定得出，该火灾烧毁山林过火面积为1049亩，导致无法采脂所造成的年度利润评估基准价格为381752元，另林产公司2016年已采脂25171公斤。林产公司遂诉至法院请求判决供电分公司赔偿损失1106952元并承担本案诉讼费、鉴定费。

【案件焦点】

受台风影响时，具体引发火灾原因无法查清，法院如何考量电力公司在架空电力线路保护区域内是否按相关规定履行了应尽的管护义务。

【法院裁判要旨】

江西省万安县人民法院经审理认为：利用高压设施从事高压作业造成他人的人身或财产损害的，其所有者、管理者或经营者应当承担侵权责任。本案被告某县供电分公司所有的高压线路，因被林木压断引发原告林产公司承包采脂山场火灾，烧毁正在采脂的松树，原告因松树被烧无法采脂，造成原告损失，被告应当承担赔偿责任。被告作为该电力设施的所有人和经营管理人，未严格依照电力设施保护的法律法规排除妨害。《江西省电力设施保护办法》规定架空电力线路穿越林区时，应按以下规定砍伐出安全通道，通道的宽度为电力线路两边线间的距离和林区主要树种自然生长最终高度的两倍之和。从被告向法庭提供的火灾照片看，被告并未在架空电力线路按规定砍伐出安全通道。正是由于被告对高压线的疏忽管理，才导致了原告承包采脂的松树被烧，故对被告辩称是因自然灾害引起的，被告不承担责任，法院不予支持。对于原告提出的损失，法院认为，原告起诉付员工工资损失为 8 万元，是原告为采脂已经支付给员工的，由于火灾造成已采松脂被烧，属原告直接损失，应予支持，对于原告主张的因用益物权的消灭造成原告在三年承包期内无法采脂的损失，经法院委托机构鉴定为每年利润 381752 元。但是因《国家级公益林管理办法》的修改，国有一级国家级公益林原则上不得开展生产经营活动，严禁采脂。故从 2017 年 5 月开始，原告承包的山场不能进行采脂，也就不存在收益，故原告的采脂损失只能计算 1 年零 4 个月的，即 381752 元/年×1. 4 年=534452. 8 元，减去 2016 年第一期已实际采脂 25171 公斤的利润，（25171 公斤×9 元/公斤-25171 公斤×4. 3 元/公斤=118304 元）118304 元，即为原告的采脂损失。

江西省万安县人民法院依照《中华人民共和国侵权责任法》第六条、第七十三条，《中华人民共和国物权法》第三十七条，《中华人民共和国合同法》第一百一十三条规定，判决如下：

一、被告某县供电分公司于本判决生效之日起十日内赔偿原告林产公司经济损失496148.8元；

二、驳回原告林产公司其他诉讼请求。

林产公司、某县供电分公司不服一审判决，均提出上诉。江西省吉安市中级人民法院认为：根据林业工作站填报的《森林火灾基本信息采集表》和派出所所作现场勘验笔录以及对相关人员的询问笔录等，外力作用引发本案火灾的形式有两种：一种是受台风“鲇鱼”和北方冷空气影响，大风直接刮断高压线，引发火灾；另一种是台风“鲇鱼”和北方冷空气引发当日大风，先刮倒15米长的湿地松，湿地松倒伏在高压线上，导致高压线折断，引发火灾。对于台风“鲇鱼”和北方冷空气带来的大风直接刮断高压线，进而引发火灾的情形，属于不可抗力造成他人损害，某县供电分公司对于火灾烧毁的林产公司已挂包松脂及待采脂松树松脂损失，均无须承担侵权责任。对于台风“鲇鱼”和北方冷空气带来的大风先刮倒15米长的松树，松树倒伏在高压线上，导致高压线折断，进而引发火灾的情形。因火灾系松树压断高压线后所致，三根高压线仅是火灾发生的行为媒介，引起火灾、制造损害的真正原因是松树折断并倒伏。根据派出所所作《现场勘验笔录》载明的“折断的松树离地1米处有明显断裂痕迹，断口直径为30公分，断口处可见采脂遗留痕”以及某县气象局关于事发当日天气情况的《证明》，15米长的松树折断既有台风的原因，亦有林产公司在该松树上采脂，导致树干牢固性降低的因素。根据某乡人民政府和某村委会联合出具的

《证明》，案涉高压线于 1989 年年底就已建成并经验收合格后投入运行，该支线架设时穿越的某山场上并没有栽种松树，是空旷的地块，线路架设高度超过 5.5 米，几年后，开始在山场上种植松树。作为涉案林木所有权人的林场和实际使用权人的林产公司，在架设在先的案涉架空电力线路保护区内，应确保种植的林木不危及电力设施安全；种植后，对于自然生长可能危及架空电力线路的所有植物，都应及时予以砍伐。某林场和林产公司因对案涉自然生长至 15 米高的松树未进行管护，因此某县供电分公司不应对林产公司的损失承担赔偿责任。综上，在案涉火灾发生原因不明、侵权行为实施主体无法确认的情况下，林产公司要求某县供电分公司承担侵权责任，依据不足。某县供电分公司的上诉请求成立，林产公司的上诉请求不成立。

综上所述，在案涉火灾发生原因不明、侵权行为实施主体无法确认的情况下，林产公司要求某县供电分公司承担侵权责任，依据不足。某县供电分公司的上诉请求成立，林产公司的上诉请求不成立。

江西省吉安市中级人民法院依照《中华人民共和国侵权责任法》第二十九条、第七十三条以及《中华人民共和国民事诉讼法》第一百七十条第一款第二项规定，判决如下：

一、撤销江西省万安县人民法院民事判决；

二、驳回上诉人林产公司的诉讼请求。

【法官后语】

一、关于台风引发涉电力线路火灾具体原因不明时的裁判思路[1]

森林火灾是一种突发性强、破坏性大、处置救助较为困难的自然灾害。火灾的发生由于火灾现场的复杂性、破坏性，火灾证据的隐蔽性等原因，并非每起火灾都能查清起火原因。本案火灾原因不明，对于火灾责任的认定问题争议较大。法院通过审查现有证据，列举出两种外力引发火灾的原因：一是台风直接刮断高压线引发火灾；二是台风先刮倒松树后倒伏在高压线上引发火灾。对于原因一，属于自然灾害产生的不可抗力导致他人损害，某县供电分公司不承担侵权责任；对于原因二，由于林场在电力线路保护区违规种植，火灾既有台风原因，亦有林产公司采脂降低树干稳定性，某县供电分公司已尽管理职责，因此某县供电分公司无过错不承担责任。综合分析引发火灾的两种原因，得出两种情形万安县供电分公司均无须承担侵权责任。笔者认为，二审法院这种裁判思路在本案中是可取的，尤其是针对本案关键事实无法查清时，采用列举的方式，对所有可能的情况一一论述，最后总结各种情况综合裁判，这样既对无法查清的案件事实作出了准确评判，又不会损害当事人的合法权益。

二、台风引发涉电力线路火灾的不可抗力情形审查

不可抗力是指不能预见、不能避免并不能克服的客观情况。其来源既包括自然现象，也包括社会现象。台风这一自然灾害属于比

---

① 本案一、二审判决发生在民法典实施以前，因此适用《中华人民共和国侵权责任法》《中华人民共和国物权法》《中华人民共和国合同法》等法律。另外，《中华人民共和国民法典》第一千一百六十五条规定了过错责任原则，行为人无过错无责任，不论适用侵权责任法还是民法典，某县供电分公司均无须承担侵权责任。

较典型的不可抗力，具有客观上的偶然性和不可避免性，主观上具有不可预见性和社会危害性。本案的引发火灾可能原因一中，涉案台风“鲇鱼”属于不可抗力，受台风“鲇鱼”和北方冷空气影响，对于大风刮断高压线引发火灾烧毁代采脂松树导致林产公司无法采脂这一事实，某县供电分公司无须承担责任。

三、电力公司在架空电力线路保护区域内应履行应尽的管护义务

架空电力线路保护区是为保证电力线路安全和保障正常供电而必须设置的安全区域，对于架空电力线路保护区域内树木的管护义务的认定，需要区分先有树后有线和先有线后有树两种情况。第一，如果是先有树后有线，电力线路穿越已有林区时，应砍伐出通道，供电企业应当一次性补偿树木所有者费用，并且签订协议，约定林场所有人在架空电力线路保护区域内不再种植树木。第二，如果是先有线后有树，根据《中华人民共和国电力法》第五十三条规定，在依法划定的电力设施保护区内，任何单位和个人不得种植危及电力设施安全的树木、竹子或高杆植物。已有电力线路保护区内自然生长的可能危及电力设施安全的树木、竹子，应当予以砍伐，并不予支付林木补偿费、林地补偿费、植被恢复费等任何费用。本案属于先有线后有树的情形，电力线路验收时符合《电力设施保护条例》第十条的相关规定，因此在建造和验收阶段某县供电分公司不存在过错。在维护管理阶段，由于法律法规对电力线路清障没有做具体要求，因此，只能通过法官的自由裁量来认定电力公司是否尽到了管理维护的义务。本案现有证据可以证明，某县供电分公司接管涉案电力线路后每年都对该支线进行清障，线路两边 3 米以上的湿地松等树木都会进行砍伐，因此认定某县供电分公司在架空电力线路

保护区域内尽到了维护管理义务。

四、架空电力线路保护区域外树木的管护义务人应为树木所有人和使用人

对于架空电力线路保护区域外，林木管护义务人应为所有人和使用人，供电企业对架空电力线路保护区域外的树木没有管护义务。但是，从防范风险的角度出发，对于架空电力线路保护区域外威胁到电力线路安全的林木，供电企业发现威胁后应当及时告知林木所有人或使用人采取措施。当林木所有人或使用人怠于采取措施时，基于电力线路与林木的相邻关系，供电企业可以行使排除妨害请求权。结合本案，首先，作为涉案林木的所有权人某林场，在电力线保护区域内种植松树的行为违反了《中华人民共和国电力法》第五十三条，具有一定的过错。其次，林产公司作为涉案林木的使用权人，其与某林场对于架空电力保护区域外的林木具有管理维护的义务，对可能危及电力线路安全的林木应当及时砍伐。本案的引发火灾可能原因二中，倒伏在高压线上的松树长达15米，位于架空电力线路保护区域外，由于某林场和林产公司未对架空电力线路区域外可能危及电力线路安全的树木及时进行砍伐，没有尽到管理维护责任，因此对涉案火灾的发生存在一定过错，对于火灾产生的损失，应当由某林场与林产公司自行承担。

编写人：江西省吉安市中级人民法院　陈素梅　魏海飞

094 房屋内发生非正常死亡事件，房屋贬值损失如何确定

——鞠某、付某诉甲装饰公司等财产损害赔偿案

【案件基本信息】

1. 裁判书字号

江苏省江阴市人民法院（2019）苏0281民初292号民事判决书

2. 案由：财产损害赔偿纠纷

3. 当事人

原告：鞠某、付某

被告：甲装饰公司、乙装饰公司、物业公司

【基本案情】

2017年2月20日，鞠某、付某购买了江阴市某小区7-1202室房屋，价款为3138000元。

2017年10月20日，鞠某作为发包方（甲方）与甲装饰公司作为承包方（乙方）签订《家庭居室装饰装修工程施工合同》及《工程补充条款》，约定由甲装饰公司对鞠某名下位于江阴市某小区7-1202室的房屋进行装饰装修。合同签订后，甲装饰公司对案涉房屋进行装饰装修。

刘某是甲装饰公司雇用的浇地坪、贴墙砖项目的施工人员。刘某于2018年7月22日下午4点多进入案涉房屋内，7月23日早晨被发现在案涉房屋中死亡，死亡时的状态为：刘某躺在南面书房门口，头朝南、脸朝上。刘某的妻子陈述，7月22日晚上刘某做地坪收光，水泥干了之后要干活，所以刘某当天晚上住在工地。

另查明，江阴市公安局出具的火化尸体通知书载明，刘某于2018年7月23日非正常死亡；物业公司对进出小区的人员实行登记制度，并与业主签订了装修须知等文件。

因房屋内发生死亡事件，鞠某、付某诉至法院，请求法院判令：1. 甲装饰公司与物业公司共同赔偿房屋贬值损失135万元；2. 乙装饰公司对甲装饰公司赔偿不足的部分承担补充赔偿责任。

【案件焦点】

1. 案涉房屋是否存在贬值损失；2. 甲装饰公司、物业公司是否需要承担赔偿（补偿）责任。

【法院裁判要旨】

江苏省江阴市人民法院经审理认为：关于第一个争议焦点，从现实情况来看，房屋内发生过非正常死亡事件虽然不会对房屋的外观形状和实际使用功能产生影响，但是依社会通常观念，人们对发生过非正常死亡事件的房屋普遍存在恐惧、焦虑、忌讳等不良的心理感受。这种负面心理感受表现在房屋交易过程中，就是房屋流通的长期障碍。同时，这也会导致购房者或租房者对房屋的评价和价值认可度降低，从而对房屋能否出租、出售以及出租、出售的价格产生较大影响，降低房屋的交换价值和出租收益。正因如此，房地产交易惯例中，根据诚实信用原则，将房屋是否发生过非正常死亡事件作为必须披露的影响交易决策的重要事项。因此，刘某在案涉房屋内非正常死亡，导致案涉房屋在后续可能的出租、出售中受到不利影响，鞠某、付某对房屋的收益处分权能受到限制，由此导致的房屋贬值损失是客观存在的。

关于第二个争议焦点，鞠某、付某主张甲装饰公司、物业公司同意刘某在非约定工作时间进入涉案房屋施工，最终导致刘某死亡，存在管理上的疏漏，具有过错，应当承担损害赔偿责任。但是从公安部门认定刘某属非正常死亡的结论可知刘某在从事浇地坪等装修过程中死亡，对此，刘某本人无法预见，也未有证据证明刘某在死亡前存在过错行为。甲装饰公司对刘某的死亡无法预见，也未有证据证明甲装饰公司对刘某的死亡存在过错行为。物业公司作为某小区的物业管理公司，与鞠某、刘某签订了室内装饰装修合同，对出入小区的人员也建立了登记制度，物业公司对刘某的死亡也无法预见，也未有证据证明物业公司对刘某的死亡存在过错行为。综上，刘某、甲装饰公司、物业公司对刘某的死亡均无过错。而行为人的过错是构成侵权责任的要件之一，故鞠某、付某以甲装饰公司、物业公司侵权为由，要求其承担房屋贬值损失的赔偿责任，缺乏法律依据，法院不予支持。然而在现实生活中，有些损害的发生虽然行为人没有过错，但损害后果与行为人的行为有直接的因果关系，如果严格按照无过错即无责任的原则处理，由受害人自担损失，不仅有失公平，也不利于和谐人际关系的建立。《中华人民共和国侵权责任法》第二十四条规定，受害人和行为人对损害的发生都没有过错的，可以根据实际情况由双方分担损失。本案中，虽然鞠某、付某和刘某、甲装饰公司对房屋贬值损失的发生都没有过错，但刘某的死亡在客观上造成了涉案房屋价值的贬损，该损失让鞠某、付某自行承担有失公平。刘某系甲装饰公司的施工人员，故根据实际情况和公平原则，从衡平双方当事人利益出发，由甲装饰公司分担部分损失。综合案涉房屋购买时的价款，目前的房地产市场行情，甲装饰公司的经济能力等因素，酌情确定甲装饰公司补偿鞠某、付某房屋贬值损失 10 万元。甲装饰公司管理的财产不足以承担的，由乙装饰公司承担。

江苏省江阴市人民法院依照《中华人民共和国侵权责任法》第二十四条、第三十四条第一款，《中华人民共和国民法总则》第七十四条第二款，《中华人民共和国民事诉讼法》第六十四条第一款之规定，判决如下：

一、甲装饰公司于本判决发生法律效力之日起十日内补偿鞠某、付某房屋贬值损失 10 万元；

二、甲装饰公司管理的财产不足以清偿上述债务的，由乙装饰公司承担；

三、驳回鞠某、付某的其他诉讼请求。

判决后，双方当事人均未上诉，本判决现已生效。

【法官后语】

随着国内房地产交易市场的蓬勃发展，因非正常死亡事件引发房屋贬值损害赔偿的案件日益受到关注。该类案件属于新类型的侵权纠纷，法律对该类案件的处理没有明确规定，所以在司法实践中如何处理存在较大的争议，妥善处理该类纠纷具有重要的法律意义和社会价值。

1. 关于案涉房屋是否存在贬值损失的问题

房屋的价格由多种因素决定。从客观方面来说，如房屋的质量、位置、面积、功能、周边的环境、配套的生活设施，有无学区等因素；从主观方面来说，如该房屋是否吉利。后者甚至会成为衡量房屋能否出售或出租的决定性因素，这是由中国人对于住宅的价值观决定的。住宅吉祥与安宁是我国普遍存在的民俗文化心理，是与中华民族历史传统相连的特有价值观念和取向。房屋贬值损失主要有两种表现形式：一种是房屋因物理受损导致的显性贬值，如房屋存在墙体开裂、渗漏水等质量问题，因而在交易时价值往往会降低。另一种是隐形贬值，是人们对房屋的一种主观评价的降低，将会直接导致房屋价值的降低或贬损。

发生过非正常死亡事件的房屋往往被人们称为“凶宅”。“凶宅”价值贬损的根源在于“趋吉避凶”的心理，人们普遍认为该房屋不吉利，不符合普通民众对住宅安全、舒适、吉祥的需求。因此，交易市场对发生非正常死亡事件房屋存在消极的评价，这种消极的评价直接转化为交易市场上“凶宅”交易价格的下降，最终体现为房屋所有权人财产权益的受损。因此，“凶宅”的价值贬损是一种客观财产损失，满足相当性因果关系要求的，应当予以赔偿。但在房屋贬值损失尚未实际发生的情况下，可否要求侵权人赔偿？根据侵权责任的法理，只要损失客观存在就应当赔偿，不以损失实际发生作为前提。因此，在房屋贬值损失客观存在的情况下，侵权人就应当承担相应的赔偿责任。正因如此，在房地产交易惯例中，对于发生过非正常死亡事件的房屋，出卖人应当向买受人披露这一重要事实，如果未进行披露，买受人可以请求法院撤销双方的房屋买卖合同。

有观点认为，生老病死是一种自然现象，人们应当相信科学，认为房屋不吉利或忌讳是一种封建迷信，法院不应当支持房屋贬值损失。笔者认为，法律应当尊重住宅吉祥的民俗文化和心理，不应该给心存忌讳的人贴上封建迷信的标签，而应当考虑普通大众的价值观，部分人对“凶宅”的不介意并不能否认房屋贬值损失的客观存在。本案房屋的所有权人鞠某、付某自该事件发生后一年多都没有进入过该房屋，装修也一直处于停工状态，原先对于美好生活的计划和愿景也被打乱，足以表明该事件对当事人造成了相当大的困扰和负面影响。因此，损失是客观存在的。

2. 关于甲装饰公司、物业公司是否需要承担赔偿（补偿）责任的问题

过错原则是侵权责任的基本归责原则之一，即侵权人因过错侵害他人民事权益的，才需要承担侵权赔偿责任。过错推定原则和无过错原则必须由法律明确规定。因此，在没有法律规定的情况下，行为人是否承担侵权责任的构成要件之一是判断行为人是否具有过错。本案的原告鞠某、付某认为甲装饰公司和物业公司存在对刘某管理疏忽等过错，应当承担赔偿责任。但法院经审理查明，装修工人刘某是在从事装修活动中因自身健康原因意外死亡，这一结果是刘某所在的装修公司无法预见的，甚至连刘某自身也无法预见，小区物业公司负责小区管理和安全等工作，更是对装修工人在从事装修活动时死亡的结果无法预见，难以认定甲装饰公司和物业公司对刘某的死亡存在过错。也就是说，案涉房屋存在贬值损失是刘某这一死亡事件导致的，甲装饰公司和物业公司对房屋贬值损失的损害后果没有过错。因此，原告主张甲装饰公司和物业公司存在过错，进而要求两公司赔偿房屋贬值损失没有法律依据。但是，案涉房屋存在贬值损失与甲装饰公司的装修活动是有直接的因果关系的。在房屋业主和装修公司均不存在过错的情况下，该房屋贬值损失由谁承担？装修公司从事营利性活动，因其装修行为对业主造成损失，如果全部由业主自担风险，显然是不公平的。本案能否适用公平原则进行裁判？本案的裁判在民法典施行前，故适用侵权责任法第二十四条的公平原则对业主的损失进行了分担，符合当时的法律规定。

民法典施行后改变了侵权责任法第二十四条把公平责任作为一般的裁判规则，民法典第一千一百八十六条明确规定，受害人和行为人对损害的发生都没有过错的，依照法律的规定由双方分担损失。因此，目前适用公平原则进行裁判必须有“法律的规定”。显然，“依照法律的规定”指的并不是民法典第一千一百八十六条，而是除民法典第一千一百八十六条之外的民法典中的其他具体规定。根据本案的实际情况，可以比照适用民法典第一千一百九十条第一款规定：“完全民事行为能力人对自己的行为暂时没有意识或者失去控制造成他人损害有过错的，应当承担侵权责任；没有过错的，根据行为人的经济状况对受害人进行适当补偿。”本案的装修工人在房屋内死亡，与该条中的完全民事行为能力人暂时失去意识并不完全吻合，但是法律效果是相同的，都是行为人在无意识的情况下造成的损害，且行为人均没有过错。因此，如果比照适用民法典第一千一百九十条第一款的规定，本案也可以由行为人对受害人的损失进行分担。因此，法院判决由装修公司对业主的房屋贬值损失进行适当分担，既有效平衡了双方的利益，也有利于和谐人际关系的建立。法院根据案涉房屋购买时的价款、目前的房地产市场行情等因素，先确定房屋贬值损失的大小，再综合考虑双方的经济状况和装修公司的赔偿能力，最终酌定由甲装饰公司补偿鞠某、付某的房屋贬值损失10万元。该案判决后，双方都表示满意，均没有提起上诉，起到了良好的社会效果。

编写人：江苏省江阴市人民法院　浦峥　廖宏娟

095 暖气爆裂造成财产损害的举证责任分配

——孙某诉热电厂财产损害赔偿案

【案件基本信息】

1. 裁判书字号

黑龙江省齐齐哈尔市中级人民法院（2019）黑 02 民终 2763 号民事判决书

2. 案由：财产损害赔偿纠纷

3. 当事人

原告（上诉人）：孙某

被告（被上诉人）：热电厂

【基本案情】

2017 年 11 月 5 日晚 11 时 30 分左右、2018 年 1 月 6 日下午，孙某家中暖气爆裂，造成自家及楼下邻居家财产损失。孙某向热电厂提出赔付申请，热电厂拒绝赔付。孙某起诉，请求法院判令热电厂赔偿孙某更换暖气片、更换地板及人工费 2724 元、楼下邻居墙体粉刷费用 500 元。

【案件焦点】

如何界定居民室内供热设施损坏的举证责任分配问题及相关财产损失的赔偿问题。

【法院裁判要旨】

黑龙江省齐齐哈尔市富拉尔基区人民法院经审理认为：原告孙

某的财产权受损与被告热电厂管理及服务不存在因果关系。依照《黑龙江省城市供热条例》第五十三条的规定，供热单位承担维修、养护的义务范围内为公共部分的供热设施，本案涉案供暖设施位于原告孙某的室内，不在供热单位主动维护范围之内，且供暖设施漏水后，原告未向热电厂提出维修要求，亦未举证证实被告对原告供暖设施漏水负有过错。因此，热电厂对孙某室内供热设施漏水造成的损失无赔偿义务。

黑龙江省齐齐哈尔市富拉尔基区人民法院依照《中华人民共和国民事诉讼法》第六十四条、《最高人民法院关于民事诉讼证据的若干规定》第二条的规定，判决如下：

驳回原告孙某的诉讼请求。

孙某不服一审判决，提起上诉。黑龙江省齐齐哈尔市中级人民法院经审理认为：关于孙某室内供热设施第一次漏水的损失问题，因孙某自认其自行关闭自家阀门，热电厂工作人员到孙某家后并未进入室内。二审审理期间孙某陈述的事实与一审审理期间证人的陈述相矛盾。根据孙某自认的事实，在第一次漏水时，孙某并未要求维修，而是自行找人更换的暖气片。孙某未能提供证据证实热电厂对其供热设施漏水存在过错，漏水时亦未要求热电厂进行维修，其主张热电厂对此次漏水应承担赔偿责任的证据不足，且不符合《黑龙江省城市供热条例》的相关规定，故不予采信。

关于孙某室内供热设施第二次漏水的损失问题，孙某自认当时并未向热电厂报修，亦未能提供证据证实热电厂对其供热设施漏水存在过错，故其主张热电厂对再次漏水承担赔偿责任，仍证据不足，亦不予采信。

综上所述，孙某的上诉请求不能成立，应予驳回；一审判决认定事实清楚，适用法律正确，应予维持。

黑龙江省齐齐哈尔市中级人民法院依照《中华人民共和国民事诉讼法》第一百七十条第一款第一项规定，判决如下：

驳回上诉，维持原判。

【法官后语】

随着人们法律意识的显著增强，运用法律法规处理日常事务的需求也越来越普遍，但部分当事人对法律法规存在理解偏差，需要法院在审判工作中具体应用法律时，向老百姓普及法律知识，解释法律的基本原理，人民群众才能有效维护自己的合法权益。

居民家中暖气爆裂，需要弄清楚是供热方供热压力的问题，还是暖气片产品质量有问题，以确定最终责任人。居民用户入户管网及楼内的共用供热设施的更新、改造、维修、养护、清洗、除锈由供热单位负责，居民对其室内的供热设备，应由居民用户自身履行保护义务。

关于热电厂是否需要赔偿孙某及其邻居因暖气爆裂造成的损失问题，因爆裂的暖气位于孙某家室内，不在热电厂主动维护的范围内。根据《中华人民共和国民事诉讼法》第六十四条规定，当事人对自己提出的主张，有责任提供证据；根据《最高人民法院关于民事诉讼证据的规定》第二条规定，人民法院应当向当事人说明举证的要求及法律后果，促使当事人在合理期限内积极、全面、正确、诚实地完成举证。证据是证明事实存在的依据，是支持诉讼请求的基础，证据问题是诉讼的核心问题，全部诉讼活动实际上都是围绕证据的搜集和运用进行。证据是法官在司法裁判中认定过去发生事实的重要依据，在任何一起案件的审判过程中，都需要通过证据和证据形成的证据链还原事件的本来面目。

原告孙某无法提供证据证明热电厂对暖气爆裂负有过错，在上诉过程中，也未将相应证据进行补充，导致提供证据不足。室内采暖设施产权属于用户自有，发生故障向热力公司报修的，热力公司可协助用户维修室外部分，室内部分的属于用户自行维护维修，用户应注意检查和保养。孙某要求热电厂赔偿财产损失的诉求不应予以支持。居民用户应当对其室内供热设施履行保护义务，供热单位承担维修、养护的义务范围为公共部分的供热设施。供暖设施位于居民室内，不在供热单位主动维护范围之内。

编写人：黑龙江省齐齐哈尔市富拉尔基区人民法院　张某颖

096 无人机喷洒农药致害的认定

——余某诉尚某、刘某财产损害赔偿案

【案件基本信息】

1. 裁判书字号

青海省都兰县人民法院（2019）青 2822 民初 972 号民事判决书

2. 案由：财产损害赔偿纠纷

3. 当事人

原告：余某

被告：尚某、刘某

【基本案情】

2019 年 6 月 22 日，原告余某与被告尚某、刘某双方口头约定，被告通过无人机为原告承包的 13.9 亩枸杞地打农药，每亩枸杞地打药费用为 20 元，费用合计为 260 元。同日下午，原告购买农药后，交由被告进行具体配比并利用无人机进行了打药。同年 7 月 1 日，原告发现打药后枸杞地中的 8 亩出现虫害，并与被告进行电话联系。7 月 2 日，被告通过无人机为出现虫害的枸杞地补打了农药。在补打农药后，原告发现虫害并未消退。7 月 11 日，原、被告协商由原告雇工人，被告支付费用 600 元，为虫害未除的土地进行了人工打药。但原告的枸杞苗木树叶及已结枸杞果实已经脱落，导致原告种植的枸杞减产。原告认为，被告在打药过程中存在失误，从而导致了损失，故诉至法院。

【案件焦点】

1. 枸杞减产的实际面积以及具体产量；2. 枸杞减产与无人机打药的行为是否存在因果关系。

【法院裁判要旨】

青海省都兰县人民法院经审理认为：财产损害赔偿纠纷是指因为财产受到损害，权利人请求赔偿损失的纠纷。原告要求被告赔偿枸杞减产损失，首先，应当举证证明枸杞因打药未全面覆盖而产生虫害导致了减产。第一，针对枸杞减产的实际面积，原告出示了青海诺木洪农场出具的虫害面积为 8 亩的“证明”一份，称受害面积是原、被告与青海诺木洪农场三方一同测量的，但原告并未通过有资质的单位或鉴定机构进行现场测量。对于减产受害面积为 8 亩的意见，原告并未提供有效的证据证明。第二，因枸杞的产量受品种、气候、虫害、管理等多方面因素的影响，原告应举证证明在本地区2019年的气候条件下，同类枸杞正常生长的平均亩产数据。在发现枸杞可能因打药未完全覆盖产生虫害后，原、被告已采取有效措施避免了损失的扩大。原告未通过鉴定机构进行测产鉴定，具体减产数量、是否绝收等缺少充足、有效的证据证明。因此，不能以亩产估值来确定其所种枸杞的实际产量。其次，原告应举证证明其种植的枸杞因打药未全面覆盖导致减产的损害结果与被告通过无人机打药的行为有关，即负有其遭受的损害结果与被告的行为之间具有因果关系的举证证明责任。针对枸杞减产是否系无人机打药未全覆盖造成，原告出具了一份由青海诺木洪农场生产指导科出具的“病虫害情况鉴别”，该份证据仅能证明原告种植的枸杞出现了木虱虫害，并不能证明虫害出现系无人机打药未全覆盖而造成的。枸杞本身易受多种病虫害侵扰，虫害产生的原因较多，自身因素、环境条件、田间管理等方面都会影响枸杞的生长。对于产生的虫害用药是否匹配、提供的农药是否符合标准、病虫是否产生耐药性等方面未提供有力证据证明。综上，原告未能举证证明其与被告之间存在财产损害赔偿之法律关系，其依法应当承担举证不能的法律后果。

青海省都兰县人民法院依照《中华人民共和国民事诉讼法》第六十四条，《最高人民法院关于适用〈中华人民共和国民事诉讼法〉的解释》第九十条、第九十一条之规定，判决如下：

驳回余某的全部诉讼请求。

判决后，双方当事人均未上诉，本判决现已生效。

【法官后语】

喷洒农药作为农业生产中极其重要的一环，其最大的意义在于对植物生产、粮食安全的保护，可最大限度地减少农业生产损失。随着无人机技术的不断发展，为了便捷高效地开展农药喷洒作业，已经出现了许多小型农用无人机开展航空喷洒农药作业，这一方法在提供便利的同时也带来了一定的隐患。

在民事诉讼中，一般是“谁主张，谁举证”，当事人对自己所提出的主张中必须确认的事实，应承担举证责任。本案系无人机喷洒农药致害发生的财产损害纠纷，构成一般侵权责任。根据过错责任原则，行为人需要同时满足以下条件，才应承担侵权责任。一是行为人实施了某一行为，行为包括作为和不作为。本案中，被告利用无人机为原告种植的枸杞地开展了农药喷洒作业。二是行为人行为时有过错。过错是确定行为人是否承担侵权责任的核心要件。过错分为故意和过失，主要区别是：故意表现为行为人对损害后果的追求、放任心态，而过失表现为行为人不希望、不追求、不放任损害后果的心态。三是受害人的民事权益受到损害，也就是要求有损害结果[①]。损害，是指行为人的行为对受害人的民事权益造成的不利后果，通常表现为：财产减少、生命丧失、身体残疾、名誉受损、精神痛苦等。四是行为人的行为与受害人的损害之间有因果关系。因

---

① 对受害人的民事权益受到损害，即要求有损害后果，这一点是《中华人民共和国民法典》（以下简称《民法典》）侵权责任编与以往立法相比的重大变化。本案的行为实施、结果发生时间均在《民法典》施行前，适用《中华人民共和国侵权责任法》（以下简称《侵权责任法》）第六条规定：“行为人因过错侵害他人民事权益，应当承担侵权责任。根据法律规定推定行为人有过错，行为人不能证明自己没有过错的，应当承担侵权责任。”经过编撰修订纳入《民法典》侵权责任编，第一千一百六十五条规定：“行为人因过错侵害他人民事权益造成损害的，应当承担侵权责任。依照法律规定推定行为人有过错，其不能证明自己没有过错的，应当承担侵权责任。”

果关系是指行为人的行为作为原因，损害事实作为结果，二者之间存在的前者导致后者发生的客观联系。

第一，关于行为人行为是否有过错的问题。针对过错这一概念，理论界主要有以下三种学说：主观过错说、客观过错说和主客观相结合的过错说。结合司法实践，应该采用主客观过错说来界定过错更为合理，即过错应是一个主观和客观要素相结合的概念，它是支配行为人从事在法律和道德上应受到非难的行为的故意和过失的状态，换言之，是指行为人通过违背法律的行为表现出来的主观状态。本案中，原告主张种植的枸杞因被告利用无人机打药未全面覆盖而产生虫害导致了减产，而被告对此不予认可。根据《最高人民法院关于适用〈中华人民共和国民事诉讼法〉的解释》第九十条的规定，当事人对自己提出的诉讼请求所依据的事实或者反驳对方诉讼请求所依据的事实，应当提供证据加以证明，但法律另有规定的除外。在作出判决前，当事人未能提供证据或者证据不足以证明其事实主张的，由负有举证证明责任的当事人承担不利的后果。本案中，从原告提供的证据来看，一方面从主观状态无法证明行为人对其行为造成的损害后果是明知的，并且意图追求此种损害后果的发生；另一方面从客观行为无法证明行为人的行为具有违法性或者行为违反一般人的注意义务。6 月 22 日第一次打药之后，原告应当及时查看枸杞的生长情况，观察是否发生虫害，但直到 7 月 1 日原告才发现打药的 13.9 亩枸杞地中的 8 亩出现虫害并通知被告。7 月 2 日被告又通过无人机为出现虫害的枸杞地补打了农药。在补打农药后，原告发现虫害并未消退。7 月 11 日，由被告支付人工费用 600 元，原告自行雇人为虫害未除的土地进行了人工打药。被告使用原告提供的农药，按要求配比之后进行了喷洒，并且在原告发现虫害后又及时开展了农药的补打工作，因此难以判断被告的行为是否存在过错。实践中，受害人一般也不需要单独举证行为人的行为存在过错。

第二，关于损害结果的认定问题。《民法典》第一千一百八十四条规定，侵害他人财产的，财产损失按照损失发生时的市场价格或者其他合理方式计算。本案中，针对枸杞减产的实际面积以及具体产量，原告出示了青海诺木洪农场出具的虫害面积为8亩的“证明”一份，但未通过有资质的单位或鉴定机构进行现场测量、测产鉴定，对于具体的减产面积、减产数量、是否绝收等缺少充足、有效的证据证明。

第三，关于行为人的行为与受害人的损害之间是否存在因果关系的问题。因果关系是侵权责任的重要构成要件，在行为与损害事实之间确定存在因果关系的，就有可能构成侵权责任，没有因果关系就必然地不构成侵权责任。在因果关系判断上，简单的一因一果的侵权，比较容易判断，但多因一果、一因多果或多因多果等复杂情况，则需要法官充分发挥司法能动性、专长素养，智慧、衡平、公正地综合考虑案发当时的情况，考虑原因力大小、法律关系、公平正义、法律效果等多种因素。本案中，针对枸杞减产是否系无人机打药未全覆盖造成，原告出具了一份由青海诺木洪农场生产指导科出具的“病虫害情况鉴别”，该份证据仅能证明原告种植的枸杞出现了木虱虫害，并不能证明虫害出现系无人机打药未全覆盖而造成的。而枸杞本身易受多种病虫害侵扰，虫害产生的原因较多，自身因素、环境条件、田间管理等方面都会影响枸杞的生长。原告对于产生的虫害用药是否匹配、提供的农药是否符合标准、病虫是否产生耐药性等方面未提供有力证据证明。因此，无法充分证明行为人的行为与受害人的损害之间有因果关系。

第四，证据不足、事实不清时裁判路径的思考。民事案件中经常出现因证据不足，主要案件事实无法查清的情况，法官只能通过分配举证责任的方式裁判案件。对于当事人而言，当举证不能或不充分、其所主张的事实无法得到证明时，应当承担举证不能的后果。在司法实践中，当直接证据不足时，法官可以合理地运用自由心证原则，结合间接证据以及当事人的言行举止等特征，通过逻辑推演，如果能够对案件的主要事实产生较强的内心确信，应当对相关事实加以认定。同时，法官自由心证的过程应该体现在案件审理过程当中，特别是在裁判文书中就内心确信的形成进行充分论证，让当事人也能够理解法官对于案件事实的认定过程。本案中，原告种植的枸杞确实因病虫害导致了减产，但是本案的关键事实、争议焦点，枸杞减产的实际面积以及具体产量，枸杞减产与无人机打药的行为是否存在因果关系等缺少直接证据证明。原告在开庭时未能提供有力的证据加以证明，法官无法形成较强的内心确信，因而无法通过间接证据及间接法律事实认定原告枸杞减产与被告利用无人机喷洒农药的行为存在因果关系。因此，通过举证责任分配作出裁判，并将这一过程进行了论述。最终，原告败诉后仍服判息诉，法律效果和社会效果达到了统一。

编写人：青海省都兰县人民法院　乌兰齐齐格　宋虎

097 虚假登记损害责任的认定

——龚某石诉电磁阀公司、房管局虚假登记损害责任案

【案件基本信息】

1. 裁判书字号

湖南省益阳市中级人民法院（2017）湘09民终501号民事判决书

2. 案由：虚假登记损害责任纠纷

3. 当事人

原告（上诉人）：龚某石

被告（被上诉人）：电磁阀公司、房管局

【基本案情】

原竹艺厂于1985年更名为建材厂。1996年9月11日，建材厂因资不抵债被法院宣告破产还债，该厂坐落于安化县东坪镇的房产被用于对企业职工进行安置。其房屋评估值为181200元，按累计工龄1539年计算，年工龄分配额为117.7387元。1997年3月10日破产程序终结，但建材厂公章未予注销。2004年4月30日，建材厂经职工大会讨论决定，由李某安等五人成立了建材厂资产管理小组（以下简称资产管理小组），授权资产管理小组代表企业全体职工签署房地产转让合同，对转让的资产进行管理和分配，负责处理有关房地产转让的一切遗留问题，并出示了《授权证书》，其上级管理机构安化县二轻工业局在此证书上盖章认可。2004年4月30日，资产管理小组与电磁阀公司签订房地产转让合

同，将涉案房地产以218800元转让给电磁阀公司，合同加盖了建材厂、资产管理小组的公章，安化县二轻工业局在此合同上签署了“情况属实”的意见，并加盖了公章。双方还签有补充协议，约定由电磁阀公司另支付建材厂8000元，由资产管理小组负责职工签名单，签名率达95%以上，并负责让租户在2004年6月10日前全部搬走。合同签订后，电磁阀公司支付了相应价款，资产管理小组将该款分配给了职工。后资产管理小组协助电磁阀公司办理了房屋过户手续。为减免税费，双方向房管局提交了价格为190000元的房屋转让合同。2006年4月3日，电磁阀公司取得了涉案房屋的所有权，后对房屋进行了修缮。

2013年4月11日，电磁阀公司与安化县城镇建设投资开发有限责任公司签订厂房土地收购协议书，城镇建设投资开发公司以660万元的价格收购了涉案房屋。2013年9月，龚某石等建材厂职工见房屋被拆，前往安化县公安局及县工信局投诉。2015年，龚某石等48人因不服房管局房屋产权行政登记而提起行政诉讼，法院作出（2015）安法行初字第15号行政裁定书，驳回龚某石等48人的起诉。龚某石等人不服该裁定，上诉至湖南省益阳市中级人民法院，该院裁定驳回上诉，维持原裁定。2016年5月4日，龚某石诉至安化县人民法院。

【案件焦点】

在涉案房屋的产权转让过程中，电磁阀公司、房管局是否进行了虚假登记，是否给龚某石造成了损害。

【法院裁判要旨】

湖南省益阳市安化县人民法院经审理认为：

第一，龚某石是否可以单独提起诉讼。根据建材厂破产财产分配方案，涉案房屋在破产企业职工中按工龄分配到个人，建材厂被宣告破产还债后，其法人主体资格归于消灭，该房屋已分配给职工按份共有，职工可在其份额范围内单独行使权利。因此，龚某石可以单独提起诉讼。

第二，房管局是否是适格被告。根据房管局提交的安化县不动产登记中心主要职责内设机构和人员编制规定，不动产登记职能虽于 2015 年 12 月 29 日已转移至不动产登记中心，但办理涉案房屋过户登记的机构为房管局，且房管局并未撤销，责任主体并未消失，因此房管局是适格被告。

第三，电磁阀公司、房管局的行为是否构成虚假登记。虚假登记是指不动产登记簿上关于不动产的记载存在瑕疵。造成不动产登记瑕疵的原因有两种情况：一是不动产登记申请人故意向不动产登记机关提供虚假材料，导致不动产登记内容错误；二是因不动产登记机关工作人员未尽合理审慎义务，导致不动产登记内容错误。建材厂虽已于 1997 年被宣告破产，其法人主体资格消失，但破产后经全体职工授权并经上级主管部门同意，成立了资产管理小组，资产管理小组有权对相关资产进行处置。资产管理小组取得的《授权证书》上的签名虽非龚某石本人所签，但这是出让方内部管理的问题，电磁阀公司没有过错，其购买涉案房地产系善意取得，其完全有理由相信资产管理小组可以代表全体职工。建材厂被宣告破产终结后，理应到相关部门注销相关登记，其未及时注销，并在转让合同上加盖公章，过错不在电磁阀公司，故电磁阀公司不存在提供虚假资料骗取登记的故意，其行为不构成虚假登记。

对于房管局，房屋登记审批表上出卖方虽为法人资格已经消灭的建材厂，审批表上盖有建材厂的公章，但办理过户登记时，出让方提交了《授权证书》，资产管理小组全体成员亦已签名，上级主管部门也签署了意见并加盖了公章。虽出卖人主体资格存在瑕疵，但登记房屋确已出卖给电磁阀公司，房管局的登记行为并未构成对龚某石实体权利的侵害，其行为不构成虚假登记。因此，龚某石要求电磁阀公司、房管局承担虚假登记损害责任的诉讼请求，于法无据，一审法院依法不予支持。

第四，龚某石的诉讼请求是否超过诉讼时效。龚某石要求电磁阀公司、房管局赔偿损失的诉讼请求是因侵权行为所产生的侵权损害赔偿之债，属于债权请求权，受诉讼时效的约束。根据《中华人民共和国民法通则》第一百三十五条、第一百三十七条之规定，向法院请求保护民事权利的诉讼时效期间为两年，从知道或者应当知道权利被侵害之日起计算。2004 年 4 月 30 日，涉案房地产转让合同签订之前，建材厂召开职工大会征求了职工意见，授权资产管理小组处置该房地产，且该房屋交付后，一直作为电磁阀公司的厂房，电磁阀公司对房屋进行过修缮，龚某石理应知晓该房屋已于 2004 年被转让给电磁阀公司的事实，龚某石于 2013 年 9 月才向相关部门主张权利，其诉讼请求已超过诉讼时效。据此，根据《中华人民共和国民法通则》第一百三十五条，《中华人民共和国民事诉讼法》第六十四条第一款之规定，判决：

驳回龚某石的诉讼请求。

龚某石不服上述判决，提起上诉。湖南省益阳市中级人民法院经审理认为：《中华人民共和国物权法》第二十一条规定，当事人提供虚假材料申请登记，给他人造成损害的，应当承担赔偿责任。因登记错误，给他人造成损害的，登记机构应当承担赔偿责任。登记机构赔偿后，可以向造成登记错误的人追偿。据此可知，对于当事人的虚假登记责任，要求当事人制作虚假材料申请登记或明知是虚假材料而申请登记，并给他人造成了损害；对于登记机构的虚假登记责任，则要求登记机构未尽到合理审慎义务，导致错误登记，给他人造成了损害。电磁阀公司作为涉案房屋产权转让的申请人，向房管局提交了转让登记的申请材料，其中，龚某石主张房地产转让合同书、《授权证书》及职工签名单、委托李某安办理过户登记的委托书为虚假材料。法院认为，房地产转让合同书仅是合同双方为减免税费向房管局提交的另一份低价房地产转让合同，该合同内容虽在房地产交易价格上与双方交易的真实价格存在差异，但该合同系交易双方共同签字确认后提交，在双方已存在真实的资产转让合意的情况下，并不影响房屋产权的转让，更未导致产权登记错误。关于《授权证书》及职工签名单、委托李某安办理过户登记的委托书，虽职工签名单中部分签名非本人所签，“建材厂”式样的公章不一致，但该材料均系资产管理小组组织制作，并由其上级主管部门安化县二轻工业局盖章，签写情况属实，故电磁阀公司并未故意制作虚假材料申请登记。同时，龚某石亦未提交证据证明电磁阀公司明知上述材料系虚假材料而申请登记，应承担举证不能的不利后果。综上，电磁阀公司在涉案房屋转让登记过程中，未进行虚假登记，不应承担虚假登记损害责任。另，房管局在办理涉案房屋产权转让登记过程中，已按照规定要求申请人提供了相关材料，在其中的房地产转让合同书、《授权证书》及职工签名单中，已由建材厂的上级主管部门安化县二轻工业局盖章，并签写情况属实，《授权证书》亦有资产管理小组全体成员签名，故房管局在办理转让登记的过程中已从形式上尽到了合理审慎义务，最后结果亦未导致登记错误，故不应承担虚假登记损害责任。龚某石提出的电磁阀公司、房管局进行了虚假登记，给龚某石造成了损害的上诉理由，无事实和法律依据，不予支持。

虚假登记损害责任纠纷作为侵权之债请求权，应受两年的普通诉讼时效限制，且从知道或应当知道权利被侵害之日起开始计算。2004年4月30日，建材厂召开职工大会就该厂房地产转让一事征求意见，并有绝大部分职工签字，且在签订合同后，电磁阀公司将涉案房屋作为己方厂房使用，进行了修缮。作为该厂职工，龚某石当时在面临企业破产资产安置，严重影响到其个人权益的情况下，理应就后续资产处理进行了解和主张权利，其辩称一直认为有人租赁该厂，并直到2013年9月才知晓厂房被转让从而向相关部门主张权利的主张，无事实依据，故一审据此认定其诉求已超过诉讼时效，并无不当，予以维持。

综上所述，龚某石的上诉请求不能成立，应予驳回；一审判决认定事实清楚，适用法律正确，应予维持。依照《中华人民共和国民事诉讼法》第一百七十条第一款第一项之规定，判决如下：

驳回上诉，维持原判。

【法官后语】

因登记的完成涉及申请人的申请和登记机关的审核双重行为，故以此导致的虚假登记所产生的赔偿责任属于民事责任范围还是行政赔偿范围在司法实务中产生了诸多争议，就同一请求龚某石先后选择了行政诉讼和民事诉讼即为例证，本文在此仅从民事赔偿责任的视角分析虚假登记损害责任的特征。

虚假登记损害责任应归属于一般侵权责任。民事责任是民事主体对自己在民事活动中违反民事法律规范的行为所引起的法律后果应当承担的法律责任，作为一种不利后果，其主要包括违约责任、侵权责任以及不履行法定义务的民事责任。违约责任，主要产生于违反合同义务；侵权责任，主要产生于侵犯人身、财产权益；不履行法定义务的民事责任，则为不履行法律规定义务的行为，如不当得利。虚假登记损害责任规定于《中华人民共和国民法典》（以下简称《民法典》）第二百二十二条，相对于原《中华人民共和国物权法》（以下简称《物权法》）第二十一条规定，仅作部分词句修改，实质要件并未发生变化。该责任是因侵权行为损害财产性权益所承受的不利后果，为侵权责任的一种，故应受《民法典》的调整。按照一般侵权责任的过错责任归责原则，虚假损害登记责任的成立应具备一般侵权责任的构成要件，即侵权行为、主观过错、侵权后果以及因果关系。

除此之外，虚假登记损害责任的成立具有自身法律特征：

1. 虚假登记损害责任仅发生在不动产登记之中。《民法典》第二百二十二条并未明确该种责任是发生在不动产还是动产登记中，但根据该条文所在体系中的具体位置来看，其规定在《民法典》第二编“物权”第二章“物权的设立、变更、转让和消灭”第一节“不动产登记”中，明显区分于第二节“动产交付”，根据体系解释方法，可知该责任仅产生于不动产登记之中；而其具体构成情形散见于《中华人民共和国城市房地产管理法》《中华人民共和国土地管理法》等规范不动产的法律法规。

2. 虚假登记损害责任的赔偿主体不仅包括虚假登记的当事人和

登记机构，而且包括提供虚假材料的其他人员。《民法典》第二十一条规定的责任主体除登记机构外，还包括了“当事人”，至于“当事人”的具体含义，《民法典》并未作明确规定，《不动产登记暂行条例》第二十九条亦作相同规定，《最高人民法院关于审理房屋登记案件若干问题的规定》第十二条则为“申请人”，上述规定虽表述不同，但所指对象应一致，即申请不动产登记的当事人。但该“当事人”不同于诉讼法中的案件“当事人”，应作广义理解，还包括申请登记的代理人等，依据来源于《不动产登记暂行条例》第十五条的规定，到不动产登记机构办公场所申请不动产登记的主体不仅包括当事人，还包括代理人。至于上述主体之外的第三人与当事人恶意串通提供虚假资料是否构成虚假登记损害责任，暂无明文规定，但根据《民法典》第一千一百六十八条的规定，第三人与当事人可构成共同侵权，也应承担虚假登记损害责任。

3. 当事人提供的虽是虚假登记材料，但并未导致权利登记错误，不应承担损害赔偿责任。因虚假登记损害责任为结果责任，该种结果是登记行为导致的权利登记瑕疵，即登记权利与真实权利不一致，故提供虚假材料但并未导致权利登记错误的，不应承担赔偿责任。该案中，合同双方当事人向房管局提交的《房地产转让合同书》虽是虚假合同，但虚假内容仅涉及转让价格，不影响双方存在权利转移的真实意思表示，并未导致权利登记错误，故不构成虚假登记损害责任。

除此之外，虚假登记损害责任不仅发生在不动产物权登记之中，而且包括债权登记，如不动产租赁权备案登记。

编写人：湖南省益阳市中级人民法院　雷宏

098 不可抗力与高速公路施工方、承建方共同侵权叠加情况下的民事责任划分

——合作社诉高速公路公司、管理处财产损害赔偿案

【案件基本信息】

1. 裁判书字号

河南省三门峡市中级人民法院（2016）豫12民终字第87号民事判决书

2. 案由：财产损害赔偿纠纷

3. 当事人

原告（被上诉人）：合作社

被告（上诉人）：高速公路公司、管理处

【基本案情】

合作社位于灵宝市大王镇某村，经营养殖鱼产品等，其养殖用水来源于灵宝市沟水坡水库下游的河道。2013年7月18日，三淅高速的建设单位高速公路公司和管理处建设并管理的位于该村的排水渠存在严重隐患，因天降暴雨，冲垮三淅高速的排水渠，造成泥水冲入灵宝市沟水坡水库管理所的西干渠闫家坪段渠道内，后因该渠道内淤泥堆积，渠道不畅通，部分污泥水流入闫家坪村水库下游的河道内，污染了河道水源，导致从该河道内取水用于养殖的合作社的鱼塘内鱼类因缺氧大量死亡，造成事故。合作社遂向三门峡渔政渔船监督管理处报案。2013年8月5日，三门峡

渔政渔船监督管理处委托河南省渔业检测中心对合作社的损失进行鉴定。经鉴定，合作社所在的三区鱼产品损失 1372.23 公斤，价值 61271 元，清淤费 2304 元，鉴定费 6000 元。

【案件焦点】

天降暴雨同高速公路施工方、承建方共同侵权叠加情况下的民事责任划分。

【法院裁判要旨】

河南省三门峡市灵宝市人民法院经审理认为：本案中，高速公路公司作为高速公路位于某村排水渠的承建单位，没有单独修建排水渠，而是直接将高速公路污水排入沟水坡水库西干渠，因干渠内淤泥堆积过多，污水流入河道而引发河水污染，导致从该河道内取水用于养殖的合作社的鱼塘内鱼类因缺氧大量死亡。高速公路公司应当保证修建的渠道排水顺畅，尽可能减少高速公路所排污水对河道的污染；管理处作为高速公路的经营管理单位，应当对高速公路排水渠进行维护、排查安全隐患，其未尽到管理人的注意义务，未能保障高速公路排水渠排水的安全畅通，造成河道污染，故高速公路公司、管理处对合作社构成侵权行为，应承担损害赔偿责任。而合作社作为水产品专业养殖社，应当谨慎选择养殖水源，其在未采取任何防护措施的情况下，直接从河道内取水养殖，导致所养殖鱼类因水源污染发生事故，其自身存在一定的过错，对事故的发生应当负相应的责任，故应当减轻高速公路公司、管理处的责任。合作社要求高速公路公司、管理处进行赔偿，理由正当，其合理损失法院予以支持。考虑到河道水源污染还存在暴雨冲刷引起山体泥水流入西干渠及河内，沟水坡水库西干渠淤泥堆积，排水不畅等因素，也是导致河水污染的原因，结合合作社和高速公路公司、管理处的过错情况，高速公路公司、管理处应承担合作社损失 69575 元的 50%即 34787.5 元。

河南省三门峡市灵宝市人民法院依照《中华人民共和国侵权责任法》第六条、第十五条、第十九条、第二十六条之规定，作出如下判决：

一、高速公路公司、管理处共同赔偿合作社损失 34787.5 元，限其于本判决生效后十日内付清；

二、驳回合作社的其他诉讼请求。

高速公路公司和管理处不服一审判决，提起上诉。

河南省三门峡市中级人民法院经审理认为：合作社的鱼类死亡原因及损失情况经三门峡渔政渔船监督管理处委托河南省渔业检测中心进行鉴定，该鉴定中心经对养殖现场及坍塌现场进行实地考察、询问相关人员调查事情经过，询问苗种投放、饲料喂养记录、听取三门峡渔政渔船监督管理处和灵宝市渔政管理处的情况介绍等对事件原因和造成的损失作出鉴定结论，程序合法，一审予以采信并无不当；对三淅高速公路灵宝至卢氏段，高速公路公司提交的验收报告中明确建议尽快完善边坡绿化、排水渠设施等，验收后仅半年多的时间就出现排水渠被暴雨冲垮的情况，对本案的发生具有过错；管理处作为高速公路的管理方未能尽到管理人的注意义务，对本案的发生亦有过错。一审结合本案实际情况，判决高速公路公司与管理处共同承担合作社损失 50%赔偿责任并无不当。

河南省三门峡市中级人民法院依照《中华人民共和国民事诉讼法》第一百七十条第一款第一项之规定，作出如下判决：

驳回上诉，维持原判。

【法官后语】

本案处理重点主要在于特殊自然现象引发的共同侵权，应当如何合理划分民事责任。

《中华人民共和国侵权责任法》第二十九条[①]规定："因不可抗力造成他人损害的，不承担责任。法律另有规定的，依照其规定。"本案突发暴雨虽系不可抗力范畴，但仅系导致本案损害结果的自然天气诱因。暴雨冲刷引起山体泥水流入西干渠及河内，造成河水污染是客观情况，但并非导致鱼类死亡的直接原因。高速公路公司对所建工程没有按照设计要求完善相关配套施工设施的瑕疵建设行为和管理处作为高速公路管理人对高速公路督促管理过失相互结合，才是导致本案损害发生的根本原因。故本案不能简单适用上述第二十九条之规定，而应当根据各方当事人行为对损害后果的原因力和过失大小，综合判定各自应承担的责任。

关于高速公路公司与高速公路管理处责任承担问题。高速公路公司虽将涉案三淅高速公路灵宝至卢氏段工程交工验收，但验收报告中明确建议尽快完善边坡绿化、排水渠设施等。高速公路公司未按验收报告要求进行排水渠设施及绿化完善措施，导致工程验收后半年多的时间即出现排水渠被暴雨冲垮的情况，其作为承建单位对本案的发生存在过错，应当对合作社的经济损失承担侵权责任；管理处作为高速公路的管理方，其在公路承建单位对排水设施建设存在瑕疵的情况下，未尽到督促完善义务，亦未采取合理措施避免或者降低排水设施建设瑕疵造成损害的危险可能，对本案的发生亦有

---

① 对应现行《中华人民共和国民法典》第一百八十条第一款。

过错。高速公路公司的建设瑕疵行为与管理处的管理过失行为相互结合，导致三淅高速的排水渠被暴雨冲垮，进而导致合作社养殖的鱼类死亡，高速公路公司与高速公路管理处虽无共同故意和过失，但其侵害行为直接结合造成同一损害后果，且高速公路公司与管理处的过失行为对损害后果的原因力无法明确区分，故法院判决高速公路公司与管理处承担共同侵权责任，共同赔偿合作社损失的50%并无不当。

对于合作社而言，作为水产品专业养殖社，应当谨慎选择养殖水源，其在未采取任何防护措施的情况下，直接选择从河道内取水养殖。这样虽然降低了养殖成本，但加大了导致损害结果发生的可能性。故对其鱼类因水源污染所致损失，其自身也存在一定的风险防控过错，根据《中华人民共和国侵权责任法》[①] 第二十六条规定，被侵权人对损害的发生也有过错的，可以减轻侵权人的责任。且若无突降大雨这一自然天气诱因，高速公路公司与高速公路管理处的过失行为并不会必然导致合作社鱼类死亡这一损害后果。恰逢暴雨，加重了高速公路公司与管理处过失行为的损害程度。故法院结合实际情况，认定合作社对自身损失承担50%的责任亦无不当。

编写人：河南省三门峡市中级人民法院　刘迪　孟大艳

---

① 对应现行《中华人民共和国民法典》第一千一百七十三条。

099 如何认定保险公估报告的效力

——塑业公司诉纺织公司财产损害赔偿案

【案件基本信息】

1. 裁判书字号

江苏省苏州市中级人民法院（2015）苏中民终字第02480号民事判决书

2. 案由：财产损害赔偿纠纷

3. 当事人

原告（被上诉人）：塑业公司

被告（上诉人）：纺织公司

【基本案情】

2013年6月20日，纺织公司的车间起火，后火势蔓延至塑业公司仓库，致使塑业公司的仓库房屋建筑及仓库内存放的加工材料、存货烧毁。火灾发生后，塑业公司即向承保的保险公司报案，保险公司委托公估公司对塑业公司的损失进行评估。塑业公司基于公估公司的评估核算，在扣除财产残值及保险理赔款的基础上，向法院起诉要求纺织公司赔偿塑业公司的各项损失合计188798.41元。纺织公司认为公估公司未在江苏省高级人民法院委托评估、鉴定的机构名册中备案，本次评估由塑业公司及其投保的保险公司委托，未经法定程序选定，且公估报告所依据的材料未经纺织公司的质证确认，该报告不具有法律效力，对纺织公司无约束力。

塑业公司的损失在其投保的保险公司已经得到了足额赔偿，塑业公司要求纺织公司赔偿保险公司理赔不足部分及其他相关费用缺乏事实和法律依据。

【案件焦点】

公估公司的公估报告能否作为认定塑业公司因本次火灾所造成损失的依据。

【法院裁判要旨】

江苏省太仓市人民法院经审理认为：1. 公估公司属保险公司《理赔工作聘请保险公估机构管理办法2010年实施细则》中列明的财产保险合作公估机构，具有财产保险公估资质。2. 公估公司由塑业公司与保险公司共同委托，符合保险公司公估委托操作规程，公估公司对塑业公司火灾损失进行的公估具有客观中立性。目前无证据证明塑业公司与公估公司存在恶意串通损害第三方利益的情形。3. 事故发生后，公估公司及时赶赴事故现场，与塑业公司、纺织公司及保险公司共同对塑业公司的损失进行勘验、清点，公估报告中的数据采集及时、真实。在整个过程中纺织公司并未提出任何异议。4. 公估报告对数据的分析比较符合行业特点，与一般常人的理解有所不同。综上，确认公估公司的公估报告作为认定塑业公司因本次火灾所造成损失的依据。

江苏省太仓市人民法院依照《中华人民共和国侵权责任法》第六条第一款、第十九条、第二十六条，《中华人民共和国民事诉讼法》第六十四条第一款，《最高人民法院关于民事诉讼证据的若干规定》第二条之规定，作出如下判决：

一、纺织公司在本判决生效后十日内赔偿塑业公司134963.43元；

二、驳回塑业公司的其他诉讼请求。

纺织公司持原审答辩意见提起上诉。江苏省苏州市中级人民法院经审理同意一审法院的裁判理由，认为纺织公司关于一审判决依据的公估报告缺乏事实依据、结论错误的上诉主张依据不足，不予采信。原审判决认定事实清楚，适用法律正确，应予以维持。

江苏省苏州市中级人民法院依照《中华人民共和国民事诉讼法》第一百七十条第一款第一项之规定，判决：

驳回上诉，维持原判。

【法官后语】

本案的争议焦点在于公估公司的公估报告能否作为认定案件事实的依据。

首先，保险公估报告有效的前提是作出公估报告的公估机构具有相应的资质。依据《中华人民共和国保险法》（以下简称《保险法》）第一百二十九条第一款的规定，保险公估报告是保险事故发生后，由保险活动当事人委托保险评估机构等依法设立的独立评估机构或者具有相关专业知识的人员，对保险事故进行评估和鉴定后出具的书面文件。对于纺织公司提出公估公司未在江苏省高级人民法院委托评估、鉴定的机构名册中的观点，应该注意到，保险公估报告并非《全国人大常委会关于司法鉴定管理问题的决定》中所定义之司法鉴定。既然保险公估报告不属于司法鉴定，那么作出保险公估报告的公估机构并不必须是人民法院司法鉴定人名册中规定的机构。而公估公司是保险公司《理赔工作聘请保险公估机构管理办法2010年实施细则》中列明的财产保险合作公估机构，符合《保险法》以及中国保监会（现中国银保监会）公布的《保险公估机构监管规定》的要求，因此，公估公司是具有相应资质的财产保险公估机构。

其次，在财产损害事故发生后第一时间作出的保险公估报告对于事故损害的认定具有重要意义，其效力不能轻易被否认。因为在财产损害事故尤其是在火灾等事故当中，定损物品通常已经灭失，而事故现场也会由于清理修复而被改变，日后再作出评估鉴定存在很大困难。基于保险公估报告的产生过程，通说认为保险公估报告属于我国民事诉讼证据类型中的鉴定意见。依据《最高人民法院关于民事诉讼证据的若干规定》第二十八条规定，一方当事人自行委托有关部门作出的鉴定结论，另一方当事人有证据足以反驳并申请重新鉴定的，人民法院应予以准许。由此可见，若要推翻一方当事人委托所产生的鉴定结论，前提是“有证据足以反驳”。[①] 本案中，公估报告对塑业公司仓库所存放的加工材料和存货的损失价值进行了评估，是案涉损失认定的重要依据。纺织公司对于公估报告认定的损失金额有异议，但其作为异议方，并未能举证证明公估公司所作的公估报告在形成程序和具体内容上存在不合法之处。同时，依照《最高人民法院关于民事诉讼证据的若干规定》第二条的规定，当事人对自己提出的诉讼请求所依据的事实或者反驳对方诉讼请求所依据的事实有责任提供证据加以证明。没有证据或者证据不足以证明当事人的事实主张的，由负有举证责任的当事人承担不利后果。

---

① 该条文现已被修改，现为《最高人民法院关于民事诉讼证据的若干规定》（法释〔2019〕19号）第四十一条，对于一方当事人就专门性问题自行委托有关机构或者人员出具的意见，另一方当事人有证据或者理由足以反驳并申请鉴定的，人民法院应予准许。故根据该规定，若要推翻一方当事人自行委托所产生的鉴定结论，前提是“有证据或者理由足以反驳”。

本案中，公估公司所作的公估报告符合公估委托操作规程，数据采集及时真实，收集过程中纺织公司也未提任何异议。此外，纺织公司也未能提供证据证明塑业公司与公估公司存在恶意串通损害第三人利益的情形，因此，按照举证责任的分配规则，纺织公司应该承担举证不能的不利后果。

综上，保险公估报告作为对事故现场第一时间的勘察检验结论，有利于客观全面地核定事故造成的损失，避免日后由于标的物灭失或被修复而无法再次鉴定，导致难以还原事实真相，进而造成裁判困难。因此，在审判实践中，只要保险公估报告是由具有相应资质的保险公估机构依照法定程序作出，并且没有证据表明该保险公估报告在形成过程中有损害第三方利益的情形，那么人民法院就应确认该保险公估报告作为认定案件事实的依据，依法作出裁判，从而在保证司法公正的同时也提高了司法效率。

编写人：江苏省太仓市人民法院　凌波

100　超市陈列不当的商品被顾客毁损，构成过失相抵

——商业公司诉李某财产损害赔偿案

【案件基本信息】

1. 裁判书字号

江苏省无锡市中级人民法院（2014）锡民终字第2193号民事判决书

2. 案由：财产损害赔偿纠纷

3. 当事人

原告（被上诉人）：商业公司

被告（上诉人）：李某

【基本案情】

2014年1月30日上午，李某在商业公司旗下某超市购物，在从货架上抽取一瓶红葡萄酒时，将相邻一侧的两瓶红葡萄酒碰倒打碎，一瓶售价1308元，进价为837.6元，另一瓶售价468元，进价为299.14元。当日，某超市就此事报警后，派出所对事发经过展开调查。某超市的工作人员黄某陈述："今天中午，我在卖场里巡视，听到有东西摔碎的声音，走过去看见有一个女顾客站在两瓶打碎的红酒前面，然后我就问那个女顾客是怎么回事，她告诉我想拿一瓶看看，旁边的两瓶红酒就倒下来摔碎了……两瓶红酒摔碎是因为红酒的防盗搭扣正好搭在一起，她去拿的时候没注意，所以就把旁边的两瓶红酒一起带下来，摔倒在地上。"后因双方对赔偿款项协商不成，某超市诉至法院，要求李某承担全部赔偿责任，赔偿某超市1776元。

另查明：事发时，某超市客流量正常，葡萄酒陈列在开放性的货架上，货架分五层，较为贵重的葡萄酒在最底层，层高35~40厘米，酒瓶上端用线圈固定防盗搭扣，酒瓶与酒瓶之间排列紧密，防盗搭扣朝向无规律。李某来到葡萄酒货架前，在货架最底层发现400~1000多元价位的葡萄酒，随即俯身选取其中一瓶，抽取动作幅度适中，间隔1~2秒后，与之相邻的两酒瓶相继倒地毁损。间隔期间，未见货架晃动，也未发现有其他作用力介入。事发后，某超市将销售价在400元以上的葡萄酒均陈列在带锁的玻璃展示柜中，有专人负责，消费者如需选购，需与专柜人员联系，由工作人员将酒瓶取出交给消费者。

【案件焦点】

如何判断某超市对于葡萄酒的毁损是否构成过失相抵以及如何确定责任份额。

【法院裁判要旨】

江苏省无锡市南长区人民法院认为：从公安机关的笔录及现场的视频可以看出，某超市工作人员黄某是在事发后才到达现场，并未第一时间看到红酒打碎的过程。李某虽提出红酒酒瓶之间摆放过近、酒瓶上防盗搭扣搭在一起才导致红酒打碎，但并无证据证明，不应采纳。

李某作为完全民事行为能力人，在超市这类开放式商场选购商品特别是酒类等易碎物品时，应轻拿轻放，尽到审慎的注意义务，综合分析李某、黄某在公安机关的陈述和事发时的监控录像，李某在选购红酒时，直接抽取酒瓶，没有保护旁边酒瓶不被碰倒的动作，对于本案所涉两瓶红葡萄酒的毁损应承担主要责任，考虑到商业公司作为超市经营者，对于玻璃类易碎物品摆放上没有相对分离亦存在管理缺失，同时也没有向消费者尽到提醒义务，应当减轻侵权人的赔偿责任，酌定李某对商业公司的损失承担70%的责任。据此，法院判决：

李某于本判决生效后十日内赔偿某超市财产损失1243.2元。

李某持原审意见提起上诉。江苏省无锡市中级人民法院经审理认为：

（一）关于葡萄酒瓶倒地的原因

根据监控录像资料、李某以及某超市工作人员黄某的陈述，涉案葡萄酒倒地毁损的原因系李某所选葡萄酒瓶的防盗搭扣与相邻两瓶的防盗搭扣依次交错，以至于抽取其中一瓶，其余两瓶在防盗搭扣作用力牵扯下倒地毁损，均不是出于商家和消费者李某主观故意追求的结果。具体分析如下：

1. 某超市工作人员黄某虽然没有目睹酒瓶倒地的第一瞬间，但作为最快赶到现场处理事故的工作人员，听取李某对酒瓶倒地原因的陈述后，结合现场货架葡萄酒瓶摆放情形，根据生活常识和工作经验作出的判断，较为客观合理，应予采信。

2. 李某事发当日在公安部门陈述事故原因与某超市提供的监控录像能够相互印证。根据录像显示，李某抽取酒瓶的幅度适中，两酒瓶的倒地与抽取酒瓶不是同一时点发生，且事发时货架上的酒瓶与酒瓶间距密集，防盗搭扣有交错牵连的情形，酒瓶由于防盗搭扣牵扯而摇晃不稳倒地的概率远高于李某直接碰倒酒瓶的概率。

3. 李某关于抽取酒瓶与相邻酒瓶倒地不是同一时点，相邻酒瓶倒地与己无关的上诉意见与其事发后在派出所所作陈述不符，且与监控录像显示的客观情况不符，在抽取酒瓶与相邻酒瓶倒地的 1~2 秒时间间隔中，未见货架晃动，也未发现有其他作用力介入，因此李某的该节上诉意见没有事实依据，法院不予采信。

（二）关于葡萄酒毁损的责任承担问题

侵权责任适用过失相抵原则，当受害人对损害的发生或者损害结果的扩大具有过错时，依法减轻或者免除赔偿义务人的损害赔偿责任。本案中，葡萄酒毁损系某超市摆放不适当、防盗搭扣相互缠绕，加上李某的抽取行为所致，某超市与李某均有过错，其中，某超市承担主要责任，李某承担次要责任。具体理由如下：

1. 结合损害的预见和防控能力，某超市较李某而言，就葡萄酒的安全风险有更高的注意义务

所谓过失，是指行为人对自己行为的后果应当预见或者能够预见而没有预见，或者虽然预见却轻信可以避免该后果发生的心理状态。可见，过失程度的判断应考查两个方面：其一，对损害结果可预见能力；其二，对损害结果的可避免能力。特定职业、领域的专业人士对损害结果的预见能力，即注意义务通常高于常人，高出程度与其所具有的知识经验和技术水平相当。在排除主观故意的情形之外，哪一方对商品损害的风险更具有预见能力，就更有能力防止损害结果发生或减少损失。

作为专业销售者的超市，其对商品的摆放安全，毁损风险防范，相对于消费者而言，具有更高更强的预见力和控制力，其对商品损失的注意义务也应高于消费者。本案中，毁损的葡萄酒当属较为贵重的商品，如果超市像事发后将高端酒类安放在专人管理的带锁的玻璃柜中，本案纠纷完全可以避免。从主观要件来说，超市对于贵重葡萄酒意外毁损的过失程度大于消费者。

2. 结合损害的发生原因以及注意义务，某超市承担主要责任，李某承担次要责任

从客观要件来说，事发时某超市存在以下过失：（1）将安装防盗搭扣的葡萄酒瓶放置在货架的最底层，底层层高35~40厘米，远低于正常成年人的视线，不便于消费者观察酒瓶的摆放情况，增加损坏商品的风险；（2）酒瓶上方的防盗搭扣有线圈缠绕，摆放时酒瓶与酒瓶的间距过于密集，没有为线圈留有相应空间，而且防盗搭扣的朝向也不统一，以至于搭扣与搭扣之间相互交错，增加酒瓶之间因牵连倒地的风险。因此，某超市对葡萄酒的毁损有不可推卸的

管理失职责任，不当的陈列摆放和防盗措施是造成毁损的直接原因之一，对此某超市应当承担主要责任。而消费者李某在选购葡萄酒这类易碎品时，没有尽到全面审慎的注意义务，未蹲身充分观察、注意相邻商品的安全，其对所选商品相邻葡萄酒的毁损承担次要责任。

综上，法院认为，某超市对该损害事故的发生具有重大过失，其为减少自己注意义务而不当加设的防盗搭扣增加了消费者的购物风险，一审判决判定李某对于相关经济损失承担主要赔偿责任，有失公允，应予以纠正。二审法院根据双方对本次事故的过错责任，认定李某承担次要赔偿责任，赔偿商业公司经济损失 500 元。

据此，江苏省无锡市中级人民法院依照《中华人民共和国民事诉讼法》第一百七十条第一款第二项之规定，判决：

一、撤销无锡市南长区人民法院（2014）南民初字第 591 号民事判决；

二、李某于本判决发生法律效力之日起十日内赔偿商业公司 500 元；

三、驳回商业公司其他诉讼请求。

【法官后语】

本案系侵权纠纷，一审、二审存在两种不同结论，主要的分歧点在于如何判断某超市对于葡萄酒的毁损是否构成过失相抵以及如何确定责任份额问题。

（一）侵权责任中过失相抵原则的立法沿革

“过失相抵”的立法本意在于公平分担责任，不得因自己过失所造成的损害转嫁于他人，我国立法源于《中华人民共和国民法通则》

（以下简称《民法通则》）第一百三十一条，该条规定“受害人对损害的发生也有过错的，可以减轻侵害人的民事责任”。《最高人民法院关于审理人身损害赔偿案件若干问题的解释》（2003年）第二条在《民法通则》第一百三十一条的基础上，对过失相抵原则的适用范围、标准等问题进行了解释，初步完成了我国过失相抵原则的构建。该条规定“受害人对同一损害的发生或者扩大有故意、过失的，依照民法通则第一百三十一条的规定，可以减轻或者免除赔偿义务人的赔偿责任。但侵权人因故意或者重大过失致人损害，受害人只有一般过失的，不减轻赔偿义务人的赔偿责任。适用民法通则第一百零六条第三款规定确定赔偿义务人的赔偿责任时，受害人有重大过失的，可以减轻赔偿义务人的赔偿责任”。《中华人民共和国侵权责任法》（以下简称《侵权责任法》）第二十六条延续了上述规定，“被侵权人对损害的发生也有过错的，可以减轻侵权人的责任。”

《中华人民共和国民法典》（以下简称《民法典》）第一千一百七十三条规定“被侵权人对同一损害的发生或者扩大有过错的，可以减轻侵权人的责任”。相比《侵权责任法》而言，法条设置更为科学、文义表达更为准确、逻辑更为严谨，主要表现在三个方面：一是条文设置在侵权责任编第一章的“一般规定”之中，扩大了过失相抵的适用范围，无过错责任原则的侵权行为类型也可以适用；二是将“损害”修改为“同一损害”，限定损害后果外延；三是增加“被侵权人对同一损害的扩大有过错”的情形，拓宽了损害的覆盖范围。

（二）本案过失相抵构成要件及责任确定的原则分析

首先，从过失相抵的构成要件分析某超市对葡萄酒的毁损是否构成过失相抵。一般认为，构成过失相抵需具备受害人本身有过错、过错与损害之间有因果关系、受害人有不当行为这几个方面。本案中，事发时某超市在对葡萄酒的陈列和防盗搭扣设置方面存在不当行为，其对葡萄酒的毁损有不可推卸的管理失职责任，不当的陈列和防盗措施也是造成毁损的直接原因之一。某超市的此种过错行为属于一种对自身利益保护的疏忽，虽不违反法定的或者约定的不损害他人的一般性义务，但此种过错行为与涉案葡萄酒毁损结果的发生存在直接因果关系，应当适用过失相抵规则。

其次，综合比较双方过错性质和程度、双方行为对损害结果产生的原因力大小来决定赔偿责任大小。因本案适用过错责任的归责原则，所以确定损害责任份额时应首先比较消费者与某超市过错程度的比例，以此作为责任分担的基本依据，并以原因力因素稍作调整。

如前所述，消费者和超市都存在过失，该过失可以从两个方面比较：其一，对损害结果可预见能力；其二，对损害结果的可避免能力。特定职业、领域的专业人士对损害结果的预见能力，即注意义务通常高于常人，高出程度与其所具有的知识经验和技术水平相当。在排除主观故意的情形之外，哪一方对商品损害的风险更具有预见能力，就更有能力防止损害结果发生或减少损失。

本案中，一方为超市，一方为消费者，相较而言，超市作为商品管理和销售者对商品的特性、摆放安全、毁损风险防范应当具有更强的预见力和控制力；而消费者在购物时，尤其至专业规范的超市采购时，往往对购物环境的安全性抱有充分信赖，注意力主要集中在自己所选的商品上。本案中毁损的葡萄酒价值1700多元，当属较为贵重的商品，某超市却将此款葡萄酒瓶放置在远低于正常成年人视线的货架最底层，酒瓶上方的防盗搭扣有线圈缠绕、朝向未统一，相邻酒瓶间距过密，以致搭扣与搭扣之间相互交错，增加了酒瓶之间因牵连倒地的风险。而李某在选购葡萄酒这类易碎品时，在陈列的商品位于视线盲区的情况下，未采取措施如蹲身充分观察，也存在一定的过失。两者过失相较，某超市对于葡萄酒毁损不可推卸的管理失职显然更高于李某疏于充分观察的过失。此外，从原因力分析，李某直接抽取酒瓶虽是主动行为，但损坏的不是其直接选中的葡萄酒，而是受该酒瓶防盗搭扣牵扯的相邻两瓶葡萄酒，某超市为了减轻自身注意义务所采取的不当陈列方式和防盗措施，对于葡萄酒毁损的原因力显然更大。因此，综合比较双方的过错程度和对损害结果产生的原因力大小，认定某超市主张的1776元的损失，由其自身承担主要责任，减轻消费者李某的赔偿责任，以赔偿500元为限。

编写人：江苏省无锡市中级人民法院　薛崴　沈君

101　共用管道堵塞致损的如何确定赔偿责任主体

——詹某芳诉物业公司、李某财产损害赔偿案

【案件基本信息】

1. 裁判书字号

北京市第一中级人民法院（2013）一中民终字第00260号民事判决书

2. 案由：财产损害赔偿纠纷

3. 当事人

原告（被上诉人）：詹某芳

被告（上诉人）：物业公司

被告（被上诉人）：李某

【基本案情】

詹某芳、李某分别是北京经济技术开发区某小区二里三区×幢105号房屋（以下简称105室）、202号房屋（以下简称202室）业主，物业公司是上述房屋所在小区物业服务单位。2012年1月29日，大量污水从202室位于厨房的排水管道涌出，202室被污水浸泡，后该污水又流入105室，导致105室的装饰装修及物品损坏。经现场勘查确认，当事人均认可此次事故系因202室厨房洗手盆下方排水管道（即地漏）向室内涌水所致。对于涌水的原因，李某主张系由于202室及楼上各户所共用排水管道堵塞所致，物业公司不予认可，并主张并不清楚具体堵塞部位；经法院释明，李某要求物业公司通过核对小区平面图纸等资料确定堵塞部位，并核实堵塞部位是位于业主自用管道还是共用排水管道。物业公司陈述称，其无法核实上述情况。针对堵塞部位系位于共用排水管道的主张，李某提交其妻刘某与物业公司工作人员的通话录音，詹某芳、物业公司对该通话录音的真实性认可。在北京经济技术开发区物业管理办公室备案的东晶国际公寓物业管理公约载明："物业管理服务内容：1. 房屋建筑共用部位及共用设施设备的使用管理、维修养护、巡视检查；2. 物业区域内的市政公用设施和附属建筑物的维修、养护、运行和管理……"现詹某芳起诉要求李某、物业公司承担对其财产损失赔偿责任，李某、物业公司均辩称自己不是责任主体。

【案件焦点】

共用管道堵塞致损的赔偿责任主体如何确定。

【法院裁判要旨】

北京市大兴区人民法院经审理认为：民事主体的合法财产权利受法律保护，行为人因过错侵害他人民事权益，应当承担侵权责任。物业公司作为105室、202室所在小区的物业服务企业，其负有管理、维护共用设施设备的义务，故其应掌握小区内共用排水管道位置等信息，在当事人已确认堵塞部位并非位于202室室内的情况下，考虑到李某已提交通话录音用以证明堵塞部位位于共用排水管道，在法院要求下，物业公司却未通过提交小区平面图等资料核实堵塞位置是否位于共用排水管道，对堵塞部位位于共用排水管道的事实，法院予以确认。物业公司作为共用排水管道的管理人，因怠于履行管理职责造成詹某芳财产损失，故具有过错，其应对詹某芳因此次事故造成的合理损失承担赔偿责任。关于詹某芳要求李某承担赔偿责任一节，因其未提供充分证据证明李某对詹某芳的财产受损具有过错，故对该项主张，法院不予采纳。

北京市大兴区人民法院依照《中华人民共和国侵权责任法》第六条、第十九条，《中华人民共和国民法通则》第一百一十七条第二款，《最高人民法院关于民事诉讼证据的若干规定》第二十七条第二款、第七十五条之规定，判决：

一、物业公司赔偿詹某芳各类损失费用共计26463.79元（于本判决生效后十日内履行）；

二、驳回詹某芳对李某的诉讼请求；

三、驳回詹某芳的其他诉讼请求。

物业公司不服原审法院判决，以其对詹某芳的财产损失没有过错不是侵权主体，应当由楼上住户承担责任为由提起上诉。

北京市第一中级人民法院经审理认为：物业服务单位有义务按照约定或者法律法规规定履行自身的管理职责，没有尽到管理义务，导致业主财产受损的，既构成违约也构成侵权。本案中，物业公司作为105室、202室所在小区的物业服务单位，对小区建筑共用部位及共用设施设备负有管理、维修、养护的义务。而综合在案的证据可以认定，此次事故堵塞的管道系共用排水管道，物业公司作为管理者，没有提供证据证明已经尽到了管理义务，其对于共用管道堵塞并导致詹某芳财产损失存在过错，其疏于管理的行为与损害后果的发生之间具有法律上的因果关系，因此应当承担相应的损害赔偿责任。原审法院判决物业公司对詹某芳的合理财产损失承担赔偿责任并无不妥，法院予以确认。物业公司关于楼上住户不当使用导致管道堵塞、应由楼上住户承担责任的主张，因其没有提供证据证明楼上住户有超出正常使用范围的行为，对此意见法院不予采信。

北京市第一中级人民法院依照《中华人民共和国民事诉讼法》第一百七十条第一款第一项之规定判决：

驳回上诉，维持原判。

【法官后语】

本案是一起典型的因共用管道堵塞引发业主财产损失而请求赔偿的案件。此类案件一般涉及受损住户、楼上住户、物业公司等多方当事人。受损住户为了最大限度地维护自身的利益，往往在起诉时将潜在的责任主体均诉至法院要求承担赔偿责任。哪些主体承担何种责任是此类案件中各方当事人争议的焦点，也是法院裁判此类案件的难点。

在共用管道堵塞的情况下，如何确定赔偿责任主体，关键在于确定管道堵塞的具体原因。在此基础上，根据侵权责任构成要件，就能够确定责任主体。本案中，法院查明管道堵塞是由于管道中生活油污冬季受冷凝结所致。在这种情况下，应具体分析所涉各方主体的责任。首先分析楼上住户的责任。从分解管道清理出的凝结物可以发现，其是由一些细微杂质和油污混合而成的。按照一般的常识，楼上住户在日常生活中产生的油污和细微杂质通过管道排出属于正常现象，是楼上住户正常生活所不可避免的，楼上住户的行为并没有超出正常使用范围。因此，楼上住户对于管道堵塞没有过错，不符合侵权责任构成要件，不应当承担责任。其次分析物业公司的责任。物业公司与住户之间存在物业服务合同关系，按照约定，物业公司负有定期清理维护共用管道的义务。在业主因为管道堵塞受损的情形下，物业公司需要举证证明其已经按照合同约定履行了相关义务，否则，在其无法举证有免责事由的情形下，其将因为怠于履行义务构成不作为侵权而承担损害赔偿责任。

通过分析本案可以看出，在此类案件中，如要不承担责任，楼上住户应当做到合理使用，而物业公司则应当尽到管理义务。这里的合理使用，应当以一个善意的自然人的标准来衡量，不应当超出社会大众的一般接受程度。而物业公司的管理义务，如果合同中有约定明确，则按照合同的约定执行，如果合同中约定的不明确，则应当根据案件事实，比照一个类似的标准去衡量，不适宜课以很高的标准，从而达到公平公正。

本案适用的法律规定主要为《中华人民共和国侵权责任法》第六条、第十九条，《中华人民共和国民法典》实施后，对于上述规定总体上又予以了延续。相较于之前的规定，《中华人民共和国民法典》的规定在表述上更加严谨规范，但内容上并没有明显调整。其中，《中华人民共和国民法典》第一千一百六十五条规定：行为人因过错侵害他人民事权益造成损害的，应当承担侵权责任。依照法律规定推定行为人有过错，其不能证明自己没有过错的，应当承担侵权责任。第一千一百八十四条规定：侵害他人财产的，财产损失按照损失发生时的市场价格或者其他合理方式计算。

编写人：北京市第一中级人民法院　杨磊

102　推倒“违法建筑”是否应承担侵权责任

——邓某凯诉曹某英财产损害赔偿案

【案件基本信息】

1. 裁判书字号

北京市第一中级人民法院（2013）一中民终字第09813号民事裁定书

2. 案由：财产损害赔偿纠纷

3. 当事人

原告（反诉被告、上诉人）：邓某凯

被告（反诉原告、被上诉人）：曹某英

【基本案情】

邓某凯与曹某英系南北向邻居，邓某凯房屋南侧与曹某英房屋西侧之间形成一个院落。2007年，邓某凯在该院落南边和西边修建南墙、西墙，西墙上留有一个院门。2011年，曹某英在其院落西侧建盖一房屋，该房屋西墙上开有门窗，通向曹某英与邓某凯两家之间的院落。2012 年 11 月 22 日，邓某凯在距离曹某英房屋西墙 9 厘米处修建一条南北走向的长 6.08 米、高 3.18 米的东墙，该墙高过曹某英房屋西墙门窗。邓某凯同时将南墙、西墙加高，与其新建东墙及北侧房屋墙体四面相连，并在南墙、西墙上方预留窗口。

曹某英认为邓某凯所砌东墙紧贴其房，使其不能采光，不能出入，不能排水，屋内一片黑暗，无法居住也无法出租，给她的正常生活造成了极大损害，而且该墙体质量不能保障，严重危及其家人生命及财产的安全。2012 年 11 月 24 日，曹某英自行将邓某凯所建东墙上半部分和南墙东端一角墙体推倒。邓某凯认为，曹某英在拆墙过程中砸坏了手推车等施工工具，要求曹某英进行赔偿。2013 年 3 月，门头沟区龙泉镇政府因邓某凯违法建设，将邓某凯 2012 年 11 月所建东墙整个墙体及南墙、西墙加高部分拆除。

【案件焦点】

曹某英推倒邓某凯所砌部分墙体的行为是否构成侵权，应否承担侵权责任。

【法院裁判要旨】

北京市门头沟区人民法院经审理认为：不动产的相邻各方，应当按照有利生产、方便生活、团结互助、公平合理的精神，正确处理截水、排水、通行、通风、采光等方面的相邻关系。邓某凯未经有关部门批准，擅自在两家房屋间修建东墙，加高南墙和西墙，并预留窗口，拟建盖房屋。邓某凯所建东墙距曹某英家房屋西墙仅 9 厘米，将曹某英房屋门窗堵死，对曹某英家房屋造成妨害。曹某英在情势紧迫的情况下，采取自力救济的方式，将邓某凯在紧邻其家房屋处所建部分墙体推倒，并未超过必要限度，且邓某凯所建墙体因系违法建设被政府有关部门依法拆除，其客观上已不存在修复曹某英所拆墙体的可能性，故邓某凯要求曹某英赔偿其拆墙损失的诉讼请求，法院不予支持。关于施工工具损失，因邓某凯主张其施工工具系从他人处所借，其已赔偿他人施工工具损失，但未就该主张提供证据，故对其要求赔偿施工工具损失的诉讼请求，法院不予支持。关于曹某英要求邓某凯赔偿房屋租金损失 6000 元、定金损失 1000 元的反诉请求，缺乏充分证据证实，法院不予支持。关于曹某英要求邓某凯赔偿房屋毁坏损失 10000 元的反诉请求，经法院释明，其不申请对其房屋是否存在损害、该损害与邓某凯的建墙行为有无因果关系以及房屋损害的修复费用进行司法鉴定，故该项反诉请求，缺乏证据证实，法院不予支持。

北京市门头沟区人民法院依照《中华人民共和国民法通则》第八十三条、《中华人民共和国民事诉讼法》第六十四条第一款之规定，作出如下判决：

一、驳回邓某凯的诉讼请求；

二、驳回曹某英的反诉请求。

邓某凯不服北京市门头沟区人民法院（2013）门民初字第 120 号民事判决提起上诉。本案在上诉过程中，邓某凯于 2013 年 10 月 15 日自愿申请撤回上诉。北京市第一中级人民法院经审查认为，邓某凯的撤诉申请符合法律规定。

北京市第一中级人民法院依据《中华人民共和国民事诉讼法》

第一百七十三条之规定，裁定如下：

一、准许邓某凯撤回上诉；

二、本裁定为终审裁定。

【法官后语】

本案的争议焦点在于曹某英推倒邓某凯所砌部分墙体的行为是否构成侵权，应否承担侵权责任。根据《中华人民共和国民法典》（以下简称《民法典》）第二百三十一条“因合法建造、拆除房屋等事实行为设立或者消灭物权的，自事实行为成就时发生效力”的规定，邓某凯对于所砌东墙并不享有具有实体法依据的物权。同时，《民法典》物权编中第五分编确立了占有制度。该制度的主要目的，是维护物的事实秩序而非物的法律秩序（权利秩序），即占有一旦存在，即应受保护，任何人不能以私力改变占有的现状。

本案中，虽然邓某凯未经许可而砌墙的行为违反了相关法律规定，其所砌东墙被认定为违章建筑，且因此承担了被行政机关强制拆除的不利后果，但是邓某凯对于其自行砌筑的东墙成立了占有。曹某英擅自推倒邓某凯所砌东墙的行为，损害了邓某凯的占有权利，应当构成侵权。然而，某一行为属于民事侵权行为并不必然导致行为人承担民事侵权责任，因为法理上和公法上均认可阻却违法性的事由属于免责事由。目前公认的“阻却违法性的事由”包括正当防卫、紧急避险和自助行为。本案中，曹某英应否承担侵权责任，关键在于分析认定曹某英推倒邓某凯所砌部分墙体的行为是否属于免责事由，即是否构成民事自助行为。

自助行为作为一种私立救济方式，与公立救济相对应，契合了权利主体实现权利、追求公平的自然本性，对民事权利的实现具有重要意义。一直以来，立法界对自助行为秉持谨慎的态度，迟迟未将自助行为规定在民法总则之中，直至《民法典》出台，才最终确定了自助行为制度。其实早在《民法典》出台前，学术界对自主行为的研究由来已久，一些学者认为，随着社会的发展，虽然公力救济早已替代私力救济成为主要解决纠纷的手段，但公力救济自身的被动性、滞后性、效率低、成本高等缺点，导致其不能完全满足人们的自保的本能，私力救济自然成为弥补公力救济不足的必不可少的补充手段。因此，民法学界一直倡导正式将自助行为纳入民法体系，实务界同样为确立自助行为制度提供了丰富的司法实践经验，虽然《民法典》出台之前，自助行为并无法律依据，但也并未被法律禁止，特别是一些法律分则中已经肯定了自助行为，比如《中华人民共和国合同法》（以下简称《合同法》）第二百六十四条规定，“定作人未向承揽人支付报酬或者材料费等价款的，承揽人对完成的工作成果享有留置权，但当事人另有约定的除外。”根据中国裁判文书网显示，2006 年至 2020 年与自助行为有关的裁判文书约 1800 余件，且存在逐年增加的趋势。随着社会经济发展，人与人之间的交往联系愈发频繁，利益愈发多元，由此产生的纠纷也不断增加，自助行为作为一种私力救济方式，被人们越来越频繁地适用，法院也必须对自助行为有关案件作出积极的回应。可以说，《民法典》第一千一百七十七条关于自助行为的规定，填补了我国一直以来的相关立法缺失，完善了私立救济体系，符合社会发展趋势。

《民法典》第一千一百七十七条规定：“合法权益受到侵害，情况紧迫且不能及时获得国家机关保护，不立即采取措施将使其合法权益受到难以弥补的损害的，受害人可以在保护自己合法权益的必要范围内采取扣留侵权人的财物等合理措施；但是，应当立即请求有关国家机关处理。

受害人采取的措施不当造成他人损害的，应当承担侵权责任。”在结合学者关于自助行为的界定和相关法律条款的规定，可以看出实施自助行为应具备以下条件：一是须为保护自己的合法权益；二是情况紧迫而来不及请求国家机关的援助；三是自助方法为保障请求权所必须；四是不能超过必要限度。本案中，曹某英推倒邓某凯所砌部分墙体的行为构成民事自助行为。一是邓某凯所砌东墙距曹某英家房屋西墙仅 9 厘米，将曹某英房屋门窗堵死，对曹某英家的采光、通风、排水均造成了严重影响，损害了曹某英的合法权益。二是曹某英若请求相关行政机关或司法机关解决邓某凯建造房屋，须经过一定程序，需要一定时间，客观上难以消除邓某凯给曹某英造成的现实而紧迫的问题。三是根据邓某凯建造房屋的速度，曹某英短时间内不予阻止，邓某凯势必将在相关行政机关或司法机关处理完毕前将房屋建成，形成事实，加重对曹某英合法权益的妨碍。四是曹某英为保护自己的合法权益仅将邓某凯在紧邻其家房屋处所建的部分墙体推倒，并未实施其他行为，亦未对邓某凯的人身、财产或其他合法权益造成不应有的损害，没有超过必要限度。综上，曹某英推倒邓某凯所砌部分墙体的行为符合民事自助行为的构成要件，应当属于免责事由，可以不承担责任或者减轻责任。

编写人：北京市门头沟区人民法院　毕芳芳

103 民事自助行为的司法认定及其责任承担

——崔某菊等诉黄某朋等财产损害赔偿案

【案件基本信息】

1. 裁判书字号

重庆市第二中级人民法院（2012）渝二中法民终字第01678号民事判决书

2. 案由：财产损害赔偿纠纷

3. 当事人

原告（上诉人）：崔某菊、邓发某、邓建某、邓某霞

被告（被上诉人）：黄某朋、王某炯、倪某华、廖某培

【基本案情】

2003年，邓某高（已故，系原告崔某菊之夫，系原告邓发某、邓建某、邓某霞之父）与被告黄某朋、王某炯、倪某华、廖某培等32户签订《联户集资协议书》，约定对重庆市奉节县某处的9号地段拆除后，共同开发，联户集资建房。房屋建成后，邓某高拥有该幢集资建房1层的房屋，建筑面积为318.52平方米，其产权性质登记为"非住宅系市场"。该幢房屋1层三面封闭，一面留有通道出入市场，市场与3个单元的住户相通。2012年2月22日上午和同年4月8日下午，原告未经有关部门批准，在将该市场改建为门市时，四被告以出行不便且留足消防通道以保障安全为由，将四原告砌筑的门市隔墙推倒，阻止原告施工而发生纠纷。原告认为，被告的行为系侵权行为并给其造成了经济损失，遂

诉至法院要求四被告连带赔偿其损失33870元并承担诉讼费用。

四被告辩称：本案所涉房屋由原告的亲属邓某高（已故）和四被告等32户业主联户联建，原告享有权益的房屋位于该幢房屋的一层，其规划用途是菜市场。原告未经政府主管部门批准并取得规划许可和建设施工许可，改变市场用途亦未经全体业主讨论同意，该建筑系违法建筑。原告擅自改建的门市占用了32户业主的公摊面积，严重影响了该幢房屋业主的通行便利与消防安全，原告的行为违反了法律的规定，不应受到法律保护，推倒隔墙的行为不属侵权行为，请求法院驳回原告的诉讼请求。

【案件焦点】

1. 被告的行为是否构成侵权；2. 被告应否承担民事责任。

【法院裁判要旨】

重庆市奉节县人民法院经审理认为，原告享有权益的房屋的产权性质登记为“非住宅系市场”。客观上，建在市场上面3个单元的住户均必须从该市场通行，但原告在未经有关部门批准、许可的情形下，加砌隔墙，自行将市场改为封闭式单个门市，其改建行为违法，故原告的施工行为应不受法律保护。原告砌墙被推倒所造成的经济损失应由原告自行承担。依照《中华人民共和国民法通则》第五条、《中华人民共和国民事诉讼法》第六十四条、《最高人民法院关于民事诉讼证据的若干规定》第二条之规定，判决如下：

驳回原告崔某菊、邓发某、邓建某、邓某霞的诉讼请求。

一审判决作出后，四原告不服一审判决，提起上诉。重庆市第二中级人民法院经审理认为，崔某菊等人虽然拥有位于奉节县竹园镇白云市场一楼的房屋产权，但《联户集资协议书》约定“底层至顶层梯间均系本幢户共同使用通行”，同时，该幢联建房屋自建成以来，一楼作为开放式的市场，没有修建隔墙，楼上居住的各集资户均可自由通行，已形成历史性的通道，上诉人崔某菊等人不能未经其他集资户的同意擅自砌筑隔墙，改变现状，影响他人的生活。上诉人的上诉理由不能成立，不予支持。依照《中华人民共和国民事诉讼法》第一百七十条第一款第一项之规定，判决：

驳回上诉，维持原判。

【法官后语】

本案涉及当事人对违法建筑是否享有民事利益、民事自助行为的认定及其责任承担以及法律漏洞填补等问题。对本案的分析，有助于为民事主体规范其行为提供指引，为法院审理类似案件提供参考。

1. 原告对其违法砌筑的隔墙是否享有民事利益

判断被告的行为是否属于侵权行为，需判断原告对其隔墙是否享有民事利益。如原告对隔墙享有民事利益，被告未经原告许可而推倒隔墙的行为即属侵权行为。反之，被告的行为不属侵权行为。本案原告未获得改建规划许可和施工许可，其建造行为不合法，其砌筑的隔墙系违法建筑。原告不能依据其建造行为取得隔墙的物权。但是，我国《中华人民共和国民法典》（以下简称《民法典》）确立了占有及其保护制度，学界通说认为占有仅体现为人对物的支配管领关系，而并不反映某种权利关系，无论是合法行为还是违法行为，均可基于管领物的事实而成立占有。原告所砌隔墙虽因违反公法法律规定而成为违法建筑，但原告在私法上基于其实际管领隔墙的事实成立对隔墙的占有。占有虽未被确定为权利但其是一种受到法律保护民事利益。因此，被告未经其许可推倒隔墙的行为属于侵权行为。

2. 被告推倒隔墙的行为是否属于民事自助行为

依据侵权法通说理论，自助行为属于“阻却违法性的事由”。《民法典》第一千一百七十七条规定：“合法权益受到侵害，情况紧迫且不能及时获得国家机关保护，不立即采取措施将使其合法权益受到难以弥补的损害的，受害人可以在保护自己合法权益的必要范围内采取扣留侵权人的财物等合理措施；但是，应当立即请求有关国家机关处理。受害人采取的措施不当造成他人损害的，应当承担侵权责任。”本案中，原告的房屋位于整幢房屋的一层，规划用途为市场，实际用途为菜市场。该菜市场三面封闭，仅有一面可供全体业主及行人通行。该菜市场物流频繁、人口众多、情况复杂，本就存在众多不安全因素。原告再擅自砌筑隔墙，侵害了其他业主的区分所有权，给其他业主和出入菜市场的行人的通行造成现实阻碍，尤其是未留出消防通道，给全体业主及出入市场的不特定对象造成极大的现实的安全威胁。被告基于区分所有权或相邻关系均具有完整的请求权。为化解隔墙造成的现实而紧迫的安全威胁，避免一旦发生安全事故即产生难以挽回的损失，推倒隔墙的行为符合紧迫性要件，故可认定系基于必需。被告推倒隔墙之后未实施其他行为，故未超出必要限度，故被告的行为可认定为自助行为。因自助行为阻却了行为的违法性故而被告可不承担侵权民事责任。

3. 人民法院填补法律漏洞的裁判路径

在《民法典》出台以前，我国法律未对自助行为的行为模式和法律后果作出规定，调整民事自助行为存在法律漏洞。故本案在未有法律规定之前，通过漏洞填补的方法寻找裁判依据的做法亦值得借鉴。

在民事领域，出现法律漏洞时类推适用不为法律所禁止。自助行为与正当防卫均是现实紧迫情势之下的行为、均是积极性甚至具有攻击性的行为、均系以“正对不正”的行为。两者虽存在本质上的区别，但存在类似之处且均属于自力救济，故民事自助行为案件可以类推适用正当防卫的法律规定。此外，还可采取比较法方法的法律漏洞补充方法。比较法方法是指参考借鉴外国法律解决同样案件的相关规定，如外国法律的规定是现代民法理论上公认的一项法理规则即可以引用来裁判案件的方法。故本案亦可采用比较法方法填补法律漏洞。

故基于法官不能拒绝裁判的司法原则，在出现法律漏洞时应综合运用类推解释、参考比较法经验等方式，经利益衡量作出合理裁判，方能确保司法裁判的法律效果与社会效果得到有机统一。

编写人：重庆市第二中级人民法院　向亮

104 在法律没有规定优先承租权的情况下，承租人以地方行政规章为依据主张优先承租权的，法院不应予以支持

——开发公司诉蒙某永财产损害赔偿案

【案件基本信息】

1. 裁判书字号

广西壮族自治区南宁铁路运输中级法院（2011）宁铁中民终字

第 1 号民事判决书

2. 案由：财产损害赔偿纠纷

3. 当事人

原告（反诉被告、被上诉人）：开发公司

被告（反诉原告、上诉人）：蒙某永

【基本案情】

2009 年 1 月 20 日，开发公司与蒙某永签订房屋租赁合同一份，由开发公司将其所有的铺面租与蒙某永使用，租金每月 1370 元，租赁期限至 2009 年 12 月 31 日届满。因开发公司需要对其所有的包括蒙某永租用的铺面在内的整条巷的铺面进行全面整治后另行出租，开发公司于租赁期限届满前一个月书面通知蒙某永，告知租赁期满后不再与其续租该铺面。2009 年 12 月 29 日，开发公司与第三人李某女签订协议书，约定从 2010 年 1 月 1 日起，将其所有的包括蒙某永租用的铺面在内的整条巷的铺面交与李某女进行全面整治后整体出租给李某女，从 2010 年 5 月 1 日起计收租金，租金每月 12500 元。开发公司与蒙某永的房屋租赁合同期限届满后，蒙某永以其享有优先承租权为由拒不搬离该铺面。除蒙某永占用外的其他铺面，于 2010 年 3 月初已经整改完成，并由李某女实际使用至今。

【案件焦点】

承租人蒙某永是否享有优先承租权。

【法院裁判要旨】

广西壮族自治区南宁铁路运输法院经审理认为：关于蒙某永是

否享有优先承租权。承租人的优先承租权，作为对租赁合同关系具有重大影响的基本民事权利，需要立法机关通过严格的基本法律制定程序予以创设，并通过基本法律明文规定的形式赋予，其他任何国家机关、企事业单位和个人均不能自行创设和宣称享有该基本民事权利。我国现行法律在赋予承租人享有优先购买权的同时，并未赋予承租人享有优先承租权。本案中，蒙某永称其享有优先承租权并无法律依据。故开发公司要求蒙某永停止侵害，搬出占用的铺面及赔偿损失的诉讼请求合法有据，法院予以支持。蒙某永要求确认其享有优先承租权的反诉请求无事实和法律依据，法院予以驳回。关于蒙某永、开发公司的损失如何确定。由于蒙某永对铺面不享有优先承租权，租赁期满后，其继续占用该铺面无合法性和正当性，已构成侵权，故其要求开发公司赔偿经济损失 5000 元的反诉请求无事实和法律依据，法院予以驳回。鉴于开发公司与李某女签订的协议系将包括蒙某永占用的铺面在内的整条巷的铺面交与李某女进行全面整治后整体出租给李某女，每月租金 12500 元，除蒙某永占用外的其他铺面，于 2010 年 3 月初已经整改完成，并由李某女实际使用至今。上述租金的整体性和各铺面价值的独立性和差异性，致使无法对蒙某永占用的铺面的价值从上述租金中予以评价和分割。故本院以蒙某永租用该铺面时的租金每月 1370 元为参照，确定开发公司因蒙某永占用铺面所造成的实际损失。

广西壮族自治区南宁铁路运输法院依照《中华人民共和国民法通则》第七十一条、第一百一十七条、第一百三十四条第一款、第二款，作出如下判决：

一、被告（反诉原告）蒙某永腾空、搬离其占用的铺面，将该铺面交还原告（反诉被告）开发公司；

二、被告（反诉原告）蒙某永赔偿原告（反诉被告）开发公司损失（计算方法，从2010年1月1日起至本案生效判决规定的履行期限的最后一日止，按每月1370元计付）；

三、驳回被告（反诉原告）蒙某永的诉讼请求。

蒙某永不服一审判决提起上诉。广西壮族自治区南宁铁路运输中级法院经审理认为：关于上诉人蒙某永以《南宁市城市房屋租赁管理办法》为依据提出对涉案房屋享有优先承租权的主张。目前在全国人大及其常委会制定的法律中，并无优先承租权的明确规定。《南宁市城市房屋租赁管理办法》只是地方性行政规章，因而没有法律强制力。本案中，上诉人蒙某永与被上诉人开发公司签订的《房屋租赁合同》中对优先承租权也无相关的约定。所以上诉人蒙某永主张其对本案所涉房屋有优先承租权的主张，没有法律上和事实上的依据。本案中，上诉人蒙某永租赁本案所涉房屋期限已届满，且被上诉人不愿继续将该房屋租给上诉人，则上诉人继续占用该房屋因无合法性和正当性已构成侵权。被上诉人要求上诉人停止侵害，交还该房屋及赔偿损失的诉讼请求于法有据，应予支持。上诉人蒙某永的上诉理由不能成立。一审判决事实清楚，程序合法，适用法律正确，应予以维持。

广西壮族自治区南宁铁路运输中级法院依照《中华人民共和国民事诉讼法》第一百五十三条第一款第一项、《最高人民法院关于适用〈中华人民共和国民事诉讼法〉若干问题的意见》第一百六十二条之规定，作出如下判决：

驳回上诉，维持原判。

【法官后语】

本案的主要争议焦点在于承租人蒙某永是否享有优先承租权。所谓优先承租权，即指租期届满后，原租赁物继续出租，且原承租人仍愿租用原租赁物的，在同等条件下原承租人有优先于其他承租人的承租权。在民法典施行前，关于优先承租权的理论争议和实践争议一直存在，具体到法律性质、适用范围、适用条件等、但优先承租权并非一个新鲜名词，不少地方性法律规范对优先承租权进行了规定，如《南宁市城市房屋租赁管理办法》等，均存在关于承租人优先承租权的规定，但从司法实践来看，地方性法律规范并不一定得到法院的支持，即司法实践的主流观点认为优先承租权非法定权利，而是一项约定权利，除非租赁双方在租赁合同内有事先约定，承租人不能基于承租人身份自然享有优先承租权，否则限制了物权人依据物权法行使物权的权利，也限制了合同缔约人依据合同法所享有的自由缔约的权利。

《中华人民共和国民法典》首次在法律中对优先承租权进行明确，其七百三十四条第二款规定："租赁期限届满，房屋承租人享有以同等条件优先承租的权利"，该规定对实践中优先承租权的解决具有重大意义，标志着我国将原来租赁双方只有通过租赁合同约定的意定权利通过法律形式上升为法定权利，是综合维护市场秩序、平衡各方权益、促进实质公平等因素下作出的规定。首先，优先承租权制度一定程度上有利于稳定社会经济秩序，一般而言，承租人对租赁房屋的占有和使用是具有长期性的，无论从承租人的前期投入还是后期建立的稳定社会关系，其都对租赁房屋产生一定的依赖性，给予承租人以优先承租的权利保护，有利于维持社会经济秩序稳定；其次，在租赁关系中，无论租赁关系何时终止，一般而言不会给出租人带来实质性损害，但是对于投入了人力财力的承租人而言，却可能造成巨大的损害，因此在实际生活中，承租人往往处于弱势地位，优先承租权正是基于对弱势群体的保护，而对出租人缔约自由作出一定程度的限制，达到实质上的公平保护。与此同时，为保证出租人的权利不受损害，承租人行使优先承租权必须满足一定的条件，即达到与其他承租人同等承租条件，这里的同等条件，主要指的是租赁价格、租金支付方式、租赁期限、附加条件、诚信度等。本案虽然发生在民法典施行之前，蒙某永主张优先承租权因没有明确的法律依据未得到支持，但即使优先承租权作为一项法定权利，其行使亦应当满足一定条件，并不当然产生蒙某永优先承租的法律后果。案涉开发公司因需要对其所有的包括蒙某永租用的铺面在内的整条巷的铺面进行全面整治后另行出租，开发公司于租赁期限届满前一个月书面通知蒙某永，告知租赁期满后不再与其续租该铺面，蒙某永收到该通知后，一是并未在租赁期限届满前提出异议或要求以同等条件续租，二是蒙某永作为其中一间铺面的承租人，并不对整条巷的铺面整体享有优先承租权，三是蒙某永的续租意愿为单独的一间铺面，基于以上三点，蒙某永并未满足行使优先承租权的“同等条件”，其主张亦不能得到法律支持。

编写人：广西壮族自治区南宁铁路运输人民法院　江宛容
广西壮族自治区南宁铁路运输人民法院　赵文赎

二、所有权纠纷

（一）侵害集体经济组织成员权益纠纷

105 土地互换后，承包户多耕种部分的土地承包经营权争议，不属于法院受理范围

——赵某义等诉某村委会侵害集体经济组织成员权益案

【案件基本信息】

1. 裁判书字号

黑龙江省高级人民法院（2020）黑民申 2431 号民事裁定书

2. 案由：侵害集体经济组织成员权益纠纷

3. 当事人

原告（上诉人、再审申请人）：赵某义等

被告（被上诉人、再审被申请人）：某村委会

第三人：某水稻良种场

【基本案情】

1983 年，因某水稻良种场［某县第二水稻良种场（以下简称第二良种场）］修路，需要占用某村九组的承包田，赵某义等 42 户主张经全体九组村民与第二良种场协商同意后决定进行土地置换，占用某村九组的承包田面积为 94.01 亩，均为基本农田，由第二良种场以该场位于农机科的近 25 垧土地进行置换，25 垧土地中的94.01亩由某村委会在1998年进行了确权，每户确权的土地

面积为土地置换前面积，标明确权地块位置为农机科。在诉讼时，25 垧土地中除 94.01 亩以外权属均登记在第二良种场权属范围内。在第二良种场旧式的二良版图中，由某村委会在版图中盖章确认置换土地相邻各村的边界。第二良种场对诉争土地没有争议，亦不主张诉争土地的权益。自 1983 年至今，赵某义等 42 户村民一直在农机科耕种近 25 垧土地，已由旱田改为水田，除 1998 年确认的土地经营权证中的土地面积，多种植的土地面积各不相同。2020 年 3 月 8 日，某村委会将赵某义等 42 户村民通过置换承包经营的水田作为村机动地进行清理收回，赵某义等 42 户认为某村委会的行为侵犯了其依法享有的合法承包经营权，造成了巨大的损失，故起诉至法院。

【案件焦点】

1. 赵某义等 42 户村民诉争的合计 325.994 亩土地的权属如何确定；2. 赵某义等 42 户是否对涉诉的各自数量的土地享有承包经营权；3. 赵某义等 42 户起诉的内容是否属于法院受案范围。

【法院裁判要旨】

黑龙江省依安县人民法院经审理认为：依原告的诉讼请求，原告主张其作为土地承包经营权的被侵权人，要求侵权人即被告返还其土地承包经营权，因原告未提交其与被告签订的案涉土地的承包合同或土地承包经营权证，依据《中华人民共和国农村土地承包法》第二十三条："承包合同自成立之日起生效。承包方自承包合同生效时取得土地承包经营权。"由此可认定，原告未依法取得涉案土地承包经营权。另，依据《最高人民法院关于审理涉及农村土地承包纠纷案件适用法律问题的解释》第一条第二款："集体经济组织成员因未实际取得土地承包经营权提起民事诉讼的，人民法院应当告知其向有关行政部门申请解决。"《中华人民共和国土地管理法》第十四条规定："土地所有权和使用权争议，由当事人协商解决；协商不成的，由人民政府处理。单位之间的争议，由县级以上人民政府处理；个人之间、个人与单位之间的争议，由乡级人民政府或者县级以上人民政府处理。当事人对有关人民政府的处理决定不服的，可以自接到处理决定通知之日起三十日内，向人民法院起诉。在土地所有权和使用权争议解决前，任何一方不得改变土地利用现状。"本案实为原告作为集体经济组织成员与被告之间关于案涉土地是否享有土地承包经营权的纠纷，原告在庭审中也自述本案争议土地未经相关政府部门处理。综上，原告的起诉不属民事诉讼受案范围。

黑龙江省依安县人民法院依照《中华人民共和国土地管理法》第十四条、《中华人民共和国农村土地承包法》第二十三条、《最高人民法院关于审理涉及农村土地承包纠纷案件适用法律问题的解释》第一条第二款、《中华人民共和国民事诉讼法》第一百一十九条第四项、《最高人民法院关于适用〈中华人民共和国民事诉讼法〉的解释》第二百零八条规定，裁定如下：

驳回原告赵某义等 42 人的起诉。

赵某义不服原审裁定，提起上诉。黑龙江省齐齐哈尔市中级人民法院经审理认为：1983 年因第二良种场占用某村九组的口粮田、承包田，包括赵某义在内的 42 户村民用耕种的优质土地与某水稻良种场进行土地置换，赵某义等村民从 1983 年一直耕种至今，2020 年 3 月，赵某义等 42 户主张某村委会以置换的土地作为该村的机动地收回，诉请某村委会停止侵权，返还侵占的土地。涉案土地系 1983

年某村九组村民与某水稻良种场进行置换的土地，某水稻良种场的土地系国有土地，虽然进行了置换，但仍登记在某水稻良种场名下，涉案土地仍为国有土地。2019年2月14日，某水稻良种场、某村委会签订《确认土地置换协议书》，确认对一轮土地承包前，某水稻良种场由于修路与某村委会进行了土地置换，置换土地的所有权归某村委会所有。因所置换的土地属于国有土地，且置换行为发生在1983年，根据当时的国家土地政策，农村土地多为生产队或村民小组所有，现本案所置换的土地是属于某水稻良种场、某村委会还是属于包括赵某义等42户在内的某村九组村民小组，该权属不清，且属于历史遗留问题，根据《中华人民共和国土地管理法》第十四条的规定，应由有关人民政府处理。赵某义等42户的上诉理由不能成立，不予支持。原审裁定认定事实和适用法律正确，予以维持。

黑龙江省齐齐哈尔市中级人民法院依照《中华人民共和国民事诉讼法》第一百七十条第一款第一项、第一百七十一条规定，裁定如下：

驳回上诉，维持原判。

赵某义等42户不服二审裁定，向黑龙江省高级人民法院申请再审。黑龙江省高级人民法院经审理认为：关于土地的所有权和使用权问题。案涉土地的性质为国有土地，且置换行为发生在1983年，根据当时的国家土地政策，农村土地多为生产队或村民小组所有。本案所置换土地是属于某水稻良种场还是某村委会抑或属于某村第九小组，系权属争议。原审法院依据《中华人民共和国土地管理法》第十四条规定，认为本案应由有关人民政府处理，而不应由人民法院受理，并无不当。关于一审程序是否违法问题。《中华人民共和国民事诉讼法》第一百五十八条规定："对简单的民事案件，原告可以口头起诉。当事人双方可以同时到基层人民法院或它派出的法庭，请求解决纠纷。基层人民法院和它派出的法庭可以当即审理，也可以另定日期审理。”第一百五十九条规定：“基层人民法院和它派出的法庭审理简单的民事案件，可以用简便方式传唤当事人和证人、送达诉讼文书、审理案件，但应当保障当事人陈述意见的权利。”第一百六十条规定：“简单的民事案件由审判员一人独任审理，并不受本法第一百三十六条、第一百三十八条、第一百四十一条规定的限制。”本案一审法院的审理符合上述规定，适用简易程序并无不当。综上，赵某义等42人的再审申请不符合《中华人民共和国民事诉讼法》第二百条第二项、第六项、第七项规定的情形。

黑龙江省高级人民法院依照《中华人民共和国民事诉讼法》第二百零四条第一款、《最高人民法院关于适用〈中华人民共和国民事诉讼法〉的解释》第三百九十五条第二款规定，裁定如下：

驳回赵某义等42人的再审申请。

【法官后语】

农村的资产、资源、资金（统称三资）清理，是指对村集体经济组织的三资进行合理清查、整顿和完善，是加强农村集体三资管理的重要基础，是推进农村党风廉政建设的重要内容，是维护群众切身利益的重要举措，对加快新农村建设，促进农村社会和谐稳定具有重要意义。本案引申出的问题是，置换的土地包括国有土地，且置换土地的一方是某村第九小组还是某村委会，当诉讼至法院时权属仍不明确的情况下，该案是否属于法院受案范围。黑龙江省三级法院对该问题作出清晰明确的回答，为依法解决三资清理过程中产生的问题和矛盾提供了示范。本案的审理涉及以下问题：

一、互换土地主体的认定

1983年因第二良种场修路，需要占用某村九组的承包田，原告主张经全体九组村民与第二良种场协商同意后决定进行土地置换，但是原告没有提交相应的书面置换协议，无法证明置换某村九组的承包田是经某村第九小组同意并由该村小组作为置换主体。另外，在第二良种场旧式的二良版图中，系由某村委会在版图中盖章确认置换土地相邻各村的边界。因此，依据现有证据，无法证明置换承包田的主体是某村第九小组还是某村委会，对于置换主体各方存在争议，且未经人民政府处理，置换主体无法确定。

二、优质土地换取数倍面积劣质土地，经过近40年的耕种，是否当然具有土地承包经营权

对于原告方，置换前94.01亩均为基本农田，1998年某村委会对于农机科与置换前各承包户的同等面积进行确认土地承包经营权，原告均未提出异议，应视为对确权土地面积的认可。自1983年开始，原告方42户对置换所得的25垧土地持续进行耕种至2019年秋收后，其种植面积超出土地承包经营权证中的面积，是历经近40年的历史遗留问题，相关人民政府未进行确权处理。由于土地权属并不以法律事实中的先占作为确认权属的依据，所以，原告方并不因持续耕种并改良土地当然享有土地承包经营权。至诉讼时，25垧土地中除94.01亩以外权属均登记在第二良种场权属范围内，该良种场对诉争土地没有争议，亦不主张诉争土地的权益，42户村民除1998年确认的土地经营权证中的土地面积，多种植的土地面积各不相同，故42户村民是否享有多余部分的土地承包经营权以及各户土

地面积数量确认的前提，应当由有关人民政府先行作出处理决定。42户村民互换后实际耕种的土地面积较互换前多出数倍，且持续耕种近37年，其间的经营收益，对比在2020年春耕前某村委会收回多余土地的行为，其中不存在显失公平。由于42户村民未取得多出部分土地的承包经营权，2020年3月8日，某村委会将赵某义等42户村民通过置换承包经营的农机科水田作为村机动地进行清理收回，不属侵犯农民依法享有的合法承包经营权的行为。

三、有关人民政府作出处理决定后，42户村民应提起何种诉讼

根据《中华人民共和国土地管理法》第十四条规定，如果当事人对有关人民政府的处理决定不服的，可以自接到处理决定通知之日起三十日内，向人民法院起诉，但提起何种诉讼，法律并未清晰界定。就本案而言，笔者认为，如果42户村民对人民政府作出的处理决定有异议，认为人民政府的行政行为对土地权属的界定对其权利产生实质性影响的，可在人民政府处理决定作出后，向人民法院提起诉讼，人民法院应作为行政案件依法受理；如当事人在人民政府作出权属界定后，仅对土地权属产生争议诉至法院的，人民法院应作为民事案件，并根据双方举证情况对其民事权利义务作出认定。

在基层的司法实践中，对于农民因土地权属以及未分得土地引发的纠纷，应严格把握争议土地的权属是否经过人民政府的处理以及处理结果，农民与其所属集体经济组织之间是否签有土地承包经营合同，并以行政处理结果和承包合同作为案件处理的依据或参照。

编写人：黑龙江省依安县人民法院　刘佳

106 村民会议决议不得侵犯集体经济组织成员合法权益

——吴甲诉某经济合作社侵害集体经济组织成员权益案

【案件基本信息】

1. 裁判书字号

广东省江门市中级人民法院（2020）粤07民终3745号民事判决书

2. 案由：侵害集体经济组织成员权益纠纷

3. 当事人

原告（被上诉人）：吴甲

被告（上诉人）：某经济合作社

【基本案情】

梅某、吴小乙、冯某三人为被告某经济合作社的村民（冯某是吴甲、吴乙的母亲，梅某是吴乙的妻子，吴小乙是吴乙的儿子）。1999年，被告某经济合作社的社员对该村的责任田进行承包，吴甲承包的土地总面积为4.06亩，家庭人口为5人。2017年7月5日，恩平市人民政府向原告吴甲发放《中华人民共和国农村土地承包经营权证》，经营权证中载明发包方为某经济合作社，承包方代表为原告吴甲，承包期限为2000年1月1日起至2029年12月31日止，承包方家庭成员包括：吴甲、冯某、吴乙、梅某、吴小乙等9人，承包地实测总面积为7.01亩。

2018年8月31日，某经济合作社发出通知，某经济合作社决定于2018年9月5日召开村民大会，村民大会中通过按户籍人口占六成，1999年份田人口占四成的方案。2018年9月7日，某经济合作社作出公示，公示中写明某经济合作社实际征地补偿款为5835608元，扣除12年农田补偿发放362934元，村民大会决议预留村集体资金400000元，计划分配征地款总额为5072000元，其中按人口分配比例占总额60%即3043200元，总人口为314人，平均人占金额为9691元，该项实际分配到户总额为3042974元；按责任田（即按某经济合作社1999年承包责任田）分配比例占总额40%即2028800元，责任田人口284人，平均人占金额7140元，此项实际分配到户总额2027760元。原告确认梅某等三人已收到按龙湾村征地补偿分配（人口）名单公示每人9691元的征地补偿款，但在被告公示的龙湾村征地补偿分配（责任田）名单公示中没有梅某等三人的名字。

吴甲遂以梅某、吴小乙、冯某3人是某经济合作社的土地承包者为由请求被告支付其按责任田比例分配的人均占额7140元的征地补偿费。

【案件焦点】

1. 原告吴甲的诉讼主体资格是否适格的问题；2. 原告吴甲的家庭承包成员梅某、吴小乙、冯某三人是否应当取得按责任田比例分配的征地补偿费用合计21420元（7140元/人×3人）。

【法院裁判要旨】

广东省恩平市人民法院经审理认为：吴甲作为承包某经济合作社土地的承包方代表，当其承包方家庭成员与发包方发生纠纷时，有权代表其家庭成员进行诉讼，是本案适格的诉讼主体。

根据《最高人民法院关于审理涉及农村土地承包纠纷案件适用法律问题的解释》第二十四条“农村集体经济组织或者村民委员会、村民小组，可以依照法律规定的民主议定程序，决定在本集体经济组织内部分配已经收到的土地补偿费。征地补偿安置方案确定时已经具有本集体经济组织成员资格的人，请求支付相应份额的，应予支持……”以及《中华人民共和国村民委员会组织法》第二十七条第二款“村民自治章程、村规民约以及村民会议或者村民代表会议的决定不得与宪法、法律、法规和国家的政策相抵触，不得有侵犯村民的人身权利、民主权利和合法财产权利的内容”规定，梅某等三人是被告某经济合作社的村民，被告亦已通过发放按人口获得每人 9691 元标准的征地补偿款的方式对此予以确认；且梅某、吴小乙、冯某三人已于 2017 年 7 月 5 日确定为某经济合作社的责任田承包者，而某经济合作社于 2018 年 9 月才进行民主议定，此前梅某等三人已取得了某经济合作社的成员资格，应与该村其他成员一样享有同等权益，该权益不允许也不能由任意当事人的多数表决加以剥夺。某经济合作社的民主决议将责任田分配人口限定为 1998 年以前的责任田人口，剥夺了梅某、吴小乙、冯某三人的合法财产权利，现梅某、吴小乙、冯某三人要求某经济合作社支付按责任田比例分配的征收补偿费用合计 21420 元（7140 元/人×3 人），理据充分，应予以支持。

广东省恩平市人民法院根据《中华人民共和国村民委员会组织法》第二十七条第二款，《最高人民法院关于审理涉及农村土地承包纠纷案件适用法律问题的解释》第四条、第二十四条，《最高人民法院关于适用〈中华人民共和国民事诉讼法〉的解释》第九十条规定，判决如下：

一、原告吴甲的承包方家庭成员梅某、吴小乙、冯某三人享有公平、平等分配被告某经济合作社征地补偿费的权利；

二、被告某经济合作社应于本判决生效之日起十日内一次性支付原告吴甲的承包方家庭成员梅某、吴小乙、冯某的征收补偿费用合计 21420 元给原告吴甲。

某经济合作社不服一审判决，提起上诉。广东省江门市中级人民法院经审理认为：本案系侵害集体经济组织成员权益纠纷。根据《中华人民共和国民事诉讼法》第一百六十八条“第二审人民法院应当对上诉请求的有关事实和适用法律进行审查”以及《最高人民法院关于适用〈中华人民共和国民事诉讼法〉的解释》第三百二十三条“第二审人民法院应当围绕当事人的上诉请求进行审理。当事人没有提出请求的，不予审理，但一审判决违反法律禁止性规定，或者损害国家利益、社会公共利益、他人合法权益的除外”的规定，本案二审审理范围仅针对某经济合作社提出上诉的问题；对双方当事人没有提出请求的，不予审理。综合双方当事人的上诉及答辩意见，本案二审的争议焦点为：某经济合作社是否应向吴甲支付征收补偿费 21420 元。

恩平市人民政府 2017 年 7 月 5 日发放的《中华人民共和国农村土地承包经营权证》载明发包方为某经济合作社，承包方代表为吴甲，承包方家庭成员包括梅某、吴小乙、冯某三人，根据《中华人民共和国物权法》第一百二十七条“土地承包经营权自土地承包经营权合同生效时设立。县级以上地方人民政府应当向土地承包经营权人发放土地承包经营权证、林权证、草原使用权证，并登记造册，确认土地承包经营权”的规定，梅某、吴小乙、冯某三人享有土地承包经营权。根据《中华人民共和国村民委员会组织法》第二十七条第二款“村民自治章程、村规民约以及村民会议或者村民代表会议的决定不得与宪法、法律、法规和国家的政策相抵触，不得有侵犯村民的人身权利、民主权利和合法财产权利的内容”的规定，某经济合作社通过民主议定程序通过的分配方案不得侵犯村民的合法财产权利。土地征收补偿费是对农村集体所有的集体土地所有权消灭的补偿，其受益主体是该集体经济组织内部所有具有成员资格的人，在集体土地所有权的制度下，农村集体经济组织成员平等地享有集体土地的所有权利。本案中梅某、吴小乙、冯某三人是某经济合作社集体经济组织的成员，且已经于2017年7月5日取得了《中华人民共和国农村土地承包经营权证》，承包期限为2000年1月1日至2029年12月31日，某经济合作社是于2018年9月才通过的民主决议，该决议将责任田分配人口限定为1999年以前的责任田人口，剥夺了梅某、吴小乙、冯某三人与某经济合作社其他成员享有同等经济权益的资格，侵害了梅某、吴小乙、冯某三人的合法财产权利。按照某经济合作社的分配方案，梅某、吴小乙、冯某三人按责任田比例分配的征地补偿费用合计为21420元（7140元/人×3人=21420元），故一审判令某经济合作社向吴甲支付其家庭成员梅某、吴小乙、冯某三人的征收补偿费用21420元，并无不当，法院予以维持。综上所述，某经济合作社的上诉请求不能成立，应予驳回；一审法院认定事实清楚，适用法律正确，应予维持。

广东省江门市中级人民法院依照《中华人民共和国民事诉讼法》第一百七十条第一款第一项规定，判决如下：

驳回上诉，维持原判。

【法官后语】

本案中，吴甲的承包方家庭成员梅某、吴小乙、冯某能否取得征收补偿费用的关键在于该三人是否具有某村的土地承包权。根据《中华人民共和国物权法》第一百二十七条“土地承包经营权自土地承包经营权合同生效时设立。县级以上地方人民政府应当向土地承包经营权人发放土地承包经营权证、林权证、草原使用权证，并登记造册，确认土地承包经营权”的规定（对应《中华人民共和国民法典》第三百三十三条），梅某、吴小乙、冯某三人已于2017年7月5日确定为被告某经济合作社的责任田承包者，该三人享有土地承包经营权，但被告某经济合作社的民主决议将责任田分配人口限定为1998年以前的责任田人口，剥夺了梅某、吴小乙、冯某三人合法财产权利。该三人享有公平、平等分配被告某经济合作社征地补偿费的权利，被告某经济合作社应当支付征收补偿费用合计21420元给原告。

本案生效判决为同类侵害集体经济组织成员权益纠纷的处理提供的类案参考。该案判决生效后，法院新受理一系列该村村民诉某经济合作社侵害集体经济组织成员权益纠纷案件，在查明事实的基础上，新受理的侵害集体经济组织成员权益纠纷案件双方均未上诉，达到服判息诉的良好效果。

编写人：广东省恩平市人民法院　郝登荣　陈胜妹

107 外嫁女土地合法权益的保护

——罗某等诉某村委会、某经济合作社侵害集体经济组织成员权益案

【案件基本信息】

1. 裁判书字号

广东省肇庆市中级人民法院（2019）粤12民终1531号民事判决书

2. 案由：侵害集体经济组织成员权益纠纷

3. 当事人

原告（上诉人）：罗某、吴甲、吴乙、吴丙

被告（被上诉人）：某经济合作社

被告：某村委会

【基本案情】

原告罗某是某经济合作社的成员，其户籍地住址是：某村43号。原告罗某与案外人吴某于2002年12月5日登记结婚，婚后生育三个女儿吴甲、吴乙、吴丙。原告罗某婚后于2003年7月31日从其父亲罗某泉户分立出来，独立成户，其户内成员包括原告吴甲、吴乙、吴丙。2007年，某经济合作社对其成员承包的责任田进行了调整，在该次调整前，原告罗某有0.4亩责任田。调整后，某经济合作社将原告罗某父亲罗某泉户中属于原告罗某的0.4亩责任田调整给其弟弟，而原告罗某名下没有登记的责任田。某经济合作社现没有预留的未承包经营的田地，也没有空余（机动）

的宅基地。2011年2月13日，被告某经济合作社作出《某村村民协议书》，内容："现经本村全体村民讨论一致决定，同意按以下条件分配分红：女出嫁后，无论迁不迁户口一律不给……2011年2月13日定（某经济合作社盖章）各村民签名……"某经济合作社于2014年、2017年对其成员进行了分红，但两次分红都没有分给四原告。四原告向案外人某镇人民政府申请确认其农村集体经济组织成员资格、请求享有村集体分红、要求返还1.4亩承包地，案外人某镇人民政府作出行政决定书，确认四原告具有某村村民小组成员资格并决定由某村村民小组向四原告支付自2011年至本决定作出之日七年的集体分红款1120元。某村村民小组隶属于某经济合作社，因其不履行上述决定，四原告遂起诉。四原告认为二被告以原告罗某已经出嫁为由剥夺其在原村的合法权益是违反法律规定的，要求撤销集体分红协议、归还责任田、发放分红款以及赔礼道歉等。二被告均不同意四原告的全部诉讼请求且认为本案非法院受理范围。

【案件焦点】

1. 本案是否属于人民法院受理的范围；2. 某经济合作社作出不予分红给外嫁女的决议是否违法以及是否应分红给四原告；3. 某经济合作社有无收回原告方的责任田及是否应该归还。

【法院裁判要旨】

广东省广宁县人民法院经审理认为：本案是侵害集体经济组织成员权益纠纷，争议焦点及具体分析如下：

焦点一：本案是否属于人民法院受理的范围。一方面，根据

《中华人民共和国物权法》第六十三条第二款的规定，村民权益受到集体侵犯时，村民成员可以直接向人民法院提起民事诉讼。且原告罗某、吴甲、吴乙、吴丙的集体经济成员资格已通过行政途径予以确认，原告就农村集体经济所得收益分配问题提起的民事诉讼，属于人民法院受理民事诉讼的范围。此外，根据《中华人民共和国农村土地承包法》第五十一条规定，因土地承包经营发生纠纷的，当事人可以直接向人民法院起诉，即本案关于土地承包经营的问题亦属于人民法院受理民事诉讼的范围。另一方面，根据《中华人民共和国妇女权益保障法》第五十五条："违反本法规定，以妇女未婚、结婚、离婚、丧偶等为由，侵害妇女在农村集体经济组织中的各项权益的……受害人也可以依法向农村土地承包仲裁机构申请仲裁，或者向人民法院起诉，人民法院应当依法受理"之规定，现四原告以其在农村集体经济组织中的权益受到侵害为由提起民事诉讼，亦属于人民法院受理的范围。综上，本案属于人民法院受理的范围。

焦点三：被告某经济合作社作出不予分红给外嫁女的决议是否违法以及是否应分红给四原告。根据《中华人民共和国妇女权益保障法》第三十二条、第三十三条的规定，妇女在农村土地承包经营、集体经济组织收益分配、土地征收或者征用补偿费使用以及宅基地使用等方面，享有与男子平等的权利。任何组织和个人不得以妇女未婚、结婚、离婚、丧偶等为由，侵害妇女在农村集体经济组织中的各项权益。本案中，被告罗某婚后并未将其户口从原户籍地迁出，且某镇人民政府于 2018 年 1 月 12 日作出行政决定书，认定原告罗某、吴甲、吴乙、吴丙具备集体经济组织成员资格，被告某经济合作社在知道或者应当知道该行政决定书后，并未向上一级人民政府申请行政复议也未向法院提起诉讼，该行政决定书已发生法律效力，因此，原告罗某作为被告某经济合作社的成员依法享有与其他成员平等的包括集体收益分配权在内的民事权利。被告某经济合作社作出不予分红给外嫁女的决议并以原告罗某为外嫁女为由不给予其分配集体收益，该行为损害了原告罗某应当享有的集体收益分配权。而原告吴甲、吴乙、吴丙作为原告罗某的女儿落户到罗某所在的村集体，也成为被告某经济合作社的成员，其三人依法亦应享有与其他成员同样的权益。综上，被告某经济合作社作出不予分红给外嫁女的决议侵害了妇女在农村集体经济组织中的合法权益，是违法的，其依法应分红给四原告。四原告请求被告某经济合作社支付分红款，理据充分。但据法院查明的事实，被告某经济合作社仅于2014年按每人口200元的标准及2017年按每人口400元的标准进行了分红，即原告方应得的分红款为4人×（200+400）元/人=2400元，故对四原告主张合理部分分红款，法院予以支持，对主张超出部分分红款，法院不予支持。被告认为原告罗某嫁到了外省，从未参与村民的事务亦对村民的生产从未尽过应尽的义务，原告没资格领取集体利益分配款，该抗辩理由依据不足，法院不予采纳。

焦点四：被告某经济合作社有无收回原告方的责任田及是否应该归还。据法院查明的事实，被告某经济合作社于2007年对其成员承包的责任田进行了调整，在该次调整前，原告罗某有0.4亩责任田。调整后，被告某经济合作社将原告罗某父亲罗某泉户中属于原告罗某的0.4亩责任田调整给其弟弟。根据《中华人民共和国农村土地承包法》第六条、第二十八条的规定，妇女在农村土地承包中与男子享有平等的权利，承包中应当保护妇女的合法权益，任何组织和个人不得剥夺、侵害妇女应当享有的土地承包经营权；承包期内，发包方不得调整承包地。本案被告某经济合作社擅自将原属于原告罗某的责任田调整给其弟弟，侵害了原告罗某的合法权益。原告请求被告某经济合作社归还该 0.4 亩责任田，于法有据，但原告方并未能提供充分证据证实被告某经济合作社曾有收回其另外的责任田，且据本案查明的事实，该合作社现没有预留的未承包经营的田地，归还责任田在客观事实上是不能实现的，因此，原告要求被告某经济合作社归还责任田的请求法院不予支持。

广东省广宁县人民法院依照《中华人民共和国民法总则》第二条，《中华人民共和国物权法》第六十三条第二款，《中华人民共和国农村土地承包法》第六条、第二十八条、第五十一条，《中华人民共和国妇女权益保障法》第三十二条、第三十三条，《中华人民共和国村民委员会组织法》第八条，《中华人民共和国民事诉讼法》第六十四条第一款、第一百四十四条，《最高人民法院关于确定民事侵权精神损害赔偿责任若干问题的解释》第一条和《最高人民法院关于民事诉讼证据的若干规定》第二条规定，判决如下：

一、被告某经济合作社应在本判决发生法律效力之日起十五日内支付分红款 2400 元给原告罗某、吴甲、吴乙、吴丙；

二、驳回原告罗某、吴甲、吴乙、吴丙的其他诉讼请求。

四原告不服原审判决，提起上诉。广东省肇庆市中级人民法院经审理认为：本案是侵害集体经济组织成员权益纠纷，争议焦点为：某经济合作社应否向罗某等四人归还 1.4 亩责任田。

罗某等四人具有某经济合作社成员资格已经户籍地人民政府予以行政确认，根据《中华人民共和国农村土地承包法》第六条“农村土地承包，妇女与男子享有平等的权利。承包中应当保护妇女的合法权益，任何组织和个人不得剥夺、侵害妇女应当享有的土地承包经营权”的规定，罗某等四人作为某经济合作社的成员，所享有的土地承包经营权应得到保护，某经济合作社把原属罗某的责任田调整给其弟弟的行为侵犯了罗某的社员权益，本该予以退还，但鉴于罗某未能提供充分证据证实某经济合作社曾收回其1.4亩责任田，且某经济合作社现没有预留未发包的责任田及责任田尚未重新分配的现状，罗某等四人请求归还1.4亩责任田在客观上无法实现，可待某经济合作社重新调整土地承包经营权时，再向某经济合作社主张权利。故一审法院驳回罗某的该项请求并无明显不当，罗某等四人主张某经济合作社归还1.4亩承包地的依据不足，法院不予采纳。原审法院认定事实清楚，程序合法，适用法律正确，实体处理恰当，法院依法予以维持。罗某等四人的上诉请求理据不足，法院依法予以驳回。

广东省肇庆市中级人民法院依照《中华人民共和国民事诉讼法》第一百七十条第一款第一项规定，判决：

驳回上诉，维持原判。

【法官后语】

外嫁女的主要诉求集中为：1. 要求享有土地承包经营权；2. 要求享有集体经济组织收益分配权；3. 要求享有土地征收补偿安置或征用补偿分配。故本案是外嫁女权益保护方面的典型案例。

首先，根据《中华人民共和国妇女权益保障法》（2022年修正）第七十五条规定，妇女在农村集体经济组织成员身份确认等方面权益受到侵害的，或者涉及村民利益事项的决定违反法律、法规和国家政策规定侵害妇女合法权益的，受侵害妇女有权向人民法院起诉，人民法院应当依法受理。本案中，四原告以其在农村集体经济组织中的权益受到侵害及某经济合作社作出的不予分红给外嫁女的决议违法为由提起民事诉讼，应属于人民法院受理的范围。一审法院依法认定本案属于人民法院受理的范围，很好地体现了司法保护是外嫁女合法权益保护的重要救济措施。

其次，根据《中华人民共和国妇女权益保障法》（2022 年修正）第五十五条、第五十六条的规定，妇女在农村集体经济组织成员身份确认、土地承包经营、集体经济组织收益分配、土地征收补偿安置或者征用补偿以及宅基地使用等方面，享有与男子平等的权利；村民自治章程、村规民约，村民会议、村民代表会议的决定以及其他涉及村民利益事项的决定，不得以妇女未婚、结婚、离婚、丧偶、户无男性等为由，侵害妇女在农村集体经济组织中的各项权益。本案中，四原告作为某经济合作社的成员，依法享有与其他成员同样的权益。某经济合作社违反上述法律规定，作出不予分红给外嫁女的决议并以原告罗某为外嫁女为由不给予其分配集体收益，该行为损害了原告罗某应当享有的集体收益分配权，侵害了妇女在农村集体经济组织中依法应当享有的合法权益。法院依法判决某经济合作社支付分红款 2400 元给四原告，一定程度上维护了外嫁女的合法权益。另外，根据《中华人民共和国农村土地承包法》第六条："妇女在农村土地承包中与男子享有平等的权利，承包中应当保护妇女的合法权益，任何组织和个人不得剥夺、侵害妇女应当享有的土地承包经营权"及第二十八条："承包期内，发包方不得调整承包地"之规定，法院依法认定被告某经济合作社擅自将原属于原告罗某的责任田调整给其弟弟的行为侵害了原告罗某的合法权益，本应归还，但因该合作社现没有预留的未承包经营的田地，归还责任田在客观事实上是不能实现的，因此，原告请求被告某经济合作社归还任田的诉求法院没有支持。

综上，笔者认为，在当前我国农村经济社会快速发展过程中，亟须高度重视外嫁女土地合法权益遭受侵害的原因、解决措施等相关问题的研究，加快出台有利于推动该类问题解决的办法。由中华人民共和国第十三届全国人民代表大会常务委员会第三十七次会议于2022年10月30日修订通过并自2023年1月1日起施行的《中华人民共和国妇女权益保障法》，进一步明确了妇女在农村集体经济组织成员身份确认等方面享有与男子平等的权利；规定申请农村土地承包经营权、宅基地使用权等不动产登记，应当在不动产登记簿和权属证书上将享有权利的妇女等家庭成员全部列明以及征收补偿安置或者征用补偿协议应当将享有相关权益的妇女列入，并记载权益内容；明确涉及村民利益事项的决定均不得以妇女未婚、结婚、离婚、丧偶、户无男性等为由，侵害妇女在农村集体经济组织中的各项权益，乡镇人民政府对此有指导和责令改正的权利和义务；同时特别增加了“救济措施”一章，明确规定了妇女上述权利受到侵害时的救济途径，强调该类案件属于人民法院受理的范围。这是外嫁女土地合法权益保护问题在司法上的一个重大进步。那么，司法作为其中的一个救济途径、法院作为司法公正的最后一道防线，更应该加强土地承包经营权、侵害集体组织成员权益等方面的研究和提升，以事实为依据，以法律为准绳，公平公正审理案件，作出合法合理裁判，为外嫁女土地合法权益保驾护航。但是，除司法保护以外，还应当加强对村民自治组织（包括村委会、经济合作社、村民小组等）的指导或管理，制定具体的指导（管理）制度，从源头上预防和阻止侵害外嫁女权益的事件发生。

编写人：广东省广宁县人民法院　邵美霞

108 妇女离婚后并不必然丧失集体经济组织成员资格

——王某芬诉某社区居委会、某社区居委会第六小组侵害集体经济组织成员权益案

【案件基本信息】

1. 裁判书字号

云南省昆明市中级人民法院（2019）云01民终9616号民事判决书

2. 案由：侵害集体经济组织成员权益纠纷

3. 当事人

原告（被上诉人）：王某芬

被告（上诉人）：某社区居委会、某社区居委会第六小组

【基本案情】

王某芬与某社区居委会第六小组居民李某于2015年9月9日登记结婚，同年10月16日因农村居民夫妻投靠事由将户口迁入某社区居委会第六小组。2016年7月28日，李某起诉离婚，双方经法院调解离婚。因政府征地某社区居委会第六小组人均分配征地款191162元，2016年12月19日，某社区居委会通过以户名为王某芬的储蓄存单一张存储了191162元，该存单由某社区居委会持有并保管，但其以王某芬已离婚为由拒绝向王某芬支付征地补偿款。

【案件焦点】

1. 王某芬在案涉款项分配时是否具有某社区居委会第六小组集

体经济组织成员资格；2. 某社区居委会对案涉补偿款的分配是否合法有效；3. 王某芬取得案涉补偿款是否违反社会公序良俗。

【法院裁判要旨】

云南省昆明市呈贡区人民法院经审理认为：集体所有的土地依照法律规定属于村民集体所有，土地补偿款是对集体经济组织成员永久性丧失土地的一种补偿，土地补偿款的分配权基于集体经济组织成员的身份而产生，某社区居委会、某社区居委会第六小组自认李某户属于2016年6月1日以前已享受村组织的福利待遇和征地补偿款的某社区全体农转城居民户，王某芬属于居规民约第二十二条认定的具备该社区集体经济组织成员资格的情况，某社区居委会仅以某社区居委会第六小组居民集体讨论决定不同意分配为由予以抗辩无事实及法律依据，某社区居委会应对王某芬承担返还土地补偿款191162元的责任。

云南省昆明市呈贡区人民法院依照《中华人民共和国民法通则》第九条、《中华人民共和国村民委员会组织法》第二十七条、《最高人民法院关于审理涉及农村土地承包纠纷案件适用法律问题的解释》第二十四条、《中华人民共和国民事诉讼法》第一百一十八条规定，判决如下：

由某社区居委会于本判决生效后十五日内向王某芬支付土地补偿款191162元。

某社区居委会、某社区居委会第六小组不服一审判决，提起上诉。云南省昆明市中级人民法院经审理认为：关于王某芬在案涉款项分配时是否具有集体经济组织成员资格，应当结合案涉补偿款分配时的居规民约来认定。王某芬因与某社区居委会第六小组的成员结婚，于2015年10月16日将户口落入某社区居委会第六小组。根据2016年8月1日正式执行的《某街道办事处某社区居规民约》第二十二条第三项，某社区居委会经济组织成员包括某社区居委会经济组织成员与外村（外地）正常结婚迁入落户的配偶（非农的除外）。该居规民约没有违反法律、行政法规的强制性规定，也不违反公序良俗，合法有效。根据2016年分配案涉补偿款时的该居规民约，王某芬在案涉款项分配时具有某社区居委会第六小组集体经济组织成员资格，其获得补偿款具有合法依据。

关于某社区居委会对案涉补偿款的分配是否合法有效。2016年12月，某社区居委会对土地补偿款的分配处理程序合法，按照“六组现有人口314人，人均分配191162元”的分配方案及案涉土地补偿款分配人口的认定时间为2016年12月15日之前落户至某社区居委会第六小组的规定，王某芬取得案涉土地补偿款符合村民自治决定的分配方案及分配条件。

关于王某芬取得案涉补偿款是否违反社会公序良俗。结婚自由与离婚自由是婚姻关系当事人不可剥夺的法定权利。王某芬与某社区居委会第六小组居民李某系自愿登记结婚，李某起诉王某芬离婚后，双方经法院调解离婚是行使其婚姻自由权利，并不违反社会公序良俗。婚姻关系存续期间长短与婚姻伦理道德无必然联系。某社区居委会及某社区居委会第六小组不能举证证实王某芬在婚姻关系存续期间有违反社会公序良俗及婚姻伦理道德的行为。案涉土地补偿款分配是发生在李某与王某芬离婚之后，无法推定王某芬基于获取经济利益而实施离婚行为。因此，某社区居委会及某社区居委会第六小组主张取消王某芬对案涉土地补偿款分配资格的意见依据不足。《某街道办事处某社区居规民约》于2019年修订后，王某芬在

2019年之后是否具有集体经济组织成员资格的争议对案涉土地补偿款的分配没有实质影响，不属于本案审理范围。

云南省昆明市中级人民法院根据《中华人民共和国民事诉讼法》第六十四条第一款、第一百七十条第一款第一项规定，判决如下：

驳回上诉，维持原判。

【法官后语】

在征地补偿款分配中，如何认定农村离异妇女的集体经济组织成员资格是司法实务中较为复杂的问题。本案中，王某芬因为婚姻而取得某社区居委会的集体经济组织成员资格，但其在离婚后仍然具有该集体经济组织所在地常住户口、在该地租房居住、没有其他固定的生活来源，符合该集体经济组织成员资格的认定条件。案涉征地补偿款已经由居委会分配至王某芬名下，居民小组却以民主决议为由认为分配无效。人民法院在审理该类案件时应当正确衡量法律法规、村（居）规民约、村（居）民决议的效力等级。

首先，集体经济组织成员资格确认不能违反法律法规的相关规定。农村集体经济组织成员资格由农村集体经济组织根据户籍、居住地、生活来源等具体情况决定，但不能违反法律法规的相关规定。根据《最高人民法院关于审理涉及农村土地承包纠纷案件适用法律问题的解释》第二十四条规定（《中华人民共和国民法典》颁布后该条款修正为第二十二条），农村集体经济组织或者村民委员会、村民小组，可以依照法律规定的民主议定程序，决定在本集体经济组织内部分配已经收到的土地补偿费。征地补偿安置方案确定时已经具有本集体经济组织成员资格的人，请求支付相应份额的，应予支持。该司法解释符合《中华人民共和国民法典》第二百六十一条第二款第三项关于“土地补偿费等费用的使用、分配办法应当依照法定程序经本集体成员决定”的规定。本案中，王某芬在土地补偿款分配时具有集体经济组织成员资格，其合法权益依法受到保护。而且，《中华人民共和国妇女权益保障法》第五十六条第一款规定：村民自治章程、村规民约，村民会议、村民代表会议的决定以及其他涉及村民利益事项的决定，不得以妇女未婚、结婚、离婚、丧偶、户无男性等为由，侵害妇女在农村集体经济组织中的各项权益。因此，妇女在集体经济组织中的权益是其个人的独立权益，并不是基于婚姻的附属权益，妇女不因离婚而丧失集体经济组织成员资格。

其次，村（居）规民约在不违反法律法规的前提下可作为认定集体经济组织成员资格的依据。案涉居规民约规定，集体经济组织成员包括某居委会经济组织成员与外村（外地）正常结婚迁入落户的配偶（非农的除外）。该居规民约没有违反法律、行政法规的强制性规定，也不违反公序良俗，合法有效。根据该居规民约，王某芬在案涉款项分配时具有某社区居委会第六小组集体经济组织成员资格，王某芬获得补偿款具有合法依据。

最后，虽然集体经济组织实行民主管理，但村（居）民的民主决议仍然应当符合法律法规及村（居）规民约的规定，村民不能以民主决议的形式剥夺或损害他人的合法权益。结婚自由与离婚自由是婚姻关系当事人不可剥夺的法定权利。王某芬与某社区居委会第六小组居民李某系自愿登记结婚，李某起诉王某芬离婚后，双方经法院调解离婚是行使其婚姻自由权利，并不违反社会公序良俗。婚姻关系存续期间长短与婚姻道德伦理无必然联系。某社区居委会不能举证证实王某芬在婚姻关系存续期间有违反社会公序良俗及婚姻道德伦理的行为。案涉土地补偿款分配发生在李某与王某芬离婚之后，无法推定王某芬是基于获取经济利益而实施离婚行为。因此，某居委会主张取消王某芬对案涉土地补偿款分配资格的民主决议并无充分的道德伦理基础，其效力不足以否定村（居）规民约，不能作为人民法院裁判的依据。

土地不仅是农民最基本的生产资料，而且承载着生活保障、代际传承等社会功能，因此，法院裁判该类案件时不能简单地就案办案，而是应在法律允许的范围内综合考量案件的社会影响及其对今后类似纠纷的范例作用，从法律制度、立法精神、社会伦理层面全面衡量司法判决的法律效果与社会效果。

编写人：云南省昆明市中级人民法院　张霞

109 租赁合同期满后租赁场地内抛弃物的归属

——某村小组诉林某元、邓某群侵害集体经济组织成员权益案

【案件基本信息】

1. 裁判书字号

广东省云浮市中级人民法院（2016）粤53民终字第440号民事判决书

2. 案由：侵害集体经济组织成员权益纠纷

3. 当事人

原告（上诉人）：某村小组

被告（上诉人）：林某元、邓某群

第三人：集团公司

【基本案情】

因工程施工需要，集团公司于2010年6月20日与某村小组签订租地协议，约定临时租用某村小组珍珠坑的土地作为弃碴堆放用地，租用时间为2010年6月20日至2013年6月19日，租金、地力补偿及复耕费、青苗补偿款在双方签订协议之日起七个工作日内一次性付清；期满如不续租，施工方将场地内临时建筑物及机械设备清理退场，对弃碴沿山势斜面稍作平整后，表层覆盖30厘米以上泥土作耕作层，完工后由某村小组代表验收认可，交付土地使用。协议签订后，集团公司依约支付了三年的租金、青苗补偿款、复耕费等款项给包括林某元、邓某群在内的各农户，并使用了租赁土地。集团公司用于堆放弃碴的土地属某村小组所有，由包括林某元、邓某群在内的五户农户承包耕种。租赁期满后，集团公司并没有依约对弃碴场作清理及对弃碴作平整后覆土，亦未经村民代表验收。2014年4月28日，林某元、邓某群到协调厂农矿农关系办公室信访，要求清理堆放在其山地及水田的弃碴。协调厂农矿农关系办公室答复：为解决土地复耕和责任地管理问题，建议堆碴地段的使用和管理归属原租户。某村小组及集团公司并没有回应及清理弃碴。

涉案弃碴主要是由石料、泥土、建筑废料构成，堆放在某村小组由林某元、邓某群承包的山地上。2014年5月5日，林某元、邓某群将其中的石料部分以450000元出售给陈某彬，某村小组认为林某元、邓某群所得款应属于村集体，遂提起诉讼，要求林某元、邓某群返还。在一审诉讼中，集团公司表示，对未清走的弃碴不再使用。

【案件焦点】

承租人在租赁期满后遗留在租赁场地的抛弃物，其归属原则是否受租赁合同的影响。

【法院裁判要旨】

广东省云浮市云安区人民法院经审理认为：集团公司放置弃碴的土地属于某村小组，承包经营权则属于林某元、邓某群。林某元、邓某群在没有改变土地用途的情况下清理弃碴，利于土地耕作，也没有损害他人的利益，亦为此付出了劳动。结合放置弃碴的土地属于某村小组，以及租地协议是某村小组与集团公司签订，而弃碴是基于以上协议而取得的实际情况，对于清理弃碴产生的收益，由某村小组与林某元、邓某群各分得 50% 为宜。因林某元收取了 250000 元、邓某群收取了 200000 元，故两人应分别支付 125000 元、100000 元给某村小组。

广东省云浮市云安区人民法院依照《中华人民共和国民事诉讼法》第六十四条、第一百四十二条的规定，作出如下判决：

一、林某元在判决发生法律效力后五天内支付 125000 元给某村小组；

二、邓某群在判决发生法律效力后五天内支付 100000 元给某村小组；

三、驳回某村小组的其他诉讼请求。

某村小组与林某元、邓某群均不服一审判决，提起上诉。

广东省云浮市中级人民法院经审理认为：集团公司与某村小组签订租赁协议后，集团公司依约支付了三年的租金、青苗补偿款、复耕费等款项给包括林某元、邓某群在内的各农户。林某元、邓某群等农户亦将承包土地交由集团公司使用，实际履行协议相关权利和义务的应为集团公司与林某元、邓某群等农户。按照协议约定，2013年6月19日租赁期满后，集团公司应对租赁现场进行清理，并对租赁地进行平整、覆土后归还给林某元、邓某群等农户使用。但集团公司在租赁期满后一年多的时间内仍未依合同履行相关清理义务，林某元、邓某群未能复耕。林某元、邓某群向有关部门信访反映要求处理弃碴，仍未能得到清理及解决。因此，集团公司不履行合同义务，相对的合同权益应由实际履行合同的相对方林某元、邓某群承受。某村小组提起本案诉讼，要求林某元、邓某群返还集体经济收益450000元，缺乏理据。一审认为某村小组应获得50%的收益错误，应予纠正。

广东省云浮市中级人民法院依照《中华人民共和国民事诉讼法》第一百七十条第一款第二项、《最高人民法院关于适用〈中华人民共和国民事诉讼法〉的解释》第九十条之规定，作出如下判决：

一、撤销云浮市云安区人民法院（2015）云安法民一初字第251号民事判决；

二、驳回某村小组的诉讼请求。

【法官后语】

本案关键是解决涉案弃碴所有权问题，如果某村小组享有该弃碴的所有权被林某元、邓某群处分，那么某村小组就有权要求对方返还取得的收益。对此，从以下两个方面进行分析：

1. 关于涉案弃碴的法律性质及归属原则

一般来说，租赁期满后，承租人遗留在租赁场地的动产，除了承租人因未撤离或未完全撤离暂时存放之物，以及忘记带走的遗忘物外，还有作抛弃处理的抛弃物。对于承租人遗留在租赁场地的动产权属认定，往往涉及其是否为抛弃物的界定。抛弃物是所有权人放弃所有权之物，故对于抛弃物的判定，关键要看财产所有人是否放弃其所有权。在司法实践中，应作两个层面的审查：首先，审查所有人是否有明确放弃所有权的意思表示；其次，在所有人没有明确表示抛弃该物时，应结合财产的价值、放置场所等客观条件进行判断。一般来说，财产所有人只愿抛弃低价的财产，或者是体积大、处置成本高的财产。涉案弃碴是集团公司施工所产生，原所有权属于集团公司。在租赁期满后，集团公司长时间将其堆放在租赁的山地，在山地承包者向政府部门信访要求清理后，仍未运走弃碴。另外，弃碴由石头、泥土和建筑废料构成，而且堆放在山地上，处置成本较高。根据上述两个方面的原因，林某元、邓某群作出集团公司已抛弃了该项财产的判断，而且从集团公司在诉讼中的明确态度，也反映集团公司确实是放弃了弃碴的所有权。至于林某元、邓某群是否能高价将弃碴中的石料卖给他人，则具有一定的偶然性。

抛弃物是法律上所称的无主物，对于其归属原则，法律没有明确的规定，但对于特别的对象作了规定，如《中华人民共和国文物保护法》第五条第一款规定了中华人民共和国境内地下、内水和领海中遗存的一切文物属于国家所有，《中华人民共和国野生动物保护法》第三条规定了野生动物资源属于国家所有。对于法律明确规定所有权归属的，应该按规定确认权属，对于没有规定的，根据司法实践，按先占取得的原则处理。虽然，我国法律没有规定先占原则，但既然抛弃物没有所有权人，对其占有就不存在侵害他人所有权的情形，那么先占有的人在不违反法律规定的前提下显然可以取得该物，这符合“法不禁止即可为”的原则。

2. 关于本案租赁合同关系对于涉案弃碴处分权的影响

在现实生活中，租赁地如商铺、仓库等，一般具有封闭性的特点，在承租人撤离时，其他人由于无法合法进入该租赁场地，首先发现抛弃物的一般是出租人，从而对其作出处分，出租人取得其所有权是基于先占原则。租赁合同中出租方的主要权利义务分别是收取租金和提供租赁物，租赁场地的抛弃物并非租赁合同收益的组成部分，并不因租赁合同关系而排除他人占有，只要他人知道遗留之物是抛弃物，又能合法进入租赁场地并不损害他人合法权益的，即可占有该抛弃物并处分。比如，租赁场地是没有围闭的野外，他人就可以自由取得并占有其中的抛弃物。

本案中，林某元、邓某群根据场地租赁期满、弃碴的组成、所处的地段及集团公司的行为等判断涉案弃碴为抛弃物，从而对其先行占有并处分，其对该弃碴处分的利益可自行享有。某村小组认为涉案弃碴属于租赁合同的收益，要求林某元、邓某群返还处置涉案弃碴的款项，以及一审法院基于堆放涉案弃碴的土地属于某村小组所有，而判令某村小组享有处分该弃碴的一半收益，均是与抛弃物的归属原则相悖的。

编写人：广东省云浮市中级人民法院　李艳徽

110 农村集体经济组织成员资格的确认

——村委会、第二村民组诉夏某玲、王某侵害集体经济组织成员权益案

【案件基本信息】

1. 裁判书字号

辽宁省本溪市中级人民法院（2013）本民一终字第 00227 号民事判决书

2. 案由：侵害集体经济组织成员权益纠纷

3. 当事人

原告（上诉人）：村委会、第二村民组

被告（被上诉人）：夏某玲、王某

【基本案情】

夏某玲于 1967 年 10 月 31 日出生于第二村民组，1987 年与朝阳人王某国结婚，婚后户口没有迁出。1987 年前，夏某玲分有承包土地，至 1993 年承包土地被收回。王某国与夏某玲之女王某于 1988 年出生，户口也落在第二村民组，王某出生后未分配承包土地。1998 年 4 月，夏某玲与王某国离婚。此后夏某玲与王某一直生活在第二村民组。2000 年，第二村民组二轮土地延包每人正常分配家庭承包土地一等地 0.6 亩、二等地 0.8 亩，均折合一等地 0.6 亩。

第二村民组在二轮土地延包中的分地小组自 1999 年 11 月成立至2000年4月解散。二轮土地延包中第二村民组留有机动地，

其目的是给新增人口分配承包土地。组长有权将机动地分给尚未承包本组农村土地的本组村民。2001 年，第二村民组组长从机动地中分给夏某玲、王某共计 1.2 亩承包土地（实际测量为 1.96 亩）让其经营，双方未签订土地承包合同。夏某玲与王某经营的 1.96 亩土地未在本组土地台账上登记。第二村民组只是对夏某玲及王某等人分地未上台账的情况作了记录，其中注明夏某玲二人 1.2 亩。2012 年，夏某玲与王某经营的 1.96 亩土地被桓仁满族自治县土地收储中心征收。因村民委、第二村民组认为夏某玲与王某不享有 0.6 亩家庭承包土地，夏某玲与王某不应分得被征收土地的土地补偿费。

又查明，新生儿落户必须经过第二村民组同意。庭审中村民委、第二村民组同意夏某玲、王某享有其耕种的 1.96 亩土地的地上附着物补偿款及青苗费，夏某玲、王某同意多出的 0.76 亩的土地补偿款归第二村民组集体所有。

【案件焦点】

1. 夏某玲、王某是否具有第二村民组的农村集体经济组织成员资格；2. 夏某玲、王某每人是否享有 0.6 亩的土地承包经营权和该土地被征收后的土地补偿款。

【法院裁判要旨】

辽宁省桓仁满族自治县人民法院经审理认为：（一）当事人对农村土地承包仲裁委员会裁决不服，向人民法院提起诉讼的，农村土地承包仲裁委员会的裁决不生效。人民法院应对当事人之间的实体权利、义务争议进行审理。因此，村民委及第二村民组要求撤销桓农仲案字（2012）第20号仲裁裁决没有法律依据，对该项诉讼请求，法院不予支持。法院应对夏某玲及王某是否享有家庭土地承包经营权及土地被征收后，夏某玲及王某应否享受相关待遇进行审理。（二）夏某玲与王某因出生取得第二村民组村民资格。夏某玲结婚及离婚后户口一直在第二村民组并在第二村民组生产生活。夏某玲与王某应享受第二村民组村民同等待遇的土地。当年第二村民组村民每人正常分配家庭承包土地一等地0.6亩、二等地0.8亩，均折合一等地0.6亩。2001年，第二村民组分给夏某玲与王某1.2亩土地（实际测量为1.96亩）让其经营。夏某玲与王某实际经营该土地至2012年。夏某玲和王某与第二村民组家庭土地承包关系成立。（三）当承包土地被征收时，夏某玲与王某应与其他村民一样，享受土地补偿费、安置补助费、地上附着物和青苗补偿费等费用。

辽宁省桓仁满族自治县人民法院依照《中华人民共和国民事诉讼法》第一百四十二条之规定，作出如下判决：

一、夏某玲与王某每人享有0.6亩一等地家庭承包土地承包经营权及0.6亩一等地被征收后的土地补偿费及安置补助费；

二、夏某玲与王某现经营的1.96亩土地被征收时的地上附着物和青苗补偿费归夏某玲与王某所有；

三、夏某玲与王某与其他村民享受同样的村民待遇；

四、驳回村民委、第二村民组要求撤销桓仁满族自治县农村土地承包仲裁委员会桓农仲案字（2012）第20号仲裁裁决的诉讼请求。

村民委、第二村民组持原审起诉意见提起上诉。辽宁省本溪市中级人民法院经审理认为：本案为侵犯集体经济组织成员权益纠纷，争议焦点为夏某玲、王某是否具有第二村民组的农村集体经济组织成员资格以及夏某玲、王某每人是否享有0.6亩的土地承包经营权和该土地被征收后的土地补偿款。

关于夏某玲、王某是否具有第二村民组的农村集体经济组织成员资格。我国农村集体经济组织成员资格的认定，应从我国农村集体经济组织所具有的自然共同体特征出发，综合考虑当事人生产、生活状况、户口登记状况以及农村土地对农民生活的基本生活保障功能等因素予以认定。本案中，夏某玲、王某均是出生后将户口落在第二村民组，并一直生活在第二村民组。因此，夏某玲、王某具有第二村民组的农村集体经济组织成员资格。

关于夏某玲、王某每人是否享有0.6亩的土地承包经营权和该土地被征收后的土地补偿款问题，依照《中华人民共和国农村土地承包法》第五条："农村集体经济组织成员有权依法承包由本集体经济组织发包的农村土地。任何组织和个人不得剥夺和非法限制农村集体经济组织成员承包土地的权利。"第二十八条："下列土地应当用于调整承包土地或者承包给新增人口：（一）集体经济组织依法预留的机动地……"之规定，夏某玲、王某有权承包由本农村集体经济组织发包的农村土地。2001年，第二村民组组长从本组预留的机动地中给二轮土地延包过程中未分到承包土地的13位本组村民每人分地0.6亩，共计7.8亩。夏某玲、王某共分到1.2亩农村土地。虽第二村民组与夏某玲未签订书面土地承包合同，但夏某玲自分地后一直经营至2012年。因此，依照《中华人民共和国合同法》第三十六条"法律、行政法规规定或者当事人约定采用书面形式订立合同，当事人未采用书面形式但一方已经履行主要义务，对方接受的，该合同成立"之规定，双方之间的土地承包合同成立并生效，夏某玲、王某依法共计享有第二村民组1.2亩的土地承包经营权及该土地被征收后的土地补偿款。因此，对于村民委、第二村民组提出的夏某玲、王某不享有第二村民组的土地承包经营权及土地补偿款的上诉请求，法院不予支持。

关于村民委、第二村民组提出的本案是土地承包经营权纠纷，不应对土地补偿款及地上附着物补偿款进行裁决的上诉请求，庭审时合议庭释明后村民委、第二村民组称此项上诉请求针对的是仲裁裁决，依照《中华人民共和国农村土地承包经营纠纷调解仲裁法》第四十八条："当事人不服仲裁裁决的，可以自收到裁决书之日起三十日内向人民法院起诉。逾期不起诉的，裁决书即发生法律效力"之规定，村民委、第二村民组在收到仲裁裁决书后的三十日内向桓仁满族自治县人民法院起诉，该仲裁裁决书并未发生法律效力，故对于村民委、第二村民组的此项上诉请求，法院不予支持。

关于村民委、第二村民组提出的判决书对村民待遇进行判决，系超范围裁决的上诉请求。村民委、第二村民组在一审起诉状中并未包含此项诉讼请求，而是一审时夏某玲、王某在答辩中提出的请求人民法院判决其享有本组村民享有的一切其他待遇，因此，原审法院不应对此项诉讼请求进行审理。故对于村民委、第二村民组的此项上诉请求，法院予以支持。

综上，原审判决认定事实清楚，但适用法律存在不当之处，应予纠正。据此，依照《中华人民共和国民事诉讼法》第一百七十条第一款第二项之规定，作出如下判决：

一、维持辽宁省桓仁满族自治县人民法院（2013）桓民二初字第00070号民事判决第一项、第二项、第四项；

二、撤销辽宁省桓仁满族自治县人民法院（2013）桓民二初字第00070号民事判决第三项。

【法官后语】

本案的案由是侵害集体经济组织成员权益纠纷，它的特殊之处在于：1. 第二轮土地承包刚结束后，村民委、第二村民组就已经将部分机动地按照本集体人均土地面积发包给夏某玲、王某，但该土地被征收后却不同意给付二人土地补偿款；2. 在涉及侵害集体经济组织成员权益纠纷的案件中，农村集体经济组织大部分是以被告之身份出现在诉讼中，但本案的村民委、第二村民组却以原告身份起诉。

本案的上述特殊之处主要涉及两个问题：一是作为农村集体经济组织代表的村民委、第二村民组是否具有原告的诉讼主体资格；二是农村集体经济组织成员资格的确认。关于第一个问题，因本案在起诉到法院之前，夏某玲、王某曾向桓仁满族自治县农村土地承包仲裁委员会申请仲裁，该仲裁委员会作出裁决后，村民委、第二村民组不服，于法定期限内向桓仁满族自治县人民法院提起本案诉讼。依照《中华人民共和国农村土地承包经营纠纷调解仲裁法》第四十八条："当事人不服仲裁裁决的，可以自收到裁决书之日起三十日内向人民法院起诉。逾期不起诉的，裁决书即发生法律效力"之规定，村民委、第二村民组具有原告的主体资格。关于第二个问题，集体经济组织成员资格关系到重要生产资料的获取——土地承包经营权。因此，在2018年修正的《中华人民共和国农村土地承包法》新增了第六十九条规定："确认农村集体经济组织成员身份的原则、程序等，由法律、法规规定"。这是目前为止关于农村集体经济组织成员资格问题效力最高阶的规定，但较为原则化。后续对此也未有相应的法律、司法解释进行明确，只是散见于地方性法规、规范性文件中。结合审判实践，笔者认为农村集体经济组织成员资格的认定一般从形式要件和实质要件两方面进行审查，缺一不可。形式要件主要是指户籍归属。农村集体经济组织成员资格具有明显的身份属性，在我国尚未实行统一的城乡户籍制度之前，户籍归属是确认集体经济组织成员资格的前提条件。实质要件主要是指当事人是否以本集体经济组织的承包土地作为基本生活来源，与本集体经济组织是否存在固定的生产、生活联系或履行村民义务的事实状况。鉴于我国城乡人口流动及农村居民社会保障现状，部分农业户籍人口长期工作、生活在城市并享受城市居民待遇，已经不再以土地作为主要收入来源且不再履行集体经济组织成员的义务，如继续享有集体经济组织成员的权利显然不符合权利义务对等原则。因此，将该实质要件作为确认集体经济组织成员资格的重要指标也是对其他农民成员相关权利的保障。本案中，夏某玲、王某均是自出生即原始取得第二村民组的户籍，夏某玲与王某一直在该村民组生产生活，也以该组村民的身份履行了相关纳税义务，在无证据证明夏某玲与王某已经取得其他集体经济组织土地承包经营权的情况下，应当认定其具有该组成员资格，进而有权利分得案涉土地补偿费。

此外，本案改判的原因是一审法院超出原告的诉讼请求进行裁判，违背了不告不理的基本原则。

作为侵害集体经济组织成员权益纠纷案件，本案法律事实发生于2012年，根据《最高人民法院关于适用〈中华人民共和国民法典〉时间效力的若干规定》第一条第二款“民法典施行前的法律事实引起的民事纠纷案件，适用当时的法律、司法解释的规定，但是法律、司法解释另有规定的除外”之规定，本案应适用《中华人民共和国农村土地承包法》《中华人民共和国合同法》。对于裁判文书引用的《中华人民共和国合同法》中的具体法律规定，《中华人民共和国民法典》未予修正，故不予阐述。本案引用的《中华人民共和国农村土地承包法》未被《中华人民共和国民法典》涵盖，适用条件亦未发生变化，仍然适用。

编写人：辽宁省本溪市中级人民法院　刘现强

111 与继父母形成扶养关系的继子女应当享有继父母所在村集体经济组织成员资格

——杨某伟诉第一居民小组侵害集体经济组织成员权益案

【案件基本信息】

1. 裁判书字号

福建省厦门市中级人民法院（2012）厦民终字第920号民事判决书

2. 案由：侵害集体经济组织成员权益纠纷

3. 当事人

原告（上诉人）：杨某伟

被告（被上诉人）：第一居民小组

【基本案情】

杨某伟之母洪某女于2000年向厦门市同安区人民法院提起离婚之诉，后法院判决洪某女与杨某丁离婚，婚生子杨某伟由洪某女抚养。2005年6月15日，洪某女与第一居民小组居民李某家登记结婚，并于2006年8月11日将户籍从厦门市同安区澳溪村迁入第一居民小组。2011年4月13日，杨某伟亦因子女投靠父母将户籍从澳溪村迁入第一居民小组。2011年1月30日，因保障性住房项目建设需要，第一居民小组所属的部分土地被依法征用，并获取了相应的征地补偿款。第一居民小组于2011年5月26日制定了征地补偿款分配方案，向符合条件的人口每人分配80940元，但未分配给杨某伟。另查明，杨某伟自2000年就开始在鼓锣社区生活居住，并在鼓锣社区行使选举权；杨某伟户籍从迁出澳溪村后，原承包的责任田已归还所在的小组，也不再享有任何相关待遇。二审中，杨某伟提交三份户籍情况表，拟证明郭某琳等人均是2011年1月30日之后才将户口迁入第一居民小组，但都获得征地补偿款。对此第一居民小组认为，以上证据与本案无关联性，第一居民小组不认可杨某伟的集体经济组织成员资格。另查明，杨某伟的母亲洪某女已分配到征地补偿款。

杨某伟认为，其户籍在第一居民小组，居住生活和生活基础都在第一居民小组，系第一居民小组的集体经济组织成员，依法享有与小组其他成员一样分得征地补偿款的成员权。第一居民小组的行为已经侵犯了杨某伟的合法权益。第一居民小组辩称，杨某伟不具有第一居民小组集体经济组织成员资格，没有权利得到征地补偿款。杨某伟并非第一居民小组原始经济组织成员，并没有承包第一居民小组的任何土地，现在户籍政策归公安管理，户籍的迁入并没有征得第一居民小组的同意。第一居民小组为自治组织，杨某伟要成为集体经济组织成员，须征得第一居民小组的同意。

【案件焦点】

1. 杨某伟是否享有分配此次征地补偿款的主体资格；2. 杨某伟

作为继子能否享有与李某家婚生子女同等的权利义务。

【法院裁判要旨】

福建省厦门市翔安区人民法院经审理认为：本案双方主要争议焦点为杨某伟有无分配此次征地补偿款的资格问题。可否分得征地补偿款要以是否取得集体经济组织成员资格来判断，集体经济组织成员的取得需在尊重村民自治的前提下，结合户籍因素、土地承包关系和生活保障基础作综合考量。本案中，杨某伟将户籍迁入第一居民小组之前，在同安区莲花镇澳溪村有承包责任田，虽然其户籍迁入第一居民小组后原在澳溪村承包的责任田已归还所在的小组，不再享有任何相关待遇，但杨某伟将户籍迁入第一居民小组的时间是在征地公告发布之后。杨某伟主张讼争征地补偿款的分配是以分配方案制定时间即 2011 年 5 月 26 日为截止时间，但其提供的第一居民小组征地补偿款分配方案中并未体现，且第一居民小组亦辩称征地补偿款分配截止时间以征地公告时间为准，故杨某伟要求第一居民小组向其支付 80940 元征地补偿款的诉讼请求，不予支持。厦门市翔安区人民法院判决：

驳回杨某伟的诉讼请求。

杨某伟持原审意见提出上诉。

福建省厦门市中级人民法院认为，本案的焦点在于杨某伟是否具备第一居民小组集体经济组织成员资格。杨某伟自 2000 年即生活在第一居民小组，此时其尚未成年，是由继父李某家抚养，其已经与李某家形成了事实上有扶养关系的继父与继子女关系。依照《中华人民共和国婚姻法》第二十七条的规定，其应当享有与李某家婚生子女相同的法律权利及义务。从 2000 年至 2011 年长达 11 年的时间里，杨某伟一直生活在第一居民小组，其母亲洪某女亦已分到征地补偿款。可见杨某伟的生活保障基础在第一居民小组，与第一居民小组形成了较为固定的生产生活关系。虽征地公告发布于2011年1月30日，但杨某伟二审已提供证据证明在此后户口迁入第一居民小组的郭某琳等人也分到征地补偿款，第一居民小组亦认可该事实。故杨某伟上诉称分配方案截止时间并非2011年1月30日而是2011年5月26日，予以采信。综上，杨某伟已经具备第一居民小组集体经济组织成员资格，应与第一居民小组集体经济组织的其他成员具有同等分配征地补偿款的权利。厦门市中级人民法院判决：

一、撤销厦门市翔安区人民法院（2011）翔民初字第1635号民事判决；

二、被上诉人第一居民小组于判决生效之日起十五日内支付上诉人杨某伟征地补偿款80940元。

【法官后语】

本案系侵犯集体经济组织成员权益纠纷，主要的争议焦点在于上诉人杨某伟是否具备第一居民小组的集体经济组织成员资格。

因法律并无对集体经济组织成员资格认定的明文规定，在审判实践中对此有众多观点。从审判实践分析，侵害集体经济组织成员权益纠纷案件多发且情形各有不同。

笔者认为，判断是否具备集体经济组织成员资格需在尊重村民自治的前提下，以是否形成较为固定的生产、生活条件为基本条件，并结合是否具有依法登记的集体经济组织所在地常住户口，作为判断是否具有集体经济组织成员资格的一般原则。再根据具体案件，综合考虑户籍流转、土地承包、宅基地使用、生产与生活基础、工作及身份情况等因素进行判断。

具体到本案而言，杨某伟系第一居民小组的成员李某家的继子，在二审法庭调查中，第一居民小组代理人曾明确表示未分配征地补偿款给杨某伟正是因为其是继子而非亲子。所以本案杨某伟能否享有与李某家亲子同等的权利义务成为本案的焦点。根据《中华人民共和国民法典》第一千零七十二条的规定，继父母与继子女间，不得虐待或者歧视。继父或者继母和受其抚养教育的继子女间的权利义务关系，适用本法关于父母子女关系的规定。可见，形成抚养关系的继父母子女间的权利义务，完全等同于生父母与子女间的权利义务。而在现实生活中，继子女与继父母之间的关系大致有如下几种情况：(1) 前夫或前妻的子女与继父或继母长期生活在一起，形成了事实上的扶养关系，继子女与继父母之间的权利、义务关系与生父母子女关系相同，互有继承权。(2) 生父母再婚时，子女已长大成人，分居另过或者其生父母再婚后，继子女并未与继父或继母共同生活，而由祖父母或外祖父母扶养教育成人。继子女对继父或继母没有尽过赡养义务，没有形成扶养关系。(3) 继子女与继父母共同生活，但继子女的生活费用由其生父或生母供给一部分或全部；或者继父母对继子女尽了抚养、教育义务，而继子女未对继父母尽赡养义务。此种情形一般视为已形成了扶养关系。

本案中杨某伟在其未成年时到第一居民小组与李某家长期共同生活至今，其已经与李某家形成了事实上的扶养关系。此时，杨某伟与李某家之间的权利义务关系与生父母子女关系相同。同时，杨某伟长期在第一居民小组生产、生活，与第一居民小组形成了较为固定的生产生活关系，其并未纳入国家公务员行列或者加入城镇企业职工社会保障体系。杨某伟也并未在原户口所在地莲花镇澳溪村分配到征地补偿款。

综合以上情况，在第一居民小组认可李某家及杨某伟之母的集体经济组织成员资格并发放征地补偿款的同时，也应认定杨某伟因与李某家形成扶养关系而继受取得了第一居民小组的集体经济组织成员资格，该资格不能因其继子的身份而被歧视和剥夺。

编写人：福建省厦门市中级人民法院　许莹

（二）建筑物区分所有权纠纷

112　建筑物共有区域收益与维修改造责任的认定

——某大厦业主委员会诉某物业公司建筑物区分所有权案

【案件基本信息】

1. 裁判书字号

北京市第一中级人民法院（2020）京01民终1541号民事判决书

2. 案由：建筑物区分所有权纠纷

3. 当事人

原告（上诉人）：某大厦业主委员会

被告（上诉人）：某物业公司

第三人：某邮政分公司

【基本案情】

某大厦于2016年以书面征求意见形式召开首次业主大会通过管理规约、业主大会议事规则，并选举产生业主委员会；后于2018年对以上事项进行变更。其中，管理规约对某物业公司的管理方式、内容、标准、费用以及禁止性事项进行了规定。

2017年4月，涉案大厦业主大会临时会议决议授权某大厦业主委员会：按业主专有面积占建筑物总面积比例分配公共收益；委托物业服务企业以对外出租方式经营物业共用部分，审查批准受托企业与承租人签订的租赁合同并对合同履行实施监督；在物业共用部分租赁合同标的25%~30%范围内向受托物业服务企业支付管理成本、企业利润、税费及其他费用。

2017年8月，某大厦业主委员会向某物业公司发函，约定由某物业公司代为履行与某邮政分公司的租赁合同（将某大厦一层东北侧租赁给某邮政分公司，年租金45万元），某物业公司按当年租赁费用总额的25%取得管理成本、企业利润、税费及其他费用；委托终止后，除支付某大厦业主委员会运行费用外，余额按业主专有部分面积平均分配。2017年11月，某大厦变更物业服务企业，双方就涉案租金分配产生争议。

【案件焦点】

1. 在没有明确授权的情况下，业主委员会是否具有民事主体资格；2. 共有区域维修支出该如何计算。

【法院裁判要旨】

北京市石景山区人民法院经审理认为：业主大会是业主的自治组织，是基于业主的建筑物区分所有权的行使所产生的，应为非法人组织性质，业主委员会作为业主大会的执行机构，系依法产生且有效存续（已备案）。在民事诉讼中，非法人组织可确定一人或数人代表该组织从事民事活动。某大厦业主委员会的授权范围为对共有部分进行出租、获得收益及支付管理费用等事项，对提起诉讼确无明确授权，但其提起诉讼的目的在于获得租金收益，系授权范围内。换言之，如果以业主大会作为原告提起诉讼，其参加诉讼亦应选举部分代表参加，而某大厦业主委员会作为其选举出的常设机构，与业主大会代表具有一致性。因此其有权代表业主要求某物业公司返还共有区域的收益。

对于建筑物共有部分的收益分配，除某大厦业主委员会向某物业公司的发文已经明确对于已经收取的租赁费 45 万元可在扣除 25%的管理成本、企业利润、税费及其他费用和某大厦业主委员会运行费用以外，剩余部分按业主专有面积平均分配。之后，某大厦业主委员会亦向全体业主发出通知，称纳入分配的公共收益可用于抵扣供暖、物业服务费和其他费用。因此某物业公司要求扣除部分业主已经交纳的物业费、电费等具有事实依据，对该项答辩意见予以认可，但对于某物业公司要求扣除维修改造费用，由于没有明确证据证明该费用纳入成本，不予支持。

北京市石景山区人民法院依照《中华人民共和国物权法》第七十条、第七十六条，《最高人民法院关于审理建筑物区分所有权纠纷案件具体应用法律若干问题的解释》第七条之规定，判决如下：

一、某物业公司于本判决生效后十日内向某大厦业主委员会返还公共收益 277469.07 元；

二、某物业公司于本判决生效后十日内向某大厦业主委员会赔偿利息损失（以 45 万元为本金，自 2019 年 2 月 1 日起计算至实际给付之日止，按照中国人民银行同期同类贷款利率的标准计算）；

三、驳回原告某大厦业主委员会的其他诉讼请求。

某大厦业主委员会及某物业公司均不服一审判决，提出上诉。

二审法院同意一审法院的裁判意见，判决：

驳回上诉，维持原判。

【法官后语】

将建筑物共有部分变更为经营性场所，涉及场所使用、合同签署、收益分配、区域维护及改造等方面，《中华人民共和国民法典》（以下简称《民法典》）第二百八十三条规定，建筑物共有部分及其附属设施的费用分摊、收益分配等事项，有约定的，按照约定；没有约定或者约定不明确的，按照业主专有部分面积所占比例确定。

首先，约定优先原则。除非针对某特定的共有部分使用协议，根据《民法典》第二百七十八条第一款第八项经过业主大会的决议，或者根据该条第一款第二项，符合管理规约的规定。在这两种情形下，业主对共有部分的收入依法进行了共同决定，可适用本条约定优先的原则。否则，对于未按上述两种情形进行的约定，均不应视为符合本条约定优先原则中的“约定”。

其次，无约定，应主要用于补充维修基金。无《民法典》第二百七十八条规定的约定，结合《最高人民法院关于审理建筑物区分所有权纠纷案件具体应用法律若干问题的解释》第十四条第二款[①]与《物业管理条例》第五十四条来看，无论是合法利用共有部分产生的收入，还是擅自使用产生的收入，应主要用于补充维修资金。目的在于维护业主利益的一致性。经营性收入用于补充维修资金，可以有效解决维修基金不足的难题。《民法典》第二百八十一条对于建筑物及其附属设施维修资金的使用范围作了更加明确的规定，细

---

① 现为《最高人民法院关于审理建筑物区分所有权纠纷案件适用法律若干问题的解释》第十四条第二款。

化了维修资金的使用范围，维修资金的主要目的在于维护业主利益，而共有区域维修改造变更为经营性场所的最终目的除此之外，还提供相应资产的增值效益。改造成经营性场所的共有区域，其维修改造费用应按照以下规则进行处理。

1. 不属于业主管理权范围的维修改造费用，根据《住宅专项维修资金管理办法》第二十五条的规定，应由相关行为人承担维修改造费用，例如应当由建设单位或者施工单位承担的共有部位的维修费用；应当由相关单位承担的供水、供电、供气、供热、通信、有线电视等管线和设施设备的维修费用；因人为损坏住宅共用部位、共用设施设备所需的修复费用；根据物业服务合同约定，应当由物业服务企业承担的维修费用。

2. 属于业主管理权范围的共有区域维修改造费用，应区分具体修缮部位、所有权归属等方面，有约定的从其约定，无约定的以业主专有部分面积所占比例为原则，确定具体承担维修改造费用的业主范围。根据《住宅专项维修资金管理办法》第二十条的规定，共有区域的基础柱、梁等，由所有权人按比例承担；住宅之间或住宅与非住宅之间共用区域的维修和更新、改造费用，由相关业主按照各自拥有物业建筑面积的比例承担。

本案中，某大厦业主委员会与某物业公司对于收益分配进行了约定："某物业公司按当年租赁费用总额的25%取得管理成本、企业利润、税费及其他费用"，但双方并没有对维修改造成本费用如何扣除作出约定，一审和二审法院均认为在无明确证据支撑下，物业服务机构不得自行决定将该区域的改造费用作为成本予以扣除。主要考虑到某大厦业主委员会与某物业公司已经就管理费用进行约定，改造维修费用属于大额支出，其不属于管理成本，属于业主共有和共同管理的重大事项，同时维修改造行为可能会对有利害关系的业主造成损害，应在改造维修之前征求某大厦业主委员会（或业主大会）同意。

建筑物共有区域的收益分配及费用承担是较为常见的实践问题，细化该类案件的审判思路一方面可在各地出台物业管理相关规定的同时，为业主行使共有权、共同管理权提供规范化思路；另一方面为司法审判中纠纷的解决提供统一的裁判尺度。

编写人：北京市石景山区人民法院　李田田

113 未纳入公摊且属人防工程的小区地下车位权利的归属

——某房地产公司诉某小区业主委员会车位案

【案件基本信息】

1. 裁判书字号

云南省大理白族自治州中级人民法院（2020）云29民终253号民事判决书

2. 案由：车位纠纷

3. 当事人

原告（被上诉人）：某房地产公司

被告（上诉人）：某小区业主委员会

【基本案情】

某房地产公司于2013年依法注册成立，其开发建设的某县某小区于2017年10月26日竣工验收合格，截至案件起诉前已入住190多户但均没有办理房产证。小区建设有地下室，地下规划车位有47个，规划设计图纸上的地下室含人防工程和非人防工程两部分，并分别标注建筑面积。经现场勘查地下室为一个整体，人防工程和非人防工程之间并无明显界限。

某县房地产交易中心的测绘报告书显示，该房屋共有面积中不包含地下车位。某房地产公司按套销售房屋，商品房总价款已包含套内建筑面积及分摊的共有建筑面积的价格。商品房购销合同中约定“该商品房的产权登记面积包括套内建筑面积和分摊的共有建筑面积。产权登记以产权登记机关确定为准”。2017年9月1日，某县住房和城乡建设局与某房地产公司签订的《人防工程维护和安全管理责任书》中明确某房地产公司按有关规定与使用人签订《人民防空工程平时使用合同》，并报该局备案，如果该人防工程由某房地产公司自己使用，则需按人防工程维护管理规定做好日常维护工作。人民防空工程是国防工程的组成部分，不得出售、转让。人防地下室车位禁止出售。某房地产公司认为其享有对地下停车位的所有权、管理权，对其安装车位锁准备进行管理，但小区业主认为地下停车位属小区业主共有，于是砸坏车位锁，双方产生纠纷。某县住房和城乡建设局明确人防工程区域内的车库及停车位，某房地产公司使用需报住建局备案同意，人防工程区域外属小区规划用于停放汽车的车位、车库，由某房地产公司与小区业主协商约定。某房地产公司向某县公安局城镇派出所控告某小区地下车库车位锁被故意毁损，城镇派出所经审查认为没有犯罪事实，不予立案，某房地产公司不服申请复议并复核，均被维持。

【案件焦点】

1. 如何认定某小区地下47个规划停车位的权利归属；2. 某房地产公司对该小区地下车位是否有权对外转让、租赁。

【法院裁判要旨】

云南省南涧彝族自治县人民法院经审理认为：某小区地下车位并未纳入公摊面积，故某房地产公司销售给业主的房屋并不包含地下车库中非人防工程区域内的车位。根据《中华人民共和国人民防空法》第五条“国家对人民防空设施建设按照有关规定给予优惠。国家鼓励、支持企业事业组织、社会团体和个人，通过多种途径，投资进行人民防空工程建设；人民防空工程平时由投资者使用管理，收益归投资者所有”之规定，该案中的人民防空工程系某房地产公司投资建设，故在平时对于该小区人民防空工程区域内的车位，由某房地产公司使用管理，收益归某房地产公司所有。鉴于某小区地下室人防工程和非人防工程之间并无明显界限，整个地下室作为一个整体，无法区分人防车位和非人防车位，根据《中华人民共和国人民防空法》关于人防工程属国家所有的规定，结合小区地下车库非人防区域内的车位由某房地产公司享有所有权和小区住户众多，人防区域和非人防区域一共只有47个车位的实际以及某县住房和城乡建设局与某房地产公司签订的《人防工程维护和安全管理责任书》，某房地产公司享有小区地下室停车位的管理权、使用权、收益权，但不得出售和转让。某小区业主委员会认为房屋出售后，人防工程应作为公建设施归全体成员业主所有的辩称，无证据证明开发商将人防工程建设投资成本摊入房屋销售价格中，开发商销售房屋并不必然导致人防工程投资者转移，故对某小区业主委员会的辩解不予采信。

云南省南涧彝族自治县人民法院依照《中华人民共和国物权法》第七十四条、《中华人民共和国人民防空法》第五条、《中华人民共和国民事诉讼法》第六十四条第一款和《最高人民法院关于适用〈中华人民共和国民事诉讼法〉的解释》第九十条之规定，判决如下：

一、某房地产公司享有某县某小区地下车库47个规划车位的使用权、管理权和收益权；

二、驳回某房地产公司的其他诉讼请求。

某小区业主委员会不服一审判决，提起上诉。云南省大理白族自治州中级人民法院同意一审法院裁判意见，判决：

驳回上诉，维持原判。

【法官后语】

利用小区人防空间为小区业主设置停车位，有利于缓解“停车难”问题。但因法律规定不明确，以及小区业主权利意识增强，导致关于人防车位所有权、收益权的争论不断。本案的核心问题为未纳入公摊且属人防工程的小区地下车位的权利归属以及能否转让租赁地下车位。

对于车位的权利归属问题。该小区地下47个规划停车位，分为人防车位和非人防车位两种。对于人防车位，《中华人民共和国民法典》第二百五十四条（原《中华人民共和国物权法》第五十二条）规定，国防资产属于国家所有。人防车位用于国防目的，应属国家所有。根据《中华人民共和国人民防空法》第二十六条规定，国家鼓励平时利用人民防空工程为经济建设和人民生活服务。平时利用人民防空工程，不得影响其防空效能。人防车位由国家所有，但应遵循“谁投资、谁受益”的原则分配其使用、管理及收益权能，具体应以“建设成本是否已经列入小区商品房建设成本”“面积分摊有无实际摊入小区业主的分摊面积”为界定标准。某小区业主委员会辩解，根据《关于规范防空地下室易地建设收费的规定》的相关规定，房屋出售后，人防工程应作为公建设施归全体成员业主所有。因上述规定是在规范开发商确定房屋销售价格，即开发商所销售的房屋计价依据，但该案无证据证明开发商将人防工程建设投资成本摊入房屋销售价格中，开发商销售房屋并不必然导致人防工程投资者转移，故对被告的辩解不予采信。综上，人防车位由国家所有，人防车位的投资人为某房地产公司，某房地产公司享有管理权和收益权，非人防车位由某房地产公司享有所有权。

对于某房地产公司是否可以转让、租赁地下车位问题。人防车位属国家所有，某房地产公司作为投资人对人防车位享有管理权和收益权，但不得出售和转让。对于非人防车位，根据在案证据，地下车位并未纳入公摊面积，因此，某房地产公司销售给业主的房屋并不包含地下车库中非人防工程区域内的车位。虽然小区地下室设计规划图纸上人防区域和非人防区域有区分，但从现场实际状况来看，人防工程和非人防工程之间并无明显界限，整个地下室就是一个整体，无法隔离开来，也就是说，人防车位和非人防车位是无法区分的。根据相关法律规定，地下室首先要满足人防需要，故整个地下室只能视为一个人防工程设施来进行管理。结合该小区住户众多，人防区域和非人防区域一共只有47个车位，某县住房和城乡建设局与某房地产公司签订的《人防工程维护和安全管理责任书》明确的内容，判决某房地产公司享有某小区地下车库47个规划车位的使用权、管理权和收益权，但没有出售和转让权。

商品房住宅小区内因停车位供需关系紧张产生的冲突日益增多，成为小区矛盾的焦点。车位问题事关百姓民生，处理好该问题，能有效保护人民群众合法权益，维护社会秩序，促进社会安定和谐。

民法典编撰之前，本案涉及车位、车库的法条为《中华人民共和国物权法》第七十四条，《中华人民共和国民法典》实施后，该条文被拆分为第二百七十五条车位、车库约定归属和第二百七十六条车位、车库首先满足业主需要两条，修改前后内容上没有作出改变，修改成两条应是对车位、车库归属的约定方式进行明确和强调，避免产生歧义。

编写人：云南省南涧彝族自治县人民法院　杨瑞敏

114　建筑物共有部分的认定及业主对共有部分权益的保护

——金某诉陈某物权案

【案件基本信息】

1. 裁判书字号

浙江省温州市中级人民法院（2018）浙 03 民终 4816 号民事判决书

2. 案由：物权纠纷

3. 当事人：

原告（被上诉人）：金某

被告（上诉人）：陈某

【基本案情】

金某、陈某分别系房地产公司开发的坐落于温州市瓯海区潘桥街道宁波路某号1幢601室和620室房屋的业主。陈某的房屋位于金某房屋北侧，双方房屋之间为通道，通道上方为夹层，双方房屋高度与夹层顶端齐平。规划部门审定的建设工程设计方案显示，在夹层南面（靠金某房屋）一侧应砌有墙体，夹层北面（靠陈某房屋）一侧及中间部位不砌墙体。工程施工过程中，应房地产公司要求，工程设计单位出具了建字第2016-17号《工程设计联系单》，联系内容：案涉夹层处预留智能化设备器材间，在通道夹层设检修口，该设备器材间区域原设计中北侧不砌墙，变更后该区域南北两侧均砌墙。该联系内容未经有关部门审定。工程竣工平面图显示，案涉夹层处的砌墙方案与原设计方案一致，即夹层南面一侧砌有墙体，夹层北面一侧及中间部位不砌墙体。现案涉夹层处安装有消防管道等设施。规划部门审定：建筑内部的公共空间包括楼道等公共交通空间，配电、弱电等公共设备空间，管线通道等专用空间，架空层等公共活动空间等，该过道上方空间（吊顶空间）是用来布置专用管线和设备使用的专用空间，在房产测绘及产权办理时未计算建筑面积，不属于人员使用的公共空间，任何单位不能擅自改变结构和使用功能。

法院经勘验查明：案涉夹层南面一侧砌有墙体，可从北面一侧进入该夹层空间；该夹层处装有一台热水器内胆。陈某确认系其安装。

陈某认为案涉夹层应由其专有使用，不同意金某对该夹层进行利用。金某起诉请求确认该夹层系公共空间，属该层业主共有。

【案件焦点】

案涉夹层属于建筑物共有部分还是业主房屋专有部分。

【法院裁判要旨】

浙江省温州市瓯海区人民法院经审理认为，规划部门审定案涉夹层是用来布置专用管线和设备使用的专用空间，在房产测绘及产权办理时未计算建筑面积。该夹层符合设备层或者设备间的功能特性，在使用上具有公共性及非排他性，不具备专有部分的构成要件；且陈某未能举证证明该夹层在规划上专属于其房屋并由房地产公司在销售时列入其房屋买卖合同，故应当认定案涉夹层系建筑物的共有部分，属于该栋建筑物的全体业主共有。金某认为陈某存在侵占房屋共有部分行为，侵害其对房屋共有部分的共有和共同管理权利，并对其房屋专有部分造成安全隐患，依法有权向法院提起诉讼。据此，依照《中华人民共和国物权法》第三十五条、第七十条、第八十三条第二款，《最高人民法院关于审理建筑物区分所有权纠纷案件具体应用法律若干问题的解释》第二条、第三条、第四条、第十四条、第十五条，《最高人民法院关于适用〈中华人民共和国民事诉讼法〉的解释》第九十条规定，判决：

确认601室房屋与620室房屋之间通道上方的夹层属于该栋房屋的全体业主共有。

陈某不服，提起上诉。二审法院同意一审法院裁判意见。

【法官后语】

实践中很多建筑物区分所有权纠纷都是围绕共有部分产生的。我国物权法对共有部分采取了较为分散的列举式规定，但共有部分很难通过列举方式予以穷尽。《最高人民法院关于审理建筑物区分所有权纠纷案件具体应用法律若干问题的解释》采用列举、排除加兜底的方式对共有部分进一步明确："除法律、行政法规规定的共有部分外，建筑区划内的以下部分，也应当认定为物权法第六章所称的共有部分：（一）建筑物的基础、承重结构、外墙、屋顶等基本结构部分，通道、楼梯、大堂等公共通行部分，消防、公共照明等附属设施、设备，避难层、设备层或者设备间等结构部分；（二）其他不属于业主专有部分，也不属于市政公用部分或者其他权利人所有的场所及设施等。"

在适用物权法及相关司法解释界定建筑物共有部分时，笔者认为可以采用"三步走"方法：第一步当然是将争议部分与已明确列举部分一一对照；第二步是当争议部分不在列举之列时，考虑争议部分本身的功能特性、使用等方面；第三步是若前两步仍不能明确，结合建筑物专有部分或与其他相关单位、个人的关系等因素予以综合判断。

本案中，当事人争议的"夹层"部分，也根据"三步走"法进行判定。第一步，从字面上看并不属于法律已明确列举部分。第二步，考虑其本身功能、特性。规划部门作出的审定意见认为，该部分是用来布置专用管线和设备使用的专用空间，在房产测绘及产权办理时未计算建筑面积，不属于人员使用的公共空间。根据该意见，可以认为该"夹层"部分符合设备层或者设备间的功能特性，可以对应列举中的"设备层或设备间"部分。如果再结合建筑物专有部分进行反向印证也可得出同一结论。第三步，关于建筑物专有部分，根据相关司法解释，专有部分应具备以下几个要件：具备构造上的独立性，能明确区分；具备利用上的独立性，可排他使用；能够登记成为特定业主所有权的客体。本案的"夹层"不具有构造、利用上的独立性，存在公共性及非排他性，亦明显不符合专有部分的定义。综上，涉案“夹层”部分应认定为涉案建筑的共有部分。

另外，本案中还涉及业主对共有部分的权益问题，金某作为业主是否有权就本案向法院起诉。我国物权法规定了业主对侵害自己合法权益的行为，可以向法院提起诉讼。该项诉权并不以实际造成损害结果为前提，只要作为个体的业主认为他人有侵害自己合法权益的行为即享有通过起诉获得保护的权利。《最高人民法院关于审理建筑物区分所有权纠纷案件具体应用法律若干问题的解释》对哪些行为属“损害他人合法权益的行为”进行了明确列举：（1）损害房屋承重结构，损害或者违章使用电力、燃气、消防设施，在建筑物内放置危险、放射性物品等危及建筑物安全或者妨碍建筑物正常使用；（2）违反规定破坏、改变建筑物外墙面的形状、颜色等损害建筑物外观；（3）违反规定进行房屋装饰装修；（4）违章加建、改建，侵占、挖掘公共通道、道路、场地或者其他共有部分。结合物权法和上述司法解释，金某认为陈某存在侵占房屋共有部分、损害消防设施等行为，侵害了其对房屋共有部分的共有和共同管理权利，并对其房屋专有部分造成安全隐患，有权向法院提起诉讼。

编写人：浙江省温州市瓯海区人民法院　陈伟克　陈绵绵

115 建筑区划内相邻公共区域及业主合理使用的认定

——孙某诉施某相邻关系案

【案件基本信息】

1. 裁判书字号

福建省厦门市中级人民法院（2018）闽02民终3488号民事判决书

2. 案由：相邻关系纠纷

3. 当事人

原告（被上诉人）：孙某

被告（上诉人）：施某

【基本案情】

孙某系某小区1号楼（T1）2层02单元的登记产权人，施某系同一小区1号楼（T1）2层01单元的登记产权人。201室房屋系跃层结构，其下层的卧室与202室房屋的餐厅之间有一电梯井、候梯厅（即公共电梯走道，下同）及空调外机放置平台，因该电梯未停靠二层，故该二层的电梯井并未开门，候梯厅连接楼梯处原有一个窗户连通。施某装修201室时，将该窗户封堵，将其房屋卧室与候梯厅之间的墙体打通，使候梯厅和空调外机放置平台变成其专有使用部分，并将其空调外机安装在空调外机放置平台靠近202室房屋一侧的讼争区域处。此外，讼争区域与电梯井之间为公共强、弱电井。2016年6月1日、6月21日，孙某委托律师向施某两次发送《律师函》，要求施某移除其空调外机并腾空讼争区域等。

201室和202室房屋的《商品房买卖合同》附件5《业主临时公约》第三章第三条第五项约定，中央空调外机需统一放置于预留位置。202室房屋的《房屋使用说明书》所附“房屋建筑结构平面图”显示，201室房屋和202室房屋之间为候梯厅、电梯、楼梯以及空调外机放置平台（图示并列放置两台空调外机，一台在201室房屋一侧，另一台靠近202室房屋一侧）。施某提交的201室房屋的《商品房买卖合同》并未载明其享有201室和202室房屋之间的候梯厅及空调外机放置平台的专有使用权。庭审时，孙某表示同意承担施某将其安放在讼争区域的空调外机移除的费用，但不同意承担恢复候梯厅与楼梯之间窗户的费用。

【案件焦点】

1. 建筑区划内房屋之间的候梯厅及空调外机放置平台属公共区域还是业主专有使用部分；2. 相关业主应如何合理使用相邻公共区域。

【法院裁判要旨】

福建省厦门市海沧区人民法院经审理认为：施某所举证据不足以证明开发商在销售时已经根据规划将201室和202室房屋之间的候梯厅及空调外机放置平台列入其《商品房买卖合同》中及施某支付了该空间合理使用权的相应对价，故不能认定讼争区域系施某的专有使用部分。根据法律规定，201室和202室房屋之间的候梯厅及空调外机放置平台系公共区域。对于该公共区域，应依据规划设计及《房屋使用说明书》等图示由相关业主等合理进行使用，并不得损害其他人之合法权益。现施某擅自改建，私自占用上述公共区域，不仅影响了楼梯及另一候梯厅的通风和采光，也使得其他业主无法到达上述公共区域，损害了孙某的合法权益。对于讼争区域的使用，依据《房屋使用说明书》所附图示，该空调外机放置平台系开发商为 201 室和 202 室房屋业主安装空调外机所预留，基于附属设施使用属性、经济及便利原则，双方应使用靠近各自房屋一边的空调外机预留位。虽然施某将其空调外机移至靠近其 201 室房屋一侧会产生移机费用，但如将孙某的空调外机安装至靠近 201 室房屋，也会增加管线等费用，电源安装亦不便，且孙某明确表示其愿意承担施某的移机费用。因此，孙某的诉求，应予支持。

福建省厦门市海沧区人民法院依照《中华人民共和国物权法》第八十三条第二款、第八十四条，《最高人民法院关于审理建筑物区分所有权纠纷案件具体应用法律若干问题的解释》第三条第一款第一项、第十四条、第十五条，《中华人民共和国民事诉讼法》第六十四条第一款规定，判决如下：

一、施某于本判决生效之日起一个月内移除 201 室与 202 室房屋之间公共平台上靠近 202 室房屋一侧的空调外机，并恢复该空调外机位的原状，所需费用由孙某承担；

二、施某于本判决生效之日起一个月内拆除 201 室与 202 室房屋之间候梯厅（公共电梯通道）连接楼梯处窗户上添加的墙体，恢复该被封闭的窗户并保持可自由闭合状态。

施某不服一审判决，提起上诉。福建省厦门市中级人民法院同意一审法院裁判意见。

【法官后语】

1. 专有区域和公共区域的区分

专有部分，是指“区分所有人对专属自己的、由建筑材料组成的、在构造上和使用上具有独立性的封闭建筑空间所享有的所有权”。《最高人民法院关于审理建筑物区分所有权纠纷案件具体应用法律若干问题的解释》明确规定了建筑区划内的房屋符合能够明确区分的构造独立性、可以排他使用的利用独立性、能够登记成为特定业主所有权客体的房屋，以及车位、摊位等特定空间，应当认定为专有部分。专有部分之外的区域则为公共区域，范围包括：(1) 建筑区划内的道路、绿地；(2) 建筑区划内的其他公共场所、公用设施和物业服务用房；(3) 占用业主共有的道路或者其他场地的车位；(4) 建筑物的基本构造部分，承重结构、外墙、屋顶等；(5) 公共通行部分，通道、楼梯、大堂等；(6) 公共结构部分，避难层、设备层或者设备间等；(7) 建筑区划内的土地，依法由业主享有建设用地使用权。

本案讼争区域包括空调外机放置平台及相邻两房屋之间的候梯厅（公共电梯通道）。从宏观方面看，依据上述法律法规的规定，该两区域应认定为公共区域；从微观层面看，当事人提交的《商品房买卖合同》并未载明其享有201室和202室房屋之间的候梯厅及空调外机放置平台的专有使用权，也未举证证明其支付了该空间合理使用权的相应对价，故应承担举证不能的法律后果。讼争区域为公共区域，业主对该区域享有共有的权利。

2. 业主应合理使用相邻公共区域，不得损害他人合法权益

对相邻的公共区域，相邻业主是否能够使用以及如何使用？首先，共有权的行使必须遵循民主决定原则、法定原则、约定原则、

整体利益优先原则、公序良俗原则等原则，才能防止权利被滥用。其次，相邻各方还应当按照有利生产、方便生活、团结互助、公平合理的精神，合理使用相邻公共区域，给相邻方造成妨碍的，应当停止侵害、排除妨碍。本案中，开发商已经在“房屋建筑结构平面图”图示两房屋之间的空调外机放置平台可并列放置两台空调外机，由此可知，该平台并非仅为201室房屋业主预留的公共区域，根据《最高人民法院关于审理建筑物区分所有权纠纷案件具体应用法律若干问题的解释》第四条规定，业主可以合理使用屋顶以及与其专有部分相对应的外墙面等共有部分，但不可损害他人合法权益。孙某、施某应使用靠近各自房屋一侧的空调外机预留位，施某将其空调外机安装在空调外机放置平台靠近202室房屋一侧的区域处，显属不当，损害了孙某的合法权益。

同理，施某未经合法程序私自将楼梯连接候梯厅（公共电梯走道）的窗户封堵，改建且侵占了公共区域，影响建筑内的通风和采光，也使得其他业主或物业使用人无法到达上述公共区域，其行为已经“损害他人合法权益”，孙某作为权利被损害人有权提起诉讼，其诉求合理，可以得到支持。

建筑物区分所有权中的相邻关系既要基于法律的规定，又受到建筑物区分所有权人之间的共同规定的制约，法院在处理该类矛盾时，应在合法范围内，从保护合法利益和邻里和谐相处的角度出发，最大限度地化解矛盾纠纷。

编写人：福建省厦门市海沧区人民法院　陈进杰　邱碧蓉

116 业主对他人合理使用建筑物共有部分负有容忍义务

——林某诉大药房、物业公司物权保护案

【案件基本信息】

1. 裁判书字号

福建省厦门市中级人民法院（2017）闽02民终4623号民事判决书

2. 案由：物权保护纠纷

3. 当事人

原告（上诉人）：林某

被告（被上诉人）：大药房、物业公司

【基本案情】

林某系厦门市集美区某小区201室房屋的产权人及该房屋外围天台的使用人。大药房在201室房屋外围天台的女儿墙墙体上设置一广告牌，广告牌的高度未超过女儿墙墙体的高度。女儿墙的墙体部分属于该小区的公共部分。

林某主张，第一，同一幢建筑物中的不同所有权主体对各自墙外横向合理空间在合理利用的前提下享有优先利用的权利。林某作为讼争房屋的产权人，同时亦是该房屋外围露天阳台的合法使用人，享有二楼墙外延伸空间的优先使用权，大药房享有一楼墙外延伸空间的优先使用权。现大药房未经林某同意私自在露天阳台的女儿墙墙面安装招牌，招牌的顶部基本与女儿墙的顶部持平，超出了与其专有部分相对应的外墙面的合理界限，损害了林某的合法权益。第二，女儿墙的作用是保护人员的安全和装饰建筑立面。大药房私自在女儿墙安装招牌的行为不仅改变了墙面外观还在一定程度上破坏了结构。第三，大药房的行为可能导致林某的房屋价值和生活质量受到不利影响。露天阳台与林某房屋的大厅直接相连，是林某及家人日常活动的重要场所。在安装维护招牌的时候，施工人员可以轻松翻墙进入阳台，林某的家庭隐私将全部近距离暴露在陌生人的眼皮底下。要是有人心怀不轨，直接进入林某的房屋，可能给林某造成财产损失，甚至威胁到人身安全。第四，户外招牌带有灯光装置，经风吹日晒雨淋，存在漏电的风险。

林某起诉请求：1. 大药房限期一个月内拆除覆盖在201室露天平台女儿墙外围的招牌，排除妨碍，消除危险，并恢复该女儿墙外墙原状。2. 物业公司承担连带责任。

【案件焦点】

大药房在涉案楼房墙体设置广告牌的行为是否构成对林某的侵害。

【法院裁判要旨】

福建省厦门市集美区人民法院经审理认为：本案系因排除妨碍、消除危险而引发的物权保护纠纷。《中华人民共和国民事诉讼法》第六十四条第一款规定："当事人对自己提出的主张，有责任提供证据。"《最高人民法院关于适用〈中华人民共和国民事诉讼法〉的解释》第九十条规定："当事人对自己提出的诉讼请求所依据的事实或者反驳对方诉讼请求所依据的事实，应当提供证据加以证明，但法律另有规定的除外。在作出判决前，当事人未能提供证据或者证据不足以证明其事实主张的，由负有举证证明责任的当事人承担不利的后果。”大药房设置的广告牌位于小区共有部分，而非林某的专有权属部分，且广告牌高度未超出女儿墙范围，因此林某主张大药房设置广告牌超出合理界限而侵犯其权益，缺乏事实与法律依据，不予支持。林某主张大药房设置招牌的行为会导致影响女儿墙墙体、威胁林某财产和人身安全等不利后果，但林某主张的侵害情形仅是其本人推断，林某也未能就其主张提供证据予以证明，故林某的主张缺乏事实与法律依据，不予支持。因广告牌的设置属于行政管理范围，若林某对讼争广告牌可能产生的侵害情形存在忧虑，可依法申请相关行政管理部门介入处理。林某关于大药房承担责任的主张无法成立，主张安吉利家公司承担连带责任也因此缺乏事实与法律依据，不予支持。

福建省厦门市集美区人民法院依照《中华人民共和国民事诉讼法》第六十四条、《最高人民法院关于适用〈中华人民共和国民事诉讼法〉的解释》第九十条规定，判决如下：

驳回林某的诉讼请求。

林某持原审意见提起上诉。福建省厦门市中级人民法院经审理认为：林某对讼争露台享有使用权，而非所有权，不能禁止他人的合理使用。大药房设置的广告牌位于小区的共有部分，并未影响到林某对讼争露台的正常使用。林某主张安装广告牌将引发的非常态出现的情况会影响其正常生活，缺乏法律依据，不予支持。因此，林某的上诉请求和理由缺乏事实与法律依据，应予驳回。一审法院认定事实清楚、适用法律正确，应予维持。

福建省厦门市中级人民法院依照《中华人民共和国民事诉讼法》

第一百七十条第一款第一项规定，判决如下：

驳回上诉，维持原判。

【法官后语】

由于法律难以对区分所有建筑物共有部分的使用作出详尽规定，在处理此类纠纷时，应从物尽其用、有利于生产生活角度出发，结合实际情况，兼顾各方面的利益，适当考虑使用习惯，公平合理地处理此类纠纷。就本案而言，笔者认为应注意建筑物权利人双方之间的权利义务的平衡，业主承担容忍义务应以合理使用建筑物共有部分为前提。

1. 建筑物共有部分合理使用的认定

首先，对建筑物共有部分的使用应是合理需求。建筑物所有人基于对专有部分享有的权利，难免有利用共有部分的现实需求。对于共有部分的合理利用，不仅方便生活，也有利于提高建筑物的经济价值。审判实践中，对于共有部分合理利用的认定应结合共有部分的功能、生活或经营实际需要等因素。本案中，大药房设置广告牌是为其特定营业需要，这种需求是行使专有权的合理延伸。若其广告牌超过露台高度，影响到林某对其房屋或者讼争共有平台的使用，则不属于合理使用的范畴。

其次，共有部分的使用应遵守法律、法规和管理公约，不得损害他人的合法权益。任何人行使权利，实现自由都不能以损害他人利益为代价。涉案广告牌由大药房设置，则其对广告牌负有管理责任，应确保广告牌不会对他人产生损害。根据查明事实，可以确认涉案广告牌并未违反法律法规，未影响到林某对讼争平台的正常使用，也不存在安全问题，因此大药房设置广告牌的行为并未违反使用的规则。

2. 业主对建筑物共有部分享有权利同时负有义务

《中华人民共和国民法典》第二百七十三条第一款规定“业主对建筑专有部分以外的共有部分，享有权利，承担义务；不得以放弃权利为法不履行义务。”第二百八十六条第一款规定：“业主应当遵守法律、法规以及管理规约，相关行为应当符合节约资源、保护生态环境的要求。”可见业主对建筑物共有部分享有权利同时负有义务，但业主对共有部分如何承担义务并没有做明确规定，需要依据相关法律、法规和管理规约等进行确定。如《中华人民共和国民法典》第二百八十六条第二款规定业主对共有部分承担的义务有不得在共有部分任意弃置垃圾、违章搭建，不得随意侵占通道等。现代社会生活中任意双方发生交往即有可能产生风险，因此对于风险各方应有适当的容忍。就本案而言，业主就他人对共有部分合理的使用应负有容忍义务。本案中大药房设置广告牌并未违反法律规定，也未影响到林某对讼争露台的正常使用。而林某所主张的改变外观、漏电、暴露隐私、威胁人身安全等情形，部分情形并不存在，部分情形系超出生活常理范畴认知的非常态情形，林某通过单方夸大风险以阻止他人对共有部分的正当合理使用，违反了容忍义务，因此本案依法驳回其诉求，有利于为区分所有建筑物共有部分的合理利用提供正确的导向。

编写人：福建省厦门市集美区人民法院　林达

117 楼房设备转换层收益归属的认定

——业委会诉房地产公司建筑物区分所有权案

【案件基本信息】

1. 裁判书字号

湖北省宜昌市中级人民法院（2018）鄂05民终3025号民事判决书

2. 案由：建筑物区分所有权纠纷

3. 当事人

原告（被上诉人）：业委会

被告（上诉人）：房地产公司

第三人：婚纱摄影公司

【基本案情】

房地产公司为某小区开发商。某小区三号楼建成于2012年，总层数为31层，1~4层是商业用房，5层规划用途为文体设施用房，6层以上为住宅。2011年9月29日，婚纱摄影公司与房地产公司签订《某房屋租赁合同》，合同约定房地产公司将某小区三号楼5层房屋及露台出租给婚纱摄影公司经营使用，其中室内面积为平方米+363.平方米，露台面积为平方米，租赁期限为10年，自2012年5月10日至2022年5月9日。业委会认为该房屋由其所有，房地产公司擅自出租经营，侵害了其权益。故诉至法院，请求判令：1. 确认小区三号楼5层房屋及公共平台空间的所有权归小区全体业主共有；2. 房地产公司赔偿业委会租金损失2852632

元；3. 确认婚纱摄影公司与房地产公司签订的《房屋租赁合同》无效；4. 婚纱摄影公司向业委会移交其租赁的小区三号楼5层房屋；5. 婚纱摄影公司向业委会按照原约定标准支付2018年度租金共计498614元。

【案件焦点】

1. 楼房设备转换层、公共平台的产权归属如何认定；2. 擅自出租他人房屋的租赁合同效力如何认定。

【法院裁判要旨】

湖北省宜昌市西陵区人民法院经审理认为：依据《中华人民共和国物权法》第七十条规定，业主对建筑物内的住宅、经营性用房等专有部分享有所有权，对专有部分以外的共有部分享有共有和共同管理的权利。本案所涉小区三号楼第5层规划用途为文体设施用房，显然不属于建筑物的专有所有权部分，该5层房屋及公共平台空间的所有权依法应认定为业主共有。房地产公司对上述房屋及公共平台空间不享有所有权，其与婚纱摄影公司签订《房屋租赁合同》对小区业主的公共利益构成共同侵害，该租赁合同应认定为无效，房地产公司依该租赁合同收取的租金依法应赔偿给业委会。依照上述《房屋租赁合同》约定的租赁期限，业委会主张赔偿六年期限的租金有依据，房地产公司应赔偿2012年8月10日至2018年8月9日的租金2354018元。婚纱摄影公司依该租赁合同承租的5楼房屋依法亦应移交给业委会。业委会另请求判令婚纱摄影公司向其支付2018年的租金，依据上述《房屋租赁合同》的约定，婚纱摄影公司已于年初向房地产公司交付了2018年的租金，且业委会向房地产公司主张的租金赔偿金额中已包含了2018年的租金，业委会再向婚纱摄影公司主张该部分租金，依法不予支持。

湖北省宜昌市西陵区人民法院依照《中华人民共和国物权法》第三十四条、第三十七条、第七十条，《中华人民共和国合同法》第五十二条第四项，《中华人民共和国民事诉讼法》第六十四条第一款规定，作出如下判决：

一、某小区确认某小区三号楼5层全层房屋及5楼的公共平台空间的所有权归全体业主共有；

二、房地产公司向业委会赔偿2012年8月10日至2018年8月9日的租金损失2354018元；

三、确认房地产公司与婚纱摄影公司签订的《房屋租赁合同》无效；

四、婚纱摄影公司于本判决生效后十日内向业委会移交其承租的三号楼5层房屋；

五、驳回业委会的其他诉讼请求。

房地产公司不服一审判决，提起上诉。湖北省宜昌市中级人民法院经审理认为：

根据《中华人民共和国物权法》第七十三条、《最高人民法院关于审理建筑物区分所有权纠纷案件具体应用法律若干问题的解释》第三条规定，案涉房屋规划用途为文体设施用房，备注为设备转换层，依法属于全体业主共有。

房地产公司对上述房屋及公共平台空间不享有所有权，也未接受所有权人的委托进行处分，故无权将其出租给婚纱摄影公司。故业委会要求房地产公司返回租金，符合法律规定，应予支持房地产公司与婚纱摄影公司签订的《房屋租赁合同》系无权处分，因该租赁合同未到期，婚纱摄影公司亦属于善意第三人，从鼓励市场交易、维护商业秩序的角度出发，不宜以房地产公司无权处分而否认该租赁合同的效力，故对业委会要求确认该租赁合同无效及要求婚纱摄影公司向业委会返还房屋的诉求，法院不予支持。鉴于涉案房屋和平台空间的原租赁合同未到期，对承租人而言，租赁物存在商业使用价值，对租赁物所有权人而言，也存在出租收益，故业委会可与婚纱摄影公司就涉案房屋和平台空间的后续租赁和返还另行协商解决。综上所述，房地产公司的上诉请求部分成立，应予改判。

湖北省宜昌市中级人民法院依照《中华人民共和国民事诉讼法》第一百七十条第一款第二项规定，判决如下：

一、维持一审判决第一项、第二项；

二、撤销一审判决第三项、第四项；

三、驳回业委会的其他诉讼请求。

【法官后语】

本案是法院受理的一起建筑物区分所有权纠纷典型案例，笔者就此案具体分析如下：

1. 设备转换层的性质

何为“设备转换层”？从文意上理解为“建筑物某楼层的上部与下部因平面使用功能不同，而采取不同结构，通过该楼层进行结构设备转换”。因为目前的高层建筑大多低层为商铺，商铺以上为民用住宅，商用和民用房屋结构不同，楼内水、电、气及消防管道也不一样，因此往往在3楼或4楼处有一个设备转换层。该楼层大部分架空，故民间俗称“架空层”。设备转换层虽然不能作为房屋居住使用，但在寸土寸金的城市地段，却具有较高的市场价值，其租金甚至和临街商铺相当。

设备转换层是建筑物的一部分，物理上具有不可分性，属于建筑物共有部分，《最高人民法院关于审理建筑物区分所有权纠纷案件适用法律若干问题的解释》第三条第一项明确规定“设备层或设备间等结构部分为共有部分”。故设备转换层的所有权人为该栋楼房的全体业主，而非开发商、物业公司或设备楼层某个业主。实践中，往往由业主委员会代为行使全体业主的权利。

本案中，婚纱摄影公司承租的某小区三号楼5层，系设备转换层，属于业主共有部分，因此开发商擅自出租盈利，侵害了业主委员会的利益，属不当得利，应予退还。

2. 保护善意承租人的期待利益，对合同无效持谨慎态度

本案的亮点，在于二审对一审判决第三项、第四项的改判撤销，即不认同合同无效、不要求承租人腾退返还房屋。案涉房屋及平台空间本不属于开发商，但开发商隐瞒事实、私自出租给他人收取租金，开发商这一行为属于无权处分，对应的租赁合同效力如何认定呢？

依据当时的《中华人民共和国合同法》第五十一条规定，无权处分的合同，效力待定。若权利人追认或处分人事后取得处分权，则合同有效；若权利人不追认，则合同无效。2021年1月1日施行的《中华人民共和国民法典》（以下简称《民法典》）将此规定删除，对无权处分的合同效力未作评价。《民法典》第一百四十三条至一百五十七条关于“民事法律行为的效力”规定，及第五百零二条至五百零八条关于“合同效力”的规定，均没有针对无权处分的具体规定。这并非立法的疏忽，因为《民法典》第三百一十一条规定了“善意取得”制度，对无权处分时善意相对人进行特殊保护。

《民法典》对无权处分的合同效力不再评价，体现出“物权、债权两分论”观点，即物权是物权、债权是债权，两种权利的设立、变更、消灭分别依据不同的法律规范，没有取得物权并不必然导致不能取得债权。

参考无权买卖，《民法典》第五百九十七条规定“因出卖人未取得处分权致使标的物所有权不能转移的，买受人可以解除合同并请求出卖人承担违约责任”，此时《民法典》对无权买卖的合同效力并未评判，只能回到《民法典》第一百四十三条至一百五十七条关于“民事法律行为的效力”中去判断合同是否有效。依据前述法条，《民法典》将合同无效仅限定为“无（限制）民事行为能力人实施、虚假意思表示、违反效力强制性规定、违背公序良俗、恶意串通损害他人利益”几种情形。可见，《民法典》提高了合同无效的门槛。

根据2009年最高人民法院发布的《关于当前形势下审理民商事合同纠纷案件若干问题的指导意见》、2019年《全国法院民商事审判工作会议纪要》，最高人民法院明确指出“合同自由、意思自治是民商法的核心。法院要谨慎介入当事人自治领域，充分尊重当事人对合同的自由权利，除非违反法律效力性强制规定，不能轻易否定合同效力。要鼓励交易，维护交易稳定性，保护善意相对人期待利益，最大限度增进社会财富流通”。上述精神一言以蔽之，就是不要轻易认定合同无效。

本案中，婚纱摄影公司系善意承租人，其对承租房屋已经投资装修，现在若腾退返还，必将导致巨额装修损失。而业委会起诉亦为收取租金收益，收回房屋自行使用的可能性不大，且双方合同临近届满，待合同期满后协商是否续租更为妥当。因此，二审的改判是合理恰当的。

编写人：湖北省宜昌市西陵区人民法院　周云

118　未经批准在楼房公共区域私自搭建改造的，构成对其他业主建筑物区分所有权的侵犯

——边某某、刘某某诉张某某、董某某建筑物区分所有权案

【案件基本信息】

1. 裁判书字号

山东省淄博市中级人民法院（2018）鲁 03 民终 578 号民事判决书

2. 案由：建筑物区分所有权纠纷

3. 诉讼双方

原告（被上诉人）：边某某、刘某某

被告（上诉人）：张某某、董某某

【基本案情】

边某某、刘某某购买了房地产公司开发的某小区 4 号楼 3 层西南户住房一套，张某某、董某某购买了该小区 4 号楼 3 层西户住房一套。出 3 楼电梯后，边某某、刘某某可直接入室，张某某、董某某需进入消防门通过连廊后入室。该连廊南侧为四周围起的从一楼直通楼顶的空地（以下简称镂空区域），镂空区域的顶部用楼板遮盖。边某某、刘某某的卫生间、厨房及北边卧室的窗户均

在镂空区域，且厨房、北边卧室的窗户正对着连廊，连廊的两侧均装有1.5米左右的铁栅栏遮挡，张某某、董某某在连廊两侧紧挨栅栏处用玻璃将连廊封闭，其中下层部分为1米左右的不能打开的玻璃窗，中间层部分及最上层部分为可推拉式的玻璃窗。2015年3月3日，房地产公司与物业公司发布关于连廊的管理办法，在该管理办法中要求有封闭连廊行为的业主于3月8日前把封闭拆除。2015年9月21日，房地产公司发布关于更换连廊门锁具的通知。2016年4月8日，临淄区城市管理行政执法局等部门发布关于该小区住户投诉连廊封闭问题的处理意见。

边某某、刘某某主张张某某、董某某将连廊封闭系非法搭建行为，侵犯其建筑物区分所有权，应予拆除。诉讼中，张某某、董某某已将连廊上的物品清除。张某某、董某某辩称，涉案纠纷发生于相邻而居的住户之间，边某某、刘某某起诉依据的事实是张某某、董某某对两户相邻处公共空间的利用，对其通风、采光、通行等构成妨害，本案符合相邻权纠纷的法律构成特征；张某某、董某某没有控制双方之间的连廊门锁，没有侵占通道，不影响边某某、刘某某的通风、采光、安全消防及通行，没有对边某某、刘某某房屋的居住和使用造成影响。

【案件焦点】

边某某、刘某某诉求张某某、董某某拆除涉案物品、排除妨害、恢复原状，有无事实及法律依据。

【法院裁判要旨】

山东省淄博市临淄区人民法院经审理认为：涉案楼房的连廊虽然客观上多由被告使用，但其不属于被告所购商品房的范围，依法属于该楼房的公共空间。被告在连廊上进行搭建、改造，未经有关单位（部门）批准，其行为不符合法律规定，且有关部门对于住户封闭连廊问题，业已作出要求开发商拆除或以法律途径予以拆除的处理意见，故被告依法应当拆除其在连廊的搭建物。被告作为使用连廊的一方，应将连廊门处于通畅状态。故对原告要求被告拆除连廊上的搭建物，恢复连廊原状，将连廊门处于通畅状态的诉讼请求，予以支持。诉讼中，原告认可被告已将连廊上的私人物品清除，对其该项诉求，不再予以处理。综上，依照《中华人民共和国民法通则》第八十三条、第一百三十四条第一款第五项，《最高人民法院关于审理建筑物区分所有权纠纷案件具体应用法律若干问题的解释》第十四条规定，判决：

张某某、董某某于判决生效之日起十日内自行拆除在连廊上的搭建物，恢复连廊原状，将连廊门锁打开并保持连廊门通畅。

张某某、董某某不服一审判决，提起上诉。山东省淄博市中级人民法院经审理认为：建筑物专有部分以外的共有部分为业主共同享有，任何一方不得私自占有使用。涉案连廊是公共空间，双方系因张某某、董某某在该公共空间内实施建设改造行为而产生争议，一审据此确认本案案由为建筑物区分所有权纠纷并无不当。张某某、董某某未经相关政府部门批准在连廊上私自进行搭建、改造，不符合法律规定，且即使确如张某某、董某某所称，涉案连廊存在施工设计缺陷影响其生活方便和安全，张某某、董某某亦无权擅自改造，故一审法院判决张某某、董某某拆除其在连廊的搭建物并无不当。综上，一审判决认定事实清楚，适用法律正确，审判程序合法，应予维持。

山东省淄博市中级人民法院依照《中华人民共和国民事诉讼法》

第一百七十条第一款第一项规定，判决：

驳回上诉，维持原判。

【法官后语】

本案涉及的主要问题在于，未经批准在楼房公共区域私自搭建改造的，是否属于对其他业主建筑物区分所有权的侵犯。现实生活中，未经批准而在小区楼房的公共区域私自搭建改造的情形屡见不鲜，由此也引发了众多相关纠纷。而这类纠纷涉及的核心无疑就是建筑物区分所有权。建筑物区分所有权作为一项重要的不动产权利，属于综合型的、复合型的权利。对此，《中华人民共和国物权法》第七十条规定："业主对建筑物内的住宅、经营性用房等专有部分享有所有权，对专有部分以外的共有部分享有共有和共同管理的权利。"[①] 因此，建筑物专有部分以外的共有部分为业主共同享有、共同管理，任何一方不得私自改建、占有使用。而建筑物的公共空间明显属于建筑物专有部分以外的共有部分，其所有权依法应为全体业主共同享有，任何业主个人都无权私自占有、使用和处置。故未经批准而在小区楼房的公共区域私自搭建改造，显然侵犯了全体业主共同享有的建筑物共有部分的所有权，属于对其他业主建筑物区分所有权的侵犯。

从本案的法律关系来看，主要涉及对建筑物区分所有权纠纷与相邻关系纠纷的正确区分与界定的问题。被告提出抗辩主张本案并非建筑物区分所有权纠纷，而是相邻关系纠纷。审判实践中对于此类案件到底应属于建筑物区分所有权纠纷还是相邻关系纠纷也确实

---

① 现为《中华人民共和国民法典》第二百七十一条："业主对建筑物内的住宅、经营性用房等专有部分享有所有权，对专有部分以外的共有部分享有共有和共同管理的权利。"下同。

容易出现模糊认识，需要从法理上对二者予以正确区分界定。

根据《中华人民共和国物权法》第七十条规定，建筑物区分所有权是指业主对建筑物内的住宅、经营性用房等专有部分享有的所有权，对专有部分以外的共有部分的共有权及因区分所有建筑物共同关系所产生的成员权共同组成的特别所有权。[①] 即区分所有权人对于建筑物中的专有部分所有权与共有部分持分权所构成的特殊的所有权。[②] 而相邻关系是指相互毗邻的不动产所有人、用益物权人或占有人在行使该不动产的所有权或使用权时，因用水、排水、通行、通风和采光等行为而相互间给予便利或接受限制所发生的权利义务关系。[③] 在该权利义务关系中，相邻一方行使不动产权利时要求相邻他方容忍甚至提供必要的便利，相邻他方负有容忍甚至提供便利的义务，相邻各方据此而享有的权利即被称为相邻权。从性质上来看，建筑物区分所有权属于物权，是所有权的一种特殊形式；相邻权则是基于法律的规定对不动产所有权或使用权当然的限制或延伸，它并不是一项独立的物权，而是基于物权基础上的请求权。[④] 因此，在审判实践中，对于业主因其对建筑物所享有的专有权、共有权以及共同管理的权利受到侵害而发生纠纷引发诉讼的，应认定属于建筑物区分所有权纠纷；对于相互毗邻的不动产所有人、用益物权人或占有人在行使该不动产的所有权或使用权时，因用水、排水、通行、

---

① 景汉朝：《民事案件案由新释新解与适用指南——根据新民事诉讼法展开》，人民法院出版社 2013 年版，第 70 页。

② 尹文杰：《建筑物区分所有权与相邻权的案例浅析》，载《法制博览》2018 年第 13 期。

③ 景汉朝：《民事案件案由新释新解与适用指南——根据新民事诉讼法展开》，人民法院出版社 2013 年版，第 80 页。

④ 尹文杰：《建筑物区分所有权与相邻权的案例浅析》，载《法制博览》2018 年第 13 期。

通风和采光等行为而引发的纠纷，则应认定属于相邻关系纠纷。

具体到本案中，双方当事人皆认可涉案连廊是公共空间，且双方系因张某某、董某某在该公共空间内实施建设改造行为而产生争议，而建筑物专有部分以外的共有部分为业主共同享有，任何一方不得私自占有使用。故边某某、刘某某以张某某、董某某侵犯其建筑物区分所有权为由起诉要求张某某、董某某拆除涉案物品并恢复原状，完全符合建筑物区分所有权纠纷的特征，本案应属于建筑物区分所有权纠纷，而非相邻关系纠纷。张某某、董某某未经相关政府部门批准在连廊上私自进行搭建、改造，该行为明显不符合法律规定，且即使确如张某某、董某某所称，涉案连廊存在施工设计缺陷影响其生活方便和安全，张某某、董某某亦无权擅自改造。

编写人：山东省淄博市中级人民法院　荣明潇　周树学

119　未计入公摊建筑面积的小区备用配电室权属的认定

——业委会诉王某、大酒店恢复原状案

【案件基本信息】

1. 裁判书字号

福建省宁德市中级人民法院（2018）闽 09 民终 1400 号民事判决书

2. 案由：恢复原状纠纷

3. 当事人

原告（上诉人）：业委会

被告（被上诉人）：王某、大酒店

第三人：房地产公司

【基本案情】

某小区位于霞浦县松港街道某路北侧，由房地产公司开发建设，项目地产于2014年交付使用。2016年12月12日，该小区业委会成立，已办理备案登记。王某购买该小区5号楼112室，该房与位于5号楼内的小区备用配电室相邻。王某经房地产公司同意，在配电室堆放杂物。业委会认为王某未经小区业主同意，擅自与大酒店共同侵占该全体业主共有的位于小区北面的配电室用作大酒店的储藏间，并予以封闭使用，侵害了全体业主的合法权益，故诉至法院要求大酒店、王某恢复原状。

【案件焦点】

诉争配电室是否属某小区业主共有。

【法院裁判要旨】

福建省霞浦县人民法院经审理认为：房地产公司建设的5号楼112室北向的小区配电室，已规划为备用商业配电室，目前尚未使用，但商业配电室的性质未变化，故财产的管理权仍归属于房地产公司，不属于业委会。大酒店没有使用争执配电室，业委会主张要求该酒店承担侵权责任，依据不足，不予支持。虽然目前配电室由王某用于堆放杂物，但没有侵犯业委会的权益，业委会主张要求王某承担侵权责任，依据不足，不予支持。

福建省霞浦县人民法院依照《最高人民法院关于审理建筑物区分所有权纠纷案件适用法律若干问题的解释》第三条规定，判决如下：

驳回业委会的诉讼请求。

业委会不服一审判决，提起上诉。福建省宁德市中级人民法院经审理认为：诉争配电室位于该小区 5 号楼内而非楼外，位于该楼第一层，高度高于 2.2 米，在测绘时有计入建筑面积，但未计入公摊建筑面积，双方当事人在法院查看现场并制作询问笔录时对此事实陈述一致，且与房产测绘公司 2018 年 6 月 8 日出具的《关于某小区 5 号楼一层配电室是否列入公摊面积说明》“根据我公司出具该小区 5 号楼的实测报告，5 号楼一层的配电室独立单元计算，没有作为分摊面积分摊给 5 号楼及小区其他楼栋”的内容相符。业委会关于诉争配电室属全体业主共有的上诉理由不成立。原审未支持业委会返还原物、排除妨碍、恢复原状的诉讼请求并无不当，可予维持。至于房地产公司是否自愿将诉争配电室保留给商业店面的业主使用，属房地产公司与商业店面业主之间的法律关系，不在本案审查范围。综上所述，业委会的上诉请求不能成立，应予驳回；一审判决应予维持。

福建省宁德市中级人民法院依照《中华人民共和国民事诉讼法》第一百七十七条第一款第一项规定，判决如下：

驳回上诉，维持原判。

【法官后语】

本案特点在于诉争配电室系在 5 号楼内，而非在小区楼外的公共建筑内，这正是诉争配电室计入建筑面积的原因。同时，本案诉争配电室未计入公摊建筑面积。既然计入建筑面积却又未计入公摊建筑面积，那么就属于专有建筑面积部分，而非共有建筑面积部分。专有部分在出卖给购房者前仍属开发商即房地产公司所有。业委会认为房地产公司没有证据证明其有产权的上诉理由不成立。

上述结论可从业主权利来源的角度予以进一步说明。业委会主张诉争配电室属小区所有业主共有，而业主的权利来自购买房产。如果业主确实拥有诉争配电室的共有权，那么其支付的购房价中就应包括诉争配电室。本案业主的购房价包括了套内建筑面积与公摊建筑面积的价格，其中套内面积显然与诉争配电室无关，而诉争配电室计入建筑面积却未计入公摊建筑面积，因此业主支付的购房价中不管是套内建筑面积的价格，还是公摊建筑面积的价格，均未包括诉争配电室的价格。既然未包括，那么除诉争配电室的业主外，小区其他业主对诉争配电室当然就无产权，诉争配电室当然也就不属于小区业主共有。

由于诉争配电室属5号楼的组成部分，其建筑成本确实包括在5号楼乃至整个小区的建筑成本中。但诉争配电室系作为独立单元计入建筑面积，故其成本并非分摊到整栋楼的所有业主身上，而是由该配电室的所有人（出卖前为开发商，如有出卖则为购买人）承担。业委会认为该配电室的成本分摊到全体小区业主中故属全体小区业主共有，该理由实为循环论证，因为此理由暗含的前提是配电室无独立产权，成本分摊的全体业主中不包括配电室的独立产权人。但如上所述，诉争配电室是计入独立产权的，故此理由明显错误。此道理正如某套商品房的建筑成本当然包括在该栋楼的建筑成本中，但没有人会认为该套商品房属该栋业主共有。所以重点不在于诉争标的物的建筑成本是否包括在小区的建筑成本中，而在于诉争标的物是否计入专有建筑面积中。业委会的此项上诉理由亦不成立。

业委会同时强调配电室系小区的配套措施，但这仅涉及其功能，不动产权属的分析认定并不能单纯从功能上判断，仍应如上所述从民法典物权编的角度进行分析认定。此项上诉理由同样不成立。

编写人：福建省霞浦县人民法院　王莹

120 成本计入商品房建设成本的小区会所的所有权应如何认定

——业委会诉置业公司物权确认、财产损害赔偿案

【案件基本信息】

1. 裁判书字号

江苏省无锡市中级人民法院（2017）苏02民终5565号民事判决书

2. 案由：物权确认、财产损害赔偿纠纷

3. 当事人

原告（被上诉人）：业委会

被告（上诉人）：置业公司

第三人：物业公司

【基本案情】

某某名园业委会向江苏省宜兴市人民法院提出诉讼请求：确认某某名园二期26幢会所中除物业用房外的647.62平方米的房屋所有权为某某名园全体业主所有，判令置业公司和物业公司支付自2008年11月1日起至起诉之日止的租赁费用80万元（暂按每年10万元计算）。

法院审理查明事实：宜兴市新街街道某某名园一期、二期、三期小区的开发商系置业公司。在某某名园二期内建有某某名园会所，该会所的建设工程规划许可证载明的建设项目名称为某某名园会所。该证的“附图及附件名称”内载有物业管理用房建筑

面积700平方米、核发红卡等内容。根据规划部门的解释，“核发红卡”的房产不得销售。该会所至今没有房产证。物业公司自2008年10月30日开始承接某某名园小区物业，并使用某某名园二期第26幢会所的476平方米作为物业用房，其余647.62平方米由置业公司使用或控制。法院从宜兴市物价局调取了物价局核定某某名园商品房预售价格的相关材料，其中一期仅调取到第5、6幢的材料，载明小区配套费项目中含每平方米15元的物业房成本，二期调取到第16~24幢的材料，均载明小区配套费项目中含每平方米22.9元的“物业用房、会所”成本。另外，第16、17、19幢置业公司申报的小区配套明细表“物业用房、会所”22.9元相应栏内还注有“会所1300平方米”的内容。三期因政策原因不再由物价局核定预售价格。

诉讼中，业委会申请对会所争议面积的租金进行了价格评估。资产价格评估公司于2017年10月30日出具评估报告：经综合测算委托评估标的房产（647.62平方米）（长租情况下）2009年1月1日至2017年8月14日的租金价格分别如下：2009年1月1日至2011年12月31日三年每年的租金均为84200元；2012年1月1日至2014年12月31日三年每年的租金均为93300元；2015年1月1日至2016年12月31日两年每年的租金均为102300元；2017年1月1日至2017年8月14日租金为72500元（计8.5个月）。

【案件焦点】

1. 某某名园二期第26幢会所除物业用房外，其余647.62平方米属于某某名园全体业主所有还是属于置业公司所有；2. 如果该647.62平方米会所属于全体业主所有，业委会主张的损失标准是否合理。

【法院裁判要旨】

江苏省宜兴市人民法院经审理认为：对于小区会所在没有合法规划、没有规定、没有产权证的情况下，有约定的从约定，没有约定的，如有证据证明会所的成本实际列入了商品房建造成本，构成商品房对外销售价格的组成部分，则归业主所有。本案应认定某某名园二期第26幢会所的成本实际已列入商品房建造成本，构成商品房对外销售价格的组成部分，理由如下：1. 根据置业公司与物业公司签订的《物业移交验收接管协议》，会所属某某名园小区配套用房，根据建设工程规划许可，该会所不能销售。2. 从物价局核定某某名园商品房预售价格的材料看，置业公司申报列入商品房对外销售价格的是整幢会所而不仅仅是物业用房的成本。3. 从会所列入商品房对外销售价格的金额分析，会所的成本是由物业用房和争议面积两个部分组成的。4. 置业公司所列会所成本明细是其公司单方制作，金额无法完全确认，其公司主张的分摊方法更与事实不符。且会所是不得销售的房屋，在费用上与商品房应有区别。5. 置业公司提供的土地分割证、图纸等不能证明会所属置业公司所有。综上，再结合商品房预售价格核定材料中反映的建筑安装工程费成本，应认定会所的成本已构成商品房对外销售价格的组成部分，对会所的建设成本进行司法审价也无必要。某某名园二期第26幢会所有争议的647.62平方米的房屋应属某某名园小区全体业主所有。置业公司占有使用除物业用房外的其他会所房屋，应支付参照租赁费用计算的损失。《物业移交验收接管协议》约定物业公司承接物业的时间是2008年10月30日，业委会有权要求从2008年11月1日起开始计算损失，金额可按评估报告确定的标准计算。因置业公司系连续占有使用会所，故本案未过诉讼时效。损失计算至起诉之日共计803150元。业委会要求物业公司承担赔偿责任于法无据，不予支持。

江苏省宜兴市人民法院依照《中华人民共和国物权法》第四条、第三十三条、第三十七条，《中华人民共和国民法通则》第七十二条、第一百三十七条的规定，判决：

一、宜兴市新街街道某某名园二期第26幢会所除物业用房外的647.62平方米的房屋属某某名园小区全体业主所有；

二、置业公司于判决发生法律效力之日起十日内支付业委会损失803150元；

三、驳回业委会对物业公司的诉讼请求。

置业公司不服一审判决，持原审答辩意见提起上诉。江苏省无锡市中级人民法院认为：

案涉会所属某某名园全体业主所有，理由如下：案涉会所位于某某名园小区内，与476平方米的物业用房同属一套建筑的整体，根据建设工程规划许可证、物业移交接管协议备案证明存根以及置业公司与物业公司签订的物业移交验收接管协议等书面证据所载明的内容来看，置业公司在移交物业时，将会所与物业用房一并作为配套用房移交给物业公司，而且写明产权归全体业主所有。根据一审法院向宜兴市国土资源局、宜兴市环科园规划办公室调查了解的情况，以及宜兴市物价局对某某名园商品房价格核定的相关材料，置业公司已将会所的成本列入商品房价格中。故应认定案涉会所属某某名园全体业主所有。

置业公司自将物业用房于2008年10月30日移交物业公司时，本应将会所一并移交全体业主占有、使用、收益，但置业公司却一直无偿占有使用至今，致使某某名园全体业主不能使用、收益，从而造成了相应损失。根据评估机构对会所租赁费用的评估过程来看，评估机构不仅到现场勘查了会所的实际情况，还对类似商业办公用房的租金情况进行了大量的调查和分析，从而作出了不同时段租赁费用的评估结论，因此评估机构的评估具有事实依据，一审法院据此作为参照确定本案损失，并无不妥。

综上所述，置业公司的上诉请求不能成立，应予驳回；一审判决认定事实清楚，适用法律正确，应予维持。江苏省无锡市中级人民法院依照《中华人民共和国民事诉讼法》第一百七十条第一款第一项的规定，判决如下：

驳回上诉，维持原判。

【法官后语】

因小区附属设施权属争议引发的纠纷比较鲜见。对于开发商来说，其对外公示商品房销售价格并不需要附带具体的成本核算，而商品房的价格除了本身建造成本以外，受到市场供求因素的影响也很大。一方面买房者不具备专业的会计核算知识，另一方面缺乏相应的维权意识，一旦开发商违背诚信原则，利用双方的信息不对称进行牟利，买房者的权益极易受到侵害。本案会所的权属争议正是在这种情形下发生的。

对于会所的性质和所有权归属，《中华人民共和国物权法》（以下简称《物权法》）以及相关的司法解释并未作出明确的规定，主要原因在于提供健身、娱乐等服务的会所，绝大多数是作为独立房屋由开发商出资建设，并出售或者出租经营的，与绿地、道路等使用不产生额外的收益和负担不同的是，会所的经营需要长期投入，其使用和服务也均是有偿的，业主对其使用是受限的。但是，对于会所归属的认定，在法理上并非无迹可寻。《物权法》第七十条规定，业主对建筑物内的住宅、经营性用房等专有部分享有所有权，对专有部分以外的共有部分享有共有和共同管理的权利。该法第七十三条规定，建筑区划内的道路，属于业主共有，但属于城镇公共道路的除外。建筑区划内的绿地，属于业主共有，但属于城镇公共绿地或者明示属于个人的除外。建筑区划内的其他公共场所、公用设施和物业服务用房，属于业主共有。《中华人民共和国民法典》（以下简称《民法典》）出台后，上述规定为《民法典》第二百七十一条、第二百七十四条所延续。《最高人民法院关于审理建筑物区分所有权纠纷案件具体应用法律若干问题的解释》第三条第一款规定："除法律、行政法规规定的共有部分外，建筑区划内的以下部分，也应当认定为物权法第六章所称的共有部分……（二）其他不属于业主专有部分，也不属于市政公用部分或者其他权利人所有的场所及设施等。"

《物权法》《民法典》以及相应的司法解释虽然没有直接将会所列为应由全体业主共有的"其他公共场所、公用设施"，但是可以从其认可的属于业主共有的公共设施上找到其一般共性。首先，《物权法》第七十三条及《民法典》第二百七十四条"明示属于个人"的理解，即有确实的证据证明会所属于全体业主所有或者开发商所有，如房产证、开发商和业主的明确约定产权或者建筑规划明确属于商业用房或者公共设施。其次，从《物权法》第七十三条及《民法典》第二百七十四条可以归纳出业主共有的公共设施的共性。该条明确将建筑区划内的道路、绿地列为全体业主共有，绿地、道路等公共设施是基于人们活动的基础需要而建设的配套设施，必须在建设规划中予以体现，成本已经理所当然地蕴含在开发商的成本中，并计入房屋买卖价格，因而绿地、道路等公共设施的所有权毫无疑问是属于全体业主的。由此可见，在认定建筑区划内附属设施的所有权归属时，谁投资谁受益是基本的准则。

结合本案事实来看，案涉房屋虽系开发商所建，但其既无证据证明案涉房屋登记在其名下，也无证据证明其负担了案涉房屋的建设成本，相反的证据反而表明该房屋的建设成本已经分摊到开发商销售的商品房成本中，故应认定该房屋系小区全体业主所有。开发商在没有明确取得业主同意的情况下，自行占有使用该房屋，应自该房屋应当移交时起计算占有使用费，应当移交的时间应以小区配套设施的移交时间为准。开发商占有期间无论是否使用该房屋，用途是自用办公、商业性经营或者出租，均因侵犯了小区业主对该房屋的使用和收益权利给业主造成了损失，应当按照租金标准计算占有使用费。

编写人：江苏省宜兴市人民法院　朱光烁
江苏省无锡市中级人民法院　尹慧

121　开发商地下车位定价权依法受保护

——薛某诉置业公司、物业公司建筑物区分所有权案

【案件基本信息】

1. 裁判书字号

北京市第二中级人民法院（2017）京 02 民终 3981 号民事判决书

2. 案由：建筑物区分所有权纠纷

3. 当事人

原告（上诉人）：薛某

被告（被上诉人）：置业公司、物业公司

【基本案情】

2008年11月，薛某与置业公司签订《商品房预售合同》，购买了该公司开发的房屋。合同附件《临时管理规约》规定：地下车库车位为置业公司所有；地下停车使用管理费为300元/个/月；《临时管理规约》自首位物业买受人承诺之日起生效，至业主大会制定的《业主规约》生效之日终止。合同附件《前期物业服务合同》亦约定：地下车位停车服务费为300元/个/月；物业公司应当与车位使用人签订书面停车服务协议，明确双方权利义务。

薛某入住后，置业公司两次调整地下车位收费标准，具体为：2011~2012年为300元/个/月，2012~2015年为500元/个/月，2015年8月至今为700元/个/月。

因对停车费标准提高存有异议，薛某等业主向街道办、政府物价部门、新闻媒体进行了投诉举报。2015年9月，北京市丰台区发改委出具《价格监督检查提醒告诫通知》，要求置业公司"严格按照法律法规和文件开展经营活动，在未与业主协商达成一致前，保持收费水平稳定，不得擅自提高收费标准"。

目前涉案小区已召开业主大会并通过管理规约、议事规则及业主委员会组成，但尚未完成备案手续。涉诉地下车位共计1011个，除241个为人防用途外，其余均为置业公司单独所有。

薛某认为置业公司、物业公司的行为侵犯了其建筑物区分所有权，故起诉至法院，请求法院判令：1.《临时管理规约》中300

元/个/月停车费标准有效，置业公司遵照此标准执行；2. 其对现承租的地下停车位有优先续租权利；3. 置业公司及物业公司立即停止任何限制进入地下停车场的措施。

【案件焦点】

1. 管理规约中能否约定车位使用费的具体价格；2. 涉案合同中300元/个/月的价格条款能否继续适用；3. 业主对其现承租使用的车位是否有优先续租权。

【法院裁判要旨】

北京市丰台区人民法院经审理认为：薛某与置业公司就车位租赁使用达成新的协议，停车费标准变更为500元/个/月，后又变更为700元/个/月，并未按照300元/个/月标准执行，故不支持薛某继续履行合同请求。薛某至今仍租赁、使用车位，其作为业主对车位的优先续租权并未实际受到侵害。薛某未提交充分证据证明其在符合进出地下车库条件的情形下，置业公司、物业公司对其车辆进入地下停车场采取了限制措施，故对薛某的该诉讼请求不予支持。

北京市丰台区人民法院依照《中华人民共和国合同法》第四十四条、第一百零七条，《中华人民共和国物权法》第七十四条，《最高人民法院关于民事诉讼证据的若干规定》第二条之规定，判决如下：

一、薛某与置业公司签订的《商品房预售合同》附件《临时管理规约》约定的每个地下停车位300元/个/月的收费标准合法有效；

二、驳回薛某的其他诉讼请求。

薛某不服一审判决，提起上诉。北京市第二中级人民法院经审理认为：第一，车位使用费并非业主共同管理权行使的对象，也并不存在将该事项归于业主自治的共同利益基础。因此，《临时管理规约》无权约定地下车位使用费具体价格。第二，条款只是合同中的宣誓性条款，即仅仅是双方谈判过程中暂时性条件的约定，而确定具体权利义务，还要经过另行协商并签订停车服务合同。第三，业主享受何种续租条件，只能源于已到期租赁合同的约定或开发商在协商新合同时的承诺。法院审理合同类案件时，没有权利强制任何一方缔约或以具体价格标准缔约。

北京市第二中级人民法院依照《中华人民共和国民事诉讼法》第一百七十条第一款第一项之规定，作出如下判决：

驳回上诉，维持原判。

【法官后语】

随着经济社会高速发展，城市居民对机动车的需求日益增多，与之相对的是居民住宅小区的车位数量紧缺，因规划的滞后性和成本衡量等考虑，日益增长的停车需求越发难以满足，随之而来的定价权之争也愈演愈烈。

为规范车位定价机制，部分地区（如本案之北京市）有关行政部门在《商品房预售合同》推荐范本中以《临时管理规约》附件的方式，设计了车位具体租赁价格和规约效力期限等条款。但是，管理规约能否约定车位具体价格，以及价格条款效力期限如何？对此，笔者持否定态度。地下车位收费标准应由开发商与业主协商确定，不能因价格条款规定在《管理规约》内即简单适用《中华人民共和国物权法》（以下简称《物权法》）第七十六条[①]的双过半数原则，否则将使开发商作为车位产权人的利益受损。具体理由为：

1. 定价权并非《管理规约》的管理范围

《管理规约》虽可以用于管理小区业主公共事务，但仅能对业主间一致性利益的事务予以约定，无权限制业主间的对立性利益。地下车位定价，是作为业主的开发商与同样作为业主的车位使用人之间两种根本对立利益的对抗。如果车位使用费属于业主共同管理事项，则价格上涨必须经过业主双过半数的程序作出决议，可能的结果是价格上涨受限，阻碍开发商专有部分所有权能实现，进而导致其拒绝出租车位；同时其也不能因此将车位出租给非小区业主，导致车位闲置，最终损害需要车位的业主的利益。即如果价格调整受《物权法》第七十六条第二款的规制，则可能导致“双输”的结局。

2. 价格条款作用有限

既然《管理规约》不能约定价格条款，那么合同的价格条款即应定性为宣示性条款，仅是双方谈判过程中暂时性条件的约定，而

---

① 《中华人民共和国民法典》（以下简称《民法典》）自2021年1月1日施行后，《物权法》同时废止，《物权法》第七十六条被《民法典》第二百七十八条所取代。该条规定：“【业主共同决定事项及表决】下列事项由业主共同决定：（一）制定和修改业主大会议事规则；（二）制定和修改管理规约；（三）选举业主委员会或者更换业主委员会成员；（四）选聘和解聘物业服务企业或者其他管理人；（五）使用建筑物及其附属设施的维修资金；（六）筹集建筑物及其附属设施的维修资金；（七）改建、重建建筑物及其附属设施；（八）改变共有部分的用途或者利用共有部分从事经营活动；（九）有关共有和共同管理权利的其他重大事项。业主共同决定事项，应当由专有部分面积占比三分之二以上的业主且人数占比三分之二以上的业主参与表决。决定前款第六项至第八项规定的事项，应当经参与表决专有部分面积四分之三以上的业主且参与表决人数四分之三以上的业主同意。决定前款其他事项，应当经参与表决专有部分面积过半数的业主且参与表决人数过半数的业主同意。”依据该条，一般性业主共同决定事项仍需要“经参与表决专有部分面积过半数的业主且参与表决人数过半数的业主同意”，即仍需坚持“双过半数原则”，与原《物权法》规定基本一致。

确定具体权利义务，还要经过另行协商并签订停车服务合同。同时，其适用期限应截止于业主与开发商首次协商车位租赁时，而且仅作为协商的基础价格，而不能成为缔约的绝对标准。

3. 地下车位定价应靠市场调节

（1）法律规定的影响

《物权法》第七十三条区分了车位所有权分别归属于开发商与全体业主的情形；第七十四条明确了车位“应当首先满足业主需要”的原则[①]；《最高人民法院关于审理建筑物区分所有权纠纷案件具体应用法律若干问题的解释》第五条、第六条对属于满足业主需要的情形又进一步进行了解释和明确[②]。但基于法律的谦抑性，《物权法》仅对“满足”业主停车需要予以明确，应是指“满足业主需要只能是合理的需要，只要是满足业主基本的停车需要”，而对于车位租赁所需的必经程序并未明确。

（2）政策规定的影响

为引导地下车位的定价机制，十余年来，北京市相关行政部门分别出台多个政策，均明确引导地下车位停车费的调价机制为市场调节。可见，相关政府部门也在努力引导开发商和业主在“市场调节”机制下妥善解决问题。

（3）车位定价还需协商

基于各自利益，双方都会拒绝“双输”、追求“双赢”，也就有了通过谈判竞价来实现最有效的结果的可能。车位价格的调整，最

---

① 《物权法》第七十三条、七十四条，现对应《民法典》第二百七十四条至第二百七十六条。

② 现为《最高人民法院关于审理建筑物区分所有权纠纷案件适用法律若干问题的解释》第五条、第六条。

终还是取决于双方平等协商。至于调整程序，目前政策并未给出恰当规定，各小区实际情况也不尽相同，如车位配置比例、业主入住情况、单个业主拥有车辆数量、停车场管理水平、小区物业服务水平等。因此，实难确定统一程序予以调整，各住宅小区应根据自己的情况设定双方均能接受的机制。

编写人：北京市第二中级人民法院　王金龙

122　地面架空层的产权归属问题

——谭某华等诉李某建等建筑物区分所有权案

【案件基本信息】

1. 裁判书字号

四川省南充市中级人民法院（2014）南中法民终字第2371号民事裁定书

2. 案由：建筑物区分所有权纠纷

3. 当事人

原告（上诉人）：谭某华、张某军、司某琼

被告（被上诉人）：李某建、李某兰、蒋某雄

【基本案情】

2002年李某建、李某兰夫妇经批准，在位于营山县朗池镇北门桥街×号的土地上修建了三层楼房一幢。后其将三层房屋分别卖予了谭某华（第三楼）、司某琼（第二楼）、张某军（第一楼）。该房后面紧邻一条水沟，一楼住房与地面之间有架空层，化粪池修建在其中。

对架空层的归属，谭某华、司某琼、张某军与李某建、李某兰在购房过程中均没有任何约定。现谭某华、司某琼、张某军已经办理了房屋产权证，没有办理土地使用证。2012 年 3 月李某建、李某兰将架空层以两万元的价格卖给蒋某雄。蒋某雄将化粪池改设在楼房外面的空坝里，然后在架空层地面上贴上地砖，后租给第三人（被上诉人）周某和汪某民两家人。谭某华、司某琼、张某军认为李某建、李某兰及第三人的行为侵害了其合法权益，诉请：1. 确认房屋的隔湿层归三原告共有；2. 判决周某、汪某民腾离房屋的隔湿层；3. 依法分割房屋共有隔湿层产生的孳息。蒋某雄认为住房下面修的是车库，并不是隔湿层。该车库有 2.1 米高。自己是从李某建、李某兰处购买的。车库没有产权证，但法律未规定车库必须有产权证。

【案件焦点】

地面架空层的产权归属问题。

【法院裁判要旨】

营山县人民法院经审理认为：本案的诉争焦点即架空层权属的法律本质是土地使用权和空间利用权。架空层的权属应当根据房屋买卖合同是否有约定、房屋土地使用权是否分摊以及架空层的规划用途等因素来综合分析。本案中，谭某华、司某琼、张某军三人的房屋土地使用权类型为划拨，土地使用权证尚未办理，法院无法查清该幢楼房的土地使用权面积是否由三原告分摊，同时，争议架空层的规划用途不明确。而且蒋某雄未经规划建设部门批准擅自改造架空层并出租给第三人居住使用，存在安全隐患。以上这些均应由相关行政部门处理，因此本案不属于人民法院受理民事诉讼的范围。

据此，营山县人民法院依照《中华人民共和国民事诉讼法》第一百一十九条、第一百二十四条和《最高人民法院关于适用〈中华人民共和国民事诉讼法〉若干问题的意见》第一百三十九条的规定，裁定如下：

驳回谭某华、张某军、司某琼的起诉。

谭某华、张某军、司某琼持原审起诉意见提起上诉。南充市中级人民法院经审理认为：根据谭某华、张某军、司某琼在原审中提供的关于案涉房屋的规划档案资料，其显示案涉房屋规划共三层，并未包含本案各方所争议的防潮层，而该防潮层亦未办理相应的产权手续，因而在没有证据证明或相关行政主管部门认定该防潮层的设计用途及合法性前，本案不宜作为民事案件由人民法院受理。

南充市中级人民法院依照《中华人民共和国民事诉讼法》第一百七十条第一款之规定，裁定如下：

驳回上诉，维持原判。

【法官后语】

架空层是一个建筑用语，指建筑物深基础或坡地建筑吊脚架空部位不回填土石方形成的建筑空间。架空层古已有之，比如江南水乡依水而建的高脚楼、傣家的竹楼、苗家的吊脚楼、苏州园林的水榭、山西大同的悬空寺，均含有架空层。在经济快速发展的今天，架空层的设计与运用亦屡见不鲜，比如在河堤两岸和居民小区的住宅底楼，常有架空层或类似架空层的建筑。

依照物权法定原则，物权的设定应由法律明确规定，物权的内容、归属和效力也应该由法律规定。但迄今为止，现行法律和行政法规尚未对架空层的权属问题作出明确规定，这也就导致现实生活中，因架空层权属问题约定不明而引发的争议不时发生。相关案件诉至法院后，法官对这一问题理解各异，往往凭借自己对法律的理解或者地方立法进行判案，导致同类案件在不同的时期、不同的法院出现结果迥异的判决。

就本案而言，涉及数个法律关系：按原告第一项诉讼请求和诉称的事实，原告与被告李某建、李某兰之间涉及建筑物的所有权争议，属于物权关系；原告的第二项诉请涉及李某建与蒋某雄的买卖合同关系，第三项诉请又涉及第三人与蒋某雄之间的租赁合同关系。由于数个法律关系存在于一个诉讼案件中，并且该起案件是营山县人民法院办理的首宗架空层权属纠纷，加之类似情况在全县范围内不在少数，涉及面较广，如果处理不好，可能影响社会稳定。为此，承办法官高度重视，多次组织原、被告及第三人调解，但因各方当事人分歧较大，未能达成一致意见。

笔者认为，本案中各方当事人争议的焦点在于地面架空层的产权归属问题。本案中各方当事人争议的焦点在于地面架空层的产权归属问题。《民用建筑设计通则》规定，架空层是指仅有结构支撑而无外围护结构的开敞空间层。无论是《物权法》还是《民法典》，均未对加架空层的权属问题作出明确规定。就业主的建筑物区分所有权这一章节而言，《物权法》与《民法典》除了在业主共同表决方面有不同要求外，其他条款的规定基本一致。架空层权属问题的本质是土地使用权和空间利用权，其权属确认应当根据房屋买卖合同是否有约定、房屋土地使用权是否分摊以及架空层的规划用途等因素来综合分析。首先，当开发商与买受人在房屋买卖合同中对架空层的权属进行了明确约定，且该约定不违反法律、行政法规强制性规定，那么就应当尊重当事人意思自治，按合同约定的条款确定架空层权属。其次，如果房屋买卖双方未对架空层的权属进行明确约定，人民法院可以向诉争标的物所在地的自然资源和规划局核实诉争架空层的规划用途，结合具体案情商请相关行政部门就该架空层是用于停车、防洪、隔湿、通风、消防所需以及是否属于业主专有、市政公用、其他权利人所有作出书面确认，在此基础上依法作出判决。第三，当相关行政部门不能确认诉争架空层的权属时，人民法院可以向房产测绘部门发函，征询在公共部位与公用房屋分摊建筑面积构成中是否包含架空层面积，以及该架空层是否计入绿地率。如果计入了公用房屋分摊面积、绿地率，可以判定该架空层属于开发商所有。否则，应当结合架空层的完工时间在《民法典》施行前或施行后，相应根据《物权法》第七十三条或《民法典》第二百七十一条规定作出处理，即不属于业主专有、市政公用、其他权利人所有的部分，属于全体业主共有。具体到本案，原告谭某华、张某军、司某琼的房屋土地使用权类型为划拨，土地使用权证尚未办理，无法查清该幢楼房的土地使用面积是否由三人分摊。加之争议架空层的规划用途不明确，且蒋某雄未经规划建设部门批准，擅自改造架空层并出租给第三人居住、使用，存在明显安全隐患。上述种种问题，在相关行政部门没有明确认定和处理的状况下，人民法院不宜作为民事案件受理。根据《中华人民共和国民事诉讼法》第一百二十四条第三项“依照法律规定，应当由其他机关处理的争议，告知原告向有关机关申请解决”和《最高人民法院关于适用〈中华人民共和国民事诉讼法〉若干问题的意见》第一百三十九条“起诉不符合受理条件的，人民法院应当裁定不予受理。立案后发现起诉不符合受理条件的，裁定驳回起诉”之规定，遂依法裁定驳回三原告的起诉。

编写人：四川省南充市营山县人民法院　唐海奎　邓艳

（三）业主撤销权纠纷

123　建筑物区分所有权是否归属于业主委员会及侵权损失的认定

——业委会诉房地产公司、贸易公司物权保护案

【案件基本信息】

1. 裁判书字号

福建省泉州市洛江区人民法院（2019）闽0504民初2166号民事判决书

2. 案由：物权保护纠纷

3. 当事人

原告：业委会

被告：房地产公司、贸易公司

【基本案情】

某商住区A栋由1号、2号、3号、5号四幢楼组成，总建筑面积为39855.24平方米。该小区的开发商为五金商城公司与房地产公司。2017年10月8日，房地产公司（甲方）将××小区1号、2号、3号、5号楼连接处（即屋顶花园）出租给贸易公司（乙方）设置商业广告，租赁期限为2017年10月8日至2018年10月8日，年租金4.5万元，双方在合同中约定：合约期满后，本合同即行终止；如乙方需继续租用，应提前30日告知，经甲方同意后，

双方重新签订续租合约，费用另计。事后，贸易公司支付房地产公司租金 4.5 万元，在承租的外墙处搭设广告牌。合同到期后，双方没有续签租赁合同，也未拆除上述广告牌。

2019 年 8 月 3~10 日，某商住区 A 栋召开业主大会，就授权业委会提起本案诉讼事宜等进行表决，表决结果载明：同意票数 242 票（按户数计算），同意业主专有部分建筑物面积 20619.42 平方米，占比 51.74%。

【案件焦点】

1. 设置广告牌争议部分的物权归属；2. 业委会作为诉讼主体是否适格；3. 本案的物权损失如何计算。

【法院裁判要旨】

福建省泉州市洛江区人民法院经审理认为：根据《最高人民法院关于审理建筑物区分所有权纠纷案件具体应用法律若干问题的解释》第三条第一款第一项规定，因涉案广告牌设置于××小区 1 号、2 号、3 号、5 号楼连接处的外墙上，故其所处位置应属于建筑物的共有部分。虽然业委会提供的表决结果显示的个别数据在统计标准上有偏差（真实票数为 240 票、非 242 票），但其与业主大会召开通知、表决登记表等证据相结合，可证实业委会就提起本案诉讼经过业主大会的集体表决，且表决结果符合《中华人民共和国物权法》第七十六条第二款规定，故应认定业委会具备原告诉讼主体资格。

房地产公司、贸易公司未经允许擅自搭建涉案广告牌，业委会作为权利人有权请求排除妨害和赔偿，但其提供的证据不足以证明该侵害行为造成其损失 9 万元的主张，鉴于贸易公司仅承租涉案外墙一年用于设置广告牌以及房地产公司仅向贸易公司收取租金 4.5 万元的事实，对房地产公司应赔偿业委会的损失确定为 4.5 万元。

福建省泉州市洛江区人民法院依照《中华人民共和国物权法》第七十六条第二款等规定，作出如下判决：

一、房地产公司、贸易公司应于本判决生效后十日内拆除设置于××小区 1 号、2 号、3 号、5 号楼连接处外墙上的广告牌；

二、房地产公司应于本判决生效后十日内将向贸易公司收取的租金 4.5 万元交给业委会，并支付自 2019 年 9 月 20 日起至实际付款之日止按同期全国银行间同业拆借中心公布的贷款市场报价利率计算的利息；

三、驳回业委会的其他诉讼请求。

判决后，双方当事人均未上诉，本判决现已生效。

【法官后语】

《中华人民共和国民法典》对业主委员会起诉是否经过有效业主大会决定的判断标准以及建设单位、其他行为人等侵占业主共有部分所造成损失如何承担责任的裁判规则都作了重大修改，下面结合民法典对这些问题的法律适用进行分析。

1. 区分所有建筑物及其结构物权归属的认定

房地产公司以涉案广告牌乃设置在建筑物外墙的铁架上，非直接搭建于该外墙上，该铁架的所有权和使用权不属于业委会为由提出抗辩，主张对涉案广告牌所依附外墙上的构件拥有使用权，并提供五金商城公司与业主签订的《商品房买卖合同》及相关《补充协议》加以证明。对此，法院认为房地产公司的辩解不能成立，理由主要有：(1) 用来设置广告牌所需的铁架乃依附于××小区 1 号、2

号、3号、5号楼连接处的外墙，并非独立物，其权利归属于所依附外墙的权利人。如何判断外墙的权属，应根据《中华人民共和国民法典》《最高人民法院关于审理建筑物区分所有权纠纷案件适用法律若干问题的解释》等规定进行甄别，而非开发商与业主的约定。《最高人民法院关于审理建筑物区分所有权纠纷案件适用法律若干问题的解释》第三条第一款第一项明确规定建筑物的“基础、承重结构、外墙、屋顶等基本结构部分”应认定为民法典第二编第六章所称的共有部分，依此，涉案建筑物外墙的所有权属于该建筑物的全体业主，而非某栋楼的业主专有，更非开发商所有。（2）虽然五金商城公司与诸多单个业主在签订《商品房买卖合同》时对开发商保留外墙面构件的所有权和使用权进行了约定，但因涉案广告牌所依附的外墙属××小区全体业主所有，单个业主无权对该共有部分进行处分，故上述约定违反法律规定，属于无效条款。

2. 业委会作为诉讼主体是否适格

实务中，比较一致的认识是业主委员会在以自己的名义提起诉讼前应履行一定的手续，即相关职责为业主大会所赋予。也就是说，业主委员会就特定事项提起诉讼之前，该事项应先经业主大会授权或讨论决定。根据原《中华人民共和国物权法》第七十六条规定，决定重大事项，应当经专有部分占建筑物总面积2/3以上的业主且占总人数2/3以上的业主同意，一般事项的决定经专有部分占建筑物总面积过半数的业主且占总人数过半数的业主同意（俗称“双过半”）即可。然而，《中华人民共和国民法典》第二百七十八条规定：“下列事项由业主共同决定……（九）有关共有和共同管理权利的其他重大事项。业主共同决定事项，应当由专有部分面积占比三分之二以上的业主且人数占比三分之二以上的业主参与表决。决定前款第六项至第八项规定的事项，应当经参与表决专有部分面积四分之三以上的业主且参与表决人数四分之三以上的业主同意。决定前款其他事项，应当经参与表决专有部分面积过半数的业主且参与表决人数过半数的业主同意。”通过对比不难发现，该条文对原《中华人民共和国物权法》第七十六条作了以下修改：

一是新增业主共同决定事项有效表决的前提要件，即应有“双三分之二”的业主参与。二是将由业主共同决定的事项由原规定的七项增加为九项，包括新增“改变共有部分的用途或者利用共有部分从事经营活动”这一重要事项。三是降低了决策难度，体现为：(1) 对重要事项的表决，由原来实行的“双三分之二”以上表决同意降低为经参与表决专有部分面积四分之三以上的业主且参与表决人数四分之三以上的业主（即仅需“双”2/3×3/4＝1/2）同意即可；(2) 对其他表决事项，由原来实行的双“二分之一”以上表决同意，降低为经参与表决专有部分面积过半数的业主且参与表决人数过半数的业主（即仅需“双”2/3×1/2＝1/3）同意即可。

本案中，某一买受人拥有3处房产，业委会根据单纯意义上表示赞成的“户数”对其进行统计，总同意票数为242票，根据《最高人民法院关于审理建筑物区分所有权纠纷案件适用法律若干问题的解释》第九条规定对该业主按一人而非三人校正后，实际表示赞成的业主变为240票，照此计算，表决同意的业主占总人数的比例为52%，这些业主所代表的专有部分面积（20619.42平方米）占建筑物总面积（39855.24平方米）的比例超过50%，符合“双过半”要求，故应认定业委会诉讼主体适格。

3. 本案的物权损失如何计算

业委会主张的外墙遭不法处分两年损失9万元，看似成立，实则不然。究其原因在于：首先，案涉小区业主长期以来并未通过业委会将涉案外墙用于经营获利，租金损失不是正常情况下业委会能够得到的可期待利益，以期待利益为标准确定本案的物权损失缺乏适用基础和条件。其次，学界通说认为，不当得利返还的标的，为受益人取得的利益，而非受损人的损失。业委会所遭受财产损失的性质，对房地产公司来说，属于不当得利。以房地产公司的租金收益确定业委会的实际损失，契合不当得利理论和赔偿须与损害相匹配原则。最后，试想一下，若涉案租赁合同不是贸易公司与房地产公司签订，而是由贸易公司直接与业委会订立，那么合同在除当事人外的其他内容不变的情况下，相应情形为业委会在一年的租赁期限内只能收到租金4.5万元，期限届满后，租赁双方合同关系即行终止。业委会无权向贸易公司索要次年的租金。可见，若是允许业委会向房地产公司索取9万元，将违背禁止得利原则。至于合约期满后涉案广告没有被拆除的问题，属于排除妨害、恢复原状请求内容，与赔偿损失并无必然关联。

《中华人民共和国民法典》第二百八十二条规定："建设单位、物业服务企业或者其他管理人等利用业主的共有部分产生的收入，在扣除合理成本之后，属于业主共有。"从民法典的角度来衡量，一审法院对涉案物权损失的确认和处理，合乎该新增条文的立法旨趣。随着民法典的施行，新规定势必为判断建设单位、物业服务企业或者其他管理人等如何返还侵占、利用业主共有部分产生的收入问题提供更为直接的法律依据。

编写人：福建省泉州市洛江区人民法院　林前枢

124 物业公司不得对业主共有的地面停车位擅自收费

——物业公司诉徐某、袁某物业服务合同案

【案件基本信息】

1. 裁判书字号

江苏省南通市中级人民法院（2018）苏06民终1076号民事判决书

2. 案由：物业服务合同纠纷

3. 当事人

原告（被上诉人）：物业公司

被告（上诉人）：徐某、袁某

【基本案情】

2015年3月28日，徐某、袁某向房地产公司购买某小区两套商品房，其中2-305室为商品房，1-101室为商铺。2015年4月14日，物业公司与徐某签订物业合同，对物业服务及费用进行了约定。2017年4月25日，某小区业主委员会、物业公司通过小区收取停车费的公示：北广场地面专用车位租赁收费标准为200元/月/个；北广场地面车位临时停车收费为1小时内不收费，1~4小时收费5元（含1小时），4~24小时收费10元（含4小时），超过24小时重新按上述时段计算收费。2017年8月15日，房地产公司向物业公司出具授权委托书，委托物业公司代为收取契税以及停车费等。徐某、袁某将1-101室用于经营“某慕咖啡”咖啡馆。对于前来消费的顾客，徐某、袁某向其发放临时停车券，盖有“某慕咖啡发票专用章”，券面写有“临时停车券伍元某慕咖啡（涂改无效）”等字样。截至2017年9月17日累计发放停车券2296张。徐某、袁某应缴纳物业管理服务费2471元。

【案件焦点】

物业公司收取案涉地面停车费是否具有事实和法律依据。

【法院裁判要旨】

江苏省海安县人民法院经审理认为：物业公司为徐某、袁某入住的小区提供了物业服务，徐某、袁某作为业主应当支付物业服务费用。双方对物业服务费2471元并无异议，予以支持。物业公司主张装修保证金、装修垃圾处理费275元、代垫电费200元、公共维修基金6178元均无事实依据，不予支持。物业公司主张徐某、袁某支付停车费11480元，从照片及公示来看，小区业主委员会和物业公司对小区停车费的收取已有相关规定。物业公司为徐某、袁某提供了停车场服务，徐某、袁某应当按照其签发停车费的数额支付停车费。

江苏省海安县人民法院依照《中华人民共和国合同法》第一百零七条、第一百一十一条、第一百二十二条、第三百九十七条，《最高人民法院关于审理物业服务纠纷案件具体应用法律若干问题的解释》第六条，《最高人民法院关于适用〈中华人民共和国民事诉讼法〉的解释》第九十条规定，作出如下判决：

一、徐某、袁某于判决生效之日起10日内给付物业公司物业服务费2471元、停车费11480元，合计13951元；

二、驳回物业公司的其他诉讼请求。

徐某、袁某不服一审判决，提起上诉。江苏省南通市中级人民法院经审理认为：物业服务企业并非小区停车位的所有权人或使用权人，其基于物业服务合同对小区范围内的停车位进行维护、管理，但并不因此当然取得在物业服务费之外另行收取停车费的权利。物业服务企业停车位收费权的取得应当基于物业服务合同的约定或者停车位所有权人、使用权人的委托。否则，物业服务企业主张收取停车费，既没有物业服务合同依据，也没有委托授权的权利基础，必将侵害停车位实际权利人的合法权益。业主以物业服务企业擅自扩大收费范围、违规收费为由提出抗辩的，应予支持。具体理由如下：

第一，物业公司主张案涉规划停车位属于房地产公司所有，其基于房地产公司的书面授权收取停车费不能成立。由于地面停车位是直接设置在土地表面的停车设施，即直接设置在业主共同拥有使用权的土地表面上，地面停车位的所谓产权，实际上就是土地使用权。鉴于全体业主共同拥有住宅小区宗地号的土地使用权，在物业公司既不能证明房地产公司与业主存在特别约定，又不能证明该地面停车位已经或可以办理产权登记成为房地产公司专有部分的情况下，仅凭小区总平面图注明为规划车位本身并不能作出该地面停车位属于房地产公司的认定。物业公司主张基于房地产公司的授权收取案涉停车费缺乏权利基础和事实依据，不能成立。

第二，物业公司与小区业主委员会就北广场地面停车位收费标准进行的联合公示不能作为物业公司收取案涉停车费的依据。该联合公示只能证明物业公司与小区业主委员会就收费标准进行了协商确定，不能据此认定物业公司获得了公示范围内停车位的收费权。公示中虽明确了收费标准，但没有关于业主大会或其授权的业主委员会委托物业公司进行收费的内容。物业公司主张其收取停车费是基于房地产公司的授权，不能成立。

第三，物业公司称徐某、袁某事实上接受了停车服务，使用停车券时也未提出异议，据此主张案涉停车费不能成立。物业公司即便在车辆进出口安排了人员并对车辆停放进行了管理，也只能视为其在履行物业服务协议的合同义务，并不因该事实上的管理行为而当然获得在收取物业费之外另行收取临时停车费的权利，否则将构成对实际权利人的权利侵害。作为业主的徐某、袁某以物业公司擅自扩大收费范围、违规收费为由提出抗辩，符合《最高人民法院关于审理物业服务纠纷案件具体应用法律若干问题的解释》第五条之规定，予以支持。

江苏省南通市中级人民法院依照《最高人民法院关于审理物业服务纠纷案件具体应用法律若干问题的解释》第五条、《中华人民共和国民事诉讼法》第一百七十条第一款第二项规定，作出如下判决：

一、撤销江苏省海安县人民法院（2017）苏 0621 民初 5586 号民事判决；

二、徐某、袁某于本判决生效之日起 10 日内给付物业公司物业服务费 2471 元；

三、驳回物业公司的其他诉讼请求。

【法官后语】

随着社会经济的发展，私家车越来越普及，小区停车成为业主普遍关心的问题。不少物业公司对小区规划的地面停车位进行出租，甚至在业主共有的道路或者其他场地开辟临时车位收费。对于物业公司是否有权对小区地面停车位进行收费、应当如何收费、收益如何分配，很多业主并不清楚。本案核心在于对《中华人民共和国物权法》第七十四条如何理解与适用。2021年1月1日，《中华人民共和国民法典》开始施行，其中第二百七十五条、第二百七十六条吸收了《中华人民共和国物权法》第七十四条的规定，法条内容完全一致。本案也即涉及《中华人民共和国民法典》第二百七十五条、第二百七十六条的理解与适用。

1. 商品房小区的地面停车位归属业主共有

《中华人民共和国物权法》第七十四条的前两款（现为《民法典》第二百七十五条第一款、第二百七十六条）中都提到了“规划用于停放汽车、车库的归属”，容易使人误解其针对规划车位，而第三款针对非规划车位。事实上，小区地面停车位无论是否经过规划许可，只要设置于业主共有的道路或场地，根据《中华人民共和国物权法》第七十四条第三款（现为《民法典》第二百七十五条第二款）规定，其权属就应当属全体业主共有。“规划”与否并非判定地面停车位归属的实体法依据，房地产开发企业根据规划行政部门的要求对小区地面停车位进行配建是其应尽的公共设施配建义务，并不因“规划”属性本身取得地面停车位的权利。否则据此类推，将得出小区喷泉、电梯、绿植等公共配套设施都归房地产开发企业所有的悖论。由于小区地面停车位上并无地上建筑物，实际上就是小区的土地使用权，终审认定地面停车位占用业主共有场地、归属业主共有是正确的。

最高人民法院在（2017）最高法民申2817号民事裁定书[①]中也采纳了上述观点，认为小区地面停车位是由开发商依照行政规划建

---

① 载《中华人民共和国最高人民法院公报》2021年第2期。

设的物业附属设施，实际上并无建筑物，其本质属于土地使用权，不能办理产权登记。开发商将商品房向业主出售后，建设范围内的土地使用权归全体业主。因此，地面停车位的权益作为附属设施属于全体业主，其性质与其他公共附属设施性质并无不同。开发商有义务按照规划修建小区附属设施，但并非依据规划建设的附属设施都归开发商所有。

2. 物业公司收取停车费应当具有合法权利来源

小区停车位的价值主要体现在停车位这一“物”本身的价值，并非物业管理“行为”。物业公司并非小区停车位的所有权人或使用权人，其基于物业服务合同对小区停车位进行管理是其应尽的合同义务，并不因物业管理行为当然获得收取停车费的权利。如果物业服务合同对地面停车位的收费未作约定，物业公司收取停车费则须得到业主大会或业主委员会的授权，由业主（代表）大会形成决议，确定是否收费、如何收费、收益分配等事宜，经过公示程序并办理相关手续后委托物业公司收取，业主委员会负责具体监督。如未经业主大会或者业主委员会授权同意，物业公司就对地面停车位进行收费，没有合法的权利来源，势必损害停车位实际权利人的合法权益。

3. 物业公司违规收费的人民法院不予支持

本案中，作为业主的徐某、袁某以物业公司擅自扩大收费范围、违规收费为由提出抗辩，二审法院适用《最高人民法院关于审理物业服务纠纷案件具体应用法律若干问题的解释》第五条予以支持。该解释第五条具体规定为：物业服务企业违反物业服务合同约定或者法律、法规、部门规章规定，擅自扩大收费范围、提高收费标准或者重复收费，业主以违规收费为由提出抗辩的，人民法院应予支持。2020年12月23日，最高人民法院对该解释予以修正，对第五条予以保留，修正后的解释第二条与修正前的解释第五条完全一致。

编写人：江苏省南通市中级人民法院　陆炜炜

125　小区开发商行使业主撤销权的认定标准

——房地产公司诉业委会业主撤销权案

【案件基本信息】

1. 裁判书字号

江苏省南京市中级人民法院（2019）苏01民终645号民事判决书

2. 案由：业主撤销权纠纷

3. 当事人

原告（上诉人）：房地产公司

被告（被上诉人）：业委会

【基本案情】

房地产公司系某小区开发商。2018年6月29日，业委会发布《关于某小区召开2018年第二次业主大会的公告》。7月14日至20日，业委会组织召开业主大会，通过了关于拟受聘物业企业等五项决议并进行公示。8月1日，业委会与前期物业中粮分公司签订《物业移交协议》，交接完成后与新物业金地公司签订《物业服务合同》。

小区《议事规则》对选票送达方式进行了约定，可送达业主在本物业管理区域的住所，或按照业主预留至业委会或物业的联系方式进行电子送达；业主在规定的时间内不反馈意见的，视为弃权。

房地产公司主张其系案涉小区的业主，其将建筑面积达6000平方米的幼儿园和会所出租给案外人使用，按约缴纳物业费。然其未收到任何关于选聘物业公司等事项需要投票表决的通知；据其他业主反馈，业委会存在私自修改选票结果、弄虚作假的行为。综上，此次业主大会五项决议侵害了其作为业主的知情权、表决权等程序权益，均应予以撤销。

【案件焦点】

1. 房地产公司以未办理权属证明的会所、幼儿园行使业主撤销权，原告主体是否适格；2. 召开业主大会的通知和选票的送达有无侵害原告的程序权益；3. 业主大会作出的决议有无达到法定人数、面积比例以及是否存在弄虚作假问题。

【法院裁判要旨】

江苏省南京市江宁区人民法院经审理认为：关于房地产公司主体适格问题，虽然幼儿园、会所未办理权属证书，但《商品房预售合同》约定会所的产权人为房地产公司，业委会提交的《某小区基础资料》载明会所、幼儿园的产权单位为房地产公司，幼儿园、会所均在小区物业服务区域内，故房地产公司应认定为小区业主，有权行使业主撤销权。

关于召开业主大会的通知和选票的送达有无侵害原告的程序权益。业委会按照法律规定和《议事规则》约定，于此次业主大会召开15日前将召开时间、方式、议题等大会内容进行公告，并将表决决议予以公示。根据《某小区基础资料》，刘某为幼儿园、会所的联系人，2018 年第一次业主大会中幼儿园、会所的表决票均通过中粮南京分公司转交给刘某，由刘某在选票上勾选并签字后交回业委会；就 2018 年第二次业主大会，业委会通过手机短信的方式向刘某送达选票等材料，还将幼儿园、会所的选票交付给中粮南京分公司工作人员，因该选票未交回业委会，幼儿园、会所被计入弃权票。故，此次业主大会的通知和选票送达均符合《议事规则》，未侵害原告的合法权益。

关于选票是否达到法定的人数、面积比例标准以及弄虚作假问题。业委会应原告要求提供所有选票原件供核对，证明五项决议均达到法定人数、面积比例。原告称有部分选票存在问题，但未在法院指定的期限内提交证据予以证明。原告还主张部分业主的选票系伪造，业委会作出合理解释且提供证据佐证，原告未能提供证明予以反驳。

综上，原告要求撤销 2018 年 7 月 24 日业主大会作出五项决议的诉讼请求，缺乏事实及法律依据。判决：

驳回房地产公司的诉讼请求。

房地产公司不服原审判决，提起上诉。江苏省南京市中级人民法院同意一审法院裁判意见。

【法官后语】

一、业主撤销权的行使要件分析

法律设立撤销权，是为了防止业主大会或业委会滥用权力作出侵害业主合法权益的行为。《中华人民共和国民法典》（以下简称《民法典》）物权编第二百八十条吸收了《中华人民共和国物权法》

（以下简称《物权法》）第七十八条关于业主撤销权的规定。《最高人民法院关于审理建筑物区分所有权纠纷案件适用法律若干问题的解释》（以下简称建筑物区分所有权司法解释）对业主范围的界定、撤销权的行使期限以及业主人数和专有部分面积的计算方法进行了详细规定。

依据法律规定，行使业主撤销权应当同时符合以下要件：其一，业主撤销权仅能通过诉讼的方式实现，且提起业主撤销权之诉的原告系有权业主；其二，业主应当在知道或应当知道业主大会或业主委员会作出决定之日起一年内行使，该一年期间为除斥期间，不发生中止、中断或者延长的法律效力；其三，起诉理由为业主大会或业主委员会的决定违反法律规定的程序或侵害业主的合法权益。本案中，原告要求撤销业主大会作出的关于选聘物业等决议，主要理由为程序上的权利受到侵害。

二、业主撤销权之诉的适格原告

关于第一个争议焦点，即房地产公司作为本案原告主体是否适格。《民法典》《物业管理条例》将业主撤销权赋予合法权益受到侵害的业主，即房屋所有权人。建筑物区分所有权司法解释第一条规定："依法登记取得或者依据民法典第二百二十九条至第二百三十一条规定取得建筑物专有部分所有权的人，应当认定为民法典第二编第六章所称的业主。基于与建设单位之间的商品房买卖民事法律行为，已经合法占有建筑物专有部分，但尚未依法办理所有权登记的人，可以认定为民法典第二编第六章所称的业主。"该司法解释对"业主"范围进行了详细界定。另，《民法典》第二百三十一条规定："因合法建造、拆除房屋等事实行为设立或者消灭物权的，自事实行为成就时发生效力。"

本案中，虽然幼儿园、会所不是普通住宅，亦未办理权属证书，但房地产公司系案涉小区建设方，幼儿园、会所由其建设、使用和收益。依据《民法典》及司法解释的规定，若房地产公司举证证明幼儿园、会所等建筑物系其合法建造且占有使用的专有部分，则应认定其符合法律规定的业主身份，依法享有行使业主撤销权的原告主体资格。

三、对侵害业主程序权益的审查和举证责任分配

关于第二个争议焦点，即召开业主大会的通知和选票的送达有无侵害原告的程序权益，应结合《民法典》《物业管理条例》及业主大会议事规则等程序要求进行审查。首先，业委会于此次业主大会召开15日前将大会内容通过张贴公告栏、发布业主微信群等方式通知全体业主。其次，业委会向房地产公司提前留存的联系方式电子送达选票等材料，房地产公司未提供证据证明变更了联系方式，该送达方式应视为有效送达。值得注意的是，对于长期以出租为业的非住宅业主，对其选票的送达宜作宽松认定，近期内成功送达的路径在无其他证据推翻的情况下可作为之后送达的参照。房地产公司主张业主大会决议侵犯其知情权、表决权等权益，缺乏理据，法院不予采纳。

关于第三个争议焦点，即业主大会作出项决议有无达到法定人数、面积比例标准以及弄虚作假的问题。首先，关于新旧法律的适用问题。《民法典》第二百七十八条较《物权法》第七十六条，明显提高业主共同决定事项的表决通过标准。本案适用当时施行的《物权法》规定，决定选聘物业的，仅审查法定面积、人数有无双过半。现依据《民法典》的规定，该项决议应达到法定的人数、面积占比三分之二以上才能有效通过。其次，关于举证责任的分配。因表决等材料通常

由业主大会或业委会制作和保管，应适当将举证责任倒置给具有举证能力的业委会。本案中，业委会业已按要求提交全部选票，原告应积极核对选票并就其认为有问题的选票进行举证，否则需承担不利的法律后果。基于诉讼效率和可行性考量，法院主要进行形式审查，对每份选票是否反映业主的真实意思表示不负有实质审查职责。最后，业主撤销权并非赋予业主代表诉讼或者公益诉讼，有权提起业主撤销权之诉的主体应系认为其本人合法权益受到侵害的业主。

一方面，业主兼具建筑物专有部分所有权、共有部分所有权以及成员权的特质，单个业主在行使权利时应对业主大会或业委会作出的决定负有必要限度容忍义务并受之约束。另一方面，为平等保护业主权益，避免"多数人暴政"现象发生，赋予业主单独或联合向法院提起撤销权之诉的权利。因此，在审理此类案件过程中，应妥善处理好业主个人权益和小区公共利益之间的平衡，遵循并弘扬诚信、平等、民主、和谐等社会主义核心价值观。既要鼓励、支持业主自治组织的管理，又要通过业主对不当决议行使撤销权促使管理更为规范。

编写人：江苏省南京市江宁区人民法院　李超燕

126　业主撤销权的对象应当具备相应的构成要素

——刘甲等诉业委会业主撤销权案

【案件基本信息】

1. 裁判书字号

北京市第三中级人民法院（2018）京 03 民终 14190 号民事裁定书

2. 案由：业主撤销权纠纷

3. 当事人

原告（被上诉人）：刘甲、刘乙、张某、李某

被告（上诉人）：业委会

【基本案情】

刘甲、刘乙、张某、李某系某小区业主。2017年7月13日，业委会发布关于业主委员会委员改/补选候选人报名的公告称：此次需改选2人，补选2人，总共4人，其中正式委员2名、候补委员2名；报名业主应当具备的条件包括按时足额缴纳物业费等。2017年8月8日，该业委会发布候选人名单公示，称：截至2017年8月7日，共有4名业主即高某、黄某、潘某、邹某报名，且均符合条件；业主如有异议，请于2017年8月15日前通过物业公司或居委会向本小区业委会提出，也可经微信公众号、小区QQ群提出，逾期无异议，业委会将本名单中的人选正式向业主大会提交。2017年8月15日，该业委会发布《某小区召开第三次业主大会公告》，称将于2017年9月1日至11月1日召开业主大会，选举业委会委员与候补委员，同时对其他议题进行讨论、表决。2017年9月1日至10月1日，该业委会组织召开第三次业主大会，依候选人提名选举产生了新的业委会委员。

关于四名候选人是否存在拖欠物业费的情况，法院向物业公司进行了调查。该公司称，某小区物业收费跟商业惯例一致，采取预收费的方式，即要求业主在每年的一月开始缴纳下一年度的物业费。黄某、高某、邹某、潘某在2017年8月8日前欠缴2016年12月4日至2017年8月3日物业费。

北京市朝阳区小红门地区恋日绿岛社区居委会出具《证明》，载有：2017 年 8 月 14 日，刘甲、刘乙、张某、李某等业主向本居委会就某小区业委会选举提出过书面异议材料，本居委会于次日将材料转交时任业委会主任委员黄某。刘甲、刘乙、张某、李某主张业委会于 2017 年 8 月 15 日作出的《某小区召开第三次业主大会公告》违反了相关程序，损害了小区业主的合法权益，请求撤销该公告。

【案件焦点】

某小区业委会发布的《某小区召开第三次业主大会公告》是否系业主行使撤销权的对象。

【法院裁判要旨】

北京市朝阳区人民法院经审理认为：业主大会或者业主委员会作出的决定侵害业主合法权益的，受侵害的业主可以请求人民法院予以撤销。涉案公告虽未直接涉及小区业主的切实利益，但公示候选人、公告业主大会召开时间、召开业主大会就相关议题进行表决、形成业主大会决议等系一组连贯的过程，在先环节会影响后续环节的进展，故每一环节在实质上都会影响小区每名业主的切实利益。在候选人名单公示期内，刘甲等业主已按业委会规定的方式就候选人资格提出了书面异议，业委会收到异议后未作出有效答复即仓促发布业主大会召开公告，继而依候选人名单经业主大会选举产生相应的业委会委员，不仅程序不当，而且侵犯了小区业主的切身利益，故应予撤销。

北京市朝阳区人民法院依照《中华人民共和国物权法》第七十

八条规定，作出如下判决：

撤销业委会发布的《某小区召开第三次业主大会公告》。

业委会不服一审判决，提起上诉。北京市第三中级人民法院经审理认为：业主撤销权纠纷是指业主认为业主大会或业主委员会作出的决定侵害其合法权益，依照法律规定向人民法院提起的撤销业主大会或业主委员会决定的纠纷。该法律纠纷指向的客体为业主大会或业主委员会作出的决定。刘甲等作为业主，行使撤销权的前提系上述公告属于业委会的决定，且该项决定侵害了刘甲等业主的合法权益。涉案公告的内容，仅包含通知召开业主大会的时间、地点及业主大会讨论的议题，故该公告应属通知性质，而非决定，其没有侵害业主合法权益的实质内容。故刘甲等起诉请求撤销的涉案公告，不属于涉诉法律关系调整之客体。

北京市第三中级人民法院依照《最高人民法院关于适用〈中华人民共和国民事诉讼法〉的解释》第三百三十条规定，作出如下裁定：

一、撤销北京市朝阳区人民法院（2018）京0105民初806号民事判决；

二、驳回刘甲、刘乙、张某、李某的起诉。

【法官后语】

撤销权为溯及地使可撤销的民事行为归于消灭的权利。[①] 业主撤销权属撤销权的一种，业主若认为业主大会或业主委员会作出的决定侵害其合法权益或违反法定程序，有权在法定期限内向人民法院请求撤销该决定。设立业主的撤销权，是为了防止业主大会或业委

---

① 梁慧星：《民法总论》，法律出版社2001年版，第221页。

会滥用权利作出决定而侵害业主的合法权益。[①] 业主行使撤销权，要求撤销的对象纷繁不一，厘清业主撤销权的对象及其性质、剖析业主撤销权行使对象的构成要素，是正确解决业主撤销权纠纷的前提和基础。

业主撤销权行使的对象是业主大会或业委会作出的决定。通过召开业主大会进行商讨、表决，作出相对一致的意思表示，是业主实现成员权中的管理权的重要途径。业主撤销权的对象，在性质上属于业主团体作出的决议，系民事法律行为的一种，因此其应具备民事法律行为的三要素，即主体、客体、内容。此外，其还应结合自身特征具备相应的构成要素。在业主撤销权案件中，首先应对业主要求撤销的对象进行甄别，可通过行为主体、行为对象及行为结果三个方面进行考量。

首先，行为主体是业主大会或业委会。判断行为主体系业主大会抑或业委会，理论上关系着业主撤销权案件被告的列明。但业主大会系非常设机构，其系通过召开会议作出决议的决策性机构，一般不直接对外从事民事活动，亦无独立财产，故严格来讲，业主大会不属于民事诉讼主体。业委会作为民事诉讼当事人已得到实践的认可，且业委会是业主大会的执行机构，业主大会作出决定的相关资料由业委会收集和保管，业委会可以代表业主大会参加诉讼，并就作出决定的合法性进行举证。[②]

其次，行为对象为物业管理事项。根据《物业管理条例》规定，业主大会、业委会应当依法履行职责，不得作出与物业管理无关的

---

① 姚辉：《〈物权法〉上的业主撤销权及其适用》，载《法学论坛》2009 年第 6 期。
② 刘培英：《业主撤销权的适用》，载《人民司法（案例）》2011 年第 2 期。

决定，不得从事与物业管理无关的活动。业主大会或业委会作出的决定应当与物业管理相关，因此业主行使撤销权要求撤销的对象亦应当系与物业管理相关的决定。

最后，行为结果具有结论性。业主撤销权的对象必须是针对物业管理事项作出的具有具体结论性的处理，涉及法律关系的设立、变更或终止，并且受侵害的权益亦应当是具体的，而非模糊性、抽象性的权利。实践中，业委会作为业主大会的执行机构，常常做出诸多程序性、告知性、征询性的行为。该类行为，因未对业主相关权利义务产生实质性影响，不具有业委会决议性质，[①] 故其不能成为业主撤销权行使的对象。上述行为产生的仅是程序性文件，仅具有通知、征询等性质，并非业主大会或业委会作出的最终决议本身。业主如认为前述通知、公告等文件的作出违反法定程序，可在符合条件的业主撤销权之诉中请求法院一并审查该决议是否存在违反法定程序的情形。

《中华人民共和国民法典》在《中华人民共和国物权法》的基础上，明确了业主大会、业主委员会的决定对物业管理区域内的业主具有法律约束力，同时规定业主对侵害其合法权益的业主大会或者业主委员会的决定，有权请求人民法院予以撤销，赋予业主撤销权。

编写人：北京市第三中级人民法院　杨淑敏　石艳明

---

① 佟冰：《业委会决定的要素判断》，载“审判前沿”微信公众号2018年8月9日。

127 业主请求恢复小区公共部分相关建设应符合法定程序要求

——卢某等诉业委会物权案

【案件基本信息】

1. 裁判书字号

福建省厦门市中级人民法院（2018）闽02民终3656号民事裁定书

2. 案由：物权纠纷

3. 当事人

原告（上诉人）：卢某、陈某、许某、金某、洪某、张某（以下简称卢某等6人）

原告：肖某

被告（被上诉人）：业委会

【基本案情】

街道办曾于2016年4月29日对某小区第三届业委会作出《业主委员会备案证明》，确认该业委会成立时间为2016年3月31日，任期5年（2016年3月31日~2021年3月30日）。

2016年8月26日，某小区第三届业委会在小区张贴公告，决定在不影响山庄东门通道两侧树的基础上，将路边四栋楼东侧的绿篱与凤凰树中间空地加以串联，硬化建成人行通道，将道路一边路沿石外移30厘米。同时，在山庄主干道东门出入口增设车牌识别出入系统，届时因施工给小区业主和进出车辆带来的诸多不便，请予以谅解和支持。要求有不同意见的业主于公告之日起5日内，以实名书面形式及时反馈（投入物业服务处门口业主委员会临时意见箱），否则将视为同意公告意见。

2016年9月27日，某小区第三届业委会张贴公告，公告因前述公告未收到反对意见，拟定于2016年10月1日起进行施工。2016年10月1日，某小区第三届业委会再次张贴相同内容公告。

2017年10月30日，厦门市中级人民法院作出（2017）闽02行终178号行政判决，认定某小区第三届业委会委员及业委会的备案登记因程序不合法而不具法律效力，撤销街道办对新一届业委会的备案登记。该判决已经发生法律效力。

某小区东门主干道原存在绿化景观，2009年开始就有相关业主反映某小区物业管理处将某小区东门通道四栋楼的东侧隔离护栏和绿化带拆除。2010年，厦门市建设与管理局曾向某小区的物业公司发送关于暂停施工的函件，要求在上述拆除事项未经业主大会表决通过前先暂停施工。暂停施工后，某小区东门通道入口的绿化带并未恢复。2016年，某小区第三届业委会再次对某小区东门通道入口进行改造，将原有绿化带改建成人行道及停车位。

卢某等6人及肖某（以下简称卢某等7人）系某小区业主，其向法院起诉，请求判令业委会恢复被破坏的某小区东门口主干道的绿化景观工程，工程款与罚款由肇事者自理。

一审法院根据卢某等7人提出的诉讼请求释明本案案由应为物权纠纷，但卢某等7人坚持认为本案应属业主撤销权纠纷，并主张其关于撤销某小区第三届业委会2016年8月26日、9月27

日、10月1日的三份公告的诉讼请求已于（2016）思民初字第16239号一案提出，该案已经驳回卢某等7人的诉讼请求，因此其不将撤销上述三份公告作为本案的诉讼请求，但认为认定卢某等7人在本案的诉讼请求即判令业委会恢复被破坏的某小区东门口主干道的绿化景观工程能否成立，仍须就上述三份公告的合法性进行审查。庭审后，卢某等7人向一审法院递交书面意见，认为其原提出的诉求存在瑕疵，鉴于法官给予业委会庭后提交证据的时间，故本案庭审尚未结束，要求修改其诉求为：判令业委会作出的三份公告涉及拓宽主干道和改造景观工程为人行道两项新建工程违反相关法律法规，应予撤销，并判令业委会监督肇事者恢复原状。

【案件焦点】

在新一届业委会登记备案被撤销的情形下，该届业委会对公共部位所实施的相关改造行为，个别业主能否起诉要求恢复原状。

【法院裁判要旨】

福建省厦门市思明区人民法院经审理认为：首先，业主撤销权系指业主认为业主大会或业主委员会作出的决定侵害其合法权益，依照法律规定向人民法院提起的撤销业主大会或者业主委员会决定的纠纷。卢某等7人提出的恢复原状的诉求，并不属于业主撤销权的范围，故其主张本案为业主撤销权纠纷缺乏依据。根据其诉讼请求，本案案由应定为物权纠纷，即卢某等7人认为业委会的行为侵害了业主对小区共有部分所享有的权利。因将某小区东门通道入口现有的人行道及停车位恢复成绿化带，属于《中华人民共和国物权法》第七十六条规定的应由全体业主共同决定、共同行使权利的事项，应由全体业主根据法定程序决定。卢某等7人作为个别业主，提起本案诉讼并未经过符合条件的业主同意及授权，应认定卢某等7人不具备诉讼主体资格。其次，卢某等7人以业委会作为被告，要求业委会承担恢复原状的责任。鉴于业委会是小区物业管理的合议组织，其本身并无财产可供执行，相应的责任承担主体事实上亦为某小区的全体业主。因此，某小区东门通道入口现有的人行道及停车位是否要恢复成绿化带，理应由全体业主依法决定。至于卢某等7人主张的某小区东门通道入口人行道及停车位的设置未办理相关审批手续，属违章建筑以及相应罚款及工程款的问题，属行政部门的行政管理职权，应由相关行政部门依法进行认定处理，不属于人民法院民事案件的受理范围。

福建省厦门市思明区人民法院依照《中华人民共和国物权法》第七十六条，《中华人民共和国民事诉讼法》第十三条、第一百一十九条、第一百五十四条第一款第三项，《最高人民法院关于适用〈中华人民共和国民事诉讼法〉的解释》第二百零八条第三款、第二百三十二条规定，作出如下裁定：

驳回卢某等7人的起诉。

卢某等6人不服一审裁定，提起上诉。福建省厦门市中级人民法院经审理认为：《最高人民法院关于适用〈中华人民共和国民事诉讼法〉的解释》第二百三十二条规定："在案件受理后，法庭辩论结束前，原告增加诉讼请求，被告提出反诉，第三人提出与本案有关的诉讼请求，可以合并审理的，人民法院应当合并审理。"卢某等7人向一审法院起诉请求恢复原状，虽于一审法庭辩论结束后变更其诉讼请求，但已超过变更诉讼时限的规定。因此，一审法院围绕卢某等7人的诉求进行审查，案由定性为物权纠纷并无不当。卢某等6人上诉称其以业主撤销权主张权利，不符合其诉求的法律关系。卢某等6人于二审提交的证据不影响本案二审的处理结果。

福建省厦门市中级人民法院依照《中华人民共和国民事诉讼法》第一百七十条第一款第一项、第一百七十一条规定，作出如下裁定：

驳回上诉，维持原裁定。

【法官后语】

基于建筑物区分所有权理论，业主对专有部分享有所有权，对共有部分享有共有和共同管理的权利。随着小区公共道路、公共绿化等共有部分现实或潜在利益为人们所认识，涉及小区公共部分管理权利的矛盾冲突日益加剧。

1. 业主关于共有部分的权利行使

《中华人民共和国物权法》第七十二条①规定，“业主对建筑物专有部分以外的共有部分，享有权利、承担义务；不得以放弃权利不履行义务”。关于业主具体如何对共有部分行使权利，《中华人民共和国物权法》及相关司法解释仅规定了程序性要件。《中华人民共和国物权法》第七十六条②规定，业主共同决定建筑区划内的相关重大事项，并依事项的重大程度，分别规定了应当经专有部分占建筑物总面积三分之二以上的业主且占总人数三分之二以上的业主同意以及应当经专有部分占建筑物总面积过半数的业主且占总人数过半数的业主同意两个程序要件。该规定隐含的要义在于，小区建筑区划内的重大事项事关全体业主，应依民主表决程序，由业主自行

---

① 对应现行《中华人民共和国民法典》第二百七十一条。

② 对应现行《中华人民共和国民法典》第二百七十八条。

决定及负责。法院不应介入业主关于小区共有部分的具体管理事宜，仅从程序上审查相关决定的合法性，留足小区业主的自治空间。

回到本案，卢某等部分业主要求对小区公共道路进行相关改造的诉求，属于应由全体业主共同决定的重大事项，必须由小区业主共同作出决定。因此，部分业主越过法律规定的程序条件，以个人名义提起诉讼，要求对小区公共部分主张权利的，应当认定不符合起诉条件。相反，如业主个人系征集其他业主签名同意，代表全体业主利益起诉，并符合《中华人民共和国物权法》第七十六条第二款规定的条件，则应当予以处理。

2. 业主可向业委会主张的权利仅限于法律规定的情形

业委会是小区物业管理的合议组织，其本身并无财产可供执行，相应的责任承担主体事实上亦为小区的全体业主。因此，有关业委会的诉讼主体资格在很长一段时间存在争议。最高人民法院在《关于春雨花园业主委员会是否具有民事诉讼主体资格的复函》（[2005] 民立他字第8号）中明确，根据《物业管理条例》规定，业主委员会是业主大会的执行机构，根据业主大会的授权对外代表业主进行民事活动，所产生的法律后果由全体业主承担。业主委员会与他人发生民事争议的，可以作为被告参加诉讼。

根据《最高人民法院关于审理建筑物区分所有权纠纷案件具体应用法律若干问题的解释》第十二条①“业主以业主大会或者业主委员会作出的决定侵害其合法权益或者违反了法律规定的程序为由，依据物权法第七十八条第二款的规定请求人民法院撤销该决定的，

① 对应2020年修正的《最高人民法院关于审理建筑物区分所有权纠纷案件适用法律若干问题的解释》第十二条。

应当在知道或者应当知道业主大会或者业主委员会作出决定之日起一年内行使”及第十三条[1]“业主请求公布、查阅下列应当向业主公开的情况和资料的，人民法院应予支持：（一）建筑物及其附属设施的维修资金的筹集、使用情况；（二）管理规约、业主大会议事规则，以及业主大会或者业主委员会的决定及会议记录；（三）物业服务合同、共有部分的使用和收益情况；（四）建筑区划内规划用于停放汽车的车位、车库的处分情况；（五）其他应当向业主公开的情况和资料”规定，业主仅能就业委会侵害其权益的相关决定提起撤销权诉讼或就行使业主相关权利应当了解的信息提起知情权诉讼，前述诉讼请求的范围亦仅限于撤销已经作出的决议或者查阅相关资料。业主的请求不得超越前述范围。

3. 业委会决定被撤销或业委会选举程序违法，个别业主仍不得据此以个人名义起诉要求恢复原状

从法律后果上看，业委会所承担的责任，事实上是由全体业主共同承担。因此，在业主行使撤销权后，赋予个别业主就涉及被撤销决定的相关事项进行诉讼的权利，不限定业主的权利范围，则可能导致个别业主通过起诉业委会的形式，行使了全体业主对于共有部分的相关权利，本案即为一例。因此，即便相应的业委会决定被撤销，对于决定涉及的相关事项如何处理，仍应由全体业主重新根据法律规定的程序共同决定，个别业主不能基于被撤销的决定而要求恢复原状。

编写人：福建省厦门市思明区人民法院　刘远萍

---

① 对应2020年修正的《最高人民法院关于审理建筑物区分所有权纠纷案件适用法律若干问题的解释》第十三条。

128 业主要求撤销业主大会解、选聘物业公司决议案件的举证责任分配

——李某诉业委会业主撤销权案

【案件基本信息】

1. 裁判书字号

山东省济南市中级人民法院（2018）鲁 01 民终 7751 号民事判决书

2. 案由：业主撤销权纠纷

3. 当事人

原告（上诉人）：李某

被告（被上诉人）：业委会

【基本案情】

李某系某小区 3 号楼业主。该小区共有 252 户业主、建筑总面积为 31000 平方米。小区原物业公司系案外人甲物业公司，该公司于 2002 年 1 月入驻某小区，与某小区开发建设单位房地产公司签订有前期物业服务合同。2014 年 9 月 15 日，甲物业公司与某小区所在的居委会签订物业管理委托合同，约定委托管理期限自 2002 年 3 月 5 日起至甲物业公司与业委会签订物业委托协议止。2004 年，某小区成立业委会。2017 年 7 月，业委会换届。新的业委会成立后于 2017 年 10 月 31 日、11 月 2 日先后发出公告召开业主大会，通过采用书面征求意见的方式召开业主大会临时会议，就作出选聘物业决议进行投票，共收集票数 203 份，反馈意见 182

份，代表投票权数24311.49平方米，超过全体业主所持投票权（252户、31000平方米）的半数，其中参与投票业主占比超过三分之二，参与业主所占的专有部分面积超过三分之二；对公开招标选聘物业服务企业的意见中，同意解聘建银物业公司，授权业委会启动选聘新物业公司程序的意见获同意票数为169票，占全部总户票数的67%，同意票数面积为23337.99平方米，占总建筑面积票权数的68%，同意票户数、面积均过半。最终业委会公布投票结果，作出解聘甲物业公司的决议，授权业委会启动选聘新物业公司的决议。现小区业主李某主张并不知何时召开的业主大会及如何作出的决议，且认为过半数业主对业委会的相关行为提出了严重质疑及否定。小区现物业服务企业甲物业公司能够较好地为广大业主提供服务，收取的物业费价格相对较低。业委会不顾广大业主反对，未召开业主大会就以业主大会名义解聘及选聘物业服务企业，严重损害李某作为业主的合法权益。要求撤销业委会解聘甲物业公司及选聘乙物业公司为某小区物业服务企业的决议。

【案件焦点】

解聘甲物业公司的程序及选聘新物业公司的程序是否合法。

【法院裁判要旨】

山东省济南市天桥区人民法院经审理认为：关于建银物业解聘程序是否合法的问题，第一，某小区业主大会已依法制定业主管理规约和业主大会议事规则，该议事规则系通过召开业主大会由小区业主表决通过，内容及制定程序均未违反法律法规的强制性规定，且已在物业管理主管机关备案，合法有效，李某虽对议事规则如何审议通过有异议，但未提交任何相应证据，对其异议不予采纳。议事规则第六条已明确规定业主大会可以采用书面征求意见的形式召开，第七条规定：“业主大会采用专人送达、回收意见的办法进行表决。由业主委员会组织有关人员逐户派送，回收业主意见表，经业主委员会统计汇总公布表决结果。业主委员会根据统计结果形成会议决议、作出大会决定。决定作出3日内以书面形式在小区内公告，接受业主的查询和监督。”某小区召开解聘物业公司的业主大会符合议事规则规定的形式，即采用逐户征求意见的方式，且业主大会召开已提前进行了公告。第二，根据《物业管理条例》规定，解聘物业公司的表决应由专有部分占建筑物总面积过半数的业主且占总人数过半数的业主同意。《最高人民法院关于审理建筑物区分所有权纠纷案件具体应用法律若干问题的解释》第八条和第九条规定，建筑物总面积为专有部分面积之和；业主人数按照专有部分的数量计算，一个专有部分按照一人计算，但同一买受人拥有一个以上专有部分的，按一人计算；总人数按照前述的统计总和计算。关于涉案小区的建筑物总面积及业主总数，在李某未提交其他证据证明的情况下，以涉案小区在行政主管机关的备案材料为准，即建筑总面积为31000平方米，业主数量为252个。根据业委会提交的证据，涉案小区业主大会临时会议共走访填写意见203份，反馈意见182份，代表投票权数24311.49平方米，超过全体业主所持投票权（252户、31000平方米）的半数；对公开招标选聘物业服务企业的意见中，同意解聘甲物业公司，授权业委会启动选聘新物业公司程序的意见获同意票数为169票，占全部总户票数的67%，同意票数面积为23337.99平方米，占总建筑面积票权数的75%，同意票户数、面积均过半，符合《中华人民共和国物权法》及《物业管理条例》的相关规定。

第三，投票程序在居委会及派出所的监督下进行，且业委会作为业主大会执行机构对投票结果进行了公示，而另案中建银物业提交的业主签名效力不仅未显示具体时间、表决程序，亦未有社区或派出所等单位予以监票，与业委会提交的表决程序证据相比，效力明显较低。第四，在甲物业公司被解聘后，业委会已将某小区启动选聘物业程序的事宜告知甲物业公司，甲物业公司具有再次参与招标的选择权，但甲物业公司未再参与。综上，某小区业主大会关于解聘甲物业公司的程序合法。

关于选聘乙物业公司的程序是否合法的问题，第一，《物业管理条例》规定，业主大会具有选聘新物业公司的权利，国家亦提倡通过招投标方式选聘物业服务企业。某小区业主大会已经授权业委会进行公开招标，对中标物业公司进行筛选排名，并就召开业主大会临时会议选聘新物业服务企业进行了提前公告，符合相关法律规定。第二，业主大会临时会议的召开程序符合《物业管理条例》的规定，亦采用符合议事规则规定的书面征求意见的方式，进行了意见统计，并有社区居民委员会进行监票。第三，《关于某小区业主大会临时会议选聘新物业服务企业表决结果的公告》载明，经统计，《金冠花园业主选聘新物业服务企业表决票》共上门填写意见 153 份，反馈意见 152 份（其中 1 户多套为 1 票），其中同意票数为 141 票，反对票数为 2 票，弃权票数为 9 票，同意票数占全部总户数票数的 56%；同意票数面积为 19122. 8 平方米，占总建筑面积（31000 平方米）的 62%，同意票户数、面积均过半。第四，李某作为业主，在上述投票公示期内未提出异议，现对投票程序提出异议，且未提交任何证据证明投票程序的违法性，对其主张不予采纳。因此，选聘乙物业公司的程序合法。

综上所述，业委会解聘甲物业公司和选聘乙物业公司作为新物业服务企业的程序均合法有效，作出解聘和选聘决议的主体为某小区业主大会，并非业委会，在业主大会的决议均有效的情况下，李某作为业主，应当遵守决议。物权法规定，业主大会或业主委员会作出的决定侵害业主合法权益的，受侵害的业主可以请求人民法院予以撤销。李某并未举证证明其作为业主权利受到侵害之处，亦无证据证明金冠花园业主大会作出的解聘及选聘物业决议的程序违反法律规定，故李某要求撤销业委会解聘甲物业公司及选聘乙物业公司为某小区物业服务企业的决议的诉讼请求，于法无据，不予支持。

山东省济南市天桥区人民法院依照《中华人民共和国物权法》第七十八条，《最高人民法院关于审理建筑物区分所有权纠纷案件具体应用法律若干问题的解释》第八条、第九条，《中华人民共和国民事诉讼法》第六十四条、第一百四十二条，参照《物业管理条例》第十一条、第十二条、第十三条、第二十九条、第三十九规定，判决如下：

驳回李某的诉讼请求。

李某不服一审判决，提起上诉。山东省济南市中级人民法院经审理认为：《物业管理条例》第十二条第一款规定，业主大会会议可以采用集体讨论的形式，也可以采用书面征求意见的形式；但是，应当有物业管理区域内专有部分占建筑物总面积过半数的业主且占总人数过半数的业主参加。第四款规定，业主大会或者业主委员会的决定，对业主具有约束力。第五款规定，业主大会或者业主委员会作出的决定侵害业主合法权益的，受侵害的业主可以请求人民法院予以撤销。《最高人民法院关于适用〈中华人民共和国民事诉讼法〉的解释》第九十条规定，当事人对自己提出的诉讼请求所依据的事实或者反驳对方诉讼请求所依据的事实，应当提供证据加以证明，但法律另有规定的除外。在作出判决前，当事人未能提供证据或者证据不足以证明其事实主张的，由负有举证证明责任的当事人承担不利的后果。李某上诉主张业委会伪造选票，认为同意解聘甲物业公司169票、选聘乙物业公司141票的票数存在部分造假情况。依据上述法律规定，李某对其该项主张应承担举证责任。二审期间，李某未能举证证实金冠花园业主大会及业委会存在伪造选票的事实，应承担举证不能的不利后果。因此，李某要求撤销业委会解聘甲物业公司及选聘乙物业公司为某小区物业服务企业的决议的诉讼请求，证据不足，不予支持。经审查，一审程序合法。依照《中华人民共和国民事诉讼法》第一百七十条第一款第一项规定，判决如下：

驳回上诉，维持原判。

【法官后语】

法律设立撤销权，是为了防止业主大会或业委会滥用权力作出侵害业主合法权益的行为。本案为业主撤销权纠纷应审查的问题提供了一个分析样本。

1. 业主撤销权行使的范围

本案中业主撤销权系当时的《中华人民共和国物权法》第七十八条以及《物业管理条例》规定的由权利受到侵害的业主享有的权利。物权法第七十八条规定："业主大会或者业主委员会的决定，对业主具有约束力。业主大会或者业主委员会作出的决定侵害业主合法权益的，受侵害的业主可以请求人民法院予以撤销。"即只有自身权益受到侵害的业主才具有行使撤销权的权利。业主的合法权利受到侵害应当包括实体权利受到侵害和程序权利受到侵害两个方面。实体上的权利受侵害应当包括业主生活财产上的利益受侵害。业主程序权利受侵害指的是业主大会或业主委员会所作出的决定的内容可能并未侵害业主的合法权益，但其作出决定的程序违反了法律、法规的强制性规定。本案中，李某要求撤销业主大会作出的解聘原物业服务企业及选聘新物业服务企业的决议，从其诉请理由来看，李某既主张其实体上的权利受到了侵害，即包括原有物业服务企业的服务更符合其要求，且物业费较低，解聘原物业公司对业主不利；也主张程序上的权利受到了侵害，即业主大会的召开和表决程序违法，有诸多业主未参加投票，且有部分业主的投票为虚假投票，对程序有异议。2021 年 1 月 1 日《中华人民共和国民法典》开始实施。民法典第二百八十条规定："业主大会或者业主委员会的决定，对业主具有法律约束力。业主大会或者业主委员会作出的决定侵害业主合法权益的，受侵害的业主可以请求人民法院予以撤销。"该条规定基本沿用了物权法第七十八条规定，均明确赋予业主撤销权。

2. 业主撤销权之诉的适格被告

业主撤销权撤销的是业主大会或业主委员会的决定，因此该类诉讼的被告应当是业主大会或者业主委员会。然而，业主大会并非常设机构，并不具备成为法律主体资格的客观条件。而业主委员会则是业主大会的常设机构，且是业主大会决议的执行机构，因此在业主撤销权诉讼中，如果业主要求撤销的是业主大会作出的决议，法院应当认定业主委员会作为被告参加诉讼的主体资格地位，但在诉讼中必须明确业主要求撤销的决议系由业主大会还是业主委员会作出。本案中，业主诉求的是撤销业委会选聘和解聘物业公司的决议，根据物权法第七十六条规定："下列事项由业主共同决定：（一）制定和修改业主大会议事规则……（四）选聘和解聘物业服务企业或者其他管理人……决定前款第五项和第六项规定的事项，应当经专有部分占建筑物总面积三分之二以上的业主且占总人数三分之二以上的业主同意。决定前款其他事项，应当经专有部分占建筑物总面积过半数的业主且占总人数过半数的业主同意。”由此，解聘、选聘物业的决议属于重大决议，应属于业主大会作出的决议，而非业主委员会的决议，但应当肯定原告将业主委员会列为被告的做法，可以在诉讼过程中对业主予以释明该决议系由业主大会作出，要求其明确诉讼请求。值得关注的是，与物权法第七十六条相比，新实施的民法典第二百七十八条的相应规定有所变化，新增了第二款规定，即“业主共同决定事项，应当由专有部分面积占比三分之二以上的业主且人数占比三分之二以上的业主参与表决。”从该款新增规定可以看出，民法典相较之前的物权法，提高了对业主共同决定事项进行表决的前提性条件要求，即无论重要事项，还是常规性事项，均需要专有部分面积占比三分之二以上的业主且人数占比三分之二以上的业主参与表决。故，人民法院在审理业主撤销权案件中，在审查业主大会所作决议程序是否合法时，需要严格审查参与表决的业主数量和业主所占的专有部分面积是否均达到总体比例的三分之二以上。本案中，某小区参与表决业主数和业主所占专有部分面积所占总体的比例均符合民法典新增的规定。

3. 业主撤销权诉讼的举证责任分配问题

业主以其权利受到侵害为由主张撤销权，诉讼的双方均负有一定的举证责任。作为原告的业主应当举证证明其利益遭受侵害的情形，包括人身、财产和参与管理共同事务上的利益损害，同时应当初步举证证明业主委员会或业主大会所作出的决议存在一定的瑕疵。另外，作为被告的业主委员会应当证明该决议作出程序上的合法性，业主委员会应当将其程序上的证据材料提交法庭，如果业主委员会不能证明业主大会或业主委员会作出的决议在程序上合法，则要承担不利的法律后果。本案中，业主李某认为金冠花园业主大会作出的解聘和选聘物业公司的决议违法且侵害自身权益，但并未对程序上的违法性尽到初步的举证责任，亦未对该决议侵犯其自身利益尽到举证责任。根据业委会提交的证据，可以证明金冠花园业主大会的召开到决议的表决均当时的物权法和物业管理条例等法律规定和某小区的议事规则，故对于李某主张撤销决议的诉讼请求予以驳回。诉讼中，对于业主提交的小区部分业主的签名情况，应当衡量其证明效力，与业主大会关于小区解聘物业公司及选聘物业公司的投票情况的效力予以对比，李某提交的业主签名上载明的业主未到庭接受质证、询问，身份无法核实，反观业委会提交的投票签名，该投票系在社区居委会和街道办事处及辖区派出所的监督下进行的，证明效力应高于李某提交的业主签名的效力。

业主撤销权属于业主的重大权利，审理该类案件应当充分考虑业主大会或业主委员会作出的决议是否真正侵害了业主的合法权益。对于已经在大会中投票同意决议的业主，却又在诉讼中提出相反的意见，应当予以驳回。同时，因为业主大会或业委会的决议关系到小区全部业主的生活便利和公共利益，决议一旦经合法程序作出，应当考虑其稳定性，业主撤销权行使应当受一年除斥期间的限制。

编写人：山东省济南市天桥区人民法院　胡滨　季丹

129 业主大会违反法定程序作出的选举业委会的决议是否应予撤销

——高某景等诉业委会业主撤销权案

【案件基本信息】

1. 裁判书字号

北京市第三中级人民法院（2016）京03民终字第663号民事判决书

2. 案由：业主撤销权纠纷

3. 当事人

原告（被上诉人）：高某景、黄某培、安某伟、李某宏、王某（以下简称高某景等5人）

被告（上诉人）：业委会

【基本案情】

2012年3月，业委会筹备组采用书面征求意见方式组织召开业主大会。同年4月20日，作出《业主大会决议》。高某景等5人均称未接到召开首次业主大会的通知，亦未能参加表决。

高某景等5人曾提起业主知情权纠纷案件，要求业委会公布小区管理规约、业主大会议事规则、业主大会及业主委员会决定及会议记录。法院生效判决支持了除公开业主名单（含房号）、表决权数清册（含房号）外的诉讼请求。之后，高某景等5人申请强制执行，业委会无法提供。现高某景等5人认为业主大会的召开违反法定程序，故起诉请求撤销业主大会的决议。

高某景等5人提交368名业主签名的《关于罢免“业主委员会”的提议》，并提交《得票统计》。《得票统计》只记载了票数，没有代表权票数的统计。法院在审理期间调取到《表决书》，每份《表决书》背面均设置有“票权数”一栏，绝大多数记载为“1”，业委会无法提供代表权票数的计算方法。

【案件焦点】

1. 业主大会决议的撤销问题是否属于民事案件受理范围；2. 业委会是否为本案适格被告；3. 业主大会所作决议是否符合法律规定，如果违反了法律规定，应否予以撤销。

【法院裁判要旨】

北京市朝阳区人民法院经审理认为：《中华人民共和国物权法》（以下简称《物权法》）第七十六条规定，制定和修改业主大会议事规则、制定和修改建筑物及其附属设施的管理规约、选举业主委员会或者更换业主委员会成员、选聘和解聘物业服务企业或者其他管理人等事项，应当经专有部分占建筑物总面积过半数的业主且占总人数过半数的业主同意。业主大会作出的决定违反法律规定的程序的，业主可以请求人民法院撤销该决定。本案中，望京某小区的《业主大会决议》选举产生了业主委员会委员、通过《望京某小区业主大会议事规则》《望京某小区业主管理规约》、解聘原物业企业、授权业主委员会聘请新的物业公司，上述决议内容属于《物权法》第七十六条规定应由业主共同决定的事项。《物权法》对决议上述事项有两个要件，即应当经专有部分占建筑物总面积过半数的业主同意，并且占总人数过半数的业主同意。本案中，业委会未能举证证明《业主大会决议》的作出符合《物权法》规定的要件。而《得票统计》仅有同意上述事项人数的统计，没有对专有部分占建筑物总面积数的业主是否过半数同意进行统计。业委会未能举证证明《业主大会决议》中对代表权票数及占总票权数的统计有相应投票票数支持。因此，《业主大会决议》的5项决议内容，均缺乏有效证据证明其具备法定要件，高某景等5人诉请撤销这5项决议内容，有事实和法律依据，予以支持。

综上，依据《物权法》第七十六条、第七十八条，《最高人民法院关于审理建筑物区分所有权纠纷案件具体应用法律若干问题的解释》第十二条之规定，判决如下：

撤销望京某小区业主大会于2012年4月20日作出的关于“选举产生业主委员会委员5名”“通过《望京某小区业主大会议事规则》”“通过《望京某小区业主管理规约》”“通过《同意解除前期物业服务合同》”“通过《同意授权业主委员会采取邀标方式聘请新的物业公司》”的决议。

宣判后，业委会提起上诉。北京市第三中级人民法院经审理认为：第一，业主大会决议的撤销问题属于民事案件受理范围。根据《物权法》第七条、第七十八条第二款之规定可以看出，业主认为业主大会作出的决议侵害自己合法权益的，有权向人民法院提起撤销权诉讼。第二，业委会是本案适格被告。业主委员会是业主大会的执行机关，根据业主大会的决议，代表业主管理建筑区划内的公共事务。业委会作为业主大会的常设机构，履行日常管理职责，是本案的适格被告。第三，业主大会所作决议违反法律规定的程序，应予撤销。《得票统计》仅有人数统计，没有对专有部分占建筑物总面积数的业主是否过半数同意进行统计。将票权数相加所得总数与

《业主大会决议》中所载的代表权票数也不一致。业委会始终未能提供代表权票数的计算方法，无法证明上述事项经过专有部分占建筑物总面积数的过半数业主同意，亦无法提供业主大会召开的相关工作材料，导致法院无法核实，该后果应由业委会承担。综上，判决：

驳回上诉，维持原判。

【法官后语】

业主撤销权纠纷是指业主认为业主大会或者业主委员会作出的决定侵害业主合法权益，依据法律规定向人民法院提起的予以撤销的纠纷。虽然《中华人民共和国物权法》（以下简称《物权法》）第七十八条第二款规定了业主撤销权，但该规定相对原则、简单，在司法实务中难以操作。后2009年《最高人民法院关于审理建筑物区分所有权纠纷案件具体应用法律若干问题的解释》（以下简称最高法院司法解释）第十二条对业主撤销权进一步予以明确。《中华人民共和国民法典》（以下简称《民法典》）实施后，2020年最高法院对司法解释进行了修正，仍然在第十二条规定了业主撤销权。但囿于理论和实务界对业主大会、业委会的性质以及撤销权行使对象等存在争议，司法理论界、实务界仍存在一定分歧。

本案以现行法律法规为依据，作出的裁判涉及业主委员会的诉讼主体资格、撤销权行使对象以及此类纠纷中的举证责任分配等问题。

1. 业主委员会能否作为被告应诉

就业主大会、业主委员会的诉讼主体资格，《物权法》和《物业管理条例》均未明确规定，在理论界及实务界存在一定争议。业主大会由全体业主组成，是全体业主集体决策的议事会议，不具有实体性，难以作为主体参加诉讼。业主委员会是业主大会的常设机构，负责处理业主大会的日常事务，但不具有独立的财产，依我国法律规定，并不具有法人资格，也不属于民事诉讼法律中具有诉讼主体资格的“其他组织”。

但实际上，最高法院司法解释对业主委员会的诉讼主体地位已经予以“适当承认”，业主委员会有权以原告身份提起民事诉讼。另外，从国外立法例看，德国法亦不承认业主管理团体的法人资格，但在一定程度上承认某些无权利能力社团能够作为诉讼当事人起诉或者应诉。“无救济则无权利”。如果因为法律规定的空白而径直否认业委会的被告地位。那么，当业主的合法权益受到损害时，将会面临因无法寻找到合适的被告而无法得到保护的尴尬局面。《物权法》第七十八条之规定也将流于形式。

《民法典》实施以后，第二百八十条亦没明确规定了，业主大会或者业主委员会作出的决定侵害业主合法权益的，受侵害的业主可以请求人民法院予以撤销。

综上，《民法典》的有关规定与《物权法》的精神一脉相承，应确认业主撤销权纠纷中业主委员会的被告资格。这对于落实法律规定，保护业主的合法权益具有重要作用。

2. 业主撤销权的撤销对象

作为建筑物区分所有权人的业主，其权利内容既包括对专有部分的专有权，也包括对共有部分享有的共有权，还有共同管理权。最高法院司法解释第十二条将业主的合法权益解释为既包括实体性权益，也包括程序性权益。

实体性权益受到侵害，是指业主基于建筑物区分所有权所享有的合法权益受到业主大会或业主委员会决议的侵害。程序性权益受到侵害，是指业主大会或业主委员会的决议内容并未侵害业主的合法权益，然而作出决议的程序违反法律规定或者超出了其权限范围。当业主的程序性权益受到侵害时，业主同样有权提起撤销权诉讼。

有争议的是，对撤销权对象的理解问题。有观点认为，根据《物业管理条例》第十九条的规定，业主大会、业主委员会不得作出与物业管理无关的决定，不得从事与物业管理无关的活动。故撤销权对象应该仅仅指向有关物业管理方面的决定，除此之外的决议事项，如关于选举业委会或更换业委会成员的决议事项不属于撤销权对象。也有观点认为，《物权法》第七十六条规定了业主有权共同决定的事项范围，只要决议内容属于该事项范围的，均为撤销权的对象。

笔者同意第二种观点。《物权法》第七十六条正面规定了业主成员权范围问题，第七十八条则规定了业主成员权被侵害时的救济权问题，此两条规定共同构成对业主合法权益的保护。若依前述第一种观点，则业主有权行使撤销权的对象仅仅是有关《物权法》第七十六条第四项、第五项、第六项规定的决议，这显然不符合立法逻辑。笔者认为，成立业主大会、业主委员会本身即是为了物业管理的方便，就业主大会、业主委员会成立产生的决议均属于有关物业管理的决议，故《物业管理条例》第十九条规定本身并没有问题，有关《物权法》第七十六条所列事项的决议均属于业主撤销权的撤销对象。

需要注意的是，《民法典》第二百七十八条、第二百八十条分别规定了业主成员权范围和救济权问题，第二百七十八条对《物权法》第七十六条的表决程序进行了修改，即业主共同决定事项，应当由专有部分面积占比三分之二以上的业主且人数占比三分之二以上的业主参与表决。决定前款第六项至第八项规定的事项，应当经参与表决专有部分面积四分之三以上的业主且参与表决人数四分之三以上的业主同意。决定前款其他事项，应当经参与表决专有部分面积过半数的业主且参与表决人数过半数的业主同意。但就本文的结论而言并没有变化，即《民法典》第二百七十八条的所列事项决议应均属于业主撤销权的撤销对象。

3. 业主大会、业主委员会的决议违反法定程序的认定

业主大会、业主委员会形成决议的程序，应符合法律、行政法规的强制性规定。根据《物权法》第七十六条的规定，制定和修改业主大会议事规则、制定和修改建筑物及其附属设施的管理规约、选举业主委员会或者更换业主委员会成员、选聘和解聘物业服务企业或者其他管理人等事项，应当经专有部分占建筑物总面积过半数的业主且占总人数过半数的业主同意。《民法典》第二百七十八条对程序要求作出了修改，制定和修改业主大会议事规则、制定和修改管理规约、选举业主委员会或者更换业主委员会成员、选聘和解聘物业服务企业或者其他管理人、使用建筑物及其附属设施的维修资金，应当由专有部分面积占比三分之二以上的业主且人数占比三分之二以上的业主参与表决。经参与表决专有部分面积过半数的业主且参与表决人数过半数的业主同意。

故在业主提供初步证据证明业主大会、业主委员会的决议违反法定程序时，业主委员会应举证证明决议的作出程序符合法律规定，否则，应承担举证不能的不利后果。根据相关规定，业主委员会需建立工作档案，保管好业主委员会选举的工作材料。司法实践中，业主委员会可以提供选票方便法院进行核查，也可以提供选票的计算方法。综上，在《民法典》实施以前，业主大会、业主委员会决

议合法与否应主要看是否符合法律规定的两个要件，即应当经专有部分占建筑物总面积过半数的业主同意，并且经占总人数过半数的业主同意。在《民法典》实施以后，则要看是否符合下列条件，即应当经专有部分面积占比超三分之二且业主人数超三分之二以上的业主参与表决，且应当经参与表决专有部分面积过半数的业主和人数过半数的业主同意。欠缺此要件，即使经过政府相关部门的指导也不代表业主大会、业主委员会的决议合法。

编写人：北京市第三中级人民法院　王世洋

（四）相邻关系纠纷

130　相邻关系中共同通道应考虑共同使用的便利性

——黄某生等诉马某强、莫某港相邻关系案

【案件基本信息】

1. 裁判书字号

广西壮族自治区崇左市中级人民法院（2020）桂 14 民终 939 号民事判决书

2. 案由：相邻关系纠纷

3. 当事人

原告（上诉人）：黄某生、邓某林、罗某强、罗某生、李某花

被告（被上诉人）：马某强、莫某港

【基本案情】

黄某生、邓某林、李某花、罗某生、罗某强五人（以下称黄某生等五人）的房屋相邻，呈坐南朝北分布，五户门前有一条通道，经过莫某港、马某强房屋后面通往县道。2018 年，峙浪乡政府在该路面铺设一条水泥硬化道路。2019 年，马某强、莫某港两户为了保持通往地下室的道路畅通，组织人员施工，将该水泥路旁边的泥土往下挖，形成一个与现有路面有落差的凹槽；同时为了防止水流灌进地下室，马某强、莫某港沿着路基东侧建起一扇挡土墙。经测量，现有水泥路面宽 2.4 米，争议路面长约 9.6 米，被挖空的凹槽宽约 1.95 米，挡土墙宽约 0.25 米，超出水泥路面高度约 0.17 米，入口处形成的落差约 0.5 米。该讼争的通道是黄某生等五人的历史通道。

【案件焦点】

1. 讼争的通道是否是黄某生等五人的历史通道；2. 马某强、莫某港将诉争通道（靠其房屋一面）往下挖深形成高低不等的路面，是否妨碍了黄某生等五人的相邻通行权。

【法院裁判要旨】

广西壮族自治区宁明县人民法院经审理认为：不动产的相邻权利人应当按照有利生产、方便生活、团结互助、公平合理的原则，正确处理相邻关系。同时，当事人对自己提出的诉讼请求所依据的事实或者反驳对方诉讼请求所依据的事实，应当提供证据加以证明。当事人未能提供证据或者证据不足以证明其事实主张的，由负有举证证明责任的当事人承担不利的后果。黄某生等五人要求恢复原状，未能提供该路段被挖之前的具体长度与宽度，现有水泥路面的宽度为2.4米，应推定峙浪乡政府对于该路面的最终实施方案就是该宽度。马某强、莫某港为了保持其地下室的顺利通行，将水泥路旁边的泥土路往下挖亦情有可原，且没有破坏现有水泥路。黄某生等五人与马某强、莫某港共用一条通道，该通道是黄某生等五人出门的唯一通道，但马某强、莫某港也需通过该路段去往其地下室，故应充分考虑双方对该通道的通行需求比例，故对于黄某生的诉讼请求，不予全部支持。庭审过程中，莫某港、马某强表示愿意将其挖掉的部分沿着现有路基恢复0.45米，保持路面宽度2.85米，同时拆除超出路面的部分，保持用于维持黄某生等五人的通行，法院予以准许。

广西壮族自治区宁明县人民法院依照《中华人民共和国物权法》第八十四条，《中华人民共和国民事诉讼法》第六十四条、第一百四十四条、第一百五十七条，《最高人民法院关于适用〈中华人民共和国民事诉讼法〉的解释》第九十条的规定，判决如下：

一、马某强、莫某港于本判决生效之日起三十日内将争议路面宽度恢复至2.85米；

二、驳回黄某生等五人的其他诉讼请求。

黄某生等五人不服一审判决，提起上诉。广西壮族自治区崇左市中级人民法院同意一审法院的裁判意见，判决：

驳回上诉，维持原判。

【法官后语】

相邻关系是指相互毗邻的两个以上不动产所有人、用益物权人或占有人，在用水、排水、通行、通风、采光等方面根据法律规定产生的权利义务关系。在本质上，相邻关系是相邻不动产的权利人行使其权利的一种延伸或限制。给对方提供必要便利的不动产权利人是权利受限制的一方，取得必要便利的不动产权利人是权利得以延伸的一方，这种延伸是行使所有权和使用权所必需的。《中华人民共和国民法典》（以下简称《民法典》）吸纳了《中华人民共和国物权法》（以下简称《物权法》）中相邻关系纠纷处理的原则性规定，即《民法典》第二百八十八条继承了《物权法》第八十四条“不动产的相邻权利人应当按照有利生产、方便生活、团结互助、公平合理的原则，正确处理相邻关系”这一内容，为审理此类案件时明确了处理依据。下文结合该案浅析处理相邻纠纷案件时如何适用“有利生产、方便生活、团结互助、公平合理”原则进行裁判。

一、不动产相邻关系处理原则的立法意义

“有利生产、方便生活”不仅是法律赋予公民的基本权利，也是社会发展的必然态势，是人类实现美好生活的必然前提。“团结互助”原则也是法律通过法条指引人们规范自己的行为、保障社会平稳发展的直接体现。“公平合理”不仅是处理相邻关系的原则，也是我国民法用于调整法律关系的基本原则。民事主体应当坚持社会主义核心价值观，以社会正义、公平的观念指导自己的行为，法院也应当以公平、正义为追求行使审判权。

二、不动产相邻关系的处理原则在处理相邻关系中的适用规则

在相邻关系案件的处理中，应当审查“相邻权利”的请求是否具有“必要性”。“相邻权利”本质上是不动产权利人之间可以占有或利用的资源，法律允许人们开发利用这种资源从而让生活变得更美好，但这种资源是有限的，所以生产、生活的“便利”不能无限扩张，必须要在法律规定的范围内行使。结合本案来看，涉案共用

通道为原告通往大路的唯一通道，其在道路现只有2.4米宽度的情况下，因新的需求，请求将道路扩宽，方便其出行和生产，属于必要的权利要求，也符合随着社会发展人们对生活条件需要有所提高的规律。

在相邻关系案件的处理中，应当考虑法律规范的“指引性”。相邻关系是依靠“邻里”关系而存在的特定关系，是“熟人”相处之间存在的一种权利和义务，俗话说“远亲不如近邻”，一个好的生活环境能促进社会的稳定发展，这就体现出了“团结互助”在调整相邻关系之中的重要价值指引。在处理相邻关系时不仅要通过一案解一事之争，更要追求通过一案领一方之风的司法目标，指引地方民众发扬“团结互助”这一中华民族美好品德。

在相邻关系案件的处理中，应当确保对双方都具“公平性”。“有利生产、方便生活”必须是适用于纠纷双方，当双方对自己所主张的“相邻权利”都出现必要的需求时，要寻求双方利益最大化的方案进行处理，不能以一方之便或一方之不便作为判定标准。例如，本案原告诉请将道路扩宽至4米以便车辆和人员进出，被告也辩称需要足够宽的道路前往自家的地下室，且双方对道路的需求不同，这时就出现了各自权利之间的矛盾。本案考虑到被告是日用百货的个体经营户，需要出入地下室搬运货品，因此综合双方的需求，将原告使用的道路扩宽至2.85米，提高了原告的出行便利，也保证了剩余的道路宽度足够被告使用三轮车等小型拉货车辆的通行，体现了法律的公平性。

三、适用不动产相邻关系的处理原则在处理相邻关系中应当注意的问题

在处理相当部分的相邻关系案件时发现，“相邻权利”的延伸不

仅只涉及相邻的不动产权利人，还伴随向集体利益或国家利益的延伸。例如，占用集体土地新建房屋、围墙等现象而引起的相邻纠纷，此时，不能简单地适用“有利生产、方便生活、团结互助、公平合理”原则来处理，还要结合地方发展规划以及相关的法律、法规来进行判断，在维护个人合法权益的同时，也要为地方有序发展提供有力保障，保护集体和国家利益不受损害，避免法院的一纸裁判成为“乱搭乱建、随心所欲”发展壮大的帮手。

编写人：广西壮族自治区宁明县人民法院　黄润威

131　土地界限清楚的侵权案件应属民事诉讼受案范围

——杨某廷诉唐某斌相邻关系案

【案件基本信息】

1. 裁判书字号

广西壮族自治区贺州市中级人民法院（2020）桂11民终779号民事裁定书

2. 案由：相邻关系纠纷

3. 当事人

原告（上诉人）：杨某廷

被告（被上诉人）：唐某斌

【基本案情】

杨某廷与唐某斌相继与案外人唐某龙互换了唐某龙承包经营的一块田地。2010年10月18日，唐某龙与唐某斌签订互换田地协议时，注明争议地留2.3米宽的通道。2011年1月22日，唐某龙与杨某廷签订互换一丘水田的协议书，协议书由唐某斌执笔书写并作为在场人在协议书上签字。唐某龙换给杨某廷的水田地名叫屋面前，东面与杨某春隔界，南面与唐某斌隔界，西面与杨某宏隔界，北面与杨某富隔界。2011 年，杨某廷在唐某龙换给的土地南面建起小厨房，东面、西面和北面建起水泥砖围墙。2014 年春，杨某廷一家人外出打工，唐某斌在杨某廷所建小厨房东面的 11.05 平方米土地上搭起水泥板，用于堆放垃圾，引发双方纠纷。为此杨某廷起诉，要求唐某斌将侵占其厨房旁边土地 11.05 平方米的水泥板拆除，恢复原状，并赔偿破坏杨某廷砌的围墙人工费 1200 元、材料费 400 元，合计 1600 元。

【案件焦点】

本案纠纷是土地权属争议还是土地侵权纠纷。

【法院裁判要旨】

广西壮族自治区富川瑶族自治县人民法院经审理认为：杨某廷、唐某斌讼争的土地原为案外人唐某龙承包的水田。唐某龙与唐某斌签订互换田地协议时，注明争议地留 2.3 米宽作为通道。唐某龙与杨某廷签订互换田地协议时，未注明争议土地留作通道，而是简单标注南邻唐某斌。杨某廷主张对讼争地享有使用权，并用水泥砖砌墙围住不允许唐某斌通行，唐某斌将围墙推倒，因而引发本案纠纷。唐某龙证实争议地是留作通道，方便杨某廷、唐某斌通行的事实。因本案涉及土地使用权及城乡规划的法律关系问题，依据《中华人民共和国土地管理法》第十四条“土地所有权和使用权争议，由当事人协商解决；协商不成的，由人民政府处理……”和《中华人民共和国城乡规划法》第六十五条“在乡、村庄规划区内未依法取得乡村建设规划许可证或者未按照乡村建设规划许可证的规定进行建设的，由乡、镇人民政府责令停止建设、限期改正；逾期不改正的，可以拆除”的规定，本案讼争土地使用权不清及是否允许在争议的土地上建围墙是政府行政职能，不属于人民法院民事处理范畴。

广西壮族自治区富川瑶族自治县人民法院依照《中华人民共和国民事诉讼法》第一百二十四条第一款第三项、第一百五十四条第一款第三项的规定，裁定如下：

驳回杨某廷的起诉。

杨某廷不服一审裁定，提起上诉。广西壮族自治区贺州市中级人民法院经审理认为：根据《中华人民共和国民事诉讼法》的规定，起诉必须符合四个条件，杨某廷与唐某斌讼争的土地原为案外人唐某龙承包的水田，案外人唐某龙先后与唐某斌和杨某廷互换田地。杨某廷与本案有直接利害关系，且在一审起诉时有明确的被告、具体诉讼请求及事实和理由，诉请的内容是恢复原状及赔偿损失，诉请属于人民法院受理的民事诉讼的范围，一审法院也有管辖权。故，一审法院认定杨某廷、唐某斌对案涉土地使用权有争议且是否允许在争议土地上建围墙是政府职能，不属于人民法院民事处理范畴，裁定驳回杨某廷的起诉实属不当，应予以纠正。

广西壮族自治区贺州市中级人民法院依照《中华人民共和国民事诉讼法》第一百七十一条、《最高人民法院关于适用〈中华人民共和国民事诉讼法〉的解释》第三百三十二条规定，裁定如下：

一、撤销一审民事裁定；

二、本案指令广西壮族自治区富川瑶族自治县人民法院审理。

【法官后语】

本案原告以相邻关系纠纷提起诉讼，是否支持其诉求，审理的关键在于确定争议土地权属是否清楚，并进一步确定本案是属于人民法院受理民事诉讼的范围还是属于人民政府的职能。争议的性质属于土地权属争议应由人民政府确权，属于人民政府的职能，土地侵权纠纷则属民事诉讼的范围由人民法院受理。土地权属争议是指因土地的所有权和使用权不明确而产生的争议，根据《中华人民共和国土地管理法》的规定，处理土地权属是人民政府的一项法定职责，未经政府处理的土地权属争议案件，人民法院不予受理。土地侵权纠纷是在土地权属明确的情况下，因侵犯他人土地权利而产生的纠纷，对土地侵权纠纷可直接向人民法院提起民事诉讼。2003 年施行的《土地权属争议调查处理办法》明确规定，土地侵权案件不属于土地权属争议调处的范围。对于土地界限清晰、四至界限明确的应不属于土地权属不清，使用权有争议的情形，原告据此起诉的侵权行为应属人民法院受理的民事诉讼范围。原国土资源部在《关于土地登记发证后提出的争议能否按权属争议处理问题的复函》（国土资厅函〔2007〕60 号）中对土地权属争议进行了更加明确的界定，认为土地权属争议是指土地登记前，土地权利利害关系人因土地所有权和使用权的归属而发生的争议；土地登记发证后已经明确了土地的所有权和使用权，土地登记发证后提出的争议不属于土地权属争议。

本案中，唐某龙将自己承包经营的水田先后与唐某斌、杨某廷签订协议进行互换，协议书上明确了互换土地的地名及四至界限。双方争议的水田作为承包经营地其界限明确，权属清楚，在互换协议上也明确标明四至界限位置，所以本案争议的土地应是界限清楚、权属明确的。杨某廷主张其对讼争土地享有使用权，主张恢复原状和损坏赔偿实属土地侵权纠纷，属于人民法院受理的民事诉讼范围，且讼争的土地在一审法院的辖区，一审法院具有管辖权，故本案应当由法院进行审理。

在司法实践中，土地侵权案件中被告方会以存在土地权属争议进行抗辩，但并非存在土地所有权和使用权的实质性争议。这类案件的显著特点是：一方面，当事人的诉求是排除妨害、恢复原状和侵权损害赔偿，并非土地确权，案件的性质是给付之诉而不是确认之诉；另一方面，确认土地权属是证明侵权存在的前提，人民法院必须查明土地权属，才能确认权利主体以及侵权行为是否存在。所以，审理土地侵权案件的第一步就是确认权属关系。不能因认定土地侵权需以确认土地权属为前提，就以人民法院对土地权属没有直接审查权为由裁定驳回起诉。否则，会导致土地侵权案件转化为土地确权案件，交由行政机关先行处理，提高物权保护的难度和成本，不利于物权保护。对于此类案件，人民法院虽不能直接审查确认土地权属，但可以审查土地所有权、使用权争议是否存在。这也符合《土地权属争议调查处理办法》的规定和精神。法院一旦审查认为土地所有权和使用权没有争议，则应按土地侵权之诉进行审理。

编写人：广西壮族自治区贺州市中级人民法院　王凯祥

132 既有多层住宅增设电梯纠纷中相邻关系容忍义务的认定

——王某等诉郭某等排除妨害案

【案件基本信息】

1. 裁判书字号

上海市第二中级人民法院（2019）沪 02 民终 11741 号民事判决书

2. 案由：排除妨害纠纷

3. 当事人

原告（被上诉人）：王某等七人

被告（上诉人）：郭某等五人

第三人：电梯公司

【基本案情】

王某等七人与郭某等五人均系某小区 7 号楼的业主。2017 年 11 月 27 日，7 号楼全体业主书面签名申请对本幢楼安装电梯，居委会及业委会在该申请表上盖章确认。在经过对电梯安装征询过程及统计结果公示、7 号楼承担电梯安装及运营费用的业主达成加装电梯的初步方案、住宅修缮中心就 7 号楼增设电梯立项公示等程序后，业委会未收到任何书面意见或建议，住房保障局下发了关于将该楼列入 2018 年既有多层住宅增设电梯实施计划的通知。随后业委会、电梯公司和 7 号楼需承担电梯安装费用的业主签订了加装电梯改造工程协议，王某等七人按约支付了第一笔工程款。

电梯公司在对电梯加装事宜进行地质条件勘测施工过程中，受到居住在一楼的郭某等五人阻挠，导致工程中途停止。

王某等七人认为，增设电梯程序合法合规。郭某等五人无故阻挠，致原告方经济损失，应停止妨碍并赔偿损失。

【案件焦点】

1. 既有多层住宅增设电梯施工给低层业主带来生活的不便利，是否构成不法侵害；2. 王某等七人不是实际施工人，是否有权主张排除妨害。

【法院裁判要旨】

上海市嘉定区人民法院经审理认为：相邻关系是两个以上相互毗邻的不动产所有人或占有使用人在行使不动产的占有、使用、收益和处分时，相互之间应当给予便利或接受限制而发生的权利义务关系。不动产的相邻各方，应当按照有利生产、方便生活、团结互助、公平合理的原则，正确处理相邻关系。给相邻方造成妨碍或者损失的，应当停止侵害、排除妨碍。为既有多层住宅增设电梯，系政府为适应社会经济发展和满足人口老龄化需求而推行的一项实事工程。电梯安装或许会对底楼住户的采光造成一定影响，但本着方便生活、团结互助的原则，底楼住户应当给予其他业主安装电梯的便利并接受一定的限制。且郭某等五人作为底楼业主代表最初亦在电梯安装申请表上签字，表明其对7号楼加装电梯事宜亦是同意的，现其反悔并实施阻挠，亦违反了诚实信用原则。虽然电梯安装是电梯公司实施的，但王某等七人是3楼至6楼房屋的产权人，电梯公司是根据王某等七人的委托而施工的，故王某等七人有权从相邻纠纷的角度出发，要求郭某等五人排除妨碍。郭某等五人认为王某等七人主体不适格的答辩意见不予采信。至于经济损失，虽然王某等七人已按约支付了电梯公司第一期电梯加装费用，但该公司在勘测时即已遭到郭某等五人的阻挠，并未正式进行施工，且该笔费用亦是日后继续安装电梯所必须产生的，现施工延期或许有损失存在，但尚不确定，故对于王某等七人要求郭某等五人赔偿经济损失185000元的请求，不予支持。

上海市嘉定区人民法院依照《中华人民共和国民法通则》第四条、第八十三条规定，判决如下：

一、郭某等五人应立即停止对电梯公司施工的妨碍，使电梯公司能继续实施电梯改造工程；

二、驳回王某等七人其余的诉讼请求。

郭某等五人不服一审判决，提起上诉。二审法院经审理同意一审法院裁判意见。

【法官后语】

在高速发展和急剧转型的社会背景下，建筑物呈现“密集化”“立体化”的特点。当老龄化社会与城镇化中国相遇，老人对电梯的需求日益突出，伴随为既有多层住宅加装电梯的工作在各省市相继试点开展，增设电梯纠纷成为相邻关系纠纷中的一个新类型。

本案是不动产相邻关系中排除加装电梯施工妨碍案。案涉电梯加装项目尚未正式启动，历时已近四年，诉讼经历一审、二审等阶段，当事人之间的矛盾久远难消，增加了法院解决纠纷的艰巨性和复杂性。厘清该类新型“相邻关系”的特点，确定权利来源，有利于准确把握此类相邻关系容忍义务的尺度。

1. 区分所有权建筑物中相邻关系的特点

普遍观点认为，相邻关系实质为所有权的限制或延伸，其核心内容之一是容忍义务，权利人在利用自己的不动产时不得对邻人造成过分的干扰，而相邻方也对不超过一定限度的干扰负有容忍义务。在司法实践中，容忍义务限度的把握往往需要对时期、地域、事件的不同加以区别。本案相邻关系涉及区分所有建筑物，具有其独特性：

（1）空间领域广杂。自城镇住房商品化改革以来，主要的住房方式有三类：独门独院式的房屋、留有政策印记的老公房、带电梯的高层建筑。其中大部分老公房与高层建筑属于区分所有权的建筑物，使其中的相邻关系更加复杂：同一栋建筑物的上下楼层之间形成上下的相邻关系、同一楼层共用一堵墙壁的左右两户之间形成左右的相邻关系，两栋独立的建筑之间也存在相邻关系。不同领域涉及不同的权利主体、不同的使用目的，所负担的容忍义务也需区别对待。

（2）权源多样。基于相邻权是所有权的限制和延伸的观点，加之我国目前采用“三元论”（《中华人民共和国民法典》第二百七十一条）认为，建筑物区分所有权是专有权、共有权、共同管理权（有理论称成员权）三者的复合权利，因此在建筑物专有部分、部分所有人共有部分、全体所有权人利益共同体部分发生的相邻关系（如为自己房屋改变管道电路，导致相邻房屋结构受损；非法占用楼道共有部分，影响相邻方通行、采光、生活环境；在小区内私搭晾衣架，影响小区环境等）权利源不同，相邻方应负的容忍义务也相应要有所区别。

2. 本案所涉“相邻关系”具有非典型性

(1) 区别于传统相邻关系。传统的相邻关系要求一方必须为另一方提供便利，是维护正常生活和生产的最低需要。其不是独立的民事权利，为防范权利滥用，法律对该类关系作出了直接且明确的规定，主要有排水和流水使用、管线铺设、必要通行、相邻通风、相邻损害防免、采光和相邻不可量物侵害等，并明确了有利生产、方便生活、团结互助、公平合理等几大衡量原则。

显然，为既有多层住宅增设电梯，必然会产生传统相邻关系的法律后果，如通行、采光、噪声等。但囿于各地经济发展程度不一，对电梯“最低需要”标准不一，现有法律对该类情形无法作出统一强制性规定，各试点地区亦均采用鼓励、帮扶等政策。因而此类案件属于非典型相邻关系纠纷，是否可以直接适用传统相邻权的规定应个案分析。

(2) 区别于地役权。《中华人民共和国民法典》规定了地役权制度。地役权是一项独立的物权，根据需役地权利人与供役地权利人自愿达成的协议而产生，使地役权人通过利用他人的不动产而使自己的不动产获得更大的效益。

本案所涉相邻关系，与地役权相比，两者共同点在于均需通过约定的方式，利用他人不动产，提高不动产效益。区别在于：其一，增设电梯的“供役地”属全体业主共有的部分，而非某一私人专属部位。这个“他人”的所有权有别于传统意义的排他所有权（反而更具传统相邻关系中提供方便地的特征），受建筑物区分所有权的法律规范。其二，提高的不动产效益并非针对某一“需役地”，而是全体业主共有部分的效益提升（如生活便利）。其三，为既有多层住宅增设电梯没有特定供役地权利人，故而为无偿（各地政策亦如此规定），而地役权多为有偿。

综上，为既有多层住宅增设电梯不是法定相邻关系类型，涉及上下之间立体的相邻人，其影响及于同一栋楼上下多户的通行便利、生活环境等方面，涵盖底楼共有部分的合理利用、同一栋楼对本栋楼的共同管理权。该相邻关系的产生源于楼幢内符合法定比例的业主“一致认可”“共同申请”等必要前提，而非法律直接规定，之后才涉及法定相邻关系中“必要通行”“不可量物侵害”等规则的衡量适用，兼具了地役权意定和相邻关系提供必要便利的特征，其容忍义务的限度也因此有所不同。审判中或可考虑综合两类法律制度的立法目的，从法的社会作用着手，结合个案事实，综合适用。

3. 回归法的社会作用，把握容忍义务尺度

随着全民法律意识不断提高，视野、光照、噪声等新类型相邻纠纷不断涌现，区分所有权的建筑物中相邻纠纷也呈逐年上升态势，加之不同地区、不同民俗、不同政策导致的相邻关系自身可能存在难以协调一致的矛盾，成文立法的法律规则实难穷尽相邻纠纷的所有形式。《中华人民共和国民法典》已经针对建筑物区分所有权、传统相邻关系问题作了比较系统的规定，但并未涉及与本案类似的情形。本案法官通过自身经验，参考相关指导性文件进行判断，回归法的社会作用，为“既有多层住宅增设电梯”容忍义务的限度寻找标尺。

（1）法的社会作用具有时代性。法通过其规范作用（作为手段）而实现其社会作用（作为目的），从告知、指引、评价、预测、教育、强制六个维度规范人们的行为和社会关系，促进文明。在不同时期，法社会作用的价值指向存在顺位差异，社会主义核心价值观是我国现阶段社会建设的思想保证和前进动力，司法审判应充分

发挥管理创新、价值引领的作用，在法律适用中体现、弘扬社会主义核心价值观。

（2）对“意定”的容忍义务适用诚实信用原则，符合“诚信”社会的基本要求。社会的发达程度与公民的诚信度是一个良性循环系统，对“诚信”的要求已经从市场经济领域普遍到社会生活的方方面面。从个人私权利角度，公民应诚实、善意地行使权利，履行义务，自觉约束自身；从司法审判公权力角度，诚实信用原则要求立法者实现当事人利益与社会利益平衡，法官根据公平正义进行创造性的司法活动，保持社会稳定与和谐地发展。①

根据《中华人民共和国民法典》② 第二百七十八条第一款第七项、第二款规定，改建、重建建筑物及其附属设施，在满足“双三分之二”业主参与表决的前提下，应当经参与表决专有部分面积四分之三以上的业主且参与表决人数四分之三以上的业主同意。可见，为既有多层住宅增设电梯需获得“双过半”业主的同意，是建筑物区分所有权人行使对共有部分的共同管理权的表现，应当遵循民事法律活动“自愿”“公平”“诚信”等基本原则，没有法定事由，不得随意变更、撤销已作出的意思表示。本案中，涉案楼栋全体业主一致同意增设电梯，底楼业主也在申请表上签名确认，基于此，相

① 徐国栋：《民法基本原则解释——成文法局限性之克服》，中国政法大学出版社2002年版，第79页。

② 本案所涉法律事实及裁判结果均发生在《中华人民共和国民法典》颁布之前，适用《中华人民共和国民法通则》《物权法》的相关规定，并参考当时上海市关于既有多层住宅增设电梯指导意见等文件的规定。《中华人民共和国民法典》物权编对业主决定建筑区划内重大事项的范围和表决事宜进行了重大修改，增加了表决范围，降低了权利行使条件，上海市相关行政规范性文件对此亦做了相应的调整。本案裁判结果与最新法律规定并无冲突，为了更好地发挥司法案例的实效价值，笔者直接适用《中华人民共和国民法典》的相关规定进行分析论证。

关业主与第三方签订合同并支付了部分工程款。后被告方以“申请”不等同于“同意”，“一个人签名”不等于“全家同意”等进行文字诡辩，明显有违诚信原则，损害了其他业主的信赖利益。而法院作为司法审判机关，在个案裁判时，考量当事人利益的同时也要平衡社会利益。为既有的老式多层住宅增设电梯，是惠民利民的实事工程，司法应当大力支持，被告一方“出尔反尔”的不诚信行为有违善良风俗，损害公共利益，应当被遏制。

(3) 对“法定”容忍义务适用传统相邻关系规则，有益于创建“友善互助”的社会主义新型人际关系。本案的诉辩争点“通行便利”“噪声干扰”“建筑垃圾”等其实均属于传统相邻纠纷类型。在建筑物区分所有关系中，业主自治①使全体业主因此享有管理权也承担了被管理的义务，而所有管理行为的根本均应回到“维护和增进全体业主的共同利益”这一出发点上，此与《中华人民共和国民法典》第二百八十八条规定的相邻关系基本原则不谋而合，两者有相同的法益，因此本案适用一般的相邻关系规则合理、合情也合乎相邻关系的立法本意。

当绝对所有权与相邻关系容忍义务相冲突时，利益衡量成为焦点与难点，在考量受损利益时，可以结合考虑受损的是财产利益、人身健康，还是生活上或营业的不便等。受损利益的性质不同，容忍义务的限度要求也不相同。本案的综合考量如下：

在“被害人容忍义务及其程度”方面，底楼业主因施工必然会遇到一段时间的交通不便、噪声干扰等问题，但该损害具有暂时性、可控性，尚属于一般人常理认知范围内可容忍的生活不便利。根据

① 高圣平：《论业主自治的边界》，载《法学论坛》2009年第6期。

政策文件规定，如果认为该建设工程后期施工方案存在安全隐患等，业主仍可再次提出异议，这也是对底楼业主合法权益的基本保障。

在“妨害者行为目的及可豁免度”方面，楼上业主希望通过增设电梯营造高效便捷的居住环境，使老人在习惯的生活环境下出入自由，为既有多层住宅加装电梯是最佳选择。因施工过程中对底楼业主造成的“损害”也在法律允许范围内，所以具备了合理性与合法性。

在“社会利益需要保护和增加的价值”方面，老龄化是现代社会不得不正视的一个问题，“悬空老人”难以下楼，出行的不便影响了生活质量，衍生出医疗困难、健康状况每况愈下的恶性循环，有的老人因此被迫选择住进养老机构。“每个法官在参考自己的经验时，都必须意识到这种时刻，在推进共同之善的目的指导下，一个创造性活动会产生某个规则，而就在这个自由行使意志之际决定了这一规则的形式和发展趋势。”① 邻里互助、尊老爱幼一直是我国的传统美德，优秀的立法与司法均应助力于传承并发扬这些善良风俗，通过法的教育作用，将社会主义核心价值观引入人心，达到法律与道德的高度统一。

本案并不复杂的事实引来众多关注，究其原因还是事件背后的价值导向涉及普通百姓的民生问题。“老吾老以及人之老”，适老化改造是社会经济发展的要求，体现了社会主义人文关怀精神。让“悬空老人”早日落地，提高人民的幸福感，是全社会的共同责任。相邻关系中的“各所有人如仅注重自己之权利，而不顾他人利益之

---

① ［美］本杰明·卡多佐：《司法过程的性质》，苏力译，商务印书馆2000年版，第104页。

需求时，必将导致相互利害之冲突，不仅使不动产均不能物尽其用，更有害于社会利益、国民经济”①。司法审判需要在两利相权取其重中平衡公平价值与效益价值，最终实现法的社会作用。

编写人：上海市嘉定区人民法院　陈淏昱

133　楼下搭建廊架对相邻权人居住安全产生危险的应当拆除以消除安全隐患

——范某诉姜某、某物业公司相邻关系案

【案件基本信息】

1. 裁判书字号

辽宁省丹东市中级人民法院（2020）辽06民终250号民事判决书

2. 案由：相邻关系纠纷

3. 当事人

原告（上诉人）：范某

被告（被上诉人）：姜某、某物业公司

【基本案情】

范某居住于某小区2单元205号，与居住于同一单元105号的姜某系楼上楼下邻居，该小区物业管理由某物业公司负责。2017年9月15日，姜某未征得范某同意在自家一楼院内搭建一木质结构廊架，该廊架从一楼窗上沿到二楼窗台下沿距离108厘米，

① 谢在全：《民法物权论·下册》，中国政法大学出版社1999年版，第171页。

一楼窗上沿距廊架上沿 44 厘米，廊架上沿到二楼窗台下沿间距 64 厘米，二楼窗即范某主卧窗。范某要求某物业公司处理。姜某曾向某物业公司出具书面保证，其申请在自家花园内搭建葡萄架纯属个人行为，由此产生的邻里之间与物业的纠纷，由其本人全权负责协调解决。某物业公司认为姜某搭建的木质廊架确实对范某安全有影响，也违反了上述保证。2018 年 10 月 20 日，某物业公司向姜某下达了限期拆除通知，但姜某一直未予拆除。范某为此曾起诉姜某，后又撤诉，但双方始终协商未果。范某为此再次提起本案诉讼。

【案件焦点】

姜某搭建木质廊架是否属侵权行为，是否影响到范某安全。

【法院裁判要旨】

辽宁省丹东市元宝区人民法院经审理认为：作为不动产的相邻权利人，应当按照有利生产、方便生活、团结互助、公平合理的原则，正确处理相邻关系。给相邻方造成妨碍的，应当停止侵害，排除妨碍。范某和姜某两家系邻居关系，姜某搭建木质廊架并未征得范某的同意，且其所搭建的廊架上沿到二楼范某主卧窗下沿间距仅有 64 厘米，距离较近，易使不法分子有机可乘，对范某的人身、财产安全构成一定的威胁，对此，某物业公司也认为姜某搭建的该木质廊架对范某安全有影响，并向姜某下达限期拆除通知，可见姜某搭建的该木质廊架给范某居住安全带来隐患已是共识。根据相关法律规定，权利人对于可能妨害其物权的，可请求排除妨害或者消除危险。现范某为此诉请，事实清楚，理由正当，于法有据，予以支持。

辽宁省丹东市元宝区人民法院依照《中华人民共和国民法通则》第八十三条、第一百三十四条第一款第一、二、五项，《中华人民共和国物权法》第三十五条、第七十一条、第八十四条、第九十一条，《中华人民共和国民事诉讼法》第一百四十二条规定，作出如下判决：

姜某于本判决生效之日起三十日内拆除搭建至范某窗外的木质廊架，消除安全隐患。

姜某不服一审判决，提起上诉。辽宁省丹东市中级人民法院经审理认为：《中华人民共和国物权法》第九十一条规定，不动产权利人挖掘土地、建造建筑物、铺设管线以及安装设备等，不得危及相邻不动产的安全。姜某在其房屋前搭建木质廊架时未征得楼上业主即范某的同意，该廊架延伸至范某主卧室窗下，间距不足一米，对范某的人身、财产构成一定的安全隐患。某物业公司作为物业管理方也给姜某下达了限期拆除的通知。因此，姜某提出不会造成安全隐患的上诉意见，不予采纳。虽然范某没有实际入住涉案房屋，但并不妨碍其作为相邻权利人行使权利，故姜某主张范某不享有本案的诉讼主体资格的观点，于法无据，不予支持。综上，姜某的上诉请求不能成立，应予驳回；一审判决认定事实清楚，适用法律正确，应予维持。

辽宁省丹东市中级人民法院依照《中华人民共和国民事诉讼法》第一百七十条第一款第一项规定，作出如下判决：

驳回上诉，维持原判。

【法官后语】

相邻关系是指不动产的相邻各方因行使所有权或者使用权而发生的权利义务关系。相邻关系实质上是相邻不动产的权利人行使其权利的一种延伸和限制。本案适用当时的民法通则和物权法的相关规定，具体到民法典颁布实施，本案引用的民法通则及物权法的相关条文在民法典中都有体现，《中华人民共和国民法通则》的第一百三十四条第一款第一、二、五项分别对应《中华人民共和国民法典》的第一百七十九条第一、二、五项的规定；《中华人民共和国物权法》的第三十五条、第七十一条、第八十四条、第九十一条分别对应《中华人民共和国民法典》的第二百三十六条、第二百七十二条、第二百八十八条、第二百九十五条的规定。民法典关于相邻关系的规定，除吸收了物权法中相邻关系的规定外，还进一步补充了相关的规定，总体上，民法典对于相邻关系的规定继承了民法通则及物权法的规定。

实践中，应注意区分侵权行为和相邻关系的法律适用。前者主要受《中华人民共和国民法典》侵权责任编调整，后者主要受同法物权编调整。其根本原因在于二者的法律关系性质不同：(1) 侵权行为是侵害他人财产利益、人身利益和精神利益的不法行为，具有违法性；相邻关系是根据法律规定而产生的权利义务关系，具有适法性。(2) 侵权行为在客观上造成了他人合法权益损害的法律后果，这种后果是不能容忍的，具有一定程度的社会危害性；相邻关系虽然也会使相邻权利人受到某种限制，但这种限制是必要的、合理的。(3) 侵权行为是行为人基于过错而实施的行为，行为人主观上有无过错是判断其行为是否构成侵权并承担民事责任的重要因素；相邻关系中的相邻权利人行使权利时主观上并无过错。(4) 侵权行为的行为人均应承担民事责任；相邻关系中的权利人对于轻微妨害则有容忍义务，只有造成实际损害或潜在危险才承担民事责任。

《中华人民共和国民法典》第二百八十八条规定："不动产的相邻权利人应当按照有利生产、方便生活、团结互助、公平合理的原则，正确处理相邻关系。"该条文明确了处理相邻关系的基本原则。同时，该法第二百九十五条规定，不动产权利人挖掘土地、建造建筑物、铺设管线以及安装设备等，不得危及相邻不动产的安全。具体到本案，关键是如何认定姜某搭建木质廊架是否对范某房屋的安全构成现实的危险。因二人系同一单元上下层邻居关系，姜某虽是在自己的院落内搭建廊架，但该廊架为不法人员进入楼上范某房屋提供了方便条件。因相邻权的基本价值就是保障权利人对不动产的正常利用以及不动产功能的正常发挥，而姜某搭建的廊架给相邻权利人范某的居住安全造成潜在的危险，使范某不能安心地居住于自己的房屋，故应认定姜某搭建的廊架给范某的安全生活造成了妨碍，依法应当拆除，消除安全隐患。需要注意的是，这种潜在危险的认定应以大多数人的正常认识作为认定标准，并不以危险带来的损害后果现实发生为标准，只要相邻一方的行为或其管理的物构成危险存在的原因，即使未发生损害后果，也不妨碍相邻权人行使消除危险、排除妨碍的请求权。

在现实生活中，多层住宅的一楼住户为了自身院落的美观、实用，在自己院落搭建建筑物、构筑物已是普遍现象。这种做法虽有其合理性，但一方面，会被不法人员利用，为其进入上层住宅提供便利条件，侵犯上层住户的相邻权益；另一方面，此类搭建行为往往未获得行政许可，可能成为违章建筑或构筑物，存在受到行政处罚的风险。因此，底层住户在行使自己院落的使用权时，不得对上层住宅安全构成妨碍，应以保障上层住户住宅安全为行使己方不动产使用权的边界，以维护文明和谐的邻里关系。

编写人：辽宁省丹东市元宝区人民法院　于军宁　宋晶

134　绿色原则在处理相邻关系中的适用

——丁甲诉丁乙财产损害赔偿案

【案件基本信息】

1. 裁判书字号

江苏省徐州市中级人民法院（2018）苏03民终2745号民事判决书

2. 案由：财产损害赔偿纠纷

3. 当事人

原告（上诉人）：丁甲

被告（被上诉人）：丁乙

【基本案情】

丁甲与丁乙耕种的土地位于徐州市铜山区某镇某村村庄南约10米南北道路及排水沟两侧，其中丁甲耕种的土地2.60亩位于南北道路的西侧，丁乙耕种的土地1.80亩位于南北道路的东侧。道路宽约5米，排水沟宽约2米。2001年春，丁甲在其耕种土地的西地边栽植一行杨树，丁乙在其耕种土地长8.50米的东地边栽植了一行杨树计34棵，现树高约20米。2017年年初，丁甲将其栽种的杨树砍伐。丁甲要求丁乙砍伐杨树无果，诉至法院，请求丁乙赔偿其责任田的农作物损失3000元。

【案件焦点】

丁乙拒不砍伐其田间地头林木的行为是否构成侵权。

【法院裁判要旨】

江苏省徐州市铜山区人民法院经审理认为：一般侵权责任的构成要件包括行为、过错、损害事实和因果关系。丁甲诉请丁乙赔偿损失 3000 元，需符合一般侵权责任的构成要件。在田间地头栽植农田防护林，对于改善农田小气候，促进农业生产能起到有益的作用。农田防护林有可能会给农田内的农作物生长带来日照与采光方面的局部影响，但与有益的作用相比，后者显然是主要的。双方均于 2001 年春在田间地头植树，其植树行为并不违反相关法律规定，不宜认定为过错行为。丁甲在 2017 年年初砍伐掉其田间地头的林木后，主张丁乙拒不砍伐所植林木的不作为行为已构成侵权，需首先证明丁乙植树的行为是一种能够造成相关损害的危险行为。根据上述分析，植树行为并不违反相关法律规定，丁甲出示的证明、照片、麦穗样品及毛豆样品也不足以证明植树行为是一种能够造成相关损害的危险行为进而对该行为作出法律上的否定性评价；在这种情况下，丁乙拒不砍伐所植林木并不存在过错。另外，丁甲出示的证明、照片、麦穗样品及毛豆样品也不足以证明丁乙植树行为造成了丁甲损失及损失的数额，据此对丁甲的主张不予采信。

江苏省徐州市铜山区人民法院依照《中华人民共和国侵权责任法》第二条、第六条、第十九条，《中华人民共和国民事诉讼法》第六十四条第一款规定，判决如下：

驳回丁甲的诉讼请求。

丁甲不服一审判决，提出上诉。江苏省徐州市中级人民法院经审理同意一审法院裁判意见，依照《中华人民共和国民事诉讼法》第一百七十条第一款第一项规定，判决如下：

驳回上诉，维持原判。

【法官后语】

本案审理中有两种观点：一种观点认为，土地经营权人对其所承包的土地按照土地用途享有占有、使用、收益的权利，有权维护土地上的农作物生长不受侵害，丁甲主张的侵权事由成立，应当酌情认定损失数额，支持丁甲的合理诉求。另一种观点认为，侵权责任的承担需要具备侵权行为、损害结果、因果关系、过错四个要件，丁乙在其承包经营的土地上种植树木，是在政策允许的情况下对自己土地经营权的合法行使，虽与丁甲的权利发生冲突，但栽植树木有利于生态环境保护，不宜认定为过错行为，应驳回丁甲的诉讼请求。本案判决采纳了第二种观点，理由如下：

1. 本案中存在双方合法权益的冲突

土地经营权是修正后的《中华人民共和国农村土地承包法》的重要内容，是法律为农村土地集约经营、农业产业要素聚集和农民收入持续稳定增长提供的制度保障，是基于民间实践和政策指引而设立的新型权利，《中华人民共和国民法典》将土地经营权设置于物权编用益物权分编，在土地承包经营权一章进行了定义：土地经营权人有权在合同期限内占有农村土地，自主开展农业生产经营并取得收益。从文义上理解，对土地的自主经营包括对农作物的种类选择、种植农作物的区位以及保障农作物增产保质等经营措施。本案中，丁甲在其经营的耕地上种植农作物，要求保障其农作物生长应有的充足日照，是土地经营权人合法行使和保障权益的必要内容。

同时，在政策允许的范围内，在田地间种植树木的行为并不违法，丁甲和丁乙在各自承包经营的田地间种植树木，对丁乙而言，其在自己经营的耕地上种植树木也是合法行使其权利。因树木的种植区域以及树木生长，局部农田必然会因树木树冠的遮挡而受到影响，双方的耕地相邻，导致双方行使合法权益的空间有所重叠，造成了本案的冲突。

2. 从侵权责任法的角度不宜认定丁乙的行为构成侵权

侵权责任是被侵权人要求侵权人承担的民事责任，其主要目的在于保护被侵权人的合法权益，填补被侵权人的损失，可以要求他人停止侵害、排除妨碍、消除危险、赔偿损失等。2021年实施的《中华人民共和国民法典》侵权责任编沿用了《中华人民共和国侵权责任法》中关于过错责任的基本规定，作为侵权责任中最基本的归责原则，一般而言，请求承担过错侵权责任，需要满足行为人实施了侵权行为、有损害结果的发生、侵权行为与损害结果之间有因果关系以及行为人有过错四个构成要件。首先，侵权行为是法律对行为人侵害他人合法权益的否定性评价，而丁乙在其承包田地中种树是在当地政策允许范围内行使的合法土地经营行为，并不违反相关法律规定，不具备侵权行为的“非法性”要求。其次，丁乙拒绝砍伐树木的消极行为是基于其合法种植行为，从主观上，没有侵害丁甲权益的过错，丁乙种植的树木和丁甲种植的树木分布在道路两旁，在丁甲砍掉树木后，对丁乙没有砍伐树木的消极不作为，不能过于苛责其注意义务，不宜认定其存在过失。最后，丁甲提供的证据无法证明其因丁乙拒伐树木的行为遭受的具体损失。

3. 公共利益应当纳入民事活动的利益衡量中

利益衡量是解决权利冲突的方法之一，通过衡量双方利益大小，借以协调双方的权利冲突。本案双方耕地相邻，权利冲突发生在相邻耕地之间。相邻双方坚持自己的权利，必然影响双方耕地的正常使用。《中华人民共和国民法典》对相邻关系的指导原则是有利生产、方便生活、团结互助、公平合理，双方彼此应当对对方合理使用权利时造成的不利影响予以容忍，以利于生产发展，实现双方利益的最大化。同时，《中华人民共和国民法典》确立了绿色原则，要求民事主体进行民事活动，应当有利于节约资源，保护生态环境。在所有权社会化的时代，对合法权利的行使进行合理限制，保障社会公共利益，不仅是处理人与社会关系的一条重要原则，而且是处理人与自然关系的重要原则。对同属于私权的权益冲突，司法裁判应当按照绿色原则的指引，优先保护有助于实现环境生态公益一方的利益。农田林网密布，对改善生态环境，避免极端气候对农业生产的影响，具有不可取代的作用，《中华人民共和国森林法》第十条强调了植树造林、保护森林，是公民应尽的义务。国家鼓励公民通过植树造林、抚育管护、认建认养等方式参与造林绿化。虽然一些地区调整了基本农田的保护政策，基本农田地头已不允许栽植树木，但这并不是说在非基本农田间种植树木没有保护生态环境的价值。本案中，丁乙栽植树木的地点并非基本农田，也不是零星栽植的树木，是在符合政策情况下成规模栽植于一般农田地头的林木，具备保护局部农田，减轻自然灾害，改善乡村景观和农作物生长条件等防护林功能，本案对丁甲土地经营权给予适当的限制，有利于局部农田生态环境的改善，符合社会公共利益的期许。

编写人：江苏省徐州市铜山区人民法院　汪志敏　彭懿

135 “越界”加装电梯如何公平处理
——蔡某志等诉园林公司排除妨碍案

【案件基本信息】

1. 裁判书字号

广东省广州市中级人民法院（2019）粤01民终22022号民事判决书

2. 案由：排除妨碍纠纷

3. 当事人

原告（上诉人）：蔡某志、陈某林、邱某凯、石某玲、潘某森、陈某芳

被告（上诉人）：园林公司

【基本案情】

2013年9月5日，广州市规划局向广州市越秀区水荫路×号小区之五（以下简称×号小区）相应房屋业主蔡某志、陈某林、邱某凯、石某玲、潘某森、陈某芳等人发出加装电梯的《建设工程规划许可证》，同年12月26日，该旧楼加装电梯工程在所在街道办事处进行了开工备案，准备动工，但相邻方园林公司因认为×号小区的业主拟加装电梯所用地块属其红线范围内，故不同意该电梯工程进一步施工。为此×号小区的业主向法院起诉要求：禁止园林公司实施任何阻止×号小区住宅楼加装电梯的侵害行为，并配合加装电梯的施工，留出施工通道及从一楼正常使用电梯的通道。

经法院现场勘验，查明×号小区首层为商铺，二层以上为住宅，

二层以上住户现通过与水荫路70号大院相邻的一条楼梯及连廊出入。2019年4月24日，广州市规划和自然资源局越秀区分局向法院复函，内容为：×号小区拟建电梯间工程位于园林公司用地红线范围内。按照《广州市既有住宅增设电梯试行办法》，×号小区业主所持《建设工程规划许可证》合法有效。

【案件焦点】

“越界”加装电梯是否应予支持。

【法院裁判要旨】

广东省广州市越秀区人民法院经审理认为：《中华人民共和国物权法》第八十八条规定，不动产权利人因建造、修缮建筑物以及铺设电线、电缆、水管、暖气和燃气管线等必须利用相邻土地、建筑物的，该土地、建筑物的权利人应当提供必要的便利。虽然拟建电梯间的位置位于园林公司的用地红线范围内，但根据上述法律规定，园林公司仍应为该电梯间的扩建工程提供必要的便利。因此，×号小区的业主要求园林公司停止阻止其加装电梯的侵害行为以及排除妨害、为其加装电梯留出施工通道的诉讼请求合法，予以支持。至于电梯间占用园林公司用地而造成的损失，园林公司可另循途径依法主张权利。此外，不动产权利人因用水、排水、通行、铺设管线等利用相邻不动产的，应当尽量避免对相邻的不动产权利人造成损害；造成损害的，应当给予赔偿。×号小区的业主应当充分考虑电梯间扩建工程完成后的出入通行问题，在使用中尽量避免对相邻的不动产权利人造成损害。×号小区的业主在拟扩建电梯间的位置已经占用了园林公司用地的情况下，再要求园林公司留出使用电梯的通道，显然加重了园林公司的义务。因此，×号小区的业主要求园林公司留出从一楼使用电梯的通道的诉讼请求，不予支持。×号小区的业主可参考同地段其他大楼加装电梯的模式，通过现有的楼梯，从二楼开始使用电梯。

广东省广州市越秀区人民法院依照《中华人民共和国民事诉讼法》第一百一十九条，《中华人民共和国物权法》第八十七条、第八十八条、第九十二条规定，判决：

一、自本判决发生法律效力之日，园林公司停止阻止×号小区住宅楼加装电梯的侵害行为；

二、自本判决发生法律效力之日，园林公司配合×号小区住宅楼加装电梯的施工，留出必要的施工通道；

三、驳回蔡某志、陈某林、邱某凯、石某玲、潘某森、陈某芳的其他诉讼请求。

一审宣判后，双方均不服并提起上诉。广东省广州市中级人民法院经审理认为：一审法院根据蔡某志、陈某林、邱某凯、石某玲、潘某森、陈某芳的诉讼请求的内容，确定本案案由为排除妨碍纠纷，并根据双方当事人的物业相邻的事实及诉讼请求中包含通行权的内容，适用规范相邻关系的法律审理本案诉讼，并无不当。蔡某志、陈某林、邱某凯、石某玲、潘某森、陈某芳提出本案诉讼不存在相邻关系事实的上诉主张，以及园林公司提出本案诉讼系地役权纠纷的上诉主张，均与本案诉讼请求及事实不符，不予采纳。

×号小区住宅楼房加装电梯的施工，需要利用相邻的园林公司所开发物业的土地，依照《中华人民共和国物权法》第八十八条关于不动产权利人因建造建筑物必须利用相邻土地的，该土地的权利人应当提供必要的便利的规定，园林公司应当提供必要的便利。根据广州市规划和自然资源局越秀区分局给一审法院的复函内容，蔡某志、陈某林、邱某凯、石某玲、潘某森、陈某芳取得的涉案楼房加装电梯工程的《建设工程规划许可证》合法有效，且在取得后的一年内办理了小型建设工程开工备案，故该《建设工程规划许可证》继续有效。园林公司认为该《建设工程规划许可证》已失效的上诉理由不能成立。园林公司在一审答辩意见及二审上诉意见中均表达了其不同意及其有权制止蔡某志、陈某林、邱某凯、石某玲、潘某森、陈某芳加装电梯施工行为的意思表示，结合蔡某志、陈某林、邱某凯、石某玲、潘某森、陈某芳在一审诉讼中为证明园林公司阻止加装电梯施工而提供的证据，能够证明园林公司存在阻止涉案楼房加装电梯的侵害行为的事实。因此，园林公司否认其实施阻止涉案楼房加装电梯行为的上诉主张不能成立。蔡某志、陈某林、邱某凯、石某玲、潘某森、陈某芳提出园林公司采用暴力方式阻止加装电梯的上诉主张，证据不足，不予采信。综上所述，一审法院作出园林公司停止阻止涉案楼房加装电梯的侵害行为及配合涉案楼房加装电梯的施工，留出必要的施工通道的判决正确，予以维持。如园林公司因对涉案楼房加装电梯工程的施工提供必要的便利而造成损失的，可另循法律途径主张权利，故一审法院就此向园林公司作出法律释明并无不当，园林公司认为一审法院的法律释明属于适用法律错误的上诉理由不能成立。

涉案楼房加装电梯工程完成后的通行，并非必须继续占用园林公司所开发物业的土地，且园林公司也不同意涉案楼房业主占用该土地作为使用加装电梯的通道，故一审法院对蔡某志、陈某林、邱某凯、石某玲、潘某森、陈某芳要求园林公司留出从一楼使用电梯的通道的诉讼请求不予支持，事实及法律依据充分。蔡某志、陈某林、邱某凯、石某玲、潘某森、陈某芳对此提出的上诉不能成立。

至于双方当事人上诉理由中涉及的各自物业的土地使用权争议问题，依照《中华人民共和国土地管理法》第十四条关于当事人对土地使用权争议协商不成的，由人民政府处理的规定，不属于人民法院民事诉讼审理范围，故不予审理。

综上所述，蔡某志、陈某林、邱某凯、石某玲、潘某森、陈某芳和园林公司的上诉请求均不能成立，均应予驳回；一审判决认定事实清楚，适用法律正确，应予维持。

广东省广州市中级人民法院依照《中华人民共和国民事诉讼法》第一百七十条第一款第一项规定，判决如下：

驳回上诉，维持原判。

【法官后语】

因旧楼业主拟加装电梯基坑必须以利用相邻不动产权利人的土地为条件，本案从“方便生活、团结互助、公平合理”相邻关系处理原则出发，判令旧楼业主在相邻不动产权利人建设用地上加装电梯，满足旧楼业主上下楼方便通行的需求，使得原本用于绿地的地块利用实现社会效益最大化，对于今后类似案件处理有一定的启示作用。

1. 审慎审查当事人方便生活诉求，寻求相邻关系处理之道

本案中，因旧楼业主拟加装电梯基坑必须以利用相邻不动产权利人的土地为条件，否则无法实现加装电梯、方便通行的美好生活愿景。《中华人民共和国民法典》第二百九十一条规定，不动产权利人对相邻权利人因通行等必须利用其土地的，应当提供必要的便利；第二百九十二条规定，不动产权利人因建造、修缮建筑物以及铺设

电线、电缆、水管、暖气和燃气管线等必须利用相邻土地、建筑物的，该土地、建筑物的权利人应当提供必要的便利。对于能否把加装的电梯纳入通行权的范畴，实践中存在不同观点。有观点认为上述规定的通行权，是指因权利人所属土地与公共道路无适宜通路，致使土地不能正常使用时，土地所有人或使用人通过周围他人土地以达公路的权利，而旧楼业主已有方便通行的楼梯，不存在通行不能，故相邻不动产权利人没有义务忍受旧楼业主要求加装电梯而占用己方土地的行为。对此，笔者认为，基于我国人口老龄化的现状，爬楼梯上下高楼对于年迈老人无异于“蜀道”，借助电梯上下楼也成为老年人出入通行的必需。没有电梯帮助，老年人很难顺利出行。从功能同一性角度分析，加装电梯对于解决居住于高层的高龄业主（住户）上下楼出行不便的需求，与设立通行权解决不动产权人通过相邻不动产到达公路的通行需求相类似。因此，应将旧楼业主加装电梯纳入相邻通行权范围，判令不动产权利人基于通行方便需要，可使用相邻不动产权利人的土地建设加装电梯的基坑，符合人们追求美好方便生活的意愿和需求。

2. 合理平衡双方当事人利益，坚持损害最小化原则

旧楼业主拟加装电梯基坑须以利用不动产权利人的土地为条件，故旧楼业主加装电梯的行为势必会造成不动产权利人利益受损。《中华人民共和国民法典》第二百九十六条规定，不动产权利人因用水、排水、通行、铺设管线等利用相邻不动产的，应当尽量避免对相邻的不动产权利人造成损害。该规定表明，旧楼业主因加装电梯对不动产权利人造成损害应以最小化为原则，不能超过必要限度，这也是平衡毗邻方利益及双方权利义务对等的体现。本案中，旧楼业主拟要求不动产权利人在其用地范围内留出供旧楼业主使用电梯进出

通道，在双方没有达成约定且旧楼业主可通过原有的二楼平台搭乘电梯的情况下，旧楼业主的诉求显然已经超出“必须利用相邻土地”的必要性范畴，加重了相邻不动产权利人的负担，不符合公平合理原则和损害最小化原则，故不能基于相邻权获得支持。值得注意的是，尽管相邻不动产权利人有忍受旧楼业主加装电梯的义务，但对于旧楼业主因加装电梯的行为造成不动产权利人损害的，根据《中华人民共和国民法典》侵权责任编的规定，旧楼业主应根据损害大小给予赔偿。

3. 加强邻里团结互助，坚持社会效益最大化原则

随着城市人口老龄化的发展以及政府出于改善民生考虑，旧城改造加装电梯的速度正在不断加快，电梯的整体建设需要进行大量的拆建活动，而拆建过程牵涉各方利益，加之人们法律意识的不断提高，当合法利益得不到保障的时候，诉至法院就成了最后的选择。由于各种原因，此类案件目前诉至法院的并不多，但从受案情况看仍然呈逐年上升趋势，所以有必要引起相关部门重视。本案中，双方因加装电梯已经争执多年，涉案地块之所以迟迟未能加建电梯实质系因为双方对于赔偿问题未能谈拢，考虑到旧楼业主拟加装电梯基坑属绿地范围对不动产用地规划影响较小，在旧楼业主拟加装电梯已取得行政部门许可并核发《建设工程规划许可证》情形下，法院支持旧楼业主加装电梯的诉求有助于物尽其用，化解邻里矛盾，实现定分止争，满足社会效益最大化原则，实现社会效果和法律效果统一，形成良好示范效应。

编写人：广东省广州市中级人民法院　林旭群

广东省广州市越秀区人民法院　黄丽蓉

136 眺望权司法保护的认定

——韩某诉朱某相邻关系案

【案件基本信息】

1. 裁判书字号

北京市第一中级人民法院（2018）京01民终5223号民事判决书

2. 案由：相邻关系纠纷

3. 当事人

原告（上诉人）：韩某

被告（被上诉人）：朱某

【基本案情】

韩某系8228号别墅业主，朱某系8233号别墅业主。8228号别墅在8233号别墅的东南方向。朱某于2012年前对8233号别墅进行了改建，其建设行为未取得规划审批手续。物业公司于2011年7月15日、11月28日、11月30日分别作出《整改通知书》，要求朱某进行停工、整改。2013年7月9日，北京市昌平区城市管理监察大队送达了《谈话通知书》《责令停止建设通知书》，要求工人立即停止施工行为，并要求朱某携带相关材料到该监察大队接受调查处理。

法院依法委托司法鉴定中心对8233号别墅在其设计建筑外增建、加建部分是否使与其相邻的8228号别墅日照标准降低、是否对8228号别墅采光、通风、窗外视野产生影响及改变后的排水是否对8228号别墅产生影响进行了鉴定。在鉴定过程中，韩某放弃了采光、通风、排水的相关鉴定内容。北京市建筑工程研究院建设工程质量司法鉴定中心根据韩某变更后的鉴定事项出具了司法鉴定意见书，载明：1. 8233号别墅在其设计建筑外增建、加减部分对其相邻8228号别墅日照标准无影响。2. 8233号别墅在其设计建筑外增建、加建会对8228号别墅的窗外视野范围造成一定的影响。

【案件焦点】

1. 韩某的眺望权是否能够得到司法保护；2. 一审撤回鉴定申请后，二审中所提鉴定申请是否应当得到支持。

【法院裁判要旨】

北京市昌平区人民法院经审理认为：根据北京市建筑工程研究院建设工程质量司法鉴定中心出具的鉴定结论，朱某在其设计建筑外增建、加建部分对韩某所有的房屋日照标准无影响。故韩某主张朱某加建、扩建的房屋对韩某房屋的日照标准造成影响的主张，依据不足，不予支持。公民请求法律保护的民事权益，必须是现行法律明确规定的合法权益，虽然鉴定检验报告书指出朱某增建、加建的房屋会对韩某房屋的窗外视野范围造成一定的影响，但韩某提出朱某妨碍其视野权，尚无明确应予法律保护的规定，因此其该项主张缺乏法律根据，不能成立，不予支持。

北京市昌平区人民法院依照《中华人民共和国民法通则》第八十三条，作出如下判决：

驳回韩某的所有诉讼请求。

韩某不服一审判决，提起上诉。北京市第一中级人民法院经审理认为：眺望权是房屋的所有权人和用益物权人从其房屋向外眺望一定景观，从中获得精神利益和物质利益的权利。物权法明确规定了用水、排水、通行、相邻土地或建筑利用、通风、日照、采光等相邻权利内容。在法律没有明确规定相邻权利中包括眺望权的情况下，不宜将眺望权归属于相邻关系权利项下加以保护。眺望权的客体本质是良好视野或美好景观带来的一种精神上健康愉悦的体验，超出了满足正常生活最低需要的限度，将之作为一种法定的相邻关系权利给予强制性保护是不现实的。结合物权法的基本理论来看，眺望权应当属于地役权保护的范畴，并非法定权利，而是约定权利，权利形成的前提在于存在当事人自愿订立的地役合同。根据本案一审中的鉴定意见，8233 号别墅影响 8228 号别墅的正常眺望属于客观事实。但韩某与朱某之间并不存在针对眺望权进行约定的地役合同，因此韩某主张朱某侵犯其眺望权故应当拆除相应建筑的上诉请求，缺乏法律和事实依据，对此不予支持。

二审中，韩某申请对“8233 号别墅是否对 8228 号别墅采光、通风、排水、消防安全产生影响”进行鉴定。韩某曾在一审期间提起该申请，法院依其申请启动了鉴定程序。在鉴定过程中，经法官询问，韩某及其委托诉讼代理人曾明确表示放弃对采光、通风、排水及防火安全的鉴定申请，并明确指出仅申请对日照和窗外视野进行鉴定。韩某上诉称撤销对上述事项的鉴定是受到误导，并非其真实意思表示。但韩某在一审中的委托诉讼代理人是掌握法律专业知识的律师，其应当对鉴定程序启动及鉴定事项放弃的法律后果具有清楚的认识，而且经过审核，韩某的委托诉讼代理人具有对鉴定事项发表意见的权限，故对韩某该项上诉理由不予采信。韩某在一审放弃对通风、采光、消防安全等事项进行鉴定的情况下，在二审中再次申请启动相关鉴定，此种前后矛盾的诉讼行为有违民事诉讼诚实信用原则，亦会造成司法资源不必要的浪费，且本案相关鉴定意见不存在需要补充鉴定或重新鉴定的情况，故对其申请不予准许。

韩某对于8228号别墅的空气无法流通或正常流通受到较大影响、在相应的天气环境下8233号别墅对8228号别墅造成的采光影响、8233号别墅如何妨碍8228号别墅的消防安全及8233号别墅与8228号别墅之间的道路给韩某带来的损害以及排水受到的影响等主张未提供充分证据加以证明，故无法认定韩某上述相邻权益受到损害。

北京市第一中级人民法院依照《中华人民共和国民事诉讼法》第一百七十条第一款第一项规定，作出如下判决：

驳回上诉，维持原判。

【法官后语】

1. 关于眺望权的法律性质

本案中，韩某以相邻关系纠纷为由提起诉讼，要求根据相邻关系保护的原则对其眺望权加以保护。为此，眺望权的权利属性和权利特点是首先要解决的问题。眺望权是房屋的所有权人和用益物权人从其房屋向外眺望一定景观，从中获得精神利益和物质利益的权利。其中精神利益主要是指通过眺望获得的精神愉悦，物质利益是指该房屋因可以给人带来精神享受而产生的房屋价值或市场潜力的提升。一般来说，在义务不确定、权利界限不清晰的地方往往容易发生权利冲突。眺望权因与房屋这一不动产存在无法分割的密切联系，将其归属于相邻权还是地役权进行保护易产生理解上的误区。

《中华人民共和国民法典》（以下简称《民法典》）采取了相邻关系和地役权分立的立法模式。结合物权法的基本理论来看，眺望权应当属于地役权保护的范畴：

(1) 法律性质维度的分析。相邻关系属于因所有权内容而产生的效力之扩张和限制，被规定于《民法典》物权编第二分编所有权项下。因其所具有的所有权扩张的性质，对其扩张范围应当有所限制。而地役权属于独立的用益物权，被规定于《民法典》物权编第三分编用益物权项下，相较于所有权，法律对其限制相对宽松。

(2) 产生原因维度的分析。相邻关系是基于法律规定而产生，由法律对相邻不动产的权利进行扩张或限制。相邻权利内容应由法律明确规定。在法律没有明确规定相邻权利包括眺望利益的情况下，不宜将眺望权归属于相邻关系权利项下加以保护。眺望权只能基于当事人之间的合同而产生，当事人为了提高自己不动产的效益，可以与他人通过订立合同的方式利用或限制他人的不动产，其中包括收获精神利益与物质利益的眺望权。

(3) 法定义务层次维度的分析。相邻关系是法律上当然而生的最小限度的利用之调节，仅限于满足最基本的生活、生产之便利和需要，任意扩大限度会违背公平原则，导致权利滥用。而地役权则是当事人逾越相邻关系限度而约定的权利义务关系，是相对更高限度的利用之调节，其范围可以突破基本的生产、生活需要而扩大到更高层次的精神、物质享受之需。眺望权的客体本质是良好视野或美好景观带来的一种精神上健康愉悦的利益，对这种利益的追求是否在满足正常生活最低需要的限度内，在不同的社会发展阶段，答案是不同的，须谨慎判断。就当今我国社会现状而言，能否看见风景和享受美好景观，显然不是维护正常的生活和生产的最低需要，而是追求更高层次的精神享受或实现提高不动产价值的目的。

2. 结合眺望权的司法保护要件分析本案中的眺望权是否能够得到司法保护

《民法典》物权编第三分编第十五章规定了地役权，使依据地役权保护眺望权成为可能。地役权是在法律规定的相邻关系之外，按照合同约定利用他人的不动产，以提高自己不动产效益的权利，具有弥补相邻关系保护不足的作用。眺望权属于地役权的一种，此种权利并非法定权利，而是约定权利，权利形成的前提在于存在当事人自愿订立的地役合同。

本案中，鉴定结论并未将8233号别墅对8228号别墅窗外视野造成影响的范围和程度等问题具体详细地加以描述，但8233号别墅影响8228号别墅的正常眺望属于客观事实。此客观损害是否能够得到司法保护，关键在于本案中的眺望权是否符合司法保护要件的具体要求。韩某与朱某之间并不存在针对眺望权进行约定的地役合同，故本案中的眺望权无法得到司法保护。

3. 一审明确放弃鉴定后，二审中所提鉴定申请是否应当得到支持

《中华人民共和国民事诉讼法》第六十五条第一款规定："当事人对自己提出的主张应当及时提供证据。"当事人在一审程序中申请通过鉴定的手段，由专业机构辅助查明案件事实，是当事人的诉讼权利。启动鉴定程序的申请应当在举证时限内提出，对鉴定意见有异议，也应当在一审中及时提出补充鉴定或重新鉴定的申请。

《最高人民法院关于适用〈中华人民共和国民事诉讼法〉的解释》第一百零二条第一款规定："当事人因故意或者重大过失逾期提供的证据，人民法院不予采纳。但该证据与案件基本事实有关的，

人民法院应当采纳，并依照民事诉讼法第六十五条、第一百一十五条第一款的规定予以训诫、罚款。当事人非因故意或者重大过失逾期提供的证据，人民法院应当采纳，并对当事人予以训诫。”据此，当事人有权利在二审中提供新的证据，如果与案件基本事实相关，由法院视情况不同附条件地加以采纳。据此，当事人拥有了二审申请鉴定的权利。

鉴定意见是民事证据的类型之一，鉴定意见的形成有赖于鉴定程序的启动。鉴定意见是结果，鉴定程序是手段，即使启动了鉴定程序，产生的结果并不必然对案件的事实判断产生影响，启动鉴定程序的申请本身并不等同于向法院提交了新的证据。因此，在二审程序中，当事人申请补充鉴定或重新鉴定能否得到准许应当结合个案具体情况具体分析。本案中，韩某在一审放弃对通风、采光、消防安全等事项进行鉴定的情况下，在二审中再次申请启动相关鉴定，此种前后矛盾的诉讼行为有违民事诉讼诚实信用原则，亦会造成司法资源不必要的浪费，故对此申请不应当允许。

编写人：北京市第一中级人民法院　赵小军

137 相邻通行权的确认是否须以不动产权利人正在使用该不动产为前提条件

——农业公司诉带业公司相邻通行案

【案件基本信息】

1. 裁判书字号

江苏省无锡市中级人民法院（2018）苏02民终4006号民事判

决书

2. 案由：相邻通行纠纷

3. 当事人

原告（上诉人）：农业公司

被告（被上诉人）：带业公司

【基本案情】

农业公司与带业公司的厂房均坐落于无锡市惠山区某镇某处12号院（以下简称12号院）内，两企业对各自厂房享有所有权，院内各企业共同使用的通道的土地使用权人为案外人化肥厂。2004年，带业公司将12号院各企业进出的小门扩充为大门，含农业公司在内的院内所有企业均可从该大门通行。2013年1月，带业公司与化肥厂签订租赁协议，约定化肥厂将该大门对应的通道使用权出租给带业公司，租期为2013年1月1日至2033年12月31日。后带业公司将该门改成电动遥控铁门，由带业公司控制。自2016年开始，带业公司不再允许农业公司从该铁门进出。后农业公司诉至法院，请求判令带业公司拆除该铁门，保证其通行权。

农业公司自2015年年底已不在12号院从事经营活动。院内另有化肥厂开设的西面大门，农业公司可通过环通通道从西面大门绕行出入，但因通道狭窄，大型货车通行受限。

二审中，农业公司变更诉请为不要求带业公司拆除该铁门，仅要求确认其对该相应通道及该铁门享有通行权。

【案件焦点】

1. 相邻通行纠纷中“有利于生产”的认定标准应如何把握；

2. 相邻通行权的确认是否须以不动产权利人正在使用该不动产为前提条件。

【法院裁判要旨】

江苏省无锡市惠山区人民法院经审理认为：不动产权利人对相邻权利人因通行等必须利用其土地的，应当提供必要的便利，但主张方必须证明从邻地通行具有必要性和唯一性。农业公司可通过环通通道绕行到另一出口进出，诉争铁门出口不具有唯一性。农业公司虽主张因环通通道最窄处大型货车通行受限，但农业公司自2015年年底已不在该处经营，且带业公司系通过租赁取得诉争通道的使用权，故农业公司主张带业公司妨碍其通行权，不应予以支持。

江苏省无锡市惠山区人民法院依照《中华人民共和国物权法》第八十七条规定，作出如下判决：

驳回农业公司的诉讼请求。

农业公司不服一审判决，提起上诉。江苏省无锡市中级人民法院经审理认为：不动产的相邻权利人应当按照有利生产、方便生活、团结互助、公平合理的原则，正确处理相邻关系。本案二审争议的问题是农业公司是否有权利通行带业公司承租的通道及院落之铁门。首先，虽然涉案铁门所处的位置在带业公司租赁的土地范围内，但该铁门由小门改建成大门前后十几年来，农业公司均可从该门进出，故应认定涉案铁门所处的通道是历史通道，根据《最高人民法院关于贯彻执行〈中华人民共和国民法通则〉若干问题的意见（试行）》第一百零一条规定，农业公司有权使用该通道并通过涉案铁门。其次，虽然农业公司可通过环通通道绕行到另一出口，但农业公司通过涉案铁门进出更为便捷，且能够通行大型货车，从发挥不动产的最大效能角度考虑，带业公司亦应当给予必要的便利。综上，农业公司要求通行涉案铁门所处的通道及从涉案铁门进出的上诉请求成立，应予支持。因带业公司是通过租赁获得其与农业公司之间通道的土地使用权，故农业公司在使用该通道受益后，可给予带业公司适当补偿，补偿数额由双方另行协商。

江苏省无锡市中级人民法院依照《中华人民共和国物权法》第八十七条、《最高人民法院关于贯彻执行〈中华人民共和国民法通则〉若干问题的意见（试行）》第一百零一条、《中华人民共和国民事诉讼法》第一百七十条第一款第二项规定，作出如下判决：

一、撤销无锡市惠山区人民法院（2018）苏0206民初1215号民事判决；

二、农业公司有权通行带业公司位于12号院之铁门；

三、驳回农业公司的其他诉讼请求。

【法官后语】

1. 关于相邻通行纠纷中“有利于生产”的认定标准应如何把握的问题

相邻通行权是对相邻土地所有权人或使用权人的合理限制。《中华人民共和国民法典》第二百八十八条规定，“不动产的相邻权利人应当按照有利生产、方便生活、团结互助、公平合理的原则，正确处理相邻关系。”该法第二百九十一条规定，“不动产权利人对相邻权利人因通行等必须利用其土地的，应当提供必要的便利。”故本案亦应对照有利生产、团结互助、公平合理的原则对双方权益进行考量。一审法院认为，农业公司可通过环通通道绕行到另一出口，诉争铁门出口不具有唯一性和必要性，进而认定农业公司无权主张通行。对此，二审法院在肯定农业公司可通过环通通道绕行到另一出口的前提下，先行认定诉争通道为历史通道，又结合环通通道最窄处大型货车无法通行，通过涉案铁门进出更为便捷，认定带业公司应当给予必要便利，不仅尊重了历史，而且该裁判思路较一审更有利于物尽其用。随着经济社会的发展，相邻通行权的表现样态较之简单的通行需求亦有变化。相邻通行权纠纷中，有利生产、方便生活的判断标准应结合该不动产的特性综合判断。本案中，农业公司与带业公司均属企业，农业公司的经营范围为化肥，十余年来益和公司均可通行诉争大门，且在其他通道通行受限的情况下，农业公司主张对诉争大门享有相邻通行权，具有合理性。

2. 关于相邻通行权的确认是否须以不动产权利人当前正在使用不动产为前提的问题

本案中，带业公司提出抗辩认为农业公司自 2015 年起已不在该场所生产经营，故不应再确认其享有相邻通行权。一审法院亦采纳了该抗辩意见。应当认为，相邻通行权是基于不动产物权而衍生的权利，其通行的必要性虽一般需以当前生产经营的客观需要加以判断，但如果能够结合先前的经营状况以及该不动产规划之性状就该不动产利用须借助相邻权利人土地通行作出判断的，不应仅以不动产权利人当前未使用不动产否定其权利主张。本案中，农业公司诉讼前虽有一段时间未在该厂区从事经营活动，但因此限制其通行权，将对其之后的生产经营规划产生影响，客观上也会影响该不动产的市场价值。

3. 关于带业公司通过租赁取得其与农业公司之间通道的使用权，能否阻却农业公司通行的问题

通行权设立之目的，即为适当限制物权所有权人的绝对权利，

给予相邻不动产权利人必要的通行便利。先不论带业公司的通道使用权系租赁取得，即使其具有完全的所有权，亦应基于相邻人实际需要给予通行的便利。需要指出的是，带业公司对铁门的建设和管理定会支出必要费用，且该铁门的管理及维护对于包括农业公司在内的12号院内企业均有益处，故从公平角度而言，农业公司因使用该通道受益的，可给予适当补偿。

编写人：江苏省无锡市中级人民法院　宁尚成　潘晓峰

138 处理相邻通行关系应优先保护所有权人对房屋的基本使用权益

——喻某诉李某某相邻通行案

【案件基本信息】

1. 裁判书字号：四川省成都市中级人民法院（2018）川01民终1310号民事判决书

2. 案由：相邻通行纠纷

3. 当事人：

原告（上诉人）：喻某

被告（被上诉人）：李某某

第三人（被上诉人）：杨某

【基本案情】

2017年6月9日，喻某和李某某通过司法拍卖网络平台，分别竞拍到法院拍卖的蒲江县某镇某街5号某单元3楼1号房屋一套和1楼商铺一间，该3楼1号房屋和1楼商铺的原所有权人为陈某某，1楼商铺的承租人现为杨某。该栋楼房修建于1990年，为混合结构，总层数三层，设有一独立楼梯通往楼上住户，楼梯口设一后门，有通往大楼后边的人行通道；楼下商铺系独立封闭的，有自己的前后门，并与通往楼上的楼梯间隔离开来。

后来有人在楼房后面人行通道上搭建了其他建筑物，导致通往楼上的楼梯口后门及通道被封堵，出现了楼上住户通过底楼商铺通行的情况。但因案涉3楼1号房屋和1楼商铺以前属于同一业主，也就没有相邻通行问题。现喻某、李某某分别购得3楼1号住宅和1楼商铺后，因通往楼梯口的后门和通道被他人封堵多年，喻某只能选择通过1楼商铺通往楼上，在商铺开门并有人值守时，喻某的通行没有障碍；但商铺歇业后，承租人杨某为财产安全考虑就不同意喻某通过商铺通往楼上，进而引发纠纷。

【案件焦点】

房东将铺面出租给他人经营使用，并与之协商后所享有的通行权，在大楼本身存在自然历史通道的情况下能否作为楼上住户用于通行的通道。

【法院裁判要旨】

四川省蒲江县人民法院经审理认为：不动产权利人原则上有权禁止他人进入其土地，但他人因通行等必须利用或进入其土地的，不动产权利人应当提供必要的方便。对一方所有或者使用的建筑物范围内历史形成的必经通道，所有权人或使用权人不得堵塞。诉争3楼房屋的住户通往楼上的建筑设计通道和历史通道是从大楼后面人行通道经楼梯口上楼，从1楼铺面通行是在楼上楼下属于同一业主和后门被封时的例外情况，1楼铺面并非楼上住户历史形成的必经通道。另外，李某某和杨某也未实施封堵楼梯口后门和楼后通道的侵权行为。故在大楼后面通往楼梯口的通道被他人建筑物堵塞的情况下，喻某应通过相应的法律途径要求堵塞其通道的侵权人排除妨碍，而不能以楼梯口后门被封为由要求从李某某铺面内通行。故喻某对李某某所有的并由杨某承租的商铺不享有法定的相邻通行权，喻某的诉请缺乏事实和法律依据，不予支持。综上所述，依照《中华人民共和国物权法》第八十七条规定，判决如下：

驳回喻某的诉讼请求。

喻某不服该判决，提起上诉。四川省成都市中级人民法院经审理认为：李某某为案涉商铺的所有权人，其对商铺享有完全的所有权能。案涉商铺功能主要是用于商业用途，并非用于通行的必经通道，喻某以本属于历史必经通道被堵塞为由要求李某某从其商铺处提供通道缺乏法律依据，一审法院驳回其诉讼请求并无不当，应予以维持。目前，因大楼后面人行通道客观上被堵塞，喻某可能需要再次主张权利以恢复人行通道通行条件，在此期间法院倡议李某某、杨某本着睦邻友好的原则，在不影响商铺经营的同时为喻某提供相应的通行条件。综上所述，喻某的上诉请求不能成立，予以驳回。一审判决认定事实清楚，适用法律准确。依照《中华人民共和国民事诉讼法》第一百七十条第一款第一项规定，判决如下：

驳回上诉，维持原判。

【法官后语】

本案争议涉及相邻通行权。相邻通行权是指由于地理条件的限制，一方必须利用相邻一方所有或者使用的土地，取得通行等权利。

邻地通行关系是最常见的一种相邻关系，其设立的目的是调节相邻不动产所有人或使用人相互间对土地的利用，而对相邻不动产的权利的行使加以某种程度的限制，从而使邻地所有人或使用人充分发挥其对土地的利用效用。其含义分析如下：(1)“必须”，是指一方权利的行使以利用相邻一方的土地为条件，若不利用，就无法行使自己的民事权利，影响自己正常的生产和生活；(2)“土地”，是指开发、使用的土地和未开发、使用的土地，包括城镇用地、农田、农村宅基地、林地、草地、山岭及其他土地；(3)“提供必要的便利”，是指不动产权利人为相邻权利人从自己的土地通行创造条件，使其相邻权能够得以实现。譬如，留出能够使其正常出入的通道，不得在通道上设置障碍或者进行封堵，造成相邻权利人通行困难，甚至无路可走。

结合本案来看，喻某、李某某在分别取得案涉三楼住房和底楼商铺所有权时，喻某应知晓其通行权是存在瑕疵的，即通往楼梯口后门的共用通道被堵。在此之前，因案涉三楼住房和底楼商铺属于同一业主，其通过自有铺面通行所形成的通道不是相邻权人基于相邻关系利用他人建筑范围内土地通行所形成的通道，不属于相邻历史通道。故喻某无权要求李某某为其提供相邻通行权，只能要求堵塞其通行道路的行为人排除妨害。喻某若想在李某某的商铺通行，须与实际使用人杨某和李某某协商一致取得通行地役权。鉴于喻某通往其房屋的唯一通道确实被堵塞，其行使并实现相应物权客观上需要一定周期，法院从保护所有权人的基本居住权益、倡导和谐邻里关系的角度出发，倡议杨某某、李某为喻某提供适当的通行便利。

本案判决时，《中华人民共和国民法典》（以下简称《民法典》）尚未颁布实施，故仍适用《中华人民共和国民法通则》第八十三条、《中华人民共和国物权法》第八十七条，其与《民法典》

中对相邻关系通行权的规定是一致的。

编写人：四川省蒲江县人民法院　张爱汶　黄晓军

139 在无法明确侵权行为主体的情况下，上下毗邻漏水纠纷可适用举证责任倒置

——付某诉张甲等排除妨害案

【案件基本信息】

1. 裁判书字号

北京市第三中级人民法院（2018）京03民终14992号民事判决书

2. 案由：排除妨害纠纷

3. 当事人

原告（上诉人）：付某

被告（上诉人）：张甲、张乙、陶某

【基本案情】

付某和陶某分别系北京市朝阳区某小区402号房屋和502号房屋的所有权人。502号房屋与402号房屋上下楼相邻。陶某与张甲、张乙系母子关系。张甲、张乙长期在502号房屋居住。

付某主张502号房屋自2007年至2018年多次发生漏水，比较严重的一次是2016年7月502号房屋卫生间发生漏水，水顺着卫生间北侧管道流至402号房屋，造成402号房屋卫生间及与卫生间相邻的门厅顶部、墙壁、地板受损。张甲、张乙、陶某主张其

于2016年7月至402号房屋准备维修，但402号房屋没有发生漏水，并主张2014年、2015年其楼上602号房屋发生漏水，水流向502号房屋、402号房屋。付某认可2014年、2015年602号房屋发生漏水，当时也造成402号房屋卫生间及门厅房屋顶部、墙壁受损，该次漏水没有进行维修，但主张402号房屋漏水痕迹是502号房屋长期发生漏水造成。

经现场勘验，402号房屋卫生间顶部、与卫生间相邻门厅的顶部及墙壁有漏水痕迹，门厅地板、踢脚板有受损现象。

【案件焦点】

因上下楼毗邻漏水导致的纠纷，在漏水原因无法查明时，如何分配举证责任。

【法院裁判要旨】

北京市朝阳区人民法院经审理认为：付某所有的402号房屋卫生间顶部、与卫生间相邻门厅的顶部及墙壁出现被水浸泡的痕迹。付某主张该损失系因陶某所有的502号房屋卫生间防水层发生渗漏导致，陶某对此虽不予认可，但未提供相反证据，故对付某的主张予以采信。502号房屋卫生间出现漏水现象，陶某负有修缮排除妨害并对造成的损失进行赔偿的义务。付某要求陶某赔偿墙体修复费用，法院根据实际情况予以酌定。张甲、张乙作为502号房屋长期居住人，对上述责任承担连带责任。付某主张门厅地板受损系因502号房屋漏水造成，但未举证，故不予采信。付某主张之地板损失、402号房屋卫生间防水重做损失、为楼下修缮房屋损失，均缺乏依据，不予支持。

北京市朝阳区人民法院依照《中华人民共和国民法通则》第八十三条、第一百一十七条规定，作出如下判决：

一、陶某、张甲、张乙于本判决生效后十五日内将502号房屋卫生间的防水层修复直至不再漏水；

二、陶某、张甲、张乙于本判决生效后十五日内赔偿付某经济损失2000元；

三、驳回付某其他诉讼请求。

付某、张甲、张乙及陶某均不服一审判决，提起上诉。北京市第三中级人民法院经审理认为：陶某、张甲、张乙虽主张由于602号房屋漏水导致402号房屋被水浸泡，但其提供的现有证据不足以证明其所主张的事实成立亦不能完全排除502号房屋漏水的事实，故502号房屋的所有权人陶某及长期居住在502号房屋的张甲、张乙应承担连带责任。根据一审法院所勘验的402号房屋受损的情况，一审法院酌定赔偿的数额并无不当。关于付某主张地板的损失、402号房屋卫生间防水重做损失、为楼下修缮房屋损失，不予支持。

北京市第三中级人民法院依照《中华人民共和国民事诉讼法》第一百七十条第一款第一项规定，作出如下判决：

驳回上诉，维持原判。

【法官后语】

随着城市化进程的迅速推进，住宅楼增多，居民因日常居住生活引发的邻里纠纷也随之增加，该类纠纷中尤以上下层楼宇间因漏水问题导致的排除妨害或财产损害赔偿纠纷为众。

处理该类纠纷，应重点查明漏水原因，进而明确责任主体。本案中，损害结果为既定事实，且该损害结果系因他人侵权行为引起，故该侵权行为的行为主体、该主体是否存在过错，属于有待查明的事实。但在双方当事人均不申请鉴定且通过向物业公司了解情况等其他方式均无法确定漏水原因，进而无法明确侵权行为主体的情况下，如何分配举证责任即为本案审查的重点。

举证责任分配的一般原则是“谁主张，谁举证”，本案中原告主张因三被告所居住的502号房屋卫生间防水存在问题导致渗漏，原告应就502号房屋防水存在问题及其损害后果与502房屋防水措施不当导致漏水存在因果关系承担举证责任。但是，依据自然规律，水系由上自下渗漏，根据原告提供的照片及法院现场勘验的情况，可以认定402号房屋卫生间顶部、与卫生间相邻门厅的顶部及墙壁出现被水浸泡的痕迹，应视为原告已完成其举证责任。又因防水设施位于502号房屋内，如要求原告继续就502号房屋内防水设施存在瑕疵进而导致渗漏承担举证义务，无疑加重了原告的举证责任，导致举证责任分配不公。因此，结合本案实际情况、双方的举证能力，应适用举证责任倒置，由三被告举证证明402号房屋的损害结果与其无因果关系。

2001年12月21日发布的《最高人民法院关于民事诉讼证据的若干规定》(法释〔2001〕33号）（已失效）第四条列举了举证责任倒置的八种情形，本案所涉邻里间漏水纠纷虽不在该八种情形之列，但该规定第七条又规定：“在法律没有具体规定，依本规定及其他司法解释无法确定举证责任承担时，人民法院可以根据公平原则和诚实信用原则，综合当事人举证能力等因素确定举证责任的承担。”因此，三被告主张并非因其导致而是由于602号房屋漏水导致402号房屋渗水，三被告应就此承担相应的举证责任，在其举证不能的情况下，应推定为三被告方的原因造成402号房屋渗水。

2020年5月1日起施行的《最高人民法院关于民事诉讼证据的若干规定》（法释〔2019〕19号）删除了旧证据规定的第四条，未再明确规定适用举证责任倒置的具体情形，而包括但不限于原有八类情形的举证责任倒置情形亦被《民法典》侵权责任编及其他单行法所涵盖。这一改变说明，适用举证责任倒置的情形已不再局限于旧证据规定的八类情形。在法律和相关司法解释无明确规定的情况下，裁判者应综合考量个案事实、双方的举证难度，依据公平原则和诚实信用原则确定是否适用举证责任倒置。

本案中，原告虽主张系三被告所有的502号房屋漏水导致其损害后果，但结合生活常识和现场勘验情况，由原告进一步举证证明因果关系显然对其过于苛责，故应由三被告就漏水与其不存在因果关系进行举证，在其举证不能的情况下，应推定为502房屋漏水造成402号房屋渗水，三被告应承担相应赔偿责任。

编写人：北京市朝阳区人民法院　童雪霏　杨琳

140　相邻关系中如何把握相对人对环境污染的容忍限度

——庞某诉俞某环境侵权责任案

【案件基本信息】

1. 裁判书字号

江苏省南京市中级人民法院（2018）苏01民终3986号民事判决书

2. 案由：环境侵权责任纠纷

3. 当事人

原告（上诉人）：庞某

被告（被上诉人）：俞某

【基本案情】

庞某系南京市六合区某小区×幢1105室所有权人，俞某系同一小区×幢1005室所有权人，双方是上下楼邻居。2017年12月6日，俞某购买了小松鼠牌冷凝式燃气暖浴两用炉，由商家派专人上门安装。该冷凝式燃气暖浴两用炉以天然气为燃料生热，燃烧产生的废气通过管道导出室外直接排放。其排烟口直径约5厘米，位置处于庞某房屋厨房窗户的下方。案涉冷凝式燃气暖浴两用炉的《检验报告》载明：极限热输入时，烟气中一氧化碳含量0.020%；不完全燃烧时，烟气中一氧化碳含量0.063%；离焰燃烧时，烟气中一氧化碳含量0.006%；有风燃烧时，烟气中一氧化碳含量0.017%。上述单项指标均合格。氮氧化物污染每千瓦时24.7毫克，每立方米28.9毫克。

该燃气炉投入使用后，庞某以其排放的浓烟飘入庞某家形成损害为由与俞某交涉。2017年12月18日，俞某将排烟管加长30厘米，庞某认为此举没有从根本上解决问题，排放的烟气仍会进入庞某家中，遂诉至法院。诉讼期间，通过观看视频光盘及现场察看，肉眼可见俞某的燃气炉排烟口会间断性地排出白色雾状物进入庞某家中。

【案件焦点】

1. 如何把握相邻人之间的环境污染容忍限度；2. 产品合格能否阻却相邻人的环境侵权。

【法院裁判要旨】

江苏省南京市六合区人民法院经审理认为：相邻关系中不动产权利人排放的废气符合国家规定的相邻关系的，另一方不得要求对方承担妨害责任。俞某使用的燃气暖浴两用炉是合格产品，如庞某认为俞某使用的燃气炉废气排放不达标，应承担举证证明责任，否则应承担不利后果。俞某的燃气炉在使用过程中从烟道末端排出白色雾状物，与污染物排放无关，白色雾状物并不能代表污染物的含量多少，且白色雾状物排放的时间具有间断性，非持续性大量排放，此情形对庞某的日常生活不应造成明显不利影响，作为相邻关系一方的庞某应当对俞某的燃气炉排放的废气给予必要的容忍，遂判决：

驳回庞某的诉讼请求。

庞某不服一审判决，提起上诉。江苏省南京市中级人民法院经审理认为：公民在行使自由和权利的时候，不得损害国家的、社会的、集体的利益和其他公民的合法的自由和权利。环境侵权是一种特殊的侵权，其侵权行为既包括已造成他人人身、财产或者社会公共利益现实损害的行为，也包括尚未造成实际损害但足以危及他人人身、财产安全的行为。侵害客体既包括财产权益，也包括生命、健康权益，还包括社会公共利益。侵权后果不仅表现为已造成了损害事实，也表现为尚未造成实际损害，但极有可能给他人造成损害的状态，具有潜伏性与滞后性。庞某与俞某作为同一幢楼同一单元的上下层邻居，应当按照有利生产、方便生活、团结互助、公平合理的精神，正确处理通行、通风、采光等方面的相邻关系。相邻当事人之间一方正当行使权利时，另一方负有一定程度的容忍义务，但是该容忍限度不能超过一般人可容忍的限度，如果超出可容忍的限度，则需要对受侵犯的利益给予必要的保护。俞某安装的冷凝式燃气暖浴两用炉工作时排放的白色烟气包括一氧化碳和氮氧化物等有毒物质。从庞某提供的视频光盘可以看出，燃气炉排放的白色烟气通过庞某的窗户进入室内，烟气中含有的一氧化碳和一氧化氮、二氧化氮等有毒气体也随之进入，长期排放足以危及庞某及其家人的人身、财产安全，故俞某应当承担停止侵害、排除妨碍的民事责任。

俞某使用的燃气暖浴两用炉合格与否，与是否构成侵权不具有直接的对应关系，判断是否侵权应当以俞某的行为是否对庞某造成损害或者危及庞某合法权益作为标准。即使俞某使用的燃气暖浴两用炉是合格产品，如果俞某在使用过程中的排放物会损害或者危及庞某的生命、健康权益或者财产权益，也构成侵权。

江苏省南京市中级人民法院依照《中华人民共和国侵权责任法》第二条、第二十一条，《最高人民法院关于审理环境侵权责任纠纷案件适用法律若干问题的解释》第十三条，《中华人民共和国民事诉讼法》第一百七十条第一款第二项规定，判决：

一、撤销南京市六合区人民法院（2018）苏 0116 民初 110 号民事判决；

二、俞某应于本判决生效之日起十日内改造其燃气暖浴两用炉排烟管道以确保排出的烟气不进入庞某室内，逾期不进行改造或改造后不能确保烟气不进入庞某室内的，对该燃气暖浴两用炉排烟管道进行拆除。

【法官后语】

生命与健康是公民享有一切权利的基础，生命健康权是公民最基本的人身权，应当予以最严格的保护。当生命健康权与不动产的用益物权产生冲突时，应当优先保障公民的生命健康权。

环境侵权是一种特殊的侵权，其构成要件是：行为人有污染环境的行为、他人的人身或财产权利受到损害、二者之间具有因果关系。本案中，首先，俞某实施了排放有毒气体的行为。俞某使用燃气暖浴两用炉时排放的烟气不间断地进入庞某家，且该烟气含有一氧化碳等有毒气体。其次，俞某的燃气炉排放的有毒气体对庞某造成了潜在的损害。环境侵权的损害后果往往不是立即显现，而是具有长期性、潜伏性。因此，侵权行为造成的损害后果既包括已经产生的“可见”的损害后果，又包括尚未造成实际损害，潜伏的、滞后的“隐形”的损害后果，或者说，既包括已造成损失的现实损害，也包括可能造成损失的现实威胁。由于环境污染行为造成的最终后果具有不可逆性，如果出现可能造成威胁的污染行为，当事人有权请求预防性的救济措施，即排除危险。最后，俞某无法举证证明具有法律规定不承担责任的情形及污染行为与损害后果之间不存在因果关系。环境侵权责任的因果关系采取举证责任倒置，俞某主张其产品合格并非法定的抗辩事由，不构成侵权的抗辩。总之，污染者是否侵权应当从侵权行为、损害后果以及因果关系三方面进行综合判断，产品合格不能阻却环境侵权的认定。

当前，公众对美好居住环境需求不断提升，对环境污染越来越敏感，环境污染的可接受度和容忍限度越来越低，特别是对包含有毒有害物质的大气污染，往往会让被污染者产生巨大的心理恐慌。虽然相邻人之间一方正当行使权利时，另一方负有一定程度的容忍义务，但是该容忍限度不能超过一般人可容忍的限度，如果超出可容忍的限度，则需要打破一般原则对受侵犯的利益给予保护。因此，相邻权利人行使权利时应当把握好权利边界，对相对人的环境污染容忍限度的把握，应当有异于其他侵权的容忍标准。本案俞某的燃气炉排放的白色烟气含有一氧化碳和一氧化氮、二氧化氮等有毒气体，而一氧化碳极易与血红蛋白结合，形成碳氧血红蛋白，使血红蛋白丧失携氧的能力和作用，对全身的组织细胞均有毒性作用，尤其对大脑皮质的影响最为严重。可想而知，家中长期经受一氧化碳等有毒气体的侵入，定会对庞某及其家庭造成巨大的心理恐慌。即便俞某使用的燃气暖浴两用炉是合格产品，但该燃气暖浴两用炉安装位置不合理，导致其排出的有毒气体进入庞某家中，且该有毒气体的排放非短暂的排放，而是可预见的长期排放，长期的心理恐慌和日积月累的有毒气体吸入，势必会危及庞某及其家人的生命健康及财产安全。因此，俞某应当承担停止侵害、排除妨碍的民事责任。

本案判决时适用侵权责任法第二条和第二十一条，民法典施行后，侵权责任法废止，本案判决应当适用民法典第三条、第一百一十条和第一千一百六十七条。

编写人：江苏省南京市中级人民法院　赖传成

141　相邻关系纠纷中多重利益冲突的衡量规则

——贾某成等诉夏某东相邻关系案

【案件基本信息】

1. 裁判书字号

北京市第三中级人民法院（2017）京03民终5642号民事判决书

2. 案由：相邻关系纠纷

3. 当事人

原告（被上诉人）：贾某成、王某华、贾某一、贾某二

被告（上诉人）：夏某东

第三人：村委会

【基本案情】

贾某成、王某华系夫妻关系，贾某一、贾某二分别系其长子和次子。贾某成夫妇于1997年在西某某村北购买宅院一处。夏某东于1998年下半年经村委会批准在贾某成所购宅院西北方向建设鸡舍四间用于养鸡。2006年，夏某东在上述四间鸡舍东侧扩建15间鸡舍。截至2016年7月，夏某东养鸡场共养有800余只鸡。2001年3月，贾某成提交宅基地申请获得批准，取得其所购宅院北侧的一块宅基地，紧邻夏某东的鸡舍。2010年前后，贾某成、王某华、贾某一、贾某二经批准在其上述宅基地上紧邻原购房屋北侧建设二层新房。夏某东鸡舍东端与贾某成等人二层新房南北相对，距离为七八米。夏某东将鸡粪露天堆放于鸡舍东端东侧。贾某成等人认为夏某东经营的鸡舍环境恶劣，恶臭熏天，要求法院判令：1. 夏某东立即将养殖场的建筑物拆除，恢复原状，将畜禽养殖的排泄物全部清除，防止蚊虫滋生；2. 夏某东赔偿其杀虫剂款损失15000元、房屋装修损失100000元、租房损失75000元，村委会对上述请求承担连带责任。

【案件焦点】

1. 相邻关系中受害方容忍义务的限度；2. 在确定利益基本位阶秩序后仍无法在多重价值中进行取舍时应如何衡量；3. 土地利用的先后顺序是否是构成妨碍的关键因素；4. 加害行为是否经过行政许

可是否影响受害人在相邻关系民事纠纷中主张权利。

【法院裁判要旨】

北京市平谷区人民法院经审理认为：夏某东养鸡场位于村民居住生活区域，产生的侵扰已经明显达到影响原告等人正常居住生活的程度，超出原告等人必要的容忍义务限度。夏某东以损害邻居正常基本居住生活的代价利用土地属权利滥用行为，其应考虑采取关停养鸡场、将养鸡场址搬至远离居民区等方式，避免继续在现场址养鸡。现原告要求被告支付购买杀虫剂支出的费用正当合理，但原告主张金额过高，酌情确定为1000元。

北京市平谷区人民法院依照《中华人民共和国民法通则》第八十三条之规定，作出如下判决：

一、夏某东于本判决生效十五日后立即停止在其位于某某村的现养殖场养鸡；

二、夏某东于本判决生效后十日内将贾某成、王某华、贾某一、贾某二房后的畜禽养殖排泄物全部清除；

三、夏某东于本判决生效后十日内给付贾某成、王某华、贾某一、贾某二消灭苍蝇、蚊虫等的杀虫剂款损失1000元；

四、驳回贾某成、王某华、贾某一、贾某二的其他诉讼请求。

夏某东不服一审判决，提起上诉。北京市第三中级人民法院经审理认为：鸡舍紧邻贾某成家宅院的上风向，常年散发恶臭，已经严重影响贾某成等人的身体健康及正常居住生活。虽然夏某东经营鸡舍有一定的历史形成原因，但是其与未来农村村舍整体规划布局、环境发展理念并不相符。原审法院判令夏某东停止在涉案场地养鸡并清除全部排泄物，处理适当，应予维持。关于购买杀虫剂支出费用，考虑到夏某东建设鸡舍在先，贾某成建二层北房在后，且夏某东以放弃经营为代价已足以弥补贾某成等人因此造成的损失，不宜再由夏某东支付购买杀虫剂等费用。

北京市第三中级人民法院依照《中华人民共和国民法通则》第八十三条、《中华人民共和国物权法》第八十四条、《中华人民共和国民事诉讼法》第一百七十条第一款第二项之规定，作出如下判决：

一、维持北京市平谷区人民法院（2017）京0117民初1499号民事判决第一项、第二项；

二、撤销北京市平谷区人民法院（2017）京0117民初1499号民事判决第三项、第四项；

三、驳回贾某成、王某华、贾某一、贾某二的其他诉讼请求。

【法官后语】

相邻关系纠纷，是众多民事案件中最普通、最传统的案件，但由于法律对此类纠纷的规定过于原则、简单，给法官处理此类案件时提供了一个很大的自由裁量的空间。如能够预先将利益衡量的具体考量因素作原则上的提炼，必然有助于减少权利的擅断，增强法官自由裁量的科学性。本案即相邻关系纠纷中针对利益衡量的一个典型案例，争议焦点主要是夏某东的养鸡行为是否超过邻里之间的容忍限度、损害了贾某成一家居住生活的人身权利而应当停止。

第一，相邻关系中受害方容忍义务的限度范围。根据《中华人民共和国民法典》物权编第七章相邻关系中第二百九十四条关于相邻不动产之间不可量物侵害的相关规定，不动产权利人不得违反国家规定弃置固体废物，排放大气污染物、水污染物、土壤污染物、噪声、光辐射、电磁辐射等有害物质。相邻关系中容忍义务的实质是对权利的限制，并不是所有的越界侵害均可要求行使赔偿权或妨害排除请求权，只有在不动产权利人给相邻他方造成妨碍的程度超过了一般人的忍受限度时，该行为才属于法律上的禁止行为或权利的限制行使，相邻他方可免除容忍义务。在遭受来自相邻方的污染物侵害时，此种侵害如果是轻微的，或者按地方习惯认为不构成侵害的，应当容忍；如果这种侵害超出了必要的限度，则应当通过法律途径要求相邻不动产权利人停止侵害并赔偿损失。本案中，从妨害行为的性质和程度分析，鸡舍位于村民居住的人口密集区域，长期紧邻房屋饲养大量家禽，极易对村民的身体健康、生活质量造成不良影响，已经超出了相邻方的容忍限度。

第二，在确定利益基本位阶秩序后仍无法在多重价值中进行取舍的，应通过以下两点进行权衡：一是对最大利益与最小弊害加以比较；二是被舍弃的价值有无依理性的其他替代方式获取的可能。

本案的难点在于，需要取舍的双方利益都是双方基本的生存权利，一方是与鸡舍毗邻而居的农户生活质量受到严重影响，另一方是以养鸡为十余年来主要生活来源的农户维持生计的权利，一旦停止将难以为继，用一般价值衡量标准难以确定法律价值位阶并进行排序。如何进行取舍，可以考虑以下因素：首先，效益原则要求对利益的保护与限制进行量的评估与比对，谋求利益最大化与损害最小化相结合。本案中，夏某东经营鸡舍虽有一定的历史形成原因，但与未来农村村舍整体规划布局、环境发展理念并不相符，如继续允许夏某东在现址经营鸡舍，长期实施侵扰行为，必然要以损害周边居民的健康生活等基本生存权利为代价，长此以往，弊明显大于利，得不偿失。其次，对于存在冲突的价值必须有所取舍时，应当考虑如下因素：（1）取此舍彼所要达到的目的；（2）被舍弃的价值有无依理性的其他替代方法获取的可能性；（3）被舍弃的价值没有依理性的其他替代方法获取的可能性时，这种舍弃是否值得。本案中，在经过取舍，法院选择保护贾某成一家的居住权益后，虽然舍弃了对夏某东利益的保护，但是该舍弃的价值仍存在其他可替代的方式得以实现。如停止在原址养鸡，夏某东仍可通过将养鸡场搬至远离居民的地区，实现继续养鸡的经营目的，或在原址另寻其他替代性收益渠道维持生计。

第三，土地利用的先后顺序不是判断是否构成妨碍的关键因素；加害行为是否经过行政许可亦不影响受害人在相邻关系民事纠纷中主张权利。

由于案件的复杂性，不能单以土地先后利用顺序即作出判断，应当结合土地性质、利益性质进行分析。贾某成后建北房二层所利用的土地属宅基地性质，用于建造农村住宅满足其居住生活的基本需求。虽然该宅基地的位置与夏某东的鸡舍相邻，从村整体布局规划、居住环境等角度而言本就存在不合理性，但是在该宅基地已经过区政府审批给贾某成使用的情况下，贾某成作为宅基地使用权人必然要在该土地上建房居住生活以实现对土地的充分利用。虽然夏某东在贾某成建造房屋之初曾告知其可能出现的后果，但是这也不能成为法律上贾某成自行承担全部侵害后果的理由。

此外，虽然政府相关部门目前尚未对夏某东养鸡是否符合相关标准出具明确意见，但是并不影响在相邻关系民事纠纷中对夏某东养鸡行为是否构成妨碍作出评判和处理。需要特别指出的是，对于无法给予保护的正当利益，要贯彻利益补偿原则，以适当的方式给予适当的补偿。本案中，考虑到夏某东并无侵害贾某成一家居住生活之故意，且其以放弃经营为代价，已经足以弥补贾某成等人因此造成的损失，故二审法院认定不宜再由夏某东向贾某成一家支付购买杀虫剂等费用。

编写人：北京市第三中级人民法院　杨夏

142　建造二层楼房留窗不应侵犯相邻他方的隐私

——周某英诉周某香等相邻关系案

【案件基本信息】

1. 裁判书字号

北京市第三中级人民法院（2016）京03民终字第12455号民事判决书

2. 案由：相邻关系纠纷

3. 当事人

原告（上诉人）：周某英

被告（被上诉人）：周某香、任某国、孟某儒

【基本案情】

周某英与周某香、任某国、孟某儒隔道东西相邻，周某英居东，周某香、任某国、孟某儒居西。2015年，周某香、任某国、孟某儒在其宅院内建二层楼房一幢。

庭审中，周某香、任某国、孟某儒提供了周某英与孟某儒签署的协议，以证明周某英同意其建房一层山墙（东山墙）可以留窗。协议内容为：东院为周某英，西院为孟某儒。西院一层山墙（东山墙）可以留窗，但窗外做实体不透一体挡板，窗子上下开

窗，挡板覆盖窗外围面积大于80厘米，破损及时修补。日期为2016年6月17日。对此，周某英表示认可协议的真实性，但双方对于协议中的“一体挡板”及挡板覆盖面积存在分歧。

经法院现场勘验：周某香、任某国、孟某儒家院门朝南开，其三人在其宅院内建有二层楼房一幢，该楼房一层、二层东侧均有三间房屋，其中一层东侧北数第一间为厨房，二层东侧北数第一间为储物间，其余房间均为卧室。一层厨房与北数第二间卧室东墙上各开设有一个窗户，两个窗户规格一致，宽和高均为0.9米，窗户下沿距室内地面约1.96米。窗户向外推，窗户外有护栏，护栏为不锈钢材质，将窗户三面围起。东侧护栏上有阳光板（高0.8米）遮挡。二楼客厅南端有一开放式阳台，阳台东侧为一玻璃窗，该窗宽约1.58米，高约2.37米，窗户下沿距室内地面约0.41米，通过该窗可看到周某英宅院南侧部分。周某英宅院门朝南开，院内有三排房屋，每排均为五间房屋，中排及南倒座房均含门道一间。南倒座房与西院墙相邻处有厕所（洗澡间）一间，厕所北侧与中排房屋间有柿子树、银杏树各一棵。周某英和周某香、任某国、孟某儒两家之间相距约4.7米，双方认可该区域为司某先家使用范围。

【案件焦点】

周某香、任某国、孟某儒在二楼及一楼所留窗户是否对周某英造成妨害以及如何排除妨害。

【法院裁判要旨】

北京市顺义区人民法院经审理认为：不动产的相邻各方，应当按照有利生产、方便生活、团结互助、公平合理的精神，正确处理相邻关系。周某香、任某国、孟某儒有权依法在其宅基地上建造住宅及其附属设施。相关法律规定虽未禁止村民在其宅基地上建造楼房，但周某香、任某国、孟某儒在设计建造楼房时应以合理必要为限，以保证自己在行使权利时不妨碍其邻居周某英的正常生活。根据现场客观情况，从周某香、任某国、孟某儒所建楼房二层阳台东侧所留窗户可以观望到周某英宅院南侧部分范围，所留之窗户确对周某英及其家人之日常生活造成影响，故周某香、任某国、孟某儒应自行对其所建楼房二层阳台东侧所留窗户采取相应措施，以免通过窗户观望到周某英宅院。周某英要求周某香、任某国、孟某儒将二层阳台东侧用砖砌筑予以封闭的诉讼请求，予以支持。至于周某香、任某国、孟某儒在一层房屋东侧所留两个窗户，首先，两个窗户距离室内地面较高，且窗户东侧护栏上已用阳光板遮挡（挡板高约0.8米），从护栏北侧和东侧均看不到周某英的宅院，但不排除在借助外部辅助设备的条件下从护栏南侧观望到周某英院内的可能性。其次，周某英和周某香、任某国、孟某儒宅院之间间隔将近5米。另，考虑到周某香、任某国、孟某儒室内通风采光的需要，周某香、任某国、孟某儒在其一层房屋东侧两个窗户南侧护栏上采取挡板遮挡保证看不到周某英的宅院为宜。挡板的高度，由法院酌定。对于周某英要求周某香、任某国、孟某儒将一层房屋东侧两个窗户用砖砌筑予以封闭的诉讼请求不予支持。

北京市顺义区人民法院依据《中华人民共和国物权法》第八十四条之规定，判决如下：

一、周某香、任某国、孟某儒于本判决生效之日起十五日内，在其一层房屋东侧两个窗户外南侧护栏上用挡板（高度不低于0.8

米）遮挡、对其二层阳台东侧所留窗户用砖砌筑予以封堵，以免从窗户看到周某英宅院内；

二、驳回周某英的其他诉讼请求。

周某英提起上诉。北京市第三中级人民法院经审理认为：本案中，周某英上诉认为0.8米高度挡板小于窗户，可以看到其宅院内，且双方协议本意也应当是覆盖窗外围面积并超出80厘米，再者依据老辈“房山不眼（窗户）”的风俗习惯，周某香、任某国、孟某儒家一层东侧窗户都应当用砖砌筑封堵，不动产的相邻各方，应当按照有利生产、方便生活、团结互助、公平合理的精神，正确处理相邻关系。综合一审法院现场勘验结果及双方举证情况，为照顾双方生活，一审法院判定用高度不低于0.8米的挡板遮挡周某香、任某国、孟某儒在一层房屋东侧所留的两个窗户，以免看到周某英宅院内，处理并无不当，予以维持，周某英上诉意见缺乏依据，不予采纳。

综上所述，周某英的上诉请求不能成立，应予驳回；一审判决认定事实清楚，适用法律正确，应予维持。依照《中华人民共和国民事诉讼法》第一百七十条第一款第一项规定，判决如下：

驳回上诉，维持原判。

【法官后语】

不动产相邻各方在行使不动产权利时，不得妨害或侵害他人的合法权利。公民的隐私权受法律保护，隐私是个人所拥有的个人信息、秘密、生活状况及个人生活空间等。不动产相邻各方在行使不动产权利时，同样不得妨害或侵害相邻方的隐私权益。目前，随着经济水平的提高，农村地区建造二层楼房的现象越来越普遍，为了更好地满足通风、采光，建房所留窗户越来越多，包括北房后山墙留窗及东、西厢房后墙留窗，留窗不当极易引发相邻关系纠纷，通常为影响相邻方的通风、采光等权益。但是，尤其是北房后山墙留窗及东、西厢房后墙留窗往往影响相邻方隐私权益，也会引发纠纷。判断所留窗户是否对相邻方的隐私造成妨害，应考虑农村地区风俗以及所留窗户是否确实侵犯相邻方隐私的因素，一方面要考虑潜在受害者的个人感受，另一方面应找到客观评判标准以判断留窗是否确实侵犯隐私。

1. 行使不动产权利不得侵犯相邻方隐私权益

本案的争议焦点在于周某香、任某国、孟某儒建造二层楼房所开窗户是否对周某英造成妨害以及应在多大限度上排除妨害。因双方东西相邻，周某香、任某国、孟某儒在其宅院建造二层楼房时理应考虑到留窗是否会对周某英造成妨害。通过周某香、任某国、孟某儒在其二层阳台东侧所留窗户可以看到周某英宅院南侧部分范围，尤其是周某英家室外厕所附近也处于周某香、任某国、孟某儒的可视范围之内，该面窗户确对周某英及其家人之日常生活造成影响，而且周某香、任某国、孟某儒在二层阳台南面所留窗户已经能够满足其通风、采光的需求，其在二层阳台东面留窗的需求相较于周某英及其家人的隐私权益，显然应对后者进行保护，故周某香、任某国、孟某儒理应用砖封堵其二层阳台东面的窗户。

2. 相邻方关于相邻关系的约定不得侵犯相邻方的合法权益

实践中，宅基地使用权人建造二层楼房前，一般需要四邻签字，所以在建房前邻居大概理解建房的一些事项尤其是与己方利益相关的事项，甚至会形成约定，包括预留散水、滴水、过道、窗户位置等。该种约定系当事人的真实意思表示，只要不违法，即具有法律效力。如果当事人之间对此没有约定，则要综合考虑当地风俗并结合现场情况综合判断进行处理，处理的原则是做到利益的平衡，既要保证楼房房屋通风采光的要求，也要避免侵犯他人隐私。

本案中，双方曾经就周某香、任某国、孟某儒在一层东山墙上留窗的问题签署过协议，只是在履行过程中对于协议中的“一体挡板”及挡板覆盖面积存有分歧。考虑到周某香、任某国、孟某儒在一层东山墙上所留的两个窗户距离室内地面较高，且窗户东侧护栏上已用阳光板遮挡（挡板高约0.8米），从护栏北侧和东侧均看不到周某英宅院，但不排除在借助辅助设备的条件下从护栏南侧观望到周某英院内的可能性。另，考虑到周某香、任某国、孟某儒室内通风采光的需要，法院认为其在一层房屋东侧两个窗户南侧护栏上采取挡板遮挡保证看不到周某英宅院即可，无须用砖予以封堵。如此判决，一是尊重了双方关于允许周某香、任某国、孟某儒在一层山墙留窗的协议约定，二是满足了周某香、任某国、孟某儒房屋的采光和通风需求，三是满足了从该窗户看不到周某英宅院的目的。换言之，在认可当事人有关协议效力的前提下，应确保其履行不侵犯其中一方的合法权益。

《中华人民共和国民法典》第二百八十八条规定，不动产的相邻权利人应当按照有利生产、方便生活、团结互助、公平合理的原则，正确处理相邻关系，与《中华人民共和国物权法》第八十四条表述没有变化。

编写人：北京市顺义区人民法院　陶小超

143　占有妨害除去请求权的行使

——刘某男诉宋某义相邻关系案

【案件基本信息】

1. 裁判书字号

北京市第三中级人民法院（2013）三中民终字第01515号民事判决书

2. 案由：相邻关系纠纷

3. 当事人

原告（上诉人）：刘某男

被告（被上诉人）：宋某义

【基本案情】

刘某男的户籍地是北京市朝阳区，户口性质为非农业户口；宋某义是某庄村村民。2003年年底，刘某男在某庄村购买了一处院落，院落西侧有一处坝坎，坝坎西侧坎下为宋某义占用的一片土地，该片土地西侧为宋某义居住的院落。宋某义占用坝坎西侧的土地原是水道，地垫较低。2008年，宋某义用村内的废弃渣土将地块垫高，并在之上建有构筑物。2012年年底起，刘某男向某庄村村委会反映坝坎被宋某义挖毁，村委会干部到现场后，未看到宋某义实施挖坝坎的行为，宋某义也不表示自己未挖坝坎。村委会干部要求宋某义无论以前是否挖过坝坎，今后均不得再挖。宋某义同意村委会的意见。此后，刘某男主张宋某义仍挖坝坎，故诉至法院，要求宋某义恢复原状。

诉讼中，法院进行现场勘验，刘某男占有的院落位于东侧坝坎上，宋某义占用的土地位于西侧坝坎下，坝坎高约2.5米。刘某男占有的院落西院墙长约29米，院墙南北两端向西距坝坎较近，约0.5米；中间位置向西距坝坎较远，约2米。宋某义在坝坎西距坝坎约1.2米处垒建一堵南北向的矮砖墙，砖墙西侧被宋某义占用。坝坎部分表层土及石块有脱落或被毁损的痕迹，但该段坝坎基本上位于距刘某男院落西院墙2米处。

刘某男主张其房屋的西侧是一处斜面护坡，护坡下是村里宽约10米的排水、泄洪通道。原房主宋全保沿护坡下砌了一堵南北长约40米、高约1米的弧状石墙，用于保护护坡。石墙壁边及护坡上荆棘、灌木丛生，在护坡上又压了石块，以防止护坡滑坡、泥石流、塌方等自然灾害的发生。其于2004年购买此房后，宋某义常年砍伐、挖毁石墙边和护坡上的植被，直到拳头大小的灌木被砍挖殆尽。又在其不知的情况下，对石墙、护坡用水泥块和渣土进行填埋，使石墙完全被掩埋，至少五分之二面积的护坡被掩埋，并在掩埋的护坡上堆砌了附着物。2012年年底起，宋某义又对护坡上的植被进行了毁灭性破坏，护坡的自然状态已面目全非，原来有植被、能上人的护坡被挖毁成90°的垂直面，局部已出现滑坡，对其房产、人身安全构成了威胁。如遇“7·21”特大暴雨等极端天气，护坡随时会出现大面积滑坡。故起诉要求宋某义恢复护坡石墙的原状，恢复护坡及植被，停止侵害。

宋某义辩称：其院落与刘某男的院落之间原有一条水道，但地势低。2008年前后，其用村委会改水产生的废料将河道垫平。刘某男买房后，自己将树卖给或送给他人。其没有砍伐树，也没有挖过土坡。原来的水道低，水在水道中存着，泡其房子，现在水道被垫平了，水能走出去，且刘某男住在坎上，即使水冲其家也不会冲刘某男家。

【案件焦点】

刘某男是否是其购买房屋及院落的合法使用人，能否主张相关权益。

【法院裁判要旨】

北京市密云县人民法院经审理认为：占有的不动产或者动产被侵占的，占有人有权请求返还原物；对妨害占有的行为，占有人有权请求排除妨害或者消除危险；因侵占或者妨害造成损害的，占有人有权请求损害赔偿。刘某男不是某庄村集体组织成员，其在某庄村购买房屋有违法律的强制性规定，但其作为房屋的占有人，对于妨害占有的行为，享有占有保护请求权。刘某男占有的院落西侧的坝坎虽不在院落内，但距院落较近，对院落的正常使用具有一定的利害关系。刘某男在占有院落期间，对坝坎享有一定的利益关系，在坝坎遭受损坏并进而危害房屋院落安全时有权主张自身权利。刘某男主张宋某义将水道垫高，要求恢复原状，但沧海桑田，地势因自然原因或人为原因发生变化在所难免，是否需要恢复应考查地势变化是否对权利人造成了妨害或危险。宋某义垫高河道后已经历数年，其间密云县境内发生“7·21”特大暴雨等恶劣天气，但此种情形未影响刘某男的房屋及西侧的坝坎，不足以说明宋某义将水道垫高的行为给刘某男的房屋院落造成危险，故刘某男要求恢复水道原状以消除危险无事实依据，法院不予支持。刘某男主张宋某义有挖坝坎破坏植被的行为，并使坝坎存在危险，宋某义予以否认，刘某男应举证证明其主张，现刘某男未提交相关证据予以证明，法院无法认定宋某义实施了挖坝坎、破坏植被的行为，也无法确认坝坎部分地点的土及石头脱落或被毁损系宋某义的行为所致，故刘某男要求恢复原状、停止侵害的诉讼请求，法院不予支持。综上，依据《中华人民共和国物权法》第八十四条、第二百四十五条之规定，作出如下判决：

驳回刘某男的诉讼请求。

刘某男对一审判决不服，提出上诉。

北京市第三中级人民法院经审理认为：不动产的相邻各方，应当按照有利生产、方便生活、团结互助、公平合理的精神，正确处理截水、排水、通行、通风、采光等方面的相邻关系。刘某男、宋某义东西为邻，理应和睦相处，合理解决通行及不动产安全等问题。关于恢复水道原状之诉求，宋某义垫高水道的行为逾时多年，其间地势势必已经发生一定改变，而并无证据显示刘某男的房屋在此期间因水道垫高而受损，故原审法院认定宋某义垫高水道的行为不足以给刘某男的房屋院落造成危险并据此驳回其诉请并无不当，应予维持。关于恢复坝坎及植被原状之诉求，当事人对自己提出的主张，有责任提出证据，现刘某男未能证明宋某义实施了挖毁坝坎、破坏植被之行为，而根据原审法院的勘验记录及与某庄村村委会之询问记录，无法确认坝坎及植被的毁损系由宋某义的行为所致，原审法院据此驳回该项诉讼请求亦无不当，应予维持。综上，依照《中华人民共和国民事诉讼法》第一百七十条第一款第一项之规定，作出如下判决：

驳回上诉，维持原判。

【法官后语】

本案是一起因占有而引发的相邻关系纠纷案，在农村地区时常发生。《中华人民共和国民法典》颁布之前，相邻关系纠纷中的权利人一般仅限于保护物的所有人或合法使用人，而对于不法占有人，一般以权益不具有合法性为由，驳回其诉讼请求。本案虽然判决驳回了原告的诉讼请求，但认可了其对占有的房屋及宅基地享有妨害除去请求权。

占有，是指对于物可以支配并排除他人干涉的法律之力。[①] 占有制度是一项古老的法律制度，其历史可以追溯到古罗马时期，近代大陆法系各国的民法典均将占有作为重要民法制度予以规定。占有制度的设立，在于解决物的所有与占有分离的问题。由于社会的发展，物的占有使用人与物的所有人出现分离的情况，此时，占有人虽不享有物的所有权，但对于占有物享有的利益亦具有受到保护的价值，占有制度应运而生。在现实生活中，产生占有的原因是多种多样的：有些基于权利或法律关系，如所有人占有车辆即依据物权，承租人占有车辆即依据与所有人达成的债权合同，父母对未成年子女物品的占有即依据双方的身份关系；有些占有基于事实行为或单纯的自然事件产生，如拾得人占有遗失物，占有跑到家里的动物等；有些占有基于不法行为产生，如占有抢劫而来的他人物品等。

由于占有制度的设立目的在于保护占有状态不受私力侵犯，故占有保护在占有制度中处于核心地位。《中华人民共和国物权法》仅规定了占有的保护制度，而对同为占有重要制度的权利推定制度和时效取得制度未予涉及，可见占有保护制度在我国的占有制度中的

---

① 崔建远：《物权：规范与学说——以中国物权法的解释论为中心（上册）》，清华大学出版社 2011 年版，第 327 页。

地位。传统理论认为，对于占有的保护体现在两个方面，一方面是占有状态不受任何私力侵犯，即使是物的所有人，亦不得通过私力违背占有人的意愿侵害占有人对物的占有。另一方面是具有本权的占有人可以对抗物的所有人。本权，指基于一定的法律上的原因而享有占有的权利。① 本权可以基于物权、债权或者法律关系而产生，具有本权的占有为有权占有，没有本权的占有为无权占有。占有人在具有本权期间，即使所有人要求占有人返还物，占有人亦可予以拒绝，如车辆在租赁期间，除非租赁合同被认定无效、被撤销或合同被终止等情形导致占有本权丧失，承租人可以拒绝出租人返还车辆的请求。

占有人在其占有受到他人妨害时，有权请求除去妨害。该权利在学理上叫作占有妨害除去请求权。占有制度的价值在于保护占有人对于占有物管领的事实状态不受私力侵犯，而不问管领物的人是否具有管领物背后的权利。故此，即使占有人不具有合法权利，但在占有期间，仍可以对妨害其占有的行为，主张妨害除去请求权。

结合本案，刘某男作为城市居民，在农村购买民房不为现实法律和政策允许，故其与村民签订的农村房屋买卖合同违反法律强制性规定，应属于无效合同，也无法取得涉案房屋的所有权及院落的宅基地使用权。但刘某男基于该合同，事实上占有了涉案宅院及房屋，虽然合同无效，造成刘某男对房屋及宅院的占有为无权占有，但刘某男基于占有这一事实，仍有权主张占有妨害除去请求权，以排除他人对房屋及宅院的不法侵害，维护自身利益。只是经法院查明，不存在妨害刘某男占有的行为，故判决驳回了刘某男的诉讼请求。

编写人：北京市密云县人民法院　王圣飞

---

① 王泽鉴：《民法物权》，北京大学出版社2010年版，第428页。

144 不动产相邻关系中通行便利容忍义务的限度

——陈甲诉陈乙相邻通行案

【案件基本信息】

1. 裁判书字号

福建省厦门市中级人民法院（2012）厦民终字第623号民事判决书

2. 案由：相邻通行纠纷

3. 当事人

原告（上诉人）：陈甲

被告（被上诉人）：陈乙

【基本案情】

陈甲的住址为厦门市翔安区某镇某村村西A号，该房屋于2007年进行翻建。陈乙的住址为同村村西B号。陈甲房屋北侧依次为种龙眼树的空地和陈甲良的住宅，陈甲良住宅的西侧依次为陈甲汉的住宅和陈乙的住宅。陈甲房屋的南侧为陈某的住宅，东侧为陈某墩的住宅。陈甲原出行可以通过陈某的住宅旁、陈甲良的住宅与陈甲汉的住宅间以及陈乙的新旧住宅间的三条道路。陈甲良的住宅与陈甲汉的住宅间以及陈乙的新旧住宅间的道路原本可以通行车辆，但先后被封闭，目前陈甲仅可通过陈建住宅旁的一条小路通行，该小路仅可供人员通行，汽车无法通行。陈甲认为陈乙将道路用条石、杂物堵死，将该道路作为自己宅院使用，导致陈甲无法正常通行，已经侵犯了陈甲的合法权益，遂提起诉讼。

【案件焦点】

如何认定相邻关系中一方必须为另一方出行提供便利的条件。

【法院裁判要旨】

福建省厦门市翔安区人民法院经审理认为：《中华人民共和国物权法》（以下简称《物权法》）第八十四条规定："不动产的相邻权利人应当按照有利生产、方便生活、团结互助、公平合理的原则，正确处理相邻关系。"本案争议通道位于被告陈乙的新旧住宅间，由被告陈乙的新旧住宅相隔形成。庭审中原告陈甲陈述其出行原可以通过三条道路即原来在陈建的住宅旁、陈甲良的住宅与陈甲汉的住宅间以及被告陈乙的新旧住宅间的三条通道通行。在陈乙的新旧住宅间的通道用条石封闭之前原告陈甲系通过陈某的住宅旁、陈甲良的住宅与陈甲汉的住宅间的道路通行。虽然陈某的住宅旁的小路仅能供行人通行，但陈甲良的住宅与陈甲汉的住宅间原本没有用围墙围起来时可以通行车辆及行人，在陈甲良的住宅与陈甲汉的住宅前面用围墙围起来后，原告陈甲仍可通过该围墙中间留有的一通道通行，后该通道又被堵住，原告陈甲才由被告陈乙的新旧住宅间通道通行。因此，法院认为争议通道并非原告陈甲使用的历史通道，而是被告陈乙自家新旧房屋的屋间的通道。况且从方位上看，原告陈甲的房屋距离被告陈乙所围起来的铁门间隔了几座房屋，且从讼争的通道通行与去往村路的方向相背且距离较远。因此，原告陈甲要求被告立即停止对原告通行权的妨害，并立即将位于翔安区某镇某村村西 B 号房屋北侧道路上的条石、杂物及铁门拆除，恢复道路的通行的诉讼请求依据不足，法院不予支持。

福建省厦门市翔安区人民法院依照《中华人民共和国民事诉讼

法》第六十四条的规定，判决：

驳回原告陈甲的诉讼请求。

陈甲不服一审判决提起上诉。福建省厦门市中级人民法院经审理认为：本案是相邻通行纠纷，陈甲并无证据证明讼争地即陈乙新旧宅之间的空地为其历史通道，根据查明的事实，陈甲原先并非以讼争地作为出入通道，况且现也仍有道路可供人员出入通行，至于车辆能否通行并非农村住宅的规划要求。因此，讼争地并非陈甲的必经通道，陈甲以陈乙妨害其通行为由提起相关诉讼主张缺乏事实和法律依据，原审判决驳回其诉讼请求正确，应予维持。双方二审提交的证据涉及讼争地的权属争议，不属本案审理范围，故法院不予审查。综上，陈甲的上诉理由不能成立，上诉请求应予驳回。原审认定事实清楚，适用法律正确，应予维持。

依照《中华人民共和国民事诉讼法》第一百五十三条第一款第一项的规定，判决：

驳回上诉人陈甲的上诉，维持原判。

【法官后语】

通行权纠纷是相邻关系纠纷中最古老的种类之一，随着农村经济发展水平的不断提升，村民新建、翻建住宅的活动十分活跃，但受限于土地的稀缺性、农村建房规划的滞后性和农村建房审批的不规范性，加上汽车的日益普及而对通行道路提出的要求更高，由此产生的纠纷也不断增多，且矛盾往往较为激烈。因此《中华人民共和国民法典》（以下简称《民法典》）对处理相邻关系的基本原则进行了规定，即不动产的相邻权利人应当按照有利生产、方便生活、团结互助、公平合理的原则，正确处理相邻关系。

自然人都有在公共道路上通行的权利，任何人不得为了自己的利益侵占公共道路以至侵犯他人的通行权。不仅如此，自然人在生活和生产经营过程中如果没有公共道路可供出行，必须从邻人的土地上通行时，邻地所有人或使用人负有容忍的义务，即不动产权利人对相邻权利人因通行必须利用其土地的，应当提供必要的便利。但享有邻地通行权的一方，应选择对邻人损害最小的线路通行，并对对方因此遭受的损失给予适当补偿。对于一方所有的或者使用的建筑物范围内历史形成的必经通道，所有权人或者使用权人不得堵塞。因堵塞而影响他人生产、生活时，他方可以要求排除妨害或请求恢复原状，但有条件可另开通道的，也可另开通道。

笔者认为，不动产一方以通行为理由要求另一方提供必要便利的，至少应同时满足以下条件：不动产的坐落符合法律关于相邻关系的有关规定；该通行便利的提供是必须的。下面以本案为例略作分析：

1. 原告、被告房屋坐落是否属于法律上的相邻关系

“相邻关系”是指两个或两个以上相互毗邻的不动产的所有人或使用人，在行使不动产的所有权或使用权时，因相邻各方应当给予便利和接受限制而发生的权利义务关系。而“毗邻”指的是相互接壤的意思。本案中，原告陈甲房屋北侧为种龙眼树的空地，空地的北侧为陈甲良的住宅，陈甲良住宅的西侧为陈甲汉的住宅，陈甲汉住宅的西侧才是被告陈乙的住宅，由此可见，陈乙的房屋与原告陈甲的房屋之间间隔几座房屋，并不属于法律上的相互毗邻。

2. 被告陈乙是否必须为原告陈甲提供通行便利

相邻关系并不是一种单独的物权关系，而是不动产所有权或利用权的延伸和扩展，是不动产物权自身效力的体现，其性质是法律

上对不动产利用关系的一种最小限度调节，因此相邻权并不是一项独立的民事权利，更不是独立的他物权。《民法典》第二百九十一条规定："不动产权利人对相邻权利人因通行等必须利用其土地的，应当提供必要的便利。"这就意味着权利人要求另一方提供通行便利并非随意和没有限制的，实际上，只有在必须利用另一方的土地，否则就无法通行的情况下，另一方才必须提供必要便利。本案中，陈甲目前仍可按现行通行状况，通过陈建住宅旁的一条小路通行至村路，且经由该路至村路的距离远远短于经由陈乙房屋至村路的距离。尽管该小路车辆无法通行，但可以满足行人通行这一通行权的最基本要求，而车辆通行并不属于法律对通行权必须保障的范围。由此可见，被陈乙围起来的院落并非陈甲通行的唯一通道，不属于民法典》第二百九十一条规定的"必须利用其土地"的情况。

编写人：福建省厦门市翔安区人民法院　吴南回

145　商户是否有权要求建设方对修建地铁造成的经营损失予以赔偿

——崔某忠诉交通公司、集团公司相邻关系案

【案件基本信息】

1. 裁判书字号

北京市第二中级人民法院（2012）二中民终字第3697号民事判决书

2. 案由：相邻关系纠纷

3. 当事人

原告（被上诉人）：崔某忠

被告（上诉人）：交通公司、集团公司

【基本案情】

崔某忠系位于丰台区某处××号院8号楼S01号（以下简称S01号）房屋的产权人，该房屋建筑面积为204.29平方米，设计用途为商业。崔某忠主张其与案外人刘某于2007年10月5日签订《租赁合同》，约定：刘某承租S01号房屋作为商用；租赁期限自2007年10月5日始至2012年10月4日止；年租金为人民币894790元。2009年年初，交通公司在毗邻该房屋的东面进行地铁建设，并设立围挡。后经刘某请求双方于2009年4月4日签订《解除租赁合同协议书》，约定：双方解除《租赁合同》，解除事由为交通公司地铁施工导致刘某承租的房屋客源稀少，无法达到预期经营效果；租赁合同解除后，双方互不承担任何责任。崔某忠称此后该房屋一直处于空置状态。

此外，S01号房屋所在8号楼东侧为宋庄路。交通公司系北京地铁亦庄线宋家庄站施工工程的发包方，集团公司作为北京地铁亦庄线宋家庄站的实际施工方，在施工期间对靠近8号楼东侧的宋庄路施工现场设有围挡，造成行驶至宋庄路该路段的车辆改道绕行。

另查明，集团公司曾因施工给8号楼的部分商户造成影响进行过一定补偿。其中2009年4月1日，集团公司因施工给案外人林某枝使用的丰台区某处××号院8号楼S04号房屋带来影响和不便，以集团公司北京地铁亦庄线01标项目经理部作为甲方，林某枝作为乙方，签订《协议书》，约定：宋庄路封路后，甲方依据乙方商铺出租单价每天7.09元/平方米的45%为基数补偿，房屋面积按乙方房产证所注面积计，时间为1年，自2009年4月1日至2010年3月31日，共计人民币355284元。实际影响时间以商铺前围挡拆除为准，不足一年时间按一年计。超过一年时间的按上述补偿标准顺延；本协议自2009年4月1日开始生效，到商铺前围挡拆除时废除。集团公司称于2010年11月拆除围挡、恢复道路。

【案件焦点】

商户是否有权要求建设方对修建地铁造成的经营损失予以赔偿。

【法院裁判要旨】

北京市丰台区人民法院经审理认为：地铁项目施工过程中设立围挡系施工的需要，客观上需占用一定的公共道路和空间，给周边商户造成影响和不便，应尽可能保持在合理的限度之内。

集团公司作为北京地铁亦庄线宋家庄站的实际施工方，施工期间在靠近崔某忠的S01号房屋所在8号楼东侧的宋庄路上设置围挡，时间长达一年半左右。施工所带来的粉尘、噪声以及车辆绕行、行人受限，对8号楼商户的经营、使用必然会造成影响，对房屋所有权人的使用或收益也必然会造成一定程度的影响。集团公司与林某枝等人签订的补偿协议就是在确认影响存在的前提下产生的。崔某忠与林某枝的房屋所在同为8号楼，施工以及围挡设置对二者的影响同样存在，区别仅在于林某枝的S04号房屋更加贴近于围挡而已。故崔某忠关于因施工对其房屋的使用、收益造成损害的主张，法院予以采信。但其依照与刘某之间签订的租赁协议确定赔偿数额，依据不足。对此，本院根据集团公司北京地铁亦庄线01标项目经理部与案外人林某枝等人签订的补偿协议书及涉案房屋所处地段、建筑面积综合考虑，酌情确定。集团公司作为施工方，交通公司作为地铁工程的发包方，应当就此承担连带赔偿责任。

北京市丰台区人民法院依照《中华人民共和国民法通则》第一百零六条之规定，作出如下判决：

一、被告集团公司于本判决生效后七日内赔偿因施工给原告崔某忠造成的各项损失300000元；

二、被告交通公司对集团公司的上述给付义务承担连带赔偿责任；

三、驳回原告崔某忠其他诉讼请求。

被告交通公司、集团公司持答辩意见提起上诉。北京市第二中级人民法院同意一审法院的裁判意见，判决：

驳回上诉，维持原判。

【法官后语】

对于本案的审理应当考虑以下几个问题：

1. 地铁施工建设对周边商户经营所产生的影响

在地铁施工过程中，不可避免地对周围环境造成一定影响，其对沿街商铺造成的影响主要有以下几个方面：第一，噪声及环境污染。地铁建设作为大型施工项目，使用的大型施工机器不可避免地会对周围环境造成噪声污染，同时在施工过程中，还有大量粉尘飘散，使得商铺的周围环境质量下降，造成客源流失。第二，路面损害。地铁在勘察施工过程中，经常会造成路面沉降问题，致使路面坑洼不平，对于车辆的通行造成了一定的不便，由此也影响了沿街商铺的生意。第三，围挡道路。地铁在施工过程中，经常会采取围挡封路手段，以便进行施工。围挡后，容易造成通行不便，人流减少，从而影响了商铺的正常经营收入。

2. 地铁发包方及施工方对周边商户因地铁施工遭受的经营性损失承担补偿责任的合理性分析

地铁建设对临街商铺造成的经营性损失是一种纯粹经济损失，这种损失不依赖于物的损坏或者身体健康而发生，它是因为地铁建设与商铺正常经营存在一定关联，从而使商铺受到经营上的利益损失。首先，在事实层面上，地铁施工围挡道路的行为是客观存在的。而商铺因地铁施工其经营受到一定损失这一事实也是不容否认的。地铁施工行为与商铺的经营受影响之间是存在因果关系的。其次，在法律层面上，根据《中华人民共和国民法典》（以下简称《民法典》）第二百八十八条"不动产的相邻权利人应当按照有利生产、方便生活、团结互助、公平合理的原则，正确处理相邻关系"的规定，给相邻方造成妨碍或者损失的，应当停止侵害，排除妨碍，赔偿损失。我国地铁修建行为是为公共利益，因此地铁施工的行为是合法的，行为人并没有主观过错。而临街商铺对其经营上的损失也无过错，根据《民法典》第一千一百八十六条"受害人和行为人对损害的发生都没有过错的，依照法律的规定由双方分担损失"的规定，地铁发包方及施工方对周边商户因地铁施工遭受的经营性损失承担补偿责任是合理的。

3. 地铁发包方及施工方对周边商户的补偿责任不适用损益相抵规则

实践中，地铁出口的商铺，通常在地铁建成之后会增值。这也是本案中被告所持的答辩理由之一。损益相抵，是指赔偿权利人基于损害发生的同一赔偿原因获得利益时，应将所受利益由所受损害中扣除以确定损害赔偿范围的规则。存在可予扣减的利益是适用损益相抵规则的基本条件之一，应当包括积极利益和消极利益，即赔偿权利人因同一赔偿原因而增加的利益及赔偿权利人的财产应当减少但因同一赔偿原因而未致减少的利益。无论是积极利益还是消极利益，都是赔偿权利人因损害事实应当获得且客观上能够获得的利益。不容否认，商铺在地铁建成之后会增值是一个普遍现象，但这并不能作为施工方不予补偿的原因，毕竟增值只具有可能性，并没有现实发生，不能以这种期待的利益作为减少其赔偿的原因。因此，地铁施工给商户造成的经营性损害不能适用损益相抵规则。

编写人：北京市丰台区人民法院　柴海燕

（五）共有纠纷

146　共有人按约定支付赔偿款属于对共有物的管理

——臧甲诉臧乙等共有案

【案件基本信息】

1. 裁判书字号

北京市第二中级人民法院（2020）京02民再152号民事判决书

2. 案由：共有纠纷

3. 当事人

原告（被上诉人）：臧甲

被告（上诉人）：臧乙、臧丙、臧丁、臧戊、臧己、陈甲、陈乙、李甲、李乙、李丙

【基本案情】

A房屋为本案原被告按份共有。2009年3月5日，杨某依据其签署的《房屋租赁协议书》开始承租A房屋用于经营。约定租期五年，前三年每年租金为18万元。《房屋租赁协议书》首部载明出租方是臧乙，落款处有臧甲和臧乙的签名。

租期中，杨某将第一年租金打入臧甲的账户后，臧甲将其分配给其他出租人，其他出租人对此并无异议，杨某正常使用房屋。在第二年杨某交纳租金前，出租人对谁有权收取租金发生争议，为此，臧乙等以房屋租赁合同纠纷为由起诉杨某，要求杨某给付房租及违约金。2010年5月15日、2011年2月15日，藏乙等人先后到杨某店里催要房租，发生过冲突，影响杨某在A房屋继续经营，2011年2月15日，杨某找到臧甲要求退租，并向臧甲提出赔偿违约金、装修损失等共计18万元。臧甲给付杨某137500元。杨某于当日夜间搬离出租房屋，将房屋钥匙交给臧甲。(2014)西民再初字第26号民事判决驳回了臧乙等的诉讼请求。

臧甲要求臧乙等人按份额支付其应承担的赔偿款数额。

【案件焦点】

1. 臧甲是否为本案的适格主体；2. 臧甲是否有权代表其他共有人对外赔偿；3. 臧乙等共有人是否应共同承担向杨某的赔付责任。4. 臧甲赔偿给杨某款项是否具有真实性、合理性。

【法院裁判要旨】

臧甲诉臧乙、臧丙、臧丁、臧戊、臧己、陈甲、陈乙、李甲、李乙、李丙共有案，北京市西城区人民法院作出民事判决。臧甲不服一审判决，提起上诉，北京市第二中级人民法院作出民事判决，驳回上诉，维持原判。后臧甲向北京市高级人民法院申请再审，北京市高级人民法院作出民事裁定，指令北京市第二中级人民法院再审。北京市第二中级人民法院作出民事裁定，撤销上述一、二审判决，发回北京市西城区人民法院重审。

北京市西城区人民法院经审理认为：

1. 关于臧甲是否为本案的适格主体。法律规定，共有人偿还因行使管理义务而产生的合理债务，超过自己应当承担份额的，可依法向其他共有人追偿。本案为共有纠纷，臧甲的诉求亦为其因管理共有房屋产生的损失，臧甲为本案的适格主体。

2. 关于臧甲是否有权代表其他共有人对外赔偿。《中华人民共和国物权法》第九十六条规定，共有人按照约定管理共有的不动产或者动产；没有约定或者约定不明确的，各共有人都有管理的权利和义务。本案中，共有人对诉争房屋管理职责无明确约定，因此臧甲作为房屋共有人，有权对房屋行使管理职责。臧甲参与了与杨某就租赁房屋进行的谈判、签订合同、分配租金等事项。在涉案房屋租赁合同的签订和履行过程中，臧甲是以相当于共有房产代表人的身份实施了具体的管理职责，因此当房屋租赁发生争议时，基于管理职责，臧甲享有与杨某协商解决争议的权利和义务。

3. 关于臧乙等人是否应共同承担向杨某的赔付责任。在杨某履行了交纳租金的义务后，臧乙等人到杨某店里讨要租金，影响到杨某的正常经营，为此杨某找到臧甲要求赔偿其经济损失并将涉案房屋交还。由此可见，涉案房屋租赁协议无法正常履行是由臧乙等人造成的，故臧乙等房屋共有人应共同承担向杨某的赔付责任。

4. 关于臧甲赔偿给杨某款项是否具有真实性、合理性。另案生效判决（2014）西民再初字第 26 号查明，臧甲给付杨某 137500 元之事实客观存在。该金额包括 1 个月的租金，20%的违约金及部分因装修产生的财产损失，臧甲对杨某的赔付行为具有合理性。

北京市西城区人民法院依据《中华人民共和国物权法》第九十六条、第一百零二条，《中华人民共和国民事诉讼法》第一百四十四条之规定，判决如下：

一、自本判决生效之日起十日内，臧乙、臧丙、臧丁、臧戊、臧己分别给付臧甲 17187.5 元；

二、陈甲、陈乙给付臧甲 17187.5 元；

三、李甲、李乙、李丙给付臧甲 17187.5 元。

臧乙、臧丙、臧丁、臧戊、臧己、陈甲、陈乙、李甲、李乙、李丙不服一审判决，提出上诉。北京市第二中级人民法院同意一审法院的裁判意见，判决：

驳回上诉，维持原判。

【法官后语】

本案反映的问题实质是按份共有人共同承担的债务的认定标准。对此应当认为，按份共有人管理共有物支付的必要管理费用为共有人的共同债务，按份共有人对外清偿后，有权向其他按份共有人追偿。主要理由有：

一、赔付行为属于管理行为

有观点认为，臧甲的赔付行为属于处分行为。因臧甲并不是唯一有权管理涉案房屋的共有人，为了保护各共有人的利益，臧甲无法证明赔付行为经过了三分之二以上共有人同意，因此臧甲的赔付行为是个人处分行为，无权要求其他共有人承担份额内的赔付责任。

笔者认为，臧甲的赔付行为是管理行为。上述观点对共有物“管理”概念的理解没有到位，共有物的“管理”是一个外延宽泛的概念，是为了使共有物发挥社会的、经济的作用而对共有物所为的一系列活动。对共有物的管理既是共有人的权利，也是共有人的义务。本案中臧甲对诉争房屋有权行使管理的职责，当因房屋租赁发生争议时，有权基于管理职责与杨某解决争议。具体而言，臧甲的赔付行为是履行租赁合同约定义务的行为。杨某履行了交纳租金的义务后，臧乙等多次到杨某店里讨要租金，导致杨某无法正常经营，使租赁合同的目的不能实现，杨某有权解除合同，并有权向任一共有人主张违约金和财产损失费用。因合同约定产生的债务，所有共有人均应承担赔付责任。这种偿还债务的赔付责任并不需要经过三分之二以上共有人的同意，这是共有人与杨某签订租赁合同已约定的违约责任。臧甲向杨某支付违约金及赔偿金的行为是履行租赁合同约定的合同义务。义务的履行无须经共有人多数表决。不能因为共有人之间对于赔付的金额及赔付方式无法达成一致而免除这种义务。

二、共有人支付必要管理费用，就超出应当承担的份额有权向其他共有人追偿

《中华人民共和国民法典》第三百零七条规定：“因共有的不动产或者动产产生的债权债务，在对外关系上，共有人享有连带债权、承担连带债务……偿还债务超过自己应当承担份额的按份共有人，有权向其他共有人追偿”。按份共有关系中，除共有人另有约定外，每位共有人的份额是确定的，承担的义务和权利也是与其份额一致的。因此，当支付的必要管理费用超出其应承担的份额时，共有人可以向其他共有人请求偿还。

臧甲因解决争议所赔付的违约金及赔偿金符合租赁合同约定，

其偿还的金额在合理范围内。针对超过臧甲应当承担的份额，臧甲有权向其他共有人追偿。

及时合理地履行法定或约定的赔付义务对于其他共有人的权益而言实质上是一种保护，能防止因共有物产生的债务扩大化。本案支持臧甲要求其他共有人共同承担赔付款项的诉求，是对共有人追偿权的保护，有利于鼓励共有人在合法合理的范围内积极履行管理职责。

编写人：北京市西城区人民法院　刘珍　陈施斯

147 分割已确定财产价值和共有比例的共有物时不宜再考虑被分割财产价值变动等因素

——徐某明诉徐甲共有物分割案

【案件基本信息】

1. 裁判书字号

北京市第一中级人民法院（2020）京01民终3650号民事判决书

2. 案由：共有物分割纠纷

3. 当事人

原告（被上诉人）：徐某明

被告（上诉人）：徐甲

【基本案情】

徐某明与徐甲于2004年登记结婚，双方婚后于2005年贷款购买了案涉房屋，登记在徐某明名下。2016年，徐某明与徐甲协议离婚，并签订离婚协议书，协议明确财产分割内容：存款由各自处理，案涉房屋变卖后各占50%。双方离婚后，徐某明诉至法院要求确认案涉房屋的所有权，北京市海淀区人民法院于2019年5月作出（2019）京0108民初28073号民事判决书，判决徐某明名下案涉房屋由徐某明、徐甲按份共有，双方各占50%的份额。现徐某明要求对共有物进行分割。审理中，经徐某明申请，北京市海淀区人民法院委托某房地产土地评估公司进行评估，某房地产土地评估公司于2019年12月19日作出《房地产司法鉴定估价报告》，确定案涉房屋于价值时点2019年12月5日在现状条件下的市场价值为602.1万元。徐某明交纳鉴定费1.7万元。对于房屋的分割问题，徐某明主张，现此房还有贷款及债务未偿还，并提交了相应银行明细和票据。徐某明表示房屋归其所有，由其向徐甲支付房屋折价款，双方共担款项自愿由其个人先行偿还，在其向徐甲支付的房屋折价款中予以扣除。

【案件焦点】

确定徐甲、徐某明取得分割案涉房屋应取得的价值时是否考虑房屋价值变动的因素以及房屋所负债务的负担。

【法院裁判要旨】

北京市海淀区人民法院经审理认为：案涉房屋系徐某明、徐甲在婚姻存续期间购买，此房屋为双方共有，各占一半的份额，现徐某明要求法院对共有物进行分割，法院予以支持。案涉房屋以徐某明名字购买，房屋贷款未还清，且尚有使用房屋产生的债务，对于徐某明的主张，法院考虑到房屋的使用情况及双方的支付能力，将房屋判归徐某明所有为宜，由徐某明向徐甲支付相应的房屋折价款。

对于支付的款项，法院参考鉴定的市场价值、偿还贷款的情况及使用房屋产生的债务情况酌情确定。徐某明自愿承担使用房屋产生的债务，法院不持异议，本案一并予以处理。

北京市海淀区人民法院依据《中华人民共和国民事诉讼法》第一百四十四条，《中华人民共和国物权法》第九十九条、第一百条之规定，作出如下判决：

一、徐某明名下案涉房屋归徐某明所有，贷款由徐某明自行偿还；

二、徐某明给付徐甲房屋折价款260万元。

徐甲不服一审法院判决，提起上诉。北京市第一中级人民法院经审理认为：经一审法院委托评估，确定诉争房屋市场价值为602.1万元，应依据该报告的结论确定该房屋的价值。如前所述，徐某明、徐甲各占该房屋50%的份额，二人各自应得份额对应的价值为301.05万元。徐甲虽认为案涉房屋评估价值偏低，但并未提供证据否定前述评估报告确定的房屋价值，其该主张缺乏事实依据。根据已查明的事实，案涉房屋《房屋所有权证》登记的房屋所有权人为徐某明，该房屋所涉贷款由徐某明偿还，一审法院综合考虑本案因素，判令案涉房屋由徐某明所有并无不当，徐某明应向徐甲支付案涉房屋折价款301.05万元。

北京市第一中级人民法院依照《中华人民共和国物权法》第九十九条、第一百条规定，作出如下判决：

一、撤销一审民事判决；

二、案涉房屋由徐某明所有；

三、徐某明给付徐甲301.05万元；

四、驳回徐某明的其他诉讼请求。

【法官后语】

商品房屋的价格波动幅度较大，且购置房屋时通常涉及房屋贷款等因素，因此当事人在分割不动产时往往主张考虑房屋价格涨跌、贷款偿还负担等因素对财产总额和分割比例进行调整。但是，在共有物的价值和分割的比例均已经确定的情况下，人民法院不宜再对当事人应分得财产的数额进行调整。具体原因为：

首先，在确定不动产价值时，已经综合考虑了房屋价值的波动问题，房地产估价机构对房屋的价值评估并非仅仅按照评估时房屋的市价进行认定，还会考虑房屋所在区位、相似地段一定周期内房地产市场价格变动的因素、房屋折旧情况等，因此，评估时点的房屋价值是通过综合考量多种因素确定的，能够准确反映出被评估房屋在评估时点的市场价值。法院在没有充分证据证明分割财产时价值较评估时点的市场价值发生较大变化的，对房屋价值不宜调整。

其次，法院酌定共有人应得分割财产的数额，实质为变更已经确定的财产分割比例。确定共有人对财产份额的比例，有约定的从约定，无约定的应按照法律的规定确定分割比例，上述约定或者法定的比例，均体现为已确定的分割共有物的份额，除有证据予以否定外，不应再次对分割比例进行认定。

最后，共有物分割是共有人对共有物份额的划分，属于物权纠纷项下的争议，而共有物上负担的债权债务，与确定共有物的物权份额并无直接关联，在共有物分割后，一方当事人依据对方交付分割共有物对应的价款而产生债权后，共有物上债权债务方产生与交付价款债权抵销或减少的债权债务纠纷，因此，在共有人的诉讼请求为分割共有物的情况下，该共有物上是否负担债务，不应影响共有人分割财产的份额和数额。

就本案而言，生效判决已经认定徐某明与徐甲各占需分割的不动产50%的份额，一审诉讼期间，房地产评估机构对于房屋价值作出了评估意见，且徐某明诉讼请求为对案涉房屋进行分割，一审法院综合案涉房屋所有权登记、贷款主体等情况，判令房屋由徐某明所有以及徐某明向徐甲支付折价价款并无不当，但在房屋价款和份额比例已经确定的情况下再行调整房屋价值以及徐某明、徐甲各自应得财产的数额不当，该处理方式考虑了案涉房屋上物业费等债务以及房屋贷款负担等情况，超出了本案处理争议的范畴。经评估，诉争房屋市场价值为602.1万元，二人各自享有相等份额，对应价值均为301.05万元，在房屋由徐某明所有的情况下，其应支付的房屋折价款即301.05万元，一审法院根据房屋所涉债权、房屋价格波动等因素减少了徐某明应支付折价款的数额，认定其应付款为260万元，超出了本案对于不动产进行分割的范畴，亦属对已经司法确认的共有份额的改变，该处理方式不当，二审法院予以纠正。

需要说明的是，夫妻双方离婚后对共有不动产进行分割，易与离婚后财产分割纠纷混淆。离婚后财产分割纠纷中，如当事人对包括房屋、动产、现金、有价证券以及共同债务一并要求分割的，可考虑上述因素对夫妻各自应得财产予以调整，并未超出分割夫妻财产的范围，但本案仅涉及对房屋的分割，未涉及其他财产或债权债务，因此不宜一并处理。

编写人：北京市第一中级人民法院　徐硕

148 分割共有物应鼓励共有人协商确定分割方案，无法协商一致且共有物难以分割的，应以认定份额为主要方式，慎重在判决中直接认定共有物归一方所有

——郑某诉张某成、某运输公司合伙协议案

【案件基本信息】

1. 裁判书字号

河南省平顶山市中级人民法院（2020）豫04民终1784号民事判决书

2. 案由：合伙协议纠纷

3. 当事人

原告（被上诉人）：郑某

被告（上诉人）：张某成

被告：某运输公司

【基本案情】

2017年3月，郑某与张某成口头约定双方共同出资购买大货车，用于合伙经营车辆运输业务，并约定利润分配的方式为郑某分40%、张某成分60%，但未订立书面的合伙协议，之后双方购买了牵引主车及挂车，裸车价款为532400元，由郑某出资100000元，张某成和郑某向某运输公司借得100000元无息借款，又共同贷款309000元，剩余费用为张某成所出。车辆登记并挂靠在某运输公司名下营运，目前该车辆的按揭贷款已偿还完毕。2017年4月至12月，该车由郑某经营运输业务，随后该车由张某成经营运

输业务，现该车已停止运输业务。二人各自经营运输业务期间的收入、支出均各自掌握，双方均没有对经营运输业务期间的收支情况进行过清算。张某成认为其为案涉车辆实际所有人，郑某认为实际车主是郑某和张某成。现郑某要求解除合伙关系并进行结算，故引起诉讼。

【案件焦点】

张某成与郑某的合伙关系是否应当予以解除，若应当解除，合伙共有物应如何分割。

【法院裁判要旨】

河南省平顶山市新华区人民法院经审理认为：个人合伙具有较强的人合性特征，郑某主张要求解除合伙关系，郑某与张某成双方丧失了信任基础，合伙关系也就名存实亡，故对郑某要求解除合伙关系的诉讼请求予以支持。郑某主张要求张某成向其退回 100000 元合伙购车款并支付合伙财产，法院认为郑某的购车款在双方合伙购买车辆后已转变为合伙财产，要求张某成退还此款没有事实及法律依据，故不予支持。双方的合伙财产，除了货车外，还有通过该货车所得的收益部分，但庭审中，双方提交的证据材料均被对方不予认可，故双方的收益法院无法认定。经评估鉴定货车的现有价值，总价格为 263700 元。庭审中，郑某自述利润分配的方式为郑某分 40%、张某成分 60%，张某成未持异议。案涉车辆目前实际归张某成所有，基于车辆的性质无法直接分割，故法院认定张某成向郑某支付车辆评估价格的 40%，作为对双方合伙财产的结算。

河南省平顶山市新华区人民法院依照《中华人民共和国民法通

则》第三十条、第三十二条，《中华人民共和国民事诉讼法》第六十四条之规定，判决如下：

一、解除郑某与张某成关于挂货车的合伙关系；

二、挂货车归张某成所有；

三、张某成于本判决生效之日起十日内向郑某支付挂货车折价费 105480 元；

四、张某成于本判决生效之日起十日内向郑某支付鉴定费 7800 元；

五、驳回郑某的其他诉讼请求。

张某成不服一审判决，提起上诉。河南省平顶山市中级人民法院经审理认为：合伙经营积累的财产，归合伙人共有。现在郑某与张某成均认可的合伙共同财产是涉案货车，该车应归二人共有。虽然对该车评估了现有价值，但该车无法直接分割且已经停止运输，郑某与张某成均表示不愿要该车，且该车的评估价值与实际变现的价值并不完全一致，故一审将该车直接认定归张某成所有，由张某成以车辆评估价值为基数按照 40% 的比例支付郑某合伙财产不当。根据本案的实际情况，法院酌定郑某与张某成共同在本判决生效后一个半月内将该车处理变现，变现后的款项按照郑某 40%、张某成 60% 的比例进行分配，逾期造成的损失由怠于履行者承担。

河南省平顶山市中级人民法院依照《中华人民共和国民事诉讼法》第一百七十条第一款第二项规定，判决如下：

一、维持一审民事判决第一项、第四项、第五项；

二、撤销一审民事判决第二项、第三项。

【法官后语】

分割共有物时应当考虑共有人的意愿及共有物的性质，以最为公平合理的方式分割，对难以分割或者因分割会减损共有物价值的，应以认定份额为主要方式，慎重在判决中直接认定共有物归一方所有。

一、共有人请求分割共有物的，应当审查是否符合分割条件

共有包括按份共有和共同共有。《中华人民共和国民法典》（以下简称《民法典》）第三百零三条继承原《中华人民共和国物权法》（以下简称《物权法》）第九十九条的规定，据此，共有人能否请求分割共有物应当遵循以下规则：（1）应尊重共有人的约定，共有人约定不得分割的，存在重大理由需要分割时才可以请求分割；（2）共有人没有约定或约定不明确时，按份共有人可以随时请求分割，共同共有人在基础丧失或有重大理由需要分割时才可以请求分割。对"重大理由"如何把握和理解，应当根据具体案情并参照合同解除的条件进行判断。比如出现了不可抗力事件，部分共有人难以实现对共有财产的使用目的；部分共有人严重违约，侵害其他共有人的合法权益，共有信赖基础丧失；出现某一共有人主体丧失等法定事由；共有人存在严重经济危机需要分割共有物等。本案中，张某成与郑某之间为按份共有，双方没有不得分割共有物的约定，且双方同意散伙，按照法律规定可以随时请求分割共有物。

二、尊重当事人意思自治

以鼓励共有人协商确定分割方案为必要程序，应根据共有人的意愿及共有物的性质，尽量促成共有人达成分割方案。共有人之间均存在特殊关系，或亲情，或友情。《民法典》第三百零四条第一款延续了《物权法》第一百条第一款的规定，"共有人可以协商确定

分割方式……”据此，在分割共有物时，应考虑共有人之间的特殊关系，鼓励共有人协商一致确定分割方案。若共有人不能自行协商一致，应充分了解共有人的意愿，比如何人想获得金钱，何人想获得共有物所有权，共有物对何人更有用处，何人具有相应的财力能够向对方支付折价款等；也应充分了解共有物的性质，比如是否为可分物，目前是否能够正常使用，价值几何等；提出方案，平衡各方利益，尽量促成共有人之间形成一致的分割方案。

三、无法形成一致的分割方案时，应以认定份额为主要方式，慎重在判决中直接认定共有物归一方所有

在共有人的信任基础已经丧失的情况下，分割共有物时，锱铢必较。分割共有物时经常出现两种情形，即共有人争夺共有物和共有人争夺变现价款。共有物系共有人所共有，任何一方均有权获得共有物的所有权，在共有人之间未协商一致的情况下，法院直接认定共有物归一方所有，极易引发其他共有人的不满。比如房屋，共有人大概率会争夺所有权，无论法院判定哪一位共有人享有所有权，对其他共有人而言均是不公平的，若再因获得房屋所有权的共有人无资金向其他共有人支付折价款，对其他共有人而言则更为不公，最终不仅不能定分止争，而且会激化矛盾，更会增加执行难度。对于可以分割且不会因分割减损价值的共有物，不能形成一致意见时，应直接按份额对实物予以分割；对难以分割或因分割减损价值的共有物，原则上应以认定份额为主要方式，并判决共有人对变现价款按份额予以分配，慎重在判决中直接认定共有物归一方所有。

本案中，二审经询问得知张某成不愿意接受共有挂车，并考虑到挂车已经停运较长时间，随着时间的推移，不可避免地会存在贬值的情况，评估的价值并不一定就是挂车实际能够变现的价值，不

能当然地认为张某成占有份额较多就将挂车的所有权分配给张某成，由张某成支付郑某挂车折价费。因为这种分割方式对于张某成来说显然是不公平的，也不能从根本上解决二人之间的矛盾。故二审充分考虑张某成的上诉意见及挂车目前状况，改判张某成和郑某限期将挂车处理变现，变现后的款项按照合伙份额进行分配，也符合《民法典》关于共有物分割方式的规定。

编写人：河南省平顶山市中级人民法院　王光辉　朱斐斐

149　债权人代位析产诉讼应明确是否存在共有财产及共有财产范围

——张某诉金某、王某债权人代位析产案

【案件基本信息】

1. 裁判书字号

北京市第三中级人民法院（2021）京03民终14756号民事裁定书

2. 案由：债权人代位析产纠纷

3. 当事人

原告（上诉人）：张某

被告（被上诉人）：金某、王某

【基本案情】

张某为另案生效判决的申请执行人，对王某享有8000万元本息债权，王某未履行判决义务。张某起诉王某与金某，称王某与金某系同居关系，育有一女，二人同居期间先后购买位于北京市朝阳区某路1702号房屋（以下简称1702号房屋）和位于北京市朝阳区某路076车位、077车位（以下简称涉诉车位）及位于北京市朝阳区某街1102号房屋（以下简称1102号房屋），购买上述房屋及车位的资金均来源于王某，张某作为执行申请人，有权代位提起析产诉讼，要求法院确认王某对上述两套房屋和涉诉车位享有50%的份额。

案件审理过程中，张某提供了王某两个银行账户的对账单，证明王某的账户在2007年至2010年多次发生大额支取，最多的一次金额为1200万元。张某主张王某将上述款项全部交给金某用于购房。王某与金某则表示，二人确曾交往但未同居，亦无共同财产，且于2003年已分手；涉诉房屋和车位是金某在二人分手后自行出资购买，与王某无关。金某提供自己的银行账户对账单，证明部分购房款是通过其个人账户支付的，其有能力支付购房款。

【案件焦点】

1. 张某的债权人代位析产请求权是否成立；2. 涉诉房屋及车位是否属于同居关系中的共有财产。

【法院裁判要旨】

北京市朝阳区人民法院经审理认为：张某提供的证据不足以证明王某和金某存在同居关系并共同购置房产，应承担举证不力的责任。同居关系析产纠纷诉讼的诉讼主体应是同居的双方当事人或是其权利继承人。张某无权提出同居关系析产纠纷诉讼。张某主张自己对王某享有债权，可代位王某向金某提出同居关系析产诉讼。代位权的权利人代位行使的是债务人对第三方的到期债权，而同居关系析产纠纷诉讼分割的是同居双方共有财产的物权，二者权利客体的性质并不相同。

北京市朝阳区人民法院依照《中华人民共和国民法典》第三百零三条、第五百三十五条，《中华人民共和国民事诉讼法》第六十四条之规定，判决如下：

驳回张某的全部诉讼请求。

张某不服一审判决，提出上诉。北京市第三中级人民法院经审理认为：首先，同居关系的双方具有共同生活的一般状态，具有长期、稳定、共同生活的目的，对外要具有一定的公开性。同居是一个过程，不是一个事件，无法仅依据单一、可识别的事件或行为判断同居关系，现有证据无法证明王某、金某之间存在同居关系。其次，王某应对涉诉房屋和车位系王某、金某共同劳动、经营或者管理所得的财产承担举证证明的责任，结合王某、金某非婚生子女出生时间和涉诉房屋及车位的购买时间，现有证据无法证明涉诉房屋及车位系王某、金某共同财产。再次，涉诉房屋和车位购买时，王某的债权尚未确立，现有证据亦不能证明金某从事购房行为时存在恶意并有害于张某债权的实现。最后，申请执行人提起债权人代位析产之诉需满足以下情形：（1）执行案件尚处于强制执行程序进行中；（2）析产对象为被执行人与他人共有财产；（3）执行法院对此财产已经采取查封、扣押、冻结等执行措施，并已通知共有人。本案中，现有证据不能证明相关执行法院已经对涉诉房屋和车位采取强制执行措施。

北京市第三中级人民法院依照《中华人民共和国民事诉讼法》第一百七十条第一款第一项之规定，作出如下判决：

驳回上诉，维持原判。

【法官后语】

《最高人民法院关于人民法院民事执行中查封、扣押、冻结财产的规定》（2020修正，以下简称《查封、扣押、冻结财产的规定》）第十二条规定："对被执行人与其他人共有的财产，人民法院可以查封、扣押、冻结，并及时通知共有人。共有人协议分割共有财产，并经债权人认可的，人民法院可以认定有效。查封、扣押、冻结的效力及于协议分割后被执行人享有份额内的财产；对其他共有人享有份额内的财产的查封、扣押、冻结，人民法院应当裁定予以解除。共有人提起析产诉讼或者申请执行人代位提起析产诉讼的，人民法院应当准许。诉讼期间中止对该财产的执行。"《民事案件案由规定》（2020）在共有纠纷中新增了债权人代位析产纠纷的案由。上述规定作为债权人代位析产权行使的实体法依据，为申请执行人代位被执行人提起析产诉讼扫清了障碍。实际上，2005年的《查封、扣押、冻结财产的规定》就已经明确了债权人可提起代位析产诉讼。笔者认为，在处理债权人代位析产纠纷时应当注意以下几个问题。

一、厘清债权人代位析产权和债权人代位权的关系

规定在《查封、扣押、冻结财产的规定》中的债权人代位析产诉讼本质上是一种涉执行诉讼，其目的是防止被执行人借共有关系之名行规避执行之实。在债权人代位析产诉讼中，被执行人除与他人共有的财产外，并无其他财产可供执行，且共有人拒绝析产致使债权人的债权难以实现。此时，申请执行人可以提起诉讼，请求分割被执行人与共有人之间的共有财产。

债权人代位权的实体法依据是《中华人民共和国民法典》（以下简称《民法典》）第五百三十五条，因债务人怠于行使其债权或者与该债权有关的从权利，影响债权人到期债权实现的，债权人可

以向人民法院请求以自己的名义代位行使债务人对相对人的权利，但是该权利专属于债务人自身的除外。债权人代位权成立的要件有五：一是债权人对债务人存在合法有效的到期债权，二是债务人对次债务人存在合法有效的到期债权，三是债务人的怠于行使权利影响债权人债权的实现，四是债务人怠于行使与其债权有关的从权利，五是代位标的为非专属于债务人自身的权利。[①]

债权人代位析产权和债权人代位权的法律构建目的具有一致性，均为保障债权人债权实现。作为特殊的法定权能，两种制度设计都突破了单一法律关系下的债权相对性，直接解决多重法律关系中的权利义务。在债权人代位析产权或债权人代位权依法成立的情况下，法律授权债权人以自己的名义向相对人行使债务人的共有权或债权。

债权人代位析产权和债权人代位权最显著的区别有二：一是两项权利行使阶段不同。债权人代位析产权旨在确定共有财产中被执行人的共有份额，诉讼仅适用于共有财产的执行。而债权人代位权适用范围更广，不以进入执行阶段为必要条件。二是两项代位权的客体范围不同。在债权人代位析产诉讼中，债权人代位行使的是债务人对共有财产的物权（共有权）。而在债权人代位诉讼中，债权人代位行使的是债务人对次债务人享有的合法有效的到期债权。

二、厘清债权人代位析产权和债权人撤销权的关系

《民法典》第五百三十八条规定了债务人无偿处分时的债权人撤销权行使，即债务人以放弃其债权、放弃债权担保、无偿转让财产等方式无偿处分财产权益，或者恶意延长其到期债权的履行期限，

---

① 最高人民法院民法典贯彻实施工作领导小组主编：《中华人民共和国民法典合同编理解与适用（一）》，人民法院出版社2020年版，第499~503页。

影响债权人债权实现的，债权人可以请求人民法院撤销债务人的行为。《民法典》第五百三十九条规定了以不合理价格交易时的债权人撤销权行使，即债务人以明显不合理的低价转让财产、以明显不合理的高价受让他人财产或者为他人的债务提供担保，影响债权人的债权实现，债务人的相对人知道或者应当知道该情形的，债权人可以请求人民法院撤销债务人的行为。

债权人撤销权与债权人代位权是保障债权人实现债权的两项重要制度，债权人撤销权设立的目的在于防止债务人的诈害行为导致其责任财产减少。与债权人代位权一样，债权人撤销权和债权人代位析产权在诉讼阶段、代位权客体等方面存在差异。在实践中，可能出现债务人的某一行为引发债权人撤销权和债权人代位析产权同时发生的情况，如债务人无偿转让或以明显不合理的低价转让财产的一部分，就该转让财产形成债务人与受让人的共有关系，或是债务人以明显不合理的高价受让他人财产的一部分，就该受让财产形成债务人与转让人的共有关系。此时，针对债务人的转让或受让财产行为，债权人可以行使撤销权，进入执行程序后，就共有关系中债务人的共有份额，债权人可以行使代位析产权。

三、债权人代位析产诉讼的审理首先要明确共有财产范围

债权人代位析产诉讼中债权人代位行使的是债务人基于共有权产生的共有物分割请求权。债权人要行使代位析产权，必须以债务人与案外人就特定标的物享有共有权为前提，否则，代位析产诉讼无法成立。因此，在债权人代位析产诉讼中，首先应明确代位行使的债务人共有权是否成立，即债务人是否为案涉财产的共有人。

一般来说，共有关系有以下几种类型：家庭共有、夫妻共有、同居共有、继承人共同继承、合伙共有等。具体到本案，应首先确

定案涉房屋和车位是否属于金某和王某同居期间的共有财产。在司法实践中，要查清财产是否为共有，一是看产权登记，二是看具体出资。从本案的表面证据来看，案涉房屋和车位均登记在金某名下，且金某提供了自己的银行账户对账单，证明部分购房款是通过其个人账户支付的，与王某无关。张某称金某和王某育有一女，系同居关系。在同居关系中，同居期间所得财产，除有证据证明为当事人一方所有的以外，按一般共有处理。因此，如果金某和王某的同居关系成立，即便案涉房屋和车位仅登记在金某名下，只要没有证据证明为金某一方所有，上述财产就需要按共有进行处理。本案中张某需要对金某和王某的同居关系成立进行举证，方能确认王某对案涉房屋和车位享有共有权。而同居关系具有长期、稳定、共同生活的目的，是过程，而非事件，难以依据单一、可识别的事件或行为判断，因此第三人想要证明他人同居关系成立在举证责任上具有一定的难度。

确认债务人对案涉财产享有共有权后，应进一步确认共有人的共有财产份额，此时应适用《民法典》第三百零八条规定，"共有人对共有的不动产或者动产没有约定为按份共有或者共同共有，或者约定不明确的，除共有人具有家庭关系等外，视为按份共有"，以及第三百零九条规定，"按份共有人对共有的不动产或者动产享有的份额，没有约定或者约定不明确的，按照出资额确定；不能确定出资额的，视为等额享有"。

四、债权人代位析产诉讼的审理应注意的其他问题

债权人代位析产诉讼规定在《查封、扣押、冻结财产的规定》中，除申请执行人启动执行程序，被执行人无其他财产可供执行，共有人拒绝析产之外，司法实务界普遍认为债权人提起代位析产诉讼还应当具备一个条件，即执行法院对此财产已经采取查封、扣押、

冻结等执行措施。笔者认为，这一要求是否应当作为债权人提起代位析产之诉的前提条件有待商榷。在部分共有关系中，如夫妻共有、家庭共有、继承人共同继承中，共有关系是明显的、易查的，法院在处理申请执行人有关执行申请时可以依据产权登记等情况对共有财产进行查封、扣押、冻结。但在另一些较为隐秘的共有关系中，如同居共有、隐名合伙共有，法院仅凭申请执行人的执行申请是难以直接判定，并采取执行措施的。这种情况下，需要先行确认是否存在共有关系，而申请执行人并非共有关系当事人，其债权人的身份是否足以使其作为直接利害关系人提起同居关系析产之诉、共有权确认之诉尚有疑问。此时，若要求以案涉共有财产被查封作为提起代位析产诉讼的前提，债权人的权益保护就会陷入僵局。

此外，在审理债权人代位析产诉讼时，应当做好债权人和其他共有人的利益平衡。对于被执行人与其他共有人共有房屋，析产后不应当影响其他共有人居住生存权益。《查封、扣押、冻结财产的规定》第四条规定："对被执行人及其所扶养家属生活所必需的居住房屋，人民法院可以查封，但不得拍卖、变卖或者抵债。"该法条体现的正是对被执行人及其所扶养家属居住生存权益的保护，这种保护在司法实践中得以体现，当共有人及利害关系人对共有份额分割所作的认定持有异议时，可以依法提起执行异议之诉。最高人民法院在（2019）最高法民申5507号民事裁定①中认为，对案外人生存权益的保护应当优于对一般债权人信赖利益的保护。该案被执行人夫

① 载中国裁判文书网，https：//wenshu. court. gov. cn/website/wenshu/181107ANFZ0-BXSK4/index. html？ docId = U2i3wuBZ89Pn9yVzgRTytd2GCjtd3NAHxBaTtr4R9XTTDwrkRUCE-8JO3qNaLMqsJzWIAz3U9dmw8A8lfcm2NXSN05NRB6QgWvb77MR4zDn6d8N7mB11CtGqQ1uyuh-kaV，2022年3月6日访问。

妻双方仅有案涉一处房产，与其未成年子女长期在案涉房产中居住生活，将该房产拍卖执行，将影响案外人的生存权益，被执行人配偶对案涉房产享有的民事权益，足以排除法院的强制执行。应当认为，对于居住生存利益的保障及于扶养家属之外的其他共有人。

编写人：北京市第三中级人民法院　张印龙　潘园园

150 承租人对自己加盖房屋的拆迁补偿款享有合法权益

——王某、肖某诉郭甲等共有案

【案件基本信息】

1. 裁判书字号

河南省驻马店市中级人民法院（2019）豫17民终936号民事判决书

2. 案由：共有纠纷

3. 当事人

原告（被上诉人）：王某、肖某

被告（上诉人）：郭甲、郭乙、郭某

【基本案情】

2011年，郭甲、郭乙兄弟二人将其共有的房屋租赁给王某、肖某夫妇使用。2015年，郭甲委托其父郭某（出租方，甲方）与肖某（承租方，乙方）签订房屋租赁合同，约定“第一条：西院墙以东，北院墙以南，主体房屋西山墙以西空地出租给乙方使用。每年出租费5000元。第二条：甲方将位于驿城区某村的两层小楼住宅（一层全部包括院子的空地，二层西边两房与靠楼梯一房）出租给乙方使用。每年出租费用为30000元……第四条：该房租从2015年8月1日起至2020年7月31日止。租赁期满，乙方有优先租赁权”。同年8月，王某、肖某在其租赁的土地上加建房屋6间，上下两层，每层3间，建筑面积约为200平方米，支出建房费、装修费等费用约17万元。2017年，王某、肖某租赁的房屋因政府对棚户区改造纳入拆迁范围。2018年6月1日，因房屋面临拆迁，王某、肖某搬出租赁房屋。同年10月13日，郭甲与驻马店市驿城区东风街道办事处签订房屋征收补偿协议，被征收人为郭甲、郭乙，房屋补偿标准为3344元/平方米，面积980.78平方米，共计3279728.32元。肖某、王某要求房屋拆迁补偿款中的50万元归其所有。

【案件焦点】

承租人对加盖房屋的拆迁补偿款是否享有合法权益，即是否应当参与加建房屋的拆迁补偿款分配。

【法院裁判要旨】

河南省驻马店市驿城区人民法院经审理认为：本案系王某、肖某租赁郭甲、郭乙的房屋并出资加建、装修后，租赁期内第三人对租赁物进行拆迁，双方对拆迁补偿款的分配产生分歧而引发的诉讼。争议焦点为王某、肖某是否应得到加建房屋的补偿款。首先，《中华人民共和国合同法》第二百三十一条规定：“因不可归责于承租人的事由，致使租赁物部分或者全部毁损、灭失的，承租人可以要求减少租金或者不支付租金；因租赁物部分或者全部损毁、灭失，致使不能实现合同目的的，承租人可以解除合同。”本案中，租赁物因拆迁已全部灭失，王某、肖某因此无法实现合同目的，其依法享有合同解除权，且合同已实际终止，故认定双方之间的房屋租赁合同已经解除。其次，在租赁合同履行期间，王某、肖某出资在租赁土地上加建房屋，获得了郭甲等人的许可，形成了租赁土地上的添附物，双方对房屋加建部分的收益并未作出明确约定。房屋拆迁时，王某、肖某加建部分同时被拆除，郭甲、郭乙因此获得了相应的房屋补偿。根据《最高人民法院关于审理城镇房屋租赁合同纠纷案件具体应用法律若干问题的解释》第十一条第四项“因不可归责于双方的事由导致合同解除的，剩余租赁期内的装饰装修残值损失，由双方按照公平原则分担”的规定，现王某、肖某主张其加建房屋的补偿款，予以支持，但相关金额应根据补偿协议书中确定的补偿标准进行分担，核定为：3344 元/平方米×200 平方米÷2＝334400 元。因该补偿款由郭甲、郭乙领取，故应由郭甲、郭乙予以返还。

河南省驻马店市驿城区人民法院依照《中华人民共和国合同法》第九十七条、第二百三十一条，《最高人民法院关于审理城镇房屋租赁合同纠纷案件具体应用法律若干问题的解释》第十一条第四项和《中华人民共和国民事诉讼法》第六十四条规定，作出如下判决：

一、郭甲、郭乙于本判决生效后十日内返还王某、肖某房屋补偿款 334400 元；

二、驳回王某、肖某的其他诉讼请求。

郭甲、郭乙不服一审判决，提起上诉。河南省驻马店市中级人民法院经审理认为：涉案房屋系王某、肖某在郭甲、郭乙同意的情况下所建，该部分的房屋拆迁补偿款正是基于王某、肖某的建房行为而产生，如果仅让郭甲、郭乙享有该部分房屋的房屋拆迁补偿款，对王某、肖某而言明显不公，故一审判决类推适用《最高人民法院关于审理城镇房屋租赁合同纠纷案件具体应用法律若干问题的解释》第十一条第四项的规定，将该部分的房屋拆迁补偿款在王某、肖某和郭甲、郭乙之间进行平均分配，并无不当。

河南省驻马店市中级人民法院依照《中华人民共和国民事诉讼法》第一百七十条第一款第一项规定，作出如下判决：

驳回上诉，维持原判。

【法官后语】

添附，作为取得所有权的基本方法之一，是指不同所有权人的物被结合、混合在一起成为一个新物，或者利用别人之物加工成为新物的事实。通常情况下，添附发生后，要恢复各物的原状，在事实上已不可能，或者在经济上是不合理的，有必要使添附物归一方所有或各方共有，以解决双方的权属争议。《中华人民共和国民法典》制定出台之前，我国法律未有关于添附制度的明确规定，仅有《关于贯彻执行〈中华人民共和国民法通则〉若干问题的意见（试行）》第八十六条对非产权人在使用他人的财产上增添附属物的问题作出规定，该条规定："非产权人在使用他人的财产上增添附属物，财产所有人同意增添，并就财产返还时附属物如何处理有约定的，按约定办理；没有约定又协商不成，能够拆除的，可以责令拆除，不能拆除的，也可以折价归财产所有人；造成财产所有人损失的，应当负赔偿责任。"但该规定仅提到了关于添附物处理的几种具体情形，而无关于如何处分添附取得物归属的原则规定。在《中华人民共和国民法典》出台前，处理此类案件往往需要法院根据公平原则对添附物的权属进行认定、对权益进行分配，直至《中华人民共和国民法典》第三百二十二条对添附制度进行了规定。添附包括加工、附合、混合，关于添附物的所有权归属，该条规定："因加工、附合、混合而产生的物的归属，有约定的，按照约定；没有约定或者约定不明确的，依照法律规定；法律没有规定的，按照充分发挥物的效用以及保护无过错当事人的原则确定……"并对确定添附取得物的归属原则进行了规定，为确定添附取得物归属提供了明确依据。本案便是一起因承租人在承租期间经出租人同意实施附合行为而引发的纠纷。

关于租赁期间承租人在出租人的土地上加盖房屋的权属问题。根据《中华人民共和国民法典》第七百一十五条第一款规定，承租人经出租人同意，可以对租赁物进行改善或者增设他物。承租人在出租人的土地上加盖房屋，属于添附中不动产与不动产的附合，承租人的房屋和出租人的土地密切结合在一起而成为一种新物，各权利人的物虽可识别，但非经拆毁不能恢复原来的状态。根据我国法律规定，城市中心的土地为国有土地，国有土地上的房屋要取得房屋所有权证书，必须三证齐全，即土地使用证、土地规划许可证、城市建筑规划许可证。承租人在没有取得上述许可的情况下，在出租人宅基地上加盖的房屋多为违章建筑。如该建筑建设在出租人的宅基证范围之内，此类房屋并非绝对的违章建筑，而是权利瑕疵房屋。也就是说，作为拆迁标的物的房屋在实体权利上有欠缺或者取得权利的相关手续有欠缺。对于该权利瑕疵房屋，承租人和出租人一般约定房屋归出租人所有，但是承租人具有在一定期限内的使用权。实践中往往存在未有约定或约定不明的情况，根据《中华人民共和国民法典》第三百二十二条规定，房屋归属应当依照法律规定处理。由于房屋建设应以取得"三证"为前提，一般应认定房屋归出租人所有，出租人对承租人给予适当补偿。

关于因附和形成的权利瑕疵房屋的拆迁补偿问题。在出租人同意的情况下，承租人为加盖权利瑕疵房屋付出了相应的财力和物力，对房屋进行了建设。由于政策性拆迁等事由的出现，在双方约定的使用期限内就引起拆迁补偿问题。出租人作为宅基地的使用权人，在拆迁补偿过程中出租人成为获得拆迁补偿款项的主体，且由于承租人的建房行为使出租人能够获得添附房屋对应的拆迁补偿。对承租期间添附房屋被拆迁产生的赔偿款归属问题，法律未有明确规定，法院在审理本案时，主要基于公平原则进行了处理。公平原则作为民法的基本原则之一，是民事活动的基础，为民事活动提供了本源性、综合性、指导性的价值标准。公平原则的表现之一便是当事人的利益应均衡、合理分配。本案中，承租人经出租人同意在租赁的土地上加建房屋，支出费用约 17 万元，出租人因此获得涉案房屋的拆迁赔偿款，单纯让出租人获取拆迁补偿款明显不符合民法的公平原则。事实上，公平本身也是添附制度价值的项中应有之义，《中华人民共和国民法典》第三百二十二条关于“保护无过错当事人”的规定便是公平原则的重要体现。

综上，承租人在出租人同意的情况下加盖房屋，其对应的拆迁补偿款项不能简单地归拆迁补偿的主体所有，应当综合考虑双方对加盖房屋的投入、双方约定及租赁合同履行情况，在出租人和承租人之间适当分配。就本案而言，争议部分房屋拆迁补偿款是基于王某、肖某的添附行为而产生，王某、肖某要求对加盖房屋的拆迁补偿款享有合法权益的主张，理应得到支持。

编写人：河南省驻马店市中级人民法院　王振

151 遗嘱中抚恤金的分配排除子女继承权的效力
——郑乙诉胡某共有物分割案

【案件基本信息】

1. 裁判书字号

湖北省宜昌市中级人民法院（2019）鄂05民终1588号民事判决书

2. 案由：共有物分割纠纷

3. 当事人

原告（被上诉人）：郑乙

被告（上诉人）：胡某

【基本案情】

郑甲与毕某育有一子郑乙。1991年12月18日，郑甲与胡某登记结婚，婚后未生育子女。2017年5月11日，郑甲书写《遗嘱》一份交胡某持有，《遗嘱》对抚恤金的安排载明："我百年后，抚恤金全部由我的妻子胡某领取，除还清部分债务外，余下的部分全部归我的妻子胡某所有，其他人无权过问。"2017年9月30日，郑甲因病去世。11月7日，郑甲所属单位向胡某发放丧葬费5000元、抚恤金152168元，合计157168元。上述费用由胡某领取。郑乙与胡某就如何分配抚恤金未达成一致，故郑乙诉至法院，请求判令胡某将抚恤金的二分之一即76084元支付给郑乙。

1982年进行人口普查时，郑甲登记的近亲属是郑乙、毕某。郑甲生病治疗期间，郑乙与其分开居住，胡某给予了较多的生活照顾。

【案件焦点】

1. 郑甲所立《遗嘱》表示抚恤金由胡某所有是否有效；2. 如何保障对郑乙进行较多照顾义务的胡某的权利。

【法院裁判要旨】

湖北省宜昌市西陵区人民法院经审理认为：一次性抚恤金是因死者死亡给死者生前供养的近亲属造成生活困难，由死者生前所在单位给予的慰问金和生活补助费，领取一次性抚恤金是死者近亲属的民事权利。因抚恤金不属于《中华人民共和国继承法》第三条规定的遗产的范围，故郑甲生前对抚恤金进行分配的《遗嘱》系无权处分行为，依法不具有法律效力。抚恤金属于死者近亲属的共有财产，郑乙请求分割抚恤金，符合法律规定。鉴于郑乙在郑甲去世前已与郑甲分开居住，胡某在郑甲生病治疗期间履行了较多的照顾义务，且胡某已年老需要更多生活照顾，故分配抚恤金时可考虑对胡某适当多分，酌定郑乙分得 60867.2 元（152168×40%），胡某分得 91300.8 元（152168×60%）。

湖北省宜昌市西陵区人民法院依照《中华人民共和国物权法》第九十九条、《中华人民共和国民事诉讼法》第六十四条第一款规定，作出如下判决：

一、胡某向郑乙给付抚恤金 60867.2 元；

二、驳回郑乙的其他诉讼请求。

胡某不服一审判决，提出上诉。湖北省宜昌市中级人民法院经审理认为：本案的争议焦点是郑乙能否参与郑甲一次性死亡抚恤金的分配。一次性死亡抚恤金，是因职工死亡给职工生前供养的近亲属造成生活困难，由职工生前所在单位给予的慰问金和生活补助费，具有对死亡职工的亲属进行经济补偿和精神安慰的性质。本案的一次性死亡抚恤金不属于法律规定的遗产范围，郑甲关于死亡抚恤金进行分配的遗嘱不具有法律效力，胡某作为郑甲的妻子，郑乙作为郑甲的儿子，均符合分配一次性死亡抚恤金的条件。一审判决考虑胡某在郑甲生病期间履行了较多的照顾义务，并综合胡某的年龄、身体情况、生活状况等因素，酌情分配其一次性死亡抚恤金的60%、郑乙享有40%并无不当。

湖北省宜昌市中级人民法院依照《中华人民共和国民事诉讼法》第一百七十条第一款第一项规定，作出如下判决：

驳回上诉，维持原判。

【法官后语】

1. 死者生前关于抚恤金的处分不具有法律效力

《中华人民共和国民法典》第一千一百二十二条规定："遗产是自然人死亡时遗留的个人合法财产。依照法律规定或者根据其性质不得继承的遗产，不得继承。"该条款对于遗产采用概括式的规定，明确规定遗产包括所有个人合法财产，同时对遗产范围以排除的方式进行限定，即依据法律规定和权利性质不能继承的财产，不得继承。死亡抚恤金是死者生前所在单位依照法律规定给予死者近亲属的具有抚慰和经济补偿性质的费用。因死亡抚恤金给付的对象为死者近亲属，而非死者生前的收入，不是死者的生前财产，故不属于遗产的范围，亦不能由死者生前予以分配。

《中华人民共和国民法典》第一千一百三十三条第一款规定："自然人可以依照本法规定立遗嘱处分个人财产，并可以指定遗嘱执行人。"此条款从立法上确认了遗嘱自由，体现了对个人合法财产的保护，但遗嘱自由并不是绝对的，遗嘱只能处分遗嘱人有权处分的财产，即遗产。因死亡抚恤金不属于遗产，而且是按照职工死亡时其家属的具体人员核算、给付，死者生前对其死亡后其家属将要取得的死亡抚恤金以遗嘱的形式进行处分，不具有法律效力，遗嘱中排除部分亲属参与分配其死亡抚恤金的意思表示无效，不影响相应亲属对其死亡抚恤金的请求权。本案中，郑甲所立“遗嘱”表示其身后的死亡抚恤金由胡某一人所有，但是因郑甲之子郑乙也是涉案抚恤金的发放对象，故郑甲排除郑乙取得抚恤金的权利是无效的，郑乙对郑甲的死亡抚恤金享有请求权。

2. 抚恤金分配的基本规则和具体考量因素

死亡抚恤金作为死者所在单位给予死者近亲属和受其生前扶养人的生活补助费和精神抚慰，是死者近亲属的共有财产。当事人就死亡抚恤金分配产生的纠纷，属于共有物分割纠纷。

死亡抚恤金的抚慰、补偿属性，决定了其分配不仅具有财产属性，还涉及亲情伦理的考量。鉴于法律层面对死亡抚恤金的分配没有具体规定，实践中一般参照法定继承制度关于遗产分割的原则进行处理。原则上，死亡抚恤金应按照均等分割的方式，在有权获得死亡抚恤金的死者近亲属间平均分配。但实践中，死者近亲属与死者之间的亲情关系、生活紧密程度、个人生活来源等不同，为了最大化地实现死亡抚恤金的功能，在具体确定分配数额时，对于与死者亲情更近、与死者生前生活紧密程度更高、生活有特殊困难或缺乏劳动能力的，应当多分；反之则应当少分。在个案中，还需要对以上要素进行综合考量，选择最妥当的分配方案。本案中，从亲情上考虑，郑乙作为儿子比胡某更亲近于郑甲；但在郑甲临终前，郑乙未与其共同生活，而胡某作为妻子与郑甲共同生活二十余年并履行了照顾郑甲的义务，与郑甲在情感和经济生活上的紧密程度、依赖程度更高，且年长于郑乙，更需要抚恤金作为丧偶后的生活保障。故法院裁判胡某分得较大比例的抚恤金。

编写人：湖北省宜昌市西陵区人民法院　孙瑞

152 应以“房地二元”划分权利人以确定宅基地房屋拆迁利益归属

——邹某诉韩甲、韩乙共有物分割案

【案件基本信息】

1. 裁判书字号

北京市第二中级人民法院（2019）京02民终7345号民事判决书

2. 案由：共有物分割纠纷

3. 当事人

原告（被上诉人）：邹某

被告（上诉人）：韩甲

被告：韩乙

【基本案情】

邹某与韩甲原为夫妻关系，双方于2003年12月25日登记结婚，2013年经法院判决离婚。韩甲与韩乙系姐弟关系，二人户籍均在北京市房山区×村A号（以下简称×村A号）。×村A号宅院原系祖宅，宅院内房屋于2010年前后进行了翻建。

2017年11月30日，韩甲与韩乙分别作为被拆迁人（乙方）与某公司（甲方）签订《某镇06、07街区棚户区改造和环境整治项目集体土地住宅房屋拆迁补偿与定向安置协议》（以下简称协议）。两份协议均载明乙方被拆迁房屋位于×村A号，该宅基地为1982年12月31日前划定。某公司与韩乙的协议载明，宅基地面积464.17平方米，建筑面积410.47平方米；与韩甲的协议载明，宅基地面积200平方米，建筑面积160.92平方米。某公司向韩乙支付拆迁补偿款共计1966238.8元，其中房屋重置成新价435665元、装修及附属物补偿款751132元；向韩甲支付拆迁补偿款1054715.8元，其中房屋重置成新价275812元、装修及附属物补偿款145667元。

邹某在2013年的离婚诉讼中要求分割×村A号院内房屋，韩甲称房屋系韩乙出资所建，不同意分割。法院认为，×村A号院内房屋可能涉及他人利益，所以未进行分割。

邹某认为，在他与韩甲夫妻关系存续期间，用夫妻共同财产对×村A号房屋进行了翻建，所以他对该房屋有出资。现在该房屋已被拆迁，并获得相应拆迁补偿款，拆迁补偿款中应有其份额。2018年，邹某向法院起诉要求分割×村A号宅院拆迁补偿款的三分之一即536092元，其主张×村A号宅院内房屋系其与韩甲翻建，韩乙亦有出资。

【案件焦点】

1. 翻建房屋行为是否引起房屋所有权主体的变更；2. 拆迁利益归属及分割原则。

【法院裁判要旨】

北京市房山区人民法院经审理认为：某公司与韩甲签订的协议可证实×村A号宅院内房屋为韩乙、韩甲按份共有。房屋翻建时间为

2010年，即邹某与韩甲婚姻关系存续期间，故应认定×村A号宅院内韩甲名下的被拆迁房屋系邹某与韩甲的夫妻共同财产。现该房屋已拆迁，其对应的财产利益已转化为房屋拆迁补偿，且邹某与韩甲已离婚，故邹某要求分割拆迁补偿款的请求，于法有据，予以支持。鉴于房屋已拆迁，2013年邹某与韩甲离婚时房屋装修及附属物的状态已无法明确，故对邹某应获得的拆迁补偿款份额参考拆迁协议中拆迁补偿价格评估结果酌情确定，韩甲给付邹某拆迁补偿款180000元。

关于邹某要求分割韩乙拆迁补偿款的诉讼请求，邹某虽称其出资参与建房，但未提交相关证据证明其与韩乙已约定就所建房屋形成共有关系，亦未证明双方就拆迁补偿问题达成协议，故对该诉讼请求不予支持。

北京市房山区人民法院依照《中华人民共和国物权法》第九十五条、第九十九条，《最高人民法院关于适用〈中华人民共和国民事诉讼法〉的解释》第九十条规定，判决如下：

一、韩甲于本判决生效之日起七日内给付邹某拆迁补偿款180000元；

二、驳回邹某的其他诉讼请求。

韩甲持原审答辩意见提起上诉。北京市第二中级人民法院经审理同意一审法院裁判意见，依照《中华人民共和国民事诉讼法》第一百七十条第一款第一项规定，判决如下：

驳回上诉，维持原判。

【法官后语】

农村宅基地房屋拆迁补偿中最主要的补偿内容为地上物补偿及

宅基地补偿，而地上物补偿主要为房屋拆迁补偿。为确定拆迁利益的归属，应首先明确房屋所有权人及宅基地使用权人。

1. 农村宅基地房屋中的共有

农村宅基地房屋多为夫妻或者家庭出资建设，由家庭成员共同居住使用，因而多为夫妻或家庭共同共有。农村房屋重建、翻建亦比较常见，该房屋建设行为为事实行为，能够引起物权的设立或者消灭，房屋所有权人亦可能发生变化。

在该案中，×村 A 号院内房屋原为韩甲及韩乙父母建设，在其父母去世后由二人依法继承。邹某和韩甲婚后，与韩乙共同对×村 A 号院内房屋进行翻建。《中华人民共和国民法典》（以下简称《民法典》）[①] 第二百三十一条规定，因合法建造、拆除房屋等事实行为设立或者消灭物权的，自事实行为成就时发生效力。据此，韩甲和韩乙在房屋翻建完成时即取得所有权。

共同共有和按份共有是共有的两种主要形式。按份共有只涉及财产关系，而共同共有是人身关系和财产关系的混合体，共同共有基于共同关系而发生。以夫妻共同财产为例，只有夫妻关系存在，才会产生夫妻共同财产，夫妻关系一旦终止，夫妻共同财产就面临清算与分割。

---

① 2021 年 1 月 1 日，《民法典》实施后《中华人民共和国物权法》即废止。《中华人民共和国物权法》第三十条、第九十五条、第九十九条的规定，即对应《民法典》第二百三十一条、第二百九十九条、第三百零三条的规定。《民法典》第二百三十一条规定，因合法建造、拆除房屋等事实行为设立或者消灭物权的，自事实行为成就时发生效力。《民法典》第二百九十九条规定，共同共有人对共有的不动产或者动产共同享有所有权。《民法典》第三百零三条规定，共有人约定不得分割共有的不动产或者动产，以维持共有关系的，应当按照约定，但是共有人有重大理由需要分割的，可以请求分割；没有约定或者约定不明确的，按份共有人可以随时请求分割，共同共有人在共有的基础丧失或者重大理由需要分割时可以请求分割。因分割造成其他共有人损害的，应当给予赔偿。

房屋翻建行为发生在邹某和韩甲婚姻关系存续期间，根据婚后财产推定共有原则，韩甲所翻建的房屋应为邹某及韩甲的夫妻共同财产，在共有形式上为共同共有。在韩乙翻建房屋的过程中，即使邹某有出资行为，亦不当然与韩乙形成共有关系。首先，邹某与韩乙之间不存在特定的人身关系，故双方不能形成共同共有关系；其次，邹某未提交证据证明双方就所建房屋的所有权进行约定，所以邹某与韩乙之间亦不能形成按份共有关系，邹某的出资仅为债权行为。

2. 宅基地使用权人的认定

宅基地使用权主体仅限于以户为单位的农村集体经济组织成员，每户农民都可依法享有一次无偿取得宅基地使用权的权利。

在农村宅基地使用权的取得方面，法律允许因继承房屋时发生的农村宅基地使用权的一并转让，以及本村村民之间住房出卖和出租时发生的农村宅基地使用权的一并转让。非本村村民、城镇居民、法人及其他组织，无法通过转让、赠与、出租等方式获得农村宅基地使用权。

该案中，韩甲和韩乙以继承方式取得×村 A 号宅基地使用权，成为宅基地使用权人。邹某虽为×村 A 号院内部分房屋的所有权人，但其不是×村集体经济组织成员，故而也不是宅基地使用权人。因此邹某无权主张宅基地补偿款。

在房屋拆迁安置补偿案件中，分割拆迁利益、确定被拆人资格、给付拆迁款及安置房屋都是比较常见的诉争问题。在分割拆迁利益时，需根据“房地二元”原则确定房屋所有权人和土地使用权人。房屋的物权会因事实行为或法律行为发生变动，确定拆迁利益归属首先要追溯物权变动的全过程，区分不同的共有形态。根据“地随房走”原则，在房屋所有权或使用权流转过程中，宅基地使用权随房屋一并流转。但因宅基地的特殊定位，其流转主体、流转范围均受到严格限制。超出流转范围的法律行为无效，利益相对方不能取得宅基地使用权，亦不享有宅基地拆迁补偿。

编写人：北京市房山区人民法院　瞿叶娟

153 部分继承人要求确认对被继承人名下房屋之权属证书享有共同共有、共同使用权利的，法院不予支持

——周甲诉周丙共有权确认案

【案件基本信息】

1. 裁判书字号

北京市第一中级人民法院（2017）京 01 民终 4243 号民事判决书

2. 案由：共有权确认纠纷

3. 当事人

原告（上诉人）：周甲

被告（被上诉人）：周丙

【基本案情】

曹某系周甲、周乙、周丙之母。曹某于 2003 年 3 月去世。位于西安市碑林区红会路××号××号楼××单元××号房屋登记在曹某名下。曹某去世后，周甲、周乙、周丙未对该房屋进行继承分割，房屋由周甲占有使用。周丙在曹某去世后，重新领取了该房屋的所有权证并持有至今。周甲主张周丙串通周乙威胁其不许过问曹

某房屋的房产证，并拒绝其承担曹某房屋的物业管理费，剥夺其行使维护、修缮房屋，使用曹某房产证的合法权利。周甲以其是曹某名下房产的共同共有的合法权利人，有权享有直接支配和使用该房屋房产证的各项权利为由，要求法院确认周甲对曹某名下房屋的不动产权属证书，享有共同共有、共同使用的权利。周丙认为，周甲起诉的理由本质是想借修缮管理房屋之名行独霸房本之实并企图将其排除在房产继承之外，故不同意周甲的诉讼请求。

【案件焦点】

1. 不动产权属证书是否属于物权法意义上物权的客体；2. 部分继承人以共有权确认纠纷为案由提起诉讼，要求确认其对被继承人名下房屋之不动产权属证书享有共同共有、共同使用权利的，法院是否支持。

【法院裁判要旨】

北京市昌平区人民法院经审理认为：物权是指权利人依法对特定的物享有直接支配和排他的权利，包括所有权、用益物权和担保物权。不动产权属证书是权利人享有不动产物权的证明。对于不动产权属证书的占有和使用应该建立在对该不动产享有物权的基础之上。涉案房屋登记在曹某名下，曹某死亡后，相关继承人并未通过继承程序对该房屋进行析产分割。故，对于周甲要求确认其对涉案房屋的不动产权属证书享有共同共有、共同使用的权利的诉讼请求，没有事实及法律依据，不予支持。

北京市昌平区人民法院依照《中华人民共和国物权法》第二条、第十七条、第三十九条，《中华人民共和国民事诉讼法》第六十四条第一款规定，判决如下：

驳回周甲的全部诉讼请求。

周甲不服一审法院判决，提起上诉。北京市第一中级人民法院经审理认为：物权法保护的物，包括不动产和动产。法律规定权利作为物权客体的，依照其规定。不动产权属证书是权利人享有该不动产物权的证明。周甲要求确认共有的客体为诉争房屋的权属证书，该权属证书是权利人对诉争房屋享有所有权的证明，并非物权法意义上可作为共有权客体的物。故，周甲要求确认其对房屋不动产权属证书享有共同共有、共同使用的权利的请求，缺乏法律依据，不能成立，不予支持。一审判决认定事实清楚，适用法律正确，应予维持。

北京市第一中级人民法院依据《中华人民共和国物权法》第二条、第十七条，《中华人民共和国民事诉讼法》第一百七十条第一款第一项规定，判决如下：

驳回上诉，维持原判。

【法官后语】

权利有其主体，必有其客体。“人”是权利的主体，“物”是权利的客体。“物”有广义与狭义之分。传统民法理论采用狭义“物”的概念，强调“物”应具有有体性、独立性、可支配性、可满足性、特定性。作为物权法意义上的“物”应具备可支配性、独立性等特点已成为学界、实务界的共识。因此，在判断某一物是否是物权法意义上的“物”时可以从其是否具备可支配性、独立性等方面进行分析。

《中华人民共和国民法典》第二百一十七条规定，不动产权属证书是权利人享有该不动产物权的证明。但不动产权属证书不属于物权法意义上的可以作为物权客体的“物”。从不动产权属证书的来源看，不动产权属证书系基于不动产登记机构在不动产登记簿上完成登记后向相关权利人颁发的，具有权利凭证或权利载体的性质。从物权客体要求的独立性来看，不动产权属证书虽然是有形、有体的，从物理上独立于不动产而单独存在，但其不具有法律意义上的独立性且不具有独立的价值，不动产权属证书是依附于不动产而存在的，具有附属性。因此，不动产权属证书系权利人对某一物享有物权的权利凭证或权利载体，不等同于物权本身，不动产权属证书不属于物权法意义上可作为共有权客体的物。

《中华人民共和国民法典》第一千一百二十二条规定，遗产是自然人死亡时遗留的个人合法财产。通常情况下，在被继承人去世后，各继承人对于被继承人名下的房屋主张继承分割，但实践中，还存在很多被继承人去世后，继承人之间争夺房产证的现象。在被继承人去世后，相关继承人未对被继承人名下房屋进行继承分割的情况下，对于不动产权属证书的使用和管理，相关继承人可以通过友好协商的方式予以解决。若无法通过协商的方式解决，相关继承人可以向被继承人死亡时住所地或主要遗产所在地法院提起诉讼，要求对被继承人名下的房屋进行继承分割。通过诉讼取得全部或部分遗产的继承人可以持法院出具的生效裁判文书到不动产登记机构办理过户手续。实践中，还存在部分继承人基于各种原因不提起继承纠纷，而是提起返还原物的诉讼，要求持有不动产权属证书的其他继承人返还不动产权属证书。对于该类案件，法官可以向当事人释明提起继承纠纷诉讼，通过诉讼程序完成房屋的继承分割。若当事人坚持原诉请，因不动产权属证书不属于物权法意义上可以作为物权客体的"物"，法院应判决驳回其诉讼请求。

编写人：北京市昌平区人民法院　刘明

154　对因遗嘱继承而按份共有的房产如何进行分割

——杨某琼诉王某共有物分割案

【案件基本信息】

1. 裁判书字号

山东省淄博市中级人民法院（2018）鲁03民终2045号民事判决书

2. 案由：共有物分割纠纷

3. 当事人

原告（被上诉人）：杨某琼

被告（上诉人）：王某

【基本案情】

涉案房屋位于某小区8号楼3单元1层，系杨某琼与王某敏夫妻共同财产，王某系王某敏之子。王某敏于2001年7月16日死亡，2016年8月1日，王某敏所有继承人根据王某敏的遗嘱到公证处进行继承公证，对王某敏所享受的50%份额，杨某琼及其他继承人声明放弃，由王某继承，至此，杨某琼和王某对涉案房屋各占50%份额，属于按份共有。涉案房屋产权证下包含面积不等的东西两户，杨某琼、王某分别居住使用。后经当事人协商重新进行改造，间隔为面积相等的东西两户。涉案房产原系被继承人王某敏与杨某琼在夫妻关系存续期间通过房改取得，之所以两户办理一个产权系受王某敏行政级别及房改政策所限，目前两户无法办理独立产权。杨某琼与王某敏在取得涉案房产后，其夫妻二人在东户居住，王某在西户居住，后王某另行购买房屋，现在另购房屋中常住。涉案房产经过评估市场价值为56.55万元。杨某琼起诉请求依法分割东户、西户房屋，确认该房屋归杨某琼所有，杨某琼根据市场价格补偿给王某50%房屋折价款。王某对杨某琼主张的涉案房屋由其与杨某琼各占50%的份额及份额取得过程均无异议，但辩称按份共有人请求分割按份共有的不动产，应当依照《中华人民共和国物权法》第一百条确定的原则予以处置，而目前涉案房产无法在相关部门办理产权相关手续。在涉案房产不能分割产权的情况下，杨某琼主张其对房产享有所有权并给予王某现金补偿没有依据。

【案件焦点】

涉案房产是否具备分割条件，如何确定其分割方式。

【法院裁判要旨】

山东省淄博市张店区人民法院经审理认为：杨某琼与王某并非因继承发生纠纷，而是在确定继承份额后就涉案房产的分割产生争议形成本诉，因此本案应为共有物分割纠纷。根据《中华人民共和国物权法》第九十九条规定，本案遗嘱继承已经就遗产继承完毕，双方对涉案房产系按份共有，且双方并未约定不得分割共有物，因此双方均有权随时请求分割，王某关于涉案房产不得分割的抗辩缺乏依据，不予采信。双方曾就涉案房产的实物分割多次进行协商，但均因不合乎行政管理规定而不具可行性，无法进行实物分割，应依法对涉案房产折价进行分割，关于涉案房产价值已经司法鉴定确定，根据《中华人民共和国物权法》第一百条规定，应就涉案房屋的产权归属依法进行裁判。关于涉案房屋产权的归属问题，从涉案房屋所有权取得方式来看，涉案房屋系在杨某琼与被继承人王某敏婚姻关系存续期间通过房改取得，属于原始取得，涉案房屋的取得包含杨某琼的身份因素；从涉案房屋的居住使用情况来看，杨某琼自该房屋取得时至今一直在涉案房屋中居住，且无其他住房，而王某在继承取得涉案房屋所有权份额前并非基于其对涉案房屋的所有权而居住使用，且王某目前已另购房屋居住。故涉案房屋产权归杨某琼所有而由其按照评估价值及王某所占份额向王某支付补偿款更具合理性。依照《中华人民共和国物权法》第九十九条、第一百条规定，判决：

一、涉案房产归杨某琼所有，杨某琼支付王某房屋折价补偿款282750元（涉案房屋总价565500元×50%）；

二、驳回杨某琼的其他诉讼请求。

王某持原审答辩意见提起上诉。山东省淄博市中级人民法院经审理认为：从涉案房屋的居住使用情况来看，杨某琼自该房屋取得时至今一直在涉案房屋中居住，且无其他住房，而王某在继承取得涉案房屋所有权份额前并非基于其对涉案房屋的所有权而居住使用，且王某目前已另购房屋居住。一审在已经司法鉴定确定涉案房产价值及双方所占份额等实际情况下分割涉案房屋并无不当。据此，依照《中华人民共和国民事诉讼法》第一百七十条第一款第一项之规定，判决：

驳回上诉，维持原判。

【法官后语】

本案涉及的主要问题在于，对于因遗嘱继承而由共有人按份共有的房产，其中一方要求对该房产进行分割的应如何处理。

《中华人民共和国物权法》第九十三条规定："不动产或者动产可以由两个以上单位、个人共有。共有包括按份共有和共同共有。"[①] 共有可以基于法律的规定产生，也可基于法律行为而产生。本案中杨某琼与王某对涉案房产的共有是基于对被继承人王某敏的遗嘱继承而产生，二人各以50%份额的方式对涉案房产按份共有。如果共有人一直维持对共有物的共有状态，则共有关系一直存在。但如果其中某一共有人要求对共有物进行分割，其应否分割和如何分割就成为不可回避的问题。杨某琼起诉要求分割涉案房产，对于实践中此类要求分割按份共有房产的案件，需要把握好两个方面的问题：一是共有人能否要求分割共有房产；二是若共有人有权要求分割，应如何分割。而这主要涉及对《中华人民共和国物权法》第九十九条[②]和第一百条[③]的正确理解适用。

《中华人民共和国物权法》第九十九条规定："共有人约定不得分割共有的不动产或者动产，以维持共有关系的，应当按照约定，

---

① 现为《中华人民共和国民法典》第二百九十七条："不动产或者动产可以由两个以上组织、个人共有。共有包括按份共有和共同共有。"

② 现为《中华人民共和国民法典》第三百零四条："共有人可以协商确定分割方式。达不成协议，共有的不动产或者动产可以分割且不会因分割减损价值的，应当对实物予以分割；难以分割或者因分割会减损价值的，应当对折价或者拍卖、变卖取得的价款予以分割。共有人分割所得的不动产或者动产有瑕疵的，其他共有人应当分担损失。"

③ 现为《中华人民共和国民法典》第三百零三条："共有人约定不得分割共有的不动产或者动产，以维持共有关系的，应当按照约定，但是共有人有重大理由需要分割的，可以请求分割；没有约定或者约定不明确的，按份共有人可以随时请求分割，共同共有人在共有的基础丧失或者有重大理由需要分割时可以请求分割。因分割造成其他共有人损害的，应当给予赔偿。"

但共有人有重大理由需要分割的，可以请求分割；没有约定或者约定不明确的，按份共有人可以随时请求分割，共同共有人在共有的基础丧失或者有重大理由需要分割时可以请求分割。因分割对其他共有人造成损失的，应当给予赔偿。”从该条规定的基本要义来看，就按份共有而言，对于共有物分割问题没有约定或者约定不明确的，按份共有人是可以随时请求分割的，并没有附加其他任何条件。本案就是如此。本案中，遗产已根据遗嘱继承完毕，双方因此对涉案房产系按份共有，且双方并未约定不得分割共有物，双方对于涉案房产均有权随时请求分割，而不论涉案房产是否能办理产权相关手续。所以杨某琼起诉要求分割涉案房产是符合法律规定的。

在明确共有人对涉案房产能够要求分割的前提下，案件处理的重点就转向了如何分割。关于此问题，《中华人民共和国物权法》第一百条第一款规定：“共有人可以协商确定分割方式。达不成协议，共有的不动产或者动产可以分割并且不会因分割减损价值的，应当对实物予以分割；难以分割或者因分割会减损价值的，应当对折价或者拍卖、变卖取得的价款予以分割。”根据该规定，对于像房产这样难以直接进行分割的不动产而言，其一般可采取一方取得房产并由取得房产的一方按市场价格向另一方进行补偿的方式。具体到本案中，首先确认涉案房产由杨某琼或王某一方所有，取得涉案房产的一方按市场价格补偿给对方房屋总价50%的款项。对于应由哪方共有人取得涉案房产，则应综合考虑涉案房产的取得方式或者说来源、居住使用情况、双方的实际需要等因素综合确定。无论是从涉案房屋的原始取得还是从涉案房屋的居住使用而言，杨某琼与涉案房屋的关联程度更为紧密，且其生存居住的权利是直接通过涉案房屋而实现的。因此，认定涉案房屋产权归杨某琼所有并由杨某琼按照评估价格及王某所占份额向王某支付补偿款显然更具有合理性。

编写人：山东省淄博市中级人民法院　荣明潇　周树学

155　《中华人民共和国民法典》第三百零三条的理解与适用

——徐甲诉梁甲等共有物分割案

【案件基本信息】

1. 裁判书字号

北京市第二中级人民法院（2018）京02民申828号民事判决书

2. 案由：共有物分割纠纷

3. 当事人

原告（被上诉人）：徐甲

被告（上诉人）：梁甲、王某

被告：梁乙

【基本案情】

张某系梁甲之母，于2010年去世。梁甲与王某系夫妻，梁乙系梁甲与王某之女。徐甲与梁乙原系夫妻，现已离婚，生育一女徐乙。

张某原在北京市西城区某胡同31号承租北房两间，现场另有自建房。2013年，房地产公司在该地区实施拆迁。2013年9月3日，梁甲、梁乙、王某向房地产公司提交《具结书》，内容为：某胡同31号实际居住人梁甲、梁乙、王某、徐甲、徐乙，房屋承租人为张某（已故）。张某生前承租某胡同31号公房2间，使用面积22.6平方米。另有自建房2间，使用面积约15平方米。我家在本址有2个户籍，其中一个户籍为：户主梁甲（张某之子）、之妻王某。张某于2010年1月29日去世，现场房屋一直由张某之子梁甲、儿媳王某、孙女梁乙、孙女婿徐甲、曾孙女徐乙共5人实际居住。2013年9月3日，梁乙受梁甲、王某委托，作为被拆迁人、乙方，与拆迁人、甲方房地产公司签订了《拆迁补助协议》。协议主要相关内容约定：根据京建宣拆许字第141号《房屋拆迁许可证》，需要拆迁乙方在拆迁范围内某胡同31号符合北京市人民政府《关于北京市城市房屋拆迁补助费有关规定的批复》规定的单独立户、长期居住的全部自建房屋（以下简称自建房屋）。甲乙双方同意，甲方向乙方支付拆迁补助费70925元，其中包括符合政策规定住自建房居民拆迁安置补助费70000元；电器移机费925元。乙方应在签订本协议之日起7日内完成搬迁，完成搬迁指将自建房屋腾空交付甲方予以拆除，并在《拆除房屋通知单》及附图上签名确认。

上述协议签订后，梁甲、王某、梁乙按约定将正式房和自建房交给了房地产公司。房地产公司将70925元拆迁补助费发放给梁甲、王某、梁乙，并另行支付了拆迁补助费8929075元（两项合计900万元）。此外，梁甲、王某、梁乙还领取了房地产公司发放的特殊困难补助160万元。为申请特殊困难补助，梁乙于2013年9月3日向房地产公司提交了《特殊困难补助申请表》，申请事由为："我父亲母亲患多种疾病，常年就医。我本身及丈夫工作不稳定，为照顾父母一起和孩子居住，造成生活困难。父亲因原厂倒闭，从2000年至2007年一直没有收入，母亲因病退休，双方退休金很少，大部分花销都是就医吃药。我和我丈夫工资相对也属于较低级别，孩子也小，经济压力很大。”

房地产公司拆迁一组在2013年9月3日《关于某胡同31号张某（故）承租公房按自建房拆迁补助的情况说明》中记载：“某胡同31号原公房承租人张某于2010年病故，生前承租公房2间……现场居住人为张某之子梁甲、之儿媳王某及同户籍之孙女梁乙一家三口。”

梁甲之弟梁丙等人于2014年起诉梁甲、梁乙、王某，要求分割包括困难补助款在内的拆迁补助款1060万元。该案经两审终审，法院判决梁丙等人分割了拆迁补助费900万元中的部分款项。对于困难补助款，生效判决以该款系梁乙以自身家庭困难为由申请所得，未予分割。

2015年，法院就徐甲诉梁乙离婚纠纷作出准予双方离婚的生效判决。在该案审理过程中，对于某胡同31号房屋拆迁款一节，徐甲表示：对该款分配，家庭没有协商过，没有分割清楚；梁乙表示：家庭没有协商过，我认为该款系梁甲、王某的钱，没有我和徐甲的份额。

【案件焦点】

1. 涉案补助款是否含有徐甲的份额；2. 如果含有徐甲的份额，具体应分得多少。

【法院裁判要旨】

北京市西城区人民法院经审理认为：梁甲、梁乙、王某向房地产公司提交的《具结书》自认，某胡同31号实际居住人为梁甲、梁乙、王某、徐甲、徐乙，这其中包含徐甲。梁甲之弟等人于2014年起诉本案三被告，要求分割包括困难补助款160万元在内的拆迁补助款时，法院的生效判决认定160万元系梁乙以自身家庭困难为由申请所得。房地产公司拆迁一组在2013年9月3日《关于某胡同31号王某（故）承租公房按自建房拆迁补助的情况说明》中记载的现场居住人及同户籍之孙女梁乙一家三口中，包含了徐甲。梁乙于2013年9月3日向房地产公司申请特殊困难补助的申请事由为："……我本身及丈夫工作不稳定，为照顾父母一起和孩子居住，造成生活困难……"由此可知，房地产公司根据该申请支付的困难补助款，考虑了原告的因素。综上，该160万元困难补助款，系梁甲、梁乙、王某、徐甲之共同共有财产。

《中华人民共和国物权法》的相关条款规定，共有人约定不得分割共有的不动产或者动产，以维持共有关系的，应当按照约定，但共有人有重大理由需要分割的，可以请求分割；没有约定或者约定不明确的，按份共有人可以随时请求分割，共同共有人在共有的基础丧失或者有重大理由需要分割时可以请求分割。现徐甲与梁乙已经离婚，双方共有的基础已不存在，故对原告请求分割家庭共同共有财产160万元困难补助费的诉讼请求，予以支持。

民事活动应当遵循公平原则。虽然160万元的困难补助款属于家庭共同共有财产，在共有的基础丧失后应当分割，但原告的应得份额应综合考虑历史沿革和被拆迁房屋的客观情况等因素酌情予以确定，对原告的过高要求，不予支持。从历史沿革的角度考虑，被拆迁公房的原承租人系梁甲之母张某；在被拆迁地有户籍，并长期居住的人员为梁甲、王某。对此，根据公平原则并考虑梁甲、王某取得该困难补助款确实存有徐甲的因素等，酌情确定该款的持有人梁甲、王某付给徐甲困难补助款10万元。

由于梁乙系受其父母委托办理拆迁事宜，并且已将领取的困难补助款给付了委托人（父母），且梁甲、王某表示收到了该款，故对原告要求梁乙给付困难补助款的诉讼请求，不予支持。

综上，一审法院判决：

一、自判决生效后三十日内，梁甲、王某付给徐甲困难补助款10万元；

二、驳回徐甲的其他诉讼请求。

梁甲、王某不服，提起上诉。北京市第二中级人民法院经审理认为：因徐甲与梁乙已经离婚，共有的基础已经丧失，故徐甲有理由要求分割原家庭共有财产。从梁乙向房地产公司提交的《特殊困难补助申请表》及房地产公司拆迁一组出具的《关于某胡同31号王某（故）承租公房按自建房拆迁补助的情况说明》均表明160万元的补助款考虑到了徐甲的因素，且特殊困难补助针对的是困难家庭，徐甲在拆迁当时为家庭的一员，故上述160万元中应有徐甲的份额。一审法院在考虑徐甲应得的份额时已经充分考虑到被拆迁房屋的历史沿革和其在申请困难补助时所占因素的比重，故一审法院酌定梁甲、王某从160万元困难补助中给付徐甲10万元并无不妥。

北京市第二中级人民法院依照《中华人民共和国民事诉讼法》第一百七十条第一款第一项规定，判决如下：

驳回上诉，维持原判。

梁甲、王某仍不服，申请再审。北京市第二中级人民法院经审理同意两审裁判意见，依照《中华人民共和国民事诉讼法》第二百零四条第一款、《最高人民法院关于适用〈中华人民共和国民事诉讼法〉的解释》第三百九十五条第二款规定，裁定如下：

驳回梁甲、王某的再审申请。

【法官后语】

本案系共有物分割纠纷，审理中主要依据为《中华人民共和国民法典》第三百零三条。该条规定，共有人约定不得分割共有的不动产或者动产，以维持共有关系的，应当按照约定，但共有人有重大理由需要分割的，可以请求分割；没有约定或者约定不明确的，按份共有人可以随时请求分割，共同共有人在共有的基础丧失或者有重大理由需要分割时可以请求分割。因分割对其他共有人造成损害的，应当给予赔偿。依据本条规定，分割共有财产的基本原则有三：

1. 依据共有人约定分割的原则

共有人有约定时，依约定处理分割问题为一般原则，有重大理由的则应例外。无论是按份共有，还是共同共有，共有人对共有财产的分割有约定的依其约定。共有人约定不得分割共有的不动产或者动产以维持共有关系的，应当按照约定，但共有人有重大理由需要分割的，可以请求分割。例如，没有经济收入的某个共有人的扶养权利人如父亲病重，需要分割共有财产，获得给父亲看病的费用。在这种情形下，因人身利益高于共有人的财产利益，属于本条规定的有重大理由需要分割共有财产的情形。

2. 依法分割的原则

共有人对共有财产是否可以分割，在什么情况下可以分割没有约定，或者约定不明确的，应当依据本条的规定予以分割。即按份共有人可以随时请求分割，共同共有人在共有的基础丧失或者有重大理由需要分割时可以请求分割。

（1）按份共有人可以随时请求分割。按份共有是各共有人按照确定的份额对共有财产享有权利承担义务的共有。按份共有人对其应有份额享有相当于分别所有的权利。因此，按份共有关系存续期间，按份共有人有权请求从共有财产中分割出属于自己的份额。这种请求不需要征得其他共有人的同意，只要共有人提出请求，就会产生分割的后果。

（2）共同共有人在共有的基础丧失或者有重大理由需要分割时可以请求分割。共同共有是共有人对全部共有财产不分份额地享有权利承担义务的共有。在共有关系存续期间，各共有人对共有财产没有确定的份额，无论是在权利的享有上还是在义务的承担上都无份额或比例之分。那么，在共有人对共有财产的分割没有约定的情况下，共有人通常只有在共同共有关系消灭时才能协商确定各自的财产份额，对共有财产予以分割。因此，本条规定共同共有人在共有的基础丧失或者有重大理由需要分割时可以请求分割共有财产。何谓共有的基础丧失？共同共有的基础是指共有人的相互关系，如夫妻关系、家庭成员关系等，基础丧失是指共有人之间的共有关系不复存在，即婚姻、家庭共同体的解体等。具体而言，如夫妻财产的共同共有，因婚姻关系的解除而失去了共有的基础，在这种情况下，夫或者妻一方可以请求分割共有的财产。有重大理由需要分割，“重大理由”主要是指维持生活支出、医疗、教育等费用支出的事由。如在婚姻关系存续期间，夫妻二人约定由原来的夫妻共同财产制，改变为夫妻分别财产制，在这种情况下，夫或者妻一方可以请求分割共有的财产。上述“1”中所举的能够引起共有物分割的“重大理由”亦属于这类重大理由。

3. 损害赔偿的原则

共有财产关系的客体为一项特定的统一的财产，其功能、作用、价值是确定的。因某些法定的特殊原因，共有人分割共有财产，会使共有财产的功能丧失或者削弱，降低它的价值，有可能给其他共有人造成损害，因此本条规定，因分割对其他共有人造成损害的，应当给予赔偿。

本案中，案涉补偿款的补偿对象是当时实际居住于被拆迁房屋的家庭成员，补偿所考虑的因素亦包含了徐甲的实际情况，故徐甲属于补偿款的共有人。因徐甲与梁乙已经离婚，共有的基础已经丧失，故徐甲有理由要求分割原家庭共有财产。

编写人：北京市西城区人民法院　石博

156 集体经济组织成员在行使宅基地使用权时应当承担适当容忍义务

——徐某春诉街道办宅基地使用权案

【案件基本信息】

1. 裁判书字号

江苏省南京市中级人民法院（2017）苏01民终6566号民事判决书

2. 案由：宅基地使用权纠纷

3. 当事人

原告（上诉人）：徐某春

被告（被上诉人）：街道办

【基本案情】

徐某春系街道办辖区范围内某庄组居民。宁六集用（2008）第944××号《集体土地使用证》载明：徐某春宅基地独用面积为165平方米，宗地面积为326.6平方米。为方便居民出行，2016年8月20日至9月15日，某庄组修建水泥路一条。徐某春认为该水泥路侵占其宅基地，遂于2016年9月17日使用切割机对水泥路进行切割，某庄组组长徐某富及时报警后，徐某春停止切割。现场图片显示，涉案水泥路小部分覆盖在徐某春宅基地所在的宗地上。2017年1月9日，白云山社区居民委员会向徐某春出具情况说明，载明："按徐某春土地使用证规定的范围使用宅基地。"徐某春认为街道办修建道路占用了自己的宅基地，请求判令返还占用的宅基地。

【案件焦点】

集体经济组织是否应当返还占用其成员的宅基地。

【法院裁判要旨】

江苏省南京市六合区人民法院经审理认为：农民集体所有的土地依法属于村农民集体所有的，由村集体经济组织或者村民委员会经营、管理。涉案水泥路覆盖的土地，虽位于徐某春宅基地所在的宗地之上，但徐某春未能提供证据证明该水泥路侵占其独用面积。涉案水泥路仅小部分覆盖在徐某春宅基地所在宗地之上，未实际影响徐某春建房或生产、生活。修建公共道路系某庄组集体决定，目的也是方便组民出行，徐某春作为某庄组集体组织的一员，应当承担适当容忍义务。因此，徐某春主张街道办返还侵占的宅基地，理由不充分，法院不予支持。江苏省南京市六合区人民法院依照《中华人民共和国土地管理法》第十条之规定，作出如下判决：

驳回徐某春的诉讼请求。

徐某春不服一审判决，提起上诉。江苏省南京市中级人民法院经审理同意一审裁判理由，依照《中华人民共和国民事诉讼法》第一百七十条第一款第一项之规定，作出如下判决：

驳回上诉，维持原判。

【法官后语】

1. 集体经济组织成员行使权利时不得损害集体的利益

《中华人民共和国物权法》（以下简称《物权法》）第七条规定，物权的取得和行使，应当遵守法律，尊重社会公德，不得损害公共利益和他人合法权益。《物权法》的规定，进一步明确了物权的行使不得损害公共利益。虽然《中华人民共和国民法典》（以下简称《民法典》）施行后，《物权法》上述规定失效，但《民法典》第一百三十二条规定，民事主体不得滥用民事权利损害国家利益、社会公共利益或者他人合法权益。《民法典》第三百六十三条还规定，宅基地使用权的取得、行使和转让，适用土地管理的法律和国家有关规定。《中华人民共和国土地管理法》（以下简称《土地管理法》）第九条第二款规定，农村和城市郊区的土地，除由法律规定属于国家所有的以外，属于农民集体所有；宅基地和自留地、自留山，属于农民集体所有。该条规定确定了宅基地的所有权属于农民集体，而非集体组织成员个人。依现行法律规定，宅基地使用权的取得是无偿的。宅基地使用权制度构建的目的在于为集体经济组织成员的家庭提供稳定的居住场所，从这个意义上讲，对于本集体成员实行无偿取得制度，是农村土地集体所有制度的项中应有之义。农村宅基地使用权的不可增性、不可移动性以及取得的无偿性，使得农村宅基地使用权主体具有较强的受社会拘束之义务，受到了更多的限制。例如，宅基地的面积不得超过省、自治区、直辖市规定的标准。《民法典》第三百六十二条（原《物权法》第一百五十二条）规定，宅基地使用权人依法对集体所有的土地享有占有和使用的权利，有权依法利用该土地建造住宅及其附属设施。宅基地使用权人依法对集体所有的土地享有占有和使用的权利，有权依法利用该土地建造住宅及其附属设施。该法律规定明确了宅基地使用权的权利内容，即建造住宅及其附属设施。

本案中，涉案水泥路覆盖的土地，虽位于徐某春宅基地所在的宗地之上，但未侵占其独用面积，且占用的面积非常小，并未影响徐某春宅基地建造住宅及其附属设施的权利内容，未实际影响徐某春的生产、生活，反而有利于其正常出行。徐某春作为某庄组集体组织的一员，应当承担适当容忍义务，施工过程中其从未提出异议，后又以水泥路占用宅基地为由破坏公共道路，属于滥用权利，损害集体利益的行为，不应获得支持。

2. 集体经济组织占用其成员的宅基地且不予补偿，应当符合以下条件

（1）占用宅基地需用于公共设施和公益事业建设

《土地管理法》第六十六条规定，有下列情形之一的，农村集体经济组织报经原批准用地的人民政府批准，可以收回土地使用权：（一）为乡（镇）村公共设施和公益事业建设，需要使用土地的；（二）不按照批准的用途使用土地的；（三）因撤销、迁移等原因而停止使用土地的。依照前款第一项规定收回农民集体所有的土地的，

对土地使用权人应当给予适当补偿。收回集体经营性建设用地使用权，依照双方签订的书面合同办理，法律、行政法规另有规定的除外。

(2) 不得收回占用的宅基地使用权

集体经济组织占用其成员部分宅基地的，该部分宅基地使用权依然属于该组织成员，集体经济组织不得将该部分宅基地收回，如收回则应履行相关法律程序并给予相应补偿。

(3) 占用的宅基地面积及用途不应严重影响集体组织成员的生产、生活

集体经济组织占用其成员宅基地后，必然会给其成员的生产、生活带来一定的影响，应当从占用宅基地的面积、性质以及现状综合判断该种影响的程度，只有在程度较小的情况下才不予补偿。要通过核算占用宅基地的面积占宅基地所在宗地面积、证载宅基地面积、宅基地独用面积的比例进行判断，比例越小影响程度越小；根据占用宅基地在宗地的区域位置进行判断，在核心位置影响较大，在边缘位置影响较小；根据占用宅基地的现状进行判断，占用前宅基地闲置的影响最小，存在建筑物等不动产的，需要根据原不动产的剩余价值及重置该不动产的费用来判断影响力大小。

综上，农村宅基地使用权不同于一般的用益物权，其取得的无偿性决定了集体经济组织成员在行使该权利时，必须考虑集体经济组织的利益。集体经济组织为了公共利益而占用小面积宅基地且未严重影响使用权人生产、生活的情况下，集体经济组织成员应当承担适当的容忍义务。

编写人：江苏省南京市六合区人民法院　徐传洋

157 农村房屋赠与合同的效力认定

——陈某金等诉谢某发物权确认案

【案件基本信息】

1. 裁判书字号

福建省厦门市中级人民法院（2017）闽02民终4503号民事判决书

2. 案由：物权确认纠纷

3. 当事人

原告（被上诉人）：陈某金、谢某瑛、谢某燕

被告（上诉人）：谢某发

第三人（上诉人）：谢某春、谢某秋、谢某煌

第三人：谢某夏、谢某虹

【基本案情】

谢某发系谢某冬（已故）的父亲，谢某发与周某治（已故）共育有四个子女，分别为谢某春、谢某夏、谢某秋及谢某冬。陈某金与谢某冬于1998年11月11日登记结婚，婚后育有二女即谢某瑛、谢某燕。谢某煌、谢某虹系谢某春之子女。2006年7月4日，陈某金及谢某冬与谢某发及周某治签署《赠与合同》，约定谢某发及周某治将其名下位于厦门市海沧区东亭街道某村某社的房屋一栋无偿赠与谢某冬及陈某金，该赠与行为自双方当事人签字之日起成立，在赠与行为成立之后至该房屋权属转移期间，如遇国家征用土地，所得补偿款全部归陈某金及谢某冬所有。该赠与

合同已经厦门市海沧区公证处公证。陈某金及谢某冬接受赠与之后，谢某发与周某治将房屋有关权证交给陈某金及谢某冬。2006年10月，陈某金与谢某冬投资约50万元，将案涉砖木结构的平房拆除并翻建三层房屋，房屋建成后一直由陈某金、谢某冬、谢某瑛、谢某燕一家居住。直至拆迁之日，双方尚未办理房屋权属转移登记。后陈某金与谢某冬双方感情破裂，2014年5月27日双方经法院判决解除婚姻关系，婚生女谢某瑛、谢某燕由陈某金与谢某冬各抚养一人，因案涉房屋可能涉及他人的权利，故在离婚时未一并处理。2016年3月，因国道324（风南至角美段）改线工程海沧段（下土楼至汤岸社）建设用地需要，谢某发及周某治赠予陈某金及谢某冬的上述案涉房屋被征收拆迁，谢某发与拆迁单位签署了《国道324（风南至角美段）改线工程海沧段（下土楼至汤岸社）建设用地集体土地房屋征收补偿安置协议》，获得某地192号1701室（140.4平方米）、1704室（142.24平方米）、168号1003室（88.72平方米）三套房屋以及补偿款336782.94元。货币补偿款已由谢某冬实际支取。2016年8月26日谢某冬因病去世。原告与被告对上述拆迁安置房及拆迁补偿款分割协商未果，引起纠纷。

【案件焦点】

1. 案涉赠与合同的效力；2. 受赠房屋项下征地拆迁相关财产权益的归属。

【法院裁判要旨】

福建省厦门市海沧区人民法院经审理认为：陈某金、谢某冬与谢某发、周某治签署的公证赠与合同系各方当事人的真实意思表示，内容不违反法律法规的强制性规定，且谢某发与周某治已将案涉房屋交付陈某金、谢某冬，由陈某金、谢某冬进行了翻建并实际居住，在长达十年的时间内被告及谢某春、谢某夏、谢某秋、谢某煌、谢某虹亦未提出异议，该合同已实际履行。虽然法律规定宅基地为集体所有，由家庭户共享使用权，但是这并不代表农村宅基地上所建之房屋同样属于家庭共同财产。根据《中华人民共和国物权法》的规定，我国不动产所有权采用登记生效主义。本案中的《厦门市农村房屋所有权证》明确载明，谢某发为赠与房屋的所有权人，其房屋属于夫妻共同财产，故其妻周某治亦为共同共有人。该房产不是家庭共同财产，谢某发及其妻周某治有充分的处分权，其赠与行为依法有效。从《国道324（风南至角美段）改线工程海沧段（下土楼至汤岸社）建设用地集体土地房屋征收补偿安置协议》中有关的补偿标准亦可看出，本次补偿以房屋为准，与宅基地使用权无关。根据赠与合同的约定，在办理权属变更之前，国家征用土地的补偿归陈某金及谢某冬所有。因此，本次拆迁补偿为陈某金及谢某冬所有，陈某金对拆迁补偿享有一半的份额。综上所述，陈某金之诉讼请求具有事实和法律依据，应予支持。

福建省厦门市海沧区人民法院依照《中华人民共和国合同法》第四十四条，《中华人民共和国物权法》第九条、第九十五条、第九十七条，《中华人民共和国婚姻法》第十七条，《中华人民共和国民事诉讼法》第六十四条之规定，判决如下：

一、《国道324（风南至角美段）改线工程海沧段（下土楼至汤岸社）建设用地集体土地房屋征收补偿安置协议书》项下安置房屋及补偿款336782.94元归陈某金及谢某冬（已故）所有；

二、陈某金对上述第一项所确定的安置房屋及补偿款享有50%的份额。

谢某发、谢某春、谢某秋及谢某煌不服一审判决，提起上诉。福建省厦门市中级人民法院经审理认为，关于赠与合同的效力问题，本案《厦门市农村房屋所有权证》记载的所有权人为谢某发，谢某发与其妻周某治共同签订赠与合同并经过公证，依法应认定有效。谢某发与周某治已将案涉房屋交给陈某金、谢某冬，由陈某金、谢某冬进行了翻建并实际居住，在长达十年的时间内谢某发及谢某春、谢某夏、谢某秋、谢某煌、谢某虹亦未提出异议，该合同已实际履行。根据所有权证的记载，原房屋建于1983年，建房时除谢某春外，谢某秋、谢某煌等人均未成年，所有权证中关于家庭成员的备注说明并非权属的认定，谢某春也未举证其为原房屋建设出资。且从《国道324（风南至角美段）改线工程海沧段（下土楼至汤岸社）建设用地集体土地房屋征收补偿安置协议》中的有关补偿标准亦可看出，本次补偿以房屋为准，与宅基地使用权无关。根据二审庭审时各方当事人的陈述，被拆迁房屋系由陈某金、谢某冬出资重新翻建，谢某春、谢某秋、谢某煌并未举证证明其有出资。因此，本次拆迁补偿款为陈某金及谢某冬所有，陈某金对拆迁补偿享有一半的份额。综上，谢某发及谢某春、谢某秋、谢某煌的上诉主张，缺乏事实与法律依据，法院不予支持。一审判决认定事实清楚，适用法律正确，应予维持。

福建省厦门市中级人民法院依照《中华人民共和国民事诉讼法》第一百七十条第一款第一项的规定，判决如下：

驳回上诉，维持原判。

【法官后语】

在农村经济活动中，农村房屋所有权证载明的所有权人是否享有农村房屋的圆满所有权，农村房屋所有权证备注栏或未记录在所有权证上的其他家庭成员是否享有农村房屋的所有权，农村房屋所有权证载明的所有权人将其名下的农村房屋经过公证赠与部分家庭成员，赠与合同的效力以及受赠人是否能依法取得受赠房屋项下征地拆迁的相关财产权益，均具有特殊性及典型意义。

1. 合同效力与物权效力的区分

农村房屋所有权证载明的所有权人将其名下房屋赠与部分家庭成员，双方签署的公证赠与合同的效力如何认定呢？合同效力的认定应当根据民事行为有效的相关要件予以判断，对行为人是否具有相应的民事行为能力、双方意思表示是否真实、是否违反法律、行政法规的强制性规定、是否违背公序良俗进行审查，本案赠与合同行为人均具有相应的民事行为能力，双方关于赠与达成真实意思表示，并且不存在违反法律、行政法规的强制性规定或违背公序良俗的情形，同时并不存在合同无效的法定情形。故，陈某金、谢某冬与谢某发、周某治签署的公证赠与合同依法成立且合法有效。根据《中华人民共和国物权法》第十五条[①]的规定，当事人之间订立有关设立、变更、转让和消灭不动产物权的合同，除法律另有规定或者合同另有约定外，自合同成立时生效；未办理物权登记的，不影响合同效力。可见，关于物权变动的合同效力并不因所有权人是否享有圆满的所有权而受到影响，只要合同不存在无效情形都应当认定为有效合同。受赠人是否能够实际取得所有权则是物权问题，物权

---

① 对应现行《中华人民共和国民法典》第二百一十五条。

效力和合同效力应当予以区分，是否能够实际取得物权并不影响合同效力。

2. 农村房屋所有权人的认定

农村房屋具有特殊性，我国农村实行“一户一宅”政策，农村村民一个家庭户只能拥有一处宅基地。一般由家庭户户主申请宅基地后建造房屋，全体家庭成员共同居住在同一房屋中。宅基地使用证登记的宅基地使用权人即为房屋的所有权人，其他家庭成员虽落户并居住在该房屋中，但并不一定对房屋享有所有权。根据《中华人民共和国物权法》第九条①第一款的规定，不动产物权的设立、变更、转让和消灭，经依法登记，发生效力；未经登记，不发生效力，但法律另有规定的除外。农村房屋所有权证载明的所有权人应当具有物权公示的效力，而农村房屋所有权证备注栏载明的家庭成员并非权属的证明。因此，农村房屋所有权人系户主及其配偶，而非全体家庭成员，谢某发、周某治将个人财产赠与陈某金、谢某冬系对个人财产的处分。因此，陈某金、谢某冬可以依法取得受赠房屋的所有权。

3. 受赠房屋项下征地拆迁相应财产权益的归属

集体土地房屋征收补偿安置协议系拆迁人与被拆迁人之间就拆迁事宜达成的合意，通常被拆迁人为房屋的所有权人，尽管实践中拆迁安置补偿的对象系被拆迁房屋所属家庭的全体成员，但本案中拆迁补偿协议的标准载明本次补偿以房屋为准，与宅基地使用权无关。本案房屋系陈某金、谢某冬共同所有的财产，因此该房屋项下征地拆迁相应财产权益应当归陈某金、谢某冬所有。

---

① 对应现行《中华人民共和国民法典》第二百零九条。

另外，因农村房屋所有权证通常仅载明户主的名字，在其他家庭成员共同出资建造的情形下，农村房屋所有权的认定存在一定的争议，在司法实践中应当根据家庭成员是否实际出资以及是否因成家、户口迁出、分户而重新获得宅基地进行判断、认定。

编写人：福建省厦门市海沧区人民法院　薛自力　谢依婷

158　权利人位于电力保护区内宅基地的权利限制

——周某德诉供电局、输电管理所物权保护案

【案件基本信息】

1. 裁判书字号

广东省广州市中级人民法院（2017）粤01民终8454号民事判决书

2. 案由：物权保护纠纷

3. 当事人

原告（上诉人）：周某德

被告（被上诉人）：供电局、输电管理所

【基本案情】

周某德所有的案涉房屋属于宅基地房屋，于1981年8月自建。该房屋与番良线（高压线）相邻，番良线于1985年12月14日经原广东省番禺县经济委员会、于1986年1月3日经原番禺区人民政府分别批准后架设，自投产后一直由佛山供电局负责运行维护，直至2010年9月移交被告管理。案涉房屋于2011年经鉴定

为严重损坏房，建议拆除重建。在报建过程中，房屋宅基地所属××村委会向供电局咨询有关案涉房屋是否在高压线红线范围内的问题。供电局按照属地管辖原则，转由其分支机构输电管理所先行处理。2014 年 3 月 6 日，输电管理所回复××村委会，称周某德的房屋位于法定电力线路保护区。2014 年 8 月 4 日，××村委会向输电管理所发函，希望该所协助解决周某德的住房用地问题。

广州电力设计院对案涉房屋进行现场勘查并出具了报告。报告测量显示：案涉房屋与番良线边导线的最小净空距离为 13.06 米和 14.15 米，最近水平距离为 7.93 米和 8.68 米，垂直距离为 11.55 米和 11.22 米。报告结论为：案涉房屋与 220 千伏番良线之间安全距离大于《电力设施保护条例实施细则》规定的安全距离要求；屋主应在边导线（靠近房屋侧）向外延伸至少 11 米的范围外修建房屋。

输电管理所提出周某德可在距离 220 千伏番良线边导线向外延伸水平距离至少 11 米的范围外修建房屋，或者在案涉房屋原址按照原貌（房屋高度不能增加）重建房屋，并表示可以为周某德提供技术咨询和指导。被告也表示可以为周某德提供技术咨询和指导。周某德认为高压线的存在剥夺了其依法享有的在其宅基地上合法改建、扩建的权利，不同意按照原貌在原址重建。

法院先后两次组织双方当事人到现场进行勘查，勘查过程中发现除存在产权证上记载的房屋外，其旁边尚有一处无产权登记的一层房屋。周某德表示该房屋是其自行搭建的厨房，并要求拆迁补偿的范围包括现有的两座房屋及宅基地，其中宅基地面积为 390.44 平方米，包括房屋建基面积及屋后（靠近番良线方向）由其实际使用的土地面积。

【案件焦点】

番良线架空线路对原告的房屋和宅基地是否构成侵权，被告应否对原告的房屋和宅基地予以拆迁补偿。

【法院裁判要旨】

广东省广州市南沙区人民法院认为：

一、本案不构成民事上的侵权行为

1. 番良线是当时根据国民经济计划和社会需要所架设的，且经过相关主管部门的批准，在架设时符合当时的技术规范要求。故番良线的架设不存在违法性。

2. 依据《电力设施保护条例》第十条第一项和《电力设施保护条例实施细则》第五条的规定，设置架空电力线路保护区是为了保证已建架空电力线路的安全运行和保障人民生活的正常供电，防止以后在线路周围实施建房等行为而影响电力设施的安全，故设置了相对而言较大范围的保护空间。依据测量结果，案涉房屋与220千伏番良线之间的最小垂直距离、最小净空距离均大于上述规定的距离，故番良线与案涉房屋的安全距离符合现行的国家标准或行业标准。

3. 输电管理所表示可以在案涉房屋原址按照原貌重建房屋，在原告修建房屋时可提供技术咨询和指导。因此，番良线的架设也没有对原告就案涉房屋及宅基地所既有的合法权益造成损害。

二、对案涉房屋及宅基地予以拆迁补偿没有法律依据

1. 双方的争议实质上是因原告希望在其宅基地及周边空地上以拆旧建新的方式来增加房屋高度、扩大房屋面积而产生的，属于一方权利行使与另一方权利产生冲突的情形。《中华人民共和国物权法》第一百五十三条规定：“宅基地使用权的取得、行使和转让，适

用土地管理法等法律和国家有关规定。”因此，对于上述权利的冲突应根据土地管理的相关法律、法规进行调整。

2. 由《中华人民共和国电力法》第五十三条和《电力设施保护条例》第十条的规定可知，电力设施保护区是由国家强制性划定的区域，原告对其在电力保护区内的案涉房屋及宅基地不得改建、加建，是法律为保护已建架空电力线路的安全运行和保障人民生活的正常供电而对相邻权利人所作出的必要限制，而且原告能否对案涉房屋进行改建、加建涉及城市规划问题。

3. 依据《电力设施保护条例》第二十四条第一款、《电力设施保护条例实施细则》第十五条以及《广东省电力建设若干规定》第十一条第一款“架空电力线路保护区不实行征地”之规定，案涉房屋及宅基地属于电力保护区范围，不符合应予拆迁补偿的情形。综上，原告关于由被告拆迁补偿案涉房屋及宅基地损失的主张没有法律依据，不予支持。需要指出的是，原告作为××村村民，其依法享有的宅基地建房等权利应通过当地政府及其所在村民委员会予以解决。依照《中华人民共和国物权法》第七条的规定，作出如下判决：

驳回周某德的全部诉讼请求。

周某德不服一审判决，提起上诉。广东省广州市中级人民法院同意一审法院裁判意见。依照《中华人民共和国民事诉讼法》第一百七十条第一款第一项的规定，判决如下：

驳回上诉，维持原判。

【法官后语】

本案发生在《中华人民共和国民法典》（以下简称《民法典》）施行之前，本案涉及的宅基地使用权以及侵权责任的相关规定，在

《民法典》中均予以沿用。其中，《民法典》第三百六十三条也仅是对《物权法》第一百五十三条的表述进行修订，《中华人民共和国物权法》（以下简称《物权法》）第七条属于原则性规定，其已经被废止，纳入了《民法典》第一篇总则部分，其对应的规定为《民法典》第八条、第十一条，且精神依然是一致的。《中华人民共和国电力法》在2018年12月29日进行了修订，但对于本案援引第五十三条内容予以沿用而未做任何修改，也没有对本案类似情况作出新的规定。而与之配套的《电力设施保护条例》《电力设施保护条例实施细则》《广东省电力建设若干规定》均未作出修改。因此，在《民法典》施行后，本案的裁判结论无须作出改变。

1. 关于本案的基本背景

电力设施属于国家的基础公共工程，对整个社会的发展具有至关重要的作用。在改革开放初期至20世纪90年代，为了开展农村扶贫工程和发展农村生产力，各级政府大力发展电力设施。同时，为了保证电力线路的安全运行和保障人民生活的正常供电，国务院在1987年9月15日制定了《电力设施保护条例》，并首次从立法上确立了“电力保护区”，明确规定了“在架空电力线路保护区内不得兴建建筑物”。此后的《中华人民共和国电力法》（以下简称《电力法》）以及各省市制定的电力设施保护的条例中，均明确规定架空电力线路保护区只要符合相关技术规范要求的安全距离，就不实行征收。但是，我国目前大量的农村自建房屋、城郊自建房屋均处在电力设施保护区内。随着人民生活水平的提高和收入的增加，面对原有房屋成为危房的问题，农村居民对原有宅基地上的房屋拆旧建新的需求日益凸显。而各地政府对宅基地房屋的建设高度、建筑面积均有相关规定，村民拆旧建新亦希望按照现有的规定而不是按照原貌建设，因此便会产生类似本案的纠纷。

2. 关于类似案件的处理思路

通过中国裁判文书网的检索发现，涉及电力线路保护区的类似案件达 80 多起，涉及全国 21 个省市，其中 80%的案件是因农村宅基地房屋位于架空电力线路保护区而引发，其他 20%涉及架空电力线路保护区内的林木种植、土地承包经营。通过对上述案件进一步分析发现，各地法院对此类案件虽然在“案由”的选择上存在分歧，包括财产损害赔偿纠纷、物权保护纠纷、侵权责任纠纷、排除妨害纠纷、相邻关系纠纷、消除危险纠纷，但是对于案件的处理思路却是完全一致的，均将此类案件纳入侵权行为的一般构成要件分析框架中，以过错责任原则作为归责原则，从以下三个方面进行分析和作出认定：第一，电力线路架设是否经过审批，其技术规范是否符合国家规定的安全距离，即合法性问题；第二，原告对其主张造成的物质损失、身体健康损害有无证据证明，即损害事实问题；第三，法律、法规对原告的情况有无规定予以赔偿或补偿。因各地法院遵循的是过错归责原则，故一旦认定了合法性问题，原告的诉求就必然得不到支持。因电力线路的架设涉及城市规划，需要层层审批，故电力部门的手续均非常完备也符合相应的技术规范要求，因此法院在此类案件中判决原告败诉的情况居多。同时，因涉案宅基地房屋与电力线路属于相邻关系，依据《民法典》第二百九十五条“不动产权利人挖掘土地、建造建筑物、铺设管线以及安装设备等，不得危及相邻不动产的安全”之规定，国家划定电力保护区的目的就在于确保国家电力设施的安全，本案原告将旧房拆除重建，并增加高度和面积，就会危及电力设施的安全，故也应当对权利作出限制。

编写人：广东省广州市南沙区人民法院　何彤文　廖活年

159 男女恋爱期间购置房产的归属应结合真实意思表示及出资行为综合认定

——张某某诉白某某共有案

【案件基本信息】

1. 裁判书字号

福建省厦门市中级人民法院（2017）闽02民终4266号民事判决书

2. 案由：共有纠纷

3. 当事人

原告（上诉人）：张某某

被告（被上诉人）：白某某

【基本案情】

张某某与白某某原系男女朋友关系，双方于2009年相识，2015年12月分手。2012年6月9日，白某某与置业公司签订商品房买卖合同，购买了某楼盘的一套房屋，建筑面积82.59平方米，房屋总价款为581327元。同日，白某某支付了首付款181327元，后于2012年8月31日以银行按揭贷款的形式支付了购房款400000元。按揭贷款由白某某通过其交通银行账户逐月偿还。

2015年2月9日，白某某出具《公证说明》一份，载明：白某某将其名下位于厦门市翔安区某小区302室的房屋公证给张某某，即日起，该房屋归张某某一人所有；产权证办出之日，张某某有权要求白某某将房屋过户给张某某，白某某无条件配合过户等。

2015年6月30日，讼争房屋取得了土地房屋权证，其中载明房屋坐落于翔安区某小区302室，权利人为白某某。

2016年11月24日，案外人蔡某出具证明称其曾于2012年6月9日转账给白某某100000元，该款项系张某某向其借款并指定汇入白某某的账号，作为其与白某某在翔安购买房产之费用；此后，张某某于2012年8月22日、24日以转账形式还款完毕。

对于蔡某向白某某转账支付100000元款项，张某某主张是其向蔡某所借，事后由张某某偿还；白某某称是其向团队（成员包括蔡某、白某某、汪某某和金某等）所借。证人汪某某和金某均证实白某某曾于2012年向团队提出借款100000元用于购房。

又，2012年6月9日至2015年3月30日，张某某多次向白某某转账共计226621元。对于款项用途，张某某主张是用于购买房屋、支付按揭贷款和装修款；白某某不予认可，其表示是因周转需要向张某某所借。

审理中，张某某认为白某某出具的《公证说明》证明其确认了房屋系双方共同购买的事实；白某某认为系赠与，并当庭表示撤销赠与。

【案件焦点】

张某某与白某某对于讼争房屋是否具有共有的意思表示和共同出资行为。

【法院裁判要旨】

福建省厦门市翔安区人民法院经审理认为：根据2015年2月9日白某某出具的《公证说明》，白某某的意思表示应为将讼争房屋赠与张某某。但是，该房屋在诉讼中的权利人为白某某，白某某当庭表示撤销赠与，故该赠与已依法撤销。对于2012年6月9日蔡某向白某某转账支付100000元，双方对款项来源存在争议，张某某主张是其向蔡某所借，事后由张某某偿还；白某某称是其向团队所借。虽然蔡某出具证明称该款项系张某某向其借款并指定汇入白某某的账号用于购房，但是蔡某并未到庭作证，且证人汪某某和金某均证实白某某曾于2012年向团队提出借款100000元用于购房，故该100000元系白某某向其团队所借。至于张某某向白某某转账的款项，张某某主张是用于购买房屋、支付按揭贷款和装修款，但白某某不予认可，其表示是因周转需要向张某某所借，张某某未能举证证明上述款项用途，故对张某某曾向白某某转账用于购买房屋、支付按揭贷款和装修款的主张不予采信。

综上所述，张某某主张其曾与白某某共同出资购买房屋并出资还贷及装修的主张，证据不足，故张某某确认厦门市翔安区某小区302室房屋为张某某与白某某按份共有，双方各占50%的份额，白某某立即配合张某某办理共有权登记手续的诉讼请求，法院不予支持。依照《中华人民共和国民事诉讼法》第六十四条第一款、《最高人民法院关于适用〈中华人民共和国民事诉讼法〉的解释》第九十二条之规定，判决如下：

驳回张某某的诉讼请求。

张某某不服一审判决，提起上诉。福建省厦门市中级人民法院经审理认为：本案争议的焦点为张某某支付的款项是否为购房款以及讼争房产是否系张某某与白某某共同购买。

第一，关于张某某支付的款项是否为购房款的问题。首先，关于购房定金50000元的支付问题。张某某向讼争房产的出售方置业公司支付了50000元购房定金，白某某对付款事实无异议。扣除其中张某某认可的13700元即当日白某某向张某某转入的款项后，余款36300元白某某主张系借款，但并未提交借条或还款证明，对其主张不予采信。故认定张某某支付了36300元的购房定金。其次，关于首付款100000元的支付问题。张某某主张系向蔡某所借，有蔡某的证明以及张某某的两次各50000元的还款凭证，二者可相互印证。白某某抗辩系其所借，但其没有充分的证据予以证实。故应认定张某某支付首付款100000元。最后，关于按揭款的支付问题。根据张某某提供的转账明细，2012年10月至2014年9月其向白某某转入房贷每次约3000元，共计15笔。每次转账金额与每月房贷数额接近，合计支付款项44412元，超过该段时期应归还的房贷总额约为72000元的50%。白某某对该款项的性质未作合理解释，其主张缺乏证据予以证实，且不符合常理。故张某某主张其支付近一半房屋贷款，有事实和法律依据，应予采信。综上分析，讼争房产首付款181327元，由张某某支付了136300元；同时在双方恋爱存续期间即2012年10月至2014年9月，张某某支付了超过50%的按揭款。

第二，关于白某某与张某某是否共同购买讼争房产的问题。张某某主张讼争房产系二人在恋爱期间共同购买，因其不享有购房资格故将房产登记在白某某名下。其主张具有事实依据。首先，张某某提供了其在厦门缴交社会保险情况记录，证明其在购房时不具备购房资格。其次，在白某某书写的《悔过书》中，有以下可以印证双方共同购房的陈述："张某某与白某某买了房子""我之前不同意卖房子是因为这是我们奋斗的结果""我会把房子和车子过给你"。上述内容均可以表明白某某主观上认可讼争房产系二人共同购买。

最后,《公证说明》的形式和内容也印证了讼争房产系二人共同购买。讼争房产购买于张某某与白某某恋爱期间,此后因双方发生争吵,白某某才就房产问题作出说明。男女朋友之间的赠与房产行为通常发生在感情浓厚时,当感情发生破裂时,双方对房产所有权进行的协商,从常理分析更应当是基于双方对房产均有贡献的情况下才会作出的处理。白某某与张某某感情破裂直至最后分手,在这种情形下双方签订了《公证说明》,再结合张某某支付购房款的事实,不应认定《公证说明》系赠与,而应认定为双方对于共同房产的分割约定。一审判决将《公证说明》简单认定为赠与不当,二审法院依法予以纠正。

综上,一审判决认定《公证说明》系赠与,白某某有权当庭撤销,属于认定事实错误、适用法律不当。张某某一、二审提交的证据足以证明讼争房产系其与白某某恋爱期间共同购买,双方具有共同购买房产的意思表示,张某某已支付了超过50%的购房款,其主张对讼争房产享有50%的份额具有事实和法律依据,白某某依法应当配合办理将讼争房产50%份额登记在张某某名下,张某某的上诉请求具有事实和法律依据,应予支持。原审判决认定事实错误,适用法律不当,应予以纠正。依照《中华人民共和国民事诉讼法》第一百七十条第一款第二项的规定,判决如下:

一、撤销福建省厦门市翔安区人民法院(2016)闽0213民初2655号民事判决;

二、确认厦门市翔安区某小区302室房屋的50%份额系张某某所有,白某某应于本判决生效后立即配合将该房屋的50%份额登记在张某某名下。

【法官后语】

男女朋友恋爱期间，除了感情交往外，还可能存在经济来往，所涉价值高低不一。男女双方出于共同生活、结婚、投资等目的，往往会购置房产之类价值较大的不动产，后因分手产生纠纷在实践中亦普遍存在，真所谓“缘分尽，纠葛生”。此类纠纷具有表现形式多样、感情因素复杂、争议价值较大等特点，认定真实意思表示、审查实际出资、厘清权属性质是审理此类案件的重点。

1. 应综合在案证据认定房产归属的真实意思表示

男女恋爱期间购置的不动产，双方对实际归属的真实意思表示是审查的基础。所谓意思表示，包括内在意思和外在表示。外在表示，是指行为人将其内在意思以一定的方式表示于外部，并足以为外界所客观理解的行为要素。约定的形式，可以是订立明确的书面合同，亦可是以足以为外界所客观理解的实际行为作出表示。对以实际行为作出表示的情形，认定该实际行为构成明确意思表示的标准是足以为外界所客观理解，并结合具体案情予以认定。比如，男女双方共同与开发商签订购房合同，后办理权属登记在双方名下，但登记未体现各自份额，也无其他关于出资责任、所有权比例的约定，在此种情形下，应认定双方是共同共有的意思表示。但意思表示不能仅以客观形式认定，还应结合具体案件审查当事人真实的意思表示，不能仅以名义上的权利人直接认定财产归属。讼争房产登记于白某某名下，张某某却主张房产系二人在恋爱期间共同购买，因其不享有购房资格才将房产登记白某某名下，并从其购房时的购房资格、实际出资等方面提供了充分证据予以证明，故本案认定双方就讼争房屋是共有关系。

2. 在无约定情况下应根据实际出资认定共有份额

《中华人民共和国民法典》第三百零九条规定，“按份共有人对共有的不动产或者动产享有的份额，没有约定或者约定不明确的，按照出资额确定；不能确定出资额的，视为等额享有。”根据张某某提供的关于出资的凭证、证人证言、《悔过书》及《公证说明》等证据，可以认定张某某对讼争房产实际享有的份额。在意思表示不明确的情况下，共同的出资行为是认定共有份额的关键。各方在购房定金、首付款、按揭贷款等方面是否有出资的实际行为，款项性质是否属于购房款，主张一方要提供相应证据予以证明，抗辩方也要提供足够的证据予以反驳。比如，主张借款的一方有无相应借条或其他借款证明，按揭还款转账明细显示的出资人及款项信息是否能对应，都是认定是否有实际出资及出资金额的审查重点。

编写人：福建省厦门市中级人民法院　朱燕萍　胡林蓉

160　共有权人的生存权应优先于物权获得保护

——顾乙兰、顾丙兰诉顾小丁共有物分割案

【案件基本信息】

1. 裁判书字号

江苏省盐城市中级人民法院（2017）苏09民终447号民事判决书

2. 案由：共有物分割纠纷

3. 当事人

原告（上诉人）：顾乙兰、顾丙兰

被告（被上诉人）：顾小丁

【基本案情】

顾某与陈某云夫妻共生有四个子女。长子未婚，已先于顾某与陈某云去世，长女顾乙兰，次女顾丙兰，次子顾小丁。1986 年顾小丁与顾某、陈某云在盐城市盐都区龙冈镇坊桥居委会凤凰北路×号共同建筑两层房屋一座。建筑房屋时，顾乙兰、顾丙兰已经结婚另住，顾小丁已工作并与顾某、陈某云共同居住。该房屋于 1995 年登记在顾某一人名下，为混合结构、两层（上下楼各一间）、建筑面积为 96.8 平方米。顾某于 1998 年 12 月 23 日去世，陈某云于 2012 年 6 月 18 日去世。顾某去世前未立遗嘱，陈某云去世前立有遗嘱，明确上述房产按法定继承处理。顾某、陈某云去世后，该房屋由顾小丁夫妇及其子女共同居住。法院于 2014 年 5 月 4 日作出（2014）都民初字第 0734 号民事判决，确认案涉房屋原系顾小丁与顾某、陈某云共同共有，顾乙兰、顾丙兰对上述房屋各享有六分之一的权利，顾小丁享有三分之二的权利。2014 年 9 月 18 日，顾乙兰、顾丙兰申请执行，要求顾小丁按照案涉房屋各六分之一的权利支付对应的房款，因无执行内容，顾乙兰、顾丙兰于 2014 年 10 月 28 日撤回执行申请。嗣后，顾乙兰、顾丙兰再次诉至法院，要求对案涉房产进行分割。

顾小丁系残疾人（眼睛视力为二级残疾），顾小丁之妻张某凤患有高血压，得过脑溢血，该夫妇生有一子一女，均已成年，尚未结婚，一家四口居住在案涉房屋的二层，一层为其经营的门市，无其他住房。顾小丁、张某凤均无固定职业或其他生活来源，门市收入甚微，生活水平低下。顾乙兰、顾丙兰向法院申请执行时，顾小丁无力支付应负担的案件受理费 1100 元。

【案件焦点】

案涉共有房产能否分割。

【法院裁判要旨】

江苏省盐城市盐都区人民法院经审理认为：民事活动应当尊重社会公德，遵循公平原则和公序良俗。案涉房屋原系顾小丁与其父母顾某、陈某云共同共有，顾某、陈某云死亡后，顾乙兰、顾丙兰通过诉讼基于继承获得案涉房屋各六分之一的份额，案涉房屋变为顾小丁与顾乙兰、顾丙兰按份共有。从实物分割角度来看，案涉房屋为上下二层结构，建筑面积合计为96.8平方米，每层为48.4平方米，顾乙兰、顾丙兰各自享有的份额合计占三分之一，无法从物理空间上分割出相应份额，且无法保证分割后各自空间的独立使用，故无法对案涉房屋进行实物分割。从其他分割方式来看，势必要将案涉房屋折价或者拍卖、变卖以取得的价款进行分割。经征询顾小丁的意见，其明确表示不同意归并两原告的份额为其所有，但也确实无力支付相应对价；如果对涉案房屋折价或拍卖、变卖的价款进行分割，考虑该房产结构为一上一下，上层为顾小丁全家唯一住所，下层为其经营门市，收入微薄，是其全家主要生活来源，对房产进行拍卖、变卖将严重影响被告正常居住生活，故对该房产暂不宜以折价或拍卖、变卖的价款进行分割。从讼争双方主体来看，双方系同胞兄弟姐妹，原系共同生活的家庭成员，虽然因为各自结婚分开居住，但是这种亲情不应因家庭成员关系的身份变化而变化。加之，顾小丁系残疾人，其妻患有疾病，该夫妇无固定职业或其他生活来源，仅以该门市经营为生，属于贫困人群。而两原告有自己的住房，生活水平远远超过被告。如折价分割，势必导致顾小丁家庭更加困难。这与司法为民的理念不相符，也有悖和谐、友善的社会主义核心价值观。

综上，虽然两原告享有案涉房屋的份额，但是考虑到房屋现状及双方各自实际情况，案涉房屋目前不宜分割。故盐城市盐都区人民法院判决如下：

驳回顾乙兰、顾丙兰的诉讼请求。

顾乙兰、顾丙兰不服一审判决，提起上诉。江苏省盐城市中级人民法院经审理同意一审裁判意见，并认为一审认定暂不宜分割讼争房屋，并没有剥夺顾乙兰、顾丙兰对讼争房屋享有按份共有的权利。据此，顾乙兰、顾丙兰的上诉理由依据不足，不予支持。一审判决认定事实清楚，适用法律正确，应予维持。依照《中华人民共和国民事诉讼法》第一百七十条第一款第一项的规定，判决如下：

驳回上诉，维持原判。

【法官后语】

根据《中华人民共和国物权法》（以下简称《物权法》）第九十九条的规定，两原告请求分割涉案房产并无不当，除非有其他法律上或事实上的理由能够排除其行使该权利。故在裁判过程中，法官重点考虑以下三个因素，对相关法益进行权衡：

1. 被告一家生存权与两原告物权保护的抉择

案涉房屋历史上是家庭共同共有财产，被告一家作为家庭成员占有使用案涉房屋是一个历史延续状态，是合法占有使用。两原告在其父母去世后，通过法定继承取得案涉房产共计三分之一的产权。在此情况下，应当充分考虑两种权利的性质、结合具体案情来确定权利保护的顺位。生存权作为人们获得足够食物、衣着和住房以维持相当生活水准的权利，是一种绝对权、非财产权。物权则是典型的财产权，具有可转让性。两者在本案中冲突尤其明显：(1) 案涉房产系被告一家的唯一住所，其在物理上不具有分割条件；(2) 被告家庭经济困难，案涉房屋如果折价或拍卖、变卖，被告作为共有权人根本无力支付其他共有权人相当数额的价款，以取得完整房屋产权来维持现有生活水平；(3) 如果将该房产处分给案外人对所得价款进行分割，被告一家不仅失去住所，而且将失去唯一生活来源——微薄的经营收入，使其生活更加困顿。因此，在权利保护的顺位上，无疑应当优先保护被告一家的生存权。

2. 尊重社会公德原则的运用和保护弱者的价值取向

根据《物权法》第七条的规定，物权的取得和行使应当尊重社会公德，并不得损害公共利益和他人合法权益。这是行使物权应当遵循的道德底线和法律底线。这一原则是《物权法》第一编总则规定的内容，其他编目规定的权利义务的行使都不得违反这一原则。具体到本案中，共有财产的分割也应当尊重社会公德，且不得损害他人合法权益。被告与两原告在身份关系上属于同胞兄弟姐妹，理应互相友爱关怀。在经济条件上，两原告远远优于被告，案涉房产的分割于两原告并不会产生重大损益，但于被告而言则是基本生活保障的重大影响。因此，在诉讼双方实力上，被告处于明显的弱者地位。诉讼双方并不符合《中华人民共和国婚姻法》（以下简称《婚姻法》）第二十九条规定的兄弟姐妹承担扶养义务的特定条件，但是在诉讼裁判中对被告给予一定的倾向性保护，符合司法人文主义精神，对践行社会主义核心价值观、构建和谐友爱的家庭关系与社会关系也具有正面的引导作用。

3. 对两原告物权应持有的态度

随着男女平等观念深入人心，妇女权益保护日益加强，我国法律上对子女的继承权是平等保护的，这一点不因女子是否出嫁而改变。因此，对两原告因继承而取得的案涉房屋的物权在判决说理中裁判法官给予充分肯定，只是在当前情况下，该物权的行使因将严重影响被告一家人的基本生活而应受到一定限制。待将来条件成熟时，两原告可再主张分割。这与《物权法》第七条和第九十九条规定的立法本意也是一致的，即共有物分割不应损害其他共有权人利益，如造成损害，则应给予赔偿。本案中，因分割将导致损害较大，由两原告另行给予赔偿，将导致两原告物权分割失去价值，也不能达到两原告的诉讼目的，故对案涉房产暂不进行分割从根本上来讲并不违背双方的利益。

需要说明的是，《物权法》第七条规定已经被《中华人民共和国民法典》（以下简称《民法典》）第八条公序良俗原则和第一百三十二条禁止权利滥用规定吸收。《物权法》第九十九条则完全为《民法典》物权编第三百零二条所承继。按份共有人行使共有物的分割请求权，仍应受《民法典》总则关于不得违反公序良俗、不得损害他人利益的限制。本案中，原告请求分割共有物势必会严重影响被告一家正常生产生活，损害其生存权，有悖社会主义核心价值观，故两原告诉请不应得到支持。

编写人：江苏省盐城市盐都区人民法院　康燕　黄约平

161 出租按份共有房屋应当遵循多数决规则

——沈某新、杨某林诉郭某良等返还原物案

【案件基本信息】

1. 裁判书字号

江苏省南通市中级人民法院（2016）苏06民终字第3559号民事裁定书

2. 案由：返还原物纠纷

3. 当事人

原告（被上诉人）：沈某新、杨某林

被告（上诉人）：化工公司

被告：咨询公司、燃料公司、郭某良

【基本案情】

沈某新、杨某林系夫妻。2011年9月29日，沈某新、杨某林、郭某良约定关于三人共同拥有的坐落于工农南路××号某大厦0114室、0214室（以下简称0114室、0214室）房屋产权比例如下：沈某新和杨某林共占房屋产权的50%，郭某良占房屋产权的50%。次日，沈某新、杨某林、郭某良取得0114室、0214室房屋所有权证书，载明：0114室、0214室均为沈某新、杨某林、郭某良共同共有，0114室建筑面积425.6平方米、0214室建筑面积411.54平方米。2011年3月10日的《写字楼租赁合同》约定沈某新、杨某林、郭某良将0114室出租给化工公司，租赁期限自

2012年3月11日至2013年11月11日，月租金为20000元。2012年7月18日的《房屋租赁合同》约定沈某新、杨某林、郭某良将0214室建筑面积80平方米出租给工程公司，租赁期限自2012年7月18日至2013年7月17日，租金总计8000元。2013年10月8日的《房屋租赁合同》约定沈某新、杨某林、郭某良将0214室出租给燃料公司，租赁期限从2013年10月8日中午12时起至2023年10月8日中午12时止，每月租金5000元。上述三份合同均由沈某新、杨某林调取自工商登记档案。沈某新、杨某林、郭某良一审庭审时陈述上述三份合同出租人处的签名均不是本人书写。

2013年1月10日，沈某新、杨某林、郭某良与某银行签订最高额抵押合同，约定以0114室、0214室房屋及土地为化工公司提供最高额抵押担保。

化工公司一审庭审时陈述其从2012年3月开始使用0114室、0214室房屋至今，从未交纳过房租，沈某新、杨某林、郭某良从未向化工公司主张过房租。

咨询公司于2012年7月30日注册成立，注册成立时名称为工程公司。2016年5月20日，其原住所0214室变更为南通市某科技产业园区江某路××号某研发园内×号楼××××室。

【案件焦点】

共有人对包括出租在内的利用方法选择不能达成协议起诉到人民法院的，是否应当类推适用《中华人民共和国物权法》第九十七条的规定处理。

【法院裁判要旨】

江苏省南通市崇川区人民法院经审理认为：（1）关于沈某新、杨某林的诉讼请求是否超过诉讼时效。《中华人民共和国物权法》（以下简称《物权法》）第二百四十三条规定："不动产或者动产被占有人占有的，权利人可以请求返还原物及其孳息，但应当支付善意占有人因维护该不动产或者动产支出的必要费用。"沈某新、杨某林的诉讼请求实质为要求化工公司返还房屋以及无权占有房屋期间的法定孳息，庭审时沈某新、杨某林亦明确其请求权基础为《物权法》的相关规定。物权请求权不适用诉讼时效的规定，因此沈某新、杨某林的诉讼请求未超过诉讼时效。（2）关于化工公司相对于沈某新、杨某林是否系无权占有人。《物权法》第一百零三条规定："共有人对共有的不动产或者动产没有约定为按份共有或者共同共有，或者约定不明确的，除共有人具有家庭关系等外，视为按份共有。"案涉 0114 室、0214 室房屋虽登记为沈某新、杨某林、郭某良共同共有，但沈某新、杨某林、郭某良关于案涉房屋约定了份额，应当认定为沈某新、杨某林、郭某良对案涉房屋按份共有，沈某新、杨某林对案涉房屋享有 50%的份额，郭某良对案涉房屋享有 50%的份额。《物权法》第九十七条规定："处分共有的不动产或者动产以及对共有的不动产或者动产作重大修缮的，应当经占份额三分之二以上的按份共有人或者全体共同共有人同意，但共有人之间另有约定的除外。"出租共有房屋属于对共有物利用方法的选择。民法理论认为，对于包括出租在内的共有物利用方法选择类推适用《物权法》第九十七条的规定。化工公司、咨询公司、燃料公司的住所地都登记为（曾经登记为）案涉房屋，但登记的住所地不等同于实际经营地。沈某新、杨某林并未举证证明化工公司、咨询公司、燃料公司实际占有或使用案涉房屋。化工公司自认从2012年3月开始使用0114室、0214室房屋至今，应当认定化工公司为案涉房屋实际占有人。沈某新、杨某林、郭某良陈述与化工公司签订的《写字楼租赁合同》上三人签名均不是本人书写。郭某良辩称知悉该房屋的租赁情况，也同意由化工公司承租该房屋，并且郭某良即为化工公司法定代表人，应当视为郭某良对《写字楼租赁合同》进行了追认。郭某良、化工公司未提供相应证据证明沈某新、杨某林明示同意将案涉共有房屋出租给化工公司。虽然沈某新、杨某林就案涉房屋为化工公司提供最高额抵押担保，但不能因此推定沈某新、杨某林同意将案涉房屋出租给化工公司。郭某良享有案涉房屋50%的份额，未达到共有份额的三分之二，各方当事人均未提供证据证明沈某新、杨某林、郭某良对房屋出租另有约定，因此化工公司相对于沈某新、杨某林系无权占有人。沈某新、杨某林作为案涉房屋共有人有权就案涉房屋对化工公司行使返还原物请求权。（3）关于化工公司对案涉房屋使用费的计算标准。房屋的租金属于法定孳息，无权占有人应当向权利人返还原物及孳息。关于0114室的占有使用费，沈某新、杨某林主张按照《写字楼租赁合同》约定的月租金2万元从2012年3月10日开始计算。化工公司认为月租金2万元是2012年至2013年的市场价格，现在市场价格大幅下降，但并未提供相应的证据证实。因此关于0114室的占有使用费认定为每月2万元。关于0214室的占有使用费，沈某新、杨某林主张每天每平方米1.5元从2012年7月12日开始计算，未超过0114室的上述计算标准，予以认定。综合以上分析，案涉房屋被化工公司占有，化工公司相对于沈某新、杨某林系无权占有人。沈某新、杨某林作为共有人可以请求化工公司返还原物及占有使用费。因沈某新、杨某林并未主张按照份额返还占有使用费，因此案涉房屋以及占有使用费应当返还至全体共有人。

江苏省南通市崇川区人民法院依照《物权法》第三十四条、第九十七条、第一百零三条、第二百四十三条，《中华人民共和国民事诉讼法》第一百四十四条之规定，作出如下判决：

一、化工公司于本判决发生法律效力之日起三十日内，将0114室、0214室房屋腾空交还沈某新、杨某林、郭某良；

二、化工公司于本判决发生法律效力之日起十日内一次性支付沈某新、杨某林、郭某良0114室房屋占有使用费（按照每月2万元从2012年3月10日起计算至搬离房屋之日止）；

三、化工公司于本判决发生法律效力之日起十日内一次性支付沈某新、杨某林、郭某良0214室房屋占有使用费（按照每天617.31元从2012年7月12日起计算至搬离房屋之日止）；

四、驳回沈某新、杨某林的其他诉讼请求。

化工公司持原审意见提出上诉，在二审过程中申请撤回上诉。江苏省南通市中级人民法院经审理认为，化工公司提出撤回上诉的请求，不违反法律规定，予以准许。

江苏省南通市中级人民法院依照《中华人民共和国民事诉讼法》第一百七十三条的规定，作出如下裁定：

准许化工公司撤回上诉。

【法官后语】

《物权法》第九十六条规定了共有物管理，第九十七条规定了共有物处分和重大修缮。在《中华人民共和国民法典》（以下简称《民法典》）实施之前，对于共有物的出租属于管理还是处分，即适用《物权法》第九十六条还是第九十七条的规定，一直存在争议。

第一种观点认为，对财产的出租是共有人处分行为的表现形式之一。在应有份部分，按份共有人可以任意对应有部分予以出租；在共有财产部分，全体共有人当然更无阻碍地可以对共有财产予以出租。第二种观点认为，对共有财产的出租，不是对共有财产的处分，而是对共有财产的使用和收益。第三种观点认为，共有物的利用行为，是指以满足共有人共同需要为目的，不变更共有物的性质，而决定其使用、收益方法的行为。对共有房屋出租，即其著例。本案一审过程中也存在三种处理意见。第一种意见认为，出租共有房屋属于对共有物的利用，应当适用《物权法》第九十六条的规定。关于共有物的管理，共有人不能达成协议时，不得请求人民法院裁判，应当裁定驳回原告起诉。第二种意见认为，出租属于负担行为而非处分行为，不应当适用《物权法》第九十七条的规定，而应当适用第九十六条的规定，在共有人没有约定的情况下，各共有人都有管理的权利和义务，应当判决驳回原告的诉讼请求。第三种意见认为，出租共有房屋属于对共有物利用方法的选择，对于包括出租在内的利用方法选择类推适用《物权法》第九十七条的规定，本案没有经过三分之二以上按份共有人同意，应当支持沈某新、杨某林的诉讼请求。

《民法典》第三百条规定了共有人对共有物的管理权，第三百零一条规定了对共有物的处分、重大修缮和性质、用途变更。《民法典》第三百零一条与《物权法》第九十七条相比，有一处发生了重要改变，增加了“变更性质或者用途”的情形，即变更性质或者用途的，应当经占份额三分之二以上的按份共有人或者全体共同共有人同意，但是共有人之间另有约定的除外。《民法典》的该项修改，顺应了经济社会发展形势，加强了对非控制共有物方共有权的保护，也为司法实践解决相关争议提供了明确依据。

1. 处分、处分行为与负担行为的概念辨析

负担行为与处分行为的区分在理论上源于德国民法上的法律行为学说，并在德国民法典的立法例中得到了充分的体现。所谓“负担行为”，即使人担负给付义务的法律行为，在许多中文著作中也被称为“债权行为”，是使某人担负给付义务并因此而为他人创设一项或多项给付请求权的法律行为。“处分行为”是直接使某种权利发生、变更或消灭的法律行为，其处分的客体是权利。处分行为包括物权行为及准物权行为，包括契约（如所有权的移转、抵押权的设定）及单独行为（如所有权的抛弃）。

关于我国现行民法上是否存在处分行为的问题，一直有争论。《民法典》出台前的法律规范中的“处分”大致出现在三种场合，一是在论述所有权的权能时使用处分，如《中华人民共和国民法通则》第七十一条规定，财产所有权是指所有人依法对自己的财产享有占有、使用、收益和处分的权利。《物权法》第三十九条规定，所有权人对自己的不动产或者动产，依法享有占有、使用、收益和处分的权利。二是在论述合同的效力时对处分加以论述，也就是在论述无权处分时论及处分和处分行为。如《中华人民共和国合同法》第五十一条，无处分权的人处分他人财产，经权利人追认或者无处分权的人订立合同后取得处分权的，该合同有效。2012年《最高人民法院关于审理买卖合同纠纷案件适用法律问题的解释》第三条规定，当事人一方以出卖人在缔约时对标的物没有所有权或者处分权为由主张合同无效的，人民法院不予支持。出卖人因未取得所有权或者处分权致使标的物所有权不能转移，买受人要求出卖人承担违约责任或者要求解除合同并主张损害赔偿的，人民法院应予支持。

《中华人民共和国继承法》第十六条规定，公民可以立遗嘱处分个人财产。《中华人民共和国继承法》第三十条规定，夫妻一方死亡后另一方再婚的，有权处分所继承的财产。可见法律规范中处分的含义比较丰富，有时是一种权能，有时是一种权利，有时是一种行为。我国民法上处分的概念明显不同于以德国为代表的大陆法系国家处分行为的概念。最广义的处分包括事实上的处分和法律上的处分，法律上的处分又分为负担行为和处分行为。

2. 出租共有物行为的法律性质分析

为取得对他人不动产利用的权利，人们可以采取两种方法：一是通过设定用益物权的方法，取得对不动产的用益物权；二是通过债权的方法，取得对不动产的债权利用权，如租赁权、借用权等。这就是通常所说的不动产利用的二元体系。租赁权的主体既有可能指向出租人又有可能指向承租人。关于租赁权之性质，学说上基本分为四种，即“债权说”“物权说”“债权物权化说”“立法政策说”。《物权法》出台前就有学者指出：“在我国法上，租赁权属于债权，但历来承认租赁权的物权化……基于对不动产租赁权的不同认识，我国多数学者认为，不动产租赁权属于债权的范畴，应通过《合同法》加以规范。但为保护承租人的利益，应赋予不动产租赁权以一定的物权效力，即实行租赁权物权化。”① 《物权法》出台后，也不存在法条明示规定“租赁权”。《物权法》第一百九十条的表述采用的是“租赁关系”而非“租赁权”。我国语境中的“租赁权”实则债之效力，条文的意义旨在强调法律赋予承租人的对抗地位，

---

① 房绍坤：《论不动产利用的二元结构》，载《河南司法警官职业学院学报》2003年第2期。

更适宜用“租赁关系”来表达此种地位。因此《物权法》出台后并没有改变租赁权“债权物权化说”在我国的通说地位。

《物权法》第九十六条中的“管理”是处分的上位概念，共有物的管理包括对共有物的处分、占有、使用、收益、保存等行为，并且此处的“管理”是指实际的利用，对于共有物利用方法的选择并不包括在内。出租共有物行为不属于处分行为亦不属于改良行为，而属于对于共有物的利用行为。

《物权法》出台后，变更共有物的性质或者用途的情况随着社会经济发展与日俱增。比如，将办公用房变更为快捷酒店，将渔船改造为货船，将私家车申请为网约车，将自用财产出租、出借给他人等。为顺应经济社会发展，也为司法实践解决相关争议提供明确依据，《民法典》第三百零一条在《物权法》第九十七条的基础上增加了“变更性质或者用途”这一情形。将居住建筑变更为公共建筑，将居住用房变更为营业用房属于对共有物性质的变更；将共有房屋由自主改为出租，从租赁给他人经营教育机构改为租赁给他人经营网吧，将整体出租该额为分割租赁等，应当理解为共有物用途的变更①。

3. 共有人对利用方法选择不能达成协议的处理

《物权法》实施之初有观点认为，对于利用行为，共有人对于共有物的使用收益方法不能达成协议起诉到人民法院的，人民法院不予受理。《物权法》关于共有物的处分除了在第九十七条有明确规定外，其他规则尚付阙如。当共有人不能达成一致时，需经由法律解

---

① 江必新、夏道虎主编：《中华人民共和国民法典重点条文实务详解》，人民法院出版社2020年版，第78页。

释或者漏洞填补来确定其规则，拒绝裁判并不符合《物权法》的立法目的以及民法理论发展趋势。

对《物权法》第九十六条应当有正确的理解，即对于共有物的管理，若共有人不能达成一致，每个共有人均有按照法律规则管理的权利和义务，而不是每个共有人均有任意管理的权利。由于房屋具有不可分性，所以包括出租在内的对共有房屋利用方法的选择很多情况下具有唯一性。对于包括出租在内的利用方法选择，应当类推适用《物权法》第九十七条的规定，即在共有人没有约定的前提下，出租共有房屋应当经占份额三分之二以上的按份共有人或者全体共同共有人的同意。部分共有人出租共有房屋不符合该条件的，其他共有人可以向承租人行使返还原物请求权。

《民法典》实施后，将共有房屋由自主改为出租属于《民法典》第三百零一条"变更用途"已经没有争议。关于共有人未按照规定处分共有物的法律后果，《民法典》第五百九十七条规定："因出卖人未取得处分权致使标的物所有权不能转移的，买受人可以解除合同并请求出卖人承担违约责任。"共有人擅自处分共有物或者擅自变更共有物性质、用途的，都应当适用该条规定。在承租人并非善意的前提下，其他共有权人有权要求返还租赁物并赔偿损失。本案虽然发生在《民法典》实施之前，但是在《民法典》实施后仍然具有参考意义。

编写人：江苏省南通市崇川区人民法院　陈程

162 宅基地使用权在未分家析产的情况下应认定为家庭共同财产

——袁甲诉袁乙宅基地使用权案

【案件基本信息】

1. 裁判书字号

广东省中山市中级人民法院（2016）粤20民终字第3329号民事判决书

2. 案由：宅基地使用权纠纷

3. 当事人

原告（上诉人）：袁甲

被告（被上诉人）：袁乙

【基本案情】

袁甲和袁乙系兄弟关系，均为某村村民，其父亲袁某仔（2003年10月1日去世），母亲李某媚。袁某仔、李某媚生育六个子女，即长子袁某洪，长女袁某英，次子袁甲，三子袁乙，次女袁某娟，四子袁某发。上述兄弟姐妹除袁某娟未成家外，其他5人均已成家。袁某仔户名下有四块宅基地，其中两块登记在袁某仔名下，一块登记在袁某洪名下，另一块登记在袁甲名下。登记在袁某仔名下位于中山市古镇镇教昌河兴一街××号的宅基地现一块由袁甲居住，另一块为空地。诉争宅基地位于中山市古镇镇教昌松树新村××号（土地使用权人：袁甲，土地位于广东省中山市古镇镇教昌松树新村××号，图号10050×××号），经法院向村委会了解，某村原“教昌松树新村××号”地址，现更新地址为“教昌松树新村××号”，至于该宅基地如何处理，村委会认为属家庭内部事项。

袁甲称其在1981年到1990年服兵役期间取得中山市人民政府分配的诉争宅基地，并自建房与袁乙一起居住。1991年袁甲结婚后便搬离了上述住处。袁甲自分配取得诉争宅基地及建房后，一直没有收到土地主管部门发放土地使用权证的消息，2014年到村委会办理事务过程中才了解到袁乙于1995年以其名义（冒用袁甲签名）到村委会领取了诉争宅基地的土地使用权证，但袁甲自始至终没有向袁乙作出房产的授权使用等承诺。现袁甲以其是该土地使用权人为由诉至法院，主张袁乙返还袁甲拥有的诉争宅基地。

袁乙称其父亲在世时没有分家，是一个大家庭共同生活，包括建屋也是父母亲一手经办的，儿子结婚时父母按本地的风俗习惯认可谁在该屋结婚就归谁居住。父母留下的四块屋地，其兄弟四人一人一块，如果袁甲再争取教昌松树新村32号房屋的话，就是一人独占两块宅基地，另外三兄弟只有两块宅基地，这样是不合理、不公平的。诉争宅基地是当时父亲以军人家属名义向村委会申请的，并非政府分配给袁甲。诉争宅基地虽然登记在袁甲名下，但该宅基地属于家庭财产，属于村委会登记错误。如果袁甲继续争取诉争宅基地，袁乙主张将其家庭所有宅基地重新分配。

庭审中，双方确认对于家庭共同财产均未作分割处理。

【案件焦点】

诉争宅基地及其上房屋是否属于大家庭共同财产。

【法院裁判要旨】

广东省中山市第二人民法院经审理认为：本案为宅基地使用权纠纷。诉争宅基地登记在袁甲名下，但该宅基地属其父亲袁某仔名下的宅基地分配份额，况且袁甲现居住地中山市古镇镇教昌河兴一街××号也是以其父袁某仔名义登记的宅基地，该土地一直由袁甲使用。根据《中华人民共和国土地管理法》第六十二条规定，农村村民一户只能拥有一处宅基地，其宅基地的面积不得超过省、自治区、直辖市规定的标准。另，袁甲认为诉争宅基地是其在服兵役期间由中山市人民政府分配的宅基地份额，但其对此并没有提供相应依据予以证明，据法院向村委会了解，村委会也没有作出明确答复。此外，袁乙不确认其说法，并提出诉争宅基地属家庭共同财产，且其在该地居住达三十多年之久，袁甲也一直未曾主张权利。结合本案实际情况，现袁乙已经长期使用了该宅基地，且袁甲也认同其所使用土地属其父亲袁某仔名下的宅基地，对于家庭财产至今未曾分割处理也不持异议。故，袁甲主张上述请求缺乏依据，不予支持。袁乙的辩解符合本案实际情况和法律规定，予以采信。

广东省中山市第二人民法院依照《中华人民共和国土地管理法》第六十二条、《中华人民共和国民事诉讼法》第六十四条、《最高人民法院关于民事诉讼证据的若干规定》第二条的规定，判决如下：

驳回袁甲的全部诉讼请求。

袁甲持原审起诉意见提起上诉。广东省中山市中级人民法院经审理认为：诉争宅基地虽然登记于袁甲名下，但结合该宅基地的分配及建房均发生于其所属大家庭共同生活期间，该房屋由其大家庭成员共同兴建，且袁甲自 1991 年至今一直居住在登记于袁某仔名下的另一宅基地及房屋内，而袁乙亦一直居住在诉争宅基地及房屋至今，且袁甲、袁乙及其他兄弟姐妹亦一直没有对此提出异议，另外，村委会亦认为袁甲与袁乙关于诉争宅基地的处理属于家庭内部事项，村委会负责本村宅基地的分配事宜，其也没有明确表明诉争宅基地是分配给袁甲的，诉争宅基地及其上房屋属于袁甲、袁乙所属大家庭共同财产。因其大家庭至今没有进行分家析产，故袁甲要求袁乙返还诉争宅基地，理据不足，一审对其该诉请不予支持，并无不妥，予以维持。

广东省中山市中级人民法院依照《中华人民共和国民事诉讼法》第一百七十条第一款第一项的规定，判决如下：

驳回上诉，维持原判。

【法官后语】

本案处理重点主要在于对讼争宅基地使用权是家庭共同财产还是家庭成员个人财产的判断。具体分析如下：

1. 如何区分家庭共同财产与个人财产。家庭共同财产是指在家庭中，全部或部分家庭成员共同所有的财产，即家庭成员在家庭共同生活关系存续期间共同创造、共同所得的财产。家庭成员的个人财产是家庭成员中的某个人基于一定的法律事实由其个人依法取得的财产。对家庭共同财产与个人财产的区分以及家庭共同财产的判定，一般可以考虑以下三个因素：（1）家庭成员是否存在共同生活关系；（2）家庭共同财产关系是否基于一定的法律事实形成，如婚姻关系的存续或共同劳动、共同经营、共同接受赠与等；（3）家庭成员之间是否有家庭共同财产的约定，如约定共同共有或按份共有等。如父母、子女、兄弟姐妹等家庭成员共同生活、共同劳动，用劳动所得建造的房屋，添置的生活、生产资料或共同出资购买的房屋等，应认定为家庭共同财产。

2. 诉争宅基地使用权应认定为家庭共同财产，并非个人财产。在袁甲、袁乙大家庭共同生活期间，其父袁某仔以户主名义为家庭成员申请了农村宅基地后依法领取了集体土地建设用地使用权证，其家庭成员共同在该宅基地上建房并共同居住使用。尽管其中的诉争宅基地使用权登记在袁甲名下，但因我国农村宅基地实行一户一宅制度，且袁某仔取得的宅基地面积是根据本省标准并按照其户内人口确定的，所以，该宅基地使用权及地上房屋所有权系袁某仔户内家庭成员共同共有的财产，在未进行分家析产的情况下，不能认定诉争宅基地属于袁甲个人财产。

3. 不动产登记簿的记载与真实权利状态不符的，应根据不动产的真实权属认定权利人。《最高人民法院关于适用〈中华人民共和国民法典〉物权编的解释（一）》[①] 第二条规定："当事人有证据证明不动产登记簿的记载与真实权利状态不符、其为该不动产物权的真实权利人，请求确认其享有物权的，应予支持。"在物权公示制度下，不动产权属证书是权利人享有该不动产物权的证明。但由于宅基地使用权分配或者说宅基地使用权的取得具有特殊性，即一户一宅、根据户内人口确定面积等，而宅基地使用权属证书记载的权利人往往只是户主或宅基地申请人，导致登记权利人与实际权利人即全体家庭成员不一致，此时，应依据上述司法解释的规定，认定宅基地使用权为家庭共同财产。本案中，诉争宅基地使用权登记在袁甲名下，但该宅基地使用权的分配及地上房屋的建设均发生于袁甲、

---

① 案例判决作出时所引用的依据为《最高人民法院关于适用〈中华人民共和国物权法〉若干问题的解释（一）》，但内容与现有规定是一致的。

袁乙在其大家庭共同生活期间，且袁乙在该宅基地及房屋居住至今长达30年，袁甲则使用了其家庭名下的另一宅基地，而其大家庭至今并未分家析产。故依据宅基地的分配原则及家庭共同财产的认定原则以及上述司法解释的规定，应认定诉争宅基地为家庭共同财产，对袁甲基于物权公示制度要求物权返还的主张予以驳回。

编写人：广东省中山市第二人民法院　何文璋　黄贤珠

163 非本村村民不能取得宅基地使用权

——郭某南诉康某云、房地产公司第三人撤销之诉案

【案件基本信息】

1. 裁判书字号

广东省潮州市中级人民法院（2016）粤51民终244号民事判决书

2. 案由：第三人撤销之诉

3. 当事人

原告（上诉人）：郭某南

被告（被上诉人）：康某云

被告：房地产公司

【基本案情】

位于某村新兴路×巷四横2号宅基地（面积120平方米）原由某村村民委员会分配给该村村民黄某生（1992年11月5日去世）使用。黄某生、肖某琴夫妻于1991年家庭分家时将上述宅基地分配给黄某茂。黄某茂与康某云于1989年8月4日登记结婚，二人

取得2号宅基地使用权后，在该宅基地上建成四层住宅楼。

郭某南因与黄某茂、制衣厂、制衣公司发生买卖合同货款纠纷，向广东省潮州市中级人民法院提起诉讼。广东省潮州市中级人民法院经审理后，于2002年11月16日作出（2002）潮经初字第182号民事判决，判决黄某茂于该判决发生法律效力之日起10日内偿还郭某南布料款1006264.87元及该款自2002年9月10日起至还清之日按中国人民银行规定的同期逾期付款利率计付的利息；制衣厂、制衣公司对黄某茂的上述债务承担连带清偿责任。该判决发生法律效力后，在执行过程中，郭某南与黄某茂（同时代表制衣厂、制衣公司）于2002年12月30日签订了《协议书》1份，约定：甲（郭某南）乙（黄茂某）双方买卖合同货款纠纷一案（案号〔2002〕潮经初字第182号），经潮州市中级人民法院审理终结，乙方应偿还甲方布料款1006264.87元。双方本着互相谅解、互相支持的精神，经过充分协商，达成如下协议：1. 乙方以坐落于湘桥区城西街道某村的厂房连同土地使用权（其中制衣公司土地199.68平方米，黄某茂宅基地120平方米，合计土地面积319.68平方米，建筑面积1460平方米）作价850000元抵偿给甲方。2. 上述厂房连同土地使用权自双方签字之日起归甲方所有。但在签字之日起两年内借给乙方使用，乙方经济好时可赎回。3. 在两年使用期间内，乙方应对850000元按月利率1%计付利息。在第13个月仍未能还款，则前12个月的利息102000元转入本金，以952000元按月利率1%计付利息。4. 如乙方在上述期限内还清款项，上述房产连同土地使用权回转乙方；如届期无法还款，则甲方有权处置，乙方除无条件搬迁外，还应付还利息216240元。

5. 1006264.87元抵偿850000元的余款156264.87元及案件受理费15050元，合计171314.87元，乙方保证于2003年3月底前还清。逾期，则应偿付甲方月1%的利息。2003年2月10日，郭某南与黄某茂（同时代表制衣厂、制衣公司）再次签订了《协议书》1份，约定：甲（郭某南）乙（黄茂某）双方买卖合同货款纠纷一案（案号〔2002〕潮经初字第182号），经潮州市中级人民法院审理终结。在甲方申请执行后，乙方清偿了贷款156264.87元及受理费15050元，现尚欠甲方850000元。在执行程序中，双方本着相互谅解、相互支持的精神，经过充分协商，达成如下协议：1. 乙方以坐落于湘桥区城西街道某村的厂房连同土地使用权（其中制衣公司土地199.68平方米，黄某茂宅基地120平方米，合计土地面积319.68平方米，建筑面积1460平方米）作价850000元抵偿给甲方。2. 上述厂房连同土地使用权自双方签字之日起归甲方所有。但在签字之日起两年内借给乙方使用，乙方经济好转时可赎回（具体事项按原双方协议约定）。后广东省潮州市中级人民法院于2003年4月28日作出（2003）潮执字第18号民事裁定书，裁定如下："同意申请执行人郭某南与被执行人黄某茂、制衣公司自愿达成的和解协议，即本案的债务双方当事人确认为1021314.87元，由黄某茂付还郭某南款项171314.87元，余款850000元由制衣公司以其位于某村新兴路×巷2号该公司的厂房（占地面积为320平方米，其中原黄某茂宅基地占地120平方米，制衣公司占地200平方米）作为抵偿。"郭某南取得上述房产后，办理房产登记并取得房屋所有权证。

2013年9月13日，康某云及其儿子黄某楠、女儿黄某铭以广东省潮州市中级人民法院在执行（2003）潮执字第18号案中违法执行，侵犯其合法权益为由向广东省高级人民法院申诉，广东省高级人民法院于2014年12月11日作出（2014）粤高法执监字第136号《执行监督情况通知书》答复康某云、黄某楠、黄某铭，主要内容为："潮州市中级人民法院在执行（2003）潮执字第18号案过程中，根据当事人申请，依据双方达成的执行和解协议，对执行标的总额、和解达成的履行总额及履行方式等予以裁定确认并未违反法律规定。你三人是因为某村拆迁理赔而提出申诉，上述执行案件中，潮州市中级人民法院所裁定确认的剩余债务总额为850000元，由被执行人制衣公司以其位于某村新兴路×巷四横2号该公司的厂房（占地面积为320平方米，其中原黄某茂宅基地占地120平方米，制衣公司占地200平方米）作为抵偿，并不包含土地使用权。因此，你三人可另循途径主张拆迁补偿款。"后，康某云因要求房地产公司办理拆迁赔偿手续未果，遂向潮州市湘桥区人民法院提起诉讼，请求判令房地产公司与康某云就上述房产中的面积为120平方米的宅基地的土地使用权订立拆迁安置补偿合同。潮州市湘桥区人民法院经审理，认为根据（2014）粤高法执监字第136号《执行监督情况通知书》的答复，可确认上述房产中原黄某茂面积120平方米的宅基地使用权仍归黄某茂和康某云拥有，故康某云的诉讼请求合法，应予支持，于2015年7月15日作出（2015）潮湘法民一初字第279号民事判决，判决房地产公司应于该判决发生法律效力之日起15日内按照《城西街道上埔改造项目房屋拆迁补偿安置方案》的规定与康某云就上述房地产中的宅基地面积120平方米的使用权签订拆迁安置补偿合同。该判决生效，但尚未履行完毕。

2015年9月18日，郭某南以（2015）潮湘法民一初字第279号民事判决确认上述房产中原黄某茂宅基地面积120平方米的使用权仍归黄某茂和康某云拥有，并判令房地产公司与康某云就上述房产中的面积120平方米的宅基地使用权签订拆迁安置补偿合同，损害了其合法权益为由，诉至法院。

位于某村新兴路×巷四横2号楼房已于2013年9月30日被拆除，该楼房的用地（包括本案讼争的面积为120平方米宅基地）已交给房地产公司。

郭某南于2015年8月14日向法院提出诉前财产保全申请，并提供担保。潮州市湘桥区人民法院于2015年8月14日作出（2015）潮湘法民一保字第9-1号民事裁定书，冻结康某云2号宅基地使用权在房地产公司的“三旧”改造拆迁安置补偿款或拆迁安置补偿额度（限额3000000元），并查封郭某南与张某钿共有的位于潮州市绿茵花苑A3号铺面、一幢201房的房产。

【案件焦点】

1. 潮州市湘桥区人民法院（2015）潮湘法民一初字第279号民事判决是否应予撤销；2. 该判决是否有错误，是否损害了郭某南的民事权益。

【法院裁判要旨】

广东省潮州市湘桥区人民法院经审理认为：根据《中华人民共和国民事诉讼法》第五十六条“对当事人双方的诉讼标的，第三人认为有独立请求权的，有权提起诉讼。对当事人双方的诉讼标的，第三人虽然没有独立请求权，但案件处理结果同他有法律上的利害关系的，可以申请参加诉讼，或者由人民法院通知他参加诉讼。人民法院判决承担民事责任的第三人，有当事人的诉讼权利义务。前两款规定的第三人，因不能归责于本人的事由未参加诉讼，但有证据证明发生法律效力的判决、裁定、调解书的部分或者全部内容错误，损害其民事权益的，可以自知道或者应当知道其民事权益受到损害之日起六个月内，向作出该判决、裁定、调解书的人民法院提起诉讼。人民法院经审理，诉讼请求成立的，应当改变或者撤销原判决、裁定、调解书；诉讼请求不成立的，驳回诉讼请求”的规定，可以提起第三人撤销之诉的主体是因不能归责于本人的事由未参加诉讼的第三人，而人民法院对第三人撤销之诉经审理后判决改变或者撤销原判决、裁定、调解书的条件是第三人有证据证明发生法律效力的判决、裁定、调解书的部分或者全部内容错误，损害其民事权益。

根据《中华人民共和国物权法》第一百五十二条“宅基地使用权人依法对集体所有的土地享有占有和使用的权利，有权依法利用该土地建造住宅及其附属设施”、第一百五十三条“宅基地使用权的取得、行使和转让，适用土地管理法等法律和国家有关规定”，《中华人民共和国土地管理法》第六十二条第一款、第四款：“农村村民一户只能拥有一处宅基地，其宅基地的面积不得超过省、自治区、直辖市规定的标准。……农村村民出卖、出租住房后，再申请宅基地的，不予批准”的规定可知，宅基地买卖为我国法律、规章所禁止。

根据广东省高级人民法院（2014）粤高法执监字第136号《执行监督情况通知书》的答复内容，可确定广东省潮州市中级人民法院所裁定的黄某茂和制衣公司以位于某村新兴路×巷四横 2 号房产抵偿债务只是地上建筑物的价值，并不包含土地使用权。且讼争土地的地上建筑物已被拆除，该地已交给房地产公司，故郭某南主张（2015）潮湘法民一初字第 279 号民事判决书内容错误，损害其民事权益的理由不足，其诉讼请求应予驳回。

郭某南在本案起诉前依法向法院申请诉前财产保全，支付了诉前财产保全申请费 5000 元，现郭某南要求该诉前财产保全申请费由康某云负担缺乏依据，不予支持。

广东省潮州市湘桥区人民法院依照《中华人民共和国民事诉讼法》第五十六条，《中华人民共和国物权法》第一百五十二条、第一百五十三条，《中华人民共和国土地管理法》第六十二条第一款、第四款之规定，判决如下：

驳回郭某南的诉讼请求。

郭某南不服，提起上诉。

广东省潮州市中级人民法院经审理认为：根据《中华人民共和国民事诉讼法》第五十六条规定，本案属第三人撤销之诉，潮州市湘桥区人民法院（2015）潮湘法民一初字第 279 号民事判决是否应予撤销，焦点在于该判决是否有错误，是否损害了郭某南的民事权益。

根据《中华人民共和国土地管理法》第六十二条第一款、第四款规定及《国务院关于深化改革严格土地管理的决定》“禁止城镇居民在农村购置宅基地”，《广东省集体建设用地使用权流转管理办法》第四条“有下列情形之一的，集体建设用地使用权不得流转……（四）村民住宅用地使用权……”等规定可知，宅基地使用权是集体经济组织成员享有的权利，与特定的身份关系相联系，宅基地在非本村村民之间流转为我国法律、规章等所禁止。具体到本案中，郭某南与黄某茂在（2003）潮执字第18号案件的执行过程中于2002年12月30日、2003年2月10日分别签订的两份《协议书》中约定以物抵债包括了房产及土地使用权，因郭某南是城镇居民，并不是某村村民，不能取得涉案宅基地使用权，因此双方自愿签订的两份《协议书》中关于宅基地使用权部分的约定为无效。法院虽然已向潮州市国土资源局发出（2003）潮执字第18号协助执行通知书，郭某南也已向国土部门缴纳了有关税费，但其至今未能取得涉案120平方米宅基地使用权证书，而且现在包括讼争土地在内的地上建筑物因“三旧改造”被拆除，涉案争议的宅基地无法返还，故康某云请求就面积120平方米的宅基地使用权与房地产公司签订拆迁安置补偿合同，从本着尊重现状，维护稳定的原则，原审法院予以支持，并无不当。综上，（2015）潮湘法民一初字第279号案件判决房地产公司与康某云就面积120平方米的宅基地使用权签订拆迁安置补偿合同的判决结果并没有损害郭某南的合法权益，郭某南以第三人撤销之诉请求撤销（2015）潮湘法民一初字第279号民事判决的诉讼请求，不符合法律规定，应予驳回。

广东省潮州市中级人民法院依照《中华人民共和国民事诉讼法》第一百七十条第一款第一项的规定，判决如下：

驳回上诉，维持原判。

【法官后语】

对农村村民转让宅基地使用权是否有效，在审判实践中存在两种观点。

第一种观点认为，针对农村村民转让宅基地使用权是否有效的问题，其实法律还处于空白状态。主要理由是：(1)《中华人民共和国土地管理法》(2019 年修正)（以下简称《土地管理法》）第六十二条只规定农村村民一户只能拥有一处宅基地，农村村民出卖住房后，再申请宅基地的不予批准。对宅基地使用权是否可以转让没有作出强制性规定。之所以作这样的规定，主要是为了防止农村村民以建住宅为名搞房地产建设而采取的措施。《土地管理法》第六十三条也仅仅规定集体建设用地出让、出租等，应当经本集体经济组织成员的村民会议三分之二以上成员或者三分之二以上村民代表的同意。这主要是基于保护耕地的考虑，而不是对符合土地利用总体规划并依法取得建设用地资格的村民对宅基地使用权合理流转的禁止。综观《土地管理法》的所有规定，土地使用权是可以依法转让的，《土地管理法》并未禁止村民出售、出租宅基地使用权，只不过出售、出租后，不能再申请宅基地而已。同时也没有规定村民不能向集体组织以外的主体转让宅基地使用权，更没有作出禁止城市居民向村民受让宅基地使用权的明确规定。(2) 该案审理时施行的《中华人民共和国物权法》第一百五十三条只规定宅基地使用权的取得、行使和转让，适用土地管理法等法律和国家有关规定，在现行的《中华人民共和国民法典》中对于该问题仍沿袭了物权法的规定，《中华人民共和国民法典》第三百六十三条规定“宅基地使用权的取得、行使和转让，适用土地管理的法律和国家有关规定。”而《土地管理法》只严格限制了集体建设用地的使用，对农民个人宅基地使用权的流转是否需要限制，并未规定。

第二种观点则认为，非本村村民不能拥有宅基地，宅基地使用权不能在非本村村民之间流转。主要理由是：(1) 从《土地管理法》第六十二条第一款、第四款的规定，《国务院关于深化改革严格土地管理的决定》关于“禁止城镇居民在农村购置宅基地”的规定，《国土资源部关于加强农村宅基地管理的意见》（国土资发〔2004〕234号）“严禁城镇居民在农村购置宅基地，严禁为城镇居民在农村购买和违法建造的住宅发放土地使用证”的规定，《广东省集体建设用地使用权流转管理办法》第四条关于“有下列情形之一的，集体建设用地使用权不得流转……（四）村民住宅用地使用权……”的规定可知，宅基地使用权在非本村村民之间流转为我国法律、规章所禁止。(2) 在司法实践中，有很多认定城镇居民在农村购置宅基地及房屋无效的案例。法院一般认为，“宅基地使用权是集体经济组织成员享有的权利，与特定的身份关系相联系，不允许转让。买受人为居民，其所买受的房屋坐落在村集体所有的土地上，双方在处分房屋的同时也处分了宅基地，损害了集体经济组织的利益，是法律明确禁止的，因而无效”。

本案最终采纳了第二种观点，认定郭某南与黄某茂在（2003）潮执字第18号案件的执行过程中签订的两份《协议书》约定以物抵债包括了房产及土地使用权，因郭某南是城镇居民，并不是某村村民，所以双方关于宅基地使用权部分的约定为无效。本案一、二审判决均认定上述《协议书》对双方当事人有约束力，但并没有认定其有效合法，一审判决中认定“对上述房产连同土地使用权郭某南有权处置”，但并没有认定郭某南为该土地的使用权人，而且当时房产尚存在，根据“地随房走”原则，郭某南对土地使用权也有权利处置，但并不意味着认定郭某南为争议宅基地的使用权人。现在房产已经被拆除，房地分离，郭某南并非某村村民，而且至今郭某南也未取得涉案宅基地的使用权权属证书，故不能认定郭某是涉案宅基地的使用权人。

编写人：广东省潮州市中级人民法院　苏慕成　杨桦　陈烨

164 确认之诉能否要求确认无名物权

——饶某祥诉刘某安、钟某英宅基地使用权案

【案件基本信息】

1. 裁判书字号

广东省广州市中级人民法院（2016）粤 01 民终 1534 号民事判决书

2. 案由：宅基地使用权纠纷

3. 当事人

原告（上诉人）：饶某祥

被告（被上诉人）：刘某安、钟某英

【基本案情】

据广州市天河区人民政府 1990 年 2 月 28 日核发的穗天登字第 001341 号《村镇宅基地使用证》记载：广州市登峰街横枝岗一街三巷×号房屋，使用人刘某安，建筑面积 91.6 平方米。

1992 年 6 月 30 日，广东省公证处出具（92）粤公证内字第 1886 号公证书，证明刘某安、钟某英于当日来到该处，在《赠与书》上签名。所附《赠与书》内容为：刘某安、钟某英是夫妻，是广州市横枝岗 1 街 3 巷×号房屋的产权共有人，现我们夫妇决定自愿将上述房屋全间全部无偿赠与饶某祥，产权归饶某祥所有；将来有关上述赠与房屋的一切权利义务均由受赠人饶某祥负责，与我夫妇无关等。赠与人处盖有刘某安、钟某英私章。同日，广

东省公证处出具（92）粤公证内字第1887号公证书，证明饶某祥于当日来到该处，在《受赠书》上签字，表示自愿接受赠与。

因越秀区人民法院于2011年4月2日以（2009）越法执字第6018号恢字1-2号执行裁定书查封了刘某安名下的涉案横枝岗一街三巷×号房屋，饶某祥向越秀区人民法院提出执行异议称：该房屋是饶某祥于1992年5月向刘某安购买，已付价款68万元，因宅基地使用证不能在房管部门办理转名手续，故饶某祥与两被告一起前往公证处办理了赠与公证，该房屋应属饶某祥所有，请求法院解除对该房屋的查封。2013年12月16日，越秀区人民法院作出（2009）越法执外异字第6018号恢字1-1号执行裁定书。载明刘某安称在1992年曾承诺给饶某祥使用异议房屋20年，到期收回，谈好的价格是70万元，但饶某祥只给了65万元等；最终裁定驳回饶某祥的执行异议。饶某祥不服该裁定，向越秀区人民法院提起执行异议之诉，要求判决撤销（2009）越法执外异字第6018号恢字1-1号执行裁定书及确认该房屋为饶某祥所有、停止对该房屋的执行。该案审理过程中，饶某祥及刘某安确认1992年办完赠与公证后涉案房屋已交付饶某祥，刘某安称房屋只是给饶某祥使用，收到饶某祥的房屋使用费60万元等。越秀区人民法院审理后作出（2014）穗越法民三初字第338号民事判决书，判决驳回饶某祥的全部诉讼请求。判后，饶某祥提起上诉。广州市中级人民法院于2015年1月7日作出（2014）穗中法民五终字第4874号民事判决书。判决认为：首先，饶某祥承认其与刘某安、钟某英关于涉案房屋的关系是名为赠与，实为买卖，但饶某祥未能提供购买协议原件及付款凭证原件，刘某安、钟某英对于买卖

事实亦均予以否认，饶某祥主张购买了涉案房屋的证据不足；其次，宅基地属于农民集体所有，饶某祥承认其并非涉案房屋所在地农村集体经济组织成员，故依法不得对涉案房屋进行买卖，其在主张与刘某安、钟某英就涉案房屋的关系属于买卖的同时，又以涉案房屋不能过户为由要求刘某安、钟某英办理赠与公证，可见饶某祥对其并非涉案房屋的适格受让主体，不能进行买卖交易的法律后果是清楚知悉的。因此，原判认为饶某祥的诉讼请求不能支持，其行为产生的法律后果应由其自行承担正确等。最终判决驳回上诉，维持原判。

2015 年 9 月 16 日，饶某祥向越秀区人民法院起诉，请求判决：确认饶某祥对广州市登峰街横枝岗一街三巷×号房屋的用益物权合法有效。周某清明确，其诉讼请求提出的用益物权是指占有、使用和收益三项权利，不是土地承包经营权、建设用地使用权、宅基地使用权或地役权。另，刘某安于 2015 年 11 月 11 日过世，根据经公证的继承书，其子承继其在本案的权利义务。

【案件焦点】

在物权法定原则下，确认之诉能否要求确认种类物权。

【法院裁判要旨】

广东省广州市越秀区人民法院经审理认为：首先，用益物权是物权分类的一种，并非一项具体的物权，不同的用益物权所对应的权利义务内容并不完全相同，饶某祥要求确认其对涉案不动产享有某一种类的物权属诉讼请求不明确。其次，饶某祥进一步陈述其要求确认的用益物权是指占有、使用、收益三项权利。《中华人民共和

国物权法》第一百一十七条规定，用益物权人对他人所有的不动产或者动产，依法享有占有、使用和收益的权利。该条款是对用益物权人基本权利方面的规定。占有、使用和收益权是物权项下的部分权能，但占有、使用、收益权本身不能当然等同于物权，其权利来源也可能基于物权或者债权。本案中，无论饶某祥基于其所称的买卖合同关系，还是基于刘某安、钟某英所述的以支付价款换取房屋使用权的实质上的租赁合同关系，饶某祥均仅能享有相应债权，而非物权。因此，饶某祥要求确认其对涉案房屋享有用益物权缺乏事实和法律依据，不予支持。至于刘某安认为本案属重复诉讼的意见，因饶某祥在（2014）穗越法民三初字第338号案中诉讼请求为要求判决撤销（2009）越法执外异字第6018号恢字1-1号执行裁定书及确认涉案房屋为饶某祥所有、停止对该房屋的执行，而本案诉讼请求为要求确认其对涉案房屋享有用益物权，且明确该用益物权并非指宅基地使用权，故两案诉讼请求并不相同，不构成重复诉讼。

广州市越秀区人民法院依照《中华人民共和国物权法》第五条、第九条、第一百一十七条之规定，判决如下：

驳回饶某祥的诉讼请求。

饶某祥不服原审判决，提起上诉。广州市中级人民法院经审理认为：饶某祥与刘某安、钟某英之间就案涉房屋是赠与关系还是买卖关系、其他关系，当事人之间存在争议。饶某祥依据《赠与书》主张其对案涉房屋享有合法的用益物权。《赠与书》的约定是刘某安、钟某英将案涉房屋全部赠与饶某祥且明确产权归饶某祥所有，并非约定将用益物权转让给饶某祥。生效判决已认定饶某祥对其并非案涉房屋的适格受让主体的法律后果是清楚知悉的，且在生效判决已驳回了饶某祥要求确认案涉房屋归其所有的诉讼请求之后，饶

某祥在本案中主张确认其依据《赠与书》取得了案涉房屋的用益物权且上述用益物权的取得符合法律规定，理据不充分，不予采纳。饶某祥提供的《房屋转让协议》是复印件，不足以证明饶某祥的主张。至于案涉房屋是否通过饶某祥拆建及扩大面积等，不是本案的审理范围，对此不予审理。综上所述，经审查原审判决并无不当，予以维持。

广州市中级人民法院依照《中华人民共和国民事诉讼法》第一百七十条第一款第一项的规定，判决如下：

驳回上诉，维持原判。

【法官后语】

从表面上看，本案案情简单，只是饶某祥要求确认其对涉案房屋享有物权，但从法理的角度来看，本案涉及一个极为常见且极具争议性的法律问题，即在确认之诉中，能否要求确认无法律明确定义的“无名物权”。

原《中华人民共和国物权法》第五条规定：“物权的种类和内容，由法律规定。”现《中华人民共和国民法典》第一百一十六条也规定：“物权的种类和内容，由法律规定。”上述法律规定是我国民法典物权编确立物权法定原则的具体性规定。物权法定分为物权的种类法定和物权的内容法定，物权种类法定指的是物权的大种类，即“完全抽象化物权”的属物权和物权的子种类，亦即“具体类型化物权”的种物权。[①] 属物权在我国物权法上规定有所有权、用益物权和担保物权三大类，种物权则包括建筑物区分所有权、相邻权、

---

① 刘正峰：《论无名物权的物权法保护——从对物权法定原则的检讨展开》，载《法商研究》2006 年第 2 期。

宅基地使用权等在内的各项具体的子种类物权。而物权的内容法定指的是当事人不得创设与法律规定的内容不同的物权，如不转移占有的质权，与法律规定的质权内容不同，不受我国物权法的保护。

物权中的用益物权和担保物权被称为他物权。他物权实际上是对他人所有物之支配关系的物权化，物权化的支配关系与客观存在的物之支配关系存在种类上的悬殊，未物权化的物之支配关系不具有物权效力，不受物权法保护。理论界所称无名物权指的是无名用益物权。

本案中，饶某祥明确其诉讼请求提出的用益物权是指占有、使用和收益三项权利，不是土地承包经营权、建设用地使用权、宅基地使用权、居住权或地役权。从上文分析观点理解饶某祥的意见，可知其想通过偷换概念表示要求确认其具有对涉案房屋的用益物权的属物权的权利，即具有对涉案房屋的占有、使用、收益的权利，而并非该涉案房屋用益物权的子种类物权，即宅基地使用权，其真正意思是想创设一种具有用益物权属物权性质的无名子种类物权。

那么，在司法实务中，如何把握该类无名物权的问题，面对无名用益物权，裁判者是应驳回该类确认无名物权的诉求，还是对其进行相应的保护。首先，物权法定原则是大陆法系国家确认的一项重要的物权原则，该原则具有十分重要的作用，它的对世性有效降低了交易成本，为物权交易提供安全与便捷的制度价值，对我国物权法的体系建立起到了制度性和框架性的作用。在交易日益发达的今天，各种新类型的物权交易和利用的方式、手段层出不穷。从物权法的角度来看，首先，如果对个人创设无名物权予以肯定的话，势必会导致各种各样新类型“无名物权”的出现，也会导致物权交易及使用出现紊乱局面，弊大于利。退一步讲，在现阶段，对该类

“无名物权”的救济途径，虽不能通过确认之诉请求确认物权，但可以依据债法寻求保护。其次，禁止个人创设物权并不意味着法律不能创设物权，法律完全可以根据新的社会需要创设新的物权种类，既能在一定程度上克服法律滞后性的弊端，又能坚持物权法定基本原则。如我国民法典在物权编中增设了“居住权”，在立法层面上实现了所有权的多样化发展，保障“住有所居”的必然性，实现为弱势群体的保障兜底，民法典设立“居住权”就是通过立法对物权法定原则进行完善的重要体现。

编写人：广东省广州市越秀区人民法院　杜轶群　梁涛

165 当事人之间是否具有特定的身份关系是认定其财产约定法律性质的前提

——张某某诉张某华共有权确认案

【案件基本信息】

1. 裁判书字号

北京市第一中级人民法院（2015）一中民终字第 2508 号民事判决书

2. 案由：共有权确认纠纷

3. 当事人

原告（被上诉人）：张某某

被告（上诉人）：张某华

【基本案情】

张某华与周某某系母子关系，周某某于2012年12月29日病故，生前未留有遗嘱。周某某在世时未登记结婚且无子女。

2004年5月22日，电影制片厂作为甲方，周某某作为乙方签订了《房屋买卖契约》，约定周某某购买北京市海淀区北三环中路77号17号楼×层×门904室（以下简称904号房屋）。付款收据显示交款人为周某某。同年8月5日，周某某取得该房屋的房屋所有权证书。2013年4月25日，北京市方圆公证处出具（2013）京方圆内民证字第04255号公证书，张某华于同年取得904号房屋的房屋所有权证书。现该房屋由张某某占有、使用。

诉讼中，张某某提交落款日期为2005年10月29日，署名为周某某的《财产约定》一份，内容为："登记在本人名下位于北京市海淀区北三环中路77号17号楼×层×门904号房屋以及本人名下在北京君安证券营业部资金账号为00003×××的股票，系我与张某某的共同财产，各拥有50%的财产份额，特此约定。立约人：周某某2005.10.29"。对于上述《财产约定》，张某华不予认可，并申请进行笔迹鉴定。经法院委托北京明正司法鉴定中心鉴定，该中心于2013年11月14日出具京正［2013］司文鉴字第272号司法鉴定意见书，鉴定结论意见为："落款日期为'2005.10.29'的《财产约定》上立约人处的'周某某2005.10.29'手写字迹与所提供的样本字迹是同一人所书写。"

【案件焦点】

对同居关系、事实婚姻关系等特定身份关系的认定标准以及基于不同身份关系产生的财产约定的法律性质和判断标准。

【法院裁判要旨】

北京市海淀区人民法院经审理认为：张某某和张某华之子周某某系同居关系，根据张某某提交的《财产约定》，周某某生前同意其所有的904号房屋有一半产权归张某某，对此法院认为该约定不违反有关法律法规规定，应属有效。周某某去世后，作为唯一的法定继承人即其母亲张某华将房屋变更登记到自己名下，但该房屋依然有一半的所有权应当属于张某某所有。

北京市海淀区人民法院依照《中华人民共和国民法通则》第五条、第七十一条之规定，作出如下判决：

现登记在张某华名下的904号房屋归张某华、张某某共同所有，各占有1/2所有权。

张某华持其在原审的意见提起上诉。北京市第一中级人民法院经审理认为：依据本案现有证据及举证责任的分配原则，对于张某某主张的其与周某某存在同居关系一节，法院不予采信。法院亦无法认定双方存在事实婚姻关系。原审法院对于双方身份关系的认定，证据不足，法院予以纠正。对负有举证证明责任的当事人提供的证据，人民法院经审查并结合相关事实，确信待证事实的存在具有高度可能性的，应当认定该事实存在。依据现有证据，法院依法确认《财产约定》的真实性。张某某根据《财产约定》要求直接取得标的物的所有权，缺乏法律依据，法院不予支持。

北京市第一中级人民法院依照《中华人民共和国物权法》第九条、第十七条，《中华人民共和国婚姻法》第十九条，《最高人民法院关于适用〈中华人民共和国婚姻法〉若干问题的解释（一）》第五条，《中华人民共和国民事诉讼法》第一百七十条第一款第二项，《最高人民法院关于适用〈中华人民共和国民事诉讼法〉的解释》

第九十条、第九十一条、第一百零八条之规定，作出如下判决：

一、撤销北京市海淀区人民法院（2013）海民初字第18801号民事判决；

二、驳回张某某的诉讼请求。

【法官后语】

1. 关于本案中特定身份关系的认定标准

审判实践中，对于同居关系的认定标准并无明确的法律规定。本案中，现有证据无法证明张某某与周某某在对内关系方面存在长期、稳定、共同生活的目的并已形成事实上的紧密生活共同体。在对外关系方面，二审审理期间虽经法院心证释明，但张某某未能举证证明其与周某某在一定社会关系范围内使人们确信二人以夫妻名义已建立起较为稳定的共同体。故，张某某作为主张同居关系成立的一方，并未完成其关于存在同居关系的证明责任。

2. 关于涉案《财产约定》的法律性质及其判断标准

本案中，首先，依据已查明的事实，904号房屋系周某某生前所购房屋，属于其个人财产。《财产约定》中关于周某某、张某某对904号房屋各拥有50%的财产份额之内容，系周某某生前作出的将904号房屋50%的份额给予张某某的意思表示。其次，周某某作为履行给付义务的一方，在客观上并未从张某某一方获取对价或经济利益，该行为具备无偿性。通观《财产约定》的内容及文意可以认定周某某只是单方面存在义务，而并不享有对应的权利，双方未形成对待给付关系，该行为亦具备单务性。最后，虽然《财产约定》仅有周某某签字确认，但是张某某持有《财产约定》原件，并通过诉讼方式以自己的行为明确表示接受，双方就上述诺成性合同已达成合意。因此，本案情形符合合同法规定的赠与合同的法律构成要件。

3. 人民法院能否依据《财产约定》直接确认904号房屋的所有权

在市场经济社会，各种交易或行为都有可能涉及和发生物权的变动。所谓物权的变动，是指物权的设立、变更、转让和消灭。物权的变动可以分为基于法律行为的物权变动和非基于法律行为的物权变动。前者是当事人基于合意或者其他法律行为，并在进行一定的公示后，完成一定的物权变动。这种合意是依法律行为变动物权的基础，是当事人之间就是否设定物权以及物权的内容等方面达成一致的意思表示。在物权变动过程中，当事人往往要订立有关的合同。例如，通过订立房屋买卖合同而发生房屋所有权转移，亦如赠与合同因继续履行而产生的房屋所有权变动。该种涉及物权变动内容的合同，属于合同关系，应当由合同法加以调整。当事人应当依据合同法律关系主张权利，即要求相对方履行合同义务，协助完成物权变动。对于当事人依据合同法律关系直接提起物权确认之诉的，人民法院应不予支持。

具体到本案中，《中华人民共和国婚姻法》第十九条①规定，夫妻可以约定婚姻关系存续期间所得的财产以及婚前财产归各自所有、共同所有或部分各自所有、部分共同所有。约定应当采用书面形式。夫妻对婚姻关系存续期间所得的财产以及婚前财产的约定，对双方具有约束力。上述法律对于夫妻约定财产制作出了明确规定，而夫妻约定财产制可以直接产生物权变动的效力。本案中，首先，夫妻财产约定制在主体方面要求缔约双方系夫妻身份。张某某、周某某

① 对应现行《中华人民共和国民法典》第一千零六十五条。

未登记结婚，亦不存在事实婚姻关系，双方并不具备合法的夫妻身份。其次，夫妻财产约定制在形式方面系一种双方民事法律行为，即夫妻双方对财产关系所达成的书面要式约定。而涉案《财产约定》只有周某某签字，其本身仅系单方民事法律行为，并非双方民事法律行为。因此，该约定不符合夫妻约定财产制的法律构成要件，进而不具备直接发生物权变动之效力。张某某根据《财产约定》要求直接取得标的物的所有权，缺乏法律依据。本案一审判决在未明确《财产约定》法律性质的基础上，直接对涉案房屋所有权进行了物权确认，适用法律存在错误。本案二审法院正确认定了本案的请求权基础，并对上述适用法律错误之处予以纠正。

编写人：北京市第一中级人民法院　柳适思

166　离婚后一方使用原配偶工龄优惠所购房改房能否认定为夫妻共有财产

——刘某某诉王某某共有权确认案

【案件基本信息】

1. 裁判书字号

北京市第一中级人民法院（2015）一中民终字第02514号民事判决书

2. 案由：共有权确认纠纷

3. 当事人

原告（被上诉人）：刘某某

被告（上诉人）：王某某

【基本案情】

刘某某、王某某原系夫妻关系，二人于1984年5月登记结婚。1987年4月，刘某某、王某某由被告单位分配承租位于北京市石景山区模式口南里××栋××6号房屋（以下简称涉案房屋），王某某为涉案房屋的承租人。1993年8月，刘某某、王某某经法院调解离婚，但并未对涉案房屋进行处理。

1995年12月，王某某作为购房人申请以标准价购买涉案房屋，在申请表中购房人情况载明姓名王某某，工作单位某钢总医院，参加工作时间1971年1月12日，某钢工作时间1981年12月；爱人情况载明姓名刘某某，工作单位某钢生委福利委，参加工作时间1974年4月。

经售房单位某钢总公司同意购房后，王某某按标准价购买涉案房屋，购房标准价为23576.76元。关于房价计算方式，《单位出售公有住房房价计算表》载明购房人姓名王某某；工龄：男方22年，女方25年；标准价710元，年工龄折扣率0.6%。售价计算公式为：标准价购房的实际价格=｛［标准价×（1-年工龄折扣率×夫妇工龄和）×（1-调节因素之和）×（本套楼房建筑面积+阳台面积×系数）+装修设备价］×（1-已竣工年限×1.5%）-负担价×现住房折扣率×（本套楼房住房面积+阳台面积）｝×1.04。

自1995年12月28日至1999年6月21日，王某某分五次向售房单位交纳房价款共计23576.76元。

2000年1月，王某某以购房人身份参加某钢职工二次购买公有住宅楼房，按成本价购买涉案房屋，并补交房价款12542.24元。在申请二次购房过程中，王某某填写并提交的2000年2月29

日《购房人家庭住房情况登记表》配偶姓名一栏为刘某某；在2001年1月19日《购房房价款更正表》中显示王某某购买涉案房屋应付房价款36119元，已付房价款36119元；工龄：男22年，女27年。

2009年5月6日，涉案房屋办理了所有权登记，所有权证书登记的房屋所有权人为王某某，共有情况为单独所有，房屋性质为房改房（成本价）。

2000年，王某某起诉刘某某，要求刘某某腾退涉案房屋。法院经审理后作出（2000）石民初字第753号民事判决书，其中认定1995年王某某购房时使用了刘某某的工龄补贴，并认为刘某某参与了涉案房屋的购买，刘某某与王某某对涉案房屋享有同等的权利，因此判决驳回了王某某的诉讼请求。现该民事判决书已生效。

另查：2012年11月6日，王某某与案外人宋某波签订房屋买卖合同及补充协议，约定王某某以总价1195000元的价格将涉案房屋出售于宋某波。同年12月5日，涉案房屋所有权转移登记至宋某波名下。后因房屋买卖合同纠纷，王某某起诉宋某波，要求解除双方的房屋买卖合同及补充协议，恢复房屋所有权登记，并要求宋某波支付违约金。法院经审理后作出（2013）石民初字第3064号民事判决书，判决解除王某某与宋某波的房屋买卖合同及补充协议，宋某波协助王某某恢复涉案房屋所有权登记至王某某名下。一审判决后宋某波不服提出上诉，北京市第一中级人民法院经审理作出（2014）一中民终字第1500号民事判决书，判决驳回上诉，维持原判。

2014年6月9日，涉案房屋所有权恢复登记至王某某名下。房屋所有权人载明为王某某，共有情况：单独所有，房屋性质：房改房（成本价）。

【案件焦点】

婚姻关系存续期间夫妻一方承租，离婚后一方使用双方工龄优惠单方出资购买并登记在自己名下的房改房是属于一方个人房产还是夫妻共有财产。

【法院裁判要旨】

北京市石景山区人民法院经审理认为：涉案房屋现虽登记于王某某名下，但因该房屋的性质系房改房，其所有权的归属应结合涉案房屋的取得过程进行全面的分析。

首先，涉案房屋原系某钢总公司单位公房，刘某某、王某某均系某钢总公司下属单位的工作人员，基于该特殊的身份关系，刘某某、王某某在婚姻关系存续期间取得了涉案房屋的公房承租权，由于本案系《中华人民共和国民法典》（以下简称《民法典》）施行前的法律事实引起的民事纠纷案件，根据《中华人民共和国婚姻法》的相关规定，刘某某、王某某对该房屋享有同等的居住使用权。而在刘某某、王某某于1993年经法院调解离婚时并未对涉案房屋进行处理，故刘某某、王某某对涉案房屋共同的财产性权益仍应得以延续。

其次，王某某于1995年、2000年先后以标准价、成本价申请购买涉案房屋，交纳购房款并取得房屋所有权证书。虽然房价款均由王某某出资，但根据售房单位的相应登记文件以及房价计算表，涉案房屋的房价款是在享受了王某某和刘某某二人的工龄优惠折扣的情况下计算得出的。由此可以认定，刘某某以其工龄参与了对涉案房屋的购买。

基于以上分析，涉案房屋所有权是在刘某某、王某某对该房屋的共同财产权益基础上，享受二人共同的工龄优惠折扣，由王某某进行货币出资而取得的。该过程应视为刘某某、王某某对涉案房屋进行了共同的财产性投入，故涉案房屋应由王某某与刘某某共同共有。

北京市石景山区人民法院依照《中华人民共和国婚姻法》第十七条，《中华人民共和国物权法》第九十三条之规定，判决：

确认涉案房屋由刘某某和王某某共同共有。

王某某持原审起诉意见提起上诉。北京市第一中级人民法院经审理认为：涉案房屋是王某某在与刘某某的婚姻关系存续期间取得的承租公房，二人对此房屋均享有使用权。王某某与刘某某离婚诉讼时本应对房屋的使用权作出处理，因二人均未提出相应的诉讼请求，法院未予处理，故离婚后王某某与刘某某对涉案房屋仍然享有相同的使用权。此后，王某某先后于1995年、2000年以标准价、成本价购买涉案房屋，交纳购房款并取得房屋所有权证书，虽然房价款由王某某交纳，但房价是在享受了王某某和刘某某二人的工龄优惠折扣的情况下计算得出的，故刘某某是以其工龄参与了涉案房屋的购买。因涉案房屋的所有权是在刘某某、王某某对该房屋的共同财产权益基础上，享受二人共同的工龄优惠折扣，由王某某出资而取得的，故涉案房屋应由王某某与刘某某共同共有。

北京市第一中级人民法院依照《中华人民共和国民事诉讼法》第一百七十条第一款第一项之规定，判决：

驳回上诉，维持原判。

【法官后语】

随着我国住房制度改革的进一步深化，现阶段职工购买公房已成为普遍现象。但是，随着房屋价格不断攀升，作为计划经济体制下福利性质公有住房的价值不断提高，实践中涉房改房离婚财产归属及分割等问题引发的新类型案件日益增多。由于法律及相关司法解释对房改房在婚前及婚后权属性质及分割问题未有明确规定，购买房改房时，对工龄优惠是“财产性权利”还是“政策性补贴”在实务中存在较大认识分歧，由此对房屋权属性质及分割可能会产生不同的结果。

本案争议焦点问题就是，婚姻存续期间夫妻一方承租，离婚后一方使用双方工龄优惠单方出资购买并登记在自己名下的房改房权属认定问题。对该问题的处理，法学理论界和司法实践中存在认识和处理上的分歧。

第一种意见认为：购买的房改房系折合夫妻双方工龄所购买的福利房，工龄优惠属于一种政策性补贴，而非财产或财产权益，故涉案房屋应属王某某个人财产，而非夫妻共同财产。

第二种意见认为：涉案房屋系王某某自其单位承租的公房，单位将该房改房出售给王某某时，使用并计算了刘某某的工龄，鉴于工龄具备人们认可的经济价值，属于财产性利益，故涉案房屋属于双方共同出资购买，应属原夫妻共有财产。

第三种意见认为：工龄优惠虽具有财产利益性质，但不能以使用工龄购买就直接认定为原夫妻双方共有财产，从而导致房屋性质的改变，应当通过计算确定因使用工龄而减少的费用，作为析产的依据。

从上述针对同一问题的不同处理意见可以看出，准确认定工龄优惠的性质及作用，成为妥善解决涉房改房这一特殊类型房屋权属确认及分割纠纷的首要问题。

1. 对房改房中使用配偶工龄优惠折扣的性质分析

房改房又称已购公有住房，是指根据国家现行房改政策的有关规定，单位将原公房通过优惠的方式出售给已经承租或使用该房屋的职工，职工享有部分产权或全部产权的居住用房。[①] 购买实行房改政策的公有住房，房屋出售及价格受到国家房改政策的调整。房改房一般会折算夫妻双方的工龄，其房价工龄折扣是以夫妻双方的工龄来计算的。按照《国务院关于深化城镇住房制度改革的决定》[②]，职工按成本价购买公有住房，每个职工个人（单身）或家庭只能享受一次，职工购买已住公有住房的，售房单位应根据购房职工建立住房公积金制度前的工龄给予工龄折扣；每年折扣数额，按抵交价除以65（男职工35、女职工30年）计算，离退休职工购房计算工龄折扣时间，按国家规定的退休年龄计算，还要综合考虑购买者职务、工龄、年龄等因素，有其自身福利补助性和政策优惠双重性。[③]

房改后，购房人可以取得已承租公房部分或全部产权。因此，购买房改房的职工，在购房时可以依据政策以本人及其配偶的工龄折扣冲抵房款。公民死亡以后，与其具有配偶身份关系的人，若在

---

① 最高人民法院民事审判第一庭编：《最高人民法院婚姻法司法解释（三）的理解与适用》，人民法院出版社2011年版，第188页。

② 该文件已于2016年被《国务院关于宣布失效一批国务院文件的决定》（国发〔2016〕38号）宣布失效。

③ 最高人民法院民事审判第一庭编：《最高人民法院婚姻法司法解释（二）的理解与适用》，人民法院出版社2015年版，第219页。

购房时尚未再婚，可将死者工龄计入折扣工龄。关于工龄优惠的性质，目前实务界倾向性观点认为，工龄优惠具备人们认可的经济价值，是一种财产性利益，具有财产权利的性质。

夫妻按照房改房政策购买的已承租公有住房，其售价中包含了夫妻双方工龄折扣等福利待遇，该工龄优惠可计算并转化为具体的财产性利益。可见，工龄优惠完全符合财产或财产权益的本质属性，具备人们认可的经济价值，可通过相应计算确定具体的数额及在整个购房款中的比例，应当认为其属于财产性利益，完全符合财产或者财产权益的本质属性。[①] 当该财产利益遭受侵害时，权利人可以通过请求损害赔偿等途径获得救济。

2. 使用配偶工龄优惠所购房改房权利归属的认定

本案系《民法典》施行前的法律事实引起的民事纠纷案件，适用《中华人民共和国婚姻法》（以下简称《婚姻法》）及《中华人民共和国物权法》（以下简称《物权法》）相关规定。对于《民法典》施行后此类购买公房行为引起的涉房改房离婚财产归属及分割等问题，则应当适用《民法典》的相关规定。由于《民法典》施行后，《婚姻法》及《物权法》同时废止，相关规定被《民法典》吸收，故本篇结合《民法典》相关规定进行讨论。

就使用配偶工龄优惠购买房改房问题来看，工龄优惠虽具有财产权益性质，但从购买房改房福利和优惠政策性质上看，亦带有浓厚的“人身”属性。当夫妻或近亲属因工龄优惠等就房改房权属产生争议时，应结合《民法典》的规定，并结合当事人之间的身份关

---

① 北京市第一中级人民法院课题组（主持人孙国鸣，负责人张晓霞，执笔人李军、杨磊、刘福春、钟家正）：《关于离婚诉讼中涉城市房产疑难问题的调研报告（下）》，载《北京审判》2015 年第 9 期。

系、不同种类工龄优惠性质、房款出资比例等因素综合进行认定分析。

(1) 对利用已死亡配偶生前工龄优惠所购公房权属的认定

我国《民法典》婚姻家庭编规定的夫妻财产以共有制为基础，除夫妻个人特有财产和夫妻另有约定外，夫妻双方或一方在婚姻关系存续期间取得的财产，归夫妻共同所有。因此，婚姻关系存续期间工龄折算作为夫妻间特有的财产权益，理应属于夫妻共有财产。但对于使用已故配偶工龄优惠所购公房能否作为认定房屋权属的依据，要结合《民法典》物权编和婚姻家庭编相关规定进行分析。根据《民法典》第一千零六十二条规定，夫妻在婚姻关系存续期间所得的财产归夫妻共同所有，婚姻关系存续期间始于结婚登记，终结于配偶一方或双方死亡或者办理离婚登记。在夫妻一方死亡后，夫妻关系因一方死亡而自然终止，另一方在购买房改房或者其他形式的不动产时，即使使用了已故配偶的工龄优惠补贴，因房产并非夫妻关系存续期间购买取得，故不宜认定为夫妻共同财产，应视为个人财产。另，根据《民法典》物权编规定，不动产物权的设立、变更、转让和消灭，应当依照法律规定登记。夫妻一方死亡时，房改尚未开始，健在方购买、签订合同、付款及取得物权登记等行为均发生在配偶死亡后，故难以认定是原夫妻共同财产。至于使用已故配偶的工龄优惠补贴购买的房改房，该工龄优惠可以折算成房款，依据《民法典》继承编通过析产继承方式处理。

(2) 对婚姻关系存续期间使用配偶工龄优惠所购房改房权属的认定

《最高人民法院关于适用〈中华人民共和国民法典〉婚姻家庭编的解释（一）》第二十七条规定，由一方婚前承租、婚后用共同财产购买的房屋，登记在一方名下的，应当认定为夫妻共同财产。这是对婚姻存续期间，用共同财产购买的由夫妻一方婚前承租的房屋归属问题的规定。据此，对婚前一方承租，只要婚姻关系存续期间购房时折算了配偶双方的工龄补贴，不管是以个人财产购买，还是以共同财产购买，均应认定是以夫妻共同出资购买的共有房屋。在离婚分割时，可以综合考虑房屋来源以及双方贡献大小及婚前、婚后工龄长短等情况因素确定各自份额的比例。

（3）对婚姻存续期间一方承租离婚后使用原配偶工龄优惠所购公房权属的认定

鉴于公有住房承租权也是一种具有财产价值的财产权，在婚姻法中亦具有财产性权益性质。[①] 故夫妻关系存续期间，以夫妻一方名义申请分配承租的公房，应视为另一方当然享有的福利，夫妻双方对承租的公房均应享有居住使用的权利。[②] 离婚时法院可以对该公房使用权作出相应处理。但是，对于离婚时没有分割处理的公房，双方仍均享有居住使用的权利。离婚后一方虽以个人财产购买并取得所有权登记，但仍不能剥夺原配偶对该房屋所享有的居住使用权益。离婚后一方虽使用个人财产购买，但如果仍使用了原配偶工龄优惠的，应视为双方在共同享有使用权益基础上，以原夫妻共同财产出资购买，应属于原夫妻共有财产。但是，在处理离婚后财产分割纠纷时，应综合考虑房屋承租权取得时间、房屋来源、出资比例、婚

① 王成：《直管公房使用权相关问题研究——以物权法为视角》，载《北京审判》2011 年第 9 期。

② 北京市石景山法院调研课题组（主持人陈石磊，执笔人李君梅、张英周）：《关于公有住房案件纠纷法律适用问题的调查研究》，载“北京审判”微信公众号 2016 年 2 月 3 日。

前婚后工龄折算长短、双方的贡献大小等因素，依据公平原则进行分割处理，避免机械地一律均等分割份额比例，从而违背公平原则导致利益的失衡。

编写人：北京市石景山区人民法院　张英周　卢丹

167 婚姻关系存续期间，夫妻一方请求分割共同财产的法律适用

——刘某兰诉柯某赏共有案

【案件基本信息】

1. 裁判书字号

福建省厦门市中级人民法院（2015）厦民终字第1690号民事判决书

2. 案由：共有纠纷

3. 当事人

原告（被上诉人）：刘某兰

被告（上诉人）：柯某赏

【基本案情】

刘某兰与柯某水于2007年5月28日登记结婚。2007年7月13日因夫妻投靠，刘某兰将本人及其女刘某某的户籍由江西省赣州市大余县樟斗镇下垄矿区21幢×号迁移至福建省厦门市同安区新民镇梧侣村大社里5××号。

2010年5月24日，柯某水填报《厦门市同安区城市规划区个人建房申请表》申请建房。根据该表显示，柯某水所申请拟建住

宅位置为新民镇梧侣村委会大社自然村，四至范围为东至柯某林申请地、西至柯某想申请地、南至柯某阳申请地、北至柯某义申请地，占地面积90平方米，房屋3层，建筑面积270平方米。厦门市同安区规划主管部门、国土资源主管部门、人民政府未在该表作出审核意见。后柯某水和柯某赏共同出资建盖了址于厦门市同安区新民镇梧侣村大社里5××号的房屋（以下简称5××号房屋）。但截止至刘某兰起诉之日，该房屋之建房申请尚未得到厦门市同安区规划主管部门、国土资源主管部门、人民政府审核准许，也未取得《福建省村镇个人住宅建设许可证》和《集体土地用地使用证》。

2012年11月5日，柯某水与詹某满签订《房屋出租合同》一份，双方就5××号房屋出租事宜进行约定，使用面积1200平方米，租赁期限为5年，自2012年11月18日起至2017年11月17日止；月租金14000元，交纳方式为两月付。同日，柯某水与侯德辉签订《房屋出租合同》一份，双方就5××号房屋出租事宜进行约定，使用面积160平方米，租赁期限为5年，自2012年3月17日起将房屋交付使用，至2017年3月16日止；月租金4000元，交纳方式为季度付。

柯某水的儿子柯某赏自2013年3月起开始接管自建房，截止至2014年8月，柯某赏共获取租金收益人民币221978元。

2013年6月6日和7月7日，柯某水先后两次向5××号房屋的承租人收取租金计20600元。

【案件焦点】

刘某兰是否有权以分割共有财产为由向柯某赏主张获取柯某赏

接管5××号房屋期间租金收益25%的份额。

【法院裁判要旨】

福建省厦门市同安区人民法院经审理，刘某兰主张5××号房屋属刘某兰、柯某水与柯某赏共有，刘某兰、柯某水共同拥有50%的份额，柯某赏拥有50%的份额。对此，柯某赏主张5××号房屋属柯某水与柯某赏共有，柯某水与柯某赏各有50%的份额。根据《中华人民共和国物权法》第九十三条、第九十四条、第九十五条的规定，不动产或者动产可以由两个以上单位、个人共有。共有包括按份共有和共同共有。按份共有人对共有的不动产或者动产按照其份额享有所有权。共同共有人对共有的不动产或者动产共同享有所有权。本案中，刘某兰与柯某水结婚的时间早于柯某水填报《厦门市同安区城市规划区个人建房申请表》进行建房的时间，根据《中华人民共和国婚姻法》第十七条规定，"夫妻在婚姻关系存续期间所得的下列财产，归夫妻共同所有：（一）工资、奖金；（二）生产、经营的收益；（三）知识产权的收益；（四）继承或赠与所得的财产，但本法第十八条第三项规定的除外；（五）其他应当归共同所有的财产。夫妻对共同所有的财产，有平等的处理权。"故本案讼争的自建房屋属刘某兰与柯某水夫妻共同财产。至于刘某兰、柯某水与柯某赏所有的份额，刘某兰、柯某赏认同柯某赏所有的份额为50%，故刘某兰与柯某水作为夫妻对自建房屋共有50%的份额。因柯某水所填报的《厦门市同安区城市规划区个人建房申请表》尚未得到厦门市同安区规划主管部门、国土资源主管部门、人民政府审核准许，也未取得《福建省村镇个人住宅建设许可证》和《集体土地用地使用证》，涉案自建房屋也未取得厦门市同安区新民镇梧侣村大社里5××

号之门牌。根据《中华人民共和国物权法》第九条规定“不动产物权的设立、变更、转让和消灭，经依法登记，发生效力；未经登记，不发生效力，但法律另有规定的除外。”故，法院依法对5××号房屋的权属情况不予处理，刘某兰可待取得《福建省村镇个人住宅建设许可证》和《集体土地用地使用证》后再主张房屋的共有份额。至于租金收益问题，柯某赏主张按投资比例分配并提出其对自建房屋的投资比例超过三分之二，但并未提供相应的证据予以证明，故法院对于柯某赏之抗辩不予认可。刘某兰主张按柯某赏于2013年3月起至2014年6月期间所获取租金的50%作为刘某兰、柯某水夫妻共同财产进行分配，并主张刘某兰所应获得的份额为租金的25%。根据《最高人民法院关于适用〈中华人民共和国婚姻法〉若干问题的解释（三）》第四条规定：“婚姻关系存续期间，夫妻一方请求分割共同财产的，人民法院不予支持，但有下列重大理由且不损害债权人利益的除外：（一）一方有隐藏、转移、变卖、毁损、挥霍夫妻共同财产或者伪造夫妻共同债务等严重损害夫妻共同财产利益行为的；（二）一方负有法定扶养义务的人患重大疾病需要医治，另一方不同意支付相关医疗费用的。”虽柯某水明确放弃对柯某赏主张租金收益，但刘某兰举证证明柯某水因建房需要向刘某兰的侄女林蓉借款人民币150000元并约定借款利息为月利率1%，符合存在有重大理由且不损害债权人利益的分割夫妻共同财产的情况，刘某兰主张自身应获得25%份额的租金，法院依法支持。因柯某赏自2013年3月起至2014年8月共获取租金收益人民币221978元，以及柯某水在柯某赏接管自建房后另行向房客收取租金20600元。综上，刘某兰以分割共有财产为由向柯某赏主张获取自2013年3月起开始接管自建房至2014年6月期间租金收益25%份额为（221978+20600）×

25%=60644.5元，扣除柯某水收取的20600元，故刘某兰可获取的租金收益为40044.5元。据此，依照《中华人民共和国物权法》第九条、第九十三条、第九十四条、第九十五条，《中华人民共和国婚姻法》第十七条，《最高人民法院关于适用〈中华人民共和国婚姻法〉若干问题的解释（三）》第四条，《中华人民共和国民事诉讼法》第六十四条之规定，判决如下：

一、柯某赏应于本判决生效之日起三日内向刘某兰支付人民币40044.5元及利息（利息自2014年7月24日起算至本判决确定的付款之日止，按中国人民银行同期同类贷款利率计付）；

二、驳回刘某兰的其他诉讼请求。

柯某赏不服法院判决，提起上诉。福建省厦门市中级人民法院审理认为：首先，讼争房屋系柯某水与柯某赏共同出资兴建，而兴建讼争房屋的时间系在柯某水与刘某兰结婚之后，故讼争房屋部分份额属于柯某水与刘某兰夫妻共同财产。刘某兰与柯某赏在原审审理过程中均认为，柯某赏享有讼争房屋50%的份额，原审判决据此认定刘某兰与柯某水作为夫妻对讼争房屋享有50%的份额，并无不妥。柯某赏上诉称，其应按投资比例享有讼争房屋收益的70%，但未提供足够证据证明，不应予以支持。其次，虽然柯某水放弃对柯某赏主张分配租金收益的权利，但刘某兰作为夫妻财产的共有人，主张其中一半的份额，并无不妥。双方对讼争房屋租金收益金额并无异议，原审判决柯某赏支付刘某兰25%的租金收益正确，应予维持。再次，讼争房屋的兴建需要成本，在出租管理过程中，也需要一定的费用，柯某赏主张该费用亦应由双方共同负担，符合法律规定。但由于柯某赏未提起反诉，而查明该事实亦需要其他案外人参与诉讼，故双方可另行解决。综上，柯某赏的上诉请求没有法律依据，不予支持。原审判决认定事实清楚，适用法律正确，应予维持。依照《中华人民共和国民事诉讼法》第一百七十条第一款第一项的规定，判决如下：

驳回上诉，维持原判。

【法官后语】

1. 共同共有与按份共有

根据《中华人民共和国物权法》第九十三条、第九十四条、第九十五条①的规定，按份共有人对共有的不动产或者动产按照其份额享有所有权，共同共有人对共有的不动产或者动产共同享有所有权。共同共有的核心在于共同关系，按份共有的核心在于对共有物的利用；共同共有包含身份关系和财产关系两项内容，按份共有仅是财产关系；共同共有以共同关系的存在为前提，共同关系贯穿共同共有的始终，按份共有不以共同关系的存在为必要条件，共有人之间的关系相对比较分散。正是因为共同关系这一特定身份关系的存在，构成了共同共有与按份共有在理论、制度设计和规则适用等方面一系列的差异，共同关系以及以此为中心的区别也构成了共同共有与按份共有的本质区别。

2. 夫妻共有、家庭共有与共同共有

夫妻共有财产是典型的共同共有形式，也是实务中最普遍的共同共有类型。我国实行法定的夫妻共同财产制。《中华人民共和国婚姻法》第十七条②以及相关司法解释规定，除法律规定或双方另有

① 对应现行《中华人民共和国民法典》第二百九十七条、第二百九十八条、第二百九十九条。

② 对应现行《中华人民共和国民法典》第一千零六十二条。

约定外，在婚姻关系存续期间所得的财产，归夫妻共同所有，包括：工资、奖金；生产、经营的收益；知识产权所得收益；继承或赠与所得的财产，但遗嘱或赠与合同确定只归夫或妻一方的财产除外；其他应当归夫妻双方共同共有的财产。《中华人民共和国婚姻法》第十九条[①]规定，夫妻双方可以对婚姻关系存续期间所得的财产及婚前财产的归属进行约定，约定为各自所有、共同所有或者部分各自所有、部分共同所有。确定夫妻财产的属性，有约定的按照约定，没有约定的实行法定，即夫妻共同所有。根据上述规定，在夫妻关系存续期间，夫妻双方所得的财产在没有约定的情况下，归夫妻双方共同所有，形成共同共有状态。夫妻双方对夫妻共有财产享有平等的占有、使用、收益和处分的权利，并且承担平等的义务，在处分共有财产时须双方协商一致。夫妻共同共有关系以夫妻关系的缔结作为前提条件。一旦婚姻关系消灭，如双方离婚或一方死亡，作为共同共有基础的婚姻关系终止，导致共同共有随之终止，随即产生对夫妻共有财产的分割。因此，夫妻共有财产是典型的共同共有。

家庭共有财产，是指家庭成员在家庭共同生活期间共同创造、共同所得，用于维持家庭成员共同生产、生活的财产。家庭共有财产不同于家庭财产，家庭财产是家庭成员共同所有和各自所有的财产总和，家庭财产的范围大于家庭共有财产。区分二者的意义在于，家庭成员分家析产时，一般只能就家庭成员的共有财产进行分割，因家庭经营而产生对外债务时，一般也只能以家庭共有财产来清偿债务。家庭共有财产以家庭共同生活关系的存在为前提，以维持家庭成员共同生产生活为目的，家庭共同生活关系终止，则有可能引

---

① 对应现行《中华人民共和国民法典》第一千零六十五条。

起家庭共有财产的分割。家庭共有财产的来源主要是家庭成员在共同生活期间的劳动所得和收入，其主体并非每一个家庭成员，而是对家庭共有财产的形成做出贡献的家庭成员，家庭成员对家庭共有财产，均享有平等的权利，承担相同的义务。本案中，除刘某兰、柯某水与柯某赏外，其他家庭成员未证明其对自建房屋做出贡献，故不能认定为涉案自建房屋的共同共有人。

3. 夫妻一方请求分割共同财产的处理

根据《最高人民法院关于适用〈中华人民共和国婚姻法〉若干问题的解释（三）》第四条①规定："婚姻关系存续期间，夫妻一方请求分割共同财产的，人民法院不予支持，但有下列重大理由且不损害债权人利益的除外：（一）一方有隐藏、转移、变卖、毁损、挥霍夫妻共同财产或者伪造夫妻共同债务等严重损害夫妻共同财产利益行为的；（二）一方负有法定扶养义务的人患重大疾病需要医治，另一方不同意支付相关医疗费用的。"夫妻双方对夫妻共有财产享有平等的占有、使用、收益和处分的权利，并且承担平等的义务，在处分共有财产时须双方协商一致。本案中，柯某水明确放弃对柯某赏主张租金收益，但刘某兰举证证明柯某水因建房需要向他人借款人民币15万元并约定借款利息为月利率1%，符合存在有重大理由且不损害债权人利益的分割夫妻共同财产的情况，刘某兰主张自身应获得25%份额的租金，依法应予支持。

编写人：福建省厦门市同安区人民法院　施纯在

---

① 对应现行《中华人民共和国民法典》第一千零六十六条。

168 业主临时公约的效力认定

——胡某林等诉房地产公司、物业公司业主共有权案

【案件基本信息】

1. 裁判书字号

重庆市第二中级人民法院（2014）渝二中法民终字第00413号民事判决书

2. 案由：业主共有权纠纷

3. 当事人

原告（被上诉人）：胡某林等100位业主

被告（上诉人）：房地产公司

被告：物业公司

【基本案情】

房地产公司开发的黄金花园商住小区中，B1栋形成封闭小区，实际业主有127户。2007年2月，房地产公司在办理房屋预售许可时，将B1栋正一层住宅入口右侧信报间改为物业管理用房的申请得到审批同意。次年3月和9月，房地产公司与前期物业公司签订《前期物业服务合同》和补充协议时，均约定涉案商住楼的物业管理用房为70平方米，位于B1栋入口大厅左、右侧，并就上述内容向房地产管理所报送承诺书存档备案。B1栋商住楼对外销售时，《商品房买卖合同书》载明“本项目的物业管理用房为10平方米”。同时期，房地产公司拟定的《业主临时公约》载明物业管理用房位于B1栋入口大厅左、右侧，面积70平方米。

该《业主临时公约》已交业主签字承诺遵守。至本案起诉之日，房地产公司交付的物业管理用房为B1栋正一层住宅入口右侧信报间，面积10平方米。房地产公司于2009年取得B1栋大厅入口左侧设计平面图中标识为办公区域房屋的房地产权证，建筑面积314.63平方米、套内建筑面积248.46平方米，并于同年将该房屋以每年38000元出租他人至2017年。

原告要求二被告足额提供物业管理用房，支付占用物业管理用房的租金、利息并赔偿损失。房地产公司辩称，其按商品房买卖合同约定向物业公司移交物业管理用房10平方米，现原告以《业主临时公约》和行政审批登记资料要求移交114.33平方米的物业管理用房，没有合同根据，且已超过诉讼时效。物业公司辩称，其多次要求房地产公司提供足额物业管理用房，对本案不应承担责任。

【案件焦点】

开发商与业主、物业公司签订的体现业主集体意志的《业主临时公约》的效力范围及其与体现个别意志的《房屋买卖合同》的效力位阶孰高。

【法院裁判要旨】

重庆市忠县人民法院经审理认为：国务院《物业管理条例》规定，物业管理用房属于全体业主共同所有，由开发商在建设中无偿提供。本案中《商品房买卖合同书》虽约定物业管理用房为10平方米，但在开发商拟定并由业主承诺遵守的《业主临时公约》中约定物业管理用房为70平方米。公约内容应视为对《商品房买卖合同书》关于物业管理用房面积的变更，各方均应当遵照执行。同时，《重庆市物业管理条例》规定物业管理用房由建设单位按照不低于房屋建筑总面积3‰且不少于50平方米的标准无偿配置，《业主临时公约》约定的面积不违反强制规定，故原告主张物业管理用房70平方米，被告房地产公司应该补足。B1楼和小区其他建筑非事实上统一的物业管理区域，原告并非A2栋业主，同时，A2栋对面平房44.33平方米在实际建设中，故对原告要求被告补足A2栋物业管理用房面积不予支持。

原告主张因房地产公司将应当提供的物业用房出租他人，谋取利益，要求房地产公司返还出租利益以及利息，请求合法，法院予以支持。根据房地产公司实际出租面积和应补足物管用房面积的比例，参照房地产公司实际租金收取情况，其每年应返还业主的租金为38000元/314.63平方米×60平方米=7246元。该租金的支付期限自租金收取之日计算至本判决确定的物管用房实际交付之日，不足一年按月份计算，并按照中国人民银行同期存款利率支付利息。原告主张因要求给付物管用房相关人员的误工工资问题，法院认为系原告业主主张权利的必要开支，且原告没有确切证据证明误工时间和误工费标准，故不予支持。

本案系物权纠纷中的业主共有权纠纷，且物业管理涉及公共利益和社会稳定，故对房地产公司关于诉讼时效的主张不予支持。

重庆市忠县人民法院根据《中华人民共和国物权法》第七十三条、《最高人民法院关于审理建筑区分所有权纠纷案件具体应用法律若干问题的解释》第十四条的规定，作出如下判决：

一、房地产公司在本判决生效后三十日内，在黄金花园左侧入口方向往里分割出建筑面积60平方米的物业管理用房给黄金花园商住楼业主；

二、房地产公司在本判决生效后三十日内，向黄金花园商住楼业主按每年（不足一年的，按月计算）7246 元返还自 2009 年 9 月 1 日起到物业管理用房交付之日的租金，并自每年 9 月 1 日起按照中国人民银行同期存款基准利率支付利息；

三、驳回原告其他诉讼请求。

房地产公司持原审主张提起上诉，重庆市第二中级人民法院经审理认为，《最高人民法院关于审理建筑物区分所有权纠纷案件具体应用法律若干问题的解释》第十四条规定：建设单位或者其他行为人擅自占用、处分业主共有部分、改变其使用功能或者进行经营性活动，权利人请求排除妨害、恢复原状、确认处分行为无效或者赔偿损失的，人民法院应予支持。属于前款所称擅自进行经营性活动的情形，权利人请求行为人将扣除合理成本之后的受益用于补充专项维修资金或者业主共同决定的其他用途的，人民法院应予支持。行为人对成本的支出及其合理性承担举证责任。本案中，原告因为物管用房面积不足与房地产公司进行诉讼，符合上述条款中规定的建筑物区分所有权引起的纠纷，一审定性准确，房地产公司认为本案是商品房买卖合同纠纷的上诉理由不成立。本案中起诉的业主虽然不是全部业主，但其请求中所享受的利益给予全体业主，因此本案中没有漏列当事人，房地产公司认为漏列当事人的上诉理由不能成立。房地产公司与全体业主签订的《业主临时公约》，应当视为商品房买卖合同的附件，对双方均有约束力，虽然合同中约定物业用房为 10 平方米，但在临时公约中，双方对此进行了变更，物管用房为 70 平方米，双方均应遵守约定，房地产公司称一审法院变更了商品房买卖合同的上诉理由不成立。本案是基于业主共有权的纠纷，不是债权纠纷，且业主接房时间各异，没有超过诉讼时效，房地产公司称本案已经超过时效的上诉理由不成立。《重庆市物业管理条例》虽然是地方性法规，双方均愿意遵守，并没有与法律相冲突，房地产公司称依照该条例签订的《业主临时公约》不应遵守的上诉理由不成立。业主在成立业主委员会后，并没有就物业管理用房面积与房地产公司进行新的约定，《业主临时公约》中约定的物管用房面积对双方继续有效，房地产公司称新的业主大会执行新的管理公约后临时公约作废的上诉理由不成立。综上，房地产公司的上诉请求及理由均不成立。

一审认定事实清楚，定性准确，适用法律正确。

重庆市第二中级人民法院根据《中华人民共和国民事诉讼法》第一百七十条第一款第一项之规定，作出如下判决：

驳回上诉，维持原判。

【法官后语】

物业管理用房和设施属于商业小区建筑物区分所有权共有部分，开发建设单位应当配置物业管理用房和相关设施并须满足法定面积或标准，遵守诚实信用原则。当《商品房买卖合同》与《业主临时公约》对物业管理用房或设施约定的内容不一致时，鉴于当事人地位的不平等、临时公约的章程性以及相关法律法规规定等因素，应当以《业主临时公约》中关于物业管理用房和设施配备约定为最低标准。

1. 开发商与物业公司、业主的地位具有不对等性

从形式上看，开发商与物业公司、业主的民事法律地位平等，实质在卖方市场，开发商有着团队支撑、法律政策和资源信息优势

等不均衡的优势地位。同时，业主个体在签订购房合同时，容易忽略物业管理用房及设施等共有部分的约定。开发商往往出于逐利的目的，对商品房主管部门和业主提供“阴阳”物业合同条款，实质上减少或者侵占了业主区分所有权的共有部分。在司法实践中，人民法院应当平衡三方利益，充分保护业主等弱势群体的合法权益。

2.《业主临时公约》具有普适性

《业主临时公约》是《业主公约》签订前的过渡性公约，其效力具有普适性，及于开发商、物业企业、业主和所有实际物业被服务人。《业主临时公约》地域效力及于小区物业管理区域，特别是其中约定的物业管理用房及公共设施部分，除依法产生新的公约发生变更外，任何人不得擅自变更或违反约定，否则应承担相应的法律后果。

3.《业主临时公约》具有效力至上性

《业主临时公约》的效力至上性体现在法律规定和集体意志表现两个方面。《物业管理条例》第九条第二款规定，“物业管理区域的划分应当考虑物业的共用设施设备、建筑物规模、社区建设等因素，具体办法由省、自治区、直辖市制定”。从而将物业区域划分授予省级以上人大，开发商依照地方条例拟定的《业主临时公约》实质是公法干预的结果，效力当然高于私权的约定。另外，《业主临时公约》虽为开发商制定，但体现的是包括开发商这一特殊业主在内的全体业主的意志，虽是过渡性的公约，但不影响其管理规约的本质，其内容具有章程性质，是调整开发商、物业企业和所有业主在物业管理和使用中的基本准则，具有最高效力。根据《物业管理条例》第十七条第三款之规定，管理规约对全体业主具有约束力。《业主临时公约》这种临时管理规约既然具有集体意志性，那么其效力当然高于业主个别人的意志，仅体现个别意志的《房屋买卖合同》不能对抗体现集体意志的临时公约，故不能因此否决公约中关于物业管理和使用约定的效力。

综上，《业主临时公约》由法律法规规定并经当事人认可，具有一定的强制性，其关于物业用房约定的效力高于《房屋买卖合同》，《业主临时公约》与《房屋买卖合同》应当是集体合同与个人合同的关系，因此，《房屋买卖合同》中低于公约中物业条件标准的约定应无效。但是，法律并不反对开发商与个人签订的《商品房买卖合同》作出高于条例规定或公约约定的物业标准的协议。

编写人：重庆市忠县人民法院　邹德胜

169　对借用户口套取拆迁补偿款的处理

——黄甲诉黄某宝、奚某香共有案

【案件基本信息】

1. 裁判书字号

广西壮族自治区南宁市中级人民法院（2014）南市少民终字第66号民事判决书

2. 案由：共有纠纷

3. 当事人

原告（上诉人）：黄甲

被告（被上诉人）：黄某宝、奚某香

【基本案情】

黄甲、第三人黄乙及黄丙系同胞姐妹，其父母于2003年离婚，母亲韦某凤改嫁，父亲黄某寨与第三人黄某芳再婚并生育一子。黄某寨于2004年去世。黄甲姐妹三人的户籍于2006年迁入祖母奚某香的名下。黄某寨与黄某宝、黄某定为同胞兄弟。2009年，生产队的集体土地被征收，黄某宝三兄弟（三家）共分得征地补偿款45万元，其中4万余元用于母亲奚某香缴纳养老保险，三兄弟各分得10万余元，黄某寨的份额由第三人黄某芳及其子、黄甲、黄乙、黄丙五人均分。2010年，黄某宝与胞妹第三人黄某爱在宅基地共同出资建造房屋（建筑面积838.9平方米）。2013年，该房屋因政府工程项目被拆迁，根据《南宁市人民政府关于“项目建设年”集体土地房屋拆迁补偿安置工作有关问题的通知》规定：建设用地审批、规划用地许可和报建手续不全的房屋，对被拆迁家庭安置人口按人均80平方米给予补偿。因黄某宝与黄某爱两家合计6人，按人均80平方米计算，离拆迁房屋面积838.9平方米尚有较大缺口，为获得更多补偿款及安置人口过渡补助费，黄某宝、黄某爱及其母亲奚某香共同向南宁市土地储备中心出具虚假的承诺书及授权委托书，将没有出资建造房屋的奚某香列为房屋所有权人之一，并将其户籍下的黄某芳、黄甲、黄乙、黄丙4人列入被拆迁家庭安置人口（奚某香此前已安置），加上黄某宝与黄某爱两家6人，安置人口合计10人。同年8月26日，南宁市良庆区房屋征收补偿和征地拆迁办公室将该房屋的补偿款1356261元汇入黄某宝的银行账户。黄甲认为该房屋有2009年所分征地补偿款中其父亲应得份额15万元作为出资，其三姐妹均应属于该房屋的共有人，补偿款应按安置人口平均分割，其应该享有10%即135626元。黄某宝与黄某爱认为该房屋是二人共同出资建造，且是在黄甲的父亲黄某寨去世之后所建，黄甲一家并未出资，与黄甲无关，黄某宝才是被拆迁人，因此黄甲无权分割补偿款。

【案件焦点】

黄甲是否属于被拆迁房屋的共有人，其是否有权分割拆迁补偿款。

【法院裁判要旨】

广西壮族自治区南宁市良庆区人民法院经审理认为：拆迁补偿是指拆迁人对被拆除房屋的所有人，依照《国有土地上房屋征收与补偿条例》的规定给予的补偿。

房屋拆迁补偿款是支付给房屋的所有权人及其户籍下的家庭成员的补偿。本案被拆迁的房屋是黄某宝、黄某爱兄妹二人共同出资建造，黄甲无充分证据证明其与祖母奚某香亦有出资。黄某宝与黄某爱为了多领取补偿款，向南宁市土地储备中心出具虚假的《承诺书》，不能因此证明奚某香为被拆迁房屋的共有人，奚某香户籍下的人口不应列入安置人口数。根据规定，仅能按照人均 80 平方米予以补偿，超出部分原则上不予补偿、补助，但在被拆迁人承诺并按期腾空房屋交付拆除的前提下，可按南国土资发〔2005〕1 号文件规定的标准给予材料费补助。黄某宝与黄某爱两家共 6 人，应当按照人口数 6 人予以补偿，奚某香户籍名下的黄某芳与黄甲三姐妹共四人的补偿款属于违法补偿，应当由有关部门予以追缴。

广西壮族自治区南宁市良庆区人民法院依照《中华人民共和国物权法》第九十三条、第九十四条，《中华人民共和国民事诉讼法》第一百四十四条之规定，判决如下：

驳回黄甲的诉讼请求。

黄甲不服提起上诉。南宁市中级人民法院经审理认为：黄甲之所以作为安置对象是因为其系祖母奚某香户籍下人口，而奚某香又是作为涉案被拆迁房屋的出资人而享有该权利，故黄甲的权利衍生自奚某香。现黄某宝否认奚某香对该房屋有出资，奚某香亦认可该事实，而黄甲又未能提供充分证据证实自己及奚某香共同出资。黄甲另提出该房屋宅基地有其父亲黄某寨的份额，但对此未能提供证据证实。黄某宝、黄某爱、奚某香承认其三人向拆迁机构所作的承诺目的是多领取补偿费用，黄某宝等三人为多领取补偿款而向第三方做虚假承诺，不是合法处分自己权利，与“意思自治原则”有本质区别。一审法院未采信拆迁协议书、承诺书等证据并无不当。关于黄甲二审提交的南宁市良庆区拆迁办复函问题，法院认为，行政机关依据行政管理法规、程序认定的事实并不当然成为人民法院审理民事案件的依据，如该事实产生的原因行为违法，其后衍生的权利亦不符合法律规定，因此该复函不足以证明黄甲是涉案拆迁房屋安置对象及享有补偿款分割权利。奚某香户籍名下的黄某芳、黄甲、黄乙、黄丙四人的补偿款属于违法补偿，应当由有关部门予以追缴。

南宁市中级人民法院依照《中华人民共和国民事诉讼法》第一百七十条第一款第一项之规定，判决如下：

驳回上诉，维持原判。

【法官后语】

根据2009年4月9日颁发的南府发〔2009〕37号文件《南宁市人民政府关于“项目建设年”集体土地房屋拆迁补偿安置工作有关问题的通知》的规定，被拆迁人持有合法有效的用地、建房批准证件等证明材料的，对认定合法的住宅房屋建筑面积，按规定的补偿标准予以补偿。建设用地审批、规划用地许可和报建手续不全的房屋（以下简称手续不全房屋），对被拆迁人家庭安置人口人均80平方米以内的住宅建筑面积，按规定的补偿标准予以补助；人均住宅建筑面积超出80平方米以上的部分，原则上不予补偿、补助，但在被拆迁人承诺并按期腾空房屋交付拆除的前提下，可按规定给予材料费补助。建设用地审批、规划用地许可和报建手续均未办理的房屋(以下简称无手续房屋)，对被拆迁人家庭安置人口人均80平方米以内的住宅建筑面积，按规定的补偿标准的80%给予补助；人均住宅建筑面积超出80平方米的部分，原则上不予补助，但在被拆迁人承诺并按期腾空房屋交付拆除的前提下，可按规定的标准给予材料费补助。

本案所涉纠纷既有一定的普遍性，又兼具地方特色。产生此类纠纷的根源是对于手续不全房屋和无手续房屋，不能依据住宅建筑面积全部计算补偿，而是要结合其人口数，在规定的人均面积内计算补助，超过人均面积的部分不予补助。一些手续不全或无手续房屋多达四五层，而家庭人口只有几口人，其人均建筑面积远远超过80平方米，为了将人均面积控制在80平方米以内，达到多领取补偿款的目的，从而采取“借人头”的方式来套取补偿款。拆迁部门往往把关不严，只要属于本集体组织的户口，被拆迁人只要出具承诺书，即可将同属于本集体组织的他人列入被拆迁房屋的安置人口。

审理此类案件的重点是要查清房屋实际归谁所有，由谁出资建造。如果是由两家以上共同建造，应当有充分的证据证实其有出资，不能仅以提交给征地拆迁部门的承诺书为依据。

此案并非个别现象，将本不属于自己家庭户口的他人列入房屋共有人，虚增安置人口数，从而降低房屋人均建筑面积达到套取国家拆迁补偿款的目的。这种违法行为应当坚决予以制止和打击，法院将向政府相关部门发送司法建议书，建议对征地拆迁安置人口的户籍从严审查，严防套取国家征地拆迁补偿款，对于已经套取的，一经查实应当予以追缴。

编写人：广西壮族自治区南宁市良庆区人民法院　谢志强

三、用益物权纠纷

（一）土地承包经营权纠纷

1. 土地承包经营权确认纠纷

170 依法成立的土地经营权流转合同，承包方不得单方解除

——曹某成等诉占某周土地承包经营权互换案

【案件基本信息】

1. 裁判书字号

广东省茂名市中级人民法院（2019）粤09民终1745号民事判决书

2. 案由：土地承包经营权互换纠纷

3. 当事人

原告（上诉人）：曹某成、张某娟、曹某生、曹某珍

被告（被上诉人）：占某周

【基本案情】

曹某成、张某娟、曹某生与占某周均是高州市云潭镇某村委会某村村民，曹某成、张某娟是夫妻关系，曹某成、曹某生、曹某珍（女）是曹某业的儿子、女儿，曹某珍于1992年结婚入户于云潭镇新农村委会且取得了应有的土地承包权。曹某业于2019年5月14日去世。

2003年1月10日，曹某业与占某周在高州市某司法所工作人员吴某喜的见证下签订《对田合约》，并加盖高州市某司法所的印章，但未署日期。对《田合约签》订后，曹某业与占某周交还责任田并耕作至今，占某周将该责任田的土地经营权变更至其名下，并于2004年领取该责任田的土地承包经营权证。曹某业将对换所得陈坑垌责任田出租给电站使用，并收取租金至纠纷前。曹某成等人认为《对田合约》没有实际履行，占某周一直占用其的责任田使用，没有按照《对田合约》的约定将其位于陈坑垌责任田对换给其使用，占某周的行为是违约行为。曹某成等人诉至法院，请求法院确认《对田合约》无效，后变更诉讼请求，请求判令解除曹某业与占某周签订的《对田合约》，并判令占某周返还位于门口垌的责任田0.33亩，协助曹某成等人将0.33亩的土地承包经营权变更登记到其名下。

另，根据曹某成等人和占某周双方的土地承包经营权登记表的登记情况，曹某业的土地承包经营权证内没有登记对换陈坑垌的责任水田0.45亩，占某周的土地承包经营权证内登记有对换圩头垌的责任水田0.45亩。占某周称圩头垌即门口垌，曹某成等人承认占某周承包经营权证所载的圩头垌0.45亩责任水田实际上是曹某业位于门口垌的0.45亩责任水田。

【案件焦点】

1. 曹某业与占某周签订的《对田合约》是否有效；2.《对田合约》是否全部履行、是否应解除。

【法院裁判要旨】

广东省高州市人民法院经审理认为：根据《中华人民共和国农村土地承包法》第三条、第三十二条、第四十条，《中华人民共和国合同法》第四十九条的规定，曹某成、张某娟、曹某生对诉争的土地享有平等的处分权。曹某珍在2002年之前已外嫁并迁出户口，且在夫家取得了相应的土地承包权，因此，曹某珍无权就诉讼案主张权利。曹某业与占某周于2003年签订《对田合约》时，曹某业为户主。因此，曹某业签订《对田合约》的行为可视为其家庭成员之间对诉争土地使用所作的一种安排。占某周有理由相信签订的《对田合约》是曹某业家庭成员的共同意见，曹某业对换诉争土地的行为构成表见代理，该对换诉争土地的《对田合约》应当视为双方当事人的真实意思表示，没有违反法律、行政法规的强制性规定，是合法有效的协议，对各方当事人具有法律约束力。曹某成、张某娟、曹某生不得以不知情诉争农田已经互换等为由对抗占某周。

双方签订的《对田合约》已经实际履行，双方对换土地后各自使用、管理、处分对换而来的土地至今。理由有：（1）占某周经营对换而来的土地至今，且已在2004年领取土地承包经营权证；（2）曹某成、张某娟、曹某生的父亲曹某业处分对换而来的土地给电站使用并收租至2013年，有电站及某村的证明佐证；（3）曹某业及曹某成、张某娟、曹某生在2014年才提出异议。曹某成、张某娟、曹某生和占某周未能提供充足的证据证实涉案的《对田合约》具有《中华人民共和国合同法》第五十二条合同无效的情形，该协议应认定为有效，且已经履行完毕，占某周不必向曹某成、张某娟、曹某生返还位于门口垌的0.33亩责任田。因此，对曹某成、张某娟、曹某生的诉讼请求不予支持。

广东省高州市人民法院依照《中华人民共和国农村土地承包法》第三条、第三十二条、第四十条、《中华人民共和国合同法》第四十九条、第五十二条，《中华人民共和国民事诉讼法》第二百零七条第一款的规定，作出如下判决：

驳回原告曹某成、张某娟、曹某珍、曹某生的诉讼请求。

曹某成、张某娟、曹某珍、曹某生不服一审判决，提起上诉。广东省茂名市中级人民法院认同一审法院的裁判意见，判决：

驳回上诉，维持原判。

【法官后语】

根据《中华人民共和国农村土地承包法》第三条第二款“农村土地承包采取农村集体经济组织内部的家庭承包方式……”和第十六条第一款“家庭承包的承包方是本集体经济组织的农户”的规定，农村承包地采取家庭承包方式，土地承包经营权的承包方是农户，而非集体成员个人，承包合同上签字的农户代表人所进行的处分，对全体家庭成员具有约束力，其处分行为有效。其他家庭成员处分的，由于家庭成员之间具有亲属关系的特殊性，一般应当认定构成表见代理，该处分有效。但有证据表明相对人知道或应当知道行为人无权处分的除外。土地承包经营权互换是同一集体经济组织的承包方之间就属于同一经济集体经济组织的土地承包经营权的互换，互换后，当事人可以要求办理农村土地承包经营权证变更登记手续。土地承包经营权互换合同依法成立即生效，除明确约定互换期限的合同或当事人另行约定外，互换行为的效力应当及于整个剩余承包期间。承包方之间对不属于同一集体经济组织的土地承包经营权进行互换，应当认定无效。但互换系不改变土地承包经营权权属的互换耕种除外。依法成立的土地经营权流转合同，具有法律效力，当事人均应履行约定的义务，不得单方擅自解除。除非存在合同约定或法定的事由，否则不可解除土地经营权流转合同。《中华人民共和国农村土地承包法》第四十二条规定了可以单方解除土地经营权流转合同的情形，其中受让方的严重违约行为，包括擅自改变土地农业用途、弃耕抛荒连续两年以上、给土地造成严重损害或者严重破坏土地生态环境、其他严重违约行为。《关于引导农村土地经营权有序流转发展农业适度规模经营的意见》指出，土地经营权流转不得改变土地用途、不得破坏农业综合生产能力和农业生态环境。本条规定强调了这些严重违约行为发生时，应以受让方的违约行为导致合同目的不能实现为前提，承包方才可以行使单方解除权。判决解除合同应当根据合同目标和违约形态，结合违约部分的价值占整个合同金额的比例、违约部分对合同目标实现的影响程度、时间因素对合同目标的影响程度以及违约后果、损害能否得到修补等因素综合判断。同时，解除权也应当在合理期限内行使。

就本案而言，曹某业作为户主与占某周签订的互换土地协议，是以户代表对承包地所进行的处分，对全体家庭成员具有约束力，其处分行为有效。土地互换后，占某周办理农村土地承包经营权证变更登记手续。曹某业虽没有办理变更土地承包经营权证，但曹某业将土地出租，《对田合约》履行完毕并互换使用了10多年，在占某周不存在其他严重违约行为的情况下，曹某生、曹某成、张某娟、曹某珍请求解除《对田合约》，不应得到支持。

城市近郊因涉及修建公路等其他建设问题，无论耕地还是宅基地都已经较为稀缺，经济意识催生了更多矛盾，本案就是其中的典型代表。交易或流转的状态达到一定程度的稳定后，不应再被打破。

否则，有违诚实信用原则，也将造成社会成本的浪费。本案裁判后，原被告互换土地的效果将得以维持，一方面，能够鼓励当地农村土体承包经营权合法流转；另一方面，可以促使当事人能合法、合理地发挥主观能动性利用土地创造更大的价值，实现诚实信用原则对市场交易活动的指引，实现民法典既鼓励、维护交易，追求社会资源的优化配置，又坚持公平、正义的价值追求。

编写人：广东省茂名市中级人民法院　李艳

171　确定违约损害赔偿数额应遵循可预见性规则和减损规则

——韩某明诉某村委会农村土地承包合同案

【案件基本信息】

1. 裁判书字号

北京市第三中级人民法院（2020）京03民终3987号民事判决书

2. 案由：农村土地承包合同纠纷

3. 当事人

原告（被上诉人）：韩某明

被告（上诉人）：某村委会

【基本案情】

2003年1月1日，某村委会与韩某明签订《承租土地合同》，约定将位于某村东沟南侧13.5亩土地租给韩某明用于建活水养鱼池；承租土地每亩300元，每年一付；合同期限为20年，自2003

年1月1日至2023年1月1日。合同签订后，韩某明建设了鱼池等，经营鲟鱼养殖，并履行了合同约定的义务。

2016年6月16日，某村委会向韩某明送达《终止合同的决定》，载明因自然环境变化，地表水位下降，原《承租土地合同》中约定的水源供给条件已经丧失。经某村委会研究、村民代表讨论同意，决定终止合同。限韩某明于十五日内将承租土地内全部养殖物自行转移。同年7月1日，某村委会在韩某明承包鱼池的东大门外挖了深坑，后在鱼池的北墙外挖了长距离深沟。

某资产评估公司对涉案资产价值进行评估，评估值为2911800元，对经营渔场一年经营期的鲟鱼价值及未来五年半经营期的鲟鱼价值进行评估，评估值分别为2273600元和6107300元，合计8380900元。

【案件焦点】

1. 在合同未约定具体违约损害赔偿数额或计算方式的情况下，韩某明当年经营期的鲟鱼直接损失及合同未到期的预期经营损失如何计算；2. 涉案评估报告能否采信。

【法院裁判要旨】

北京市平谷区人民法院经审理认为：因某村委会违约，致使韩某明难以继续经营，某村委会应承担违约责任。韩某明要求某村委会赔偿其当年经营期的鲟鱼直接损失及合同未到期的预期经营损失，于法有据，法院予以支持，具体金额参照评估报告结论确定。

北京市平谷区人民法院依照《中华人民共和国合同法》第八条、第九十七条、第一百零七条规定，判决如下：

一、某村委会于本判决生效后三十日内赔偿原告韩某明鲟鱼损失及合同未到期的经营鲟鱼的收益损失 8380900 元；

二、韩某明于本判决生效后三十日内将其承租的某村东沟南侧土地腾退返还某村委会；

三、驳回原告韩某明的其他诉讼请求。

某村委会不服一审判决，提出上诉。北京市第三中级人民法院经审理认为：第一，关于确定违约损害赔偿数额应遵循违约损害赔偿的可预见性规则和减损规则。某村委会订约时所能预见的仅是一般农村池塘养鱼的鱼类产量、销售收入等情况，鲟鱼这种特殊鱼类养殖数量和收益金额均超出了某村委会的预见范围。韩某明在涉案鱼池不能养鱼后，未积极寻求其他经营场所和机会，只是依靠损害赔偿弥补后续损失有悖诚信原则。第二，关于涉案评估报告能否采信。涉案评估报告以书籍和网站的理论数据作为核算基数，得出的鲟鱼年产量与韩某明主动申报、有权机关批准的年产量相差极大，且韩某明陈述前后不一，涉案渔场无任何财务资料留存严重有悖常理，故该评估报告证明力高度存疑，对其结论不予采信。第三，关于具体赔偿数额。依据可预见性规则，参照韩某明在有权机关报批的鲟鱼年产量等信息，酌定鲟鱼年产量为 60 吨。依据减损规则，参考韩某明所称从养鱼场建造到销售获利需要 1 年半到 2 年周期的陈述，再加上当年直接损失，酌予支持其 3 年半经营期的收益损失。

北京市第三中级人民法院依照《中华人民共和国合同法》第六十条、第一百零七条、第一百一十三条第一款、第一百一十九条，《中华人民共和国民事诉讼法》第一百七十条第一款第二项之规定，判决如下：

一、维持一审民事判决第二项；

二、撤销一审民事判决第一项、第三项；

三、某村委会于本判决生效后十日内赔偿韩某明损失共计294万元；

四、驳回韩某明的其他诉讼请求。

【法官后语】

赔偿损失是违约责任的主要承担方式，但是对于违约损害赔偿数额如何确定，本案裁判认为，应当根据有关法律规定，遵循违约损害赔偿的可预见性规则和减损规则，根据案件具体情况，采用合理核算方法，确定具体赔偿金额。

一、可预见性规则

《中华人民共和国合同法》第一百一十三条及《中华人民共和国民法典》第五百八十四条规定了可预见性规则，违约方仅对其在订约时能够预见到的损失对守约方承担赔偿责任，对其不可预见的损失不承担赔偿责任。违约损害赔偿制度的根本目的在于限制因违约产生的赔偿责任的无限扩大，不仅要保护守约方的利益，还要兼顾社会公平，故法律将这种赔偿限制在当事人能够预见的合理范围内。在具体适用这一规则时，需注意预见主体应为违约方、预见时间是在订立合同时等基本要件，除此之外还应当坚持判断的客观标准，以一般理性人标准为原则，要结合个案主体身份特殊性、合同性质、合同对价等因素综合考量违约方在订约时可以预见的损失范围。

二、减损规则

《中华人民共和国合同法》第一百九十一条及《中华人民共和国民法典》第五百九十一条规定了减损规则，当事人一方违约后，对方应当采取适当措施防止损失的扩大；没有采取适当措施致使损失扩大的，不得就扩大的损失请求赔偿。违约方主张减损规则，法院应从以下四个方面审查其主张是否成立，违约方的违约行为导致了损害的发生：受损害方对损害的发生没有过错；受损害方未采取合理措施造成了损失扩大的后果；受损害方对损失的扩大有过失；扩大的损失与受损害方未及时采取合理的、适当的措施之间存在因果关系。

就本案而言，关于涉案评估报告能否采信问题，适用鉴定评估报告时也应当遵循违约损害赔偿的可预见性规则和减损规则，结合案件其他事实及证据对鉴定评估结论作出认定。一般情况下，评估机构应当参照涉案企业历年的财务资料、收支明细、税务缴纳等有关情况核算产量。但本案中的评估报告仅采用书籍和网站上的理论数据作为产量核算基数，并非基于客观事实，所得出的产量与当事人主动申报、有权机关批准的产量相差极大，故本案对该评估结论未予采信。

司法实践中，确定具体赔偿数额主要有合同约定法、类比参照法、估算裁量法三种核定方法。本案中，由于涉案合同并未约定违约赔偿的具体数额，也未约定违约赔偿的具体方法，故无法采用合同约定法；如果采用类比参照法，那么就应该以涉案渔场既往年份的收益状况作为参照，来推断其以后年份可能的预期收益，但是韩某明一方明确表示渔场没有既往年份的收益资料，故该方法亦无法使用；此种情况下，本案最终采用估算裁量法核定具体赔偿数额。

编写人：北京市平谷区人民法院　刘东遥

172 农村土地承包经营权由承包户内成员共同共有不可分割

——卢某明诉卢某和、郎某莲土地承包经营权确认案

【案件基本信息】

1. 裁判书字号

北京市第一中级人民法院（2020）京01民终362号民事判决书

2. 案由：土地承包经营权确认纠纷

3. 当事人

原告（被上诉人）：卢某明

被告（上诉人）：卢某和、郎某莲

【基本案情】

卢某明向一审法院提出诉讼请求：要求依法确认卢某明对卢某和作为家庭代表签订的土地承包合同项下土地张相公地2.1亩享有1/3份额，果园地场上0.9亩享有1/2份额，自留地0.3亩享有1/2份额。

一审法院认定事实：郎某莲与卢某和原系夫妻关系，均系再婚，婚后未生育子女。卢某明、卢某峰系卢某和之子，卢某峰系居民户口，1998年已迁出张某营村。

2004年1月1日，卢某和作为家庭代表与张某营经合社签订《土地承包合同书》，取得粮田桃花地0.27亩、张相公地3.5亩、张相公地1.8亩，以及果园四坡上0.56亩、四坡上0.04亩、场上0.9亩、自留地0.3亩土地承包经营权。2013年4月3日，卢某和

与卢某明签订《土地划分协议》，内容为："经卢某和与卢某明父子协商，变电站东张相公地2.1亩归卢某明所有，公路北水塔东北果树地、寺坡果树地归卢某和所有……"

2016年7月4日，卢某和与郎某莲协议离婚，《离婚协议书》载明："……二、婚姻存续期间共同财产的处理……财产划分如下：北房、自留地2分1块、小驴车一套。财产划分如下：北房5米×9米、四坡子1亩。小驴车一套、自留地归男方所有。东房2间3.17米×6米，后院21米×9米场上果园2亩，归女方所有……"2019年4月4日，卢某明诉至北京市延庆区人民法院，要求确认卢某明对卢某和作为家庭代表签订的土地承包合同项下土地张相公地2.1亩享有三分之一份额，果园地场上0.9亩享有二分之一份额，自留地0.3亩享有二分之一份额。卢某明、郎某莲、卢某和均认可张相公地3.5亩中的1.4亩已经给卢某山经营，履行多年。桃花地0.27亩、张相公地1.8亩已经流转。

【案件焦点】

农户内的家庭成员共同享有承包地上的土地承包经营权是否可分割。

【法院裁判要旨】

北京市延庆区人民法院经审理认为：农村集体经济组织成员有权依法承包由本集体经济组织发包的农村土地。家庭承包的承包方是本集体经济组织的农户，农户内家庭成员依法平等享有承包土地的各项权益。卢某和代表家庭与村集体签订《土地承包合同书》并获得了粮田及果园的承包经营权，该承包经营权应由其家庭成员共同享有。2013 年 4 月 3 日卢某和与卢某明签订《土地划分协议》，2016 年 7 月 4 日卢某和与郎某莲签订《离婚协议书》，上述两份协议中土地归属的约定因涉及损害他人的土地承包经营权，相关约定不能作为本案认定各方当事人所享有土地承包经营权的依据。卢某和《土地承包合同书》项下的家庭成员包括卢某和、郎某莲、卢某明、樊某涛（卢某明前妻）四人。卢某明、卢某和、郎某莲均认为张相公地为其三人所有，果园场上 0.9 亩、果园自留地 0.3 亩为卢某和、卢某明二人所有，系认识错误，予以纠正。关于果园四坡上 0.56 亩、四坡上 0.04 亩卢某明不主张权利，法院不予处理。

北京市延庆区人民法院依照《中华人民共和国农村土地承包法》第三条、第十六条、第三十一条之规定，判决如下：

一、确认卢某明对卢某和与张山营经合社于 2004 年 1 月 1 日签订的《土地承包合同书》项下的张相公地 2.1 亩、果园场上 0.9 亩、自留地 0.3 亩在承包期限内享有四分之一的土地承包经营权；

二、驳回卢某明的其余诉讼请求。

卢某和、郎某莲不服一审判决，提出上诉。北京市第一中级人民法院经审理认为：一方面，根据《中华人民共和国农村土地承包法》第十六条第一款之规定，家庭承包的承包方是本集体经济组织的农户，而不是户内的成员。卢某和代表家庭与村集体签订《土地承包合同书》之后，其家庭即成为涉案土地的承包方，并按照《土地承包合同书》的约定，以家庭为单位享有权利，承担义务。此后，即使家庭内部人数因结婚、出生、去世等原因有所变化，承包经营仍然是以户为单位。也就是说，涉案土地的最小承包单元就是农户，而不是农户内的家庭成员。家庭内部成员在承包合同有效期内依法平等享有承包土地的各项权益，但不是按份共有，不存在份额。因此，卢某明无权就涉案家庭承包地确认份额。

另一方面，土地承包经营权确认纠纷是对土地承包经营权是否成立以及其归属和内容所发生的争议，其争议的双方当事人应为家庭承包土地的发包方和承包方，或者是不同的承包方，而不是承包方内部的家庭成员。因此，卢某明的请求也不属于土地承包经营权确认纠纷的范围。

北京市第一中级人民法院依照《中华人民共和国农村土地承包法》第十六条第一款、《中华人民共和国民事诉讼法》第一百七十条第一款第二项规定，作出如下判决：

一、撤销一审民事判决；

二、驳回卢某明的诉讼请求。

【法官后语】

本案系土地承包经营权确认纠纷，农户内的家庭成员要求确认其在承包地中享有的具体份额，此类纠纷在司法实践中存在较大争议，其核心争议点是农户内的家庭成员共同享有承包地上的土地承包经营权是否可分割，依据《中华人民共和国农村土地承包法》第十六条的规定，集体土地最小承包单元就是农户，而不是农户内的家庭成员，因此农村土地承包经营权属于家庭成员共同共有，不可分割。具体评述如下：

一、土地承包经营权的准共有特性

土地承包经营权是我国农村经济体制改革的产物。土地承包经营权的用益物权性质已经在法律上被确认。土地承包经营权的承包方通常为“户”，“户”是一个集合概念，通常“户”包括多个家庭成员，“表面上看，农户乃是家庭承包经营合同的当事人，从而取得权利主体地位，但在法律关系上，成为承包人的是农户的所有家庭成员，而非农户自身”。[①] 这也就意味着，农户的所有成员都是土地承包经营权的权利主体，所有家庭成员都对承包的土地享有使用、收益的权利。多个权利主体共同对某物享有所有权，权利主体之间属于《中华人民共和国民法典》物权编中的共有关系。若多个权利主体共同对所有权以外的财产权享有权利，则是准共有。[②]

二、土地承包经营权不可分割

一般情况下，集体经济组织的个体成员是作为承包方农户的家庭成员并通过承包方农户来享有土地承包经营权的，也就是说，集体经济组织个体成员的土地承包经营权是存在于其家庭成员身份所在的农户中的，不能分割。

家庭成员共同享有土地承包经营权，是多个权利主体共同享有土地承包经营权的准共有。至于该准共有属于按份共有还是共同共有，有学者认为，“每个农户成员承包土地的数量是相同的，从而每个农户成员在享有土地承包经营权上是有确定份额的，这就决定了农户成员之间对土地承包经营权具有一种按份共有的性质”。[③] 但笔者认为，此准共有因成员间的共同家庭关系而属于准共同共有，不分份额。

具体到本案中，一审法院与二审法院对此持完全相反的意见，也代表着司法实践中两种不同的观点，虽然一审、二审法院都认可家庭承包的承包方是本集体经济组织的农户，农户内家庭成员依法平等享有承包土地的各项权益，但是一审法院认为家庭成员按份共

---

① 朱庆育：《民法总论》，北京大学出版社 2013 年版，第 464 页。

② 崔建远：《物权法》，中国人民大学出版社 2011 年版，第 244 页。

③ 房绍坤：《物权法用益物权编》，中国人民大学出版社 2007 年版，第 72 页。转引自张昕：《论土地承包经营权的继承》，载《合肥师范学院学报》2009 年第 5 期。

有承包地上的土地承包经营权，所以在判决中确认卢某明享有四分之一的土地承包经营权，二审法院则明确家庭内部成员在承包合同有效期内依法平等享有承包土地的各项权益，但不是按份共有，不存在份额。笔者赞同二审法院判决结论，表面上一审、二审法院均认同家庭承包的承包方是农户，但按照一审法院的判决结论面临着法理和实践的双重障碍。

在法理层面上，以家庭承包方式承包土地的土地承包经营权的主体是农户，而农户是以血缘（也包括拟制血亲）和婚姻关系为基础，以家庭主要成员居住生活在同一集体经济组织为特征，依照承包合同从事农业经营收入为主要生活来源的组织体，给"户"中成员划分土地经营权份额实际上违背了《中华人民共和国农村土地承包法》确立家庭承包方式的初衷。

在司法实践层面上，本案中若确认卢某明在承包地中所占份额，其依据法院判决要求分配其所在"户"中的承包地，法院此时如何处理？若作出分配承包地份额的判决面临着干预村集体自治权的尴尬，分配土地是村集体自治的事项，法院一般不应当干涉；但若不分配承包地份额，相当于法院判决成为一纸空文没有实质效力。综合上述分析，司法实践中法院不应支持当事人分割土地承包经营权的请求，土地承包经营权是以户为单位共同享有的，户内成员可以凭借承包地维持生活所需，但彼此之间不分份额，平等享有权利。

编写人：北京市第一中级人民法院　童晶晶

173 迁出户口并在夫家承包土地的外嫁女不享有原承包地征地补偿费

——肖某翠诉肖某周承包地征收补偿费用分配案

【案件基本信息】

1. 裁判书字号

云南省昭通市中级人民法院（2019）云06民终2148号民事判决书

2. 案由：承包地征收补偿费用分配纠纷

3. 当事人

原告（上诉人）：肖某翠

被告（被上诉人）：肖某周

【基本案情】

肖某周、肖某翠系兄妹关系，第一轮土地承包到户时，肖某翠在甲社承包有土地。肖某翠与尹某兵结婚后，将户口从甲社迁入乙社，为尹某兵户的家庭成员。2016年，某水库建设，肖某周获得征地补偿费61992.96元。2018年，肖某周办理了农村土地承包经营权证，该证书内载明的家庭成员没有肖某翠。

【案件焦点】

肖某翠是否有权主张分得涉案征收补偿款。

【法院裁判要旨】

云南省鲁甸县人民法院经审理认为：土地承包经营权与财产所

有权有本质的区别，土地承包经营权常常因身份的改变、户籍的迁出迁入发生变化。肖某翠在第一轮土地承包时承包有土地，不表示其永远享有该土地的承包经营权。在某水库建设征收土地时，肖某翠户口已迁出，成为尹某兵户的家庭成员，根据《中华人民共和国农村土地承包法》第五条第一款“农村集体经济组织成员有权依法承包由本集体经济组织发包的农村土地”的规定，肖某翠不再是甲社的成员，不能再继续承包原承包的土地。对于肖某周获得的征地补偿费，根据《中华人民共和国民法总则》第五十五条“农村集体经济组织的成员，依法取得农村土地承包经营权，从事家庭承包经营的，为农村承包经营户”的规定，征地补偿费属家庭户享有。肖某翠没有提交证据证实其属于肖某周的家庭成员，应承担举证不能的法律后果。肖某翠主张按份分割土地补偿款的诉求没有证据，不予支持。

云南省鲁甸县人民法院依照《中华人民共和国民法总则》第一百一十三条、第五十五条，《中华人民共和国农村土地承包法》第五条第一款和《中华人民共和国民事诉讼法》第六十四条规定，判决如下：

驳回肖某翠的诉讼请求。

肖某翠不服一审判决，提起上诉。云南省昭通市中级人民法院经审理认为：承包农村集体经济组织土地的前提是须具有本集体经济组织成员资格，而肖某翠提供身份证及常住人口登记卡证明某水库建设征收土地时，其户口不属于原村民小组，与肖某周也不属于同一家庭成员，肖某翠与乙社的尹某兵系同一户家庭成员，且肖某周提供的农村土地承包经营权证书内载明的承包方家庭成员中没有肖某翠，肖某翠提供的某水库建设占用土地补偿资金兑付花名册中也没有肖某翠的名字，加之，肖某周提供的土地使用权信息登记表又能证明肖某翠在乙社尹某兵户承包了土地的事实，原审基于案涉土地被征收时，肖某翠既不属于甲社的集体经济组织成员，也不是肖某周的家庭成员，从而认定肖某翠不是案涉土地的承包经营权人，对肖某翠主张的土地补偿款不予支持于法有据，肖某翠上诉认为肖某周冒领了其土地补偿款 15498.2 元构成不当得利，应予返还的理由无据，不予支持。原判认定事实清楚，适用法律正确。

云南省昭通市中级人民法院依照《中华人民共和国民事诉讼法》第一百七十条第一款第一项规定，判决如下：

驳回上诉，维持原判。

【法官后语】

本案争议焦点是肖某翠是否具有本集体经济组织成员资格。《中华人民共和国民法典》第五十五条规定："农村集体经济组织的成员，依法取得农村土地承包经营权，从事家庭承包经营的，为农村承包经营户。"可见，只有本集体经济组织成员才能依法取得农村土地承包经营权。基于该土地承包经营权，在承包地被征收时才能分得相应份额的土地补偿款。

《中华人民共和国农村土地承包法》第三十条规定："承包期内，妇女结婚，在新居住地未取得承包地的，发包方不得收回其原承包地；妇女离婚或者丧偶，仍在原居住地生活或者不在原居住地生活但在新居住地未取得承包地的，发包方不得收回其原承包地。"只要外嫁女没有迁出户籍就应认定为原集体经济组织成员，且在新居住地未取得承包地的，其在娘家的原有承包地依然由其享有，任何人不能收回，承包地被征收时，则享有土地补偿款的相应份额。本案中肖某翠已经迁户至夫家，并且在夫家所在集体经济组织以户为单位承包到了土地，故而其在原集体经济组织中的成员资格已经丧失。所以也就不能再享有娘家征地补偿费分配资格，而只能要求享有婆家的土地承包权益，包括征地补偿费的分配权。同时，肖某翠已在其他集体经济组织分到承包土地，其权益已经得到保障，不能因为原集体经济组织没有收回其原承包土地便简单认定其享有承包土地征地补偿费。

实践中，不少本村外嫁女，出嫁后并未将户口迁出本村，也可能仍在本村继续生活。因此应统一以户籍是否迁出作为是否有分配资格鉴别标准。只要户口没有迁出，那么所有人享受的权利是平等的，是享有征收、拆迁安置补偿款的，而要是户口迁出去的外嫁女，视情况而定，要是属于丧偶或离婚，将户口又迁回原集体经济组织的，那么也是享有征收、拆迁安置补偿款的。

2022 年 10 月 30 日修订的《中华人民共和国妇女权益保障法》(2023 年 1 月 1 日起施行）第五十五条规定“妇女在农村集体经济组织成员身份确认、土地承包经营、集体经济组织收益分配、土地征收补偿安置或者征用补偿以及宅基地使用等方面，享有与男子平等的权利。申请农村土地承包经营权、宅基地使用权等不动产登记，应当在不动产登记簿和权属证书上将享有权利的妇女等家庭成员全部列明。征收补偿安置或者征用补偿协议应当将享有相关权益的妇女列入，并记载权益内容。”明确了妇女享有农村集体经济成员资格、土地承包经营权和征地补偿安置方面的权益，同男子是平等的。本案中，如原告肖某翠没有迁户，且在新居住地未取得承包地的话，其在娘家的原有承包地依然是她的合法所有，任何人不能收回，她的兄弟及村集体组织均不能以她是外嫁女为由拒绝支付征地补偿款。

编写人：云南省鲁甸县人民法院　叶丹

174 土地承包经营制度主体的承包经营“户”的认定

——张某飞诉张某重、甲村村委会土地承包经营权案

【案件基本信息】

1. 裁判书字号

河南省安阳市中级人民法院（2020）豫05民终2570号民事判决书

2. 案由：土地承包经营权纠纷

3. 当事人

原告（上诉人）：张某飞

被告（被上诉人）：张某重、甲村村委会

【基本案情】

张某飞父亲张某喜与张某重系亲兄弟，张某飞与其爷爷张某明、奶奶程某丽原系同一户籍，同属甲村村民，张某明、程某丽先后于1994年、2000年亡故。甲村村委会与张某重于1998年9月10日签订《安阳县农村土地承包合同书》，承包土地经营期限自1998年9月10日至2028年9月10日，该土地承包经营权证书载明承包户主张某重，人口7人，耕地5块共计7.65亩，甲村调整土地时，按照人均1.1亩（实际为1.25亩）承包土地。2017年4月25日，甲村村委会与张某重重新签订《农村土地（耕地）承包合同》，该土地承包经营权证载明承包期限三十年，自1998年6月10日至2028年6月9日，承包方户主张某重，家庭成员为张某

重、李某连、张某3人6块地共计9.4亩。张某飞2013年外嫁后，于2014年自甲村迁出户籍至乙村，但在迁入地未取得承包土地。张某飞向法院起诉要求：1. 确认甲村村委会和张某重于1998年9月10日签订的《安阳县农村土地承包合同书》中涉及张某飞家庭承包地（合同中记载3.3亩、实际发包为3.75亩）无效；2. 确认甲村村委会和张某重于2017年4月25日签订的《农村土地（耕地）承包合同》中涉及张某飞家庭承包地（3.75亩）无效；3. 甲村村委会、张某重限期返还合同中涉及张某飞家庭实际承包的3.75亩土地。

【案件焦点】

1. 涉案土地承包合同是否有效；2. 张某飞返还承包土地的请求是否有依据。

【法院裁判要旨】

河南省安阳县人民法院经审理认为：农村家庭土地承包是以户为单位的家庭承包经营，本案争议土地承包性质也属此类。张某飞原系甲村村委会村民，与其爷爷张某明、奶奶程某丽在1993年甲村调整土地时为同一户籍成员，1998年甲村村委会与张某重签订的《安阳县农村土地承包合同书》中载明承包户主张某重，人口7人、耕地5块共计7.65亩，其中包含张某飞及其爷爷、奶奶3人的承包土地，该土地承包合同中显示，张某飞与张某重属同一承包户，公安机关户籍登记中的“户”不必然等同于土地承包中的“户”，土地承包中的“户”，应当以土地承包合同记载为准，故张某飞主张其与爷爷奶奶属独立的承包户，证据不足，但张某飞在迁出甲村户籍到新居住地并未实际取得土地，对张某飞应保留其原来承包的土地份额，故 2017 年土地承包合同中没有显示张某飞的份额不当，侵害了张某飞承包土地的权利，违反《中华人民共和国农村土地承包法》的强制性规定，符合《中华人民共和国合同法》第五十二条规定的无效情形，故张某飞诉请确认甲村村委会和张某重签订的 2017 年承包合同涉及张某飞承包地部分无效。甲村土地承包时按照人均 1.1 亩（实际为 1.25 亩），当事人均未持异议，故张某重实际耕种张某飞的 1.25 亩应当返还张某飞耕种。张某飞诉讼中明确表示要求返还土地是西沟地和船地，考虑到土地面积，张某重应返还张某飞西沟土地 1.25 亩。

河南省安阳县人民法院依照《中华人民共和国农村土地承包法》第五条、第六条、第九条、第十四条、第十五条、第二十七条，《中华人民共和国合同法》第五十二条，《中华人民共和国民事诉讼法》第六十四条、第一百四十四条规定，判决如下：

一、甲村村委会和张某重于 1998 年 9 月 10 日签订的《安阳县农村土地承包合同书》有效；

二、甲村村委会和张某重于 2017 年 4 月 25 日签订的《农村土地（耕地）承包合同》中涉及张某飞承包土地无效；

三、张某重于 2020 年小麦收取之后返还张某飞农村承包的西沟土地 1.25 亩（从北至道路往南丈量耕地 1.25 亩）；

四、驳回张某飞其他诉讼请求。

张某飞不服一审判决，提出上诉。河南省安阳市中级人民法院经审理认为：《中华人民共和国农村土地承包法》第十六条规定："家庭承包的承包方是本集体经济组织的农户……" 1998 年 9 月 10 日以张某重为农户成员代表与甲村村委会签订的农村土地承包合同系双方当事人真实意思表示，且不违反法律行政法规的强制性规定，为有效合同。该合同的签订双方为包括张某重、张某飞在内的人组成的农户和甲村村委会，且张某重与张某飞均认可该合同中包含张某飞的土地份额1.25亩。2017年4月25日以张某重为农户成员代表与甲村村委会签订的农村土地承包合同，系在1998年合同的基础上为完善农村土地承包登记而签订，因该合同及配套登记证书的农户成员中并未包含张某飞，且《中华人民共和国农村土地承包法》第三十一条规定："承包期内，妇女结婚，在新居住地未取得承包地的，发包方不得收回其原承包地……"而张某飞在新居住地乙村并未分得承包地，故2017年4月25日的农村土地承包合同因违反法律规定而部分无效。张某重作为土地的耕种人应将属于张某飞的土地份额1.25亩返还张某飞。综上，张某飞的上诉请求因理由与证据均不足，法院不予支持。原审判决处理结果正确，应予维持。

河南省安阳市中级人民法院依照《中华人民共和国民事诉讼法》第一百七十条第一款第一项规定，判决如下：

驳回上诉，维持原判。

【法官后语】

本案的审理涉及两个问题。一是外嫁女土地承包权益的保护，二是农村土地承包经营户的认定。

一、外嫁女在新居住地未取得承包地的，仍享有在原居住地的承包土地权益

土地是农民最基本的生产要素，土地权利更是农民最重要的财产权利。《中华人民共和国土地承包法》第六条明确规定："土地承包，妇女与男子享有平等的权利。承包中应当保护妇女的合法权益，

任何组织和个人不得剥夺、侵害妇女应当享有的土地承包经营权。”第三十一条更是明确规定：“承包期内，妇女结婚，在新居住地未取得承包地的，发包方不得收回其原承包地……”避免了外嫁女陷入两难困境。除了土地承包经营权，包括宅地基使用权、基于土地权利产生的财产性权益，如征收补偿款分配权、集体收益分配权等在内的其他外嫁女的合法土地权益，《中华人民共和国土地承包法》《中华人民共和国妇女权益保障法》等都明确予以保护，并赋予权益受侵害的妇女请求救济的权利，包括向人民法院申请撤销侵害妇女承包权益的村民自治章程、村规民约及村民会议或者村民代表会议决定的权利，为保护外嫁女的合法土地权益提供了充分的法律保障。

二、土地承包经营中的“户”应当以土地承包合同记载为准

农村土地承包经营户是农村集体经济组织成员按照承包合同规定从事土地经营的主体单位，是针对我国土地制度所采取的一种特殊经营主体制度。该制度建立的理由是：我国的土地所有权制度是“二元制”，集体作为土地的所有权者，实际上是代表国家拥有土地。集体所有不等于集体成员所有，集体并不是由全体成员为社员（或股东）出资成立的法人，集体成员无法通过决议解散集体，也无权通过决议分配集体的土地。故任何一个成员迁出集体，无论是进城工作还是出嫁，都不得要求分割集体土地。以“户”为单位而不是以个人为单位的土地承包方式，一方面可以减少土地的纠纷，另一方面可以保持集体土地的稳定。同时，《中华人民共和国土地承包法》《中华人民共和国民法典》物权编都规定了农村土地承包经营的登记制度，故作为我国土地承包经营主体制度中的“户”，应该以土地承包合同及其土地承包经营证书上载明的为准。而我国公安机关户籍登记中的“户”是基于我国的户籍管理制度形成的概念，我

国户籍管理制度的主要功能有两个：一是通过对公民基本情况的登记管理，确认公民的民事权利能力和民事行为能力，证明公民的身份；二是通过户籍登记，为政府制定经济社会发展规划、实施包括治安管理在内的各项行政管理提供人口数据及相关基础性材料。公安机关户籍登记中的户口登记以户为单位，同主管人共同居住一处的立为一户，以主管人为户主。因此，公安机关户籍登记中的“户”并不必然成为我国农村土地承包制度中的主体。

三、本案中张某飞只能要求返还其个人享有的承包地份额

本案中，原告张某飞除主张要求被告张某重返还自己的1.25亩承包土地外，还要求张某重返还其祖父母的2.5亩土地。理由是其与祖父母三人为同一家庭户籍成员，张某飞与张某重并非同一户籍家庭成员，两个不同户籍家庭应分别取得本家庭承包地，而且张某飞虽然同意交由张某重代耕其土地，但未书面通知村委会收回承包地，更未同意调整转让于张某重。但是事实上，从1998年签订的承包合同及相对应张某重的土地承包证书可以看出，张某重的承包合同及土地承包证书上载明的承包土地包含张某飞及其祖父母的承包土地，也就是说张某飞及其祖父母与张某重属于同一农村土地承包经营户，故张某飞主张其与祖父母属于独立的承包户证据不足，张某飞要求张某重返还其祖父母承包土地的请求不应支持。张某飞的上述主张，实质是将公安机关户籍登记中的“户”与土地承包中的“户”相混淆，是对我国农村土地承包经营主体制度的错误理解。

编写人：河南省安阳县人民法院　李非

175 “一地多包”情形下土地承包经营权归属的认定

——王某全诉王某忠、某村委会返还原物案

【案件基本信息】

1. 裁判书字号

山东省威海市中级人民法院（2020）鲁10民终3376号民事判决书

2. 案由：返还原物纠纷

3. 当事人

原告（被上诉人）：王某全

被告（上诉人）：某村委会

被告：王某忠

【基本案情】

王某全、王某忠均系某村村民。1990年前后，某村委会组织其村民以户为单位通过抓阄形式来统一分配村里土地，王某全家庭户抓阄32号，村委按抓阄序号分给王某全家庭户四人口粮地，分别为：碑前1.88亩、七眼井南1.076亩、北河1.22亩、大北埢1.044亩。王某全家庭户耕种涉案北河土地至1997年年底。1998年该村原书记王某波以王某全两名子女考学将户口从本村迁出为由将分给王某全家庭户口粮地中的七眼井南1.076亩、北河1.22亩土地收回，另行发包给他人。经询问，涉案土地被收回时是否存在撂荒或弃耕情形，某村委会称不存在上述情形，但称系王某全自愿将涉案土地交回村委，但王某全对此并不认可，称系某村委会强制收回，经询问某村委会主张原告自愿交回涉案土地，王某全是否向某村委会写过书面交回承包地申请书，某村委会称原告没有写过书面申请。

某村委会出具的证明“兹有我村村民王某忠北河土地是在2003年叫庄叫的地，每年向村里交土地承包费，2005年以后村里所有人种的土地再没有收钱”。涉案土地现由王某忠耕种，涉案土地并不在王某忠家庭户土地承包经营权证登记范围内。

2015年8月30日某市人民政府向王某全发放了中华人民共和国农村土地承包经营权证，其载明“发包方某村委会，承包方代表王某全，承包地块总数4块，包括碑前1.88亩、七眼井南1.076亩、北河1.22亩、大北埝1.044亩，承包期限1999年1月1日至2028年12月31日”，涉案土地即对应的土地承包经营权证中记载的北河1.22亩。另王某全家庭户情况：其本人、其妻、其子、其女。其女及其子户口现已迁出。

【案件焦点】

已依法登记的承包方是否有权请求已事实承包同一土地的相对方返还该土地。

【法院裁判要旨】

山东省乳山市人民法院经审理认为：王某全为证实其主张，向法院提交了1990年前后该村委以该村家庭户为单位的抓阄分地记账册并加盖了村委公章，村委对原告提交的该证据没有异议，并认可王某全陈述的分地过程及原告家庭户分得土地的具体位置及亩数。

王某全家庭户与村委之间的涉案土地承包合同关系成立，其家庭户自 1990 年前后即抓阄分地结束时即取得对应的涉案土地合同项下的权利。

某村委会认为王某全 1998 年自愿将涉案土地交回，但王某全对此并不予认可。《中华人民共和国农村土地承包法》第二十七条规定，承包期内，发包方不得收回承包地。第二十八条规定，承包期内，发包方不得调整承包地。第三十条规定，承包期内，承包方可以自愿将承包地交回发包方。承包方自愿交回承包地的，可以获得合理补偿，但应当提前半年以书面形式通知发包方。现发包方没有证据证明承包方系自愿交回承包地，根据《最高人民法院关于适用〈中华人民共和国民事诉讼法〉的解释》第九十条规定，在作出判决前，当事人未能提供证据或者证据不足以证明其事实主张的，由负有举证证明责任的当事人承担不利的后果。

2015 年 8 月 30 日某市人民政府向王某全发放了中华人民共和国农村土地承包经营权证，该经营权证中亦明确载明了王某全承包土地的具体方位及亩数。

已经依法登记的承包方取得对应土地的承包经营权，承包方有权基于物权人的地位请求返还承包地，无论该承包地是否与他人另行建立了承包关系。

山东省乳山市人民法院依照《中华人民共和国物权法》第一百二十七条，《中华人民共和国侵权责任法》第六条、第十五条，《中华人民共和国农村土地承包法》第十一条、第二十七条、第二十八条、第三十条，《最高人民法院关于审理农村土地承包纠纷案件适用法律问题的解释》第六条、第二十条，《最高人民法院关于适用〈中华人民共和国民事诉讼法〉的解释》第九十条规定，判决如下：

一、被告王某忠需在2020年秋涉案土地农作物收获完毕后将登记在原告王某全家庭户名下位于北河1.22亩土地（具体四至以王某全家庭户土地承包经营权证记载的为准）返还给原告王某全；

二、被告某村委会于判决生效后十日内给付原告王某全北河1.22亩土地失地期间损失2684元；

三、驳回原告王某全其他诉讼请求。

某村委会不服一审判决，提出上诉。山东省威海市中级人民法院经审理认为：某村委会对王某全陈述的分地过程及王某全家庭户分得土地的具体位置及亩数并无异议，结合2015年8月30日某市人民政府向王某全发放的农村土地承包经营权证，能够证实王某全对涉案土地享有承包经营权，故王某全有权基于物权请求权要求返还承包地。基于此，驳回上诉人该项诉讼请求。

山东省威海市中级人民法院依照《中华人民共和国民事诉讼法》第一百七十条第一款第一项规定，判决如下：

驳回上诉，维持原判。

【法官后语】

妥善处理农村土地承包经营纠纷需要谨慎对待“一地多包”的情形。

《中华人民共和国农村土地承包法》第二十三条规定，承包合同自成立之日起生效。承包方自承包合同生效时取得土地承包经营权。由以上规定可以看出，土地承包经营权的取得，是在承包经营合同生效之时，而承包经营合同成立即生效，没有任何诸如登记等形式要件的要求。

《中华人民共和国农村土地承包法》第二十四条第一款规定，国家对耕地、林地和草地等实行统一登记，登记机构应当向承包方颁发土地承包经营权证或者林权证等证书，并登记造册，确认土地承包经营权。登记，就是按照《中华人民共和国农村土地承包法》的规定进行登记确认的行为。土地承包经营权确定是一种物权，这种物权是通过承包合同加以确立的。按照民法的一般理论认为，物权是权利人直接支配物，并享受其利益的排他性权利。物权按照性质不同，分为自物权和他物权。自物权是指权利人对自己财产享有的权利，也就是所有权。他物权是指在他人所有的物上设定的物权，他物权是对他人财产的权利，由于他物权的内容是占有、使用、收益或者处分某一方面对物的支配，故也是物权的形式。

由此，土地承包经营权是指承包方在农民集体所有或者国家所有由农民集体使用的土地上进行承包经营，并获得收益的权利，享有所有权以外的使用、收益和部分处分权，因此属于不动产他物权。

另结合上述两款规定，可以看出登记机构向承包方颁发土地承包经营权证或者林权证等证书并登记造册，实质上是对承包方已经获得的土地承包经营权予以确认的具象表现。我国不动产物权变动通常采用的"登记要件主义"的原则，以登记作为不动产物权有效取得的必要条件。而我国农村土地承包经营权的取得和变动方式则依据意思主义模式而设立，即只要发包方与承包方达成意思表示一致，土地承包经营权合同即成立并生效，不以登记机构的登记作为该项物权取得的要件，实属我国不动产物权变动实行"登记要件主义"原则的例外。

本案中，王某全提交了1990年前后某村委会以该村家庭户为单位的抓阄分地记账册并加盖了某村委会公章，某村委会对王某全陈述的分地过程及王某全家庭户分得土地的具体位置及亩数并无异议，结合2015年8月30日某市人民政府向王某全发放的中华人民共和国农村土地承包经营权证，能够证实王某全对涉案土地享有承包经营权。

已经依法登记的承包方取得对应土地承包经营权，承包方有权基于物权人的地位请求返还承包地，无论该承包地是否与他人另行建立了承包关系。

本案中，就涉案土地，存在两个承包关系，一是某村委会与王某全先建立的土地承包合同关系，二是某村委会与王某忠后建立的事实承包合同关系。即事实上形成发包方就同一块土地签订了两个承包合同的局面。发包方就同一块土地签订了两个以上承包合同，承包方均主张取得土地承包经营权的，已经依法登记的承包方取得土地承包经营权。由于王某全已取得主管部门颁发的土地承包经营权证书即土地证，故原告有权基于物权请求权要求返还承包地。

编写人：山东省乳山市人民法院　袁菁

176　出嫁多年的外嫁女能否主张土地补偿分配款

——李某英等诉第一村民小组侵害集体经济组织成员权益案

【案件基本信息】

1. 裁判书字号

广西壮族自治区来宾市中级人民法院（2020）桂13民终167号民事判决书

2. 案由：侵害集体经济组织成员权益纠纷

3. 当事人

原告（上诉人）：李某英、李某清、李某春、李某花

原告：李某美、覃某欢

被告（被上诉人）：第一村民小组

【基本案情】

李某民是第一村民小组的村民，李某英、李某清、李某春、李某花、李某美系其婚生女，覃某欢是李某民儿媳。1981 年土地承包到户时，李某英、李某清、李某春获得集体经济组织分配的承包地。李某英、李某清、李某春、李某花、李某美分别于 1998 年 12 月、2001 年 12 月、2006 年 1 月、2006 年 11 月、2011 年 6 月登记结婚，婚后在夫家均未获得承包地。婚后，李某清、李某春已迁移户口到夫家，李某英、李某花、李某美未迁移户口。2011 年覃某欢因婚嫁迁移户口到第一村民小组生活至今。2018 年 9 月，第一村民小组与武宣县征地拆迁办公室签订了土地征用协议，获得集体土地征收补偿款 5568895.80 元。2019 年 5 月，经家庭户户主会议，第一村民小组制定了《关于征山补偿费的分配方案》，规定“……5. 原是本队户口，离婚并带子女离开本队的，一律不发征山补偿费。6. 本队户口，已结婚女子到外地的，户口还没迁出，不属于本队现有人口，不发给征山补偿费……”按上述方案计算，该小组村民每人应当获得征山补偿费 17395 元。李某英、李某清、李某春、李某花、李某美、覃某欢未获得补偿费，遂提起诉讼。

【案件焦点】

出嫁多年的外嫁女在夫家未获得承包地的，是否仍保留娘家集

体经济组织成员资格。

【法院裁判要旨】

广西壮族自治区武宣县人民法院经审理认为：征地补偿费是对土地所有者的补偿，马鞍山第一村民小组有管理、使用、支配、处置权，可以根据自治原则自行制定分配方案，但不得与法律相抵触而侵犯公民个人的合法权益。村民是否具有本村集体经济组织成员资格是能否参与征地补偿费分配的前提。集体经济组织成员资格的取得原因包括出生、婚姻、收养以及国防建设或者其他政策性迁入等，对于农村集体经济组织成员资格的认定，应当以形成较为固定的生产、生活，并依法登记所在地户口为形式要件，以是否需要本集体经济组织农村土地为基本生活保障为实质要件，作为判断取得和丧失农村集体经济组织成员资格的标准。李某美自出生即取得该村民小组集体经济组织成员资格，虽已婚嫁但结婚时间短，户口未迁出，即使不在第一村民小组生产、生活也符合社会发展情况，因此仍具有马鞍山第一村民小组集体经济组织成员资格。覃某欢婚后已将户口迁到该村民小组生产生活几年，应当具有马鞍山第一村民小组集体经济组织成员资格。李某英、李某清、李某春、李某花出生在该村民小组，原始取得了该村民小组集体经济组织成员资格，但其婚后已实际在夫家生产、生活十余年，应认定其具有夫家所在集体经济组织成员资格，从而丧失娘家即第一村民小组集体经济组织成员资格。根据我国国情，农村土地承包政策一直坚持大稳定小调整的原则，即增人不增地的原则，对于外嫁女是否在嫁入地分得土地，应当以其在嫁入地有土地耕种，相当于在该地分得土地，不能以集体重新另外分配土地作为认定外嫁女重新分得土地的标准。

李某英、李某清、李某春、李某花主张仍靠经营第一村民小组的承包土地获取生活来源，仍应属于该集体经济组织成员从而享有分配土地补偿款的权利，证据不足，且不符合当地婚俗及基本生活常理，理由不能成立，不予支持。第一村民小组经民主议定程序的决定未侵害其四人的合法权益。

广西壮族自治区武宣县人民法院依照《中华人民共和国民法通则》第五条，《最高人民法院关于审理涉及农村土地承包纠纷案件适用法律问题的解释》第一条、第二十四条，《中华人民共和国村民委员会组织法》第二十四条、第二十七条，《最高人民法院关于适用〈中华人民共和国民事诉讼法〉的解释》第九十条规定，判决：

一、第一村民小组在本判决生效后十五日内支付李某美、覃某欢征地补偿费共计 34790 元；

二、驳回李某英、李某清、李某春、李某花的诉讼请求。

李某英、李某清、李某春、李某花不服一审判决，提起上诉。

广西壮族自治区来宾市中级人民法院经审理认为：我国农村土地实行家庭承包责任制，承包主体是家庭而非个人，承包时的在册人口只是在分配承包地时作为确定土地承包面积的依据，在家庭承包责任制下，家庭承包户承包的土地保障的人口为承包户承包期间的全部家庭人口。李某英、李某清、李某春、李某花是个人而非承包户，其主张在第一村民小组获得水田、耕地和山林不符合我国法律规定。四人嫁到夫家十年以上，婚姻家庭关系稳定，已经成为夫家承包户的家庭成员并依靠夫家承包户的土地获得基本生活保障，娘家承包户土地不再是其基本生活保障。四人未提供证据证实其出嫁后仍依赖娘家承包地作为其基本生活保障或仍在履行第一村民小组的集体经济组织成员的权利义务，也未能提供证据证实《关于征山补偿费的分配方案》损害了其个人利益，因此请求参与本案土地补偿费分配理由不充分，不予支持。

广西壮族自治区来宾市中级人民法院依照《中华人民共和国民事诉讼法》第一百七十条第一款第一项规定，判决：

驳回上诉，维持原判。

【法官后语】

本案实质争议是外嫁女是否享有原集体经济组织成员资格。我国农村土地实行家庭承包经营，承包主体是集体经济组织内的农户，不论农户人口是一人还是多人，其只能以家庭户名义承包土地。家庭户所承包的土地是全户人口的基本生活保障，所承包的土地经营权不属于家庭户的任何个人，只属于家庭户整体。根据"增人不增地、减人不减地"的土地承包政策，承包期限内，因嫁娶、出生、死亡等原因导致户内人口增减的，承包时的在册人口不能作为判定是否具有所属组织成员资格的主要依据。类似本案，对于外嫁女在结婚之后是否能够继续享有原组织成员资格的纠纷，在审理上具体分析如下：

一、认定农村集体经济组织成员资格的一般标准

一般而言，认定是否具有农村集体经济组织成员资格应对"三个是否"作出判断，即是否形成较为固定的生产生活关系；是否依赖于农村集体土地作为基本生活保障；是否具有集体经济组织的常住户口。前两个为实质性标准，最后一个为形式标准，即虽然没有集体经济组织的常住户口，但是与该组织形成了较为固定的生产生活关系、依赖该组织的土地作为基本生活保障的，也可认定具有该组织成员资格；相反，仅有某集体经济组织的常住户口，但是与该组织没有较为固定的生产生活关系、不依赖该组织的土地作为基本

生活保障的，不能认定具有该组织成员资格。成员资格的取得，一般是因出生和婚姻、收养关系，也可因国防建设或政策性原因取得成员资格。

二、外嫁女主张原组织成员资格应当承担相应的举证责任

具体而言，外嫁女主张原组织成员资格时应提供以下证据：

1. 在原组织生产生活的证据，常见类型如下：

（1）在原组织参加新型农村合作医疗、农村居民基本养老保险的参保、缴费、报销、享有养老保险待遇等证据；在原组织享有农村居民最低生活保障的证据等；

（2）在原组织日常生产生活的证据：水电费缴纳票据、承担成员义务的出资或出劳力凭证、宽带网络电视缴费票据、购买农资票据、物业费缴纳票据等；

（3）行使原组织成员权的证据：参与组织章程讨论、会议签到表、会议记录等；

（4）其他能够证明存在固定生产生活关系的证据。

2. 依赖于原组织土地作为基本生活保障的证据，常见类型如下：

（1）嫁入地村（居）委会关于外嫁女没有享有当地组织成员资格或城镇社会保障待遇的证明；

（2）原集体经济组织一般会举出初步证据证明外嫁女享有城镇职工、嫁入地城乡居民社会保障资格或待遇，此时，外嫁女应提供相应反证证明。

3. 原组织所在地常住户口证据，常见类型如下：

（1）一般而言，外嫁女出具户口簿即可；

（2）已迁出户口妇女，应对原组织提出的户口已迁移的抗辩主张提供相应反证证明，如原组织的居住证等。

三、外嫁女集体经济组织成员资格认定的一般原则

从当地农村土地分配情况来看，因土地资源枯竭，加之“增人不增地”原则，意味着外嫁女在嫁入地基本上不可能通过重新分配获得土地承包经营权。若外嫁女均要从原组织获得基本生活保障，其实并不利于婚姻家庭稳定。从当地婚嫁风俗来看，有些家庭的确存在外嫁女婚后在婆家、娘家“两边走”（即在婆家、娘家两个家庭生活）的情况。对此，应当避免其落入“两头空”或获得“两头占”的情况，只要其在新组织未取得成员待遇，就应当认定其具有原组织成员资格；相反，只要其在新组织取得了成员待遇，就应当认定其丧失原组织成员资格。

四、本案的处理

基于前述分析，对于外嫁女集体经济组织成员资格的认定，根据“谁主张，谁举证”的证明规则，原则上应由外嫁女对其在新集体经济组织未取得成员资格承担举证责任。但同时应考虑到其举证难度，在确实无法提供证据时，法院可以根据农村婚姻家庭的实际生活状况进行推定。本案一、二审法院酌情确定以十年为界，婚龄未满十年的，由于融入夫家生活时间短，婚姻关系也尚未稳定，婚嫁初期普遍与娘家往来较为密切，其可作为娘家集体经济组织成员予以考虑，给予相应的保障。此时，外嫁女主张具有原组织成员资格的，应当由原组织举证证明外嫁女已获得其他替代性基本生活保障。婚龄十年以上的，基本都已生育子女，夫妻感情稳定，已经融入夫家家庭，实质上作为夫家家庭成员依赖夫家承包的土地或者夫家其他收入作为基本生活保障，而与娘家生产生活联系较少，基本上不参与娘家经济生活，因而不再具有娘家家庭成员的身份，从而丧失了娘家集体经济组织成员资格。此时，外嫁女主张具有原组织

成员资格的，应当由其举证证明仍在原组织家庭生活的事实。李某美婚龄不足十年，原组织不能举证证实其已获得其他替代性基本生活保障，故应当认定其享有原组织成员资格。这种认定也契合现代家庭结构由“大家庭”向“小家庭”变化的趋势，可避免外嫁女因离婚、再婚等婚姻变化而落入“两头空”的情况。而李某清、李某春已迁出户口，长期不在原组织生产生活，婚姻家庭稳定，已经脱离了原组织的生产生活，因而不应认定其享有原组织成员资格。李某英、李某花虽具备原组织所在地常住户口，但不能提供充分证据证明仍在原组织实际生产生活，故不能认定其原组织成员资格。

编写人：广西壮族自治区来宾市中级人民法院　黄启平

177 外嫁女的农村集体经济组织成员资格应综合户籍、生产生活等因素认定

——杨某华诉居委会侵害集体经济组织成员权益案

【案件基本信息】

1. 裁判书字号

福建省泉州市中级人民法院（2019）闽05民终76号民事判决书

2. 案由：侵害集体经济组织成员权益纠纷

3. 当事人

原告（被上诉人）：杨某华

被告（上诉人）：居委会

【基本案情】

杨某华的户籍在后埭社区。杨某华与陈某良于2014年1月23日结婚，婚后杨某华未将户口迁入陈某良所在地槐东村，也未享受该村收益分配权。2018年5月，居委会先后召开居民代表大会、两委扩大会、户代表大会，研究发放征地补偿款事项，并对《关于发放征地补偿款的方案》（以下简称《方案》）进行票决。《方案》规定“2018年5月31日前出嫁（以初次登记为准），户口仍在本社区的一律不予发放征地补偿款”等内容。2018年7月16日，居委会按照《方案》向社区居民每人发放征地补偿款5000元。

【案件焦点】

杨某华是否具有后埭社区集体经济组织成员资格，居委会应否向杨某华发放征地补偿款。

【法院裁判要旨】

福建省泉州市洛江区人民法院经审理认为：根据《中华人民共和国农村土地承包法》第六条、第三十条和《中华人民共和国妇女权益保障法》之规定，农村出嫁妇女户口尚未迁入男方所在地，且未享受男方所在地集体土地收益分配权的，享有户籍所在地集体组织同等村民待遇。《最高人民法院关于审理涉及农村土地承包纠纷案件适用法律问题的解释》第二十四条规定，农村集体经济组织或村民委员会、村民小组，可以依照法律规定的民主议定程序，决定在本集体经济组织内部分配已经收到的土地补偿款及其他土地收益款；征地补偿款安置方案确定时已经具有本集体经济组织成员资格的人，请求支付相应份额的，应予支持。杨某华虽然嫁到槐东村，但未将户口迁入该村，亦未享受该村集体经济组织收益分配权，故其并未丧失后埭社区集体经济组织成员资格，其请求居委会给付征地补偿款5000元，符合上述法律及相关政策精神，予以支持。《方案》规定"2018年5月31日前出嫁（以初次登记为准），户口仍在本社区的一律不予发放征地补偿款"等内容，剥夺、限制了出嫁妇女收益分配权，确认无效。

福建省泉州市洛江区人民法院依照《中华人民共和国农村土地承包法》第六条、第三十条，《中华人民共和国妇女权益保障法》第三十二条、第三十三条，《中华人民共和国物权法》第六十三条，《最高人民法院关于审理涉及农村土地承包纠纷案件适用法律问题的解释》第二十四条规定，判决：

居委会应于本判决生效之日起十日内给付杨某华征地补偿款5000元。

居委会不服一审判决，提起上诉。

福建省泉州市中级人民法院经审理认为：农村集体经济组织或者村民委员会、村民小组，可以依照法律规定的民主议定程序，决定在本集体经济组织内部分配已经收到的土地补偿费。分配时，每个集体经济组织成员对土地补偿费的分配权应当均等，不得实行差别待遇。杨某华虽已出嫁到槐东村，但未将户口迁入该村，未享受该村集体经济组织收益分配权，故一审判决认定杨某华享有后埭社区集体成员资格并有权获得相应补偿并无不当，予以维持。居委会关于本案并非承包地征收补偿分配纠纷款及杨某华无权获得补偿的主张，缺乏依据，不予支持。

福建省泉州市中级人民法院依照《中华人民共和国民事诉讼法》第一百七十一条规定，判决：

驳回上诉，维持原判。

【法官后语】

本案争议焦点涉及外嫁女是否为承包地征收补偿费用分配纠纷的适格主体，即是否具有农村集体经济组织成员资格的认定问题，在实务中较为常见。笔者认为，在涉及征地补偿款分配的案件中，对外嫁女集体经济组织成员资格的认定，采取“户籍+生产生活”的模式更为妥当。这里的“户籍”指的是以户籍为基本原则；而“生产生活”是指将是否形成较为固定的生产生活关系作为辅助判断要件加以衡量。实践中，在具体案件的操作上，应注意审查征地补偿方案确定时外嫁女的以下情况事实：一是户籍；二是生产生活状况；三是是否以原集体经济组织的土地为基本生活保障。详言之，妇女出嫁后户口迁出的，不管其是否还居住在娘家，以户籍作为基本原则判断，应认定其不再拥有原农村集体经济组织成员资格。反之，对于妇女出嫁后户口未迁出的，则应以户籍为基础进一步作如下区分：一是如果外嫁女在夫家生活，享有夫家所在集体经济组织权益的，应认定其为男方经济组织成员，不再享有原集体经济组织成员的权利；二是如果外嫁女不享有夫家所在集体经济组织权益，或者嫁到城镇，但原承包地在征地前未被收回的，可视为该外嫁女仍以原集体经济组织的生产资料为生活、生产基础，在此情况下，宜概括认定其以原集体经济组织的土地为基本生活保障，具有原集体经济组织成员资格；三是对于承包地在征地前被收回的，应审查收回承包地的村民会议决定是否符合法律规定，对于侵犯妇女权益的，不得以相关村民会议决定作为否认外嫁女集体经济组织成员资格的依据。例如，对于将出嫁后仍在娘家居住生活，并以原承包地为基本生活保障之外嫁女的承包地收回的村民代表会议决定，应以有违《中华人民共和国妇女权益保障法》第三十二条、第三十三条等规定为依据，否认其效力，不能以其否认该外嫁女的集体经济组织成员资格。

本案中，一、二审法院不单纯以户口登记作为评判标准，而是在查明杨某华不享有夫家所在地集体经济组织收益分配权情况下，以“户籍+生产生活”模式作出裁决，认定杨某华未丧失后埭社区集体经济组织成员资格。该裁判结果贯彻了最高人民法院关于审理土地补偿费分配纠纷的指导原则，客观公正，较好地维护了外嫁女的合法权益。

编写人：福建省泉州市洛江区人民法院　林前枢

178　退役军人、出嫁女的经济组织成员权益界定

——焦某光等诉某村民组侵害集体经济组织成员权益案

【案件基本信息】

1. 裁判书字号

河南省信阳市中级人民法院（2019）豫 15 民终 5165 号民事判决书

2. 案由：侵害集体经济组织成员权益纠纷

3. 当事人

原告（被上诉人）：焦某光、阮某黄、焦某、焦某焱

被告（上诉人）：某村民组

【基本案情】

阮某黄与焦某光系夫妻关系，二人于1998年1月12日登记结婚，婚后生育有两个子女焦某、焦某焱。阮某黄婚后户籍一直未迁出某村民组，且某村民组一直未对阮某黄家庭的承包地进行调整，亦未明确表示收回其名下的承包地。

2018年8月4日，新县政府决定对上榨区域进行改造，需征收土地、房屋和地上附着物，涵盖某村民组所有区域。县政府征收某村民组土地后，某村民组村民可按村民组上报的原住村民名单每人享受无偿安置20平方米的商铺和每户3人一个停车位的拆迁补偿政策。后因某村民组认为焦某光、阮某黄、焦某、焦某焱不属于本集体经济组织成员，未向棚户区改造专项指挥部报送焦某光、阮某黄、焦某、焦某焱的名单，导致焦某光、阮某黄、焦某、焦某焱未能分得门面房及停车位，引起诉讼。

另，焦某光系山东省昌邑市北孟镇高某村人，20世纪90年代初入伍，军校毕业后，其所在村民组取消了其集体经济组织的相关资格，收回了其名下的承包地及其他经济分配权。2005年12月1日，焦某光根据《中国人民解放军现役士兵服役条例》有关规定选择退出现役（复员），后随其妻子阮某黄落户新县。2017年9月后，焦某光为某某集团临时工。

阮某黄与焦某光结婚后，为解决住房问题，2006年经县武装部、新集镇武装部及居委会等各方协商，某村民组同意给阮某黄解决建房地皮一块，双方签订了《建房用地协议》，约定上榨组本着拥军优属原则，将一块面积为120平方米的地皮优先优惠给阮某黄，定价3000元，一次性付清即可开工。后阮某黄支付3000元取得该建设用地。

【案件焦点】

焦某光、阮某黄、焦某、焦某焱是否具备某村民组的集体经济组织成员资格。

【法院裁判要旨】

河南省新县人民法院经审理认为：阮某黄出生并落户于某村民组，婚后亦未将户籍迁出，某村民组并未对承包地进行调整或单独收回其承包地，阮某黄婚后亦未在其丈夫出生地的原村民组取得承包地，其仍然依赖于某村民组所分配的土地作为基本生活保障，且婚后其仍然与丈夫及家人一起在某村民组所在地生活；虽然随着当地经济发展以及城镇化进程，某村民组土地或其他生产资料对所属成员的基本生活保障功能逐渐弱化，但并不能改变现阶段土地仍然属于农民基本生产资料的这一客观事实；某村民组并未提供证据证明阮某黄未履行村民义务。根据《中华人民共和国妇女权益保障法》第三十三条第一款规定，任何组织和个人不得以妇女未婚、结婚、离婚、丧偶等为由，侵害妇女在农村集体经济组织中的各项权益。故阮某黄具备某村民组的集体经济组织成员资格。公民出生后随父或母落户后，便当然具备其父或母所在集体经济组织成员资格，故阮某黄的子女焦某、焦某焱具备某村民组集体经济组织成员资格。

焦某光婚后基于婚姻关系落户某村民组并随妻子阮某黄在某村民组生活，并非基于某村民组接纳为村民组成员而落户，且落户后并未在某村民组分配有承包地，并非依赖某村民组的土地作为基本的生活保障；且依据国家政策，其退伍后本应享受工作安置，但其本人自愿放弃安置工作的待遇，选择领取一次性安置补偿费，并自谋职业；故，焦某光并不具备某村民组集体经济组织成员资格。

综上，某村民组的土地被依法征收，在确定土地补偿安置方案时阮某黄、焦某、焦某焱具备某村民组集体经济组织成员资格，应当享有与其他村民同等的安置补偿待遇。某村民组经村民代表会议讨论、表决后作出的安置分配方案虽在程序上不违反《中华人民共和国村民委员会组织法》的相关法律规定，但村民是否具有其所在集体经济组织成员的资格、是否享受安置补偿待遇系法律规定的权利，不属于村民会议民主议定的范围，该分配方案及表决结果与现行法律、政策相违背，侵害了阮某黄、焦某、焦某焱的合法权益。

河南省新县人民法院依照《中华人民共和国民法总则》第三条，《中华人民共和国妇女权益保障法》第三十条、第三十二条、第三十三条，《中华人民共和国农村土地承包法》第三条、第十五条、第十六条，《中华人民共和国物权法》第五十九条第一款，《最高人民法院关于审理涉及农村土地承包纠纷案件适用法律问题的解释》第二十四条，《中华人民共和国村民委员会组织法》第二十七条、第三十六条，《中华人民共和国民事诉讼法》第六十四条规定，判决：

一、阮某黄、焦某、焦某焱具备某村民组集体经济组织成员资格，应当与其他村民组成员享有同等的安置补偿待遇；

二、驳回阮某黄、焦某光、焦某、焦某焱的其他诉讼请求。

某村民组不服一审判决，提起上诉。

河南省信阳市中级人民法院经审理认为：农村家庭土地承包是以户为单位，1999 年土地承包时阮某黄为阮某厚家庭成员，享有家庭承包土地的经营权，2002 年再次分配土地时阮某黄尚未分户，其仍为阮某厚家庭成员，仍享有其家庭承包土地的承包经营权。阮某黄婚后与家人一直在某村民组所在地生活，其开办的幼儿园亦建立在某村民组土地上，其和子女与某村民组形成较为固定的生产和生活关系。《新县人民政府办公室关于转发新县上榨区域土地房屋征收与补偿安置方案的通知》中并没有关于外嫁女不安置的规定，且经过村民议定程序决定的事项亦不得违背法律规定，故某村民组上诉称对出嫁女不安置是依据新县人民政府制定的安置方案且经村民组会议通过，原审适用法律错误的上诉理由不能成立，不予支持。

河南省信阳市中级人民法院依照《中华人民共和国民事诉讼法》第一百七十条第一款第一项规定，判决：

驳回上诉，维持原判。

【法官后语】

本案涉及两类人员的集体经济组织成员资格认定问题：

一、出嫁女的农村集体经济组织成员资格的认定

农村集体经济组织成员资格是指作为农村集体经济组织成员在该组织内部应当具备的权利义务能力。在司法实践中，某一自然人如果具有某农村集体经济组织户籍，在该集体经济组织长期生产、生活，以该集体经济组织土地为基本生活保障，并形成事实上的权利义务关系，即可认为该自然人享有该农村集体经济组织成员资格。故认定出嫁女能否具有原集体经济组织成员资格应当主要结合出嫁女户籍地、户籍变动情况、是否有承包土地经营权、是否履行了村民义务、是否与农村集体经济组织有稳定联系等方面的因素，具体分析、综合认定。

1. 是否具有该农村集体经济组织所在地户籍。根据户籍管理制度，村民的户籍地是认定村民资格的形式要件，只有取得了某农村集体经济组织的户籍，才能在实质要件上作进一步审查认定。因此，出嫁女出嫁后的户籍情况是认定出嫁女村民资格的基本条件。

2. 是否在该农村集体经济组织所在地长期生产、生活，与集体经济组织形成稳定的成员关系。依据农村习俗，女子出嫁后一般在夫家生产和生活，其户口也随之迁入夫家所在村，与夫家所在村保持着稳定的关系，并享有所在村相应的村民权利，承担相应的村民义务。因此，出嫁女是否与其夫家所在村保持着稳定的关系，并在夫家所在村居住、生活是认定其是否具有该村村民资格的重要条件。符合该条件，出嫁女才能具有夫家所在村的村民资格。如出嫁女婚后不在夫家所在村居住，也没有与该集体经济组织形成稳定的成员关系，就不能认定其具备该集体经济组织成员资格。

3. 是否以该集体经济组织的土地为基本生活保障。土地是农村集体经济组织成员赖以生存的主要经济来源，失去土地，村民即失去了生活的基础条件。故是否承包土地及是否有承包经营权，是否以进行农业生产为主要生活来源，是判断出嫁女是否享有集体经济组织资格的客观条件。

4. 是否与农村集体经济组织形成了事实上的权利义务关系。农村集体经济组织成员的义务主要表现为承包土地上的义务及其他方面的义务。在司法实践中，必须结合出嫁女履行村民义务的客观实际情况确定：有部分出嫁女户籍虽然在某村，但是其长期不在村中居住，也没有履行村民义务，从形式上看是村民，但实质上因未尽村民义务而与集体经济组织的经济生活脱离了联系，如认定其具有村民资格，有违权利义务相一致的原则。但出嫁女婚后如果在夫家或新户籍地等居住地未分得承包土地，而在娘家有承包土地的，其村民义务实际上是以娘家为家庭单位，由娘家人代为一并履行的，在此情况下，不能认为出嫁女未履行村民义务。

本案中，阮某黄婚后未在他处取得承包地，而是一直在某村民组生活，其开办的幼儿园亦建立在某村民组土地上，未改变其以某村民组土地为生存保障的客观事实。因集体经济组织不得以村民议定程序违法剥夺出嫁女的集体经济组织成员资格，故阮某黄具有某村民组集体经济组织成员资格。

二、退役军人的集体经济组织成员资格的认定

当前，国家非常注重保护现役和退役军人的包括农村集体经济组织成员权益在内的合法权益，如《退役士兵安置条例》第二十六条规定："自主就业的退役士兵入伍前通过家庭承包方式承包的农村土地，承包期内不得违法收回或者强制流转；通过招标、拍卖、公开协商等非家庭承包方式承包的农村土地，承包期内其家庭成员可以继续承包；承包的农村土地被依法征收、征用或者占用的，与其他农村集体经济组织成员享有同等权利。自主就业的退役士兵回入伍时户口所在地落户，属于农村集体经济组织成员但没有承包农村土地的，可以申请承包农村土地，村民委员会或者村民小组应当优先解决。"判断退役军人是否具有农村集体经济组织成员资格，应当根据其退役前和退役后的实际情况进行综合分析。

一方面，要考察退役军人入伍前是否已享有农村集体经济组织成员资格。根据法律规定，解放军、武警部队的现役义务兵和符合国家有关规定的士官在服役期间保留其农村集体经济组织成员资格。在司法实践中，判断退役军人退役后是否具备农村集体经济组织成员资格的首要因素就是考察其入伍前是否已经享有农村集体经济组织成员资格，如果入伍前不享有农村集体经济组织成员资格，那么其退伍后就当然不具备农村集体经济组织成员资格。

另一方面，要考察退役军人退役后是否享受国家分配或安置工作。根据国家政策规定，军人退役后可享受国家分配或安置工作，

现实生活中也有部分军人放弃分配和安置而选择自主择业。军人在服役期间保留其集体经济组织成员资格，如果选择国家安置，则因获得其他替代性基本生活保障而丧失原农村集体经济组织成员的资格；但如果选择自主择业，其退役后仍继续享有集体经济组织成员的资格。

本案中，焦某光在军校学习期间，其原所属集体经济组织取消了其集体经济组织成员资格，其不能证明为此提出了相关的申诉程序。其婚后基于婚姻关系落户某村民组，但并未在某村民组分配有承包地；依据国家政策，其退伍后本应享受工作安置，但其本人自愿选择领取一次性安置补偿费，并自谋职业，并非依赖某村民组的土地作为基本的生活保障。故焦某光不具备某村民组集体经济组织成员资格。

三、本案纠纷发生在《中华人民共和国民法典》编纂之前

《中华人民共和国民法典》物权编第十一章对土地承包经营权做了详细的规定，农村集体经济组织实行家庭承包经营为基础、统分结合的双层经营体制。这与《中华人民共和国农村土地承包法》第一条中规定的“以家庭承包经营为基础、统分结合的双层经营体制”一脉相承。《中华人民共和国农村土地承包法》第六条规定，农村土地承包，妇女与男子享有平等的权利。承包中应当保护妇女的合法权益，任何组织和个人不得剥夺、侵害妇女应当享有的土地承包经营权。第十六条规定，家庭承包的承包方是本集体经济组织的农户。农户内家庭成员依法平等享有承包土地的各项权益。在司法实践中，应当根据个案的具体情况，依据民法典或者农村土地承包法作出裁决。

编写人：河南省新县人民法院　张涛　熊学晨

179 不能仅以户籍为标准认定集体经济组织成员资格

——陈某菲诉村委会侵犯集体经济组织成员权益案

【案件基本信息】

1. 裁判书字号

山东省东营市中级人民法院（2019）鲁05民终1310号民事判决书

2. 案由：侵犯集体经济组织成员权益纠纷

3. 当事人

原告（被上诉人）：陈某菲

被告（上诉人）：村委会

【基本案情】

牛某美系牛李村村民，于2013年11月12日与陈某龙登记结婚，陈某龙户口关系至今未落于牛李村。牛某美与陈某龙于2014年9月3日生育一女陈某菲，陈某菲于2014年12月2日因出生申报而落户于牛李村，户主为陈某菲外公陈某谦。牛李村因政府规划于2012~2013年度整体拆迁，村内全部土地流转给广饶县广饶街道办事处。2017年，村委会按其确定的符合条件的村民，每人发放麦季土地补偿款1899.50元，根据村民代表会议的决议未向陈某菲发放。

【案件焦点】

1. 如何认定村委会向村民发放土地补偿款的性质；2. 村委会未

向陈某菲发放2017年度麦季土地补偿款是否侵犯了其合法权益。

【法院裁判要旨】

山东省广饶县人民法院经审理认为：村委会发放的土地补偿款应属于原家庭联产承包经营者所有。陈某菲出生时，二轮土地承包早已完成，村委会也未再调整过土地，亦未给陈某菲补过土地。陈某菲在未取得土地承包经营权的情况下，不享有土地流转补偿收益，涉案土地流转补偿款中没有陈某菲的份额。

根据农村土地承包政策、本案土地补偿款的性质、来源、村规民约等实际情况，村委会未给陈某菲发放2017年度麦季土地补偿款的行为没有侵犯其合法权益。陈某菲要求享受牛李村村民同等待遇的诉讼请求与本案不属同一法律关系，也未明确享受该村村民同等待遇的具体项目，故对陈某菲的该项诉讼请求在本案中不予认定与处理。

山东省广饶县人民法院依照《中华人民共和国民事诉讼法》第六十四条规定，判决：

驳回陈某菲的诉讼请求。

陈某菲不服一审判决，提起上诉。

山东省东营市中级人民法院经审理认为：集体经济组织成员资格的判断，应当综合考虑当事人的户口登记状况、生产、生活状况以及当事人是否获得其他替代性基本生活保障等因素。本案中，不宜认定陈某菲为牛李村集体经济组织成员：一是陈某菲出生前牛李村的土地已经进行流转，牛李村未再调整过土地，亦未给陈某菲分配过土地，陈某菲并未取得牛李村的土地承包经营权，故不足以认定陈某菲以牛李村的土地为基本生活来源。二是陈某菲虽主张其出生后一直与母亲在牛李村居住，但并无证据予以佐证，且其委托代理人一、二审中均未能明确讲明其父母陈某龙和牛某美所从事的职业情况、收入情况以及陈某菲就读幼儿园的情况，未能证实陈某菲与牛李村集体经济组织存在较为固定的生产、生活关系。综上，一审法院驳回陈某菲的诉讼请求并无不当。

关于陈某菲诉请确认享有牛李村村民同等待遇问题，民事诉讼法规定当事人的诉讼请求应当具体明确，而陈某菲该项诉求笼统概括，并未确定享受村民同等待遇的具体内容；本案系侵权纠纷，陈某菲该项诉求并非直接针对侵害集体经济组织成员权益的具体行为，与本案不属于同一法律关系。故一审法院对其该项请求不予处理并无不当。

山东省东营市中级人民法院依照《中华人民共和国民事诉讼法》第一百七十条第一款第一项、第一百七十五条规定，判决：

驳回上诉，维持原判。

【法官后语】

随着城镇化的快速发展，农村土地尤其是城中村、城镇郊边村等集体组织土地被征用的数量增多，土地补偿费用分配带来的农村集体经济组织收益分配矛盾日益凸显。由于户籍改革，向村集体组织落户不再需要村集体组织预先审核，出具相应的接收证明，导致村集体组织人口数量激增。因城镇化建设所带来的红利，一些出嫁女婚嫁后未将户口迁出，结婚生子后将子女的户口随其落户于本村，以便能够分得相应的款项。针对上述情况，各基层组织也制定了相应的村规民约予以明确，本案中，村委会也制定了村规民约，将落户本村的外甥（女）排除在分配土地补偿款范围之外，即使到公证处公证不在村分配利益的也不同意落户。

本案中需解决的第一个问题是陈某菲是否具备集体经济组织成员资格。全国现有法律、法规至今没有对集体经济组织成员的资格问题作出规定，全国人大常委会至今也未对此作出立法、修正或解释。对陈某菲的村集体经济组织成员资格的确定问题应结合陈某菲的户口状况、在村委会处所尽义务状况进行考虑。陈某菲的情况特殊，其出生时，牛李村已全部拆迁完毕、土地已全部流转完毕。陈某菲在拆迁、土地流转方案确定时并未出生，当然在村内也没有承包的土地，其现在是幼儿，只随父母共同生活，生活来源于父母收入，谈不上承担村内义务问题。由于户籍制度的改革，新生儿户口可以直接通过派出所即可办理落户，但派出所进行户籍管理仅是行政行为，不能等同于所在村居对村民集体经济组织成员资格的认可。目前法律、法规及司法实务层面，对于陈某菲这种类型的农村个体是否具有村集体经济组织成员资格问题不明确，具体到本案中，综合考虑陈某菲的生产、生活状况及是否获得其他替代性基本生活保障，法院认为陈某菲不具备村集体经济组织成员资格，所以其不能向村委会主张分配土地流转款。

第二个问题是村委会未向陈某菲发放2017年土地补偿款是否侵犯了其权益。该焦点问题的核心是土地补偿款的性质及拆迁、土地流转方案确定时土地的状况。牛李村每年获得的征地补偿款是对征收、拆迁方案确定时村集体经济组织成员所承包土地的补偿，自第一轮农村土地承包后至村内拆迁、土地流转方案确定前未进行任何调整或收回。牛李村在拆迁、土地流转方案确定前已没有机动地，对于其他公产部分已经分完，陈某菲出生时牛李村已全部拆迁完毕，村内经村民代表会议决定落户于本村的外甥（女）不享有土地补偿款，牛李村内以村民代表大会形式，结合村内实际情况，把每年得到的土地流转补偿款按其确定的符合条件的人员按人头进行了平均分配。根据《最高人民法院关于审理涉及农村土地承包纠纷案件适用法律问题的解释》第二十二条规定："农村集体经济组织或者村民委员会、村民小组，可以依照法律规定的民主议定程序，决定在本集体经济组织内部分配已经收到的土地补偿费。征地补偿安置方案确定时已经具有本集体经济组织成员资格的人，请求支付相应份额的，应予支持。但已报全国人大常委会、国务院备案的地方性法规、自治条例和单行条例、地方政府规章对土地补偿费在农村集体经济组织内部的分配办法另有规定的除外"。《中华人民共和国民法典》第二百六十一条第二款第三项规定："下列事项应当依照法定程序经本集体成员决定……（三）土地补偿费等费用的使用、分配方法"，据此，牛李村已经就外甥落户及相应权益的分配通过召开村民代表大会等方式进行了确定并在村内予以公示，村委会制定相应的分配方案不是针对某一特定人，而是村委会为解决后续某些问题，在法律允许范围内实施的村民自治行为。牛李村内每年获得的土地补偿款的来源是牛李村耕地流转方案确定时对村内集体经济组织土地承包户的失地补偿，且上述承包户的承包期限并未到期，分配土地及土地流转时陈某菲并未出生，后村委会也未再向陈某菲分配相应的土地，其不享有对该部分土地补偿款的合法权益，村委会未给陈某菲发放2017年度土地补偿款并未侵犯陈某菲的合法权益。

编写人：山东省广饶县人民法院　李成

180 “生活保障标准”在认定农村集体经济组织成员资格中的适用

——黄某亮诉黄某琴承包地征收补偿费用分配案

【案件基本信息】

1. 裁判书字号

广西壮族自治区贺州市中级人民法院（2019）桂 11 民终 1217 号民事判决书

2. 案由：承包地征收补偿费用分配纠纷

3. 当事人

原告（被上诉人）：黄某亮

被告（上诉人）：黄某琴

第三人：彭某珍、黄某英、黄某珍、黄某平

【基本案情】

黄某亮与彭某珍婚后生育有黄某松、黄某荣、黄某红、黄某珍、黄某英五个子女。落实生产责任制时，黄某亮户有八人，因黄某松、黄某荣相继结婚，黄某亮户陆续分户，分户后黄某亮、彭某珍、黄某珍、黄某英、黄某红为一户。后黄某珍、黄某英相继出嫁。黄某红与黄某亮及彭某珍一直共同生活至其因病于 2017 年 12 月 20 日去世。黄某红终身未婚，于 2000 年前后抱养黄某平，但未办理收养手续。黄某平于 2016 年出嫁，婚后户口未迁移。黄某琴系黄某松的儿子，从未与黄某红共同生活。

因建设需要，政府对民田村部分土地进行征收，并于2018年11月12日进行地块现场面积丈量及对地上附着物进行登记。其中地块编号为106号的土地在落实生产责任制时分配给黄某亮一户承包，面积为1.1亩。106号地块的征收土地补偿款为56980元、青苗补偿款为1760元、产业发展用地折算货币补偿款为52800元，三项合计111540元。双方当事人对案涉征地补偿款权属问题发生争议，经村委会组织调解，双方达成"经调解黄某亮同意如数由黄某琴领取，并从中交四万元整给黄某亮。今后凡是黄某红生前名下分的田地、房屋、遗产均由黄某琴继承。同时黄某琴继续赡养黄某亮、彭某珍俩（两）老至百年……"的协议。基于此协议，黄某亮出具授权委托书，由黄某琴领取了上述征地补偿款，后未按照协议给付黄某亮征地款及赡养黄某亮、彭某珍二人。

【案件焦点】

1. 案涉征收土地是属于黄某亮户承包土地还是属于黄某红个人承包土地；2. 黄某琴是否应当将征地补偿款全数返还给黄某亮；3. 彭某珍、黄某英、黄某珍、黄某平是否享有分配征地补偿款的权利。

【法院裁判要旨】

广西壮族自治区贺州市平桂区人民法院经审理认为：黄某红生前一直与黄某亮、彭某珍共同生活，其生前户籍住址与黄某亮、彭某珍的户籍住址一致，应认定黄某红生前与黄某亮、彭某珍属于同一家庭成员。案涉征收土地在落实生产责任制时属于黄某亮户的承包地，落实生产责任制后黄某亮户经过分户、家庭成员人数变化，双方当事人对案涉土地是属于黄某亮、黄某红等人共同承包还是属于黄某红个人承包存在争议。因黄某红与黄某亮属于同一家庭成员，根据《中华人民共和国农村土地承包法》第三条第二款的规定，应认定106号土地的土地承包经营权属于黄某亮户的家庭成员共同共有。根据《中华人民共和国农村土地承包法》第十六条第二款的规定，农户内家庭成员依法平等享有承包土地的各项权益。根据农村土地承包“增人不增地、减人不减地”政策，黄某红于2017年去世后依法不再对承包地的收益享有权利，案涉土地征收发生在黄某红去世之后，案涉土地征收补偿款应属于黄某亮户在土地被征收时的家庭成员共同共有。

黄某平与黄某红虽未办理收养手续，双方之间不形成收养法律关系，但黄某平幼时起便与黄某红共同生活，双方形成抚养与被抚养的关系，黄某平应属于黄某亮户的家庭成员。黄某亮户在分户后，黄某珍、黄某英属于同一户家庭成员，虽二人相继出嫁，户口亦迁移至夫家，为确实保障妇女权益，应确认第三人黄某珍、黄某英对106号土地的土地征收补偿款享有权益。

黄某琴未与黄某红共同生活，不因封建性的“过继”“立嗣”形成抚养关系，与黄某红不属于同一家庭成员，即不是黄某亮户的家庭成员，不是案涉征地补偿款的共同共有人。双方当事人虽曾达成协议，由黄某琴领取案涉征地补偿款，但因该协议处置的财产涉及其他共同共有人的土地承包经营权而无效。黄某琴不能依据该协议取得案涉征地补偿款。黄某琴不属于黄某亮户的家庭成员，黄某琴占有案涉征地补偿款于法无据，应退还给相关权利人，即黄某亮、彭某珍、黄某珍、黄某英、黄某平。

广西壮族自治区贺州市平桂区人民法院依据《中华人民共和国

民法通则》第九十二条，《中华人民共和国农村土地承包法》第三条第二款、第十六条，《中华人民共和国物权法》第九十七条，《中华人民共和国合同法》第五十八条，《中华人民共和国妇女权益保障法》第三十二条、第三十三条，《最高人民法院关于贯彻执行民事政策法律若干问题的意见》第三十八条，《中华人民共和国民事诉讼法》第一百四十四的规定，判决：

黄某琴于本判决生效之日起十日内归还黄某亮、彭某珍、黄某珍、黄某英、黄某平征地补偿款111540元。

黄某琴不服一审判决，提起上诉。

广西壮族自治区贺州市中级人民法院经审理同意一审法院裁判意见，依照《中华人民共和国民事诉讼法》第一百七十条第一款第一项规定，判决：

驳回上诉，维持原判。

【法官后语】

政府征收土地后发放土地征收补偿款的目的是保障失地农民的基本生活水平。在承包地征收补偿费用分配纠纷中，切实保障所涉农民合法权益的难点在于如何确认承包户的家庭成员及承包地的承包权人。

根据《中华人民共和国农村土地承包法》第三条的规定，除了不宜采取家庭承包方式的荒山、荒沟、荒丘、荒滩等农村土地，农村土地承包采取农村集体经济组织内部的家庭承包方式，即农村土地承包经营权以户为单位，属于该承包户家庭成员共同共有，土地承包经营权系依据家庭成员这一身份关系而获得的民事权利。承包户家庭成员的增减不改变该承包户承包地的面积，不减损该承包户的土地承包经营权。身份关系是自然人作为独立主体与他人建立的社会关系，具有“人身属性”，不是财产，不属于遗产范畴，基于身份关系而获得的民事权利，在身份关系消亡后相关民事权利也自然消亡。身份关系无法通过继承获得，依据身份关系而获得的土地承包经营权自然也无法继承，即土地承包经营权不属于遗产范畴。目前，获得承包户家庭成员资格有以下几种情形：一是在第一次落实农村土地承包经营制度时明确属于该户的家庭成员，无论其因血缘或因婚姻还是收养等法律关系而成为该家庭成员。第一次落实农村土地承包经营制度前已出嫁而未明确属于该户家庭成员的妇女，不能取得该承包户家庭成员资格。二是承包户家庭成员所生的子女因出生当然获得该承包户家庭成员资格。根据养子女、与继父母形成抚养关系的继子女、非婚生子女在法律地位上等同于婚生子女的基本原理，与承包户家庭成员形成了有效收养关系的养子女、由承包户家庭直接抚养的继子女或非婚生子女，应当属于该户的家庭成员。三是承包户家庭成员结婚的，其配偶如果主要依赖该户的承包土地生活，也是该家庭承包户的家庭成员。不能仅以该配偶是否落户于该家庭户为标准确认其承包户家庭成员资格，户口迁移与否只是行政上对于户籍的管理，不能据此否认或承认承包户家庭成员配偶的家庭成员资格。

从上述常见取得承包户家庭成员资格的情形可以发现，个人是否获得某承包户家庭成员资格，关键在于辨别其生活保障是否来源于该户承包土地的收益。承包户的家庭成员依赖于承包土地的收益生活，承包土地的收益是其生活保障。在农村风俗习惯中，有将近亲属晚辈“过继”到本户未生育儿子的成员名下的情形，即所谓“立嗣”，形成封建性“父子关系”。这类“嗣子”是否属于该承包户的家庭成员，应当审慎判断，原则上应坚持“生活保障”标准。如果双方实际在一起生活，确实形成法律上的收养关系或者事实上的抚养与被抚养的关系，此时应确认“嗣子”的家庭成员资格。如果双方只是名义上的“过继”，并没有真正生活在一起，“嗣子”不以“名义父亲”所属家庭的承包土地为基本生活保障，则不能因此成为该承包户的家庭成员。特别是在“嗣子”仍属于其亲生父母家庭户的成员，享有该户承包地权益的情形下，不能仅因“过继”而取得“名义父亲”家庭的家庭成员资格，即不能因此成为该户承包地的承包经营权人。而且，土地承包经营权不属于遗产范畴。因此“嗣子”也不能以“继承人”身份继承土地承包经营权，从而享有分配承包地征收补偿费用的权利。

本案涉及承包户家庭成员认定的两种特殊情形。一是黄某平与黄某红没有形成收养法律关系，但黄某平由黄某红抚养成人，已形成事实上的抚养与被抚养的关系，应认定黄某平和黄某红属于同一承包户家庭成员，即黄某亮户的家庭成员。二是能否因“过继”加入成为承包户家庭成员，黄某琴辩称其被过继给黄某红，故基于继承关系而享有黄某红名下的土地承包权益。但是二人不具有法律意义上的收养关系或事实上的抚养与被抚养的关系，也从来不是同一承包户家庭成员，故黄某琴不能因“过继”而获得黄某亮户的家庭成员资格，不享有该户的土地承包经营权，也不能基于“嗣子”身份继承取得黄某红名下的土地承包收益。

关于黄某亮与黄某琴的涉案协议，内容包含有承包户家庭成员的认定、土地承包经营权的继承等内容，协议无效，黄某琴不能依据该协议取得黄某亮户家庭成员资格。而且双方在实际履行中对协议的内容也产生了新的争议，所以不能依据该协议分配案涉征地补偿费用。

综上，享有分配承包地征收补偿费用权利的前提是属于承包户家庭成员，是否为承包经营户的家庭成员，应同时坚持户籍、生活保障、实际生产生活等多重审查标准。

编写人：广西壮族自治区贺州市平桂区人民法院　袁巧

181　农村集体经济组织成员资格的认定

——陈某洲诉村委会、村七组承包地征收补偿费用分配案

【案件基本信息】

1. 裁判书字号

湖南省益阳市中级人民法院（2020）湘 09 民终 332 号民事判决书

2. 案由：承包地征收补偿费用分配纠纷

3. 当事人

原告（上诉人）：陈某洲

被告（被上诉人）：村委会、村七组

【基本案情】

陈某洲系原新某村第四组村民，以其父陈某生为户主共有承包责任田 12 亩。1989 年陈某洲外出打工，其妻子带孩子搬迁至大洲村第九村民小组的娘家居住。同年，经原新某村村组同意，陈某洲以“户易户”的形式将自己在原新某村的房屋出售给谈某南，同时将原承包的田土7.3亩交由谈某南耕种，另外4.7亩寄予李

某炳、李某东耕种。1993年4月19日，南县国土管理局对谈某南所居住房屋办理了《集体土地建设用地使用证》。同年5月30日，谈某南将其一家四口户籍迁入原新某村四组。2001年，陈某洲将其一家三口户籍迁入大洲村，迁入后大洲村未给陈某洲分配田土。2015年，陈某洲另案起诉将其寄予李某炳、李某东耕种的4.7亩地全部收回。从2013年起，原新某村部分土地因建设需要陆续被征收，2017年4月，原新某村与张公塘村合并为新张村。2017年5月的最后一次征收，范围涉及陈某洲4.7亩承包面积。该村土地征收补偿款为每亩44500元，公益留存款提存20%，村委会和村七组经村民小组群众代表决议，决定按照组内每人80000元的标准享受征收补偿，其中含谈某南一家五口，对陈某洲及家人未发放征收补偿款，但按照其所承包田地面积4.7亩发放了青苗补偿款。陈某洲认为村委会及村七组应当给其分配征收补偿款，故起诉至法院。

【案件焦点】

1. 陈某洲是否具有村七组集体经济组织成员资格；2. 陈某洲是否应当参与分配土地征收补偿款。

【法院裁判要旨】

湖南省南县人民法院经审理认为：土地征收补偿费只能在本集体经济组织成员内进行分配，不具有集体经济组织成员资格的人，不能参与土地征收补偿费的分配。认定农村集体经济组织成员资格，应综合考量多种因素：首先从户籍因素来看，2001年陈某洲将一家三口的户籍迁出原新某村、迁入大洲村，已经获得大洲村村民资格，为大洲村集体经济组织的成员；其次从是否形成固定的生产、生活条件来看，陈某洲购买了大洲村的地基，建筑了房屋，一家三口从1989年起居住在大洲村，已经在大洲村固定生产、生活多年；再次从生活来源、生活保障方面来看，陈某洲1989年即外出务工，至2015年长达十余年的时间并未耕种原新某村的土地，直至2015年才重新耕种原新某村四组的4.7亩承包地，可见其并不完全以该4.7亩承包地为主要生活来源；最后从是否履行义务、享有权利来看，陈某洲未提交证据证明其在迁出原新某村四组后有履行原新某村四组组民相关义务的行为，原新某村四组向陈某洲发放青苗补偿费的行为，亦非对本集体经济组织成员的补偿行为。陈某洲自2001年迁出该村组起就不再具备该村组集体组织成员资格，虽取得了4.7亩承包地，但在征收中，原新某村、组已按照相关标准对其发放了青苗补偿费。故对陈某洲要求村委会、村七组给付集体土地征收分配款167320元的诉讼请求，不予支持。

湖南省南县人民法院依据《中华人民共和国民事诉讼法》第六十四条，《中华人民共和国土地管理法》第八条第二款、第十条、第四十七条第二款，《最高人民法院关于审理涉及农村土地承包纠纷案件适用法律问题的解释》第二十四条规定，判决：

驳回陈某洲的诉讼请求。

陈某洲不服一审判决，提起上诉。

湖南省益阳市中级人民法院经审理同意一审法院的裁判意见，依照《中华人民共和国民事诉讼法》第一百七十条第一款第一项规定，判决：

驳回上诉，维持原判。

【法官后语】

随着我国城镇化步伐的加快，农村土地被征用的情况逐年增加，因征地补偿款分配引发的纠纷亦逐年递增，已成为影响农村社会稳定的重要因素之一。因此，如何妥善处理好农村征地补偿款分配纠纷，对于保护村民合法权益、构建社会主义和谐社会有着十分重要的意义。

根据《中华人民共和国民法典》第二百四十三条第二款、第二百六十一条，《中华人民共和国土地管理法实施条例》第三十二条的规定，土地补偿款是对村集体经济组织丧失土地所有权的补偿，应该补偿给农村集体经济组织，村集体经济组织成员在承包期内对被征收的承包土地依法享有土地征收补偿款分配的权利。因此，享受征收补偿，必须具有农村集体经济组织成员资格。农村集体经济组织成员，是具有承包经营权资格、集体土地征收补偿分配权资格等权益的前提，是解决司法实践相关纠纷的基础，故正确界定农村集体经济组织成员资格是解决好此类纠纷的必要前提。我国现行立法并未对农村集体经济组织成员资格的具体认定标准作出规定，欠缺系统、可操作的规范。若立法能进一步规范农民集体经济组织成员权制度，将给法院审判工作提供更为明确的指引，也能在保护农民合法权益上实现质的飞跃。

实践中，村委会、村小组作为农村集体经济组织的实际执行人，通常以乡规民约及本地习俗来认定其成员资格。法院在认定农村集体经济组织成员资格时尚未形成统一的裁判标准，但一般可从以下几个方面进行综合考虑：(1) 是否具有农村集体经济组织所在地的常住户口。以户籍标准作为基本的形式要件，一般应当认定集体经济组织户籍记载的人是该集体经济组织的成员；(2) 是否在农村集体经济组织所在地长期生产、生活，即审查当事人是否以本集体经济组织所在地为其实际生活和生产所在地。若仅有集体组织所在地户口，但并未在本地实际生产、生活，不需要以农村集体经济组织的土地为基本生活保障，则不应认定具有成员资格；（3）当事人是否已形成固定的生产、生活条件，是否获得其他替代性基本生活保障。若已脱离原有集体组织，在外地获得了固定的具有可替代性的社会保障，则不再具有集体经济组织成员资格；（4）是否仍履行本集体经济组织成员的其他义务，享有该集体经济组织成员才能享受的其他权利。除以上因素外，还应当从我国集体经济组织所具有的自然共同体特征出发，在尊重村民自治的情况下，结合当地民风民俗认定农村集体经济组织成员资格。

就本案而言，审理内容包括两个方面，一是成员资格认定，二是分配方案的合法性。其中，判定陈某洲是否具有村七组集体经济组织成员资格是本案审理的重点，相关的审理要点包括户籍、居住地、生活来源等。陈某洲于2001年将其一家三口户籍迁出原新某村，不再具有新张村常住户口；同年，陈某洲将自己在原新某村的房屋出售、土地流转，并在大洲村购买了地基，筑建了房屋，没有在新张村实际生产、生活；陈某洲通过诉讼的方式取回其自1989年开始交由他人耕种的4.7亩土地后，才开始重新耕种新张村的土地，其在1989年至2015年期间，并不以该4.7亩土地作为基本生活保障。关于村七组分配方案的合法性，该方案经村七组成员民主议定，并无违法情形，法院应当尊重村民自治。综合以上因素，认定陈某洲不具有村七组集体经济组织的成员资格，不享有请求分配征地补偿款的权利。

编写人：湖南省益阳市中级人民法院　陈海霞

182 农村集体经济组织成员资格的确定应综合考虑相应标准在农村社会层面所具有的合理价值

——刘某等诉箭某潭组承包地征收补偿费用分配案

【案件基本信息】

1. 裁判书字号

湖南省高级人民法院（2019）湘民再342号民事判决书

2. 案由：承包地征收补偿费用分配纠纷

3. 当事人

原告（上诉人、再审被申请人）：刘某、曾某毛、刘哲某、刘芮某

被告（被上诉人、再审申请人）：箭某潭组

【基本案情】

刘某系刘某华与钟某香之子，出生后户口登记在箭某潭组。刘某华作为户主承包了箭某潭组的土地。2004年5月6日，刘某与曾某毛登记结婚。因刘某在长沙市岳麓区已购房，2006年5月，刘某和曾某毛的户口迁至长沙市岳麓区，户口性质变更为非农业户口。同年12月19日，刘某与曾某毛生育刘哲某。2007年1月15日，刘某、曾某毛、刘哲某将户口迁回箭某潭组处，户主为刘某，户口性质均为非农业户口，但未迁入刘某华为户主的家庭。2009年《湖南省农村土地承包经营权证登记簿》登记刘某华家庭土地承包经营权共有人为钟某香，箭某潭组经营权证发放相关内容公示表中亦没有刘某家庭。

2013年11月27日，刘某与曾某毛生育刘芮某。2014年3月7日，刘芮某户口随父母登记在箭某潭组处，户口性质为非农业户口。刘某家庭户主为刘某，均未在箭某潭经常居住。刘某、曾某毛在外地工作，并缴纳了社会保险，刘某于2004年开始购买养老保险，至2012年断续缴纳共计57个月，2013~2016年每年均缴纳了12个月；曾某毛自2008年至2016年断续缴纳养老保险共计51个月。现刘某家庭的生活开销来源于刘某、曾某毛在外打工所得收入。2011年，箭某潭组土地被征收，箭某潭组分配给刘某家庭1人份额的征地补偿款。2015年8月11日，箭某潭组被宁乡县经济技术开发区征地12亩，人均分配征地款10332元（含2015年征地树木费人均9134元和2010年社保费人均1198元）。此次分配，刘某分得2010年社保费1198元，曾某毛、刘哲某、刘芮某未参与分配。2016年7月6日，箭某潭组再次被宁乡县经济开发区征地66.214亩，2016年11月10日人均分了70000元。此次分配，刘某、曾某毛、刘哲某、刘芮某均未参与。

【案件焦点】

1. 刘某、曾某毛、刘哲某、刘芮某是否具有箭某潭组集体经济组织成员资格；2. 刘某、曾某毛、刘哲某、刘芮某的情形是否适用《长沙市人民政府关于进一步推进户籍制度的改革和实施意见》（以下简称《实施意见》）。

【法院裁判要旨】

湖南省宁乡市人民法院经审理认为：

关于刘某、曾某毛、刘哲某、刘芮某是否具有箭某潭组集体经济组织成员资格，认定是否具有集体经济组织成员资格，应当从我国集体经济组织所具有的自然共同体特征出发，以成员权理论为基础，以是否依法登记所在地常住户口作为形式要件，以是否实际在本集体经济组织生产、生活为实质要件来综合判断。刘某、曾某毛、刘哲某、刘芮某的户籍虽登记在箭某潭组，但其并未在该集体经济组织生产生活。具体阐述如下：其一，刘某虽出生在箭某潭组，但其户口自 2006 年 5 月从箭某潭组户主刘某华的家庭迁出至长沙市岳麓区转为非农业户口后，其间虽于 2007 年 1 月 15 日将户口迁回箭某潭组并单独列户，妻子曾某毛、女儿刘哲某、女儿刘芮某随户主刘某登记在箭某潭组，但其户口性质均为非农业家庭户口，且未承包箭某潭组的集体土地，亦未在箭某潭组经常居住；其二，刘某与曾某毛分别于 2004 年、2008 年开始缴纳社会保险，虽时间断续，但均已纳入城镇企业职工社会保障体系，刘某家庭的生活来源于刘某、曾某毛在外工作收入，不依赖箭某潭组土地生活。因此刘某、曾某毛、刘哲某、刘芮某不具备箭某潭组集体经济组织成员资格。

关于刘某、曾某毛、刘哲某、刘芮某的情形是否适用《实施意见》，2015 年 12 月 14 日颁发的《实施意见》指出，在全市实行城乡统一的居民户口登记制度后，农民进城镇落户的，与城镇居民同等享有社会福利，其原有的权利保留不变，而刘某在 2006 年即已由农转非，系在长沙市进一步推进户籍制度改革前，且其已加入城镇企业职工社会保障体系，故刘某、曾某毛、刘哲某、刘芮某的情形不适用《实施意见》。

综上，对刘某、曾某毛、刘哲某、刘芮某请求判令箭某潭组支付征地补偿款 321328 元的诉讼请求不予支持。

湖南省宁乡市人民法院依照《中华人民共和国农村土地承包法》

第十五条、第二十六条第三款，《中华人民共和国村民委员会组织法》第二十七条，《最高人民法院关于审理涉及农村土地承包纠纷案件适用法律问题的解释》第二十四条的规定，判决：

驳回刘某、曾某毛、刘哲某、刘芮某的诉讼请求。

刘某、曾某毛、刘哲某、刘芮某不服一审判决，提起上诉。

湖南省长沙市中级人民法院经审理认为：箭某潭组于 2016 年 7 月被征地，同年 11 月人均分配 7 万元，此次分配的时间节点在《实施意见》颁发后，因该意见指出在全市实行城乡统一的居民户口登记制度后，农民进城镇落户的，与城镇居民同等享有社会福利，其原有的权利保留不变，故刘某、曾某毛、刘哲某、刘芮某应当享有该次征地补偿款分配权。

湖南省长沙市中级人民法院依据《中华人民共和国民事诉讼法》第一百七十条第一款第二项规定，判决：

撤销（2016）湘 0124 民初 5994 号民事判决，箭某潭组支付刘某、曾某毛、刘哲某、刘芮某 280000 元。

箭某潭组不服二审判决，申请再审。

湖南省高级人民法院再审认为：农村集体经济组织成员资格的确定应以是否形成较为固定的生产、生活和是否具有依法登记的集体经济组织所在地常住户口为基本判断标准，综合考虑相应标准在整个农村社会层面所具有的合理价值。刘某的户口虽已迁回，其家人也随刘某登记在箭某潭组，但刘某未在该组承包土地，亦未在该组经常居住，与该组未形成较为固定的生产、生活关系，且刘某与曾某毛已纳入城镇企业职工社会保障体系，不依赖该组土地生活，故刘某、曾某毛、刘哲某、刘芮某不具备该组集体经济组织成员资格。《实施意见》于 2015 年颁布，而刘某于 2006 年就已将户口迁至长沙市岳麓区，故刘某不适用《实施意见》。

湖南省高级人民法院依照《中华人民共和国农村土地承包法》第十五条、第二十六条第三款，《中华人民共和国村民委员会组织法》第二十七条，《最高人民法院关于审理涉及农村土地承包纠纷案件适用法律问题的解释》第二十四条，《中华人民共和国民事诉讼法》第一百七十条第一款第二项、第二百零七条规定，判决：

一、撤销湖南省长沙市中级人民法院（2017）湘01民终5549号民事判决；

二、维持湖南省宁乡县人民法院（2016）湘0124民初5994号民事判决。

【法官后语】

农村集体经济组织产生于20世纪50年代初的农业合作化运动，是为实行社会主义公有制改造，在自然乡村范围内，由农民自愿联合，将其各自所有的生产资料（土地、较大型农具、耕畜）投入集体所有，由集体组织农业生产经营，农民进行集体劳动，各尽所能，按劳分配的农业社会主义经济组织。为适应改革开放以来我国农村经济社会发生巨大变化的现实需要，《中华人民共和国民法典》（以下简称《民法典》）第九十六条、第九十九条等将农村集体经济组织规定为特别法人。但目前，我国既没有农村集体经济组织的专门立法，也没有集体成员权利的相关法律规定。

农村集体经济组织成员资格的确定是一个难题。笔者认为，农村集体经济组织成员资格的确定不能仅以户籍作为参考标准，而应当从我国农村集体经济组织所具有的自然共同体特征出发，以成员权理论为依据，以是否具有依法登记的集体经济组织所在地常住户口为形式要件，以是否形成较为固定的生产、生活关系或者是否需要本集体经济组织农村土地为基本生活保障为实质要件。在具体个案中，参考上述标准判断是否具备成员资格时，还应综合考虑适用相应标准在整个农村社会层面具有的合理价值，不能以某个极端的特例否定具有普遍合理性的处理思路，以免因个别人的利益冲突影响其他具有合法资格成员的整体利益。

本案中，刘某、曾某毛自2006年迁出箭某潭组落户至城市转为非农业户口，几个月后又回迁原地，其家人也随刘某登记在箭某潭组，形式上虽符合认定箭某潭组成员资格的要件，但该二人未在箭某潭组承包土地，亦未在箭某潭组经常居住，偶尔回户籍地居住探亲，不能认定与箭某潭组形成较为固定的生产、生活关系；同时该二人已纳入城镇企业职工社会保障体系，并不依赖农村土地作为基本生活保障，不符合认定箭某潭组成员资格的实质要件。如将刘某等四人回箭某潭组居住探亲视为与箭某潭组形成较为固定的生产、生活关系，将刘某、曾某毛无正式单位，未连续缴纳社会保险视为其仍依赖农村土地为基本生活保障，将箭某潭组曾分配部分征地补偿款给刘某视为其已具备成员资格身份，则与农村社会层面所形成的普适性观点相悖。故应认定刘某等四人不具备箭某潭组集体经济组织成员资格。

目前，全国部分地方实行了户籍制度改革，取消了农业户口，在认定成员资格时既不能一概认定登记为非农业户口便丧失了成员资格，也不能简单认定登记为农业户口便自然享有农村集体经济组织成员资格，而应参考上述标准慎重认定资格的享有或丧失。

《实施意见》是在推进新型城镇化建设，推动城乡一体化发展，合理引导农业人口有序向城镇转移的大背景下出台的政策。其中对维护进城农民权益作出专门规定，实施一元化户口登记后，农民进城镇落户的，享受和城镇居民同样的社会福利，保留其原有土地和山林承包经营权、宅基地使用权、集体收益分配权不变。在司法实践中，应严格把握地方政策的出台背景及政策导向，对于迁往设区的市而不是小城镇的情形应不予适用。上述《实施意见》于 2015 年颁布，本案还涉及其是否具有溯及力的问题。应当认为其规定的政策只适用于在全市实行城乡统一的居民户口登记制度后，农民进城镇落户的情形，对在此意见颁布之前即已进城镇落户的农民不具有溯及力。需要特别注意的是，不能以村组对征地款进行分配的时间节点为基准来确定是否适用相关新政，而应以农民进城镇落户的时间节点为基准。综上，刘某于 2006 年就已将其户口迁至设区的市而不是小城镇，迁出时间及迁入地点均不符合《实施意见》规定，故其集体经济组织成员资格的认定不适用上述《实施意见》。

编写人：湖南省宁乡市人民法院　李红波

183　合法有效的承包合同系农户取得土地承包经营权的依据

——晏某萍、晏某兰诉黄花场居委会、简某章农村土地承包合同案

【案件基本信息】

1. 裁判书字号

湖北省宜昌市中级人民法院（2019）鄂 05 民终 2352 号民事判决书

2. 案由：农村土地承包合同纠纷

3. 当事人

原告（上诉人）：晏某萍、晏某兰

被告（被上诉人）：黄花场居委会、简某章

【基本案情】

晏某萍之父晏某玉原系黄某场居委会的村民。1984年7月，晏某玉经原宜昌县分乡区黄某乡人民政府、黄某场大队登记发证，承包了责任山，包括孙家坡（四至：东水沟、西走路、南田边大路、北走路）1亩。1986年，原黄某场大队根据上级政策，经召开大队、小队群众会议，决定统一将黄某场大队六小队9户的山林、土地收归集体开发，当时晏某玉承包的“孙家坡山林”经过村、组及晏某玉本人同意后一并收归集体统一开发。嗣后，大队号召村集体经济组织成员承包开发，当时晏某玉本人及本大队村民没有人报名承包。1987年，简某章搬迁至黄某场村并将户口迁入该村、在该村登记建房定居。1988年，黄某场大队实行对外招租承包等方式，简某章报名并以其他方式承包了“孙家坡”的土地。随后，简某章一直在承包的土地和黄桃基地上对黄桃树进行耕种管理，并按规定向黄花乡农经服务公司缴纳相关税费。后因上述经济林木管理不善，黄花场大队以家庭承包方式将简某章原承包的经济林地发包给简某章家庭。1998年，农村土地进行二轮延包时，晏某玉“孙家坡”山林没有登记在晏某萍承包范围内。2008年10月14日，宜昌市夷陵区人民政府向简某章颁发了《农村土地承包经营权证》，宜昌市夷陵区林业局向简某章发放了《森林、林木、林地状况登记表》。2014年，宜昌市夷陵区人民政府对简某章承包的土地再次进行确权。2015年2月28日，黄花场居委会与简某章签订《农村土地承包合同》，该合同中所确认简某章承包的三宗地块“四至”并没有晏某萍所述“孙家坡”宗地“四至”。

晏某玉已去世，晏某萍系晏某玉唯一的女儿，晏某兰系晏某萍的女儿，二人均为黄花场社区居委会村民，在黄花场社区居委会承包有土地。

【案件焦点】

应当以什么标准判断土地承包经营权的归属。

【法院裁判要旨】

湖北省宜昌市夷陵区人民法院经审理认为：《中华人民共和国物权法》对土地承包经营权的变动采用了意思主义物权变动模式，农户取得土地承包经营权的途径是与发包方签订承包合同，而不是领取土地承包经营权证。晏某玉在20世纪80年代由原黄某场大队收回“孙家坡”宗地进行集体开发时，即以自己的事实行为与黄某场居委会解除了“孙家坡”宗地的承包合同。而简某章自20世纪80年代至今，在其承包山经营耕种几十年，进行了大量的投入，并向有关部门缴纳了提成款等费用，现已取得“孙家坡”宗地土地承包经营权。由于晏某萍、晏某兰不能提供相关证据证实黄某场社区居委会与简某章签订的《农村土地承包合同》所确认简某章承包的三宗地块“四至”与晏某玉1984年土地承包经营权证上的“孙家坡”宗地“四至”一致，且简某章已取得了“孙家坡”林地林权证。故此，晏某萍、晏某兰的诉讼请求不能成立。

湖北省宜昌市夷陵区人民法院依照《中华人民共和国物权法》第一百二十七条，《中华人民共和国合同法》第十条、第九十一条，

《中华人民共和国民事诉讼法》第六十四条、第一百四十二条，《最高人民法院关于适用〈中华人民共和国民事诉讼法〉的解释》第九十条第二款，《最高人民法院关于民事诉讼证据的若干规定》第二条规定，判决：

驳回晏某萍、晏某兰的诉讼请求。

晏某萍、晏某兰不服一审判决，提起上诉。

湖北省宜昌市中级人民法院经审理同意一审法院裁判意见，依照《中华人民共和国民事诉讼法》第一百七十条第一款第一项规定，判决：

驳回上诉，维持原判。

【法官后语】

本案涉及农村土地承包经营权的权属认定问题。我国实行农村土地承包经营制度至今已逾三十年，其间土地承包经营权往往历经多次流转。受历史原因和农民生产、生活现实需要影响，流转过程中存在手续不完备、程序未到位等问题，极易引发权属争议，而解决此类争议的实质，就是解决土地承包经营权取得的认定依据问题。

从我国现行法律规定来看，发包方与承包方之间依法成立的合法有效的承包合同，是承包方取得土地承包经营权的法律依据。《中华人民共和国民法典》第三百三十三条第一款明确规定："土地承包经营权自土地承包经营权合同生效时设立。"《中华人民共和国农村土地承包法》第二十三条亦规定："承包合同自成立之日起生效。承包方自承包合同生效时取得土地承包经营权。"可见，土地承包经营权作为物权取得登记要件主义的例外，实际上采取了意思主义物权变动模式，即土地承包经营权的设立，只需发包方和承包方达成意思表示上的一致。而《中华人民共和国民法典》第三百三十三条第二款“登记机构应当向土地承包经营权人发放土地承包经营权证、林权证等证书，并登记造册，确认土地承包经营权”和《中华人民共和国农村土地承包法》第二十四条“国家对耕地、林地和草地等实行统一登记，登记机构应当向承包方颁发土地承包经营权证或者林权证等证书，并登记造册，确认土地承包经营权”的规定，只是政府对承包方已经取得承包经营权的一种登记确认行为，并不是赋予承包经营权的行为。由此可见，判断土地承包经营权归属的标准，在于谁与发包方建立了有效的承包合同关系，而非土地承包经营权证的持有。

然而，在我国二十世纪八九十年代的农村实践中，承包方与发包方之间往往成立的是事实上的承包合同关系，或者以事实行为解除土地承包经营合同，并不具备现行法律所要求的程序性要件，如《中华人民共和国农村土地承包法》第三十条对承包方自愿交回承包地作出规定，要求“应当提前半年以书面形式通知发包方”。但实践中，村民在从事相关行为时有惯常做法，如果以现在的法律规定来要求之前的行为，既违背了“法不溯及既往”的原则，也不符合当时的历史条件，故应认为只要该行为不违背当时相关法律法规的规定，就属有效法律行为。

具体到本案中，一、二审法院均精准把握承包合同是土地承包经营权取得依据的认定标准，并结合当时的土地政策，认为晏某兰以交回承包地的事实行为与黄某场居委会解除了诉争土地的承包合同，丧失了取得土地承包经营权的前提和基础，而简某章实际占有并使用经营该承包地、缴纳费用，履行了承包方的义务，其与黄花场居委会成立了事实上的承包合同关系，从而在双方均持有承包经营权证、林权证的情况下，认定诉争土地的承包经营权由简某章享有。

值得注意的是，土地承包经营权纠纷往往较为复杂，政策性强、敏感度高，处理此类案件，不仅要兼顾当时的历史背景、政策、法律以及农村居民生活交易习惯等方面因素，更要着重审查争议双方提供的证据，并通过调证、勘验、走访的方式查清土地的种类、性质和现状等相关状况。

编写人：湖北省宜昌市夷陵区人民法院　李文哲

184 征地补偿费用分配纠纷中民事责任主体的确定

——刘某思诉某村七组、居委会承包地征收补偿费用分配案

【案件基本信息】

1. 裁判书字号

湖南省益阳市中级人民法院（2018）湘09民终892号民事判决书

2. 案由：承包地征收补偿费用分配纠纷

3. 当事人

原告（被上诉人）：刘某思

被告（上诉人）：某村七组、居委会

【基本案情】

刘某思系某村七组村民刘某云之女，在某村七组出生，1998 年其父母离婚，随其叔祖母和外公生活，2006 年回某村七组后在外务工，每年均回某村七组居住生活。2013 年、2016 年两次嫁往外地，但均无承包地，其户籍在刘某云家庭户中一直没有变迁，2017 年 12 月 5 日单独登记刘某思为家庭户户主。南县城镇某公司从 2013 年开始陆续征收某村七组集体土地，其中刘某云家庭承包地在刘某云死亡后被征收，现该户无承包田土。2015 年 1 月 30 日，某村七组对征收补偿款进行了预支分配，刘某云家庭户按人口数 2 人预支金额 20000 元，某村七组及居委会提出该 20000 元系针对刘某云的预支分配，没有刘某思的份额。2017 年某村七组集体土地征收工作完成，对征收补偿款的分配，某村七组根据居委会给出的应分配补偿款数额，于 2017 年 3 月 11 日组织召开村民代表会，参会村民共 14 人，由居委会原主任殷某某进行监督，经讨论作出分配方案：（1）以最后一次承包人口为基数，征收期间家庭户有人员死亡，不减少该户分配人数，新增已婚妇女和出生人口的，予以增加，为最终分配人口；（2）为待结婚青年预留部分资金，三年内如增加人口的，按本次分配人平均金额总数的 70%分配。某村七组根据上述方案制作了明细表提交居委会，考虑刘某云以前有田地，明细表载明刘某云家庭户分配人数 1 人，应分金额 28500 元。居委会对分配方案和明细表认可后向各家庭户发放了征地款，刘某思已领取刘某云家庭户分配款。征收补偿款发放完毕后，某村七组于 2017 年 11 月 24 日向居委会出具了领条，载明领取征地款 4941338 元。刘某思因上述分配方案及明细未对其进行分配，向法院提起诉讼。

【案件焦点】

1. 刘某思是否具有某村七组农村集体经济组织成员资格，应否得到征地补偿款；2. 居委会是否应当对诉争征地补偿款的支付承担连带清偿责任。

【法院裁判要旨】

湖南省南县人民法院经审理认为：法律赋予村民集体自治权，但须以现行法律规定框架为限。对农村集体经济组织成员资格的确认，应以依法取得农村集体经济组织所在地的户籍为基本原则，同时兼顾在该集体组织中生产、生活或者离开后又没有取得所在地最低生活保障的情形进行认定。刘某思在某村七组出生，户籍初始登记在其父刘某云家庭户中一直没有迁出，刘某云家庭户承包地在刘某云死亡后被征收，刘某思在嫁入地没有取得承包地，也没有在当地获得最低生活保障，故应认定其原始取得某村七组的集体经济组织成员资格。居委会虽派人参加某村七组的村民代表会，对分配方案的议定进行监督，并对补偿款在认可某村七组提交的分配方案和明细后进行发放，但未公平、平等地保护集体经济组织成员的合法权益，应对上述应支付补偿款承担连带清偿责任。

湖南省南县人民法院依照《中华人民共和国物权法》第五十九条，《中华人民共和国妇女权益保障法》第三十三条，《最高人民法院关于审理涉及农村土地承包纠纷案件适用法律问题的解释》第二十四条规定，判决：

一、由某村七组于本判决生效后十日内给付刘某思征收补偿费28500元；

二、居委会对上述款项承担连带清偿责任。

某村七组、居委会不服一审判决，提起上诉。

湖南省益阳市中级人民法院经审理认为：根据《最高人民法院关于审理涉及农村土地承包纠纷案件适用法律问题的解释》第二十四条规定，某村七组作为农村集体经济组织，系涉案被征土地的所有权人，有权依照法律规定的民主议事程序决定在本集体经济组织内部分配已经收到的土地补偿款；居委会已举证证明某村七组已领取全部征地补偿款，某村七组对此也予以认可。因此，涉案征地补偿款分配和给付的义务主体是某村七组，而非居委会，并且该组织的监督行为并不构成共同侵权；原审判决认定居委会承担连带清偿责任依据不足。

湖南省益阳市中级人民法院依照《中华人民共和国妇女权益保障法》第三十三条，《中华人民共和国农村土地承包法》第三十条，《中华人民共和国民事诉讼法》第一百七十条第一款第二项规定，判决：

一、维持湖南省南县人民法院（2017）湘0921民初1837号民事判决第一项；

二、撤销湖南省南县人民法院（2017）湘0921民初1837号民事判决第二项；

三、驳回某村七组的上诉请求。

【法官后语】

随着社会经济的发展和城镇化建设进程的加快，农村土地被征收，承包地征收费用分配纠纷时有发生。本案中，刘某思具有某村七组集体经济组织成员资格，享有与其他成员同等的土地征收补偿款分配权。但刘某思以某村七组与居委会为共同被告起诉，要求某村七组、居委会承担连带责任，其实质是对征地补偿费用分配纠纷中民事责任主体的理解有误。

《中华人民共和国村民委员会组织法》第八条一方面规定了村委会管理本村属于村农民集体所有的土地和其他财产，另一方面明确了村委会应当尊重并支持集体经济组织依法独立进行经济活动的自主权。加之我国法律对农村集体经济组织的具体规定相对缺失，导致农村集体经济组织的地位不受市场认可，现实中，很多经济活动都是以基层自治组织的名义进行的。

《中华人民共和国村民委员会组织法》第二条规定："村民委员会是村民自我管理、自我教育、自我服务的基层群众性自治组织……"《中华人民共和国土地管理法》第十一条规定："农民集体所有的土地依法属于村农民集体所有的，由村集体经济组织或者村民委员会经营、管理；已经分别属于村内两个以上农村集体经济组织的农民集体所有的，由村内各该农村集体经济组织或者村民小组经营、管理；已经属于乡（镇）农民集体所有的，由乡（镇）农村集体经济组织经营、管理。"由此可见，一个自然村区域内只能有一个基层自治组织，它是农村公共事务的管理者；但可以有多个农村集体经济组织，它拥有农村集体资产，其目的是用集体资产实现收益，二者不应当是隶属关系。

《中华人民共和国土地管理法实施条例》（2014 修订）第二十六条规定："土地补偿费归农村集体经济组织所有。"（2021 年修订的《中华人民共和国土地管理法实施条例》删除了"土地补偿费归农村集体经济组织所有"，但从《中华人民共和国民法典》第二百六十一条规定可以看出，土地补偿费应当支付给土地所有权人即农村集体经济组织）《最高人民法院关于审理涉及农村土地承包纠纷案件适用法律问题的解释》第二十二条规定："农村集体经济组织或者村民委员会、村民小组，可以依照法律规定的民主议定程序，决定在本集体经济组织内部分配已经收到的土地补偿费……"《中华人民共和国村民委员会组织法》第二十四条规定："涉及村民利益的征地补偿费的使用、分配方案，经过村民会议讨论决定方可办理……"根据上述规定，村民小组对属于村内集体经济组织所有的土地及其征地补偿款享有独立的管理权，村民小组会议有独立的决定权，有权依照法律规定的民主议事程序决定在本集体经济组织内部分配已经收到的土地补偿款，故村委会对征地补偿款分配方案予以审批也没有法律依据。若分配方案制定主体和程序合法，内容未违反法律的强制性规定，对该自治权应予以尊重。

综上，此类案件的引发在于"分配"问题，确定承担责任主体的关键在于明确土地补偿款分配方案由谁确定。当事人对分配方案有异议，应以作出分配方案的农村集体经济组织为承担责任主体。因本案征地补偿款分配主体是某村七组，所以给付的义务主体也是某村七组，而非居委会。

此外，根据《中华人民共和国民法典》第一百七十八条第三款规定："连带责任，由法律规定或者当事人约定。"因连带责任系从保障债权人利益的角度出发，加重了债务人责任，故除当事人自行约定外，我国法律对承担连带责任的情形有严格明确的规定，即基于合伙、代理行为、共同侵权、滥用法人独立地位等行为而产生。本案中，居委会对于某村七组的给付责任，既无承担连带责任的约定，又不符合法律规定应承担连带责任的具体情形，故居委会在本案中不承担连带责任。

因本案判决于 2018 年，文书所引用的《中华人民共和国物权法》第五十九条已被《中华人民共和国民法典》（2021 年 1 月 1 日起施行）收纳调整为第二百六十一条，第二款第一项中的“单位”修改为“组织”。其他引用的条文因法律修改，其顺序作了相应调整：《中华人民共和国妇女权益保障法》2022 年 10 月 30 日修订（第三十三条更改为第五十六条）；《最高人民法院关于审理涉及农村土地承包纠纷案件适用法律问题的解释》2020 年 12 月 23 日修改（第二十四条调整为第二十二条）；《中华人民共和国农村土地承包法》2018 年 12 月 29 日修改（第三十条调整为第三十一条）；《中华人民共和国民事诉讼法》2021 年 12 月 24 日修改（第 170 条调整为第一百七十七条）。

编写人：湖南省南县人民法院　姚赛

185　未取得土地承包经营权的集体经济组织成员要求村集体发包田地应否受理

——潘某花诉第二村民小组土地承包经营权案

【案件基本信息】

1. 裁判书字号

广东省韶关市中级人民法院（2015）韶中法立民终字第 126 号民事裁定书

2. 案由：土地承包经营权纠纷

3. 当事人

原告（上诉人）：潘某花

被告（被上诉人）：第二村民小组

【基本案情】

潘某花是第二村民小组的村民，其家庭于1992年2月14日与第二村民小组签订土地承包合同，承包集体水田3.4亩、旱地0.3亩，承包时间共5年，从1992年1月1日起至1996年12月31日止。

1994年，砖厂向第二村民小组租用在“百某某塅”的农田挖泥做砖，根据潘某花提供的区砖厂挖泥面积数反映，在该处潘某花户有责任田1.44亩。1997年砖厂停产。因“百某某塅”的农田挖泥做砖后不宜耕种，砖厂将该地筑起土墙做成鱼塘，并将鱼塘交回给第二村民小组。1998年2月28日，第二村民小组将鱼塘发包给村民邱某有，承包期限为30年。2005年，邱某有将该鱼塘交回给第二村民小组，第二村民小组又将鱼塘发包给村民潘某可、潘某华等人，承包期到2014年2月27日止。

1998年，第二村民小组在对承包土地进行调整时，将潘某花户的其余责任田调整给了别的农户，未再与潘某花签订农村土地承包合同。2008年7月左右，潘某花对第二村民小组调整其承包的责任田向龙文村村民委员会提出异议。2014年3月，潘某花等人以他们全部责任田被村民小组调整到“百某某塅”鱼塘以及村民小组组长同意他们在鱼塘承包期届满之后将他们的责任田返给他们耕作为由，将鱼塘南边的塘埂中间段毁坏一部分。2014年4月21日，第二村民小组向法院提起诉讼，要求潘某花等人将毁坏的塘埂恢复原状，并赔偿经济损失1500元。在案件审理过程中，潘某花等人提出反诉，要求判令该小组恢复其所承包责任田的原状、赔偿经济损失。2014年10月16日，法院作出（2014）韶新法民一初字第 95 号民事判决，限潘某花等人将毁坏的“百某某塅”鱼塘南面的塘埂中间部分恢复至与该塘埂两边一样形状，并赔偿第二村民小组经济损失 1500 元，同时驳回潘某花的反诉请求。

2015 年 5 月 20 日，潘某花向法院提起诉讼，请求判令第二村民小组交回其所承包的责任田。在审理期间，潘某花明确其诉讼请求为：在第二村民小组集体的机动田中，按潘某花原承包地的面积，发包给潘某花。

另查明，现潘某花享受种粮直补的农田面积为 1.62 亩，但潘某花实际上并没有承包地。2013 年 4 月 15 日，潘某花向第二村民小组提出申请，申请在集体的机动田中返还其责任田。

【案件焦点】

本案是否属于民事诉讼的受案范围。

【法院裁判要旨】

广东省新丰县人民法院经审理认为：潘某花是第二村民小组集体经济组织成员，其有权依法承包由本集体经济组织发包的农村土地，由于潘某花在原土地承包合同到期以后，未再与集体经济组织签订土地承包合同，即未取得承包经营权。现潘某花要求承包土地，可向有关行政主管部门申请解决。根据《最高人民法院关于审理涉及农村土地承包纠纷案件适用法律问题的解释》第一条第二款“集体经济组织成员因未实际取得土地承包经营权提起诉讼的，人民法院应当告知其向有关行政主管部门申请解决”的规定，本案所涉纠纷不属于人民法院管辖的民事诉讼受案范围。

广东省新丰县人民法院依照《中华人民共和国民事诉讼法》第一百二十二条第四项、第一百五十七条第一款第三项的规定，作出如下裁定：

驳回潘某花的起诉。

潘某花不服一审裁定，提起上诉。

广东省韶关市中级人民法院经审理认为：本案是否属于民事诉讼的受案范围，能否进入实体审判，关键在于审查土地承包期满后，潘某花是否再次取得了土地承包经营权。

本案中，潘某花家庭于1996年土地承包期满后，第二村民小组又于1998年对承包土地进行了调整，将潘某花户原责任田调整给别的农户，未再与潘某花签订农村土地承包合同，潘某花家庭未实际取得承包土地。土地承包经营权作为一项用益物权，其创设应当具备法定形式。农户在第一轮承包中享有的承包经营土地的权利，并不必然延伸至第二轮承包。故仅凭潘某花在原审审理期间提交的2008年8月29日调整核实责任田名单及享受1.62亩种粮直补的凭据，不足以认定潘某花实际取得了原承包合同记载的水田3.4亩、旱地0.3亩的土地承包经营权。根据《最高人民法院关于审理涉及农村土地承包纠纷案件适用法律问题的解释》第一条第二款“集体经济组织成员因未实际取得土地承包经营权提起民事诉讼的，人民法院应当告知其向有关行政主管部门申请解决”的规定，潘某花诉请在第二村民小组集体的机动田中，按其原承包地的面积发包给其，不属于民事诉讼的受案范围。原审裁定驳回起诉正确，应予维持。潘某花的上诉理由不成立，不予采纳。韶关市中级人民法院依照《中华人民共和国民事诉讼法》第一百七十六条第一款、第一百七十七条第一款第一项、第一百七十八条、第一百八十二条的规定，裁定：

驳回上诉，维持原裁定。

【法官后语】

本案的当事人潘某花曾经取得过土地承包经营权，但在之后的承包中没有与村小组签订土地承包合同，那么其是否仍当然享有土地承包经营权呢？根据《最高人民法院关于审理涉及农村土地承包纠纷案件适用法律问题的解释》第一条第二款“集体经济组织成员因未实际取得土地承包经营权提起诉讼的，人民法院应当告知其向有关行政主管部门申请解决”的规定，对当事人是否享有土地承包经营权的审查涉及案件的主管管辖问题，即由法院继续审理还是告知当事人向其他部门申请解决。那么何谓“未实际取得土地承包经营权”？是否只要在第一轮承包中取得了经营权，则以后当然有经营权。换言之，第一轮承包权是否必然延伸至第二轮承包？司法审判实践中常会遇到这样的情况，第一轮承包户外出经商、打工，第二轮承包时村委会未给其承包地，后因征地补偿，第一轮承包户起诉主张其对原承包地享有承包经营权。

第一轮承包是从实行家庭联产承包时算起，各地的承包期普遍为1983年前后开始到1997年止，计15年。第二轮承包从1997年开始到2027年止，土地承包期再延长30年不变。有的村民认为，第二轮土地承包应该是在第一轮承包基础上继续延包，不是重新调整土地；另一部分人则认为，既然是第二轮承包，就应该重新调整。[①]对此，最高人民法院民一庭在《民事审判指导与参考》（第37辑）中阐述了明确的意见：虽然二轮承包是依据当时的政策在一轮承包

① 蒋月等：《农村土地承包法实施研究》，法律出版社2006年版，第97页。

基础上的延包，但作为一项用益物权，土地承包经营权的创设应当具备法定的形式。农户在第一轮承包中享有了承包经营土地的权利，但这项权利并不必然延伸至第二轮承包。第二轮承包时未取得承包权的，请求确认享有承包权，属于尚未取得承包地引发的纠纷，不予受理。对第二轮承包提出严格的形式要求与我国《中华人民共和国农村土地承包法》（以下简称《农村土地承包法》）《中华人民共和国民法典》（以下简称《民法典》）的规定相一致。《农村土地承包法》于2003年3月1日起施行，虽然距离第二轮承包已有几年，但仍在第二轮承包期内。根据《农村土地承包法》第二十二条和第四十九条的规定，无论是家庭承包还是以其他方式承包，均应签订书面承包合同。该法对承包合同的订立程序、承包期限、合同条款、合同成立和生效的时间、双方当事人的权利和义务及变更和解除都作出了比较具体的规定。《民法典》确认土地承包经营权为用益物权，其表现形式应该法定化，所以也明确规定土地承包经营权自土地承包经营权合同生效时设立。笔者认为，对第二轮承包提出严格的形式要求，可赋予农民更加充分而有保障的土地承包经营权，方便人民政府对土地的登记和管理，有利于土地承包经营权纠纷的解决。

本案中，因潘某花在第二轮土地承包时没有与村小组签订土地承包合同，其土地承包经营权没有设立，所以潘某花并未实际取得土地承包经营权，故本案不属于人民法院受理民事诉讼的范围，法院裁定驳回潘某花的起诉于法有据，是正确的。

编写人：广东省韶关市中级人民法院　黄颖红

186 非因法定事由不得擅自剥夺户口迁出村民的原土地承包经营权

——赵某云、卢某华诉村委会、卢某林土地承包经营权案

【案件基本信息】

1. 裁判书字号

河北省承德市中级人民法院（2017）冀08民终2406号民事判决书

2. 案由：土地承包经营权纠纷

3. 当事人

原告（被上诉人）：赵某云、卢某华

被告（上诉人）：卢某林

被告：村委会

【基本案情】

赵某云、卢某华系母女关系，在第一轮土地联产承包时，在东某村居住生活，赵某云与东某村村民王甲系夫妻关系，在1983年实施农村家庭联产承包责任制时，以王某为户主联产承包了三口人土地、果树，其中包括王某和赵某云、卢某华。1993年王某因病去世，赵某云带着三个未成年子女（包括卢某华）改嫁到兴隆镇黄某某村生活，王某名下承包的土地、果树无人经营，应交的税费无人承担，经王某所在村、组与卢某林口头协商，将土地交

给卢某林经营管理，卢某林负担部分税费。1999年，东峪村在进行土地延包过程中，将诉争的土地、果树仍登记在王某名下（延包合同上王某的签名不知何人所签），根据延包合同书记载，承包土地三块，其中北沟1.4亩，四至为东至王乙，西至坡，南至坡，北至坡，卢某勋房场0.3亩，四至为东至王某山，西至王乙，南至王丙，北至王某山，青灰岭0.1亩，未标明四至；承包果树，北岔红果树4棵，白梨树9棵，安梨树3棵，麻梨树1棵，杏树5棵，石湖上红果树3棵，小南沟红果树2棵，零散红果树12棵。1999年，卢某华结婚迁至兴隆镇中某村居住生活。赵某云、卢某华在现居住地均未取得承包土地、果树。2001年4月3日，东峪村委会与卢某林签订承包土地果树协议，约定将王某三口人土地、果树承包给卢某林，期限至2028年12月止。卢某林经营诉争土地果树至今，其经营过程中在北沟和北岔土地上栽植了核桃树和柿子树。2003年东某村村委会撤并入现村委会。赵某云、卢某华要求卢某林、原东某村村委会返还土地、果树未果，遂提起诉讼。

【案件焦点】

1. 农村家庭承包土地的承包方是农户的含义；2. 出嫁或者改嫁并将户口迁出的原承包户成员的承包经营权如何保护。

【法院裁判要旨】

河北省兴隆县人民法院经审理认为：赵某云、卢某华所诉土地、果树，在两轮承包中均登记在王某名下，赵某云、卢某华在王某农户内取得了相应承包份额，虽然赵某云、卢某华已经迁出所在村组，但在新居住地未取得承包土地、果树；虽然在二轮延包时，王某已经死亡，但根据延包合同书和卢某林与东某村村委会的合同，应视为原王某农户取得承包经营权，故对赵某云、卢某华要求确认享有诉争土地、果树的承包经营权的请求，予以支持。赵某云、卢某华在迁出东某村后，未对承包的土地果树进行经营管理和安置，属于弃耕行为，卢某林、原东某村村委会主张是赵某云、卢某华主动交回土地果树的证据不足，不予认定。赵某云、卢某华要求确认卢某林与原东某村村委会之间的承包合同无效，返还承包地、果树的请求，符合法律规定，予以支持。东某村村委会撤并入村委会，应由村委会承担相应责任。卢某林在土地上的合理投入，可另行主张权利。

河北省兴隆县人民法院依照《中华人民共和国农村土地承包法》第十五条、第三十条，《最高人民法院关于审理涉及农村土地承包纠纷案件适用法律问题的解释》第六条之规定，作出如下判决：

一、确认卢某林与原东某村村委会之间于2001年4月3日就王某三口人土地果树签订的承包土地果树协议无效；

二、确认赵某云、卢某华对诉争的原王某名下三口人土地果树享有承包经营权；

三、村委会、卢某林于判决生效后三十日内将原王某名下三口人土地果树（以承包合同登记为准）返还给赵某云、卢某华。

卢某林不服一审判决，提起上诉。

河北省承德市中级人民法院经审理认为：赵某云、卢某华作为原东某村村民，在两次承包中均享有家庭土地承包经营权。虽然王某在第二次承包时已经去世，但并不影响其家庭成员对原承包地的继续承包经营。且发包方也始终没有提供已与王甲户解除承包合同的相关证据。赵某云、卢某华在户口迁出后既未农转非也未重新获得承包地。故原判支持赵某云、卢某华返还承包地经营权的诉讼请求合理。卢某林要求撤销一审判决的上诉理由，不予支持。

河北省承德市中级人民法院据此认为，卢某林的上诉请求不能成立，不予支持，一审判决认定事实清楚，适用法律正确，应予维持。依照《中华人民共和国民事诉讼法》第一百七十条第一款第一项规定，作出如下判决：

驳回上诉，维持原判。

【法官后语】

自我国实施减免农业税费以及退耕还林优惠政策以来，因出嫁、转非、投亲等原因发生户口迁移，对原承包土地弃耕，或者未签订二轮延包合同，未实际经营原来承包土地的人员，在发生土地征占、开发、确权时，经常提出诉求，主张相应土地承包经营权。特别是近两年开展不动产确权登记过程中，由于人们对于土地价值的认识逐步提高，要求确权的案件时有发生。

依据2002年8月29日通过的《中华人民共和国农村土地承包法》第十五条（2018年12月29日修正后为第十六条第一款）“家庭承包的承包方是本集体经济组织的农户”的规定，土地承包经营权的承包方是农户，而非农户内的成员。在签订二轮承包合同中，一些地方按照原始承包合同的记载情况进行续签，部分农户的原户主已经死亡，或者迁出发生变化，在合同中没有得到体现。对于此类问题，应当根据其历史渊源客观地对待。我国从20世纪80年代初开始实施的土地家庭联产承包责任制，始终以户作为单位，而不是以个人进行承包，对此，2002年通过的《中华人民共和国农村土地承包法》以法律形式予以确定。对于在延包时，原户主已经死亡，无论是由于工作的疏忽，还是为了操作的便利，仍以原户主进行延包的情况，只要户内还有家庭成员存在（无论是原成员还是后来增加的成员），即使原成员户口已经迁出，都不能以延包时户主已经死亡，而否认延包合同的效力。只要农户内还有家庭成员，就应当允许其继续承包经营土地。

从土地承包期内收回土地问题来看，《中华人民共和国农村土地承包法》规定了自愿交回、可以收回和不得收回的条款，从发包方可以依职权主动收回的法律规定来看，只有2002年8月29日通过的《中华人民共和国农村土地承包法》第二十六条第三款[①]有明文规定，"承包期内，承包方全家迁入设区的市，转为非农业户口的，应当将承包的耕地和草地交回发包方。承包方不交回的，发包方可以收回承包的耕地和草地"。从规定来看，条件是清楚、明确并且严格的，如果发包方以其他理由主张收回，需要合同约定或者承包方同意。同时，从法律规定对妇女权益的特殊保护来看，对妇女承包地的收回专门作出规定很有必要，因男女不平等的现实还将长期存在，司法对出嫁女基本生存保障的土地权益，还要依法加强保护，明确非经法律明确规定事由不得剥夺出嫁女的土地承包经营权，即使存在弃耕或者权利的一度放弃的情形。《中华人民共和国民法典》对土地承包权与经营权作出了明确规定，第三百四十一条规定土地经营权的设立方式，为出嫁女（也包括其他妇女）的土地权益保障开辟了更广阔的空间。

编写人：河北省兴隆县人民法院　马建民

① 本条参照2018年12月29日发布的《中华人民共和国农村土地承包法》第二十七条第三款。

187 出嫁女对娘家承包地是否享有土地承包经营权的认定

——李某甲等诉李某戊土地承包经营权案

【案件基本信息】

1. 裁判书字号

广西壮族自治区崇左市中级人民法院（2018）桂 14 民终 119 号民事判决书

2. 案由：土地承包经营权纠纷

3. 当事人

原告（上诉人）：李某甲、李某乙、李某丙、李某丁

被告（被上诉人）：李某戊

【基本案情】

李某甲、李某乙、李某丙、李某丁（以下简称李某甲等 4 人）与李某戊是同胞兄妹。其父亲李某于 1998 年病故，其母亲杨某于 2011 年病故。李某戊在 1985 年第一轮土地承包到户之前已分家立户，其以户主身份获得家庭承包土地，土地使用证记载家庭在册人口为 5 人，劳动力 2 人。承包土地为：底屋（古龙）旱稻 0.58 亩，底屋（古龙）中稻 0.23 亩，底屋（古龙）中稻 0.40 亩，才缝中稻 0.32 亩，才缝中稻 0.17 亩，才缝中稻 0.10 亩，那标中稻 0.27 亩，木迭中稻 0.20 亩，央共中稻 0.20 亩。第二轮土地承包系第一轮的延续及新增荒地。李某戊户的农村土地承包经营权证记载承包期限至 2024 年 12 月 31 日止，共有人为李某戊。

2016年，某贸易加工产业大道项目征收怀某村天丈屯各类土地，其中李某戊被征收土地为0.86亩水田（土地经营权证登记的另周、底领实际面积），8.96亩甘蔗地（土地经营权证登记的三解实际面积），0.38亩荒地（地名另周），3.39亩甘蔗地（土地经营权证登记的茶右实际面积），征地补偿款合计746690元。其中0.86亩水田、0.38亩荒地、3.39亩甘蔗地已获得补偿款，合计318240元。

李某甲于1985年出嫁，李某乙于1982年出嫁，李某丙于1990年出嫁，李某丁于1991年出嫁，其四人户口已分别迁入夫家，并在夫家生活，以耕田务农为生。2017年李某甲等4人向法院起诉，请求均分李某戊所获征地补偿款。李某戊主张李某甲等4人早已不属于本地经济联合社小组成员，在该小组无土地承包经营权，无权要求分配因责任田被征收所得的补偿费用。

【案件焦点】

李某甲等4人对娘家土地是否具有承包经营权。

【法院裁判要旨】

广西壮族自治区宁明县人民法院经审理认为：土地征收补偿费是对土地承包经营权人因土地被征收的合理补偿。我国现行的农村土地承包经营制度，是以家庭承包为基础的经营体制，承包方是本集体经济组织的农户，而非个人。李某戊在第一轮土地承包到户时已分家立户，获得本案被征土地的承包经营权，李某甲等4人并非该土地的共同承包经营人。李某戊所获得的征收补偿费是基于其享有的土地承包经营权，并未占有李某甲等4人应得的份额。李某甲等4人既不是土地承包经营权证上的共有人，也不是李某戊的家庭成员。故李某甲等4人请求分割征地补偿费的诉讼请求理由不成立，不予支持。

广西壮族自治区宁明县人民法院依照《中华人民共和国农村土地承包法》第十五条、第十六条，《中华人民共和国物权法》第一百三十二条，《中华人民共和国民事诉讼法》第六十四条规定，作出如下判决：

驳回李某甲等4人的请求。

李某甲等4人不服一审判决，提起上诉。

广西壮族自治区崇左市中级人民法院经审理认为：承包地征收补偿费用分配纠纷是指土地承包经营权人承包经营的土地被征收后，因国家依法给予失地者的补偿费用分配问题而发生的纠纷，以土地承包经营权的存在为前提。本案诉争的实质是李某甲等4人是否具有涉案土地承包经营权，继而享有涉案土地征收补偿费，属于土地承包经营权纠纷，一审法院认定本案案由为“承包地征收补偿费用分配纠纷”不妥，应纠正为“土地承包经营权纠纷”。宁明县人民政府颁发的《中华人民共和国农村土地承包经营权证》载明承包方为李某戊，承包期为1995年至2024年12月31日，承包范围包括涉案被征土地，可以认定涉案土地的承包经营权人为李某戊家庭户。李某甲等4人于1992年前已经出嫁且户口迁入夫家，在夫家实际生活，该4人的生产、生活已经脱离李某戊家庭，不再属于李某戊家庭成员。因此，取得涉案土地承包经营权至被征收时，李某戊家庭成员不包括李某甲等4人，即涉案土地承包经营权人不包括李某甲等4人，李某甲等4人无权要求分割对涉案土地的征收补偿费。一审法院对李某甲等4人请求分割征地补偿费的诉讼请求不予支持并无不妥，予以维持。

广西壮族自治区崇左市中级人民法院依照《中华人民共和国民事诉讼法》第一百七十条第一款第一项规定，判决：

驳回上诉，维持原判。

【法官后语】

承包地征收补偿费用分配纠纷，是指土地承包经营权人承包经营的土地被征收后，因国家依法给予失地者的补偿费用分配问题而发生的纠纷。该类纠纷是“土地承包经营权纠纷”的下级案由。一般情况下，当事人对土地承包经营权的有无不存在争议，只是对补偿费用的具体分配有争议时，可以“土地征收补偿费用纠纷”立案，但是如果当事人对承包经营权本身有争议，因审理要素包含“确权”，不能为“分配纠纷”所涵盖，故确定为“土地承包经营权纠纷”案由更为妥当。因农村土地征收补偿费用分配引发的纠纷急剧增加，其中以出嫁女能否参与征地补偿款分配最具争议性。此类案件中，费用分配争议往往是其起因或表现形式，因分配对象限于征地时享有土地承包经营权的人，故其实质是土地承包经营权有无之争。本案即因出嫁女承包地征收补偿费用分配争议引发，关键是要判断出嫁女在征地时对被征收土地有无承包经营权。所以二审将其案由改为“土地承包经营权纠纷”。

本案争议焦点是李某甲等4人对李某戊户的承包地是否享有承包经营权。解决这一争议，需要厘清两个问题，一是李某戊户土地是否属于李某户土地；二是李某甲等4人对李某户土地是否享有土地承包经营权。解决这两个问题的关键需要厘清诉争土地的历史变迁情况。诉争土地曾在包产到户时期作为责任田分给李某户，李某甲等4人婚前与父母李某、杨某共同生产生活，属于李某户成员，因此李某甲等4人婚前对李某户基于包产到户所取得的诉争土地享有权益。但彼时农村土地承包制未正式推行，包产到户责任田不属于承包地。1985年第一轮土地承包到户，该地被分家的李某戊户承包，已不属于李某户承包地。因此，李某甲等4人对被征收土地自始至终不享有土地承包经营权。加之，李某甲等4人在20世纪80年代先后结婚，婚后均随夫家生活，实际耕作夫家的承包地，且户口均已迁至夫家所在地，故属于在其他地方获得土地承包经营权，不属于依赖娘家承包地生产生活的人员。因此，李某甲等4人婚前在娘家生产生活，共享娘家土地权益；婚后因共享夫家土地承包经营权，不再享有娘家所在集体经济组织的土地承包经营权，更无权与李某戊共享诉争被征土地的承包经营权。

编写人：广西壮族自治区崇左市中级人民法院　罗永秀

188 另立新户的原承包户成员不得主张分割原承包户的承包地

——杨某香等诉代某林等农村土地承包合同案

【案件基本信息】

1. 裁判书字号

湖北省宜昌市中级人民法院（2018）鄂05民终2321号民事裁定书

2. 案由：农村土地承包合同纠纷

3. 当事人

原告（上诉人）：代某玲、代某晴、杨某香

被告（被上诉人）：代某林、陈某翠、代某成

第三人：村委会

【基本案情】

1999年农村土地承包，代某林、陈某翠、代某成、杨某香等作为家庭成员共同承包了合意村耕地3.38亩，期限至2028年12月31日。代某林与陈某翠系夫妻，有子代某成、代某宝；代某宝与杨某香系夫妻，有女代某玲、代某晴。1999年代某宝去世，2000年，杨某香与代某成结为夫妻，后因故离婚，离婚后杨某香、代某玲、代某晴的户口从大家庭中分出。2016年8月，当阳市农村土地承包经营权确权期间，代某林作为承包方代表，在与村委会签订承包合同时，基于杨某香、代某玲、代某晴的户口已分出，未将杨某香、代某玲、代某晴同时申报为土地承包人。目前杨某香、代某玲、代某晴的户口仍登记在合意村。

【案件焦点】

1. 另立新户的原家庭成员能否主张分割原承包户的承包地；2. 如何保护未分得土地的集体经济组织成员的利益。

【法院裁判要旨】

湖北省当阳市人民法院经审理认为：杨某香、代某玲、代某晴诉争的土地已经相关行政部门确权登记，不属于人民法院受理民事诉讼的范围。依照《中华人民共和国民事诉讼法》第一百一十九条，《最高人民法院关于适用〈中华人民共和国民事诉讼法〉的解释》第二百零八条第三款规定，裁定如下：

驳回杨某香、代某玲、代某晴的起诉。

杨某香、代某玲、代某晴不服一审裁定，提起上诉。

湖北省宜昌市中级人民法院经审理认为：《中华人民共和国物权法》第一百二十七条第一款规定："土地承包经营权自土地承包经营权合同生效时设立。"即认定土地承包经营权归属的依据是土地承包经营权合同，而非土地承包经营权证。一审认为案涉土地已经相关行政部门确权登记，所以本案不属于民事诉讼案件受理范围的理由不能成立，予以纠正。但是，即使一审法院驳回杨某香等人起诉的理由不当，也不意味着杨某香等人当然享有诉权。《中华人民共和国物权法》第一百二十四条第一款规定："农村集体经济组织实行家庭承包经营为基础，统分结合的双层经营体制。"也就是说，农村家庭经营承包户是最基本的承包经营单位，不允许在"户"以下再行分割，承包户中的成员并不享有土地承包经营权。我国农村家庭承包实行"增人不增田，减人不减田"的制度，原承包户中部分成员另行立户，并不意味着新户可以向原承包户主张分割承包地。杨某香等人的诉讼请求，实质属于《最高人民法院关于审理涉及农村土地承包案件纠纷适用法律问题的解释》第一条第二款规定的"集体经济组织成员因未实际取得土地承包经营权……"的情形。杨某香等人应向有关行政主管部门申请解决，而无权提起民事诉讼。综上，杨某香等人的上诉请求不能成立，应予驳回。

湖北省宜昌市中级人民法院依照《中华人民共和国民事诉讼法》第一百七十条第一款第一项规定，裁定如下：

驳回上诉，维持原裁定。

【法官后语】

本案的争议焦点为农村土地承包户内的成员能否分割承包地，根据《中华人民共和国物权法》第一百二十四条第一款[①]规定："农村集体经济组织实行家庭承包经营为基础、统分结合的双层经营体制。"《中华人民共和国农村土地承包法》第三条规定："国家实行农村土地承包经营制度。农村土地承包采取农村集体经济组织内部的家庭承包方式，不宜采取家庭承包方式的荒山、荒沟、荒丘、荒滩等农村土地，可以采取招标、拍卖、公开协商等方式承包。"第十五条[②]规定："家庭承包的承包方是本集体经济组织的农户。"土地承包经营权的承包方是农户，即承包户是最基本的承包经营单位，而非承包户内的成员，不允许在"户"以下再行分割，承包户中的成员并不单独享有土地承包经营权。我国农村家庭承包实行"增人不增田，减人不减田"的制度，无论是土地承包合同上登记在册的家庭成员，还是后来因为嫁娶、新生等原因新增加的家庭成员，只要具有本集体经济组织成员资格，都平等地享有承包经营权，但均是以承包户的家庭成员为基础，且以"户"为单位享有土地承包经营权，不能由成员个人单独享有或作划分。

本案杨某香等人虽另立新户，不再享有原土地承包经营权，但其仍为合意村集体经济组织成员，并未实际取得土地，根据《最高人民法院关于审理涉及农村土地承包纠纷案件适用法律问题的解释》

---

① 本条对应2021年1月1日施行的《中华人民共和国民法典》第三百三十条第一款。

② 本条对应2018年12月29日发布的《中华人民共和国农村土地承包法》第十六条第一款。

第一条第二款[①]规定："集体经济组织成员因未实际取得土地承包经营权提起民事诉讼的，人民法院应当告知其向有关行政主管部门申请解决。"杨某香等人应向有关行政主管部门申请解决，而无权提起民事诉讼。根据《中华人民共和国农村土地承包法》第十一条[②]规定："……县级以上地方人民政府农业、林业等行政主管部门分别依照各自职责，负责本行政区域内农村土地承包及承包合同管理。乡（镇）人民政府负责本行政区域内农村土地承包及承包合同管理。"第十二条[③]规定："农民集体所有的土地依法属于村农民集体所有的，由村集体经济组织或者村民委员会发包……国家所有依法由农民集体使用的农村土地，由使用该土地的农村集体经济组织、村民委员会或者村民小组发包。"杨某香等人可向相应的行政主管部门申请解决未取得承包地的问题，也可向村委会反映情况，要求其发包相应的土地。

编写人：湖北省当阳市人民法院　来雨

---

① 本条对应2020年12月23日发布的《最高人民法院关于审理涉及农村土地承包纠纷案件适用法律问题的解释》第一条第二款。

② 本条对应2018年12月29日发布的《中华人民共和国农村土地承包法》第十二条第二款。

③ 本条对应2018年12月29日发布的《中华人民共和国农村土地承包法》第十三条。

189 未实际取得农村土地承包经营权的纠纷不属于人民法院的受案范围

——冯某旺诉茶木冲组农村土地承包合同案

【案件基本信息】

1. 裁判书字号

湖南省郴州市中级人民法院（2019）湘10民终70号民事裁定书

2. 案由：农村土地承包合同纠纷

3. 当事人

原告（上诉人）：冯某旺

被告（被上诉人）：茶木冲组

【基本案情】

邱某丽出生于茶木冲组，以家庭承包经营的方式承包经营了茶木冲组的土地。邱某丽先后经历了两段婚姻，但未取得过配偶方农村土地承包经营权，1997年6月20日后，茶木冲组以邱某丽系外嫁女为由收回其承包经营田并发包给本村其他村民。于是邱某丽及冯某旺向苏仙区农村土地承包经营纠纷调解仲裁委员会申请仲裁，冯某旺（2007年生）系邱某丽的非婚生子，自出生起户口就登记在茶木冲组，茶木冲组以冯某旺系外人为由一直不予分配土地，冯某旺认为茶木冲组的做法不符合法律规定，本人应享受农村土地承包权等村民相关权利。

2018年，邱某丽及冯某旺向苏仙区农村土地承包经营纠纷调解仲裁委员会申请仲裁，仲裁委员会作出苏农仲裁案（2017）第2号仲裁裁决书，认为茶木冲组收回承包经营土地的做法违反法律规定，限三个月内返还邱某丽；但冯某旺一是本人未在仲裁申请书上签名，二是与邱某丽的仲裁申请不是同一法律关系，不能一案仲裁，所以裁决驳回冯某旺的仲裁申请。邱某丽与冯某旺不服该仲裁决定向法院提起诉讼。诉讼期间，邱某丽自愿申请撤回其作为原告主体的所有诉请，但仍坚持让法院依法对冯某旺的诉请作出判决，请求判令茶木冲组发包承包地给冯某旺。

【案件焦点】

1. 冯某旺与集体经济组织之间的土地承包经营合同关系是否成立；2. 冯某旺可否向法院提起发包承包地之诉。

【法院裁判要旨】

湖南省郴州市苏仙区人民法院经审理认为：本案争议的焦点是冯某旺可否向法院提起发包承包地之诉。农村土地属于村集体所有，集体经济组织是土地发包方，有权发包本集体经济组织的土地，其他任何组织和个人均无发包权，集体经济组织是否向其成员发包土地以及发包土地的数量、位置等，属于集体经济组织公共管理事务的范围，应由集体经济组织决定。冯某旺从出生至今未实际取得承包经营权，可见冯某旺与集体经济组织之间的土地承包经营合同关系尚未成立，双方发生的纠纷不属于合同履行中发生的纠纷，故冯某旺的诉请不属于法院民事诉讼受案范围，其应向有关行政主管部门申请解决。

据此，依照《中华人民共和国农村土地承包法》第十九条，《最高人民法院关于审理涉及农村土地承包纠纷案件适用法律问题的解释》第一条第二款，《中华人民共和国民事诉讼法》第一百一十九条、第一百二十四条、第一百五十四条规定，裁定如下：

驳回冯某旺的起诉。

冯某旺不服一审裁定，提起上诉。

湖南省郴州市中级人民法院经审理认为：本案的争议焦点是冯某旺起诉要求判令茶木冲组发包该集体所有的土地给冯某旺承包，人民法院是否应当受理。《中华人民共和国民法通则》第二条规定，中华人民共和国民法调整平等主体的公民之间、法人之间、公民和法人之间的财产关系和人身关系。可见，只有当民事主体依法取得民事权利形成特定法律关系后，该民事权利才属于民法调整的范围。《最高人民法院关于审理涉及农村土地承包纠纷案件适用法律问题的解释》第一条第一款、第二款规定："下列涉及农村土地承包民事纠纷，人民法院应当依法受理：（一）承包合同纠纷；（二）承包经营权侵权纠纷；（三）承包经营权流转纠纷；（四）承包地征收补偿费用分配纠纷；（五）承包经营权继承纠纷。集体经济组织成员因未实际取得土地承包经营权提起民事诉讼的，人民法院应当告知其向有关行政主管部门申请解决。"冯某旺从出生至今未实际取得承包经营权，即冯某旺和茶木冲组尚未形成土地承包经营关系，因此，冯某旺尚未取得该法律关系中的此项权利，其要求法院判令茶木冲组发包给其承包地，法院应不予受理。对此项请求冯某旺可向有关行政主管部门申请解决。

综上所述，冯某旺上诉请求不能成立，一审裁定认定事实清楚，适用法律正确，依据《中华人民共和国民事诉讼法》第一百七十条第一款第一项、第一百七十一条规定，裁定如下：

驳回起诉，维持原裁定。

【法官后语】

关于集体经济组织成员因未实际取得土地承包经营权提起的民事诉讼，人民法院应否受理的问题，《最高人民法院关于审理涉及农村土地承包纠纷案件适用法律问题的解释》（2020年12月23日最高人民法院审判委员会第1823次会议修正）第一条第二款有明确规定。从民事诉讼层面来说，诉权以具体的纠纷为前提，但有了具体的纠纷，当事人并不必然享有诉权。这种衡量是通过民事诉讼法的规定加以明确的。如果程序法将某类纠纷排斥于民事诉讼救济途径之外或者设置了纠纷解决的前置程序，则当事人就不享有诉权或者诉权受到了限制。不能得到司法救济或者不能通过司法救济途径解决纠纷的当事人或许享有其他的救济权利。如本案中，冯某旺从出生至今一直未取得土地承包经营权，即未实际取得土地承包经营权而提起诉讼的情况，就属于法院依法不应受理的范围，但一审、二审法院在依法裁定驳回诉请的同时，均告知当事人可向有关行政主管部门申请解决。

我国农村土地承包纠纷案件根据不同情形规定了不同的救济途径。本案中，根据《最高人民法院关于审理涉及农村土地承包纠纷案件适用法律问题的解释》第一条第二款"集体经济组织成员因未实际取得土地承包经营权提起民事诉讼的，人民法院应当告知其向有关行政主管部门申请解决。"之规定。集体经济组织成员因未实际取得土地承包经营权纠纷不属于人民法院民事诉讼受案范围，但当事人可向有关行政主管部门申请解决。这体现了司法与行政救济途径的区别，集体经济组织成员因未实际取得土地承包经营权，向有关行政主管部门申请解决，尊重了行政机关的首次处理权，行政主管部门对于此类纠纷的处理更为便捷、专业，对老百姓提出的不同诉求能够更有针对性地定分止争，高效便民地化解矛盾纠纷，降低此类纠纷处置的社会成本，节约国家资源。司法机关是解决社会矛盾的最后一道防线，距离此类纠纷相对于行政机关而言较远，集体经济组织成员因未实际取得土地承包经营权先向有关行政主管部门申请解决，是将多元化的矛盾纠纷解决机制挺在前面，符合当前诉源治理的要求。

编写人：湖南省苏仙区人民法院　王新龙　刘阳

湖南省郴州市中级人民法院　陈道勇

190　农村土地承包合同的解除方式认定

——姜某山诉村委会土地承包经营权确认案

【案件基本信息】

1. 裁判书字号

北京市第三中级人民法院（2018）京03民终11294号民事判决书

2. 案由：土地承包经营权确认纠纷

3. 当事人

原告（上诉人）：姜某山

被告（被上诉人）：村委会

【基本案情】

姜某山系前某营村村民。1998 年 9 月 1 日，姜某山与村委会签订《土地承包合同书》，约定村委会将本村“大坨”南段 2.7 亩土地发包给姜某山承包经营，经营期限为 30 年，自 1998 年 9 月 15 日至 2028 年 9 月 25 日。后姜某山经营该土地。2000 年，村委会对全村承包地统一进行调整，姜某山承包地调整至本村“新平地”地块，亩数为 2.7 亩，但未签订土地承包合同。同年，村委会以给村民创收为由将包括姜某山承包地在内的本村 1000 亩土地出租给王某生经营，被占地承包户每人给予 500 元青苗补偿。2001 年 3 月 16 日，村委会与王某生签订《土地租赁合同》。姜某山从村委会领取青苗补偿费 2250 元。王某生经营至 2003 年年底，其离开前某营村，至今下落不明。2004 年村委会对全村承包地统一进行调整，但均未与承包户签订土地承包合同。此后至 2016 年，村委会数次对全村承包地统一进行调整，变更并重新确定承包地所在地块及承包期限，而且随着承包户家庭人口变化，其承包地面积亦随之变化。其中 2009 年至 2011 年，姜某山未要求经营承包地，其选择确地返利方式，从村委会领取了 2009 年、2010 年、2011 年的“不要地户退地款”。2010 年 11 月 11 日，前某营村实行股权制并进行股权登记。2013 年，因平原绿化工程占用前某营村 350 亩土地，其中包括涉案 2.7 亩土地。2015 年 12 月 27 日，前某营村召开村民代表会议，决定对养殖小区外所有剩余口粮田、崔某宝牛场外、原小学校东（姜某超承包地和姜某成河边地合同到期）公开招标，2016 年 7 月 1 日，村委会与姜某超签订土地承包合同。姜某山起诉要求依法确认姜某山对前某营村“大坨”地南段2.7亩家庭承包土地（东至郝某如，西至姜某武，南至大坑，北至道）享有承包经营权，经营期限至2028年9月15日。

【案件焦点】

姜某山与村委会于1998年9月1日签订的《土地承包合同书》是否已经解除。

【法院裁判要旨】

北京市平谷区人民法院经审理认为：承包合同自成立之日起生效，承包方自承包合同生效时取得土地承包经营权。村委会于1998年9月1日将涉案2.7亩土地发包给姜某山承包经营，双方之间已形成土地承包合同关系，且未违反法律、行政法规的强制性规定，应属有效，姜某山依法取得涉案2.7亩承包地的土地承包经营权。2000年村委会对全村承包地统一进行调整，姜某山承包地调整至本村“新平地”地块，此后至2016年，村委会数次对全村承包地统一进行调整，每次调整均重新确定承包地所在地块及承包期限，而且随着承包户家庭人口变化，承包地面积亦随之变化。村委会于2000年对全村承包地统一进行调整时，虽然村委会与姜某山并未明确表示解除双方于1998年9月1日签订的《土地承包合同书》，但姜某山自2000年起至今，并未实际经营涉案2.7亩土地，且涉案土地发包给他人经营以及2013年因平原植树造林被占用期间，姜某山均未提出异议。自2000年起，村委会每次对全村承包地统一进行调整，村委会与承包户之间均形成新的土地承包合同关系。因此，村委会与姜某山于1998年9月1日签订的《土地承包合同书》，已于2000年村委会对全村承包地统一进行调整时解除，双方之间的权利义务关系终止。姜某山要求确认其对前某营村“大坨”南段2.7亩土地享有承包经营权的诉讼请求无事实及法律依据，不予支持。北京市平谷区人民法院依照《中华人民共和国农村土地承包法》第九条、第二十二条规定，判决如下：

驳回姜某山的诉讼请求。

姜某山不服一审判决，提起上诉。

北京市第三中级人民法院经审理同意一审法院裁判意见，依照《中华人民共和国民事诉讼法》第一百七十条第一款第一项规定，判决如下：

驳回上诉，维持原判。

【法官后语】

一、土地承包经营权的确认

土地承包经营权是一种重要的用益物权，其成立于土地承包经营合同生效时，无须进行登记，具有对抗第三人之物权性。土地承包经营权确认纠纷是指就土地承包经营权是否成立及其归属和内容所发生的纠纷，以土地承包经营权是否存在为前提。而土地承包经营权在农村土地承包经营合同生效时设立。本案中，村委会与姜某山于1998年9月1日就涉案2.7亩土地签订《土地承包合同书》，该合同未违反法律、行政法规的强制性规定，合法有效，双方之间就涉案2.7亩土地形成土地承包合同关系，姜某山依法取得该2.7亩土地的土地承包经营权。

二、土地承包经营权的终止

土地承包经营权因承包合同的生效而设立，因承包合同的解除或到期而终止。其中，合同解除是指合同当事人一方或者双方依照法律规定或者当事人约定，依法解除合同效力的行为。合同解除分为法定解除和约定解除两种情况。根据《中华人民共和国民法典》第五百六十三条规定，法定解除的条件包括：(1) 因不可抗力致使不能实现合同目的。(2) 在履行期限届满之前，当事人一方明确表示或者以自己的行为表明不履行主要债务。(3) 当事人一方迟延履行主要债务，经催告后在合理期限内仍未履行。(4) 当事人一方迟延履行债务或者有其他违约行为致使不能实现合同目的。(5) 法律规定的其他情形。合同的约定解除，是指双方当事人协商一致解除原合同关系。其实质是在原合同当事人之间重新成立一个合同，其主要内容为废弃双方原合同关系，使双方基于原合同发生的债权债务归于消灭。约定解除的要件包括：(1) 当事人具有相应的行为能力；(2) 意思表示真实；(3) 内容不违反强行法律规范和社会公共利益；(4) 采取适当的形式。农村土地承包经营合同的解除方式亦包括上述两种，发包方或承包方既可依据法律规定的条件，行使合同法定解除权，也可由双方通过协商一致解除已生效的农村土地承包经营合同。

三、农村土地承包合同解除的认定

本案的争议焦点在于涉诉农村土地承包合同是否已经解除，涉案土地的承包方交回土地的行为是否可以认定为承包方与发包方通过行为方式协商解除农村土地承包经营合同。《中华人民共和国农村土地承包法》第二十九条[①]规定："承包期内，承包方可以自愿将承包地交回发包方。承包方自愿交回承包地的，应当提前半年以书面

---

① 本条参照2018年12月29日发布的《中华人民共和国农村土地承包法》第三十条。

形式通知发包方。承包方在承包期内交回承包地的，在承包期内不得再要求承包土地。”根据该条规定，承包方在承包期内自愿将承包地交回发包方的，可以视为承包方与发包方通过行为方式协商将农村土地承包经营合同予以解除。同时，应注意在认定承包方是否自愿交回土地问题上，应注意：1.“自愿交回土地”这一事实的举证责任由发包方承担，如承包方不予认可，发包方应提交充分、确实的证据予以证明。2. 对于证据的审查不宜机械化，不能将有无书面申请、书面通知或解除合同等作为唯一的判断标准，要结合农村的实际情况综合考虑以下因素：（1）土地收回时间及当事人是否提出异议，即在村委会收回土地后至起诉期间承包方对村委会收回土地有没有提出过异议，未提出异议的原因是否合理；（2）虽然没有直接证据证明，但如果有相关证据形成一定证据链条，可以推定承包方系出于自愿交回土地的，也可以认定自愿交回这一事实。结合本案情况来看，自2000年起，村委会数次对全村承包地统一进行了调整，均重新确定了承包地所在地块、承包地面积及承包期限。因其调整均涉及承包合同的标的、期限等主要合同条款的变更，故每次调整都具有终止原承包合同、成立新承包合同的效力。在此期间姜某山未提出异议并领取了相应补偿，可以认定姜某山经营涉诉承包地至2000年，通过协商将其承包经营的涉案土地交回给村委会。换言之，可以通过双方的行为认定姜某山与村委会已经于2000年通过协商方式解除了原农村土地承包合同。故双方原有的农村土地承包合同已经解除，姜某山要求确认对涉案2.7亩土地享有承包经营权的诉讼请求也就没有了事实和法律依据，故一审、二审法院均未支持姜某山的诉讼请求。

编写人：北京市平谷区人民法院　张琳琳

191 失踪人口的集体经济组织成员资格认定

——吴某发等诉梁振某、经济合作社承包地征收补偿费用分配案

【案件基本信息】

1. 裁判书字号

广西壮族自治区梧州市中级人民法院（2018）桂04民终443号民事判决书

2. 案由：承包地征收补偿费用分配纠纷

3. 当事人

原告（上诉人）：吴某发、吴某艳、吴某愊

被告（上诉人）：梁振某

被告（被上诉人）：经济合作社

第三人（上诉人）：梁某玉

第三人：梁永某、梁某仙、张某芝

【基本案情】

居住在经济合作社的村民梁某芬和聂某英系夫妻关系，生育子女长子梁永某、长女梁某仙、次子梁振某、次女梁某玉。梁永某与张某芝系夫妻关系，张某芝、梁永某先后于1977年8月、9月离家出走，当年，梁某芬和聂某英多方寻找无果，至今音讯全无。梁某仙于1979年与案外人吴某安结婚，吴某安户籍所在地为广西壮族自治区藤县新庆镇某村，其在该村承包了土地。婚后梁

某仙的户口没有迁离经济合作社，于1980年8月10日生育吴某发，于1987年7月25日生育吴某艳。吴某发婚后于2014年8月8日生育吴某慆。吴某发、吴某艳、吴某慆出生后户籍随梁某仙落户在经济合作社，并与梁某仙共同居住、生活在经济合作社。梁振某于1981年到重庆市读大学时将户籍迁往学校所在地，毕业后相继在河池市、梧州市工作，为非农业户口，并纳入城镇居民社会保障体系。梁某玉于1987年6月结婚，1994年将户籍由经济合作社迁往梧州市富民三路×号，现享受城镇社会保险待遇。

1985年农村实行联产承包责任制时，梁某芬户户籍情况记载如下：梁某芬、聂某英、梁永某（1978年注销、失踪）、梁某仙、梁振某（1981年9月迁重庆钢铁……学校）、梁某玉、张某芝（1977年6月24日迁入、1978年注销）、吴某发。故梁某芬户在首次实行联产承包责任制时，户籍在册人口有5人，为梁某芬、聂某英、梁某仙、梁某玉、吴某发，该户按当时家庭实际劳动力共领取三份责任山、责任地。梁某芬家庭承包土地后，主要由梁某芬、聂某英、梁某玉对承包的土地进行耕作，梁某仙、梁振某经常回家帮忙耕种。梁某仙于1986年将户口从梁某芬家庭户分出，以其个人家庭作为独立户，户籍仍在经济合作社。吴某发、吴某艳及后来出生的吴某慆均随梁某仙户。梁某芬于1994年4月去世。1999年12月31日，第三人梁某仙代表梁某芬户与经济合作社签订《梧州市郊区农村集体土地承包合同书》，在1985年农村集体土地承包责任制的基础上，实行延长土地承包期。同日，梧州市郊区人民政府颁发《土地承包经营权证》，该证内容载明：承包户主梁某仙，家庭人口5人，承包土地总面积0.949亩，期限30年，承包期自2000年1月至2029年12月。故在第二轮土地承包时，原梁某芬户已经分立两户，一户是以聂某英为户主的原梁某芬户，另一户是分立出来的梁某仙户，原梁某芬户户籍在册人口有4人，为聂某英、梁某仙、吴某发、吴某艳。聂某英于2007年8月去世。

因项目建设需要，梁某芬户承包的山林、菜地、耕地被政府征用，政府按照地类性质给予经济林（投产三年以上）35160元/亩的补偿（其中土地补偿费17580元/亩、安置补助费13185元/亩、青苗补偿费4395元/亩），菜地按10925.75元/亩补偿［其中土地补偿费37592元/亩、安置补助费（人均≤0.3）70485元/亩、青苗补助费1174.75元/亩］。该户因地类调整，政府在征收林地中土地补偿费按每亩增值1758元予以补偿。梁振某于2013年10月30日领取第一笔被征用山林6.75亩补偿款249197元（其中土地补偿费118665元、地类增值11866.50元、安置补助费88999元、青苗补偿费29666元）；于2015年5月12日领取第二笔征用山林4.459亩补偿款164617元（其中土地补偿费78389元、地类增值7839元、安置补助费58792元、青苗补偿费19597元），同日领取第三笔征用菜地0.066亩青苗补偿费7211元（其中土地补偿费2481元、安置补助费4652元、青苗补偿费78元），耕地出租收益294元，以上四笔款项合计421318元。

梁振某将该上述款项分两次支付了113000元给梁某仙，支付了125000元给梁某玉，后来梁某玉在其所得金额中支付了5000给梁某仙，故梁某仙实际得款为118000元，梁某玉实际得款为120000元，余下款项183318元为梁振某所得。

吴某发等及梁振某、梁某玉均认可涉案林地的林木属自然生长，不需要人为种植及日常护养。

梁某芬、聂某英去世后，涉案菜地由梁某仙种植、收获。

【案件焦点】

1. 各方当事人是否具有经济合作社集体经济组织成员资格、是否可以领取征地补偿款；2. 涉案征地补偿款如何分配。

【法院裁判要旨】

广西壮族自治区梧州市万秀区人民法院经审理认为：第一，关于各方当事人是否具有经济合作社集体经济组织成员资格、是否可以领取征地补偿款的问题。农村土地的承包方须具有本集体经济组织成员资格，对农村土地的承包经营权是以家庭为一个统一体，家庭成员共同享有权利，无论当时计入划地人数的成员还是后来新增加的家庭成员，只要具有本集体经济组织成员资格，都享有土地承包经营权。由于土地承包经营权时间长，随着时间的流逝，土地承包后，梁某芬家庭成员发生了变化，梁某芬、聂某英先后去世，已经丧失了本集体组织成员资格。梁振某、梁某玉户籍变化后已不是经济合作社村民，丧失了该社集体经济组织成员资格，不应享有土地承包经营权。梁永某虽离家出走多年，至今仍下落不明，但只要没有证据证实其已经死亡，其仍然属于梁某芬家庭成员之一，亦具备经济合作社集体经济组织成员资格，故梁永某享有土地承包经营权。张某芝在第一轮土地承包前已经离开经济合作社，至今没有在经济合作社实际生产、生活，不具备该社集体经济组织成员资格。由于吴某发等出生后选择户籍随梁某仙入户，并一直与梁某仙共同居住、生活，系梁某仙的家庭户成员，具有该集体经济组织成员资格。综上，梁某芬家庭承包户在征地补偿安置方案确定时的原承包人员剩下梁永某、梁某仙、吴某发、吴某艳、吴某慆，均有资格领取梁某芬户的征地补偿款。

第二，关于涉案征地补偿款如何分配的问题。综合第一轮、第二轮土地承包时梁某芬户的承包人情况、承包人对承包地的管理情况及该户现有家庭人口情况，法院酌定涉案征地补偿款按以下方式予以分配：土地补偿费梁永某取得 1/3，梁某仙户取得 2/3，吴某发等按征地补偿安置方案确定时是否为横石口集体经济组织成员在梁某仙户中予以分配；鉴于被征林木均为自然生长，故青苗补偿费随土地补偿费一并处理，菜地的青苗补偿费 78 元归其种植者梁某仙所有；安置补助费应按取得征地补偿款时该户中为经济合作社集体经济组织成员的人数平均分配；土地增值部分，鉴于梁永某外出多年未参与土地管理，故地类增值款应归梁某仙户所有。

综上，梁永某应取得涉案征地款中的 117969 元；梁某仙应取得 90687. 58 元；吴某艳、吴某发各应取得 90609. 58 元；吴某慆应取得 31442. 25 元。

依照《中华人民共和国继承法》第三条第一款，《中华人民共和国农村土地承包法》第三条、第十五条，《中华人民共和国土地管理法》第四十七条第一款、第二款，《最高人民法院关于审理涉及农村土地承包纠纷案件适用法律问题的解释》第二十四条，《中华人民共和国民事诉讼法》第一百四十四条规定，作出如下判决：

一、梁振某应在领取的 183318 元征地补偿款中向梁永某退还 117969 元、向吴某发退还 65349 元；

二、梁某仙应在领取的 118000 元征地补偿款中向吴某慆退还

27312.42 元；

三、梁某玉应在领取的征地补偿款 120000 元中向吴某艳退还 90609.58 元、向吴某发退还 25260.58 元、向吴某愊退还 4129.83 元；

四、驳回吴某发、吴某艳、吴某愊的其他诉讼请求。

吴某发、吴某艳、吴某愊、梁振某、梁某玉不服一审判决，提起上诉。

广西壮族自治区梧州市中级人民法院经审理认为：

第一，关于梁某仙户与梁某芬户是否作为两个独立的承包户分别向经济合作社承包该集体土地的问题。自 1985 年第一轮家庭承包以后，经过多年的生活、工作变迁，梁某芬户的家庭成员情况已发生较大变化，部分家庭成员已脱离经济合作社，不再属于该集体经济组织成员，同时也新增了部分家庭成员，且该户自 1986 年起分立为两户进行生产生活，即原梁某芬户分立为梁某芬户、梁某仙户，但梁某仙户并未从集体领取新的承包地，梁某仙于 1999 年 12 月 31 日作为梁某芬户的代表与经济合作社签订《梧州市郊区农村集体土地承包合同书》，故 1999 年延包时梁某仙是作为原梁某芬户的代表签订延包合同的。吴某发、吴某艳、吴某愊上诉认为梁某仙户与梁某芬户是两个独立的承包经营户，梁某仙是代表独立后的梁某仙户与经济合作社签订《梧州市郊区农村集体土地承包合同书》的主张，与本案查明事实不符，不予采纳。因此，梁某仙户与梁某芬户并非作为两个独立的承包户分别向经济合作社领取承包地。梁振某、梁某玉认为梁某仙、吴某发将户口独立出来后，梁某仙户与梁某芬户就是两个独立的家庭承包户，梁某芬户的家庭成员仅包括梁某芬、聂某英、梁永某、张某芝、梁振某、梁某玉，且梁某仙户与梁某芬户就土地承包经营权的分配达成内部协议，梁某仙户不承包原梁某芬户承包地的主张，亦与本案查明事实不符。首先，梁振某、梁某玉未能提供证据证明梁某仙户与梁某芬户就梁某仙户不承包梁某芬户承包地达成协议的存在；其次，1985 年第一轮土地承包时梁某仙尚未将户口独立出去，当时梁某芬户在册登记的户籍人口为 5 人，而当时户口在梁某芬户的家庭成员只有梁某芬、聂某英、梁某玉、梁某仙、吴某发，故可以确认梁某仙、吴某发均为第一轮家庭承包时的梁某芬户的原始成员。梁振某、梁某玉虽否认梁某仙是梁某芬户的家庭成员，但对梁某仙后期一直耕种梁某芬户承包地的事实并未否认，梁振某、梁某玉主张梁某仙为代耕，但其未能提供代耕的证据，故梁振某、梁某玉的上述主张，因缺乏证据支持，亦与本案查明事实不符，不予采纳。梁振某、梁某玉主张梁某仙与吴某安结婚后在吴某安的户籍所在地广西藤县新庆镇某村领取了承包地，但对此未能提供充分的证据证明，故不予采纳。

第二，关于梁某芬户承包的林地是否发生继承，是否存在由梁某芬、聂某英的继承人继承承包经营权的问题。家庭承包是以本集体经济组织内部的农户家庭为单位、户内成员人人有份的家庭土地承包经营，一般的家庭承包合同所确定的承包经营权不能继承。但是由于林地承包投资周期长、见效慢、收益期间长，所以《中华人民共和国农村土地承包法》规定林地的承包人死亡，其继承人可以在承包期内继续承包，对于林地承包人的继承人，我国法律并未限定于本集体经济组织成员，只要符合《中华人民共和国继承法》规定的继承人条件，均有权在承包期内继续承包。但对于林地承包继承的发生，还应当结合家庭承包的特点进行理解。若以家庭承包的方式承包林地，本质上也属于家庭承包，家庭承包的主体是农户而非某一特定的农民，家庭成员之一死亡，并不导致该农户整体消亡，农户仍然存在，其他家庭成员可以按照合同约定继续履行合同，不发生林地承包经营权继承问题，只有在家庭成员全部死亡，即该农户整体消亡的情况下，才发生继承问题。虽然梁某芬户历经多年，家庭成员发生了较大变化，但梁某玉于 1994 年将户口迁出梧州市时，梁某芬户内尚有人员聂某英、梁某仙、吴某发、吴某艳，后聂某英于 2007 年 8 月去世，该户的承包地则由其余人员继续承包经营，因此，梁某芬户在聂某英死亡后并不发生林地承包经营权继承的法律事实，梁振某、梁某玉提出梁某芬户承包经营的涉案林地在聂某英死亡后由其继承人梁永某、梁振某、梁某仙、梁某玉在剩余承包期内继续承包经营的主张，理据不足，不予采纳。

第三，关于梁某芬户所得的土地征收补偿费用应当如何分配的问题。本案实质上是户内成员之间就该户所得的征地补偿款应如何分配的纠纷。《中华人民共和国农村土地承包法》第十六条第二项规定，承包方承包地被依法征用、占用的，有权依法获得相应的补偿，故征地补偿款应由对承包地进行承包经营的户内成员依法共同享有；同时《中华人民共和国土地管理法实施条例》第二十六条第一款规定："土地补偿费归农村集体经济组织所有；地上附着物及青苗补偿费归地上附着物及青苗的所有者所有。"结合梁某芬户人员的死亡出生情况、户籍变迁情况，并兼顾是否依赖该集体经济组织的土地作为基本生活保障等因素，对涉案各方当事人是否有权参与涉案征地补偿款的分配及涉案征地补偿款应如何分配的问题，作如下具体分析：1. 梁某芬、聂某英在涉案征地发生前已死亡，故不应参与涉案征地补偿款的分配。2. 梁永某出生、成长于经济合作社，张某芝因结婚将户口迁入梁某芬户，梁永某、张某芝与涉案征地补偿款具有利害关系，至于能否有权分配需经案件实体审理后确定，吴某发、吴某艳、吴某榗上诉认为一审法院追加梁永某、张某芝为本案当事人程序违法，缺乏理据，不予支持。梁永某、张某芝在第一轮土地承包前便离家出走多年至今音讯全无，并被公安机关注销户口，一直未在经济合作社生产、生活，故一审法院为失踪人员梁永某保留相应的土地补偿款份额不当，予以纠正。3. 农村土地被征收后的土地补偿费，在性质上是对集体土地所有权的补偿，土地补偿费的性质决定了土地补偿费只能在本集体经济组织成员内部进行分配，不具有集体经济组织成员资格的人，不能参与土地补偿费分配。城市居民基本生活保障与农村家庭承包具有相同的基本生活保障功能，梁振某、梁某玉在案涉征地发生前已取得非农户口，并被纳入城镇居民社会保障体系，故应丧失其原拥有的集体经济组织成员资格。一审法院认定梁振某、梁某玉不应参与涉案征地补偿款的分配并无不当，予以维持，梁振某、梁某玉上诉主张其应当参与分配理据不足，不予采纳。4. 梁某仙虽在第一轮土地承包时已与组外人员结婚，但婚后未将户口迁出，在案证据无法证明梁某仙在丈夫吴某安的户籍地也领取了承包地，且梁某仙婚后仍在原集体经济组织生活，梁某仙、吴某发在第一轮土地承包时户籍均在梁某芬户中，吴某艳、吴某榗出生在经济合作社，在该集体经济组织居住生活，并依靠梁某芬户承包的土地进行生产、生活，故一审法院认定梁某仙、吴某发、吴某艳、吴某榗均有权参与涉案征地补偿款的分配并无不当，予以维持。

综合本案的实际情况，结合吴某发、吴某艳的诉请，对于涉案四笔征地补偿款的具体分配为：关于第一笔征地补偿费 249196 元，由梁某仙、吴某艳、吴某发各取得 83065.33 元；关于第二笔征地补偿款 164617 元，由梁某仙、吴某艳、吴某发、吴某愔各取得 41154. 25 元；关于第三笔征地补偿款 7211 元，除青苗补偿费 78 元由菜地耕种、管理者梁某仙个人所得外，土地补偿费、安置补助费合计 7133 元由梁某仙、吴某发、吴某艳、吴某愔各取得 1783. 25 元；关于第四笔土地收益 294 元，由梁某仙、吴某发、吴某艳、吴某愔各取得 73. 5 元。综上，梁某仙应得款项为 126154 元，吴某发、吴某艳、吴某愔应得款项为 295164 元。由于吴某发、吴某艳、吴某愔在诉讼中表示其在本案中要求返还的是其三人应得的款项总额，至于其内部如何分配所得的款项问题，由其内部协商，故梁振某应在其领取的 183318 元征地补偿款内向吴某发、吴某愔、吴某艳返还 178390 元，向梁某仙返还 4928 元；梁某玉应在其领取的 120000 元征地补偿款内向吴某发、吴某愔、吴某艳返还 116774 元，由于梁某仙没有请求梁振某、梁某玉进行返还，故对此不予处理。吴某发、吴某艳、吴某愔基于涉案征地补偿款原来全部为梁振某所领取，故其在起诉时仅要求梁振某返还涉案征地补偿款，但本案在审理过程中查明梁振某已将部分涉案征地补偿款支付给了梁某仙、梁某玉，吴某发、吴某艳、吴某愔明确表示若法院经审理查明事实后梁某玉也需要返还涉案征地补偿款，则其在本案中也请求梁某玉进行返还，为免当事人讼累，故在本案中一并判决梁某玉对相应款项进行返还。因该户内人员对如何分配涉案征地补偿款一直未能有效协商一致，故吴某发、吴某艳、吴某愔请求支付利息的诉讼请求，理据不足，一审法院不予支持正确，但一审法院对吴某发、吴某艳、吴某愔在一审庭审后请求增加利息数额的诉讼请求不予处理不当，法院予以纠正，就吴某发、吴某艳、吴某愔在一审庭审后请求增加利息的主张，法院亦依法予以驳回。

第四，关于经济合作社在本案中是否应当承担责任的问题。梁振某仅代表梁某芬户在经济合作社处领取该户的土地征收补偿费用，至于该户的户内人员就所得的征地补偿款应当如何分配，经济合作社并未参与，吴某发、吴某艳、吴某慆请求经济合作社对梁振某应支付款项及利息承担连带责任理据不足，一审法院不予支持正确，予以维持。

第五，关于吴某发、吴某艳、吴某慆请求梁振某返还登记在梁某仙名下的《土地承包经营权证》及《林权证》的问题。因本案为承包地征收补偿费用分配纠纷，与吴某发、吴某艳、吴某慆请求返还《土地承包经营权证》及《林权证》不属同一法律关系，法院不作处理，吴某发、吴某艳、吴某慆可另行主张权利。一审法院对此予以处理不当，予以纠正。

依照《中华人民共和国民事诉讼法》第一百七十条第一款第二项规定，判决如下：

一、撤销广西壮族自治区梧州市万秀区人民法院（2017）桂0403民初505号民事判决；

二、梁振某应在其领取的183318元征地补偿款范围内向吴某发、吴某慆、吴某艳返还178390元；

三、梁某玉应在其领取的120000元征地补偿款范围内向吴某发、吴某慆、吴某艳返还116774元；

四、驳回吴某发、吴某慆、吴某艳请求梁振某、梁某玉支付利息的诉讼请求；

五、驳回吴某发、吴某慆、吴某艳请求经济合作社承担连带责任的诉讼请求。

【法官后语】

本案是承包地征收补偿款在承包户内部成员之间的分配纠纷，应否为失踪人员梁永某、张某芝夫妇保留相应份额的征地补偿款为本案的一个争议焦点。

一审、二审就失踪人员能否参与分配涉案征地补偿款的问题均存在争议，一种意见认为应当保留，另一种意见认为不应当保留。保留的观点认为：梁永某出生、成长于经济合作社，为该集体经济组织的原始成员，张某芝因结婚将户口迁入经济合作社，在该集体经济组织有生活经历。二人虽离家出走多年，但没有证据证明其已经死亡，虽因长年未回家而被公安机关注销户口，但从未经任何法定程序宣告其死亡，现其所在集体经济组织经济合作社也未明确表示其已丧失该集体经济组织成员资格，因被公安机关注销户口便认定其丧失村集体经济组织成员资格没有法律依据，本案中也缺乏支持梁永某、张某芝必然不以所在集体经济组织所有的土地为基本生活保障的证据，为二人保留征地补偿款项亦是对失踪人员合法权益的保护。不保留的观点认为：第一，梁永某、张某芝均未参与第一轮土地承包经营，并不具备保留相应份额的前提，且二人已经失踪近40年，继续保留不利于维护家庭及社会和谐；第二，二人离家后，家人分别向公安机关及经济合作社报备二人为失踪人口并注销了户口，从户籍层面上看已经失去该经济合作社的成员基础，二人并不依赖该集体的土地生存，亦未与集体经济组织形成基本的权利义务关系。

本案对梁永某、张某芝土地补偿费份额保留与否的争议，实质是对其成员资格是否丧失的争议。保留观点的主要理由在于二人仅是失踪，并非死亡。笔者认为，首先应明确自然人失踪或死亡在法律上的直接效果是对其民事权利能力的影响，死亡直接导致其民事主体资格丧失，集体成员资格当然也不复存在；失踪是一个人的生存状态，其民事主体资格尚存，但是民事主体资格与集体成员资格并非对应关系，后者的取得与丧失有独立的判断标准，即，应当综合当事人在征地补偿安置方案确定时的生产、生活状况，户籍登记以及原农村土地对其是否具有基本生活保障功能等因素予以综合考虑。故，失踪并非必然导致集体经济组织成员资格的丧失，其成员资格的有无，应根据其失踪后的实际状态综合分析，以是否确属依赖原集体土地生存为判断依据，需要原集体土地作为生存保障的，应当保留其成员资格；否则应认定其丧失集体成员资格。二审法院最终采取了不保留的观点，主要理由是梁永某、张某芝已长达几十年不依赖经济合作社的土地生存，不具备保留该集体经济组织成员资格的实质条件，亦不具备该集体组织登记户籍的形式要件。故不予为其保留相应份额的征收补偿款。

编写人：广西壮族自治区梧州市万秀区人民法院　何青夏

192　未成年人集体经济组织成员资格的认定标准

——李某宸诉村委会承包地征收补偿费用分配案

【案件基本信息】

1. 裁判书字号

山西省晋城市中级人民法院（2018）晋05民终982号民事判决书

2. 案由：承包地征收补偿费用分配纠纷

3. 当事人

原告（被上诉人）：李某宸

被告（上诉人）：村委会

【基本案情】

李某宸之母祁某莎系东某村村民。2008 年李某宸出生，随母亲落户东某村，祁某莎在该村购有房屋。1999 年 11 月 22 日，祁某莎及其父祁某林取得土地承包经营权证书。2017 年之前，村委会每年向集体经济组织成员每人发放 300 元土地补偿款，2017 年发放土地补偿款 9000/人时，将李某宸排除在外，理由是外嫁女的子女不予分配。

【案件焦点】

李某宸是否具有东某村集体经济组织成员资格。

【法院裁判要旨】

山西省泽州县人民法院经审理认为：根据《最高人民法院关于审理涉及农村土地承包纠纷案件适用法律问题的解释》第二十四条规定："农村集体经济组织或者村民委员会、村民小组，可以依照法律规定的民主议定程序，决定在本集体经济组织内部分配已经收到的土地补偿费。征地补偿安置方案确定时已经具有本集体经济组织成员资格的人，请求支付相应份额的，应予支持……"李某宸自出生起便随母落户于东某村，在该村生活，并在该村缴纳新型农村合作医疗保险，自然取得东某村集体经济组织成员的资格。村委会虽辩称李某宸未取得二轮土地承包经营权，且属于空挂户，不具有土地补偿费的分配资格，但并未提供证据证明。李某宸为未成年人，没有独立的经济来源，其生活及完成学业所必需的费用依赖于其父母的收入及户口所在地的土地。李某宸的母亲没有稳定工作及收入，李某宸生活与成长中对土地依赖性较强。对李某宸要求村委会支付土地补偿款的请求予以支持。

山西省泽州县人民法院依据《中华人民共和国民法总则》第三条，《最高人民法院关于审理涉及农村土地承包纠纷案件适用法律问题的解释》第二十四条，《中华人民共和国民事诉讼法》第六十四条，《最高人民法院关于民事诉讼证据的若干规定》第二条之规定，判决：

村委会在本判决生效后十五日内给付李某宸土地补偿款 9000 元整。

村委会不服一审判决，提起上诉。

山西省晋城市中级人民法院经审理认为：《中华人民共和国妇女权益保障法》第三十三条规定："任何组织和个人不得以妇女未婚、结婚、离婚、丧偶等为由，侵害妇女在农村集体经济组织中的各项权益。因结婚男方到女方住所落户的，男方和子女享有与所在地农村集体经济组织成员平等的权益。"第五十五条规定："违反本法规定，以妇女未婚、结婚、离婚、丧偶等为由，侵害妇女在农村集体经济组织中的各项权益的，或者因结婚男方到女方住所落户，侵害男方和子女享有与所在地农村集体经济组织成员平等权益的，由乡镇人民政府依法调解；受害人也可以依法向农村土地承包仲裁机构申请仲裁，或者向人民法院起诉，人民法院应当依法受理。"李某宸的母亲祁某莎是东某村村民，承包有土地，李某宸的父亲虽未在东某村落户，但李某宸在出生后即随母落户于东某村。村委会制定的分配方案规定，自二轮土地承包以后，本村男性结婚，妻子与出生子女未分得土地，现户口在村内参加分配，享有100%的土地补偿费分配权。现村委会以李某宸未承包二轮土地为由主张李某宸无权参与分配，侵害了李某宸的平等分配权利。村委会称李某宸系空挂户人员，未提供相应充实的证据予以证明，村委会以此为由主张李某宸不应参加分配，理由不能成立。《最高人民法院关于审理涉及农村土地承包纠纷案件适用法律问题的解释》第一条规定，承包地征收补偿费用分配纠纷人民法院应当依法受理。第二十四条规定，征地补偿安置方案确定时已经具有本集体经济组织成员资格的人，请求支付相应份额的，应予支持。李某宸请求判令村委会支付其相应的土地补偿款，符合法律规定，一审法院予以支持并无不当。

综上所述，村委会的上诉请求不能成立，应予驳回；一审判决认定事实清楚，适用法律正确，应予维持。依照《中华人民共和国民事诉讼法》第一百七十条第一款第一项规定，判决如下：

驳回上诉，维持原判。

【法官后语】

农村集体经济组织成员资格是一种身份，是农民在该集体组织中取得生活保障的前提。根据《中华人民共和国民法典》规定的平等原则，未成年人与成年人一样，一旦取得某集体经济组织成员资格，就与其他成员享有平等的权利，非因法定事由不得被剥夺。①

未成年人出生后，通过户口登记获得本村户籍并在本村生活，虽因土地政策未获得土地承包经营权，但其父母及自身生活依靠土

① 需要说明的是，本案虽在《中华人民共和国民法典》颁布前审结，但适用的《中华人民共和国民法总则》第三条与《中华人民共和国民法典》第三条内容一致，民事主体的合法权益受法律保护。

地，应当认定其具有农村集体经济成员资格。《中华人民共和国未成年人保护法》第一百条规定："公安机关、人民检察院、人民法院和司法行政部门应当依法履行职责，保障未成年人合法权益。"该规定同样适用于涉及未成年人集体成员权益被侵害的案件的处理。对于此类案件，法院审理时应综合考量其出生后的户籍登记、生活经济来源等因素对其成员资格予以认定。本案中，李某宸户籍地为东某村，在该村缴纳有医保，且随母在该村生活，依赖其父母的收入及户口所在地的土地，应认定为具有东某村集体经济组织成员资格，享有参与征地补偿款分配的权利。村委会以其母亲是外嫁女为由拒绝向其分配土地补偿款，没有法律依据，是对其集体组织成员权益的侵害，应向李某宸承担给付补偿款的责任。①

实践中值得注意的是，个别农村基层自治组织通过村民会议的民主形式将未成年人等特殊群体排除在土地征收补偿款分配之外，不利于对未成年人等弱势群体利益的保护，法院应通过司法对侵害未成年人合法权益的行为和观念予以纠正，进一步引导、规范农村集体经济组织的管理行为，使其在今后的土地征收补偿及分配过程中依法行使自治权，保障每一位集体经济组织成员尤其是未成年子女的合法权益。

编写人：山西省泽州县人民法院　门三安　常霞

---

① 本案在审理时适用的《最高人民法院关于审理涉及农村土地承包纠纷案件适用法律问题的解释》第二十四条与该解释2020修正版的第二十二条内容一致，即土地补偿费的分配通过农村集体经济组织或者村民委员会、村民小组的民主议定程序决定，具有本集体经济组织成员资格的人，请求支付相应份额的，应予支持。实践过程中，针对仅确认农村集体经济组织成员资格是否属于民事案件受理范围仍存在争议，但因分配土地补偿费发生纠纷，农村集体经济组织成员资格的身份认定系人民法院进行实质审查的内容。

193 男方基于婚姻关系迁入女方户籍地可以取得集体经济组织成员资格

——黄某山等诉第一村民小组、第四村民小组承包地征收补偿费用分配案

【案件基本信息】

1. 裁判书字号

福建省厦门市中级人民法院（2018）闽02民终3603号民事判决书

2. 案由：承包地征收补偿费用分配纠纷

3. 当事人

原告（被上诉人）：黄某山、封某扁、黄某宏

被告（上诉人）：第一村民小组、第四村民小组

【基本案情】

第一村民小组与第四村民小组在村委会属同一个核算单位。封某扁的父母均系第四村民小组村民，封某扁出生后落户于第四村民小组。1998年12月22日，村委会颁发给封某水一家包括封某扁在内的《土地承包经营权证》，载明经营期限为1998年12月至2028年12月31日。2001年2月8日，封某扁与福建省漳浦县前亭镇某村村民黄某山登记结婚，黄某山于2003年8月29日将其户口迁移至第四村民小组封某扁处。封某扁与黄某山的儿子黄某宏于2003年7月16日出生，之后亦落户于第四村民小组。2006

年1月5日，第一村民小组、第四村民小组制订《山仔后第一、第四村民小组征地综合补偿款分配方案》，其中规定：户口在本村的，已嫁到外村的，现户口留在本村的嫁出女，随母在本村落户的子女，以及寄户人员，一律不给予分配。2017年1月22日、12月28日，第一村民小组、第四村民小组先后召开本组村民户主会议讨论，决定对324国道征地款和案外人纪某柱租赁后潭土地的租金收入按现有人口分红，每人2000元；以及对2017年城东中路和同龙路征地补偿款每人分红10000元。但第一村民小组、第四村民小组在具体落实上述两笔款分配过程中未分配给黄某山、封某扁、黄某宏。2007年10月，第一村民小组、第四村民小组曾有一笔每人3000元的征地补偿款没有分配给封某扁、黄某宏，被封某扁、黄某宏起诉至法院。法院于2008年11月20日作出（2008）同民初字第2501号民事判决书，认定封某扁、黄某宏系第一村民小组、第四村民小组集体经济组织成员，并判决第一村民小组、第四村民小组应支付封某扁、黄某宏各3000元。该民事判决书已发生法律效力。黄某山、封某扁、黄某宏认为第一村民小组、第四村民小组侵犯其集体经济组织成员合法权益，遂起诉至法院，请求判决第一村民小组、第四村民小组支付征地补偿款48000元。

【案件焦点】

黄某山等是否具备集体经济组织成员资格。

【法院裁判要旨】

福建省厦门市同安区人民法院经审理认为：封某扁的父母亲均

系第四村民小组的村民，封某扁出生后亦落户于第四村民小组，并参与了家庭承包该村土地，属原始取得该组集体经济组织成员资格，其婚后并未从该组迁出户口，系该集体经济组织成员的事实未发生改变。同样，封某扁的儿子黄某宏出生后亦落户于第四村民小组，也属于原始取得该组集体经济组织成员资格，且法院生效判决对该二人系第四村民小组集体经济组织成员已作了确认。黄某山与封某扁结婚前虽是其他村村民，但与封某扁结婚后其户口迁移至第四村民小组封某扁处，即依法取得户口所在地农村集体经济组织成员平等权益。《中华人民共和国妇女权益保障法》第三十三条规定："任何组织和个人不得以妇女未婚、结婚、离婚、丧偶等为由，侵害妇女在农村集体经济组织中的各项权益。因结婚男方到女方住所落户的，男方和子女享有与所在地农村集体经济组织成员平等的权益。"此外，《中华人民共和国村民委员会组织法》第二十七条第二款规定："村民自治章程、村规民约以及村民会议或者村民代表会议的决定不得与宪法、法律、法规和国家的政策相抵触，不得有侵犯村民的人身权利、民主权利和合法财产权利的内容。"第一村民小组、第四村民小组诉称黄某山、封某扁、黄某宏是寄户性质，不享有本小组集体组织成员资格，没有法律依据，且与上述法律规定相抵触。黄某山虽暂时在橡胶工业公司工作，但第一村民小组、第四村民小组并未举证证明黄某山已纳入城市居民社会保障体系，或举证证明黄某山仍在享受原户籍所在地农村集体经济组织成员待遇，故黄某山目前的工作并不影响其依法享有第四村民小组集体经济组织成员平等权益。第一村民小组、第四村民小组制定的分配方案侵害了黄某山在该农村集体经济组织中的合法权益，与上述《中华人民共和国妇女权益保障法》《中华人民共和国村民委员会组织法》的规定相抵触，对黄某山、封某扁、黄某宏不具有约束力。另外36000元包含该集体经济组织的租金等收益在内，并不完全是征地补偿款，故本案系侵害集体经济组织成员权益纠纷。黄某山等主张第一村民小组、第四村民小组支付三人每人12000元，系黄某山、封某扁、黄某宏作为该集体经济组织成员依法应当平等享有的权益，应予支持。

福建省厦门市同安区人民法院依照《中华人民共和国妇女权益保障法》第三十三条，《中华人民共和国村民委员会组织法》第二十七条第二款，《最高人民法院关于审理涉及农村土地承包纠纷案件适用法律问题的解释》第二十四条，《中华人民共和国民事诉讼法》第六十四条第一款规定，判决如下：

第一村民小组、第四村民小组应于本判决生效之日起五日内支付封某扁、黄某山、黄某宏征地补偿款等收益各计12000元。

第一村民小组、第四村民小组不服一审判决，提起上诉。

福建省厦门市中级人民法院经审理认为：首先，封某扁与其子黄某宏自出生始，即落户于第四村民小组，并一直在第四村民小组生活至今。其间，未将户口转移至他处，亦未变更其生产、生活基础，故一审判决认定封某扁及黄某宏为第四村民小组集体组织成员正确，应予以维持。其次，黄某山虽未出生在第四村民小组，但其已经因婚姻关系落户于第四村民小组，并生活至今。其在原户籍地亦未获得相应待遇，故应认定其系第四村民小组集体组织成员，应取得征地补偿款等，一审判决认定事实清楚，适用法律正确。

福建省厦门市中级人民法院依照《中华人民共和国民事诉讼法》第一百七十条第一款第一项规定，判决如下：

驳回上诉，维持原判。

【法官后语】

现阶段，我国尚未出台关于农村集体经济组织成员资格标准的相关法律规定，各级法院在审理此类案件时一般以上级法院的指导意见作为裁断依据。法院在认定成员资格时，原则上需要综合考量户籍、生产生活关系及生活保障基础三个因素。但在当前时代背景下，生产生活关系和生活保障基础逐渐由具象概念演变成抽象概念。鉴于农村外出务工人员不断增多，司法实践亦逐渐放宽了生产生活关系之认定，甚至有意忽略该标准。一般来说，生活保障基础的判断依赖于有形的是否承包土地之事实，但随着家庭分户及土地缺乏，越来越多的农村无地发包。在家庭未承包土地的情形下，生活保障基础便无法据此直接认定，实践中一般采取间接方式，通过查明家庭成员是否被纳入城镇居民社会保障体系及是否享有其他集体经济组织成员待遇进行判断，农村集体经济组织应承担相应的举证责任。

部分法院顾及乡风民俗，以指导意见的方式规定，男方到女方住所落户不符合“有女无儿、儿子没有赡养能力或女儿尽主要赡养义务”之情形，且未与女方所在集体经济组织建立生活保障依存关系的，男方能否取得该集体成员资格应由集体经济组织依民主程序自治决定。但是在风俗习惯基础上形成的裁判规则不能与现有法律规定相冲突，《中华人民共和国妇女权益保障法》第三十三条第二款明文规定：“因结婚男方到女方住所落户的，男方和子女享有与所在地农村集体经济组织成员平等的权益。”换言之，男方基于婚姻关系到女方住所落户的，只要女方属于所在地农村集体经济组织成员，男方未被纳入城市居民社会保障体系，亦未再享受原户籍地集体经济组织成员待遇，且无证据证明双方结婚及男方迁户有悖诚实信用原则的，应当认定男方享有所在地农村集体经济组织成员资格，女方原生家庭情况及男方的工作生活状态不应成为判断男方是否享有成员资格的考虑因素。

本案中，法官并未查明封某扁的原生家庭状况，裁判理由中亦未直接涉及生产生活关系和生活保障基础两个抽象要素，而是着眼于黄某山与封某扁的婚姻关系，并通过证明责任的分配，以第一村民小组、第四村民小组未举证证明黄某山已纳入城市居民社会保障体系，或举证证明黄某山仍在享受原户籍所在地农村集体经济组织成员待遇为由，认可黄某山依法享有第一村民小组、第四村民小组集体经济组织成员平等权益，此裁判思路可供参考。

编写人：福建省厦门市同安区人民法院　陈炳杰

194 土地权属存在争议的土地侵权纠纷不属于民事诉讼受案范围

——张某能农村土地承包经营户诉张某恒等返还原物案

【案件基本信息】

1. 裁判书字号

四川省广安市中级人民法院（2017）川16民终1683号民事判决书

2. 案由：返还原物纠纷

3. 当事人

原告（上诉人）：张某能农村土地承包经营户（以下简称张某能户）

被告（被上诉人）：张某恒、张某林、村委会

【基本案情】

张某能与张某恒原系沙河村3组村民。张某能现户籍地址为四川省武胜县龙女镇袁家庙村大×号，张某恒现户籍地址为四川省武胜县龙女镇龙发路×号。张某恒与张某林系父子关系，二人已分家。1984年8月，张某能户取得农村土地承包经营权证，承包使用年限为15年以上，承包地人口6人，承包地面积27.5挑。1999年10月24日，张某能（甲方）与张某恒（乙方）签订《房屋买卖协议》，约定，张某能将位于沙河村3组的住房4间以及猪圈、竹林、院坝出卖给张某恒，价格1万元。2000年，双方在该《房屋买卖协议》上添加“原承包地（3人）交与张某恒承包”之内容。2009年8月30日签订的《农村土地承包合同》上填写的承包方户系“张某伦”，承包期限为1999年1月1日至2028年12月31日，合同承包方代表人签字处填写的姓名系“张某伦”。该合同附件即《土地承包情况登记表》（登记时间为2009年8月30日）上登记的户名为“沙河村3组张某伦”，承包方土地承包经营权共有人情况未填写，承包人签字处填写的姓名系“张某林”，承包地面积为2.998亩。《农村土地承包合同》上承包方代表人签字处的姓名“张某伦”，并非张某伦本人签字，该合同的附件即《土地承包情况登记表》上承包人签字处的姓名“张某林”，并非张某林本人签字。张某能与张某恒向法院提交的《土地承包情况登记表》系同一登记表。《农村土地承包经营权证》（2009年8月31日颁发）上承包方代表姓名先填写了“张某伦”，该名字被划掉后填写的姓名系“张某林”，土地承包经营权共有人记载的是张某林及其家庭成员，承包期限为1999年1月1日至2028年12月

31 日。承包地面积为 2.998 亩。诉争土地实际由张某林耕种。该起纠纷经武胜县龙女镇人民政府调解未果，争议承包地暂缓确权。张某能户遂诉至法院。

【案件焦点】

1. 张某能户对诉争土地是否享有承包经营权；2. 张某恒、张某林是否应当向张某能户返还承包地。

【法院裁判要旨】

四川省武胜县人民法院经审理认为：张某能户主张其系诉争土地的合法承包人，其将承包地转包给张某恒，未约定转包期限，张某恒、张某林理应向其返还承包地。张某恒辩称张某能户系将其承包地退出并交由张某恒承包而不是转包，张某恒代其子张某林接收了张某能户的承包地。张某林辩称在第二轮土地承包第二次确权时，村民委员会根据承包土地台账以及该承包地实际耕种情况进行了更正登记，其取得了新一轮的《农村土地承包经营权证》，张某林对诉争的土地享有承包经营权。双方对诉争土地的承包经营权的归属各执一词。

《中华人民共和国农村土地承包法》第二十二条规定："承包合同自成立之日起生效。承包方自承包合同生效时取得土地承包经营权。"《中华人民共和国农村土地承包经营权证管理办法》第九条规定："农村土地承包经营权证登记簿记载农村土地承包经营权的基本内容。农村土地承包经营权证、农村土地承包合同、农村土地承包经营权证登记簿记载的事项应一致。"本案中，《农村土地承包合同》上填写的承包方户系"张某伦"，承包方代表人签字处填写的姓名系“张某伦”，但该合同的附件即《土地承包情况登记表》上承包人签字处填写的姓名系“张某林”，《农村土地承包合同》与《土地承包情况登记表》系一整体，而承包方签字处分别填写了“张某伦”与“张某林”两个不同的姓名，且均非本人签字。同时，《农村土地承包经营权证》上承包方代表姓名先填写了“张某伦”，该名字被划掉后填写了“张某林”，《农村土地承包合同》《土地承包情况登记表》与《农村土地承包经营权证》上记载的重要事项即承包人姓名不一致。土地承包经营权的设立以土地承包合同生效为前提，根据《农村土地承包合同》《土地承包情况登记表》记载的承包人姓名的实际情况来看，无法确定在第二轮农村土地承包第二次确权时发包方将诉争土地发包给张某能承包还是张某林承包，同样亦无法确定本案诉争土地的承包经营权是由张某能户享有还是由张某林享有。

土地使用权是土地承包经营权的基础和前提，土地承包经营权作为一种土地使用权，属于用益物权的一种，本案双方的争议实质上是土地使用权争议。本案诉争土地的使用权归属尚未明确，须先经有权的人民政府经法定程序予以确权。现张某能户未能举出充分的证据证实其对诉争的土地享有土地承包经营权，其应当承担举证不能的法律后果，故对张某能户的诉讼请求，不予支持。

四川省武胜县人民法院依照《中华人民共和国农村土地承包法》第二十二条，《中华人民共和国民事诉讼法》第六十四条第一款和《最高人民法院关于适用〈中华人民共和国民事诉讼法〉的解释》第九十条、第九十一条第一项之规定，判决如下：

驳回张某能户的诉讼请求。

张某能户不服一审判决，提起上诉。

四川省广安市中级人民法院经审理同意一审法院裁判意见，依照《中华人民共和国民事诉讼法》第一百七十条第一款第一项之规定，判决如下：

驳回上诉，维持原判。

【法官后语】

农村土地是是农业发展的基础，也是农民的基本生产资料和生活保障。小城镇建设、新农村建设如火如荼，涉及农村土地的各类矛盾纠纷层出不穷，如何妥善审理好涉及农村土地纠纷的案件，成为法院当前面临的一大难题。本案是一起因要求返还承包地及土地补偿费而引发的返还原物纠纷，争议焦点是张某能户对诉争土地是否享有承包经营权。土地承包经营权作为一种土地使用权，本案实质为土地使用权归属争议。

土地权属争议是指因土地所有权和使用权的归属不清，在争议产生前土地上的权利就处于不确定状态，因归属问题而引发的纠纷。按照产生争议的主体不同，可以将土地权属争议分为单位之间的争议、个人之间的争议以及个人与单位之间的争议。按照争议土地权属性质的不同，可以将土地权属争议分为土地所有权争议与土地使用权争议。此类争议主体具有多样性，争议客体具有特定性。形成的原因复杂多样，既有历史原因，又有地界划分和行政建制变化的原因。大多表现为年代久远、情况复杂、查证难度大以及政策性强等特征，这种纠纷的基础法律关系更多地体现为行政法律关系。对土地权属争议解决路径的理解应把握：

一、对土地权属争议不能提起民事诉讼

土地权属争议从表面上看似乎是平等民事主体之间因“财产关系”而发生的争议，属于民事诉讼受案范围。但并非所有平等民事主体之间因“财产关系”而发生的争议均属于法院民事诉讼的受案范围。《中华人民共和国民事诉讼法》第一百二十七条第三项规定：“人民法院对于下列起诉，分别情形，予以处理……（三）依照法律规定，应当由其他机关处理的争议，告知原告向有关机关申请解决。”《中华人民共和国土地管理法》第十四条规定：“土地所有权和使用权争议，由当事人协商解决；协商不成的，由人民政府处理。单位之间的争议，由县级以上人民政府处理；个人之间、个人与单位之间的争议，由乡级人民政府或者县级以上人民政府处理。当事人对有关人民政府的处理决定不服的，可以自接到处理决定通知之日起三十日内，向人民法院起诉……”《中华人民共和国森林法》第二十二条规定：“单位之间发生的林木、林地所有权和使用权争议，由县级以上人民政府依法处理……”根据上述规定，土地或林地使用权确权及其争议处理，是政府的法定职权，同时也是其专属的行政权力，其他组织和部门无权作出处理决定，行政处理是土地权属争议提起民事诉讼的前置程序。通过司法审理土地纠纷的前提是诉争土地使用权明确，因审判权无权干预土地确权及其争议的处理，故该类争议不能直接向法院起诉。

二、土地权属争议由政府予以处理的性质及其效力

土地权属发生争议后，当事人可协商解决，协商不成的，必须由有关人民政府先行处理。这里的“处理”是指有关人民政府按照其职责与管辖范围，对土地所有权和使用权争议作出的一种行政裁决，属于国家行政机关运用国家行政权力解决实际纠纷的活动，是一种具体行政行为。若当事人对政府的行政处理结果不服，可在接到处理决定书之日起60日内，根据《中华人民共和国行政复议法》第九条规定申请行政复议，当然也可不经行政复议，在接到行政处

理决定书之日起30日内直接向人民法院提起行政诉讼。

《中华人民共和国民法典》第三百三十三条第一款规定："土地承包经营权自土地承包经营权合同生效时设立。"本条规定，土地承包经营权自土地承包经营权合同生效时设立。合同生效是指合同产生法律约束力。合同的生效除了附条件、附期限的合同，以及法律、行政法规规定应当办理批准、登记等手续生效的以外，通常情况下，与合同的成立时间是一致的。2018年12月29日发布的现行有效的《中华人民共和国农村土地承包法》第二十三条规定："承包合同自成立之日起生效。承包方自承包合同生效时取得土地承包经营权。"民法典本条关于土地承包经营权合同生效的规定与已废止的《中华人民共和国物权法》第一百二十七条第一款规定以及《中华人民共和国农村土地承包法》第二十三条规定实际上是一致的，即土地承包经营权的设立只需发包方和承包方达成意思表示上的一致，承包合同自成立之日起生效，不以登记为生效要件。本案中，张某能户以返还承包地提出诉求，而行使返还请求权的前提是对承包地享有承包经营权，根据现有证据无法确认发包方将诉争土地发包给张某能承包还是张某林承包，同样亦无法确定本案诉争土地的承包经营权是由张某能户享有还是由张某林享有。双方当事人对诉争土地的承包经营权的归属各执一词，该起纠纷的实质是土地使用权争议，故本案不属于法院民事诉讼受案范围。

编写人：四川省武胜县人民法院　滕俊贤

195 多次流转的土地承包关系中实际经营者的认定

——邱某珠等诉柯某富等承包地征收补偿费用分配案

【案件基本信息】

1. 裁判书字号

福建省厦门市中级人民法院（2017）闽 02 民终 717 号民事判决书

2. 案由：承包地征收补偿费用分配纠纷

3. 当事人

原告（被上诉人）：邱某珠、胡某玲、胡某瑜、叶某英

被告（上诉人）：柯某富

被告：柯某理、村委会

【基本案情】

邱某珠系胡某家（已故）配偶，胡某玲、胡某瑜系胡某家婚生女，叶某英系胡某家母亲。1991 年 3 月 30 日，胡某家借用柯某理名义向村委会承包了 8.19 亩土地，同日，柯某理与村委会签订《土地承包合同》，该合同主要内容为村委会将该村一部分土地发包给柯某理，面积 8.19 亩，承包期自 1991 年 3 月 30 日至 2000 年 12 月 31 日。合同生效后，胡某家将该地块开挖建成鱼塘（即讼争鱼塘）从事养殖。合同到期后，经村委会同意，该鱼塘以柯某理的名义继续承包。胡某家死亡之后，该鱼塘由邱某珠经营至今。2015年，村委会集体所有的土地因“马某湾整治和生态修复项

目”被依法征收，征收范围涵盖讼争鱼塘。2015 年 9 月，村委会通过决议，决定“承包金上缴每亩 400 元，滞纳金 20%，交地奖励金发放每亩 4000 元，按承包者实际承包亩数为准”处理含讼争鱼塘在内的鱼池征收补偿问题。根据上述决定，讼争鱼塘按照青苗及地上附着物补偿款每亩 30000 元及按期交地奖励金 4000 元标准发放，合计青苗及地上附着物补偿款 245700 元，按时交地奖励金 32760 元，因自 2004 年起承包人未向村委会缴纳承包金，按照每亩每年 400 元标准扣减 10 年承包金 32760 元，并按照 20% 扣减滞纳金 6552 元，剩余补偿总金额为 239148 元，该款项已由村委会于 2015 年 9 月 25 日发放给柯某富。

另查明，(1) 柯某富提供《东孚镇统一收款收据》一张，该收据记载“交款人：柯某富，2001 年 4 月 15 日，摘要为承包村旧海滩鱼池交 2001 年至 2004 年共 3 年 11 号池，单位亩，数量 8.19 亩，单价 150 元，合计 3685.5 元”。(2) 柯某富提供《鱼塘延包合同》，认为《土地承包合同》到期后，经村委会同意，讼争鱼塘以柯某富的名义继续承包。(3) 证人胡某元证实养殖所需电力系胡某家、邱某珠从其电表中引出并由其代缴电费的事实。(4) 法院现场勘查确认在本案诉讼期间讼争鱼塘实际养殖户是邱某珠。(5) 证人吴某福证实其长期为胡某家、邱某珠提供养殖饲料。

【案件焦点】

1. 讼争鱼塘的实际经营者；2. 青苗及地上附着物补偿款的归属。

【法院裁判要旨】

福建省厦门市海沧区人民法院经审理认为：本案争议焦点是讼

争鱼塘的实际经营者是邱某珠还是柯某富。综合讼争双方的证据，法院评判如下：邱某珠提供的相关证据，其周边养殖户所作证言，证实胡某家、邱某珠自1991年起就将讼争的承包土地开挖成鱼塘并一直养殖，征地部门在征地之前的摸底调查亦确认邱某珠是实际养殖户，法院现场勘查亦确认诉讼时实际养殖户是邱某珠，结合证人吴某福证实其长期为胡某家、邱某珠提供养殖饲料以及证人胡某元证实胡某家、邱某珠养殖所需电力系从其电表中引出的事实，能够形成较为完整的证据链，对于讼争鱼塘的占有、使用及养殖过程具有证明优势，法院由此对邱某珠主张的其是讼争鱼塘实际经营人的事实予以确认。柯某富虽然提供收款收据证实其缴交了2001年至2004年的鱼塘承包金，并且与柯某理签订了鱼塘延包合同，但不能说明养殖的实际经过，也不能充分举证说明与养殖相关的用电、饲料、虾苗及水产品出售的有关情况，且鱼塘延包合同中村委会加盖公章的时间为2015年10月2日，而非柯某富、柯某理签字落款时间2001年2月12日，现有证据表明讼争鱼塘一直处于胡某家、邱某珠的控制、占有之下，故对柯某富主张的鱼塘承包经营权由柯某理转让至柯某富之事实不予采信。综上，认定讼争鱼塘的实际经营人为邱某珠，对于邱某珠主张其以柯某理的名义与村委会签订了土地承包合同，实际上是双方之间的转承包关系之主张予以确认。本案系承包地征收补偿费用分配纠纷，村委会是集体土地的所有权人，柯某理与村委会签订了土地承包合同，该合同于2001年到期后，土地未被收回，且村委会决定合同继续履行并且在土地被征收时按照补交承包金的方式发放征地补偿款，足以认定柯某理与村委会之间的承包合同效力延续至该土地被征收之日。柯某富以其名义交付了2001年至2004年的承包金，且村委会已经同意该合同的权利义务由柯某富继受，故在柯某富与村委会之间形成土地承包关系。柯某理退出与村委会的承包关系，但没有告知邱某珠等人，也没有将讼争鱼塘收回，柯某富明知该鱼塘的实际经营人是邱某珠等人，在与村委会建立土地承包关系时亦未向邱某珠等人提出解除合同或收回讼争鱼塘的主张，故应认定邱某珠等人与柯某理的转承包关系在邱某珠等人与柯某富之间继续有效并实际履行。然而，柯某富系第一手承包人，虽未实际经营，但其对邱某珠的土地承包起了一定的作用，对邱某珠依法取得征地补偿款具有一定的贡献，故邱某珠等人和柯某富之间应当依照公平原则按 7∶3 的比例予以分割，讼争款项的30%归柯某富所有。

福建省厦门市海沧区人民法院依照《中华人民共和国民法通则》第四条、《中华人民共和国土地管理法实施条例》第二十六条第一款、《最高人民法院关于审理涉及农村土地承包纠纷案件适用法律问题的解释》第二十二条、《中华人民共和国民事诉讼法》第六十四条之规定，判决如下：

一、柯某富应于本判决生效之日起十日内支付给邱某珠、胡某玲、胡某瑜、叶某英青苗和地上物补偿款 144471. 60 元；

二、驳回邱某珠、胡某玲、胡某瑜、叶某英的其他诉讼请求。

柯某富不服一审判决提出上诉。福建省厦门市中级人民法院经审理认为，本案争议焦点为如何认定讼争鱼塘的实际经营者。首先，一审查明的事实，可以证明邱某珠等人系讼争鱼塘的实际经营者。其次，关于柯某富提出的征地测绘图纸未经过公示是否有效的问题。征地测绘图纸系征地部门在现场实际测绘过程中，由邱某珠进行指认形成，虽然未经公示，但可以证明邱某珠对讼争鱼塘现场管理并且熟悉讼争鱼塘的事实。最后，关于柯某富在一审中提供的鱼塘承包金的收款收据、鱼塘延包合同、村委会出具的《证明》等，这些证据在时间上无法相互印证，且基于柯某富与柯某理系兄弟关系，柯某富持有承包金的缴交收据，不能证明其实际投入经营的事实。在一、二审审理中，柯某富均无法对投入养殖的具体情况进行说明。因此柯某富主张讼争鱼塘由其养殖经营，依据不足。柯某富的上诉请求缺乏事实和法律依据，不予支持。一审判决在分配讼争补偿款上已考虑到柯某富作为一手承包人的因素，给予其30%的款项。综上，一审判决认定事实清楚，适用法律正确，应予维持。

福建省厦门市中级人民法院依照《中华人民共和国民事诉讼法》第一百七十条第一款第一项的规定，判决如下：

驳回上诉，维持原判。

【法官后语】

在农村经济活动中，农村土地承包经营权往往经过多次流转，向村集体承包的承包人经过多次流转将承包地转包给其他承包者，由于农村土地承包经营权流转形式多样，流转手续并不完备，实际对承包地进行投入开发经营的承包者的确认容易引起争议，遇政府开发征用，各方承包者往往因承包地项下的征地补偿款的归属发生争议，对于多次流转的承包地的征地补偿款的归属应当如何认定，具有特殊性及典型意义。

1. 承包地征地补偿款的分配问题

目前承包地被征用后的征地补偿款的项目包含青苗费、地上附着物补偿款、安置补助费、土地补偿款、按时交地奖励金。根据《中华人民共和国土地管理法实施条例》第二十六条第一款规定，土地补偿费归农村集体经济组织所有；地上附着物及青苗补偿费归地上附着物及青苗的所有者所有。而根据《最高人民法院关于审理涉及农村土地承包纠纷案件适用法律问题的解释》第二十二条规定，承包地被依法征收，承包方请求发包方给付已经收到的地上附着物和青苗的补偿费的，应予支持。承包方已将土地承包经营权以转包、出租等方式流转给第三人的，除当事人另有约定外，青苗补偿费归实际投入人所有，地上附着物补偿费归附着物所有人所有。因此，属于承包者争议的征地补偿款项目即青苗、地上附着物补偿款。

2. 多次转包中土地承包关系的认定

本案中，村委会是集体土地的所有权人，能够认定柯某理与村委会之间的承包合同效力延续至该土地被征收之日。其间，村委会同意该合同的权利义务由柯某富继受，故在柯某富与村委会之间形成土地承包关系。柯某理退出与村委会的承包关系，但没有告知邱某珠等人，也没有将讼争鱼塘收回，柯某富明知该鱼塘的实际经营人是邱某珠等人，但在与村委会建立土地承包关系时亦未向邱某珠等人提出解除合同或收回讼争鱼塘的主张，故应认定邱某珠等人与柯某理的转承包关系在邱某珠等人与柯某富之间继续有效并实际履行。

3. 承包地实际承包者的认定

在本案中，柯某富及邱某珠均主张其是实际承包者，应当享有承包地被征用后的全部征地补偿款。根据谁投入谁受益的原则，青苗及地上附着物补偿款是对实际投入者的补偿，存在多次流转的土地承包关系中，实际投入者的认定往往存在争议，可能存在第一手承包人实际投入经营后再将承包地转包给其他承包者，也可能存在第一手承包人承包后未进行实际经营即将该承包地转包给其他承包者。因此，对于实际承包者，往往需要通过查明事实，分析各事实要素是否能够形成较为完整的证据链予以认定。邱某珠对于其投入经营的经过能够尽到举证义务，通过现场勘验照片、电费缴交凭证、证人证言等形成完整的证据链，因此其主张是实际经营者更为可信，应予以认定。根据法律规定，青苗及地上附着物补偿款应当由实际经营人取得，本案考虑到柯某富系第一手承包人，虽未实际经营，但其对胡某家、邱某珠的土地承包起了一定的作用，对邱某珠依法取得征地补偿款具有一定的贡献，依照公平原则，其应取得一定的补偿款，故对讼争款项按 7∶3 的比例予以分割，其中 30%归柯某富所有。

在实践中，实际承包者提供的证据很有可能无法形成较为完整的证据链支持其主张，或是多方承包者争议较大，对于实际投入者分歧较大，对此应根据各方举证及法院查明事实，认定各承包者对承包地经营的贡献，按各方对于承包地经营投入的比例分配相应征地补偿款，既符合客观实际，又兼顾法理、情理，易于妥善解决矛盾纠纷。

编写人：福建省厦门市海沧区人民法院　薛自力　谢依婷

196　“外嫁女”农村集体经济组织成员资格的认定

——竹某霞诉经济合作社承包地征收补偿费用分配案

【案件基本信息】

1. 裁判书字号

浙江省绍兴市中级人民法院（2014）浙绍民终字第 101 号民事判决书

2. 案由：承包地征收补偿费用分配纠纷

3. 当事人

原告（上诉人）：竹某霞

被告（被上诉人）：经济合作社

【基本案情】

竹某霞的丈夫张某出生在捣某某村，1985年4月随其父亲张某江将户口迁至城关集体户。1993年5月，原城关捣某某村经济合作社（村民委员会）与原嵊县土地管理局、原嵊县城西个体私营工业开发办公室签订了征用土地协议书，载明除因规划发展需要留出的约30亩留用地及部分企业用地外，全部集体土地被政府征用转为国家所有，全村村民户籍分两批转为非农户口，并由政府负责处理劳动力安置等问题。2001年，张某向捣某某村申请户籍迁入，当时承诺："暂不作任何享受，但如果同类户籍有享受，我也要享受。"2002年11月，嵊州市鹿山街道捣某某居民委员会与其他居委会合并，成立嵊州市鹿山街道捣某某社区居民委员会，仍保留经济合作社。2004年4月，嵊州市人民政府办公室对捣某某村的遗留土地问题作出嵊政办批（2004）96号批复：捣某某村老沙坝地块约8亩综合写字楼用地，按城建规划以经营性用地出让，出让金收益全额返还给捣某某村；捣某某村塘南约12亩的三产发展用地，由市土地储备中心进行收储，公开出让后，土地出让收益全额返还给捣某某村。2005年1月27日，竹某霞基于婚姻关系将户籍由嵊州市鹿山街道古某村迁至嵊州市鹿山街道捣某某村，户籍类型由农业家庭户变更为非农业家庭户，至今未发生变动。婚后，在原户籍所在地嵊州市鹿山街道古某村已不再享受任何福利待遇。2005 年 4 月 15 日，嵊州市捣某某村村民委员会与嵊州市土地储备中心签订土地收购合同，将捣某某村南侧土地的国有土地使用权实行收购，该合同约定了收购地块土地的位置、面积、补偿标准、付款方法等内容。案涉土地被依法拍卖后，经济合作社于 2005 年 6~7 月获得部分土地补偿款，该款被用于与鹏某公司合作建房。2011 年，经济合作社与鹏某公司合作建房失败，在嵊州市鹿山街道办事处的协调下，双方达成协议，由鹏某公司支付经济合作社 2500 万元作结。经济合作社在取得鹏某公司支付的部分土地款后，已陆续以"福利费""春节节日费"等名义向每位社员共计发放了 42000 元，张某也获得了分配。但竹某霞未获得上述款项。

现竹某霞请求判令经济合作社支付土地征收补偿费 42000 元。经济合作社以竹某霞的丈夫张某系挂靠户，竹某霞不具有农村集体组织成员资格及本案征地安置补偿方案确定时，竹某霞的户口不在捣某某村为由，请求驳回竹某霞的诉请。

【案件焦点】

1. 本案征地安置补偿方案何时确定；2. 竹某霞是否有权取得土地补偿费分配。

【法院裁判要旨】

浙江省嵊州市人民法院经审理认为：根据经济合作社与土管部门于 1993 年 5 月签订的征用土地协议书及嵊政办批［2004］96 号嵊州市人民政府办公室文件内容可以得出，政府部门在 1993 年 5 月对经济合作社集体土地的征用并没有包括约 30 亩的村留用地。直至

2004年，因区域发展需要，政府部门才对遗留部分的土地启动征收程序，并于2005年4月15日签订了捣某某南侧土地的土地收购合同，正式将案涉土地收归国有。故本案征地补偿安置方案确定时间应为土地收购合同签订时，即2005年4月15日。2005年1月，竹某霞基于婚姻关系将户籍由嵊州市鹿山街道古某村迁至捣某某村，之后在捣某某村实际生产、生活，且不再享受古某村的任何福利待遇，故应认定原告自2005年1月起具有经济合作社成员的资格。竹某霞在征地补偿安置方案确定时已具有经济合作社集体组织成员资格，有权请求经济合作社支付相应的土地补偿款。竹某霞要求经济合作社支付相应土地补偿费的诉讼请求，理由正当，依法应予支持。

浙江省嵊州市人民法院依照《中华人民共和国妇女权益保障法》第三十二条、《最高人民法院关于审理涉及农村土地承包纠纷案件适用法律问题的解释》第二十四条的规定，判决如下：

捣某某村合作社支付竹某霞土地补偿费42000元，限判决发生法律效力后十日内付清。

经济合作社不服原判提起上诉。浙江省绍兴市中级人民法院经审理认为：本案捣某某村征地补偿安置方案确定时间为土地收购合同签订时，即2005年4月15日。而竹某霞于2005年1月基于婚姻关系将户籍迁至捣某某村，之后一直在捣某某村生产、生活至今；同时，未在户口迁出地享受任何与土地征用补偿相关的福利待遇，且在户口迁出时，其已从农业户口转为非农户口，已丧失了作为农民赖以生存的集体土地资源，因此，宜认定竹某霞在户口迁入捣某某村时，即2005年1月，具有经济合作社成员资格。本案征地补偿安置方案确定时，竹某霞已具备经济合作社成员资格，依法应享有本案土地补偿费的分配权。由此，原审法院对本案土地补偿费的认定与处理，应属正确。

绍兴市中级人民法院依照《中华人民共和国民事诉讼法》第一百七十条第一款第一项之规定，判决如下：

驳回上诉，维持原判。

【法官后语】

本案是一起典型的涉“外嫁女”土地补偿款分配案，根据《最高人民法院关于审理涉及农村土地承包纠纷案件适用法律问题的解释》（2021年12月23日最高人民法院审判委员会通过）第二十二条规定，农村集体经济组织或者村民委员会、村民小组，可以依照法律规定的民主议定程序，决定在本集体经济组织内部分配已经收到的土地补偿费。征地补偿安置方案确定时已经具有本集体经济组织成员资格的人，请求支付相应份额的，应予支持。但已报全国人大常委会、国务院备案的地方性法规、自治条例和单行条例、地方政府规章对土地补偿费在农村集体经济组织内部的分配办法另有规定的除外。此类案件的焦点在于农村集体组织成员资格的认定问题。

我国城镇化程度不断推进，涉及农村集体经济组织成员权益的纠纷增多，如“外嫁女”、退休返乡人员、服兵役人员、大中专学生等要求与其他成员在土地补偿费方面享受同等待遇，因现有的法律法规对农村集体经济组织成员资格认定方面并未作明确规定，司法实践中一般认为，对于农村集体经济组织成员资格的认定，可以是否形成较为固定的生产、生活关系和是否具有依法登记的集体经济组织所在地常住户口为基本判断标准，同时，充分考虑农村土地承包所具有的基本生活保障功能。笔者认为，实践中可从以下几个方面递进式综合考量：

1. 户籍标准。户籍登记在本集体经济组织所在地，且户籍类型为农业户口的一般可认定其成员资格。但本案中经济合作社所在地已改为社区，其成员均已转为非农户口，竹某霞因婚姻关系将户口转入时，户籍类型同样转为非农，在本案中不宜单纯以户籍类型来判断是否具有集体经济组织成员资格。

2. 生产、生活标准，即以是否实际在本集体经济组织内生产、生活为依据。实践中争议较大的“农村出嫁女”问题，该类人员一般出生后即具有原集体经济组织成员资格，出嫁后将户籍迁出，并逐步脱离原集体经济组织的生产、生活，应视为其丧失原集体经济组织成员资格。另外，因婚姻关系进入本集体经济组织农户生产、生活所增加的人口，应给予其成员资格，这样区分有利于在较长时间内保持本集体经济组织人口总量的稳定。本案中竹某霞因婚姻关系引起户籍关系发生变动时，其已脱离原集体经济组织，不再在原集体经济组织享有土地承包、集体经济组织收益分配、选举等权益。之后，竹某霞在经济合作社实际生产、生活，应认定其在户口迁入后即享有经济合作社的社员资格。

3. 收入来源标准，即是否以集体经济组织的生产生活为主要经济收入来源和基本生活保障。考虑到农村集体土地对农户的基本生活保障功能，该标准可作为退休返乡、外出学习返乡等所谓“空挂户”集体经济组织成员资格认定方面的一个重要考量依据，实践中较为普遍的做法是审查其是否已纳入城镇居民的社会保障体系。如退休返乡人员，虽然将户籍迁入农村集体经济组织，现实中也往往在本集体经济组织生活，但并不以承包经营本集体经济组织农村土地为基本生活保障，而是以其享有的退休人员工资及各项福利待遇作为主要经济收入来源和基本生活保障，故不宜认定其具有本集体经济组织成员资格。值得注意的是，随着农村经济发展，目前越来越多的农户在承包农村集体土地的同时，又从事非农工作，甚至于自费加入城镇居民社会保障体系，此时应结合前两项标准综合判定，而不能单纯以非农收入或加入城镇居民社会保障体系来否定其集体经济组织成员资格。

综上，认定集体经济组织成员资格时应以户籍标准、生产生活标准为主，而收入来源标准宜作为前两项标准的补充。

编写人：浙江省嵊州市人民法院　张盼盼

197　农村土地二轮承包效力的认定

——佘某珍诉佘某胜、村委会农村土地承包合同案

【案件基本信息】

1. 裁判书字号

湖北省宜昌市中级人民法院（2014）鄂宜昌中民再终字第6号民事判决书

2. 案由：农村土地承包合同纠纷

3. 当事人

原告（上诉人）：佘某珍

被告（被上诉人）：佘某胜、村委会

【基本案情】

佘某珍与佘某胜系母子关系，1977年各自有户口分家生活。1982年实行家庭联产承包责任制时，佘某珍与佘某胜分别承包了土地。2000年佘某珍与佘某胜将户口合为一户。2005年土地二轮

延包时，佘某珍与佘某胜夫妇作为一户与村委会签订农村土地承包合同，该承包合同发包方为村委会，承包方为佘某珍与佘某胜夫妇，承包方式为家庭承包，承包期限为1999年1月1日至2028年12月31日。2008年8月20日，五峰土家族自治县人民政府为佘某珍与佘某胜夫妇颁发了《中华人民共和国农村土地承包经营权证》，该经营权证载明发包方香东村委会，承包方代表佘某胜，承包方土地承包经营权共有人张某秀（佘某胜之妻）、佘某珍，承包方式家庭承包，承包期限2008年8月20日至2028年12月31日。佘某珍原承包的土地由其经营至今。佘某珍认为在土地二轮延包和换证过程中，香东村委会与佘某胜恶意串通，在佘某珍不知情的情况下，以合户为名，将佘某珍承包的土地填到佘某胜的承包合同中，骗取了《农村土地承包经营权证》，请求确认香东村委会与佘某胜2005年签订的农村土地承包合同无效。

【案件焦点】

土地二轮承包起始时间的界定；相关政策的法律强制性问题。

【法院裁判要旨】

佘某珍诉佘某胜、村委会农村土地承包合同案，湖北省宜昌市五峰土家族自治县人民法院作出民事判决，判决发生法律效力后，湖北省宜昌市五峰土家族自治县人民法院作出民事裁定，对本案进行再审。法院作出民事裁定，撤销湖北省宜昌市五峰土家族自治县人民法院民事判决，驳回佘某珍的起诉。佘传珍不服，提起上诉。湖北省宜昌市中级人民法院法院作出民事裁定，撤销湖北省宜昌市五峰土家族自治县人民法院民事裁定，指令湖北省宜昌市五峰土家族自治县人民法院对本案进行审理。

湖北省宜昌市五峰土家族自治县人民法院经重审认为，佘某珍与佘某胜母子户口在2000年已合在一起，2005年村委会在完善二轮延包签订土地承包合同时将二人作为共同承包户对待，不违反法律禁止性规定，佘某珍作为共同承包人依然享有承包人的权利，且佘某珍未能提供证据证明村委会与佘某胜具有恶意串通的行为。依照《中华人民共和国农村土地承包法》第三条第二项、《中华人民共和国民事诉讼法》第一百四十四条、第二百零七条第一款之规定，判决如下：

驳回佘某珍的诉讼请求。

佘某珍不服该判决提出上诉。湖北省宜昌市中级人民法院经审理认为，2000年佘某珍与佘某胜二人户口合为一户有居民户口簿证明，村委会在2005年农村土地二轮延包时，按照佘某珍和佘某胜的居民户口内容与佘某胜代表家庭订立的农村土地承包合同符合法律、政策对农村土地承包实行家庭承包的规定，合法有效。依照《中华人民共和国民事诉讼法》第二百零七条第一款、第一百七十条第一款第一项之规定，判决如下：

驳回上诉，维持湖北省宜昌市五峰土家族自治县人民法院民事判决。

【法官后语】

农村土地承包合同纠纷是农村常见的纠纷之一，1998年，《中华人民共和国土地管理法》修订通过，且进入二轮延包时期，各地政府根据实际情况同时发布了相关政策以规范土地使用，农村土地承包进入了一个全新的时代，可是相关矛盾同时孕育而生。

1998年，本地开展农村土地二轮延包活动，各村委会通过宣传、张贴公告的形式对二轮延包活动予以宣传，并走乡串户对各个农户所承包耕种的土地情况予以登记、张贴、公告，并以此确定各户的土地承包情况，2005年依据“小调整、大稳定”的原则对二轮延包予以完善，本案便是此期间衍生的。

本案中，佘某珍与佘某胜系母子关系，根据已有证据，双方户口在2000年已合在一起。2005年完善二轮延包过程中，村委会将佘某珍与佘某胜作为共同承包人签订土地承包合同，是合理合法的。

关于佘某珍诉称其土地未经合法流转，佘某胜的《农村土地承包合同》无效的说法，流转是指土地使用权的流转，是将土地经营权转让给其他农户或经济组织。本案中，村委会与佘某胜订立土地承包合同是基于佘某珍与佘某胜母子合户，依据家庭联产承包责任制办理承包事项的，且佘某珍原耕种土地一直由其自主耕种，其土地承包经营权并未发生转让，所以佘某珍与佘某胜作为共同承包人来承包土地并不是土地流转的方式，而且母子之间由分家到合户事宜也是符合公序良俗原则的。

因此，本案最终认定佘某珍承包、耕种土地的权益并未受到任何侵害，村委会在2005年完善二轮延包政策时与佘某胜签订的农村土地承包合同不违反法律强制性规定，合法有效。根据该合同约定及《土地承包经营权证》关于承包期限的记载，佘某胜农村承包户的土地承包应始于1999年1月1日。

编写人：湖北省五峰土家族自治县人民法院　何玮玮

198 约定改变土地用途的土地承包经营权互换合同是否有效

——龙某积、龙某爱诉黎某明土地承包经营权互换合同案

【案件基本信息】

1. 裁判书字号

湖南省邵阳市中级人民法院（2013）邵中民一终字第313号民事判决书

2. 案由：土地承包经营权互换合同纠纷

3. 当事人

原告（被上诉人）：龙某积、龙某爱

被告（上诉人）：黎某明

【基本案情】

龙某积、龙某爱与黎某明系同村同组的村民。1999年责任田延包时，龙某积在本组黎家棕树脚分有责任田1.232亩，龙某爱在本组黎家棕树脚分有责任田0.626亩，黎某明在本组竹西党江支边丘分有责任田1.637亩。龙某积、龙某爱的责任田在黎某明房屋下方，离黎某明家较近，黎某明的责任田离龙某积、龙某爱家比较近。2011年正月，黎某明想在龙某积、龙某爱黎家棕树脚责任田修建沼气池和猪栏屋，便找到龙某积、龙某爱进行协商。双方商定，黎某明从承包经营的竹西党江支边丘责任田1.637亩划出面积约0.2亩与龙某积、龙某爱承包经营的黎家棕树脚一丘

责任田划出面积0.2亩进行互换。责任田互换后，双方没有签订书面合同，也没有将互换责任田事宜报发包方备案。2011年3月，黎某明在互换取得的黎家棕树脚责任田修建了一口沼气池。龙某积在互换取得的竹西党江支边责任田种了水稻。2011年8月，黎某明拖运砖和沙石准备修建猪栏时龙某积、龙某爱反悔，对黎某明修建猪栏进行阻拦，故产生纠纷。

【案件焦点】

黎某明与龙某积、龙某爱之间达成的土地承包经营权互换协议是否有效。

【法院裁判要旨】

湖南省邵阳市绥宁县人民法院经审理认为：龙某积、龙某爱和黎某明系同一集体经济组织的成员，根据《中华人民共和国农村土地承包法》的规定，同一集体经济组织成员可以互换的形式对承包经营的责任田进行流转。但龙某积、龙某爱和黎某明在责任田互换的口头合同中，黎某明明确是用互换的责任田修建沼气池和猪栏，合同约定的内容是改变责任田的农业用途，合同的履行也实际改变了责任田的农业用途，违反了《中华人民共和国农村土地承包法》第三十三条关于土地承包经营权流转原则“不得改变土地所有权的性质和土地的农业用途”的规定，该条规定是效力性强制性规定，而非管理性规定。因此，龙某积、龙某爱与黎某明达成的口头互换责任田协议无效，龙某积、龙某爱请求确认与黎某明互换责任田形成的土地承包经营权互换合同无效的诉讼请求，法院予以支持。双方达成的口头互换责任田的协议虽系双方当事人的真实意思表示，但协议的内容违反了法律的强制性规定，属无效协议。故黎某明的抗辩主张，法院不予支持。

湖南省邵阳市绥宁县人民法院依照《中华人民共和国农村土地承包法》第三十三条第一款第二项，《中华人民共和国物权法》第一百二十八条，《中华人民共和国合同法》第五十二条第一款第五项的规定，作出如下判决：

龙某积、龙某爱与黎某明互换责任田形成的土地承包经营权互换合同无效。

黎某明持原审意见提起上诉。湖南省邵阳市中级人民法院经审理认为：本案双方当事人争议的焦点是黎某明与龙某积、龙某爱之间达成的土地承包经营权互换协议是否有效。黎某明在与龙某积、龙某爱商量互换责任田时明确表示用换得的责任田修建猪栏，而且在换得责任田后黎某明亦的确准备着手修建猪栏。《中华人民共和国农村土地承包法》第三十三条规定，土地承包经营权流转不得改变土地所有权的性质和土地的农业用途。《最高人民法院关于为推进农村改革发展提供司法保障和法律服务的若干意见》中规定，在审理土地承包经营权流转案件中，要严格执行《中华人民共和国物权法》等法律和司法解释的规定，对改变土地集体所有性质、改变土地用途、损害农民土地承包权益流转的行为，要依法确认无效。据此，因黎某明与龙某积、龙某爱之间达成的协议改变了该土地的农业用途，违反了法律的强制性规定，应属无效。黎某明关于其与龙某积、龙某爱之间达成的土地承包经营权互换合同合法有效的上诉理由不能成立，法院不予支持。综上，原判认定事实清楚，适用法律正确，实体处理恰当，应予维持。

湖南省邵阳市中级人民法院依照《中华人民共和国民事诉讼法》

第一百七十条第一款第一项的规定，作出如下判决：

驳回上诉，维持原判。

【法官后语】

互换承包土地是土地承包经营权流转的法定形式之一。随着我国农村建设的快速发展，农村土地承包经营权互换是当前农村大量存在的现象，虽然法律对互换的方式有明确具体的规定，但是，现实中的农村土地承包经营权互换，并未完全按照法律的规定进行，在村民眼里，实行家庭联产承包责任制，土地由自己承包经营后，分配给村民的宅基地、自留地及承包的耕地，土地的“所有权”就归自己，任由其处分，随意改变土地农业用途的情况比较多。对此，《中华人民共和国农村土地承包法》《中华人民共和国物权法》以及《农村土地承包经营权流转管理办法》均明文规定农村土地承包经营权流转不得改变土地所有权的性质和土地的农业用途，任何个人和集体都不能擅自改变农地的使用性质，若想改变农地用途，只能依法逐级上报审批，对现有耕地资源进行保护。《中华人民共和国民法典》第三百三十四条亦沿用了上述强制性规定，明确规定“未经依法批准，不得将承包地用于非农建设。”严格实行土地用途管制，防止耕地“非农化”。此类规范均属于效力性强制性规范，内容与之相悖的民事法律行为应被认定为无效。

编写人：湖南省邵阳市绥宁县人民法院　陶文燕

2. 承包地征收补偿费用分配纠纷

199 承包地征收安置补助费用如何分配

——买某诉某村委会、某乡人民政府承包地征收补偿费用分配案

【案件基本信息】

1. 裁判书字号

新疆维吾尔自治区高级人民法院（2021）新民申1196号民事裁定书

2. 案由：承包地征收补偿费用分配纠纷

3. 当事人

原告（上诉人、再审申请人）：买某

被告（被上诉人、再审被申请人）：某村委会、某乡人民政府

【基本案情】

2003年4月，买某与某村委会签订《耕地承包合同书》，约定由买某承包某村委会位于某乡某村南段土地500亩，承包期限至2034年12月，共计30年。2003年至2006年期间，买某在所承包的土地内完成了电、水、土地平整等相关设施的建设，并响应国家号召对所承包土地进行绿化，在某县林业局进行备案，列入国家退耕还林绿化项目。2006年8月10日，买某与某村委会双方又签订补充协议，将承包期限从30年延长到70年。2017年，买某所承包的121亩林地被征收，某县房屋征收与补偿管理办公

室对被征收的某县行政管辖范围内土地的相关事项按照法律规定和有关标准与征收单位达成协议，按照相关补偿标准林木补偿金（林地补偿费）为2242390.32元；林地安置补助费（安置补助费）为9446347.5元，总计11688737.82元。该补偿款自2017年起分批转给某县某乡农村经济管理服务站账户，由某乡人民政府向买某发放了林地补偿金及附属物补偿金共计2631862.54元。买某认为应由自己领取被征收的121亩林地的安置补助费3085500元（121亩×1500元×17倍）。

【案件焦点】

买某是否享有征地安置补偿资格。

【法院裁判要旨】

新疆维吾尔自治区乌鲁木齐县人民法院经审理认为：首先，关于是否应对案涉土地征收补偿费进行分配，依照《最高人民法院关于审理涉及农村土地承包纠纷案件适用法律问题的解释》第二十四条关于农村集体经济组织或者村民委员会、村民小组，可以依照法律规定的民主议定程序，决定在本集体经济组织内部分配已经收到的土地补偿费的规定，农村集体经济组织虽有收到土地征收补偿费并在集体内部做自主分配的权利，但是其分配的土地征收补偿费，应限于属于集体的份额，并在集体内部由集体成员根据其享有的成员权益参与分配。其次，买某通过招标、拍卖、公开协商等方式承包农村土地与某村委会签订《耕地承包合同书》而取得的土地承包经营权，不属于《中华人民共和国农村土地承包法》所规定的家庭承包，而属于其他形式的土地承包。案涉土地征收补偿费，属于其他方式承包对应产生，承包主体买某就承包合同的签订、履行与案涉土地征收补偿费具有一定关联，在涉案承包地被征收后，买某与某村集体经济组织签订的承包合同部分内容无法继续履行，势必给买某的承包权益带来一定的损害，基于承包合同的签订和履行亦应在土地承包费中相应的增值部分对其给予一定程度的补偿。故发包方某村委会涉案林地（林木）征收补偿费及附属物补偿费全额分配给买某的行为合法有效。最后，关于涉案土地征收补偿分配方法，依据涉案土地征收补偿费发放标准即《关于公布实施自治区征地统一年产值标准的通知》要求，涉案土地补偿系采用综合补偿标准，即由林地补偿费和安置补助费两部分组成（不包含青苗补助费、地上附着物补偿费）。安置补助费，是国家征收集体土地后，安置被征地单位由于征地造成的多余劳动力的补助费用，通过支付安置补助费保障以土地为主要生产资料和生活资料来源的失地农民的基本生活，因而安置补助费具有很强的人身性和保障性，在征用农村集体土地时，国家应依法以安置补助费的形式对永久失去家庭土地承包经营权的农户给予安置。买某通过招标、拍卖、公开协商等方式承包农村土地而取得的土地承包经营权，不属于《中华人民共和国农村土地承包法》所规定的家庭承包，而属于其他形式的土地承包，以其他方式承包土地的承包人要求独自取得安置补助费的主张不能予以支持。

新疆维吾尔自治区乌鲁木齐县人民法院依照《中华人民共和国农村土地承包法》第四十八条、第四十九条、第五十二条、第五十五条，《中华人民共和国土地管理法》第十一条、第十四条、第十五条、第十六条，《最高人民法院关于审理涉及农村土地承包纠纷案件适用法律问题的解释》第二十四条，《最高人民法院关于适用〈中华人民共和国民事诉讼法〉的解释》第九十条、第九十一条，《中华人民共和国民事诉讼法》第一百一十九条之规定，判决如下：

驳回买某的诉讼请求。

买某不服一审判决，提出上诉。新疆维吾尔自治区乌鲁木齐市中级人民法院经审理认为：《最高人民法院关于审理涉及农村土地承包纠纷案件适用法律问题的解释》第二十三条规定，承包地被依法征收，放弃统一安置的家庭承包方，请求发包方给付已经收到的安置补助费的，应予支持。依据该规定，在承包地被依法征收的情况下，只有家庭承包方才拥有安置补助费的请求权。而以其他形式承包土地的非本集体经济组织成员，并不存在因土地被征收而丧失基本生产资料和生活来源的问题。因此，从安置补助费的性质来看，其不应支付给以其他方式承包土地的承包方，而只能给付被征收承包地的家庭承包方或用于作为家庭承包方的农户的安置补偿。买某并非涉案土地所在集体经济组织成员，其系通过招标、拍卖、公开协商等方式取得的土地承包经营权，不属于农村土地承包法规定的以家庭承包方式取得的土地承包经营权，故买某要求向其支付安置补助费的理由无事实及法律依据，不予采纳。综上所述，买某的上诉请求不能成立，应予驳回；一审判决认定事实清楚，适用法律正确，应予维持。

新疆维吾尔自治区乌鲁木齐市中级人民法院依照《中华人民共和国民事诉讼法》第一百七十条第一款第一项的规定，判决如下：

驳回上诉，维持原判。

买某不服二审判决，申请再审。再审期间，买某撤回再审申请，新疆维吾尔自治区高级人民法院裁定准许。

【法官后语】

本案争议主要涉及集体土地被征收后，安置补偿费应由何种权利主体享有的问题。该问题又可细分为两个层次进行评析：一是安置补偿费的性质；二是在农地改革背景下，集体土地之上不同权利主体，由于法律地位的差异，决定了权利义务的不同维度。

（一）关于集体土地被征收后，发放的安置补偿费的性质问题：身份属性与保障性

《中华人民共和国土地管理法》（2004 年）第四十七条第二款规定："征收耕地的补偿费用包括土地补偿费、安置补助费以及地上附着物和青苗的补偿费。征收耕地的土地补偿费，为该耕地被征收前三年平均年产值的六至十倍。征收耕地的安置补助费，按照需要安置的农业人口数计算。需要安置的农业人口数，按照被征收的耕地数量除以征地前被征收单位平均每人占有耕地的数量计算。每一个需要安置的农业人口的安置补助费标准，为该耕地被征收前三年平均年产值的四至六倍。但是，每公顷被征收耕地的安置补助费，最高不得超过被征收前三年平均年产值的十五倍。"① 依据该款关于

① 《中华人民共和国土地管理法》（2019 年修正）第四十八条规定："征收土地应当给予公平、合理的补偿，保障被征地农民原有生活水平不降低、长远生计有保障。征收土地应当依法及时足额支付土地补偿费、安置补助费以及农村村民住宅、其他地上附着物和青苗等的补偿费用，并安排被征地农民的社会保障费用。征收农用地的土地补偿费、安置补助费标准由省、自治区、直辖市通过制定公布区片综合地价确定。制定区片综合地价应当综合考虑土地原用途、土地资源条件、土地产值、土地区位、土地供求关系、人口以及经济社会发展水平等因素，并至少每三年调整或者重新公布一次。征收农用地以外的其他土地、地上附着物和青苗等的补偿标准，由省、自治区、直辖市制定。对其中的农村村民住宅，应当按照先补偿后搬迁、居住条件有改善的原则，尊重农村村民意愿，采取重新安排宅基地建房、提供安置房或者货币补偿等方式给予公平、合理的补偿，并对因征收造成的搬迁、临时安置等费用予以补偿，保障农村村民居住的权利和合法的住房财产权益。县级以上地方人民政府应当将被征地农民纳入相应的养老等社会保障体系。被征地农民的社会保障费用主要用于符合条件的被征地农民的养老保险等社会保险缴费补贴。被征地农民社会保障费用的筹集、管理和使用办法，由省、自治区、直辖市制定。"

"征收耕地的安置补助费，按照需要安置的农业人口数计算"的规定，安置补助费是国家在征收土地时，为了安置以土地为主要生产资料并取得生活来源的农业人口的生活，所给予的补偿费用。

而依据农村土地承包法的规定，国家实行农村土地承包经营制度，具体包括两种方式：一是农村集体经济组织内部的家庭承包；二是采取招标、拍卖、公开协商等方式承包，统称为"家庭承经营以外其他形式的承包"。① 针对这两种不同承包方式的不同性质与特点，关于审理涉及农村土地承包纠纷案件适用法律问题的司法解释明确了土地征收补偿费由不同主体享有。具体而言：（1）安置补偿费，由家庭承包方享有；② （2）地上附着物、青苗补助费，由承包方或者实际投入人所有。③

通过比较可知，地上附着物、青苗补助费的权利主体，遵循的是"谁投入、谁享有"的原则，从本质上看属于对所有权的补偿。与之相比，安置补助费的目的在于解决集体经济组织因土地被征收而产生的剩余劳动力的安置问题，具有强烈的人身性与保障性。具

① 《中华人民共和国农村土地承包法》（2018年修正）第二条规定："国家实行农村土地承包经营制度。农村土地承包采取农村集体经济组织内部的家庭承包方式，不宜采取家庭承包方式的荒山、荒沟、荒丘、荒滩等农村土地，可以采取招标、拍卖、公开协商等方式承包。"

② 《最高人民法院关于审理涉及农村土地承包纠纷案件适用法律问题的解释》（2020年修正）第二十一条规定："承包地被依法征收，放弃统一安置的家庭承包方，请求发包方给付已经收到的安置补助费的，应予支持。"根据本条解释的规定，在承包地被依法征收的情况下，只有家庭承包方才是本条司法解释适用的适格对象。

③ 《最高人民法院关于审理涉及农村土地承包纠纷案件适用法律问题的解释》（2020年修正）第二十条规定："承包地被依法征收，承包方请求发包方给付已经收到的地上附着物和青苗的补偿费的，应予支持。承包方已将土地承包经营权以转包、出租等方式流转给第三人的，除当事人另有约定外，青苗补偿费归实际投入人所有，地上附着物补偿费归附着物所有人所有。"

体而言：（1）安置补助费只能补助给失去土地的农村集体经济组织和农村集体经济组织成员。非农村集体经济组织成员不能成为安置补助费的给付对象。（2）在农村土地承包经营期限届满之前，遇有承包地被征收的情形，需要安置的对象一般为承包地被征收的家庭承包方。在由农村集体经济组织安置的人员也一般是作为家庭承包方的农户成员。而“家庭承经营以外其他形式的承包”，即使承包地被依法征收，由于承包方并非为本集体经济组织成员，承包方不存在因土地被征收而丧失基本生产资料和生活来源的问题，其基于土地被征收而发生的损失可以通过给付地上附着物和青苗补偿费的形式得到填补。因此，安置补助费从性质上即不应支付给此类承包方，而只能给付被征收承包地的家庭承包方或者用于作为家庭承包方的农户的安置。

（二）关于集体土地之上不同权利主体的法律地位及其权利义务维度区分：农地改革后类似案件的处理思路

从2013年中央农村工作会议提出坚持和完善农村基本经营制度，土地承包经营权主体同经营权主体发生分离，加强土地经营权流转的管理和服务，推动土地经营权等农村产权流转交易公开、公正、规范运行，到2016年中共中央办公厅、国务院办公厅《关于完善农村土地所有权承包权经营权分置办法的意见》，明确“农村的土地集体所有权、农户的承包权、土地的经营权分置并行”。相应地，《土地管理法》《农村土地承包法》《民法典》对改革成果予以确认和维护。

改革实现了两个层次的分离：一是承包权和经营权的分离；二是资格权和使用权的分离。申言之，土地承包权带有明显的身份属性，只有本集体成员才享有，无论土地经营权如何流转，农户的土地承包权均不丧失。在承包权经营权内部，依其设立方式的不同可分为：(1) 以家庭承包方式取得的土地承包经营权；(2) 以其他方式取得的土地承包经营权。前者具有身份属性，其转让受到极大限制；后者属于市场化权利，其处分比较自由。在背景下，仅有土地经营权是市场化的权利，在性质上属于债权，经登记的土地经营权具有类似于物权的效力[①]，其权利主体不受限制。

在改革后的现行法体系框架内，土地承包经营权负载着特定的政策目标——农村集体土地由作为本集体经济组织成员的农民家庭承包，不论经营权如何流转，集体土地承包权都属于农民家庭。可见，更加突出了土地承包经营权作为只有本集体经济组织的承包农户才能取得和享有的、兼具财产属性和保障属性的权利，从而实现巩固和完善农村基本经营制度的目标。[②]

因此，安置补偿费仍然只能由承包经营权人享有，并且只能由家庭承包经营权人享有[③]，从而体现和维护承包经营权的身份属性与保障功能——资格权的法律效果。而青苗补偿费归实际投入人所有，地上附着物补偿费归附着物所有人所有[④]，在改革背景下，通常由土

① 《中华人民共和国民法典》第三百四十一条规定："流转期限为五年以上的土地经营权，自流转合同生效时设立。当事人可以向登记机构申请土地经营权登记；未经登记，不得对抗善意第三人。"

② 高圣平：《农村土地承包法修改后的承包地法权配置》，载《法学研究》2019年第5期。

③ 《最高人民法院关于审理涉及农村土地承包纠纷案件适用法律问题的解释》(2020年修正) 第二十一条规定："承包地被依法征收，放弃统一安置的家庭承包方，请求发包方给付已经收到的安置补助费的，应予支持。"

④ 《最高人民法院关于审理涉及农村土地承包纠纷案件适用法律问题的解释》(2020年修正) 第二十条规定："承包地被依法征收，承包方请求发包方给付已经收到的地上附着物和青苗的补偿费的，应予支持。承包方已将土地承包经营权以转包、出租等方式流转给第三人的，除当事人另有约定外，青苗补偿费归实际投入人所有，地上附着物补偿费归附着物所有人所有。"

地的实际使用人（投入人、所有人）——经营权人享有。

编写人：新疆维吾尔自治区乌鲁木齐市乌鲁木齐县人民法院　陈凯峰　赛尔克·努合马尔

200　以其他方式承包的农村土地承包经营权转让时无须取得发包人的同意
——张某诉覃甲等确认合同无效案

【案件基本信息】

1. 裁判书字号

广西壮族自治区高级人民法院（2020）桂民再628号民事判决书

2. 案由：确认合同无效纠纷

3. 当事人

原告（被上诉人、再审被申请人）：张某

被告（上诉人、再审申请人）：覃甲、覃乙

被告（被上诉人、再审被申请人）：苏某、梁某、陶某

第三人：某经济联合社

【基本案情】

2003年2月15日，某经济联合社召开有该经济联合社各村民小组组长及部分群众代表参加的会议，决定将案涉林地（荒地）发包给张某、苏某、梁某，签订了《林地使用权转让合同》，对转让标的、期限、价款及支付方式进行了约定，并按法定程序报呈某镇人民政府、某镇林业工作站备案。合同签订后，张某管理约150

亩林地，其余部分由苏某、梁某管理。2009年12月5日，苏某、梁某、张某作为委托人与陶某签订1份《全权委托书》，约定将马某山、某埂山、龙某山约570亩林地委托陶某管理；同日，苏某、梁某、张某与陶某签订1份《林木林地转让协议书》，协议书上张某签名及捺印经鉴定非张某本人。2010年3月16日，苏某、梁某、张某出具1份20万元的《收款收据》给陶某。2012年3月12日，苏某、梁某、张某共同出具《民事起诉状》起诉陶某追讨转让欠款18万元。

2010年1月12日，陶某与覃甲、覃乙签订《林地转让协议书》，约定将上述林地转让给覃甲、覃乙。覃甲、覃乙按照约定进行经营，并雇请某经济联合社部分村民从事管理。

2013年1月13日，张某向某经济联合社交纳“赞助修路费”2万元及“砍首批木公益金”5万元，同年3月5日，张某向某经济联合社交纳2013年3月1日至2023年3月1日的土地承包金3万元。

张某诉称：苏某、梁某、陶某非法转让土地的行为违反了法律的规定，且事后没有取得其追认，侵害了发包方及其合法权益。请求判令苏某、梁某与陶某之间，陶某与覃甲、覃乙之间的《林木林地转让协议书》均无效。

【案件焦点】

1. 案涉两份协议的性质是属于土地承包经营权转让协议还是转包协议；2. 苏某、梁某与陶某及覃甲、覃乙签订案涉转让协议，是否应取得发包方某经济联合社的同意。

【法院裁判要旨】

广西壮族自治区横县人民法院经审理认为：苏某、梁某与陶某，陶某与覃甲、覃乙签订的两份协议的甲方都有将土地承包经营权转让给合同相对方（乙方），并由乙方取代自己与土地发包方即某经济联合社确立权利义务关系的意思表示，故苏某、梁某与陶某，陶某与覃甲、覃乙签订的两份协议的性质为转让合同而非转包合同。根据《中华人民共和国农村土地承包法》第三十七条第一款及《最高人民法院关于审理涉及农村土地承包纠纷案件适用法律若干问题的解释》第十三条的规定，土地承包经营权转让应当经发包人的同意。本案中，苏某、梁某与陶某及陶某与覃甲、覃乙签订转让协议书时，并未将签订合同的事宜告知过某经济联合社，某经济联合社也没有召开过村民会议讨论通过上述两份协议，亦没有收取过陶某、覃甲、覃乙交纳的土地承包金。苏某、梁某与陶某及陶某与覃甲、覃乙签订的转让协议，未取得发包方某经济联合社的同意，不具有法律效力。张某诉称苏某、梁某与陶某及陶某与覃甲、覃乙签订的两份转让协议为无效合同，应予以确认。

广西壮族自治区横县人民法院依据《中华人民共和国民法通则》第六十六条第一款，《中华人民共和国农村土地承包法》第三十七条第一款，《中华人民共和国民事诉讼法》第一百一十九条、第一百四十四条及《最高人民法院关于审理涉及农村土地承包纠纷案件适用法律若干问题的解释》第十三条的规定，判决如下：

一、确认苏某、梁某与陶某于 2009 年 12 月 5 日签订的《林木林地转让协议书》无效；

二、确认陶某与覃甲、覃乙于 2010 年 1 月 12 日签订的《林地转让协议书》无效。

覃甲、覃乙不服一审判决，提起上诉。

广西壮族自治区南宁市中级人民法院同意一审法院的裁判意见。

覃甲、覃乙不服二审判决，申请再审。广西壮族自治区高级人民法院经审理认为：本案是其他形式承包，应适用相应的法条进行处理。首先，关于本案的法律适用问题。基于法律适用从旧原则，除法令另有规定外，应适用行为时法；但当适用新法对维护合法权益更为有利的，应适用从新从优原则。《中华人民共和国农村土地承包法》于2018年修改，二审判决于2019年5月27日作出，故本案在合同效力方面，应适用《中华人民共和国农村土地承包法》（2018年修正）的规定。其次，关于本案是转让还是转包关系的问题。转让和转包的区别，应当以原承包方与发包方的关系为准，如原承包方与发包方在该土地上的承包关系即行终止，则为转让；如原承包方与发包方在该土地上的承包关系仍然存续，则为出租（转包）。本案中张某继续缴纳转让款的行为应认定其未终止与某经济联合社的合同，与陶某之间是转包关系，而陶某与覃甲、覃乙之间亦是转包关系。最后，关于案涉两份协议是否有效的问题。原审引用《最高人民法院关于审理涉及农村土地承包纠纷案件适用法律问题的解释》第十三条系针对以家庭方式承包的规定，家庭土地承包经营权关系到农民最基本的生存保障，处理相关纠纷时需要将农用地的农业用途、保持土地承包关系的稳定和长久不变放在首要的位置来考量，但“四荒地”由于为未利用地，不以生产粮食和纯农业为主，不承担社会保障功能，两者的处理是有区别的。具体到本案，第一，张某三人取得承包经营权得到了某经济联合社开会同意，合同亦按法定程序报呈某镇人民政府、某镇林业工作站备案，覃甲、覃乙取得的承包经营权来源符合法律规定。而根据某经济联合社、张某、覃甲、覃乙的陈述，亦可确认某经济联合社曾向覃甲、覃乙追索租金，覃甲、覃乙亦尝试过向某经济联合社委缴纳租金，可推定某经济联合社对案涉承包经营权已经流转是知情的，只是没有书面表示同意，然后各方在合同履行的细节方面仍有分歧，各自所处的立场不同，想法不同而已。某经济联合社多年来未提出异议并向法院请求确认案涉两份协议无效，应视为同意。第二，张某作为转包方，向陶某出具了收到转让款的《收款收据》，说明其知道并同意流转案涉土地经营权，不存在被隐瞒，也不存在苏某、梁某与陶某串通。张某原审认为其收取转让款后已经退出承包，与陶某是转让关系，再审却改口一直由其管理林木，从未退出承包，林木应归其所有，前后陈述不一致。即使认定本案是转让关系须经发包人同意方合同有效，按《最高人民法院关于审理涉及农村土地承包纠纷案件适用法律问题的解释》第二十一条“承包方未依法登记取得土地承包经营权证等证书，即以转让、出租、入股、抵押等方式流转土地承包经营权，发包方请求确认该流转无效的，应予支持。但非因承包方原因未登记取得土地承包经营权证等证书的除外”的规定，亦应由发包人向法院起诉要求确认合同无效，张某在合同履行多年后提起诉讼要求确认合同无效，不应予以支持。第三，原审适用《最高人民法院关于审理涉及农村土地承包纠纷案件适用法律问题的解释》第十三条的规定认定本案当事人之间的转让协议因未得到发包方同意均无效并不准确，发包方不同意须有法定理由，覃甲、覃乙即使不是专业农户，其承包林地后也是种植林木，没有改变土地用途，以无证据证实覃甲、覃乙系专业农户即认定发包方具有法定理由，依据不足。

广西壮族自治区高级人民法院依照《中华人民共和国民事诉讼法》第二百零七条第一款、第一百七十条第一款第二项，《最高人民法院关于适用〈中华人民共和国民事诉讼法〉的解释》第四百零七条第二款的规定，判决如下：

一、撤销南宁市中级人民法院和横县人民法院民事判决；

二、驳回张某的诉讼请求。

【法官后语】

《中华人民共和国农村土地承包法》第三条第二款规定，农村土地承包采取农村集体经济组织内部的家庭承包方式，不宜采取家庭承包方式的荒山、荒沟、荒丘、荒滩等农村土地，可以采取招标、拍卖、公开协商等方式承包。根据该条规定，农村土地承包经营有两种方式：家庭承包方式和以招标、拍卖、公开协商等其他承包方式。根据《中华人民共和国农村土地承包法》的规定，以其他方式承包的土地经营权具有以下特征：

一是主体具有开放性，不限于农村集体经济组织成员。

二是客体不具备基本社会保障功能。在我国，农村土地特别是耕地具有特殊的地位和作用。基于我国农村人口占全国人口绝大多数的现实情况，“以生存保障为基础，以社会公平的价值理念为目标”来设计、规范农村土地法律制度。承包土地不仅是农民最重要的生产资料，还承担着提供其基本生活保障的任务，一直以来，国家法律和基本政策对土地承包经营权问题甚为审慎、稳妥。现行法律规范则对家庭承包经营权有诸多限制，将农地的流转方式局限于转包、出租、互换、转让以及其他符合有关法律和国家政策的方式，并且限制流转的“意思自治”，转让应经发包方同意，承包人未经发包人同意擅自转包或者转让的无效。相对来说，“四荒”地作为未利用地，尚不具备从事农业生产的条件，不具备基本的社会保障功能。

《中华人民共和国农村土地承包法》第五十三条规定，以招标、拍卖、公开协商方式承包农村土地，依法取得土地承包经营权证、林权证等证书的，“可以依法采取出租、入股、抵押或者其他方式流转土地经营权”。《中华人民共和国民法典》第三百四十二条规定，通过招标、拍卖、公开协商等方式承包农村土地，经依法登记取得权属证书的，可以依法采取出租、入股、抵押或者其他方式流转土地经营权。

三是需要付出一定对价。家庭承包形式的土地经营权，是基于集体组织成员身份获得，具有无偿性、公平性、保障性、封闭性等特点。“四荒”地的承包，通过竞价、拍卖或公开协商，缴纳一定承包费从而取得“四荒”地承包经营权。

四是合同内容的自治性。以其他方式承包合同是平等主体之间通过友好协商达成的，是意思自治的结果，合同签订的方式、期限等方面一般没有强制性规定制约，不违反法律、行政法规的规定即可。

在判断土地经营权转让合同的效力上，除合同法上的一般规则外，还应根据土地经营权的特殊性质进行判断。《中华人民共和国农村土地承包法》第三十八条规定：“土地经营权流转应当遵循以下原则：（一）依法、自愿、有偿，任何组织和个人不得强迫或者阻碍土地经营权流转；（二）不得改变土地所有权的性质和土地的农业用途，不得破坏农业综合生产能力和农业生态环境；（三）流转期限不得超过承包期的剩余期限；（四）受让方须有农业经营能力或者资质；（五）在同等条件下，本集体经济组织成员享有优先权。”在以上五项原则中，依法自愿有偿原则系民事法律行为的通用原则；第五项原则是为了保障本集体成员的利益；第三项流转期限原则是为了保护发包人利益；第二项和第四项原则才是土地经营权流转的专属原则，目的在于发挥农村土地保障社会稳定、保障粮食安全的基本作用，维护土地承包人的权益。《最高人民法院关于为推进农村改革发展提供司法保障和法律服务的若干意见》的通知也指出："在审理土地承包经营权流转案件中……对改变土地集体所有性质、改变土地用途、损害农民土地承包权益的流转行为，要依法确认无效。对非法干预土地承包经营权流转的行为，应依法予以纠正……"确认无效的重点在于判断流转行为改变土地性质和用途、损害农民权益。

本案所涉系其他方式的土地承包经营权，而非通常的家庭土地承包经营权。本案中的荒山非耕地，土地经营权进行转让时无须获得发包方的同意。因此，对其合同效力的判断不应适用《最高人民法院关于审理涉及农村土地承包纠纷案件适用法律问题的解释》关于处理家庭承包纠纷案件的第十三条的规定，而应参照《中华人民共和国农村土地承包法》第三十八条、《中华人民共和国民法典》物权编第十一章"土地承包经营权"等规定进行判断。且在《中华人民共和国民法典》施行后，修正后的《最高人民法院关于审理涉及农村土地承包纠纷案件适用法律问题的解释》也删除了原第二十一条第二款的引致规定，这也说明最高人民法院已经不再要求在判断其他方式承包土地经营权流转合同效力时参照适用第十三条的规定。

编写人：广西壮族自治区高级人民法院　赵元松

201 农村土地承包经营权流转合同中本集体组织成员优先权行使条件与限制

——王某武诉付某东土地承包经营权案

【案件基本信息】

1. 裁判书字号

湖北省襄阳市中级人民法院（2021）鄂06民终1118号民事判决书

2. 案由：土地承包经营权纠纷

3. 当事人

原告（上诉人）：王某武

被告（被上诉人）：付某东

第三人（被上诉人）：某村委会、范某

【基本案情】

1998年8月24日，甲方某村委会与乙方某村三组签订《山林使用权有偿转让合同书》，主要约定由乙方部分村民经有偿转让取得30年（自1998年至2028年）的山林使用权。合同书附表载明了某村三组村民王某武的承包范围（即涉案山林范围）。1998年9月14日，湖北省枣阳市公证处出具《公证书》证明《山林使用权有偿转让合同书》符合相关法律规定。

2011年1月21日，王某武与付某东（非某村村民）经过发包方同意，签订了《山林转换协议》，协议约定经双方协商自愿将某村各自承包的山林进行交换。协议签订后，王某武将案涉山林交由付某东经营管理。

【案件焦点】

王某武与付某东签订的《山林转换协议》是否侵犯了集体经济组织成员的优先权，是否有效。

【法院裁判要旨】

湖北省枣阳市人民法院经审理认为：王某武与付某东签订的《山林转换协议》属双方真实意思表示，其内容不违反法律法规强制性规定，属有效合同，合同双方应当按照合同约定履行义务。根据《中华人民共和国农村土地承包法》第三十七条、第三十八条、第四十条之规定，王某武与付某东双方之间系互换方式的土地流转，其签订了书面合同，经过了发包方某村委会的同意，且双方签订互换协议至今已有十余年，生产、生活相对稳定，双方之间的土地流转不违反法律法规的相关规定，流转方式合理合法，法院予以认可。王某武主张《山林转换协议》违反了《中华人民共和国农村土地承包法》第三十三条第五项“在同等条件下，本集体经济组织成员享有优先权”之规定，应确认协议无效的诉讼请求。根据《最高人民法院关于审理涉及农村土地承包纠纷案件适用法律问题的解释》第十一条之规定，王某武、付某东双方于2011年1月21日签订《山林转换协议》后，两个月内某村村民未提出主张优先权，故王某武与付某东之间土地流转不违反法律法规强制性规定，合同有效。故王某武的诉讼请求，法院不予支持。

综上，湖北省枣阳市人民法院依据《中华人民共和国民法总则》

第一百九十六条，《中华人民共和国农村土地承包法》第三十七条、第三十八条、第四十条，《中华人民共和国民事诉讼法》第六十四条、第一百一十九条，《最高人民法院关于审理涉及农村土地承包纠纷案件适用法律问题的解释》第十一条的规定，判决如下：

驳回王某武诉讼请求。

王某武不服一审判决，提起上诉。湖北省襄阳市中级人民法院经审理认为：王某武与付某东于 2011 年 1 月 21 日签订的《山林转换协议》，有某村委会在证明单位处签字并加盖公章，双方也实际履行了协议约定内容，程序上和实体上均符合土地承包法的规定，应当认定双方签订的合同不违反法律法规的强制性规定，属合法有效，双方应予谨守。优先权行使与否应该由合同之外的其他集体经济组织成员提出主张，王某武就案涉合同，并无权利主张。相应地，王某武退还山林、赔偿损失的诉讼请求，亦无事实依据，法院不予支持。综上所述，王某武的上诉请求不能成立，应予驳回；一审判决认定事实清楚，适用法律正确，应予维持。

湖北省襄阳市中级人民法院依照《中华人民共和国民事诉讼法》第一百七十条第一款第一项之规定，判决如下：

驳回上诉，维持原判。

【法官后语】

法律赋予本集体经济组织成员以优先权的目的在于充分发挥农村土地的社会保障功能，切实维护集体经济组织成员的生存权利。根据《中华人民共和国农村土地承包法》（2009 年修订）第三十三条第五项[①]规定，土地承包经营权流转应当遵循“在同等条件下，本集体经济组织成员享有优先权”的原则。该条款一方面说明优先权是法律赋予本集体组织成员的权利，侵犯本集体组织成员优先权的土地承包经营权流转行为无效；另一方面也说明法律并未禁止将土地承包经营权流转给本集体经济组织成员以外的人。在这种情况下，法律仅是赋予了本集体经济组织成员以优先权。同时，根据《最高人民法院关于审理涉及农村土地承包纠纷案件适用法律问题的解释》(2005年修订) 第十一条[②]规定，这种优先权也存在一定的限制条件和例外情形。

1. 优先权行使的条件

一是原土地承包经营权人准备将土地承包经营权流转给本集体经济组织成员以外的人。将土地承包经营权流转给本集体经济组织的成员，不存在这里所讨论的优先权问题。二是本集体经济组织的成员主张享有优先权。享有优先权的主体是本集体经济组织的成员，且本集体经济组织的成员要主张行使优先权。三是本集体经济组织的成员只有在同等条件下才享有优先权。这里的同等条件，并不要求合同内容完全一样，而是指流转价款、流转期限等主要内容相同，其余的合同条款并不要求完全一样。在审判实践中，要重点把握价款和期限这两项内容。

2. 优先权行使的例外

一是在书面公示的合理期限内未提出优先权主张的，本集体经

① 本条参照2018年12月29日发布的《中华人民共和国农村土地承包法》第三十八条第五项。

② 本条参照2021年12月23日发布的《最高人民法院关于审理涉及农村土地承包纠纷案件适用法律问题的解释》第十一条。

济组织成员的优先权丧失。土地承包经营权人在流转土地经营权时有义务通过书面公示的方式通知本集体经济组织的成员。书面公示的地点一般应选在村委会办公所在地，以便让成员普遍知晓。此外，要给予成员一个合理的期限，以便让其决定是否行使优先权。至于期限是否合理，我国法律司法解释没有作出具体规定，审判时应该根据案件的具体情况决定。如果某成员在知晓某户要流转土地承包经营权后，在合理期限内提出优先权主张的，其权利应该得到保护。相反，如果没有成员在书面公示的合理期限内提出优先权主张的，则本集体经济组织成员的优先权丧失。

二是未经书面公示，在本集体经济组织以外的人开始使用承包地块两个月内未提出优先权主张的，本集体经济组织成员的优先权丧失。在本集体经济组织以外的人已经实际使用承包地块后，推定本集体经济组织成员应该知晓该情况。如果在长达两个月的时间内都没有人提出优先权主张，那么表明本集体经济组织成员已经放弃行使优先权，默许了本集体经济组织以外的人对该地块进行承包经营。

综上，人民法院在判断是否侵犯了本集体经济组织成员的优先权时，应当首先审查是否系本集体经济组织的成员提出优先权主张。其次审查行使优先权的条件是否具备、是否存在例外情形。即如果土地承包经营权流转之前进行了书面公示，则要审查本集体经济组织的成员是否在书面公示的合理期限内提出优先权主张，提出的流转期限、流转价款等是否相同；如果土地承包经营权流转之前没有经过书面公示，则要审查本集体经济组织以外的人是否已经实际使用该承包地块，实际使用期限是否已经超过两个月。

本案中，在案涉林地的土地承包经营权互换过程中以及互换后，并没有本集体经济组织的成员对该地块的土地承包经营权流转主张优先权。同时，虽然案涉互换协议签订时未进行书面公示，但截至目前，互换协议已签订十年之久，付某东亦对案涉山林进行了一定程度的经营管理，本集体经济组织成员的优先权已然丧失，故并不存在侵犯本集体经济组织成员优先权的情形，案涉林地互换协议有效。

编写人：湖北省枣阳市人民法院　欧阳亚男　李蓓蓓

202　农村土地承包合同的效力应结合协议外观、诚实信用原则以及履行情况等综合认定

——某村委会诉张某等农村土地承包合同案

【案件基本信息】

1. 裁判书字号

山东省滨州市中级人民法院（2020）鲁16民终683号民事判决书

2. 案由：农村土地承包合同纠纷

3. 当事人

原告（被上诉人）：某村委会

被告（上诉人）：张某、齐某、王某

【基本案情】

2010年6月30日，某村支部书记在未经民主议定的情况下代表某村委会与张某、王某、齐某签订《某村农村集体土地承包合同书》，约定该承包地位于某水库以南，四至与原永丰乡和某村所签合同相同；租赁期为30年，自2010年6月30日起至2040年6

月 30 日止；承包费总额 12 万元，于合同签订之日一次性付清。同时约定了发包方及承包方的权利和义务等其他内容。后某村委会以涉案合同未经民主议定程序等为由诉至法院，要求确认该合同无效并将承包土地返还给某村委会。

【案件焦点】

案涉土地承包合同是否有效。

【法院裁判要旨】

山东省滨州市沾化区人民法院经审理认为：《中华人民共和国村民委员会组织法》《中华人民共和国农村土地承包法》规定，土地承包经营方案必须经村民会议讨论方可办理。某村委会与张某、王某、齐某之间的土地承包方案依法应经村民会议讨论后方可办理，但张某、王某、齐某未能提供证据证明其双方签订合同前履行了法定的民主议定程序，虽然合同加盖了村委会公章，但是并不能替代村民会议或村民代表会议的决定。违反法律、行政法规的强制性规定所订立的合同无效，故涉案合同应认定为无效。合同无效后，因该合同取得的财产应当予以返还。

山东省滨州市沾化区人民法院依照《中华人民共和国村民委员会组织法》第二十四条、第二十五条，《中华人民共和国农村土地承包法》第十八条、第十九条、第四十八条，《中华人民共和国合同法》第五十二条、第五十八条之规定，判决如下：

一、某村委会与张某、王某、齐某之间签订的《某村农村集体土地承包合同书》无效；

二、张某、王某、齐某将涉案承包土地返还给某村委会，于判决生效之日起十日内执行完毕。

张某、王某、齐某不服一审判决，提出上诉。山东省滨州市中级人民法院经审理认为：双方签订的合同中载明："经甲方三分之二以上村民代表讨论，对该幅土地另行发包。"某村委会在签订合同时向张某、王某、齐某表明其已履行了民主议定程序。签订合同时的某村党支部书记出庭作证，陈述当时召开了村民代表会议，但是未留下书面会议记录。在已表明通过村民议定程序的情况下，某村委会主张没有召开相关会议，但不能提供有效证据推翻自己在合同约定中表明的事实。依照民事诉讼优势证据规则，应作出对某村委会不利的证据判断。另外，召开村民代表会议，履行相关村民议定程序系村委会一方应当履行的法律责任，在合同相对人已经交清承包费用、合同已经履行九年的情况下，某村委会一方又以没有履行村民议定程序为由主张合同无效违反诚实信用原则，不予支持。

山东省滨州市中级人民法院依照《中华人民共和国民事诉讼法》第一百七十条第一款第二项的规定，判决如下：

一、撤销山东省滨州市沾化区人民法院民事判决；

二、驳回某村委会的诉讼请求。

【法官后语】

土地是农民赖以生存的物质基础，民主议定程序的立法目的在于避免个别人发包土地损害集体的利益，以保护多数村民能够对农村土地之权利客体的有效支配和控制，维护集体成员的权益，属于作为发包人的村集体内部的管理程序。衡量民主议定程序对合同效力的影响，既要考虑法律设置民主议定程序的意义，维护本集体经济组织成员的权益，又要兼顾第三人的利益，综合多种因素进行评价和衡量，不能片面地扩张其适用范围和效力。土地发包民主议定程序是指集体土地发包方将农村土地发包给本集体经济组织以外的单位或者个人承包，应当事先经本集体经济组织成员的村民会议三分之二以上成员或者三分之二以上村民代表的同意。实践中，在农村土地承包经营合同纠纷案件中有大量发包方即村委会以未经民主议定程序为由主张合同无效的案件。如何处理，主要考虑以下几个方面：

1. 关于内部民主议定程序的外观及对外效力。民主议定程序系效力性强制规定抑或管理性强制规定，对于效力性规定与管理性规定的区分，具体来说可以采取以下标准：第一，法律法规明确规定违反禁止性规定将导致合同无效或不成立的，该规定属于效力性规定。第二，法律法规虽没有明确规定违反禁止性规定将导致合同无效或不成立的，但违反该规定以后若使合同继续有效将损害国家利益和社会公共利益，也应当认为该规定属于效力性规定。第三，法律法规虽没有明确规定违反禁止性规定将导致合同无效或不成立，违反该规定以后若使合同继续有效并不损害国家利益和社会公共利益，而只是损害当事人的利益，在此情况下该规范就不应属于效力性规定，而是管理性规定。具体到类似于本案的案件中，农村土地承包法并未直接规定未经民主议定程序的农村土地承包合同无效。同时土地承包合同是一种等价有偿的经营性合同，不是纯负担义务的合同，在承包人足额交纳承包费的情况下，合同的继续履行既能够给集体带来合理收入，也不损害国家和公共利益。因此，关于农村土地发包民主议定程序的法律规定不应被认定为强制性规定。法律关于土地承包的民主议定程序的规定，是一种村集体内部的管理程序。土地发包是否经过民主议定程序，村集体以外的人难以知悉。

特别是在合同中明确载明村集体内部已经完成民主议定程序的情况下，不能对承包人的审查义务要求过于苛刻。在合同载明完成民主议定程序的情况下，合同外观足以让承包人相信，承包人难以对发包方是否真实进行了民主议定程序进行审查，也难以保留更为严格、更为全面的证据。如果无限度扩大承包方的事实审查义务，也会无限度提高合同签订、履行的成本，与降低市场交易成本、鼓励市场交易的合同法目的相悖。

2. 关于诚实信用原则在土地承包合同纠纷中的适用。第一，当村委会与承包人缔约时，善意的承包人有理由相信土地发包程序合法。村委会一方以自己没有完成法律规定的民主议定程序为由，也即没有完成法律规定对于自己一方的义务，而解除与他人签订的合同，以法律规定为名行损害他人利益之实，有违诚实信用原则，也就是说行为人不能因为自己的过错而获利。这种诚实信用原则适用的情况可以概括为：合同是否无效与一方当事人是否有权主张合同无效，要区别对待。退一步讲，此类案件中，即使应当认定合同无效，村委会也没有资格主张。第二，应当保护承包人的投入利益。特别是在荒地承包中，往往承包期较长，承包期内的前期荒地地力较差，投入多，收益低，承包人获取收益主要是在承包期后期。经过承包期内前期承包人的投入，地力有了很大改善，应当充分肯定承包人投入时对合同的信赖，这也是对投资开发行为的鼓励。

3. 关于合同双方是否存在恶意串通的认定。此类案件如果确实存在双方恶意串通的情况，应当认定合同无效，保护村民合法权益。是否构成恶意串通应当重点衡量两个方面的因素。第一，承包费价格是否明显过低。此类案件之所以规定民主议定程序，就是为了防止土地承包过程中，因价格过低损害村集体和村民的权益，如果承包费明显低于当地市场价格的应当认定双方存在恶意串通。但应当着重注意的是，价格高低的比较应当以签订合同时为准，而不是发生纠纷时。因为随着经济社会发展、农村开发，一些荒地的承包费价格上涨过快，如果以发生纠纷时的市场价格作为参考，承包费显然过低，所以，当事人是否具有恶意的时间判断应以签订承包时为准。第二，已经履行的时间。土地承包具有特殊性，往往离本村村民居住地较近，村民也在承包地附近进行生活、生产，根据常理，村民知道或应当知道土地对外承包的事实。如果土地承包合同确因承包费价格过低损害了村民的利益，主张合同双方存在恶意串通，村民应当尽快提出。在土地承包合同已经长期履行的情况下，村委会或村民再以此主张合同无效与常理不符。实践中，此类纠纷的真实原因多为村委会或村民因土地承包费价格上涨、地力提高而主张收回土地，从而达到毁约进而侵占承包人投入的目的，选择以没有经过村民议定程序为由提起诉讼，人民法院不应予以支持。

编写人：山东省滨州市中级人民法院　刘连义　郭芙

203　承包地征收补偿费用分配民事纠纷与行政协议纠纷的区分标准

——陈成某诉经济联社、镇政府承包地征收补偿费用分配案

【案件基本信息】

1. 裁判书字号

广东省广州市中级人民法院（2019）粤01民终22037号民事裁

定书

2. 案由：承包地征收补偿费用分配纠纷

3. 当事人

原告（上诉人）：陈成某

被告（被上诉人）：经济联社、镇政府

【基本案情】

2017年9月，镇政府（甲方）、经济联社（乙方）、陈成某（丙方）签订《地上附着物补偿协议书》，约定：甲方受征地办公室委托，以《夏某村第十三经济合作社用地红线内建（构）筑物及附属物测量清点详查资料》作为征收补偿依据。三方根据“测量清点详查资料”填写《拆迁补偿计价确认表》，经各方签字确认后即为丙方补偿款。丙方收到补偿款后3天内与乙方自行清理完毕，并交给甲方作建设铁路及附属设施使用。因地块已由乙方实际转让给丙方有偿使用建设厂房，乙方及丙方对该厂房征拆补偿款归属存在争议，经三方协商，补偿款暂由甲方征拆补偿专用户保管，待乙方和丙方协商一致或经法院生效法律文书明确补偿款归属后，由甲方支付给相应权属人。

2017年9月12日，某村民委员会出具《公示》：权属人陈成某位于东北货车外绕线项目红线范围内的地上建构筑物，面积5687.879平方米，建于2007年6月30日前。9月20日，《拆迁补偿计价确认表》详细记载了补偿的类别、数量、金额、依据等，补偿总金额为24776749.4元，权属人陈成某、镇政府、征地办公室等签名确认。9月21日，经济联社、镇政府分别在《历史用房证明》上签名、盖章确认，经公示七天无异议。

另，经济联社（甲方）与案外人廖某雅（乙方）于1993年签订《有偿使用土地建厂房合同》，约定：甲方有偿转让某村北太公路以南耕地八亩给乙方建厂使用，使用年限至2042年。土地使用期内，乙方对所建厂房及设施，有使用、改建、出租、转让等权利，合同期满后，土地及所有不动产业归甲方所有。同年6月，廖某雅出具《委托书》，委托陈成某代办与经济联社洽购土地建厂事宜，经济联社在《委托书》上签署"情况属实"并盖章。2018年12月30日，廖某雅（甲方）与陈成某（乙方）签订《确认书》，内容为：双方确认因考虑政策优惠，双方在1993年3月协商以甲方名义与经济联社就涉案地块签订《有偿使用土地建厂房合同》，该地块的全部用地款、建设厂房的实际出资人是乙方。甲方确认该地块上的建筑物及厂区设施设备的所有权一直属于乙方所有，其不享有任何权益。

【案件焦点】

陈成某是否有权通过民事诉讼主张涉案地上建筑物的拆迁补偿款。

【法院裁判要旨】

广东省广州市白云区人民法院经审理认为：经济联社认为该拆迁补偿款不能归属陈成某，主要事实依据是经济联社与廖某雅签订的《有偿使用土地建厂房合同》，而根据陈成某提交的《确认书》，廖某雅已经明确表示是基于当时政策优惠等因素方以其名义与经济联社签订《有偿使用土地建厂房合同》，用地款、建设厂房费用实际出资人均为陈成某，并确认涉案厂房归陈成某所有，其不享有任何权益，虽然经济联社否认该《确认书》的真实性，但并未提交相反证据推翻，再结合陈成某提交的国家企业信用信息公示系统查询资料、《历史用房证明》《公示》等证据，进一步印证了涉案地上建筑物属陈成某所有，陈成某有权获得相关拆迁补偿款。鉴于《有偿使用土地建厂房合同》约定合同期限为50年且期满后土地及所有不动产业归经济联社所有，意即如果合同正常履行届满后涉案地上建筑物的所有权应归经济联社所有，现陈成某实际使用了近25年未至合同期限，经济联社不能取得该建筑物的所有权，在此情形下，根据公平原则，可依照实际使用年限酌情确定拆迁补偿款的支付比例，即对于涉案地上建筑物及附属物拆迁补偿款24776749.4元应由陈成某、经济联社各享有一半的份额，故镇政府应将其中的12388374.7元（已支付3000000元）支付给陈成某。

广东省广州市白云区人民法院依照《中华人民共和国土地管理法实施条例》第二十六条，《中华人民共和国物权法》第四十二条，《中华人民共和国民事诉讼法》第六十四条之规定，判决：

一、于本判决生效之日起七日内，镇政府给付陈成某地上建筑物及附属物拆迁补偿款9388374.7元；

二、驳回陈成某的其他诉讼请求。

陈成某不服一审判决，提起上诉。

广东省广州市中级人民法院经审理认为：根据镇政府、经济联社与陈成某于2017年9月签订的《地上附着物补偿协议书》约定，经各方签字确认《拆迁补偿计价确认表》后即陈成某的补偿款，该补偿协议实为行政协议，即便经济联社作为利害关系人参与了该协议某些内容的协商，也并未改变该协议的行政性质，协议当事人的地位没有改变。现陈成某请求按补偿协议发放补偿款，属于行政诉讼受案范围，其可依法提起行政诉讼。原审法院将本争议作为民事诉讼受理，不符合《中华人民共和国民事诉讼法》第一百一十九条第四项规定的条件，予以纠正。

广东省广州市中级人民法院依照《最高人民法院关于适用〈中华人民共和国民事诉讼法〉的解释》第三百三十条的规定，裁定：

一、撤销广东省广州市白云区人民法院（2019）粤0111民初4939号民事判决；

二、驳回陈成某的起诉。

【法官后语】

随着经济快速发展以及城市化进程加快，因土地征收补偿问题引发的纠纷凸显。农村集体土地征收涉及市或县级人民政府、具体征收部门和农村集体经济组织、集体经济组织成员、土地承包经营权人等行政、民事多重法律关系交叉。集体土地的征收一般需经历拟订征收方案、征求意见、公布意见、听证、风险评估、准备补偿费、征收决定、补偿被征收人等一系列过程，是否妥善保障被征收人和相关权利人的知情权、补偿权、救济权直接关系到土地征收的顺利实现。在涉集体土地征收案件中，补偿问题牵涉被征收人切身利益。根据《中华人民共和国民法典》第二百四十三条第二款的规定，集体土地征收补偿费用包括三个部分：土地补偿费、安置补助费、地上附着物和青苗补偿费。由政府、村集体经济组织和集体经济组织成员构成的集体土地征收三级关系中，因征收补偿费用问题产生争议的，应当具体审查法律关系的内容及属性。

本案就地上附着物补偿费问题产生的争议，须以涉案地上附着物补偿协议书的审查为基础，并先解决涉案争议的法律关系是属于民事诉讼还是属于行政诉讼受理范围的问题。涉案补偿协议书符合行政协议的四个要素，一是主体要素，协议一方当事人为行政机关，即镇政府在协议中享有行政优益权（即为实现公共利益需要，行政机关享有对协议履行的监督权、指挥权、单方变更权和解除权）；二是目的要素，即必须为了实现行政管理或公共服务目标，涉案协议是为建设铁路而协商签订；三是内容要素，协议内容具有行政法上的权利义务内容，镇政府需向权利人支付补偿费用；四是意思要素，协议经双方当事人协商一致。本案双方当事人的法律地位不完全平等，涉案协议并非平等主体之间的民事合同，应为行政协议，故涉案争议应属于行政诉讼受理范围，原告提起民事诉讼主张地上附着物补偿款不符合法律规定。根据《中华人民共和国土地管理法实施条例》第二十六条第一款规定，土地补偿费归农村集体经济组织所有，地上附着物及青苗补偿费归地上附着物及青苗的所有者所有。陈成某作为涉案地块上建设厂房的实际投资人和实际经营者，同时与经济联社、镇政府签订了地上附着物补偿协议书，故其与涉案土地征收具有利害关系，陈成某提出地上附着物补偿费用的分配请求应认定诉讼主体适格。因此，陈成某就争议另行提起行政诉讼不存在障碍。

因征地补偿款归属问题引发的纠纷逐渐增多，特别是涉及承包地被征收的。虽然《中华人民共和国民法典》第三百三十八条以及《最高人民法院关于审理涉及农村土地承包纠纷案件适用法律问题的解释》第二十二条中均有明确规定，承包地被征收的，土地承包经营权人有权获得相应补偿，承包方请求发包方给付已经收到的地上附着物和青苗的补偿费的，应予支持，但是，在实践中，镇政府为了避免地上附着物和青苗的补偿款发放错误，即使明知相关款项应支付给承包方，亦不愿意主动发放，而是以所谓的提存方式保管在政府账户，并会建议发包方与承包方通过民事诉讼的方式确定补偿款归属。需要注意的是，上述提及的法律规定，其所涵盖的内容是发包方未支付和未全额支付其已经收到的地上附着物和青苗补偿费的情形，承包方要求发包方给付地上附着物和青苗补偿费的前提是发包方必须已经收到相关的费用，因为作为发包方的农村集体经济组织，其支付义务不是基于土地征收而发生，只有在收到国家给付的相关补偿费用的前提下，其才具有将补偿费用给付有关承包方的义务。故，在镇政府未将补偿款发放的情形下（无论发放给发包方还是承包方），发包方和承包方之间因补偿款产生的争议都不应通过民事诉讼的方式解决。与此同时，2020 年 1 月 1 日起施行的《最高人民法院关于审理行政协议案件若干问题的规定》第五条明确规定，下列与行政协议有利害关系的公民、法人或者其他组织提起行政诉讼的，人民法院应当依法受理：认为征收征用补偿协议损害其合法权益的被征收征用土地、房屋等不动产的用益物权人、公房承租人；其他认为行政协议的订立、履行、变更、终止等行为损害其合法权益的公民、法人或者其他组织。本案中，镇政府、经济联社与陈成某已经签署了补偿协议，确认地上附着物补偿款归属陈成某，若镇政府怠于履行发放职责，陈成某可以镇政府在行政协议履行过程中的行为损害其合法权益为由提起行政诉讼；若经济联社认为补偿协议有损其合法权益，亦可提起行政诉讼。镇政府在处理青苗补偿款归属问题时，要求发包方与承包方通过民事诉讼确定青苗补偿款归属后再行发放，虽然表面上看可以最大化地避免补偿款错误发放，但却有怠于履行职责之嫌，不仅增加了当事人的诉累，亦会导致个人与村集体经济组织、镇政府之间矛盾激化。

编写人：广东省广州市白云区人民法院　周蕾　林嘉丽

204 农村集体土地被征收后土地补偿费归属的认定和分配原则的适用

——耿某春诉村委会承包土地征收补偿费用分配案

【案件基本信息】

1. 裁判书字号

山东省淄博市中级人民法院（2019）鲁 03 民终 12 号民事判决书

2. 案由：承包土地征收补偿费用分配纠纷

3. 当事人

原告（上诉人）：耿某春

被告（被上诉人）：村委会

【基本案情】

2000 年，村委会将 8.9 亩砖厂、4.29 亩晾坯场共计 13.2 亩土地以公开协商的方式承包给耿某春，期限为 30 年（2000 年 12 月~JP2030 年 12 月 1 日），年租金为 700 元，合同约定在承包期内若遇到国家政策变化，该合同自行终止。2017 年 3 月，淄博市临淄区北齐路北延征用耿某春承包地 4.36 亩，因土地被征收按双方合同第七条的约定，耿某春应交回承包土地 4.36 亩，按政策规定征用土地每亩补偿 56000 元，共计获得土地补偿费 244160 元。耿某春要求村委会支付其土地补偿款及安置补助费 229510.4 元未果，遂诉至法院。

【案件焦点】

耿某春主张土地补偿款及安置补助费有无事实和法律依据。

【法院裁判要旨】

山东省淄博市临淄区人民法院经审理认为：耿某春与村委会通过公开协商方式承包土地，与农村土地家庭承包性质截然不同。家庭承包土地具有生产资料性质，是农民赖以生存的基础。而耿某春承包的土地具有生产经营性质，具有营利性质，享有承包经营权。无论是前者还是后者，土地所有权都归集体经济组织所有，《中华人民共和国土地管理法》第四十七条第二款规定，“征收耕地的补偿费用包括土地补偿费、安置补助费以及地上附着物和青苗的补偿费”，被征土地地上附属物补偿、安置补助对象是针对失地农民，同时《中华人民共和国土地管理法实施条例》第二十六条第一款规定，“土地补偿费归农村集体经济组织所有”，《中华人民共和国村民委员会组织法》第二十四条规定，村集体有权以村民会议或村民代表会议的形式决定征地补偿费用的使用。村委会按照《山东省土地征收管理办法》第二十二条的规定，对不需调整家庭承包土地的占地户，按80%的比例将土地征地补偿安置费付给土地承包户（占地户），符合法律规定，耿某春承包的土地并非家庭农村承包土地，被征用时已享有获得地上附属物、青苗补偿的权利，其要求村委会支付土地补偿费和安置费229510.4元的诉讼请求，无法律依据，不予支持。

山东省淄博市临淄区人民法院依照《中华人民共和国土地管理法实施条例》第二十六条第一款，《山东省土地征收管理办法》第二十二条，《中华人民共和国农村土地承包法》第十五条、第十六条、第四十五条，《中华人民共和国民事诉讼法》第六十四条第一款之规定，判决：

驳回耿某春的诉讼请求。

耿某春不服一审判决，提起上诉。

山东省淄博市中级人民法院经审理认为：以家庭承包方式承包的土地是农民赖以生存的生产资料，是农村集体经济组织成员每个人都必须享有的土地权益，俗称“口粮地”；而对于不宜采取家庭承包方式的荒山、荒沟、荒丘、荒滩等农村土地，村民可根据自己的意愿选择与村集体经济组织的管理人即村民委员会签订土地承包合同，获得土地承包收益，同时向村民委员会交纳承包费，而承包费的享有人系村集体经济组织全体成员。以采取招标、拍卖、公开协商等方式承包与以家庭承包方式取得的土地使用权性质不同。耿某春作为本村村民以家庭承包方式在本村已经享有3.99亩的“口粮地”使用权，涉案土地是耿某春以公开协商、交纳承包费的方式从村委会承包的砖厂和晾坯场，砖厂和晾坯场归本村全体村民所有，根据《中华人民共和国土地管理法实施条例》第二十六条第一款“土地补偿费归农村集体经济组织所有”的规定，砖厂和晾坯场被征用的土地补偿费归村集体经济组织所有。耿某春依据对砖厂和晾坯场土地承包合同主张该土地补偿费归其所有的诉讼请求，于法无据，亦损害村集体经济组织其他成员的利益，不予支持。

山东省淄博市中级人民法院依照《中华人民共和国民事诉讼法》第一百七十条第一款第一项的规定，判决：

驳回上诉，维持原判。

【法官后语】

本案主要涉及农村集体土地被征收后的土地补偿费归属和分配的正确认定问题。

土地补偿费是在建设需要的前提下，由国家向农民集体（一般为村集体）征用其所有的土地时，用地单位依法向被征地单位所支付的款项。其实质应为国家对农民集体在土地上的投入和收益造成损失的补偿。被征用土地的补偿费属于专用款项，依法应由被征地单位进行统一掌管，主要用于发展农业生产及其他涉农事项。本案争议因土地补偿费引发。耿某春主张其协商承包的砖厂和晾坯场土地被征收后，村委会应按家庭承包地被征收的土地补偿费发放标准向其支付承包土地补偿费。对此问题予以正确处理，需要对征地补偿中的土地补偿费的归属和分配问题进行准确理解和把握。

从征地和补偿的法律依据来看，《中华人民共和国民法典》第一百一十七条规定："为了公共利益的需要，依照法律规定的权限和程序征收、征用不动产或者动产的，应当给予公平、合理的补偿。"第二百四十三条第一款规定："为了公共利益的需要，依照法律规定的权限和程序可以征收集体所有的土地和组织、个人的房屋及其他不动产。"《中华人民共和国土地管理法》第二条第四款规定："国家为了公共利益的需要，可以依法对土地实行征收或者征用并给予补偿。"由上述法律规定可见，农村集体经济组织虽然对土地具有合法权利，但是需要服从于国家公共利益的需要。因为基本建设等公共利益需求，国家有权征收农村集体所有的土地，同时要给予农村集体合理的补偿，即农村集体有权因其土地被征收而取得合理的补偿。关于补偿费用的归属和分配，主要是依据《中华人民共和国土地管理法》第四十八条第二款、《中华人民共和国土地管理法实施条例》第二十六条等规定进行。其中非常明确的是，土地补偿费归农村集体经济组织所有，地上附着物及青苗补偿费归地上附着物及青苗的所有者所有。这也贯彻了补偿费用归所有人所有的基本原则。具言之，土地补偿费系对被征收土地的补偿，其依法应当归原土地所有权人即农村集体；地上附着物及青苗补偿费系对被征收土地的地上附着物及青苗的补偿，其依法应当归地上附着物及青苗的所有人即具体承包土地进行经营的农户所有。

从理论上讲，土地补偿费是对农村集体土地所有权丧失的补偿，依法应当归农村集体经济组织所有，其受益主体自然应当是集体经济组织内部的所有成员。集体经济组织成员因土地补偿费而受益，除了将土地补偿费用于本集体经济组织的公益项目以外，最直接的方式莫过于将土地补偿费分配给集体成员。即集体成员可以基于其成员身份通过分配来取得土地补偿费。不过集体成员通过这种分配来具体取得土地补偿费是有一定条件的，即农民集体所有的土地全部被征收或者征收土地后没有条件调整承包土地。之所以如此，是因为国家实行农村土地承包经营制度，农村土地承包采取农村集体经济组织内部的家庭承包方式，农民以家庭承包方式承包的土地是农民赖以生存的生产资料，是农村集体经济组织成员人人享有的土地权益。如果村集体土地被部分征收，农民的“口粮地”应予以调整以保证其土地权益，无法调整的自然应有权通过分配得到土地补偿费来实现其对原承包土地的土地权益；如果村集体土地被全部征收，则农民的“口粮地”已无法通过调整来实现，只有通过分配得到土地补偿费来实现其对原承包土地的土地权益。也就是说，集体土地在被征用后，其所有权已归于消灭，该土地上的承包经营权也随之消灭，农民的“口粮地”不复存在。虽然集体成员作为承包经营权人会依据法律规定取得地上附着物和青苗的补偿，但是这些都属于承包人的实际损失所理应获得的补偿。土地承包经营权的灭失直接影响到承包人今后的生活保障与经济收入，因此土地补偿费在分配上应当主要用于对失去“口粮地”的农民的补偿。对此，《中华人民共和国土地管理法》及其实施条例并未有更具体的规定，而是由各地根据实际情况自行规定。如《山东省土地征收管理办法》第二十二条第一款就明确规定：“农民集体所有的土地全部被征收或者征收土地后没有条件调整承包土地的，土地征收补偿安置费的80%支付给土地承包户，主要用于被征收土地农民的社会保障、生产生活安置，其余的20%支付给被征收土地的农村集体经济组织，用于兴办公益事业或者进行公共设施、基础设施建设。”当然，上述土地补偿费的使用和分配需要村集体履行一定的程序来进行。对此《中华人民共和国村民委员会组织法》第二十四条明确规定：“涉及村民利益的下列事项，经村民会议讨论决定方可办理……（七）征地补偿费的使用、分配方案……”《最高人民法院关于审理涉及农村土地承包纠纷案件适用法律问题的解释》第二十二条亦规定：“农村集体经济组织或者村民委员会、村民小组，可以依照法律规定的民主议定程序，决定在本集体经济组织内部分配已经收到的土地补偿费……”

在明确了上述关于土地补偿费归属和分配的基本要求后，本案的处理亦相对明晰。本案中，耿某春作为本村村民已经以家庭承包方式在本村享有3.99亩的“口粮地”使用权，其与村委会签订土地承包合同以公开协商方式承包了涉案砖厂和晾坯场土地，其承包土地的性质与农村土地家庭承包中的承包土地即“口粮地”截然不同，毕竟“口粮地”具有生产资料性质且是农民赖以生存的基础，而砖厂和晾坯场土地并非“口粮地”。因砖厂和晾坯场土地被征用的上地补偿费归本村集体经济组织所有，而不能由耿某春通过村委会分配取得。耿某春依据砖厂和晾坯场土地承包合同主张该土地补偿费归其所有的诉讼请求于法无据，亦损害村集体经济组织其他成员的利益。故对其要求村委会向其支付砖厂和晾坯场土地的土地补偿费的诉讼请求依法不应予以支持。一、二审法院对这一问题的认定无疑是正确的。

编写人：山东省淄博市中级人民法院　荣明潇　杨富元　朱倩茹

205 涉农村集体经济组织成员权益分配类案件中民主决议有效性的审查

——路某诉村委会、经济合作社承包地征收补偿费用分配案

【案件基本信息】

1. 裁判书字号

北京市第二中级人民法院（2019）京02民终8594号民事裁定书

2. 案由：承包地征收补偿费用分配纠纷

3. 当事人

原告（上诉人）：路某

被告（被上诉人）：村委会、经济合作社

【基本案情】

路某系长阳某村村民。1998年，路某所在家庭户承包了长阳某村的土地，承包期限为30年。后路某因考学，按照政策将农业户口转为非农业户口。从2002年起，长阳某村进行土地流转，流转范围包括路某家庭的土地。2009年，长阳某村土地被征收，路

某家庭户地块属于被征收范围，征收机关给予了相应补偿。

2010年，部分村民就“长阳某村村东有地转居的学生，占地补偿款是否发放”事项提请村民代表进行表决。同意该事项的村民代表签字并按手印。2018年11月16日，村委会出具《欠发证明》。该证明加盖了村委会公章，并有村委会主任刘某宏及原任经合社社长王某的签名。《欠发证明》记载：“长阳某村村民因考学转居，从1998年实施农村土地经营权30年不变后，有以下人员从2004年至2017年年底，未曾享受过因承包地征收产生的相关福利待遇，我村按照相关规定经集体村民议定形成决议，同意给该部分人员发放占地补偿的相关费用。我村各种款项含以上款项均由长阳镇政府财经科代管，我村委会同意发放上述款项。”《欠发证明》记载34人发放款项数额，其中路某发放的数额为144011.29元。路某向法院提起诉讼，要求村委会、经济合作社依据《欠发证明》支付144011.29元。

【案件焦点】

路某主张的款项，是否经过有效的民主程序决议确定。

【法院裁判要旨】

北京市房山区人民法院经审理认为：路某曾以承包地征收补偿费用分配纠纷为由提起诉讼，后因其具体诉求不属于人民法院民事案件的受案范围而被裁定驳回起诉。现其以2018年11月16日由村委会出具并有村委会主任及经合社社长签名的《欠发证明》为据再次主张权利，但《欠发证明》不符合有关承包地征收补偿费用分配的程序性法律要件。

北京市房山区人民法院依照《中华人民共和国村民委员会组织法》第二十四条、《中华人民共和国土地管理法实施条例》第二十六条、《中华人民共和国民事诉讼法》第一百一十九条第四项规定，裁定：

驳回路某的起诉。

路某不服一审裁定，提起上诉。

北京市第二中级人民法院经审理认为：路某系以承包地征收补偿费用分配纠纷为由提起诉讼，向村委会、经济合作社主张给付144011.29元的诉讼请求。《中华人民共和国土地管理法》第四十七条第二款规定，"征收耕地的补偿费用包括土地补偿费、安置补助费以及地上附着物和青苗的补偿费"，《中华人民共和国村民委员会组织法》第二十四条对于承包地征收补偿费用的分配，规定征地补偿费的使用、分配方案经村民会议讨论决定方可办理，村民会议可以授权村民代表会议讨论决定上述事项，即承包地征收补偿费用的分配属于农村集体经济组织自治范畴，承包地征收补偿费用"分不分""分给谁""分多少"等问题应当由农村集体经济组织成员通过民主议定程序形成决议；路某所提本案诉求属于农村集体经济组织的自治范畴，而非人民法院受理民事案件的范围。一审法院驳回路某的起诉并无不当，所作裁定应予维持。

北京市第二中级人民法院依照《中华人民共和国民事诉讼法》第一百七十条第一款第一项、第一百七十一条、第一百七十五条规定，裁定：

驳回上诉，维持原裁定。

【法官后语】

农村集体经济组织的民主决议是农村集体经济组织成员权益分配的程序性法律要件。司法实践中，民主决议成为涉农村集体经济组织成员权益分配类案件的审查要点。笔者认为，应当从决议事项、决议内容、决议程序来审查民主决议的效力：

1. 决议内容应当明确。如承包地征收补偿费用分配的民主决议，应当确定“分不分”“分给谁”“分多少”的具体内容。决议内容应当清晰明确。

2. 决议事项应当合法。实践中，集体组织召开村民会议就具体的事项进行表决。人民法院应当对决议事项进行审查，对明显违反《中华人民共和国民法典》《中华人民共和国土地承包法》《中华人民共和国妇女权益保护法》《中华人民共和国未成年人保护法》等法律法规的情形予以纠正。

3. 决议程序应当合法。村民会议自有其程序，《中华人民共和国村民委员会组织法》第二十二条规定，召开村民会议，应当有本村十八周岁以上村民的过半数，或者本村三分之二以上户的代表参加，村民会议所作决定应当经到会人员的过半数通过，法律对召开村民会议及作出决定另有规定的，依照其规定。若村民会议未按照程序进行，即使形成决议，也应认定未达成有效决议。实践中主要存在两种情况。其一，人数未达到法定要求，在部分成员不知情的情形下达成决议。例如，集体组织中老成员认为新成员不应当享受利益分配，在未通知新成员的情形下达成决议，故应当认定未达成有效决议。其二，会议表决未按照法定程序进行，即使形成决议，也应认定为未达成有效决议。例如，村民会议未经过集体表决程序，未当场形成书面决议，而是村干部拿着事先拟定好的决议挨家挨户询问意见，同意的村民在决议上签字，故应当认定未达成有效决议。

本案核心问题在于，路某主张的款项，是否经过有效的民主决议程序所确定。具体而言，即2010年决议以及《欠发证明》能否证明涉案款项已经过有效的民主决议程序明确。本案案由为承包地征收补偿费用分配纠纷。承包地的征收补偿费是指承包经营的土地被国家依法定程序征收的，国家按照法律规定给予失地者的补偿费用。《中华人民共和国村民委员会组织法》第二十四条规定，征地补偿费的使用、分配方案，经村民会议讨论决定方可办理，村民会议可以授权村民代表会议讨论决定上述事项。具体而言，有效的承包地征收补偿费用分配的民主决议应当包含三点要素，即“分不分”“分给谁”“分多少”。本案中，2010年决议解决了“分不分”“分给谁”的问题，但“分多少”在决议中无法体现。路某主张金额的依据是会计所列2004年至2017年年底的各项费用明细，而征收时点在2009年，故村民会议并未在征地时段以及决议时点就涉案金额达成明确有效的决议结果。由于承包地征收补偿费用的分配属于农村集体经济组织自治范畴，故涉案金额仍需要通过民主决议方式来明确。因此，路某所提出的诉讼请求缺乏有效的程序性法律要件，仍然属于农村集体经济组织自治事项，并非人民法院的受案范围，应当驳回路某的起诉。

编写人：北京市房山区人民法院　沈光　孟阳

206 出嫁女参与承包地征收补偿费用分配的资格认定

——刘某芬等诉刘某全、石某英承包地征收补偿费用分配案

【案件基本信息】

1. 裁判书字号

广西壮族自治区玉林市中级人民法院（2018）桂09民终1088号民事判决书

2. 案由：承包地征收补偿费用分配纠纷

3. 当事人

原告（被上诉人）：刘某芬、刘二某、刘三某

被告（上诉人）：刘某全、石某英

第三人（上诉人）：刘某超、刘某瑜、刘某有

第三人：刘某振

【基本案情】

刘某振、陈德某系刘某全、刘某芬、刘二某、刘三某父母，石某英系刘某全妻子，刘某超、刘某瑜、刘某有系刘某全、石某英儿女。文某清系刘某振母亲。

1984年落实农村土地责任承包制时，刘某振户共9人，包括刘某振、刘某全、石某英、刘某芬、刘二某、刘三某、陈德某、刘某超、文某清。刘某振户家庭承包了合某村九组的水田8.24亩、坡地4.7亩。刘某芬、刘三某、刘二某先后于1988年、1989年、1993年出嫁，出嫁后3人均搬迁到夫家居住，并都已经转为非农

户口，不再参与刘某振户承包土地的耕种、管护和收益。刘某振户承包的土地一直未增未减，由刘某振、刘某全、石某英全家耕种、管护和收益。2015 年，国家征用合某村某组的土地建设玉某湖，根据《玉某湖征用某组土地补偿款登记表》记载，共征用刘某振户水田 8.2193 亩、旱地 0.2055 亩，共计 8.4248 亩。刘某全、石某英领取土地补偿款共计 497052.23 元。玉东湖建设征用合某村九组的土地分两部分，一部分是没有分包到户的集体管理的土地，土地补偿款经民主投票按投票表方案 3 即常住人口和实际人数进行分配；另一部分是分包到户家庭承包经营的土地，土地补偿款的数额按征地亩数确定，分配到户。土地征用补偿款分配时，刘某振户常住人口有刘某振、刘某全、石某英、刘某超、刘某瑜、刘某有以及刘某瑜的妻子李某凤、孩子刘某园等。刘某芬、刘二某、刘三某请求刘某全、石某英支付应得份额遭拒后，认为根据《中华人民共和国土地承包法》和《中华人民共和国妇女权益保障法》的相关规定，刘某全、石某英的行为已严重侵犯其合法权益，遂起诉至法院要求分配相应征地补偿款。

【案件焦点】

刘某芬、刘二某、刘三某是否具有参与合某村九组被征用承包土地补偿费的分配资格。

【法院裁判要旨】

广西壮族自治区玉林市玉州区人民法院经审理认为：第一，刘某芬、刘二某、刘三某、刘某全、石某英以及刘某振、陈德某、刘某超、文某清原为同一户家庭成员，于 1984 年以家庭承包的方式共同承包某村九组的水田 8.24 亩、坡地 4.7 亩，其中刘某芬、刘二某、刘三某、刘某全、石某英、刘某振、陈德某、刘某超每人承包一份水田为 0.97 亩、坡地为 0.55 亩，文某清为半份。刘某全、石某英虽辩称，“1984 年刘某振户系按户承包土地，刘某芬、刘二某、刘三某未承包土地”，但与法院查明的事实不符，不予采信。刘某全、石某英还辩称，“征地时刘某芬、刘二某、刘三某户口已迁出，非刘某振户和合某村九组成员，无权领取征地补偿款”，刘某芬、刘二某、刘三某虽陆续出嫁，并将户口从刘某振户迁出到各自位于其他村的夫家，但刘某芬、刘二某、刘三某在夫家没有承包地。根据《中华人民共和国农村土地承包法》第三十条的规定“承包期内，妇女结婚，在新居住地未取得承包地的，发包方不得收回其原承包地；妇女离婚或者丧偶，仍在原居住地生活或者不在原居住地生活但在新居住地未取得承包地的，发包方不得收回其原承包地”，再结合刘某芬、刘二某、刘三某的生产、生活状况，应当认定三人具有合某村九组村民资格，对涉案土地仍享有承包经营权，理应分得相应的征地补偿款。

第二，合某村九组出具的《证明》载明，“刘某振户 1984 年共有 8.5 人承包九组责任田、责任坡……2015 年国家建设玉东湖征用刘某振户土地面积共 8.4248 亩，共得征地土地补偿款 497052.23 元，每人每份应得土地补偿款为 58476.73 元”，可见合某村九组对土地补偿费的分配方案是按每户被征用承包地面积计算该户土地补偿款后，由该户按 1984 年落实农村土地责任承包制时确定的承包人员及相应份额进行平均分配。土地补偿款属于村民小组集体所有，合某村九组对土地补偿款的分配决定属于行使村民自治权的行为，也是所有权人对财产权利处分的行为，没有违反法律强制性规定，故合某村九组作出的上述土地补偿款分配方案，是合理、合法、有效的，对该方案户主刘某振也表示认可。刘某全、石某英作为刘某振户的代表到合某村九组处领取了该户土地补偿款 497052.23 元，该款虽为户内共有财产，但该笔财产是从合某村九组上述分配方案分配得来的，而且是特定承包人承包地被征收的补偿款，具有一定的相对性，因此，刘某全、石某英应向刘某芬、刘二某、刘三某每人支付土地补偿款 58476.73 元。刘某芬、刘二某、刘三某要求刘某全、石某英支付每人征地补偿款 58476.73 元的诉讼请求，有事实和法律依据，依法予以支持。

广西壮族自治区玉林市玉州区人民法院依照《中华人民共和国农村土地承包法》第三十条，《最高人民法院关于审理涉及农村土地承包纠纷案件适用法律问题的解释》第二十四条之规定，作出如下判决：

刘某全、石某英向刘某芬、刘二某、刘三某各支付征地补偿款 58476.73 元。

刘某全、石某英、刘某超、刘某瑜、刘某有不服一审判决，提起上诉。

广西壮族自治区玉林市中级人民法院经审理认为：《最高人民法院关于审理涉及农村土地承包纠纷案件适用法律问题的解释》（法释〔2005〕6 号）第二十四条规定："农村集体经济组织或者村民委员会、村民小组，可以依照法律规定的民主议定程序，决定在本集体经济组织内部分配已经收到的土地补偿费。征地补偿安置方案确定时已经具有本集体经济组织成员资格的人，请求支付相应份额的，应予支持……"征地补偿费用分配权是基于集体经济组织成员的身份而产生的，只能在本集体经济组织成员内部进行分配，不具有集体经济组织成员资格的人，不能参与土地补偿费的分配。刘某芬、刘二某、刘三某虽然诉请参与分配刘某振户家庭承包经营土地被征用的土地补偿款，但刘某振户家庭承包的土地仍然是合某村九组集体所有的土地。因此，刘某芬、刘二某、刘三某诉讼请求得到支持的前提是，三人具有合某村九组集体经济组织的成员资格。而认定当事人是否具有集体经济组织的成员资格，要考虑当事人生产生活状况、户口登记状况以及农村土地对农民的基本生活保障功能等因素综合认定，一般应考虑当事人是否在集体经济组织所在地生产、生活并依法登记为常住户口、是否以农村集体经济组织的土地为基本生活保障。刘某芬、刘二某、刘三某已先后与其他经济组织男性成员结婚，户口已迁入夫家所在地集体经济组织，并已到夫家所在地经济组织生产、生活，脱离了合某村九组的生产、生活，20 多年均未参与刘某振户承包土地的耕种、管护和收益，也不以刘某振户承包土地作为其基本生活保障，应当认定为不具有合某村九组成员资格，也不具有参与合某村九组被征用承包土地补偿费的分配资格。至于刘某芬、刘二某、刘三某主张按照《中华人民共和国农村土地承包法》第三十条规定的“承包期内，妇女结婚，在新居住地未取得承包地的，发包方不得收回其原承包地……”她们仍然是被征用土地的承包方，对承包土地征用补偿费有分配权，该理由不能成立。《中华人民共和国农村土地承包法》第十五条规定：“家庭承包的承包方是本集体经济组织的农户。”第二十七条第一款规定：“承包期内，发包方不得调整承包地。”第三十条规定：“承包期内，妇女结婚，在新居住地未取得承包地的，发包方不得收回其原承包地……”这些都是对家庭承包方式的规定，特别是对依靠原承包土地生产、生活的出嫁妇女承包权的保护。但这一规定并不表示妇女出嫁以后，不再参与原家庭承包土地的耕种、管护和收益，不再依靠原家庭承包土地生产、生活，户口也不在当地的情况下，可以参与原家庭承包土地征地补偿款的分配。

综上，刘某全、石某英、刘某超、刘某瑜、刘某有关于刘某振户获得征地补偿款时，刘某芬、刘二某、刘三某已丧失分配资格，刘某芬、刘二某、刘三某的诉讼请求应不予支持的上诉请求成立，依法予以支持。刘某芬、刘二某、刘三某关于判令刘某全、石某英向其支付征地补偿款 175430.19 元（每人各 58476.73 元）的诉讼请求，没有事实和法律依据，不予支持。本案双方当事人刘某全、刘某芬、刘二某、刘三某系亲兄妹关系，血浓于水，虽然法律不支持刘某全、石某英必须把征地补偿款分配给刘某芬、刘二某、刘三某，但法律本着互谅互让、团结和睦、维护亲情的原则，尽量协商解决双方的矛盾纠纷。

广西壮族自治区玉林市中级人民法院依照《中华人民共和国民事诉讼法》第一百七十条第一款第二项的规定，判决如下：

一、撤销广西壮族自治区玉林市玉州区人民法院（2017）桂0902 民初 1676 号民事判决；

二、驳回刘某芬、刘二某、刘三某全部诉讼请求。

【法官后语】

依据《中华人民共和国农村土地承包法》第十五条“家庭承包的承包方是本集体经济组织的农户”的规定，土地承包经营权的承包方是农户，而非农户内的成员。农村土地承包实施“增人不增地、减人不减地”，农村土地承包经营户因死亡、出生、子女成年、兄弟分家、婚姻关系、赡养老人等原因，其户内成员会发生人数变动，直接影响到该户所得征地补偿款的分配。因国家征收农村土地承包经营户承包地的补偿费用分配纠纷时有发生。

《最高人民法院关于审理涉及农村土地承包纠纷案件适用法律问题的解释》（法释〔2005〕6号）第二十四条①规定："农村集体经济组织或者村民委员会、村民小组，可以依照法律规定的民主议定程序，决定在本集体经济组织内部分配已经收到的土地补偿费。征地补偿安置方案确定时已经具有本集体经济组织成员资格的人，请求支付相应份额的，应予支持……"征地补偿费用分配权是基于集体经济组织成员的身份而产生的，只能在本集体经济组织成员内部进行分配，无论是第一轮土地承包时计入分地名册的家庭成员还是后来新增加的家庭成员，只要具有本集体经济组织成员的资格，都可以参与土地补偿费的分配，不具有集体经济组织成员资格的人，不能参与土地补偿费的分配。而认定当事人是否具有集体经济组织的成员资格，要考虑当事人生产生活状况、户口登记状况以及农村土地对农民的基本生活保障功能等因素综合认定，一般应考虑当事人是否在集体经济组织所在地生产生活并依法登记为常住户口、是否以农村集体经济组织的土地为基本生活保障。出嫁女、入赘男只要在新居住地生产、生活，一般可视为取得新集体经济组织成员资格，成为家庭承包土地新的共同权利人，同时也就丧失了原集体经济组织成员资格。

就本案而言，刘某芬、刘二某、刘三某出嫁后，户口已迁出娘

① 本条对应2021年1月1日施行的《最高人民法院关于审理涉及农村土地承包纠纷案件适用法律问题的解释》第二十二条。

家所在地集体经济组织，转为非农户口，并已到夫家所在地生产、生活，脱离了合某村九组的生产、生活，20多年均未参与刘某振户承包土地的耕种、管护和收益，也不以刘某振户承包土地作为其基本生活保障，应当认定为不具有合某村九组成员资格，也不具有参与合某村九组被征用承包土地补偿费的分配资格，其请求分配征地补偿款不应得到支持。

编写人：广西壮族自治区玉林市中级人民法院　郑燕冰

207　农村土地征收补偿款分配案件中的责任主体及父母子女间表见代理的认定

——张某芹诉村委会承包地征收补偿费用分配案

【案件基本信息】

1. 裁判书字号

河南省安阳市中级人民法院（2018）豫05民再42号民事判决书

2. 案由：承包地征收补偿费用分配纠纷

3. 当事人

原告（被上诉人、再审被申请人）：张某芹

被告（上诉人、再审申请人）：村委会

【基本案情】

张某芹夫妇系五里村村民，在该村王家坟地块共分得承包地1.98亩（实际面积1.9014亩），并持有汤阴县人民政府颁发的《土地承包经营权证书》。张某芹的丈夫已经去世，其丈夫在世时，夫妇二人曾与三个儿子共同签订《赡养双老协议书》，约定将上述土地全部交给三个儿子平均耕种。长子张某忠（已故）因在该地块没有其他土地，故将属于自己的份额交给三子张某华耕种。2016 年春，汤阴县人民政府征收了五里村集体耕地 2.6666 公顷（包括王家坟地块中的部分土地）。4 月，张某芹通过村委会领取 1.2616 亩土地补偿款，张某芹次子张某国通过村委会领取 2.5543 亩土地补偿款和青苗补助费（包括张某芹分给其耕种的份额）。张某芹认为村委会将属于自己的 0.6398 亩土地补偿款发放给其次子系履行对象错误，遂向法院起诉，请求法院判决村委会向其补发 0.6398 亩的土地补偿款。

【案件焦点】

1. 张某芹的承包地是否属于征收范围；2. 村委会应否向张某芹支付土地补偿款。

【法院裁判要旨】

河南省汤阴县人民法院经审理认为：根据张某芹提供的《土地承包经营权证书》及家庭户口本，张某芹是本案争议的王家坟地块 1.98 亩耕地的土地承包经营权人。张某芹提供的照片以及村委会记账凭证中的《五里村某水厂占地明细》内容上均显示张某芹的名字及款项金额，张某芹的承包地在征收范围内，征收土地各项费用应当自征地补偿、安置方案批准之日起三个月内全额支付。村委会制作了征地明细表并代发放征地补偿款，但在履行过程中未能正确履行职责、精准发放补偿款，在张某芹未授权的情况下，擅自将张某芹的征地补偿款发放他人，应承担违约责任。

河南省汤阴县人民法院依照《中华人民共和国土地管理法》第四十六条、第四十七条，《中华人民共和国土地管理法实施条例》第二十五条的规定，作出如下判决：

一、限村委会于本判决生效后10日内，向张某芹发放承包地征收补偿款38260元；

二、驳回张某芹其他诉讼请求。

村委会不服一审判决，提起上诉。

河南省安阳市中级人民法院同意一审法院意见，依照《中华人民共和国民事诉讼法》第一百七十条第一款第一项之规定，作出如下判决：

驳回上诉，维持原判。

二审宣判后，村委会向河南省高级人民法院申请再审。

河南省高级人民法院于2018年9月作出裁定，以村委会将相应的承包地征收补偿款应当发放给谁、是否发放到位等事实认定不清为由，指令河南省安阳市中级人民法院再审本案。

河南省安阳市中级人民法院经再审认为：第一，张某芹的承包地虽现由其两个儿子进行耕种，但村委会无相关证据可以证明该涉案土地已经发生流转，且张某芹提供的《土地承包经营权证书》也可以说明涉案土地的承包土地经营权并未变更。故对于村委会称张某芹夫妇的土地已发生流转的主张，不予支持。第二，张某芹的承包地属于征收范围，村委会在代发放征地补偿款的过程中，未经张某芹授权，将张某芹征地补偿款发放给他人。由于村委会未能正确履行职责、精准发放补偿款，酿成本案纠纷，应承担相应责任，对其再审理由，不予支持。原一审、二审判决村委会向张某芹发放承包地征收补偿款并无不当，予以维持。

河南省安阳市中级人民法院依照《中华人民共和国民事诉讼法》第二百零七条第一款，《最高人民法院关于适用〈中华人民共和国民事诉讼法〉的解释》第四百零七条第一款之规定，作出如下判决：

维持二审判决。

【法官后语】

农村土地征收与补偿是与农民利益切身相关的政府行为，此过程中涉及多方主体，因承包地征收补偿费用分配引发的纠纷也成为实践中的难题，这些法律问题在实践中均有不同的看法，本案不仅涉及村委会的主体资格，还涉及父母子女之间的代理等问题，具有典型性。

1. 村委会是否是适格主体

村委会是村民的自治组织，并不是国家政权机关，也不是乡镇的派出机构，其主要的职责有以下两个：一是以法人的名义进行民事活动，对村民进行经济管理和社会管理。二是受乡镇政府委托，办理与本村有关的事务。事实上在整个土地征收过程中，虽然大部分的审批权限在县、乡一级政府，但无论是形式审查还是实质审查，村委会都会受政府委托予以协助，此时村委会行使的就是行政权力。而在最终的征地补偿款发放阶段，一般由征地单位将补偿款一次性拨给村委会，再由村委会发放至各个农民手中，村委会既充当政府补偿款的发放人，又是被征土地农民集体的代领取人。结合本案，张某芹的诉讼请求是要求村委会向其补发0.6398亩的土地补偿款，而村委会作为独立的法人组织，在发放补偿款的过程中将属于张某芹的补偿款发放给他人，故其是适格的民事被告，因而本案属于民事案件。

2.《赡养协议》中的约定是否发生土地流转的效力

首先，赡养老人是子女的法定义务，且赡养协议不得违反法律规定和老年人的意愿。其次，《中华人民共和国农村土地承包法》第十六条第一项规定[①]，承包方依法享有承包地使用、收益的权利，有权自主组织生产经营和处置产品。即承包土地的农民对其个人承包的耕地享有占有、使用、收益、流转、入股及处置等权利，这些权利可以单独处置也可以一并处置。本案中，张某芹与其三个儿子签订的赡养协议中，约定将土地交给自己的儿子耕种，其并未将自己的承包经营权全部处置，只是让渡土地的占有、使用权，来确保自己得到赡养。同时，《中华人民共和国老年人权益保障法》第十七条规定："赡养人有义务耕种或者委托他人耕种老年人承包的田地，照管或者委托他人照管老年人的林木和牲畜等，收益归老年人所有。"这也说明，赡养协议中关于土地耕种的约定，只是年老者处置自己土地承包经营权中占有、使用权的行为，自己则依然享有收益、流转等权利。这一观点也在新修订的《中华人民共和国农村土地承包法》中得到验证。2018年12月29日修订、2019年1月1日施行的《中华人民共和国农村土地承包法》的亮点之一就是将土地的所有权、承包权、经营权分离，进一步明确了承包者既可以自己经营，也可以自己保留承包权，让渡经营权来获得财产权益，而在土地被征用以及退出后仍然享有获得财产补偿的权利。这一规定也有效地解决了与本案相类似的难题。

---

① 本条参照2018年12月29日发布的《中华人民共和国农村土地承包法》第十七条第一项。

3. 父母子女之间代为民事行为是否构成表见代理

本案中，张某国作为张某芹的次子领取张某芹征地补偿款的行为是否当然属于表见代理，笔者认为，父母子女之间存在特殊的身份关系，往往容易使相对人相信其存在代理权。为了在涉及第三人利益时的民事活动能够顺利进行，以及方便被代理人生活的需要，“一揽子”认定父母子女之间代为民事行为构成表见代理看似并无不妥，但是在一些重要的权益方面，则会损害被代理人利益甚至会损害第三人的利益。比如，本案中张某国领取张某芹土地补偿款的行为如果直接定性为表见代理，那么张某芹的利益将无法得到保护。故对于父母子女之间代为的民事行为不能一概而论，在实践中要根据案件的具体案情来判断，既要保护交易安全，又要考虑其亲属间的合法权益不受侵害，特别是重大事项，像子女以父母名义对外借贷、处分父母大额资产等，可以参照婚姻法解释中夫妻之间代理行为的规定，第三人需举证证明被代理人对代理人的代理行为有书面的授权或者知情且没有表示反对或者异议，方能认定一方以对方名义所为民事行为构成代理。

编写人：河南省安阳市中级人民法院　苏斐　郜云丽

208　承包经营权未到期，土地被征收后补偿费如何分配

——孔某枫诉村委会、村十组承包地征收补偿费用分配案

【案件基本信息】

1. 裁判文书字号

河北省承德市中级人民法院（2018）冀08民终3159号民事判

决书

2. 案由：承包地征收补偿费用分配纠纷

3. 当事人：

原告（上诉人）：孔某枫

被告（被上诉人）：村委会、村十组

【基本案情】

1988年1月1日，经济合作社（甲方）与孔某枫（乙方）签订荒山承包合同，约定孔某枫承包坐落在桥上河滩的9.77亩荒山，承包期为50年，自1988年1月1日至2037年12月31日，承包期内乙方新植树木按总收入分成，甲方占5%，乙方占95%，该合同经过公证。此后，孔某枫申办林权证，并于2008年换新证，登记的林地所有权权利人为村十组，林地使用权权利人、林木所有权权利人、林木使用权权利人均为孔某枫。因棋盘山外环路工程建设需要，征占棋盘山村十组、十一组部分集体所有土地，包括孔某枫承包的7.3777亩林地。该7.3777亩林地按照每亩10000元的标准给付土地补偿款，围场满族蒙古族自治县公路建设拆迁安置暨施工保障工作领导小组办公室向孔某枫送达了补偿评估结果告知书，内容显示“经调查了解该征占土地权属为村十组集体所有，所征占的土地补偿款应对准村十组，地上的各类用材林补偿归孔某枫所有”。关于地上附着物补偿孔某枫已经与政府初步达成补偿协议。孔某枫与村委会、村十组因土地补偿费用分配意见分歧较大，故导致诉讼。

【案件焦点】

承包经营权未到期，土地补偿费用如何分配。

【法院裁判要旨】

河北省围场满族蒙古族自治县人民法院经审理认为：根据《中华人民共和国农村土地承包法》第四十四条规定，不宜采取家庭承包方式的荒山、荒沟、荒丘、荒滩等农村土地，通过招标、拍卖、公开协商等方式承包的，适用本章规定。第四十五条规定，以其他方式承包农村土地的，应当签订承包合同。当事人的权利和义务、承包期限等，由双方协商确定。以公开协商等方式承包的，承包费由双方议定。再根据《中华人民共和国土地管理法》第四十七条第一款、第三款规定，征收土地的，按照被征收土地的原用途给予补偿。征收其他土地的土地补偿费和安置补助费标准，由省、自治区、直辖市参照征收耕地的土地补偿费和安置补助费的标准规定。《河北省人民政府关于实行征地区片价的通知》规定，被征土地没有土地使用权人和集体经济组织未发包以及实行其他方式承包的土地，土地补偿费全部归集体经济组织，由村集体经济组织依法分配或者使用。考虑孔某枫承包期还有 19 年到期，法院酌定将土地补偿款的 20%给孔某枫作为补偿。

依照《中华人民共和国农村土地承包法》第四十四条，《中华人民共和国土地管理法》第四十七条第一款、第三款之规定，判决如下：

一、村十组于本判决生效之日起十日内 次性给付孔某枫林地征地补偿款 14755. 40 元；

二、村委会不承担给付责任。

孔某枫不服一审判决，提起上诉。

河北省承德市中级人民法院经审理认为：被征土地没有土地使用权人和集体经济组织未发包以及实行其他方式承包的土地，土地补偿费全部归集体经济组织，由村集体经济组织使用。因孔某枫承包荒山期限截至被征用时，尚有近20年的承包期，在承包期内孔某枫也有投入、管理和维护，应得到一定补偿，但应在土地补偿款范围内酌定补偿数额。一审法院综合本案实际情况，酌定20%的标准，较为妥善。判决：

驳回上诉，维持原判。

【法官后语】

随着我国农村城镇化、城市化进程的加快，农村土地大量被征收、征用，由此引发的征收补偿费分配纠纷案件大幅上升，及时、依法、妥善地处理好这类纠纷，既有利于保护农民的合法权益，也有利于农村社会和谐稳定。

根据《中华人民共和国民法典》《中华人民共和国土地管理法》和《中华人民共和国土地管理法实施条例》等法律法规相关规定，土地征收补偿费主要包括土地补偿费、安置补助费及地上附着物和青苗补偿费等。实践中，在征地补偿费用分配中，就安置补助费和地上附着物及青苗补偿费引发的纠纷较少，发生纠纷最多的是土地补偿费分配，本案就是原告与所在集体经济组织因土地补偿费分配所引发的纠纷。笔者认为，实践中审理此类案件既要依照现行法律法规的规定，也要参照所在地方政府部门对此作出的比较具体的规范性文件，还要结合案件双方当事人在合同中有无明确约定，合同约定是否损害国家、集体和社会公共利益以及合同履行程度等具体情况进行裁判。

就本案而言，虽然根据原《中华人民共和国土地管理法实施条例》第二十六条①规定，土地补偿费原则上应归农村集体经济组织所有，但是现行法律对征收土地补偿费的分配问题没有明确具体的分配标准，在双方签订的承包合同中对此也没有明确约定，根据《中华人民共和国土地管理法》第四十七条②规定，征收其他土地的土地补偿费和安置补助费标准，由省、自治区、直辖市参照征收耕地的土地补偿费和安置补助费的标准规定。本案中参考了《河北省人民政府关于实行征地区片价的通知》，虽然该通知在性质上属于规范性文件，效力位阶较低，但该行政规范性文件在河北省范围内参考适用能够有效补充和完善法律法规的实施。该通知规定："土地补偿费20%归集体经济组织，80%归被征地的土地使用权人或者按照家庭承包方式承包土地的农户；被征土地没有土地使用权人和集体经济组织未发包以及实行其他方式承包的土地，土地补偿费全部归集体经济组织，由村集体经济组织依法分配或者使用。"

本案中，孔某枫与所在集体经济组织以协商签订荒山承包合同的形式，承包了所在集体经济组织山林，属于以其他方式承包土地，并不属于上述通知规定的以家庭承包方式承包土地的农户，并且双方在合同中对将来涉及土地补偿费分配亦无明确约定，因此，孔某枫主张应依据上述通知分得80%土地补偿费，属于理解错误，对其

---

① 2014年7月29日发布的《中华人民共和国土地管理法实施条例》第二十六条已被修改删除，对应2021年4月21日发布的《中华人民共和国土地管理法实施条例》第二十八条、第二十九条。

② 本条对应2018年12月29日发布的《中华人民共和国农村土地承包法》第四十九条。

主张不应予以支持。但是，依照《中华人民共和国物权法》第四十二条[①]、第一百三十二条[②]规定，其他方式承包的土地使用权人可以获得相应补偿。在审理中，考虑到林木收益本身周期较长，本案是承包合同履行中因征地这一客观情势变更因素的介入，才导致合同不能继续履行，而孔某枫在合同履行中有较大投入，且剩余承包期限较长，如果对其土地承包经营权不予适当补偿，对孔某枫有失公平。所以，综合考量上述因素，确定了补偿的比例。

本案在法理上首先明确了土地补偿款的性质系给土地所有权人永久丧失土地的补偿，其次结合法律法规、参照地方政府规范性文件，根据案件具体实际情况，综合考量其他因素，最后裁判以合理比例分配土地补偿款，既平衡了双方当事人的利益，又使当事人息诉罢访，且对辖区内其他处于观望状态的被征地使用权人起到指导教育作用，收到了较好的法律效果、社会效果。

编写人：河北省围场满族蒙古族自治县人民法院　张倩影

209　承包地实际经营者为征收补偿费分配对象

——蔡某吉诉村委会承包地征收补偿费用分配案

【案件基本信息】

1. 裁判书字号

福建省三明市中级人民法院（2018）闽04民终323号民事判决书

① 本条对应2020年5月28日发布的《中华人民共和国民法典》第二百四十三条。
② 本条对应2020年5月28日发布的《中华人民共和国民法典》第三百三十八条。

2. 案由：承包地征收补偿费用分配纠纷

3. 当事人

原告（被上诉人）：蔡某吉

被告：村委会

第三人（上诉人）：蔡某林、邓某林、刘某平、廖某兰

【基本案情】

蔡某吉与蔡某林、邓某林、刘某平、廖某兰（以下称蔡某林等四人）系永浆村同一小组成员。1990年，永浆村各小组分田，本案争议的被征用耕地系蔡某林等四人所在的分田小组进行土地调整的地块，蔡某吉在另一分田小组分得其他地块。1999年11月18日，蔡某林等四人分别与村委会签订《耕地承包合同书》，并经政府核发《土地承包经营权证》。次日，蔡某吉与村委会签订《耕地承包合同书》，亦经政府核发《土地承包经营权证》。讼争地块被记载于双方的《土地承包经营权证》中。蔡某吉1990年土地调整时所分得的责任田，当事人均未与村委会签订《耕地承包合同书》，亦未经政府核发《土地承包经营权证》。

1996年8月，蔡某吉因要在争议地块建鱼池养鱼，经与蔡某林等四人协商，其1990年土地调整时所分的其他耕地与蔡某林等四人调换，双方签订换田协议。协议主要内容：双方经协商同意将蔡某吉"车某垅"的责任田与蔡某林等四人位于"门某甲"的责任田对换。双方在对换后地块实际经营至今。蔡某林等四人认可对换后蔡某吉原责任田由他们耕种，但认为双方当时约定换耕不换地，否则1999年《耕地承包合同书》和《土地承包经营权证》就不会将"门某甲"的土地登记到蔡某林等四人各自名下。

原村书记黄某泉证实：换田协议由蔡某吉提供要求村里进行鉴证，在十年内如有调整土地由蔡某吉继续使用“门某甲”的土地，当时并没有说有协议也未约定永久用地。村委会在协议上盖章及签署意见时蔡某林等四人不在场，蔡某吉将协议交给他们签署意见。2013年10月，蔡某吉在争议地块所建鱼池被征用。双方对争议地块的安置补助费和土地补偿费发生争议，村委会未予发放。

【案件焦点】

1996年蔡某吉与蔡某林等四人双方交换“车某垅”与“门某甲”承包地的行为是“互换”还是“互耕”，谁是征地补偿费的分配对象。

【法院裁判要旨】

福建省永安市人民法院经审理认为：1996年蔡某吉与蔡某林等四人双方交换“车某垅”与“门某甲”承包地，虽然各方不是同时在协议上签字确认，但各方表达及事后真正换地及互换后20年内的确无任何纠纷，表明互换承包经营权确属双方真实意思表示。双方从1996年起至“交换”承包地争议地块被征用期间未有纷争，蔡某吉在争议地块改造鱼池，长期经营取得收益，蔡某林等四人始终未持异议，故可认为双方“交换”之真实目的不在于仅获取对方之地的使用权，而在于取得该地之核心权利即处分权（互换后用于其他农业用途改造成鱼池）并自由使用，双方真实意图是互换而非互耕，因双方均为同一集体经济组织农户，该互换行为合法有效，从农村土地流转习惯来看，互换关系从双方相互交付土地使用权时即告成立，双方未约定期限，则视为永久互换。

涉案被征用地的安置补助费和土地补偿费发放对象应严格按照永安市人民政府所确认的土地承包经营权人进行认定。因相关机关对同一地块错颁证行为认定为：双方持有的“门某甲”《土地承包经营权证》与《耕地承包合同书》属于错发，本应收回注销，现争议地块已被实际征用灭失，撤销争议地块经营权证已无实际意义为由，不予以纠正。故争议地块的实际承包经营权人蔡某吉为补偿对象。

福建省永安市人民法院依照《中华人民共和国农村土地承包法》第三十二条、第四十条，《中华人民共和国合同法》第十条，《最高人民法院关于审理涉及农村土地承包纠纷案件适用法律问题的解释》第二十二条、第二十三条，《农村土地承包经营权流转管理办法》第十七条，《中华人民共和国民事诉讼法》第一百四十四条的规定，作出如下判决：

村委会在本判决生效后十日内向蔡某吉支付“门某甲”土地的征地补偿款（土地补偿费、安置补助费）441997.14 元。

蔡某林等四人不服一审判决，提出上诉。福建省三明市中级人民法院经审理认为：本案争议焦点为双方互换承包地是永久换地还是有期限互换以及讼争的征地补偿款应当如何分配问题。本案是蔡某林等四人与蔡某吉互换农村集体土地而引发的纠纷。自 1996 年起，蔡某林等四人与蔡某吉就互换承包地耕种至今，尽管 1999 年蔡某林等四人和蔡某吉均与村委会就争议的土地签订了《耕地承包合同书》并取得《土地承包经营权证》，但双方的土地承包经营权互换行为无须发包方的同意和过户登记，即发生土地承包经营权的互换效力。因此各方签订的互换协议合法有效。由于双方各自耕种互换后的承包地十几年均无争议，且互换协议已实际履行，各方之间已形成事实上的土地承包经营权互换合同关系，土地上所依附的权利义务已依法转移，各方对互换后的土地分别享有承包经营权。根据农村土地承包经营权互换习惯、合同的诚实履行原则以及保护农村土地承包关系长期稳定的政策要求，互换期限应认定为整个承包经营权存续期间，基于此产生的征地补偿款应归蔡某吉所有。

福建省三明市中级人民法院依照《中华人民共和国民事诉讼法》第一百七十条第一款第一项之规定，作出如下判决：

驳回上诉，维持原判。

【法官后语】

因为历史原因和农户生产生活现实需要，经常存在承包地证地不符、人证不一等问题并引发纠纷，本案即就同一被征用地块争议双方均持有承包合同书和承包经营权证的情形。

1. 诚实信用原则在耕地互换中的适用。诚实信用原则是民法的基本原则，被称为民法的帝王条款。2021 年 1 月 1 日施行的《中华人民共和国民法典》第七条规定："民事主体从事民事活动，应当遵循诚信原则，秉持诚实，恪守承诺。"这与《中华人民共和国民法总则》第七条规定完全一致，同样地，尊崇诚信原则也是社会主义核心价值观的体现。《中华人民共和国民事诉讼法》（2021 年修正）第十三条第一款规定："民事诉讼应当遵循诚实信用原则"，实体法与程序法在诚实信用上的规定是一致的。现实生活中，为了农业生产需要与便利，实现生产生活互利双赢，农户之间将依法取得的土地承包经营权采取转包、出租、互换、转让或者其他方式流转的现象大量存在，而且往往未订立书面流转协议或订立的协议内容较为简单，给司法裁判带来很大影响，考验着司法智慧。《中华人民共和国农村土地承包法》（2009 年修正）第二章家庭承包第四十条规定："承包方之间为方便耕种或者各自需要，可以对属于同一集体经济组织的土地承包经营权进行互换。"《中华人民共和国农村土地承包法》（2018 年修正）对承包经营权的互换作出进一步的规定，第三十三条规定："承包方之间为方便耕种或者各自需要，可以对属于同一集体经济组织的土地承包经营权进行互换，并向发包方备案。"本案中，蔡某吉与蔡某林等四人属同一村委会，自愿互换耕地且实际履行至今近二十年，各自享有互换耕地后的管理使用、经营收益等权利。根据诚实信用原则，讼争耕地应认定为双方之间自愿协商后将土地承包经营权进行互换，双方对互换土地原享有的承包权利和承担的义务也相应互换，且可视为永久性互换，该互换行为合法有效，任何一方不得任意反悔。2018 年修正后的《中华人民共和国农村土地承包法》对于互换行为向发包方备案的规定，由发包方对互换行为进行见证和监督，可以尽量避免纠纷的产生。

2. 耕地权益人的认定。根据《中华人民共和国农村土地承包法》第二十三条、第二十四条的规定，承包合同自成立之日起生效，承包方自承包合同生效时取得土地承包经营权，登记机构颁发土地承包经营权证或者林权证等证书，确认土地承包经营权。本案争议双方均取得案涉地块土地承包经营权证，经查相关机关对同一地块存在错误颁证行为，本应收回注销，现争议地块已因实际征用灭失，撤销争议地块经营权证已无实际意义。为此，需综合分析当地生产、生活习惯及实际承包经营状况，以分配双方的权利义务。《中华人民共和国农村土地承包法》第三十三条规定，同一集体组织成员土地承包经营权可以进行互换，因蔡某吉与蔡某林等四人系同一集体经济组织成员，双方对互换耕地的事实均无异议且不违反法律规定，因此，涉案耕地被依法征用后应以实际承包经营该耕地的民事主体作为补偿对象。根据互换效力，被征用地块由蔡某吉实际承包经营，故蔡某吉是承包地被征用后的补偿对象。

3. 发包主体责任分析。《中华人民共和国农村土地承包法》第三条规定，国家实行农村土地承包经营制度，分为集体经济组织家庭承包和其他方式承包。第十三条规定了不同性质的土地分别由村委会、村集体经济组织、村民小组发包经营的权限。第十五条规定："发包方承担下列义务：（一）维护承包方的土地承包经营权，不得非法变更、解除承包合同……"即村集体经济组织或村民委员会作为耕地发包主体，对耕地发包应负核实、审查等义务，应确保一块耕地只能有一个承包主体，这亦符合合同相对性原则，否则根据《中华人民共和国农村土地承包法》第五十七条规定，发包方应当承担停止侵害、返还财产、恢复原状、排除妨害、消除危险、赔偿损失等民事责任。结合本案，村委会作为发包方，将同一耕地分别与蔡某吉、蔡某林等四人签订了《耕地承包合同书》，明显未尽到核实、审查义务。纠正该《耕地承包合同书》的错误，切实保障实际承包经营户的权利是本案裁判的关键。在案件审理过程中，法官深入基层向该村往届和现任村两委及有关村民了解该村土地承包分配、调整的历史和实际耕作情况，详细掌握矛盾纠纷来源和产生的背景，村民对双方争议的多数意见和评价，走访农业部门和被征地所在街道领导和包村干部，听取行政管理部门的意见，确保判决的法律效果和社会效果相统一。法律的生命在于实施，法院在公正审判的同时，还向村委会及有关单位发出司法建议，确保《中华人民共和国农村土地承包法》有效实施。

4.《中华人民共和国民法典》第十一章"土地承包经营权"，

对我国农村土地承包经营的发展变化和实践情况进行了总结，对于土地经营权的流转作出了规范。家庭承包主要体现农村集体土地通过民主方式由集体经济组织成员承包经营，主要保障农村居民的生产和生活，随着农业生产方式的改变，农业生产集约化、规模化和科技程度的不断提高是一个大趋势，农村土地所有权、承包权和经营权分置，在确立各方权利的基础上，将经营权充分进行流转，相应的资金、科技和产业发展就有了一定的基础，《中华人民共和国民法典》第三百三十九条和第三百四十二条根据现阶段国情对不同方式承包经营权人依法流转土地经营权进行了肯定，法院司法工作就是要为新时代农业发展提供高质量的服务和保障，这也是党的二十大提出的建设中国式的现代化的重要内容。

编写人：福建省永安市人民法院　李如浩

210　征地补偿款的分配认定

——张某国诉村委会承包地征收补偿费用分配案

【案件基本信息】

1. 裁判书字号

北京市第一中级人民法院（2017）京 01 民终 3800 号民事判决书

2. 案由：承包地征收补偿费用分配纠纷

3. 当事人

原告（被上诉人）：张某国

被告（上诉人）：村委会

【基本案情】

1984年7月20日，原生产大队（甲方）与张某国（乙方）签订《责任山造林、营林合同书》，约定乙方承包甲方责任山造林、营林。合同附表中确认责任山的坐落地点为“西沙窑子南头”，四至为：东至河边、西至梁头分水、南至梁谷延庆界、北至天门沟丫口，面积160亩，收益分配一九开（一成归集体、九成归个人）。原昌平县林业局、原昌平县十三陵乡人民政府在合同上盖章，且该合同于1984年7月20日经过原昌平县公证处公证出具了公证书。双方还签订《责任山造林、营林补充规定及说明》，约定荒山边界以原承包成片果林园园边以树干五米以外为界等事项。

2014年7月1日，由于该责任山附近的110国道黄土嘴桥进行改造和修建施工导行便道，需对附近的树木进行移伐并占地施工，村委会（甲方）与路桥公司（乙方）签订了《黄土嘴桥工程移伐树木、临时占地补偿协议》，协议约定了相关补偿范围及补偿金额30万元等。协议双方还会签了《物品赔偿明细表》和载有临时占地面积计算明细的《临时占地平面示意图》作为合同附件。同月11日，村委会向北京市昌平区园林绿化局提交《采伐申请》，记载因该村黄土嘴处有柳树、刺槐树、核桃楸树154棵，因路桥公司计划进行危桥翻建施工，需对上述树木进行采伐。同月21日，北京市昌平区园林绿化局向村委会核发《林木采伐许可证》。上述手续办理后，村委会领取了与路桥公司所签协议约定的款项，并作为村集体收益经相应民主议定程序向村民发放了部分款项。张某国也领到了该笔收益的相应款项。一审庭审中，双方对该笔款项的处分问题同意另案解决。本案审理中，为查明案情，一审法院于 2016 年 7 月 28 日组织双方进行了现场勘查，勘查显示，桥梁施工临时占地及采伐树木的范围均部分与张某国的承包地重合。张某国认为村委会应支付其树木补偿款及临时占地补偿费，故诉至法院。

【案件焦点】

1. 双方签订的《责任山造林、营林合同书》是否已经解除；2. 双方争议的承包地与临时施工占地是否重合；3. 双方争议的树木移伐数目及相应补偿费如何确定。

【法院裁判要旨】

北京市昌平区人民法院经审理认为：第一，关于双方争议的《责任山造林、营林合同书》是否已经解除的问题。张某国提交的合同原件证明双方之间的合同关系，村委会主张该合同已经解除，但其提交的证据不能证明该主张，因此，双方之间的《责任山造林、营林合同书》并未解除，该合同未违反法律法规的强制性规定，应予认定合法有效，当事人应依约定履行各自的权利义务。

第二，关于双方争议的承包地与临时施工占地是否重合的问题。该争议的厘定涉及路桥公司所进行的黄土嘴桥施工工程中临时占地补偿及树木移伐补偿两个方面。双方签订的《责任山造林、营林合同书》约定了责任山四至，且对于合同约定的四至与现状无争议，仅东至范围由河边变化为 110 国道桥西。由此，可以确认河道以西区域均应为张某国承包地范围，故承包地与桥梁施工临时占地部分存在重合，面积合计为 2155 平方米，因此该区域的相应临时占地补偿费用扣除承包合同约定的集体收益后应归于张某国。此外，鉴于

《临时占地平面示意图》明确表明考虑施工中的不可预见因素租用面积大于图示标段面积，故对图示占用张某国承包地面积所得占地补偿费用相应酌情增加。

第三，关于双方争议的树木移伐数目及相应补偿费问题。依据《林木采伐许可证》，本次桥梁施工工程经审核批准的区域为“果庄村黄土嘴作业区采伐，四至为：东至联通信号塔，南至 110 国道，西至黄土嘴桥西 8 米，北至 110 国道；树种为刺槐等；采伐株数 154 株”。据此，结合《临时占地平面示意图》可以认定采伐树木的范围部分与张某国的承包地重合。而且依据张某国提供的照片显示在黄土嘴桥南侧即施工占地区域存在部分已成材的树木。依据生活经验判断，该树木修葺较为整齐，显然非为自然生长。因此，可以认定《临时占地平面示意图》中位于张某国承包地范围内的树木为其种植养护，相应树木移伐补偿款应归其所有。关于具体移伐的树木数量，《物品赔偿明细表》显示赔偿槐树、柳树等各类树木共计 865 株，该数量与《林木采伐许可证》载明的准许移伐数目 154 株不符，亦与张某国主张的实际移伐 690 株的数量不合。对此，村委会的解释为《林木采伐许可证》对于小树的移伐不予统计和办理所致，张某国对其主张未提供充分证据证明。应认为村委会的解释具有合理性且《林木采伐许可证》的办理符合施工方路桥公司与村委会的协议约定，故对实际采伐数目为占地补偿协议记载的 865 株的事实予以采信。张某国对于其主张实际砍伐其树木 456 株的主张，未提供有力证据支持，其提供的照片中部分树木位于其承包地范围内，而部分树木明显位于河道内，因而张某国该项主张具有不合理因素，依据现有事实酌情并依据承包合同约定的收益分配原则扣除集体收益后对张某国的主张予以支持。

综合上述，张某国基于其承包地在合同有效期内被路桥公司修建桥梁临时占地应获得临时占地补偿费用和树木采伐补偿具有法律依据，其诉讼请求合理部分依法予以支持；超出部分缺乏充足依据，依法予以驳回。

北京市昌平区人民法院依据《中华人民共和国合同法》第六十条，《中华人民共和国农村土地承包法》第四条，《中华人民共和国民事诉讼法》第六十四条规定，判决如下：

一、村委会于本判决生效后七日内支付张某国临时占地补偿款25025元、树木移伐补偿费53613元，合计78638元；

二、驳回张某国的其他诉讼请求。

村委会不服一审判决，提出上诉。北京市第一中级人民法院经审理认为：主张合同关系变更、解除、终止、撤销的一方当事人对引起合同关系变动的事实承担举证责任，本案中，村委会主张涉案合同已经解除，对此应承担举证责任。但村委会并不能提交当时村集体组织民主议定解除合同的相关记录，该决定亦未向上级部门进行报备，因此仅凭村委会现有证据不足以否定双方之间合同的效力，其该项上诉理由不能成立。根据双方确认的张某国提交的现场照片可以看出，树木的间距较为平均，胸径相差不大，符合人工种植的特征，张某国已经履行了造林、营林的合同义务，其有权享有临时占地补偿款及树木移伐补偿费，村委会关于张某国未履行合同义务、不应享受权利的上诉理由亦不能成立。

北京市第一中级人民法院依照《中华人民共和国民事诉讼法》第一百七十条第一款第一项规定，判决如下：

驳回上诉，维持原判。

【法官后语】

随着我国农村城镇化、工业化进程的加快，农村土地征收征用越发频繁，规模也越来越大。由于承包地征收补偿费用的分配直接关系到农民的切身利益，所以此类案件存在矛盾易激化、处理难度大的特点，解决不好容易产生社会问题。因此，如何妥善处理这类纠纷，成为审判实践中遇到的难点问题。

本案既涉及合同解除的认定，也涉及农民土地承包经营权的司法保护。审判人员在实地调查走访、现场勘验的基础上，组织案件审理，坚持合同解除的程序原则和农民承包经营权依法保护导向，实现裁判效果和社会效果的有机统一。

一、合同解除应符合法定要件

依法保护承包造林的集体和个人的合法权益，直接关系到营林、造林者的生产积极性，进一步关系到森林资源保护及林业可持续发展。根据《中华人民共和国农村土地承包法》的规定，发包人不得非法变更、解除承包合同。合同的解除作为民法上的重要制度，是权利一方利用法律武器摆脱合同困境的救济方法。司法活动中不仅要肯定合同解除制度的价值所在，还要注重合同解除的严谨性和严肃性，应限制当事人任意行使合同解除权，严格禁止当事人滥用合同解除权，以实现合同法所追求的立法目的。

关于合同解除，我国民法典规定了协商解除、约定解除、法定解除三种类型，并对解除权的行使期限、行使规则及法律后果作出明确规定。具体到本案，发包人与承包人就合同的解除并未达成一致意见。主张双方之间承包合同已经解除的村委会，亦未能提交当时村集体组织民主议定解除合同的相关记录、向上级部门报备等证据，故其主张不被法院所采信。

二、承包人依法享有征地补偿款分配权

依法保护农民的土地承包经营权是当前时期涉及农村稳定的重要问题。我国民法典明确规定土地承包经营权的性质为用益物权，这对农村经济的长远发展以及农民土地权益的保障起到至关重要的作用。承包人拥有了对承包地占有、使用、收益和流转的权利，承包期内除依法律规定外不得调整承包地，土地承包经营权不得被非法剥夺，发包方不得收回承包地。

在土地承包经营权保护纠纷中，有关承包地征收补偿费用分配纠纷多发，主要集中在城镇边缘建设用地需求较大、征地较为频繁的地区。与其他涉农纠纷相比，这类纠纷所涉及的问题相对集中，概括起来包括征地补偿费“分不分”“分给谁”“分多少”的问题。根据《中华人民共和国土地管理法实施条例》第三十二条规定，省、自治区、直辖市应当制定公布区片综合地价，确定征收农用地的土地补偿费、安置补助费标准，并制定土地补偿费、安置补助费分配办法。地上附着物和青苗等的补偿费用，归其所有权人所有。由于我国农村土地归农村集体经济组织所有，实际上征地补偿费用往往会直接发放到村集体，由村集体进行再分配。这也是此类纠纷的被告通常为农村集体经济组织的根源。

具体到本案中，发包人与承包人就是否占用承包地发生争议，审判人员为查明案情进行了现场勘察，拍摄了照片，并绘制了平面示意图，并将实际占地范围与《临时占地平面示意图》及承包地四至进行比对，从而确定占用承包地的范围。进而根据经验法则及逻辑推理，确定占地范围内的人工种植树木株数。并根据承包合同约定的收益分配原则扣除集体收益后确认属于承包人所有。本案二审宣判生效后，该地区类似纠纷得以迅速化解，有效保护了营林、造林者的合法权益。

编写人：北京市昌平区人民法院　潘幼亭　多美琪

211　承包权人未经规划批准自行种植林木不应获得退耕还林专项补助

——陈某江诉村委会等土地承包经营权案

【案件基本信息】

1 裁判书字号

北京市第二中级人民法院（2017）京02民终2021号民事判决书

2 案由：土地承包经营权纠纷

3 当事人

原告（上诉人）：陈某江

被告（被上诉人）：村委会、经合社、镇政府

第三人（被上诉人）：隗某芝、徐某恩

【基本案情】

陈某才与陈某江系叔侄。村委会于1983年将3.5亩自留山承包给陈某才用于造林，双方所签合同约定50年承包期及土地四至。1994年，当地开展险户、困难户搬迁工作。同时根据政府相关文件，搬迁后的土地承包合同一律废止。但陈某才并未外迁。

1999年，经合社将上述自留山所在土地交由张某明承包，后双方于2005年4月解除承包合同。同年5月，经合社又将该地块

发包给隗某芝。双方约定承包范围不包括陈某才承包的山地。隗某芝依约支付了土地承包费及地上物买断费。因陈某才的涉案承包地位于隗某芝的承包地范围内，双方发生地界纠纷，后于2012年签订调解书，确认隗某芝承包地内的部分土地属于陈某才，并明确了该部分土地的四至范围。

自2003年起，陈某才所在村实施退耕还林。退耕还林农户及其承包地、退耕还林土地面积等信息由村委会、经合社、镇政府逐级报送至林业主管部门。2005年3月，隗某芝与村委会签订《退耕还林合同》，并据此从2006年开始领取退耕还林补助，其中自2012年开始系按照44.2亩退耕还林土地的标准领取相应补助。在此期间，陈某才并未签订《退耕还林合同》，也未获得退耕还林证，也无任何部门对其承包地进行退耕还林的相关验收或认定。

2013年，因陈某才索要退耕还林补助，镇政府及信访部门先后作出答复，认为陈某才的承包地未按规定退耕、未签订《退耕还林合同》、未经林业主管部门进行认定和验收也没有《北京市退耕还林证》，其仅以“2005年以后不再耕种，培养林地，现已成为事实林地”为由要求享有退耕还林补贴缺乏政策依据，故均认为其不应享有相关待遇。

2014年，陈某才去世。其继承人陈某江认为，陈某才在承包地实际种植了树木应当领取退耕还林补助；且隗某芝、徐某恩夫妇获取退耕还林补助所对应的土地就是陈某才的承包地，其领取的退耕还林补助实际上应属于陈某才，故陈某江将村委会、经合社、镇政府诉至法院，要求三被告共同给付陈某江2003年至2016年的退耕还林补偿款104720元、共同赔偿种树应获得的管理费补偿款 11200 元、共同给付一次性栽树补偿款 4000 元。

诉讼中，陈某江依据退耕还林班图主张隗某芝所签退耕还林合同载明的地块就是陈某才的承包地。对此，法院经向负责当地退耕还林工作的房山区园林绿化局直属单位房山区林果科技服务中心果树站核实，被告知：该班图系由该部门经现场核定后绘制；但该班图属于 1：10000 的比例图，只能确定退耕还林的整体区域范围，并不能据此确定具体哪一户的承包地是否属于退耕还林土地，必须结合各村提交的退耕还林农户汇总表进行综合判定。而村委会、经合社、镇政府、隗某芝、徐某恩均表示无法说明该班图所载土地是谁的退耕还林土地。

诉讼中，关于退耕还林补助的发放条件，林业部门告知：承包经营权人如要获得该项补助，必须签订《退耕还林合同》，并由其所在村集体通过镇政府逐级上报相关汇总信息表；而后承包经营权人根据林业部门的统一规划实际退耕还林并经过核查验收、领取退耕还林证；村集体将核实的退耕还林情况报送给林业主管部门后，最终由政府发放退耕还林补助；如承包经营权人未经上述流程进行逐一核定，即使其承包地位于班图所载的退耕还林土地范围内，甚至已实际种植树木，也不能说明该地块属于退耕还林土地，该承包经营权人也不必然享有退耕还林补助。

【案件焦点】

承包经营权人在自己的承包地内自行种植林木能否径直获得退耕还林专项补助。

【法院裁判要旨】

北京市房山区人民法院经审理认为：根据查明的事实，陈某才的父母早已去世，其并无配偶、子女。陈某才仅有兄弟二人即陈某贵和陈某悦，其中陈某贵明确表示放弃继承涉案相关权利，故陈某悦作为陈某才的第二顺位继承人可主张相关财产权利。陈某悦在本案诉讼中去世，其配偶也早已去世，在陈某悦其他子女明确表示放弃继承涉案相关权利的情况下，其子陈某江作为法定继承人申请参与本案诉讼，并无不当，系适格原告。根据陈某才生前所签承包合同以及证人证言、走访记录、陈某才与徐某恩达成的调解协议等证据，陈某才对涉案土地享有承包经营权。村委会、经合社、镇政府及隗某芝、徐某思主张涉案承包合同已解除、陈某才已将其承包地退还村集体，但均未能提供足够证据予以佐证，故对此不予采纳。退耕还林应是以政府林业主管部门为主导进行整体规划部署、土地承包经营权人自愿参加的系统化工程。在此过程中，承包权人如要获得退耕还林补助，必须经过签订《退耕还林合同》、按照林业主管部门的统筹规划实际退耕还林、经检查验收合格、领取退耕还林证等一系列流程，即该项补助的发放应具备相应的前提条件。而本案中，陈某才生前并未签订《退耕还林合同》，亦未领取过退耕还林证，更未经过相关检查验收程序。陈某江仅以陈某才的承包地实际种植了树木为由主张退耕还林补助，依据现有政策规定，显然缺乏依据。同时，在退耕还林过程中，村委会、经合社、镇政府的职责主要在于报送相关信息、代为发放补助等，最终是否发放退耕还林补助以及发放标准、发放条件等均由相关林业主管部门予以确定。此外，根据查明的事实，隗某芝将其部分承包地用于退耕还林，并已签订《退耕还林合同》、经过相关验收核查程序。陈某江主张隗某芝用于退耕还林的土地包含了陈某才的承包地，但未能提供足够证据予以佐证，故对其主张不予采纳。综上，陈某江要求三村委会、经合社、镇政府给付退耕还林补助缺乏依据，不予支持。本案系土地承包经营权纠纷而非合同之诉，且陈某江多年来一直通过上访等方式主张涉案退耕还林权益，故村委会、经合社、镇政府及隗某芝、徐某思关于本案已过诉讼时效的抗辩意见，不予采纳。

北京市房山区人民法院根据《中华人民共和国农村土地承包法》第三十一条、第五十条，《中华人民共和国继承法》第二条、第三条、第四条、第五条、第十条、第二十五条，《最高人民法院关于民事诉讼证据的若干规定》第二条之规定，作出如下判决：

驳回陈某江的全部诉讼请求。

陈某江不服一审判决，提出上诉。北京市第二中级人民法院经审理认为：根据《退耕还林条例》的规定，国家按照退耕还林实际面积，向土地承包经营权人提供补助粮食、种苗造林补助费和生活补助费。因此，能够享有相应退耕还林补助的主体应为在其承包经营的土地上实际进行退耕还林的人员。在二审审理期间，陈某江明确其基于2012年5月29日陈某才与徐某恩签订的调解协议中所载的土地主张退耕还林，该调解协议为双方因地界纠纷，经村、镇有关人员调解，就土地四至所达成的协议，陈某才依据该调解协议就调解协议所载四至范围内的土地享有相应权利。

对于调解协议中所涉土地是否实际进行了退耕还林，根据《退耕还林条例》的相关规定，退耕还林必须依照经批准的规划进行，县级人民政府或者其委托的乡级人民政府应当与有退耕还林任务的土地承包经营权人签订退耕还林合同，县级人民政府林业行政主管部门对退耕还林建设项目进行检查验收，国家按照核定的退耕还林实际面积向土地承包经营权人提供相应补助。在本案中，陈某江未能提供证据证明涉案土地实际进行了退耕还林且相关部门已针对该地块发放退耕还林补助。因此，陈某江未能提供证据证明其所主张的权益实际存在。

最后，本案系侵权之诉，陈某江不仅应就其主张的土地已退耕还林并已实际取得退耕还林补助提供证据予以证明，亦应就村委会、经合社、镇政府存在民事侵权行为使其无法获得相应退耕还林补助提供证据予以证明。陈某江未能提供证据证明经合社、镇政府及村委会存在民事侵权行为，故其诉讼请求不应得到支持。

北京市第二中级人民法院依照《中华人民共和国民事诉讼法》第一百七十条第一款第一项之规定，作出如下判决：

驳回上诉，维持原判。

【法官后语】

本案系土地承包经营权纠纷，合同的签订和履行均发生在《中华人民共和国民法典》施行前，根据《最高人民法院关于适用〈中华人民共和国民法典〉时间效力的若干规定》第一条第二款“民法典施行前的法律事实引起的民事纠纷案件，适用当时的法律、司法解释的规定，但是法律、司法解释另有规定的除外”之规定，对本案的法律评判应适用法律事实引起民事纠纷时《中华人民共和国农村土地承包法》（2009 年修正）、《中华人民共和国继承法》的相关规定。需要说明的是，在民法典实施后，《中华人民共和国农村土地承包法》（2018 年修正）依然现行有效，新法、旧法中关于承包权及承包收益的继承的规定一致。

一、本案的审理思路

具体分为以下三个层次：

第一，认定陈某才对涉案土地享有承包经营权。退耕还林补助是有别于土地承包经营收益的另外一种经济收入，二者不能等同视之。但二者又具有一定的内在关联，农户如想获得退耕还林补助，首先需要获得相应的承包地块，而后在该地块上现实地进行退耕还林。这意味着享有土地承包经营权是获取退耕还林补助的前提条件之一。而结合承包合同、调解协议、证人证言等多方证据，可以认定陈某才对该土地确实享有承包经营权。

第二，认定未经规定流程不能获得退耕还林补助。根据《退耕还林条例》相关规定以及本案中负责退耕还林具体工作的林业部门的答复可知，承包权人如要获得退耕还林补助，必须经过一系列流程。具体而言：首先，应签订《退耕还林合同》，该合同会明确承包权人具体需承担的退耕还林义务；其次，按照合同约定以及林业部门的统筹规划，在自有承包地上实际进行退耕还林，即种植规定树种；再次，经过村集体、林业部门的逐级检查，验收合格后领取退耕还林证；最后，在完成种植任务之后，还负有管护所种林木的合同附随义务，并接收相关部门的复查。上述前提条件均具备后，承包权人才能获得该项补助。

笔者认为，之所以作出这样的制度设计，应是由于以下三点：

1. 涉及众多公众利益。退耕还林并非一家一户独自实施、自负盈亏的普通经营行为，而是林业主管部门作为主导并进行整体规划部署、基层政府等多部门协同推进、土地承包经营权人自愿参加的一项系统化工程。其旨在有效治理水土流失、防御自然灾害、涵养生态环境，是确保区域生态安全、同时惠及子孙后代的重要国家政策。正是由于其关系到千家万户的切身利益，所以更应审慎开展相关工作，不能完全依据个体意愿随意进行。

2. 国家资金投入较大。自从开展该项工程以来，国家已陆续投入巨额资金，同时各地地方政府也为此分别投入了大量人力物力。如果对退耕还林工程不作任何规制，任何人均可随意在承包地内种植树木，且无论所种树种为何、成活率高低、种植面积大小、有无后续管护等，均可要求政府发放退耕还林补助，那么极有可能异化为圈地种树套利、国家大笔资金受损、林木也未能成功种植，而且也不能排除在利益驱动下，出现虚假退耕、冒领、多领退耕还林补助等问题，进而导致该项政策制定目的的落空。

3. 有一定技术性要求。退耕还林并非随意地在地面上种植树木，而是要遵循自然规律、因地制宜，既要恢复森林植被，又要保证粮食安全。因此，在具体实施过程中，有必要制定相应的制度、遵循一定的规程，对种植的地块、面积、树种等进行科学规划，从而确保树种的成活率、成林率、自然环境的改善程度，同时又不危及耕地红线、粮食种植。

综上，《退耕还林合同》及《退耕还林条例》以及相关政策性文件即退耕还林工作的具体实施依据，而承包权人未经规定流程，不应获得该项补助。本案中，陈某才生前并未签订《退耕还林合同》，亦未领取过退耕还林证，更未经过相关检查验收程序，其仅以自己在承包地内实际种植了树木为由主张退耕还林补助，依据现有政策规定，显然缺乏依据，故而作为其继承人的陈某江同样无法获得该项补助。

第三，认定陈某江证据不足以证明隗某芝夫妇领取了属于陈某才的退耕还林补助。虽然隗某芝签订退耕还林合同的时间早于其签订承包合同的时间，但实践中存在双方首先达成合意、事后补签合同的情形，村委会也认可与其存在土地承包合同关系，双方也实际签订并履行了承包合同，故隗某芝享有土地承包经营权，而后隗某芝基于该承包经营权进行退耕还林，并经过相关部门的验收核查，并无不妥。隗某芝的承包地在范围上虽与陈某才的承包地存在重合之处，但陈某江现无足够证据证明隗某芝用于退耕还林的土地是陈某才的承包地。

综上，陈某才无权主张退耕还林补助，故其继承人陈某江亦无权主张该项补助。

二、因领取退耕还林补助产生争议的救济途径

陈某江提起本案诉讼的理由之一在于：隗某芝、徐某恩夫妇获取退耕还林补助所对应的土地就是陈某才的承包地，即隗某芝的退耕还林土地系陈某才的承包地，其领取的退耕还林补助实际上应属于陈某才。对此，笔者认为，因退耕还林引发的领取补助相关流程问题应通过行政程序予以解决。

首先，根据查明的事实，陈某才承包土地在先，隗某芝承包土地在后；隗某芝所承包土地的范围包括了陈某才的承包地，但陈某才自始至终享有独立的土地承包经营权，隗某芝如想获取退耕还林补助，只能在自己的承包地内进行退耕还林，退耕还林地块面积与补助金额应是逐一对应的。对此，主张权益受侵犯的陈某才这方至少应证明两点：隗某芝、徐某恩夫妇占用了陈某才的承包地用于退耕还林；或者隗某芝夫妇领取退耕还林补助所对应的承包地就是陈某才的承包地。而本案中，陈某江始终未能提供足够证据对此予以佐证，故其主张缺乏依据。

其次，隗某芝夫妇获取补助之前已实际退耕还林，并已签订退

耕还林合同、经过验收复查等相关程序。在此情况下，如陈某江仍然认为隗某芝夫妇存在虚假领取、瑕疵领取等问题，应向负责该项工作的相关部门寻求解决，而不应径直通过诉讼解决。退耕还林补助是否发放、发放标准、资金来源、发放流程、核对审查、查漏补缺等，均属于相关行政主管部门的职责，需要相关部门通过行使行政职权予以厘定。因此，如确实因退耕还林工作存在失误，导致部分农户领取的补助金额有误，农户本人抑或是他人应首先通过行政部门依职权予以查明、处理。

最后，如前所述，陈某才目前并不具备获取退耕还林补助的条件。而既然该项补助源于特定国策，那么如其继承人想获得该项补助，应依据相关政策寻求解决，不宜在诉讼中直接主张。

需要说明的是，虽然陈某才不享受退耕还林补助，但并不影响其承包收益的获得。陈某才对涉案土地享有承包经营权，在支付相应的合同对价之后，其可以通过合法合规地经营该地块获取收益。而种植林木就是行使承包经营权的一种具体方式，其所种林木成材后，可以在办理相应砍伐证件后，出售林木换取利润。此外，如果种植果树，可出售果实实现盈利；亦可流转给他人种植获取土地流转收益，等等。换言之，陈某才对其所种树木享有自由处分、并据此获利的权利，其不享有退耕还林补助并不影响其承包经营收益的取得，现行法律法规所规定的承包经营权的各项权能其均可依法、依约行使。在此前提下，陈某才生前基于承包经营权所应获得的经济收益，在其去世后，可作为遗产由其继承人陈某江依法继承。

编写人：北京市房山区人民法院　孙静波

212 海域征用补偿主要包括养殖物补偿和养殖圈补偿

——李某徽诉宋某浩征收补偿费用分配案

【案件基本信息】

1. 裁判书字号

辽宁省大连市中级人民法院（2014）大审民终再字第27号民事判决书

2. 案由：征收补偿费用分配纠纷

3. 当事人

原告（被上诉人、再审申请人）：李某徽

被告（上诉人、再审被申请人）：宋某浩

【基本案情】

2009年5月21日，宋某浩与李某徽签订《虾池承包合同》，合同约定：甲方（宋某浩）自愿将位于普兰店市炮台街道高家村某海面积约140亩的虾池承包给乙方（李某徽）自主改造经营海参、海蜇等海产品养殖。合同第七条约定，如遇国家征用，宋某浩按承包时间返还李某徽承包金，水上海产品养殖损失补偿归李某徽所有，征地补偿归宋某浩所有。

李某徽在承包宋某浩的虾池后，将其投资改造成海参圈进行海参等水产品养殖。2010年11月10日，宋某浩与普兰店市人民政府炮台街道办事处（以下简称炮台办事处）签订《海域征用补偿协议书》，炮台办事处以29000元/亩的价格对案涉海参圈圈坝进行动迁补偿，经测量，案涉海参圈的面积为154.26亩，圈坝补偿款共计4473540元，协议书签订后，炮台办事处将海参圈圈坝补偿款中的90%即4026186元发放给宋某浩，余款447354元现存放在炮台办事处。李某徽认为其承包宋某浩的系虾池，补偿标准应当为14000元/亩，李某徽投资将虾池改造成海参圈，应当获得改造部分的补偿款，炮台办事处在未取得李某徽同意的情况下将海参圈圈坝补偿款发放给宋某浩，故请求确认宋某浩与炮台办事处签订的海域动迁补偿协议关于养殖圈补偿款中的2313900元归自己所有，炮台办事处和宋某浩对上述补偿款承担连带支付责任。

【案件焦点】

宋某浩与李某徽签订的《虾池承包合同》中约定的征地补偿款是否可理解为海参圈圈坝的补偿款。

【法院裁判要旨】

辽宁省普兰店市人民法院经审理认为：对海参圈圈坝的补偿属于滩涂附着物的补偿，海参圈圈坝补偿款的性质系对财产所有人因动迁所致财产损失的补偿，并不是对土地所有人或承包人失地进行的补偿，本案的动迁补偿款不涉及宋某浩与李某徽签订的《虾池承包合同》第七条中约定的关于征地部分的赔偿。李某徽在承租了宋某浩的虾圈后，将虾圈改造成海参圈，增加了虾圈的价值，对于案涉海参圈圈坝，宋某浩与李某徽系按份共有关系。在海参圈被征用的情况下，李某徽对虾圈的改造部分可以折价归宋某浩所有，根据公平原则，李某徽应当享有对增加价值部分接受补偿的权利。庭审过程中，李某徽与宋某浩均未能证明其对该案涉海参圈圈坝的份额有约定或者证明其出资额，根据《中华人民共和国物权法》第一百零四条之规定，可以认定双方对案涉海参圈圈坝为等额享有。因案涉海参圈征用补偿价格为29000元/亩，故李某徽获得改造虾圈部分的动迁补偿价格为14500元/亩，获得的折价补偿款数额为2236770元（14500元/亩×154.26亩）。炮台办事处与海域使用权人签订《海域征用补偿协议书》并向宋某浩发放补偿款并无不当。炮台办事处在案涉海参圈存在纠纷的情况下留存了圈坝补偿款的10%即447354元，在纠纷解决后，炮台办事处有义务将留存的补偿款发放给相应的权利人。故作出判决：

一、位于普兰店市炮台街道高家村海域使用权证号为102101293，海域使用权人为宋某浩的海参圈圈坝补偿款中的2236770元归李某徽所有；

二、宋某浩于本判决生效之日起10日内给付李某徽海参圈圈坝动迁补偿款1789416元；

三、炮台办事处于本判决生效之日起10日内将留存的海域使用权证号为102101293，海域使用权人为宋某浩的圈坝动迁补偿款447354元发放给李某徽；

四、驳回李某徽的其他诉讼请求。

被告宋某浩不服，以其与李某徽就案涉养殖圈圈坝的征用补偿款已经作出约定归自己所有为主要理由提起上诉至辽宁省大连市中级人民法院。

辽宁省大连市中级人民法院经审理认为：宋某浩与李某徽签订的《虾池承包合同》是双方当事人真实意思的表示，其内容不违反法律、行政法规效力性强制性规定，合法有效，李某徽据此实际取得案涉海域的承包经营权。根据《中华人民共和国海域使用管理法》

第三十条的规定："因公共利益或者国家安全的需要，原批准用海的人民政府可以依法收回海域使用权。依照前款规定在海域使用权期限前提前收回海域使用权的，对海域使用权人应当给予相应的补偿。"宋某浩与炮台办事处签订《海域征用补偿协议书》，相应补偿款的性质实际上是对海域使用权，即案涉海域用益物权的补偿。宋某浩及李某徽分别作为海域使用权人及海域承包经营权人均有权获得海域征收补偿款。就补偿款的分配问题，双方在《虾池承包合同》中约定，"如国家征用，甲方按承包时间返还乙方承包金，水上海产品养殖损失归乙方所有，征地补偿归甲方所有。"本案双方争议焦点就在于对该条款的理解问题。法院认为，双方在签订合同的当时就已明确李某徽自主将虾圈改造成海参圈以经营海参、海蜇等海产品的养殖。双方对发生国家征用事由时，国家系按照海参圈标准进行补偿的情况是知悉的，在这种情况下仍作出上述约定系双方对自己权利所作的处分，法院对此予以认可。关于"征地补偿"是否可以认定为本案中海参圈的征用补偿问题，法院认为，因为海域征用补偿主要包括两部分，其一为养殖物的补偿，其二为养殖圈的补偿，养殖圈主要是由圈坝及其所围范围内土地和海域构成，双方签订此条款的目的系对发生海域使用权征用时的补偿问题予以明确，所以可以认定为尽管合同中表述为"征地补偿"，但实际是指对养殖圈的补偿。综上，双方在合同中已约定海参圈的征用补偿归宋某浩所有的情况下，李某徽再主张海参圈补偿标准与虾圈补偿标准的差额，没有法律及事实依据，应予驳回。故作出判决：

一、撤销辽宁省普兰店市人民法院（2012）普民初字第 3779 号民事判决；

二、驳回李某徽的诉讼请求。

原告李某徽不服，以二审判决对双方签订的《虾圈承包合同》中第七条约定的内容认定不明确，错误认定本案中的“征地补偿的范围”和“海产品养殖的范围”为由，向辽宁省高级人民法院申请再审。

辽宁省高院认为：李某徽依据其与宋某浩签订的《虾池承包合同》，将承包宋某浩的虾池“自主改造经营海参、海蜇等海产品的养殖”，并获得海域征用的海参圈补偿即“养殖圈”补偿，从而证明本案争议的养殖圈是具备养殖条件并已实际进行养殖生产。海参圈的实物资产即该“海水养殖”与李某徽同宋某浩约定的“水上海产品养殖”并不相悖。原二审法院认定“尽管合同中表述为‘征地补偿’但实际指‘养殖圈补偿’”，从而推定“双方在合同中已约定海参圈的征用补偿款归宋某浩所有”，缺乏法律和合同依据。故作出（2013）辽审四民审字第1082号民事裁定书，指令大连市中级人民法院再审本案。

大连市中级人民法院再审认为：宋某浩与炮台办事处签订的《海域征用补偿协议书》第二项明确补偿费用包括：养殖圈、养殖物、附属房屋、附属构筑物附属物资（搬迁费）。其中养殖圈补偿款（协议第三项亦称圈坝补偿款）为29000元×154.26亩=4473540元。因此，可以认定上述补偿费用中并不存在《虾圈承包合同》中约定的“征地补偿”费用。根据《海域征用补偿协议书》的约定，本案中的“养殖圈补偿款”或“圈坝补偿款”针对的是涉案海域征用时海参圈的补偿。而根据李某徽与宋某浩签订的《虾圈承包合同》，宋某浩使用的海域原为虾圈，李某徽承包后对原虾圈进行了投资改造，将原来的虾圈改造成海参圈，即李某徽通过添附行为使原来的虾圈增值为海参圈。因此，可以认定“养殖圈补偿款”或“圈坝补偿款”包括宋某浩原虾圈的补偿和李某徽添附部分的补偿。宋某浩和李某徽对“养殖圈补偿款”或“圈坝补偿款”应属于按份共有的法律关系，原二审判决将“养殖圈补偿款”或“圈坝补偿款”认定为“征地补偿”费用缺乏依据。宋某浩与李某徽签订的《虾圈承包合同》中对该笔补偿款如何分配并未作出明确的约定，宋某浩对原虾圈的出资额、李某徽对添附部分的出资额均未提供充分的证据予以证实，即本案根据现有证据无法证实原虾圈和添附部分的出资额，在客观上也无法对原虾圈和添附部分进行分割。在这种情况下，本案应当依据民法的公平原则和《中华人民共和国物权法》第一百零四条的规定“按份共有人对共有的不动产或动产享有的份额，没有约定或者约定不明确的，按照出资额确定；不能确定出资额的，视为等额享有”，由宋某浩和李某徽各自享有“养殖圈补偿款”或“圈坝补偿款”4473540 元的 50%份额较为公平合理，即宋某浩和李某徽应各自分得 2236770 元。该笔补偿款的 90%已由炮台办事处发放给宋某浩，因此宋某浩应当将其多领取的 40%补偿款 1789416 元返还李某徽。其余 10%款项 447357 元由炮台办事处留存，炮台办事处系补偿款的实际发放人，因此，其有义务将该笔补偿款的余额 447357 元发放给李某徽。故作出如下判决：

一、撤销辽宁省大连市中级人民法院（2013）大民三终字第 228 号民事判决；

二、维持辽宁省普兰店市人民法院（2012）普民初字第 3779 号民事判决。

【法官后语】

此案的一、二审法院之所以出现截然不同的判决，原因在于当事人对合同条款的理解有争议，应当由法官对合同争议条款进行解释，即法官依据一定的事实，遵循一定的规则，对合同的内容和含义作出准确说明。由于当事人在订立合同时，即使具有丰富的交易经验和法律知识，也不能对未来发生的各种情况都作出充分的预见，所以，在签订的合同中出现某些漏洞，甚至某些条款不明确、不具体，是难以避免的，这就需要法官对合同的内容进行必要的解释。合同解释的直接目的在于正确地确定当事人的权利义务，从而合理地解决纠纷。法官应当按照一个合理人的标准来进行理解，考虑一个合理的人在此情况下对有争议的合同用语所能理解的含义，以此作为解释合同的标准，一个合理的人既可能是一个社会一般的人，也可能是在一定的领域、行业中从事某种特殊交易的人。如果合同当事人本身是后一种类型的人，则法官应当按照在该领域、行业中从事某种特殊交易的合理人的标准来理解该用语的含义。只有在这种方法不能确定当事人的真意时，才能采用其他方法进行解释。具体到本案中，李某徽无职业，宋某浩系农民，二人均不掌握丰富的法律知识及签订合同的经验，更不可能预见签订合同后会发生什么情况。按照一个合理人的标准来进行解释，法官既不能根据当事人一方的理解来解释合同，更不能根据起草合同一方的当事人所作的理解来解释合同。大连市中级人民法院再审时根据宋某浩与炮台办事处签订的《海域征用补偿协议书》第二项关于补偿费用的约定来认定“征地补偿”的含义即体现了以一个合理人的标准解释合同条款。

本次海域征收过程中，对养殖圈的征收属于对土地的征收还是对地上附着物的征收，直接关系着本案养殖圈承包人能否根据约定获得养殖圈征收补偿款。根据原《中华人民共和国物权法》第四十六条[1]的规定，海域、滩涂属于国家所有，如果被征收的养殖圈系建在国家所有的海域或者滩涂上，并不属于修建在土地上，海域使用权人与承包人约定的标的不存在，承包人无权获得养殖圈征收补偿款。港圈养殖作为本次海域征收的补偿范围之一，大连普湾新区委托的评估机构对被征收养殖圈出具的评估报告主要包括两部分，第一部分为养殖圈补偿，第二部分为养殖物补偿，并没有规定土地补偿费。此种情况下，关于被征收的养殖圈究竟属于对土地的征收还是对地上附着物的征收，关系到获得该部分补偿款的主体。从普湾新区的补偿款发放主体来看，养殖圈补偿款的发放对象为养殖圈的所有权人，根据《最高人民法院关于审理涉及农村土地承包纠纷案件适用法律问题的解释》第二十二条[2]的规定，附着物的补偿归附着物的所有人所有。所以笔者倾向于养殖圈属于地上附着物，而不是土地，故本案中，宋某浩与李某徽合同中关于“征地补偿”归属约定中的标的不存在，李某徽有权获得其对原虾圈添附部分的征用补偿款。

编写人：辽宁省大连市普兰店市人民法院　姜茂坤

① 《中华人民共和国民法典》第二百四十七条。

② 《最高人民法院关于审理涉及农村土地承包纠纷案件适用法律问题的解释》（2020年修正）第二十条。

213 抢种土地不可分得土地收益补偿

——冯某臣诉经济合作社不当得利案

【案件基本信息】

1. 裁判书字号

北京市第二中级人民法院（2013）二中民终字第01699号民事判决书

2. 案由：不当得利纠纷

3. 当事人

原告（上诉人）：冯某臣

被告（被上诉人）：经济合作社

【基本案情】

1994年1月1日，密云县太师屯镇某村村民冯某臣、案外人学某春与经济合作社签订了林果业承包合同，承包经济合作社宋家岭4块5行、6行及6块道南6.7号果园（俗称北园子）21亩，承包期限为1994年1月1日至2008年12月31日，后果园全部转给冯某臣经营。2007年京承高速公路（三期）动工修建时，该果园灌溉管网遭到破坏，造成果树减产。2009年6月，冯某臣在承包合同到期后，未经本村集体同意，继续在上述北园子的土地内耕种。同年8月，包括密云县太师屯镇政府主管领导、京承高速（三期）道路建设指挥部负责人、经济合作社负责人、冯某臣等人在内的果园承包户四方进行协商，达成一致意见，2007年修建高速路期间因果园灌溉管网遭到破坏所造成果树减产的损失，按果园面积每亩补偿1500元人民币，补助年限为2008年和2009年两年。其中，2008年的补偿款于2010年5月25日补给了承包户冯某臣（承包期至2008年12月31日止），2009年的补偿款于2010年5月补给了经济合作社。

因冯某臣2009年擅自继续在北园子的土地内耕种，经济合作社从冯某臣2008年所得的土地补偿款中扣除抢种土地的费用800元。冯某臣认为该笔费用是经济合作社向其收取的2009年该地块的租赁费，其仍享有该地块2009年的承包经营权。故经济合作社所得2009年土地补偿费31500元构成不当得利，应予返还。经济合作社则认为2009年并未与冯某臣续订农业承包合同，该地块2009年的补偿费理应归集体所有。

【案件焦点】

1. 经济合作社所得涉案土地减产补偿费是否构成不当得利；2. 2009年冯某臣耕种涉案土地行为的法律性质如何认定。

【法院裁判要旨】

北京市密云县人民法院经审理认为：冯某臣与经济合作社关于北园子果园的承包合同于2008年12月31日到期，2009年1月1日至2010年1月1日期间，经济合作社未将该地块承包给任何人，故密云县太师屯镇道路建设指挥部对该地块2009年的补偿款应当由经济合作社享有。冯某臣于2009年耕种上述土地的行为，是未经经济合作社准许的抢种行为，侵害了村集体的利益，故其无权享有该地块2009年的补偿款。综上，冯某臣以不当得利为由，要求经济合作社返还北园子地块2009年补偿款之诉讼请求，没有事实和法律依据，法院不予支持。

北京市密云县人民法院依据《中华人民共和国民法通则》第五条、第九十二条之规定，作出如下判决：

驳回冯某臣的诉讼请求。

冯某臣不服一审判决提起上诉。

北京市第二中级人民法院经审理认为：冯某臣以不当得利为由要求经济合作社给付相应款项的诉讼请求，缺乏事实依据，不予支持。且冯某臣的诉讼请求并不符合不当得利的构成要件。原审法院根据查明的事实、证据、法律的规定所确认的事实及处理并无不当，应予维持。故法院对上诉人冯某臣所持的上诉意见不予采信。

北京市第二中级人民法院依据《中华人民共和国民事诉讼法》第一百七十条第一款第一项之规定，作出如下判决：

驳回上诉，维持原判。

【法官后语】

事实认定是处理案件的基础。本案中，冯某臣是否享有涉案地块2009年的承包经营权是判断冯某臣、经济合作社之间关于该地块2009年减产补偿费归属，进而明确经济合作社是否构成不当得利的关键。

1. 涉案地块2009年承包经营权归属的认定

其一，经审理查明，冯某臣与经济合作社关于北园子果园的承包合同于2008年12月31日到期，2009年1月1日至2010年1月1日期间，经济合作社未将该地块承包给任何人。其二，冯某臣与经济合作社未签订2009年涉案地块书面承包合同，不可简单地认为双方形成了事实上的农业承包合同关系。综合本案证据，2008年12月

31日合同到期后，双方未续订书面合同；冯某臣是在2009年6月开始继续耕种该地块。从客观外在表现看，冯某臣耕种该地块不具有延续性，亦无证据证明冯某臣承包经营该地期限自动延续，故认定经济合作社2009年收回该地块的承包经营权更接近于法律真实。其三，800元费用并非经济合作社收取的租赁费。根据该村村民委员会的有关会议记录，可以证明该笔费用为经济合作社因冯某臣擅自耕种土地侵害村集体利益而扣除的其名下的2008年的部分补偿费。故冯某臣不享有该地块2009年的承包经营权，其耕种该地属未经经济合作社准许的抢种行为。

2. 不当得利诉求是否存在法律依据

法律适用须与查明的事实一致。根据本案认定的事实，冯某臣主张经济合作社返还2009年的土地补偿费不符合不当得利的构成要件。不当得利是指没有法律上的根据，使得他人遭受损失而自己获得利益。从中不难发现，构成不当得利，需要满足四个条件，即一方受有利益，致他方受到损失，受有利益与受损害之间须有因果联系，无法律上的原因。根据不当得利的法律概念和构成要件，冯某臣诉求与不当得利相悖：从“无法律上的原因”来看，经济合作社作为土地所有权人，获得该土地补偿费合法合理，该利益的获得具有法律根据；从“致他方受到损失”来看，该损失的财产性利益本身应是法律保护的利益，根据物权法精神，非法抢种土地的收益不受法律保护，冯某臣的诉求缺乏法律基础。另外，冯某臣擅自抢种土地后又向经济合作社主张土地收益补偿，亦不符合民法诚实信用原则的要求，只能得到否定性的法律评价。

本案是由“抢种”引发的土地补偿费归属纠纷，从中可以看出，冯某臣耕种涉案地块的行为属未经经济合作社准许的抢种行为。个人主张的“物权”不受法律保护，最终只会弄巧成拙，得不偿失。随着农村社会城镇化建设的发展，受利益驱动，部分村民群体为了多分得有关土地补偿而抢种土地的现象时常发生。对此，一方面应加强法律宣传，扼杀“抢种”歪风，防患于未然；另一方面对此类现象应注重发挥司法裁判的教育和引导功能，权衡农民个人利益与集体经济组织利益的关系，使审理结果做到法律效果与社会效果的统一。

编写人：北京市密云县人民法院　蒲威

214 自行扩展承包地部分土地经营权及土地征用补偿费用的归属

——郭某喜诉薛某文承包地征收补偿费用分配案

【案件基本信息】

1. 裁判书字号

辽宁省铁岭市中级人民法院（2011）铁民一终字第 00251 号民事判决书

2. 案由：承包地征收补偿费用分配纠纷

3. 当事人

原告（反诉被告、被上诉人）：郭某喜

被告（反诉原告、上诉人）：薛某文

【基本案情】

原、被告同为诚信村村民，又是亲家关系。诚信村于1998年春开始进行第二轮土地承包，承包期30年。2001年春，原、被告及案外人薛某生三家经协商达成互换承包地口头协议，约定：薛某文将其两块承包地（河南半截沟1.19亩、窑前1.9亩，合计3.09亩）换给郭某喜经营。郭某喜将其承包地（坐落在王国沟）分出3亩换给案外人薛某生经营。薛某生将其承包地2.8亩（坐落在薛某文家房屋附近）换给薛某文经营。达成协议后，由于郭某喜家的土地是整块地8亩，双方找诚信村会计李某柱把郭某喜家的承包地丈量出3亩给薛某生。薛某文换出的两块地和薛某生换出的2.8亩地都是单块地，诚信村1998年分地时已经丈量，台账上有记载，故没有重新丈量，双方均无异议，并开始履行换地合同。2001年、2002年郭某喜对所换取的两块地进行“扩边展沿”，半截沟地靠河边是个偏坡，郭某喜开垦出半亩地；窑前地东侧有个坝，郭某喜对其复耕扩出0.8亩地。

2003年西丰县修建诚信水库，郭某喜换取的两块地（分别坐落于河南半截沟和窑前）都在水库淹没区内，水库建设管理局对所淹土地进行实地测量，按测量的面积给付临时土地补偿款。经测量郭某喜换取的窑前地面积为2.8亩（比换地时多量出0.9亩），郭某喜要求水库建设管理局将该地块补偿表中记载的原土地承包人薛某文改为郭某喜，郭某喜换取的河南半截沟地面积为1.69亩（比换地时多量出0.5亩），该地块郭某喜未要求更名，记载的承包人还是换地前的薛某文，该争议的两块地现有面积比换地前实际面积多出1.4亩。西丰县水库建设管理局从2004年要求水淹区土地停耕，并开始给付水淹土地临时补偿款。从2004年至2008年该补偿款一直由郭某喜领取，薛某文无异议，其中2004年补偿款是薛某文之兄薛天民领取后交给郭某喜的。2009年诉争1.69亩土地补偿款1690元，由薛某文领取，郭某喜得知后多次找薛某文索要未果，故诉至法院。本案在审理过程中，争议土地所有权人诚信村委会表示对所争议的事项不主张权利。

【案件焦点】

郭某喜对所换取的两块地扩边展沿，经西丰县诚信水库建设管理局实地测量，比分地台账记载面积多出1.4亩的土地经营权归谁，该1.4亩土地补偿款归谁所有。

【法院裁判要旨】

辽宁省铁岭市西丰县人民法院经审理认为：国家保护承包方的土地承包经营权，任何组织和个人不得侵犯。通过家庭承包取得的土地承包经营权可以依法采取转包、出租、互换、转让或者其他方式流转。本案原、被告及薛某生三方自愿互换承包地的行为，符合有关法律规定，受法律保护。故原告经互换所得的土地被淹没后，西丰县政府因该地而给付的临时土地补偿款，应归原告所有。原告诉讼请求依法有据，法院予以支持。被告抗辩反诉主张自己以3.09亩耕地换原告3亩耕地，原告现多出的1.4亩以及因该耕地而多得的临时土地补偿款1690元应归己所有，以及2004年至2008年原告多领取的临时土地补偿款3785.55元应由原告返还。因被告换给原告的两块耕地台账面积为3.09亩，原告经营后经扩边展沿使土地面积扩大，并按实际面积所获得的临时土地补偿款与被告无关；又自

2004 年至 2008 年该土地补偿款始终由原告领取，被告亦未提出异议；再则，被告未能提供其换给原告的两块耕地，在与村委会承包时面积为 4.49 亩的事实依据，故被告的抗辩、反诉理由因无事实及法律依据，法院不能支持。

辽宁省西丰县人民法院依照《中华人民共和国农村土地承包法》第九条、第十六条、第三十二条的规定，作出如下判决：

一、被告薛某文（反诉原告）于判决生效后五日内返还原告郭某喜（反诉被告）2009 年临时土地补偿款 1690 元；

二、驳回被告薛某文（反诉原告）的反诉请求。

薛某文提出上诉。辽宁省铁岭市中级人民法院经审理认为：当事人双方对互换承包地的事实均无异议，上诉人领取互换的土地后，郭某喜享有经营权的承包地临时征用补偿款的诉求无法律依据。关于多出的 1.4 亩土地补偿款的问题，由于上诉人没有证据证明其对该土地享有经营权，要求被上诉人返还土地征用补偿款的诉求无事实依据，法院不予支持。一审判决认定事实清楚，适用法律正确，判决结果并无不当，故应予维持。

辽宁省铁岭市中级人民法院依照《中华人民共和国民事诉讼法》第一百五十三条第一款第一项的规定，作出如下判决：

驳回上诉，维持原判。

【法官后语】

本案处理重点主要在于对土地承包经营权的理解，承包地互换后被依法征用、占用的，谁有权获得补偿款。《中华人民共和国农村土地承包法》第十条[①]规定，“国家保护集体土地所有者的合法权

① 对应 2018 年修正的《中华人民共和国农村土地承包法》第十条。

益，保护承包方的土地承包经营权，任何组织和个人不得侵犯”；第十七条规定：“承包方享有下列权利：（一）依法享有承包地使用、收益和土地承包经营权流转的权利……（二）承包地被依法征用、占用的，有权依法获得相应的补偿……”；第三十二条规定：“通过家庭承包取得的土地承包经营权可以依法采取转包、出租、互换、转让或者其他方式流转”。

具体到本案中，上诉人与被上诉人对互换后的承包地经实地测量多出1.4亩土地谁享有经营权，该土地补偿款应归谁享有产生分歧，主要原因在于对上述规定的理解。上诉人对双方互换承包地的事实无异议，但认为被上诉人用其3亩地换上诉人“河南半截沟”“窑前”两块地，村分地台账记载该两块地面积是3.09亩，现实地测量面积为4.49亩，比分地台账多出1.4亩，该1.4亩土地经营权应归上诉人所有。而被上诉人认为，被上诉人是用3亩地换上诉人两块地，换地后经“扩边展沿”多开出1.4亩地，该1.4亩地经营权应归被上诉人所有。一、二审法院均认为，以家庭承包方式取得的土地承包经营权可以依法采取转包、互换等方式流转，流转后被上诉人即取得了上诉人该两块地的经营权，其在该两块地扩边展沿，多开出1.4亩地，该1.4亩地系其通过辛勤劳动在原两块地的基础上增加的面积，而非村委会分地时就有的，理应归其所有。既然被上诉人拥有该地的经营权，那么占地补偿款就应归被上诉人享有。

编写人：辽宁省铁岭市西丰县人民法院　李长春

215 土地承包合同无效时，土地被征收后产生的青苗和地上附着物补偿的归属，可以根据公平原则在个人和集体间适当平衡

——肖某平、肖某喜诉十一小组、十二小组承包地征收补偿费用分配案

【案件基本信息】

1. 裁判书字号

福建省厦门市中级人民法院（2011）厦民终字第2090号民事判决书

2. 案由：承包地征收补偿费用分配纠纷

3. 当事人

原告（被上诉人）：肖某平、肖某喜

被告（上诉人）：十一小组、十二小组

【基本案情】

2001年2月28日，肖某平、肖某喜（乙方）与第十一小组、第十二小组（甲方）签订了一份《土地承包合同》（以下简称《合同》），《合同》内容共十三条，约定甲方将坐落于官洋矿山坡地一片面积为23亩的土地承包给乙方作企业用地，承包期为30年，承包费用为每亩300元/年。同时约定在承包期间，如因国家建设需要，双方应根据实际情况终止合同。企业厂房设备、果树等地上建筑物赔偿归乙方，土地赔偿款归甲方，承包费用以实际

承包年数计算，未到期的租金应如数退还乙方。《合同》签订后，肖某平、肖某喜开始在承包地上种植果树、建造房屋和构筑物。肖某平、肖某喜将承包地用于厂房建设但没有取得相应的审批手续。2009年2月，本案讼争土地因“厦安高速公路”项目被征收，征用单位按每亩8.8万元的标准向第十一小组、第十二小组支付了征地补偿款（其中包括青苗补助款3万元/亩以及及时交地奖励金8000元/亩）。2010年初，第十一小组、第十二小组收到上述补偿款，没有将其中的青苗补偿款支付给肖某平、肖某喜。

原告诉请第十一小组、第十二小组分别支付青苗补助款和及时交地、奖励金43.7万元和上述款项逾期支付的利息损失（按银行同期同类贷款利率计至实际支付之日止）。

被告辩称：1. 原告与被告签订的《土地承包合同》的内容及行为均违反法律的强制性规定，为无效合同。2. 原告无权取得青苗补偿款。即使原告根据《土地承包合同》的约定可取得“地上建筑物补偿”，而与土地有关的补偿款（含青苗补偿款）应当归被告所有。

【案件焦点】

1. 土地管理法及相关司法解释规定，青苗补偿费归实际投入人所有，地上附着物补偿费归附着物所有人所有。但是，合同无效，个人作为农村集体土地的实际经营者，是否有权主张讼争土地因被国家征收产生的青苗和地上附着物补偿费；2. 当事人对被征地不存在合法的权利基础时，对于青苗和地上附着物补偿的归属如何确定。

【法院裁判要旨】

福建省厦门市集美区人民法院经审理认为：本案系因承包地征收产生的青苗补偿费归属而引发的承包地征收补偿款分配纠纷。双方当事人签订的《土地承包合同》约定由第十一小组、第十二小组将讼争土地发包给肖某平、肖某喜作为企业用地，该约定违反了法律规定，《土地承包合同》无效。在合同实际履行中，肖某平、肖某喜已依约缴交承包金，并且在该土地上种植果树、建造房屋和构筑物。肖某平、肖某喜已对讼争土地进行投入，根据“谁投资谁收益”的原则，在土地被征收时，其有权就地上附着物和青苗损失要求赔偿。第十一小组、第十二小组已收到讼争地的征收补偿款，理应将青苗补偿款支付给肖某平、肖某喜。同时，基于其《土地承包合同》无效，酌定补偿款按照一定的比例进行分配。依照《中华人民共和国土地管理法》第三十六条、第四十七条、《中华人民共和国农村土地承包法》第十七条、《最高人民法院关于审理涉及农村土地承包纠纷案件适用法律问题的解释》第二十二条、《中华人民共和国合同法》第五十二条、第五十八条以及《中华人民共和国民事诉讼法》第六十四条第一款之规定，判决如下：

一、被告厦门市后溪镇岩内村村民委员会第十一村民小组应当于本判决生效之日起十日内向原告肖某平、肖某喜分发青苗补偿款310500元；

二、被告厦门市后溪镇岩内村村民委员会第十二村民小组应当于本判决生效之日起十日内向原告肖某平、肖某喜分发青苗补偿款310500元；

三、驳回原告肖某平、肖某喜的其他诉讼请求。

宣判后，第十一小组、第十二小组不服，提起上诉。福建省厦门市中级人民法院经审理，认为一审判决及理由并无不当，故维持原判。

【法官后语】

1. 青苗和地上附着物补偿归属的法定原则是“谁投入谁所得”。

本案系因承包地征收产生的青苗补偿费归属而引发的承包地征收补偿款分配纠纷。《中华人民共和国土地管理法》（以下简称《土地管理法》）第四十八条规定：“……征收土地应当依法及时足额支付土地补偿费、安置补助费以及农村村民住宅、其他地上附着物和青苗等的补偿费用，并安排被征地农民的社会保障费用。……征收农用地以外的其他土地、地上附着物和青苗等的补偿标准，由省、自治区、直辖市制定。”所谓地上附着物补偿费，是对被征收土地上的建筑物、构筑物，如管理房、水井、道路、管线等的拆迁和恢复费，以及被征收土地上林木的补偿或者砍伐费等。青苗补偿费，则是对被征收土地上生长的农作物，如水稻、龙眼树、鱼虾苗等造成的损失所给予的一次性经济补偿。《中华人民共和国土地管理法实施条例》第三十二条第二款规定，“……地上附着物和青苗等的补偿费用，归其所有权人所有。……”现行法律对青苗和地上附着物补偿规定了“谁投入谁所得”的原则。当事人在对被征地存在合法权利基础的情况下，当然地适用该法定原则进行处理。

2. 青苗和地上附着物补偿归属有约定的，应当按照约定处理。

同时，法律并不禁止当事人对青苗和地上附着物补偿的归属自行约定。如《最高人民法院关于审理涉及农村土地承包纠纷案件适用法律问题的解释》第二十条规定，承包方已将土地承包经营权以转包、出租等方式流转给第三人的，除当事人另有约定外，青苗补偿费归实际投入人所有，地上附着物补偿费归附着物所有人所有。该规定即对“当事人另有约定”的情形进行了保留。本案中，合同双方对青苗和地上附着物补偿做出了在承包期间，如承包地被征收，“双方应根据实际情况终止合同。企业厂房设备、果树等地上建筑物赔偿归乙方”的约定，如果合同未违反法律法规的强制性规定，即应基于意思自治原则按该约定处理。

3. 当事人对被征地不存在合法的权利基础时，青苗和地上附着物补偿的归属，应当根据公平原则在个人和集体间适当平衡。

在当事人对被征地不存在合法的权利基础时，青苗和地上附着物补偿的归属如何处理，法律并无明确规定。在本案中，双方当事人签订的《土地承包合同》约定由第十一小组、第十二小组将讼争土地发包给肖某平、肖某喜作为企业用地，事后双方也未补办相应的手续。根据《土地管理法》第八十二条的规定，擅自将农民集体所有的土地通过出让、转让使用权或者出租等方式用于非农业建设，或者违反本法规定，将集体经营性建设用地通过出让、出租等方式交由单位或者个人使用的，由县级以上人民政府自然资源主管部门责令限期改正，没收违法所得，并处罚款。因此，原告与被告所签订的《土地承包合同》的内容明显违反了法律的强制性规定。根据《中华人民共和国民法典》第一百五十三条规定，违反法律、行政法规的强制性规定的民事法律行为无效。但是，该强制性规定不导致该民事法律行为无效的除外。据此，原告与被告签订的《土地承包合同》系无效合同。因合同无效，合同关于“企业厂房设备、果树等地上建筑物赔偿归乙方”的约定，也归于无效，原有的相关约定自然也不再适用，并对青苗和地上附着物补偿的归属产生影响。对此，应按法定原则即“谁投资、谁收益”的原则处理，青苗和地上附着物补偿由实际投资人所有。在合同实际履行中，肖某平、肖某喜已依约缴交承包金，并已对讼争土地进行投入，在土地被征收时，其有权就地上附着物和青苗损失要求赔偿。

同时，根据《中华人民共和国民法典》第一百五十七条的规定，民事法律行为无效、被撤销或者确定不发生效力后，行为人因该行为取得的财产，应当予以返还；不能返还或者没有必要返还的，应当折价补偿。有过错的一方应当赔偿对方由此所受到的损失；各方都有过错的，应当各自承担相应的责任。法律另有规定的，依照其规定。对于农村土地承包合同来讲，一旦被确认无效，所产生的法律后果一般是：返还土地，赔偿由此造成的损失。因土地承包合同的特殊性，除生产工具等动产承包人可自行带走外，青苗和地上附着物由于具有依附性、周期性的特点，只能作价补偿，并由实际承包经营人享有。审判实践中，一般根据“谁投入、谁所得”原则，支持青苗和地上附着物补偿归实际承包经营人所有。笔者认为，表面上看，青苗和地上附着物补偿的处理没有问题。但是，因土地被征收，对发包人而言返还土地已失去意义。对农村土地承包合同的无效往往当事人双方均有过错，实际承包经营人取得青苗和地上附着物作价补偿，而发包人失去了土地，显然是不公平的。

考虑到原告基于合同取得了一定的非法收益，违反了土地管理法对集体土地的强制性保护，对集体土地造成一定侵害。《最高人民法院关于审理涉及农村土地承包纠纷案件适用法律问题的解释》第八条规定，承包方违反农村土地承包法第十八条规定，经依法批准将承包地用于非农建设或者对承包地造成永久性损害，发包方请求承包方停止侵害、恢复原状或者赔偿损失的，应予支持。《中华人民共和国农村土地承包法》第六十三条规定，承包方给承包地造成永久性损害的，发包方有权制止，并有权要求承包方赔偿由此造成的损失。有鉴于此，造成土地永久性损害，对土地所有权的损失应予以赔偿，是否应在分配青苗和地上附着物补偿时进行扣减，现行法律没有规定，审判实践的态度是肯定的，法院一般根据公平原则，认为因土地破坏导致发包方须增加复耕投入，实际经营人应给予补偿。因此，该案基于《土地承包合同》的无效，酌定补偿款按照一定的比例进行分配并无不当，是符合公平原则的。

编写人：福建省厦门市集美区人民法院　王峰

3. 土地承包经营权继承纠纷

216　集体经济组织收回其成员承包土地合法性的认定
——胡某厂、胡某琴诉经合社土地承包经营权案

【案件基本信息】

1. 裁判书字号

北京市第一中级人民法院（2019）京01民终8098号民事判决书

2. 案由：土地承包经营权纠纷

3. 当事人

原告（上诉人）：胡某厂、胡某琴

被告（被上诉人）：经合社

【基本案情】

胡某琴与胡某厂系姐弟关系，二人的父母胡某、杨某凤生前系石槽村村民。1982年石槽村进行第一轮土地承包，由胡某与经合社签订承包合同，四人均享有承包地份额。1998年1月1日，胡

某作为家庭成员（包括胡某和杨某凤）的代表与经合社签订了土地承包合同书，承包了石槽云洞沟、南地、条良子等地，承包期限为50年。2008年，胡某、杨某凤先后去世。2011年，经合社下属小队将胡某承包户的土地收回并重新发包、出租。2019年1月3日，胡某厂、胡某琴诉至法院，要求确认胡某与经合社签订的土地承包合同书有效，胡某厂、胡某琴有权继续履行该承包合同。

1990年1月5日，胡某琴与南关村村民徐某江结婚，其户籍于1991年5月14日由石槽村迁入南关村。徐某江家庭承包了南关村的土地，但南关村经济合作社未与本村村民签订书面的土地承包合同。又因徐某江的户口转为居民，胡某琴的户口于2001年12月10日转为非农业户口，2004年南关村进行土地确权时，未与胡某琴签订土地承包合同。

1996年8月26日，胡某厂户口由石槽村迁至南关村。2004年，胡某厂在南关村取得了土地承包经营权。

【案件焦点】

1. 依据一轮土地确权取得的土地承包经营权是否必然延续到二轮土地确权；2. 以家庭承包方式取得的土地承包经营权是否可以继承。

【法院裁判要旨】

北京市延庆区人民法院经审理认为：农村土地承包采取农村集体经济组织内部的家庭承包方式，土地承包合同是我国农村集体经济组织内部普遍实行家庭承包经营体制的具体表现形式，家庭承包的承包方是本集体经济组织的农户。胡某琴、胡某厂的户籍先后迁出石槽村，后二人均丧失了石槽村集体经济组织成员的身份，不再享有承包石槽村土地的资格。胡某厂、胡某琴主张1998年的土地承包合同是对1986年合同的延续，并援引“增人不增地，减人不减地”的政策，认为其仍享有涉案土地的承包经营权，对此法院认为，胡某厂、胡某琴于1986年在石槽村享有承包地，不代表其于1998年第二轮土地延包时仍在石槽村承包有土地，1998年1月1日的土地承包合同系对胡某和杨某凤家庭土地承包经营权的确认，并非原土地承包关系的当然延续。此时，胡某厂、胡某琴已非石槽村集体经济组织成员，也非胡某和杨某凤的家庭成员，且二人当时作为南关村村民，在南关村亦取得了相应的土地承包经营权，故在1998年石槽村发包土地时不应享有土地承包经营权。另外，土地承包经营权不属于个人财产，不发生继承问题。胡某厂、胡某琴虽系胡某、杨某凤的子女，但胡某厂、胡某琴户口迁出后均不属于胡某承包户的成员，胡某、杨某凤去世后，该承包户已无继续承包人，遗留的土地应由该土地的发包人予以收回，经合社据此收回土地的行为并无不当。故对胡某厂、胡某琴要求确认胡某与经合社签订的土地承包合同书有效，胡某厂、胡某琴有权继续履行该承包合同的诉讼请求，不予支持。

北京市延庆区人民法院依照《中华人民共和国农村土地承包法》第五条、第十六条、第三十二条之规定，判决：

驳回胡某厂、胡某琴的诉讼请求。

胡某厂、胡某琴不服一审判决，提起上诉。

北京市第一中级人民法院经审理同意一审判决意见，依照《中华人民共和国民事诉讼法》第一百七十条第一款第一项规定，判决：

驳回上诉，维持原判。

【法官后语】

根据《中华人民共和国民法典》第三百三十七条规定：承包期内发包人不得收回承包地，法律另有规定的，依照其规定。但法律对应当收回承包地的情形没有作出系统性规定，在实践中，收回承包地的情形主要包括承包方自愿交回土地、被征收或用于乡（镇）村公共设施和公益事业建设、以家庭为单位的承包户消亡等。本案属于因家庭承包户消亡，即发生“绝户”而收回土地的情形。

1. 一轮土地承包合同项下的家庭成员不必然取得二轮土地承包经营权。处理土地纠纷要准确把握“大稳定、小调整”“增人不增地、减人不减地”的土地政策精神内涵。审理土地承包经营权纠纷案件的基础是现行有效的二轮土地承包合同，审查的重点是二轮土地承包合同签订时农户内家庭成员的组成情况。

1978 年我国农村开始实行土地承包经营制度，第一轮土地承包一般在 1983 年前后，承包期为 15 年；第二轮承包一般在 1998 年前后，承包期一般为 30 年。在政策层面，二轮承包是一轮承包的延续，但在法律角度上，二轮土地承包合同是重新订立的合同，根据《中华人民共和国民法典》第三百三十三条规定，土地承包经营权自土地承包经营权合同变更生效时设立。二轮土地承包合同根据当时的实际情况对一轮土地承包合同作了一定的调整，是承包经营权人取得新的土地承包经营权的法律依据。结合本案，即使胡某厂、胡某琴在 1986 年一轮承包时是合同项下的家庭成员，并据此取得了承包地，也不代表其在 1998 年二轮承包中必然延续相应的土地承包经营权，因为二轮承包时其二人的户籍情况、婚姻状况等均已经发生了变化，1998 年胡某作为家庭成员代表签订的土地承包合同项下的家庭成员仅为胡某夫妻二人。

2. 以家庭承包的方式取得的土地承包经营权不可继承。《中华人民共和国继承法》规定，遗产是公民死亡时遗留的个人合法财产。《中华人民共和国民法典》第一千一百二十二条在沿袭该规定的同时，增加规定，依照法律规定或者根据其性质不得继承的遗产，不得继承。土地承包经营权的属性决定其不属于个人财产，因此不能作为遗产进行继承，具体分析如下：

首先，土地承包经营权属于用益物权，用益物权指的是对他人所有的不动产或者动产，依法享有占有、使用和收益的权利。农村和城市郊区的土地，除了由法律规定属于国家所有的以外，属于农民集体所有；宅基地和自留地、自留山，也属于农民集体所有。

其次，我国农村土地实行家庭联产承包责任制，其本质特征是以本农户家庭为单位实行的承包制度。以家庭方式承包的土地承包经营权具有社会保障功能，其主要目的在于为承包农户的家庭成员提供最基本的生活保障，而非专属于任何成员的个人财产。只要该户存在，则该户的承包经营权在承包期内可以一直存续，该户承包的土地既不会因为户内成员的减少而减少，也不会因为户内人口的增加而增加，只不过户内成员享有的土地权益份额会发生相应的变化，这有利于稳定农村土地承包关系。但当户内成员全部死亡，即发生“绝户”的现象时，享有土地承包经营权的主体消灭，应由集体经济组织收回土地，另行发包。

最后，《中华人民共和国农村土地承包法》对土地承包经营权采取区别继承制度：（1）对于通过招标、拍卖、公开协商等方式取得的荒山、荒沟、荒丘、荒滩经营权可以在承包期限内继承，林地也可以在承包期限内继承。这一规定主要考虑到“四荒地”及林地的收益周期长，投资大，风险大，如不允许继承，不利于调动承包人的积极性。(2) 对于以家庭承包方式取得的土地，除林地外不适用继承。(3) 承包收益可以继承。这里需要区分“土地承包经营权”和“土地承包经营收益”两个概念。承包收益的本质是财产权利，与土地承包经营权的性质完全不同。《中华人民共和国农村土地承包法》第三十二条第一款规定：“承包人应得的承包收益，依照继承法的规定继承。”可见死者生前尚未取得的承包收益是可以继承的。此外，《最高人民法院关于适用〈中华人民共和国民法典〉继承编的解释(一)》第二条进一步明确：承包人死亡时尚未取得承包收益的，可以将死者生前对承包所投入的资金和所付出的劳动及其增值和孳息，由发包单位或者接续承包合同的人合理折价、补偿。其价额作为遗产。

综上所述，除涉及林地和承包收益外，以家庭承包方式取得的土地承包经营权，发生“绝户”的，村集体经济组织应收回承包地，另行发包。这可以避免出现符合条件的人无地可包或者一人承包数份土地的现象，否则，便会侵犯集体经济组织其他成员赖以生存的土地权益，对集体经济组织其他成员的合法权益造成损害，导致混乱和不公。结合本案，胡某厂、胡某琴不是1998年土地承包合同的承包户内的家庭成员，而承包户中的家庭成员胡某与杨某凤均已去世，且本案不涉及林地及承包收益，土地承包经营权不可以继承，故经合社将土地收回，具有合法性。

编写人：北京市延庆区人民法院　杨玉华　高智新

217 夫妻离婚后，户口迁出方是否享有原家庭土地承包经营权

——王某英诉张某宝、郑某妹共有物分割案

【案件基本信息】

1. 裁判书字号

浙江省台州市中级人民法院（2019）浙10民终2648号民事判决书

2. 案由：共有物分割纠纷

3. 当事人

原告（被上诉人）：王某英

被告（上诉人）：张某宝

被告：郑某妹

【基本案情】

郑某妹、张某宝系母子关系；张某宝与王某英原系夫妻关系，二人于1998年5月11日登记结婚，于1999年1月16日生育一女张某鑫。1999年12月，王某英、张某宝、郑某妹与张某鑫四人为一户承包方，分得灵某头村经济合作社发包的水田1.15亩，承包期限为1999年9月26日至2029年9月25日。2002年11月21日，王某英与张某宝经法院调解离婚，调解书中未涉及对水田承包权的分割。2003年5月14日，王某英将户口从灵某头村迁至塘某某村，其在该村未享有土地承包经营权。2003年8月7日，张

某鑫因病亡故。2016年3月28日，张某宝领取了灵某头村发放的水田补偿款138000元。

【案件焦点】

1. 夫妻离婚后，户口迁出方是否仍然享有该家庭土地承包经营权相应份额的土地补偿款；2. 承包家庭成员死亡后，因其在家庭内部享有的土地承包经营权份额产生的水田补偿款是否发生继承。

【法院裁判要旨】

浙江省玉环市人民法院经审理认为：根据《中华人民共和国物权法》第九十九条规定，没有约定或者约定不明确的，共同共有人在共有的基础丧失或者有重大理由需要分割时可以请求分割。王某英与张某宝于2002年11月21日经法院调解离婚，其与张某宝、郑某妹的共有基础已丧失，故其可以就共有物提出分割的请求。根据《中华人民共和国物权法》第五十九条第一款规定，农村集体土地的所有权属于村集体所有，承包人仅对承包地享有使用、收益和土地承包经营权流转的权利，王某英主张其个人对承包地所有权享有份额没有法律依据。根据《中华人民共和国农村土地承包法》第三十一条“妇女离婚或者丧偶，仍在原居住地生活或者不在原居住地生活但在新居住地未取得承包地的，发包方不得收回其原承包地”的规定，王某英迁回原籍后未在原籍分得承包地，故王某英仍享有在灵某头村的土地承包经营权。根据《中华人民共和国农村土地承包法》第十七条第四项“承包土地被依法征收、征用、占用的，有权依法获得相应的补偿”的规定，王某英享有领取被征土地补偿款的权利。至于王某英应享有多少份额的问题，王某英主张其基于对女儿张某鑫承包权的继承，享有3/8的份额，但根据《中华人民共和国农村土地承包法》规定，继承人可以继承的家庭承包是指林地家庭承包和其他方式承包，耕地家庭承包的承包经营权为家庭成员共同享有，个别家庭成员死亡，其他家庭成员应当继续履行承包合同，不发生承包经营权的继承关系，双方当事人均认可承包时水田是按照人口等额分配的，故在张某鑫亡故后，王某英应当享有的承包权份额为1/3。张某宝、郑某妹抗辩称王某英主张的共有物分割已经超过《最高人民法院关于适用〈中华人民共和国婚姻法〉若干问题的解释（一）》第三十一条所规定的诉讼时效，但该条款适用的是夫妻共同财产并且是已对夫妻共同财产作出分割后，一方再次请求分割的情形，而本案系对家庭共有财产的处理，并非夫妻共同财产，并且王某英与张某宝之间未对涉案承包权进行过分割；另外，涉案共有财产的分割请求权属于物权请求权，不受诉讼时效限制。故对于张某宝、郑某妹的抗辩，不予采纳。张某宝已收取的征地补偿款中，包括应属于王某英的补偿款46000元，王某英有权请求张某宝返还。

浙江省玉环市人民法院依照《中华人民共和国物权法》第九十九条，《中华人民共和国农村土地承包法》第十六条、第十七条第四项、第三十一条的规定，判决：

一、限张某宝于本判决生效之日起十日内向王某英支付承包地被征收补偿款46000元；

二、驳回王某英其余诉讼请求。

张某宝不服一审判决，提起上诉。

浙江省台州市中级人民法院经审理同意一审法院判决意见，依照《中华人民共和国民事诉讼法》第一百七十条第一款第一项之规定，判决：

驳回上诉，维持原判。

【法官后语】

一、农村妇女迁出户口后，是否仍享有原家庭内相应份额的土地承包经营权

在农村土地实行家庭承包的体制下，农村的普遍现象是妇女嫁入夫家并加入以夫一方的直系亲属为主要成员的农户家庭，分得该集体经济组织的土地承包经营权。如夫妻离婚，妇女离开该农户家庭后即使没有分得新的承包地，也不会在原农户家庭中继续“实际享有”土地承包经营权。按照法律规定，妇女是否“应当享有”原农户家庭承包地的土地承包经营权，对此，应当明确何谓家庭方式承包的土地承包经营权。家庭方式承包是指以农村集体经济组织的每一个农户家庭全体成员为一个生产经营单位，作为承包人与发包人建立承包关系，承包耕地等用于农业的土地。家庭承包中的承包主体是农村集体经济组织的农户。发包人将土地发包给农户经营时，应当按照每户所有成员的人数来确定承包土地的数额，也就是通常所说的“按户承包、按人分地”，也叫“人人有份”。由于每个集体经济组织成员在本集体经济组织中均享有成员权，也因为农村土地是农民的基本生产资料，是农民基本的生活保障，所以，每个农村集体经济组织的成员，不论年龄、性别都享有土地承包权。根据上述原理，《中华人民共和国农村土地承包法》第三十一条明确规定：“……妇女离婚或者丧偶，仍在原居住地生活或者不在原居住地生活但在新居住地未取得承包地的，发包方不得收回其原承包地。”本案中，王某英迁回原籍后未在原籍分得承包地，故王某英仍应享有其

原在张某宝家庭中分得的承包地，王某英与张某宝、郑某妹属同一农户成员。根据《中华人民共和国农村土地承包法》第十七条第四项“承包土地被依法征收、征用、占用的，有权依法获得相应的补偿”的规定，王某英对于涉案土地的承包经营权已转化为征地补偿利益，其对讼争征地补偿款应当享有相应的份额。

二、农村家庭承包户的成员死亡后，其在家庭内部享有的土地承包经营权可否发生继承

《中华人民共和国农村土地承包法》第三十二条第一款规定：“承包人应得的承包收益，依照继承法的规定继承。”回避了“土地承包经营权能否继承”的问题。根据土地承包经营权的权利属性、功能，参考有关案例①，应认为土地承包经营权不可继承。具体理由如下：

1. 从承包经营权的主体来看，家庭（户）是承包经营权的主体，农户内部成员仅能够享有相关的权益，而非拥有土地承包经营权。根据《中华人民共和国农村土地承包法》第十六条规定，家庭承包的承包方是本集体经济组织的农户，农户内家庭成员依法平等享有承包土地的各项权益。即权利主体是法律拟制的“农户家庭”而非内部成员，内部成员可享有承包土地权益而非拥有土地承包经营权。根据“增人不增地，减人不减地”的政策，可以明确，无论承包农户中有人口出生还是有成员死亡，有人迁入还是有人迁出，承包经营仍以户为单位，承包地仍由户内实有家庭成员继续承包经营。在此前提下，土地承包经营权的享有与“农户成员”的资格相始终，农户内部成员对家庭承包经营权不拥有处分权。一旦成员因死亡或迁出等原因丧失资格，其自然不再享有权益，权益归于农户

① 李某祥诉李某梅继承权案，载《最高人民法院公报》2009年第12期。

内其他成员共享。《中华人民共和国民法典》第一千一百二十二条规定："遗产是自然人死亡时遗留的个人合法财产。依照法律规定或者根据其性质不得继承的遗产，不得继承。"农村土地承包经营权是农户家庭享有的权利，不是内部成员的个人财产，故不发生继承。

2. 从农村土地承包经营权的赋权模式来看，农户消失后，家庭的土地承包经营权消灭，承包土地应由发包方收回。对于收回的土地应当由集体经济组织成员共享。所以家庭承包取得的土地承包经营权不能继承。

3. 从保障功能的角度来看，以家庭承包方式取得的承包经营权具有社会保障功能，其主要目的在于为农村集体经济组织的每一位成员提供基本的生活保障。当承包的农户中一人或几人死亡时，承包经营仍以户为单位，土地承包经营权继续为其他农户成员提供生活保障，不因死亡发生变动。假如土地承包经营权可以继承，则要按照继承法上的亲属关系分配权利份额，将割裂农户的土地承包关系，甚至使土地流转到集体经济组织之外，这显然违背立法初衷。因此，本案张某鑫死亡后，其原享有的农村土地承包经营权应归于其农户家庭内部其他成员包括王某英共同享有，不发生继承。

本案的水田补偿款是承包土地被征收后，村集体经过合理分配，用于补偿承包农户损失、保障农户家庭生活的费用，在性质上系土地承包经营权的替代物，自然由张某宝、郑某妹、王某英所在农户家庭共有。王某英与张某宝离婚后，其与张某宝、郑某妹的共有基础已丧失，可请求分割共有物，分得征地补偿款的1/3。

编写人：浙江省玉环市人民法院　叶馨怡　孔蒙蒙

218 部分成员去世的，土地承包经营权流转收益的保护

——曲某法诉村委会土地承包经营权案

【案件基本信息】

1. 裁判书字号

山东省威海市中级人民法院（2019）鲁10民终3129号民事判决书

2. 案由：土地承包经营权纠纷

3. 当事人

原告（被上诉人）：曲某法

被告（上诉人）：村委会

【基本案情】

曲某法系死者曲某章之子。2000年第二轮土地承包时，曲某章一家两口以曲某章为户主承包了杭上村东南某园西侧4.2亩土地，家庭成员包括曲某法。2011年12月30日，曲某章作为甲方与某苗木专业合作社作为乙方签订土地流转合同，约定甲方将其承包经营的位于杭上村东南某园西侧的4.2亩土地流转给乙方经营，流转期限自2012年1月1日至2030年12月30日，每年每亩流转金为600元，乙方于每年1月10日前将该年度的流转金支付给甲方。2017年1月4日，曲某章病逝。村委会以曲某章去世应收回上述承包地中的2.1亩为由要求某苗木专业合作社向其支付上述2.1亩土地自2017年2月起的流转金。曲某法认为其土地承包经营权受到侵犯，遂诉至法院。

【案件焦点】

部分成员去世后家庭所承包土地是否应部分被收回。

【法院裁判要旨】

山东省威海市环翠区人民法院经审理认为：涉案土地应系曲某章、曲某法以农户为单位承包的，虽曲某章去世，但该农户依然存在，故曲某法作为该农户的成员依然依法享有涉案土地承包经营权。曲某章在涉案土地流转合同上签字应系作为农户代表的行为，该行为对于曲某法有效，涉案土地已经流转给某苗木专业合作社经营，现该农户依然存在，故曲某法作为该农户的成员依然依法享该土地流转合同项下的权利。

山东省威海市环翠区人民法院依照《中华人民共和国农村土地承包法》第十六条、第二十七条、第三十六条规定，判决：

曲某章作为甲方与杭上苗木专业合作社作为乙方于 2011 年 12 月 30 日所签订土地流转合同项下甲方的权利自 2017 年 1 月 4 日起由曲某法享有。

村委会不服一审判决，提起上诉。

山东省威海市中级人民法院经审理同意一审法院裁判意见，依照《中华人民共和国民事诉讼法》第一百七十条第一款第一项规定，判决：

驳回上诉，维持原判。

【法官后语】

以家庭承包经营为基础、统分结合的双层经营体制是我国目前农村的基本经营制度。家庭承包是以家庭全体人员构成的户为单位承包农村土地，即农村土地政策中的“按户承包”。《中华人民共和国农村土地承包法》第十六条第一款规定：“家庭承包的承包方是本集体经济组织的农户。”第二十七条第一款规定：“承包期内，发包方不得收回承包地。”所以，农村土地承包经营权的承包方是农户，即整个家庭组织，而非农户内的某个成员。且家庭成员之间是平等的，家庭承包不得剥夺家庭成员的权利。

土地承包经营权的承包权利主体及行使主体均是农户，这是一种符合我国农村社会现实的权利安排。因此，除法律对承包地的收回有特别规定外，在承包期内，无论承包方家庭成员发生什么样的变化，只要作为承包方的家庭还存在，均不影响农村土地承包合同的效力，作为发包方的村集体经济组织或者村民委员会不得收回承包土地。所以，即使出现农户家庭成员减员的情况时，发包方也不得收回部分承包土地，即农村土地政策中的“减人不减地”。但是在实践中，在部分家庭成员去世等情形下，村民委员会收回承包土地的纠纷依然时有发生。

同时，土地承包经营权作为一种用益物权，土地承包经营权人基于土地承包经营权依法对其承包的土地享有占有、使用和收益的权利。承包人可以依法对其承包的土地直接进行生产经营进而获取收益。在当今的法律安排下，土地的经营方式允许发生转变，即可由农户自己直接生产经营，也可将承包地流转给他人经营，实现土地承包权和土地经营权的分离。对此，《中华人民共和国民法典》第三百三十九条已予以明确，规定承包人可以自主决定依法采用出租、入股或者其他方式向他人流转土地承包经营权。因此，承包人通过出租等方式流转土地经营权获取的收益属于承包人的合法财产，在承包人去世时为其遗产，依法由其家庭成员继承，作为发包人的村集体经济组织或者村民委员会无权要求土地经营权流转后的经营权人在承包人家庭成员去世后停止向农户家庭支付相应流转收益，也无权要求直接取得相应流转收益。

就本案而言，一方面，虽曲某章去世，其家庭组织尚有其子曲某法，曲某法基于农户家庭共同经营为基础的团体成员资格并未丧失，能够代表该农户继续履行土地承包合同。作为发包方的村委会不得违法收回承包土地，也不能径行取得流转经营权的相应收益。另一方面，曲某章去世，其流转土地经营权的相应收益作为遗产，应由其家庭成员曲某法作为唯一继承人依法继承取得，作为发包方的村委会无权要求取得该流转收益。综上所述，村委会以曲某章去世应收回承包地中的2.1亩为由要求土地承包经营权流转的受让方向其支付相应流转金的抗辩主张，不应得到支持。

编写人：山东省威海市环翠区人民法院　徐国建

219　农村土地承包经营权不能被继承

——张某霞诉张某臣等农村土地承包经营权案

【案件基本信息】

1. 裁判书字号

河南省平顶山市中级人民法院（2018）豫04民终5249号民事判决书

2. 案由：农村土地承包经营权纠纷

3. 当事人

原告（被上诉人）：张某霞

被告（上诉人）：张某臣、张某亭、张某全

【基本案情】

张某名与朱某英系夫妻，张某霞、张某臣、张某亭、张某全均系其子女。

1996年，宝丰县周庄镇王子孟村进行了土地承包，张某霞与朱某英、张某名作为一个家庭承包户参与该轮土地承包，共分得承包地4.05亩，其中渡槽南三棵小榆树地块1.8亩，马坟牛池地块1.35亩，上领后地西洼地块0.9亩，将上述承包地交由张某臣、张某亭、张某全耕种，其中渡槽南三棵小榆树地块0.6亩/人，马坟牛池地块0.45亩/人，上岭后地西洼地块0.3亩/人。张某臣、张某亭、张某全每年向张某名、朱某英交付玉米400斤、小麦500斤。2012年张某名去世后，张某臣、张某亭、张某全同意每年支付朱某英（现已去世）700元。2003年开始张某臣、张某亭、张某全耕种西南地0.48亩。

【案件焦点】

部分农村土地承包经营权人死亡后的经营权属如何确定。

【法院裁判要旨】

河南省宝丰县人民法院经审理认为：我国实行农村土地承包经营制度，农村土地承包采取农村集体经济组织内部的家庭承包方式。宝丰县周庄镇王子孟村在1996年将涉案4.05亩土地以家庭承包方式承包给张某霞、朱某英、张某名，其三人对该土地享有承包经营权。现朱某英、张某名已去世，涉案土地的承包经营权归张某霞所有。张某臣、张某亭、张某全辩称的其尽到赡养义务，应当对父母的土地有继承权的意见，于法无据，不予采信。

河南省宝丰县人民法院依照《中华人民共和国农村土地承包法》第九条，《中华人民共和国民事诉讼法》第一百五十二条规定，作出如下判决：

一、张某臣、张某亭、张某全于本判决生效后十日内返还张某霞的承包地 4.05 亩；

二、驳回张某霞的其他诉讼请求。

张某臣、张某亭、张某全不服一审判决，提起上诉。

河南省平顶山市中级人民法院经审理认为：一审中张某霞提交的农业补贴存折、分地表等证据证实以张某名为户主，朱某英、张某霞为家庭成员的承包户对案涉土地具有承包经营权。根据《中华人民共和国农村土地承包法》第三条规定，农村土地承包采取农村集体经济组织内部的家庭承包方式。第十五条规定，家庭承包的承包方是本集体经济组织的农户。案涉土地发包时，张某霞与张某名、朱某英系同户家庭成员，作为一个承包户，享有土地承包经营资格。虽然其同户成员张某名、朱某英现已去世，但该承包经营户仍应存在，张某霞对案涉土地仍享有承包经营权。且案涉土地于 1996 年发包，至今仍在承包期内，该村亦未曾调整过土地，故案涉土地的承包经营权仍属于张某霞所在的承包经营户，其在本案中具有诉讼主体资格。至于张某臣、张某亭、张某全称其对案涉土地享有继承权的意见，因承包经营权不符合《中华人民共和国继承法》关于遗产的规定，不能作为其个人遗产发生继承，故对于张某臣、张某亭、张某全的该项主张，不予支持。

河南省平顶山市中级人民法院依照《中华人民共和国民事诉讼法》第一百七十条第一款第一项规定，作出如下判决：

驳回上诉，维持原判。

【法官后语】

农村土地承包及其相关问题往往错综复杂。《中华人民共和国土地管理法》第九条对土地权属的定义是：城市市区的土地属于国家所有。农村和城市郊区的土地，除由法律规定属于国家所有的以外，属于农民集体所有；宅基地和自留地、自留山，属于农民集体所有。由于我国的历史传统，长期以来，涉农村土地事宜，包括宅基地、耕地、农业经营用地等，都由村集体决定，这既是保障国计民生的需要，也是维护社会安定的考虑。因此，村民自治成为处理农村土地案件所要遵循的必要原则。

《中华人民共和国农村土地承包法》第三条①规定，农村土地承包采取农村集体经济组织内部的家庭承包方式；《最高人民法院关于审理涉及农村土地承包纠纷案件适用法律问题的解释》第三条②进一步明确"前款所称承包方是指以家庭承包方式承包本集体经济组织农村土地的农户……"《中华人民共和国民法典》颁布后，对农村土地承包经营权以家庭即"户"为单位的性质再次进行了确认，③并保留了上述法律的效力。从上述规定可以看出，家庭承包的本质在于享有土地承包经营权的主体是"家庭"，也即农户，而非某个家庭成员，个人并不是家庭承包主体，即便该户只有一个人，在法律意义上，承包主体也是该户。这一规定主要考虑的是在我国土地红线的前提下，加之农村普遍存在的有均田思想，在人口年增长量巨

---

① 本条对应2018年修正的《中华人民共和国土地承包法》第三条。

② 本条对应2020年修正的《最高人民法院关于审理涉及农村土地承包纠纷案件适用法律问题的解释》第三条。

③ 《中华人民共和国民法典》第三百三十条规定，农村集体经济组织实行家庭承包经营为基础、统分结合的双层经营体制。

大的情况下，以家庭为单位确定土地承包经营权，并随着户的消存变化，更能使土地及时得到调整以适应人口增减的需求。本案中，张某霞与其父母在同一经营户上，对案涉土地享有承包经营权。在村集体没有调整土地的前提下，该经营户仍应是案涉土地的承包权主体，根据《中华人民共和国农村土地承包法》的精神，只要家庭承包经营户内尚存一人，该户就仍然存在，并继续享有基于承包地的权利义务。

那么，既然该户仍然存在，户内成员的子女是否能够继承其经营权呢？这需要考虑我国农村土地资源的具体国情以及其与继承之间的法益关系，若土地承包经营权可以继承，则一方面会导致非农村集体成员依照继承关系取得承包权，损害集体经济组织其他成员的利益。另一方面则会将承包经营权异化为所有权，改变农村土地的集体性质，逐渐私有化，进而损害集体经济组织的权益，也使农村土地管理趋于混乱。从农村土地承包经营的要件来看，首先，承包经营的土地以户为权利主体；其次，户内成员死亡后，其民事主体资格、集体成员和家庭成员资格均已丧失，不能对承包的土地管理使用，不再享有承包经营权。《中华人民共和国民法典》[①] 颁布后，沿用《中华人民共和国继承法》关于可继承的遗产是公民个人的合法财产的规定。土地承包经营权是承包户从村集体取得的经营权利，不是土地所有权，该权利不是村民个人的财产，不属于被继承遗产范围；从被继承人的主体资格看，其生前是承包经营户的成员，但在其死亡之时，便已丧失了承包户成员的身份，不享有承包

① 《中华人民共和国民法典》第一千一百二十二条：遗产是自然人死亡时遗留的个人合法财产。

资格，就更不涉及经营权利问题，因此，农村土地承包经营权不能发生继承。

编写人：河南省平顶山市中级人民法院　郭洋洋

220　家庭承包农户的诉讼主体及继承问题

——林某友等诉莲花小组承包地征收补偿费用分配案

【案件基本信息】

1. 裁判书字号

福建省厦门市中级人民法院（2013）厦民终字第3070号民事裁定书

2. 案由：承包地征收补偿费用分配纠纷

3. 当事人

原告（上诉人）：林某友、林某兰、林某琴

被告（被上诉人）：莲花小组

【基本案情】

林某友与蔡某治（已故）系夫妻，林某兰、林某琴是其女儿。

林某友、林某兰、林某琴诉称，林某友与蔡某治系莲花小组集体经济组织成员，依法享有农村土地承包经营权，林某友已取得责任地1.2亩。林某友和蔡某治被送往东孚养老院养老时，责任地曾被收回。东孚养老院将林某友和蔡某治送回莲花小组时，莲花小组已补给责任地1.2亩，地点在崎嵘。蔡某治身故后，莲花小组将该责任地的1.2亩擅自收回，并补给陈某钦、陈某象两人，违反了农村土地三十年延包不变的法律政策，侵犯了林某友和蔡某治依法享有的土地承包权益。现上述责任地1.2亩已被征收，土地补偿款117600元已经到位，莲花小组未按规定向林某友支付土地补偿款。莲花小组拟用后续的其他征地补偿款发放给林某友，林某友不同意。现林某友去向不明，由其女林某兰为法定代理人，林某兰、林某琴系蔡某治之女，依法享有继承权。故提起诉讼，请求判令莲花小组向三原告支付征地补偿款117600元。

【案件焦点】

家庭承包农户的诉讼主体及继承问题。

【法院裁判要旨】

福建省厦门市海沧区人民法院经审理认为，本案系承包地征收补偿费用分配纠纷，根据《中华人民共和国农村土地承包法》第十五条的规定，家庭承包的承包方是本集体经济组织的农户。由此可见，农村土地承包经营是以“农户”为单位进行的，若产生农村土地承包的民事纠纷，亦应以农户作为民事诉讼的主体。本案中，林某友与蔡某治为一户，承包了莲花小组的责任地1.2亩。蔡某治去世后，林某友作为该户唯一成员，在与莲花小组产生土地承包经营的民事纠纷时，林某友应当依法以户代表的身份作为原告进行民事诉讼。但是，现林某友下落不明，本案《民事起诉状》中“林某友”的签名并非其本人所签，无法确认本案民事诉讼是林某友的真实意思表示，因此，法院对本案“林某友”的原告资格不予认可。关于林某兰、林某琴在本案中是否具有民事诉讼原告资格，法院认为，林某兰、林某琴两人均不是本案所涉农业承包户的成员，因此，不能作为本案承包地征收补偿费用分配纠纷的原告。关于林某兰、林某琴主张在蔡某治去世后，其作为蔡某治之女，对讼争承包地征收补偿费用中蔡某治的份额享有继承的权利，故应作为本案原告参加诉讼。法院认为，农村土地以户为单位承包，相应的土地收益也应以户为单位享有，虽然本案讼争地被征收时蔡某治已经去世，但是蔡某治所在的承包户还存在，因此讼争承包地征收补偿费用也应由林某友一户享有，不发生继承的问题。且林某兰、林某琴主张的继承关系与本案所涉承包地征收补偿费用分配关系为不同的两个法律关系，不能合并审理。故林某兰、林某琴提出的其基于继承而作为本案原告参加诉讼，没有事实与法律依据，法院不予支持。

福建省厦门市海沧区人民法院依照《中华人民共和国民事诉讼法》第一百一十九条第四项、第一百五十四条第三项之规定，裁定如下：

驳回原告林某友、林某兰、林某琴的起诉。

原告不服一审裁定上诉。福建省厦门市中级人民法院认为，根据《中华人民共和国农村土地承包法》第十五条的规定，家庭承包的承包方是本集体经济组织的农户。而农村土地承包经营是以“农户”为单位进行的，若产生农村土地承包的民事纠纷，亦应以农户作为民事诉讼的主体。本案林某友与蔡某治为一户。林某兰、林某琴其父林某友尚健在，故家庭承包农户所得补偿不发生继承。林某兰、林某琴没有证据证明林某友属限制行为能力或无行为能力的人，林某兰以法定监护人身份起诉不符合法律规定，其诉讼主体不适格。原审裁定认定事实清楚，适用法律正确，依法应予维持。

福建省厦门市中级人民法院依照《中华人民共和国民事诉讼法》第一百七十条第一款第一项、第一百七十一条的规定，裁定如下：

驳回上诉，维持原裁定。

【法官后语】

本案的争议焦点在于家庭承包户以外的人员是否可以向发包的村民小组主张权利。

1. 家庭承包农户的诉讼主体资格

根据《中华人民共和国农村土地承包法》第十六条“家庭承包的承包方是本集体经济组织的农户”之规定，集体经济组织内部的农户，是家庭承包方式中土地承包经营权的唯一权利主体。家庭承包的农户，是指在法律允许的范围内，按照承包合同的规定，使用归集体所有的土地和其他生产资料，从事独立的农业商品生产经营活动的农村集体经济组织的成员。家庭承包的农户具有以下三个法律特征：第一，家庭承包的农户是具有独立法律人格的经济实体，是集体经济的合法经营者。第二，家庭承包的农户依法律规定和合同约定享有民事权利，可依法自主进行一定的法律行为，其行为的法律后果归其自身承受，其合法权益受法律保护，并依法定或约定承担相应的法律责任。第三，家庭承包的农户在经济上实行独立核算，自负盈亏；在债务承担上，应以家庭共有财产承担无限清偿责任。

家庭承包农户具有民事主体资格，因此在产生农村土地承包的民事纠纷时，家庭承包农户应作为民事诉讼的主体。但是家庭承包农户毕竟只是一个法律名词，诉讼中应明确具体行使诉讼权利和承担义务的人员。根据《最高人民法院关于审理涉及农村土地承包纠纷案件适用法律问题的解释》第四条“农户成员为多人的，由其代表人进行诉讼。农户代表人按照下列情形确定：（一）土地承包经营权证等证书上记载的人；（二）未依法登记取得土地承包经营权证等证书的，为在承包合同上签字的人；（三）前两项规定的人死亡、丧失民事行为能力或者因其他原因无法进行诉讼的，为农户成员推选的人”之规定，若农户成员不足三人的，则全体成员均可作为诉讼当事人参加诉讼；若农户成员为三人以上的，则根据上述司法解释的规定来确定代表人参加诉讼。

在本案中，林某友与蔡某治两人为一户，承包了莲花小组的责任地1.2亩。蔡某治去世后，林某友作为该户唯一成员，在与莲花小组产生土地承包经营的民事纠纷时，林某友应当依法以户代表的身份作为原告进行民事诉讼。但本案在起诉时，林某友下落不明，《民事起诉状》中“林某友”的签名并非其本人所签，无法确认本案民事诉讼是林某友本人的真实意思表示，因此法院对本案“林某友”不予认可。而林某兰、林某琴两人不是本案所涉农业承包户的成员，因此，不能作为本案承包地征收补偿费用分配纠纷的原告。至于林某兰、林某琴以其父亲林某友精神失常、两人为林某友的法定监护人为由作为原告参加诉讼，法院认为林某兰、林某琴没有证据证明林某友属限制行为能力或无民事行为能力的人，两人以法定监护人身份起诉亦不符合法律规定，故两人诉讼主体不适格。

2. 家庭承包的继承问题

《中华人民共和国农村土地承包法》第三十二条区分三种不同的情况，对家庭承包的继承问题进行了规定：

第一，家庭承包的土地承包经营权不发生继承问题。家庭承包是集体经济组织内部的农户进行的承包，以农户家庭为承包单位，承包过程强调公平，承包地具有强烈的社会保障功能，系集体经济组织农户的主要经济来源和生活保障。通过家庭承包的方式取得的土地承包经营权，家庭的某个或部分家庭成员死亡的，承包土地的承包户承包合同继续有效，所以经营权不发生继承问题。家庭成员全部死亡的，土地承包经营权消灭，由发包方收回承包地。

第二，承包人应得的收益可以依法继承。在承包期内，承包人死亡的，其依法应当获得的承包收益，按照《中华人民共和国民法典》的规定继承。这里的“承包人”应当理解为承包户中任何一个家庭成员。具体包括两种情况：一是在承包期内，家庭成员之一死亡的（如户主去世）或家庭成员全部死亡的，因死亡成员在生前对该承包土地投入了资金，付出了劳动，依法应得的承包收益属于其遗产，应当按照《中华人民共和国民法典》的规定继承。

第三，林地的承包人死亡后其继承人可以继续承包。考虑到林地具有一定的特殊性，如投资周期长，见效慢等，因此，《中华人民共和国农村土地承包法》在许多方面将林地与耕地、草地区别对待，这是符合实际的。按照该法第三十二条第二款的规定，林地的承包人死亡的，其继承人在承包期内可以继续承包。这里主要是指，家庭承包的林地，在家庭成员全部死亡的情况下，最后一个死亡的家庭成员继承人（可以是本集体经济组织成员，也可以是本集体经济组织以外的继承人），在承包期内均可以继续承包，直到承包期满。而承包林地的家庭成员一个或部分成员死亡，死亡后的承包户以外的继承人不得将林地作为遗产继承。

农村土地以户为单位承包，相应的土地收益也应以户为单位享有，虽然本案讼争地被征收时蔡某治已经去世，但是蔡某治所在的承包户还存在，因此讼争承包地征收补偿费用也应由林某友一户享有，不发生继承的问题。因此，法院对林某兰、林某琴以继承蔡某治承包地征收补偿费用为由作为原告参加诉讼的主张不予支持。

编写人：福建省厦门市海沧区人民法院　黄晓玲

（二）居住权纠纷

221 居住权的确认之诉

——姚某慧、芦某龙诉芦某芬等用益物权确认案

【案件基本信息】

1. 裁判书字号

北京市第二中级人民法院（2020）京02民终1489号民事判决书

2. 案由：用益物权确认纠纷

3. 当事人

原告（被上诉人）：姚某慧、芦某龙

被告（上诉人）：芦某芬、芦某敏

被告：芦某云、芦某芳

【基本案情】

卢某坡（曾用名：芦某坡）与张某珍系夫妻关系，双方生育子女五人，分别为芦某敏、芦某云、芦某芳、芦某芬、芦某起。芦某起与姚某慧系夫妻关系，二人生育一子芦某龙。

1990年，北京市某房管所与卢某坡签订《房屋租赁契约》，约定由卢某坡承租北京市西城区××路88号北房二间（以下简称88号房），芦某起、芦某芬、张某珍的户口原在88号房内，2000年芦某芬、张某珍的户口迁出88号房。

2001年，卢某坡（乙方）与危旧房改造工作办公室（甲方）

签订《安置协议》约定：乙方居住在本危改区内88号房1.5间。乙方同意就地安置，放弃其他安置补偿方式。应安置人口为5人，分别为户主、之妻、之子、之儿媳、之孙。甲方就地安置乙方2居室1套，地址为××路102号（以下简称102号房）。2005年8月1日，102号房屋所有权登记至卢某坡名下。其后，卢某坡、张某珍死亡，子女就房屋继承发生纠纷。姚某慧与芦某龙提起诉讼，要求法院确认其二人有权居住使用102号房屋。

【案件焦点】

作为非产权人的拆迁被安置人，能否享有拆迁安置房屋的居住权益。

【法院裁判要旨】

北京市西城区人民法院经审理认为：依据双方当事人提交的证据，法院能够认定姚某慧、芦某龙为涉案房屋的被安置人口。现涉案房屋虽经过继承已登记在芦某起、芦某芬、芦某敏、芦某芳、芦某云名下，但其系通过继承卢某坡、张某珍的遗产而取得的涉案房屋的所有权。姚某慧、芦某龙虽未能取得涉案房屋的所有权，但102房屋在拆迁时系为了解决包括姚某慧、芦某龙在内的所有被安置人口的居住权益，该权益应当得到保护。因此姚某慧、芦某龙虽并非102房屋的所有权人，但仍有权居住使用102房屋。姚某慧、芦某龙的诉讼请求有事实和法律依据，法院予以支持。

北京市西城区人民法院依照《中华人民共和国民法总则》第三条、《中华人民共和国民事诉讼法》第一百四十四条、《最高人民法院关于适用〈中华人民共和国民事诉讼法〉的解释》第九十条之规定，判决如下：

确认姚某慧、芦某龙有权居住、使用102号房屋。

芦某芬、芦某敏不服一审判决，提起上诉。北京市第二中级人民法院同意一审法院裁判意见，判决：

驳回上诉，维持原判。

【法官后语】

在《中华人民共和国民法典》（以下简称《民法典》）颁布前，若一方当事人认为其有权居住登记在他人名下的房屋，只能通过提起用益物权纠纷诉讼的方式，请求法院确认其对该房屋享有居住使用的权利，而无法直接确认其对该房屋享有居住权。《民法典》在物权编中单设一章，增加规定了居住权这一新型用益物权，填补了现行法律的空白，呼应了社会需求。

但需要注意的是，《民法典》关于居住权的规定仅有六个条文，难以涵盖居住权的全部规则，留下了一些规范空白。如《民法典》第三百六十六条规定，“居住权人有权按照合同约定，对他人的住宅享有占有、使用的用益物权，以满足生活居住的需要”。第三百六十七条规定，“设立居住权，当事人应当采用书面形式订立居住权合同”。因此一般认为，若所有权人需要在房屋上为他人设立居住权，应通过所有权人与居住权人订立居住权合同的方式设立。但社会生活复杂多变，在某些情况下，当事人未能与所有权人订立居住权合同时，本文认为可以通过确认之诉，确认其对涉案房屋享有居住权。

《民法典》第二百三十四条规定，“因物权的归属、内容发生争议的，利害关系人可以请求确认权利”。笔者认为，在当事人未订立居住权合同的情形下，若当事人能够举证证明其对涉案房屋的居住权益有相应的合同或法律依据，即可以提起确认之诉，请求法院确认其对涉案房屋享有居住权。如本案中，根据双方当事人提交的证据，法院可以认定姚某慧、芦某龙为涉案房屋的被安置人口。因拆迁88号房而取得的102号房为安置房屋，该房屋即安置被安置人使用，因此法院依法确认姚某慧、芦某龙有权居住、使用该涉案房屋。

需要注意的是，由于《民法典》未明确规定通过确认之诉取得居住权的方式，因此在后续的案件中，若出现双方当事人对居住权没有约定，一方当事人欲通过诉讼的方式请求法院确认其对涉案房屋享有居住权的情况时，笔者认为在案件的审理中还应注意以下两个问题：

第一，《民法典》第三百六十七条规定，“居住权合同一般包括下列条款：（一）当事人的姓名或者名称和住所；（二）住宅的位置；（三）居住的条件和要求；（四）居住权期限；（五）解决争议的方法”。因此为了避免后续产生纠纷，应当参考《民法典》第三百六十七条的规定，要求当事人在诉讼请求中对于居住条件、居住权期限等内容予以明确。同时，法院在判项中亦应明确住宅的位置、居住条件、居住期限等内容。

第二，居住权属于用益物权，因此设定居住权的房屋会存在所有权人丧失房屋占有、使用、收益权益的情形，为保护交易中第三人的利益，《民法典》第三百六十八条规定，“……设立居住权的，应当向登记机构申请居住权登记。居住权自登记时设立”。但若当事人通过诉讼方式请求法院确认居住权，则有可能产生双方当事人怠于履行登记义务的情况，进而导致该居住权的设立无法及时产生公示效力，对涉案房屋后续买卖、设立抵押等问题产生不良影响。因此笔者认为，在确认居住权的判决判项中可以使用“判决生效后七日内，居住权人至不动产登记部门进行登记后居住权生效”的类似表述，从而将法院判决与《民法典》第三百六十八条的规定相衔接。

编写人：北京市西城区人民法院　方晓晨　王潇

222　拆迁安置人口对安置房屋是否享有居住权
——范某凯诉范某丽占有保护案

【案件基本信息】

1. 裁判书字号

北京市第二中级人民法院（2020）京02民终11721号民事判决书

2. 案由：占有保护纠纷

3. 当事人

原告（被上诉人）：范某凯

被告（上诉人）：范某丽

【基本案情】

1989年，某计算机公司姚家井区地区基建办公室与刘某英签订《安置协议书》，计算机公司在原宣武区姚家井地区进行建设，范某书原住姚家井二巷胡同10号，正式住房2间，居住面积24平方米。正式户口6人，应安置5人；安置楼建成后分给范某书2号楼4门×××号三居室一套……建设用地分户调查表记载，姚家井二巷胡同10-×号家庭成员为范某书、刘某英、范甲、范某凯、范某恒、郝某丽、范某晶。

1991年6月25日，某计算机公司姚家井区地区基建办公室出具《回楼通知书》，为范某书安置案涉房屋一套。签订拆迁协议时，拆迁房屋内户口有6人即范某书、刘某英、范某晶、郝某丽、范某凯、范某恒。

2017年8月2日，某电子技术公司根据范某恒的申请，变更案涉房屋承租人为范某丽。2019年，范某晶（另案当事人）起诉范某恒、任某芝、范某丽，请求确认对北京市西城区姚家井二巷2号楼4门×××号房屋有权居住使用。

【案件焦点】

房屋拆迁时，拆迁房屋安置人口对于安置后的房屋是否享有居住使用权。

【法院裁判要旨】

北京市西城区人民法院经审理认为：北京市建设拆迁安置办法规定，被迁户的家庭人口，以拆迁范围内的正式户口为准，并规定了家庭人口的安置政策，北京市西城区姚家井二巷胡同10-×号北京市建设拆迁居民周围安置协议书中拆迁房屋正式户口6人，范某凯系正式户口之一，曾在案涉房屋居住。史某琪证言中所述2005年后除范某丽父母及爷爷奶奶外无其他人居住，证人只能证明2005年后的居住事实，并不能否定此前范某凯居住的事实。基于范某凯系房屋拆迁安置人口并实际居住过的事实，范某凯对案涉房屋享有居住权。对于范某凯的诉讼请求，予以支持。

北京市西城区人民法院依照《中华人民共和国物权法》第三十九条，作出如下判决：

原告范某凯有权居住北京市西城区姚家井二巷胡同2号楼4门×

××号房屋。

范某丽不服一审判决，提起上诉。北京市第二中级人民法院经审理认为：刘某英与某计算机公司签订的《安置协议书》中登记正式户口6人，应安置5人。北京市公安局某派出所出具的证明显示拆迁时范某凯的户口登记在姚家井二巷胡同10-×号房屋内（即被拆迁房屋）。《北京市建设拆迁安置办法》规定，被迁户的家庭人口，以拆迁范围内的正式户口为准；其中年满13周岁的子女和其他单身成员，可按异性分室、同性不分室的原则安置。建设用地分户调查表登记范某凯当时的年龄为15岁，因此范某凯的户口、年龄满足当时的北京市拆迁政策，应属于应安置5人中的一员。原审法院基于范某凯的被安置人的身份及曾经在案涉房屋长期居住的事实，认定范某凯对案涉房屋享有居住权，并无不当，予以维持。

北京市第二中级人民法院依照《中华人民共和国民事诉讼法》第一百七十条第一款第一项的规定，判决如下：

驳回上诉，维持原判。

【法官后语】

一、居住权的含义

为落实党中央要加快建立多主体供给、多渠道保障、租购并举的住房制度，让全体人民住有所居的要求，《中华人民共和国民法典》在所有权编专门增设第十四章“居住权”，认可和保护民事主体对住房保障的灵活安排，满足特定人群的居住需求。

居住权是指以居住为目的，对他人所有的房屋及附属设施占有、使用的权利。所有权为自物权、完全物权，而居住权是他物权、限制物权，居住权以所有权为基础并由其派生。两种权利在实现方式上存有区别，同时也体现了不同的价值取向。既然居住权是对他人的房屋使用收益，利用他人房屋的居住价值，就必须对房屋进行物质形式的支配，因此，居住权是以实施他人房屋的现实占有为实现条件的。

二、居住权的性质

1. 居住权是物权。居住权是房屋所有权权能分离的结果，是房屋所有权的负担，是由所有人以外的其他居住权人享有对房屋占有、使用、收益的权利。如将居住权理解为一项债权，只是看到了设立人与居住权人之间的关系，但忽视了房屋交由居住权人占有、使用、收益的事实，从而忽略了这一权利的物权属性。同时居住权是一种他物权，由于居住权人可以对房屋直接行使其权利，但房屋所有人并无为之有积极作为的义务，故居住权属于物权。

2. 居住权属于用益物权。一方面，就居住权在民法上的定位而言，它首先是一种用益物权。基于这种用益物权，权利人不仅能占有他人住宅，并以居住为目的使用他人住宅，还能排除他人对住宅的不法妨害。另一方面，居住权是以满足特定人的居住需要而设立的用益物权。

3. 居住权是具有人身属性的人役权。以他人的房屋为标的，虽然居住权人可以行使的是占有权、使用权和有限收益权，但在市场流通性和可继承性上受到很大限制。

三、居住权的特征

1. 居住权的主体范围限定为特定的自然人。法人或其他非法人团体（如合伙团体）不可以成为居住权主体，其主体范围具有有限性。

2. 居住权的客体为他人所有的建筑的全部或一部分，还包括其他附着物。居住权客体还应包括房屋的附属设施，比如配套的仓库等。因为这些设施与居住者的日常生活息息相关，如果不加以规定，可能会给居住者带来不便。

3. 居住权是为特定自然人的生活用房的需要而设定的权利。居住权人只能把所取得的房屋用于生活需要，对房屋的使用只能限于为居住的目的，而不能挪作他用，如用作商业房等。双方当事人有约定和在某些特殊情况下，居住权人可以将少量的房屋予以出租以获取收益。

4. 居住权具有长期性、终身性。居住权的期限可由当事人在合同或遗嘱中确定或约定，如果没有对期限作出明确规定，则应推定居住权的期限为居住权人的终身。这是因为居住权是用来供没有房屋的人居住的，所以权利人对房屋的居住权如果没有约定的话，应当理解为与其生命共始终。

5. 居住权一般具有无偿性，居住权人无须向房屋的所有人支付对价，所以被称为“恩惠行为”。这也是由居住权的性质、本质而决定的，即使居住权人在其居住期间可能需要支付给所有人一定的费用，但它必然要低于租金，否则也就无设立之必要。

6. 居住权具有不可转让性。居住权不仅具有财产属性，同时还具有较强的人身属性，只能由特定的权利人所享有，而不可转让由他人享有或由他人继承。《中华人民共和国民法典》第三百六十九条明确规定，“居住权不得转让、继承”。

在《中华人民共和国民法典》颁布前，居住权形成基础主要依据我国当时的拆迁政策、单位分房规章制度而签订房屋合同。该居住权具有以下特征：（1）居住权具有法定性，居住权形成原因系依据拆迁政策和单位分房制度，居住权确立具体法定属性。（2）居住权自设立时成立。居住权并非通过居住权人与房屋所有权人的约定形成，居住权自房屋权利人取得房屋时即产生。(3) 居住权设立具有无偿性且未附条件。根据居住取得来源可见，该居住权具有无偿性。(4) 居住权人确立只能通过诉讼方式行使，该居住权法定属性决定确认只能通过诉讼方式予以认定。

随着我国经济不断发展，由计划经济体制向市场经济体制的全面转型，房屋全面推进市场化，同时我国的拆迁政策亦作出了调整，现拆迁政策按照拆迁房屋面积进行安置，拆迁安置人口不再作为拆迁考量因素，国家逐步取消了福利分房制度，此类基于拆迁政策要求确认居住权案件显现逐步减少的态势。在国家房屋市场化推进过程中，《中华人民共和国民法典》单独列出一章规定了当事人间的约定居住权。该居住权有以下特征：(1) 居住权性质为用益物权，民法典中居住权一章在用益物权编下，故其属性应为用益物权。(2) 居住权取得来源基于居住权合同，民法典第三百六十六条明确规定，居住权人有权按照合同约定，对他人的住宅享有占有、使用的用益物权，以满足生活居住的需要。由此可见，居住权系依据合同而设立。(3) 居住权以无偿为原则，有偿为例外。民法典第三百六十八条规定，居住权无偿设立，但是当事人另有约定的除外。民法典的上述规定，居住权以无偿设立为原则，当事人如约定居住权条件，则遵循当事人的意思自治。(4) 居住权合同订立应以书面形式且符合法定要件。民法典第三百六十七条规定，设立居住权，当事人应当采用书面形式订立居住权合同。居住权合同一般包括下列条款：(一) 当事人的姓名或者名称和住所；(二) 住宅的位置；(三) 居住的条件和要求；(四) 居住权期限；(五) 解决争议的方法。民法典的上述规定，居住权合同应采用书面形式，同时规定了居住权合同中的必备内容。由于居住权设立需进行登记，如双方当事人居住合同未按规定条款订立，则可能面临无法进行登记，居住权人无法取得居住权的情形。(5) 居住权具有人身属性，民法典第三百六十九条规定，居住权不得转让、继承。设立居住权的住宅不得出租。居住权合同中仅居住权人享有居住权，其居住权不因继承人死亡、转让而自然发生转移，同时居住权人不能因其享有居住权而对外出租获益。(6) 居住权设立、注销均依登记。民法典第三百六十八条规定，设立居住权的，应当向登记机构申请居住权登记。居住权自登记时设立。民法典第三百七十条规定，居住权期限届满或者居住权人死亡的，居住权消灭。居住权消灭的，应当及时办理注销登记。居住权的取得、消灭均依登记，未经登记的，不产生居住权的设立和注销的效力。(7) 居住权设立可通过遗嘱方式设立。民法典第三百七十一条规定，以遗嘱方式设立居住权的，参照适用本章的有关规定。房屋权利人可以通过遗嘱的方式设立房屋居住权，以遗嘱方式设立居住权同时应符合设立居住权的条件，否则导致无法设立居住权。

在房屋买卖过程中由于买卖房屋内有居住权人导致买卖合同无法履行，继而导致纠纷和诉讼，我国民法典中明确规定了居住权登记制度，双方在签订房屋买卖合同中可以明确知悉房屋居住权人情况，从而规避相应风险，促进社会经济稳定有序的发展。

编写人：北京市西城区人民法院　田志鹏

223 征而未用的宅基地使用权权属认定

——张某诉张乙侵权责任案

【案件基本信息】

1. 裁判书字号

河南省信阳市中级人民法院（2018）豫15民终5448号民事判决书

2. 案由：侵权责任纠纷

3. 当事人

原告（上诉人）：张某

被告（被上诉人）：张乙

【基本案情】

2004年7月，因史河路改建，张某之父张甲与固始县城关圩区防汛撤退道路建设指挥部签订了房屋折迁补偿安置协议书，其自愿选择以住宅货币安置的形式，将自己位于固始县新桥三组的各类房屋（建筑面积59.37平方米）及其他附属物予以折迁，并领取补偿金27352元。后张甲亡故，张某和其母亲外出。2013年，张某和其母亲回来后发现自己原被折迁的房屋所在宅基地被张乙建房占用。后经张某数次向张乙讨要未果，张某诉至法院。

【案件焦点】

征而未用的宅基地使用权权属如何认定。

【法院裁判要旨】

河南省固始县人民法院经审理认为：《中华人民共和国土地管理法》第六十二条规定，农村村民一户只能拥有一处宅基地，其宅基地的面积不得超过省、自治区、直辖市规定的标准。张甲生前已就其位于固始县新桥三组的各类房屋（建筑面积59.37平方米）及其他附属物通过拆迁补偿安置，自愿选择了住宅货币安置形式，且已领取各类补偿金27352元。为此张某已不再享有对该处宅基地的使用权，故对张某的诉求，不予支持。至于张乙在双方诉争的宅基地上建房是否合法，则系另一法律关系，不属于本案审理范围。

河南省固始县人民法院依照《中华人民共和国民事诉讼法》第六十四条的规定，判决如下：

驳回张某的诉讼请求。

张某不服一审判决，提起上诉。河南省信阳市中级人民法院经审理认为：本案争议的焦点是涉案宅基地是否在2004年7月被政府征用，张乙的现建房屋是否侵犯张某的宅基地使用权。第一，2004年7月，固始县政府因城市建设需要，改建史河路时，需征用部分农户的房屋所占用的土地。张甲自愿选择了住宅货币安置方式，将其位于固始县新桥三组的各类房屋（建筑面积59.37平方米）及其他附属物予以拆迁，领取了补偿金27352元。因此，张甲对于本案争议的宅基地，不再享有使用权。第二，即使本案争议的宅基地被政府征收后，政府没有使用，张某对于争议的宅基地也不再享有使用权。依据法律规定，当事人对自己提出的主张，有责任提供证据予以证明。现张某诉称张乙的现建房屋侵犯其宅基地使用权，证据不足，不予采纳。综上所述，张某的上诉请求不能成立，应予驳回；一审认定事实清楚，适用法律正确，应予维持。

河南省信阳市中级人民法院依据《中华人民共和国民事诉讼法》第一百七十条第一款第一项之规定，判决如下：

驳回上诉，维持原判。

【法官后语】

从裁判思路来看，宅基地是我国特有的一种用益物权类型，是中华人民共和国成立以来在中国土地政策基础上形成的一个固有制度。宅基地使用权牵涉到人民群众的切身利益，物权享有人可对其权利受到妨害而提出返还原物、排除妨害、消除危险等物权请求权。同时，物权的排他性决定涉案土地的使用权原被告不可能同时享有。原告主张张乙返还宅基地，首先应当提供证据证明其享有涉案宅基地使用权。从本案案情来看，涉案宅基地已经征用，原告也领取了补偿款，其不再享有该宗土地的宅基地使用权。张乙在该宗宅基地上建造构筑物，违反相关法律规定，但其并未侵犯原告的合法权益，故原告要求被告返还宅基地缺乏法律依据。

1. 关于农村宅基地使用权的性质

我国的土地分为国家所有和农民集体所有，农村的宅基地、自留山、自留地属于农民集体所有。宅基地使用权是我国特有的一项独立的用益物权，是农村居民在依法取得的集体经济组织所有的宅基地上建造房屋及其附属设施，并对宅基地进行占有、使用和有限制处分的权利。它具有严格的身份性、无偿使用性、永久使用性、从属性及范围的严格限制性等特点。其取得方式有原始取得与继受取得，消灭形式有绝对消灭与相对消灭。宅基地使用权人有占有、使用宅基地的权利，该权利具有排他性。

《中华人民共和国民法典》第二百三十五条规定："无权占有不

动产或者动产的，权利人可以请求返还原物。”返还原物请求权是物权保护的一项基本权利。当对该物没有权利的人占有该物时，物权人可以要求占有人返还原物，使物归还于物权人由物权人事实上支配。该法第二百三十六条规定：“妨害物权或者可能妨害物权的，权利人可以请求排除妨害或者消除危险。”他人的非法行为致使物权人对物无法行使占有、使用等权能时，物权人可以请求行为人排除妨害，或者请求法院责令行为人排除妨害。具体到本案中，原告认为其对争议宅基地享有使用权，被告未经允许擅自建房而且拒绝返还，是对原告合法物权的侵犯，原告有权要求被告停止侵害，返还宅基地。

2. 侵犯农村宅基地使用权的认定

按照《中华人民共和国土地管理法》的规定，申请宅基地应当以户为基本单位，且原则上一户只能申请一处宅基地，执行“一户一宅”原则。原告张某父亲张甲在固始县新桥三组拥有一处宅基地，后因固始县政府拆迁，张甲与固始县城关圩区防汛撤退道路建设指挥部签订了房屋拆迁补偿安置协议书，其自愿选择以住宅货币安置的形式，将自己的宅基地及各类房屋、附属物予以拆迁，并领取补偿金。鉴于此，该处宅基地已被固始县政府依法征收，所有权、使用权已归国家所有，原告家庭不再享有对该处宅基地的占用、使用的权利。被告未经相关部门批准在争议土地上建房，其建房行为应当认定为违法行为，但其损害的是国有土地使用权，原告对该宗土地不享有占有、使用权，故被告的行为不侵害原告的合法权益。

3. 宅基地使用权侵权案件中的举证责任分配

《中华人民共和国民事诉讼法》第六十四条第一款规定，当事人对自己提出的主张，有责任提供证据。《最高人民法院关于适用〈中华人民共和国民事诉讼法〉的解释》第九十条规定，当事人对自己提出的诉讼请求所依据的事实或者反驳对方诉讼请求所依据的事实，应当提供证据加以证明，但法律另有规定的除外。在作出判决前，当事人未能提供证据或者证据不足以证明其事实主张的，由负有举证证明责任的当事人承担不利后果。即当事人应当就产生法律关系的基本事实提供证据，本案中，原告主张被告建房侵犯其宅基地使用权，其有义务就其对该宗土地享有占有、使用权提供依据，其曾对该宗土地享有使用权，但因国家征收其使用权消灭，现其不能证明仍对争议宅基地享有权利，故原告称他人侵犯其宅基地使用权没有依据，应当承担举证不能的法律后果。

4. 征而未用的宅基地使用权的归属认定

从价值取向来看，宅基地使用权作为一种用益物权，围绕着这种用益物权所构建起的宅基地使用权制度实际上是一种财产分配和利用制度。不同群体在宅基地的使用权上也存在利益的冲突。因为不同群体都对宅基地的使用权非常敏感，谁都希望自己的宅基地使用权不受干扰和影响。从宅基地使用权制度运行实践来看，在一定程度上还是存在一些问题，依然需要通过制度设计，纠正制度运行中出现的偏差，对宅基地使用权的取得、行使和消灭等所出现的新类型问题，要用法律明文规定来规范，使民法的平等价值充分体现并且真正落到实处。另外，基于土地资源的稀缺性，宅基地使用权制度作为一重要土地利用制度，土地利用的效率成为其不二的追求。不过，应当注意的是，在宅基地使用权制度安排上，切不可还没有弄清楚权属认定而对宅基地使用权的效率价值局限于片面理解。宅基地使用权还应注重矫正的公平，对宅基地使用权的公平威胁不仅来自宅基地使用权的私人之间的交易和流转，同时也来自因为使用权属认定不规范、不清晰的困扰。宅基地使用权的归属涉及个人、集体和国家之间的权属流转，涉及公法和私法之间的价值平衡，在裁判时要统筹考虑法的秩序价值，法律的稳定性和法律的权威性。

在部分公民朴素的观念中，分配给自己的宅基地为其个人所有，有出让、转卖的权利。国家征收后暂未使用就可以私搭乱建，甚至是为了拆迁多得到补偿，罔顾法律，违法加建、改建，这些都是认识误区。随着我国土地管理制度的日益完善，为了维护土地使用的红线，合理利用每一寸土地，国家对违法占用、使用土地的行为将给予严厉惩治和处罚。人民群众也应当增强法律意识，合法合理使用土地，保护土地资源。对于被征用和征收的宅基地等土地，国家或者政府、集体因为种种原因没有及时规划和利用，但是其使用权依然归国家所用，任何公民都不得侵犯。

编写人：河南省固始县人民法院　裴国刚　陈青云

224 不符合条件的人借用他人名义申请宅基地建房的协议无效

——何某诉李某物权确认案

【案件基本信息】

1. 裁判书字号

重庆市第一中级人民法院（2018）渝01民终3519号民事判决书

2. 案由：物权确认纠纷

3. 当事人

原告（上诉人）：何某

被告（被上诉人）：李某

第三人：张某

【基本案情】

何某与张某系再婚夫妻，双方于2002年12月27日登记结婚，于2005年4月4日生育一子小何，于2017年11月28日经法院判决离婚，小何由张某抚养。何某户籍在重庆市綦江区，婚后居住在张某名下的位于花朝村18社的房屋中，该房屋楼层为一层，建筑面积为112.52平方米。李某生于1989年8月26日，系张某与其前夫之子。约在2009年，李某在花朝村18社申请宅基地修建房屋一幢，楼层为二层，建筑面积为191.52平方米，该房屋于2010年8月3日取得产权证，登记权利人为李某。现何某认为，登记在李某名下的房屋是张某用何某与张某的夫妻共同财产出资修建的，遂起诉请求确认该房屋归何某与张某共同所有。

庭审中，何某认可李某于2007年年初即辍学外出务工，从事电焊工，工资收入约2800元/月。一位证人也证实了李某辍学务工的情况。

【案件焦点】

1. 何某、张某是否与李某存在借名申请宅基地建房的法律关系；2. 若存在借名关系，如何评价何某、张某借名申请宅基地建房的法律效力。

【法院裁判要旨】

重庆市合川区人民法院经审理认为：《中华人民共和国民事诉讼

法》（以下称《民诉法》）第六十四条第一款规定，当事人对自己提出的主张，有责任提供证据。《最高人民法院关于民事诉讼证据的若干规定》第二条规定，当事人对自己提出的诉讼请求所依据的事实或者反驳对方诉讼请求所依据的事实有责任提供证据加以证明。没有证据或者证据不足以证明当事人的事实主张的，由负有举证责任的当事人承担不利后果。争议房屋登记在李某名下，系李某申请宅基地修建，在修建该房屋时李某已经外出务工两年多，从事电焊工作，有固定收入来源，何某主张争议房屋是张某用何某与张某的夫妻共同财产出资修建的，但并未举示相应的证据予以佐证，应该承担举证不能的法律后果，故对何某的诉讼请求，不予支持。依照《民诉法》第六十四条第一款、《最高人民法院关于民事诉讼证据的若干规定》第二条之规定，判决：

驳回何某的诉讼请求。

何某不服，提起上诉。重庆市第一中级人民法院经审理认为：根据《中华人民共和国物权法》第九条第一款规定，不动产物权的设立，经依法登记，发生效力。张某在（2017）渝 0110 民初 10037 号民事案件审理中虽陈述该房屋系用李某名义申请登记，但并未陈述张某或者何某有出资行为，且张某也系本案诉讼的利害关系人，其对李某不利的陈述内容并不能直接作为判断房屋出资的证明。诉争房屋的宅基地系李某以本人名义申请所得，诉争房屋所有权也登记在李某名下，何某与李某之间也无对房屋实际权属的约定。根据《中华人民共和国土地管理法》第六十二条第一款规定，农村村民一户只能拥有一处宅基地。在修建诉争房屋时，张某因名下已有宅基地，何某因不属于本集体经济组织成员，二人均不符合花朝村 18 社的农村宅基地的申请条件。因此，何某请求确认诉争房屋为何某与张某共有，既缺乏事实依据，也缺乏法律依据。依据《民诉法》第一百七十条第一款第一项的规定，判决：

驳回上诉，维持原判。

【法官后语】

本案中，何某以借名申请宅基地建房为由请求确认诉争房屋产权归其与张某所有，涉及何某、张某是否与李某存在借名申请宅基地建房的法律关系；若存在借名关系，又该如何评价何某、张某借名申请宅基地建房的法律效力。

1. 借名申请宅基地建房的认定

借名申请宅基地建房，是指行为人借用他人名义申请宅基地修建房屋并登记在该他人名下的法律行为。通常，借名人并无使被借名人取得所有权之意思，而仅为借用名义申请宅基地修建房屋并办理登记。一般而言，借名申请宅基地建房的流程是“以被借名人名义申请宅基地——借名人实际出资修建房屋——产权登记在被借名人名下”。考虑到宅基地申请人与产权登记人通常系同一人，对借名申请宅基地建房的认定至少应当审查以下两个方面：

第一，主张存在借名事实的当事人应当提供证据证明其有实际出资。本案中，何某主张诉争房屋系由其与张某的共同财产出资修建，并提供了张某在（2017）渝 0110 民初 10037 号张某与何某离婚纠纷一案中的陈述作为证据，辅之以李某外出务工工资较低不足以修建房屋的基本事实。李某以诉争房屋系用其本人打工收入和借款修建为由予以反驳。从何某提供的证据与待证“实际出资”事实之间的关系来看，何某的证据属于间接证据，且无法构成一个完整的证据链条：首先，张某在离婚案件中虽陈述该房屋系用李某名义申请登记，但并未陈述张某或者何某有出资行为；其次，张某系本案诉讼的利害关系人，其在另案中不利于李某的陈述从法律上讲并不具有客观性。李某同样未能提供足够证据证明其出资和借款情况，致使本案诉争房屋由谁出资的待证事实不明。根据《最高人民法院关于适用〈中华人民共和国民事诉讼法〉的解释》第九十一条第一项的规定，应当由何某承担举证不能的法律后果。

第二，主张存在借名事实的当事人应当证明其与权利登记人之间存在借名申请宅基地建房的合意。所谓合意是指合同当事人意思表示一致。由于主张存在借名法律关系的当事人多具有亲属关系或曾经具有亲属关系等，当事人往往并无书面协议证明其借名合意。实务中对无书面协议时借名合意的认定存在不同做法，有直接根据出资认定的，有根据出资、使用和对相关权利凭证的持有状况等综合认定的。笔者认为，由于出资行为可能涉及赠与、借贷等多种法律关系，仅凭出资事实并不足以证明当事人之间存在借名合意。在不存在书面协议的情况下，应当结合出资和使用等状况予以证明。本案中，当事人之间并不存在书面的借名协议，且诉争房屋一直由李某实际居住，不能认定何某与李某之间存在借名申请宅基地建房的合意。

可见，何某既不能证明其有实际出资，也不能证明其与李某之间存在借名合意，无法认定何某、张某与李某之间存在借名申请宅基地建房的法律关系。

2. 借名申请宅基地建房的法律效力

进一步来说，即使何某、张某与李某之间存在借名申请宅基地建房的法律关系，是否确认诉争房屋属何某与张某所有还需进一步分析借名申请宅基地建房的法律效力。

根据《中华人民共和国物权法》（以下简称《物权法》）第一百五十二条“宅基地使用权人依法对集体所有的土地享有占有和使用的权利”之规定[①]，宅基地使用权具有人身依附性，以权利人具有农村集体经济组织成员的身份作为基础，非本集体经济组织成员不能申请宅基地使用权。何某户籍地一直在重庆市綦江区，再婚期间虽跟随张某生活在花朝村，但未取得该集体经济组织成员身份。《中华人民共和国土地管理法》（以下简称《土地管理法》）第六十二条第一款规定，农村村民一户只能拥有一处宅基地；第四款规定农村村民出卖、出租住房后，再申请宅基地的，不予批准。[②] 农村宅基地土地资源的稀缺性，决定了农村村民一户只能拥有一处宅基地，出卖、出租住房后不得再申请宅基地，否则“一户一宅”的分配原则即不复存在。2009 年，张某名下已有一处宅基地。按照上述规定，即使张某对其名下的宅基地予以转让，张某仍然不具有申请宅基地的资格。

根据《中华人民共和国合同法》（以下简称《合同法》）第五十二条规定[③]，有下列情形之一的，合同无效：（一）一方以欺诈、胁迫的手段订立合同，损害国家利益；（二）恶意串通，损害国家、集体或者第三人利益；（三）以合法形式掩盖非法目的；（四）损害社会公共利益；（五）违反法律、行政法规的强制性规定。对因借名申请宅基地建房而引发的确权之诉，如果借名人于借名时并不具

① 现为《中华人民共和国民法典》（以下简称《民法典》）第三百六十二条。

② 2019 年《土地管理法》修订时，原第六十二条第四款变更为第五款，内容修订为“农村村民出卖、出租、赠与住宅后，再申请宅基地的，不予批准。”

③ 《民法典》第一百五十三条第一款规定，违反法律、行政法规的强制性规定的民事法律行为无效。但是，该强制性规定不导致该民事法律行为无效的除外。

备农村宅基地使用权申请条件，确认该房屋为借名人所有，将违背国家有关宅基地管理的法律法规，助长不符合宅基地申请条件的个人通过借名的方式骗取农村集体经济组织有限的土地资源，侵害农村集体经济组织及其成员的利益。本案中，在何某与张某不符合宅基地申请条件的情况下，即使其与李某之间存在借名申请宅基地建房的协议，该协议也违反了《物权法》第一百五十二条“非本集体经济组织成员不能申请宅基地使用权”和《土地管理法》第六十二条“一户一宅”的法律规定，属于《合同法》第五十二条第五项“违反法律、行政法规的强制性规定”的情形，应当依法认定合同无效。

编写人：重庆市第一中级人民法院　杨红平

225　侵犯农村相邻房屋宅基地使用权的认定

——张某萍、高某峰诉高某业宅基地使用权案

【案件基本信息】

1. 裁判书字号

山东省淄博市中级人民法院（2018）鲁 03 民终 994 号民事判决书

2. 案由：宅基地使用权纠纷

3. 当事人

原告（上诉人）：张某萍、高某峰

被告（上诉人）：高某业

【基本案情】

张某萍、高某峰与高某业系东西邻居，张某萍、高某峰在东居住，高某业在西居住。张某萍、高某峰一方的集体土地建设用地使用证载明：土地使用者为高甲，土地面积173.82平方米，其中建筑占地105.62平方米，四至中西至本户墙外0.00米，邻高乙住宅。高甲系张某萍之夫、高某峰之父，于2008年去世。高某业一方的集体土地建设用地使用证载明：土地使用者为高乙，土地面积243.90平方米，其中建筑占地170.45平方米，共有使用权面积220.34平方米，其中分摊面积73.45平方米。高乙村民宅基地宗地籍图标注高乙北侧地基界点J1至J2即自西往东高某业至张某萍、高某峰宅基之间距离为24.98米，高乙北屋东山墙至东边界点之间距离为14.88米。高乙系高某业之父。2016年7月，在高某业拆除猪栏后翻建小东屋过程中，张某萍、高某峰认为高某业所建小东屋东墙侵占其地基，为此双方发生纠纷并经过淄川区昆仑镇苏王村、淄川区昆仑镇两级调解组织多次调解。2016年8月，经苏王村调解委员会工作人员于某等6人前往调解，并按高某业土地证上所载尺寸进行丈量。丈量结果为从高某业北屋东山至小东屋后墙为15.03米，东山至小东屋内墙14.79米。高某业不认可此丈量结果。张某萍、高某峰起诉要求高某业立即停止侵害并恢复原状。高某业辩称其盖的房子原来是一猪栏，这个猪栏是其所有，其没有侵占张某萍、高某峰宅基地。

【案件焦点】

高某业所建涉案小东屋东墙所占地基的权属应如何认定。

【法院裁判要旨】

山东省淄博市淄川区人民法院经审理认为：本案争议焦点是高某业所建小东屋东墙所占地基的权属问题。法院自苏王村村民委员会调取土地登记审批表，载明的高乙四至情况为：北至本户墙外0.46米，邻孙某住宅；东至本户墙外0.24米；从高乙村民宅基地宗地籍图标注高某业到张某萍、高某峰宅基界点距离为界点J1至J2即东西之间距离为24.98米，高乙北屋东山墙至东边界点的距离为14.88米。2016年8月，苏王村调解委员会工作人员实地丈量情况是，从高某业北屋东山至小东屋后墙为15.03米，东山至小东屋内墙为14.79米。即高某业所建小东屋东墙所占地基侵占张某萍、高某峰宅基15.03米-14.88米=0.15米。该行为对张某萍、高某峰宅基地使用权造成了侵害，应承担侵权责任。张某萍、高某峰起诉要求高某业停止侵害并恢复原状的诉讼请求，予以支持。高某业应自行拆除其建在张某萍、高某峰宅基地范围内的小东屋东墙。高某业虽对苏王村调解委员会工作人员的丈量结果不认可，但其未提供证据反驳。故对高某业辩称未侵犯张某萍、高某峰宅基地使用权的答辩意见和不认可苏王村调解委员会工作人员丈量结果的质证意见不予采纳。据此，一审判决：

高某业自行拆除其建在张某萍、高某峰宅基地范围内的小东屋东墙。

张某萍、高某峰、高某业均不服一审判决，持原审意见提起上诉。山东省淄博市中级人民法院经审理认为：在张某萍、高某峰、高某业均无相反证据的情形下，一审采信自苏王村村民委员会调取的051296号高乙土地登记审批表作为认定事实的依据并无不当。根据该表记载和2016年8月苏王村调解委员会工作人员的实地丈量数据，一审认定高某业所建小东屋东墙所占地基侵占张某萍、高某峰宅基0.15米（15.03米-14.88米=0.15米），并判令高某业自行拆除其建在张某萍、高某峰宅基地范围内的小东屋东墙，并无不当。据此，二审判决：

驳回上诉，维持原判。

【法官后语】

本案主要涉及对侵犯农村相邻房屋的宅基地使用权的认定问题。

宅基地是农村的农户或村民个人用作住宅基地而占有使用的本集体所有的土地。宅基地使用权则是指农村村民在集体所有的土地上所享有的建造房屋以使用居住的一种物权。其作为农村村民住宅用地的使用权，系农村村民所专有的物权，在农民土地权利中处于基础性地位，受到我国法律的专门保护。《中华人民共和国物权法》第十三章“宅基地使用权”部分[①]对此有专门规定。其中第一百五十二条规定：“宅基地使用权人依法对集体所有的土地享有占有和使用的权利，有权依法利用该土地建造住宅及其附属设施。”[②]

简言之，宅基地使用权就是农村村民建设住宅房屋的集体土地使用权。既然农村村民住宅房屋建设离不开宅基地使用权，那么农村中住宅相邻的两户因房屋建设使用问题而发生争议的，则通常会涉及其房屋的宅基地使用权问题，具体而言就是宅基地使用权的权属问题。本案就是如此。本案中，张某萍、高某峰与高某业两家房院相邻，高某业拆除猪栏翻建小东屋，张某萍、高某峰认为高某业

---

① 现为《中华人民共和国民法典》第二编即物权编第十三章。

② 现为《中华人民共和国民法典》第三百六十二条：“宅基地使用权人依法对集体所有的土地享有占有和使用的权利，有权依法利用该土地建造住宅及其附属设施。”

所建小东屋东墙侵占其地基，双方发生纠纷。该纠纷经村、镇两级调解组织调解，双方对高某业所建小东屋东墙所占地基的权属各执一词。故高某业所建小东屋东墙所占地基的权属问题无疑就是本案双方的争议焦点。具体来说，如果高某业所建小东屋东墙所占地基属于其拥有的宅基地范畴，那么其在自己的宅基地范围内建设小东屋显然属于对自己拥有的宅基地的正常使用，并不存在侵犯张某萍、高某峰宅基地使用权问题；反之，如果高某业所建小东屋东墙所占地基已经进入了张某萍、高某峰的宅基地范畴，那么其该建设行为显然侵犯了张某萍、高某峰的宅基地使用权。所以说，对宅基地权属的认定无疑是正确处理农村相邻房屋的宅基地使用权纠纷的关键。而宅基地权属的认定又涉及宅基地的合法取得等问题，对此，《中华人民共和国物权法》第一百五十三条规定："宅基地使用权的取得、行使和转让，适用土地管理法等法律和国家有关规定。"[①]《中华人民共和国土地管理法》第十三条规定："依法登记的土地的所有权和使用权受法律保护，任何单位和个人不得侵犯。"[②] 据此，宅基地使用权依法应当经登记取得使用。对此，《中华人民共和国土地管理法》第六十二条更是明确规定："农村村民一户只能拥有一处宅基地，其宅基地的面积不得超过省、自治区、直辖市规定的标准……农村村民建住宅，应当符合乡（镇）土地利用总体规划、村庄规划，不得占用永久基本农田，并尽量使用原有的宅基地和村内空闲地。农村村民住宅用地，由乡（镇）人民政府审核批准；其中，涉及占

---

① 现为《中华人民共和国民法典》第三百六十三条："宅基地使用权的取得、行使和转让，适用土地管理的法律和国家有关规定。"

② 现为《中华人民共和国土地管理法》第十二条第二款："依法登记的土地的所有权和使用权受法律保护，任何单位和个人不得侵犯。"

用农用地的，依照本法第四十四条的规定办理审批手续。农村村民出卖、出租、赠与住宅后，再申请宅基地的，不予批准。”因此，宅基地的面积和范围依法应以政府的审核批准的内容为准。故在审判实践中，法院对此应首先查明争议双方的由政府审批的宅基地面积和范围，这一点通常都可由双方持有的政府颁发的集体土地建设用地使用证予以证明。在此基础上则应对被告建设的涉案房屋所占宅基进行测量以确定其是否侵犯了原告的宅基地使用权。

当然，本案中双方的纠纷在进入诉讼程序前已经过苏王村、淄川区昆仑镇两级调解组织多次调解，苏王村调解委员会工作人员于2016年8月按照高某业的集体土地建设用地使用证上所载尺寸进行了测量，该测量结果系调解双方纠纷的第三方调解组织依法作出，具有客观性和公正性。高某业对此虽不认可，但其对此无反驳证据加以推翻。故该测量结果在本案诉讼中完全可以作为定案证据从而认定本案侵权事实成立。如果此类案件中双方没有客观公正的测量结果作为证据提供的，为查清是否存在宅基地侵权事实，法院依法应进行现场勘验，即根据双方集体土地建设用地使用证所记载的宅基地使用权面积和范围到现场进行测量，从而确定案件中是否存在宅基地侵权的事实。

综上，关于对侵犯农村相邻房屋的宅基地使用权的认定问题，其首要和核心的问题就在于对宅基地使用权权属的认定。因宅基地权属的认定涉及宅基地的合法取得，故对宅基地的面积和范围依法应当以政府的审核批准内容为准。所以说法院对此在进行审查时应查明由政府审批的争议双方的宅基地面积和范围，对此一般可通过双方持有的政府颁发的集体土地建设用地使用证来进行审查判断，并在此基础上对被告建设的涉案房屋所占宅基进行测量，从而确定其是否侵犯了原告的宅基地使用权。

编写人：山东省淄博市中级人民法院　荣明潇　周树学

226　宅基地使用权转让的效力认定

——张某琼诉刘某合宅基地使用权案

【案件基本信息】

1. 裁判书字号

福建省厦门市中级人民法院（2018）闽 02 民终 580 号民事判决书

2. 案由：宅基地使用权纠纷

3. 当事人

原告（上诉人）：张某琼

被告（被上诉人）：刘某合

【基本案情】

1997 年 6 月 3 日，张某琼依法取得位于东瑶村大芸社的一块宅基地使用权，用地面积 104.16 平方米，东至路，南至路沟，西至陈某通围墙 1.12 米，北至刘某勇围墙 1.10 米，至 2003 年 2 月，张某琼未在该宅基地上进行相应的建筑，其户籍迁移出东瑶村大芸社。2003 年 2 月 9 日，张某琼将其上述宅基地以口头协议方式转让给刘某合（东瑶村村民委员会集体经济组织成员）。同年，刘某合在上述宅基地上建二层半房屋一幢，并居住至今，该房屋是刘某合家庭在东瑶村大芸社的唯一居所。对此，张某琼于2017年之前一直未提出异议。2005年9月27日，张某琼户籍由厦门市集美区日东路×号之一××移入东瑶村，上述宅基地的土地使用权人至今仍登记在张某琼名下。东瑶村民委员会认可双方之间的宅基地转让行为。

【案件焦点】

双方的宅基地使用权流转是否有效。

【法院裁判要旨】

福建省厦门市海沧区人民法院经审理认为：农村宅基地使用权主体有特定的身份限制，非农村集体经济组织成员不得享有，但农村住房是可以转让的，相应的宅基地使用权随着房屋的转让而有条件的转让。刘某合依张某琼的转让行为，实际取得诉争宅基地，在该宅基地上建造房屋，并在此居住生活近15年之久，该房屋系刘某合家庭在其村的唯一居所。而在此期间，张某琼始终未提出任何异议，双方所属的东瑶村村民委员会亦认可双方之间的宅基地转让行为，并出具了相关证明文件。综上所述，张某琼、刘某合的宅基地使用权转让行为是双方自愿的，是其真实意思表示，该转让行为未违反法律规定，张某琼的主张缺乏事实和法律依据，亦有悖诚信原则，不予支持。

福建省厦门市海沧区人民法院依照《中华人民共和国土地管理法》（以下称《土地管理法》）第六十二条，《中华人民共和国物权法》第十五条、第一百五十三条、第一百五十五条，《中华人民共和国民法通则》第五十八条，《中华人民共和国民法总则》第七条，《中华人民共和国民事诉讼法》（以下称《民诉法》）第六十四条第一款之规定，判决如下：

驳回张某琼的全部诉讼请求。

张某琼不服一审判决，提起上诉。

福建省厦门市中级人民法院经审理认为：张某琼与刘某合系同一集体经济组织成员，鉴于刘某合已在宅基地上建造房屋并长期居住使用，且持有集体土地使用权证和农村房屋所有权证的原件，故张某琼以其将讼争宅基地转让给刘某合，主张转让行为无效缺乏法律依据。依照《民诉法》第一百七十条第一款第一项的规定，判决如下：

驳回上诉，维持原判。

【法官后语】

1. 宅基地使用权的特殊性

（1）具有福利性和使用限制。根据《土地管理法》第八条[①]规定："城市市区的土地属于国家所有。农村和城市郊区的土地，除由法律规定属于国家所有的以外，属于农民集体所有；宅基地和自留地、自留山，属于农民集体所有。"所以，作为农村集体经济组织的成员，不同于城镇居民要缴纳土地费用，可以向村集体免费申请宅基地，进行房屋以及其他附属设施的建造，实现农村居民的居住权利。

（2）宅基地使用权的主体是农村集体经济组织成员。根据法律规定，由于农村土地属于农民集体所有，因此，申请宅基地使用权的主体也只能是本村的集体经济组织成员。在该案件中，刘某合取得了张某琼在本村的宅基地使用权。由于刘某合本人也属于该村的

① 本条对应2019年8月26日发布的《土地管理法》第九条。

集体经济组织成员，因此，仅就这一点来说，刘某合是符合取得宅基地使用权主体资格的。

(3) 一户一宅原则。由于宅基地使用权是福利性质的，满足农村居民生活和基本居住需要的权利。因此，如果不对村集体经济组织成员的宅基地使用权数量加以限制，就可能导致农村土地的集中，最终损害村集体土地制度和集体经济组织成员的合法权益。因此，在农村土地买卖、赠与等合同行为中，如果违反了一户一宅原则，就违反了法律的强制性规定，则该合同应该被认为是无效的。具体到本案中，刘某合已经在讼争宅基地上建造房屋，居住生活近15年，且该房屋是其在本村集体中的唯一居所。所以，刘某合没有违反一户一宅原则。

2. 宅基地使用权合法转让的要件和限制

既然宅基地使用权具有十分特殊的性质，那么对宅基地使用权的转让也具有特殊的要求。

(1) 双方都是同村集体经济组织成员。由于宅基地使用权是农民集体所有土地的衍生权利，因此，对于宅基地使用权转让有严格的限制。为了防止农村集体用地面积的减少和本村集体经济组织成员权益的保障，转让双方都必须是同一农村集体经济组织成员。在本案中，张某琼获得宅基地使用权与刘某合获得宅基地使用权时均是东瑶村集体经济组织成员。

(2) 满足一户一宅的原则要求。作为宅基地使用权的受让方，其在获得新的宅基地使用权时必须满足《土地管理法》第六十二条的规定，即没有宅基地，或者其宅基地的面积达不到省、自治区、直辖市规定的标准。本案刘某合获取的宅基地是其在该村集体的唯一宅基地，符合法律规定。

（3）需要获得村集体的同意。根据我国的土地法律规定，宅基地应该属于农民集体所有。村集体经济组织成员只有宅基地的使用权。根据《土地管理法》第十条[①]规定，农民集体所有的土地依法属于村农民集体所有的，由村集体经济组织或者村民委员会经营、管理。村集体经济组织对于本村内的宅基地的分配和使用应当具有管理权。因此，对于村宅基地使用权的转让应当得到村集体经济组织或村民委员会的同意或认可。本案双方所属的东瑶村村民委员会认可双方之间的宅基地转让行为。因此，该转让行为应属于合法有效。

编写人：福建省厦门市海沧区人民法院　沈国兴　宁鑫

227　历史遗留的农村宅基地使用权纠纷不属于民事诉讼管辖范围

——朱某龙诉朱某兴等宅基地使用权案

【案件基本信息】

1. 裁判书字号

福建省泉州市中级人民法院（2018）闽05民终636号民事裁定书

2. 案由：宅基地使用权纠纷

3. 当事人

原告（上诉人）：朱某龙

① 本条对应2019年8月26日发布的《土地管理法》第十一条。

被告（被上诉人）：朱某兴、朱某进、黄某丽

【基本案情】

1972年12月，朱某兴、朱某进、朱某宗（已故）之父朱某来申请了基建用地。该宗土地东至朱某安、南至朱某厝、西至山、北至山。1987年11月，朱某龙（朱某来之侄）申请补办基建用地手续，泉州市鲤城区土地管理局于1988年4月18日决定同意其申请。该宗土地东至路、西至朱某厝、南至柴某厝、北至什(闽南语，意为“杂地”)。

1992年12月，朱某龙经政府有关部门审批及定点放样，在某村仓库门口动用杂地112平方米建房。1993年11月10日，有关部门人员对其建房用地情况进行了验收，发现其超3.3平方米，后经没收拍卖归朱某龙、洪某使用，并补交超面积款。朱某龙按照申请用地审批手续范围基建房屋。

2017年3月31日，泉州市洛江区人民政府双阳街道办事处作出洛双信访告字（2017）6号《不予受理告知书》，内容如下：“洪某女士：您提出的‘你邻居朱某进侵占你100多平方米土地’的信访事项，属于土地权属纠纷，依法应当通过诉讼途径解决。根据《信访条例》规定，请您向洛江区人民法院提出。特此告知”，同时，该告知书由信访人洪某签收。洪某与朱某龙系夫妻关系，其信访的“朱某进侵占100多平方米土地”系本案诉争土地。2017年7月25日，泉州市洛江区双阳街道朝阳社区居民委员会出具《证明》载明：“兹证明本社区居民朱某龙与朱某进等人，双方因宅基地争议二十年来纠纷不断，社区居委会（包括原村委会）曾数次组织双方进行协商调解处理，至今无法达成一致

意见。”2017年8月18日，朱某龙诉至法院，请求判令朱某兴、朱某进、黄某丽（朱某宗之妻）停止侵害，排除妨碍，恢复朱某龙的宅基地原状。

【案件焦点】

本案是否属于民事诉讼管辖范围。

【法院裁判要旨】

福建省泉州市洛江区人民法院经审理认为：根据《中华人民共和国土地管理法》第十六条关于“土地所有权和使用权争议，由当事人协商解决；协商不成的，由人民政府处理。单位之间的争议，由县级以上人民政府处理；个人之间、个人与单位之间的争议，由乡级人民政府或者县级人民政府处理。当事人对有关人民政府的处理决定不服，可以自接到处理决定通知之日起三十日内，向人民法院起诉。在土地所有权和使用权争议解决前，任何一方不得改变土地利用现状”的规定，个人之间的土地使用权争议经乡级人民政府或者县级人民政府处理是提起民事诉讼的必经程序。虽然泉州市洛江区人民政府双阳街道办事处对诉争宅基地纠纷作出《不予受理告知书》，但该告知书系对信访件的回复，非法律意义上的实体处理。朱某龙主张朱某兴等人停止侵害，排除妨碍，恢复宅基地原状，应以朱某龙被确认为诉争宅基地的合法权利人为前提，而本案双方当事人对诉争宅基地使用权争议已久，未能解决。现朱某龙在未经过相关人民政府处理前置程序的情况下，直接向人民法院提起诉讼，不符合法律规定的条件。

福建省泉州市洛江区人民法院依照《中华人民共和国土地管理

法》第十六条，《中华人民共和国民事诉讼法》第一百五十四条第一款第三项之规定，作出如下裁定：

驳回朱某龙的起诉。

朱某龙不服一审判决，提起上诉。

福建省泉州市中级人民法院经审理认为：一审期间，朱某龙虽提供《占地建房情况登记表》一份，但该登记表仅系泉州市鲤城区土地管理局同意朱某龙补办基建用地的申请手续，不足以证明朱某龙对诉争宅基地享有合法权利。朱某兴、朱某进、黄某丽是否侵权，朱某龙应在相关部门确权后再主张。一审法院根据《中华人民共和国土地管理法》第十六条的规定驳回朱某龙的起诉并无不当。

福建省泉州市中级人民法院依照《中华人民共和国民事诉讼法》第一百七十一条之规定，作出如下裁定：

驳回上诉，维持原裁定。

【法官后语】

宅基地制度作为中国特有的一项法律制度，形成于20世纪60年代，是农村土地公有制改造的产物。其权利属性和架构随着社会的发展虽有所变化，但仍保留具有社会保障性质和落实政策的内涵。这一点从《中华人民共和国土地管理法》第六十二条第一款[①]规定"农村村民一户只能拥有一处宅基地，其宅基地的面积不得超过省、自治区、直辖市规定的标准"中可见一斑。作为该条文的核心，一户一宅原则既保障了无居所的农民申请获得宅基地的权利（当然出卖住房后再申请的，不予批准），又遏制了少数人通过多占土地将私宅无限扩充的现象，确保各户宅基地大小基本一致，体现了社会主

① 本条参照2019年8月26日发布的《中华人民共和国土地管理法》第六十二条第一款。

义公平分配的原则。实践证明，宅基地制度作为我国土地改革的一大发明，至今仍发挥着维护农村社会稳定的重要作用。

宅基地问题的复杂性，决定了法院在审理涉及农村宅基地纠纷案件时应坚持审慎态度，避免处置不当激化双方当事人矛盾或使得问题更加复杂化。具体讲就是，根据《中华人民共和国土地管理法》第十六条关于“土地所有权和使用权争议，由当事人协商解决，协商解决不成的，由人民政府处理”“当事人对有关人民政府的处理决定不服的……向人民法院起诉”的规定，法官在办理此类案件过程中，首先应查明纠纷是否属于法院管辖，如果属于土地使用权争议，应当向当事人告知先向行政登记机关申请处理，当事人对处理结果不服的，再以登记机关为被告向人民法院提起行政诉讼；只有平等主体之间在土地所有权、使用权明确的前提下产生的纠纷，才属于人民法院民事诉讼管辖范围，民事法官才有权依照土地管理法、物权法等进行处理。

本案中，争议地点并非朱某龙于 1992 年 12 月获批建设的现有住宅，而是其于 1987 年 11 月申请的西至朱某厝的一处宅基地。朱某龙对此是否享有使用权（包括原先是否拥有以及在新建住宅之后是否继续享有还是违反一户一宅原则等）即案件首先应当解决的问题，其次是应当查明该宅基地四至与朱某兴、朱某进、黄某丽已建房的南到朱某厝的宅基地之四至是否存在交集，而这些争议的实质是土地使用权属之争。单纯从宅基地确权角度分析，对朱某兴、朱某进、黄某丽三人宅基地是否超面积侵占了朱某龙部分宅基地的审查，归根结底要从朱某来 1973 年 1 月申请获批算起，该时间跨度 40 余年，其权属确定根据原国土资源部《关于进一步加快宅基地和集体建设用地确权登记发证有关问题的通知》（国土资发

〔2016〕191号）应纳入最早的“按照1982年《村镇建房用地管理条例》实施以前”的历史阶段处置，从某种意义上可以说是“历史遗留”问题。综上，本案属行政机关行政权的管辖范围，人民法院无权处理。

编写人：福建省泉州市洛江区人民法院　林前枢

四、担保物权纠纷

228 抵押权人未在主债权诉讼时效期间行使抵押权，应否注销抵押登记

——刘某立诉余某顺抵押合同案

【案件基本信息】

1. 裁判书字号

北京市第三中级人民法院（2020）京03民终7700号民事判决书

2. 案由：抵押合同纠纷

3. 当事人

原告（被上诉人）：刘某立

被告（上诉人）：余某顺

【基本案情】

2013年1月21日，刘某立与余某顺签订《借款抵押合同》，约定用刘某立名下位于北京市朝阳区××号房屋（以下简称涉案房屋）作为抵押，刘某立向余某顺借款150万元，借款期限为6个月，自2013年1月21日至7月20日。2013年1月21日，李某某向余某顺借款300万元，以自己名下房屋抵押担保150万元，刘某立为李某某的借款用其名下房屋抵押担保150万元。刘某立与余某顺于2013年1月23日办理抵押登记。2013年7月20日之后李某某未还款，余某顺、李某某和刘某立三人达成新的协议，李

某某向余某顺还款200万元，余某顺解除刘某立名下涉案房屋的抵押登记，但李某某至今未向余某顺偿还200万元。刘某立请求余某顺协助刘某立办理解除涉案房屋的抵押登记手续、返还涉案房屋的房屋所有权证原件。余某顺以李某某至今未向余某顺偿还200万元为由，不同意解除刘某立名下涉案房屋的抵押登记，不同意返还房屋所有权证原件。

【案件焦点】

余某顺是否在主债权诉讼时效内行使抵押权及涉案抵押权应否注销。

【法院裁判要旨】

北京市朝阳区人民法院经审理认为：根据法律规定，有下列情形之一的，担保物权消灭：（1）主债权消灭；（2）担保物权实现；（3）债权人放弃担保物权；（4）法律规定担保物权消灭的其他情形。抵押权人应当在主债权诉讼时效期间行使抵押权，未行使的，人民法院不予保护。涉案房屋抵押担保的主债权为余某顺向李某某出借的150万元，对应借款期限为2013年1月21日至7月20日，余某顺自认在刘某立提起本案之前未行使抵押权，现刘某立于本案中要求解除涉案房屋的抵押登记，予以支持。抵押权消灭，余某顺应向刘某立返还上述房屋的所有权证。余某顺的抗辩意见，于法无据，不予支持。

北京市朝阳区人民法院依照《中华人民共和国物权法》第二百零二条之规定，判决如下：

一、被告余某顺于本判决生效之日起七日内协助原告刘某立办理涉案房屋的抵押权注销登记手续；

二、被告余某顺于本判决生效之日起七日内向原告刘某立返还涉案房屋所有权证原件。

余某顺不服一审判决，提起上诉。北京市第三中级人民法院经审理同意一审法院裁判意见并认为，《中华人民共和国物权法》第二百零二条规定抵押权行使期间的重要目的之一在于促使抵押权人积极行使抵押权，迅速了结债权债务关系，维系社会经济秩序的稳定，在法律已经设定权利行使的期限后，抵押权人仍长期怠于行使权利时，法律对之也无特别加以保护的必要，应使抵押权消灭。在抵押权已不受法律保护的情况下，若不使该抵押权消灭，则会使抵押人无法对抵押物行使完全的所有权，使抵押人长期处于不利益的状态，对抵押人有失公平。余某顺在主债权诉讼时效期间内并未向刘某立主张行使抵押权，该抵押权消灭，刘某立起诉要求解除抵押登记，一审法院予以支持并无不当。依照《中华人民共和国民事诉讼法》第一百七十条第一款第一项之规定，判决如下：

驳回上诉，维持原判。

【法官后语】

不同于债权请求权受诉讼时效约束，抵押权为物权，不受诉讼时效的制约，那么抵押权人行使抵押权是否不受任何限制，抵押权人不行使抵押权，抵押人如何保障自身权益呢？

一、抵押权行使期间的法律限制

《中华人民共和国物权法》（以下简称《物权法》）第二百零二条规定，抵押权人应当在主债权诉讼时效期间行使抵押权，未行使的，人民法院不予保护。由此引发了抵押权行使期限性质及不予保护含义的争论。关于抵押权行使期限，第一种观点认为，抵押权系物权，不受诉讼时效限制，抵押权只存在行使期间的问题。该行使期间与主债权诉讼时效期间相同，随着主债权诉讼时效中断、中止而变化。第二种观点认为，《物权法》第一百七十七条规定担保物权消灭的四种情形，并不包括抵押权行使期间届满的情形。主债权诉讼时效届满，仅是抵押权行使期限届满，未达到法律规定的担保物权消灭事由；仅是丧失司法保护的胜诉权，抵押权并未消灭。第三种观点认为，超过诉讼时效的主债权沦为自然债务，债权丧失强制力成为自然债权，债务人获得抗辩权。关于“人民法院不予保护”的含义，也存在不同观点。其一，不予保护，是丧失胜诉权，抵押权人丧失的是抵押权受人民法院保护的权利，抵押权本身并没有消灭，抵押人因此享有了主债务人的时效抗辩权。其二，抵押权的行使期限就是抵押权的存续期限，期间经过后抵押权从实体上消灭，即主债权诉讼时效届满，抵押权消灭。

2019 年《全国法院民商事审判工作会议纪要》（以下简称《九民纪要》）第五十九条规定采用抵押权消灭说，即抵押权人未在主债权诉讼时效期间内行使抵押权，产生的法律后果是抵押权消灭。

《中华人民共和国民法典》（以下简称《民法典》）第四百一十九条保留了《物权法》第二百零二条，规定抵押权人应在主债权诉讼时效期间行使，但未采用《九民纪要》的抵押权消灭说，对未在主债权诉讼时效期间行使抵押权的后果的争论从未停止。

二、本案的认定和适用

本案系在《九民纪要》出台后，《民法典》施行前审结，依据《最高人民法院关于适用〈中华人民共和国民法典〉时间效力的若干规定》第一条第二款规定①，本案应参照《九民纪要》第五十九条，采用抵押权消灭说。

首先，刘某立用自己名下涉案房屋为案外人李某某的借款向余某顺提供抵押担保，担保金额150万元，借款期限自2013年1月21日起至7月20日止。

其次，主债权期限届满日为2013年7月20日，在《中华人民共和国民法总则》施行前，涉案主债权诉讼时效为两年，即主债权诉讼时效届满日为2015年7月20日，双方确认主债权诉讼时效届满前及提起本案诉讼前，余某顺并未向刘某立主张抵押权。

最后，余某顺未在2015年7月20日主债权诉讼时效届满前行使抵押权，刘某立主张注销涉案房屋抵押登记，应予以支持。

三、抵押权行使期限的意义

法律对抵押权的行使期间作出规定，是因为抵押权系担保物权，以担保抵押权人的债权实现为目的，保障抵押权人对抵押财产折价、拍卖或变卖价款优先受偿权。如抵押权人怠于行使抵押权，抵押权的持续存在不利于抵押财产价值的流转，若将抵押人义务长期置于不确定状态，将会极大损害抵押人的利益，故为平衡抵押人、抵押权人、债务人的利益，规定抵押权人应及时行使抵押权，尽早实现优先受偿权，发挥抵押财产的经济价值，避免权利睡眠状态。否则，主债权诉讼时效届满，抵押权人设立抵押权的目的落空。

为督促抵押权人行使权利，保护抵押人利益，抵押人和抵押权人可以对抵押权的实现条件进行约定，在约定的实现抵押权的条件

---

① 该规定第一条第二款规定："民法典施行前的法律事实引起的民事纠纷案件，适用当时的法律、司法解释的规定，但是法律、司法解释另有规定的除外"。

成就时，抵押权人可以协议折价、拍卖、变卖或者申请法院拍卖、变卖该抵押财产价款实现抵押权，亦可通过实现担保物权非诉程序或者提起抵押权诉讼实现抵押权。

尽管《民法典》未采用抵押权消灭说，但对债权人未在主债权诉讼时效期间行使抵押权的，抵押人要求注销抵押登记的，笔者认为，依然可沿用《九民纪要》第五十九条规定的精神，支持抵押人的请求。

编写人：北京市朝阳区人民法院　马娇

229　债权人撤销权诉讼中对于抵押权的保护

——徐某兴诉陈某彪债权人撤销权案

【案件基本信息】

1. 裁判书字号

江苏省无锡市中级人民法院（2020）苏02民终2520号民事判决书

2. 案由：债权人撤销权纠纷

3. 当事人

原告（被上诉人）：徐某兴

被告：陈某彪

第三人（上诉人）：陈某1

【基本案情】

2018 年，徐某兴向法院起诉陈某彪合同纠纷一案，要求陈某彪归还欠款 30 万元及逾期付款利息。2019 年 1 月 8 日，法院作出（2018）苏 0206 民初 7241 号民事判决书，判决陈某彪归还徐某兴 30 万元并承担逾期付款利息（以 10 万元为基数，自 2018 年 11 月 1 日起至实际给付之日止；以 20 万元为基数，自 2018 年 12 月 31 日起至实际给付之日止，均按照年利率 6%计算）。判决生效后，徐某兴向法院申请强制执行该判决书。2019 年 2 月 19 日，徐某兴于申请执行过程中发现陈某彪将惠山区某小区 348-301 室、391-102 室、392-302 室 3 套房屋登记至陈某 1 名下，徐某兴遂向一审法院提起债权人撤销权之诉（即本案诉讼），要求撤销无偿转让及办理某小区 348-301 房产登记的行为等。

经查，2017 年 12 月 5 日，陈某彪、陈某萍、陈某 1、陈某 2 填写无锡市惠山区私人住宅拆迁安置申请审批表及无锡市惠山区安置房更名申请表各三份，一致要求将上述 3 套房屋产权登记至陈某 1 名下。2018 年 12 月 21 日，前述 3 套房屋产权登记至陈某 1 名下。

本案二审中另查明，2019 年 1 月 31 日，胡某飞、陈某 1 与某银行无锡分行签订个人贷款借款合同，约定胡某飞、陈某 1 向其借款 75 万元等。同日，胡某飞、陈某 1 与某银行无锡分行签订个人授信最高额抵押合同，约定胡某飞、陈某 1 将 348-301 室、391-102 室、392-302 室房产作为抵押物，为二人向某银行无锡分行的 75 万元借款提供抵押担保。最高额限额为 1476400 元，并办理抵押登记。

【案件焦点】

涉案房屋在转让后设立抵押权，转让行为被撤销的，如何认定及保护该抵押权。

【法院裁判要旨】

江苏省无锡市惠山区人民法院审理认为：陈某彪将其对涉案房屋享有的所有权份额无偿转让给陈某 1 一事发生在徐某兴成为陈某彪的债权人之后，陈某彪又无其他可供执行的财产，其行为损害了债权人徐某兴的利益。撤销权的行使范围以债权人的债权为限。徐某兴现明确要求撤销陈某彪与陈某 1 之间关于无偿转让惠山区某小区 348-301 室房屋所有权份额的行为，根据徐某兴的债权及涉案房屋情况，对徐某兴的该项诉讼请求，应予以支持。

江苏省无锡市惠山区人民法院依照《中华人民共和国合同法》第七十四条、第七十九条，《最高人民法院关于适用〈中华人民共和国民事诉讼法〉的解释》第九十条，《中华人民共和国民事诉讼法》第一百四十四条之规定，判决如下：

一、撤销陈某彪与陈某 1 之间关于无偿转让惠山区某小区 348-301 室房屋产权份额的行为；

二、驳回徐某兴的其他诉讼请求。

陈某 1 不服一审判决，提起上诉。江苏省无锡市中级人民法院经审理认为：2018 年 12 月 21 日，无锡市惠山区某小区 348-301 室、391-102 室、392-302 室 3 套安置房登记至陈某 1 名下后，陈某 1 又于 2019 年 1 月 31 日将前述 3 套房产为陈某 1、胡某飞向某银行无锡分行的 75 万元借款提供抵押，并办理抵押登记；其中本案所涉某小区 348-301 室房产抵押的债权数额为 643200 元，即某银行无锡分行对某小区 348-301 室房产享有抵押权。徐某兴撤销陈某彪与陈某 1 之间无偿转让案涉房产份额的行为，不得损害某银行无锡分行对某小区 348-301 室房产的抵押权。

江苏省无锡市中级人民法院依照《中华人民共和国民事诉讼法》第一百七十条第一款第一项的规定，判决如下：

驳回上诉，维持原判。

【法官后语】

本案的主要争议焦点为债权人撤销权的认定，但在事实上，债权人实现其债权另外遇到了新的问题，即担保标的物受让人在担保标的物上设立抵押权，且法院支持债权人行使撤销权。债权人及抵押权人的权利如何进行认定，对之后的债务执行有重大影响。

从抵押权的本义来看，抵押权系为担保债务的履行，债务人或者第三人不转移财产的占有将该财产抵押给债权人，而当债务人不履行到期债务或者发生当事人约定的实现抵押权的情形，债权人有权就该财产优先受偿的权利，其性质为担保物权，最高人民法院在（2012）民二终字第 113 号判决书中认为，抵押权系以确保债务清偿为目的，债权人对债务人或者第三人所有的特定财产所享有的直接支配和排他的权利。而债权人撤销权是指债权人对于债务人所实施的危害债权的行为请求法院予以撤销的权利。债权人撤销权所指向的是债务人的以相关财产为标的的行为，法院在审理中所审查的撤销权成立要件为债务人与财产受让第三人之间的行为是否符合主客观要件，如符合相关要件则撤销权依法成立，并产生行为自始失效、财产恢复原状的法律后果。

就本案而言，在房产已设定抵押的情况下，如根据原《中华人民共和国物权法》规定，未经抵押权人同意不得转让抵押财产或将财产恢复原状，如此做法有害于债权，对债权人不公；但如因取得行为自始失效、财产所有权回复原状而直接排除后设抵押权，则无视后设抵押权在设立时符合相关要件依法设立的事实，将损害善意取得抵押权人的合法权益，有违公平原则，有害交易安全。因此，一旦抵押权依法设定，债权人即对抵押财产享有了排他的优先受偿的权利，只要抵押权人未表示同意放弃抵押权的，抵押财产不论是基于抵押人的自由转让行为，还是基于司法执行行为等导致变动，抵押权人均可基于有效的抵押权追及抵押财产行使权利。”

本案二审判决在支持了一审判决撤销权成立的基础上，在另外说明部分明确了债权人的撤销行为不得损害抵押权人的抵押权，一者保护了债权人的合法债权不受债务人危害债权行为所侵犯，二者保护了未在本案审查范围内的案外抵押权人的合法权益，平衡了各方的权益，并为本案判决可能面临的恢复原状的强制执行措施明确了不得损害抵押权的要求，另因本案的债权业经法院判决确认进入执行，也为所涉财产恢复原状后的法院执行工作明确了财产权利，避免在执行过程中再遇到阻碍。当然，如利害关系人对案外人抵押权的设立有异议，亦可通过另行主张来维护自身权利。

与本案相类似的法律概念即是抵押物的转让，《中华人民共和国民法典》第四百零六条规定：“抵押期间，抵押人可以转让抵押财产。当事人另有约定的，按照其约定。抵押财产转让的，抵押权不受影响。抵押人转让抵押财产的，应当及时通知抵押权人。抵押权人能够证明抵押财产转让可能损害抵押权的，可以请求抵押人将转让所得的价款向抵押权人提前清偿债务或者提存。转让的价款超过债权数额的部分归抵押人所有，不足部分由债务人清偿。”该条在赋予抵押人对抵押财产处分权的同时承认抵押权的追及效力，据此保护抵押权人的合法权益。本案二审判决思路与该条规定的立法精神一致，对于民法典的适用有一定的借鉴意义。

编写人：江苏省无锡市惠山区人民法院　王益清

230 仅办理房屋抵押登记，通过约定并不必然排除建设用地使用权抵押权的产生

——某房地产公司等诉谢某洁破产债权确认案

【案件基本信息】

1. 裁判书字号

江苏省无锡市中级人民法院（2020）苏02民终2729号民事判决书

2. 案由：破产债权确认纠纷

3. 当事人

原告（上诉人）：某房地产公司、某置业公司、范某丽

被告（被上诉人）：谢某洁

第三人（被上诉人）：某制冷设备公司

【基本案情】

2010年6月17日，谢某洁与某制冷设备公司签订《抵押设立协议》，约定谢某洁因向某制冷设备公司出借款项享有债权3000万元，某制冷设备公司将坐落于胶西村的房屋抵押给谢某洁，抵押物面积为29733.24平方米，合同手写载明“抵押物XS1000314923、XS1000314922、XS1000314925……”“本次抵押不包含土地”。2010

年6月23日，上述房产共同办理了抵押登记，但未办理建设用地使用权抵押登记。

2011年12月2日，江苏省无锡市锡山区人民法院根据范某丽的申请，裁定受理某制冷设备公司破产清算一案，并指定了管理人。2019年6月，管理人先后制作了《关于某制冷设备公司抵押债权审查结论通知函》及《更正函》，确定谢某洁的抵押物为设置了抵押的房屋和房屋占地面积的土地，故对上述房产所在宗地，管理人拟首先清偿第一顺序抵押权人的债权，其次将余值按向谢某洁抵押的房屋占地面积占整块土地面积的比例分配给谢某洁。

某房地产公司、某置业公司、范某丽均为某制冷设备公司债权人，对管理人确认的上述债权提出异议，认为载明“本次抵押不包含土地”，应系双方合意抵押物不涉及土地，也是谢某洁以明示的方式放弃《中华人民共和国物权法》规定的“房地一并抵押”的权利，因此，谢某洁不享有设押建筑物对应的建设用地使用权抵押权。故提起诉讼，请求判令谢某洁对相应的建设用地使用权不享有优先受偿权。

【案件焦点】

抵押合同中载明抵押不包含土地，债权人是否享有设押建筑物占用范围内的建设用地使用权抵押权。

【法院裁判要旨】

江苏省无锡市锡山区人民法院经审理认为：约定“本次抵押不包含土地”并不能排除未设押建设用地使用权抵押权的依法产生。登记部门备案的抵押协议中载明了“本次抵押不包含土地”，仅能够印证谢某洁当时办理了建筑物抵押登记而未办理占用范围内的建设用地使用权抵押登记的事实，表明该情况符合“抵押人未依照前款规定一并抵押的，未抵押的财产视为一并抵押”的适用前提。“本次抵押不包含土地”能够印证双方仅办理了建筑物抵押登记的事实以及双方具有仅进行建筑物抵押登记的意思表示，而不能得出谢某洁放弃了因法律规定而产生的未设押建设用地使用权抵押权的结论，加之亦无其他证据予以证明谢某洁嗣后作出过“放弃”的意思表示。因此，法院采信谢某洁的抗辩意见以及某制冷设备公司破产管理人的陈述，确认谢某洁享有设押建筑物占用范围内的建设用地使用权抵押权。

江苏省无锡市锡山区人民法院依照《中华人民共和国物权法》第一百八十二条、《最高人民法院关于适用〈中华人民共和国企业破产法〉若干问题的规定（三）》第九条之规定，作出如下判决：

驳回某房地产公司、某置业公司、范某丽的诉讼请求。

某房地产公司、某置业公司、范某丽不服一审判决，提起上诉。江苏省无锡市中级人民法院同意一审法院的裁判意见，判决：

驳回上诉，维持原判。

【法官后语】

在房地产抵押权设立的实践中，在仅办理房屋抵押登记的情形下，如何协调土地使用权抵押和地上建筑物抵押之间的关系，原《中华人民共和国物权法》施行前的相关法律规定并不明确。原《中华人民共和国物权法》第一百八十二条之规定遵循了房地产交易中“房随地走”和“地随房走”的双向统 -原则，确立了建筑物及相应的建设用地使用权一并抵押规则。《中华人民共和国民法典》第三百九十七条对原《中华人民共和国物权法》的上述规定予以承继。

笔者认为仅办理房屋抵押登记，通过约定并不能必然排除建设用地使用权抵押权的产生。

为防止引发抵押权实现时的困境，使债权人的利益受到损害，《中华人民共和国民法典》第三百九十七条第一款规定，当事人应对土地使用权及其地上建筑物一并抵押，如果当事人未按照该条第一款规定一并抵押时，则按照法律规定“视为一并抵押”。2019年《全国法院民商事审判工作会议纪要》第六十一条对房地分别抵押情形下产生的抵押权冲突给出了相应的清偿规则，即基于“房地一体”规则，将建筑物与建设用地使用权视为同一财产，抵押登记在先的先清偿，同时登记的，按照债权比例清偿。2021年《最高人民法院关于适用〈中华人民共和国民法典〉有关担保制度的解释》第五十一条对此作了重申，并在此基础上新增了规定内容，当事人仅以建设用地使用权抵押的效力，及于该土地上“正在建造的建筑物已完成部分”。

首先，条文中所称“抵押人未依照前款规定一并抵押的，未抵押的财产视为一并抵押”，旨在契合“房地一体”原则，防止引发抵押权实现时的困境，使债权人的利益受到损害。据此，若允许当事人选择是否产生抵押权的法律效果，则该条的立法目的必然落空。其次，从立法者本意来看，对是否能够产生抵押权不允许当事人自主作出选择。上述法律条款中并未出现类似“当事人有约定的从约定”等立法技术术语。从文义解释角度来看，该规定的用词为“视为”，而“视为”在性质上为法律拟制。即只要土地使用权或地上建筑物之一项办理抵押登记，即使另外一项没有办理抵押登记，亦依法推定为两者一并抵押。因此，无论当事人是否仅仅只想办理一项抵押权登记，抑或是事实上仅办理了一项抵押权登记，强行规定“视为一并抵押”具有法律拟制的特征。最后，从当事人达成合意角度来看，与普通抵押权系因当事人合意而设立，须经登记而产生不同，“视为一并抵押”也具有一定的抵押权形成的“法定性”。因此，当事人约定“本次抵押不包含土地（建筑物）”并不能排除未设押建设用地使用权（建筑物）抵押权的依法产生。

抵押合同条款需对抵押物范围进行明确，在房屋与土地使用权分别设定抵押的情况下，单独抵押合同中必然包含“单独”的意思表示，且是一个通过明示或默示作出的准确的意思表示。回到本案，登记部门备案的抵押协议中载明了“本次抵押不包含土地”，仅能够印证办理了建筑物抵押登记而未办理占用范围内的建设用地使用权抵押的事实，表明该情况符合“未抵押的财产视为一并抵押”的适用前提，但无法推出抵押权人具有放弃因法律规定而产生的抵押权的意思表示。退一步讲，即便能够推出放弃该抵押权的意思表示，亦为法律拟制所阻却，并不能阻止未设押抵押物抵押权的依法成立。

当然，抵押权人可以放弃因法律规定而产生的建设用地使用权抵押权，但放弃的前提是已经产生了抵押权，且放弃抵押权也不能阻止抵押权的依法产生，其行为实质乃是放弃实现抵押权。因此，若抵押设立协议中或诉讼中权利人明确“放弃未设押的建设用地使用权抵押权”或“对建设用地使用权拍卖款不享有优先受偿权”等，应当予以准许，且根据禁反言原则不容反悔。

编写人：江苏省无锡市锡山区人民法院　吴修贵　曹道清

231 未约定清偿顺序的混合担保，其他案外共有人不能以与保证担保人的共有财产为由阻却执行，亦不能对抗第三人抵押担保获得顺位利益

——谢某福、罗某兰诉某农商行案外人执行异议之诉案

【案件基本信息】

1. 裁判书字号

广西壮族自治区高级人民法院（2021）桂民申80号民事裁定书

2. 案由：案外人执行异议之诉

3. 当事人

原告（上诉人、执行案外人、再审申请人）：谢某福、罗某兰

被告（被上诉人、申请执行人、再审被申请人）：某农商行

第三人（被执行人）：某投资公司、某房地产公司、谢某林、谢某禄

【基本案情】

某投资公司与某农商行签订借贷合同，其中某房地产公司以其位于南宁市青秀区新民路4号华星时代广场1层商场××号商铺为上述债务设立抵押担保；谢某林、谢某禄为上述债务提供连带责任保证。广西壮族自治区天等县人民法院于2018年10月30日作出（2017）桂1425民初575号民事判决，判决内容为：（1）某投资公司归还某农商行借款本金13994679.38元及借款利息1886321.68元；（2）谢某林、谢某禄对上述债务承担连带清偿责任；(3)某农商行对某房地产公司提供抵押担保的房产有权以该

财产折价或者拍卖、变卖该财产所得价款优先受偿。判决生效后，因某投资公司、谢某林、谢某禄未履行判决义务，某农商行遂向天等县人民法院申请执行。法院作出查封谢某林、谢某禄、谢某福共同共有的某6号楼房，查封期限为三年的执行裁定，之后，对涉案房屋裁定予以拍卖。谢某福、罗某兰以涉案房屋系家庭共有财产不能执行为由提出执行异议，经审查，法院于2019年10月21日作出（2019）桂1425执异3号执行裁定，驳回谢某福、罗某兰的异议请求。谢某福、罗某兰遂提起本案诉讼。

【案件焦点】

1. 谢某福、罗某兰作为涉案房屋的共有人，其所享有的权益能否阻却对涉案房屋的执行；2. 某房地产公司提供物的担保与保证人的保证担保在债权清偿方面是否具有先后顺序。

【法院裁判要旨】

广西壮族自治区天等县人民法院经审理认为：某房地产公司与某农商行签订的《抵押担保合同》，谢某林、谢某禄与某农商行签订的《保证担保合同》均合法有效，同时担保合同都明确约定债权人为实现全部债权互相不受影响。根据《中华人民共和国物权法》第一百七十六条、《最高人民法院关于适用〈中华人民共和国担保法〉若干问题的解释》第三十八条第一款规定，本案中的债务既有第三人某房地产公司的抵押担保，又有谢某林、谢某禄的保证担保，属于混合担保情形。债权人某农商行要求在执行某房地产公司抵押物的同时，执行保证人谢某林、谢某禄的财产，既遵从合同的约定，也符合法律规定。虽然讼争某6号房屋为谢某林、谢某禄、谢某福、罗某兰共同共有，但是根据《最高人民法院关于人民法院民事执行中查封、扣押、冻结财产的规定》第十四条“对被执行人与其他人共有的财产，人民法院可以查封、扣押、冻结，并及时通知共有人”之规定，人民法院对被执行人谢某林、谢某禄与家庭成员共有的房屋采取执行措施，并无不当。案外人谢某福、罗某兰以房屋共有为由，要求某农商行应优先执行某房地产公司抵押财产再执行保证人财产的主张，系对优先受偿权的曲解；认为执行法院不应拍卖共有的涉案房屋，属于执行行为的异议，不属于执行异议之诉审查范畴。总之，不予支持其诉请。

广西壮族自治区天等县人民法院依据《中华人民共和国物权法》第一百七十六条，《最高人民法院关于适用〈中华人民共和国担保法〉若干问题的解释》第三十八条第一款，《中华人民共和国民事诉讼法》第一百四十四条，《最高人民法院关于适用〈中华人民共和国民事诉讼法〉的解释》第三百一十一条、第三百一十二条第一款第二项，《最高人民法院关于人民法院民事执行中查封、扣押、冻结财产的规定》第十四条第一款规定，判决如下：

驳回谢某福、罗某兰的诉讼请求。

谢某福、罗某兰不服一审判决，提起上诉。广西壮族自治区崇左市中级人民法院经审理认为：担保物权人对担保财产享有的优先受偿权，是指在债务人届期不履行债务或者发生约定的实现担保物权的情形时，担保物权人可在担保财产折价或者拍卖、变卖所得价款中优先于一般债权人获得清偿的权利，故担保物权人优先受偿权是相对于一般债权人而言的，是债权的实现顺序，而不是谢某福、罗某兰所理解的应先执行抵押财产的执行顺序。关于谢某福、罗某兰主张执行法院不应查封拍卖共有的涉案房屋以及第三人某房地产公司的抵押物应优先于保证人的保证责任执行的问题，二审法院同意一审法院裁判意见。

广西壮族自治区崇左市中级人民法院依照《中华人民共和国民事诉讼法》第一百七十条第一款第一项规定，判决如下：

驳回上诉，维持原判。

谢某福、罗某兰不服二审判决，申请再审。广西壮族自治区高级人民法院经审查认为：抵押物的优先受偿权是指抵押权人仅相对于债务人的其他普通债权人而言，在抵押物变现后的价款清偿债务时具有优先顺位。而非必须先执行抵押物后才可以要求保证人承担责任。无论是物保还是人保，均是为实现债权而提供的一种保障。此种保障是债权人的权利而非义务。债权人向提供物的担保的第三人和提供的保证担保的第三人主张权利，以及执行法院查封各被执行人相关财产以实现债权，符合当事人之间的合同约定及法律的规定。因此，谢某福、罗某兰的再审申请不符合应当再审的情形。

依照《中华人民共和国民事诉讼法》第二百零四条第一款之规定，裁定如下：

驳回谢某福、罗某兰的再审申请。

【法官后语】

本案审理的关键在于混合担保下的清偿顺序。原告以房屋共有为由阻却强制执行，主张债权人应优先执行第三人提供的抵押财产，偿债不能再执行保证人的财产，其主张是否具有法律依据？

优先受偿权是指在债务人履行期限届满后未履行债务或者约定的实现担保物权的条件成就时，担保权人就担保财产的折价、变卖、拍卖所得价款优先于一般债权人获得清偿的权利，其实质是债权实现的顺序，并非指执行的先后顺序，无论是物保还是人保，均为实现债权而提供的一种保障。此种保障是债权人的权利而非义务。

《最高人民法院关于人民法院民事执行中查封、扣押、冻结财产的规定》（以下简称《查扣冻规定》）第十二条规定："对被执行人与其他人共有的财产，人民法院可以查封、扣押、冻结，并及时通知共有人。共有人协议分割共有财产，并经债权人认可，人民法院可以认定有效。查封、扣押、冻结的效力及于协议分割后被执行人享有份额的财产；对其他共有人享有份额内的财产的查封、扣押、冻结，人民法院应当裁定予以解除。共有人提起析产诉讼或者申请执行人代位提起析产诉讼的，人民法院应当准许。诉讼期间终止对该财产的执行。"司法实践中普遍达成共识：无论是共同共有抑或是按份共有的财产，可以对财产整体进行查封。在执行标的执行程序终结前，案外人可对执行标的提出异议。如果异议被驳回，案外人仍可以向人民法院提出案外人执行异议之诉。《查扣冻规定》只明确协议分割和提起析产诉讼两种途径对共有财产的执行产生影响，其他案外共有人仅以法院处置与被执行人共有财产损害其自身合法权益为由并不能阻却执行。本案中，在未达成有效的分割协议或者提起析产诉讼的情形下，案外人主张其是被执行房屋的共有人为由阻却执行，法院不予支持。

《中华人民共和国民法典》（以下简称《民法典》）第三百九十二条规定，"被担保的债权既有物的担保又有人的担保的，债务人不履行到期债务或者发生当事人约定的实现担保物权的情形，债权人应当按照约定实现债权；没有约定或者约定不明确，债务人自己提供物的担保的，债权人应当先就该物的担保实现债权；第三人提供物的担保的，债权人可以就物的担保实现债权，也可以请求保证人承担保证责任。提供担保的第三人承担担保责任后，有权向债务人追偿”。该条文的规定与本案裁判时适用的《中华人民共和国物权法》第一百七十六条规定相比较，仅是将“要求保证人承担保证责任”中的“要求”改为“请求”，实质内容并无差异。

《民法典》第三百九十二条是关于混合担保清偿顺序的规定。对既有人保又有物保的债权，首先应尊重当事人的意思自治。民法属于私法领域，最重要的一项原则便是意思自治原则，可以理解为法不禁止，即自由。民事领域的立法越来越注重意思自治的立法价值取向，当事人意思表示在不违反法律强制性规定、尊重公序良俗的前提下，应获得充分保护。本案当事人对实现担保物权的情形及顺序作了合法有效约定的，债权人应当按双方约定实现债权。保证合同约定保证人不得以主债务存在其他担保加以抗辩，即债权人为实现债权可以选择行使抵押权或者请求保证人承担保证责任，也可以同时行使物保和人保的请求权。因此债权人某农商行选择先行使保证权符合约定和法律规定。有观点认为，当事人约定中未明确担保清偿顺序的，属于约定不明。笔者认为，《民法典》第三百九十二条本意是以债权人实现债权为核心，同时兼顾各担保人的利益平衡。双方当事人关于实现债权的任何约定，均应解释为当事人的意思，不能因约定赋予债权人担保权行使选择权而将其归为“约定不明确”，该观点也得到（2017）最高法民终 198 号案件裁判佐证。

至于当事人之间对混合担保的实现没有约定或者约定不明确的，债权人如何行使担保权应分情形而论：

第一种情形，混合担保中的担保财产属于债务人。此时，不论是否有第三人提供物保，抑或存在一般责任还是连带责任的保证人，债权人都应该优先就债务人提供的物保实现担保权益。当该财产不足以清偿全部债权之后，才能对其他担保人主张担保权益。理由是：一、实务中，关于补充责任的主流观点认为，补充性的关键是责任履行的顺位性，直接责任人承担第一顺位的责任，补充责任人承担第二顺位的责任。补充责任人所享有的拒绝给付权利性质应该被界定为先诉抗辩权。在主债权债务关系中，债务人是向债权人偿债的第一直接责任人，提供物保和人保的第三人是补充责任人。因此，债权人应优先对第一直接责任人的担保财产实现担保权益；二、债务代价最终由债务人承担，在债务人财产能够清偿债务的情况下，法律规定债权人优先执行债务人财产，能够最大限度减少债权实现成本，减轻当事人诉累，符合司法节约原则和社会生活常理。第二种情形，混合担保中的担保财产属于第三人。当前学术界的主流观点采取物的担保和保证责任平等说，主张债权人可以选择行使担保权利，已承担担保责任的担保人可以向其他担保人追偿应得的份额。主要理由有：保证对主债务具有补充性，对担保物权并不具有补充性。故保证人对物上保证人无法主张先诉抗辩权。第三人提供的物保与保证处于同等地位，债权人可以单独就物的担保实现债权，也可以单独要求保证人承担保证责任，甚至可以同时主张物保和人保。反映在执行程序中，即债权人可以选择优先执行物保财产或保证人财产。毕竟担保物权属于债权人，债权人何时行使权利并不对保证人负责。保证人可能因债权人优先主张人保遭受实际损害，如清偿债务后无法从债务人处获得补偿，但这种后果属于承担保证责任的自然风险，保证人应于缔结保证协议时预见。此种情形下，仍有必要区分保证一般保证责任和连带保证责任。一是二者免责条件不同。一般保证的债权人未在保证期间对债务人提起诉讼或者仲裁的，保证人免除保证责任；而连带责任保证的债权人未在保证期间请求保证人承担保证责任的，保证人免除保证责任。二是二者的诉讼时效计算规则不同。《民法典》第六百九十四条规定“一般保证的债权人在保证期间届满前对债务人提起诉讼或者申请仲裁的，从保证人拒绝承担保证责任的权利消灭之日起，开始计算保证债务的诉讼时效。连带责任保证的债权人在保证期间届满前请求保证人承担保证责任的，从债权人请求保证人承担保证责任之日起，开始计算保证债务的诉讼时效。”。区分两类保证责任的承担方式，有利于债权人债权利益实现最大化。此外，保证人和物保人均非债务最终义务人，任何一方清偿债务后都可向债务人追偿，因此也无区分清偿顺序之必要。

综上，本案原告请求债权人优先执行抵押财产的诉求没有法律依据。

编写人：广西壮族自治区天等县人民法院　陆小春

232　物权期待权的适用原则

——刘某生诉张某圣、张某恒执行异议之诉案

【案件基本信息】

1. 裁判书字号

湖南省郴州市中级人民法院（2020）湘10民终405号民事判决书

2. 案由：执行异议之诉

3. 当事人

原告（上诉人）：刘某生

被告（被上诉人）：张某圣、张某恒

【基本案情】

刘某生系刘某军的叔叔，张某圣、张某恒系刘某军的舅舅。张某圣、张某恒自20世纪90年代开始在刘某军的工地上帮工。2009年4月9日，张某圣、张某恒与刘某军签订《土地房屋让售合同》，主要约定“刘某军将位于某温泉处的土地及整栋房屋所有产权出售给张某恒、张某圣；房屋地号为1-2-313，土地使用权面积为163.7m^2；购地购房款项一共35万元，已经全部付清”。当日，刘某军向张某恒出具收条，载明：“今收到张某恒购刘某军自建宅基地房屋款80000元（注：张某恒购刘某军的房款总价13万元。1998年至2008年张某恒在刘某军工地上做工，刘某军共欠张某恒的工资款5万元，抵扣购房款后，需补交8万元）此字是实。”刘某军还向张某圣出具收条，载明：“今收到张某圣购刘某军自建宅基地房屋款140000元（注：张某圣购房款总价220000元）1998年至2008年张某圣在刘某军工地上做工，刘某军尚欠张某圣的工资款捌万元，抵扣购房款后，需补交140000元。此字是实。”此后，刘某军将上述房屋交付张某圣、张某恒居住使用至今。张某圣本人当庭陈述，现金来源于同村组他人处的借款，能清晰表述出借人姓名、借款金额，交付地点在刘某军车上，在场的还有刘某军的前妻，为安全起见将现金绑在腰间，此后至村组、村委询问办证事项，才知道无法办证。

刘某生与刘某军民间借贷纠纷一案，该院于2019年4月29日作出（2019）湘1002民初1626号民事判决书，判决刘某军偿还刘某生借款本金1500000元。因刘某军未按判决履行还款义务，刘某生向该院申请强制执行，该院于2019年7月10日作出（2019）湘1002执1584号执行裁定书，裁定冻结、划拨刘某军的存款1526641元，或扣留、提取其等额的收入，或查封、扣押其相应价值的财产。2019年7月12日，该院现场查封了刘某军位于某村小组宅基地上自建房一栋1~4层。2019年8月27日，该院向郴州市不动产登记中心发出《协助执行通知书》，查封了刘某军名下位于某村五组农村宅基地［产权证号：郴北集用（2014）第00X号］，查封期限3年，自2019年8月27日起自2022年8月26日止。2019年9月3日，张某圣、张某恒就上述执行向该院提出异议，2019年10月14日，该院作出（2019）湘1002执异162号执行裁定书，裁定中止对该村小组的宅基地［产权证号：郴州集用（2014）00X号］及该处宅基地上自建房一栋的执行。刘某生不服，遂向该院提起执行异议之诉。

【案件焦点】

张某圣、张某恒是否享有足以排除强制执行的民事权益。

【法院裁判要旨】

湖南省郴州市北湖区人民法院经审理认为：本案争议的焦点在于张某圣、张某恒是否享有足以排除强制执行的民事权益。根据《最高人民法院关于人民法院办理执行异议和复议案件若干问题的规定》第二十八条之规定："金钱债权执行中，买受人对登记在被执行人名下的不动产提出异议，符合下列情形且其权利能够排除执行的，人民法院应予支持：（一）在人民法院查封之前已签订合法有效的书面买卖合同；（二）在人民法院查封之前已合法占有该不动产；

（三）已支付全部价款，或者已按照合同约定支付部分价款且将剩余价款按照人民法院的要求交付执行；（四）非因买受人自身原因未办理过户登记。”故不动产排除执行须符合以上四个条件。本案中，刘某生对张某圣、张某恒已居住在诉争房产及因诉争房产的性质导致不能变动产权的事实并无异议，双方争议的焦点为房屋买卖是否真实及张某圣、张某恒是否支付了相应的对价。刘某军向刘某生及张某圣、张某恒出具的书面证明明显矛盾，在庭审中也未能作出明确解释，只是不断对刘某生及张某圣、张某恒表达歉意，故刘某生出具的书面证明不作为认定案件事实的依据，法院不予采信。张某圣、张某恒为刘某军提供劳务，提交的账本可以佐证刘某军确存在未能足额支付张某圣、张某恒工资报酬的事实，提交的《土地房屋让售合同》、收条，与账本相互佐证，结合张某圣、张某恒关于现金来源、支付地点、支付过程的当庭陈述，可以证明张某圣、张某恒向刘某军购买了诉争房产并支付了相应对价。

综上所述，两被告张某圣、张某恒对争议房产享有足够排除强制执行的民事权益，对原告刘某生的诉讼请求法院不予支持。依照《最高人民法院关于人民法院办理执行异议和复议案件若干问题的规定》第二十八条，《最高人民法院关于适用〈中华人民共和国民事诉讼法〉的解释》第九十条、第三百一十一条、第三百一十二条，《中华人民共和国民事诉讼法》第二百二十七条之规定，判决如下：

驳回原告刘某生全部诉讼请求。

宣判后，原告不服，提出上诉。湖南省郴州市中级人民法院经审理认为：本案为申请执行人执行异议之诉。二审争议焦点为：张某圣、张某恒对案涉房屋是否享有足以排除强制执行的民事权益。案外人对案涉房屋所享有的民事权益是否足以排除强制执行，应当结合被执行人的责任财产，案外人、申请执行人及被执行人对案涉房屋各自享有的权利性质以及案涉房屋的功能、属性等方面进行综合判断。

1. 案涉房屋不属于被执行人刘某军的责任财产，不应当纳入强制执行的范围。本案中，张某圣、张某恒一审提供了其与刘某军于2009年4月9日签订的《土地房屋让售合同》，刘某军向其出具的收到购房款的收条；对于收条中载明的现金，张某圣、张某恒一审中陈述了现金的来源、交付地点、支付过程，并在二审中提供了证明佐证；对于收条中欠付的工资抵付购房款的事实，张某圣、张某恒提供了账本予以佐证。可见，上述证据互相印证，足以证实张某圣、张某恒向刘某军购买了案涉房屋，并支付了相应的购房款。刘某生依据刘某军的书面证明，认为案涉房屋买卖合同是虚假的，张某圣、张某恒并未支付相应的购房款，因刘某军系本案当事人，与本案的处理结果有直接利害关系，且其事后出具的书面证明与其自身签订的合同及出具的欠条均不符，其书面证明不能证实案涉房屋买卖合同是虚假的，故刘某生的上述主张，证据不足，法院不予支持。案涉房屋买卖合同已经履行完毕，故案涉房屋不应属于刘某军的责任财产范围。

2. 案外人张某圣、张某恒对案涉房屋享有的是物权期待权，与申请执行人刘某生的普通金钱债权相比，应予优先保护。因张某圣、张某恒支付了全部的购房款，且已经实际占有居住该房屋十余年，其基于合同享有的一般债权转化为其对房屋享有的物权期待权。该物权期待权虽然属于债权，但已不同于一般债权。刘某军因张某圣、张某恒履行了全部的付款义务，而让渡了其对房屋占有、使用、收益及部分处分的物权权能，且张某圣、张某恒也因实际占有居住案涉房屋多年获得了一定的公示效力，申请执行人刘某生亦明知张某圣、张某恒实际占有居住案涉房屋多年。故张某圣、张某恒享有的物权期待权应当优先于刘某生的普通金钱债权。

3. 张某圣、张某恒对案涉房屋享有一定的居住权益。案涉房屋虽系在湖南省郴州市北湖区市郊乡铜坑湖村集体土地上建造，张某圣、张某恒亦并非湖南省郴州市北湖区市郊乡铜坑湖村的成员，但其购买该房屋是用于居住，且两家人已经居住十余年，村组和其他村民并未提出异议，张某圣的儿媳曹某及孙子张某涛、张某远亦是湖南省郴州市北湖区市郊乡铜坑湖村的成员并居住在此，故与申请执行人刘某生的普通金钱债权相比，案外人张某圣、张某恒的居住、生存权益更应当予以优先保护。

综上所述，案外人张某圣、张某恒对案涉房屋享有足以排除强制执行的民事权益。刘某生的上诉请求不成立，应予驳回；一审判决认定事实清楚，适用法律正确，应予维持。依照《中华人民共和国民事诉讼法》第一百六十九条第一款、第一百七十条第一款第一项之规定，判决如下：

驳回上诉，维持原判。

【法官后语】

本案争议焦点为：张某圣、张某恒对案涉房屋是否享有足以排除强制执行的民事权益。案外人对案涉房屋所享有的民事权益是否足以排除强制执行，应当结合被执行人的责任财产，案外人、申请执行人及被执行人对案涉房屋各自享有的权利性质以及案涉房屋的功能、属性等方面进行综合判断。对此，笔者拟就该案究竟该如何适用法律条款作出如下阐述。

（一）执行异议是否成立的一般适用原则

执行异议是否成立大体上可以从以下三个方面的因素予以考虑：一是案外人就执行标的是否享有民事权益。案外人对执行标的享有实体权利是案外人执行异议之诉成立的前提条件，该民事权益大致可以分为物权和债权两部分。只有依据相关法律规定，确定案外人享有实体权利的，才须进入下一步确认该权利是否具有优先性。二是该项享有的民事权益是否优先于申请执行人所享有的权利。是否具有优先性可从以下两个方面考虑：一般情况物权优于债权，数个物权并存时依相关法律规定；法定情形下特定债权优于物权，如承租人的租赁权，建筑工程施工合同中承包人的优先受偿权，土地使用权出让金的优先受偿权等。具有优先权以后，再考虑是否妨害了权利的行使。三是法院的执行是否妨害了案外人相关权利的行使。某些情况下，案外人虽然享有优先权，但是执行行为并不妨害案外人权利的行使（如买卖不破租赁的规定），则异议也不能成立。

（二）物权期待权优于一般债权

物权是指权利人依法对特定的物享有支配权和排他权利，包括所有权和他物权（用益物权和担保物权）。期待权是指将来有取得和实现可能性的权利。二者结合起来，即物权期待权的含义，指将来有取得可能性的对某一物的支配和排他的权利。其实我国并没有明确的法律规定物权期待权这一概念，但该权利确实实在在存在于日常生活中。

物权期待权主要存在的时期为合同签订后，办理登记前。就我国目前房地产市场的现状，不动产买受人在签订房屋买卖合同后，可能需要很长一段时间才能办理房屋产权证书，有几个月、几年，甚至十几年。而《中华人民共和国民法典》的相关规定，房屋产权的正在取得，以登记为准，即在办理房产证之前，买房人并不真正拥有房产的物权。在此期间购房人拥有的权利仅仅为债权，似乎并不能很好地保护买房人的合法权益，此时则衍生出物权期待权这一概念。当然也有相关法律从侧面保护支持了买房人的物权期待权，《最高人民法院关于人民法院民事执行中查封、扣押、冻结财产的规定》第十七条规定："被执行人将其所有的需要办理过户登记的财产出卖给第三人，第三人已经支付部分或者全部价款并实际占有该财产，但尚未办理产权过户登记手续的，人民法院可以查封、扣押、冻结；第三人已经支付全部价款并实际占有，但未办理过户登记手续的，如果第三人对此没有过错，人民法院不得查封、扣押、冻结。"该法条规定了人民法院在执行过程中对买受人相关权益的保护，此时如果人民法院执行了买受人购买的不动产，买受人可以提出执行异议的申请，或者提起执行异议之诉来维护自身的合法权益。《最高人民法院关于人民法院办理执行异议和复议案件若干问题的规定》第二十八条规定："金钱债权执行中，买受人对登记中被执行人名下的不动产提出异议，符合下列情形且其权利能够排出执行的，人民法院应予支持：（一）在人民法院查封之前已签订合法有效的书面买卖合同；（二）在人民法院查封之前已合法占有该不动产；（三）已支付全部价款，或者已按照合同约定支付部分价款且将剩余价款按照人民法院的要求交付执行；（四）非因买受人自身原因未办理过户登记。"此规定进一步明确了在执行过程中拥有物权期待权人在符合相应条件下，提出执行异议时，是可以得到支持的，进一步通过具体方式保护其相关权益。

具体到本案中，案外人张某圣、张某恒对案涉房屋享有的是物权期待权，与申请执行人刘某生的普通金钱债权相比，应予优先保护。因张某圣、张某恒支付了全部的购房款，且已经实际占有居住该房屋十余年，其基于合同享有的一般债权转化为其对房屋享有的物权期待权。该物权期待权虽然属于债权，但是已不同于一般债权。刘某军因张某圣、张某恒履行了全部的付款义务，而让渡了其对房屋占有、使用、收益及部分处分的物权权能，且张某圣、张某恒也因实际占有居住案涉房屋多年获得了一定的公示效力，申请执行人刘某生亦明知张某圣、张某恒实际占有居住案涉房屋多年。故张某圣、张某恒享有的物权期待权应当优先于刘某生的普通金钱债权。

编写人：湖南省郴州市北湖区人民法院　刘斌

233　被“代持”抵押权的法律效力认定

——吴某等诉彭某、陈某抵押权案

【案件基本信息】

1. 裁判书字号

上海市第二中级人民法院（2019）沪02民终8110号民事判决书

2. 案由：抵押权纠纷

3. 当事人

原告（被上诉人）：吴某、施某、周某

被告（上诉人）：彭某

被告（被上诉人）：陈某

第三人（上诉人）：唐某

【基本案情】

2011年11月14日，陈某与彭某签署《抵押借款协议》，约定陈某向彭某借款200万元，借期至2012年11月13日，陈某以其名下的上海市凯旋北路某房屋（以下简称系争房屋）向彭某作抵押。后二人于11月18日完成了房产抵押登记，抵押权人为彭某，债权数额为200万元。

2013年10月12日，以吴某、施某、周某（以下简称吴某一方）作为买受方，陈某作为出售方就系争房屋签订《上海市房地产买卖合同》，约定房屋价款为590万元，2014年2月15日前完成房屋交接。之后，陈某出具三张收条确认收到吴某一方支付的房款共计360万元。2014年至2015年期间，交易双方多次签订确认书对房屋过户日期及违约责任进行补充约定，其中2014年3月还通过签署房屋交接书的方式对房屋进行了验收交接，但始终未完成房屋产权的过户。

2016年5月23日，唐某与陈某就借贷纠纷通过上海市长宁区人民法院达成调解协议，确认陈某应于2016年6月15日前向唐某归还借款本金386万元及相应利息，否则唐某可对系争房屋进行折价或申请拍卖、变卖后行使优先受偿权。

2017年7月14日，上海市长宁区人民法院就吴某一方与唐某、陈某关于前述民事调解书的撤销权之诉作出（2017）沪0105民撤1号民事判决，认为因唐某并非系争房屋抵押权人，其在陈某已将房屋向吴某一方出售并由吴某一方付款且对房屋实现占有使用后，再与陈某达成对系争房屋优先受偿的协议损害了吴某一方的民事权益，故将调解协议中赋予唐某对系争房屋的优先受偿权撤销。

2017年12月1日，吴某一方向上海市普陀区人民法院提起（2017）沪0107民初28910号民事诉讼，请求判令陈某继续履行买卖合同并支付违约金，该案除查明吴某一方与陈某就系争房屋的买卖关系，吴某一方履行了部分付款义务，房屋已完成交接等事实外，还查明陈某为系争房屋的产权人，彭某为房屋的抵押权人之一，上海市长宁区人民法院对房屋采取了司法限制措施。2018年8月15日，上海市普陀区人民法院就该案作出判决，以系争房屋产权已被采取司法限制措施而不具备过户条件为由对吴某一方的诉请不予支持。

2018年12月7日，吴某一方提起本案诉讼，请求判令彭某、陈某办理抵押权登记解除手续。

审理中，彭某、唐某陈述，彭某从自己及姐姐彭甲银行卡转账给陈某，该转账行为系代唐某出借钱款给陈某，且该借款事实在（2017）沪0105民撤1号案件中已查实。彭某、唐某共同出资，委托其中一方彭某出面签订《抵押借款协议》向陈某出借钱款并办理抵押登记。

【案件焦点】

当事人基于意思自治将抵押权登记在非债权人名下时，人民法院应如何认定该被“代持”抵押权的法律效力。

【法院裁判要旨】

上海市普陀区人民法院经审理认为：第一，吴某一方作为买受方已履行了大部分付款义务并实际占有房屋，其有权要求出售方陈某履行房屋产权过户并在此过程中排除相应的隐患或侵害；第二，系争房屋得以办理抵押登记手续并以彭某为抵押权人显然是基于其与陈某签订的抵押借款协议，现彭某自认其本人并未按合同约定向陈某出借钱款，故彭某取得该抵押权缺乏依据；第三，对不动产享有抵押权应以具有公示公信效力的登记手续为依据，唐某并非系争房屋的登记抵押权人，而民事活动中所谓的“隐名”或“委托”均以不侵害善意第三方为前提，目前并无证据证实吴某一方在购房时明确知晓彭某对系争房屋的抵押权系代唐某行使，房屋产权人陈某对此亦未予以确认。

上海市普陀区人民法院依照《中华人民共和国民法总则》第三条，《中华人民共和国担保法》第三十三条、第四十一条、第四十二条之规定，判决如下：

撤销设定于系争房屋之上的、抵押权人为彭某的抵押登记。

彭某、唐某提起上诉。上海市第二中级人民法院经审理认为：彭某与陈某签订《抵押借款协议》后登记为系争房屋抵押权人，且彭某认可其与姐姐彭甲向陈某转账系代唐某出借资金，加之另案生效调解书也已确认唐某对陈某享有债权，因此案涉抵押权实质上是为了担保唐某所享有的债权能顺利实现而设立。针对抵押权人与债权人不一致的情形，该不一致仅是登记上的形式不一致，而实质上的抵押权人与债权人仍相统一，只是债权人须通过登记的抵押权人来实现其抵押权利。由此可见，案涉抵押权的设立具有相应的债权债务基础，并未突破抵押权的从属性，符合法律规定。

案涉抵押权登记时吴某一方尚未购买系争房屋，该抵押权的设立显然不存在侵害其合法权益的情形。同时，吴某一方作为购房人，其在交易时应对设定于系争房屋上的抵押权尽到审慎的注意义务，并据此作出购买与否的决定。吴某一方称其签约时并不知晓案涉抵押权的存在，对此其应承担相应责任。据此，吴某一方作为房屋买卖合同当事人一方，起诉主张撤销设立在先的案涉抵押权缺乏法律依据，对此无法支持。

上海市第二中级人民法院依照《中华人民共和国民事诉讼法》第一百七十条的规定，判决如下：

一、撤销一审判决；

二、驳回吴某一方的全部诉讼请求。

【法官后语】

本案争议焦点为案涉被“代持”抵押权的法律效力问题。根据法律规定，债务人提供的抵押财产应登记在债权人名下，届时由债权人作为抵押权人就该财产优先受偿。但当事人基于意思自治主动选择将抵押权登记在非债权人名下的，该抵押权并不因此而无效。人民法院应结合该抵押权的设立是否存在债权基础、该抵押权是否损害信赖登记的善意第三人利益及将该抵押权撤销是否损害债权人利益等因素综合认定抵押权的法律效力。

1. 基于从属性特征的分析

抵押权作为担保物权的一种，其设立目的在于担保特定债务的履行，因此从属性是抵押权的根本属性。从属性贯穿于抵押权的始终，这就要求抵押权的存在、转移及消灭均应从属于特定债权。被“代持”抵押权最显著的特征是债权人与抵押权人在登记上的分离。这一形式上的分离直接隐藏了抵押权与其担保债权之间的对应关系，容易造成该被“代持”抵押权缺乏债权基础的假象，从而对其效力产生怀疑。因此，要认定被“代持”抵押权的法律效力，首先应明确该抵押权是否能与特定债权形成对应关系，也即是否符合从属性特征。回到本案例，案涉由彭某代持的抵押权能与唐某对陈某享有的债权形成对应关系，即案涉抵押权的设立是为了担保唐某的债权得以实现，符合抵押权的从属性特征。

2. 基于公示公信原则的分析

公示公信原则是物权法的基本原则，其中公示对于维护物权的归属秩序具有重要意义，而公信是以保护交易的安全为旨趣，并以此实现交易便捷。物权公示为物权法上的一项基本原则，一般而言，基于法律行为的不动产物权的变动以登记为其公示方法，动产物权的变动以交付为其公示方法。当事人基于物权公示而产生公信并进行交易的，其权利受到法律保护，即便公示所表征的物权与实质权利并不相符，这是公示公信原则对善意第三人信赖利益的保护。回到本案例，鉴于设立在先的案涉抵押权已通过登记的形式予以公示，吴某一方作为在后的买受方对此应当知晓，其交易安全已得到了该公示的保护。实际上，无论案涉抵押权的真实享有人是彭某还是唐某，都不会对吴某一方基于登记而产生的公信产生影响，其现在面临的不能取得系争房屋所有权的风险，是因其在交易时未对公示内容尽到审慎注意义务所致。

3. 基于债权人利益保护的分析

抵押权的设立主要是为了担保特定债务的履行，当债务人不履行到期债务或者发生当事人约定的实现抵押权的情形时，债权人有权就该抵押财产优先受偿。如前文所述，被“代持”抵押权亦符合从属性特征，也即其设立是为了担保特定债务的履行。如果仅因抵押权未登记在债权人名下而否定其效力，则债权人的利益必然受到损害。因此，从保护债权人利益的角度出发，也不应轻易否定被

“代持”抵押权的合法性。回到本案例，如果案涉抵押权被撤销，则唐某对陈某的债权将面临难以受偿的风险。案涉抵押权是唐某实现债权的重要保障，应该也是其愿意出借资金的重要考量因素，其效力应依法予以确认。

编写人：上海市第二中级人民法院　王晓梅　高勇

234 房屋所有权证被撤销不影响善意取得的房屋抵押权效力

——某银行诉马甲担保物权确认案

【案件基本信息】

1. 裁判书字号

北京市第一中级人民法院（2019）京01民终6911号民事判决书

2. 案由：担保物权确认纠纷

3. 当事人

原告（被上诉人）：某银行

被告（上诉人）：马甲

第三人：马乙

【基本案情】

2014年4月15日，某银行与马乙签订《最高债权额合同》《最高额抵押合同》，约定某银行向马乙提供最高债权额1700000元用于个人消费性借款，债权确定期间为2014年3月14日至2017年5月14日，马乙提供登记在其名下位于北京市昌平区的案涉房产作为抵押物。4 月 17 日，马乙以前述房产为某银行办理了最高额抵押登记。4 月 24 日，马乙向某银行提交《个人授信业务用款申请书》。同日，某银行审核同意后向马乙发放贷款 1700000 元。

因马乙逾期还款，某银行将其诉至北京市西城区人民法院。该院于 2015 年 12 月 24 日作出民事判决，判令马乙偿还某银行贷款本金 1177482.95 元及利息、罚息、复利等。该民事判决生效后，马乙未履行判决确定的内容。

2016 年 11 月 29 日，北京市昌平区人民法院作出行政判决，撤销北京市住房和城乡建设委员会于 2009 年 5 月 27 日为马乙颁发的案涉房屋的《房屋所有权证》，该裁定现已生效。2018 年 10 月 26 日，北京市昌平区人民法院作出民事判决，确认案涉房屋由马甲继承，该判决现已生效。

【案件焦点】

案涉房屋所有权证被撤销后，某银行能否善意取得以该房屋登记的最高额抵押权。

【法院裁判要旨】

北京市昌平区人民法院经审理认为：根据《中华人民共和国物权法》第一百零六条规定，当事人善意取得物权须同时满足三个条件：（1）受让人受让该不动产或者动产时是善意的；（2）以合理的价格转让；（3）转让的不动产或者动产依照法律规定应当登记的已经登记，不需要登记的已经交付给受让人。某银行确已发放贷款 170 万元即支付合理对价，且就案涉房屋办理抵押登记，则某银行能否善意取得抵押权取决于其在取得案涉房屋抵押登记时是否为善意。

《最高人民法院关于适用〈中华人民共和国物权法〉若干问题的解释（一）》第十五条规定，受让人受让不动产或者动产时，不知道转让人无处分权，且无重大过失的，应当认定受让人为善意。真实权利人主张受让人不构成善意的，应当承担举证证明责任。首先，在办理抵押登记时，房屋所有权证由马乙持有，且登记的房屋所有权人为马乙，根据物权登记的公示效力，某银行有理由相信马乙为案涉房屋实际权利人。其次，根据某银行提供的办理授信业务的相关材料，其已进行了贷款发放前的相关审查，包括个人贷款面谈面签及实地调查。现马甲及马乙虽否认某银行为善意，但未提供相应证据，应当承担举证不能的不利后果。综上，应认定某银行能够善意取得在案涉房屋上设立的抵押权，对拍卖、变卖案涉房屋所得的价款享有优先受偿权。

北京市昌平区人民法院依据《中华人民共和国合同法》第六十条，《中华人民共和国物权法》第一百零六条、第一百七十九条、第二百零三条，《最高人民法院关于适用〈中华人民共和国物权法〉若干问题的解释（一）》第十五条、第十六条、第十八条，《中华人民共和国民事诉讼法》第六十四条规定，判决如下：

一、确认某银行对案涉房屋享有抵押权，对该房屋拍卖、变卖所得款在马乙应承担的贷款本金、利息、逾期利息（包括罚息、复利）、律师费、案件受理费、公告费及迟延履行期间的债务利息范围内且不超出1700000元被担保债权金额范围内享有优先受偿权；

二、驳回某银行的其他诉讼请求。

马甲不服一审判决，提起上诉。北京市第一中级人民法院经审理认为：首先，某银行在办理相应抵押登记手续时，马乙具有房屋所有权人的权利外观，某银行有理由相信马乙为案涉房屋真实所有权人。尽管马乙持有的房屋所有权证嗣后被撤销，但某银行在办理抵押登记时并不存在知道或应当知道马乙系无权处分的情形，因此应认定其为善意。其次，某银行向马乙发放了1700000元贷款，为取得抵押权支付了合理的对价。某银行就案涉抵押权办理了登记手续，并取得了他项权利证书。综上，一审法院认定某银行善意取得在案涉房屋上设立的抵押权并无不当。

北京市第一中级人民法院依照《中华人民共和国民事诉讼法》第一百七十条第一款第一项规定，判决如下：

驳回上诉，维持原判。

【法官后语】

善意取得制度是关于物权变动的重要规则，用以维护交易安全。《中华人民共和国物权法》第一百零六条系统规定了善意取得制度，其三个构成要件中的核心为受让人的善意。《中华人民共和国民法典》第三百一十一条对该条文予以保留。善意取得制度是关于物权变动的重要规则，用以维护交易安全。《中华人民共和国民法典》第三百一十一条规定了善意取得的三个构成要件，其核心要件为受让人的善意。

区分动产善意取得和不动产善意取得，其善意的判断标准存在差异。在不动产物权善意取得的判断中，由于不动产登记的公示力和公信力，受让人具有信赖登记内容的合理性，在通常情形下，受让人基于对登记内容的信赖就应为善意。但考虑到我国不动产登记尚在完善中的现实情况，《最高人民法院关于适用〈中华人民共和国民法典〉物权编的解释（一）》第十四条第一款增加“不知道”和

"无重大过失"两个要求，对于受让人善意的判断提高了认定标准。具体到不动产抵押权善意取得中善意的判断，可以从以下方面考虑：

一是认定善意的前提是不动产登记存在错误，登记权利人并非真实权利人。如登记权利人通过借名、欺诈等方式将房屋登记在自己名下。本案中，案涉房屋所有权证登记马乙为所有权人即为错误登记情形。在登记错误的情况下，登记权利人对不动产的抵押未经真实权利人的同意或追认属于无权处分，但由于物权登记的公示力和公信力，可以适用善意取得制度。这里要区别"冒名处分"行为，该行为是他人冒充真实权利人处分不动产，不动产登记并不存在错误。如他人通过窃取等非法行为取得不动产权证，然后冒充真实权利人对不动产进行抵押等处分行为。在冒名处分中，即使受让人在交易过程中可能是善意的，但因不存在信赖保护的事实基础，不能适用善意取得。

二是认定善意应综合各交易因素。除适用一般人的客观判断标准外，处分人和受让人之间的关系、交易原因、时间及场所、交易对价等都应作为认定善意的考虑因素。设立不动产抵押权在金融机构债权人和借款人之间极为普遍，金融机构对于签订和办理抵押贷款合同有较为严格的流程要求，如《中华人民共和国商业银行法》规定了商业银行就抵押物的权属和价值等应进行严格审查，若其怠于履行或瑕疵履行审核义务，则应认定为存在重大过失、不符合善意要件要求。在分配举证责任时，按照"谁主张，谁举证"的原则，由主张受让人存在恶意的一方承担举证责任。但在受让人存在应尽未尽调查审核义务情形时，则举证责任由受让人负担。本案中，某银行已举证证明其履行了审慎审核义务，马甲、马乙未举证证明某银行存在恶意，应当承担举证不能的不利后果。

三是认定善意以办理不动产抵押登记为判断时点。在申请办理抵押登记之后，受让人知悉处分人为无权处分的，不影响其善意取得不动产抵押权。本案中，虽然抵押权设立所依据的房屋所有权证被依法撤销，但某银行在办理抵押登记之时对于登记权利人马乙非真实权利人的事实并不知悉，符合善意要件要求，应受到法律保护。

编写人：北京市昌平区人民法院　朱晋华

235　房屋不动产权证被撤销，已设立的抵押登记行为的效力认定及司法审查标准

——赵某诉某市规划和自然资源委员会房屋抵押登记案

【案件基本信息】

1. 裁判书字号

北京市第二中级人民法院（2019）京02行终865号行政判决书

2. 案由：房屋抵押登记纠纷

3. 当事人

原告（上诉人）：赵某

被告（被上诉人）：某市规划和自然资源委员会（以下简称市规自委）

第三人：某典当行、刘某

【基本案情】

市规自委于2015年4月17日向赵某颁发×京房权证房字第137725号《房屋所有权证》，将301号房屋所有权人登记为赵某。2016年12月13日，北京市国立公证处作出（2016）京国立内证

20949号公证书，该公证书公证事项为房产继承权，公证301号房屋由申请继承人刘某继承。2017年1月17日，刘某向市规自委申请办理301号房屋转移登记，1月18日，市规自委向刘某颁发(2017) 0013078号不动产权证，刘某于次日领取了该不动产权证。

2017年5月11日，刘某以301号房屋作为抵押与某典当行签订《房（地）产最高额典当借款合同》《房（地）产最高额抵押合同》并进行了公证。5月16日，双方在市规自委办理了抵押权登记，填写了《北京市不动产登记申请审批表》，提交了《房（地）产最高额典当借款合同》《房（地）产最高额抵押合同》授权委托书、身份证复印件、营业执照副本复印件等材料，市规自委工作人员对刘某及某典当行代理人进行了询问。5月19日，市规自委颁发了（2017）0020203号不动产登记证明。

因刘某提供虚假证明材料骗取公证书，2017年6月1日，北京市国立公证处作出撤销继承权公证书的决定。针对（2017）0013078号不动产权证，赵某不服，遂以市规自委为被告向法院提起行政诉讼，要求撤销（2017）0013078号不动产权证，2017年10月30日，法院作出（2017）京0111行初246号行政判决书，判决撤销（2017）0013078号不动产权证，该判决书现已生效。针对涉案301号房屋的抵押登记，赵某亦不服，诉至法院要求撤销。

另，因抵押合同纠纷，赵某以刘某、某典当行为被告向法院另案提起民事诉讼，法院作出（2018）京0111民初18309号民事裁定书，裁定驳回赵某的起诉，该裁定现已生效。

根据抵押合同中仲裁条款的约定，某典当行向中国国际经济贸易仲裁委员会申请仲裁，2018 年 7 月 26 日，仲裁机构作出（2018）中国贸仲京裁字第 0860 号裁决书，认定某典当行善意取得涉案房产的抵押权。

【案件焦点】

1. 涉案房屋的产权登记被撤销后，基于所有权而取得的抵押权的效力如何认定，涉诉的抵押登记是否合法有效；2. 某典当行对涉案房屋抵押权是否构成善意取得。

【法院裁判要旨】

北京市房山区人民法院经审理认为：依据《中华人民共和国物权法》第一百零六条以及《房屋登记办法》第八十一条之规定，抵押权系设立在所有权之外受法律保护的他物权，抵押权因被担保债权的成立而成立，亦因被担保债权的消灭而消灭，故 301 号房屋所有权证被撤销的法律效果并不当然及于该抵押权的效力，其效力认定的核心要件在于某典当行是否属于善意、有偿取得该抵押权。虽然 301 号房屋的权属证书被（2017）京 0111 行初 246 号行政判决书予以撤销，但是该判决书中亦有认定，市规自委在审查申请材料的完备性方面，并无不当，也尽到了查验、询问等行政登记中合理审慎的审查职责，只是由于被诉房屋所有权转移登记行为的合法性基础存在缺失，依法应当予以撤销。则，涉案房屋的权属证书未被依法撤销之前，其作为抵押登记的要件之一并对外具有法律效力，涉诉的抵押登记系基于对该房屋登记公信力的信赖基础而作出的。某典当行与刘某签订了典当借款合同及抵押合同，并对上述合同进行了公证，且合同签订后，某典当行已向刘某放款，（2018）中国贸仲京裁字第0860号裁决书亦作出认定，即某典当行善意取得了对301号房屋的抵押权。庭审中，法院还对某典当行对抵押物的客观情况及真实性是否尽到必要的注意义务进行了审查。综上，可认定某典当行在办理涉案301号房屋的抵押登记时构成善意。依据《中华人民共和国物权法》第十一条、第十二条及《房屋登记办法》第四十三条之规定，某典当行在申请对301号房屋进行抵押权设立登记时，提交了应当提交的材料，房屋登记机关在收到完备的申请材料的基础上，对相关材料进行查验后予以受理，并就相关事项对某典当行、刘某进行了询问，市规自委在职责范围内尽到了审慎审查的义务，并不存在重大过失。综上，涉诉抵押登记符合法律规定，某典当行善意取得的抵押权应当受到法律保护，赵某要求撤销301号房屋抵押登记的主张缺乏事实和法律依据。

北京市房山区人民法院依照《中华人民共和国行政诉讼法》第六十九条之规定，判决如下：

驳回赵某的诉讼请求。

赵某不服一审判决，提起上诉。北京市第二中级人民法院经审理认为：根据《中华人民共和国物权法》第一百零六条之规定，当事人善意取得其他物权的，与善意取得所有权具有同样的法律后果。《房屋登记办法》第八十一条规定：“司法机关、行政机关、仲裁委员会发生法律效力的文件证明当事人以隐瞒真实情况、提交虚假材料等非法手段获取房屋登记的，房屋登记机构可以撤销原房屋登记，收回房屋权属证书、登记证明或者公告作废，但房屋权利为他人善意取得的除外。”故301号房屋所有权证被撤销的法律效果并不必然导致被诉房屋抵押登记被撤销，被诉房屋抵押登记的效力认定关键在于某典当行是否善意、有偿取得抵押权。

北京市第二中级人民法院依照《中华人民共和国行政诉讼法》第八十九条第一款第一项的规定，判决如下：

驳回上诉，维持一审判决。

【法官后语】

该案系民事和行政相结合的典型案例，被诉的行政行为系房屋抵押登记行为。因登记产权人提供虚假证明材料而骗取的继承权公证书被公证机关撤销后，房屋登记机关作出的案涉房屋的不动产权证亦已被法院判决撤销，那么，据此设立的房屋抵押登记行为的合法性问题成为本案的争议焦点及审理难点。

1. 抵押登记行为的司法审查标准

《中华人民共和国民法典》第二百一十一条、第二百一十二条以及《房屋登记办法》第四十三条的规定主要蕴含两层意思：一是申请人所提供的申请登记材料应具有真实性、有效性、合法性；二是登记机构对该申请材料负有审查义务。在审理时，因无明文具体规定，对登记机构的审查义务，存在三种观点：第一种观点认为，仅作“形式审查”，即只需要申请人提交法律规定的材料，只要材料齐全、完备，符合法定形式，即可设立抵押登记；第二种观点认为，须作“实质审查”，即登记机构需对申请材料的真实性、合法性等作全面审查；第三种观点认为，“形式+审慎”审查相结合，即登记机构既要对申请材料的完备性进行形式审查，又要在其职责范围内尽到审慎审查义务。

笔者认为，第一种审查方式，优点在于依照明文规定对要求提交的材料进行审查，行政效率大幅提高；弊端在于降低了对行政机关依法行政的要求，单纯对材料完备性的审查方式，容易造成审查流于形式，可能会影响行政行为的效力。第二种审查方式，优点在于行政机关不但对申请材料的齐全、完备性进行审查，还将先行对申请材料的真实性、合法性进行审查，增强行政行为的公信力；弊端在于加重了登记机构的行政执法负担，对行政机关过于严苛。第三种结合的审查方式，既体现了登记机构在设立抵押登记时有法可依，又敦促其依法审慎执法，故采取第三种审查方式为妥。在该案审理中，法院对市规自委作出的抵押登记行为进行全面审查，对其受理、询问等过程是否存在重大过失进行综合考量，并最终作出司法审查认定。

2. 房屋不动产权证书与抵押登记行为之间的关系

房屋所有权证书或者房地产权证书系抵押权登记设立时的申请材料之一，其合法性问题是否必然影响抵押登记行为的效力，主要存在两种观点。第一种观点认为，合法有效的房屋权属证书是办理抵押权登记行为的基础条件，若房屋的权属证书被依法撤销，则据此设立的抵押登记行为的重要基础条件便不存在，那么，抵押登记行为便应一并予以撤销。第二种观点认为，房屋权属证书在未被依法撤销前，可基于其信赖利益基础认定其具有合法性，那么，在符合形式要件要求及合理审慎审查后，据此设立的抵押登记行为，亦应认定其合法性；若权属证书被依法撤销，该法律效果不当然及于抵押权的效力，则据此设立的抵押登记行为并不必然受到影响。

笔者认为，第一种观点，充分诠释了抵押权的性质，其作为他物权，应以抵押人对抵押物享有处分权为基础。据此，二者关系简明，基础条件被撤销势必直接影响其后续行为。第二种观点，既肯定了抵押登记行为在设立时系基于房屋权属证明材料，并以其作为基础条件之一，又综合考虑到实践中可能出现的其他因素，即抵押登记时存在抵押人享有处分权的外观，故权属证书的效力并不必然否定抵押登记行为的效力。本案判决采用了第二种观点，既考虑到基于信赖保护利益所衍生的公众认知，又肯定了业已作出权属证书行政行为的效力，即肯定其具有公定力、确定力、拘束力和执行力，进而讨论基于权属证明材料作出的抵押登记行为的效力。

3. 善意取得能否阻却抵押登记行为效力的认定

根据《中华人民共和国民法典》第三百一十一条第一款以及《房屋登记办法》第八十一条之规定，善意取得可作为房屋登记的阻却事由，同时也可适用于他物权。抵押权作为他物权，亦可适用善意取得制度。

本案中，关于善意取得的认定，虽然仲裁裁决明确认定某典当行善意取得了案涉房屋的抵押权，但在审理时，仍存在不同的观点。第一种观点认为，生效的仲裁裁决书内容可以直接作为该案认定善意取得的依据，据此，因善意取得的抵押权在被依法登记后，该抵押登记证书应被认定为合法；第二种观点认为，某典当行还需要提供其进行过相应调查的证据予以佐证其善意取得。

善意取得的构成要件主要包括以下三个方面：一是受让时善意，二是合理价格转让，三是登记或者交付。结合该案的抵押登记行为，某典当行在与刘某签订典当借款合同及抵押合同后对合同予以公证，并提供证据佐证其曾赴现场进行查勘及对抵押房屋的客观情况及真实性进行审查，综合考量后最终认定其构成善意取得。需要注意的是，尽管合理价格转让系善意取得的法定要件之一，但鉴于典当借款合同的特殊性，其既不实际支付合理价格，亦无法界定合理价格。笔者认为，抵押权人虽未支付合理价格，但其发放了贷款，已经履行了借款合同的义务，实质上是付出了取得他物权的对价，故可界定为支付合理价格之范畴。据此，抵押权登记的善意取得，可不以实际支付合理价格为必要要件，而直接从是否实际履行合同义务的角度进行认定。

综上，该案的审理思路及最终判决方式，既有利于统一对抵押登记行为的合法性审查标准，又明确了房屋权属登记行为效力不当然及于基于其设立的抵押登记行为的效力，还表明了一种态度，即善意取得对于抵押权等他物权登记行为在效力认定时颇具影响甚至可能是阻却事由。该案审理时，虽有不同审理思路与观点的碰撞，但法院作为居中裁判者，既充分考虑到成文法的明文规定，又综合考量了信赖利益、市场交易公平公正等法律精神，并将其有机结合、贯彻到司法审判实践中，具有一定的参考意义。

编写人：北京市房山区人民法院　李静

236 仅凭权属转移至抵押人名下的转移登记被撤销不足以导致不动产抵押登记被撤销

——包某诉某市规划和自然资源委员会不动产抵押登记案

【案件基本信息】

1. 裁判书字号

北京市第三中级人民法院（2019）京03行终890号行政判决书

2. 案由：不动产抵押登记纠纷

3. 当事人

原告（上诉人）：包某

被告（被上诉人）：某市规划和自然资源委员会（以下简称某市规自委）

第三人：王某、袁某

【基本案情】

包某与王某系母子关系，涉案房屋原登记的房屋所有权人为包某。2017 年 4 月 21 日，王某向某市规自委申请办理涉案房屋所有权转移登记，要求将房屋所有权登记至其名下，并提交了《房屋所有权转移登记申请书》《房屋所有权证》《公证书》等材料。其中《公证书》中载明，“包某因病死亡，其遗产由王某继承”。某市规自委经审核将涉案房屋转移登记至王某名下并向其颁发《不动产权证书》。后王某于 4 月 24 日与袁某共同向某市规自委申请办理涉案房屋抵押权设立登记并共同前往某市规自委办理登记手续。二人向某市规自委提交了王某为房屋所有权人的《不动产权证书》、二人订立的《主债权及不动产抵押合同（不动产登记专用）》、二人身份证信息、王某出具的委托袁某领取他项权利证书的委托书等登记材料。某市规自委收取上述材料并于当日受理申请，填写受理通知书、对二人进行询问并制作询问笔录，采集二人现场照片，经审核准予申请，并颁发被诉《不动产登记证明》。7 月 4 日，王某、袁某二人再次向某市规自委申请办理涉案房屋抵押权设立登记并共同办理登记手续。某市规自委经审核后准予登记并核发了《不动产登记证明》。

包某得知房屋被转移登记至其子名下后向法院提起撤销之诉，并提交公证处出具的《公证书核实函》，证明王某向某市规自委提交的《公证书》申请人并非王某。案经一、二审，法院认为转移登记行为不具有事实根据，判决撤销了该房屋所有权转移登记行为。后包某以权属转移至王某名下的登记行为违法、已被生效判决撤销为由向法院提起本次诉讼，请求撤销某市规自委于2017年4月24日办理的不动产抵押登记及《不动产登记证明》。

【案件焦点】

权属转移至抵押人名下的转移登记系违法办理且已被生效判决撤销，是否足以导致后续不动产抵押登记被撤销。

【法院裁判要旨】

北京市朝阳区人民法院经审理认为：王某、袁某作为抵押人和抵押权人共同向某市规自委提出涉案房屋的抵押权登记申请，并提交了形式上能够证明王某为涉案房屋所有权人、王某与袁某订立了债权债务合同并约定在涉案房屋上设定抵押权以保证债权实现的申请材料。某市规自委对申请材料进行了必要查验并就登记事项询问了双方申请人，某市规自委已经履行了法定审查义务和程序，在申请人提交材料齐全且形式真实、具备相应证明力的情况下作出的登记行为符合法律、法规及规章的规定。

不动产抵押登记行为的作出应具有合法事实基础，但考虑到不动产登记行为在稳定社会关系、保护交易安全方面的特殊功能，判断不动产登记行为能否撤销应综合事实基础、基础民事法律行为效力等多种因素审慎研判。本案涉及的不动产抵押登记行为是建立在抵押权合法有效设定基础上的，而不动产抵押权是为保证债权的实现，经债权人和债务人约定设定在不动产上的权利，抵押权登记的撤销将直接影响债权人债权实现的可能性。被诉不动产抵押登记作出时，不动产登记机构依据的申请材料均真实、有效。尽管在本案审理中，被诉不动产抵押登记所依据的不动产权属证书已被生效判决撤销，但没有证据证明被诉不动产抵押登记所依据的基础民事法律行为虚假，即第三人袁某与王某之间的债权、债务关系虚假、抵押权设定不真实，双方之间的抵押民事法律行为无效或者可撤销，且袁某作为抵押权人是否构成善意取得亦需要进一步判断。在此情况下，仅凭法院已撤销不动产登记机构就涉案房屋由包某转移登记至王某名下的登记行为这一事实，不足以撤销被诉不动产抵押登记行为。因此，包某的诉讼理由不能成立。

北京市朝阳区人民法院依照《中华人民共和国行政诉讼法》第六十九条规定，判决：

驳回包某诉讼请求。

包某不服一审判决，提起上诉。二审法院同意一审法院裁判意见。依照《中华人民共和国行政诉讼法》第八十九条第一款第一项规定，判决如下：

驳回上诉，维持一审判决。

【法官后语】

本案所涉及的不动产抵押登记是典型的行民交叉问题。虽然针对此类问题，相关规范已经作出了明确规定①，但是由于其自身的特

---

① 如《最高人民法院关于审理房屋登记案件若干问题的规定》第八条规定，当事人以作为房屋登记行为基础的买卖、共有、赠与、抵押、婚姻、继承等民事法律关系无效或者应当撤销为由，对房屋登记行为提起行政诉讼的，人民法院应当告知当事人先行解决民事争议，民事争议处理期间不计算在行政诉讼起诉期限内；已经受理的，裁定中止诉讼。该条明确规定了此类行政案件的审理，必须以民事争议的先行解决为前提，也即此类案件的审理过程中处理与民事争议有关的事实时，必须以民事争议处理机关的认定为据。

殊性、复杂性、多变性，行政、民事纠纷交叉案件仍然是目前行政审判实践中的“硬骨头”。审理的难点在于，此类案件实际涉及基础民事行为的效力问题①，是否对其进行判断、如何进行判断，是保障行政裁判结果正确的关键。

本案中，包某要求撤销被诉不动产抵押登记的理由在于不动产权属转移至抵押人名下的登记行为已被生效判决撤销。然而，被诉不动产抵押登记行为的基础民事行为应为权利人与义务人之间订立的不动产抵押合同。虽然从文义上来说，办理被诉不动产抵押登记也是建立在房屋权属已转移至抵押人名下的基础之上，但此“基础”非彼“基础”，其仅构成不动产抵押登记的事实基础，而非法律基础。换言之，在认定某市规自委作为不动产登记机构已经履行了法定的审查义务和登记程序，申请人提交材料齐全且形式真实、具备相应证明力的前提下，判断被诉不动产抵押登记是否应被撤销的核心在于该不动产抵押合同是否真实、有效以及抵押人无权处分情形下抵押权人是否存在善意取得的情形。在本案审理过程中，承办法官向包某释明本案需先行解决民事争议，包某明确表示不就该不动产抵押合同提起民事诉讼。因此，本案现有证据无法证明被诉不动产抵押登记所依据的基础民事法律行为无效或可撤销以及抵押权人是否构成善意取得，仅凭不动产转移登记已被生效判决所撤销这一事实基础，不足以撤销被诉不动产抵押登记。

本案裁判的价值在于明晰了不动产登记行为的性质及其特殊性：其是一种旨在实现而且能够发生民法上重要效果的行政行为，是不

---

① 朱军巍、武楠：《关于行政、民事纠纷交叉案件审理的调研报告》，载《法律适用》2009 年第 5 期。

动产权利领域私法自治的重要支撑，与其他行政行为相比的特殊性在于，其是“为了实现民法上的目标即不动产物权变动的公示；而当事人申请不动产登记，也正是为了实现设权、对抗或者宣示等民法上的效果”①。因此，不动产登记行为在稳定社会关系、保护交易安全等方面具有不可替代的重要功能，法院在判断此种行为能否撤销时，除需审查事实基础外，还应结合基础民事行为效力等多种因素审慎研判。我国行政诉讼制度已经引入了一并审理民事争议程序，在未来的审判实践中，此类争议会得到更妥善的解决。

需要指出的是，实践中还存在因认为登记程序存在违法之处从而针对登记行为提起诉讼的情形，在此类案件中，如登记机关明显违反登记程序，未尽到必要合理注意义务，可以直接判决撤销被诉不动产登记。此类案件虽然也涉及基础民事行为，但此时该民事行为并不构成行政诉讼的前提问题，无需判断其效力。

编写人：北京市朝阳区人民法院　朱军巍　孙雯

237　行政机关提前收回国有土地使用权时应当依法正确认定估价期日和土地用途

——陈某贵、陈某诉规划资源分局土地行政补偿案

【案件基本信息】

1. 裁判书字号

江苏省南京市中级人民法院（2019）苏01行终423号行政判

① 程啸、尹飞、常鹏翱：《不动产登记暂行条例及其实施细则的理解与适用》，法律出版社2017年版，第35~37页。

决书

2. 案由：土地行政补偿纠纷

3. 当事人

原告（上诉人）：陈某贵、陈某

被告（上诉人）：规划资源分局

【基本案情】

1998年12月23日，某化工厂与原六合县土地管理局签订《国有土地使用权出让合同》，获得涉案土地使用权，使用年限为50年，总体规划为建设综合经营项目，出让金为200元/平方米，总金额为2232940元。12月25日，南京某化工厂与某燃料公司签订《国有土地使用权转让合同》，将涉案土地使用权转让给某燃料公司，转让金为107.50元/平方米，总金额为1200205.25元，总体规划为建设综合用地项目。1999年1月14日，原六合县土地管理局向某燃料公司颁发土地使用权证，证载用途为（工业）综合。

2008年6月24日，某银行六合支行与陈某贵、陈某签订《国有土地使用权转让合同》，约定将涉案土地使用权及地上建筑物、附着物转让给陈某贵、陈某，转让款总金额为331.81万元。有权机关向陈某贵、陈某颁发土地使用权证，证载地类（用途）为综合经营，使用权类型为出让，终止日期为2049年1月13日，使用权面积为11164.7平方米。

2012年11月19日，原南京市六合区国土资源局（以下简称六合国土局）向陈某贵、陈某作出《收回国有土地使用权决定书》，决定收回涉案土地使用权并退还陈某贵、陈某223.294万元土地出让金。陈某贵、陈某不服该决定。后经江苏省南京市六合区人民法院审理，判决六合国土局重新作出补偿决定。2018 年 6 月 6 日，陈某贵向六合国土局寄送土地补偿评估事宜的函，要求立即就土地用途、规划用地条件、估价期日等进行协商。某房地产评估公司于 2018 年 7 月 29 日作出《土地估价技术报告》，载明："估价期日为 2012 年 11 月 19 日，评估土地用途为工业，平均单位面积地价为 403 元/平方米，总地价为 449.9374 万元。"六合国土局于 2018 年 8 月 2 日作出《关于收回土地使用权的补偿决定》，确定补偿金额为 4499374 元，并于次日送达。2018 年 9 月 6 日，陈某贵、陈某向原南京市国土资源局申请行政复议。2018 年 10 月 23 日，原南京市国土资源局终止行政复议。2018 年 10 月 26 日，陈某贵、陈某向法院起诉。

二审期间，因机构改革，六合国土局不再保留，其相关职能由规划资源分局承继。

【案件焦点】

1. 行政机关有偿收回国有土地使用权的估价时点如何确定；2. 收回国有土地使用权应按何种土地用途确定补偿标准。

【法院裁判要旨】

江苏省南京铁路运输法院经审理认为：首先，根据《中华人民共和国土地管理法》第五十八条规定，因六合国土局于 2012 年 11 月 19 日作出《收回国有土地使用权决定书》，且收回决定经行政复议和行政诉讼得到维持，故六合国土局就收回案涉土地使用权对陈某贵、陈某负有补偿义务产生于 2012 年 11 月 19 日，案涉土地使用权的估价期日为 2012 年 11 月 19 日。其次，陈某贵、陈某依法获得涉案土地使用权证，证载地类（用途）为综合经营，使用权类型为出让。该土地使用权登记系有效行政行为，具有对世效力，且未经有权机关撤销、废止或变更。基于法律保留和信赖保护原则，六合国土局对案涉土地按照工业用地作出补偿决定，认定事实不清，于法无据。最后，江苏省南京市六合区人民法院于 2013 年 7 月 23 日判决六合国土局重新作出补偿决定，但其直至 2018 年 8 月 2 日才作出《关于收回土地使用权的补偿决定》，明显超过合理期限。且六合国土局提交的证据不足以证明其在该补偿决定作出前听取了陈某贵、陈某关于土地性质、估价期日等的意见，没有保障陈某贵、陈某的陈述权、申辩权和参与权。因此，案涉补偿决定违反正当程序原则。

江苏省南京铁路运输法院依照《中华人民共和国行政诉讼法》第七十条第一项、第三项的规定，判决：

一、撤销六合国土局于 2018 年 8 月 2 日对陈某贵、陈某作出的《关于收回土地使用权的补偿决定》；

二、六合国土局应于本判决生效之日起两个月内就土地使用证指向的国有土地使用权重新对陈某贵、陈某作出补偿决定，且补偿决定内容不得与本判决说理相抵触。

陈某贵、陈某、规划资源分局不服一审判决，提起上诉。

江苏省南京市中级人民法院经审理认为：

一、关于案涉土地的规划用途问题

《中华人民共和国土地管理法实施条例》第三条规定："国家依法实行土地登记发证制度。依法登记的土地所有权和土地使用权受法律保护，任何单位和个人不得侵犯。土地登记内容和土地权属证书式样由国务院土地行政主管部门统一规定。"《中华人民共和国城镇国有土地使用权出让和转让暂行条例》第十条规定："土地使用权出让的地块、用途、年限和其他条件，由市、县人民政府土地管理部门会同城市规划和建设管理部门、房产管理部门共同拟定方案，按照国务院规定的批准权限报经批准后，由土地管理部门实施。”六合国土局就案涉土地颁发的土地使用权证证载地类（用途）为综合经营，案涉土地的用途为土地行政主管部门依法颁发的使用权证书所载明，土地使用权登记后即受到法律保护，具有法定的公定力、确定力、执行力、约束力，未经有权机关撤销、废止或变更，即合法有效，公民可以合理信赖，六合国土局应当受土地使用权证所指向之登记行为的拘束。故六合国土局未按照案涉土地使用权证证载的用途，而是按照工业用地的用途进行评估并作出《关于收回土地使用权的补偿决定》，没有事实与法律依据。因此，原审判决对案涉土地使用权证用途作出的认定符合法律、法规规定。

二、关于案涉土地的补偿基准日问题

根据《中华人民共和国土地管理法》第五十八条第二款规定，收回国有土地使用权的，对土地使用权人应当给予适当补偿。该条虽规定了收回国有土地使用权应当给予适当补偿，但对补偿的基准日未作出规定。《国有土地上房屋征收与补偿条例》第十九条第一款规定：“对被征收房屋价值的补偿，不得低于房屋征收决定公告之日被征收房屋类似房地产的市场价格。”该条确定了补偿的基准日为“房屋征收决定公告之日”。《最高人民法院关于适用〈中华人民共和国行政诉讼法〉的解释》第九十一条规定：“原告请求被告履行法定职责的理由成立，被告违法拒绝履行或者无正当理由逾期不予答复的，人民法院可以根据行政诉讼法第七十二条的规定，判决被告在一定期限内依法履行原告请求的法定职责；尚需被告调查或者裁量的，应当判决被告针对原告的请求重新作出处理。”案涉土地的使用权于 2012 年 11 月 19 日被收回，陈某贵、陈某即于该日丧失土地使用权。根据上述规定，六合国土局就收回案涉土地使用权应当如何对陈某贵、陈某进行“适当补偿”具有一定的裁量空间，且确定补偿标准的基准日与土地使用权的剩余年限也存在关联。六合国土局以作出收回决定的日期为补偿标准的基准日，根据土地面积、剩余土地使用年限、原批准用途、土地开发利用程度等，参照市场地价水平经专业评估后予以补偿，在法律、法规规定的行政裁量权限范围之内，并未违反相关法律、法规规定。

根据《国务院全面推进依法行政实施纲要》规定，行政机关应当严格遵循法定程序，依法保障行政管理相对人、利害关系人的知情权、参与权和救济权。六合国土局以 2012 年 11 月 19 日作为估价期日，按照工业用地对案涉土地进行评估并作出《关于收回土地使用权的补偿决定》，确定补偿金额为 4499374 元，但六合国土局提交的证据不足以证明其在选取评估机构时听取了陈某贵、陈某的意见，进行评估后将《土地估价技术报告》送达陈某贵、陈某并在补偿决定作出前听取了陈某贵、陈某关于土地性质、估价期日等的意见，没有保障陈某贵、陈某的陈述权、申辩权和参与权，案涉补偿决定违反了正当程序原则。原审判决认定案涉补偿决定行政程序违法，符合法律、法规的相关规定。

关于陈某贵、陈某认为原审判决遗漏了补偿内容的上诉意见，《中华人民共和国行政诉讼法》第六条规定：“人民法院审理行政案件，对行政行为是否合法进行审查。”因陈某贵、陈某的诉讼请求为要求撤销《关于收回土地使用权的补偿决定》，原审判决支持了该部分诉讼请求并责令重新作出补偿决定，规划资源分局在重新作出补偿决定时应当依据案涉土地的实际状况进行裁量，故原审判决对案涉土地上的构造物、地上物、树木等的补偿问题未进行阐述，不影响规划资源分局就案涉土地重新作出的补偿决定的内容。故陈某贵、陈某的上诉意见没有事实和法律依据，不予支持。综上，陈某贵、陈某及规划资源分局的上诉请求与理由均不能成立，不予支持。原审判决认定事实清楚，适用法律、法规正确，审判程序合法。

江苏省南京市中级人民法院依照《中华人民共和国行政诉讼法》第八十九条第一款第一项之规定，判决：

驳回上诉，维持原判。

【法官后语】

行政机关因公共利益需要可以提前收回以出让方式供应的土地使用权，但是应当予以适当补偿。何谓“适当”，法律未有明确规定。本案的意义不仅在于明确行政机关有偿收回国有土地使用权时确定补偿标准、估价时点的原则，还在于通过判决督促行政机关依法履行补偿职责，保障行政相对人合法产权。

1. 提前收回土地使用权确定补偿的基准日，原则上应当以行政机关作出收回决定的日期为准。根据《中华人民共和国土地管理法（2004 年修正）》① 第五十八条第二款规定：“依照前款第一项、第（二）项的规定收回国有土地使用权的，对土地使用权人应当给予适

① 根据2004年8月28日第十届全国人民代表大会常务委员会第十一次会议《关于修改〈中华人民共和国土地管理法〉的决定》第二次修正。此后又根据2019年8月26日第十三届全国人民代表大会常务委员会第十二次会议《关于修改〈中华人民共和国土地管理法〉、〈中华人民共和国城市房地产管理法〉的决定》第三次修正。

当补偿。”《中华人民共和国城市房地产管理法（2009年修正）》[①]第二十条规定：“国家对土地使用者依法取得的土地使用权，在出让合同约定的使用年限届满前不收回；在特殊情况下，根据社会公共利益的需要，可以依照法律程序提前收回，并根据土地使用者使用土地的实际年限和开发土地的实际情况给予相应的补偿。”因此，为公共利益需要使用土地，或者为实施城市规划进行旧城区改建，需要调整、使用土地，收回国有土地使用权的，对土地使用权人应当给予适当补偿或相应补偿。《中共中央、国务院关于完善产权保护制度依法保护产权的意见》第八条规定，财产征收征用应遵循及时合理补偿原则，给予被征收征用者公平合理补偿。因此，结合我国土地和城市房地产管理法律法规的规定以及国家依法保护产权的政策，给予“适当补偿”或“相应补偿”均应当理解为公平合理的补偿。本案中，六合国土局于2012年11月19日作出《收回国有土地使用权决定书》，根据关于有权机关依法作出处分时物权转移的相关规定，六合国土局于当天就产生了因收回涉案土地使用权对陈某贵、陈某进行补偿的义务。相对地，陈某贵、陈某于当日即已确定享有向六合国土局主张补偿的权利。该法律关系不因六合国土局后续作出书面补偿决定的时间，或者陈某贵、陈某主张补偿权利的时间不同而发生变化。故确定补偿法律关系的时点应以2012年11月19日为基准日，此时涉案土地使用权剩余土地使用年期为36年余。以其他时间作为基准日，均有可能产生剩余土地使用年期补偿不足或者

① 根据2009年8月27日第十一届全国人民代表大会常务委员会第十次会议《关于修改部分法律的决定》第二次修正。此后又根据2019年8月26日第十三届全国人民代表大会常务委员会第十二次会议《关于修改〈中华人民共和国土地管理法〉、〈中华人民共和国城市房地产管理法〉的决定》第三次修正。

溢出的情况，前者损害私人产权，后者损害国有财产。因此，提前收回土地使用权确定补偿的基准日，原则上应当以行政机关作出收回决定的日期为准。

2. 提前收回土地使用权应当按照土地使用权证证载用途标准进行补偿。一宗土地在不同历史时期可能存在多种不同用途，按照何种土地使用用途的标准进行补偿，对权益影响十分重大。以本案为例，该宗土地在总规和详规时用途为工业，初次登记时为工业（综合），转移至陈某贵、陈某名下时土地使用权证登记为综合经营，土地主管部门收回土地时土地利用现状是未开发，土地主管部门收回土地是为了建设经济适用房，即住宅用地。陈某贵、陈某认为应当按照收回土地后建设经济适用房的住宅用地标准进行补偿，而六合国土局认为应当按照工业用地标准进行补偿。但一、二审法院对此均不采纳，认为应当按照转移登记至陈某贵、陈某名下时土地使用权证证载用途标准进行补偿。有权机关向陈某贵、陈某颁发了土地使用权证，证载地类（用途）为综合经营，使用权类型为出让。陈某贵、陈某为此付出了对价，缴纳了税费。该土地使用权登记系有效的行政行为，具有对世的效力，且未经有权机关撤销、废止或变更。六合国土局、陈某贵、陈某均应当受土地使用权证所指向之登记行为的拘束。陈某贵、陈某所享有的权利，既不是工业用地使用权，也不是住宅用地使用权。基于法律保留和信赖保护原则，六合国土局按照工业用地作出涉案补偿决定，于法无据。

编写人：江苏省南京市铁路运输法院　夏文浩　李广娟

238 对同一汽车合格证，银行基于浮动抵押合同的占有保护请求权不能对抗消费者的物上请求权

——严某诉甲汽车公司、乙汽车公司返还原物案

【案件基本信息】

1. 裁判书字号

云南省昆明市中级人民法院（2017）云01民终7518号民事判决书

2. 案由：返还原物纠纷

3. 当事人

原告（被上诉人）：严某

被告：甲汽车公司、乙汽车公司

第三人（上诉人）：某银行

第三人：丙汽车公司

【基本案情】

严某与甲汽车公司于2015年10月28日签订《某汽车产品购销合同》，约定严某向甲汽车公司购买大众轿车一辆。严某向甲汽车公司支付了全部车款，甲汽车公司交付了车辆，但至今未交付合格证。2015年4月30日，丁汽车公司（甲方）、某银行（乙方）、甲汽车公司（丙方）签订了《丁汽车公司·某银行汽车销售金融服务网络协议从属协议》，约定丙方向甲方购买车辆时，可向乙方申请办理银行承兑汇票业务，用于向甲方支付购车款。并

约定在丙方将汽车销售收入存入保证金账户后，乙方释放相应已售车辆的合格证。甲汽车公司（甲方）与某银行（乙方）另签订了《银行承兑汇票承兑额度协议》《最高额抵押合同（汽车金融业务浮动抵押专用）》，约定乙方根据甲方申请，为甲方核定最高汇票承兑额度为三千万元。甲乙双方确认，甲方以现有的以及将有的车辆（包括位于第三人处但所有权属于甲方的车辆）和其他全部动产作为抵押财产抵押予乙方。乙方实际享有抵押权的车辆和动产为实现抵押权时甲方所有的全部车辆和动产。2014 年 9 月 15 日，某银行（抵押权人）、甲汽车公司（抵押人）在西山区工商行政管理局办理了动产抵押登记，抵押人将价值 3750 万元的现有以及将有的所有品牌商品车，为其在抵押权人处的融资设定抵押担保。数量在抵押权人实现抵押权进行优先受偿时由抵押权人确定，价值按抵押权人指定的评估机构进行认定。因甲汽车公司未履行融资后的还款义务，现某银行持有严某所购车辆合格证。严某起诉请求：（1）判令某银行向严某交付车辆合格证，并协助严某办好牌照相关手续；（2）判令甲汽车公司、乙汽车公司赔偿严某购车以来因到昆明办理牌照事务产生的过路费 2000 元、加油费 3000 元、误工费 6000 元及未落户期间的滞纳金 2000 元。

【案件焦点】

某银行应否将涉案车辆合格证交付严某。

【法院裁判要旨】

云南省昆明市呈贡区人民法院经审理认为：严某和甲汽车公司签订汽车销售合同系双方真实意思表示，双方之间存在合法有效的买卖合同关系，严某依约向甲汽车公司支付了购车款，甲汽车公司也将车辆实际交付给了严某，根据《中华人民共和国物权法》第二十三条规定，动产物权的设立和转让，自交付时发生效力。严某已经获得了涉案车辆的所有权。同时，根据《中华人民共和国合同法》第一百三十六条规定，出卖人应当按照约定或者交易习惯向买受人交付提取标的物单证以外的有关单证和资料。车辆合格证是机动车生产企业印制并随车配发的唯一证明汽车整车合格的法定文件，是车辆的配套单证资料，与其对应的车辆不可分割，甲汽车公司作为出卖人不仅应向严某履行交付车辆的义务，还应当交付车辆合格证。但因甲汽车公司需要向某银行贷款买车，现涉案车辆合格证由某银行实际控制，甲汽车公司无法履行交付合格证的义务。虽然某银行根据与甲汽车公司签订的浮动抵押合同对甲汽车公司的全部车辆办理了浮动抵押登记，但严某作为买受人已经在车辆交易中支付了合理价款并已占有诉争车辆，根据《中华人民共和国物权法》第一百八十一条规定，经当事人书面协议，企业、个体工商户、农业生产经营者可以将现有的以及将有的生产设备、原材料、半成品、产品抵押，债务人不履行到期债务或者发生当事人约定的实现抵押权的情形，债权人有权就实现抵押权时的动产优先受偿。某银行所做抵押不能对抗严某，严某作为车辆所有权人有权要求某银行交付车辆合格证，故对于严某要求某银行交付涉案车辆合格证的诉请，应当予以支持。

云南省昆明市呈贡区人民法院依照《中华人民共和国物权法》第二十三条、第一百八十一条、第一百八十九条，《中华人民共和国合同法》第一百三十六条，《最高人民法院关于审理买卖合同纠纷案件适用法律问题的解释》第七条，《中华人民共和国民事诉讼法》

第一百四十四条之规定，作出如下判决：

一、某银行于本判决生效之日起十日内向严某交付车辆的合格证；

二、驳回严某的其他诉讼请求。

某银行不服一审判决，提起上诉。云南省昆明市中级人民法院经审理认为：首先，严某基于其与甲汽车公司签订的销售合同，支付合理购车款并受让甲汽车公司交付的车辆后，已依法取得涉案车辆的所有权。因车辆合格证是与车辆不可分割的特定物，是机动车整车出厂合格的证明及车辆落户时必备的证件，严某对该合格证享有物上请求权。其次，汽车合格证是机动车整车出厂合格证明，它既不属于动产、有价证券、知识产权的范畴，也并非机动车的法定所有权证书，不具有拟制财产性，其本身并不具备交换价值和商品流通性，不能单独流通转让。如经销商到期不能如期偿还贷款，则银行既不能将汽车合格证变现抵债，也不能对合格证所对应的汽车进行处置。因此，汽车合格证不属于物权法和担保法规定的担保财产。最后，汽车合格证融资担保未经公示程序，不能产生担保物权的法律效力。物权公示原则是物权法的基本原则之一，民事主体对物权的享有与变动均应采取可取信于社会公众的外部表现方式，其价值在于对交易安全的保护。物权经过公示才能产生对抗第三人的效力。严某在购买汽车时并不知晓也无从知晓合格证被某银行“质押”的消息，属于善意第三人。因此，银行基于合同关系产生的对汽车合格证的占有因未经物权公示而不具有对世性，不能对抗善意第三人。综上，某银行的上诉请求和上诉理由均不能成立，应当予以驳回。

云南省昆明市中级人民法院依照《中华人民共和国物权法》第

二条、第五条、第六条、第三十四条、第一百零八条，《中华人民共和国民事诉讼法》第一百七十条第一款第一项、第一百七十五条之规定，作出如下判决：

驳回上诉，维持原判。

【法官后语】

由于汽车经销属于重资产运营行业，对资金需求量大，当前大多数经销商都采取签订动产浮动抵押合同，将汽车合格证交由银行持有，用以融资保证库存，在售卖车辆后，将特定比例的款项支付给银行以“赎回”合格证，交付给消费者。该融资方式更是各银行开展金融融资创新模式的一大亮点。但部分经销商资金链断裂不能“赎回”合格证，导致众多消费者不能正常办理车辆的落户、上牌手续，引发了要求经销商、银行交付合格证的案件。本案作为合格证返还请求权问题的典型案例，详细分析了银行对汽车合格证的占有保护请求权是否能对抗消费者的物上请求权。

1. 汽车合格证是何性质？有何作用？

汽车合格证系机动车整车出厂的合格证明，由机动车生产企业印制并随车配发，为汽车必备的附属资料。产品质量法规定，产品质量应当检验合格才能出售，在消费者提车时此证缺失，将无法证明该汽车为合格商品。根据道路交通安全法的要求，机动车须经公安机关交通管理部门登记后，方可上道路行驶。而申请机动车登记，汽车合格证（原件）是申请者必须提交的一份文件。换言之，如果消费者未从经销商处获得汽车合格证，在机动车临时号牌过期后，车辆将面临无法上路的尴尬境地，强行上路行驶不仅违法，而且发生交通事故后也无法正常理赔。另外，进行二手车交易时，汽车合格证亦为过户必备文件，若合格证缺失，机动车亦不能作为二手车交易。

2. 消费者对汽车合格证享有何种权利？消费者购买车辆未获取汽车合格证如何救济？

《中华人民共和国民法典》第五百九十九条规定，出卖人应当按照约定或者交易习惯向买受人交付提取标的物单证以外的有关单证和资料。《最高人民法院关于审理买卖合同纠纷案件适用法律问题的解释》第四条规定，民法典第五百九十九条规定的“提取标的物单证以外的有关单证和资料”，主要应当包括保险单、保修单、普通发票、增值税专用发票、产品合格证、质量保证书、质量鉴定书、品质检验证书、产品进出口检疫书、原产地证明书、使用说明书、装箱单等。消费者在依法取得车辆的所有权后，因汽车合格证与其对应车辆具有不可分割的对应关系，消费者对所购车辆对应的合格证享有物上请求权。正常情况下，消费者应依据合同的相对性以汽车经销商为被告提起买卖合同之诉，要求经销商交付汽车合格证，但在经销商无力向银行归还借款从而“赎回”合格证的情况下，合格证实际上为银行占有，即使法院判决由经销商返还也不能有效化解双方的实际矛盾，且很难执行。消费者直接以银行为被告提起占有物返还之诉或返还原物之诉，更有利于实现其合法权益。

3. 汽车合格证是否可以作为担保财产？

本案中，汽车经销商与银行签订浮动抵押合同，将现有及将来所有的车辆作为抵押，向银行融资贷款，并在合同中约定将汽车合格证交由银行持有，待归还相应比例的款项后才能“赎回”对应的合格证。银行与经销商之间的融资担保合同其实是一种自然债形式的合同，在这种合同中，银行通过控制汽车合格证，利用汽车合格证与所对应汽车的唯一性、法定性以及汽车合格证在登记公示形式上的不可或缺性，进而控制和监督经销商对汽车的销售，经销商虽然实际占有车辆，但非经银行提供合格证购买该车辆的消费者无法完成车辆的所有权登记。汽车合格证是机动车整车出厂的合格证明，它既不属于动产、有价证券、知识产权的范畴，也并非机动车的法定所有权证书，不具有拟制财产性，其本身并不具备交换价值和商品流通性，不能单独流通转让。如经销商到期不能如期偿还贷款，则银行既不能将汽车合格证变现抵债，也不能对合格证所对应的汽车进行处置。因此，银行对汽车合格证的占有不属于担保法上的抵押、质押或留置。然而在民事法律关系中，法无禁止即许可，银行基于担保合同虽不享有对汽车合格证的担保权利，但其基于合同关系占有合格证并未违反法律强制性规定，需要强调的是，此处的"占有"并非物权中的占有，而是一种占有保护请求权。

4. 银行对汽车合格证的占有保护请求权是否能对抗消费者对汽车合格证所享有的物上请求权？

首先，银行对汽车合格证所谓的"担保物权"未经公示，不得对抗善意第三人。物权公示原则是物权法的基本原则之一，物权经过公示才能产生对抗第三人的效力。汽车虽是特殊动产，但其公示方式仍应为交付。经销商在消费者支付合理价款后已将车辆交付消费者使用，消费者自接收车辆时起已经取得了车辆的所有权，合格证作为车辆的特定附属物，不得单独转让，也应为消费者所有，消费者有权请求占有者返还。银行对汽车合格证所谓的"担保权"因违反物权法定原则，根本非"担保物权"，非物权不具有公信效力，且银行在工商部门办理的浮动抵押登记系针对经销商现有的以及将有的车辆，并非汽车合格证所谓的"担保物权"登记。消费者在购买汽车时并不知晓也无从知晓合格证被设定“担保”的消息，属于善意第三人。因此，银行基于合同关系产生的对汽车合格证的占有因不具有公信效力而不具有对世性，不能对抗善意第三人。其次，浮动抵押不得对抗正常经营活动中已支付合理价款并取得抵押财产的买受人。浮动抵押是抵押人以现有以及将来所有的全部财产或者部分财产设定的担保，其与普通抵押不同，在抵押权人实现抵押权之前，抵押人对抵押财产保留在正常经营过程中的处分权，抵押人可以以通常的方法继续经营，且抵押不得对抗正常经营活动中已支付合理价款并取得抵押财产的买受人。本案中，即使银行系通过对汽车合格证的控制进而确保汽车浮动抵押权的实现，在对应的汽车转让问题上也不具有法定的限制效力，银行持有的合格证在应对汽车转让时，这种所谓的“担保”方式不能对抗善意第三人，不能阻却汽车销售商对于汽车的转让。消费者在经销商向其交付车辆时即取得了车辆的所有权，故银行对汽车合格证的占有保护请求权不能对抗消费者所享有的物上请求权，消费者有权要求合格证占有者银行向其返还合格证。

《中华人民共和国物权法》第一百八十九条规定，企业、个体工商户、农业生产经营者以本法第一百八十一条规定的动产抵押的，应当向抵押人住所地的工商行政管理部门办理登记。抵押权自抵押合同生效时设立；未经登记，不得对抗善意第三人。依照本法第一百八十一条规定抵押的，不得对抗正常经营活动中已支付合理价款并取得抵押财产的买受人。根据上述规定，正常经营买受人规则仅适用于浮动抵押，一般动产抵押不适用该规则。而《中华人民共和国民法典》第四百零四条规定，以动产抵押的，不得对抗正常经营活动中已经支付合理价款并取得抵押财产的买受人。该条款扩张了

《中华人民共和国物权法》第一百八十九条第二款所规定的正常经营买受人规则适用范围，将其从浮动抵押扩及适用于所有的动产抵押。在动产抵押权人与买受人之间出现权利竞存的情况下，已经支付合理价款的正常经营买受人，可以无负担地取得担保物的所有权，不问动产抵押权是否进行了登记，也不问买受人是否知晓动产抵押权的存在。

编写人：云南省昆明市中级人民法院　何永伦

239　劳动者能否基于劳动关系对用人单位的动产行使留置权

——郭某诉李某返还原物案

【案件基本信息】

1. 裁判书字号

四川省成都市中级人民法院（2018）川01民终17450号民事判决书

2. 案由：返还原物纠纷

3. 当事人

原告（被上诉人）：郭某

被告（上诉人）：李某

【基本案情】

郭某为塑电公司某股东之子，李某就职于塑电公司，任销售经理。案涉小汽车自2012年11月9日归郭某所有。2012年年底，郭某将该车交给李某使用。2017年5月，李某从塑电公司离职。李某认为塑电公司单方解除劳动合同且未向其支付其在职期间的销售提成，于2017年11月23日向成都市劳动人事争议仲裁委员会申请仲裁，请求对其与塑电公司劳动关系纠纷进行仲裁。2017年11月29日，成都市劳动人事争议仲裁委员会作出成劳人仲委不字(2017)第03968号仲裁裁决书，以当事人主体不适格为由作出不予受理通知书，李某随后起诉，请求法院对双方劳动争议纠纷进行审理，该案截至本案庭审时尚在审理中。案涉汽车至庭审时仍在李某处，该车在交通管理部门的查询状态为“违法未处理”。

【案件焦点】

李某能否以其与用人单位之间存在劳动债权为由对诉争汽车享有留置权。

【法院裁判要旨】

四川省成都市青羊区人民法院经审理认为：《中华人民共和国物权法》第二百三十一条规定，“债权人留置的动产，应当与债权属同一法律关系，但企业之间的留置的除外”，留置权行使条件之一即留置的动产应与债权属于同一法律关系。本案中，李某曾就职于塑电公司，郭某为该公司某股东之子，与李某之间并不存在劳动合同关系。因此，李某基于郭某出借占有案涉汽车与其向塑电公司主张工资、社保金等劳动报酬的债权并非同一法律关系；而郭某是基于所有权要求李某返还案涉小汽车。故郭某可依法要求无权占有其财产的李某返还原物。

而对于要求李某归还机动车登记证及行驶证、处理案涉汽车的违法违章记录的诉求，郭某不能提供证据证明车辆登记证及行驶证交付给李某，且郭某提交的所有人机动车查询不能查看该车违章的详细情况及违章时间，不能证明违章由李某造成，故对前述诉请不予支持。

四川省成都市青羊区人民法院依照《中华人民共和国物权法》第三十四条、第二百三十一条、第二百四十三条，《中华人民共和国民事诉讼法》第六十四条规定，作出如下判决：

一、李某于本判决生效之日起十日内将案涉汽车返还郭某；

二、驳回郭某的其余诉讼请求。

李某不服一审判决，提起上诉。二审法院同意一审法院裁判意见。

【法官后语】

随着社会经济的发展，在现代劳动关系中，为了更好地发挥劳动者的价值，用人单位向劳动者提供劳动工具（如汽车、电脑等）的情形已经极为普遍。但一旦劳动者与用人单位之间就劳动合同的履行发生争议，劳动者往往会选择将用人单位为其配置的劳动工具先行留置、拒不返还。本案中，李某实质上就是认为诉争汽车是由塑电公司为其配备的劳动工具，是合法占有，在其与该公司存在劳动争议尚未解决的情形下，其对诉争汽车依法享有留置权。本案涉及一个理论界有所争议的问题，即留置权能否在劳动债权中适用。本案的处理有利于引导劳动者选择正确的、合法有效的途径保护自己的劳动债权。

1. 关于留置权

留置权是一种动产担保物权、占有性担保物权，具有留置效力和优先受偿效力。我国法律对留置权作出了明确规定，2007 年 10 月

1日起施行的《中华人民共和国物权法》对留置权的适用范围予以了明确，之后颁布的《中华人民共和国民法典》也沿袭这一内容，其中第四百四十七条规定“债务人不履行到期债务，债权人可以留置已经合法占有的债务人的动产，并有权就该动产优先受偿”，同时在第四百四十八条规定了适用的条件，即“债权人留置的动产，应当与债权属于同一法律关系，但是企业之间留置的除外。”

留置权不同于动产质权，留置权是法定的担保物权，其产生不以当事人之间协商一致、约定为条件，在符合法定条件时，留置权则当然产生。留置权的构成要件包括：(1) 作为留置权主体的债权人、债务人双方应为平等的民事主体；(2) 债权已届清偿期，债务人未履行到期债务。但作为例外，根据《最高人民法院关于适用〈中华人民共和国担保法〉若干问题的解释》第一百一十二条规定，债权人在债务人出现宣告破产等明显无支付能力的情形下，即使债权人的债权未届清偿期，债权人也可行使“紧急留置权”；(3) 留置的标的物为动产；(4) 债权人因合法原因占有债务人的动产；(5) 债权人所留置的动产原则上应与其债权属于同一法律关系，但企业之间的留置除外。

2. 关于留置权构成要件中几个重点问题的认定

在保障债权人利益的同时，要避免债务人的财产权利遭受过分干涉，故对于留置权构成要件中“双方为平等民事主体”“债权人因合法原因占有债务人的动产”以及“债权人所留置的动产原则上应与其债权属于同一法律关系”的认定极为重要。

首先，在传统的保管、运输、加工承揽等合同履行中，以及不当得利、无因管理和侵权产生的法律关系中，容易发生留置行为，此时双方均为平等民事法律关系主体。而劳动合同关系则相比而言特殊一些，用人单位与劳动者之间是管理者与被管理者的关系，劳动合同法也对保护劳动者权益作适当倾斜。其次，对于“合法原因占有债务人动产”，是指对于债务人合法享有处分权的动产，债权人只要是因正常的业务活动而占有，即可产生留置权。最后，对“同一法律关系”的理解则应严格限制，有观点认为应当严格解释为动产系法律关系的标的物或因法律关系而占有标的物，即债权人留置的动产应嵌入债权所述的法律关系中，为该法律关系不可分割的一部分。

3. 留置权是否适用于劳动债权

那么在劳动法律关系中，劳动者能否以其与用人单位之间存在劳动争议为由不返还用人单位的财物呢？答案是否定的。

首先，留置权的成立要遵循平等原则，债权人、债务人应当为平等的民事主体，是一种私力救济方式。而在劳动关系中，劳动者和用人单位是在平等主体身份基础上缔结的，但劳动者在履行劳动合同过程中必须服从用人单位的管理，故劳动者与用人单位之间事实上建立的是一种管理与被管理的不平等关系。劳动者的合法权益保障已由劳动合同法进行了明确规定，不宜再由劳动者采取私力救济的方式来行使，否则随意留置劳动工具的行为也会给用人单位的正常生产生活制造混乱。

其次，在劳动合同的基础法律关系中，劳动者接受用人单位的管理并向用人单位提供劳动，有权要求用人单位依约支付劳动报酬，用人单位的权利义务则与之相对应。在司法实践中，劳动者向用人单位主张支付劳动报酬等劳动债权是基于双方当事人之间的劳动法律关系，建立在劳动合同的基础上；而用人单位为劳动者发放劳动工具以提供工作便利，更多的是基于内部管理规定，其行使返还原物请求权、要求劳动者返还其提供的动产则是基于其对该动产享有所有权或使用权。可见，二者的请求权基础并非产生于同一法律关系，本案中，李某留置的汽车为公司股东之子郭某所有，公司交付给李某使用目的是为工作提供便利，该汽车并不是劳动法律关系的标的物，李某占有使用该车基于的法律关系与劳动债权不属同一法律关系，故本案中劳动者以存在劳动争议为由进行抗辩，拒不返还他人财物、行使留置权无合法依据。

除此以外，在劳动者与用人单位之间的劳动关系已经解除、劳动者因用人单位未向其完全支付劳动报酬而留置用人单位财物的情形中，若用人单位在劳动关系存续期间向劳动者提供的相关动产，劳动者获得的也仅仅是劳动期间使用该动产的权利，那么在解除劳动合同关系后，劳动者已经丧失合法占有用人单位财产的依据，所以其继续留置该动产并不符合留置权成立要件中“合法占有”的要求，甚至可能构成侵权。

劳动者应选择正当途径合理合法地维护自身权益。在劳动法律关系中，基于劳动者与用人单位之间管理与被管理的不平等关系，我国相关法律法规对居于弱势地位的劳动者的合法权益设置了倾斜性保护条款，劳动者可以通过申请调解、仲裁，提起诉讼和执行等相关的合法途径保护自己的劳动债权。劳动者仅以存在劳动争议为由行使留置权，拒不返还他人财物，会导致劳动管理秩序的混乱，不但不能达到主张合法权利的目的，还会导致其他纠纷的产生。

编写人：四川省成都市青羊区人民法院　袁丽雅

240 善意取得房屋抵押权可构成撤销房屋登记的阻却事由
——郑某诉丁某、王某抵押权案

【案件基本信息】

1. 裁判书字号

北京市第三中级人民法院（2018）京03民终11583号民事判决书

2. 案由：抵押权纠纷

3. 当事人

原告（上诉人）：郑某

被告（被上诉人）：丁某、王某

【基本案情】

2008年2月14日，北京市住房和城乡建设委员会向郑某颁发《房屋所有权证》，将位于北京市朝阳区某小区17号楼1层7-102号房屋（即涉案房屋）登记在郑某名下。2014年3月31日，案外人王某某以郑某代理人的名义将涉案房屋转移登记至丁某名下，2014年8月12日，丁某作为抵押人、王某作为抵押权人签订了《借款抵押合同》，当日，丁某对涉案房屋办理了抵押登记，王某作为房屋他项权利人取得了房屋他项权利证书。双方还经公证处办理了《借款合同》的强制执行公证。

2015年4月14日，北京市方正公证处出具执行证书，王某为申请执行人，丁某为被申请执行人；公证机构对执行证书所涉及的债权债务进行了核查，王某提出申请之日丁某尚有借款合同约定本金 100 万元及相应利息、滞纳金未偿还。

2015 年，郑某作为原告将被告北京市规划和国土资源管理委员会、第三人丁某、王某诉至法院，要求撤销北京市规划和国土资源管理委员会为丁某核发的《房屋所有权证》。2016 年 9 月 19 日，法院作出（2015）朝行初字第 759 号行政判决书，查明：郑某与丁某系母子关系；2008 年 2 月 14 日，北京市住房和城乡建设委员会向郑某颁发了《房屋所有权证》，将涉案房屋的所有权人登记为郑某；2014 年 3 月 31 日，“郑某代理人”王某某与丁某共同申请办理涉案房屋所有权转移登记，后丁某领取了《房屋所有权证》。该判决认为：虽然北京市住房和城乡建设委员会尽到了行政登记中合理审慎的审查职责，但根据司法鉴定意见及公证处出具的证明，作为房屋所有权转移登记行为之基础的《存量房屋买卖合同》中郑某签字非本人所签，委托书的《公证书》系伪造，委托书中“郑某”的签字亦非本人所签，故争议房屋所有权转移登记行为的合法性的基础存在缺失，应当予以撤销；同时指出虽然涉案房屋的所有权转移登记应予撤销，但是本判决效力不自然及于对涉案房屋抵押登记行为的合法性。后判决撤销北京市住房和城乡建设委员会 2014 年 3 月 31 日将涉案房屋的所有权人由郑某转移登记为丁某的行政行为，同时撤销为丁某颁发的《房屋所有权证》。该判决已生效。

【案件焦点】

王某对涉案房屋的抵押权是否构成善意取得。

【法院裁判要旨】

北京市朝阳区人民法院经审理认为：关于《借款抵押合同》的效力，合同法规定，有下列情形之一的，合同无效：（一）一方以欺诈、胁迫的手段订立合同，损害国家利益；（二）恶意串通，损害国家、集体或者第三人利益；（三）以合法形式掩盖非法目的；（四）损害社会公共利益；（五）违反法律、行政法规的强制性规定。丁某向王某借款并签订《借款抵押合同》后，王某实际出借款项，现没有证据证明丁某与王某之间签订上述合同存在合同无效的法律规定的情形，故双方签订的《借款抵押合同》合法有效。郑某要求确认《借款抵押合同》无效的诉讼请求，没有依据，不予支持。

关于王某对涉案房屋抵押权是否构成善意取得，《中华人民共和国物权法》第一百零六条规定，无处分权人将不动产或者动产转让给受让人的，所有权人有权追回；除法律另有规定外，符合下列情形的，受让人取得该不动产或者动产的所有权：（一）受让人受让该不动产或者动产时是善意的；（二）以合理的价格转让；（三）转让的不动产或者动产依照法律规定应当登记的已经登记，不需要登记的已经交付给受让人。受让人依照前款规定取得不动产或者动产的所有权的，原所有权人有权向无处分权人请求赔偿损失。当事人善意取得其他物权的，参照前两款规定。首先，丁某与王某签订《借款抵押合同》时，丁某拥有北京市住房和城乡建设委员会颁发的涉案房屋的《房屋所有权证》，虽然此后该房屋所有权证通过判决形式予以撤销，但在签订合同当时，王某无法预知该后果，也无从知晓丁某是以其他手段非法获得该房屋所有权证。其次，丁某向王某借款，王某亦实际出借了100万元，并进行了相应的公证，从借款流程上看并无瑕疵；也没有证据证明丁某与王某之间是恶意串通。最后，在出借款项后，王某及时办理了涉案房屋的抵押登记，取得了房屋他项权利证书。综合以上情形，丁某对涉案房屋的无权处分不影响王某取得相应的抵押权，王某对涉案房屋的抵押权构成善意取得。综上，郑某要求确认《借款抵押合同》无效并请求丁某、王某协助办理解除抵押登记手续的诉讼请求，没有法律依据，不予支持。

北京市朝阳区人民法院依据《中华人民共和国合同法》第五十二条、《中华人民共和国物权法》第一百零六条、《中华人民共和国民事诉讼法》第一百四十四条之规定，判决如下：

驳回郑某的全部诉讼请求。

郑某不服一审判决，提起上诉。北京市第三中级人民法院经审理认为：郑某上诉主张丁某与王某签订的《借款抵押合同》无效，应当就该合同存在《中华人民共和国合同法》第五十二条有关合同无效的情形承担举证证明责任。丁某签订《借款抵押合同》时对于抵押财产虽然没有处分权，但无权处分并不必然导致合同无效，郑某以《借款抵押合同》违反了《中华人民共和国物权法》第四十条为由主张合同无效，但上述法律规定并非效力性强制性规定，对郑某该项主张不予采纳。郑某以《借款抵押合同》属于“以合法形式掩盖非法目的”为由主张合同无效，但其未能说明丁某与王某签订《借款抵押合同》确实存在双重目的，亦未就“非法目的”的内容举证证明，对郑某的该项主张不予采纳。签订《借款抵押合同》后，王某实际向丁某出借了合同约定的款项，现有证据难以认定双方存在恶意串通的情形。故一审法院认定《借款抵押合同》有效并无不当，二审法院予以确认。

抵押权的善意取得，应当满足四个条件，即抵押权人不知道抵押人没有处分权、抵押权人没有重大过失、抵押权人履行了主合同义务、已办理抵押登记。真实权利人主张抵押权人不构成善意的，应当承担举证证明责任。因丁某取得的《房屋所有权证》系办理完毕抵押登记后由生效判决撤销，现有证据亦不能证明王某在签订《借款抵押合同》时即知晓丁某没有处分权或系以非法手段取得《房屋所有权证》，王某亦按照借款合同的约定向丁某支付了借款，故一审法院认定王某善意取得抵押权并无不当。郑某以王某未实地考察房屋状况为由主张王某并非善意，依据不足，不予采纳。

北京市第三中级人民法院依照《中华人民共和国民事诉讼法》第一百七十条第一款第一项的规定，判决如下：

驳回上诉，维持原判。

【法官后语】

本案处理重点在于善意取得房屋抵押权能否构成撤销房屋登记的阻却事由，即无处分权人处分他人房屋并办理了登记，在真实的房产权利人主张撤销房屋登记，第三人主张善意取得房屋抵押权时，能否构成撤销房屋登记的阻却事由？

1. 抵押权是否适用善意取得

善意取得制度旨在保护无权处分情况下善意第三人的权利，主要针对无权处分人处分他人财产的情形，也有少部分欠缺处分权而擅自处分财产的情形。根据《中华人民共和国物权法》第一百零六条规定："无处分权人将不动产或者动产转让给受让人的，所有权人有权追回；除法律另有规定外，符合下列情形的，受让人取得该不动产或者动产的所有权：（一）受让人受让该不动产或者动产时是善意的；（二）以合理的价格转让；（三）转让的不动产或者动产依照法律规定应当登记的已经登记，不需要登记的已经交付给受让人。

受让人依照前款规定取得不动产或者动产的所有权的，原所有权人有权向无处分权人请求赔偿损失。当事人善意取得其他物权的，参照前两款规定。"[①] 根据上述规定，善意受让人取得权利的类型不仅限于动产和不动产所有权，还包括其他物权，而抵押权亦包含于他物权范畴，因此应当适用善意取得制度。

2. 抵押权善意取得的构成要件

参照《中华人民共和国物权法》第一百零六条规定，认定抵押权的善意取得应以所有权善意取得的三个要件为基本依据。

第一，无权处分人擅自将不动产或动产抵押给第三人。主要存在以下两种情形，一种是共有人未经其他共有人同意抵押不动产或动产，另一种是假冒他人名义抵押他人房产。学界有观点认为假冒他人名义抵押他人房产的，抵押权不应适用善意取得。暂不论是否认同该观点，本案中，郑某称其儿子丁某窃取了房屋所有权证书后办理了转移登记，将涉案房屋登记在丁某自己的名下。也就是说，在房屋被办理抵押登记当时，丁某为房屋所有权登记的所有权人。因此，在这一点上，至少在抵押登记当时不存在假冒他人名义抵押他人房产的问题，而是在处分权利时存在瑕疵。

第二，支付了合理的对价。这也是基于维护正常市场交易秩序的考量。对于是否合理，《最高人民法院关于适用〈中华人民共和国物权法〉若干问题的解释（一）》第十九条提出的判断标准为"应当根据转让标的物的性质、数量以及付款方式等具体情况，参考转让时交易地市场价格以及交易习惯等因素综合认定。"[②] 具体到本

---

① 《中华人民共和国民法典》对该条文内容进行全文保留，即第三百一十一条。

② 《最高人民法院关于适用〈中华人民共和国民法典〉物权编的解释（一）》对该条文内容进行全文保留，即第十八条。

案，借款实际支付及抵押登记并无太大争议。

第三，抵押权人在抵押当时是善意的。这也是本案的主要焦点，通常也是审理中的难点，即不动产抵押权人“善意”的认定。《最高人民法院关于适用〈中华人民共和国物权法〉若干问题的解释（一）》第十五条第一款规定：“受让人受让不动产或者动产时，不知道转让人无处分权，且无重大过失的，应当认定受让人为善意。”① 鉴于物权法对不动产确立了“不动产登记的公示原则”及“不动产登记簿具有权利推定效力”，充分赋予抵押权人在举证责任上，只要能证明是基于对不动产登记簿的信赖，可直接推定其“善意”。本案中，丁某与王某签订《借款抵押合同》时，丁某当时拥有涉案房屋的《房屋所有权证》，虽然此后该《房屋所有权证》被法院通过判决形式予以撤销，但在签订合同当时，王某无法预知该后果，亦无从知晓丁某系以其他手段非法获得该房屋所有权证。因此，本案中的抵押权善意取得成立。

3. 抵押权的善意取得是否构成撤销房屋登记的阻却事由

根据《房屋登记办法》第八十一条规定：“司法机关、行政机关、仲裁委员会发生法律效力的文件证明当事人以隐瞒真实情况、提交虚假材料等非法手段获取房屋登记的，房屋登记机构可以撤销原房屋登记，收回房屋权属证书，登记证明或者公告作废，但房屋权利为他人善意取得的除外。”该条明确规定，如果存在善意取得的情形，则构成撤销房屋登记的阻却事由。

编写人：北京市朝阳区人民法院　李方　周剑彬

---

① 《最高人民法院关于适用〈中华人民共和国民法典〉物权编的解释（一）》对该条文内容进行全文保留，即第十四条。

241 委托售房作为借款担保，受托人恶意处分房产仍可适用善意取得制度

——赵某诉顾某清、高某娣排除妨害案

【案件基本信息】

1. 裁判书字号

江苏省无锡市中级人民法院（2017）苏 02 民终 104 号民事判决书

2. 案由：排除妨害纠纷

3. 当事人

原告（被上诉人）：赵某

被告（上诉人）：顾某清、高某娣

【基本案情】

2002 年 6 月 18 日，顾某清与江阴市拆迁办公室滨江办事处签订《双作价产权互换协议书》，约定江阴市拆迁办公室滨江办事处向顾某清提供建筑面积为 132.68 平方米的房屋；其中自行车库面积 23.66 平方米。2012 年 12 月 7 日，顾某清取得该房屋的房产证，载明房屋坐落渡江三村 20 幢×室（以下简称×室房屋），建筑面积 132.68 平方米，该面积是否包含车库面积，房产证并未明确。

2013 年 12 月 18 日，顾某清、高某娣作为委托人与作为受托人的案外人刘某签订委托书并经公证，全权委托刘某代表顾某清、高某娣将其共有的×室房屋出售。

2014 年 7 月 31 日，刘某持上述委托书代表顾某清与案外人秦某政签订房地产买卖合同，约定，顾某清将×室房屋（含自行车库）出售给秦某政，房屋成交总价为 420000 元。同年 8 月 12 日，秦某政取得×室房屋产权证，记载建筑面积 132.68 平方米，房产证附记中明确面积包含了自行车库面积 23.66 平方米。

2014 年 10 月 13 日，秦某政与赵某签订二手房买卖合同，约定：赵某向秦某政购买其×室房屋，建筑面积 132.68 平方米，房屋价款 525413 元。自行车库 23.66 平方米，一并转移给赵某。同年 10 月 15 日，赵某取得×室房屋产权证，建筑面积 132.68 平方米，附记中载明面积含自行车库 23.66 平方米。至同月 30 日，赵某支付了全部房款。赵某取得×室房屋后，将该房屋出租给他人。秦某政在交付房屋时，未将自行车库的钥匙交付赵某，赵某当时也未发现顾某清及高某娣居住在该自行车库内。

赵某请求判令顾某清、高某娣立即迁出涉案车库。顾某清、高某娣辩称：2013 年 12 月 18 日，经某投资咨询服务部介绍，其向秦某政借款 400000 元，用×室房屋作为抵押，未抵押车库。同时经该服务部工作人员操作，签署了《江阴市房产买卖合同》《委托书》，其在本案中才知道上述房屋已经先后过户给秦某政、赵某。其签署《委托书》并非本意，并无出卖房屋的意思。

【案件焦点】

赵某是否取得涉案自行车库的所有权。

【法院裁判要旨】

江苏省江阴市人民法院经审理认为：双方当事人对不动产所有

权的归属争议，应当根据房屋的买卖合同约定及产权登记等来确定，不动产权属证书是权利人享有该不动产物权的证明。刘某受顾某清、高某娣的委托已将×室房屋及其附属设施自行车库出卖给秦某政，且为不动产登记部门登记所确认。顾某清及高某娣否认自行车库已出卖的事实，法院依法不予采信。赵某系从秦某政处购得此房屋，根据合同约定及房屋产权证，其中包括23.66平方米的自行车库。故自行车库的所有权属于赵某，顾某清、高某娣无权占有自行车库。现顾某清、高某娣仍居住在该自行车库内，侵犯了赵某的所有权，赵某有权要求顾某清、高某娣迁出该自行车库。

江苏省江阴市人民法院依照《中华人民共和国物权法》（以下简称《物权法》）第三十二条、第三十三条、第三十四条、第三十五条之规定，作出如下判决：

顾某清、高某娣应于本判决发生法律效力之日起六十日内迁出涉案自行车库。

顾某清、高某娣不服一审判决，提起上诉。江苏省无锡市中级人民法院经审理认为：第一，赵某向秦某政购买涉案房屋时，该房屋登记产权人为秦某政，赵某支付了合理价款，并办理了房屋产权过户登记，在无证据证明赵某存在恶意的情况下，应当认定赵某取得了该房屋的所有权。第二，赵某签订的房屋买卖合同中包含自行车库，领取的房屋产权证中载明包含自行车库，上述证据表明赵某在取得×室房屋所有权的同时取得了自行车库的所有权，根据一物一权原则，顾某清、高某娣已经不再拥有自行车库所有权。第三，按照《物权法》第二条和第三十五条的规定，物权具有排他性，权利人可以请求排除妨害，赵某作为自行车库物权人，其要求顾某清、高某娣搬出自行车库，符合法律规定。第四，顾某清、高某娣上诉所称其与秦某政系借贷抵押关系，抵押房屋不包括自行车库的理由，系其与秦某政之间的法律关系。因双方当事人在一审中均未申请追加秦某政参加诉讼，二审期间已不宜追加。若顾某清、高某娣认为秦某政侵犯了其合法权利，可依法另行主张。

江苏省无锡市中级人民法院依照《中华人民共和国民事诉讼法》第一百七十条第一款第一项的规定，作出如下判决：

驳回上诉，维持原判。

【法官后语】

本案虽然是关于排除妨害的纠纷，但是引起本案纠纷的原因则是委托售房型借款担保，出借人为了保障收回借款，让借款人与第三人签订公证委托出售房屋的委托合同，后为收回借款，出售借款人的房屋。本案中，借款人为了保证收回借款上了“双保险”：既签订了抵押担保合同，又选择指定的第三人与借款人签订委托售房的合同。该公证委托合同系双方的真实意思表示，也没有违反法律的禁止性规定，应认定为合法有效。在第三人恶意处分房屋的情况下，涉及借款人与善意受让人利益的平衡及保障。

1. 关于借款人利益的保障

顾某清、高某娣委托刘某卖房，虽系无偿委托，但刘某应本着诚实信用的原则，为了委托人的利益依法善意处理委托人的房屋。但是刘某将房屋卖给出借人秦某政，明显是为了秦某政收回借款，而非为顾某清、高某娣的利益考虑，且出卖时间为 2014 年 7 月 31 日，借款并没有到期。出卖价格为 42 万元，与秦某政卖给赵某的价款相差 10 万元。应认定刘某与秦某政系恶意处分受托人财产，损害了顾某清、高某娣的利益。顾某清、高某娣可向刘某、秦某政提起侵权之诉，以侵权损害赔偿的方式获得救济，出借人秦某政与委托人刘某恶意串通损害顾某清、高某娣的利益，应承担连带赔偿责任。

2. 关于受让人是否取得所有权及利益保障

本案在二审期间，一审、二审法院多次进行了沟通。原因是最高人民法院公布了“连成贤诉臧树林排除妨害纠纷案”，此案例的裁判理由为签订房屋买卖合同后出卖方应向买受人履行权利与实物的双重交付，在买受方已取得房屋产权而未实际占有的情况下，其仅仅基于物权请求权要求有权占有人迁出，法院应作慎重审查。此案例与本案有诸多相似之处：签订了委托卖房协议；存在两次房屋买卖；原所有人持续占有房屋。唯一不同之处在于，本案诉争标的为自行车库，是房屋的从物，“连成贤诉臧树林排除妨害纠纷案”诉争的是房屋本身。该案例认为，案外人谢某忠自始至终没有合法取得系争房屋而客观上无法向连成贤履行交付房屋的义务，故连成贤应向谢某忠主张因无法交付房屋导致合同无法继续履行的违约责任。本案在衡量不动产登记权利人与合法占有人利益时，综合物权法基本原理即主物所有权变动的效力及于从物，故偏向保护善意第三人的利益，遵循“登记绝对优先原则”，即“不动产物权变动既以登记为公示方法，则信赖此项表征者，纵令其表征与实质的权利不符，对于信赖之人，亦应予以保护”①。秦某政向赵某出示的房产证中已经明确了建筑面积 132.68 平方米含自行车库面积 23.66 平方米，赵某基于对登记内容的信赖支付了合理对价，其并不知道秦某政无权处分自行车库，且房屋已经过户至赵某名下，在无证据证明赵某存在恶意的情况下，应当认定赵某取得了房屋所有权。本案自行车库

① 王泽鉴：《民法物权》，北京大学出版社 2009 年版，第 71 页。

无独立的产权证明，其所有权登记依附于房屋本身。因从物附着于主物，并且主物的处分及于从物，车库属于房屋的从物，房屋的所有权登记发生变动，应当认定从物车库的所有权随之变动，故从主物、从物角度综合考虑，判决车库所有权属于赵某。根据物权的排他性原理，权利人可以请求排除妨害，赵某作为所有权人，可以要求无权占有人顾某清、高某娣搬出车库。

3.《中华人民共和国民法典》（以下简称《民法典》）关于善意取得制度的规定

《民法典》第三百一十一条沿用了《物权法》第一百零六条的善意取得制度，保护善意相对人的信赖利益。《最高人民法院关于适用〈中华人民共和国民法典〉物权编的解释（一）》第十四条明确了善意的认定标准："受让人受让不动产或者动产时，不知道转让人无处分权，且无重大过失"，具体到本案中，秦某政虽与刘某恶意串通取得车库所有权，但秦某政的房产证公示信息中已经明确了132.68平方米房屋面积含自行车库面积，赵某信赖公示信息且支付合理对价，按照《民法典》规定其受让车库时并存在过错，符合善意取得的认定标准，同时《民法典》与原《物权法》善意取得制度一致，均对原权利人提供了一种债权上的救济，即原权利人可以基于债权上的请求权要求让与人承担合同或者侵权责任，本案裁判思路亦符合《民法典》及司法解释的精神。

编写人：江苏省江阴市人民法院　邓云　相娟

242 抵押权的善意取得与行使期间

——进出口公司诉陈某、洪某谨抵押权案

【案件基本信息】

1. 裁判书字号

福建省厦门市中级人民法院（2015）厦民终字第3777号民事裁定书

2. 案由：抵押权纠纷

3. 当事人

原告（被上诉人）：进出口公司

被告（上诉人）：洪某谨

被告：陈某

第三人：陈某峰

【基本案情】

1998年4月，进出口公司与房地产公司签订一份《商品房预售合同》，约定房地产公司将坐落于厦门市思明区禾祥东路22号之十三×××室（以下简称讼争房产）出售给进出口公司。进出口公司付清款项后，将讼争房产分配给案外人王某某居住至今。

2007年4月11日，厦门市思明区人民法院受理（2007）思民初字第2409号陈某诉房地产公司商品房买卖合同纠纷一案，陈某在该案中诉称，房地产公司因业务关系尚欠其500000元未还，并承诺以房抵债，并立下《欠条》为据。审理中，陈某峰持加盖房地产公司印章的《授权委托书》参加诉讼，经厦门市思明区人民

法院主持调解，双方达成协议：房地产公司应于调解书生效之日起五日内将办理讼争房产权属登记需由房地产公司提供的资料报产权登记机构备案。经厦门市思明区人民法院强制执行，讼争房产于2009年11月11日变更登记至陈某名下。

2011年4月25日，洪某谨与陈某峰签订一份《借款合同》约定：陈某峰因资金周转困难，向洪某谨借款110万元；以抵押人陈某、吴某芬夫妇的讼争房产作为抵押担保；借款期限4个月，即2011年4月25日至8月25日，月息2%；借款期限届满后，若陈某峰不能及时还款，洪某谨可依法将该房屋出售，等等。同日，陈某委托田某某与洪某谨签订一份《厦门市房地产抵押合同》，约定陈某峰因流动资金的需要向洪某谨申请借款，金额110万元；抵押物为其他房地产（详见抵押物清单）；担保金额按月利率2%支付利息；担保借款合同项下的债权金额为110万元；债务人债务履行期限自2011年4月25日至8月25日；抵押物清单列明：权属人陈某，房地坐落禾祥东路22号之十三×××室，建筑面积140.28m^2。同月29日，洪某谨取得了讼争房产的他项权证。

2012年7月，厦门市思明区人民法院受理（2012）思民初字第9025号陈某诉王某某物权保护纠纷一案，陈某在该案中诉称讼争房产系其所有并办理产权登记，王某某未经陈某同意占用讼争房产，诉请判令王某某腾空返还讼争房产并支付占有使用费。该案诉讼中，王某某委托福建正泰司法鉴定中心对上述1998年1月3日《欠条》和2007年4月20日《授权委托书》中的“房地产公司”印文与厦门市工商行政管理局提供的“房地产公司”印文（样本）是否同一进行鉴定。2012年9月27日，福建正泰司法鉴定中心作出《文书司法鉴定意见书》，鉴定意见为：(1) 2007年4月20日《授权委托书》中“房地产公司”印文与样本中“房地产公司”印文非同一印章所盖；(2) 1998年1月3日《欠条》中“房地产公司”印文与样本中“房地产公司”印文极可能非同一印章所盖。2014年1月9日，经陈某申请，厦门市思明区人民法院口头裁定准予其撤回该案起诉。

2013年9月22日，厦门市思明区人民法院作出的（2013）思民初字第2325号进出口公司诉房地产公司、陈某房屋买卖合同纠纷民事判决中认为，（2007）思民初字第2409号案中陈某峰持有的《授权委托书》并非房地产公司所出具，陈某峰不能作为房地产公司该案代理人参加诉讼；陈某提交的关键证据《欠条》极可能非房地产公司出具，其所主张的案件基本事实即房地产公司欠陈某500000元未还并承诺以讼争房产抵偿欠款，缺乏充分证据予以证明，判决撤销（2007）思民初字第2409号民事调解书；房地产公司、陈某于判决生效之日起十日内协助进出口公司办理讼争房产登记手续，将讼争房产变更登记至进出口公司名下等。该判决已生效，尚在执行中。

进出口公司诉请为，陈某与洪某谨立即办理注销讼争房产抵押登记手续。

【案件焦点】

1. 洪某谨对讼争房产是否享有抵押权；2. 若享有，讼争抵押权是否应受保护。

【法院裁判要旨】

福建省厦门市思明区人民法院经审理认为：

一、洪某谨对讼争房产是否享有抵押权

首先，生效的法院判决已经确认陈某非讼争房产的合法权利人并判令要求其将产权变更登记到进出口公司名下，故陈某将讼争房产抵押给洪某谨的行为构成无权处分。其次，综合洪某谨与陈某峰签订的借款合同、陈某峰出具承诺书等证据，可确认双方存在真实的借贷关系。最后，陈某以讼争房产为前述债务设定抵押、与洪某谨签订抵押合同系双方当事人真实意思表示，内容于法不悖，为合法有效合同。合同签订时陈某为讼争房产所有权人，洪某谨作为一般借款人已尽到了审慎注意义务且亦支付了相应对价并办理了抵押登记，依法构成善意取得。进出口公司仅以委托同一诉讼代理人为由，认为洪某谨明知讼争房产系争议财产，缺乏事实与法律依据，不予采信。故洪某谨作为善意第三人，依法享有讼争房产的抵押权。

二、讼争抵押权是否应受保护

首先，洪某谨提供的证明书、银行交易明细、电子转账凭证，仅体现了三名案外人向其转账的事实，并无代陈某峰偿还欠款的意思表示；从短信记录来看，发信人的真实身份无法确认，每条短信间隔时间较长、内容不连贯、指代不清，且以“第三人陈某峰”一方发出居多，洪某谨并无主动催讨的意思表示；通话详单亦无法体现洪某谨向“第三人陈某峰”主张债权的内容。因此，洪某谨的前述举证无法证明在主债权诉讼时效期间（即 2011 年 8 月 26 日至 2013 年 8 月 25 日）发生过诉讼时效中断或中止之事由。其次，退一步而论，即使陈某峰确于 2014 年 7 月 10 日承诺偿还欠款及利息，但该行为均发生在主债权超过两年的诉讼时效之后，故不产生诉讼时效中断的法律效力，该笔借款主债权已超过诉讼时效。最后，根据物权法的规定，抵押权人未在主债权诉讼时效期间行使抵押权的，人民法院不予保护。洪某谨未在上述时效期间内行使抵押权，已丧失了对讼争房产行使抵押权受法院保护的权利。

综上，洪某谨虽依法享有讼争房产的抵押权，但其未能在主债权诉讼时效期限内行使抵押权，该抵押权已不受法律保护。再者，讼争房产已经生效文书确认为进出口公司所有，而非原抵押人陈某所有，洪某谨即使享有抵押权，客观上已无从实现担保物权，继续维持该抵押登记不利于抵押财产的有序流转、交易价值实现和担保秩序的稳定。故进出口公司要求注销讼争房产上设立的抵押登记，予以支持。据此，福建省厦门市思明区人民法院依照《中华人民共和国合同法》第六十条、第一百一十三条，《中华人民共和国民事诉讼法》第六十四条第一款之规定，判决如下：

陈某、洪某谨应于本判决生效之日起十日内向抵押登记部门办理注销讼争房产的抵押登记。

洪某谨不服一审判决，提起上诉。二审期间，因洪某谨经合法传唤，无正当理由拒不到庭。福建省厦门市中级人民法院经审理认为本案应按撤诉处理。据此，福建省厦门市中级人民法院依照《中华人民共和国民事诉讼法》第一百四十三条、第一百七十四条的规定，裁定如下：

本案按洪某谨自动撤回上诉处理。双方均按一审判决执行。

【法官后语】

本案系因物上之抵押权引起的法律纠纷，涉及讼争房产之权利人有“登记权利人”“真实权利人”和“抵押权人”。争议焦点在于

“登记权利人”在物上设定的抵押，“抵押权人”是否善意取得抵押权？“真实权利人”可否请求撤销物上之抵押登记？

1. 抵押权善意取得之适用

我国关于善意取得的规定，在民法典实施之前，适用《中华人民共和国物权法》第一百零六条：无处分权人将不动产或者动产转让给受让人的，所有权人有权追回；除法律另有规定外，符合下列情形的，受让人取得该不动产或者动产的所有权：（一）受让人受让该不动产或者动产时是善意的；（二）以合理的价格转让；（三）转让的不动产或者动产依照法律规定应当登记的已经登记，不需要登记的已经交付给受让人。受让人依照前款规定取得不动产或者动产的所有权的，原所有权人有权向无处分权人请求赔偿损失。当事人善意取得其他物权的，参照前两款规定。新颁布的《中华人民共和国民法典》第三百一十一条吸收了前述物权法关于善意取得的规定，也作出了基本一致的规定。

依据上述规定，抵押权属于我国法律规定的他物权中的担保物权，亦适用善意取得。本案中，“登记权利人”依据法院生效的民事调解书取得了讼争房产不动产登记证，并以该房产为他人的借款提供担保、办理抵押登记，债权人取得抵押权符合善意取得之要件：

一是债权人“善意”。不动产登记具有公示公信效力，不动产权属证书是权利人享有不动产物权的证明。本案“登记权利人”设定抵押时，持有讼争房产不动产权属证书且无异议登记，债权人足以信赖不动产登记簿上记载的权利人即讼争房产的所有权人，已尽到了审慎注意义务。“真实权利人”负有证明债权人非善意的举证责任，举证不能的，应当认定债权人为善意。

二是合理的对价。本案所设定的物权系抵押权，其主要目的是为借款提供担保，相应的“合理对价”应审查“登记权利人”与债权人之间或者“登记权利人”为之提供担保的债务人与债权人之间是否存在真实、合法的借贷关系。本案的借款合同、承诺书、抵押合同经审查均真实、合法、有效，足以认定债权人已“支付合理的对价”。

三是办理抵押登记。根据法律规定，设定不动产抵押应当办理抵押登记。本案债权人在借款、抵押合同签订后第四日即已取得讼争房产的他项权证书，已办理登记。

因此，虽“登记权利人”取得讼争房产所有权的依据被撤销，但债权人在讼争房产上设定的抵押权符合物权法关于善意取得之要件，应认为债权人取得了讼争房产之抵押权，为讼争房产的抵押权人。

2. 抵押权行使期间的解读

法律关于抵押权行使期间的规定为：“抵押权人应当在主债权诉讼时效期间行使抵押权；未行使的，人民法院不予保护。”① 对于抵押权未在主债权诉讼时效期间内行使的法律后果即“人民法院不予保护”，司法实践中存在不同的理解：

一种观点认为，抵押权人未在主债权诉讼时效期间行使抵押权的，抵押权仍然存在，仅抵押权人丧失了对抵押人的胜诉权，即不能通过向法院请求行使抵押权的方式优先受偿，抵押权并未当然“消灭”。而反对者认为，这无异于承认抵押权适用诉讼时效制度，而诉讼时效制度仅适用于请求权，适用于作为支配权的抵押权，明

① 《中华人民共和国民法典》第四百一十九条与《中华人民共和国物权法》第二百零二条。

显有违民法原理。

另一种观点认为，抵押权因主债权诉讼时效完成而消灭。反对者则认为，抵押权系主债权之从权利，主债权在诉讼时效经过后也仅是丧失胜诉权，作为从权利的抵押权何来消灭之说；根据物权法定原则，抵押权的设立、变更和消灭均须由法律规定，非因法律明确规定的消灭事由发生，抵押权永久存续。

笔者认为，从抵押权行使期间经过的法律效果、设置的初衷和司法实践等方面来看，应当将“人民法院不予保护”理解为“抵押权消灭”。

首先，抵押权之设定系担保债务的履行，当债务人不履行到期债务或者发生约定的实现抵押权的情形时，抵押权人有权就抵押财产优先受偿。而抵押权的行使方式主要有两种：一是与抵押人协议；二是请求法院拍卖、变卖抵押财产。[①] 本案中，抵押权人未在主债权诉讼时效内行使抵押权，法院不予保护，仅可通过与抵押人协议的方式实现。然就本案而言，该抵押财产的权属存在“真实权利人”与“登记权利人”不符的情形，“真实权利人”明确拒绝以抵押财产折价、变卖的价款偿还讼争房产所担保之债权，并提起注销抵押权登记之诉，故抵押权人已无从行使抵押权，其效果与抵押权归于消灭无异。

其次，抵押权行使期间的立法初衷在于：“随着市场经济的快速运转，如果允许抵押权一直存续，可能会使抵押权人怠于行使抵押权，不利于发挥抵押财产的经济效用，制约经济的发展。因此，规定抵押权的存续期间，能够促使抵押权人积极行使权利，促进经济

---

① 《中华人民共和国物权法》第一百九十五条。

的发展。”① 可见，抵押权行使期间的立法目的是防止抵押权人滥用因物之担保而取得的优势地位，保护抵押财产的归属，使抵押人的义务免于长期处于不确定状态，促使抵押权人积极地及时行使抵押权，促进社会经济秩序的稳定，是立法上对抵押权人与抵押人利益分配平衡的结果。若将“不受法院保护”理解为“继续存续”，则有违抵押权行使期间设立之初衷：一方面，抵押人与抵押权人协议以抵押财产清偿债务后，应当有权向债务人追偿，但债务人因主债务诉讼时效经过而享有的时效抗辩权和抵押权行使期间则形同虚设；另一方面，抵押权存续则抵押登记不能注销，也不能强制执行，抵押财产处分处处受阻。以本案为例，“真实权利人”之所以提起本案诉讼，根源在于其虽取得“登记权利人”协助其办理变更登记之判决，但因讼争房产设有抵押，在抵押权人不同意或注销抵押登记的情形下，无法办理变更登记手续，“真实权利人”的合法权益无从救济，不利于抵押财产交易价值的实现和担保秩序的稳定，影响了抵押财产的有序流转。

最后，抵押权虽为从权利应以主权利存在为前提，但从权利的消灭并不以主权利的消灭为前提，主权利的存在并不影响从权利的灭失。反对者所担忧的物权法定原则亦不是绝对的，有学者也认为应采取“法定缓和说”，社会的发展进步，立法者无法事无巨细地预先设计出穷尽所有的物权种类及其内容，只要不与其他法律相冲突，可以将“不受法院保护”从宽解释为抵押权消灭的法定情形之一。

综上所述，抵押权因行使期间的经过而消灭，抵押财产的“真

① 全国人大常委会法制工作委员会民法室编：《中华人民共和国物权法条文说明、立法理由及相关规定》，北京大学出版社2007年版，第366页。

实权利人”要求注销抵押登记的，应当予以支持。

编写人：福建省厦门市思明区人民法院　黄素梅

243　抵押权人收取抵押物孳息的条件

——某银行诉玻璃公司抵押权案

【案件基本信息】

1. 裁判书字号

浙江省台州市中级人民法院（2016）浙10民终字第582号民事判决书

2. 案由：抵押权纠纷

3. 当事人

原告（上诉人）：某银行

被告（被上诉人）：玻璃公司

第三人：电器公司清算组

【基本案情】

2011年1月13日，案外人厨卫公司以其所有的坐落于玉环县（现玉环市，下同）芦浦漩门工业城的厂房（以下简称抵押厂房）为担保向某银行融资贷款，并办理了抵押物登记手续。2012年3月22日，玻璃公司与厨卫公司签订了一份租赁合同，约定由玻璃公司租赁厨卫公司抵押厂房，玻璃公司向厨卫公司支付了三年租金470万元，并由厨卫公司出具收条一份。2013年4月17日，玻璃公司将上述厂房转租给电器公司清算组，年租金为190万元，租赁期限为2年，自2013年4月25日起至2015年4月24日止。合同签订后，截至2014年10月30日，玻璃公司共收取了电器公司清算组租金288.1万元。

法院在执行某银行与厨卫公司金融借款合同纠纷等案件过程中，于2013年8月1日裁定对厨卫公司的抵押厂房予以拍卖。2013年11月6日，法院执行局将拍卖裁定书送达玻璃公司，并通知其腾空厂房。玻璃公司于2013年12月16日向法院提出执行异议，被裁定驳回后又提起执行异议之诉，最终被台州市中级人民法院二审判决驳回。在执行异议诉讼期间，某银行于2014年8月18日通知电器公司清算组应将抵押厂房和租金直接支付给某银行。

2015年5月21日，抵押厂房拍卖后，某银行受偿本金2626.31万元、利息520万元（截至2015年7月15日，利息暂计1246.829251万元），剩余债权未能受偿。

某银行认为：（1）成立在后的租赁权不能对抗抵押权，因此玻璃公司与厨卫公司签订的租赁合同无效，故转租行为也不受法律保护。（2）2013年8月1日抵押物被法院裁定拍卖后，某银行作为抵押权人有权向清偿义务人即电器公司清算组收取孳息，因此玻璃公司收取的2013年8月1日之后的租金共237.4334万元应归其所有，故请求玻璃公司予以返还。

玻璃公司认为：租赁权虽迟于抵押权的设定，但只说明租赁权不能对抗抵押权，并不是承租关系无效。抵押人已向玻璃公司一次性收取了三年房租，法定孳息已不存在，某银行无权再次收取。并根据《中华人民共和国物权法》第一百九十七条规定，抵押权人收取租金要满足两个前提条件，即抵押财产被扣押且抵押权人已经通知应当给付法定孳息的义务人。因此请求驳回某银行的诉讼请求。

【案件焦点】

1. 玻璃公司一次性支付了租金后，抵押权人某银行是否还能行使收取孳息权；2. 抵押权人履行通知义务的认定。

【法院裁判要旨】

浙江省玉环县人民法院经审理认为：某银行系厨卫公司抵押厂房的抵押权人，所设定的抵押权先于玻璃公司的租赁权，依法可以对抗玻璃公司的租赁权。玻璃公司辩解争议的租金已由厨卫公司一次性收取不存在转租租金给付的问题，不予采纳。《中华人民共和国物权法》第一百九十七条规定："债务人不履行到期债务或发生当事人约定的实现抵押权的情形，致使抵押财产被人民法院依法扣押的，自扣押之日起抵押权人有权收取该抵押财产的天然孳息或者法定孳息，但抵押权人未通知应当清偿法定孳息的义务人的除外。前款规定的孳息应当先充抵收取孳息的费用。"对某银行的诉讼请求，作如下评判：第一，关于抵押权人的通知义务。2013 年 8 月 1 日，厨卫公司的抵押厂房虽因执行而由法院裁定拍卖，支付租金的义务人电器公司清算组仍没有直接支付租金给某银行的义务。某银行是电器公司清算组的主要债权人之一，对电器公司清算组重整期间电器公司清算组租用厨卫公司的抵押厂房这一重大事项应为明知。某银行在 2014 年 8 月 18 日通知电器公司清算组直接向其支付租金后方有权收取相应的租金。经计算，从 2013 年 4 月 25 日至 2014 年 8 月 18 日，按年租金 190 万元计算，租金为 248.8 万元，该部分租金应归玻璃公司所有。第二，关于收取租金的费用。玻璃公司提供了变压器转让协议书、黄某华、蒋祖亮共收取 45 万元的收条及银行明细对账单，与转租合同中约定的变压器缺失内容相符，庭审中电器公司清算组也承认所支付的首期款 50 万元为购买变压器所用。故玻璃公司回购变压器而支付的 45 万元应当认定为收取租金产生的费用。玻璃公司提供了电梯维修协议、银行明细各一份及钟云根收取电梯维修费 10 万元的收条以证明修复电梯花费 10 万元，因没能得到电器公司清算组的认可，暂不予认定。玻璃公司提供了电缆销售清单及支付 8.7496 万元的收款收据一份，以证明修缮抵押厂房所发生的费用。附属于变压器的电缆价值较大，完全可能被盗走，玻璃公司为此重新购置电缆花费 8.7496 万元符合实际。综上，根据法院所认定的玻璃公司收取租金的费用在其收取的租金中先予扣抵，玻璃公司还可在后续（2014 年 8 月 18 日后）的租金中得到 14.4496 万元（248.8 万+45 万+8.7496 万-288.1 万）费用。某银行要求玻璃公司返还租金的诉讼请求不能得到支持，依法予以驳回。据此判决：

驳回某银行的诉讼请求。

一审判决后，某银行不服，提出上诉。

浙江省台州市中级人民法院经审理认为：某银行系厨卫公司抵押厂房的抵押权人，该抵押物被法院依法拍卖后，所得拍卖款尚不足以清偿厨卫公司欠某银行的债务，故某银行作为抵押权人有权自抵押物被法院扣押之日起收取该抵押物的天然孳息或者法定孳息。但根据《中华人民共和国物权法》第一百九十七条规定，某银行享有收取抵押物天然孳息或者法定孳息权利的前提是其应当通知清偿法定孳息的义务人，否则其无权享有收取抵押物孳息的权利。某银行仅于 2014 年 8 月 18 日通知承租人电器公司清算组，显然怠于行使通知义务，故某银行对其通知承租人电器公司清算组之前的租金无权予以收取。另外，根据传统商法理论，某银行作为抵押权人对孳息的收取仅是一种对孳息的占有权，而非所有权，孳息所有权在抵押权实现优先受偿权之前应属于抵押人。鉴于抵押人厨卫公司通过租赁合同的方式已将抵押厂房收益权转让给玻璃公司，因此，一审判决某银行通知电器公司清算组之前的部分租金归玻璃公司所有并无不当。至于收取租金费用问题，由于电器公司清算组与玻璃公司所签的租赁协议明确厨卫公司抵押厂房变压器已被他人盗走，与电器公司清算组的庭审陈述能相互印证。故一审判决认定玻璃公司回购变压器、购置电缆的花费符合实际情况，故对玻璃公司主张的上述两项费用予以支持。综合计算玻璃公司应得租金款项，显然并不超出玻璃公司从电器公司清算组收取的总租金 288.1 万元，故某银行要求玻璃公司返还租金的诉讼请求不予支持。综上，某银行的上诉理由均不能成立，不予支持。一审判决适用法律正确，判处得当，依法应予维持。浙江省台州市中级人民法院依照《中华人民共和国民事诉讼法》第一百七十条第一款第一项的规定，判决如下：

驳回上诉，维持原判。

【法官后语】

《中华人民共和国物权法》第一百九十条明确了抵押权和租赁权的关系，而第一百九十七条则规定了抵押权人向承租人收取孳息的条件，本案当事人的诉讼主张体现出其对上述法律规定理解的混乱。

首先，抵押权人收取孳息的权利不预设对抵押权和租赁权的判断。探究《中华人民共和国物权法》第一百九十七条的立法目的可以更好地理解这一点。当抵押权人行使抵押权致使抵押财产被人民法院扣押的，如果抵押财产的孳息仍为抵押人收取，则会变相怂恿抵押人为收取孳息而拖延处理抵押财产，不利于保护抵押权人的利益。此时将收取抵押物孳息的权利转移给抵押权人，既有利于实现担保物权的程序顺利进行，也能充分发挥抵押财产担保债权受偿的功能。由此可见，《中华人民共和国物权法》第一百九十七条赋予抵押权人收取租金的权利是对抗抵押人，而不是对抗承租人。

其次，承租人已支付租金的，是否仍属清偿孳息的义务人。《中华人民共和国物权法》第一百九十条不仅适用于抵押权实现后物权发生变动的情形，也适用于本案中租赁权妨害抵押权实现的情形。从法理上分析，若承租人的承租和转租行为是在不动产抵押权设立之后，承租人本可以通过查询了解租赁财产的物上负担情况，如未查询或者明知承租财产的负担情况，仍采取一次性交纳多年租金的方式进行租赁和转租，就应当承担由此带来的风险。承租人应当注意而未注意或者明知而为之不属于法律规定的善意第三人。承租人已经支付的租金可向出租人即抵押人另行主张。这一条暗合了风险分配原理，谁最能控制风险谁就承担风险，体现了风险与利益一致的原则。

理顺了法律关系，明确了《中华人民共和国物权法》第一百九十七条的适用条件以及抵押权人收取孳息的对象，接下来要明确的是抵押权人应如何正确行使权利，抵押权人收取抵押物孳息须满足以下两项条件：(1) 抵押物已为法院扣押；(2) 抵押权人已经通知清偿法定孳息的义务人。

法定孳息如租金的取得，有赖于义务人的给付行为方能实现，通常情况下，依据合同相对性，义务人仅负有向抵押人给付孳息的义务，如果抵押权人未将抵押物被扣押的事实通知义务人，义务人就无法将孳息交付给抵押权人，抵押权的效力也就无法及于该孳息。

对于“通知”的认定，也是本案的一大争议焦点。某银行认为，2013 年 8 月 1 日，法院受理其强制执行申请后，对抵押物裁定拍卖，并以执行公告的形式通知了玻璃公司及电器公司清算组，玻璃公司自抵押厂房被裁定拍卖之日起即已丧失用益权。对此，一、二审法院均未予采纳。某银行对电器公司清算组承租抵押厂房的事实既已明知，但在法院裁定拍卖抵押厂房后一年多即查至2014年8月18日才通知承租人电器公司清算组，显然怠于行使通知义务。因此某银行对2014年8月18日之前的孳息无权予以收取。民法典实施后，原《中华人民共和国物权法》第一百九十七条的规定已为《中华人民共和国民法典》第四百一十二条承继，条文规定和立法精神未有变化，本案裁判要旨仍可继续适用。

编写人：浙江省玉环县人民法院　蔡亚妮

244　房产租赁订约在先但未实际交付能否对抗抵押权

——某银行诉王某芬等抵押权案

【案件基本信息】

1. 裁判书字号

浙江省衢州市中级人民法院（2014）浙衢民终字第355号民事判决书

2. 案由：抵押权纠纷

3. 当事人

原告（被上诉人）：某银行

被告（上诉人）：食品厂

被告：王某芬、车业公司

【基本案情】

王某芬因开办食品厂需向衢江区工业投资决策咨询服务协调小组进行立项审批，故于2012年11月29日与车业公司签订了《厂房出租协议》，协议约定车业公司将其位于天湖南路28号的厂房租赁给王某芬，自2012年12月1日起租赁三年，租金每年150000元，如一方推翻协议则赔偿经济损失费违约金20000元。同日，王某芬付给车业公司20000元。2012年12月19日，食品厂取得营业执照，该食品厂系个人独资企业，投资人为王某芬。2012年12月28日，车业公司向王某芬借款100000元，当时双方口头约定如王某芬的项目立项成功，确定将正式租赁车业公司厂房的话，该100000元借款就抵作厂房租金。2013年1月16日，某银行与车业公司签订了《最高额抵押合同》，车业公司以其衢江区天湖南路28号的房地产及地上附属物提供抵押担保，抵押登记手续已于2013年1月6日办理，因此时王某芬并未实际使用车业公司的厂房，故某银行对于王某芬与车业公司曾在2012年11月29日签订《厂房出租协议》并不知情，随后，某银行向车业公司发放贷款共计7200000元。2013年5月1日，食品厂开始使用车业公司的厂房，同年8月8日，食品厂与车业公司补签《厂房出租协议》，协议约定租期自2013年5月1日起共十年，租金第一年150000元，第二年起每年递增6%，并一致确认2012年11月29日签订的《厂房出租协议》作废。王某芬原已支付的20000元以及借给车业公司的100000元抵作租金，租金自2013年5月1日起计付。2013年6月25日，车业公司向姜某新借款500000元，王某芬予以担保，并约定如车业公司无法偿还借款，承诺担保人抵扣房租费四年，后因车业公司老板失联，王某芬于2013年12月3日、2014年4月24日分两次将500000元本金还给了姜某新。2013年10月10日，因车业公司贷款逾期，某银行向法院申请就抵押物实现担保物权，2013年10月14日，法院作出（2013）衢商特字第12号民事裁定书，裁定对车业公司用于抵押的位于衢江区经济开发区天湖南路28号的担保财产准予采取拍卖、变卖方式依法变价，某银行对变价后所得款项在贷款本金7200000元及合同约定的利息范围内优先受偿。随后，某银行申请强制执行，因王某芬、食品厂提出其租赁在先而拒绝搬迁，又未提案外人执行异议，导致执行受阻。

【案件焦点】

王某芬与车业公司于2012年11月29日签订的《厂房出租协议》是否可以对抗某银行就案涉厂房所享有的抵押权。

【法院裁判要旨】

浙江省衢州市衢江区人民法院经审理认为，王某芬与车业公司在2012年11月29日签订《厂房出租协议》是为了其设立食品厂进行立项审批所用，而且实际并未履行，2013年8月8日已经成立的食品厂与车业公司签订《厂房出租协议》将租赁时间确定为自2013年5月1日起，该协议所约定的“2012年11月29日协议作废”，应当视为双方合意解除了2012年11月29日的协议。某银行与车业公司签订的《最高额抵押合同》是在2013年1月16日，并且抵押登记手续在同年1月6日就已经办妥。因此，本案某银行就车业公司的财产抵押权设立在先，而食品厂与车业公司的租赁关系在后，该租赁关系不得对抗已登记的抵押权，某银行为实现抵押权，有权要求解除租赁关系。现某银行请求解除食品厂与车业公司2013年8月8日签订的《厂房出租协议》，同时要求食品厂搬离租赁厂区，排除对某银行实现抵押权的妨碍，符合法律规定，法院予以支持。

浙江省衢州市衢江区人民法院依照《中华人民共和国物权法》第一百九十条，《中华人民共和国合同法》第九十四条第五项的规定，作出如下判决：

一、自判决生效之日起解除食品厂与车业公司于2013年8月8日签订的《厂房出租协议》，食品厂应当在判决生效之日起两个月内腾退房屋；

二、驳回某银行的其他诉讼请求。

王某芬持原审起诉意见提起上诉，认为其与车业公司于2012年11月29日即签订《厂房出租协议》且已实际履行，租赁关系成立在先。浙江省衢州市中级人民法院经审理认为，租赁合同权利义务的主要内容在于对出租物的占有使用，考察合同是否实际履行应从合同订立的目的背景以及是否围绕主合同义务履行进行考虑，综合本案案情及王某芬在一审庭审及调查笔录中的陈述，2012年11月29日签订《厂房出租协议》是为了设立食品厂进行立项审批所用，并未实际履行，且2013年8月8日食品厂与车业公司签订的《厂房出租协议》确定租赁时间自2013年5月1日起，并约定“2012年11月29日签订的《厂房出租协议》作废”，该约定应当视为双方合意解除2012年11月29日签订的《厂房出租协议》。而案涉厂房抵押登记于2013年1月6日即完成。因此，本案某银行就案涉厂房的抵押权设立在先，抵押权设立后抵押财产出租的，该租赁关系不得对抗已登记的抵押权，食品厂主张其与车业公司的租赁关系不受抵押权影响的上诉意见不能成立。关于某银行变更诉讼请求是否程序违法的问题。依据《最高人民法院关于适用〈中华人民共和国民事诉讼法〉若干问题的意见》第一百五十六条之规定，某银行在法庭辩论终结前增加、变更诉讼请求的，符合上述规定。综上，食品厂的上诉理由不能成立。

浙江省衢州市中级人民法院依据《中华人民共和国民事诉讼法》第一百七十条第一款第一项之规定，作出如下判决：

驳回上诉，维持原判。

【法官后语】

本案主要争议焦点在于王某芬与车业公司于2012年11月29日签订的《厂房出租协议》是否可以对抗某银行就案涉厂房所享有的抵押权。

当租赁关系与所有权让与相交织时，就会出现租赁关系与所有权的冲突，传统民法用“买卖不破租赁”的原则解决冲突。但在实际交易中，除却买卖之外，在租赁关系存续期间，对租赁物的继承、赠与以及抵押设定等都会对租赁关系产生冲击。因此，德国学者又将“买卖不破租赁”称为“让与不破租赁”。[1] 之所以设此原则，立法初衷在于“弱者保护”政策，即假定承租人多为经济上的弱者，尤其在房屋租赁上，居住为人之基本需要，物价高昂，购买不易，出租人常借经济上优势订立苛刻条款，故对承租人实有特别保护之必要。[2] 但在现今社会之下，市场交易环境更看重物尽其用，而

① 苏永钦：《走入新世纪的私法自治》，中国政法大学出版社2002年版，第336页。

② 王泽鉴：《民法学说与判例研究（6）》，中国政法大学出版社2003年版，第227页。

"买卖不破租赁"的负担某种程度上在阻滞物的交易与价值的发挥。租赁关系的对抗效力事实上是日渐式微，因此在适用"买卖不破租赁"原则时，考查的先决条件就是占有。赋予租赁关系以对抗所有权变动及物权设定的效力，事实上是一种物权化的结果，这就需要相应的公示表征，最主要的公示方式是登记与占有。租赁合同经登记备案，具备对抗第三人的效力，从当事人举证以及权利设定的顺序节点来看都比较明晰，而通常承租人并非是以登记方式为公示常态，占有公示才是普通情形。诚如王泽鉴先生所述，"买卖不破租赁以租赁物交付为要件，其理由有二：其一，在租赁物交付之前，承租人尚无保护之必要；其二，使物权化之租赁权具有公示性，此点最为重要"。[①]《德国民法典》第五百六十六条第一款也规定："出租的房屋在交给承租人后"，方有"买卖不破租赁"之适用。[②] 可见，占有作为"买卖不破租赁"的适用条件明确规定在一些国家或地区的立法中。

我国关于"买卖不破租赁"的规定，《中华人民共和国民法典》（以下简称《民法典》）施行前主要有《中华人民共和国合同法》（以下简称《合同法》）[③] 第二百二十九条的宽泛性规定，"租赁物在租赁期间发生所有权变动的，不影响租赁合同的效力。"其后《最高人民法院关于适用〈中华人民共和国担保法〉若干问题的解释》[④] 第六十五条对《合同法》第二百二十九条进行了限缩，"抵押人将

---

① 王泽鉴：《民法学说与判例研究（6）》，中国政法大学出版社 2003 年版，第 236 页。

② 《德国民法典》，陈卫佐译注，法律出版社 2004 年版，第 203 页。

③ 已于 2021 年 1 月 1 日起废止。

④ 已于 2021 年 1 月 1 日起废止。

已抵押的财产出租的，抵押权实现后，租赁合同对受让人不具有约束力。”该条意见在2007年出台的《中华人民共和国物权法》（以下简称《物权法》）[①]第一百九十条中得到正式采纳，“订立抵押合同前抵押财产已出租的，原租赁关系不受该抵押权的影响。抵押权设立后抵押财产出租的，该租赁关系不得对抗已登记的抵押权。”如前所述，租赁合同的订立与租赁物的交付占有常不一致，法条中的“抵押财产出租”是以租赁合同订立还是租赁物交付占有为前提，从我国的相关规定来看，并没有明确。参酌传统民法理论及其他国家或地区的立法例，应以租赁物实际交付占有为“抵押财产出租”的判定标准。因为租赁合同的订立没有丝毫的公示性，缺乏对抗第三人的基础，租赁关系的对抗效力正是衍生于以占有为前提的使用收益，租赁关系物权化并加以保护的必要也是基于以占有为前提的使用收益。

《民法典》合同编第七百二十五条吸收了《合同法》第二百二十九条内容，在表述上略有调整，“租赁物在承租人按照租赁合同占有期限内发生所有权变动的，不影响租赁合同的效力。”《民法典》物权编第四百零五条则修改了《物权法》第一百九十条规定的内容，“抵押权设立前，抵押财产已经出租并转移占有的，原租赁关系不受该抵押权的影响。”一是在坚持“抵押不破租赁”基础上，修改完善了适用条件。一方面，将可以对抗抵押权的租赁关系限定在已经“转移占有”的租赁关系，未转移占有的租赁关系不得对抗在后设立的抵押权。另一方面，将租赁权对抗的对象明确规定为已经设立的抵押权，而非仅仅“订立抵押合同”。二是删除了“抵押权设立后

① 已于2021年1月1日起废止。

抵押财产出租的，该租赁关系不得对抗已登记的抵押权”的规定。无论是“抵押不破租赁”规则还是“买卖不破租赁”规则，《民法典》都在《物权法》《合同法》相关条文基础上增加规定了能够对抗所有权或者抵押权的只能是已经转移占有的租赁物。换言之，如签订租赁合同尚未占有租赁物的承租人，仅为一般债权人，不能对抗后设立的抵押权。在先租赁后抵押场合，权利顺序为：已转移占有的租赁权>已设立的抵押权>未转移占有的租赁权。

编写人：浙江省衢州市中级人民法院　方帅　胡芬芬

五、占有保护纠纷

245 违法建筑的占有保护

——赵某明诉夏某革占有物返还案

【案件基本信息】

1. 裁判书字号

北京市第二中级人民法院（2020）京02民终358号民事裁定书

2. 案由：占有物返还纠纷

3. 当事人

原告（上诉人）：赵某明

被告（被上诉人）：夏某革

【基本案情】

原告起诉称：夏某革于2018年4月擅自将赵某明自建房内的三张沙发扔掉，并将赵某明的承租房与自建房用木板墙隔离开，将赵某明的自建房占为己有，在该房内生活居住。由于木板墙与赵某明承租房房门距离仅80厘米左右，给赵某明居住、出行带来妨碍。赵某明要求返还自建房，夏某革拒不返还。

【案件焦点】

1. 非法建筑是否适用物权法上的占有制度；2. 赵某明的起诉是否属于人民法院受案范围。

【法院裁判要旨】

北京市西城区人民法院经审理认为：根据起诉状内容可见赵某明起诉的构筑物为其自建房，该自建房未经规划部门批准建设、未办理不动产登记手续，赵某明的起诉不属于人民法院受案范围。

北京市西城区人民法院依据《中华人民共和国民事诉讼法》第一百一十九条第四项、第一百五十四条第一款之规定，裁定如下：

驳回赵某明的起诉。

赵某明不服一审裁定，提出上诉。北京市第二中级人民法院经审理认为：占有物返还纠纷是指因占有物被他人非法侵占，占有人请求返还的纠纷。赵某明称其承租公房期间自建的房屋被夏某革占用诉至法院要求夏某革返还侵占的建筑物，并明确其诉讼请求并未涉及其要求返还的建筑物的权属的确认，仅涉及对占有物的保护，故本案属于人民法院受理民事案件的范围，一审法院认为本案不属于人民法院受理民事案件的范围，属适用法律错误，予以纠正。但是根据赵某明提交的现有证据以及双方当庭陈述，现尚不能确定侵占主体，其现以夏某革为被告起诉，应予驳回。一审法院虽适用法律有误，但处理结果正确，予以维持。

北京市第二中级人民法院依照《中华人民共和国民事诉讼法》第一百七十条第一款第一项、第一百七十一条，《最高人民法院关于适用〈中华人民共和国民事诉讼法〉的解释》第三百三十四条之规定，裁定如下：

驳回上诉，维持原裁定。

【法官后语】

本案是一起关于违法建筑的占有保护案件，该类案件的核心问

题在于如何妥善处理违法建筑相关纠纷，本文将围绕法院审理违法建筑返还问题的实务经验展开。

未取得建设工程规划许可证或者未按照建设工程规划许可证规定内容建设的建筑，属于违法建筑，对于违法建筑相关纠纷的处理，笔者认为不能一概而论，应基于当事人请求权基础不同而有所区分。

当事人对于他人占有之物的返还请求权，或基于物权，或基于债权。实践中，对于他人占有的违法建筑的返还问题，通常涉及三个案由：物权保护纠纷、返还原物纠纷以及占有物返还纠纷。其中，以返还原物纠纷最多，物权保护纠纷次之，占有物返还纠纷最少。当事人对案由的不当选择是该类案件在实践中被人民法院裁定不予受理或驳回起诉的重要原因。因为案由代表着案件所涉及的法律关系的性质，是当事人请求权基础的重要体现。

物权保护纠纷是二级案由，返还原物纠纷是物权保护纠纷项下的子案由，是指权利人请求无权占有不动产或动产的人返还该物的纠纷，当事人的请求权基础是对要求返还的物所享有的物权。物权保护纠纷体现的是对物权的保护，涉及物权的归属和内容。

占有物返还纠纷是占有保护纠纷项下的子案由，占有保护纠纷与物权保护纠纷同为二级案由。占有保护纠纷是指因占有物被他人非法侵占、妨害适用、损害等占有人请求返还原物、排除妨碍、赔偿损害的纠纷。一般认为，占有是主体对物进行实际控制的一种事实状态，而非一种权利。法律之所以保护占有这种事实状态，是因为占有是一种特殊的法律事实，它能产生多重的法律效果。例如，有些国家规定主体可以因占有主张时效取得，从而获得所有权；占有是动产物权的公示方式，占有人可以获得诉讼主体资格等。占有物返还纠纷，既包括无权占有人请求返还占有物的纠纷，也包括有权占有人请求返还占有物的纠纷。在占有物返还纠纷中，不论自主占有或他主占有，合法占有或非法占有，善意占有或恶意占有，有权占有或无权占有，均享有占有物返还请求权，占有物返还请求权是基于占有的事实状态，其作用仅仅在于维持或恢复占有人对物的占有，排除私力救济，维护物上之社会秩序的稳定，并不涉及占有物的权利归属问题。占有人在占有受到侵害时，无须另寻所有权等权利依据，即可依据占有制度寻求对占有的司法救济。通过上述分析，不难得出这样的结论，即对于违法建筑，法律虽不保护其建造者、使用者的"权利"，但保护其占有的事实。故对违法建筑的占有、使用受到侵害时，当事人若想得到法律保护，应选择恰当的请求权基础，选择恰当的案由。当事人对这类案件请求权基础的选择，是人民法院判断当事人请求是否涉及物权权属确认和内容的重要依据。

具体到本案中，赵某明主张其系案涉建筑物的占有人，主张夏某革侵占案涉建筑物，以占有物保护纠纷提起本案诉讼，并明确表示其要求法院保护的是其对建筑物的事实占有状态，并不要求确认建筑物归属以及建筑物性质。故依据《中华人民共和国民事诉讼法》（2021 年修正）第一百二十二条规定，本案应属于人民法院受理民事案件的范围。一审法院未准确认识赵某明的请求权基础，以致适用法律错误。

在我国社会生活中，存在大量因为历史原因或其他原因形成的长期存在的违法建筑，如本案中的公房承租人承租期间无合法手续的自建房，如农村宅基地上农民的自建房，还有部分不符合规划要求的建筑物和其他构造物，如果一概排除法律对违法建筑的保护，不仅不利于化解个案纠纷，也不利于树立合乎传统价值规范的财产秩序和稳定的社会秩序。对于该类案件，人民法院应首先通过请求权基础、案由或者经过询问明确当事人的诉讼请求是否涉及其要求返还的建筑物的权属的确认，如涉及，应裁定不予受理或驳回其起诉；若仅涉及对占有的保护，则应进一步审查原告是否是物的原占有人，即原有占有事实以及侵占行为的违法性。

编写人：北京市第二中级人民法院　王艳芳　刘欣宇

246　指示交付何时完成标的物所有权的转让

——纺织公司诉某银行案外人执行异议之诉案

【案件基本信息】

1. 裁判书字号

新疆维吾尔自治区高级人民法院（2016）新民终字第194号民事判决书

2. 案由：案外人执行异议之诉

3. 当事人

原告（被上诉人）：纺织公司

被告（上诉人）：某银行

第三人：科技公司

【基本案情】

2015年1月31日，某银行与科技公司及全国棉花交易市场签订了《权利质押合同》，约定合同项下的质物是仓单，仓单标的存放在全国棉花交易市场经营棉花仓储业务的海祥公司等内容，科技公司将108份仓单交付某银行。同年5月15日，纺织公司与科技公司签订《棉花购销合同》，约定科技公司向纺织公司出售存放于海祥公司的细绒棉，总金额为1639074元。同年5月19日，纺织公司向科技公司汇购棉款900000元。同年6月20日，某银行及科技公司在《出库申请表》上加盖了两单位印章同意出库，解除了对涉案棉花的质押。上述申请表载明“现有我公司（交易名称：科技公司）申请将下表所述存放在海祥公司的新疆监管棉花（即涉案棉花）办理出库手续。目的地（或目的地仓库）：纺织公司。批号65433142030”等内容。次日，科技公司就涉案棉花向纺织公司出具了《发货通知书》和《货权转移书》。同月24日，纺织公司又通过案外人许某强的银行卡向植物蛋白公司汇款194694元付清了欠付科技公司的棉花尾款。因科技公司等八名被执行人未按其他案件生效裁判文书的要求履行确定义务，根据申请执行人华春小贷公司的申请，新疆维吾尔自治区博尔塔拉蒙古自治州中级人民法院（以下简称博州中院）于2015年6月24日作出（2015）博中执字第39-18号执行裁定，扣押了科技公司存放在海祥公司仓库的10批次皮棉（含涉案棉花）。2015年6月30日，某银行作为案外人对上述裁定提出执行异议。2015年6月26日，全国棉花交易市场向海祥棉花公司及纺织公司就涉案棉花发出《商品棉提货单》传真件，货单载明：提货方在全国棉花交易市场提货手续已办妥，准予提货，请办理出库手续；该提货单送达时（以传真时间为准）货物所有权转归提货方所有；提货单位：（买方）科技公司。庭审中，纺织公司及某银行均认可凭上述提货单无须其他手续可直接提货。2015年7月10日，博州中院作出（2015）博中执异字第2号裁定书，认为涉案棉花属本案某银行权利质押物，查封扣押欠妥，裁定终止了博州中院作出的（2015）博中执字第39-18号执行裁定书的执行。同年8月14日，博州中院作出（2015）博中执字第39-24号执行裁定书，解除了上述查封、扣押（当月25日送达海祥公司），又于解除扣押的同时（2015年8月25日）因某银行的申请作出了（2015）博中执字第56-1号执行裁定书，对涉案棉花再次查封。另查明：2015年8月13日，纺织公司对法院作出的（2015）博中执字第56-1号执行裁定书向法院提出书面执行异议，博州中院作出（2015）博中执异字第5号执行裁定书，驳回了纺织公司提出的执行异议，纺织公司不服遂向法院提起了案外人执行异议之诉。

【案件焦点】

纺织公司针对执行标的即涉案棉花是否享有足以排除强制执行的民事权益。

【法院裁判要旨】

新疆维吾尔自治区博尔塔拉蒙古自治州中级人民法院经审理认为：涉案棉花系由科技公司生产后存储于海祥公司的货物。某银行对科技公司与纺织公司之间成立棉花买卖交易且纺织公司已支付相应棉花款项的事实不持异议。《中华人民共和国物权法》第二十三条规定："动产物权的设立和转让，自交付时发生效力，但法律另有规定的除外"，第二十六条规定："动产物权设立和转让前，第三人依法占有该动产的，负有交付义务的人可以通过转让请求第三人返还原物的权利代替交付"。涉案棉花由科技公司交由案外人海祥公司存储，仓单由某银行质押，棉花交易过程由全国棉花交易市场监督。

科技公司与纺织公司买卖棉花的交付方式符合“指示交付”的法律特征。针对涉案棉花，作为出质人的科技公司与作为质押权人的某银行已经于2015年6月20日向全国棉花交易市场提交了《出库申请表》解除对涉案棉花的质押，科技公司于次日即2015年6月21日向海祥公司出具了《货权转移书》和《发货通知书》，全国棉花交易市场亦于当月26日向纺织公司和海祥公司以传真形式发送了《商品棉提货单》。上述事实可以证明，科技公司在涉案棉花解除质押后，对纺织公司完成了“指示交付”，涉案棉花所有权已经属于纺织公司，纺织公司要求对涉案棉花停止执行的诉讼请求成立，予以支持。

新疆维吾尔自治区博尔塔拉蒙古自治州中级人民法院依照《中华人民共和国物权法》第二十三条、第二十六条，《最高人民法院关于适用〈中华人民共和国民事诉讼法〉的解释》第三百一十二条第一款第一项之规定，判决如下：

不得执行纺织公司存放于海祥公司批号的涉案棉花。

某银行不服一审判决，提出上诉。

新疆维吾尔自治区高级人民法院经审理认为：首先，依据买卖合同的约定，科技公司负有向纺织公司交付棉花的义务。其次，由于质权人某银行与出质人科技公司共同于2015年6月20日向全国棉花交易市场提交的《出库申请表》明确记载其申请将涉案棉花办理出库手续，并指明目的地为纺织公司，同时均加盖了公章，某银行的上述行为当视为对涉案棉花解除了质押。最后，质押解除后，科技公司于2015年6月21日向海祥公司出具了《货权转移书》和《发货通知书》，全国棉花交易市场随后亦向纺织公司和海祥公司以传真形式发送了《商品棉提货单》，完成了向纺织公司交付棉花的义务，纺织公司自此即取得涉案棉花的所有权。一审认定科技公司在涉案棉花解除质押后，对纺织公司完成了指示交付并无不当。博州中院（2015）博中执异字第2号执行裁定认定了科技公司将包括涉案棉花在内的10个批次棉花质押给某银行的事实，但该裁定是因某银行作为案外人对华春小贷公司申请执行一案提出执行异议而作出，纺织公司并非该执行异议案件当事人，本案一审法院采信纺织公司提交的相关证据，确认某银行已解除对涉案棉花的质押、纺织公司取得涉案棉花所有权，与上述执行裁定并不矛盾，故一审判决适用法律正确。

新疆维吾尔自治区高级人民法依照《中华人民共和国民事诉讼法》第一百七十条第一款第一项规定，判决：

驳回上诉，维持原判。

【法官后语】

本案生效于《中华人民共和国民法典》（以下简称《民法典》）颁布之前，探讨中涉及新法与旧法的衔接问题。主要涉及下列法条：《中华人民共和国物权法》第二十三条，对应《民法典》第二百二十四条，内容没有变化。《中华人民共和国物权法》第二十六条“动产物权设立和转让前，第三人占有依法该动产的，负有交付义务的人可以通过转让请求第三人返还原物的权利代替交付”，对应《民法典》第二百二十七条，内容中除删除了旧法中“依法”二字外，基本没有变化。《中华人民共和国合同法》第八十条“债权人转让权利的，应当通知债务人。未经通知，该转让对债务人不发生效力。债权人转让权利的通知不得撤销，但经受让人同意的除外”对应《民法典》第五百四十六条“债权人转让债权，未通知债务人的，该转让对债务人不发生效力。债权转让的通知不得撤销，但是经受让人同意的除外。”两个法条内容表述虽有较大改动，但对债权人通知债务人的要求及未尽通知义务的法律后果表述精神是一致的。因此，上述案例对正确认识何时完成标的物所有权的转让仍具有借鉴意义。

《民法典》第二百二十四条规定，“动产物权的设立和转让，自交付时发生效力，但法律另有规定的除外”，故交付是动产物权变动的生效要件。所谓交付即转移占有，通常是指现实交付，即直接占有的转移。但在现代社会经济发展的条件下，为加快交易速度、降低交易成本，产生了一些变通的交付方法，即观念上的交付，包括简易交付、占有改定和指示交付等。《民法典》第二百二十七条规定，“动产物权设立和转让前，第三人占有该动产的，负有交付义务的人可以通过转让请求第三人返还原物的权利代替交付”，此即指示交付。指示交付的完成应具备三个条件：(1) 第三人合法占有标的物；(2) 让与人转让标的物不存在现实障碍或虽存在障碍不足以阻却标的物的转让；(3) 让与人的“指示”即标的物的让与通知已经到达受让人和第三人。《民法典》第二百二十七条并未对完成转让请求权的要件作出规定，在理论上存在不同的认识。一种观点认为在指示交付中，让与人让与的仅是债权请求权；另一种观点认为让与人在指示交付中让与的是物权请求权。通说认为，在指示交付中，让与人让与的行为既包括物权的让与，也包括债权请求权的让与，是二者的竞合。如单纯认为转让的是债权请求权，就与物权法中设立拟制交付制度的本意相背离了；如单纯认为是物权转让，就否定了让与人与第三人之间存在的合同关系。在认定指示交付是否完成时，让与通知是否到达受让人和第三人是关键所在。在让与通知到达受让人之前，虽然让与人与受让人之间就标的物转让达成了合意，但因第三人占有标的物，并不能实现标的物的实际转让，受让人仅拥有债权请求权，即不能仅凭完成对受让人的通知行为就认定完成了指示。根据物权变动的公示原则，让与通知到达第三人之前，标的物转让行为并未进行公示，只有当让与通知到达第三人且不存在阻却标的物转让的情况下，才产生物权变动的公示效力。同时，从另一个方面说，只有让与通知到达第三人，才能完成《民法典》第五百四十六条有关债权转让须通知债务人的法律规定。指示交付的本质就是物权与债权的竞合转让，债权转让是形式，物权转让是内容。因转让涉及让与人、受让人和第三人三个法律主体，因而指示交付中让与人的让与通知只有既到达了受让人又到达了第三人，才能契合上述《民法典》第五百四十六条有关债权转让的法律要件，缺一不可。因此，只有让与通知既到达了受让人又到达了第三人，才能认定完成了指示交付，即完成了标的物所有权的转让，而完成标的物转让的时间节点应认定为让与通知到达受让人或第三人的最后时间。①

本案中，涉案标的物的原始物权属于科技公司，海祥公司拥有临时占有权。虽然某银行曾对涉案的标的物享有质押权，但该质押已经解除。质押解除后，让与人科技公司已经向受让人纺织公司和占有人海祥公司送达了让与通知，因而可以认定科技公司的指示交付行为已经完成。一、二审法院据此认定涉案标的物归纺织公司所有法律依据是充分的。涉案标的物其后因另案原因而发

① 魏振瀛主编：《民法》（面向21世纪课程教材），北京大学出版社、高等教育出版社2013年版，第222~225页；最高人民法院物权法研究小组编著：《〈中华人民共和国物权法〉条文理解与适用》，人民法院出版社2007年版，第118~120页。

生的被法院扣押的法律事实不能对前期已经完成的物权转让行为产生影响。

编写人：新疆维吾尔自治区博尔塔拉蒙古自治州中级人民法院　李新建

247　在事实不明的情况下，举证责任如何进行分配

——邵某诉孙某等物权案

【案件基本信息】

1. 裁判书字号

北京市第一中级人民法院（2015）一中民终字第 08255 号民事判决书

2. 案由：物权纠纷

3. 当事人

原告（被上诉人）：邵某

被告（上诉人）：付某楠

被告：孙某、宫某

【基本案情】

北京市石景山区鲁谷小区七星园 2 号楼 15 层 15××号房屋（以下简称涉案房屋）原为王某成、李某华夫妻二人购买，至 1999 年时未办理房屋产权证书。

1999 年 9 月 16 日，王某成及其代理人周某生将涉案房屋卖与李某胜。后李某胜、王某梅夫妻二人入住涉案房屋。

2003 年 10 月 12 日，王某梅将涉案房屋转让给邵某，双方亦未办理过户手续。合同签订后，邵某入住涉案房屋。

2010年4月27日，王某成与李某华的离婚财产分割协议约定涉案房屋归王某成个人所有。同年5月20日，王某成及其公证委托代理人王某将涉案房屋卖与付某楠。后王某成与付某楠办理了过户手续。2010年6月8日，付某楠取得涉案房屋所有权证。同年7月9日，付某楠将涉案房屋卖与宫某。同日，双方办理了过户手续，宫某取得了房屋所有权证书，遂要求涉案房屋居住人邵某腾房，邵某予以拒绝。次日，未经司法程序，邵某在涉案房屋内的物品被强行搬出。

2010年7月14日，涉案房屋所在居民委员会出具《证明》，证实邵某、沈某夫妇自2003年至今居住于涉案房屋。现涉案房屋由宫某、孙某夫妇实际占有使用。

针对腾房一节各方有争议：邵某陈述，2010年7月10日，宫某未经司法程序指使他人将其物品从涉案房屋强行搬出。孙某、宫某陈述，宫某取得涉案房屋产权证后，于2010年7月9日、10日从付某楠处接收房屋及屋内柜子若干，并无邵某所述物品，亦不存在强行搬出之事。付某楠陈述，其出售房屋时将宫某、孙某领至房屋现场，因王某成表示屋内物品系其所有并让其自行处理，故其向宫某、孙某表示放弃屋内物品，交由宫某、孙某自行处理，但并未进入屋内与宫某、孙某进行交验。2010年7月10日，其代理人王某受宫某、孙某委托前往涉案房屋处，告知邵某房屋已登记在宫某名下，应通过法律途径解决，王某与警察沟通后离开，其并未参与任何搬家行为。

【案件焦点】

在事实不明的情况下，孙某、宫某、付某楠是否应对邵某财产权益受损承担法律责任。

【法院裁判要旨】

北京市石景山区人民法院认为：本案争议焦点之一为宫某、孙某、付某楠是否未经司法程序、以非法手段参与并指使他人将邵某及其物品从涉案房屋强行搬出。

根据案件发生时的《最高人民法院关于民事诉讼证据的若干规定》第九条规定：下列事实，当事人无需举证证明……根据法律规定或者已知事实和日常生活经验法则，能推定出的另一事实。结合上述规定，法院分析如下：

第一，邵某于2003年10月12日与李某胜、王某梅签订房屋转让协议，以合理对价购买涉案房屋并实际居住，而李某胜系从产权人王某成处合法购买涉案房屋，因此邵某对涉案房屋的占有使用系基于有效房屋买卖合同关系，应系合法占有使用涉案房屋。

第二，根据居委会证明证实，邵某自2003年至2010年7月长期居住于涉案房屋。

第三，涉案房屋现由宫某、孙某夫妻基于与付某楠房屋买卖合同而实际居住使用，宫某、孙某、付某楠作为房屋买卖合同双方，在签订、履行房屋买卖合同时，应当就房屋查验、房屋交付提供正常合法的交接手续。但在本案中宫某、孙某、付某楠未提供上述证据。

第四，邵某陈述的侵权时间与宫某、孙某入住涉案房屋的时间相互吻合，且在此时间确有当事人报警情况，而宫某、孙某、付某楠对此亦未给予合理解释。

第五，宫某、孙某自认取得产权证后曾找到邵某并要求腾退房屋，同时，付某楠作为出卖方在邵某已长期居住涉案房屋的情况下其应当对所售房屋的具体情况予以告知。

通过上述已知基础事实，并结合日常生活经验法则，法院认为依据民事诉讼证据规则能够作出法律事实的合理推定。在相关人员未对邵某因购房而支付的对价给予合理经济赔偿或补偿前，除非有特殊理由，依据常理邵某不会主动搬离涉案房屋，即邵某搬出房屋并非自愿。宫某、孙某与付某楠作为房屋买卖双方，应当对交易房屋状态予以明知。在邵某已长期实际居住涉案房屋的情况下，宫某、孙某、付某楠对如何交接房屋、入住房屋均未给予符合逻辑的合理解释。现宫某、孙某实际占用房屋，付某楠系房屋出卖交付义务人，三人均系邵某腾房后的直接受益人。同时，邵某陈述侵权时间与宫某、孙某入住收房时间、付某楠交房时间、警察出警时间均一致。因此，宫某、孙某的房屋实际占用行为和付某楠的房屋买卖交付行为是与邵某被迫腾房真实原因最密切联系的因素。

综上，邵某已完成了举证责任，法院据此认定宫某、孙某、付某楠未经司法程序、以非法手段参与并指使他人将邵某及其物品从涉案房屋强行搬出，根据现有证据均不能排除宫某、孙某、付某楠之责任，故三人应对邵某财产权益受损承担连带法律责任。

本案争议焦点之二为宫某、孙某是否应将诉争房屋返还邵某及物品、租金损失赔偿确定标准。

现邵某已在涉案房屋内实际居住生活达七年之久，由此房屋内必然放置基本生活物品、设施等正常生活所需财产，邵某提供的物品清单虽未经过公证，亦未由各方确认，但邵某是在宫某、孙某、付某楠未经合法程序的情况下被迫腾房，并将邵某物品处理，事发过程突然且已超出邵某正常预见能力，故邵某在无准备情况下不可能制作详细并符合相应条件的物品清单，亦无法恢复室内原有状态。因此，法院根据日常生活经验认定邵某所提供物品清单系正常生活所需，对此清单予以确认。宫某、孙某、付某楠未提供相反证据予以反驳，其应当承担相应不利后果和法律责任。现宫某、孙某、付某楠无法返还原有物品，应承担连带赔偿责任。法院结合邵某居住时间、物品清单酌情确定赔偿数额。

邵某系依据合同对房屋合法占有，属于物权法之占有，此占有禁止他人以私力加以破坏。但因生效判决已经确认付某楠与宫某之房屋买卖合同有效，而宫某亦取得房屋所有权登记，为减少当事人诉累，本案对邵某要求宫某、孙某腾退返还房屋的请求不予支持。但应当指出，在邵某之购房合同未解除或邵某未提出解除合同不再对诉争房屋主张返还之前，邵某对房屋享有占有使用权利。现邵某因宫某、孙某、付某楠的非法行为导致自 2010 年 7 月 11 日起无法对诉争房屋进行占有使用，必然给邵某带来无法使用房屋的租金损失，对此宫某、孙某、付某楠应当予以赔偿。因 2015 年 1 月 26 日，邵某以有独立请求权第三人身份参加（2012）石民初字第 4581 号李某胜、王某梅诉王某成、周某生、付某楠、宫某房屋买卖合同纠纷一案，并明确在主张房屋转让协议解除的基础上提出赔偿诉求，此应视为邵某不再主张占有房屋。据此，法院认定宫某、孙某、付某楠应当赔偿邵某因无法使用房屋而产生的租金损失，期限应为 2010 年 7 月 11 日至 2015 年 1 月 25 日，具体损失标准，法院结合市场参考价格酌情确定。

综上所述，北京市石景山区人民法院依据《中华人民共和国物权法》第三十七条、第二百四十一条、第二百四十五条，《最高人民法院关于民事诉讼证据的若干规定》第二条、第九条之规定，判决：

一、宫某、孙某、付某楠于本判决生效后七日内赔偿邵某财产物品损失180000元；

二、宫某、孙某、付某楠于本判决生效后七日内赔偿邵某自2010年7月11日起至2015年1月25日止的租金损失163500元；

三、驳回邵某的其他诉讼请求。

付某楠不服一审法院判决，提起上诉。北京市第一中级人民法院经审理，同意一审裁判理由。认为付某楠的上诉请求和理由缺乏事实根据和法律依据，不予支持。但原审判决判理中关于“连带法律责任”“连带赔偿责任”的表述有误，法院予以纠正，但原审判决结果正确，法院予以维持。

依照《中华人民共和国民事诉讼法》第一百四十四条、第一百七十条第一款第一项之规定，判决如下：

驳回上诉，维持原判。

【法官后语】

《最高人民法院关于民事诉讼证据的若干规定》第八十五条①规定，审判人员应当依照法定程序，全面、客观地审核证据，依据法律的规定，遵循法官职业道德，运用逻辑推理和日常生活经验，对证据有无证明力和证明力大小独立进行判断，并公开判断的理由和

---

① 原《最高人民法院关于民事诉讼证据的若干规定》第六十四条规定，审判人员应当依照法定程序，全面、客观地审核证据，依据法律的规定，遵循法官职业道德，运用逻辑推理和日常生活经验，对证据有无证明力和证明力大小独立进行判断，并公开判断的理由和结果。《最高人民法院关于民事诉讼证据的若干规定（2019年修正）》第八十五条规定，人民法院应当以证据能够证明的案件事实为根据依法作出裁判。审判人员应当依照法定程序，全面、客观地审核证据，依据法律的规定，遵循法官职业道德，运用逻辑推理和日常生活经验，对证据有无证明力和证明力大小独立进行判断，并公开判断的理由和结果。

结果。但实践中民事案件的举证责任分配及证据认定甚为复杂。本案争议的关键亦在于此，下文尝试结合举证责任分配的要素从举证责任分配的依据、方式、标准等方面进行分析。

（一）举证责任分配的要素

举证责任包含以下两个方面含义：一方面是指某要件事实真伪不明时，究竟何方当事人承担不利后果；另一方面是指在诉讼过程中，当事人对自己的主张提供证据进行证明，并达到证明标准，否则将承担该主张不能成立的不利后果。

举证责任的分配，指举证责任在当事人之间实现分配。举证责任分配规则的主要要素：一是诉讼主张，是诉讼主体关于某些事实及其法律效果的声明。包括原告的诉讼请求和被告的抗辩或否认，原告针对被告抗辩的反驳。诉讼的进行是诉讼主张演进的过程，而诉讼主张的演进则依赖举证责任分配与履行的不断实现。二是争点，指诉讼中原被告之间无法取得一致的争议事项，这些争议事项本身又是决定诉讼某一方主张能否成立的关键所在。消灭争点主要依赖双方当事人对争点的证明，举证的对象是争点。举证责任则是围绕争点在双方当事人之间实现分配。三是举证方式，举是提供一定的证据，证是证实一定的问题。当事人的举证围绕双方的争点展开，而争点的形成建立在有效的主张之上。一方当事人举证是否已达到证明标准、举证责任是否已经发生转换等。四是证明标准，指承担举证责任的人提供证据对案件事实加以证明所要达到的程度。①

举证责任在当事人之间以原告、被告依次提出主张，在主张合格、成立的基础上依次轮换的方式获得正当分配。本案中，原告邵

① 胡巧绒：《举证责任分配规则研究》，复旦大学2013年博士学位论文。

某证明其对涉案房屋的合法使用及自己物品存在且被被告非法占有进行举证，被告需要证明其占有涉案房屋及物品的原因。但这个举证过程并非一次完成，而是在当事人提出主张和抗辩的过程中，依次对争点展开论证，原告、被告之间通过主张与抗辩、抗辩与再抗辩、再再抗辩的依次提出形成一个个案件的争点，双方当事人围绕争点依次举证。

（二）举证责任分配的依据

诉讼过程中的举证责任不仅要解决当事人初次主张的举证负担，还要解决随着诉讼推进，当事人不断细化主张的举证负担。[①]

举证责任依据法律或基于政策、经验法则就当事人之间的待证事实，根据双方的请求和主张，基于公平正义，综合其他因素实现分配：[②] 第一，法律规定，其中包括：一是谁主张谁举证的规定，即原告对其主张所依据的请求权基础法律规范构成要件进行举证，被告对其抗辩所援引的基础法律规范构成要件进行举证。[③] 二是特殊事项证明的规定，如从事高空、高压、地下挖掘活动或适用高速轨道运输工具造成他人损害的，经营者如果主张免责，则要对损害者故意或者不可抗力的事由承担举证责任。三是对不需要举证的例外规定，当事人对众所周知的事实、自然规律及定理、根据法律规定或已知事实和日常生活经验能够推定出的另一事实、已为人民法院生效裁判所确认的事实。第二，政策。第三，经验法则，指事物之间的常态联系和或然率，也是举证责任分配的一般原则。第四，其他因素，如举证便利原则或诚实信用原则。就诚实信用原则而言，一

① 胡巧绒：《举证责任分配规则研究》，复旦大学2013年博士学位论文。
② 胡巧绒：《举证责任分配规则研究》，复旦大学2013年博士学位论文。
③ 邹碧华：《要件审判九步法》，中国法制出版社2010年版，第148页。

方当事人隐匿毁损证据或者使得他方当事人发生举证困难，则这方当事人应当承担举证责任。

本案中，首先，需要初步举证的是对涉案房屋占有使用的依据，当原告邵某举出房屋转让协议及居委会的证明来证明其对房屋的合法占有时，被告孙某、宫某也为其抗辩意见举出房屋买卖合同及涉案房屋的所有权证书，此时，不动产产权证书的证明力显然要高于房屋转让协议的证明力。其次，双方争点发展为物品是否原告邵某所有并由孙某、宫某非法占有处分。一方面，邵某已在涉案房屋内实际居住生活达七年之久，由此房屋内必然放置其基本生活物品、设施等正常生活所需财产，根据日常生活经验能够推定出室内存在基本生活物品的事实；在邵某正常居住的情况下，相关人员未对邵某因购房而支付的对价给予合理经济赔偿或补偿前，除非有特殊理由，依据常理邵某不会主动搬离涉案房屋，即根据经验法则推断邵某搬出房屋并非自愿。另一方面，孙某、宫某和付某楠作为房屋买卖双方，根据经验法则其应当对交易房屋状态予以明知，但其对如何交接房屋、入住房屋均未给予符合逻辑的合理解释。现宫某、孙某实际占用房屋，付某楠系房屋出卖交付义务人，三人均系邵某腾房后的直接受益人。另外，结合其他因素即邵某陈述的侵权时间与宫某、孙某入住收房时间、付某楠交房时间、警察出警时间均一致。因此，宫某、孙某实际占用涉案房屋的行为和付某楠的房屋买卖交付行为是与邵某被迫腾房真实原因最密切联系的因素。

（三）举证责任分配的方式及标准

举证责任的履行需要提供证据和说明，并进行说服和论证。而论证有演绎、归纳和溯因三种逻辑形式。

当举证责任履行完毕后，就涉及举证责任分配的尺度即证明标准。民事举证责任是高度盖然性的证明标准，即结合案件情况，判断一方提供证据的证明力是否明显大于另一方提供证据的证明力，并对证明力较大的证据予以确认。当一个事实存在的盖然性大于不存在的盖然性时，该事实之存在较该事实之不存在更接近于真实。在此标准下，对证据的审核认定应依法独立对证据进行判断，遵循关联性规则、排除规则、预防规则、优先规则，运用逻辑推理和经验法则发现证据之间的关联，判断证据证明力的有无、大小及强弱程度。①

综上所述，首先，当一方当事人的举证达到证明标准时，即转换由对方当事人举证，并依次轮换，直至一方没有抗辩或无法举证，争点消灭。本案中，通过已知基础事实，并结合日常生活经验法则，依据民事诉讼证据规则能够做出法律事实的合理推定，原告邵某即已完成初步举证责任；在此情况下，孙某、宫某、付某楠未提供相反证据予以反驳，其应当承担相应不利后果和法律责任。其次，通过案情陈述及逻辑的论证，可知孙某、宫某、付某楠未经司法程序、以非法手段参与并指使他人将邵某的物品从涉案房屋强行搬出。最后，依据高度盖然性证明标准认定根据现有证据均不能排除孙某、宫某、付某楠之责任，故其三人应对邵某财产权益受损承担法律责任。

编写人：北京市石景山区人民法院　张鸣

---

① 吴在存等编：《民事证据规则适用》，中国民主法制出版社 2013 年版，第 93~94 页、97 页。

六、其他纠纷

248 债权人撤销权的行使条件

——某房地产公司诉刘某伟、李某伟债权人撤销权案

【案件基本信息】

1. 裁判书字号

北京市第二中级人民法院（2020）京02民终10858号民事判决书

2. 案由：债权人撤销权纠纷

3. 当事人

原告（上诉人）：某房地产公司

被告（被上诉人）：刘某伟、李某伟

【基本案情】

2018年9月18日，北京市第二中级人民法院作出（2018）京02民终8597号终审判决，判决确认：刘某伟等对某经纪公司所负某房地产公司7176578.42元欠款向某房地产公司承担连带清偿责任，刘某伟等人给付某房地产公司破产清算费用25000元。后某房地产公司申请强制执行，北京市丰台区人民法院于2018年12月13日开始采取执行措施，于2019年6月19日查封刘某伟名下一套房屋。

2019年6月13日，刘某伟（抵押人）与李某伟（抵押权人）签订《主债权及不动产抵押合同》（以下简称《抵押合同》），对

上述房屋设立抵押登记。《抵押合同》载明：主债权为300万元，债务履行期限为2015年7月1日至2045年6月30日，担保范围为本金和利息。次日李某伟取得了《不动产登记证明》。刘某伟与李某伟均认可设立抵押是因为李某伟于2015年7月10日借给刘某伟100万元。

2019年7月24日，北京市丰台区人民法院作出（2019）京0106执930号执行裁定书，裁定终结本次执行程序，裁定书记载："上述房产存在抵押权，申请人主张上述房产抵押权所担保的债权金额超于房屋的市场价值，对该房产进行处置属于无益拍卖，故法院申请暂不处置。"

李某伟就其2015年7月10日借给刘某伟100万元借款，向北京市通州区人民法院提起民间借贷诉讼，称刘某伟因做生意需要向其借款100万元，其通过妻子的银行账户向刘某伟转账，双方约定月利率为2%，并提交了银行汇款交易明细予以佐证。2020年8月13日，北京市通州区人民法院作出民事调解书，内容为：(1) 刘某伟于本调解书生效之日起十日内归还李某伟借款本金100万元及利息（利息以100万元为基数，按月利率2%标准，自2015年7月10日起计算至实际付清之日止)，刘某伟归还的款项优先抵扣到期利息；(2) 若刘某伟未能履行上述义务，则李某伟有权就刘某伟坐落于北京某小区7号18幢6层2单元××室房屋的折价或者拍卖、变卖所得价款按法律规定的顺序优先受偿。

后某房地产公司向北京市大兴区人民法院提起债权人撤销权纠纷诉讼，请求判令撤销刘某伟、李某伟于2019年6月13日对位于北京某小区7号18幢6层2单元××室房屋所做的抵押。

【案件焦点】

1. 北京市通州区人民法院作出的民事调解书是否影响本案的审理；2. 某房地产公司所主张的撤销权是否符合相关规定。

【法院裁判要旨】

北京市大兴区人民法院经审理认为：北京市通州区人民法院出具生效法律文书对刘某伟与李某伟之间的债权债务及李某伟就房屋的优先受偿权已先行确认，故对本案诉争事项不宜再作处理。

北京市大兴区人民法院依照《最高人民法院关于适用〈中华人民共和国担保法〉若干问题的解释》第六十九条之规定，判决如下：

驳回某房地产公司的诉讼请求。

某房地产公司不服一审判决，提出上诉。北京市第二中级人民法院经审理认为：关于调解书的既判力。本案与北京市通州区人民法院所审理案件的法律关系、事实理由不相同，并非就一事进行再审，故北京市通州区人民法院调解书中关于优先受偿的内容对本案审理不产生普遍遵守的约束力。

关于某房地产公司所主张的撤销权是否满足法定条件。《最高人民法院关于适用〈中华人民共和国担保法〉若干问题的解释》第六十九条规定的债权人撤销权，撤销对象是债务人实施的导致债务人财产减少或增加财产负担，以致影响其正常清偿能力，进而对债权人造成损害的行为。刘某伟与李某伟在法院执行过程中，对房屋设立抵押，北京市丰台区人民法院穷尽财产调查措施后，裁定终结本次执行。刘某伟在有多个债权人的情况下，与李某伟办理抵押登记致使某房地产公司的债权不能或者减少受偿。刘某伟与李某伟在设立抵押时是否有“恶意串通”的行为，可以通过双方借款、还款、抵押过程综合判断，双方认可借款事实发生在2015年7月10日，借款金额为100万元，但未签订借款合同，至办理抵押登记时，已近四年，双方在此期间未对债务清偿有所行动，房屋抵押登记手续系在法院提出开始强制执行后，刘某伟的房屋已面临被强制执行，且双方将超过实际债权债务的数额设定抵押，明显损害了其他债权人的权益，故刘某伟与李某伟办理抵押登记的行为，有恶意串通，损害其他债权人的情节，抵押行为应予撤销。

北京市第二中级人民法院依照《中华人民共和国民事诉讼法》第一百七十条第一款第二项之规定，判决如下：

一、撤销一审民事判决；

二、撤销刘某伟、李某伟于2019年6月13日对位于北京某小区7号18幢6层2单元××室房屋所做的抵押。

【法官后语】

通常情况下，债务人对自身财产具有自由处分的权利，对其财产的正常增减，债权人无权干涉，但债务人违背商业诚信、滥用权利、恶意逃债的行为会导致债权人即使胜诉，债权也难以实现。债权人通过诉讼行使撤销权成为其保护自身合法权益的有效途径，但债权人行使撤销权需满足特定条件。

《中华人民共和国民法典》（以下简称《民法典》）施行前，原《最高人民法院关于适用〈中华人民共和国担保法〉若干问题的解释》第六十九条[①]系关于债权人撤销权的主要规定。《民法典》第五

---

① 《最高人民法院关于适用〈中华人民共和国担保法〉若干问题的解释》第六十九条规定："债务人有多个普通债权人的，在清偿债务时，债务人与其中一个债权人恶意串通，将其全部或者部分财产抵押给该债权人，因此丧失了履行其他债务的能力，损害了其他债权人的合法权益，受损害的其他债权人可以请求人民法院撤销该抵押行为。"

百三十八条①、第五百四十一条②、第五百四十二条③分别对无偿处分时的债权人撤销权行使、除斥期间以及法律效果进行了明确规定，立法目的在于恢复债务人的责任财产，使债务人的责任财产维持在适当状态，进而保障债权人平等受偿权益得以实现。

依据上述规定，债权人撤销权的行使需满足以下条件：第一，客观上债务人实施了无偿处分财产权益的行为，如债务人放弃其债权、放弃债权担保、无偿转让财产或者恶意延长其到期债权的履行期限等行为；第二，结果上损害债权人的合法权益，即上述行为导致债务人责任财产减少或财产负担增加，以致影响其正常清偿能力和债权的平等受偿或者实现；第三，主观上有关当事人存在恶意，债权人撤销权的行使须以有关当事人主观存在恶意为必要，如果债务人经营正常或对所有债务都具有清偿能力，则不能认定为恶意，但如果债务人已存在财务严重恶化的情况，仍肆意处分其财产，则有可能存在恶意；第四，时间上满足除斥期间的规定，即该权利须自债权人知道或者应当知道撤销事由之日起一年内行使，自债务人的行为发生之日起五年内没有行使撤销权的，该撤销权消灭。对于上述条件需要注意的是，在司法实践中，恶意的认定涉及当事人主观内在的判断，受损害的债权人存在举证上的困难，需审判人员结合当事人关系、债务形成背景、债务履行情况等综合判断。

---

① 《民法典》第五百三十八条规定："债务人以放弃其债权、放弃债权担保、无偿转让财产等方式无偿处分财产权益，或者恶意延长其到期债权的履行期限，影响债权人的债权实现的，债权人可以请求人民法院撤销债务人的行为。"

② 《民法典》第五百四十一条规定："撤销权自债权人知道或者应当知道撤销事由之日起一年内行使。自债务人的行为发生之日起五年内没有行使撤销权的，该撤销权消灭。"

③ 《民法典》第五百四十二条规定："债务人影响债权人的债权实现的行为被撤销的，自始没有法律约束力。"

具体到本案中，刘某伟与李某伟的民间借贷关系形成时间与抵押登记时间间隔四年左右，双方在此期间对借贷皆持放任态度，在某房地产公司对刘某伟的债权已被法院生效文书所确认并进入法院强制执行阶段时，刘某伟明知其名下房屋已面临被强制执行，仍将房屋抵押给李某伟，且抵押担保金额超过借款本金及利息的合计金额，法院穷尽财产调查措施后，裁定终结本次执行。综合上述事实可认定，刘某伟与李某伟存在恶意串通，明显损害了其他债权人权益的行为，某房地产公司可在法定时间内行使债权人撤销权。

债务人恶意逃避债务，在客观上使责任财产不当减损的行为，不仅对债权人的利益构成极大的损害，也危及市场经济的交易安全。债权人撤销权是债权保障的核心制度之一，有利于保护债权人的利益，以司法手段树立、维护和弘扬社会主义核心价值观的鲜明价值导向。

编写人：北京市大兴区人民法院　霍志勇　孙青

249 以“房屋征收”为名的集体土地上房屋拆迁补偿安置协议不宜认定无效

——张某诉某区管委会确认房屋征收补偿安置协议无效案

【案件基本信息】

1. 裁判书字号

山东省德州市中级人民法院（2020）鲁14行终159号行政判决书

2. 案由：确认房屋征收补偿安置协议无效纠纷

3. 当事人

原告（上诉人）：张某

被告（被上诉人）：某区管委会

【基本案情】

2019年2月15日，张某递交《拆迁申请书》，表示认可某区房屋拆迁补偿安置政策，自愿配合做好房屋测量、拆迁等各项工作。某区管委会内设拆迁安置办公室发布房屋征收补偿方案。6月3日，张某与该拆迁安置办公室签订《房屋征收补偿安置协议书》，后张某自行将其房屋拆除完毕。6月27日，张某同村村民向其所在的县级人民政府申请公开涉案村庄征收的相关呈报、审批、批准等文件。7月19日，该县级人民政府回复，尚未对张某所在村庄集体建设用地实施征收。张某认为某区管委会未经批准实施征收行为，其行政行为没有法律依据，且根据《中华人民共和国土地管理法》的规定，某区管委会不具有主体资格，双方签订的《房屋征收补偿安置协议书》属无效协议，请求确认该协议无效。被告认为其行政行为不具有《中华人民共和国行政诉讼法》第七十五条规定的无效情形，且该协议系原告自愿签订，属于协议拆迁，并非强制拆迁，不应当被确认为无效。

【案件焦点】

案涉房屋征收补偿安置协议是否应当被确认无效。

【法院裁判要旨】

山东省德州市德城区人民法院经审理认为：行政协议兼具行政

性与合同性特点，对涉案房屋征收补偿安置协议的审查，既要适用行政法律规范，也要适用不违反行政法和行政诉讼法强制性规定的民事法律规范。首先，某区管委会是由省级人民政府批准设立的，具备行政主体资格。涉案《房屋征收补偿安置协议书》与房屋征收补偿方案虽冠以“征收”二字，但是目前在法律程序设计上并不存在独立的征收集体土地上房屋的环节，通常是在征收集体土地的过程中将房屋纳入地上附着物补偿范围。实际上，涉案房屋的集体土地使用权，在签订涉案协议后仍属于张某所在村集体所有，并未转变为国家所有。另外，一些村居的改造并不必然以征收集体土地为前提，根据《中华人民共和国土地管理法》有关宅基地、集体经营性建设用地的规定，对集体土地领域的管理具有灵活、多元的特点。如果不改变土地所有权的性质，地方政府和有关部门在尊重村民意愿的前提下，以提高村民居住环境、建设社会主义新农村为目的，对村居建设改造方面，依法具有一定的自主管理权。涉案房屋征收补偿安置协议本质上还是属于自愿动迁协议，区别于具有强制性的国有土地上房屋征收和对集体土地进行的征收。因此，该房屋征收补偿安置协议不存在重大且明显违法情形。其次，关于涉案房屋征收补偿安置协议是否存在民事法律规范上规定的无效情形。张某在与某区管委会签订涉案房屋征收补偿安置协议前签署拆迁申请书，认可房屋拆迁补偿安置政策，自愿积极配合相关部门做好房屋测量、拆迁等各项工作，并与某区管委会签订房屋征收补偿安置协议，该协议是其双方协商一致的结果，能够体现双方真实意思表示，不存在某区管委会以欺诈、胁迫等手段逼迫张某违反意志签订涉案协议的情形。最后，行政协议是当事人要求行政机关履行法定职责的依据，在张某房屋系属自行拆除的情况下，张某尚需以此为依据要求某区管委会承担该协议所约定的给付临时安置补助费、搬迁费等涉及张某自身生活所需的费用及后续的安置事宜，若贸然确认涉案房屋征收补偿安置协议无效，将无益于张某合法权益的维护。且房屋征收补偿方案中征收范围涉及6个村庄，牵涉范围甚广，人数众多，影响重大，若轻易否定涉案协议的效力势必影响公共利益。因此，张某诉请确认涉案房屋征收补偿安置协议无效的请求不能成立。

山东省德州市德城区人民法院根据《中华人民共和国行政诉讼法》第六十九条之规定，判决：

驳回张某的诉讼请求。

张某不服一审判决，提起上诉。山东省德州市中级人民法院经审理认为：对行政协议效力的审查，要在依法行政原则与保护相对人信赖利益、诚实信用、意思自治等基本原则之间进行利益衡量，只有在行政协议存在重大明显违法、违反法律规定的强制性规定，损害国家利益、公共利益及他人合法权益时，才能确认无效，否则应当认可行政协议的效力。动辄将双方经磋商达成合意的行政协议退回原点，既阻碍行政协议功能的发挥，也有悖于行政协议订立目的。张某主张涉案房屋征收补偿安置协议存在主体不适格、行政行为无法律依据等无效情形，但涉案房屋系张某居住并使用，其与某区管委会签订房屋征收补偿安置协议系双方真实意思表示，涉案协议不存在《中华人民共和国行政诉讼法》第七十五条规定的重大且明显违法情形，同时张某并未举证证实该协议存在损害国家利益、公共利益或他人合法权益的无效合同情形。

山东省德州市中级人民法院依照《中华人民共和国行政诉讼法》第八十九条第一款第一项的规定，判决如下：

驳回上诉，维持原判。

【法官后语】

本案原告主张涉案补偿安置协议无效主要建立在被告发布的房屋征收补偿方案，以及与其签订的《房屋征收补偿安置协议书》均冠以“征收”之名，而实际上被告并无《中华人民共和国土地管理法》上征收土地的职权，且涉案土地也并未进行征收，由此原告认为被告超越法定职权且存在欺诈行为。该案系属行政协议案件，行政协议兼具行政性与协议性双重属性，根据《最高人民法院关于审理行政协议案件若干问题的规定》第十二条规定，行政协议存在行政诉讼法第七十五条规定的重大且明显违法情形的，人民法院应当确认行政协议无效。人民法院可以适用民事法律规范确认行政协议无效。因此，审理本案需要同时考虑两个方面的因素和依据，即《中华人民共和国行政诉讼法》第七十五条及案件审判时尚在适用的《中华人民共和国合同法》第五十二条的规定。《中华人民共和国行政诉讼法》第七十五条规定了实施主体不具有行政主体资格或者没有依据等重大且明显违法情形，可以确认无效。《中华人民共和国合同法》第五十二条规定了合同无效的情形，现已为《中华人民共和国民法典》第一百四十四条、第一百四十六条第一款、第一百五十三条、第一百五十四条所取代，欺诈、胁迫及以合法形式掩盖非法目的不再是导致合同无效的事由。具体到本案，主要进行了以下考量：

首先，根据土地管理法相关规定，若该案中的征收是“真正”意义上的征收，被告不仅存在超越由“县级以上地方人民政府予以公告并组织实施”的法定职权，且亦未经土地现状调查、社会稳定风险评估、公告、听取意见等一系列法定程序，涉案补偿协议不符合上述规定，但并未达到重大且明显违法的程度，其符合《中华人民共和国行政诉讼法》第七十条规定的被判决撤销的情形，这与原告的诉求显然不符。

其次，从原告提交的拆迁申请，被告发布的房屋征收补偿方案、双方签订的《房屋征收补偿安置协议书》，到涉案集体土地实际并未征收的事实，再到被告承认“征收”二字是其错用，都可以看出，被告并没有对原告等村民的房屋、土地进行征收的意图及实际行为。那么是否仅因“征收”二字即将被告涉及6个村庄的拆迁改造项目推倒重来，成为本案审理的一个难点。双方签订的《房屋征收补偿安置协议书》，抛开目前法律并未明确如何就集体土地上的房屋单独进行征收这点不论，以国有土地上的房屋征收为例，市、县人民政府作出征收决定后，房屋征收部门就补偿方式、补偿金额等问题与被征收人签订征收补偿协议，达不成补偿协议的，报请有关部门同意后作出补偿决定，这是带有强制性色彩的。而本案中，从当事人双方的一系列行为均无法看出带有行政征收的强制性特征，因此，从本质上来讲，该协议是一份自愿动迁协议。被告在涉案补偿安置协议的签订中确实存在过错，其错误理解了行政征收的概念，将原本应该是协议拆迁的建设项目错误地表述为房屋征收项目，但考虑到被告主观上并没有欺诈的意图，客观上虽然表现出“虚假征收”的表象，但并没有实际采取类似行政征收强制性的措施、行为。

最后，涉案房屋系原告申请拆迁在先，并自行拆除且已拆除完毕，若该协议被确认无效，在现行国家赔偿直接损失赔偿原则下，会产生原告权益如何最大化保护的问题，加之涉案项目涉及6个村庄，其范围之广、人数之多，确认无效可能影响公共利益等因素。

综上，合议庭最终认为，不宜仅因该协议被错误冠名即被确认无效。

编写人：山东省德州市德城区人民法院　陈绪光　王怡斐

250 居住权性质及冲突规则的司法适用

——包某诉房地产公司、刘乙物权保护案

【案件基本信息】

1. 裁判书字号

北京市第二中级人民法院（2019）京02民终15115号民事裁定书

2. 案由：物权保护纠纷

3. 当事人

原告（上诉人）：包某

被告（被上诉人）：房地产公司、刘乙

【基本案情】

1998年11月30日，房地产公司与包某签订《北京市城市住宅房屋拆迁安置补助协议书》。载明：拆迁人为房地产公司，被拆迁人为包某，拆迁地址为西城区某胡同8号，安置某小区29号楼A号房屋一间（以下简称诉争房屋或涉诉房屋）。包某与房地产公司均认可协议签订后，包某于同年入住诉争房屋，并交纳供暖费用。包某称其办理入住手续后，房屋一直空置准备留给其姑姑使用，屋内仅有桌椅床铺，其一直未去过涉诉房屋，直至2014年才发现屋内有人居住。因其手中没有任何证据材料，2014年后才开始准备证据。现其提交的安置协议是从房管局复印所得，其手中没有房屋租赁合同。包某向法院起诉，请求法院判令诉争房屋由其居住使用。

另，1999 年 3 月 25 日，因西城区前泥洼 2 号房屋拆迁，房地产公司与被拆迁人刘甲、刘乙签订《北京市城市住宅房屋拆迁安置补助协议书》，约定房地产公司将诉争房屋安置给刘甲、刘乙。4 月 30 日，刘乙办理诉争房屋的准住证。2000 年 12 月 18 日，刘乙与北京市蓟城物业管理经营公司签订《公有住宅租赁合同》，约定刘乙租赁诉争房屋。刘乙称其于 1999 年入住房屋，入住时房屋是空置状态，后其及家人一直居住使用该房屋，到本案诉讼时从未有人找过他们，也从来不知道房屋曾分配给他人。

【案件焦点】

1. 包某与刘乙对诉争房屋权利性质的认定；2. 诉争房屋的权利冲突如何解决。

【法院裁判要旨】

北京市丰台区人民法院经审理认为：第一，包某对涉诉房屋是否享有居住使用权。包某基于西城区北太常胡同 8 号房屋拆迁与房地产公司签订房屋拆迁安置补偿协议，该补偿协议合法有效，包某基于该协议享有被安置房屋，其对涉诉房屋曾经享有居住使用权。第二，刘乙对涉诉房屋居住使用权的取得是否合法。刘乙基于西城区前泥洼 2 号房屋拆迁，与房地产公司签订房屋拆迁安置补助协议书。刘乙对之前房屋曾经进行过拆迁安置分配给他人的情况完全不知情，不存在与房地产公司恶意串通损害包某利益的情况，故其与房地产公司签订的房屋拆迁安置补助协议书合法有效，其基于该协议取得涉诉房屋使用权亦合法有效。第三，涉诉房屋居住使用权归谁所有。现包某与刘乙均基于房屋拆迁被安置到诉争房屋，二人的拆迁安置协议均为合法有效。首先，虽包某安置在先，刘乙安置在后，但被安置的涉诉房屋系租赁房屋，二人享有的均为承租使用权，而非所有权。其次，诉讼过程中，刘乙自 2000 年起已就涉诉房屋签订租赁合同，且自 1999 年起刘乙及其一家就一直在涉诉房屋内居住。而包某不能提交任何原始证据，提交的拆迁安置协议系从房管局复印取得，亦无涉诉房屋承租使用的租赁合同，且称自入住手续办完后房屋一直空置，直至 2014 年其一直都未去过，不知有他人居住使用，上述情况有悖常理。故结合二人房屋使用权的取得及使用情况，刘乙在房屋使用权的取得和使用上没有任何瑕疵，刘乙对该房屋的居住使用权应予保护。对包某起诉要求判令涉诉房屋居住使用权归其所有的诉讼请求，不予支持。

北京市丰台区人民法院依照《中华人民共和国合同法》第五十二条规定，判决如下：

驳回包某的诉讼请求。

包某不服一审判决，提出上诉，后在二审期间申请撤回上诉。二审法院准许包某撤回上诉。

【法官后语】

本案的难点为居住权的性质认定及权利冲突解决规则的适用，该问题在《中华人民共和国民法典》物权编拟定过程中呼声较高。在《中华人民共和国民法典》出台之前，根据物权法定原则，居住权不属于物权，涉居住权纠纷无法直接适用物权法规则裁判，只能依据既有规定及物权法法理并运用类推司法技术保护当事人利益。本案即是将规定与法理相结合解决居住权纠纷的案例，具有典型意义。现分析如下：

1. 诉争房屋的权利性质应认定为居住权

居住权是以居住为目的，对他人的住房及其附属设施所享有的占有使用的用益物权。居住权在法理上属于人役权，最初旨在解决特定的家庭成员的居住困难问题，但随着我国拆迁安置房等侧重占有使用、限制收益处分的财产形态的出现，居住权的功能发生拓展。本案是通过拆迁补偿安置协议设立的居住权，即拆迁人在给予被拆迁人拆迁补偿款的同时，将诉争房屋以低于市场价的价格“出租于”被拆迁人，以保护被拆迁人的居住安置利益。

判决书中对诉争房屋有“租赁房屋”“承租使用权”等租赁权方面的表述，但这只是在当时法律未设定居住权相关规范的条件下，[①] 寻找最为相似的权利并对此描述，并不代表涉案房屋的权利性质为租赁权，更不代表租赁权等同于居住权。与租赁权相比，居住权具有物权属性，表现如下：（1）居住权人对房屋的支配权益比承租人大，可以自行决定装修、用途等事宜；（2）居住权人一般会拥有物权凭证，本案中的“准住证”即为此证；（3）居住权的存续期间较长，甚至可能为居住权人终身设定，而租赁权以20年为限，本案中，刘乙在涉案房屋中居住至今已有22年，仍有居住的权利根据。综上，诉争房屋的权利属性为居住权，非租赁权。

2. 居住权冲突的司法裁量因素

本案中的两份拆迁补偿协议均系当事人的真实意思表示，均为合法有效，包某与刘乙均基于拆迁补偿协议对涉案房屋享有居住权。但居住权是以占有使用为内容的用益物权，由于内容冲突，一物之

---

① 《中华人民共和国民法典》新增加了“居住权”的规定。其中，在第三百六十六条规定了“居住权人有权按照合同约定，对他人的住宅享有占有、使用的用益物权，以满足生活居住的需要。”

上不得存在两个以上居住权。在发生现实冲突时，目前没有居住权相关法律规则进行适用，应类推适用与之权利内容相似的租赁权予以裁判，其参考因素如下：

（1）权利公示情况。有物权化倾向的租赁权相互冲突的法律适用顺序为：“（一）已经合法占有租赁房屋的；（二）已经办理登记备案手续的；（三）合同成立在先的”①。本案中，刘乙自1999年起在涉案房屋中居住，对外以占有的方式进行公示，且拥有准住证作为初步的权利凭证，其应优先于包某的“合同成立在先”情形。

（2）直接占有情况。参考大陆法系国家时效取得制度的基本法理，② 权利人以和平、公开、持续、善意的方式占有标的物，会强化权利人对物的支配效力。本案中，刘乙已通过上述方式长期占有涉案房屋，包某在此期间内对房屋使用情况毫不知情，有违常理，因此应肯定刘乙对房屋的居住权，包某的利益诉求可根据与房地产公司的协议另行解决。

3. 总结延伸——类推适用法律的司法技术

本案涉及的居住权并无法律规定，面对该法律漏洞，司法采取了如下解决方式：一是肯定拆迁补偿协议的债权效力，明确了居住权的产生根据；二是依据无名合同参照最为类似的有名合同规则处理的原理，将租赁权的规则类推适用于本案居住权，参考了二者共性的法律规则；三是在租赁权框架下，用物权法原理构建了居住权的特色规则予以适用，从而实现了公正裁判。

编写人：北京市丰台区人民法院　魏亚南　陈志博　田磊

---

① 具体参见《最高人民法院关于审理城镇房屋租赁合同纠纷案件具体应用法律若干问题的解释》第五条。

② 时效取得是指民事主体持续、和平、公开、善意占有标的物达一定期限，即可取得该标的物的所有权。

251 民事案件重复起诉的认定

——梁某灵、梁某爱诉何某华所有权确认案

【案件基本信息】

1. 裁判书字号

广东省江门市中级人民法院（2019）粤07民终835号民事裁定书

2. 案由：所有权确认纠纷

3. 当事人

原告（上诉人）：梁某灵、梁某爱

被告（被上诉人）：何某华

【基本案情】

2019年1月18日，梁某灵、梁某爱（梁某灵与梁某爱是夫妻）二人向广东省江门市新会区人民法院提出诉讼请求：请求确认坐落于江门市新会区会城东甲村民委员会桑地里新村×巷A号房屋（以下简称A号房屋）的基础归梁某灵、梁某爱所有。事实和理由：A号房屋宅基地作为梁某灵、梁某爱的家庭住宅用地，面积89平方米，该宅基地登记在梁某灵和其女儿梁某英二人名下；梁某灵、梁某爱出资完成了基础建设。何某华和梁某英于1998年8月结婚，于2016年8月17日离婚，在其离婚诉讼中，何某华将A号房屋的整体作为夫妻共同财产要求分割处理，其行为侵犯了梁某灵、梁某爱的合法财产权。

【案件焦点】

涉案房屋基础能否与房屋分开单独主张权利。

【法院裁判要旨】

广东省江门市新会区人民法院经审理认为：梁某灵、梁某爱与何某华之间的纠纷属于所有权确认纠纷。梁某灵、梁某爱诉请确认A号房屋的基础归其所有，因广东省江门市中级人民法院（以下简称江门中院）（2017）粤07民终3635号（以下简称3635号案）民事判决书已确认A号房屋所有权归属于梁某英，该判决已经生效，其法律效力应当依法维护。如梁某灵、梁某爱不服该判决，可通过审判监督程序申请再审。

广东省江门市新会区人民法院依照《中华人民共和国民事诉讼法》第一百二十四条第五项之规定，裁定如下：

对梁某灵、梁某爱的起诉不予受理。

梁某灵、梁某爱不服一审裁定，提出上诉。江门中院经审理认为：该案案由为所有权确认纠纷。梁某灵、梁某爱以A号房屋的基础部分，即地基由其出资建造为由，请求确认房屋地基部分归其二人所有。由于涉案房屋所有权在梁某英与何某华离婚纠纷中，已经由3635号案判决确认归属于梁某英所有，涉案地基作为房屋整体建造的一部分，显然也一并确认归梁某英所有。梁某灵、梁某爱主张房屋地基部分的所有权，实际上系否认3635号案判决对涉案房屋归属问题的判项认定。依照《中华人民共和国民事诉讼法》第一百九十九条“当事人对已经发生法律效力的判决、裁定，认为有错误的，可以向上一级人民法院申请再审；当事人一方人数众多或者当事人双方为公民的案件，也可以向原审人民法院申请再审”的规定，梁某灵、梁某爱应根据审判监督程序维护其权益，而非另行提请本案所有权确认之诉。一审裁定不予受理其起诉，处理妥当，予以维持。梁某灵、梁某爱的上诉请求，理据不足，不予支持。

江门中院依照《中华人民共和国民事诉讼法》第一百七十条第一款第一项、第一百七十一条、第一百七十五条的规定，裁定如下：

驳回上诉，维持一审裁定。

【法官后语】

本案主要涉及“重复起诉”的审查问题。梁某灵、梁某爱起诉时，认为本案在诉讼主体、诉讼请求，以及案件事实和理由等方面与3635号案并不存在一一对应关系，没有构成“重复起诉”，人民法院应予受理。

《最高人民法院关于适用〈中华人民共和国民事诉讼法〉的解释》第二百四十七条规定，当事人就已经提起诉讼的事项在诉讼过程中或者裁判生效后再次起诉，同时符合下列条件的，构成重复起诉：（一）后诉与前诉的当事人相同；（二）后诉与前诉的诉讼标的相同；（三）后诉与前诉的诉讼请求相同，或者后诉的诉讼请求实质上否定前诉裁判结果。

首先，对于两案“当事人”的理解，虽然梁某灵、梁某爱不是3635号案当事人，但其与该判决列明的当事人在处理涉案A号房屋方面具有同一性，参照《最高人民法院关于适用〈中华人民共和国民事诉讼法〉的解释》第七十二条“共有财产权受到他人侵害，部分共有权人起诉的，其他共有权人为共同诉讼人”的规定，梁某灵、梁某爱应当是3635号案在处理夫妻共同财产方面的共同诉讼人，在形式上虽为案外人，但其实质上是案件的当事人，可以作为申请再审的当事人。如梁某灵、梁某爱的主张成立，其与被告方都是3635号案判决中处理财产部分的必须共同诉讼的当事人，其应受“一事不再理”原则的约束。

其次，本案是确认之诉，与3635号案判决处理离婚后夫妻财产的确认之诉具有同一性，都是围绕涉案A号房屋进行诉讼，即确认法律关系为房屋共有关系。因此，本案的诉讼标的与3635号案的诉讼标的也具有同一性。

最后，本案的诉讼请求是确认涉案A号房屋基础归梁某灵、梁某爱所有，其诉请涉及其他附着物“单独”处分的问题，而3635号案判决确认A号房屋归属于梁某英一方所有，该判决涉及地上建筑物与土地使用权、其他附着物“一并”处分的问题。根据我国房地产权属的“地随房走”或“房随地走”的权利合一原则，房产权利人在处分其所有房屋时，该房屋占用范围内的土地使用权应一并处分。根据《中华人民共和国物权法》第一百四十六条（现见《中华人民共和国民法典》第三百五十六条）“建设用地使用权转让、互换、出资或者赠与的，附着于该土地上的建筑物、构筑物及其附属设施一并处分”和第一百四十七条（现见《中华人民共和国民法典》第三百五十七条）“建筑物、构筑物及其附属设施转让、互换、出资或者赠与的，该建筑物、构筑物及其附属设施占用范围内的建设用地使用权一并处分”的规定，土地和房屋中有一个权利作出处分，另外一个就要相应处分，不允许把“房”“地”分别转让给不同的主体。因此，梁某灵、梁某爱在本案中提出确认房屋基础归其所有的主张实际上是为了否认3635号案判决确认房屋归一方所有的处理结果。

综上，梁某灵、梁某爱在本案提起诉讼的事项在3635号案判决生效后再次起诉，违反“一事不再理”原则，本案构成重复起诉。

编写人：广东省江门市新会区人民法院　何雄伟

252 村民小组经过授权可以作为原告、被告或者第三人参加民事诉讼

——第八村民组、第九村民组诉黄某虎、村委会土地承包经营权案

【案件基本信息】

1. 裁判书字号

安徽省铜陵市中级人民法院（2019）皖07民终778号民事裁定书

2. 案由：土地承包经营权纠纷

3. 当事人

原告（上诉人）：第八村民组、第九村民组

被告（被上诉人）：黄某虎、村委会

第三人：区水利局

【基本案情】

1999年10月，铜陵市义安区所属第八村民组、第九村民组村民依据国家政策分得钱湾村庙地、产地位置的土地承包经营权（承包期限从1999年10月至2029年10月）。铜陵县人民政府颁发了《农村集体土地承包经营权证》。2000年，因江堤加固需要，铜陵县水利局从第八村民组、第九村民组内的村民承包土地中取土，以便防汛、防洪。取土结束后，两村民组土地连成一片，形成

鱼塘。后村委会在未与村民组及组内村民进行协商的情况下，将上述土地转包给黄某虎经营。2018年5月，两个村民组召开村民小组会议，达成共识并形成《会议纪要》。第八村民组、第九村民组认为，根据《会议纪要》其有本案相应土地的承包经营权，该土地承包经营期限未满，虽然因取土形成鱼塘，但并不影响承包经营的权利，黄某虎、村委会的行为明显侵犯了第八村民组、第九村民组及村民的合法权益，遂诉至法院。

【案件焦点】

村民小组是否具有民事诉讼主体资格，即在本案中能否作为原告参加民事诉讼。

【法院裁判要旨】

安徽省铜陵市义安区人民法院经审理认为：涉案土地已经于1999年分包到户，《会议纪要》属于形成鱼塘前的承包户的意见，第八村民组、第九村民组并不因此而获得土地承包经营权。两村民组以土地承包经营期限未满不影响承包经营的权利为由提起诉讼，不是本案适格原告。

安徽省铜陵市义安区人民法院依照《中华人民共和国民事诉讼法》第一百一十九条，《最高人民法院关于适用〈中华人民共和国民事诉讼法〉的解释》第二百零八条第三款之规定，裁定：

驳回第八村民组、第九村民组的起诉。

第八村民组、第九村民组不服一审裁定，提起上诉。

安徽省铜陵市中级人民法院经审理认为：农村的土地除法律规定属于国家所有的外，都属于农民集体所有。依据《最高人民法院关于适用〈中华人民共和国民事诉讼法〉的解释》第六十八条之规定："居民委员会、村民委员会或者村民小组与他人发生民事纠纷的，居民委员会、村民委员会或者有独立财产的村民小组为当事人。"因此，村民小组作为农村基层自治组织有权依法行使诉讼权利。但村民小组作为农村集体经济组织，与法人的性质不同，村民小组长的法律地位也与法定代表人不同，村民小组长并不必然享有代表全组村民提起诉讼的权利。依照《最高人民法院关于村民小组诉讼权利如何行使的复函》（〔2006〕民立他字第 23 号）[①] 的意见，村民小组在行使诉讼权利时应当履行法律规定的民主议定程序，村民小组的组长以村民小组的名义起诉和行使诉权应当参照《中华人民共和国村民委员会组织法》第二十二条[②]的规定，履行民主议定程序，取得授权。第八村民组、第九村民组于 2018 年 5 月分别召开村民小组会议，对案涉鱼塘享有承包经营权的 80% 以上村民参加会议，并形成一致意见，推选三名村民代表全权处理关于案涉鱼塘承包经营权的争议。因此，原审以第八村民组、第九村民组没有获得土地承包经营权为由驳回起诉不当，本案应当进行实体审理。

安徽省铜陵市中级人民法院依照《中华人民共和国民事诉讼法》第一百七十一条，《最高人民法院关于适用〈中华人民共和国民事诉讼法〉的解释》第三百三十二条之规定，裁定：

---

① 《最高人民法院关于村民小组诉讼权利如何行使的复函》（〔2006〕民立他字第 23 号）规定，小组长以村民小组的名义起诉和行使诉讼权利应当参照《中华人民共和国村民委员会组织法》第十七条履行民主议定程序。

② 《中华人民共和国村民组织法》（2018 年 12 月 29 日）第二十二条规定，召开村民会议，应当有本村十八周岁以上村民的过半数，或者有本村三分之二以上的户的代表参加，村民会议所作决定应当经到会人员的过半数通过。法律对召开村民会议及作出决定另有规定的，依照其规定。召开村民会议，根据需要可以邀请驻本村的企业、事业单位和群众组织派代表列席。

一、撤销安徽省铜陵市义安区人民法院（2019）皖0706民初1741号民事裁定；

二、本案指令安徽省铜陵市义安区人民法院审理。

【法官后语】

在司法实践中，村民小组是否具有民事诉讼主体资格，即能否作为原告、被告或者第三人参加民事诉讼，是经常遇到也是十分重要的问题。法律对村民小组是否具有民事诉讼主体资格并没有明确规定，实践中对此认识存在分歧。第一种观点是，村民小组具备诉讼主体资格，其依法成立，是农民基层自治组织，类似于村民委员会。第二种观点是，村民小组不同于村民委员会，不具备诉讼主体资格，应以全体村民小组成员为诉讼主体。笔者认为，村民小组经过授权，具有诉讼主体资格，可以作为原告、被告、第三人参加诉讼。

从法律层面，依据《最高人民法院关于适用〈中华人民共和国民事诉讼法〉的解释》第六十八条规定："居民委员会、村民委员会或者村民小组与他人发生民事纠纷的，居民委员会、村民委员会或者有独立财产的村民小组为当事人。"依照最高人民法院（2006）民立他字第23号复函的意见，村民小组在行使诉讼权利时应当履行法律规定的民主议定程序，村民小组的组长以村民小组的名义起诉和行使诉权应当参照《中华人民共和国村民委员会组织法》第二十二条的规定，履行民主议定程序，取得授权。本案中，第八村民组、第九村民组分别通过村民小组会议授权，取得全权处理案涉鱼塘承包经营权争议的权利，可以作为原告参加本案诉讼。

从乡村治理层面，村民小组是依据《中华人民共和国村民委员会组织法》的规定，由村民委员会依法设立的群众性自治组织，村民自治组织，是农村中不可缺少的最基层的农民自治组织。村民小组有权管理本村民小组集体所有的土地和其他财产，具有独立财产的村民小组对其所有的财产具有经营管理的权利，其类似于更小规模的村民委员会。

从减轻诉累层面，现今农村人口流动性强，大部分青壮年外出务工，留守乡村的以老人、儿童为主，并不宜参与诉讼。因土地流转、集体财产租赁等纠纷频发，以村民集体涉诉的案件呈增长趋势，如不承认村民小组的诉讼主体资格，此类案件均以全体村民小组成员为诉讼主体，势必加重当事人的诉讼负担。承认村民小组诉讼主体地位，以小组集体的形式参与诉讼，对于降低诉讼成本、方便当事人诉讼具有积极作用。

综上，村民小组作为基层自治组织，通过合法的授权，应当具备诉讼主体资格，既可以作为原告，也可以作为被告、第三人参与诉讼。

编写人：安徽省铜陵市中级人民法院　尹雪茗

253　土地权属争议与土地行政登记争议的识别与处理

——高某琴诉县政府、州政府土地行政确认案

【案件基本信息】

1. 裁判书字号

湖南省高级人民法院（2019）湘行终 2259 号行政判决书

2. 案由：土地行政确认纠纷

3. 当事人

原告（上诉人）：高某琴

被告（被上诉人）：县政府、州政府

第三人：劳某明、韩某文

【基本案情】

1987年4月，韩某文购买了向某来的宅基地，取得了《集体土地建设用地使用证》，载明四至：前齐永龙公路界，后齐河坎（自己房屋保坎），左齐自己房屋基础（与劳某明相邻侧），右齐自己房屋基础。1988年11月，劳某明购买了向某来的另一块宅基地并建房。双方房屋建成后，县国土局给韩某文绘制的宅基地平面图表明双方相邻处隔有一空隙。1995年3月11日，劳某明取得《国有土地使用证》（以下称21号国土证），载明四至：东与向某华共用墙壁，南齐永龙公路界，西齐韩某文房屋基础，北齐自建保坎。3月15日，劳某明到县城镇规划办申请扩建房屋。在扩建过程中，劳某明在与韩某文相邻侧的空隙上，靠韩某文家墙基砌了墙。

2005年11月，劳某明将房屋卖给高某琴。高某琴于2006年4月20日申请土地变更登记。在申报期间，韩某文于4月24日申请确权。县政府作出《土地权属争议处理决定书》，以与原始买卖协议中记载四至不符为由将21号国土证作废，同时将涉案争议地使用权确定给韩某文，并停止办理劳某明转让给高某琴的变更登记手续。高某琴不服，提起行政诉讼，法院判决撤销该处理决定。后县政府陆续作出与之前处理结论相同的两份决定书，均被法院判决撤销。

2015年5月，韩某文再次申请确权，县政府作出《关于灵溪镇河西街居民韩某文与劳某明、高某琴土地权属争议处理决定书》（以下称1号处理决定），再度将争议地使用权确定给韩某文。高某琴不服，申请行政复议，州政府作出《行政复议决定》（以下称12号复议决定），维持县政府的处理决定。高某琴不服，提起本案诉讼。

【案件焦点】

在一方当事人申请土地变更登记过程中，另一方当事人就该土地申请确权的，行政机关是按土地权属争议还是按土地行政登记争议进行处理。

【法院裁判要旨】

湖南省湘西土家族苗族自治州中级人民法院经审理认为：韩某文的土地使用证未经法定程序撤销前，应推定其具有法律效力，成为确定土地权属的依据。高某琴并无土地权利证书，其房屋系受让于劳某明，而劳某明在购地时就已明确齐韩某文房屋基础。故县政府基于韩某文已经登记的土地使用证，并结合购地协议等其他佐证，认定韩某文管理使用已登记在其土地使用证四至范围内的土地，并由此确定高某琴的宅基地范围，认定事实清楚。根据土地登记办法的相关规定，在本案争议地明显处于诉讼的情况下，高某琴要求办理变更登记，条件不成就，且请求变更登记与本案行政确认之诉分属不同的案由，理应另行诉讼。

湖南省湘西土家族苗族自治州中级人民法院依照《中华人民共和国行政诉讼法》第四十九条第四项，《最高人民法院关于适用

〈中华人民共和国行政诉讼法〉的解释》第一条第二款第四项、第六十九条第一款第一项之规定，裁定：

驳回高某琴的诉讼请求。

高某琴不服一审裁定，提起上诉。

湖南省高级人民法院经审理认为：已经颁发了土地权属凭证，且权证四至范围界定清楚明确，记载四至不存在重叠、交叉或者包含等情形的争议，不应认定为土地权属争议。对土地权属凭证四至范围的认定，应当以颁发该土地权证时四至界线所处的位置为准，发证后，当事人对四至界线标志点、线、物位置的改变，在其依法重新取得新的土地权属凭证前，并不能引起原有土地证四至范围的变化。劳某明对房屋进行扩建而引起房屋墙基向外扩张，该扩建行为并不能引起其之前已经取得的21号国土证四至范围的变化。本案纠纷因劳某明在扩建房屋时将墙壁砌在韩某文房屋墙基上而产生，该纠纷不属于土地权属纠纷，应当通过建筑物间是否存在侵权或是否存在相邻权纠纷的方式解决。

在一方当事人申请土地变更登记的过程中，另一方当事人就该土地申请确权的，土地登记部门应当认真审查双方争议的实质究竟是土地权属争议还是土地变更登记争议。如果认为属于土地权属争议，则应当先解决权属争议，再启动土地变更登记程序，不能在土地权属争议处理程序中，先依据土地变更登记的相关规定注销一方当事人的土地权证，再以土地存在权属争议为由不予办理变更登记，导致被注销权证的一方当事人在权属争议处理中处于不利地位。高某琴请求县政府为其办理土地变更登记的诉讼请求，实质是请求判令县不动产登记机构履行《不动产登记暂行条例》第七条规定的土地变更登记法定职责，土地权属争议与土地变更登记依据的基础事实、法律、程序规定等均不相同，且履行土地变更登记职责的法定主体并非县政府和州政府，故不能合并在本案诉讼中一并予以审理。

湖南省高级人民法院依照《中华人民共和国行政诉讼》第八十九条第一款第二项的规定，判决：

一、撤销湖南省湘西土家族苗族自治州中级人民法院（2016）湘31行初86号行政裁定书；

二、撤销县政府1号处理决定及州政府12号复议决定；

三、驳回高某琴的其他诉讼请求。

【法官后语】

本案涉诉争议从2006年延续至今，行政机关先后4次作出确权处理并复议，但均被人民法院判决撤销。行政机关之所以屡次以基本相同的理由作出结论相同的处理决定，最主要的问题是未能准确界定土地权属争议与土地行政登记争议在基础事实、法律依据、程序规定等方面存在的差别，导致历次处理决定均围绕确权处理程序本身的合法性以及土地证记载四至边界中“齐房屋基础”是以墙为界还是以整个基脚的边缘为界等概念的理解问题展开，忽视了作出土地权属争议确权处理的前提条件是否存在这一关键因素。

人民法院审理此类案件，首先应当准确识别土地权属争议与土地行政登记争议。根据《土地权属争议调查处理办法》《国土资源部办公厅关于土地登记发证后提出的争议能否按权属争议处理问题的复函》（国土资厅函〔2007〕60号）的相关规定，土地权属争议，是指土地登记前，土地权利利害关系人因土地所有权或者使用权的归属而发生的争议。已经颁发土地权属凭证且该证四至范围界定清楚明确的，不属于土地权属争议。如果根据已经核发的土地权属凭证均无法确定争议地权属，或者仅有一方权属凭证包含有争议地但该凭证对争议地记载的四至不清楚，抑或是双方的权属凭证均包含有争议地，但凭证之间对争议地记载的四至存在重叠、交叉或者包含等情形，仍属于土地权属争议。本案中，双方的土地使用证是在双方房屋已经建成的基础上颁发的，土地使用证相邻界记载为齐各自房屋基础，双方均认可颁发土地证时，其房屋相邻界存在一条0.4米宽的自然沟，即双方的土地使用证界线清晰且并不交叉。据此，本案争议不属于土地权属争议。造成本案纠纷的根本原因是争议双方在取得土地证后，均占用原来相邻界的自然沟扩建了房屋，使争议时的房屋现状相比颁发土地使用证时的房屋原状发生了改变，故本案并非因行政机关颁发土地证而产生的权属纠纷，应当属于地上建筑物之间的侵权或者相邻权纠纷。

要正确指引行政机关适用相应程序依法作出处理，不能简单地撤销决定了事，避免行政机关屡次作出行政决定又屡次撤销，导致争议久拖不决，激化双方矛盾。要引导行政机关准确甄别双方争议的实质，如果当事人提出的争议属于土地权属范围，则应当通过确权程序处理；如果仅属于登记记载错误，则可以引导当事人通过申请变更登记、针对颁证行为申请行政复议或者提起行政诉讼的方式寻求救济。在一方当事人申请土地变更登记的过程中，另一方当事人就对方申请变更登记的土地申请确权的，行政机关经审查后如果认为属于土地权属争议，则应当暂缓启动土地变更登记程序，待权属争议解决后，再依法进行土地变更登记，而不能在土地权属争议处理程序中，直接依据土地变更登记的相关规定先注销一方当事人的土地权证，再以土地存在权属争议为由不予办理变更登记，这样不仅混淆土地权属争议处理程序和土地变更登记程序，还导致被注销权证的一方当事人在权属争议处理中处于不利地位。

本案审结后，湖南省高级人民法院及时向县政府发出了司法建议函，指出其在本案争议处理中存在的违法问题，厘清了争议实质，指明了有效救济途径。县政府回函认同湖南省高级人民法院对本案争议实质的定性，并表示会依法及时启动对直接注销一方当事人土地使用证的纠错程序，同时积极引导另一方当事人通过民事途径解决纠纷。本案的审理，实现了“三个效果”的有机统一，对类案审理具有指导意义。

编写人：湖南省高级人民法院　黄一凡　刘威

254　应从尊重历史和现实、风俗习惯的角度保护祭奠权

——梁某诉黄某、村委会排除妨害案

【案件基本信息】

1. 裁判书字号

北京市第二中级人民法院（2018）京02民终11642号民事判决书

2. 案由：排除妨害纠纷

3. 当事人

原告（上诉人）：梁某

被告（上诉人）：黄某

被告：村委会

【基本案情】

梁某系梁甲、刘甲之女，梁某称其父亲梁甲于 1973 年去世，葬于涉案地块上，一年后，其母刘甲去世，并与梁甲合葬。

2011 年 5 月 10 日，黄某、温某与村委会签订《承包租赁协议书》，约定由黄某、温某租用村里闲置的土地，土地四至为“东南吕村东原老苗圃地，东至排水沟，西至村东南北道，南至老马路（老马路为公用道），北至各户边地”，合计 20 亩。其中黄某租 18 亩，温某租 2 亩，租赁期限为 2011 年 6 月 1 日至 2026 年 5 月 30 日，共计 15 年。梁某双亲的坟墓位于黄某租赁的 18 亩土地中。2016 年，黄某在涉案土地上建设大棚，建棚时未与梁某进行协商。后双方发生纠纷。梁某认为墓地已经存在 40 多年，黄某、村委会无视法律和敬畏故人的道德底线，不经梁某同意擅自侵犯梁某双亲墓地，是对梁某权利和感情的伤害，请求判令对方立即拆除建于梁某双亲坟墓周围的砖墙及上方钢架，并向梁某书面道歉。

经法院现场勘验，现场情况为：黄某所建涉案大棚为坐北朝南，大棚东西长约 71 米，南北宽约 14.7 米，梁某双亲的坟墓位于涉案大棚南侧边缘，距离涉案大棚西侧边缘约 35.8 米。黄某在梁某双亲坟墓的东侧、西侧、北侧建有三面砖墙，北面墙高约 3.36 米，东西墙间距约 3.75 米，坟墓南侧边缘距离北面墙面约 6.4 米，梁某双亲的坟墓上方拉有铁丝网，铁丝网距离地面约 1.85 米。

【案件焦点】

未经家属同意，在坟墓所在地块上进行开发利用是否构成妨害。

【法院裁判要旨】

北京市房山区人民法院经审理认为：公民的合法民事权益受法律保护，任何组织和个人不得侵犯。妨害物权或者可能妨害物权的，权利人可以请求排除妨害。梁某双亲的坟墓在涉案地块已建造多年，黄某承包涉案地块亦应按照尊重历史和现状、尊重风俗习惯的原则进行开发使用。黄某未经梁某同意，在梁某双亲坟墓上建设大棚将坟墓圈在大棚中的行为，有违风俗习惯，亦对梁某祭奠双亲构成妨害。黄某称梁某在没有法律依据的情况下擅自将其双亲的坟墓建在涉案土地上，但黄某未提供证据证明其主张，且梁某双亲的坟墓在黄某承包土地前就已存在几十年，黄某承包土地时亦应知晓承包土地上存在梁某双亲坟墓的客观事实，故黄某的答辩意见无事实及法律依据，不予采信。诉讼中，黄某表示同意支付部分补偿款，由梁某将其双亲的坟墓迁走，但梁某不同意黄某的意见，法院亦不再主持调解。

梁某要求黄某拆除建于梁某双亲坟墓周围的砖墙及上方钢架，鉴于黄某建造涉案大棚时为梁某双亲坟墓的四周预留了相应的空间，故按照有利于生产、方便生活的原则并综合考虑本案的实际情况，对梁某诉讼请求的合理部分予以支持，其不合理部分，不予支持。梁某要求黄某对其进行书面道歉的诉讼请求与本案非同一法律关系，不予解决，梁某可另行主张。梁某要求村委会承担相应的法律责任，但梁某未提供相应证据证明村委会侵犯了梁某的相应权利，故对梁某的此项主张不予支持。

北京市房山区人民法院依照《中华人民共和国物权法》第三十五条之规定，作出如下判决：

一、黄某于本判决生效后三十日内拆除位于其所建三面围墙范围内的梁某双亲坟墓上方的钢架；

二、驳回梁某其他诉讼请求。

梁某、黄某均不服一审判决，提起上诉。北京市第二中级人民法院经审理认为：公民的合法民事权益受法律保护，任何组织和个人不得侵犯。因黄某未经梁某同意，在梁某双亲坟墓上建设大棚，其将坟墓圈在大棚中的行为，不仅有违风俗习惯，而且必定会对梁某祭奠双亲构成妨害。黄某坚持认为不构成妨碍，显然与现场所见事实不符，难以采信。梁某有权要求排除妨碍。一审法院根据本案实际情况对梁某的合理诉请予以支持。梁某虽对一审判决持有异议，要求支持其全部诉请，但经审查，一则黄某已经于一审期间在紧邻梁某双亲坟墓的大棚西墙上留门，方便其出入进行祭奠，二则黄某明确表示不会妨碍梁某到双亲坟前祭奠，只是不同意梁某在棚内烧纸，三则政府一直提倡精神文明建设，破除封建迷信，且祭奠先人有多种形式，烧纸并非必要方式，不论烧纸是否属于封建迷信，无限制地随处烧纸还有安全隐患，故梁某坚持认为一审判决不能满足其祭奠双亲的目的，依据不足。

综上所述，梁某、黄某的上诉请求均不能成立，应予驳回；一审判决认定事实清楚，适用法律正确，应予维持。北京市第二中级人民法院依照《中华人民共和国民事诉讼法》第一百七十条第一款第一项的规定，判决如下：

驳回上诉，维持原判。

【法官后语】

受我国传统文化影响，孝文化根植于每一位民众的内心，通过特定形式和载体悼念已故亲属，寄托哀思，已经成为一项十分重要的民间习俗，祭奠权也因此日渐成为一种新型的民事权利内容。在我国现有的民事法律规范中，关于祭奠权并无明文规定。但是在社会生活中，妨害民众行使祭奠权的纠纷却时有发生，诉至法院的也不在少数。《中华人民共和国民法典》第十条规定，“处理民事纠纷，应当依照法律；法律没有规定的，可以适用习惯，但是不得违背公序良俗。”因此，在司法实践中，在审理祭奠权相关纠纷的案件中，法官可以从属地风俗习惯出发，对被诉民事行为作出裁判。

在一些乡村地区，多年来，由于对民众的殡葬事宜缺乏统一规范的管理，在村集体土地上自由安置墓地的现象十分普遍。受传统思想观念及风俗习惯的影响，每逢清明等祭奠节日，村民前往已故亲属的墓地，通过烧纸来表达对已故亲属的悼念与哀思成为村民行使祭奠权的主要形式。然而，随着时代的发展，乡村土地进行集中流转和统一规划建设，合法权利人需在土地上进行开垦、复垦、建设建筑物及附属物、搭建农业生产经营设施等必要的生产活动，这些行为势必会对特定权利人行使祭奠权造成影响。本案即此种情形之一。黄某在梁某双亲坟墓周围建设围墙、在上方搭建葡萄架和大棚的行为，在一定程度上对梁某祭奠双亲造成了妨害，且黄某在坟墓周边圈建的行为亦有违当地风俗习惯。在本案的裁判过程中，虽然现行民事法律规范并无有关祭奠权的具体规定，但按照最基本的民事法律适用规则，经过考量当地的风俗习惯，认定黄某的圈建行为对梁某行使祭奠权构成妨害，并按照有利生产、方便生活的原则判决黄某采取排除妨害的相应措施。

《中华人民共和国民法典》第九条规定，民事主体从事民事活动，应当有利于节约资源、保护生态环境。本案二审中，梁某要求支持其包括“烧纸”在内的全部诉讼请求。在社会主义精神文明建设不断推进、大力倡导生态文明建设的当代社会，焚烧纸钱已然成为与精神文明建设相悖，且有违生态和谐的不文明行为。二审法院未支持梁某通过烧纸行使祭奠权的要求，并倡导破除封建迷信，以其他形式行使祭奠权，这一裁判理念与民法典绿色原则相契合。

本案是乡村社会中妨害行使祭奠权的较为常见的一类案件，本案适用的裁判规则以及在裁判文书说理中对于当事人行使祭奠权的正向引导是对民法典第九条、第十条内容的具体运用，本案的裁判思路也将为其他祭奠权的行使、保护等矛盾纠纷的裁判提供有益的参考。

编写人：北京市房山区人民法院　马存君

255 家庭内部承包地分割经营协议具有调整内部关系的法律效力

——周某奎等诉周某轮土地承包经营权案

【案件基本信息】

1. 裁判书字号

广西壮族自治区河池市中级人民法院（2018）桂12民终526号民事判决书

2. 案由：土地承包经营权纠纷

3. 当事人

原告（被上诉人）：周某奎、周某相

原告：周某珍

被告（上诉人）：周某轮

第三人：周某清、周某龙、周某婷、周某珠、周某琦

【基本案情】

周某珍、周某奎、周某相及周某轮系同胞姐弟关系。1985 年第一轮土地承包时，以周某礼为承包户户主，该户承包人口为 7 人，即周某礼、何某凤、周某珍、周某相、周某奎、周某琼、周某轮。2001 年第二轮土地延包时，该户以周某轮为户主继续进行承包，承包经营权证中“家庭人口”为空白。当时生产队只对田进行调整，对土地和山林未进行调整，实际仍由原承包人承包，第二轮土地延包时周某轮户有承包资格的家庭人口为：周某相、周某奎、周某轮、周某礼、何某凤。何某凤于 2011 年、周某礼于 2012 年先后去世，周某珍 1987 年已出嫁至堂皇屯，周某琼已出嫁至广东。在第二轮土地延包实施过程中，周某珍、周某琼的田被生产队调出归生产队所有并重新进行了分配。周某珍出嫁到堂皇屯后于 1990 年分到 4.2 分田，其在堂皇屯除了没有土地之外福利与其他社员一样。周某相已分家单独居住多年，周某奎与周某轮于 2016 年 5 月 2 日签订分家协议，周某相、周某奎、周某轮三人均另立户头。兄弟三人对以周某轮为户主的土地实行分割经营，各自经营管护相应的田地及山林，但均未就各自经营的田、地、山林与生产队重新签订承包合同，亦未就各自经营的土地范围向相关的土地管理部门备案登记，至今仍全部属于周某轮户的土地。2009 年，因修建公路通过周某相户经营管护的卧马山经济林地，生产队将补偿款（包括林木补偿款和占用土地补偿款）支付给周某相户。2016 年 12 月 16 日，南丹县人民政府征用周某轮户的由周某轮户经营管护的饿马山庙台台杂木林6.4478亩，征地费为

459934.47元（其中青苗费7447.8元），该款已由周某轮领取。周某珍、周某奎、周某相认为承包合同未变更，共同享有涉案被征地的土地承包经营权，故起诉至法院，请求与周某轮共同分配该被征地的土地补偿款。

【案件焦点】

1. 农户家庭内部成员对家庭承包地的分割经营协议是否具有法律效力；2. 谁对争议被征地享有承包经营权；3. 争议被征地的补偿款应归谁所有或共有。

【法院裁判要旨】

广西壮族自治区南丹县人民法院经审理认为：周某珍1987年已出嫁到堂皇屯，在该屯分到了田，对该屯（除了未分到土地之外）的相关福利与其他村民一样享有，户籍为堂皇屯久居居民，其原在更打屯的户籍因重复已被城关派出所注销，根据相关法律规定，其不再享有更打屯的村民资格，不再享有更打屯的土地承包经营权，因此，其请求分配周某轮户获得的征地补偿费102303.37元没有事实和法律依据，不予支持。周某琼书面声明放弃该补偿费的分配权，有利于家庭的团结和睦，予以支持。争议被征地确属以周某轮为户主的土地，征地时土地的承包人还有周某奎、周某相。虽然周某轮、周某奎、周某相分家多年，各自管护经营土地，但未能改变该土地经营权仍属家庭共有的法律性质，因此，因政府征地行为产生的收益除青苗费外，应属于全体承包人共同共有，在没有其他约定的情况下，依法应平均分配。周某礼、何某凤已去世，本案共同共有人为周某轮、周某奎、周某相。周某奎、周某相请求周某轮支付每人102303.37元没有超出其应分享份额，符合法律规定，应予以支持。

广西壮族自治区南丹县人民法院依照《中华人民共和国民法总则》第一百一十三条，《中华人民共和国物权法》第九十三条、第九十五条、第九十九条，《中华人民共和国农村土地承包法》第三条、第五条、第十六条之规定，作出如下判决：

一、周某轮于本判决生效之日起十日内支付土地补偿费102303.37元给周某奎；

二、周某轮于本判决生效之日起十日内支付土地补偿费102303.37元给周某相；

三、驳回周某珍的诉讼请求。

周某轮不服一审判决，提起上诉。

广西壮族自治区河池市中级人民法院经审理认为：被征地原为家庭联产承包制度推行时以周某礼为户主，后延包调整以周某轮为户主的家庭承包地。随着周某相、周某奎、周某轮各自独立成家分户，兄弟三人达成协议，对家庭承包地进行了分割，三户人家各自经营管护相应的田地及山林。争议的被征用地是周某轮户实际经营管护的林地。承包经营权是一种物权，是当事人享有的一种民事权利，从意思自治的层面来看，在不违反法律禁止性规定的情况下，当事人可以处分其相应的民事权利。本案中，在未重新办理发包、承包手续的情况下，享有家庭承包地经营权的原家庭成员之间达成分割经营协议，自愿对原大家庭名下的承包地进行分割经营，各自经营管护相应部分，这个做法符合当初推行家庭联产承包制的初衷。家庭内部承包地分割经营协议实质上是对原大家庭名下的物权进行分割，没有违反法律的禁止性规定，没有损害发包方或其他村民的利益，是各承包人自愿处分其民事权益的行为。虽然没有与发包方重新签订发包和承包协议，但这并不影响家庭内部分割经营协议的合法性。既然协议合法，当事人应受协议约束。故此，本案当事人关于争议地的民事权利义务应根据协议和相关法律规定确定。周某相、周某奎、周某轮户达成的协议约定是各自经营管护相应的土地，这表明，协议达成后，各户对自己经营管护的土地享有经营权，对他人经营管护的土地不再享有经营权。周某相户曾单独获得其经营管护土地份额被占用的补偿款，这一事实表明，当事人事实上接受各自享有承包经营权的事实。所以，在周某轮一户经营管护的林地被征用时，其他两户以承包合同没有变更为由，主张享有承包经营权，主张分割周某轮户获得的征地补偿款，缺乏事实和法律依据，依法应不予支持。

广西壮族自治区河池市中级人民法院依照《中华人民共和国物权法》第一百三十二条，《中华人民共和国民事诉讼法》第一百七十条第一款第二项的规定，作出如下判决：

一、维持广西壮族自治区南丹县人民法院（2017）桂 1221 民初 707 号民事判决第三项；

二、撤销广西壮族自治区南丹县人民法院（2017）桂 1221 民初 707 号民事判决第一项、第二项；

三、驳回周某奎、周某相的诉讼请求。

【法官后语】

农户因子女成年、兄弟分家、婚姻关系、赡养老人等原因，家庭成员之间要求分户、对家庭承包地分割经营，是当前农村普遍存在的现象。认定在未重新办理发包、承包手续的情况下，家庭内部成员就家庭承包地达成的分割经营协议是否具有法律效力，明确分割经营协议调整的法律关系是关键。

根据《中华人民共和国农村土地承包法》第三条“农村土地承包采取农村集体经济组织内部的家庭承包方式”，第十六条“家庭承包的承包方是本集体经济组织的农户。农户内家庭成员依法平等享有承包土地的各项权益”，第二十二条第一款“发包方应当与承包方签订书面承包合同”及第二十三条“承包合同自成立之日起生效。承包方自承包合同生效时取得土地承包经营权”的规定，农村土地承包以户为单位，农户作为承包方与发包方村集体经济组织签订土地承包合同，获得的土地承包经营权应当属于整个家庭，农户家庭成员均享有承包地的各项权益。农户作为土地承包经营权人，对其承包地享有占有、使用和收益的权利，亦有权处分其相应的民事权利。在法定承包期内及承包范围内，农户内部调整承包地的实际耕种人或者将承包地进行分割经营，是承包方内部成员之间的耕种分工，是调节家庭成员之间利益分配的一种方式。据此，承包合同调整规范的是发包方与承包方的权利义务，调整的是外部法律关系，而分割经营协议约束的是承包方家庭内部的利益分配，调整的是内部法律关系。在分割经营协议与承包合同不存在冲突或者对抗力的情况下，应以尊重家庭成员之间的意思自治为原则，对于农户家庭内部成员协商一致达成的分割经营协议，只要不违反法律的禁止性规定，不损害国家、集体和他人的合法权益，不存在法定无效情形，应当认定其属于合法有效的协议，对协议当事人具有法律约束力。

就本案而言，周某相、周某奎与周某轮已分户，并达成协议，对周某轮户的土地进行了分割，兄弟三人各自经营管护相应的田地及山林。该分割经营协议经当事人协商一致且持续履行，没有违反法律的禁止性规定，没有损害发包方或其他村民的利益，应属于合法有效协议。因此，协议达成后，周某相、周某奎与周某轮三人对自己经营管护的土地享有各项权益，对他人经营管护的土地不再享有经营权。在周某轮一户经营的林地被征收并获得相应补偿款时，其最终归属应按户内成员的协议确定。承包合同约束的是承包户与发包方的关系，故其他两户不能以承包合同为由对内主张对被征地享有承包经营权及分割征地补偿款。

编写人：广西壮族自治区河池市中级人民法院　杨素景

256 在法定承包期内发包方不得随意改变农村土地承包经营权现状

——陈某诉彭甲、彭乙土地承包经营权案

【案件基本信息】

1. 裁判书字号

河南省信阳市中级人民法院（2018）豫15民终2607号民事判决书

2. 案由：土地承包经营权纠纷

3. 当事人

原告（被上诉人）：陈某

被告（上诉人）：彭甲、彭乙

【基本案情】

陈某系河南省息县包信镇北街村陈庄村民组家庭户，第二轮分配责任田时，陈某家有五口人，共分得10.3亩土地。后陈某外出打工，地由其父母耕种。2017年11月5日，陈某回老家查看耕地补贴时发现自己的耕地被他人占用了，后经多方打听得知，陈某家的10.3亩耕地被彭甲、彭乙两家耕种，其中彭甲耕种7.1亩，彭乙耕种3.2亩。陈某向彭甲、彭乙追要，彭甲、彭乙以种种借口不予返还耕地。陈某诉诸法院，要求彭甲、彭乙归还其承包的10.3亩土地。

【案件焦点】

1. 如何确认争议土地承包经营权的主体；2. 如何保护承包人的合法权益。

【法院裁判要旨】

河南省息县人民法院经审理认为：国家保护集体土地所有者的合法权益，保护承包方土地承包经营权，任何组织和个人不得侵犯。陈某作为息县包信镇北街村陈庄队村民，依法承包了该队两块耕地共计10.3亩，并且息县包信镇人民政府为陈某颁发了土地承包经营权证，说明陈某取得了该10.3亩土地的承包经营权。故对陈某要求彭甲、彭乙返还其承包土地的诉求，予以支持。彭甲、彭乙辩称诉争土地承包经营权归其所有，因其未提供证据予以证明，故不予支持。

河南省息县人民法院依照《中华人民共和国侵权责任法》第三条、第六条、第十五条，《中华人民共和国农村土地承包法》第九条、第二十二条规定，作出如下判决：

一、彭乙于判决生效后十日内返还陈某土地承包经营权证书确权的承包地 3.2 亩；

二、彭甲于判决生效后十日内返还陈某土地承包经营权证书确权的承包地 7.1 亩；

三、驳回陈某其他诉讼请求。

彭甲、彭乙不服一审判决，提起上诉。

河南省信阳市中级人民法院经审理认为：农村土地承包经营权证书是国家依法确认承包方享有土地承包经营权的法律凭证。陈某对争议的 10.3 亩土地主张享有承包经营权，提交了息县包信镇人民政府于 1998 年 9 月 26 日为其颁发的土地承包经营权证。彭甲、彭乙抗辩诉争土地陈某已退还村集体，2001 年经村委会重新分配给二人承包经营，二人享有诉争土地的合法承包经营权，并提交了一些证据，虽然能够证明争议土地长期由其二人耕种，但不能证明陈某已自愿将承包经营的土地交回发包的村集体，故彭甲、彭乙提交的证据不能对抗陈某提交的土地承包经营权证的效力。综上所述，彭甲、彭乙的上诉请求不能成立，应予驳回；一审判决认定事实清楚，适用法律正确，应予维持。

河南省信阳市中级人民法院依照《中华人民共和国民事诉讼法》第一百七十条第一款第一项规定，作出如下判决：

驳回上诉，维持原判。

【法官后语】

从法律和政策来看，《中华人民共和国土地承包法》《最高人民法院关于审理涉及农村土地承包纠纷案件适用法律问题的解释》，以及《国务院办公厅关于尽快恢复撂荒耕地生产的紧急通知》《国务院办公厅关于妥善解决当前农村土地承包纠纷的紧急通知》，都未规定集体经济组织可以收回抛荒的承包地。据此，审判实践中，应从维护土地承包经营权人的利益出发，对不具备收回承包地法定情形的，如：（一）发包方未将承包地另行发包，承包方请求返还承包地的，应予支持；（二）发包方已将承包地另行发包给第三人，承包方以发包方和第三人为共同被告，请求确认其所签订的承包合同无效、返还承包地并赔偿损失的，应予支持：但属于承包方弃耕、撂荒情形的，对其赔偿损失的诉讼请求，不予支持：（三）承包合同约定或者土地承包经营权证等证书记载的承包期限短于农村土地承包法规定的期限，承包方请求延长的，应予支持。结合本案，应认定农村集体经济组织收回农户抛荒承包地的行为不具有法律效力，现在承包方起诉要求返还承包地，原则上应予支持。同时，农村土地承包经营权作为一种物权，自农村土地承包合同生效时成立，农村土地承包经营权证是农村土地承包合同生效后，国家依法确认承包方享有土地承包经营权的法律凭证，是承包方享有农村土地承包经营权的证明，是国家强化对承包权人物权保护的手段。本案中，虽然陈某有将田交给他人耕种的情形，但彭甲、彭乙未有证据证明陈某已放弃该地的承包经营权，也不能证明村委会或村民组重新将该地发包给彭甲、彭乙。故陈某依据土地承包经营权证书主张权利，应予以支持。

编写人：河南省息县人民法院　李孝愚

257 农村土地承包案件仲裁与诉讼的衔接问题

——村委会诉见某土地承包经营权案

【案件基本信息】

1. 裁判书字号

北京市第三中级人民法院（2018）京 03 民终 13930 号民事判决书

2. 案由：土地承包经营权纠纷

3. 当事人

原告（被上诉人）：村委会

被告（上诉人）：见某

【基本案情】

2006 年，国家征占村委会辖区内高速公路及两侧绿化带。政府在征占的绿化带栽植大量果树，后委托村委会代为管理。2010 年 4 月 11 日，村委会与见某签订《京平高速路两侧绿化带承包合同》，将托管的绿化带中的下塔坝 11 号土地共计 9 亩承包给见某管理。约定承包期 20 年，果树收益归见某享有。2014 年 2 月 18 日，村委会（甲方、出让方）与夏各庄镇政府（乙方、受让方）签订《北京市平原生态林用地合同》，约定：乙方用地（含见某承包的 9 亩土地）期限自 2014 年 3 月 1 日至 2017 年 12 月 31 日；甲方将该土地经营权流转给乙方，限用于北京市平原地区生态林建设；土地交付时间：甲方应于2014年3月1日前将约定土地经营权交付乙方。同年4月17日，由夏各庄镇政府出面收回村委会的涉案绿化带管理权力，并与见某协商解除其承包管理合同，给予其地上物各项经济补偿共计305000元。2016年5月15日，见某以双方仍存在承发包关系为由申请仲裁，同年8月3日，仲裁庭作出平农仲案（2016）第12号裁决书裁决：(1）双方之间签订的承包合同有效；(2）村委会给付见某2014年、2015年土地流转补助金共计20250元；(3）自2016年1月1日起村委会每年将接受的政府土地流转补助金中属于见某承包的9亩土地部分发放给见某至北京市平源生态林土地合同期限届满之日。村委会认为该裁决错误，起诉至法院。

【案件焦点】

1. 村委会的起诉是否符合法律规定，即本案的程序是否合法；2. 村委会与见某签订的《京平高速路两侧绿化带承包合同》是否已经解除。

【法院裁判要旨】

北京市平谷区人民法院经审理认为：《中华人民共和国合同法》第九十三条规定，当事人协商一致，可以解除合同。村委会与见某签订《京平高速路两侧绿化带承包合同》，双方据此形成绿化带承包合同关系。南太务村京平高速路两侧土地及高速路联络线两侧土地2009年被平谷区园林绿化局租用用于绿化。根据《京平高速路两侧绿化带承包合同》的约定，村委会将坐落在京平高速路两侧南太务段绿化带内的果树289棵（果树地段第下搭坝地11号，合计约九亩）通过公开招标承包形式发包给见某，从合同的其他内容也可以看出村委会发包的仅是果树的承包经营权。另外，政府租地在先，村委会对绿化带仅有代管权，故夏各庄镇人民政府与见某于2014年4月17日签订《平谷区平原造林地上物补偿协议书》，就取得见某承包范围内的林木所有权事宜达成补偿协议并已实际履行，可以视为双方已通过协商一致的方式于2014年4月17日将《京平高速路两侧绿化带承包合同》解除，故对村委会的诉讼请求，予以支持。

见某辩称平农仲案（2016）第12号裁决书已经发生法律效力，现村委会起诉已经超过诉讼时效。《中华人民共和国农村土地承包法》第五十二条规定："当事人对农村土地承包仲裁机构的仲裁裁决不服的，可以在收到裁决书之日起三十日内向人民法院起诉。逾期不起诉的，裁决书即发生法律效力"。村委会在法定期限内起诉，平农仲案（2016）第12号裁决书即不发生法律效力，故对见某该项辩解意见，不予采纳。

北京市平谷区人民法院依照《中华人民共和国合同法》第九十三条，《中华人民共和国农村土地承包法》第五十二条之规定，作出如下判决：

确认村委会与见某于2010年4月11日签订的《京平高速路两侧绿化带承包合同》于2014年4月17日解除。

见某不服一审判决，提起上诉。

北京市第三中级人民法院经审理认为：第一，就村委会的起诉是否影响仲裁裁决效力的问题。村委会的起诉符合法律规定，一审程序并无不当。具体理由如下：首先，从农村仲裁裁决启动程序来看，农村仲裁裁决不同于劳动争议案件的程序，是启动法院诉讼的前置必经程序，农村土地承包经营权纠纷案件中赋予了当事人选择权，既不需要经过当事人事先的仲裁协议，也无须申请仲裁的前置裁决，当事人均可以向农村仲裁委员会申请仲裁。而在裁决作出后，当事人仍然可以选择在30日内向法院起诉，这也就意味着农村仲裁裁决委员会在当事人向法院起诉之前，其效力属于不确定的状态，而当事人一旦在法定期限内向法院提起诉讼，仲裁裁决的效力就确定不发生法律效力。仲裁裁决的内容对于之后的法院审理事项，并不会产生证据法上经过质证的事实效力，也不违反民事诉讼法中的“一事不再理”原则。其次，从诉讼与仲裁的监督与救济途径来看，农村仲裁裁决作出后，除赋予当事人在30日内通过起诉否定仲裁的裁决内容外，并未赋予裁决“一裁终局”或可申请撤销的效力，而仅仅是在特定事项内赋予了司法协助的内容，也就意味着当事人对于仲裁裁决的救济途径就是在法定期限内起诉，此时的起诉属于对仲裁程序和仲裁内容的否定。村委会在30日内起诉，即意味着（2016）第12号裁决书自始不发生法律效力。最后，从诉讼程序角度来看，根据《中华人民共和国民事诉讼法》第一百四十五条的规定，当事人在宣判之前，均可以申请撤诉，这是法律赋予当事人的诉权，这种诉权并不因撤诉而消亡，当事人可以在撤诉后，根据《中华人民共和国民事诉讼法》第一百一十九条的规定另行起诉，亦不违反法律规定。因此，村委会的起诉，符合法律规定，一审法院程序并无不当，对见某的该项上诉请求，不予采纳。

第二，就村委会与见某签订的《京平高速路两侧绿化带承包合同》是否已经解除的问题。本案的特殊性在于涉案土地并非常规意义上的集体土地，而是已经被征收、征占的高速路两侧绿化带，该涉案土地的性质已经于2006年发生了变化，且2014年4月17日，夏各庄镇政府与见某签订的《平谷区平原造林地上物补偿协议书》亦明确载明补偿标的是树木及其他地上物，不存在对涉案土地的补偿。此时，涉案土地已归属于夏各庄镇政府，夏各庄镇政府通过与见某签订补偿协议，将原《京平高速路两侧绿化带承包合同》的内容进行了实体的变更，并履行完毕，一审法院认定为双方通过协商一致的意见将原村委会与见某签订的合同解除，并无不当，对见某的该项上诉请求，不予采纳。

北京市第三中级人民法院依照《中华人民共和国民事诉讼法》第一百七十条第一款第一项的规定，作出如下判决：

驳回上诉，维持原判。

【法官后语】

一方当事人对农村土地承包案件仲裁裁决不服，在法定期间内起诉后又撤诉，之后再重新起诉，仲裁裁决是否生效，法院是否应受理。见某认为30日内起诉的规定属于除斥期间，起诉后撤诉等于不起诉，裁决应自动生效，且应类推适用劳动争议仲裁的相关规定。对此问题，应首先明确以下几个关系：

一、农村土地承包仲裁案件与诉讼案件的关系

1. 系两种独立的纠纷解决方式。仲裁、诉讼是多元化解决纠纷的不同方式，对于土地承包经营权纠纷，当事人可以申请仲裁机构仲裁解决，也可以到人民法院通过诉讼程序解决。仲裁裁决不是人民法院受理案件的前置程序，仲裁裁决认定的事实及裁决结果不影响人民法院对纠纷的审理与判决。

2. 二者的衔接关系与一审、二审诉讼审级监督关系不同。仲裁裁决作出后，当事人对仲裁裁决不服，但未在法定期限内提起诉讼的，仲裁裁决即发生法律效力，当事人再向人民法院起诉的，不予受理，已经受理的，裁定驳回起诉。但这不同于上、下审级监督关

系。首先，从诉讼请求来看，如果对仲裁裁决不服提起诉讼，诉讼请求并非撤销某一条仲裁裁决，而是提出实体的诉讼请求，法院针对诉讼请求作出实体处理，并不存在撤销仲裁裁决的问题。而对一审裁判不服上诉的，诉讼请求通常是要求撤销一审判决或某一项判决，发回重审或进行改判。其次，从终局性来看，对仲裁裁决不服提起诉讼，只是启动一审诉讼程序，一审所作裁判并不具有终局性；但对一审裁判不服提起上诉，所作的二审裁判是终审裁判。

综上，一审、二审是审级监督关系，仲裁与诉讼的衔接只是起到终止仲裁程序，重新启动诉讼程序的法律效果。

二、农村土地承包仲裁裁决与劳动争议仲裁裁决的关系问题

1. 是否为诉讼前置程序不同。劳动争议仲裁是诉讼的必经前置程序，不能直接起诉，必须先经过仲裁；而农村土地承包经营权纠纷仲裁与诉讼是两个独立的程序，当事人可以选择仲裁也可以选择诉讼。

2. 有关法律规定不同。《中华人民共和国劳动争议调解仲裁法》明确规定起诉后撤诉的原仲裁裁决生效，但农村土地承包仲裁程序中没有类似规定，相关的法律依据散见于《中华人民共和国农村土地承包法》第五十二条，《中华人民共和国农村土地承包经营纠纷调解仲裁法》第四十八条，《最高人民法院关于审理涉及农村土地承包纠纷案件适用法律问题的解释》第二条，但均只规定“当事人对仲裁裁决不服的，可以在收到裁决书之日起三十日内向人民法院起诉。逾期不起诉的，裁决书即发生法律效力”。以上法律规定仅规定逾期不起诉的裁决书生效，并未明确规定起诉后撤诉的如何处理。

综上，农村土地承包仲裁裁决与劳动争议仲裁裁决并不相同，不能类推适用。

三、撤诉是否等于没有起诉

1. 从诉讼程序角度看，撤诉是原告的诉权，可以随时行使，且不影响后续的诉权。根据《中华人民共和国民事诉讼法》第一百四十五条规定，当事人在宣判之前，均可以申请撤诉，这是法律赋予当事人的诉权，这种诉权并不因撤诉而消亡，当事人可以在撤诉后，根据《中华人民共和国民事诉讼法》第一百一十九条的规定另行起诉。

2. 从撤诉的法律效果看，撤诉不等于没有起诉。根据《中华人民共和国民法总则》第一百九十五条规定，权利人提起诉讼或者申请仲裁的，诉讼时效中断，从中断、有关程序终结时起，诉讼时效期间重新计算。因此，如果起诉后撤诉，对诉讼时效起到中断的法律效果，诉讼时效重新计算。但如果没有起诉则不会有此效果。

总之，农村土地承包经营权纠纷仲裁既不同于劳动争议仲裁，也不同于一审、二审诉讼，仲裁与诉讼是完全独立的两种程序，“对仲裁裁决不服可在30日内起诉，逾期不起诉裁决书即发生法律效力”的规定中，该30日确实是除斥期间、法定期限，不适用有关诉讼时效中止、中断和延长的规定。但根据该规定，只要在法定期限内起诉的，裁决书即自始不发生法律效力，在没有特别规定的情况下，该效力一旦确定就不应再发生改变。在法定期限内起诉只是起到终结仲裁程序、否定仲裁裁决、启动诉讼程序的效力，一旦起诉就重新适用诉讼程序的相关规定。

当然，这样处理也有可能造成不良影响，如会导致一方当事人只要不服仲裁裁决就通过起诉来否定仲裁裁决效力，可能会导致当事人滥用诉权，通过起诉再撤诉的方式轻易否定仲裁裁决的效力，进而弱化仲裁的作用，增加当事人的诉讼成本。但一方面，这种情况毕竟是少数，滥诉对自己也未必有利，也会有诉讼成本；另一方面，对方也有救济途径，也可以通过诉讼来解决问题。尊重立法本意解释法律才是司法的真谛，在此情况下法院仍应当受理并进行实体审理。

编写人：北京市第三中级人民法院　张虹雨

258　业主委员会作出程序性告知公告、过程性文件不属于业主委员会决议

——陆某诉业委会业主撤销权案

【案件基本信息】

1. 裁判书字号

北京市第一中级人民法院（2017）京01民终3906号民事判决书

2. 案由：业主撤销权纠纷

3. 当事人

原告（上诉人）：陆某

被告（被上诉人）：业委会

【基本案情】

陆某系某小区业主。2016年11月1日，业委会发出《公告》，内容为“2014年2月，某业主大会终止了某物业公司的物业服务合同……业委会起草了《某小区物业企业选聘方案》进行公示，并提请业主大会表决。”同日，该业委会发出《选聘方案》，主要内容为“鉴于我小区的《前期物业服务合同》早于2014年2

月25日经业主大会表决同意解除。现业委会……制订本选聘方案，提交业主大会表决。一、选聘方案的实施主体，在获得小区业主大会表决通过并授权的基础上，业主委员会有权依照本方案实施包括委托公开招标、组织召开相关议题的业主大会等物业服务企业选聘的各项组织和实施工作……二、选聘方式及流程，某小区本次物业服务企业选聘方式为公开招标方式……选聘物业服务企业的要求及服务标准：1. 根据《物业服务企业资格管理办法》的规定，参与竞聘的物业服务企业必须是依法设立的独立法人，必须具备二级或二级以上的物业服务资质且信誉良好；2. 参与竞聘的物业服务企业必须保证提供的物业服务不低于《普通住宅小区物业管理服务等级标准》规定的住宅物业服务三级标准。”上述文件附有《某业主大会会议表决票》，征求业主对以下表决议题是否同意或弃权的表决意见。

陆某认为，业委会发出的《公告》具有业委会决定的性质，且存在违法性、侵犯了业主相关权利，故要求撤销该《公告》。业委会不同意陆某的全部诉讼请求，认为《公告》的性质并非业委会决定，而是征求意见的草案，其发放该《公告》正是在程序上征求广大业主意见。并且，《选聘方案》虽提及采取公开招标的方式，但该方案仅为征求意见，并未启动涉及招投标物业收费标准阶段的问题，公开招标由市场决定投标物业公司的收费标准，最终确定收费标准及中标单位的表决权仍是业主，故并未侵犯业主权益。

【案件焦点】

业委会作出的《公告》是否为业委会决定。

【法院裁判要旨】

北京市海淀区人民法院经审理认为：业委会决定应当是业委会对小区内公共管理事项所作出的处理。具体而言，业委会决定应当包括如下要素：行为主体是业委会；行为对象是小区公共管理事项；行为性质具有结论性，而非程序性告知。涉案《公告》的内容为对《选聘方案》提请业主大会进行表决，并对表决时间、地点、内容、方式进行公示。虽在作为表决对象的《选聘方案》中，业委会对选聘方式及流程进行了草拟，如通过公开招标，授权业委会与具有合法资质的招标公司签订《委托招标协议》等方式及流程选聘物业企业，但根据《公告》的内容，业主可对上述方案发表是否同意或弃权之意见。再者，征询意见之方式有多种，包括开放性征询意见和草拟方案提交表决等，可见，提交业主大会表决之草拟方案并非最终决定。因此，上述《公告》应属征询业主意见之文件，而非具有结论性的、对小区内公共管理事项所作出的处理。综上，上述《公告》并非业委会决定，故陆某以该《公告》系业委会决定为前提，提出该《公告》内容上、程序上违法，应当予以撤销之诉讼请求，不予支持。

北京市海淀区人民法院依据《中华人民共和国物权法》第七十条、第七十八条第二款之规定，判决如下：

驳回陆某的全部诉讼请求。

陆某不服一审判决，提起上诉。北京市第一中级人民法院经审理认为：业委会决定应当是业委会对小区内公共管理事项所作出的结论性的处理。本案《公告》的内容为对《选聘方案》提请业主大会进行表决，并对表决时间、地点、内容、方式进行公示。业主可对上述方案发表是否同意或弃权之意见。因此，《公告》并非决定。

原审法院认定该《公告》并非业委会决定，故驳回陆某要求撤销该《公告》的诉讼请求正确，予以确认。

北京市第一中级人民法院依照《中华人民共和国民事诉讼法》第一百七十条第一款第一项的规定，判决如下：

驳回上诉，维持原判。

【法官后语】

原《中华人民共和国物权法》（以下简称《物权法》）第七十八条第二款［现《中华人民共和国民法典》（以下简称《民法典》）第二百八十条第二款］规定，业主大会或者业主委员会作出的决定侵害业主合法权益的，受侵害的业主可以请求人民法院予以撤销。实践中，时常有业主就业主委员会的某一行为或发布的某一文件提起业主撤销权之诉。就此类案件的审理，首先需要识别诉争行为或文件是否具有业主委员会决定的性质。此为业主撤销权成立的前提条件，对于经审查，诉争业主委员会行为或文件不属于业主委员会决定的，应当驳回业主要求撤销决定的诉请。

业主委员会作出的决定应当是业主委员会对小区内公共管理事项所作出的处理，业主委员会作出程序性告知公告、过程性文件不属于业主委员会决议。根据原《中华人民共和国民法总则》（以下简称《民法总则》）第一百三十四条第二款（现《民法典》第一百三十四条第二款）的规定，决议是由一定主体依照法律或者章程规定的议事方式和表决程序作出的。具体来说，业主委员会决定应当包括如下要素：

第一，行为主体是业主委员会。按照多数学者的观点，决议行为是特殊多方法律行为，决议系由若干人组成的机构通过意思表示表达出来，并形成的多数决结果。作出该多数决意思表示结果的机构为决议的行为主体。该主体的判定并非仅以文件署名为准。例如，实践中存在业主委员会以其名义发布业主大会作出相关决议的情形，由于文件内容实为对业主大会某项决议的公示，所以该决议性质应为业主大会决议。对于业主委员会代表业主大会实施的行为，或由业主大会授权实施的行为，虽其对外效力可被视为业主大会的行为，但业主撤销权之诉针对的是其对内效力，故该行为的主体应为业主委员会。

第二，行为对象是小区公共管理事项。《物业管理条例》第十二条第四款规定，业主大会或者业主委员会的决定，对业主具有约束力。《物业管理条例》第十九条第一款规定，业主大会、业主委员会应当依法履行职责，不得作出与物业管理无关的决定，不得从事与物业管理无关的活动。因此，业主委员会作出的与小区物业公共管理无关的事项，由于超越了业主委员会设立的行为范畴，不产生相应约束力。对于业主委员会作出的，属于小区公共管理事项，但超越《民法典》《物业管理条例》等相关法律法规或业主大会赋予的职责作出的越权行为，应视为业主委员会作出的决议。

第三，行为性质具有结论性，而非程序告知性。《物业管理条例》第十五条规定，业主委员会执行业主大会的决定事项，履行下列职责：（一）召集业主大会会议，报告物业管理的实施情况；（二）代表业主与业主大会选聘的物业服务企业签订物业服务合同；（三）及时了解业主、物业使用人的意见和建议，监督和协助物业服务企业履行物业服务合同；（四）监督管理规约的实施；（五）业主大会赋予的其他职责。可见，业主委员会作为业主大会的执行机构，作出的行为多为经业主大会授权的行为或程序性、告知性、征询性行为。若为告知、征询等程序性行为，因未对业主相关权利义务产生实质性影响，不具有业主委员会决议性质。上述程序性问题可在最终决议作出时，作为审查决议是否存在程序性违法的事实行为附带予以审查，但不得单独作为被撤销的对象。

编写人：北京市海淀区人民法院　颜君

ISBN 978-7-5216-2973-6

9 787521 629736 >

图书在版编目（CIP）数据

物权纠纷裁判规则理解与适用／国家法官学院，最高人民法院司法案例研究院编．—北京：中国法制出版社，2023.3

（中国法院年度案例集成丛书）

ISBN 978-7-5216-2973-6

Ⅰ.①物… Ⅱ.①国…②最… Ⅲ.①物权-民事纠纷-审判-案例-中国 Ⅳ.①D923.25

中国版本图书馆 CIP 数据核字（2022）第 193719 号

策划编辑：李小草　韩璐玮（hanluwei666@163.com）
责任编辑：韩璐玮　　　封面设计：李宁

物权纠纷裁判规则理解与适用

WUQUAN JIUFEN CAIPAN GUIZE LIJIE YU SHIYONG

编者/国家法官学院　最高人民法院司法案例研究院
经销/新华书店
印刷/三河市紫恒印装有限公司
开本/880 毫米×1230 毫米　32 开　　　印张/49　字数/1002 千
版次/2023 年 3 月第 1 版　　　2023 年 3 月第 1 次印刷

中国法制出版社出版
书号 ISBN 978-7-5216-2973-6　　　定价：218.00 元

北京市西城区西便门西里甲 16 号西便门办公区
邮政编码：100053　　　传真：010 63141600
网址：http：//www.zgfzs.com　　　**编辑部电话：010-63141802**
市场营销部电话：010-63141612　　　**印务部电话：010-63141606**

（如有印装质量问题，请与本社印务部联系。）

中国法院 2012~2023 年度案例系列

国家法官学院　最高人民法院司法案例研究院　编

简便易用、专业实用——打造“好读有用”的案例

1. 专业的作者：国家法官学院自 2012 年起推出“中国法院年度案例丛书”，至今已有 12 年，旨在探索编辑案例的新方法、新模式，以弥补当前各种案例书的不足。自 2020 年起，丛书由国家法官学院与最高人民法院司法案例研究院共同编辑，每年年初定期出版。

2. 强大的规模：2012、2013 年各推出 15 本，2014 年推出 18 本，2015 年推出 19 本，2016 年推出 20 本，2017 年推出 21 本，自 2018 年起推出 23 本，含传统和新近的热点纠纷，这些案例是从全国各地法院收集到的上一年度审结的近万件典型案例中挑选出来的，具有广泛的选编基础和较强的代表性。

3. 独特的内容：不再有繁杂的案情，高度提炼案情和裁判要旨，突出争议焦点问题。不再有冗长的分析，主审法官撰写“法官后语”，展现裁判思路方法。

4. 数据库增值服务：2023 年继续推出数据库增值服务，凡购买本书，扫描前勒口二维码，即可免费使用往年同类案例数据库。

《中国法院 2023 年度案例系列（全 23 册）》

1. 婚姻家庭与继承纠纷
2. 物权纠纷
3. 土地纠纷（含环境资源纠纷）
4. 房屋买卖合同纠纷
5. 合同纠纷
6. 买卖合同纠纷
7. 借款担保纠纷
8. 民间借贷纠纷
9. 侵权赔偿纠纷
10. 道路交通纠纷
11. 雇员受害赔偿纠纷（含帮工损害赔偿纠纷）
12. 人格权纠纷
13. 劳动纠纷（含社会保险纠纷）
14. 公司纠纷
15. 保险纠纷
16. 金融纠纷
17. 知识产权纠纷
18. 行政纠纷
19. 刑事案例一
20. 刑事案例二
21. 刑事案例三
22. 刑事案例四
23. 执行案例